医林撷英

——历代名医传记校注

李士骧 编著

中医古籍出版社
Publishing House of Ancient Chinese Medical Books

图书在版编目（CIP）数据

医林撷英：历代名医传记校注/李士骧编著．—北京：中医古籍出版社，2024.3

ISBN 978－7－5152－1718－5

Ⅰ．①医…　Ⅱ．①李…　Ⅲ．①医药卫生人员－列传－中国－古代　Ⅳ．①K826.2

中国版本图书馆 CIP 数据核字（2018）第 073060 号

医林撷英——历代名医传记校注

李士骧　编著

责任编辑　张　磊

封面设计　牛彦斌

出版发行　中医古籍出版社

社　　址　北京市东城区东直门内南小街 16 号（100700）

电　　话　010－64089446（总编室）010－64002949（发行部）

网　　址　www.zhongyiguji.com.cn

印　　刷　北京中献拓方科技发展有限公司

开　　本　787mm×1092mm　1/16

印　　张　62

字　　数　1006 千字

版　　次　2024 年 3 月第 1 版　2024 年 3 月第 1 次印刷

书　　号　ISBN 978－7－5152－1718－5

定　　价　498.00 元

中国医药学是一个伟大的宝库，应当努力发掘，加以提高。

毛泽东

一九五八年十月

发扬祖国医药遗产，为社会主义建设服务。

周恩来

一九五五年十二月

易溥籐序

本书作者所作《医林撷英——历代名医传记校注》一书，涵盖了远古至清代以前的一百余位名医的传记，可谓一部“国医通史”，其记述了上至远古距今约五万年以前的旧石器时代，先是发明钻木取火，继而又发明了“燧石取火”，从而彻底结束了远古人类茹毛饮血、生食致病的历史，进而彻底改变人类依赖自然火种，教人熟食形成良好饮食习惯，开创人工取火新的华夏文明，因而被人们奉为“火祖”的太古三皇之首的天皇燧人氏。

继而记载了距今七千至五千年新石器时代中晚期中华民族的人文始祖、中医药鼻祖——伏羲氏。

继伏羲氏之后是又一位对我们中华民族有颇多贡献的先圣——炎帝神农氏，这是位发明农耕技术，从而对后世影响极其巨大的先贤，其号神农氏，因以火德王，故别名又称炎帝。

他是新石器时代一位聪明睿智、勤劳、勇敢的部落首领，是中华民族之祖、农业之祖、医药之祖，是对中华文明做出不可磨灭巨大贡献的先圣。

他发明了以木制耒的农具，以耒耜之利教天下，教民稼穑五谷、饲养家畜，用火于日常生活，率领人们从原始时代的采集、渔猎过渡到农业生产阶段，使得农业社会结构进一步趋于完善，五谷兴助，百果藏实，从而结束了饥荒时代。因其功绩显著，被世人尊称为农业之神，故号“神农”。《周易·系辞下第八》：“包牺氏没，神农氏作，斫木为耜，揉木为耒，耒耜之利，以教天下，盖取诸益。”

他不仅发明了农耕技术，还发明了医药，《史记·补三皇本纪》载：“神农氏作蜡祭，以赭鞭鞭草木，尝百草，始有医药。”他为了寻找治病解毒良药，以拯救夭伤之命，跋山涉水，亲自遍尝百草，以辨别药物性味作用，从而创建了中医中药，并撰写了人类最早的药物学著作《神农本草经》。

他还制订了中国最早的历法。

黄帝轩辕氏是位生活在距今约五千至四千年间的中华人文始祖。黄帝生而神灵，弱而能言，幼而徇齐（裴骃集解：“徇，疾；齐，速也。言圣德幼而疾速也。”即循规蹈矩，向长辈学习看齐。或曰遵循事理，以达到某种境界），长而敦敏（王冰注解：“敦，信也；敏，达也。”即诚信厚道聪明），思维敏捷，敦厚能干，成而聪明坚毅，有土德之瑞，是与炎帝共同创造了中华文明，开创了上古几乎所有重要的发明和多种技术的始祖。黄帝行德，施惠承天，一道修德，惟仁是行，宇内和平。

其在位期间，铸九鼎，分疆划野，分华夏为九州。

他在生产技术方面的发明创造有：教导百姓穿土造井，播百谷艺五种（即黍、稷、菽、麦、稻五谷），作杵臼；种桑养蚕以丝制衣裳，全力发展农业。

他与岐伯等人讨论医学病理，创建医学，作我国最早的医学典籍《黄帝内经》。

本书在记述了上古神话传说中的帝皇之后，按照中国历史顺序，依次记载了历代名医的事迹。

历代名医中不仅有人们耳熟能详、如数家珍的，更有诸多人们所不甚熟悉的，读此书，可以使人们更加全面地了解祖国的中医药学是多么的宏伟、博大。

其文较之唐代甘伯宗的《历代名医录》、南宋张杲的《医说》、明代李濂的《医史》更详尽许多，难能可贵的是，本书作者对其中的古文进行了较为详尽的注释和解说。譬如，对其中的疑难字，都进行了汉语拼音以及字义的注释；尤其是对“鲐庞住相”一词的解释，这是前所未有的。

本书作者为了传播中华传统文化，弘扬祖国自然医学，焚膏继晷，夜以继日，夙兴夜寐，废寝忘食，数易其稿，真可谓：剑锋出自磨砺，陋室德馨金经！

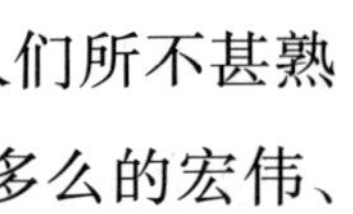

2018 年 2 月

易溥籐，1960 年南开大学物理系毕业，教授，曾任天津师范大学物理系主任、天津市物理学会副理事长。

爱新觉罗· 溥筠序

作者自幼喜欢历史及古书，尤其偏爱那些介绍古代名医的书籍。随着年龄的增长，知识的扩展，阅历的充实丰富，特别是在读了李濂所著的《医史》之后，进一步了解了近百名名医的史绩、传记，渐渐认识到祖国医学的博大精深、神奇奥妙，于是逐渐萌生出一种信念，一定要为国医史做出自己的贡献。

历代名医凭借超人的医术，为病人医治疑难杂症，使濒临死亡的病人起死回生，转危为安，为我们中华民族不断生生不息、繁衍发达做出了巨大贡献。为了弘扬他们的事迹，展现中医药学的巨大魅力，作者在此书中不仅介绍了诸如人们耳熟能详的扁鹊、华佗、孙思邈、张仲景、李时珍、张景岳、叶天士 …… 以及两汉、三国、两晋、南北朝、隋唐、五代十国、两宋、辽金元时期的诸多名医，更有明、清时期涌现出的大量名医，如滑寿、王履、兰茂、汪机、陈嘉谟、龚廷贤、高濂、缪希雍、王肯堂、卢复、卢之颐、李中梓、傅山、喻昌、汪昂、张璐、尤怡、柯琴、薛雪、俞震、张志聪、徐大椿、黄元御、赵学敏、黄宫绣、吴鞠通、陆以湉、陆懋修、王士雄、周学海、陈念祖、章穆等等，无不都是令人顿首礼敬的杏林界魁首。即便是医术业绩不甚突出的医者 —— 夏无且，因其在秦王陷于危亡之际、临危不惧、勇于救人的精神和举动，也是令人羡慕不已，亦都有所涉及。

然而，要了解祖国医学宝库中的财富，必须要有深厚的古文基础和各种相关的知识，更要有过人的毅力去苦读浩瀚如海的古籍。而若要读懂这些古书，首先就要掌握分析字句的训诂学。除此之外，还必须有大段的时光陪伴，否则，是无法实现这一宏伟目标的。

这对于曾在部队工作过的作者来说无疑是困难的，军队可以教会他爱祖国、为人民，培养他具有战胜一切困难、一往无前的勇气和精神，却不能为他提供实现夙愿的机会和可能。虽然，在不知情的外人看来作者是位很令人羡慕的军人，拥有一份很荣耀的工作，但是由于部队工作的性质，不能亲自参与从事衷心喜爱的技术工作，更不能阅读到古籍医经，这就成了他的一块心病，一个难解的结……

此后，十多年高精尖仪器检验水质的工作，更加培养了他极端负责、认真细致、一丝不苟的工作精神。

自2003年始，他终于可以集中全部精力，不畏疲倦地往返于各种图书汇集的图书馆、书店等地方，如饥似渴地苦读巨量图书、古籍，废寝忘食到时常是一天仅吃一顿饭的程度。他可以做到冬不避严寒，夏不畏酷暑，回到家里也还是夜以继日、不知疲倦地读写，时常要到凌晨才会上床休息。遇到难题，不耻下问，虚心请教、查找，不达目的决不罢休。这一切并没有任何外界的压力和督促，完全是出于对祖国传统文化、自然医学的酷爱和执着。正如白居易《山中独吟》所说："人各有一癖，我癖在章句。万缘皆已消，此病独未去。"他对祖国博大精深、浩瀚如海的传统文化、中医药学太过挚爱了，这种精神是一般人所不具备的。

本书作者研读了海量的各种史料，包括库本善本书、库本影印书、旧版书、十三经、二十四史、古籍医经、经史子集、先秦诸子百家之说……收集、整理有关古典文献；把先人之说，加以罗列、印证、注释、增添……反复整理、编辑、注解、校核、审查……如此，数易其稿，终于编纂、创作出一部以纪传体通史为体裁，兼具类书性质，又有史料科普特点的《医林撷英：历代名医传记校注》一书。

为了弘扬祖国的传统文化，发扬传统的自然医学，更为了古为今用，进而使中华民族尽多享受福祉，这就是作者最初编撰此书的初衷。

人们由于无知而失去健康无疑是件极为可悲的事情，若要解决这一问题，无疑是教育，尤其是多多进行普及教育，其捷径则首先是继承，努力接受先人的遗训。

本书作者踏准了这条路。首先于2001年在中国保健食品协会主办的《中国保健食品》杂志上发表了《"既是食品又是药品"品种名单溯源》一文，继而又在中国科协学术年会上发表了两篇有关"药食同源"的学术文章，素材亦多取自古代医学文献。其目的无外乎是让人们认识到药食两用之物只要应用好了，就可以起到既经济又实惠的自我营养保健作用，可见其用心良苦。

历经十三年的艰苦打拼，作者终于完成了这部巨著。透过这本书，可以窥见一个古稀老人孜孜不倦、坚韧不拔的自学精神，更可以看到用不可动摇的非凡毅力去追寻自己梦想的历程。

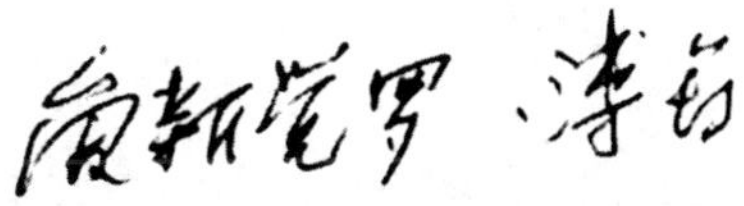

2020 年 4 月 23 日

爱新觉罗·溥筠，民盟成员，曾任北京市东城区政协委员，第九、第十届常委，特约监察员。

曾任北京东城区文史资料室副主任、主任。

1962 年 9 月—1997 年 9 月，为北京市二十二中高级语文教师，教研组组长，教代会副主席。

自 序

时光荏苒，岁月如梭，犹如白马过隙。《庄子·知北游》曰：“人生天地之间，若白驹过隙，忽然而已。”

余今年七十有五，已近耄耋之年，病知心力减，老觉光阴速。

某自少年始，就对中国历史很感兴趣，十分喜好中华民族传统文化，尤其对流传几千年的儒、道以及自然医学独爱其中。

数十年来，阅读了诸多古籍、医书及《二十四史》等正史，发现了一个令人唏嘘的现象，那就是正史中鲜有历代中医医家的记载及传记，未免有些遗憾！

随着年龄的增长、阅历的增加，逐渐明白一个道理，那就是：

历史是胜利者——历代王朝的统治者书写的，只为他们歌功颂德，哪有时间及精力留给平民百姓——尽管他们是佼佼者。尽管历代医家在人类几千年的历史中，为战胜各类瘟疫、挽救人民性命做出了卓越贡献，但随着时间的过往，他们大多数人已被人们所遗忘，实在令人心痛！

1942 年 11 月 28 日晚，在美国波士顿地区附近海湾椰子林夜总会发生大火惨剧之后，美国国家消防协会的凯西·格兰特曾说过一句名言：“我们真的很擅长忘记历史。”

1960 年 5 月，中国儿童艺术剧院创作了名噪一时的话剧《以革命的名义》，剧中列宁有一句台词，之后成了脍炙人口的名言：“忘记过去就意味着背叛！”

当然，也有例外，正史也有为张仲景、孙思邈、华佗等名家列传的，只是因为他们在民间已是神仙般的人物而已。

五千年来，民间各类中医师都为中国的中医学，都为挽救众生的生命做出了不可磨灭的贡献……

但可惜的是，他们的生平、事迹全湮没在历史的长河中……已鲜为人知。

故此，便萌生了一个念头，决定把历代中医学家的事迹进行系统梳理，以便今人知晓在我们中华历史上曾经有过这些不图名利、默默无闻地为人类健康做出不朽贡献的医学大家们。

我自知自己水平有限，除了翻阅了各种历史资料外，完成初稿后，又呈表兄爱新觉罗·溥筠先生（北京高级语文教师），托其从文字上予以修改。得到他的首肯与修改后，于2015年呈中医古籍出版社申报选题，至今又是6年过去了。

动笔于2003年“非典”时期，结束于2020年“新冠肺炎”肆虐之际，可谓是巧合乎？多知乎？

2003年，以名老中医邓铁涛挂帅的中医团队坐镇广州，实现了“零传播、零感染、零死亡”的“三个零”的奇迹。

2020年，“新冠肺炎”在全球肆虐之时，唯独我中华民族做到了在尽量短的时间内基本控制了病毒的传播，充分体现了中医学、中医药无可比拟的魅力和智慧。

临床实践充分证明了祖国医学不仅擅长养生保健、治未病，利用中医药抗击传染病的功效也毫不逊色。

有感于此，更坚定了我编撰此书的信心！

是时候告诉今人，尤其是年轻人们，在我们中华民族浩瀚的历史长河中，我们聪明且智慧的先祖们，我们的中医学，立下了何等不朽的功绩。

余自知能力、水平堪忧，除了尽量广泛查阅各种历史资料加强学习之外，在编撰过程中多次得到溥筠先生和袁大威老师的悉心指导。

首先要衷心感谢中医古籍出版社的领导们的支持，感谢袁大威老师细心的校对与修改。

感谢排版师傅们细心的录入及反复修改。

正是由于你们的不辞辛苦，才能使此书得以问世。

感谢之情无以言表。

仿苏轼《定风波》赋词一首，作为结语：

莫听历代风雨声，何妨引典且徐行。

遍疫肆虐胜似虎，谁怕？历代中医呈豪情。

全球大疫令人醒，冷静，春风和煦喜相逢。

回首向来萧瑟处，牢记，立碑树传理当应。

谨以为序！

寒竹居士　李士骧

2020 年 10 月 1 日中秋节

前　言

——《医林撷英——历代名医传记校注》一书的构思说明

人各有一癖，我癖在章句。万缘皆已消，此病独未去。

唐·白居易《山中独吟》节选

尝谓胸中有万卷书，笔底无半点尘者，始可著书；胸中无半点尘，目中无半点尘者，才许作古书注疏。夫著书固难，而注疏更难。

清·柯琴《伤寒论注·自序》

立身多吃苦，处事总吃亏；修德不求报，自有天知道。《无题·1》

治生不求富，读书不求官；贫居寒竹斋，志向未曾泯；陋室存德馨，
修德不求报。码字传经典，注疏予后人；传统文化好，自然医学妙；
养生又健体，强国益人民。《无题·2》

治生勤俭不求富，广学博览不求官；默默耕耘不图名，勤奋注疏不谋利。
只为继承好经典，弘扬神州中医学；本经内经伤寒论，汤剂经络针灸学。
传承有序数千年，永葆中华健康路；强国富民再奋起，又绘蓝图展新篇。
国运昌盛气象新，旭日升腾映彩霞；兴旺吉祥民欢喜，肌体康健方为本。
以史作鉴知兴替，续写历史向未来；坦荡潇洒人生路，猛虎出林啸九天。

《无题·3》

本书作者自 2001 年 1 月在中国保健食品协会主办的《中国保健食品》第 1 期发表《“既是食品又是药品”品种名单溯源》一文，继而又在中国科协 2001 年学术年会上发表《学习“既是食品又是药品”品种名单的认识和建议》（后以《“既是食品又是药品”品种名单的认识和建议》为名在《中国自然医学杂志》2001 年第 4 期发表）及《药食同源物品在保健食品生产中应用情况调查》，一直关注“既是食品又是药品”即“药食两用物品”这一课题。自此在多年笔耕《部颁“既是食品又是药品”名录集注》一书的过程中，因涉猎大量的古籍、医经，发现祖国自然医学不但源远流长，而且传承稳定有序，之所以能够做到这一点，不能不归功于祖国悠久的传统文化

以及感谢那些为其不断发展奠定坚实医学理论基础和总结出大量实用经验的历代名医，他们的事迹非常感人，没有他们的艰苦付出，便无从谈起祖国宝贵的自然医学。

其一，为了大力弘扬祖国的优秀传统文化，也为了极力推广中华传统自然医学，亦为了“传承历史、沟通未来”而作此书。习近平总书记曾提出要使中华优秀传统文化以人们喜闻乐见、具有广泛参与性的方式推广开来，让书写在古籍里的文字活跃起来。在以习近平主席为首的党中央不断强调要高度重视祖国优秀传统文化的社会大背景之下，博大精深、渊源长久的中华文化是中华民族的灵魂，是中华民族屹立世界之林的伟大精神支柱和物质财富，凡中华民族的子民，无不受益于其中。尤其是祖国的传统自然医药学文化更是博大精深的中华文化中极为重要的一部分，也是孕育中华民族健康成长发展不可或缺的主要元素之一。

中华古籍、医经是承载中华优秀传统文化的重要载体，是中华民族的精神家园，为了更好地深入挖掘蕴含在古籍、医经之中的优秀文化因子，为了更好地学习中华民族众多先贤的智慧和精神，为使大量蕴藏在祖国古籍、医经之中的优秀传统文化、前人之说不因年代久远而进一步损失、散佚，为了弘扬国粹，弘扬祖国珍贵的优秀传统文化，继承、宣扬和传播祖国的传统医药学文化，亦为了学古知今释未来，秉承弘扬中华文化、中华医药学文化的精神，力求系统地为那些曾为华夏民族医药学文化做出过重大贡献的精英们歌功颂德，为那些曾经创造、开辟、发明、传承自然医药学领域的先驱们树碑立传，大力弘扬我国历代医药学界精英们的感人事迹，使后学之士有榜样的力量，孜孜向上。伟大祖国最经典、最优秀、最传统的文化和医药学知识永远不会、也不应该被人们所遗忘和抛弃！

其二，为了有力地回击那些无视祖国深厚文化历史、祖国自然医学的可贵伟大，却一味盲目崇拜西洋文化，不自量力，犹如狂犬吠日，总认为西方的月亮比祖国的月亮圆，甘为洋奴不以为耻的那些所谓具有高学历、高地位、高身份的三高文明人。这些洋奴无视外国的探险家、发动侵略战争的战争狂人、侵略者为什么在历次侵略祖国的战争中，在毫无人道地肆意烧杀抢掠过程中，总是不忘进行大肆文化扫荡，伟大祖国不计其数的宝贵文物及文化遗产被这些侵略者肆无忌惮地掠夺走，战争贩子与探险家为什么要掠夺我国的文化遗产和文物？那些趾高气扬的西方文明的绅士们，为什么要在中华大地上疯狂地焚毁、抢掠他们眼中的野蛮人 —— 东方文明的财富？请问在世界上诸多著名的外国博物馆中，哪一个没有中国的宝贵文物？这些强盗将从别人国家强掠过来的宝贝纷纷陈列在自己国家级的博物馆里，不以为耻，反以为荣，这样的事实，其含义还用阐明吗？这说明什么问题啊？法国的人道主义、浪漫主义作家维克多·雨果先生曾经严厉痛斥过的那些土匪、强盗，怎么倒成了这些所谓精英们所顶礼膜拜的偶像？他们难道真的不懂其中味吗？为什么我国的珍贵文物，包括无数的善本古籍和医经，总是被外国侵略者所虎视眈眈、垂涎欲滴，时时觊觎？在历次侵略战争中被侵略者掠夺走的珍贵文物、古籍、医经还少吗？他们为什么要明目张胆、肆无忌惮地抢夺我国的宝贝啊？在被侵略的过程中，我国遗失的宝贵文物数不胜数。仅据联合国教科文组织不完全统计显示：全世界 47 个国家和地区的 200 多家博物馆收藏有一百六十四万余件中国文物。而据中国文物学会的统计，流失海外的中国文物约达一千万件之多。

顺便说一句，本书作者绝无贬损西方医学的意思，西方有西方文明和他们的优秀科学技术以及先进的西医学科学，这是有目共睹的；但是，不能因此就来诋毁、贬损我们东方文明以及中医药学，批判、否定悠久的东方文化和自然医药学科学 …… 中西结合、取长补短、兼收并蓄、共同发展才应该是我们采取的积极态度和政策，事实也充分证明了这样做的前瞻性和科学性。

其三，更因不愿虚度时日，遂不辞辛苦，勉精厉操，寒暑三更，晨兴夜寐，挥扇驱蚊，不遑宁息，经之以岁月，累之以日力，劳身苦体，专精锐意，心劳体倦，勤于夙夜，契阔勤思，平居不堕其业，穷困不易其素，历经多年奔波于国家图书馆、首都图书馆、中国书店、新华书店、社区图书馆等多处图书集聚区，苦心搜寻、大量积累、反复研读各种史料，包括：库本善本书、库本影印书、旧版书、新版书，以十三经、二十四史、古籍医经、经史子集、先秦诸子百家之说为蓝本，以收集、整理古典文献为主，以先人之说加以罗列、印证、说明、注释，经过多次增益，反复整理、编辑、注释、校核、审查，每日漏下四鼓之后乃止，稿凡数易，终于2014年5月编纂、创作出一部以纪传体通史为体裁，兼具类书性质（注：类书系采摭群书中各种资料，将之排比、编次、以类相从，为人们提供检阅方便的一种工具书），又有史籍、普及、科普性质的一部能够较为全面反映民国以前（注：清以前，不含民国期间）历代医药学界人物谱，共约为一百五六十位著名医药学家史实作传的作品，终极目的就是为了能够传承祖国的优秀古老文化，积极发扬传统中医药学的独特魅力，这就是本书作者选题撰述的缘由。

关于“医史”或曰“名医录”，历史上曾有唐人甘伯宗编撰过的《历代名医录》七卷，收集自三皇至唐代名医一百二十人传记，是中国最早之医学人物传记专著，后人称之为《名医大传》或《名医录》。遗憾的是此书早佚，后人难觅其踪，实是憾事！

其后，南宋时期，世业医的新安人张杲（字季明），撰著了南宋以前各种文史资料、著作中一百一十七位历代名医史料的《医说》，所辑录各位先贤的事迹，详则百字，少则数笔代过。虽然其中收集了一些有关医学的典故和传说等资料，但读后总有种令人不甚畅快的感觉，多少令人有些遗憾！

明人、官员、学者李濂（1488—1566），字川父，祥符（今河南开封）人。自免官罢归后，其居里中四十余年，潜心著述，撰《医史》十卷，共介绍了历代名医七十一人之业绩，留存至今，由此弥补了史籍中缺乏的一些史料。

本书作者所撰《医林撷英——历代名医传记校注》一书，是继以上三位先贤之后，再做“医史”或曰“名医录”的后学之辈。此书力图通过介绍清以前至远古的这一百数十余位医药学界先贤的史料、杏林界精英们的自序和他人评价，使人们尽量详尽、全方位了解这些为祖国传统医药学做出过不可磨灭贡献的精英们的事迹和贡献，从而得以启迪，既得到知识又受到教育。

后学虽是“邯郸学步”，却欲极尽力之所能，尽量较之先人所做更翔实、更全面；深入浅出，通俗易懂，既有简体字，亦有繁体字；对于古书中的异体字、繁体字加以四声读音的注解，使得凡是会读拼音的人，便可读古书、读医书；对于古书中的名词、成语，尽量进行详尽训诂、注释、出处，使得那些对读古书、读医书有所畏惧的人，不再畏惧，从而既具有普及读本的作用，又具有专业读本兼工具书的功能，进而起到普及国学、普及祖国传统医药学知识的功能。

如今，在人们日常生活的质量不断提高，更加重视自身营养、养生、健康的前提下，在对国学、史实、祖国的传统医药学、养生学、营养学愈发喜爱、重视的社会背景下，人们更加愿意多了解有关这方面的知识，凡是从事祖国传统文化、祖国自然医药学学习及教育的人们，以及喜爱、愿意学习祖国传统文化、祖国自然医药学的人们，都是此书的学习与阅读对象。即便是在市场经济环境下，世人无不爱孔方，但是，本书作者坚信祖国的优秀传统文化和传统医药学知识亦将越来越深入人心。

此书中记有汤液的发明者伊尹的人物介绍和事迹；自有文字记载以来，我国的第一位心理疾病治疗师文挚的事迹；“病入膏肓”——春秋时期秦名医医缓的事迹；春秋时期，提出上医医国及首提“六气”病因说的秦国名医医和的事迹；也有众所周知的荆轲刺秦王的故事中，究竟是谁在极度危急困难情况之下救了秦始皇？了解的人却很少，故此书特意介绍了这位在医术上无甚业绩，却在危难时刻勇敢救人，并且救的是中国历史上的第一位帝王秦始皇，并且因此得到重赏的御医夏无且。

此文秉承的是纪传体通史体裁，就是以本纪、列传人物传记为纲，也就是以人物传记为中心，以时间为纬，以排比记叙的方法为历史人物做传的史书体裁，其有助于有条理地记载历史，尽力完整反映历史事件，连贯地记叙各个时代史实的历史。纪传体这种题材本来是以帝王将相为历史主人并为其作传的方式，而此书则是以杏林学界人物为主线，详细记述历代名医的事迹、取得的成就和为祖国医学做出的贡献，这就是作者之所以选题构思编撰著述《医林撷英——历代名医传记校注》一书的缘由。有诗为证：

名 医 赞

古者伏羲王天下，仰观俯视作八卦；阴阳五行定人道，造福人类底蕴深。

神农百草尝味道，先贤圣明兴草药；汤液鼻祖伊尹造，后世蒙恩本草妙。

轩辕黄帝秉土德，救民除害创医药；岐伯雷公典医疗，辅政经方医术高。

细数历代诸名医，默默无闻疗恶疾；感人事迹比比是，精研岐黄显功劳。

历代名医多隐士：有高尚其事而隐，功成身退而隐，时不可为而隐，不堪从政而隐数种。以自食其力而隐，途虽殊，归则同。

自然医学　食疗养生　杏林豪杰　神州传统　祖宗美德　不可废弃

报国无门　蜗居寒舍　孤独宁静　志向未泯　博览群书　苦读经籍

考论虚实　专心撰述　默默注译　扬我祖籍　鉴史做镜　效《易》《史记》

隐而不逸　数载注译　不图虚名　只求众益　为民谋利　终成此集。

更有诗为证：

七　律

愚夫老人实难见，不谙世事遭遣返；传承历史兴趣在，游戏其间乐陶然。

古籍医经须诂训，难解之字亦如前；游弋文山字海间，鳏寡孤独乐悠哉！

2011 年 8 月 23 日

有　感

中秋佳节月更明，月圆之时尤思亲；无奈命运不得济，只身一人居寒宅。

宅男居家十数载，日夜耕耘不畏艰；不为名利只因命，命运使然乐其间。

2011 年中秋节

春秋左丘明撰《左传》载医和、医缓，西汉司马迁著《史记》载扁鹊、仓公、日者、龟策传，翔实准核，条理甚精，备录不遗；史家因之，或曰《方技》，或曰《艺术》。大抵所收多医药、卜算、阴阳、术数之类，先圣神明，造化人类。攻其医术者，必博览古人群书，荟萃古今学说，宗旨纯正，会通其理，沉思独诣，参以考验，不为私智自用，乃足以名当世而为后学所宗，世代承蒙恩泽矣。

《易》曰：天地之大德曰生（见《易经·系辞下》，意为天地最大的恩德就是化生万物）。自神农氏尝百草之滋味，辨其寒温甘苦之性，始创医药，医学始兴，百草兴焉；神农、桐君论本草药性，先圣神明，造化人类，以治民疾，医乃大备。

黄帝咨访岐伯、雷公、俞跗，说病候论治方，质疑辩难，更相问答，作《内经》，垂《素问》《灵枢》之篇，其理玄，其趣博；文约而旨丰，事近而义远。医法渊源，传医自此始发，先圣传经，垂法万世，定经脉，和药石，以治民病，本为起死回生，救死扶伤，传续万代，天下遵守，莫敢违背。神农、黄帝皆圣人之所重也，广其见闻，昭示后世。

扁鹊作《难经》，脉书益发兴，辨诊五色病，以决定嫌疑（《史记·扁鹊仓公列传》："传黄帝、扁鹊之脉书，五色诊病，知人死生，决嫌疑，定可治，及药论，甚精"）。析经之秘旨，撷取丰腴词，阐发古圣意，弘扬精微义。妙理之风生，疑窦雾散尽，五藏症结见，千古解人意。

仲景继承黄、农立法，圣作明述（《礼记·乐记》："作者之谓圣，述者之谓明。明圣者述作之谓也"），方药立而极（极点，最高。《广雅·释诂四》："极，高也。"清代段玉裁《说文解字注·木部》："极，凡至高至远皆为之极"），黄、岐之道盛，后世发扬之。

仲景继炎、黄之业，作《伤寒》《金匮》，方书之祖立，后世皆宗之，处方论药性，条理甚精密。

人欲知医道，必欲尽通四圣（黄帝、岐伯、扁鹊、仲景）之书；欲通四圣之书，必先习儒众书。

四圣心意传，古训尽昭然，庶民无夭札，世世登寿域。

神农解药，黄帝传医，仲景立法，圣作具备；

医虽小道，理极精深，用之得当，济世之航；

医虽艺事，拯疾救痛，事关生死，不可疏忽；

阴阳有纪，五行有序，脉络有度，不可肆意；

藏府喜恶，阴阳逆顺，诊病求原，处方察变；

艺可殊途，医必归一，古经俱在，医家善本；

仁人孝子，依理事亲，明辨是非，亦当知医；

一病之作，古今如一，医药之人，顺逆俄顷（顷刻；一会儿。唐代杜甫《茅屋为秋风所破歌》："俄顷风定云墨色，秋天漠漠向昏黑"）；

医学蒙昧，庸医误工，愚妄不仁，以人试药；

伤人之刃，夭人寿命，甚可叹悼，不可不慎。

病有远近，治有缓急，急则治标，缓则治本，勿越其制，以顺正气。

病宜早治，勿失正气，形色未病，未入腠理，委以良医，调治适宜，针药及时，病无不愈。

医者，人生之术也，不善用之，生人之悲也。

穷达有命，不如读书（《南史·沈攸之传》："早知穷达有命，恨不十年读书。"沈攸之，字仲达，刘宋时期武康人，官至征西大将军。晚年好学，手不释卷）。掩卷怆然，情百其慨。武夫学剑，仅敌一人；医士读书，遂宰天下。先圣传经，起死回生；手不释卷，必将通古。

医之为道，阴阳虚实，千状万态，神圣工巧（《难经·六十一难》："望而知之谓之神，闻而知之谓之圣，问而知之谓之工，切而知之谓之巧"），存乎其人，合四者而一之，名曰《卫生宝鉴》。

医自轩岐设，为民虑致远，历代名医传，焕然为后学。

医与造化参，学之精者难，著书垂训者，冀后学用心。

"医经者，原人血脉经络骨髓阴阳表里，以起百病之本，死生之分，而用度箴石汤火所施（唐代颜师古注解："箴，所以刺病也。石谓砭石，即石箴也。古者攻病则有砭，今其术绝矣"），调百药齐和之所宜（齐，音jì，通"剂"。《礼记·少仪》："凡齐，执之以右，居之以左。"东汉经学家郑玄注解："齐，谓食羹酱饮有齐和者也"）。至齐之得，犹慈石取铁，以物相使。拙者失理，以瘉为剧（瘉，唐代颜师古注解："瘉读与愈同。愈，差也。"差，同"瘥"），以死为生，以生为死。"（东汉班固《汉书·卷三十·艺文志第十·医经者》）

"经方者，本草石之寒温，量疾病之浅深，假药味之滋，因气感之宜，辨五苦六辛，致水火之齐，以通闭解结，反之于平。及失其宜者，以热益热，以寒增寒，精气内伤，不见于外，是所独失也。故谚曰：'有病不治，常得中医。'"（东汉班固《汉书·卷三十·艺文志第十·经方者》）

“神仙者，所以保性命之真，而游求于其外者也。聊以荡意平心，同死生之域（唐代颜师古注解：“荡，涤。一曰，荡，放也”），而无怵惕于胸中（怵惕，音 chù tì，敬畏；戒惧。《左传·襄公二十二年》：“无日不惕，岂敢忘职。”晋代学者杜预注解：“惕，惧也。”《汉书·淮南厉王传》：“日夜怵惕，修身正行”）。然而或者专以为务，则诞欺怪迂之文弥以益多（唐代颜师古注解：“诞，大言也。迂，远也”），非圣王之所以教也。孔子曰：‘索隐行怪，后世有述焉，吾不为之矣（唐代颜师古注解：“《礼记》载孔子之言。索隐，求索隐暗之事，而行怪迂之道，妄令后人有所祖述，非我本志”）。’”（东汉班固《汉书·卷三十·艺文志第十·神仙者》）

“方伎者，皆生生之具，王官之一守也。太古有岐伯、俞拊，中世有扁鹊、秦和（唐代颜师古注解：“和，‘秦’医名也”），盖论病以及国，原诊以知政（唐代颜师古注解：“诊，视验，谓视其脉及色候也”）。汉兴有仓公，今其技术晻昧（唐代颜师古注解：“晻与暗同。”晻昧，模糊不明。《论衡·谢短》：“上古久远，其事晻昧，故经不载而师不说也”），故论其书，以序方伎为四种。”（东汉班固《汉书·卷三十·艺文志第十·方伎者》）

华夏自然医药学自此源远流长，博大精深，造福人类。在我国医药学发展史上众多杰出的医药学家层出不穷，他们以自己高尚的医德、高超的医术，精诚地为人民服务，他们诚心诚意救死扶伤，事迹感人，为后人所崇敬和景仰。史书中记载特别有成就的医药学家有六七十人，著名的医学文献百余部之多，创造了历史上其他任何民族都无法比及的医学成就。为褒扬他们的感人事迹，极有必要、有责任撰其翔实准核之史传，备录不遗，乃足以名当世而为后学所宗，世代承蒙恩泽；以激励后世攻学医术者、继往开来者，博览古人群书，会通其理，沉思独诣，参以考验，不为私智自用，以代代传承未来。

他们分别是自古传说中神话般的高明医药学家神农、岐伯、黄帝……史书中最早记载的汤液鼻祖伊尹，《左传》中记载的医和、医缓，《史记》中记载的扁鹊、仓公，此后又陆陆续续出现的，诸如东汉时期的华佗、张仲景，魏、晋间的皇甫谧，两晋时期的炼丹学家葛洪，南北朝的陶弘景，唐代的药王孙思邈、两宋间的钱乙、许叔微等，金、元时期的四大名医刘、李、张、朱，明代著名的本草学家李时珍……诸多名医、药物学家，无不是以医药济人之夭札（《国语·楚语》："不终曰夭，疫死曰札。"即指人不能终天年而亡。《左传·昭公四年》："疠疾不降，民不夭札。"遭遇疫疠而夭死。西晋学者、军事家杜预作《春秋左氏经传集解》一书，注解："短折为夭，大死为札。"此"大"指年长），驱邪扶正，保命全真，拯夭阏于长年（阏，音 è，阻塞、遏阻，亦可写作"夭遏"。《庄子·逍遥游》："大鹏背负青天而莫之夭阏者，而后乃今将图南。"唐代经学家、训诂学家陆德明撰《经典释文》引司马彪云："夭，折也；阏，止也。"《说文·门部》："阏，遮拥也。"清代段玉裁注解："遮者，遏也，古书壅遏字多作阏。"止，《广韵·曷韵》："阏，止也。"塞，《广韵·曷韵》："阏，塞也"），济疲癃于仁寿者，非资于医则不能致之矣。医之道肇自轩、岐论，《灵》《素》《难》相继出焉；降而和、缓、扁、仓，咸神其术；至汉张仲景作《伤寒杂病论》，始制方剂，大济烝民；晋代王叔和撰次其书，复集《脉经》，全生之术，至此，于斯大备矣。后世始赖以养生、疗疾、延生、长年。

我们中华民族能够始终屹立世界之林，而且日益繁荣昌盛，甚至可以说，凡是太阳升起的地方，几乎都可以见到华夏民族的身影。为什么中国人能够不断繁衍生存，以致中国成为世界上人口最为众多的国度，不能不说与古代农业和医药学的先进、发展、发达有着紧密联系；与我们中华民族具有无穷的智慧和力量，极富创造性，有着辉煌的科学技术成就有关。

在数千年漫长的历史进程中，炎黄子孙依靠自己的聪明、智慧，在科学技术史上创造了无比光辉璀璨的古代文化，始终走在世界科学技术史的前列，推动了整个人类社会的进程，并做出了卓越的贡献。

中国的科学技术在历史上一直高速发展，在哲学、天文、地理、数学、物理、化学、医药学、航海学等诸多方面都创造了令世界敬仰、子孙后代引以为傲的成就。

古人认为动植物之生于天地间，莫不各有所用。草药学也并非我国所独有，凡是有着古老文明的国家和民族亦都有。然而，唯独我国的草药学和中医学，是任何一个国家和民族所不能比及的，这都缘于中华民族的先人自古便有善于动脑、洞察、发现、归纳、总结、书写、记录、代代演述的传统，自有文字以来，如甲骨文、金文、竹帛、纸张，便开始了文字记载，所以说是传承有序，代代演绎，不断发展。

从东方哲学的气、阴阳、五行学说的创立，到自然医学、养生学、本草学的建立，因饮馔以调摄，因药物以疗伤治病，皆为疗病援生；我国古代开膛破肚的解剖学从扁鹊开始到王莽时代已经广泛应用；公元2世纪的东汉末年，医学家华佗医术精湛，于内、外、妇、儿、针灸各科无不擅长，施针用药，简而捷效，而且已经发明了麻醉剂——麻沸散用于外科手术治疗，《后汉书·华佗传》载："若疾发结于内，针药所不能及者，乃令先以酒服麻沸散，既醉无所觉，因刳破腹背，抽割积聚。"反映了那时的医学水平已经具有相当成就，此项发明较外国人要早一千六百多年。此后三百年此事传到欧洲，早期的基督教神父还把它当作一件不可理解、骇人听闻的事情，这件事千年来一直使外国人惊叹不止。明代李时珍的本草巨著《本草纲目》流传到国外，被赞誉为"东方医学巨典"而译为多种文字。

尤其是对世界历史产生深远影响的三大发明，就连著名的英国哲学家弗兰西斯·培根（Francis Bacon. 1561—1626），也高度评价我国的三大发明："这三种东西曾改变了整个世界事物的面貌和状态，第一种在文学上，第二种在战争上，第三种在航海上。由此又产生了无数变化，这种变化是这样大，以至没有一个帝国，没有一个教派，没有一个赫赫有名的人物能比这三种机械发明在人类的事业中产生更大的力量和影响。"

又如长期致力于中国科学技术史研究的近代英国著名学者、科学家李约瑟（1900—1995）赞誉道："中国的这些发明和发现，往往远远超过同时代的欧洲，特别是15世纪之前更是如此。"

虽然在晚清时期，由于三座大山沉重的压迫、欺凌，使我国劳动人民的聪明才智未能再一如既往地得到充分发挥，尤其是在科学技术上，但是中华民族绝不是甘于落后，任人随意欺凌、宰割的民族，在今后的历史时期将会更加充分证明这一点。

伟大的祖先们为我们创造了光辉灿烂的古代文化，对人类社会的发展做出了巨大贡献，为我们中华民族争取了无上荣誉，亦为我们中华民族的重新崛起奠定了坚实基础。睿智的祖先将永远激励我们奋发图强，在世界科学技术的竞技场上创造更加辉煌的业绩。

在漫漫的历史长河之中，在我们中华民族在与天地大自然的相处过程中，从来没有停止过跟危害人们身心健康的疾病抗争，自已知的神农勇尝百草始，我们的先民就从未间断过认识人体自己、认知生命、了解健康，遍寻良药、治病疗伤、养生长寿的探求之路，他们不惧屡历失败，反复求索，历次验证，历代传承，口传笔耕，终于形成了独具东方魅力的中华医药文化。它在解除人们病痛、护佑中华民族生生不息繁衍昌盛、创造璀璨夺目的东方文明方面，发挥了不可磨灭的巨大作用，并取得了辉煌功绩。中医药学是我们的国粹，是华夏先民琢磨自然、探索生命、研究二者关系，是建立在中国传统文化诸如气的学说、阴阳学说、五行学说、唯物辩证哲学等古老智慧基础之上的研究人体生理、病理、疾病及防治方法的自然科学。它古朴、深奥，既复杂又简易；它取材自然、简便易行、立竿见影，却符合天人合一理论；它理论独特、文字繁异、传承有序，独具神秘的东方特色，是屹立世界杏林的一朵奇葩。它的历史功绩是任何人采用任何手段也不可磨灭的，在其强大的伟岸形象面前，那些执意诅咒、漫骂、企图诋毁祖国传统医学历史功绩的人，不过是些个一闪而过、障人眼目的跳梁小丑而已。

在社会越来越回归传统的今天，大力弘扬祖国的传统中医药文化，使之能够不断得到回归、继承、发扬光大，使今天的人们能够充分认识自己祖国的传统文化和传统中医药文化是多么得伟大恢宏，多么得可贵，如果丧失了自己祖国的传统文化，岂不将成为被人、被历史唾骂的千古罪人！

在这漫长的历史长河中，在传统中医药学领域涌现出了大量杰出人物，是他们用自己的社会实践不断继承、发展了传统中医药文化，也正是基于他们的学术思想和临床经验，更是由于他们孜孜不倦地书写和记录，使得祖国的这一文化宝库不断得以挖掘传播，充实完善，使得后学名流辈出，使得中医药学深深地扎根于广大民众之中。

历代先贤所为，素为笔者所敬仰，意欲邯郸学步，无奈学识浅薄，只因自幼实在酷好历史，尤好祖国传统文化、古典经籍和医学典籍；加之不愿虚度光阴，浪费时光，倚仗先贤之教：孟子作《尽心上》教我，人穷就要“穷则独善其身”。皇甫谧教我：“贫者，士之常；贱者，道之实。”鲍照则作《拟行路难》诗：“自古圣贤尽贫贱，何况我辈孤且直。”白居易作《山中独吟》道：“人各有一癖，我癖在章句。万缘皆已消，此病独未去。”愚者别无他好，故作《常乐诗》：“十年寒窗苦读书，家境贫寒无所求；世人皆爱孔方兄，愚人独爱文字书。”故，十年如一日，披星戴月，躬耕不辍，不为他图，只为弘扬祖国的传统文化和自然医学、古代医家神妙的诊疗奇迹、感人事迹……

文中所选录的这些“历代名医”人物简介，是祖国传统医药学界中的一部分佼佼者，是为了让更多的人多了解一些历代名医的故事，了解中医药文化，关心它的历史，更有助于大众的保健和使自己成为自己最好的医生。此文原则上以中华书局1999年版的《二十五史》为底本，也就是说基本上从正史中选择收录所记载的自商代至清代，历史上比较有名气的医药学家共计百数十位的传记加以编辑、注释。医药学家们的传记在正史中多载于方术、方伎、艺术列传之中，而且大多较为简略，只有那些曾任官吏的史迹较为冗长；为方便阅读、理解，原则上全文选录，对那些过于烦琐的事迹则略。并且在帝王年号、官职名称、历史事件、典章制度、地理名称、医学术语、药名方剂及难识字、繁体字、异体字等处力求加以诠释，力求直译、注释全备，简洁明了。

附言：

此文涉及自然医学、本草方药、文史经籍、文字训诂……牵涉到多个交叉学科，而本书作者仅是个布衣庶民、无名之辈，谬误之处在所难免，由是，不敢一日废学，自觉仁心为质，认为是为国家、为社会、为人民、为祖国医学事业做了件“传承历史，沟通未来”，弘扬祖国传统文化和传统医药学文化、医史文化的有益之事，而绝不做有损真正史学价值的事情。是书之成，盖得自于群书教诲，识之于心，笔之于卷。

对于正史中令人不解的、未有记载的名家诸如张仲景、王叔和、董奉等人的简历，则从明代李濂撰的《医史》中选取《张机传》《王叔和传》，从《古今图书集成·医部全录·医术名流列传·神仙传》中选取《董奉传》，又从《宋史翼》《新元史》等中采辑一些名医史绩，以补正史遗漏之缺。

用意虽好，无奈只因水平实在有限，故谬误多多，在所难免，诚望读者不吝赐教、批评指正，则是企盼之愿。

读者可以此书与张杲的《医说》、李濂的《医史》相比较，以观各自特色，本书作者深信读过此稿的人，会比前二者更畅快一些，收获会更多一些。

目 录

第一篇　帝王论医篇

古有神农尝百草之味，以救万民之疾；黄帝与精通汤液的岐伯、雷公等人恳谈、讨论，探求医理，创立医学；周官设疾医之政，以掌万民之病；历代王朝对于医病、养生都是相当重视的，到了盛唐时期，由于统治者积极吸取前车之鉴，注意任贤纳谏，令社会较为安定，经济实力得以大力发展，尤其是“贞观之治”后文化事业也得以长足发展。在此时代背景下，唐朝对于医药卫生之事尤为重视，《新修本草》这部本草书籍便是由政府出面主持，集体编修的第一部官籍本草，也是世界上最早的国家药典性著作，又称《唐本草》《英公本草》。该书系由大臣苏敬于显庆二年（657 年。显庆：656—660 年，唐高宗李治的年号）上疏倡议，唐高宗李治（628 —683。649—683 年在位）御敕，组织大臣、医官二十二人，包括太尉赵国公长孙无忌、司空上柱国英国公李勣等权高位重的官员参加，在南朝齐梁时期的医学家陶弘景（456—536）撰著的《本草经集注》基础上加以修订、扩充、编纂的官修本草。全书五十四卷，包括正文二十卷，《药图》二十五卷，《图经》七卷和目录一卷，收药八百五十种。两年后即显庆四年修成并颁行于世，比著名的《纽伦堡药典》（颁行于 1535 年）要早 9 个世纪，故有世界上最早药典之称。遗憾的是原书早在宋代就已散佚，现今的《新修本草》一书则是由敦煌出土的散片与英国图书馆、法国巴黎图书馆、日本国所保存的部分残卷，经有关专家多年辑校编订而成的。

《新修本草》取材内容丰富，结构严谨，是珍贵的古代本草文献，具有很高学术水平、科学及使用价值。

据《旧唐书·吕才传》记载：“时右监门府长史苏敬上言，陶弘景所撰本草，事多舛谬。诏中书令许敬宗与吕才及李淳风、礼部郎中孔志约，并诸名医，增损旧本，仍令司空李勣总监定之，并图合成五十四卷，大行于代（为避唐太宗李世民讳，改为‘代’）。”

据宋初王溥撰《唐会要》记载：“显庆二年，右监门府长史苏敬上言，陶弘景所撰本草，事多舛谬，请加删补……至四年正月十七日撰成。”《唐会要》记述唐代各项制度沿革变迁，补收唐末史事，不乏《新唐书》《旧唐书》所不载的史实。共一百卷，五百十四目。

孔志约：是《新修本草》的参与人，并且是第一位为《本草》书籍作序的朝廷官员，唐代医家，弘文馆大学士兼太子洗马，礼部侍郎。在其所作序中说：“盖闻天地之大德曰生，运阴阳以播物；含灵之所保曰命，资亭育以尽年……”

苏敬：在《旧唐书》《新唐书》中均无传。官职是朝议郎行右监门府长史骑都尉。至宋代改名为苏恭，乃因宋太祖赵匡胤祖父名敬，为避讳而改。

李勣：即徐懋功（594—669），唐初大将。本姓徐，名世勣，字懋功，赐姓李，因避太宗讳，单名勣。因功封英国公，高宗时官至司空。

到了北宋时期，开国的两位皇帝虽然都是武夫出身，却都格外钟情于文治，这一点可以从朝廷对于医药卫生文化事业的重视程度尤为突出得以充分表现，而且是有目共睹的。北宋时的大多数皇帝不仅对医药学很感兴趣，且基本都较懂得医药学，他们无不高度重视医药学的发展，可以说中国的历代王朝，没有哪一个比宋王朝更加重视医学、文学的了，因此有学者称“历代政府重视医学者，无过于宋”。

北宋开国初期，太祖赵匡胤（960—976 在位）便采取了削藩夺军权，派文臣带京官衔外出、代军人掌握地方行政、使臣分掌地方财政的办法，加强中央集权、文官治国、重文轻武的政治路线和举措，相继提出“宰相需用读书人”，不许“杀士大夫”的家法。明宗室朱天然撰《历代古人像赞》，谓其“豁达大度聪明神武，黄袍加身群生鼓舞”。

至其喜史嗜学、手不释卷、锐意文字、专工文业、多才多能的胞弟太宗赵光义继位后（976—997 在位），在政治上继续加强专制主义中央集权的背景下，更加强了重视文风的风气。其提出了“兴文教，抑武事”的决策，在兴文重教指导思想和政策的影响之下，大力培养文化之士的决策基本形成为国策，整个社会对于文化教育的重视蔚然成风；在京师设立国子学、太学、律学、医学，大量增加进士科中式名额；又由于其十分重视医疗卫生事业，朝廷设置药政机关，颁布诸多与医药卫生相关的律令；设立太医局，专门负责医学教育，培养医界专业人才，医学生必须在学习儒家经典的基础之上，再深入学习传统医学的典籍，从而使这些从医者无不具有深厚、扎实的文化功底，形成了一批以儒家思想为指导的儒医人才。

太宗时，赵光义饬令文臣李昉等纂修大型类书《太平御览》，又饬令尚药奉御王怀隐等四人，以《千金要方》《千金翼方》《外台秘要》等书为蓝本，广泛收集汉、唐以来各家方书及民间医疗经验，撰集一百卷的大型中医药学医方巨著《太平圣惠方》，载述了10世纪以前的医药学成就。太医局还负责编撰了十卷本的成药处方配本《太平惠民合剂局方》，简称《合剂局方》，是一部流传较广、影响力很大的临床方书。

赵光义还成为继太祖赵匡胤为宋开国之初下令修订的第一部药典性本草著作《开宝新详定本草》、亲自撰叙的第二位为医药卫生学书籍作序的帝王。此后，仁宗赵祯时，诏令编修院设置、成立了校正医书局，命直集贤院、崇文苑检讨掌禹锡等四人并为校正医书官，韩琦任提举（官名。原意是管理。宋代以后设立主管专门事务的职官）。校正医书局的成立，是我国医政史上的一个创举，它集中人力、物力对宋以前古典医药书籍进行了比较系统的校正、整理、刊刻、印行，对祖国传统医学知识的广泛传播做出了很大贡献。

仁宗赵祯、英宗赵曙之时，敕令御用医官、针灸学家王惟一撰修《铜人腧穴针灸图经》，并成为官修针灸学医书。其在总结前人针灸医疗实践的基础上，考订经络循行径路和腧穴部位，详细叙述了11世纪以前的针灸经络学说、腧穴的主治疾病和疗法。王惟一又主持设计、铸造了立体针灸铜人孔穴模型，刻示经络，标定腧穴位置，绘制十二经图，以供教学之用。

宋太宗赵光义在为《太平圣惠方》做御制序时说：

朕闻皇王治世，抚念为本，法天地之覆载，同日月以照临；行道德而和惨舒（亦称阴阳惨舒。秋冬为阴，春夏为阳，秋冬忧戚，春夏舒快。意指四时的变化。东汉张衡《西京赋》："夫人在阳时则舒，在阴时则惨。"南朝梁刘勰《文心雕龙·物色》："春秋代序，阴阳惨舒，物色之动，心亦摇焉"），顺寒暄而知盈缩（同"赢缩"。伸长缩短；增减；进退。《国策·秦策三》："进退盈缩变化，圣人之常道也。"多指祸福成败，生死寿命而言）；上从天意，下契（契，契合；默契；相契。唐代诗人、诗论家司空图《诗品·超诣》："少有道契，终与俗违"）群情，罔惮（不用担心。罔，不。《尚书·盘庚下》："罔罪尔众。"孔传："今我不罪汝。"惮，怕；

畏惧。《论语·学而》："过则勿惮改"）焦劳，以从人欲，乃朕之愿也！

且夫人禀五常（仁、义、礼、智、信。西汉董仲舒《举贤良对策一》："夫仁、谊［义］、礼、知［智］、信五常之道，王者所当修饬也"），药治百病，能知疾之可否，究药之征应者，则世之良医也。至如风雨有不节之劳，喜怒致非理之患，疾由斯作，盖自物情。苟非穷达其源，窥测其奥，徒烦服食，以养于寿命，消息（消，消减；息，增长。谓生灭、盛衰。《易·丰》："日中则昃，月盈则食，天地盈虚，与时消息。"昃，太阳西斜；食，蚀，亏缺）可保于长生矣。自古同今，多乖（违背；背戾；不和谐。西汉政论家、文学家贾谊《新书·道术》："刚柔得道谓之和，反和为乖"）摄治（摄养修治），疾之间起，积之于微，势兆已形，求诸服饵，方既弗善，药何救焉？《书》曰：药不瞑眩（《孟子·滕文公上》："《书》曰：'若药不瞑眩，厥疾不瘳。'"东汉经学家赵岐撰《孟子章句》时注解："瞑眩，药攻人疾，先使瞑眩愦乱，乃得瘳愈也。"亦有书写作为"厥疾弗瘳"），诚哉是言也！且如人安之道，经络如泉，或驰骋性情，乖戾（不合；不和。《史记·天官书》："三能色齐，君臣和，不齐为乖戾。"按斗魁下六星两两相比者为三能）形体，莫知伤败，致损寿龄。盖由血脉荣枯，肌肤盛弱，贪其嗜欲，不利机关（犹枢机，指事物发动的表征；关键。西汉焦赣撰《易林·屯之谦》："甘露醴泉，太平机关。"枢机，比喻事物运动的关键。《易经·系辞上》："言行，君子之枢机。"《国语·周语下》："夫耳目，心之枢机也。"焦赣，字延寿，汉时《易经》传人。《汉书·儒林传》："京房受《易》梁人焦延寿，延寿云尝从孟喜问《易》。"唐代颜师古注解："延寿其字，名赣"），及至虚羸（音 léi，虚弱；体瘦。《礼记·问丧》："身病体羸，以杖扶病也。"《左传·桓公六年》："请羸师以张之。"杜预注解："羸，弱也"），不防他故。四时逆顺，六气交争，贤者自知，愚者未达（不通晓；不明白。《史记·范雎蔡泽列传》："人固未易知，知人亦未易也。"《吕氏春秋·遇合》："凡能听音者，必达于五声"）。是以圣人广兹（通"滋"。益；更加。《史记·司马相如列传》："历年兹多，不可记已"）仁义，博爱源深。故黄帝尽岐伯之谈，虢君信越人之术。揆度（音 kuí duó。度量、估量；揣度。《淮南子·兵略训》："能治五官之事者，不可揆度者也"）者，明于切脉；指归（宗旨或意向所在。《晋书·束皙传》："校缀次第，寻考指归"），探于幽玄（幽深玄远，精微玄妙）者。论之则五音自和，听之则八风应律，譬犹影响，无不相从。求妙删繁，备诸方册。讨寻精要，演说无所不周；诠诂（诠，详细解释；阐明事理。诂，以今言解释古言。《尔雅·释诂》邢昺疏解："诂，古也；古今异言，解之使人知也。"如诂训或曰训诂。诠诂，用现今语言详细解释事理）简编，探赜（《易经·系辞上》："探赜索隐，钩深致远……莫大乎蓍龟。”赜，幽深莫测；隐，隐密难见。先民认为通过卜筮之法，能够帮助人们探索幽深莫测、隐秘难见的道理。后人则泛指探究深奥的义理或搜索隐秘的事物）悉（全部；详尽。《尚书·盘庚上》：“王命众悉至于庭。”《汉书·张释之传》：“对上所问禽兽簿甚悉”）闻尽善（以达尽善尽美的极限。《论语·八佾》：“子谓韶，尽美矣，又尽善也；谓武，尽美矣，未尽善也。”韶，舜时乐曲名。武，周武王伐纣胜殷所制乐曲名。后人则用以形容事物达到最美好的程度或境地）。莫不考秘密，探隐微，大矣哉，为学乃至于此耶。则知天不爱其道，而道处其中；地不爱其宝，而宝含其内。夫医者，意也。疾生于内，药调于外。医明其理，药效如神，触类而生，参详变易，精微之道，用意消停。执见庸医，证候难晓。朕昔自潜邸（皇帝即位前的居所），求集名方、异术、玄针，皆得其要，兼收得妙方千余首，无非亲验，并有准绳，贵在救民，去除疾苦。并遍于翰林医官院，各取到经手家传应效药方，合万余道。令尚药奉御王怀隐等四人，较（音jiào，通“校”，考校。《新唐书·百官志一》：“岁较其属功过”）勘编类。凡诸论证，并该其中；品药功效，悉载其内。凡候疾之深浅，先辨虚实，次察表里，然可依方用药，则无不愈也。庶使天高地厚，明王道之化成；春往秋来，布群黎之大惠。昔炎帝神农氏长于姜水，始教民播种，以省煞生；尝味草木，区别药性，救夭伤之命，延老病之生，黔首（战国及秦代对国民的称谓。初见于《战国策·魏策》《吕氏春秋·振乱》《吕氏春秋·怀宠》《韩非子·忠孝》及李斯《谏逐客书》等篇。《史记·秦始皇本纪》：“二十六年……更名民曰黔首。”裴骃《集解》引应劭曰：“黔亦黎，黑也。”《说文解字·卷十上》：“秦谓民黔首，谓黑色也”）日用而不知，圣人之至德也。夫医道之难，昔贤犹病，设使诵而未能解，解而未能别，别而未能明，明而未能尽，穷此之道者，其精勤明智之士欤！朕尊居亿兆（言民众数目极大。《南齐书·刘善明传》：“乘宋季叶，政多浇苛，亿兆倒悬”）之上，常以百姓为心，念五气之或乖，恐一物之失所，不尽生理。朕甚悯焉！所以亲阅方书，俾令撰集，冀溥（音fū。通“敷”，分布。《礼记·祭义》：“溥之而横乎四海。”唐代经学家陆德明撰《经典释文》：“溥，本亦作敷”）天之下，各保遐年（高龄。《魏书·常景传》：“以知命为遐龄”），同我生民，跻（登；升。《诗经·豳风·七月》：“跻彼公堂。”东汉经学家郑玄笺：“跻，升也”）于寿域。令编勒成一百卷，命曰《太平圣惠方》，仍令雕刻印版，遍施华夷（古代汉族自称华夏，我国因称中华，简称华。古代中国对东方各族泛称夷，亦称东夷。如夏至周朝有九夷之称。郭璞《尔雅注》：“九夷在东。”古中华有时也泛称四方少数民族）。凡尔生灵，宜知朕意（《太平圣惠方》是北宋建国初年，由国家出版的重要医药文献，992年成书，也就是北宋太宗赵光义淳化三年。全书共一百卷，分1670门，载方16834首，汇集了唐、宋以前的各家验方，是唐、宋之间广大人民群众医疗经验的总结，亦体现了这位封建帝王悯惜百姓，尽力为人民做点实事的心情和动机）。

其后北宋末年的一位精通文墨、颇有文采，专心致力于文化艺术，却对政治丝毫不感兴趣，荒废政务，任用奸佞，祸国殃民，丧权辱国，极不称职的皇帝徽宗赵佶（1100—1125在位）鉴于当时社会流俗之积习，斯民之沉痼（历时经久，顽固难治的疾病），庸医之妄作，学非精博，识非悟解之形势，又亲自主持编撰了《政和圣济总录》（亦称《圣济总录》）一书，来总结传统医学的理论，以达急世用而救民疾的目的。

《圣济总录》成书于政和年间（政和：即宋徽宗赵佶的年号，1111—1117年），赵佶在为此书做御制序时说：

生者天地之大德，疾者有生之大患，方术者治疾之大法。昔者神农氏、黄帝氏独观太切，旁烛妙有，味百药以辨物，审百疾以全生。其制名，其取类，其正君臣，其立佐使，其见于《太素》《玉册》之书，雷公、岐伯之问，盖皆开神明之蕴，穷阴阳之变，原性命之理，而与天地同其覆载。中古已还，镂之玉版，藏之金匮，功利及草木，惠泽及牛马，所以遗天下后世甚厚。历年既久，流弊滋甚，糟粕具在，而精意不传。《内经》有病名而莫之究，有治法而莫之习，极其妙至于通仙而莫之悟。人之生也，其位参于天地，其灵贵于万物。形不盈仞，而心侔造化。昆仑尺宅，修之可以长生。寸田神牖（音yǒu，窗户），闲之可以反照。天关神庐，息之可以召和，去土符，书金格，炼丹却粒，御气凌虚，不假于物而裕然自足。嗟夫！达士可以神解，昧者且不能养其形，而况于了其心乎？内之五藏六府，外之九窍四关，着之于色，发之于声，寓之于三部九候，一失其平，则疾疢（音chèn，病）随至。神圣治于未兆，工巧救其已然。非天下之至精，孰能探天下之至赜？非天下之至粗，孰能佑天下之至神？朕悯大道之郁滞，流俗之积习，斯民之沉痼，庸医之妄作，学非精博，识非悟解，五行之数、六气之化，莫索其隐，莫拟其远。曰寒曰热，寒热之相搏，差之毫厘，失之千里，而有余者益之，不足者损之，率意用法，草石杂进，夭枉者半，不胜叹哉！万机之余，著书四十二章，发明《内经》之妙，曰《圣济经》。其意精微，其旨迈远，其所言在理，所以探天下之至赜。亦诏天下以方术来上，并御府所藏颁之，为补遗一卷，治法一卷，卷凡二百，方凡二万；以病分门，门各有论，而叙统附焉。首之以风疾之变动，终之以神仙之服饵，详至于俞穴经络，祝由（古代用祝祷治病的名称。《素问·移精变气论》："古之治病，惟其移精变气，可祝由而已。"唐王冰注解："祝说病由，不劳针石。"故名祝由）符禁，无不悉备，名之曰《政和圣济总录》。

其所载在事，所以祐天下之至神。盖圣人之虩（音 xiè，同"骇"。惊骇。《庄子·外物》："圣人之所以虩天下"）世，本在于上，末在于下，无见于上则治之道不立，无见于下则治之具不行。经之所言者道也，医得之而穷神；《总录》之所载者具也，医用之而已病。汉张仲景作《伤寒论》而杂之以方，唐孙思邈作《千金方》而继之以《翼》；以谓不如是则世莫能用其术，然之二人者，游于方术之内者也。彼超然独见于方术之外，下顾岐伯之流而与之议，始可谓知道。

朕作《总录》，于以急世用而救民疾，亦斯道之筌蹄（荃同"筌"，捕鱼竹器；蹄，捕兔器。《庄子·外物》："荃者所以在鱼，得鱼而忘荃；蹄者所以在兔，得兔而忘蹄。"后人以"筌蹄"比喻达到目的的手段）云耳。天下后世宜致思于忘筌蹄而自得者，俯仰之间，嚬（音 pín。同"颦"，皱眉）笑之度，御五行之数，运六气之化，以相天地，以育万物，至于反营魂而起当生者，岂细事哉！盖将有来者焉

序又云：

一阴一阳之谓道，偏阴偏阳之谓疾。不明乎道，未有能已人之疾者。阴阳相照，相盖相治。四时相代，相生相杀。五行更生，更废更相。人生其间，繇于阴阳，复于四时，制于五行。平则为福，有余则为祸，淫则为疾。惟非数之所能摄，而独立于万形之上；非物之所能制，而周行于万有之内（万有，泛指宇宙间的一切事物。犹言万物。南朝宋文学家颜延之《归鸿》诗："万有皆同春，鸿雁独辞归"）。为能以道御时，以神用数，形全精复，与天为一。昔者黄帝氏，盖体神而明乎道者也。问道于广成（即广成子，道家创始人。《太上老君开天经》："黄帝之时，老君下为师，号曰广成子。消自阴阳，作道戒经道经。黄帝以来，始有君臣父子，尊卑以别，贵贱有殊"），见大隗于具茨（《庄子·徐无鬼》载："黄帝见大隗于具茨之山。"唐代经学家、训诂学家陆德明撰《经典释文》："或云：大隗，神名也。"具茨，位于今河南省中部新郑市、新密市、

禹州市三市交界处的一座山名，属于伏牛山脉的余脉，中华人文始祖轩辕黄帝在此修德练兵，统一华夏的地方。也是炎黄子孙寻根拜祖、游览观光的圣地），而自亲事于法宫（帝王处理政事之所）之中，垂衣裳，作书契，造甲子，定律历，所以成天之亹亹（音 wěi wěi，勤勉不倦意）者。虽风后力牧，常先太鸿，奉令成教之不暇，而不可跂（通“歧”）及。然且叹世德之下衰，悯斯民之散朴，上悖日月之明，下铄山川之精，中堕四时之施，至于逐妄耗真，曾不终其天年，而中道以夭。乃询岐伯，作为《内经》。通神明之德，类万物之情，其言与典坟相为表里（典坟，三坟五典的简称。泛指各种古代书籍。西晋文学家陆机《文赋》：“伫中区以立览，颐情志于典坟”），而世莫得其传，至号医者流，与谓《易》为卜筮者何异？朕甚悼之，自继述以来，兢兢业业，夙夜不敢康，万机之余，紬绎（音 chōu yì。引其端绪伸明义理，阐述；寻究事理）访问，务法上古，探天人之颐，原性命之理，明荣卫之清浊，究七八（女性生理周期为七年，男性生理周期为八年）之盛衰。辨逆顺，鉴盈虚，为书十篇，凡四十二章，名之曰《圣济经》。使上士闻之，意契而道存。中士考之，自华而摭实。可以养生，可以立命，可以跻一世之民于仁寿之域，用广黄帝之传，岂不美哉。呜呼！阴淫寒疾，阳淫热疾，风淫末疾，雨淫腹疾。阴阳之寇，外伤其形，有如此者。意伤于忧悲而支废，魂伤于悲衰而筋挛，魄伤于喜乐而皮槁，气伤于恚怒而不能俛仰。情伪之感，内伤其真，有如此者。积亏成损，积损成衰，患固多藏于细微，而发于人之所忽。益止于眂会，而损在于尾闾。戒之慎之，疾成而后药，神医不可为也。若乃推行道术，辅正而去邪，立学建官，群多士而教养廪，无告救病苦，而墐（音 jìn。掩埋，埋葬）其亡殁，则布之政令，载在有司，此不复叙。

《圣济总录》一书应是由北宋末年徽宗皇帝赵佶敕命、众多人员参加编撰的一部内容极其丰富、载方二万多首、共分二百卷的历史医学文献。其中理论博采于众家医论，方药则多选自民间有效验方和医家秘方，强调气与疾病的关系，更强调运气与疾病治疗的关系；提倡预防、治未病理念，治疗上则强调早期、多种、综合治疗方法，注重整体观念，在临床医学上具有极高的参考价值，是一部对后世医学影响极大、颇具研究价值的医学书籍。赵佶也因此成为前无古人、后无来者的唯一一位主持编撰过医药卫生书籍的帝王。赵佶虽不是一位合格的政治家、国家领导人，却是一位难得的、优秀的文艺才子，更为后人留下了许多珍贵的艺术文物。

清帝康熙论医

清帝康熙著《庭训格言·养性·晓谕良方，希冀益众》训曰：朕自幼所见医书颇多，洞彻其原故，后世托古人之名而作者，必能辨也。今之医生所学既浅而专图利，立心不善，何以医人？如诸药之性，人何由知之？皆古圣人之所指示者也。是故朕凡所试之药与治人病愈之方，必晓谕广众；或各处所得之方，必告尔等共记者，惟冀有益于多人也。

清帝康熙著《庭训格言·养性·投药治病，贵在适宜》训曰：药品不同，古人有用新苗者，有用曝干者，或以手折、口咬，撮合一处。如今皆用曝干者，以分量秤合，此岂古制耶？如蒙古有损伤骨节者，则以青色草名绰尔海之根，不令人见，采取食之，甚有益。朕令人试之，诚然验之，即内地之续断。由此观之，蒙古也犹有古制。药性与病相投，则有毒之药亦能救人；若不当，即人参人亦受害，是故用药贵与病相宜也（药不在贵贱，与病相宜，能将疾病治疗好的药就是好药，此乃常理）。

清帝康熙著《庭训格言·技艺·与医配合，方能治病》训曰：人有病，请医疗治，必以病之始末详告，医者乃可意会，而治之亦易。往往有人不以病原告之，反试医人之能识其病与否，以为论难，则是自误其身矣。又病各不同，有一二剂药即瘳（音 chōu。痊愈）者，亦有一二剂药不能即瘳者。若急望效，以一二剂药不见病减，频换医人，乃自损其身也。凡人皆宜记此。（康熙帝告诫人们“冰冻三尺非一日之寒”“病去如抽丝”“欲速则不达”之理。就诊时，应以实情禀告医师，医生便可迅速确诊、下药，病宜速去；不要让医师去费心猜测，容易误诊，疾病难瘳，于己不利；也不宜频换医生。）

清帝康熙著《庭训格言·技艺·存心济世，医家之德》训曰：古人有言：不药得中医。非谓病不用药也，恐其误投耳。盖脉理至微，医理至深，古之医圣医贤，无理不阐，无书不备，天良在念，济世存心，不务声名，不计货利，自然审究详明，推寻备细，立方切症，用药通神。今之医生若肯以应酬之工用于诵读之际，推求奥妙，研究深微，审医案，探脉理，治人之病，如己之病，不务名利，不分贵贱，则临症必有一番心思，用药必有一番识见。施而必应，感而遂通，鲜有不能取效者矣。延医者慎之！（康熙帝告诫存心济世为医的人们：良好的医德与高明的医术，是医生必须兼备的。而如今许多医生屡屡贻误人之病情，缘于他们忙于应酬人事，耐不下心来研探学术，学识粗浅短见，延误病情，悲剧迭现。所以，康熙提醒为医者切不可务名利，分贵贱，切记慎之。）

清帝康熙著《庭训格言·技艺·洞察病源，对症施治》训曰：医药之系于人也大矣！古人立方，各有定见，必先洞察病源，方可对症施治。近世之人，多有自称家传妙方，可治某病；病家草率，遂求而服之，往往药不对症，以致误事不小。又尝见药微如粟粒，而力等大剂，此等非金石之酷烈，即草木中之大毒。若或药投其症，服之可已；万一不投，不惟不能治病，而反受其害，其误人也可胜言哉！故孔子曰：某未达，不敢尝。正为此也。（康熙帝告诫人们：医药对于人们来说可是件大事情！不可轻视，掉以轻心，当心庸医误人。）

清帝康熙著《庭训格言·技艺·灸病应慎，防身受亏》训曰：灸病者非美事，而身亦徒苦。朕年少时尝灸病，厥后受亏，即艾叶亦恶闻矣，闻即头痛。徒灸无益，尔等切记，勿轻于灸病也。（康熙帝告诫人们：艾灸疗病非美事，当心身体受亏。谨记对症施治，因病处方。）

附：圣人论医

汤问伊尹曰："寿可为耶?"伊尹曰："王欲之，则可为；弗欲，则不可为也。"（《尸子·卷下》）

墨子：圣人以治天下为事者也，必知乱之所自起，焉能治之（王引之云："言知乱之所自起，乃能治之也"）。不知乱之所自起，则不能治，譬之如医之攻人之疾者然，必知疾之所自起，焉能攻之；不知疾之所自起，则弗能攻。（《墨子·兼爱上》）。

吕不韦：凡人三百六十节，九窍五藏六府，肌肤欲其比也。血脉欲其通也，筋骨欲其固也，心志欲其和也，精气欲其行也，若此则病无所居而恶无由生矣。病之留，恶之生也，精气郁也。(《吕氏春秋·达郁》)。

韩非子：人之身三百六十节，四肢，九窍，其大具也。是以圣人爱精神而贵处静，嗜欲无限，动静不节，则痤疽之爪角害之。(《韩非子·解老》)

韩非子：夫弹痤者痛，饮药者苦，为苦惫之故，不弹痤、饮药，则身不活，病不已矣。(《韩非子·六反》)

屈原：九折臂而成医兮，吾至今而知其信然（《楚辞·九章·惜诵》。王逸注："言人九折臂，更历方药，则成良医。"洪兴祖补注："《左氏》云'三折肱知为良医'"）。

第二篇　名医论医篇

名医论医

中医药学作为研究、揭示人体身心疾病发生、变化规律和防治方法的科学，其历史源远流长，流传有序，中医药学书籍汗牛充栋、浩如烟海，其内合丰富的儒、释、道、杂、医诸家思想和学说。综观数千年来的中医药学发展史，儒、释、道学既是促进中医药学思想、理论、疗法、方药产生、发展和日臻完善的理论基础和重要力量源泉，又是二者相互融会的联系纽带和共同语言。

同样，在生活实践之中儒、释、道三家无不重视和运用医药于其中，目的就是要人们修心养性、行医施药、防病愈疾，借医药以达弘扬教义之目的。

儒家历来倡导仁者爱人、相互仁爱（《论语·颜渊》），“民吾同胞”（《张载集·正蒙》），“老吾老以及人之老，幼吾幼以及人之幼”（《孟子·梁惠王上》）。释家倡导普度众生、慈悲为怀，“我法平等，高下共均，贵贱同揆”（《宋高僧传·卷四·唐新罗国义湘传》）。道家倡导“常善救人，故无弃人”（《老子·第二十七章》）。

历代诸多大儒、著名道教学者在撰著、编定、注疏的典籍中，或多或少都论及医和药，虽然他们并不是以研究、应用医药学本身为目的，而是要借以阐述、宣扬、弘论儒、道、释之理，或引儒、道、释论医，或引医论儒、道、释，但他们无疑都将儒、道、释各家思想与自然医学巧妙地融为了一体。自然医学历经数千年的医疗实践和理论总结，已经形成了自己独特、系统、完整的中医养生保健、医疗保障体系。儒、道、释，名医论医，应该是发掘、整理、提高、弘扬祖国传统文化和中医药学这一科学技术系统工程不可缺少的重要内容。

方伎、医方之略，乃圣人之政也，所施各异，世之治也。

春秋时期秦国著名的医家医和首倡论及“六气”说（阴、阳、风、雨、晦、明），认为六气太过，可以导致各种不同疾病发生，反映了当时朴素的唯物病因说。

医技名闻天下的扁鹊其“六不治”之说同样名闻天下：“使圣人预知微，能使良医得早从事，则疾可已，身可活也。人之所病，病疾多；而医之所病，病道少。故病有六不治：骄恣不论于理，一不治也；轻身重财，二不治也；衣食不能适，三不治也；阴阳并，藏气不定，四不治也；形羸不能服药，五不治也；信巫不信医，六不治也。有此一者，则重难治也。”

“医者，意也。”《后汉书·郭玉传》：“医之为言意也。”《旧唐书·许胤宗传》：“医者意也，在人思虑。”强调主体内部的了悟，强调心的直觉；讲医理必先明儒、道之理；强调行医治病，贵在用心思考。

医方者，所以除疾疢（音 chèn。热病，引申即谓病。《诗经·小雅·小弁》：“疢如疾首。”东汉经学家郑玄《毛诗传笺》注解道：“疢，犹病也。”疾疢，或曰疢疾，就是疾病的意思。《孟子·尽心上》：“人之有德慧术知者，恒存乎疢疾。”北宋龙图阁学士、太子少傅、国子监直讲、学者，历太宗、真宗、仁宗三朝的孙奭奉敕诏校订东汉经学家赵岐所著《孟子章句》，用以补充唐代经学家、训诂学家陆德明所撰的《经典释文》之不足，著成《孟子音义》，疏解：“疢疾，人之有小疾，常需在身不去者。”按此以“疢疾”又比喻为忧患，故疏又解释，道：“所谓智虑生于忧患，岂非德慧术知存于疢疾之意有同欤”），保性命之术者也。天有阴阳风雨晦明之气，人有喜怒哀乐好恶之情。节而行之，则和平调理，专壹其情，则溺而生疢。是以圣人原（推求；查究。《韩非子·主道》：“掩其迹，匿其端，下不能原。”《管子·戒》：“春出原农事之不本者，谓之游。”唐代学者尹知章训诂：“原，察也”）血脉之本，因针石之用，假药物之滋，调中养气，通滞解结，而反之于素（《老子》：“见素抱朴。”《淮南子·本经训》：“其事素而不饰。”《小尔雅·广诂》：“素，白也。”《广雅·释诂三》：“素，本也。”《素问·阳明脉解》：“逾垣上屋，所上之处，皆非其素所能也。”唐代王冰注解：“素，本也。”《淮南子·俶真训》：“是故虚无者道之舍，平易者道之素。”东汉高诱注解：“素，性也。”指事物的根本。《鹖冠子·学问》：“道德者，操行所以为素也。”宋代陆佃注解：“道德，操行之本，故曰素也。”）。其善者，则原脉以知政，推疾以及国。周官，医师之职“掌聚诸药物，凡有疾者治

之”，是其事也。鄙者为之，则反本伤性。故曰：“有疾不治，恒得中医。”（《隋书·卷三十四·志第二十九·经籍三子》）

东晋道家大师、道教理论家、医药学家、炼丹术家葛洪有言：“学之广在于不倦，不倦在于固志。”

他在《抱朴子内篇·卷六·微旨》中说：“然览诸道戒，无不云欲求长生者，必欲积善立功，慈心于物（对任何事物都要抱有仁慈爱心），恕己及人，仁逮昆虫（仁爱及于昆虫），乐人之吉，愍人之苦（愍，音mǐn。哀怜；怜悯。《后汉书·应奉传》：“追愍屈原，因以自伤”），赒人之急（赒，音zhōu。救济；周济。《周礼·地官·大司徒》：“五党为州，使之相赒。”周济他人的危急困难），救人之穷，手不伤生，口不劝祸，见人之得，如己之得，见人之失，如己之失，不自贵，不自誉，不嫉妒胜己，不佞谄阴贼。如此乃为有德，受福于天，所作必成，求仙可冀也。”所言无不蕴含着扶危济困、修炼积德的内涵，而医药的社会功能无疑恰与此相吻合。

而唐代著名医药学家孙思邈无疑是完全赞成葛洪的这些名言的。他在《备急千金要方·序》中告诫人们：“人命至重，有贵千金，一方济之，德逾于此。”又在《备急千金要方·卷一·大医精诚》文中告诫人们凡欲成为大医者：“凡大医治病，必当安神定志，无欲无求，先发大慈恻隐之心，誓愿普救含灵之苦，若有疾厄来求救者，不得问其贵贱贫富……普同一等。”“医人不得恃己所长，专心经略财物，但作救苦之心。”“博极医源，精勤不倦，不得道听途说而言医道已了，深自误哉！”这种净化灵魂的思想不仅完全吻合此意，而且与儒、释、道三教劝导人们要努力做到仁、义、礼、智、信，温、良、恭、俭、让，与人为善，诚恳待人的理念、教义不谋而合。

北宋名医林亿说：“通天地人曰儒，通天地不通人曰技。斯医者，虽曰方技，其实儒者之事乎。班固序《艺文志》，称儒者助人君，顺阴阳，明教化，此亦通天地人之理也。又云：方技者，论病以及国，原诊以知政。非能通三才之奥，安能及国之政哉。”

南宋名医杨倓（音tán）说：“夫医之为艺，探天地清浊之源，察阴阳消息之机，顺四时之宜，藉百药之功，以治人之疾者也。粤自（粤，古做语助词，常用于句首或句中。《史记·周本纪》："粤詹（赡）雒、伊"）神农著金石草木之书，黄帝、岐伯撰《内经素问》，其学盛行而不废。名世之士，若扁鹊、和、缓，艺成而名立，盖班班可考。……惟伊尹论汤液，汉代长沙太守张仲景引而申之，始有可传之方，盖已末矣。夫疾病之变无穷，而吾之为方有限，欲以有限之方，通无穷之变，其不附会臆度，缪以毫厘者鲜矣。"

南宋名医刘昉编纂《幼幼新书》告诫学医者说："业医者，活人之心不可无，而自私之心不可有。"

宋名医王硕说："医言神圣工巧尚矣，然有可传者，有不可传者。就其可传者言之，其略则当先诊脉，次参以病，然后知为何证，始可施以治法，古人所谓脉病证治四者是也。"

大德四年二月一日（1138 年大德，西夏崇宗赵乾顺的年号），集贤学士、嘉议大夫、典瑞少监焦养直为《圣济总录》作序时说："臣闻天地以溥生为大德，所以曲成万物而不遗。圣人赞天地之化育，故敛时五福，以敷锡于庶民。夫民之为物也，智者寡，愚者众。起居失常，饮食无节，外为寒暑燥湿风以贼其形，内为喜怒思忧恐以乱其气。形气乃伤，疾所由作。圣人有忧之，谓祝由不可以尽已也，遂制药石针艾以攻八风六气之邪，为汤液醪醴以佐四时五行之正，防其未然，救其已病，然后物各遂其生，民不夭其命矣。"

金代名医张子和著《儒门事亲》说："不读本草，焉知药性？专泥药性，绝不识病；假晓识病，未必得法，识病得法，工中之甲。"

元代名医朱震亨著《局方发挥》说："仲景诸方，实万世医门之规矩准绳也，后之欲为方圆平直者，必于是取则焉。"

明代名医张景岳著《景岳全书》告知人们："医不贵于能愈病，而贵于能愈难病；病不贵于能言医，而贵于能延真医。"

明代名医龚廷贤则以"良医济世，功同良相"自勉。

明代名医卢复在其《医种子·后序》中说："世云：'为人子不可不知医'，予独云'为人不可不知医'。"

明清时代名医喻昌著《医门法律》说："仁人君子，必笃于情，医仁术也。"

医学不仅是术，而且是道，是大学问。正如通晓音律、工文辞、晓水利的清代医学家徐大椿（1693—1772）在《医学源流论·卷下·猎涉医书误人论》中所说："医之为道，乃通天彻地之学。"医学知识既可满足人们的求知欲，也是人格完善的必须条件，同时也是著书立说、垂教后世的途径之一。

他又在其《慎疾刍言》一书中，告诫人们："医药为人命所关，较他事尤宜敬慎。今乃眩奇立异，欲骇愚人耳目，将古人精思妙法反全然不考，其弊何所底止？"

清代名医陆懋修著《世补斋医书》说："医是讲学，不是市道，故商贾贸迁之术无一书之传，而医家言则汗牛充栋。"

清代名医陆以湉著《冷庐医话》说："医以意会，亦由善思而后得之也。"又说："医任死生之重，而通性命之微，固无人不当学也，特非尽人所能学耳。"

名儒论医

西汉政论家、文学家贾谊（公元前200—公元前168）说："古之圣人，不居朝廷，必居医卜之间。"（《史记·日者列传》）

东汉哲学家、文学家王充（27—约97）撰《论衡·卷二·率性》论医说："古贵良医者，能知笃剧之病所从生起，而以针药治而已之。如徒知病之名，而坐观之，何以为奇？夫人有不善，则乃性命之疾也，无其教治，而欲令变更，岂不难哉？"

东汉王充撰《论衡·卷十二·程材》论医说："病作而医用，祸起而巫使。如自能案方和药，入室求祟，则医不售而巫不进矣。"

东汉王充撰《论衡·卷十三·别通》论医说："血脉不通，人以甚病。"血脉不调，人生疾病；风气不和，岁生灾异。又说："医能治一病谓之巧，能治百病谓之良。是故良医服百病之方，治百人之疾；大才怀百家之言，故能治百族之乱。扁鹊之众方，孰若巧之一伎？"

东汉王充撰《论衡·卷十七·治期》论医病说："夫贤君能治当安之

民，不能化当乱之世。良医能行其针药，使方术验者，遇未死之人，得未死之病也；如命穷病困，则虽扁鹊末如之何。夫命穷病困之不可治，犹夫乱民之不可安也。药气之愈病，犹教导之安民也，皆有命时，不可令勉力也。”此谓药治不死病，死病无药医。又说：“人之温病而死也，先有凶色见于面部。其病，遇邪气也；其病不愈，至于身死，命寿讫也。国之乱亡，与此同验。有变见于天地，犹人温病而死，色见于面部也。有水旱之灾，犹人遇气而病也。灾祸不除，至于国亡，犹病不愈，至于身死也。论者谓变征政治，贤人温病色凶，可谓操行所生乎？谓水旱者无道所致，贤者遭病，可谓无状所得乎？谓亡者为恶极，贤者身死，可谓罪重乎？夫贤人有被病而早死，恶人有完彊而老寿。人之病死，不在操行为恶也。然则国之乱亡，不在政之是非。恶人完彊而老寿，非政平安而常存。由此言之，祸变不足以明恶，福瑞不足以表善，明矣。”

东汉王充撰《论衡·卷二十四·辨祟》论说：“人之疾病，希（此为形容词。形容很少之意）有不由风湿与饮食者。当风卧湿，握钱问祟；饱饭餍食，斋精解祸。而病不治，谓祟不得；命自绝，谓巫（亦有书写为“筮”）不审。俗人之知也。”

东汉王充撰《论衡·卷二十七·定贤》中论医病说：“夫圣贤之治世也有术，得其术则功成，失其术则事废。譬犹医之治病也，有方，笃剧犹治；无方，才微不愈。夫方犹术，病犹乱，医犹吏，药犹教也。方施而药行，术设而教从，教从而乱止，药行而病愈。治病之医，未必惠于不为医者。然而治国之吏，未必贤于不能治国者，偶得其方，遭晓其术也。……术人能因时以立功，不能逆时以致安。良医能治未当死之人命，如命穷寿尽，方用无验矣。故时当乱也，尧、舜用术，不能立功；命当死矣，扁鹊行方，不能愈病。”并说医治不死病，死病无药医之理。此篇兼论圣贤治世犹如医之治病之道理。

东汉史学家、文学家班固（32—92）撰《汉书·卷三十·艺文志·第十》说：“神仙者，所以保性命之真，而游求于其外者也。聊以荡意平心，同死生之域，而无怵惕于胸中（怵惕，音 chù tì。敬畏；戒惧。《汉书·淮南厉王传》：“日夜怵惕，修身正行。”没有惶恐忧惧之心）。然而或者专以为务，则诞欺怪迂之文弥以益多

（迂，音 yū。远。荒诞怪阔。《史记·封禅书》："言神事，事如迂诞"），非圣王之所以教也。孔子曰：索隐行怪，后世有述焉，吾不为之矣（唐代颜师古注解："《礼记》载孔子之言。求索隐暗之事，而行怪迂之道，妄令后人有所祖述，非我本志"）。"又说："方伎者，皆生生之具，王官之一守也。太古有岐伯、俞拊，中世有扁鹊、秦和，盖论病以及国，原诊（原，动词。推究最初的、初始、开始的。诊脉、视色观其候）以知政。汉兴有仓公。今其技术晻昧（音 ǎn mèi。晻，"痷"的异体字。湮没、埋没），故论其书，以序方伎为四种。"

一生隐居著书，讥讽批评时政得失，揭露豪强地主贪婪残暴，肯定"气"是世界万物的本源，一切自然现象"莫不气之所为"（《本训》），提出农桑为"富国之本"主张的东汉哲学家、政论家、文学家王符（约 85—162）在其所撰《潜夫论·思贤》中说："上医医国，其次下医医疾。夫人治国，固治身之象。疾者身之病，乱者国之病也。身之病待医而愈，国之乱待贤而治。治身有黄帝之术，治世有孔子之经。"

西晋坚持和发展"气一元论"的哲学家杨泉（生卒年无考）著《物理论》告知人们："夫医者，非仁爱之士不可托也，非聪明理达不可任也，非廉洁淳良不可信也。"

李约瑟对中国医学的评价

英国近代科学技术史专家、生物化学家、科学家李约瑟先生（1900—1995）是一名对中国人民及其历史文化充满敬意和热爱，数十年如一日辛勤耕耘于中国浩瀚历史典籍，对中国传统文化、科学、技术成就给予客观、公正评价的近代世界社会科学名家。

他在《李约瑟集·第二编：纵论科学和社会文化史·中国科学技术传统的光彩与不足》一节中，客观地赞誉道："医学是历代中国人最为关注的领域，而且由于中国人的特殊才智，使它沿着在各方面与欧洲更为不同的路线发展。"

又在《李约瑟集·第二编：纵论科学和社会文化史·中国与西方的科学和农业》一节中说："中国有许多技术发现，但这不是近代科学，也不是理论科学，而是经验科学。"

李约瑟在阐述我国古人至少在公元5世纪时就已经有了因缺乏维生素B_1而导致脚气病发生的知识时，在《李约瑟集·第四编：中国科学史与中外科学交流史·中国人对食物疗法的历史贡献》一节中说："事实是，中国人有关食物疗法的知识之所以被大为忽视，部分原因是缺乏对中国文献适当的检寻，部分原因是中国汉字与西方拼音文字有很大差异，使西方学者无法了解中国思想和知识的历史。然而，甚至像王吉民和伍连德合著的标准的中国医学史作品，实际上也一点没有谈到中国人的饮食疗法。"

他在《李约瑟集·第四编：中国科学史与中外科学交流史·中国人对食物疗法的历史贡献》一节中说："在中国，以食物治疗各种疾病的知识，可追溯到战国（公元前476—公元前222）那样早。可能在公元前4至1世纪之间成书的《周礼》一书，列举四种宫廷医学官员时提到'食医'，即宫廷食疗医生，还有'疾医'（宫廷内科医生）、'疡医'（宫廷外科医生）以及'医师'（众医之长，宫廷医学教授）。

"综观较早的医学文献，包括各种本草书籍和3世纪初张机（150—219）的《金匮要略》，可以看到后一部书是最早说明各种疾病致因和治疗理论的古代医书。它包括对不同阶段的营养缺乏症的生动说明，还叙述了一些处方，正如我们今天所知道的，这些处方所列药物是富含各种维生素的。

"至14世纪时，我们看到一部很有趣的书，却很少为人所熟知，甚至中国的科学史家也较少注意。这就是在元代仁宗（1312—1320）时从1314—1330年，任饮膳太医的忽思慧（1289—1355）写的题为《饮膳正要》（正确饮食的原理）一书。他在序中说他的书收集了选自当时本草书及其他著名医书中的材料，还选自他在宫内任职15年期间所收集的资料。他只在叙述对人有利的药物，但他并不单是位植物学家，因为他还谈到烹饪和供膳的方法。今天确是难以找到忽思慧所引的资料来源的手抄本材料，因为大部分必定已经佚失。

"至于忽思慧的书，仍要补充说的只是他对儿童、孕妇和哺乳妇女提供了特别的食谱，而且他强调了季节因素。他的书还不是论营养的唯一文献。

“古代饮食疗法知识在中国人中间扎根是如此之深，以至仍将传统食疗称为‘祖疗’或‘祖母疗法’，而且甚至在今日上海这类药和杂货仍在同一店中出售，传统知识直到近代还起作用。”

历代名医　倡导食治

历代名医，崇尚自然；大医精诚，慈悲为怀；贵贱贫富，普同一等。
食疗养生，实用简便；所用方药，以贱代贵；平疴遣病，重民尊生。
饮食保健，食药同源；渊源久远，系统全面；上至远古，功盖当代。
历代医书，均有记载；防病治病，疗效肯定；选方完整，已很普遍。

饮食疗法可以说是我国传统经典医学中的一份极其珍贵的民族遗产，自古至今历代名医无不主张先食疗、后命药的原则，民间“药补不如食补”的俗语不无道理；“饮食养生学”是我国人民数千年生活实践的高度总结，一直受到各派医家的极大重视，从有文字记载并保存遗传下来的医书和本草书籍来看，如《黄帝内经》《神农本草经》《中藏经》《伤寒论》《千金方》《圣济总录》《本草纲目》等，无不对此给予高度重视。传统医学的整体观念十分讲究，认为健康人体应该是处于阴平阳秘、阴阳协调的状态，以饮食调理养生，弥补不足，达到防病、治病目的，要做到有针对性，灵活掌握不可盲目。

战国时期名医扁鹊是我国历史上第一位有正式传记的医学家。司马迁写《史记》为他作传，《战国策》《韩非子》等都有关于扁鹊的记载。那时他就已经明确提出“为医者，当洞察病源，知其所犯，以食治之，食疗不愈，然后命药”的先食疗、后用药的治疗原则，这一思想对后世的影响同样是很大的。扁鹊学有所成、医术高超、望闻问切、技艺精湛、行医民间、遭嫉遇害，被秦太医李醯（音 xī）所害。人们赞誉他有“起死回生”之技艺，而他却谦虚诚恳地说道：“越人非能生死人也，此自当生者，越人能使之起耳。”由此可见，先贤的谨慎、低调、虚心、克己，这种精神难道不值得我们这些后世之人谨记和学习吗？

第三篇　远古篇

燧人氏

火的出现和使用是人类从茹毛饮血的原始生活迈向文明的第一步，是人类从低级动物走向高级动物、从动物界分化出来的重要标志之一。人们从取用自然火到聪明能干的燧人氏发明了“钻燧取火”的方法，让人们自此吃上了烧熟烤香的食物，从而给生活带来了巨大变化，也使自然界生长的草药治疗疾病的应用得以提升到了一个新的高度，自此，中草药疗病的效果自然更为有效。

战国时期的思想家、法家代表人物尸佼（约公元前390—约前330）在其《尸子·卷下》说：“燧人上观辰星，下察五木，以为火（《风俗通·皇霸》引《含文嘉》云：“燧人始钻木取火，炮生为熟，令人无腹疾，有异于禽兽，遂天之意，故曰燧人也”）。燧人之世，天下多水，故教民以渔。”

战国末期的哲学家、思想家韩非（约公元前280—约前233），在《韩非子·五蠹》篇提到：“有圣人作，钻燧取火以化腥臊，而民说（音yuè。通“悦”。《论语·学而》：“学而时习之，不亦说乎”）之，使王天下，号之曰燧人氏。”

西汉经学家、最早讲解、传授今文《尚书》的秦博士伏生（约公元前260—约前161）根据所闻杂录撰解释《尚书》的《尚书大传》说：“燧人为燧皇，燧人以火纪。火，阳也，阳尊，故托燧皇于天。”

西汉礼学家、今文经学开创者戴圣（生卒年无考）删定《礼记》编纂《大戴礼记》曰：“昔者先王未有火化（食腥也），食草木之实，鸟兽之肉，饮其血，茹其毛（此上古之时也）。后圣人有作（起），然后修火之利，范金（铸作器用）。合土，瓦瓶瓫及大瓿（音yú。盎、缶一类的瓦器。《广雅·释器》：“瓿，瓶也”）。以炮以燔，以烹以炙，以为醴酪。”

西汉淮南王刘安（公元前180—前123）汇集众多门客，集体创作了道家的鸿篇巨制《淮南子》一书，在《淮南子·卷八·本经训》中也记载了“逮至衰世”“钻燧取火”之事，由此，人们便步入了使食物炮生而熟、人无腹疾的熟食过程。同时在《淮南子·卷三·天文训》中，还讲解了原始社会的人们利用阳燧取自然火的成因乃是：“物类相动，本标相应。故阳燧见日，则燃而为火”。

东汉学者高诱（生卒年无考）作《淮南子注》解释：“阳燧，金也。取金杯无缘者，熟摩令热；日中时，以当日下，以艾承之，则燃得火也。”

三国蜀汉儒学家、史学家，为免百姓因战争而受屠戮，故倡言降魏，为结束三国分争做出过贡献的谯周（201—270），搜罗古籍所载先秦史事以补《史记》之缺，终撰古史重要参考书之一《古史考》。书中说：“古之初，人吮露精，食草木实，穴居野处。山居则食鸟兽，衣其羽皮，饮血茹毛；近水则食鱼鳖、螺蛤。未有火化腥臊，多害肠胃。于是有圣人以火德王，造作钻燧出火，教人熟食，铸金作刃，民人大悦，号曰燧人。”

西晋官居太傅丞的学者崔豹（生卒年无考）作对古代各项名物制度加以解释和考订，以供研究古代名物者参考的《古今注·杂注第七》时，解释说：“阳燧，以铜为之，形如镜。照物则影倒，向日则火生，以艾炷之则得火。”

五代后唐时人，明经及第、登科拔萃，历任太常修撰、尚书郎、国子监太学博士等诸多官职的马缟（生卒年无考）撰《中华古今注》，承袭崔豹之说：“燧铜镜，以铜为之，形如镜，照物则影倒，向日则火生，与艾承之，则火出矣。”

北宋太宗赵光义时期，由著名学者李昉、徐铉等人奉敕编纂的大型类书《太平御览·卷第七十八·皇王部三·燧人氏》引《礼含文嘉》说：“燧人始钻木取火，炮生为熟，令人无腹疾，有异于禽兽，遂天之意，故谓燧人。”又引王子年（即王嘉，字子年。？—约390，东晋、十六国时期的方士）《拾遗记》说：“燧明国，有大树，名燧，屈盘万顷。后世有圣人游日月之外，至于其国，息此树下，有鸟啄树，粲然火出，圣人感焉，因用小枝钻火，号燧人氏。”

《太平御览·卷第八六九·火部二》引《拾遗记》说：“申弥国去都万

里，有燧明国，不识四时昼夜；其人不死，厌世而升天。国有火树，名燧木，屈盘万顷，云雾出于中间。折枝相钻，则火出矣。后世圣人，变腥臊之味，游日月之外，以食救万物，乃至南垂。目此树表，有鸟若鸮，以口啄树，粲然火出，圣人感焉，因取小枝以钻火，号燧人氏。在庖羲之前，则火食起乎兹矣。”（上海古籍出版社于2012年出版的《拾遗记》，已难觅以上这些内容。）

王嘉所撰《拾遗记》中记述了汉孝惠帝二年时，天下太平，有道士韩稚越海前来献贡，在与帝作答时说：“自钻火变腥以来，父老而慈，子寿而孝。”火兴，父慈子孝，人际之间关系明显改善。

火是大自然中最神奇和最常见的现象，是人们在日常生活中不可或缺的能源，火对人类的文明进步具有巨大的推动作用。人类使用火的意义重大，它为人类自身的发展开辟了一个崭新广阔的前景，增强了人类征服自然、改造自然的能力；火的出现不仅能够驱赶、杀伤、吓跑野兽，免除它们对人类的威胁和伤害，还可以照明，取暖避寒，祛除严寒阴冷潮湿居处对人身的侵袭，提高机体自卫能力。自从人类掌握了火的知识之后，可以吃到烧熟的食物，改变了生食习惯，提高了人们的消化吸收能力，减少了细菌、寄生虫对人们的伤害，扩大了食物范围，增强了营养的吸收，改善了人们的营养状况，迅速提高了饮食和健康水平，为人类繁衍和延寿奠定了坚实牢固的基础。饮食的烹调也正是从原始社会人们学会用火后开始的，它是人类第一次掌握支配自然力来改善生存条件的开始。火的使用为人类的卫生保健创造了先天条件，从而能够充分吸收利用食物营养，提高抵御疾病的能力，同时也为诸如热熨、灸治、汤液的相继产生提供了绝对保证。在距今近50万年的北京猿人洞穴中，人们就发现了叠压厚达数米的用火痕迹。

魏、晋间著名医学家皇甫谧撰《帝王世纪》，以伏羲、神农、黄帝为上古三皇，后世多以此为据做史。

庖牺氏 即伏羲

三国时期曹魏著名文学家、诗人、才子曹植做《庖牺赞》：“木德风姓，八卦创焉。龙瑞名官，法地象天。庖厨祭祀，罟网鱼畋。琴瑟以像，时神通玄。"

《易经·系辞下》说："古者庖牺氏之王天下，仰则观象于天，俯则观法于地，中观鸟兽之文，与地之宜，近取诸身，远取诸物，于是始作八卦，以通神明之德，以类万物之情。结绳而为网罟，以畋以渔……"

"《宓戏杂子道》二十篇。"（《汉书·卷三十·艺文志第十·神仙者》）

春秋时期的思想家、法家代表人物管子（即管仲，公元前723—前645），作《管子·轻重戊》："虑戏作造六峜，以迎阴阳，作九九之数，以合天道，而天下化之。"

战国时期的思想家、法家代表人物尸佼在《尸子·卷下》说："伏羲氏之世，天下多兽，故教民以猎。（《汉书·律历志下》云："帝太昊作网罟以田渔，取牺牲，故天下号曰炮犠氏。"）伏羲始画八卦、列八节而化天下。"（《易经·系辞下》："古者包羲氏之王天下也，仰则观象于天，俯则观法于地。观鸟兽之文与地之宜，近取诸身，远取诸物，于是始作八卦，以通神明之德，以类万物之情。"《太平御览·卷七十八》引《春秋内事》云："伏羲氏始画八卦，定天地之位，分阴阳之数，推列三光，建分八节，以文应瑞，凡二十四，消息祸福，以制吉凶。"《风俗通·皇霸》引《含文嘉》云："伏者，别也，变也。戏者，献也，法也。伏羲始别八卦，以变化天下。天下法则，咸伏贡献，故曰伏羲也。"）

《史记·五帝本纪》等一些古老文献亦有类似记载，描述精明骁勇的伏羲氏（即庖牺氏）君临天下，教人们编绳结网、捕鱼猎兽；与此同时，在狩猎的过程中一些幼小动物被带回，他就教人们饲喂驯养活兽野物，逐渐驯化成为家畜，以解无食之困，从而产生了原始畜牧业。这时的社会已经进步到渔猎、原始畜牧业时代。

东汉史学家、文学家班固撰《白虎通义·卷二·号君子为通称》：古之时，未有三纲六纪，民人但知其母，不知其父。能覆前而不能覆后。卧之呿呿（音qǔ qǔ。象声词，呼吸声。《集韵·语韵》："呿，声也。"《白虎通》："卧之呿呿，起之吁吁。"谓睡卧时的鼻息声），行之吁吁（音xū xū。叹气声，此外尚有惊叹、忧愁、自得、应答声诸解），饥即求食，饱即弃余，茹毛饮血，而衣皮苇。于是伏羲仰观象于天，俯察法于地，因夫妇，正五行，始定人道。画八卦以治下，下伏而化之，故谓之伏羲也。"

《白虎通义·卷九·五经·论文王演易》："伏羲作八卦何？伏羲始王天

下，未有前圣法度，故仰则观象于天，俯则观法于地，观鸟兽之文，与地之宜，近取诸身，远取诸物，于是始作八卦，以通神明之德，以象万物之情也。”

《白虎通义·卷九·五经·论伏羲作八卦》：“经所以有五何？经，常也。有五常之道，故曰《五经》。《乐》仁，《书》义，《礼》礼，《易》智，《诗》信也。人情有五性，怀五常不能自成，是以圣人象天五常之道而明之，以教人成其德也。”（《礼记·乐记》载：“乐，乐其所自生。”《郊特牲》说：“乐，阳气也。”东方阳属仁，故乐为仁也。《荀子·劝学》：“《书》者，政事之纪。”书中所载是非邪正，读之可决断事，故《书》为义也。《荀子·劝学》：“《礼》者，法之大分，群类之纲纪也。”《书钞》引《六艺论》：“《礼》序尊卑之制，崇敬让之节。”故为礼也。《管子·山权》：“《易》者，所以守吉凶成败也。”《礼》《疏》引《六艺论》：“《易》者，阴阳之象，天地之所变化，政教之所生，读之则可知吉凶消长，进退存亡之道。”故《易》为智也。《管子·山权》：“《诗》者，所以纪物也。”《荀子·儒效》：“《诗》者，言是其志也。”《诗》《疏》引《说题词》云：“在事为诗，言志在心不可知，发诸言则信而可知。”故《诗》为信也。）

前秦隐士王嘉撰《拾遗记·卷一·春皇庖牺》：“春皇者，庖牺之别号。所都之国，有华胥之洲。神母游其上，有青虹绕神母，久而方灭，即觉有娠，历十二年而生庖牺。长头修目，龟齿龙唇，眉有白毫，须垂委地。或人曰：岁星十二年一周天，今叶以天时。且闻圣人生皆有祥瑞。昔者人皇蛇身九首，肇自开辟。于时日月重轮，山明海静。自尔以来，为陵成谷，世历推移，难可计算。比于圣德，有逾前皇。礼义文物，于兹始作。去巢穴之居，变茹腥之食，立礼教以导文，造干戈以饰武。丝桑为瑟，均土为埙，礼乐于是兴矣。调和八风，以画八卦，分六位以正六宗。于时未有书契，规天为图，矩地取法，视五星之文，分晷景之度，使鬼神以致群祠，审地势以定川岳，始嫁娶以修人道。庖者，包也，言包含万象。以牺牲登荐于百神，民服其圣，故曰庖牺，亦谓伏羲。变混沌之质，文宓其教，故曰宓牺。布至德于天下，元元之类，莫不尊焉。以木德称王，故曰春皇。其明睿照于八区（八方；天下。《汉书·扬雄传下》：“天下之士，雷动云合，鱼鳞杂袭，咸营于八区。”唐代颜师古注解：“八区，八方也”），是谓太昊。昊者，明也。位居东方，以含养蠢化，叶于木德，其音附角，号曰“木皇”。”（《周易》载：“伏羲为上古，观文于天，察理于地，俯仰二仪，经纶万象，至德备于冥昧，神化通于精粹。是以图书著其迹，河洛表其文。变太素之质，改淳远之化，三才之位既立，四维之义乃张。礼乐文物，自兹而始。降于下代，渐相移袭。”）

北宋太宗赵光义命文学家李昉等编撰类书《太平御览·卷第七十八·皇王部三·太昊庖牺氏·皇王世纪》记载了为人类生存做出最大贡献、缔造中华古国最早人类文明的太古庖牺氏：“……燧人氏没，庖牺氏代之，继天而生，首德于木，为百王先。帝出于震，未有所因，故位在东方，主春。象日之明，是称太昊。制嫁娶之礼，取牺牲以充庖厨，故号曰庖牺皇。”

《太平御览·卷第七十八·皇王部三·太昊庖牺氏·春秋内事》说：“伏牺氏以木德王天下。天下之人未有室宅，未有水火之和，于是乃仰观天文，俯察地理，始画八卦，定天地之位，分阴阳之数，推列三光，建分八节，以爻应气，凡二十四气，消息祸福，以制吉凶。”又说：“天地开辟，五纬各在其方，至伏牺乃合，故以为元。”

《太平御览·卷第七十八·皇王部三·太昊庖牺氏·礼含文嘉》解释：“伏者，别也。牺者，献也，法也。伏牺德洽上下，天应之以鸟兽文章，地应之以龟书。伏牺乃则象作《易》卦。”

北宋史学家、文学家司马光编撰《资治通鉴·卷之一·三皇纪·太昊伏羲氏》载：

“太昊，是伏羲氏之帝号，氏以别族，帝姓风而以伏羲为氏，故称太昊伏羲氏。

太昊之母，居于华胥（古地名，传说中的理想国）之渚（音 zhǔ。水中的小块陆地。《尔雅·释水》：“水中可居者曰洲，小洲曰渚”），履巨人迹，意有所动，虹且绕之，因而始娠。生帝于成纪（今甘肃省静宁县），以木德继天而王，故风姓（木生风）。有圣德，像日月之明，故曰太昊。

人生之始也，与禽兽无异，知有母而不知其父（先古时期为母系氏族社会，以女性为氏族首领，实行族外婚制，故民只知其母而不知其父），知有爱而不知其礼。卧则呿呿，起则吁吁，饥则求食，饱则弃余，茹毛饮血而衣皮革。太昊始作网罟（音 gǔ。网的总名。《易经·系辞下》：“作结绳而为网罟。”泛指猎取禽兽、张网捕渔的各种网），以佃（通“畋”。《易经·系辞下》：“以畋以渔。”打猎。猎取禽兽）以渔，以赡（供给；供养。

《晋书·羊祜传》："祜立身清俭，被服率素，禄俸所资，皆以赡给九族，赏赐军士"）民用，故曰伏羲氏。养六畜（牛、马、羊、猪、鸡、犬）以充庖厨（厨房饮食。《孟子·梁惠王上》："庖有肥肉"），且以为牺牲（古代祭祀所用完整牲畜），享神祇（天曰神，地曰祇，泛指天地之神），故又曰庖牺氏。

帝太昊伏羲氏，成纪人也，以木德继天而王，都宛丘（今河南省周口市淮阳区）。帝德合上下，天应以鸟兽文章，地应以河图、洛书（传说伏羲时代，龙马负"河图"自黄河出现，肩背之上有自然奇偶之数；神龟负"洛书"自洛水出现，肩背之上亦有自然奇偶之数。天降神物，河洛写天意，伏羲据"图""书"画成八卦，自此八卦生矣，《周易》源于此也）。于是仰观象于天，俯观法于地，中观万物于人，始画八卦。卦有三爻，因而重之，为卦六十有四，以通神明之德，以类万物之情。造书契（文字）以代结绳（上古无文字，人们用绳索打结记事，大事打大结，小事打小结）之政，书制有六（先人创造汉字，归纳起来有六种方法，即六书）：一曰象形（象形文字），二曰假借（本无其义，借其声而用之），三曰指事（直指其事为字），四曰会意（晓会其意。日月为明，人言为信），五曰转注（辗转其声而注释为他字之用。善恶之恶，转为好恶之恶；行走之行，转为德行之行），六曰谐声（取一字为主，再附以他字以调和其声。如松从木旁，取公为声；柏从木旁，以白为声），使天下义理必归文字，天下文字必归六书。作甲历（天干配地支，以纪年月昼夜方位，而十干又以甲为首，故称甲历）。"

元代蒙古族饮膳太医忽思慧撰《饮膳正要·卷第一·三皇圣纪·太昊伏羲氏》："风姓之源，皇熊氏之后。生有圣德，继天而王，为万世帝王之先。位在东方，以木德王，为苍精之君。都陈时，神龙出于荥河，则而画之为八卦。造书契，以代结绳之政，立五常，定五行，正君臣，明父子，别夫妇之义，制嫁娶之理。造屋舍，结网罟以佃渔（打猎捕鱼的工具谓之网罟。还有一种说法是利用潮差捕鱼的网，也称为网罟。佃，通"畋"。有两种意思，一是耕种，二是打猎。《易经·系辞下》："以畋以渔。"《尚书·多方》："今尔尚宅尔宅，畋尔田。"唐代经学家孔颖达疏解："治田谓之畋，犹捕鱼谓之渔"），服牛乘马，引重致远。取牺牲供祭祀，故曰伏羲氏。治天下一百一十年。"

明代宗室朱天然撰《历代古人像赞·伏羲》："卦画先天道开前古，六经之原群圣之祖。"

明代名医陈嘉谟撰《本草蒙筌·历代名医图姓氏》说："太昊伏羲氏，

风姓，代燧人氏而王，蛇身人首。始画八卦，造书契，以代结绳之政。制嫁娶，以俪皮为礼。结网罟，教畋渔，养牺牲以庖厨，故曰庖牺。”

历代名医图赞曰：“茫茫上古，世及庖牺。始画八卦，爰分四时。究病之源，以类而推。神农之降，得而因之。”

炎帝 即神农氏

三国时期曹魏曹植作《神农赞》：“少典之胤，火德成木。造为耒耜，导民播谷。正为雅琴，以畅风俗。”

《易经·系辞下》叙说上古农耕文化的开创者炎帝：“庖牺氏没，神农氏作，斫木为耜，揉木为耒，耒耜之利，以教天下，盖取诸益。”

“《神农杂子技道》二十三卷。”（东汉班固撰，《汉书·卷三十·艺文志第十·神仙者》）

“《神农本草》八卷。梁有《神农本草》五卷，《神农本草属物》二卷，《神农明堂图》一卷，《蔡邕本草》七卷，华佗弟子吴普《本草》六卷，《陶隐居本草》十卷，《随费本草》九卷，《秦承祖本草》六卷，《王季璞本草经》三卷，《李谠之本草经》一卷，《谈道术本草经钞》一卷，《宋大将军参军徐叔响本草病源合药要钞》五卷，《徐叔响等四家体疗杂病本草要钞》十卷，《王末钞小儿用药本草》二卷，《甘濬之痈疽耳眼本草要钞》九卷，陶弘景《本草经集注》七卷，赵赞《本草经》一卷，《本草经轻行》《本草经利用》各一卷，亡。《神农本草》四卷（雷公集注）。《神农本草经》三卷。（唐代魏徵撰《隋书·卷三十四·志第二十九·经籍三子》）

“《神农本草》三卷。”（后晋刘昫等撰，《旧唐书·卷四十七·志第二十七·经籍下·医术类》）

“《神农本草》三卷。”（北宋欧阳修、宋祁撰，《新唐书·卷五十九·志第四十九·艺文三》）

“《神农五藏论》一卷。”“《神农食忌》一卷”（元代脱脱等撰，《宋史·卷二百七·志第一百六十·艺文六》）。

《管子·轻重戊》：“神农作树五谷淇山之阳，九州之民，乃知谷食，而天下化之。”

战国时期政治家商鞅（约公元前390—前338）及其后学著作的合编——《商君书·画策》记：“神农之世，男耕而食，妇织而衣。”从而使当时人们的生活能够得到可靠保证。不过，这期间神农是冒着极大生命危险的，据说，他曾在一天之内尝了70种有毒植物，多次险些丧失性命。

神农氏治天下，欲雨则雨。五日为行雨，旬为谷雨，旬五日为时雨。正四时之制，万物咸利，故谓之神。

神农氏夫负妻戴，以治天下。尧曰："朕之比神农，犹旦与昏也。"

"神农氏七十世有天下，岂每世贤哉？牧民易也。"（《吕氏春秋·慎势》："神农十七世有天下，与天下同之也。"）

西汉诵诗书、善文章的政论家、文学家贾谊（公元前200—前168）著《贾谊书集》说："神农以为走禽难以久养民，乃求可食之物，尝百草实，察咸苦之味，教民食谷。"

西汉思想家、文学家刘安（公元前179—前122）集其门客所著《淮南子·卷十九·修务训》记述了这一过程："于是神农乃始教民播种五谷，相土地宜，燥湿肥硗（音qiāo。地坚硬不肥沃）高下，尝百草之滋味，水泉之甘苦，令民知所避就。当此之时，一日而遇七十毒。"这就是人们相传的神农氏精选五谷，教民播种，从而结束了人类茹毛饮血的时代，翻开了人类历史光辉一页。

东汉史学家、文学家班固（32—92）等人编纂记录章帝刘炟于建初四年（79年）在白虎观经学辩论结果的《白虎通·卷一》说："神农因天之时，分地之利，制耒耜，教民以耕。"（《白虎通》是《白虎通义》的省文，亦称《白虎通德论》。《白虎通》的思想主要是董仲舒以来，今文经学派的哲学思想、政治学说的提要。）

班固又在《白虎通义·卷二·号·君子为通称》中解释："谓之神农何？古之人民，皆食禽兽肉。至于神农，人民众多，禽兽不足。于是神农因天之时，分地之利，制耒耜，教民农作。神而化之，使民宜之，故谓之神农也。"

前秦隐士王嘉撰《拾遗记·卷一·炎帝神农》："炎帝始教民耒耜，躬勤畎亩之事（躬，亲自；事必躬亲；身体力行。畎亩，田地；田间。《孟子·告子下》："舜发于畎亩之中。"《国语·周语下》："天所崇之子孙，或在畎亩，由欲乱民也。"韦昭注解："下曰畎，高曰亩。亩，垄也。"炎帝亲自勤劳于田间之事），百谷滋阜（滋润繁茂旺盛。有成语：物阜民丰。《隋书·高祖纪上》："龙首山川原秀丽，卉物滋阜"）。圣德所感，无不著焉。神芝发其异色，灵苗擢其嘉颖（嘉颖，嘉禾之穗），陆地丹蕖（丹蕖，古代传说中的一种红色芙蕖，荷花的别称，乃祥瑞之物），骈生如盖（成双并列而生，犹如伞盖），香露滴沥（形容具有香味的露水滴下时的声响），下流成池，因为豢龙之圃（因此成为豢养龙的园圃。《诗经·豳风·七月》：“九月筑场圃”）。朱草蔓衍于街衢，卿云蔚蔼于丛薄（卿云，古人视为祥瑞、喜庆的一种彩云。《史记·天官书》：“若烟非烟，若云非云，郁郁纷纷，萧索轮囷，是谓卿云。卿云，喜气也。”众多蔚蓝色的卿云荟聚于茂密的草丛之上），筑圆丘以祀朝日（古代祭天用的圆形高坛称为圆丘。《三辅黄图·圆丘》：“昆明故渠南，有汉故圆丘。今按，高二丈，周回百二十步”），饰瑶阶以揖夜光（瑶阶，用玉石堆砌的梯阶，亦用为对石阶的美称）。奏九天之和乐（九天，泛指空间，又指中央及四方四隅、九方之天。《楚辞·离骚》：“指九天以为正兮，夫唯灵修之故也。”东汉文学家王逸注解：“九天谓中央八方也。”汉代扬雄《太玄·太玄数》：“九天：一为中天，二为羡天，三为从天，四为更天，五为睟天，六为廓天，七为减天，八为沉天，九为成天。”和乐，和睦欢快安乐之乐。《诗经·小雅·棠棣》：“兄弟既翕，和乐且湛。”或曰和谐的音乐。《礼记·乐记》：“正声感人而顺气应之，顺气成象而和乐兴焉”），百兽率舞，八音克谐（八音，泛指音乐。语出《周礼·春官·宗伯第三·大师》），木石润泽。时有流云洒液，是谓‘霞浆’，服之得道，后天而老。有石璘之玉，号曰‘夜明’，以暗投水，浮而不灭。当斯之时，渐革庖牺之朴，辨文物之用。时有丹雀衔九穗禾，其坠地者，帝乃拾之，以植于田，食者老而不死。采峻锾之铜以为器。峻锾（音 jùn ài），山名也。下有金井，白气冠其上。人升于其间，雷霆之声，在于地下。井中之金柔弱，可以缄縢（音 jiān téng。可以制作绳索用。《庄子·胠箧》：“将为胠箧探囊发匮之盗而为守备，则必摄缄縢，固扃鐍”）也。”

东晋史学家干宝撰神话志怪小说集《搜神记·卷一》说：“神农以赭鞭（赭鞭通神，赭鞭就是赤色的鞭子；神农氏为火德之帝，所以使用赤色的鞭子。古代传说神农氏使用赤色的神鞭鞭打自然界中的各种草木，用以检验百草的药性及药效，从而得知它们各自的平、毒、寒、温之性，自此始有本草医药学）鞭百草，尽知其平毒寒温之性，臭味所主，以播百谷，故天下号神农也。”

《太平御览·卷第七十八·皇王部三·炎帝神农氏·帝王世纪》解释说：“神农氏，姜姓也。有圣德。以火承木，位在南方，主夏，故谓之炎帝。”

《太平御览·卷第七十八·皇王部三·炎帝神农氏·礼含文嘉》解释说：“神者，信也。农者，浓也。始作耒耜，教民耕，其德浓厚若神，故为神农也。”

《资治通鉴·卷之一·三皇纪·炎帝神农氏》载："少典之君，娶于有蟜氏之女，曰安登，生二子焉。长曰石年，育于姜（姜地在今陕西省渭水流域，我先民发源地之一）水，故以姜为姓，以火德代伏羲氏治天下，故曰炎帝。其起本于烈山，又号烈山氏，亦曰连山氏。其初国伊，继国耆，合而称之，故又号曰伊耆氏。"

"炎帝神农氏，以火德王，都于陈，迁曲阜。初蓺（同"艺"，种植）五谷（稻、黍、稷、麦、菽）、尝百草。古者民茹草木之实，食禽兽之肉，而未知耕稼。炎帝因天时，相地宜，斫木为耜，揉木为耒，始教民蓺五谷，而农事兴焉。民有疾病，未知药石。炎帝始味草木之滋，察其寒温平热之性，辨其君臣佐使之义，尝一日而遇七十毒，神而化之，遂作方书以疗民疾，而医道立矣。复察水泉甘苦，令人知所避就，由是民居安食力而无夭折之患，天下宜之，故号神农氏。"由此可知，炎帝尝辨药味，造治病方书，疗治百姓疾病，医药之道自此立，民始终其天年，避免夭亡之患，奠定传统医学之基础。

北宋时期曾协助司马光（1019—1086）修治《资治通鉴》的史学家刘恕（1032—1078）撰《通鉴外记》亦说道："古者民有疾病，未知药石，炎帝始味草木之滋……尝一日而遇七十毒，神而化之，遂作方书，以疗民疾，而医道立矣。"正因为神农氏时期确实发明了药用植物能够治病，所以后世现存的第一部本草著作被人们冠名为《神农本草经》。

《神农本草》曰："神农稽首再拜，问于太一小子曰：'曾闻古之时，寿过百岁而殂落之，咎独何气使然耶！'太一小子曰：'天有九门，中道最良。'神农乃从其尝药以救人命。"（何谓"太一"？《庄子·天下》称老子之学"主之以太一"。"太一"是老子之"道"的别名。《吕氏春秋·大乐》明确指出："道也者至精也，不可为形，不可为名，强为之名，谓之太一。"）

元代忽思慧《饮膳正要·卷第一·三皇圣纪·炎帝神农氏》："姜姓之源，烈山氏之后。生有圣德，以火承木，位在南方，以火德王，为赤精之君。时人民茹草饮水，采树木之实，而食蠃蛖之肉（蠃，通"螺"。蛖，古同"蚌"。音 luó bàng，螺类动物的统称。《易经·说卦》："为螺为蚌"），多生疾病，乃求可食之物，尝百草，种五谷，以养人民。日中为市。做陶冶，为斧斤（泛指砍伐林木的工具。

《荀子·劝学》："林木茂而斧斤至焉。"《孟子·梁惠王上》："斧斤以时入山林，林木不可胜用也"），造耒耜（音 lěi sì。古代翻土耕地的工具，亦为农具的总称。耒是柄，耜是铲。《易经·系辞下》："神农氏作，斫木为耜，揉木为耒"），教民耕稼，故曰神农。都曲阜。治天下一百二十年。"

明宗室朱天然《历代古人像赞·神农》："药石权舆农商宗祖（权舆，本意是说草木萌芽的状态，此处之意是说医药的起始。《诗经·秦风》有《权舆》篇："于我乎，夏屋渠渠。今也每食无余，于嗟乎！不承权舆。于我乎，每食四簋。今也每食不饱，于嗟乎！不承权舆。"南宋朱熹《诗集传》释义："权舆，始也"），夭札全生饥寒脱苦（夭札，遭遇时疫而早亡。《左传·昭公四年》："疠疾不降，民不夭札。"西晋酷嗜左氏《春秋传》的杜预撰《春秋左氏经传集解》注解："短折为夭，夭死为札。"夭，夭折，短命，尚未成年而死亡；札，疫病遭遇瘟疫而亡。《晋书》有其传。）。"

明名医陈嘉谟《本草蒙筌·历代名医图姓氏》："炎帝神农氏，姜姓，人身牛首，继风姓而立，火德王。斫木为耜，揉木为耒，始教耕作，以赭鞭鞭草木尝之，始兴医教。刘安云：神农尝百草滋味，一日而七十毒，由是医方兴焉。盖上世未着文字，师学相传，谓之《本草》。

历代名医图赞曰：仰惟神农，植艺五谷。斯民有生，以化以育。虑及夭伤，复尝草木。民到于今，悉沾其福。"

中华传统文化关于炎帝神农氏的传说甚多，其在率领先民从混沌、蒙昧状态逐渐走向理性、文明，由到处游牧步入农业定居社会的过程中，在求生存、图发展，防病、治病、繁衍民族、造福人类的过程中，发挥的巨大作用和贡献功不可没。

远在上古时期，这位颇具大无畏牺牲精神的英雄，在与极度恶劣的大自然环境较量、斗争过程中，通过仔细观察，发现了遗弃在自然界的瓜子、果实、谷粒经过一段时间后会生根发芽，长出新的瓜蔓、谷物、果树，经过摸索尝试明确上述物品果然能够弥补食物、渔猎之不足；他不怕牺牲、勇于尝试、认真记录，终于找到和发现大量的粮食、蔬菜、水果等可食植物；他相土地适宜，燥湿肥硗高下，教民始作耒耜农具、农耕播种五谷，发展原始农业；他治麻为布，制作衣裳；驯养家畜，熟食肉肴；日中为市，互通有无，首辟市场；削桐为琴，结丝为弦；剡木为矢，以威天下；逐渐创造了农耕文明，开创了华夏原始农业。神农氏为华夏民族的繁衍、生息、昌盛奠定了坚实基础。

农业起源于采集、狩猎时代，原始农业是从原始采集、狩猎经济孕育出来的。在距今一万五千至一万年之间的中石器时代已经孕育了农业萌芽，农业的诞生被称为新石器革命，也是新旧石器时代区分的标志。农耕是生产上的一大进步，这一社会生产过程说明社会已经进步到农业时代。实际上，那时我们的祖先已经经过漫长的生产、生活、生存实践，在恶劣的自然环境中，我们的祖辈在遭遇无数的失败与成功的过程中，不断探索，逐渐认识，丰富积累、总结出的极为宝贵的实践成果，是提高的产物，是经历了由感性认识到理性认识的漫长过程的。

神农氏通过亲自品尝百草之滋味、水泉之甘苦，令民知所避就，尤其是在一日之内曾尝七十毒的实践，逐渐发现了许多可以治疗疾病的药材；他痛民疾苦，勇尝百草，发明医药，尤其是那些既能够作食物又能够作药用的“食药同源”现象，从而开创了传统的中草药先河；他逐步完善了“食医同源”“寓医于食”的手段并教人治病，为中华民族的健康繁衍、生生不息、繁荣昌盛奠定了坚实基础，为人类社会健康发展发挥了重大作用。

这就是为什么说中国的饮食文化、中国药膳学史、中国医药学史、医事卫生制度历史悠久，是世界上最古老的传统医学体系之一的原因，至今至少已有近万年的历史。它是通过长期的农业生产、生活实践，通过饮食调理、休养起居求得身心和谐健康，逐步积累和创立起来留给后世的宝贵财富。

神农氏是一个非常善于总结实践经验和不断提升理论，为人类做出了巨大贡献，功盖乾坤，令民敬仰的伟大先贤。

黄帝

三国时期曹魏的曹植作《黄帝赞》：“少典之孙，神明圣哲。土德承火，赤帝是灭。服中乘马，衣裳是制。云氏名官，功冠五列。”

“《黄帝内经》十八卷。”“《外经》三十七卷。”（东汉班固撰，《汉书·卷三十·艺文志第十·医经者》）

“《神农黄帝食禁》七卷。”（东汉班固撰，《汉书·卷三十·艺文志第十·经方者》

“《黄帝杂子步引》十二卷。”“《黄帝岐伯按摩》十卷。”“《黄帝杂子芝菌》十八卷。”“《黄帝杂子十九家方》二十一卷。”（东汉班固撰，《汉书·卷三十·艺文志第十·神仙者》）

“《黄帝素问》九卷八卷。”“《黄帝甲乙经》十卷音一卷梁十二卷。”“《黄帝八十一难》二卷。梁有《黄帝众难经》一卷。吕博望注，亡。”“《黄帝针经》九卷梁有《黄帝针灸经》十二卷。”“《黄帝流注脉经》一卷。梁有《明堂流注》六卷，亡。”“《黄帝素问》八卷全元起注。”“《黄帝素问女胎》一卷。”“《黄帝养胎经》一卷。”“《黄帝明堂偃人图》十二卷。”“《黄帝针灸虾蟆忌》一卷。”“《黄帝十二经脉明堂五藏人图》一卷。”（唐代魏徵等撰，《隋书·卷三十四·志第二十九·经籍三子》）

“《黄帝明堂经》三卷。”“《黄帝针灸经》十二卷。”“《黄帝素问》八卷。”“《黄帝内经明堂》十三卷。”“《黄帝杂注针经》一卷。”“《黄帝十二经脉明堂五藏图》一卷。”“《黄帝十二经明堂偃侧人图》十二卷。”“《黄帝针经》十卷。”“《黄帝明堂》三卷。”（后晋刘昫等撰，《旧唐书·卷四十七·志第二十七·经籍下·医术类》）

“《黄帝针灸经》十二卷。”“《黄帝杂注针经》一卷。”“《黄帝针经》十卷。”“《黄帝明堂经》三卷。”“《黄帝明堂》三卷。”“《黄帝内经明堂》十三卷。”“《黄帝十二经脉明堂五藏图》一卷。”“《黄帝甲乙经》十二卷。”“《黄帝流注脉经》一卷。”（北宋欧阳修、宋祁撰，《新唐书·卷五十九·志第四十九·艺文三》）

“《黄帝内经素问》二十四卷唐代王冰注。”“《素问》八卷隋全元起注。”“《黄帝脉经》一卷。”又，“《脉诀》一卷。”“《黄帝灵枢经》九卷。”“《黄帝针经》九卷。”“《黄帝灸经明堂》三卷。”“《黄帝九虚内经》五卷。”“《黄帝五藏论》一卷。”“《黄帝问岐伯灸经》一卷。”“《黄帝太素经》三卷杨上善注。”“《黄帝问答疾状》一卷。”（元代脱脱等撰，《宋史·卷二百七·志第一百六十·艺文六》）

此后，极受拥戴的部落联盟领袖，极具创造能力的华夏始祖黄帝公孙轩辕氏率领华夏先民在长期的生产、生活实践过程中，先后发明、创造了诸多生产、生活技术，诸如制作甲子干支、创文字、占日月、造律历、做算学、造屋宇、种田桑、养蚕茧、织机布、制衣裳、创医药、定殡葬……令万民免于存亡之难，率领部落逐渐由游牧和半游牧状态过渡到以农业为主的定居生活，大大加速了生产的发展，逐步强盛起来。

《管子·轻重戊》："黄帝作钻燧生火，以熟荤臊，民食之无兹胃之病，而天下化之。"

"子贡问孔子曰：'古者黄帝四面，信乎？'孔子曰：'黄帝取合己者四人，使治四方，不谋而亲，不约而成，大有成功，此之谓四面也。'"（《吕氏春秋·本味》："贤主之求有道之士，无不以也，有道之士求贤主，无不行也。相得然后乐。不谋而亲，不约而信，相为殚智竭力，犯危行苦，志欢乐之，此功名所以大成也。故黄帝立四面，尧、舜得伯阳、续耳，然后成。"东汉高诱注解："黄帝使人四面出求贤人，得之，立以为佐，故曰立四面也。"（《尸子·卷下》）

西汉开创纪传体史书的史学家、文学家、思想家司马迁（约公元前145或前135—？）撰我国最早的通史《史记·卷一·五帝本纪第一》说："黄帝者，少典之子，姓公孙，名曰轩辕。生而神灵，弱而能言，幼而徇齐（明敏有夙慧。南朝宋史学家裴松之之子裴骃著《史记集解》解说："徇，疾；齐，速也。言圣德幼而疾速也"），长而敦敏，成而聪明。"又说："诸侯咸尊轩辕为天子，代神农氏，是为黄帝。……有土德之瑞，故号曰黄帝。"

西汉淮南王刘安集诸门客所著《淮南子·卷六·览冥训》记述黄帝治理天下有方："昔者黄帝治天下，而力牧太山稽辅之，以治日月之行律，治阴阳之气；节四时之度，正律历之数；别男女，异雌雄，明上下，等贵贱；使强不掩弱，众不暴寡；人民保命而不夭，岁时熟而不凶；百官正而无私，上下调而无尤；法令明而不暗，辅佐公而不阿；田者不侵畔，渔者不争隈；道不拾遗，市不豫贾；城郭不关，邑无盗贼；鄙旅之人，相让以财；狗彘（音zhì。猪。东汉文字学家许慎《方言·第八》："猪，关东西或谓之彘"）吐菽粟于路，而无忿争之心；于是日月精明，星辰不失其行；风雨时节，五谷登熟；虎狼不妄噬，鸷鸟不妄搏（鸷，音zhì。鸷，即凶猛的意思。鸷鸟，肉食的凶猛大鸟，诸如雕、鹗一类。《楚辞·离骚》："鸷鸟之不群兮，自前世而固然"）；凤凰翔于庭，麒麟游于郊；青龙进驾，飞黄（飞黄，也叫"乘黄"，古传说中的一种神兽。亦有说是八骏中的神马，背上生有角，善飞驰，实属马中之王。东汉经学家高诱在为此句作注时说："飞黄，乘黄也，出西方，状如狐，背上有角，寿千岁"）伏皂；诸北、儋耳之国（儋耳，音dān ěr。即今日的海南省儋州市。西汉武帝刘彻时，始置儋耳郡。《汉书》载："儋耳者，大耳种也。"儋，字原本做"瞻"。东汉文字学家许慎《说文解字》："瞻，垂耳也；南方有瞻耳之国。"《山海经·海内南经》："鍑离其耳，分令下垂以为饰，即儋耳也。"郭沫若先生曾考证此说，之后在《说儋耳》中解说："儋耳之名，初见《吕氏春秋》。儋耳可省言为儋，则耳殆助语，有音无义，故儋耳并非垂大之耳。"还有一说是北方的部族名。《吕氏春秋·任数》："北怀儋耳。"《山海经·大荒北经》："有儋耳之国。"郭璞注解："其人耳大，下儋垂在肩上"），莫不献其贡职，然犹未及虙戏氏之道也。"

东汉唯物主义哲学家王充（27—约97）撰《论衡·卷二·吉验》说黄帝："凡人禀贵命于天，必有吉验见于地。见于地，故有天命也。验见非一，或以人物，或以祯祥，或以光气。

"传言黄帝妊二十月而生，生而神灵，弱而能言。长大率诸侯，诸侯归之。教熊、罴战，以伐炎帝，炎帝败绩，性与人异，故在母之身留多十月，命当为帝，故能教物，物为之使。"

东汉班固（32—92）撰《白虎通义·卷二·号·君子为通称》："黄者，中和之色，自然之性，万世不易。黄帝始作制度，得其中和，万世常存。故称黄帝也。"

东汉末年于汉献帝时曾任泰山太守的应劭撰考释议论名物、时俗为主要内容的《风俗通义》说："《大传》说燧人为燧皇，伏戏为戏皇，神农为农皇也。燧人以火纪，火，阳也。阳尊，故托燧皇于天。伏戏以人事纪，故托戏皇以人，盖天非人不固，人非天不成也。神农悉地力植谷，故托农皇于地。天地人之道备，而三皇之运兴矣。"又说："黄帝者，先也，厚也。中和之色，德施四季，与地同功，故先王以别之地。"（《太平御览·卷第七十七·皇王部二》）

西晋时期的哲学家、文学家傅玄（217—278）著《傅子》说："庖牺、神农，顺民之性育之者也。黄帝，除民之害，救之者也。"（《太平御览·卷第七十七·皇王部二》）

前秦隐士王嘉撰《拾遗记·卷一·轩辕黄帝》，云："轩辕出自有熊之国。母曰昊枢，以戊己之日生（古代人以十干配五方，戊己属中央，于五行属土，因此，"戊己"便被人们作为土的代称。《吕氏春秋·季夏》："中央土，其日戊己，其帝黄帝，其神后土……"东汉经学家高诱著《吕氏春秋注》解释："戊己，土日。土，王中央也"），故以土德称王也。时有黄星之祥。考定历纪，始造书契。服冕垂衣，故有衮龙之颂（衮龙，古代皇帝所穿朝服上有龙纹，故此得名。朝服上的龙纹，即指衮龙袍）。变乘桴以造舟楫（桴，音fú。小的竹筏或木筏。《论语·公冶长》："道不行，乘桴浮于海。"南朝梁时期的经学家、儒家学者皇侃著《论语义疏》："桴者，编竹木也。大曰筏，小曰桴"），水物为之祥踊，沧海为之恬波。泛河沉璧，有泽马群鸣，山车漫野。吹玉律（玉律，玉质的标准定音器。相传黄帝时的乐官伶伦截竹为筒，并以筒的长短分别声音的清浊高下，自此，所有乐器的音调均以此为准），正璇衡（璇衡，璇玑玉衡的简称。古代观测天象、测量天体坐标所用仪器）。置四史以主图籍，使九行之士以统万国。九行者，孝、慈、文、信、言、忠、恭、勇、义。以观天地，以祠万灵，亦为九德之臣。熏风至（熏风，和煦温暖的南风或者东南风。《吕氏春秋·有始》："何谓八风？……东南曰熏风。"高诱注解："巽气所生，一曰清明风"），真人集（道教把修真得道成仙，洞悉宇宙和人生本原，真真正正觉醒、觉悟的人称之为真人。语出《庄子·大宗师》："古之真人，其寝不梦，其觉无忧，其食不甘，其息深深……古之真人，不知说生，不知恶死，其出不欣，其入不距；倏然而往，倏然而来而已矣"），乃厌世于昆台之上（传说黄帝登仙之处），留其冠、剑、佩、舄焉。昆台者，鼎湖之极峻处也，立馆于其下。帝乘云龙而游，殊乡绝域，至今望而祭焉。帝以神金铸器，皆铭题。及升遐后（升遐，帝王死去的委婉说辞。东汉张衡《思玄赋》："涉清霄而升遐兮，浮蠛蠓而上征"），群臣观其铭，皆上古之字，多磨灭缺落。凡所造建，咸刊记其年时，辞迹皆质。诏使百辟群臣受德教者，先列珪玉于兰蒲席上，燃沉榆之香，舂杂宝为屑，以沉榆之胶和之为泥，以涂地，分别尊卑华戎之位也。帝使风后负书，常伯荷剑，旦游洹流，夕归阴浦，行万里而一息。洹流如沙尘，足践则陷，其深难测。大风吹沙如雾，中多神龙鱼鳖，皆能飞翔。有石蕖青色，坚而甚轻，从风靡靡，覆其波上，一茎百叶，千年一花。其地一名'沙澜'，言沙涌起而成波澜也。仙人宁封食飞鱼而死（宁封，即宁封子。古代仙人，又叫龙跷真人，相传是为黄帝职掌烧陶事务的陶正。据《列仙传》载：赤松子者，黄帝时人也，世传为黄帝陶正。神人过其处，为其掌火，能出五色烟，久则以教封子。封子积火自烧，而随烟气上下；视其灰烬，犹有其骨；时人共葬于宁北山中，故谓之宁封子焉），二百年更生。故宁先生游沙海七言颂云：'青蕖灼烁千载舒，百龄暂死饵飞鱼。'则此花此鱼也。"

《太平御览·卷第七十九·皇王部四·帝王世纪》说："神农氏衰，黄帝修德化民，诸侯归之。"又曰："黄帝使岐伯尝味百草，典医疗疾，今经方、本草之书咸出焉。"

《太平御览·卷第七十九·皇王部四·黄帝轩辕氏·春秋内事》说："轩辕氏以土德王天下，始有堂室，高栋深宇，以避风雨。"

《资治通鉴·卷之一·三皇纪·黄帝有熊氏》载："黄帝，是帝号；有熊，是国名。黄帝以国为氏，故称黄帝有熊氏。"

"姓公孙，讳轩辕，有熊国君之子也。生而神灵，长而聪明。是时神农氏为天子，诸侯相侵伐，神农氏不能征。炎帝侵陵诸侯，蚩尤最为强暴。轩辕修德治兵，与炎帝战而胜之，又擒杀蚩尤于涿鹿。于是诸侯咸归轩辕，遂推轩辕代神农氏为天子，是为黄帝。"

"帝受河图，见日月星辰之象，于是始有星官（古人观测星象，命众星以百官名称，故称星官）之书。命大扰探五行之情，占斗纲（北斗星的柄）所建，于是始作甲子。命容成造历（以定四时，即今大统历），命隶首作算数（即今九章算法），命伶伦造律吕（造六律六吕以正五音），命车区占星气（以验证灾祥），容成兼而总之。为文章以表贵贱，作舟车以济不通，画野分州，得百里之国万区。"

元代蒙古族饮膳太医忽思慧撰《饮膳正要·卷第一·三皇圣纪·黄帝轩辕氏》：

"姬姓之源，有熊国君少典之子。生而神灵，长而聪明，成而登天。以土德王，为黄精之君，故曰黄帝。都涿鹿。受河图，见日月星辰之象，始有星官之书。命大挠探五行之情（大挠，创造六十甲子的黄帝史臣。《吕氏春秋·尊师》："黄帝师大挠。"高诱注解："大挠作甲子"），占斗罡所建，始作甲子；命容成作历（发明历法的黄帝大臣），命隶首作筭数（筭，音 suàn。通"算"。算数。隶首，始作算数的黄帝史官），命伶伦造律吕（伶伦，黄帝时代的乐官名。律吕，音乐术语，"六律""六吕"的合称，即十二律，泛指乐律或音律），命岐伯定医方（容成、隶首、伶伦、岐伯，四人均是黄帝的臣子）。为衣冠以表贵贱，治干戈，作舟车，分州野。治天下一百年。"

明代朱天然撰《历代古人像赞·黄帝》：参赞两仪创兴百制（参赞，源自《中庸》的"参赞化育"概念，意为人居天地自然之间，参与和调节作用。《小尔雅·广诂》："赞，佐也。"辅佐、赞襄、协助、赞助。两仪，中国古典哲学概念。《周易·系辞上》："易有太极，是生两仪。"唐代著名经学家孔颖达著《五经正义》疏解："不言天地而言两仪者，指其物体；下与四象相对，故曰两仪，谓两体容仪也"），德满群生泽流万世。

明代陈嘉谟撰《本草蒙筌·历代名医图姓氏》："黄帝姓公孙，名轩辕。

又曰姬姓，有熊国君少典之子。炎帝世衰，诸侯相征伐，轩辕乃习干戈，以征不享，平定天下，殄灭蚩尤。以土德王天下。《内经·素问》序云：安不忘危，存不忘亡。救民之瘼（音mò。疾病；疾苦。《诗经·小雅·四月》："乱离瘼矣"），恤民之隐者，往圣之用心也。在昔黄帝之御极，以理身绪余。治天下，坐明堂之上，临观八极。考建五常，以谓人之生也。负阴而抱阳，食味而被色。外有寒暑之相荡，内有喜怒之交侵。夭昏扎瘥，国家代有。将欲敛时五福，以敷锡厥庶民。乃与岐伯等上穷天纪，下极地理，远取诸物，近取诸身，更相问难，垂法后世。于是雷公之伦受业传之，而《内经》作矣。

历代名医图赞曰：伟哉黄帝，圣德天授。岐伯、俞跗，以左以右。导养精微，日穷日究。利及生民，勿替于后。"

黄帝以土德兴，土色尚黄，故称黄帝。姓公孙，名轩辕，有熊国（古国名，故址在今河南省新郑市）君少典之子也，中原各民族的共同祖先。

黄帝圣人，性与人异，传言黄帝在母之身留多十月，妊二十月而生，故禀贵命于天，必有吉验见于地，命当为帝，见于地，故有天命也。生而神灵，弱而能言，长而聪明。故能教物，物为之使，验见非一，或以人物，或以祯祥，或以光气。故其子孙皆为帝王。

是时神农氏为天子，诸侯相侵伐，神农氏不能征。炎帝侵陵诸侯，蚩尤最为强暴。轩辕长大修德治兵，诸侯尽皆率归之；教熊、罴战，以与炎帝战，伐炎帝而胜之，炎帝败绩；又擒杀蚩尤于涿鹿，于是诸侯咸归轩辕，遂推轩辕代神农氏为天子，是为黄帝。

《帝王世纪》《通鉴外记》这些古代文献都有黄帝与其臣属岐伯、雷公等人讨论医学、创立医道的记载。岐伯既是辅佐黄帝理政之臣，又是向黄帝传授医药知识的师长和太医，黄帝时常就医药问题向岐伯、雷公等人咨询求教，由此而作《黄帝内经》。后世由此沿袭称呼中医药学为"岐黄之术"，业医者为"岐黄传人"。

岐伯

"《岐伯经》十卷。"（唐代魏徵等撰，《隋书·卷三十四·志第二十九·经籍三子》）

“岐伯《灸经》一卷。”（北宋欧阳修、宋祁撰，《新唐书·卷五十九·志第四十九·艺文三》）

“岐伯《针经》一卷。”“岐伯《论针灸要诀》一卷。”（元代脱脱等撰，《宋史·卷二百七·志第一百六十·艺文六》）

岐伯是远古时期最负盛名的医学家，黄帝之臣。中国传统医学被称为“岐黄之术”，可见岐伯与黄帝在其中的重要地位和作用。他们对传统医学的贡献之巨大，影响之深远，不可胜数。

晋代皇甫谧撰《帝王世纪》说：“（黄帝）又使岐伯尝味百草。典医疗疾，今经方、本草之书咸出焉。”

明代陈嘉谟撰《本草蒙筌·历代名医图姓氏》：“《素问内经》问答，岐伯为黄帝之师，故称之曰天师岐伯。全元起（与南朝梁文学家王僧儒同时人。南朝齐、梁间至隋唐时，善医术的著名医家，遗憾的是正史无传，只有《南史·王僧儒传》捎带称：全元起在注《黄帝内经·素问》之前，曾就砭石之事造访过王僧儒。他所著《注黄帝素问》，实为我国最早对《素问》一书的注解，也是历史上最早为《素问》作注解的人，其书早佚。唐代王冰、宋代林亿等人著书时，都曾参考过全元起注本）注《黄帝内经·素问》有曰：素者，本也；问者，黄帝问于岐伯也。方陈性情之源，五行之本，故曰《素问》。又曰：三皇时有僦贷季（贷季，传说上古神农时人，岐伯祖师，医家之祖。《黄帝内经·素问·移精变气论》一节，岐伯在回答黄帝提问时，称其为先师），为岐伯祖世之师，理色脉而通神明之妙。

历代名医图赞曰：天师岐伯，善答轩辕。制立《素问》，始显医源。”

伯高

上古时期富有声望的医学家，黄帝臣。精通经脉学，以针灸理论、临床外治擅长，于脉理论述为长。

雷公

传说上古时期的医学家，黄帝臣。擅长医学教授、望色诊断、针灸医术。

“《神农本草》四卷雷公集注。”（唐代魏徵等撰，《隋书·卷三十四·志第二十九·经籍三子》）

“《雷公药对》二卷。”（后晋刘昫等撰，《旧唐书·卷四十七·志第二十七·经籍下·医术类》。此应是轩辕黄帝时期撰著《药对》的雷公。与俞跗、扁鹊同时，古之神医。非南北朝宋时期的雷公，二人姓偶相同，非一人也）

“雷公《灸经》一卷。”“雷公集撰《神农本草》四卷。”（北宋欧阳修、宋祁撰，《新唐书·卷五十九·志第四十九·艺文三》）

“《雷一作灵公仙人养性治身经》三卷。”（元代脱脱等撰，《宋史·卷二百七·志第一百六十·艺文六》

明代陈嘉谟《本草蒙筌·历代名医图姓氏》：“黄帝坐明堂，救生民之瘼，恤民之隐，大圣之用心也。故引雷公，问拯济生灵之道。雷公对曰：诵而颇能解，解而未能明，明而未能彰。黄帝因而授之。事见《素问内经》十二卷《著至教论》篇。由是雷公医道益著，有《炮炙论》。其序载在《本草》，云：公姓雷，名敩。

历代名医图赞曰：太乙雷公，医药之宗。炙煿（音bó。元代戏剧家王实甫作《西厢记·第二本楔子》：“五千人也不索炙煿煎爁”）炮制，千古无穷。”

第四篇 商 春秋 战国篇

商

伊尹，商世汤液创始人，堪称传统医药学家。

春秋战国之际著名的思想家、政治家、哲学家、教育家、科学家、军事家、社会活动家，墨家学派创始人墨翟（约公元前468—前376）著《墨子·卷二·尚贤》称："伊尹为有莘氏女师仆。"师仆据说是奴隶主贵族子弟的家庭教师。《墨子·卷二·尚贤上》一文十分赞赏商汤举贤任能，授其国政之举，说："汤举伊尹于庖厨之中，授之政，其谋得。夫尚贤者，乃政之本也。"

伊尹是一个典型的"以饮食、烹饪而论修身、齐家、治国、平天下"的高人，商汤赞扬"今夫伊尹之于我国也，譬之良医善药也；食之则耳加聪，目加明，则吾必说而强食之（《墨子·卷十二·贵义》）"。

战国时期思想家、政治家、教育家孟子（约公元前372—前289）曰："伊尹耕于有莘之野，非其道也，非其义也，虽禄之天下，弗受也。"

"夫天下不能动其心，是故其才全。以其全才而制天下，是故临大事而不乱。古之君子，必有高世之行，非苟求为异而已。卿相之位，千金之富，有所不屑，将以自广其心，使穷达利害不能为之芥蒂，以全其才，而欲有所为耳……"

"夫太甲之废，天下未尝有是，而伊尹始行之，天下不以为惊。以臣放君，天下不以为僭。既放而复立，太甲不以为专。何则？其素所不屑者，足以取信于天下也。彼其视天下眇然不足以动其心，而岂忍以废放其君求利也哉？……"

《春秋左传·襄公二十一年》亦载："伊尹放大甲而相之，卒无怨色。"

（大甲，亦称太甲，商汤之嫡长孙。据说即位后，破坏汤法，不理国政，荒淫无度，被伊尹放逐桐宫三年，改悔之后又被接回复位，而无怨恨之心。放逐期间，生活于民间，因知人民疾苦，复位后，励精图治，诸侯归殷，百姓安宁，在位十二年。）

战国末期的哲学家、法家主要代表人物韩非（约公元前280—前233）著《韩非子》，谓伊尹真乃贤圣智慧之人，说："上古有汤，至圣也。伊尹，至智也。然且七十说而不受，身执鼎俎为庖宰，昵近习称，汤乃仅知其贤而举之。"

秦代大商人、思想家、政治家、宰相吕不韦（公元前？—前235）集众门客撰《吕氏春秋·孝行览》，引伊尹与成汤对话说汤液："凡味之本，水最为始，五味（酸、苦、甘、辛、咸）三材（水、木、火），九沸九变，火之为纪，时疾时徐，灭腥、去臊、除膻，必以其胜，无失其理。"由此可知，伊尹对汤液颇有研究心得，精通其中要领，善于应用汤液制法取得饮膳最佳效果。

又《吕氏春秋·本味》载伊尹与汤王的对话，以医为喻："有其新，弃其陈，腠理遂通，精气日新，邪气尽去，及其天年。"又从药食同源的角度阐明食物与药物之间不可绝对分离的密切关系，以生姜、肉桂为例，论证"阳朴之姜，招摇之桂"（阳朴，地名，在西蜀。招摇，山名。《山海经·南山经·鹊山、招摇山》："南山经之首曰鹊山，其首曰招摇之山，临于西海之上，多桂，多金玉"），日常生活中所用的调味品姜、桂是常用的药物，利用它们的辛温、发散作用亦可用于治疗疾病，这都是非常自然的事情。

西汉皇族、淮南王、汉高祖刘邦之孙、人们经常食用的豆腐的研制创始人刘安，集众门客撰《淮南子·卷二十·泰族训》说："伊尹忧天下之不治，调和五味，负鼎俎而行，五就桀，五就汤，将欲以浊为清，以危为宁也。"（伊尹忧虑天下因得不到治理而不得安宁，于是做厨师谨调五味食物，背负烹调所用鼎具、砧板奔走，五次去见夏桀，又五次拜见商汤，欲将混浊不治的国家还以清平，救行将危亡的社会以安宁）又说："游不论国，仕不择官，行不辟污，曰伊尹之道也。"

西汉思想家、史学家、文学家司马迁（公元前145或前135—？）撰《史记·殷本纪》说："伊尹以滋味说汤。"

东汉思想家、哲学家、文学家王充撰《论衡·卷二·吉验》说："伊尹且生之时，其母梦人谓己曰：'臼出水，疾东走。'母顾明旦视臼出水，即东走十里，顾其乡皆为水矣。伊尹命不当没，故其母感梦而走。推此以论，历阳之都，其策命若伊尹之类，必有先时感动在他地之效。”

《论衡·卷十八·感类》说：“伊尹相汤伐夏，为民兴利除害，致天下太平；汤死，复相大甲，大甲佚豫（音 yì yù。佚，通“逸”。《荀子·尧问》：“舍佚而为劳。”豫，安适；游乐；悦乐。《尚书·金縢》：“王有疾，弗豫。”《孟子·梁惠王下》：“吾王不游，吾何以休？吾王不豫，吾何以助？”朱熹注解：“豫，乐也。”大甲贪图安逸，不理国政，伊尹耻其君不及尧、舜），放之桐宫（商代桐地的宫室。伊尹曾放逐太甲于此地。《史记·殷本纪》：“帝太甲既立，三年，不明，暴虐，不遵汤法，乱德，于是伊尹放之桐宫。”放逐于桐宫），摄政三年，乃退复位。周公曰：‘伊尹格于皇天。’天所宜彰也。伊尹死时，天何以不为雷雨？应曰：‘以《百雨》篇曰：伊尹死，大雾三日。’”

又《论衡·卷二十一·死伪》援引春秋时期齐国大夫晏婴所作《晏子春秋》之说，描绘其形态：“伊尹黑而短，蓬而髯，丰上而锐下，偻身而下声。”（黑而短，色黑且身材矮小；蓬而髯，《说文解字·髟部》：“髯，颊须也。”蓬松的头发、络腮胡须；丰上而锐下，形容面部形象，上部宽广而下部瘦削，即人们常说的瓜子脸，属贵相。偻身而下声，脊背弯曲、弯腰驼背，说话声音低沉。晏婴信梦，从而对伊尹做了一个全面的画像描写，为后人留下了伊尹的全面宝贵形象。）并说晏子信梦，明言汤、伊尹之形。

魏晋时期著名学者、医学家、史学家、文学家皇甫谧（215—282），因中年患风痹疾，半身麻木，耳聋足跛；后又因误食丹石而中毒及至自杀，获救后不因年老而气馁，决心学医，苦心钻研医学，著《帝王世纪》，撰《甲乙针经·序》说：“伊尹以亚（一说“元”）圣之材，撰用神农本草以为《汤液》。”

西晋著名学者、诗人、文学家张华（232—300）撰我国第一部博学著作、志怪小说集《博物志·卷之九·杂说上》，说伊尹的出生：“思士不妻而感，思女不夫而孕，后稷生乎巨迹，伊尹生乎空桑。”（思念女人的男子不娶妻亦能感应，思念男人的女子不嫁亦能怀孕，后稷是因其母踩踏了巨人的足迹而生。又，后稷是古代周族的始祖。神话传说有邰氏之女姜嫄因踏巨人脚迹而怀孕，之后产下了善于种植各种粮食作物，并在尧、舜时代做过农官，教民耕种的后稷。）此说伊尹是其母在空心桑树中生产的。

两晋道教理论家、医学家、炼丹术家葛洪（284—364）撰《抱朴子·内篇·卷十二·辩问》引孟子说：“伊尹，任之圣者也（是最负责任的圣人）。”

南朝齐梁时期道教思想家、医学家陶弘景（456—536）著《辅行诀藏府用药法要》，云：“商有圣相伊尹，撰《汤液经法》三卷，为方亦三百六十首。上品上药，为服食补益方者，百二十首；中品中药，为疗疾祛邪之方，亦百二十首；下品毒药，为杀虫辟邪痈疽等方，亦百二十首。凡共三百六十首也。实万代医家之规范，苍生护命之大宝也。”（此乃“敦煌”遗卷）

北宋著名文学家苏轼（1037—1101）《苏轼全集·文集卷二·伊尹论》：“办天下之大事者，有天下之大节者也。立天下之大节者，挟天下者也。夫以天下之大而不足以动其心，则天下之大节有不足立，而大事有不足办者矣。”

元代著名医学家王好古著《汤液本草》说：“殷伊尹用本草为汤液，汉仲景广汤液为大法。”

明代朱天然撰《历代古人像赞·伊尹》：“天锡呵衡左右商王（天锡，上天赐予、苍天赏赐。锡，赐。《公羊传·庄公元年》：“王使荣叔来锡桓公命。锡者何？赐也。”引申为赐予），忠光日月肩荷纲常。”又介绍说，伊尹，其母居于伊水上，既孕梦神人谓曰：臼出水则东走。明日告其邻，东十里回视其邑皆为水也。母身化为空桑，有莘氏女采桑，见儿啼于空桑中，乃取养之，命曰伊尹。耕于有莘之野，汤使人以币聘之，因说汤代夏救民为汤相。

伊尹，伊是名，又一说名挚，又称伊挚；尹是官名，相当于宰相之职。商初大贤之臣，殷商初期名臣、医圣。传说生于伊、洛流域古有莘国的空桑涧（即今河南省洛阳市嵩县）有莘氏部落。奴隶出身，初为有莘氏女陪嫁于商王时的陪嫁之臣。其父是既能屠宰又善烹调的奴隶厨师，因其母是住伊水之上，采桑养蚕的奴隶采桑女，故以伊为姓，殷墟甲骨文中或称伊。相传曾为有莘氏媵臣（媵，音 lǘ，又读 lóu。祭祀名称，主祭祀的大臣），称为“阿衡”或“保衡”（《尚书·君奭》：“成汤既受命，时则有若伊尹，格于皇天；在太甲，时则有若保衡。”《史记·殷本纪》说伊尹名阿衡。郑玄注解《诗经·商颂·长发》时则说阿衡乃伊尹所任官名。清代学者俞樾撰《群经平议》则说阿、保乃伊尹所任官名，即保护教养之官，衡乃伊尹之字）。

夏商时期，伊尹隐耕于有莘之野，耕田为业，不肯出仕，虽身处贫贱，却修身养性而乐尧、舜圣人之道，不志于私，必欲致君泽民，与禄天下，至公而已。汤闻其贤，三次使人以币帛礼聘之，伊尹感汤诚意恳切，遂入商辅佐成汤，委质为臣，辅佐商汤左右。又一说是以进奉佳肴美馔而取悦于汤，并对汤讲述古来为君之道，颇受赏识，由此获宠幸，遂被任以国政。

殷汤修德，诸侯畏服，因见夏桀昏庸无道，贪虐荒淫，暴戾顽狠，戕害百姓，诸侯叛离，因此劝说汤以伐夏救民之事，汤不忍伐夏，乃进伊尹于桀，意在劝桀悔过从善，桀执迷不悟，不用伊尹之言，于是伊尹只好复归事汤。

因此有伊尹佐助商汤帅师以伐桀，攻灭夏桀，建立殷商，为商朝开国元勋。汤灭夏后，不废夏社（对夏王室祖先的祭典），并主持有关祭奠，由是诸侯毕服汤。

汤既即位为天子，设置二相，因伊尹贤良，举而任之，以伊尹为右相。宰相之位，自此而始，上辅君德，下统百官，其职甚重，圣君贤相乃理想政治。

由此可见，天下不患无贤，而患有而人君不能用耳。桀不能用贤而亡，汤能用之而王，贤人之为国重轻也如是夫，更不像有些人仕宦只为己禄。

汤死后其太子丁未立而卒，伊尹先后辅立太丁弟外丙、仲壬，仲壬死后，复辅立太丁子太甲，太甲即位不遵汤法，乃放之于桐，摄政。太甲居桐三年，悔过，遂迎归还以国政，复为相辅，至沃丁时卒。另一说他放太子甲于桐后自立，后太甲自桐潜出，杀之。

伊尹不但是位精于烹调，擅长执鼎俎庖厨艺做汤羹，练得一手好厨艺的名厨，又是位善于以烹饪之理创制汤液之道，精通本草药性、本草医药食养治疗学的杏林先驱；是位懂得调味增营养善烹饪、善于将菜羹发展为汤剂的能手；是位善于发现调和五味、煲制汤羹，并从中悟得营养、药膳之原理的医者；是极为懂得营养，创造、发明草药汤液疗法之鼻祖，高明的杏林中人。他既善于以医病之理阐述治国之道，又是发明、创造本草汤液用以饮食养生、疗疾祛病的创始者。相传中药主要剂型之一的“汤液”就是由他所发明，用汤药疗病就始于这位宰相伊尹，故有“伊尹创汤液”之说。他高度发挥了药食同功、医食同源之理，从而开创了划世纪的饮膳技术。汤液技术的出现是我国制药学的一大发明，人们据此可以酌情施药、改进方剂、提高疗效。正如《老子·道德经·六十章》所说：“治大国若烹小鲜。”《吕氏春秋·本味》在记载商汤与伊尹探讨国事时，也以医病之理述治国之道：“用其新，弃其陈，腠理遂通，精气日新，邪气尽去，及其天年”。他对中国历史的发展、对中国文化的发展、对传统医药汤液的发展起到积极的发扬、推动作用。

商世伊尹创汤液，汤液的发明，可以降低草药的毒性，显著增加药物的疗效，便于服用，利于推广传播。最初的食物汤剂，标志着方剂的诞生，反映了当时的药物学已经取得了长足的进步。考古学家在河北省藁城县的商朝遗址考古发掘中，出土有桃仁、郁李仁等中草药种子，可证明商代人不仅已经在使用它们进行祭祀祈祷、占卜巫祝、乞求法术、驱鬼逐疫、祈福求祥以求平安吉祯，更用于治疗疾病，以求健康。

商时的先人们，治疗疾病的方法，已经不仅有砭石针刺（《说文解字》谓以砭石刺病的一种方式）、艾灸、按摩，亦有草药、汤液……

伊尹撰有著名的疗疾祛病法之作《汤液论》，遗憾的是早已佚失。

春秋战国

春秋时期：公元前770年（周平王元年）—公元前476年（周敬王四十四年），历经二百九十多年。

战国时期：公元前475年（周元王元年）—公元前221年（秦始皇二十六年），历经二百五十五年。

医缓，春秋时期秦国著名医家，首提“病入膏肓”之说。

春秋左丘明撰《左传·成公十年（公元前581年）》：“……晋侯梦大厉（西晋学者杜预注解，厉，鬼也。大厉，大恶鬼也。此事缘于晋侯在八年杀害赵氏一家，惧而梦），被发及地（被，音pī。通“披”。《左传·襄公十四年》：“被苫盖。”唐代孔颖达疏解：“言无布帛可衣，唯衣草也”），搏膺而踊（拍胸跳跃。搏，《广雅·手部》：“搏，击也。”搏击。膺，音yīng。《说文解字·月部》：“膺，胸也。”踊，《说文解字·足部》：“踊，跳也”），曰：‘杀余孙，不义！余得请于帝矣！’坏大门及寝门而入。公惧，入于室。又坏户。公觉，召桑田巫。巫言如梦。公曰：‘何如?’曰：‘不食新矣。’

公疾病，求医于秦。秦伯使医缓为之（西晋杜预注解：“缓，医名。为犹治也”)。未至，公梦疾为二竖子，曰：‘彼，良医也。惧伤我，焉逃之?’其一曰：‘居肓之上，膏之下，若我何?’医至，曰：‘疾不可为也。在肓之上，膏之下，攻之不可，达之不及，药不至焉，不可为也!’”(膏肓，人体内脏重要部位名称。西晋杜预注解：“心下为膏；肓，鬲也”)公曰：‘良医也!’厚为之礼而归之。

六月丙午，晋侯欲麦，使甸人(西晋杜预注解，甸人，主为公田者)献麦，馈人(即庖人主厨，进食于人。《汉书·贾谊传》：“春秋入学，坐国老，执酱而亲馈之”)为之。召桑田巫，示而杀之。将食，张(音 zhàng，通“胀”。西晋杜预注解，张，腹满也。今人俗称肚腹胀满)；如厕，陷而卒。小臣有晨梦负公以登天，及日中，负晋侯出诸厕，遂以为殉(古时宦官、微臣随主殉葬之制)……”

《左传·成公十年》记载，医缓奉秦桓公(公元前603—前577年在位)之命为晋景公(公元前599—前581年在位)诊病，指出“疾不可为也，在肓之上，膏之下，攻(灸)之不可，达(针)之不及，药不至焉”。形容病已沉重，针灸、药物均不可治也(事起晋景公讨灭赵氏宗族，梦恶鬼复仇，恐惧万分，遂重病不起，无奈之下，求医秦国。杂剧剧本《赵氏孤儿》，亦称《冤报怨赵氏孤儿》，即描写此事)。

春秋时期的秦已由附庸晋升为诸侯(由周天子分封。周孝王封非子为附庸，周平王封秦襄公为诸侯。秦穆公时曾攻灭十二国，称霸西戎，已发展为西部强国)，此时的秦国已经发展得相当强盛，无论经济、文化都处于较为领先地位，其医学水平也较其他国家先进很多，医家众多，素有“秦多名医”美誉。医缓医术高超，即是其中佼佼者之一，是享誉当时之名医。医缓因奉秦桓公之命遂前往为晋景公诊病治疾，因病已“入膏肓”，无医可治，受礼而归，不日，景公即在新麦子收割之后，尚未入嘴之际归西殡天，晋景公生前梦境竟与医缓所说一致，“病入膏肓”这一成语或曰典故遂流传于后世。

医和，春秋时期秦国著名医家。首提“六气”病因说。

《国语·卷十四·晋语八·十七·医和视疾》：“平公(晋平公，公元前557—前532年在位)有疾，秦景公(公元前576—前537年在位)使医和(秦国名医和)视之，出曰：‘不可为也。是谓远男而近女(远离男性却亲近女色)，惑以生蛊(音 gǔ。《说文解字·虫部》："蛊，腹中虫也。"《春秋》传曰：皿虫为蛊，晦淫之所生也。枭桀死之鬼亦为蛊，从虫，从皿。皿，物之用也。"清代段玉裁："虫于饮食器中，会意。"蛊有多种解释：①人体腹内虫之毒；②一种人工培养的毒虫；③蛀虫；④伤害人的热毒恶气；⑤害人的邪术；⑥蛊惑；诱惑；迷惑。蛊本指人腹中的一种寄生虫，东汉经学家郑玄在注解《周礼·秋官·庶士》时说："掌除毒蛊。""毒蛊，虫物而病害人者。"毒虫蛊，亦可由人工培养而成。明代李时珍撰著《本草纲目·虫部四·蛊虫》引唐代名医陈藏器之说："取百虫入瓮中，经年开之，必有一种尽食诸虫，即此名为蛊。"此外陈年的谷子，亦可生蛊。《左传·昭公元年》："谷之飞亦为蛊。"东汉文学家王充撰《论衡·商虫》亦说："粟米饐热生蛊。"晋代学者杜预注解《左传·宣公八年》时说："惑以丧志"。唐代经学家孔颖达疏解《左传·昭公元年》时说："何谓蛊？以毒药药人，令人不自知者，今律谓之蛊毒"）；非鬼非食，惑以丧志（三国吴韦昭注《国语解》说："疾非鬼神，亦非饮食，生于淫惑，以丧其志。"蛊亦有蛊惑、诱惑、迷惑之意多解。《尔雅·释诂》："蛊，疑也。"郭璞注解："蛊惑有贰心者皆疑也。"《玉篇·虫部》："蛊，惑也"）。良臣不生（此指赵文子即将死亡），天命不佑（老天爷也不会护佑。佑，保护；辅助。《尚书·仲虺之诰》："佑贤辅德"）。若君不死，必失诸侯。'赵文子闻之曰：'武从二三子以佐君为诸侯盟主，于今八年矣，内无苛慝（内部没有暴虐苛政邪恶。慝，音 tè。邪恶；恶念。《左传·昭公十三年》："苛慝不作，盗贼伏隐，私欲不违，民无怨心。"《三国志·魏志·武帝纪》："民无怀慝"），诸侯不二，子胡曰良臣不生，天命不佑？'对曰：'自今之谓。和闻之曰：直不辅曲，明不规暗，拱木（两手合围那么粗的树木。西晋著名文学家左思《魏都赋》："僎拱木于林衡，授全模于梓匠。"僎，音 zhuàn。具备。善于注解《文选》的唐代学者李善注引《说文》："僎，具也。"唐代学者吕向注："林衡，主山林之官"）不生危（粗壮高大树木不会生长在危险之处），松柏不生埤（音 bēi，通"卑"。低洼潮湿之地。《荀子·宥坐》："其流也埤下。"唐代刑部尚书、学者杨倞撰《荀子注》解："埤，读为卑…其流必就卑下。"松柏不会生长在低洼潮湿之地）。吾子不能谏惑，使至于生疾，又不自退而宠其政，八年之谓多矣，何以能久！'文子曰：'医及国家乎？'

对曰：'上医医国，其次疾人，固医官也。'文子曰：'子称蛊，何实生之？'对曰：'蛊之慝，谷之飞实生之（谷中飞虫由谷实所生）。物莫伏于蛊，莫嘉于谷，谷兴蛊伏而章明（彰明。《荀子·正名》："章之以论，禁之以刑"）者也。故食谷者，昼（白天。《诗经·豳风·七月》："昼尔于茅，宵尔索绹。"）选男德（品德高尚的男子）以象谷明，宵静（夜静之时）女德（德行上佳的女子）以伏（降服；去除）蛊慝（灾害）。今君一之（而今你不分昼夜一样），是不飨（音 xiǎng。通"享"。享受。《左传·哀公十五年》："子，周公之孙也，多飨大利，犹思不义"）谷而食蛊也，是不昭谷明而皿蛊（盛装蛊的器皿）也。夫文，虫、皿为蛊，吾是以云。'文子曰：'君其几何？'对曰：'若诸侯服不过三年，不服不过十年，过是，晋之殃也。'是岁也，赵文子卒，诸侯叛晋，十年，平公薨（音 hōng。周代诸侯之死曰薨。《礼记·曲礼下》："天子死曰崩，诸侯曰薨"）。"

春秋左丘明《左传·昭公元年（公元前 541 年）》亦有对此事的记载："……晋侯求医于秦。秦伯使医和视之，曰：'疾不可为也。是谓近女室，疾如蛊，非鬼非食，惑以丧志。良臣将死，天命不佑。'公曰：'女不可近乎？'对曰：'节之。先王之乐，所以节百事也，故有五节，迟速本末以相及，中声以降，五降之后，不容弹矣。于是有烦手淫声，慆堙（音 tāo yīn。怠惰纵乐无度。《尚书·汤诰》："无即慆淫"）心耳，乃忘平和，君子弗听也。物亦如之（凡事皆如奏乐，不可失节），至于烦，乃舍也已，无以生疾（只要舍弃烦恼，就不会产生疾患）。君子之近琴瑟，以仪节也，非以慆心也（君子亲近琴瑟，以礼仪节制，而不要纵乐无度）。天有六气，降生五味，发为五色，徵为五声，淫生六疾。六气曰阴、阳、风、雨、晦、明也。分为四时，序为五节，过则为菑（"灾"的异体字）。阴淫寒疾，阳淫热疾，风淫末疾，雨淫腹疾，晦淫惑疾，明淫心疾。女，阳物而晦时，淫则生内热惑蛊之疾。今君不节不时，能无及此乎？'

出，告赵孟。赵孟曰：'谁当良臣？'对曰：'主是谓矣！主相晋国，于今八年，晋国无乱，诸侯无阙，可谓良矣！和闻之，国之大臣，荣其宠禄，任其大节，有菑祸兴而无改（不改以救灾）焉，必受其咎（灾祸；灾殃。《左传·庄公二十一年》："郑伯效尤，其亦将有咎"）。今君至于淫以生疾，将不能图恤社稷，祸孰大焉！主不能御，吾是以云也。'赵孟曰：'何谓蛊？'对曰：'淫溺（过度沉溺于嗜欲。《尚书·大禹谟》："罔淫于乐。"泛指超过常度）惑乱之所生也。于文，皿虫为蛊，谷之飞亦为蛊。在《周易》，女惑男，风落山，谓之"蛊"（西晋杜预注解：巽下艮上《蛊》。巽为长女，为风；艮为少男，为山。少男而说长女，非匹，故惑。山木得风而落）。皆同物也（西晋杜预注解："物尤类也。"注：皆属同类事物。《列子·黄帝》："凡有貌象声色者，皆物也。"《荀子·正名》："物也者，大共名也"）。"赵孟曰：'良医也！'厚其礼（赠予厚礼）而归之。……"

秦国名医和奉秦景公之命为晋平公诊病，发现其由于过度亲近女色，不时不节，疾已不可为，天命不佑矣。凡事皆宜节制，以和为度，平和无疾，失度则疾生。名医之言，道理浅显易懂，实践则难之又难。

秦国另一名医和，晚于名医缓约四十余年，医术超群，与其齐名，为记载于《左传》《国语》中的又一秦国名医。医和鉴于春秋时期的王公贵族由于无节制的情欲、荒淫生活致肌体过度损耗，首先提出了既朴素又唯物的“六气”病因说。他认为六气太过之时，可以引起各种不同疾病，他说：“天有六气，降生五味，发为五色，徵为五声，淫生六疾。六气曰阴、阳、风、雨、晦、明也，分为四时，序为五节，过则为菑。阴淫寒疾，阳淫热疾，风淫末疾，雨淫腹疾，晦淫惑疾，明淫心疾。”医和关于病因的这些言辞论述，是对病因理论阐述见诸记载的最早史料，足见当时名医对病因的分析，已经相当清晰、透彻、准确。他的“六气致病”说、节欲尊生的观点，充分体现了祖国传统医学养生学思想和天地人息息相关的论点，至今仍是值得人们深思和讨论的课题。医和的名言“上医医国，其次疾人，因医官也”，体现了他对于国家兴衰、君臣关系的忧国忧民的情感思想，难能可贵啊！

文挚，春秋时期宋国著名医家，是见诸文字记载以来我国第一个心理疾病治疗师。

战国末期，由秦相吕不韦组织诸多门客共同编撰的《吕氏春秋·至忠》和东汉时期唯物主义哲学家王充所撰志《论衡·卷七·道虚》中都记载有春秋时期的一位“情致疗法”医生，这就是堪称有史以来有记录的“精神疗法”的第一人——文挚。

其事迹首见《吕氏春秋·卷十一·仲冬纪第十一·至忠》：“至忠之言逆于耳，倒于心，非贤主其孰能听之？故贤主之所说，不肖主之所诛也。

齐王疾痏（音 wěi。疮。患疮疾），使人之（之，至；前往。《孟子·滕文公上》：“滕文公为世子，将之楚，过宋而见孟子。”）宋，迎文挚。文挚至，视王之疾，谓太子曰：“王之疾必可已（已，动词。消除；治愈；痊愈）也。虽然，王之疾已，则必杀挚也。”太子曰：“何故？”文挚对曰：“非怒王则疾不可治，怒王则挚必死。”太子顿首强请曰：“苟已王之疾（如果能够治好父王的疾病），臣与臣之母以死争（谏诤，力求）之于王，王必幸（宠爱，宠幸）臣与臣之母，愿先生之勿患（不要忧虑。《论语·学而》：“不患人之不己知，患不知人也”）也。”文挚曰：“诺。请以死为王。”与太子期，而将往不当者三（违约之意。三次均不如期前往），齐王固已怒矣。文挚至，不解履登床，履王衣，问王之疾，王怒而不与言。文挚因出辞以重怒王，王叱而起，疾乃遂已。王大怒不说（通“悦”。《韩非子·五蠹》：“民说之，使王天下，号之曰燧人氏”），将生烹文挚。太子与王后急争之而不能得，果以鼎生烹文挚。爨（音 cuàn，用火烧水煮）之三日三夜，颜色不变。文挚曰：“诚欲杀我，则胡不覆之，以绝阴阳之气。”王使覆之，文挚乃死。夫忠于治世易，忠于浊世难（贤君明理赏忠臣，故曰易也；昏君昏庸不明事理，弑忠臣，故曰难也）。文挚非不知活王之疾而身获死也，为太子行难以成其义也（为成太子尽孝之义，勇往获死，故赞其忠也）。

东汉王充撰《论衡·卷七·道虚第二十四·道虚》中也提到这件事，却完全是从批判其虚言的角度予以阐述：“人乃生息之物，气绝即死，死之物，烹之辄烂；岂有将人置于汤镬之中，久烹不死之理？”

前者夸其至忠，后者批其言虚不可信。二文陈述、议论角度不同，故题目不一，文章有异，而文挚用激怒法医好齐王病痏之事无疑应有之。

文挚，战国时宋之良臣也，洞明医道，兼能医术，龙叔子有疾，文挚令背明而立，从后视之曰：“吾见子之心，方寸之地虚矣。”治之遂愈。（见《古今医统》）

祖国传统医学史上的“精神疗法”或曰“情志疗法”第一名医文挚，根据传统医学“怒胜思”的原理，不惜牺牲性命，而采用激怒掌握生杀大权病人的治疗手法，治愈了齐王的精神疾病，非但未得到以德回报之待遇，反倒为此丢掉了性命，谱写了舍命治齐王、以身殉职、以命殉医的悲歌一曲，在祖国传统医学的医疗史上为人们留存下了心理疗法的典型范例，他的高尚医德成为流芳百世，世代咏颂、传唱的坊间名曲，亦得到人们由衷的感叹！

文挚冒死治齐王，巧施七情疗疾法；暴怒之后郁结解，激怒之法效益佳。

医者父母心常在，治病救人舍生死；暴君痊愈不感恩，可怜名医惨遭烹。

悲乎！悲哉！

关于文挚事迹的时代，史书各说不一，有战国时说，有春秋时说。齐、宋同时存在是在春秋时，而战国时有齐无宋。此事当是指战国时期田齐的齐愍王（公元前300—前284年在位）因欲称霸，而久未得逞，遂患上抑郁之事。

扁鹊（约公元前407—前310），战国时期著名医学家，事迹详见司马迁《史记·扁鹊仓公列传》。

秦越人——扁鹊史料介绍颇多，故略。

“《扁鹊内经》九卷”“《外经》十二卷。”（东汉班固撰，《汉书·卷三十·艺文志第十·医经者》）

“《泰始黄帝扁鹊俞拊方》二十三卷。”（东汉班固撰，《汉书·卷三十·艺文志第十·经方者》）

“扁鹊《陷冰丸方》一卷”“扁鹊《肘后方》三卷”“扁鹊《偃侧针灸图》三卷。”（唐代魏徵等撰，《隋书·卷三十四·志第二十九·经籍三子》）

“《黄帝八十一难经》一卷秦越人撰。”（后晋刘昫等撰，《旧唐书·卷四十七·志第二十七·经籍下》）

“秦越人《黄帝八十一难经》二卷。”（北宋欧阳修、宋祁撰，《新唐书·卷五十九·志第四十九·艺文三》）

“秦越人《难经疏》十三卷”“扁鹊《针传》一卷”“扁鹊《注黄帝八十一难经》二卷秦越人撰”“扁鹊《脉经》一卷”“扁鹊《疗黄经》三卷”“《枕中秘诀》三卷。”（元代脱脱等撰，《宋史·卷二百七·志第一百六十·艺文六》）。

西汉时期著名的经学家、目录学家刘向撰著国别体史书《战国策·卷四·秦二·54·医扁鹊见秦武王章》：“医扁鹊见秦武王，武王示（东汉高诱注：“示，语也。”即告示）之病，扁鹊请除（东汉高诱注：“除，治也。”请求予以治疗）。左右曰：‘君之病在耳之前，目之下，除之未必已也，将使耳不聪，目不明。’君以告扁鹊。扁鹊怒而投其石（东汉高诱注：“投，弃也。”抛弃。“石，砭，所以砭弹人臃肿也。”针、石皆治病之物）曰：‘君与知之者谋之，而与不知者败之，使此（如此）知秦国之政也，则君一举而亡国矣。’”（《史记》载扁鹊与赵简子同时，而与秦武王相差约在一百五十年上下，故此实应为寓言故事。）

西汉司马迁撰《史记·卷一百零五·扁鹊仓公列传第四十五》：“扁鹊者，勃海郡郑人也，姓秦氏，名越人。少时为人舍长。舍客长桑君过，扁鹊独奇之，常谨遇之。长桑君亦知扁鹊非常人也。出入十余年，乃呼扁鹊私坐，间与语曰：‘我有禁方，年老，欲传与公，公毋泄。’扁鹊曰：‘敬诺。’乃出其怀中药予扁鹊：‘饮是以上池之水，三十日当知物矣。’乃悉取其禁方书尽与扁鹊。忽然不见，殆非人也。扁鹊以其言饮药三十日，视见垣一方人。以此视病，尽见五藏症结，特以诊脉为名耳。为医或在齐，或在赵。在赵者，名扁鹊。”

西汉刘安集合诸多门客撰著《淮南子·卷二十·泰族训》赞誉道：“所以贵扁鹊者，非贵其随病而调药，贵其擪息脉血（擪，音 yè，亦作“擫”，用手指按捺），知病之所从生也。”赞其只需切脉，便可知晓病原所在。

东汉王充《论衡·卷二十二·纪妖》论说扁鹊事迹：“赵简子（亦称赵鞅、赵孟，春秋末年晋国的卿，因在晋卿内讧中取胜，扩大封地而奠定建立赵国的基础）病，五日不知人（不省人事），大夫皆惧，于是召进扁鹊。扁鹊入视病，出，董安于问扁鹊，扁鹊曰：‘血脉治也，而何怪？昔秦缪公尝如此矣，七日悟。’悟之日，告公孙支与子舆曰：‘我之帝所，甚乐。吾所以久者，适有学也。帝告我晋国且大乱，五世不安，其后将霸，未老而死；霸者之子且令而国男女无别。’公孙支书而藏之于箧。于是晋献公（公元前 676—前 651 年在位）之乱，文公（晋献公之子，即重耳。因献公立幼子为嗣，被迫害，不得不外逃十九年，后由秦护送回即位，公元前 636—公元前 628 年在位。在位期间大力整顿内政，强化军队，使国力强盛，又平定周王朝内乱，迎接周襄王复位，大会诸侯，成为霸主）之霸，襄公（公元前 627—前 621 年在位）败秦师于崤而归纵淫。此之所闻。今主君之病与之同，不出三日，病必间，间必有言也。居二日半，简子悟，告大夫曰：‘我之帝所，甚乐，与百神游于钧天，縻乐九奏万舞，不类三代之乐，其声动人心。……’董安于受言而书藏之，以扁鹊言告简子，简子赐扁鹊田四万亩。”

东汉王充《论衡·卷二十三·薄葬》论说求卜迎医，食药消祸，于病有益；绝卜拒医，伤亲灭义，病无益，当人命穷寿尽死亡之后，即便是像巫咸和扁鹊这样神奇的能人也没有救活死人的能力：“孝子之养亲病也，未死之时，求卜迎医，冀祸消、药有益也。既死之后，虽审如巫咸，良如扁鹊，终不复生。何则？知死气绝，终无补益”。

明代陈嘉谟《本草蒙筌·历代名医图姓氏》：“秦越人，号扁鹊，卢国渤海人。得《素问》《灵枢》之旨，设为问答，作《八十一难》，以释疑义。其间荣卫度数、尺寸部位、阴阳王相、藏府虚实、脉法证病，与夫经络流注、针刺俞穴，莫不该备，为医之祖焉。

传曰：扁鹊少为舍长。舍客长桑君过，扁鹊奇之，常善遇之。长桑君曰：我有药方，年老欲传与子，乃出怀中方，饮以上池之水，三十日当知物矣。扁鹊如其言，从此视病，尽见五藏之癥结。一日见齐桓侯曰：君疾在腠理。侯曰：寡人无疾。后五日复见曰：君疾在血脉。又五日复见曰：君疾在肠胃。又五日望见桓侯曰：疾居腠理，汤熨之所及；在血脉，针石之所及；在肠胃，酒醪之所及；今在骨髓，虽司命无奈之何。后数日侯疾作，扁鹊逃去，侯遂薨。然则学未至，医可易言哉！

历代名医图赞曰：秦神扁鹊，精研医药。编集《难经》，古今钦若。”

扁鹊是我国中医理论的奠基者，他以自己的医疗实践首创了中医“望、闻、问、切”的“四诊法”，并在此基础上使中医学形成了一套比较完整的科学诊断体系。由于司马迁在《史记》中专门写了他的传记，因此，他是中国古代第一个进入正史的医生。

扁鹊数访齐桓侯（史书记载不一，亦有说是蔡桓公者），察言观色，望而知病，预知深浅，劝而无果，最终无奈离去的故事，广为流传，内涵之意深而广。讳疾忌医（本意是隐瞒病情，不愿医治。比喻怕人批评而掩饰自己的缺点和错误，亦作“护疾忌医”。《周子通书·过》：“今人有过，不喜人规，如护疾而忌医，宁灭其身而无悟也，噫”），遗患无穷，值得深思。虢国救太子，起死回生之能，令人叹服！

最令人叹惜的是，高明医术也是灾难临头的祸根。祸兮福所倚，福兮祸所伏（《老子·五十八章》：“祸兮福之所倚，福兮祸之所伏”）。

同行是冤家，只因妒嫉心；嫉贤妒能人，只因没本事。可恨太医令李醯（音 xī）派人暗杀扁鹊；没有防人心，被害在秦都。

名闻天下的神医扁鹊其“六不治”同样名闻天下：“使圣人预知微，能使良医得早从事，则疾可已，身可活也。人之所病，病疾多；而医之所病，病道少。故病有六不治：骄恣不论于理，一不治也；轻身重财，二不治也；衣食不能适，三不治也；阴阳并，藏气不定，四不治也；形羸不能服药，五不治也；信巫不信医，六不治也。有此一者，则重难治也。”

此扁鹊，非彼扁鹊。此文介绍的是战国时期的著名医学家扁鹊，而非黄帝时期的名医扁鹊。秦越人聪明敏慧，由于刻苦学习了长桑君的秘方医书，诊脉精确，终于从一名旅店经理也就是客舍舍长，成为一名兼通妇、儿、眼耳、汤液、针灸、砭石、熨帖、按摩、外科手术，受到人们热爱尊敬的高明医生。因其医术高超，继承和发扬了前人的医学理论，善于总结民间医疗经验，医德高尚，走南闯北，云游列国，为民治病，上至王公贵族，下至庶民百姓，其凭借娴熟高超的医术，为民解除疾病痛苦，治愈众多危难病患，医名誉满天下，获得了人们由衷的崇敬和爱戴，出于对他的敬重，人们将其与黄帝时期的名医扁鹊相提并论，也称他为扁鹊。

雷公和扁鹊都是上古时期人，战国时期渤海秦越人因羡慕扁鹊之学，又受长桑君之秘术，遂洞明医道，以其与轩辕时的扁鹊相类，乃号之为扁鹊。医家著书，常为假托之辞，欲意炫其功能。故，此扁鹊非彼扁鹊也。又因其家居卢国，乃命之曰卢医，世人常或以卢、扁为二人，实误矣。

医竘（读音有二：音 qǔ。有二义：一是匠人，一是雄健、雄壮之意，此处应取医匠之意。音 kǒu。《尸子》原注：“竘音叩。”亦有二义：一是治。《方言·卷七》：“竘，治也。”一是巧。《广雅·释诂三》：“竘，巧也。”或可取医巧之意）。

有医竘者，秦之良医也。为宣王割痤，为惠王疗痔，皆愈。张子之背肿，命竘治之，谓竘曰：“背非吾背也，任子制焉。”治之，遂愈。竘诚善治疾也，张子委制焉。夫身与国犹此也，必有所委制，然后治矣（《尸子·卷下》

《太平御览·卷三百七十一人事部·卷七百二十四方术部·卷七百四十三疾病部》)。

有医竘者，秦之良医也。为宣王割痤，为惠王疗痔，皆愈。张子之背肿，命竘治之，谓竘曰：“背，非吾背也，任子制焉。”治之，遂愈。(《太平御览·卷三七》《秦会要·卷十·学校上》)

第五篇　秦汉篇

秦

夏无且（音 jū），因救秦始皇而受重赏的侍御医。

《战国策·卷三十一·燕三·439·燕太子·丹质于秦章》：“……轲既取图奉之，秦王发图，图穷而匕首见。因左手把秦王之袖，而右手持匕首揕（音 zhèn。击刺。《史记·刺客列传》：“臣左手把其袖，右手揕其胸”）之，未至身，秦王惊，自引而起，绝袖。拔剑，剑长，掺其室（掺，音 shǎn。把持也，与操、持同。室，指剑鞘）。时惶急（惶恐着急），剑坚（剑居剑鞘内坚牢），故不可立拔。荆轲逐秦王，秦王还（通“环”。环绕。《汉书·食货志上》：“还庐树桑”）柱而走。群臣惊愕，卒起不意（卒，音 cù。同“猝”，突然。《史记·司马相如列传》：“卒然遇轶才之兽”），尽失其度（不知所措，失去法度。《左传·昭公三年》：“公室无度”）。而秦法，群臣侍殿上者，不得持尺兵。诸郎中（殿下宿卫之官）执兵皆陈殿下，非有诏不得上。方急时，不及召下兵，以故荆轲逐秦王，而卒惶急无以击轲，而乃以手共搏之。是时，侍医夏无且以其所奉药囊提（音 dǐ。击打；掷击。《史记·绛侯周勃世家》：“太后以冒絮提文帝”）轲。秦王之方还柱走，卒惶急不知所为，左右乃曰：‘王负剑！王负剑！（唐代司马贞《史记索隐》：“王劭曰：‘古者带剑，上长，拔之不出室，欲王推之于背，令前短易拔，故云王负剑’”）。’遂拔剑击荆轲，断其左股。荆轲废，乃引其匕首提秦王，不中，中柱。秦王复击轲，（轲）被八创。轲自知事不就，倚柱而笑，箕踞（亦作“箕倨”“踑踞”。坐，展两足如箕状。坐时两脚伸直岔开，形似簸箕。尚有屈膝张足而坐之说。）以骂曰：‘事所以不成者，乃欲以生劫之，必得约契（复地之契）以报太子也。’左右既前斩荆轲，秦王目眩良久。（已）而（随后；旋即；不久之后。《史记·夏本纪》：“乃召汤而囚之夏台，已而释之”）论功赏群臣及当坐者，各有差（音 chā。不同；差别；区别。《荀子·荣辱》："故先王案为之制礼义以分之，使有贵贱之等，长幼之差，智愚能不能之分"。《史记·礼书》："长少有差"）。而赐夏无且黄金二百镒，曰：'无且爱我，乃以药囊提轲也。'"

历代名医以其高超技艺治病救人事例举不胜举，更有一特殊事例需要说一说，这就是侍医以药囊救主的故事。众所周知，"风萧萧兮易水寒，壮士一去兮不复还"的壮烈诗句，说的是战国末年，卫国人庆卿游历燕国时，被燕太子丹尊为上卿，燕人称其为荆卿，亦称为荆轲，公元前235年（燕王喜二十年），秦攻燕急，于公元前227年（燕王喜二十八年）他作为刺杀秦始皇的刺客，带着秦逃亡将军樊於期的首级和夹有匕首的督亢地图（亢，音gāng。督亢，古代地区名称，战国时期乃燕国著名的富饶膏腴之地、土壤肥沃的粮仓基地，今河北省涿州市及易县、固安、新城一带），作为敬献秦王的礼物，以缓祸急。借进献之机，图穷匕首见，秦王终未被刺杀，而轲乃被肢解之以徇。行刺其间，王惊起，轲逐王，王环柱而走，殿上群臣尽失其度，而据秦法，侍殿上者不得持尺寸兵刃，遂以手共搏之。是时，有侍医夏无且以其所奉药囊提击荆轲使伤，终得以救秦王。后论功行赏赐夏无且黄金二百镒，秦王说："无且爱我，乃以药囊提荆轲也。"夏无且这位御医于医术无所见闻，却以药囊救全王者而闻名。

东汉王充在《论衡·卷二十七·定贤》中亦提及秦御医夏无且："人之举事，或意至而功不成，事不立而势贯山。荆轲，医夏无且是矣。荆轲入秦之计，本欲劫秦王生致于燕，邂逅不偶，为秦所擒。当荆轲之逐秦王，秦王环柱而走，医夏无且以药囊提荆轲。既而天下名轲为烈士，秦王赐无且金二百镒（古代重量单位，一镒相当于二十两或二十四两）。夫为秦所擒，生致之功不立，药囊提刺客，益于救主，然犹称赏者，意至势盛也。天下之士不以荆轲功不成，不称其义；秦王不以无且无见效，不赏其志。志善不效成功，义至不谋就事，义有余，效不足，志巨大而功细小，智者赏之，愚者罚之。必谋功不察志，论阳效不存阴计……有其势而无其功，怀其计而不得为其事，是功不可以效贤，三也。"

战国末期，秦王嬴政重用能臣，励精图治，采取"远交近攻"战略方针，历时十年，统一中国，终成为秦始皇帝。燕太子丹，为拒吞并，派剑客荆轲，借献图之际，图穷匕首见，结果遗憾的是“风萧萧兮易水寒，壮士一去兮不复还！”在实行刺杀过程中，早有防备的嬴政与荆轲上演了一场猫捉老鼠的游戏。秦制：群臣侍殿不得持任何兵器，侍卫虽执兵器，只可列殿下，无令不可上殿。荆轲刺秦王，危难仓皇之际，是谁救了秦始皇？恐知之者甚少，故录。是无权无势无兵器的御医夏无且，灵机一动，用随身携带的药囊在千钧一发之际，掷向荆轲，因而使秦始皇得以缓神，抽空拔出佩剑斩断荆轲手臂而获救。事后论功行赏，重重赏赐夏无且黄金二百镒，并说：“无且最爱我，竟用药囊砸荆轲。”

御医在历史前进的关键时刻也有力挽狂澜、扭转乾坤的时候。夏无且，秦始皇时期一名侍御医。虽为御医，不因“医术”而闻名，而以“药囊”封其功，堪称史无前例，独此一人，亦可算是医界一大奇闻。

视死如归的英雄剑客荆轲在刺杀秦始皇嬴政时，关键时刻却被沉着应对的侍御医夏无且以药囊击蒙，导致行动失常，一时失去战斗力，遂被重伤，终被斩获。壮哉！惨哉！

晚清医家、曾任台州府和杭州两地教授的陆以湉撰写自己的读书笔记和平生见闻《冷庐杂识·卷五》评说刺客荆轲实属自不量力、最下等之刺客：“《纲目》荆轲书盗，袁随园非之（即袁枚先生，清代著名诗文作家，号“简斋”，又号“随园”。乾隆年间进士），其论甚辨。余谓轲既欲生劫秦王，当先量力之能否？力所不能为而冒昧行之，徒杀身湛族（湛，音 chén。湛族，灭族。诛灭宗族。《文选·邹阳（狱中上书自明）》：‘然则荆轲湛七族，要离燔妻子，岂足为大王道哉！’李善注引应劭曰：“荆轲为燕刺秦王，不成而死、其七族坐之。湛，没也”）以速燕之亡，能毋贻笑于天下后世哉！窃谓《史记》所书刺客，当以荆轲为最下：当其待客未来，因太子丹之请，遂发怒不能姑待（姑息等待）；且知秦舞阳之往而不反，而仍与偕行，谋之不慎，事安得成？”

西汉

淳于意（约公元前205—约前150），人称仓公或太仓公，西汉时期著名医学家、教育家，事迹详见司马迁《史记·扁鹊仓公列传》。因其史料介绍颇多，故略。淳于意撰中医医案《诊籍》。

“仓公《决死生秘要》一卷。”（元代脱脱等撰，《宋史·卷二百七·志第一百六十·艺文六》。）

东汉王充在《论衡·卷七·道虚》中也提到，“太仓公者，齐太仓长，临淄人也，姓淳于氏，名意，少而喜医方术。高后八年，更受师同郡元里公乘阳庆。庆年七十余，无子，使意尽去其故方，更悉以禁方予之，传黄帝、扁鹊之脉书，五色诊病，知人死生，决嫌疑，定可治，及药论，甚精。受之三年，为人治病，决死生多验。然左右行游诸侯，不以家为家，或不为人治病，病家多怨之者”。

太史公曰：“女无美恶，居宫见妒；士无贤不肖，入朝见疑。故扁鹊以其伎见殃，仓公乃匿迹自隐而当刑。缇萦通尺牍，父得以后宁。故老子曰：‘美好者不祥之器’，岂谓扁鹊等邪？若仓公者，可谓近之矣。”（缇萦，音 tí yíng。淳于缇萦，著名的西汉孝女，太仓公淳于意的小女儿。其事迹详见《史记·孝文本纪》《列女传·齐太仓女》。西汉文帝时，太仓公淳于意因长年行医于民间，不听从王侯权贵提出召他进宫做宫廷医生，专为这些权贵服务的要求，到被罗织罪名解往长安监狱，等待行肉刑的过程中，正是这位既孝又勇的少女缇萦，不仅毅然随父前往京师，更勇敢地上书汉文帝，替父赎刑，陈请自愿为官婢以赎父罪，为父争取免刑机会。小女之言，文雅备至，感动圣意，终除肉刑。汉文帝阅其诉状后，甚为怜之，不仅父罪得免，而且自此废除了我国历史上的肉刑。尺牍，书信。汉代诏书，因书于一尺一寸之书版上，故名。近代国学大师、经学家刘师培《文章学史·序》：“有由下告上之词，则为奏疏；有同辈相告之词，则为书启尺牍。”）

明代陈嘉谟《本草蒙筌·历代名医图姓氏》：“太仓令淳于意，精穷医道。齐王太后病，召意入。诊脉曰：风瘅客脬，难于大小便，溺赤。意饮以‘火齐汤’，一饮即前后溲通，再饮病已，溺如故。病得之流汗出滫。滫者（滫，音 xiū。小便。《荀子·劝学》：“兰槐之根是为芷，其渐之滫，君子不近，庶人不服。”唐代学者杨倞著《荀子注》注解：“滫，溺也”），去衣而汗稀也。所以知太后病者，诊其脉，切其太阴之口，泾然风气也，脉大而躁。大者，膀胱气也；躁者，中有热而溺赤。

历代名医图赞曰：汉淳于意，时遇文帝。封赠仓公，名传万世。

西汉初期著名医学家淳于意，齐临菑（今山东省临淄）人，曾任齐太仓令

（管理粮仓的长官），故又称仓公。因其自年少时就喜爱医学，故先后拜公孙光、公乘阳庆两位先师为师学习医学。他谦虚恭敬，学习勤奋刻苦，善于钻研，悟性颇高，很快医术大进，深受老师喜爱，得其珍藏黄帝、扁鹊脉书。因其严谨诚实，善于辨证审脉，对症下药，故治病多验，有口皆碑。又因其性情耿直，不善阿谀奉迎，讨好权贵，因而得罪，遭遇诬陷，为人所告下狱获刑，身陷囹圄。由此引出一位难得的孝女，就是那位历代为人们所称颂的既聪明伶俐，又勇而善书的幼女淳于缇萦，她以情真意切的申诉上书，甘愿以身代父，请做官婢，以赎父刑。鉴于她的孝行，被人们视为孝道的榜样，终于感动了以开明、与民休息、仁孝治国闻名的汉文帝刘恒（公元前180—公元前157年在位），不仅豁免解除了淳于意的肉刑，而且自此正式废除了自古以来长期执行的极为不人道的残酷肉刑制度。

淳于意对于祖国传统临床医学的发展和创新，起到了承前启后里程碑式的巨大作用，而对后世的医学产生了深远影响的是他的那部记载翔实的《诊籍》，史学家司马迁在《史记》中记载了他的二十五例医案，这些真实记录了他诊病成败经验的病案，堪称我国历史上现存最早的病史医案记录；因其记载的病人多是王公贵族，王室成员，所以这部《诊籍》也可视为第一部宫廷医学医案，它开启了祖国传统临床医学病案记录的先河。

东　汉

郭玉，东汉和帝刘肇时期的著名医学家。

郭玉者（公元1世纪至公元2世纪），广汉雒人也（雒，音luò，今四川省广汉市雒县。西汉时，始置古县名称）。初，有老父不知何出，常渔钓于涪水（涪，音fú。涪水，位于四川省中部，乃嘉陵江支流），因号涪翁。乞食人间，见有疾者，时下针石，辄应时而效，乃著《针经》《诊脉法（诊，候也）》传于世。弟子程高寻求积年，翁乃授之。高亦隐迹不仕。玉少师事高，学方诊六微之技（清代沈钦韩撰《两汉书疏证》："六微，三阴三阳之脉候也。"《黄帝内经·素问·六微旨大论》："言天道六六之节，盛衰与人相应。"东汉张仲景《伤寒论》中的六经分证发展了《内经》理论，把外感热病在演变过程中所产生的各种证候，依据所侵犯的经络、藏府、病变部位，受邪轻重，邪正盛衰，归纳成为六个不同的证候类型，称为六经病，创立了辨证施治的基本原则。掌握了六经病的主要脉证、治疗方法及其相互之间的传变情况，就可以辨别疾病阴阳、表里、寒热、虚实的性质，依此进行辨证施治。它不仅适用于外感病，对于各种疾病的施治都具有指导意义。六微，即指太阳、太阴、少阳、少阴、阳明、厥阴。本是人体十二经手足同名经脉的简称，亦即按照六种证候诊断疾病的方法），阴阳隐侧之术（《易经·系辞上》："探赜索隐，钩深致远。"即探索精微之说。清代王先谦《后汉书集解》："隐侧，谓隐以探之，侧以求之，穷阴阳之变化，即诊候也。"也就是探求阴阳细微变化的学术）。和帝时（刘肇，东汉第四位皇帝，89—105年在位），为太医丞（辅佐太医令的副职。掌管医疗事务的职官，为百官、宫廷治病的官员助手），多有效应。帝奇之，仍试令嬖臣（嬖，音 bì。受皇帝宠幸的臣子）美手腕者与女子杂处帷中，使玉各诊一手，问所疾苦。玉曰："左阳右阴，脉有男女，状若异人。臣疑其故。"帝叹息称善。

玉仁爱不矜（音 jīn，仁爱不傲），虽贫贱厮养，必尽其心力，而医疗贵人，时或不愈。帝乃令贵人羸服变处（羸，音 léi，本意是疾病贫弱。此处则是说让富贵人更换贫贱人的衣服出现），一针即差（音 chài，同"瘥"，痊愈。《方言·第三》："差，愈也。南楚病愈者谓之差"）。召玉诘问（诘，音 jié。查问；询问）其状。对曰："医之为言，意也。腠理至微（腠理，皮肤之间也），随气用巧，针石之间，毫芒即乖。神存于心手之际，可得解而不可得言也。夫贵者处尊高以临臣，臣怀怖慑（惶恐、害怕）以承之。其为疗也，有四难焉：自用意而不任臣，一难也；将身不谨，二难也；骨节不强，不能使药，三难也；好逸恶劳，四难也。针有分寸（分寸，浅深之度），时有破漏（破漏，日有冲破者也。此句意为针刺深浅有一定的程度，有时恐怕也会有破例或疏漏之处），重以（再加上）恐惧之心，加以裁慎之志（裁断谨慎的心志），臣意且犹不尽（种种忧思顾虑尚且考虑不过来），何有于病哉（还怎么会有利于治疗疾病呢）！此其所为不愈也（这就是为什么不能治愈疾病的道理或原因）。帝善其对（皇帝非常赞许他的回答）。年老卒官。（南朝宋范晔撰，唐代李贤等注，《后汉书·卷八十二下·方术列传第七十二下·郭玉传》

东汉和帝刘肇时期最负盛名的医学家郭玉，年轻时曾向先贤名医涪翁、程高刻苦学习医学，于医方、诊脉、阴阳脉象无不学习，且用心钻研，他通晓方术、精于脉诊、擅长针灸，医术精湛高超，造诣颇深；医德高尚，对病患深怀仁爱之心，不分贫贱贵富，一视同仁，皆尽心诊治，疗效卓著，朝野闻名。被和帝所重用，封为太医丞。郭玉为人称道之处在于善辨男女脉象，即通过诊脉，不见其人，也可分辨出男女。此迹缘于小皇帝刘肇欲探其虚实，将宫女与内侍同置帷幕之后，令其诊脉问询病情之事。

郭玉最为出名之处缘于其“医之为言，意也”以及“贵人难医”的名言。也就是在为达官显贵、富贵之人诊治疾病时的四点为难之处。鉴于他的医术高超，终未能衣锦还乡，而是倾其一生卒于太医丞之岗位上。

张仲景，东汉末年著名医学家，人称“医圣”，医中之圣也。名机，河南省南阳郡（今河南省南阳市）人。至理名言：“勤求古训，博采众方”。

“《张仲景方》十五卷。仲景，后汉人。梁有《黄素药方》二十五卷，亡。”“《医方论》七卷。梁有《张仲景辨伤寒》十卷，《疗伤寒身验方》一卷，《张仲景评病要方》一卷。”“《张仲景疗妇人方》二卷。”（唐代魏徵等撰，《隋书·卷三十四·志第二十九·经籍三子》）

“张仲景《脉经》一卷。”“《五藏荣卫论》一卷。”“张仲景《伤寒论》十卷。”“《五藏论》一卷”“《金匮要略方》三卷张仲景撰，王叔和集”“张仲景《疗黄经》一卷。”“《口齿论》一卷。”“张机《金石制药法》一卷。”（元代脱脱等撰，《宋史·卷二百七·志第一百六十·艺文六》）。

《名医录》载：南阳人，名机，仲景乃其字也。举孝廉，官至长沙太守。始受术于同郡张伯祖，时人言，识用精微过其师。所著论，其言精而奥，其法简而详，非浅闻寡见者所能及。

张机（150—219），字仲景，南阳人也。学医术于同郡张伯祖，尽得其传。工于治疗，尤精经方，遂大有时誉。汉灵帝（刘宏，168—188年在位）时举孝廉（始于汉武帝时期，察举、考试、选拔官员的科目之一。是求仕者必经之路。意为：孝顺亲长、廉能正直。后至明、清，则成为举人的代名词），官至长沙太守。少时与同郡何颙，客游洛阳。颙探知其学，谓人曰：“仲景之术，精于伯祖，起病之验，虽鬼神莫能知之，真一世之神医也。”

尝见侍中（秦、汉时期设置的官职名称。出入宫廷，侍从皇帝左右，地位贵重的近臣）王仲宣（王粲，字仲宣，177—217，山阳高平即今山东省邹县人。汉、魏间诗人、文学家，建安七子之一，侍中是他在曹操帐中任职幕僚时的官职。他的诗赋以抒情为主，感情真挚，辞采秀美，语言刚健，词气慷慨，反映了当时社会的离乱、人民生活的痛苦、对军阀混战的憎恶。与曹植并称曹王。建安七子：东汉末年，汉献帝，建安时期至魏初时七位文学家的合称，分别是孔融、陈琳、王粲、徐干、阮瑀、应玚、刘桢。因曹丕所撰《典论·论文》以此七人并举，予以赞扬而得名。又因同居邺中而称邺中七子），仲景曰："君年至四十，当有疾，须眉脱落，脱落后半年必死，宜豫服（豫，通"预"。事先有所准备。《荀子·大略》："先患虑患谓之豫，豫则祸不生"）五石汤，庶几可免。"仲宣时年二十余，闻其言恶（音wù。讨厌；憎恨）之，虽授方而不饮。居数日后，见仲景乃佯曰："五石汤已饮之矣。"仲景曰："观君气色，非饮药之胗（通诊），何轻命欺人如此耶！"仲宣益深恶之。后二十年，果有病，须眉皆脱落，越一百八十七日卒。时人以为扁鹊、仓公无以加之也。

仲景宗族二百余口，自建安（建安：东汉末年汉献帝刘协的年号，196—220年）以来，未及十稔（音rěn。年。谷物一年一熟，故亦谓年为稔。《国语·郑语》："凡周存亡，不三稔矣"），死者三之二，维时大疫流行，而伤寒死者居其七，乃著《伤寒杂病论》十卷行于世。盖推本《素问·热论》之旨，兼演伊尹汤液而为之。探赜钩玄（《易经·系辞上》："探赜索隐，钩深致远。"赜：幽深莫测；隐：隐秘难见。就是探究深奥的义理和探索精微隐秘的事迹），功侔造化（功绩等同于天地的创造化育），华佗读而善（善，动词。称赞；赞许。王充《论衡·卷九·问孔》："使孔子徒欲表善颜渊，称颜渊贤"）之曰："此真活人书也。"仲景又著《金匮玉函要略方》三卷，上卷论伤寒，中卷论杂病，下卷载其方并疗妇人，实为千古医方之祖。自汉、魏迄于今，海内学者，家肄户习（户户研究学习），诵读不暇（诵读不及；无休止地诵读。语出《尚书·酒诰》："罔敢湎于酒，不惟不敢，亦不暇"），如士子之于六经（"六经"也叫"六艺"，儒家的六部经典著作《诗》《书》《礼》《乐》《易》《春秋》。司马迁在《史记·滑稽列传》中写道："孔子曰：六艺于治一也，《礼》以节人，《乐》以发和，《书》以道事，《诗》以达意，《易》以神化，《春秋》以道义"）然。论者推为医中亚圣（"亚圣"，一词原本指儒家中的孟子；古时学者称孔子为至圣，同时认为孟子仅次于孔子，故称"亚圣"。此处将张仲景比作中医学中的孟子），而范晔《后汉书》乃不为仲景立传，是故君子有遗憾焉。

嵩渚子（李濂的别号）曰：皇甫士安（皇甫谧，215—282年，魏晋间著名医学家。字士安，自号"玄晏先生"，唐代房玄龄等撰《晋书》有其传）有言：伊尹以元圣之才，本神农之经，为《汤液论》；仲景本黄帝之书，述伊尹之法，广《汤液论》为书数十卷。后医咸遵用之。弗（"不"的同源字，意同"不"。《史记·五帝本纪》：

“轩辕之时，神农氏世衰。诸侯相侵伐，暴虐百姓，而神农氏弗能征”）敢变。宋翰林学士王洙在馆阁日（北宋沿袭唐制，设昭文馆、史馆、集贤院三馆，又增设秘阁、龙图阁、天章阁等，分别掌管图书经籍、编修国史等事务，通称“馆阁”），偶于蠹简中（偶然在被蠹虫蛀蚀了的简牍中。战国至魏晋时代用竹子或木板削制成的狭长的竹片或木片作为书写材料。竹片称简，木片称牍或札，二者统称简），得仲景所著《金匮要略》三卷，乃录而传之。秘阁校理（官职名称，历代王朝宫廷中收藏珍贵图书之处称为“秘阁”，汉代至唐代，都由秘书监执管。宋太宗时，在“崇文院”中堂建造秘阁，选择“昭文馆”“史馆”“集贤院”三馆所有珍本书籍万余卷及古画墨迹，藏于其中，并设官员直“秘阁”执掌其事，下设校理，检讨等官负责管理。唐代有“集贤院”校理，后又置秘阁校理；宋代因袭，掌管校勘宫廷书籍并加以整理的官员）林亿（北宋名医）等，又校定为二十五篇，删芟（本意是刈除杂草，《说文解字·艸部》：“芟，刈草也。”意谓删除）重复，合二百六十二方，诚为百世不刊之书（汉代刘歆《答扬雄书》：“是县诸日月，不刊之书也。”古代的文字书写在竹简之上，出现错误，则须用刀削除重写，此谓刊。不刊，则为不容改动）。或谓有大人之病，而无婴儿之患；有北方之药，而无南方之疗，则“长沙”之所阙者。善学者触类而长之可也（触类，触类旁通。语出《易经·系辞上》：“引而申之，触类而长之。”《文史通义·诗话》：“触类旁通，启发实多”）。

“余又闻仲景有《脉经》《五藏论》《评病要方》诸编，《艺文志》咸载其目，余未之见，其真赝不可知云？”（明代李濂撰，《医史·卷六·张仲景传》）

张机，字仲景，南郡涅阳人也，灵帝时举孝廉。在家仁孝，以廉能称。建安中，官至长沙太守，在郡亦有治迹。博通群书，潜乐道术，学医于同郡张伯祖，尽得其传。总角时（古时的幼童须把垂髫梳扎成两个结髻置于头顶，形如犄角，故称“总角”，后世则称儿童时代。《诗经·齐风·甫田》：“婉兮娈兮，总角丱兮。”郑玄笺解：“总角，聚两髦也。”孔颖达疏解：“总角聚两髦，言总聚其髦以为两角也。”晋代陶潜《荣木》：“总角闻道，白首无成”），同郡何永称之，许为良医。果精经方，有《寒食散论》，解寒食散寒食药者。世莫知焉，或言华佗，或曰仲景。考之于实，佗之精微，方类单省，而仲景有侯氏黑散、紫石英方，皆数种相出入，节度略同，然则寒食、草石二方出自仲景，非佗也。且佗之为治，或刳断肠胃，涤洗五藏，不纯任方也。仲景虽精不及于佗，至于审方物之候，论草木之宜，亦妙绝众医。

昔神农尝草而作《本经》，为开天明道之圣人。仲景、元化，起而述之。故仲景黄素，元化绿帙，并有名称。而仲景论广伊尹《汤液》为数十卷，用之多验。既至京师为名医，于当时称上手。见侍中王仲宣，时年二十余，曰：君有病，四十当眉落，半年而死。令服五石汤可免。仲宣嫌其言忤，受汤勿服。居三日，见仲宣，谓曰：服汤否？仲宣曰：已服。仲景曰：色候固非服汤之诊，何轻命也。仲宣犹不信。后二十年，果眉落，一百八十七日而死，终如其言。美哉乎！仲景之能候色睑眉也。

居尝慷慨叹曰：凡欲和汤合药针灸之法，宜应精思。必通十二经脉，知三百六十孔穴，荣卫气行，知病所在，宜治之法，不可不通。古者上医相色，色脉与形不得相失。黑乘赤者死，赤乘青者生。中医听声，声合五音。火闻水声，烦闷于惊。木闻金声，恐畏相刑。脾者土也，生育万物，回动四傍，太过则四肢不举，不及则九窍不通。六识闭塞，犹如醉人，四季运转，终而复始。下医诊脉，知病原由。流转移动，四时逆顺，相害相生，审知藏府之微，此乃为妙也。又曰：欲疗诸病，当先以汤荡涤五藏六府，开通诸脉，治道阴阳，破散邪气，润泽枯朽，悦人皮肤，益人气血。水能净万物，故用汤也。若四肢病久，风冷发动，次当用散。散能逐邪，风气湿痹表里移走居无常处者，散当平之。次当用丸。丸药者，能逐风冷，破积聚，消诸坚癖，进饮食，调和荣卫。能参合而行之者，可为上工。故曰：医者，意也。又曰：不须汗而强汗之者，出其津液，枯竭而死；须汗而不与汗之者，使诸毛孔闭塞，令人闷绝而死。不须下而强下之者，令人开肠洞泄，不禁而死；须下而不与下之者，令人心内懊侬（音 ào náo。烦闷。《内经·六元正纪大论》："目赤心热，甚则瞀闷懊侬"），胀满，烦乱，浮肿而死。不须灸而强与灸之者，令人火邪入腹，干错五藏（干错，干扰错乱。《后汉书·陈忠传》："臣愿明主严天元之善，正乾纲之位，职事巨细，皆任贤能，不宜复令女使干错万机"），重加其烦而死；须灸而不与灸之者，令人冷结重凝，久而深固，气上冲心，无地消散，病笃而死。

以宗族二百余口，死者三之二，伤寒居其七。乃引《阴阳大论》云：春气温和，夏气暑热，秋气清凉，冬气凛冽，此则四时正气之序也。冬时严寒，万类深藏，君子固密，则不伤于寒。触冒之者，乃名伤寒耳。其伤于四时之气者，皆能为病，以伤寒为毒者，以其最成杀厉之气也。中而即病者，名曰伤寒。不即病者，寒毒藏于肌肤，至春变为温病，至夏变为暑病。暑病者，热极重于温也。是以辛苦之人，春夏多温热病，皆由冬时触冒寒冷所致，非时行之气也。凡时行者，春时应暖而反大寒，夏时应热而反大凉，秋时应凉而反大热，冬时应寒而反大温。此非其时而有其气，是以一岁之中长幼之病多相似者，此则时行之气也。又引《素问》黄帝曰：夫热病者，皆伤寒之类。及人之伤于寒也，则为病热。五百余言为伤寒日数部。著论二十二篇，证外合三百九十七法，一百一十三方。自序之，其辞曰：余每览越人入虢之诊，望齐侯之色，未尝不慨然叹其才秀也。当今居世之士，曾不留神医药，精究方术，上以疗君亲之疾，下以救贫贱之厄，中以保身长全，以养其生。而但竞逐荣势，企踵权豪，孜孜汲汲，惟名利是务。崇饰其末，而忽弃其本，欲华其外而悴其内。皮之不存，毛将安附？进不能爱人知物，退不能爱躬知己。卒然遇邪风之气，婴非常之疾（婴，动词。缠绕；罹患。《淮南子·要略》："乃原心术，理性情，以馆清平之灵，澄彻神明之精，以与天和相婴薄。"高诱注解："婴，绕抱也。"遭受；遭遇。东晋玄学家、文学家、史学家袁宏编著《后汉纪》："今我元元，婴此饥馑"），患及祸至，而后震栗。身居危地，蒙蒙昧昧，戆若游魂（戆，音 zhuàng。形容词。《说文解字·心部》："戆，愚也。"《荀子·儒效》："而狂惑戆陋之人，乃始率其群徒，辩其谈说，明其辟称，老身长子，不知恶也。"鲁莽冒失，愚而刚直。有成语：行尸走肉，戆若游魂）。降志屈节，钦望巫祝，告穷归天，束手受败。赍百年之寿命，将至宝之重器，委付庸医，恣其所措。咄嗟暗呜！厥身已毙，神明消灭，变为异物，幽潜重泉，徒为涕泣。举世昏迷，莫能觉悟。自育若是，夫何荣世之有哉！哀乎！趋世之士，驰竞浮华，不固根本，忘躯殉物，危若冰谷，至于是也。余宗族素多，向余二百。建安纪元以来，犹未十稔，其死亡者，三分有二。伤寒居其七。感往昔之沦丧，伤横夭之莫救，乃勤求古训，博采众方。撰用《素问》、《九卷》（《灵枢经》）、《八十一难》、《阴阳大论》、《胎胪药录》，并平脉辨证，为《伤寒杂病论》合十六卷。虽未能尽愈诸病，庶可以见病知源。若能寻余所集，思过半矣。夫天布五行，以植万类。人秉五常，以为五藏。经络府输

（输，《说文解字·车部》："输，委输也。"《淮南子·泛南训》："运所有，输所无。"通"腧"，传递运输通道之意。经络藏府腧穴。《灵枢·九针十二原》："血脉者，在腧横居。视之独澄，切切独坚。"腧穴，是与深部组织器官具有密切联系、互相输通的特殊部位，"输通"乃是双向的，它是疾病的反应点，也是疾病治疗的刺激点），阴阳会通，元冥幽微，变化难极。《易》曰：非天下之至赜，其孰能与于此。自非才高识妙，岂能探其理致哉。上古有神农、黄帝、岐伯、伯高、雷公、少俞、少师、仲文，中世有长桑、扁鹊、公乘阳庆及仓公，下此以来，未之闻也。观今之世，不念思求经旨，以演其所知。各承家技，始终循旧。省疾问病，务求口给；相对斯须，便处汤药。按寸不及尺，握手不及足；人迎、趺阳、三部不参；动数发息，不满五十。短期未知决诊，九部曾无仿佛。明堂阙庭，尽不见察。所谓窥管而已。夫欲视死别生，固亦难矣。此皆医之深戒，病者可不谨以察之而自防虑也。孔子云：生而知之者上，学则亚之。多闻博识，知之次也。余宿尚方术，请事斯语。其文辞简古奥雅，凡治伤寒，未有能出其右者。其书推本《素问》之旨，为诸方之祖。华佗读而善之曰：此真活人书也。灵、献之间，俗儒末学，醒醉不分，而稽论当世，疑误视听。名贤濬哲，多所防御。至于仲景特有神功，乡里有忧患者，疾之易而愈之速。虽扁鹊、仓公无以加之。时人为之语曰：医中圣人张仲景。江南诸师秘仲景要方不传，所传于世者《伤寒杂病论》十卷，或称《方》十五卷，或又称《黄素药方》二十五卷，《辨伤寒》十卷，《评病要方》一卷，《疗妇人方》二卷，《五藏论》一卷，《口齿论》一卷。

弟子卫泛有才识。论曰：凡言成事者，以功著易显；谋几初者，以理晦难昭。汉自中世以下，太官太医，异端纷纭。泥滞旧方，互相诡驳。张机取诸理化，以别草木之性，高志确然，独拔群俗。言之者虽诚而闻者未譬（《说文解字·言部》："譬，喻也。"动词。知晓；明白；懂得。《后汉书》："言之者虽诚，而闻之者未譬。"李贤注解："譬，犹晓也"）。其为雷同者，所排固其宜也。岂几虑自有明惑将期数使之然欤？夫利不在身，以之谋事则智。虑不私己，以之断义必厉。诚能释利以循道，使生以理全，死与义合也，不亦君子之致为乎！孔子曰：危而不持，颠而不扶，则将焉用彼相矣。左丘明有曰：仁人之言，其利博哉。此盖道术所以有补于世，后人皆当取鉴者也。机撰著篇籍，辞甚典美，文多故不载。原其大略，蠲去复重，亦足以信意而感物矣。传称：盛德必百世祀语，云活千人者子孙必封。信哉！

赞曰：途分流别，专门并兴。千载不作，渊源谁征。

传凡引申处、承接处，多摭《后汉书》列传中语以相联属。篇首仿《左雄传》，冠南郡于涅阳之上。以汉之涅阳县属南阳郡，隋代开皇初改为淉阳。唐武德初属邓州，贞观元年省入穰县。金末始置镇平县，属申州。元属南阳府。明洪武二年省入南阳县。国朝因之仲景生于涅阳，《伤寒论》序尾自署南阳者，书郡不书县也。县则前明始以南阳称，在汉则当称涅阳，故《河南通志》书："张机，涅阳人。"（清代陆懋修补，《后汉书·张机传》）

明代陈嘉谟撰《本草蒙筌·历代名医图姓氏》："汉代长沙太守张机，字仲景，南阳人，医中之亚圣。作药性《神农本经》为《伤寒论》，垂万世不易之法，然后医乃大备，先圣、后圣若合符节。至晋王叔和以仲景之书，撰次成叙，得成全帙，遂为众方之祖。杂病未见其书，或于诸方中载其一二矣。如《金匮》，亦有遗意焉。

历代名医图赞曰：汉张仲景，伤寒论证。表里实虚，载名亚圣。"

被后人尊称为"医圣"的张仲景，正史无传，其大约生卒年是150—219年，应与曹操、刘备、华佗都是同时代的人，东汉南阳郡人。

张仲景天赋聪颖，勤奋好学，善于思索，少时便学医于同郡同族名医张伯祖，全面、系统地掌握了医学理论和治疗疾病的方法。相传他曾任长沙太守。东汉末年，连绵不绝的军阀混战使得农田荒芜，灾民颠沛流离，奔波逃难，饥寒交迫，困顿不堪，各地连续暴发瘟疫，伤寒流行，疫情严重，病死者甚多，鉴于时世医道衰微，逐利者众多，志在救人者少而又少，于是张仲景格外发愤钻研医学，刻苦攻读《素问》《难经》《九卷》《八十一难》《阴阳大论》等古医籍，勤求古训，博采众方，继承古典医书的基本理论，广泛吸取收集古代流传下来的治病良方、有效方剂，广泛总结了汉以前的医疗经验，以及当时人民与疾病作斗争的丰富经验，结合个人临床经验，在与复杂疫情斗争的医学实践过程中，终于成长为一代名医，并且创造性地撰著《伤寒杂病论》一书。此书是中医理论和临床实践的经典，为中医临床医学的发展奠定了坚实基础，对祖国医学的发展做出了重大贡献。

此书流传中散佚严重，经后人多次收集整理，分编为《伤寒论》《金匮要略》两部书，分论外感热病与内科杂病；提倡六经分证和辨证论治原则，具体阐述寒热、虚实、表里、阴阳的辨证，及汗、吐、下、温、清、和等治法。

张仲景是中医理论和临床医学的奠基人，他本着《易经》“仰观天文，俯察地理，中知人事”的精神，从事中医学研究，使得中医学在临床医学上得以长足发展，不仅为人类疾病的防治做出了突出贡献，而且为此后的生命科学研究奠定了坚实基础。

他所创立的个体化治疗方法，是中医的特色之一，不仅影响了我国的传统医学，也影响了世界医学。辨证论治就是医生通过收集病人的症状、体征、舌苔、脉象，然后用中医的理论进行分析，之后予以施治。

这种辨证施治的思想和方法，涉及中医的基础理论，也就是如何看自然，怎么样看待事物，如何为病人把脉治病。

著作：《伤寒杂病论》，(《伤寒论》《金匮要略》)。

《伤寒卒病论集·自序》：论曰：余每览越人入虢之诊，望齐侯之色，未尝不慨然叹其才秀也。怪当今居世之士，曾不留神医药，精究方术，上以疗君亲之疾，下以救贫贱之厄，中以保身长全，以养其生，但竞逐荣势，企踵权豪，孜孜汲汲（努力不懈怠。《尚书·君陈》：“惟日孜孜，无敢逸豫。”心情急切的样子。《礼记·问丧》：“其往送也，望望然，汲汲然，如有追而弗及也。”《汉书·扬雄传》：“不汲汲于富贵，不戚戚于贫贱。”孜孜以求，急功近利，迫不及待，不言放弃；为的就是追逐荣华势力和名利），惟名利是务；崇饰其末，忽弃其本，华其外而悴其内（悴，音 cuì。忧虑。《晋书·凉武昭王李玄盛传》：“人力状残，百姓愁悴。”外表华丽，内心忧虑），皮之不存，毛将安附焉？卒然（卒，音 cù，同“猝”。突然。《史记·司马相如列传》：“卒然遇轶才之兽”）遭邪风之气，婴非常之疾（婴，缠绕；羁绊。西晋文学家陆机《赴洛道中》诗：“世网婴我身。”引申为加。被非常之疾所困扰），患及祸至，而方震栗，降志屈节，钦望巫祝（钦，动词。《尔雅》：“钦，敬也。”《说文·巫部》：“巫，祝也。女能事无形，以舞降神者也。”《玉篇·礻部》：

"祝，祭词也。"《尚书·洛诰》："王命作策，逸祝册。"唐代经学家孔颖达疏解："读策告神谓之祝。"恭恭敬敬地企望于巫人祷告神灵)，告穷归天，束手受败。赍(音jī。《广雅·释诂三》："赍，持也")百年之寿命，持至贵之重器，委付凡医，恣其所措。咄嗟呜呼(咄嗟，一呼一诺之间，即一霎时，瞬间；顷刻。《晋书·石崇传》："为客作豆粥，咄嗟便办。"呜呼，伤痛之辞。此处借指死亡，以示对死者的悲悼。瞬间死亡)！厥身已毙(其身已毙亡)，神明消灭，变为异物，幽潜重泉，徒为啼泣。痛夫！举世昏迷，莫能觉悟，不惜其命，若是轻生，彼何荣势之云哉！而进不能爱人知人，退不能爱身知己，遇灾值祸，身居厄地，蒙蒙昧昧(亦作"矇昧"。昏昧；昏庸蒙昧；知识未开。《晋书·阮种传》："臣诚蒙昧，所以为罪")，惷若游魂。哀乎！趋世之士，驰竞浮华，不固根本，忘躯徇物(徇，音xùn，通"殉"。以身从物。《汉书·贾谊传》："贪夫徇财。"俗话叫作要财不要命或曰舍命不舍财)，危若冰谷(《诗经·小雅·小宛》："惴惴小心，如临于谷。战战兢兢，如履薄冰。"后世人遂用此语比喻危险境地。《宋书·明帝纪》："业业矜矜，若履冰谷")，至于是也！

余宗族素多，向余二百。建安纪年以来，犹未十稔，其死亡者三分有二，伤寒十居其七。感往昔之沦丧(沦没丧亡。《尚书·微子》："今殷其沦丧。"《孔传》："沦，没也；言殷将没亡")，伤横夭之莫救，乃勤求古训，博采众方，撰用《素问》《九卷》《八十一难》《阴阳大论》《胎胪药录》，并平脉辨证，为《伤寒杂病论》，合十六卷。虽未能愈诸病，庶可以见病知源，若能寻余所集，思过半矣。

夫天布五行，以运万类，人禀五常，以有五藏。经络府俞，阴阳会通，玄冥幽微，变化难极。自非才高识妙，岂能探其理致哉！上古有神农、黄帝、岐伯、伯高、雷公、少俞、少师、仲文，中世有长桑、扁鹊，汉有公乘阳庆及仓公，下此以往，未之闻也。观今之医，不念思求经旨，以演其所知；各承家技，终始顺旧，省疾问病，务在口给；相对斯须，便处汤药；按寸不及尺，握手不及足；人迎趺阳(人迎和趺阳均是中医诊脉的部位，位于左手寸部。《灵枢·终始》："持其脉口人迎。"明代著名医家马莳注解："右手寸部曰脉口，左手寸部曰人迎。"趺，音fū。诊脉的部位，相当于针灸穴位的冲阳穴。此二穴均属足阳明胃经。诊此二脉，可以推断胃气的盛衰)，三部不参(即中医学名词"三部九候"。腕后寸口脉分为寸、关、尺三部，每部各有浮、中、沉三候，医生诊脉时通过手指举按轻重的方法，用以辨别寸、关、尺三部的浮、中、沉脉象，故称为"三部九候"。另有《素问·三部九候论》可读)，动数发息，不满五十(详见

《灵枢·根结》)；短期未知决诊，九候曾无仿佛；明堂阙庭（明堂是指鼻子，因为其位所居面部中央，故名。《黄帝内经·灵枢·五色》："明堂者，鼻也。"此外，中医针灸经穴名、腧穴志点名也均谓明堂。《太平圣惠方》："明堂一穴，在鼻直上入发际一寸是穴。"《医说》："今医家记针灸之穴，为偶人点志其处，名明堂。"阙庭，是"阙"与"庭"两个部位的合称，即眉毛之间和额部的合称。《黄帝内经·灵枢·五阅五使》："五官已辨，阙庭必张。"《黄帝内经·灵枢·五色》："明堂骨高以起，平以直，五藏次于中央，六府挟其两侧，首面上于阙庭。"高明的中医大夫，通过察颜观色便可推察患者的患病部位、轻重程度，五色易晓，心思用精，决断生死)，尽不见察，所谓窥管而已（即"管窥"。犹如管中窥物，喻其见识狭小短浅。《后汉书·章帝纪》："区区管窥，岂能照一隅哉")。夫欲视死别生，实为难矣！

孔子云：生而知之者上，学则亚之。多闻博识，知之次也。余宿尚方术，请事斯语。

《伤寒论·序》：夫《伤寒论》，盖祖述大圣人之意，诸家莫其论拟。故晋皇甫谧序《甲乙针经》云：伊尹以元圣之才，撰用《神农本草》以为《汤液》。汉张仲景论广《汤液》，为十数卷，用之多验。近世太医令王叔和，撰次仲景遗论甚精，皆可施用。是仲景本伊尹之法，伊尹本神农之经，得不谓祖述大圣人之意乎？

张仲景《汉书》无传，见《名医录》，云：南阳人，名机，仲景乃其字也。举孝廉，官至长沙太守。始受术于同郡张伯祖，时人言识用精微过其师。所著论，其言精而奥，其法简而详，非浅闻寡见者所能及。自仲景于今八百余年，惟王叔和能学之。其间如葛洪、陶景（即陶弘景)、胡洽、徐之才、孙思邈辈，非不才也，但各自名家，而不能修明之。开宝中（开宝：北宋太祖赵匡胤的年号，968—976年)，节度使高继冲曾编录进上，其文理舛错，未尝考正。历代虽藏之书府，亦阙于雠校，是使治病之流，举天下无或知者。国家诏儒臣校正医书，臣奇续被其选。以为百病之急，无急于伤寒，今先校定张仲景《伤寒论》十卷，总二十二篇，证外合三百九十七法，除重复定有一百一十二方。今请颁行。

太子右赞善大夫　臣　高保衡

尚书屯田员外郎　臣　孙奇

尚书司封郎中秘阁校理　臣　林亿 等谨上

华佗，东汉末年著名医学家，“医仙”，医中之仙也。

“《华佗方》十卷。吴普撰。佗，后汉人，梁有《华佗内事》五卷，又《耿奉方》六卷，亡。”“《华佗观形察色并三部脉经》一卷。”“《华佗枕中灸刺经》一卷。”（唐代魏徵等撰，《隋书·卷三十四·志第二十九·经籍三子》）

“《华氏药方》十卷。华佗方，吴普集。”（后晋刘昫等撰，《旧唐书·卷四十七·志第二十七·经籍下·医术类》）

“吴普集《华氏药方》十卷。华佗。”（北宋欧阳修、宋祁撰，《新唐书·卷五十九·志第四十九·艺文三》）

“华佗《药方》一卷。”“《华氏集》十卷。”（元代脱脱等撰，《宋史·卷二百七·志第一百六十·艺文六》）

华佗（约145—208），字元化，沛国（辖境相当于今安徽省淮河以北、西肥河以东，河南省夏邑、永城及江苏省、丰等县地。汉末以后，治所屡有移徙，辖境渐小，至北齐废）谯人也（谯，治所在今安徽省亳州），一名藪（也有书做“旉”，同“敷”。唐代颜师古注：“旉，古敷字也。旉与，言开舒也”）。游学徐土（徐上，徐州。辖境相当于今江苏省长江以北、山东省东南部地区），兼通数经（经，儒家经典和宗教典籍，及记载一事一艺的专书）。晓养性之术（通晓养生的方术），年且百岁而犹有壮容，时人以为仙。沛相（沛国的宰相）陈珪举孝廉（汉代选拔官吏的科目之一。东汉求仕者必由之路），太尉（官职名，秦至西汉时为全国军政首脑，与丞相、御史大夫并称三公，东汉时与司徒、司空并称三公）黄琬辟（音bì。征召推举授予官职），皆不就。

精于方药，处齐（通“剂”）不过数种，心识分铢（铢，古代衡制中的重量单位。意即心里能够辨别特别微小的分量），不假称量（假，借用；借助；利用。《广雅·亻部》：“假，借也。”不用凭借秤来称量）。针灸不过数处。若疾发结于内，针药所不能及者，乃令先以酒服麻沸散（华佗发明的施行外科手术用的麻醉药，非常遗憾的是早已失传），既醉无所觉，因刳（音kū。动词。《易经·系辞下》：“刳木为舟，剡木为楫。”剖开或剔净）破腹背，抽割积聚。若在肠胃，则断截湔（音jiān。动词。水洗。《三苍·氵部》：“湔，濯也。”涤除垢秽并清洗）洗，除去疾秽，既而缝合，傅（通“敷”，动词。涂搽）以神膏，四五日创愈，一月之间皆平复。

佗尝行道，见有病咽塞者（见到患有咽喉堵塞的病人），因语之曰：“向来道隅（音yú。边；角落。意即道路旁边）有卖饼人，萍齑（有如腌藠里红之法，切为细碎的浮萍腌菜或酱菜。）甚酸，可取三升饮之，病自当去。”即如佗言，立吐一蛇（腹内寄生虫），乃悬于车而候佗（于是悬挂在车上去等候、拜访华佗）。时佗小儿戏于门中，逆见（迎面相见或曰相对而见），自相谓曰（自言自语；或曰对患者说）：“客车边有物，必是逢我翁也。”及客进，顾视壁北（环顾四壁，见到北面墙壁），悬蛇以十数（悬挂着以十计数的寄生虫），乃知其奇（方才知道华佗的医术真是神奇。此亦说明古人的饮食卫生意识和卫生条件甚差，寄生虫病患者甚多，而神医华佗已经熟练掌握了治疗寄生虫疾病的方法）。

又有一郡守（战国时始置的官职名。初为武官职称，防守边郡，后来逐渐成为地方长官。秦统一后，以郡为最高的地方行政区划，每郡设置的掌握治理其郡之职的长官，称为“郡守”。西汉景帝刘启时改称太守。）笃病久（病势沉重已经很久，或曰重病已久），佗以为盛怒则差（华佗认为只要刺激他使其大怒便会使病痊愈。这亦是古人精神疗法或曰情致疗法的又一记录）。乃多受其货而不加功（于是大量接受他的礼品却不予以认真治疗），无何弃去（无何，不多时；不久。《史记·越王勾践世家》：“居无何，则致赀累巨万。”不久便离弃而去），又留书骂之。太守果大怒，令人追杀佗，不及（没有抓到），因瞋恚（音 chēn huì。由于忿怒怨恨，以致瞪大了眼睛发怒），吐黑血数升而愈（此又是华佗精神疗法或曰情致疗法的一病案记录体现）。

又有疾者，诣佗求疗（诣，yì。前往；去到。《史记·孝文本纪》：“乘传诣长安。”前往向华佗求治疗病），佗曰：“君病根深，应当剖破腹。然君寿亦不过十年，病不能相杀也（疾病本身并不能伤害你的性命）。”病者不堪其苦（堪，承受；胜任。《左传·隐公元年》：“今京不度，非制也，君将不堪。”病人不能忍受疾病导致的痛苦），必欲除之，佗遂下疗（华佗于是给予治疗），应时愈（即刻痊愈），十年竟死（再次验证华佗医术之高、预见之明，非凡医所能为）。

广陵（即今江苏省扬州市）太守陈登（三国时期，下邳即今江苏省睢宁西北人，字符龙，举孝廉。因与其父珪合谋离间吕布与袁术的关系，并向曹操陈述吕布的短处，劝曹操及早攻灭吕布，因此被曹操任命为广陵太守，吕布被诛杀后，因功加封伏波将军。早亡，三十九岁时即死去）忽患胸中烦懑（懑，音 mèn。愤；闷。《楚辞·哀时令》：“惟烦懑而盈匈。”胸中烦闷），面赤，不食。佗脉之（华佗为之诊脉），曰：“府君（汉代对太守的尊称。）胃中有虫，欲成内疽（腹腔内将要形成痈疽），腥物（腥臊之物）所为也。”即作汤二升，再服，须臾（片刻、一会儿。《商君书·慎法》：“不可以须臾忘于法”），吐出三升许虫（三升多寄生虫），头赤而动，半身犹是生鱼脍（即“鱼生”。如今称“生鱼片”。将鲜活鱼切成薄片，洗净血腥，加蒜、姜、醋凉拌而成，一般浸沸汤中供食。吃此鱼生者极易导致寄生虫病的发生。看来吃生鱼片的方法，并非今人所发明，古人早已有之），所苦便愈（折磨人的疾病很快便痊愈了）。佗曰：“此病后三期（音jī。周年。《书·尧典》：“期，三百有六旬有六日”）当发（过三年还会复发。看来此病还有发病周期的规律），遇良医可救。”登至期疾动，时佗不在，遂死（此事记载了曹操的名臣陈登患病以致死亡的全过程。聪明之人，英年早逝，缘于不懂医，不懂饮食卫生之故，死于寄生虫祸患，实在是憾事一桩）。

曹操闻而召佗，常在左右。操积苦头风眩（长年经久不愈、时作时止、令人极为痛苦的头风眩目疾病始终折磨着这位治世之能臣、乱世之枭雄，岂不又是一件憾事），佗针，随手而差。

有李将军者，妻病，呼佗视脉。佗曰：“伤身而胎不去（伤了身孕而胎儿却没有生下来）。”将军言：“间实伤身（近来确实伤了身孕），胎已去矣。”佗曰：“按脉（检查脉象），胎未去也。”将军以为不然（不对；不是这样）。妻稍差（妻子的病稍微好些），百余日复动（又发作了），更呼（再次招唤）佗。佗曰：“脉理如前，是两胎。先生者去，血多，故后儿不得出也（先出生的失去了，因为出血太多，所以第二个胎儿没能出生）。胎既已死，血脉不复归，必燥着母脊（必然附着在母亲的脊背，使其燥郁）。”乃为下针，并令进汤（针刺并服汤药）。妇因欲产而不通（孕妇因此又要生产却又产不下来）。佗曰：“死胎枯燥，埶不自生（埶，古同“势”。势必不会自己生产）。”使人探之，果得死胎，人形可识，但其色已黑。佗之绝技，皆此类也。

为人性恶（音è，坏；不好。性格不好。性恶，是荀子学说的基本观点，即人性本恶。而善则是后天人为的），难得意（很难得志适意），且耻以医见业（而且耻于以医生作为自己的职业。自鄙其业，说明古人是普遍瞧不起医生这个职业的。医生的地位低下，被人们普遍认为是伺候人的职业，亦说明古人素质低下，其卫生意识、健康意识普遍不被人们所重视，故此寿命不长），又去家思归，乃就操求还取方，因托妻疾，数期不反（同“返”，多次逾期不归返）。操累书呼之（曹操于是多次发出书函呼唤他回返），又敕郡县发遣（又敕令郡县官员催促马上出发遣返），佗恃能厌事（华佗依仗、凭借其医技本事厌烦侍候曹操的事情），犹不肯至。操大怒，使人廉之（廉，动词。查访；考察。《周礼·天官·小宰》：“一曰廉善，二曰廉能，三曰廉敬。”《汉书·高帝纪下》：“且廉问有不如吾诏者，以重论之。”派人察访），知妻诈疾

（诈，动词。欺诈之意。《说文解字·言部》："诈，欺也。"《尔雅·言部》："诈，伪也。" 知道华佗的妻子假装生病），乃收付狱讯（于是收监询问），考验首服（考问查验首肯服罪）。荀彧请曰："佗方术实工（华佗医术确定高超），人命所悬，宜加全宥（宽宥；赦罪。《易经·解》："君子以赦过宥罪。"保全赦免）。"操不从，竟杀之。佗临死，出一卷书与狱吏，曰："此可以活人。"吏畏法不敢受，佗不强与，索火烧之。

初，军吏李成苦咳，昼夜不寐。佗以为肠痈，与散两钱服之，即吐两升脓血，于此渐愈。乃戒之曰："后十八岁，疾当发动，若不得此药，不可差也。"复分散与之。后五六岁，有里人如成先病，请药甚急，成愍（动词，同"悯"。哀怜、怜悯）而与之，乃故往谯更从佗求（于是再次前往谯郡向华佗求药），适值见收（恰逢华佗被收押），意不忍言（求药之意不忍说明，此亦可见军吏李成亦是一位善良之人）。后十八年，成病发，无药而死。

广陵吴普（附"《吴氏本草因》六卷，吴普撰"。《旧唐书·卷四十七·志第二十七·经籍下·医术类》："《吴氏本草因》六卷。吴普。"《新唐书·卷五十九·志第四十九·艺文三》）、彭城（即今江苏省徐州市）樊阿皆从佗学（都跟从华佗学医）。普依准佗疗，多所全济（吴普依照华佗的治疗方法，患者大多得以痊愈）。

佗语普曰："人体欲得劳动，但不当使极耳。动摇则谷气得销（通"消"。消化。人体活动可以促使饮食消化吸收），血脉流通，病不得生，譬犹户枢（就犹如门户的转轴。户枢不蠹，门轴转动就不会被虫子蠹蚀，以致不会腐朽），终不朽也。是以古之仙者为导引之事（所以古代长寿之人都做导引），熊经鸱顾（古代用以养生延寿的一种体育运动。就像熊一样攀枝自悬，像鸱鸟保持身体不动却左顾右盼。《庄子》："吐故纳新，熊经鸟伸，此导引之士，养形之人也"），引挽腰体（牵引屈伸腰腹），动诸关节，以求难老（以求不易衰老）。吾有一术，名五禽之戏（古代导引方法的一种，用以养生延寿的体育锻炼运动方法。为华佗所倡导，模仿虎、鹿、熊、猿、鸟的动作和姿势进行肢体运动，用以增强体质，防治疾病）：一曰虎，二曰鹿，三曰熊，四曰猿，五曰鸟（《佗别传》："吴普从佗学，微得其方。魏明帝呼之，使为禽戏，普以年老，手足不能相及，粗以其法语诸医。普今年将九十，耳不聋，目不冥，牙齿完坚，饮食无损。"）。亦以除疾，兼利蹄足（同时便利腿脚），以当导引（用以替代导引）。体有不快，起作一禽之戏，怡而汗出（心旷神怡并且出些汗），因以着粉，身体轻便而欲食。"普施行之，年九十余，耳目聪明，齿牙完坚。

阿善针术。凡医咸言背及匈藏（匈，通胸）之间不可妄针（不可以盲目下针），针之不可过四分，而阿针背入一二寸，巨阙（针灸穴位名，前胸正中、肚脐上6寸位置。主治胸痛、心悸、呕吐、吞酸、噎膈、癫狂病）匈藏乃五六寸（针刺胸藏上的巨阙穴竟然达五六寸），而病皆瘳（音 chōu，痊愈）。阿从佗求方可服食益于人者，佗授以漆叶青黏散（华佗发明的保健益寿方剂名）：漆叶屑（漆树叶的碎屑，我国特产。补虚，杀虫）一斗，青黏（一说是玉竹，亦有说是黄精的别称，亦称葳蕤、黄芝。益精气，祛风湿）十四两，以是为率（音 lǜ。一定的标准和比率。以此为标准）。言久服，去三虫（长期服用可以排除体内寄生虫），利五藏，轻体，使人头不白。阿从其言，寿百余岁。漆叶处所而有（处处都有）。青黏生于丰、沛、彭城及朝歌间（今江苏省丰县、沛县、徐州市以及河南省的淇县之间）。（南朝宋范晔撰，唐代李贤等注，《后汉书·卷八十二下·方术列传第七十二下·华佗传》）

华佗，字符化。沛国谯人也。一名旉。游学徐土，兼通数经。……晓养性之术，时人以为年且百岁，而貌有壮容。又精方药，其疗疾，合汤不过数种，心解分剂，不复称量，煮熟便饮，语其节度，舍去辄愈。若当灸，不过一两处，每处不过七八壮，病亦应除。若当针，亦不过一两处，下针言“当引某许，若至，语人”。病者言“已到”，应便拔针，病亦行差。若病结积在内，针药所不能及，当须刳割者，便饮其麻沸散，须臾，便如醉死，无所知，因破取。病若在肠中，便断肠湔洗，缝腹膏摩，四五日差，不痛；人亦不自寤。一月之间，即平复矣。……（西晋陈寿撰，南朝宋裴松之注，《三国志·魏书二十九·方技传第二十九·华佗传》）

南朝宋范晔所撰《后汉书·华佗传》与晋代陈寿所撰《三国志·华佗传》内容基本雷同，只是词句上有所区别，所举实例有所减少，约少八九件事例而已，故略，足见范晔多因袭陈寿所书。但无论如何，并不影响对华佗是位料病如神、预知生死神医的评价。

东晋史学家干宝撰神话志怪小说集《搜神记·卷三》亦记载有华佗医治患者的两件病案：“沛国华佗，字符化，一名敷。琅邪刘勋，为河内太守，有女，年几二十，苦脚左膝有疮，痒而不痛，疮愈数十日复发，如此七八年，迎佗使视。佗曰：‘是易治之。’当得稻糠，黄色犬一头，好马二匹。以绳系犬颈，使走马牵犬，马极，辄易，计马走三十余里，犬不能行，复令步人拖曳，计向五十里，乃以药饮女。女即安卧不知人，因取大刀断犬腹，近后脚之前，以所断之处向疮口，令二三寸，停之须臾，有若蛇者，从疮中出。便以铁锥横贯蛇头，蛇在皮中动摇良久，须臾，不动，乃牵出，长三尺许，纯是蛇，但有眼处而无童子，又逆鳞耳。以膏散着疮中，七日愈。”

“佗尝行道，见一人病咽，嗜食不得下，家人车载，欲往就医。佗闻其呻吟声，驻车往视语之曰：‘向来道边，有卖饼家蒜虀大酢，从取三升饮之，病自当去。’即如佗言，立吐蛇一枚。”（古人饮食不洁不当，常致腹中寄生虫滋生；即便今日社会，亦有嗜食半生不熟肉食品者，尤其是那些所谓的鲜香未熟之物，常会致使人脑中、腹中寄生虫滋生蔓延。所以讲究饮食卫生，不食不洁、未烧熟透食品，人当自知、自爱。此事例亦证明华佗是一位善治寄生虫的医家高手。）

明代陈嘉谟《本草蒙筌·历代名医图姓氏》：“魏华佗，善医。《史记·魏志》曰：甘陵相夫人有娠，腹痛不安，方得六月，召佗诊。视脉曰：胞已死矣。使人手摸知所在，在右则女，在左则男。其人曰：在左。于是为汤下之，果下男形而愈。又有人病腹中攻痛，十有余日，鬓发皆堕落。召佗诊视。佗曰：是脾之半腐，可以刳腹治之。使病者饮汤药，令稳卧，以刀破腹而不觉痛。既视脾，果半腐坏。以刀断之，割去恶肉，然后以膏傅之，而以药线缝之，数日即瘥。魏太祖闻而异之，召佗常在左右。太祖一日苦头风，每发作心乱目眩。佗针其膈，其疾应针随手而愈。汉魏以来，名医益众，张机、华佗辈，始因古学，附以新说，通为编述本草，由是见于经录。然旧经方三卷，药品止三百六十五种，谓之《神农本经》云。

历代名医图赞曰：魏有华佗，设立疮科。剔骨疗疾，神效良多。”

华佗性好恬淡，喜味方书，多游历名山幽洞，往往有所遇。一日，因酒息于公宜山古洞前，适值圣贤二老人授之以疗病之法，石床上得一书函。览其方论，多奇怪，从兹施治，其效甚验，效无不存神。

《重校华氏中藏经·序》：《华氏中藏经》见郑樵《通志·艺文略》（郑樵，字渔仲，自号“溪西逸民”，1103—1162。南宋史学家。兴化军莆田人。南宋高宗赵构绍兴三十一年，即1161年撰成《通志》一书），为一卷，陈振孙《书录解题》同（陈振孙，字伯玉，号直斋，浙江省安吉人。在其当通判兴化军莆田时，传抄夹漈郑樵等人的藏书，仿晁公武《郡斋读书志》编著成《直斋书录解题》一书，成为宋代非常有名的提要目录。晁公武，南宋藏书家。字子止，山东省钜野人。编就《郡斋读书志》一书。二人所著书，都是考察宋代古籍的重要目录学书目），云汉谯郡华佗元化撰（郡名。东汉建安末，分沛郡始置。治所在谯县即今安徽省亳县。三国魏时，辖境相当于今安徽省和河南省两个省的灵壁、蒙城、太和、鹿邑、永城之间土地）。《宋史·艺文志》“华氏”作“黄氏”，盖误。今世传本有八卷，吴勉学刊在《古今医统》中（吴勉学，字肖愚，号师古。明代安徽省歙县人。著名刻书家、藏书家。师古斋刻书堂堂主。1601年，万历二十九年，校刻王肯堂所编《古今医统正脉全书》一书，简称《古今医统》）。

余以乾隆丁未年入翰林（丁未年，1787年，乾隆五十二年），在都（首都。《释名·释州国》：“国城曰都，言国君所居，人所都会也。”汉代班固《西都赋》：“汉之西都，在于雍州，实曰长安”）见赵文敏手写本（赵文敏即元代著名书画家、艺术大师赵孟頫，1254—1322年。字子昂，号松雪道人。浙江省吴兴即今湖州人。曾官至翰林学士，卒后封魏国公，谥号文敏）。卷上自第十篇《性急则脉急》以下起，至第二十九篇为一卷；卷下自万应圆药方至末为一卷，失其中卷。审是真迹（确实是真迹。《玉篇·采部》：“审，信也。”《史记·张耳陈余列传》：“吾王审出乎”）。后归张太史锦芳（张锦芳，1747—1792，字粲夫，一字药房，号花田。广东省顺德人。乾隆五十四年进士，曾任翰林院编修，因曾参与修国史、实录、会要等，故有“太史”之称。乞假归，遂不仕。清代颇负才气的文学家，学问博洽，尤工诗。与钦州的冯敏昌、同邑的胡亦常并称“岭南三子”），其弟录稿赠余（张锦芳之弟张锦麟，字瑞夫，乾隆三十三年间举人，二十九岁早亡）。又以嘉庆戊辰年乞假南归（戊辰年，1808年，嘉庆十三年），在吴门见周氏所藏元人写本（吴门，即今苏州。周氏，指周锡瓒，1742—1819，字仲涟，号香岩居士。清代著名藏书家），亦称赵书，具有上、中、下三卷，而缺《论诊杂病必死候第四十八》及《察声色形证决死法第四十九》两篇。合前后二本，校勘明本，每篇脱落舛误凡有数百字（舛误：错误；错谬。《宋史·张举传》：“闭户读书四十年，手校数万卷，无一字舛”），其方药名件、次序、分量，俱经后人改易，或有删去其方者。今以赵写两本为定。

文义古奥（此字前疑脱“此书”二字），似是六朝人所撰（六个朝代的合称。含三国的吴、东晋，南朝的宋、齐、梁、陈。均建都在建康即今南京，历史上合称六朝。是3世纪初到6世纪末前后300余年历史时期的泛称），非后世所能假托。考《隋书·经籍志》有“华佗观形察色并三部脉经一卷”，疑即是中卷《论诊杂病必死候》以下二篇，故不在赵写本中，未敢定之。邓处中之名不见书传（《华氏中藏经·序》署名者，然无任何史料可察其传），**陈振孙**（南宋藏书家。字伯玉，号直斋。官至宝章阁待制，当通判兴化军时，曾传抄夹漈郑氏、方氏、林氏、吴氏的藏书，得五万一千多卷，之后仿照晁公武《郡斋读书志》编辑成《直斋书录解题》，成为宋代著名的提要目录，已佚，部分保存在《永乐大典》中）**亦云：自言为华佗外孙，称此书因梦得于石函，莫可考也。序末称“甲寅秋九月序”，古人亦无以干支纪岁不著“岁”字者，疑其序伪作。至一卷、三卷、八卷分合之异，则后人所改。赵写本旁注有高宗、孝宗庙讳，又称有库本、陆本异同，是依宋本手录。元代不避宋讳，而不更其字，可见古人审慎阙疑之意**（《汉书·于定国传》：“其决疑平法，务在哀鳏寡，罪疑从轻，加审慎之心。”语出《论语·为政》：“多闻阙疑，慎言其余，则寡尤。”审慎阙疑，对于疑惑不解的事物不要妄加评论，一定要慎重周密）。

此书四库书既未录存（《四库全书》，自清乾隆三十七年开馆修纂，直至十年之后始纂修而成。是我国历史上最大的一部丛书，分经、史、子、集四部，故名四库），**又两见赵写善本，急宜刊刻，以公同好**（公诸于爱好相同的人。三国魏曹植《与杨德祖书》：“虽未能藏之于名山，将以传之于同好”）。**卷下万应圆等，皆以丸、散治疾，而无汤药。古人配合药物分量，按五藏五味，配以五行生成之数**（五行学说是我国古代思想家用五种物质说明解释世界万物起源和多样性统一的思想学说，对祖国天文、历数、医学等事物的发展，发挥着重要作用）。**今俗医任意增减，不识君、臣、佐、使**（《黄帝内经·素问·至真要大论》：“主病之谓君，佐君之谓臣，应臣之谓使。”中药方剂组成的基本原则，习医者必识之理），**是以古人有“不服药为中医”之叹**（语出《汉书·艺文志·方技略》：“故谚曰：‘有病不治，常得中医’”）。**要知外科丸、散，率用古方分量**（率，大率；通常。《史记·老子韩非列传》：“故其著书十余万言，大抵率寓言也。”唐代学者张守节为《史记》作注的书，名《史记正义》，云：“率，犹类也。”引申为一概、都），**故其效过于内科，此即古方不可增减之明证。余所得宋本医学书甚多，皆足证明人乱改古书之谬，惜无深通医理者与共证之。**

嘉庆十三年太岁戊辰十月四日

孙星衍撰序于安德使署之平津馆

附注：孙星衍，1753—1818，字渊如、伯渊，号“季述”。江苏阳湖人，即今江苏省常州市武进区人。乾隆五十二年（1787）殿试榜眼，授翰林院编修，官至山东布政使。清代著名经学家。所学极广，如经史、文字、音韵、诸子百家、金石碑刻、篆隶、校勘、诗文等，撰有《周易集解》《尚书今古文注疏》《寰宇访碑录》等。

安德使署之平津馆：安德，古地名，在今山东省平原县。使署，即布政使官署。平津馆，孙星衍的书斋称号，因孙氏任山东布政使时治所在汉丞相公孙弘所封平津故地，故名。

《华氏中藏经·序》：华先生讳佗，字元化。性好恬淡（亦作“恬惔”。《广雅·释诂四》：“恬惔，静也。”《老子》：“恬淡为上，胜而不美。”《庄子·刻意》：“恬惔寂寞。”《庄子·天道》：“夫虚静恬淡，寂寞无为者，天地之平而道德之至也。”清净淡泊名利且无所作为），**喜味方书**（喜好研究体会方书。《三国志·蜀志·杨戏传》：“抗志存义，味览典文”）。**多游名山幽洞，往往有所遇。一日，因酒息于公宜山古洞前，忽闻人论疗病之法，先生讶其异**（讶，惊讶、诧异。前者的表现是感到意外惊喜，后者的表现是不易理解。南宋杨万里《过乌沙望大塘石峰》诗：“山神自贺复自诧，古来此地无车马”），**潜逼洞窃听**（偷偷地逼近山洞窃听。《荀子·议兵》：“不屠城不潜军，不留众，师不越时”）。**须臾**（片刻；不一会儿。《商君书·慎法》：“不可以须臾忘于法”），**有人云：华生在迩**（近；近处；附近；接近。《尔雅·释诂》：“迩，近也。”《诗经·郑风·东门之墠》：“其室则迩，其人甚远。”《尚书·仲虺之诰》：“惟王不迩声色”），**术可付焉。复有一人曰：道生性贪**（习医道的年轻人性格贪婪。生，古时对儒者的称呼。《史记·儒林列传》：“言礼自鲁高堂生。”唐著名史学家司马贞著《史记索隐》：“自汉以来儒者皆号生，亦先生者省字呼之耳。”引申为人士的通称。如书生、医生，亦有弟子、门生之说），**不悯生灵**（不知同情、怜悯老百姓的生命、疾苦。唐末诗人周昙《咏史诗》：“能怜钝拙诛豪俊，悯弱摧强真丈夫。”唐训诂学家孔颖达《毛诗正义序》：“有益于生灵。”南北朝文学家沈约《与徐勉书》：“而开年以来，病增虑切，当由生灵有限，劳役过差，总此雕竭，归之暮年”），**安得付也？先生不觉愈骇，跃入洞**（《诗经·大雅·旱麓》：“鸢飞戾天，鱼跃于渊”），**见二老人，衣木皮，顶草冠。先生躬趋左右而拜曰：适闻贤者论方术，遂乃忘归。况济人之道，素所好为**（素，向来；往常。《广雅·释诂三》：“素，本也。”《国语·吴语》：“夫谋，必素见成事焉而后履之”），**所恨者**（恨，悔恨；遗憾。《荀子·成相》：“不知戒，后必有恨”），**未遇一法可以施验，徒自不足耳**（徒，副词。①仅；只；但。《孟子·离娄上》：“徒善不足以为政。”《孟子·公孙丑下》：“王如用子，则岂徒齐民安，天下之民举安。”②乃；竟。《荀子·子道》：“吾以夫子为无所不知，夫子徒有所不知”）。**愿贤者少察愚诚**（少，稍；略微。《国策·赵策四》：“太后之色少解。”愚诚，谦词。诚意。《汉书·刘向传》：“欲竭愚诚，又恐越职。”希望多才的贤人稍加考察本人的诚意衷情），**乞与开悟**（乞求让吾领悟、领会、觉悟、明白。《三国志·吴志·诸葛恪传》：“足下虽有自然之理，然未见大数，熟省此论，可以开悟矣”），**终身不负恩。首座先生云：术亦不惜，恐异日与子为累**（累，连累；使受害。《尚书·旅獒》："不矜细行，终累大德。"但恐日后会使你受害)。若无高下，无贫富，无贵贱，不务财贿（不从事贿赂。《论语·学而》："君子务本，本立而道生"），不惮劳苦（惮，畏惧；害怕。《论语·学而》："过则勿惮改。"不惧怕劳苦），矜老恤幼为急（矜，通"怜"。同情；怜悯。《诗经·小雅·鸿雁》："爰及矜人。"《毛诗诂训传》："矜，怜也"），然后可脱子祸。先生再拜谢曰：贤圣之语，一一不敢忘，俱能从之。二老笑指东洞云：石床上有一书函，子自取之，速出吾居，勿示俗流，宜秘密之。先生时得书，回首已不见老人。先生慑怯离洞（慑怯，恐惧；害怕。《史记·张仪列传》："慭居慑处，不敢动摇"）。忽然不见，云奔雨泻，石洞摧塌。既览其方，论多奇怪。从兹施试，效无不存神。先生未六旬，果为魏所戮（果然被魏武帝曹操所杀害。戮，音 lù，杀。《左传·哀公二年》："若其有罪，绞缢以戮"），老人之言，预有斯验。余乃先生外孙也，因吊先生寝室，梦先生引余坐，语：《中藏经》真活人法也，子可取之，勿传非人（非人，不适当的人，不可信赖的人。）。余觉，惊怖不定，遂讨先生旧物，获石函一具。开之，得书一帙，乃《中藏经》也。予性拙于用，复授次子思，因以志其实。

应灵洞主探微真人少室山邓处中撰甲寅秋九月序

原书注：此序赵写本所无，似是后人伪作，始附存之。

《华佗神医秘传·孙序》：原夫玄黄肇剖（此谓天地初始分剖创建过程。玄黄，《易·坤·文言》："夫玄黄者，天地之杂也，天玄而地黄。"后人便以此为天地的代称。肇，初始；创建。《尚书·尧典》："肇十有二州。"剖，破开；从中切开。南朝宋文学家、诗人鲍照《芜城赋》："出入三代，五百余载，竟瓜剖而豆分"），天地攸分，万汇毕陈（万汇，犹如说万物、万类，唐文学家韩愈《祭董相公文》："五气叙行，万汇顺成，交感旁畅，圣贤以生。"毕陈，统统陈布；全部陈列。《尚书·康诰》："若有疾，惟民其毕弃咎。"《楚辞·九歌·东皇太一》："扬枹兮拊鼓，疏缓节兮安歌，陈竽瑟兮浩倡。"自打天地开分，万类无不陈列），人类始出。吾人含生负气，孑身于高厚之间，寒暑乘其外，阴阳薄其中，彼其疾病夭折，不得其正命而死者，奚堪胜数。自神农尝百草而知物性，轩辕询岐伯而著《灵》《素》，是由《本草》《内经》之学，始灿然大备。其后春秋、战国时，有和、缓、扁鹊之徒，汉代有淳于意、郭玉之辈，皆挟方术，以治人疾病。或以生气决生死，或以针灸起沉疴。史策所载，班班可考。惟皆传其轶事，而不获睹其方书，读者憾焉！仲景氏生于汉桓灵之间，会当大疫，乃始有《伤寒论》暨《金匮玉函》之作，惟专重方药，犹未若华佗之刳肠湔胃，用法奇而奏效尤速也。余秉资羸弱，日与药炉相炙近。既博综群籍，汇集古方，有《千金要方》暨《千金翼方》之作。日者隐居终南山麓，有以方书见遗者，余展卷读之，审为华先生之作，其中所用为治病之法，舍方剂之外，兼重针灸与洗伐，且所用各药，取材于日用之品为多，而步武不难，诚救世之秘籍，而生死人肉白骨之奇籍也。惟原书编制散乱，门类错杂，盖系随时手录之本，且文字有难解之处，字迹多漶漫之忧［漶，音 huàn。漶漫，既可作模糊不清难辨之说解，亦可作散乱、散漫之说解。明政治家、文学家高攀龙作《武林游记》："（神运石）上刻"神运"字，旁多款识，然漶漫不可读也。"明史学家、文学家王世贞作《艺苑卮言·叙》："其辞旨固不甚谬戾于本，特其漶漫散杂，亡足采者，非以解颐，足鼓掌耳。"此说字迹散乱、模糊不清难以辨认，令人忧虑］，非尽人所能索解。余端居多暇，尤性耽方术，得兹鸿宝（兹，此。《尚书·大禹谟》："念兹在兹。"鸿宝，①通"洪"。大；大宝；珍宝。唐文学家权德舆《故尚书工部员外郎赠礼部尚书王公神道碑铭》："王之庄，柳之辨，殷之介，皆希代鸿宝。"得到如此巨大的宝物。②道教修仙炼丹之书，亦泛指珍贵书籍。唐诗人皇甫冉《故齐王赠承天皇帝挽歌》："《鸿宝》仙书秘，龙旂帝服尊。"得此大宝），苟不为之从事排比（修辞学上辞格的一种形式，用结构相似的平行句法构成。如《孟子·滕文公下》："富贵不能淫，贫贱不能移，威武不能屈"），奚以传先贤之妙术（奚，何。《孟子·梁惠王下》："君奚为不见孟轲也?"何以传播先贤的奇妙之术），而登斯民于耄耆（音 mào qí，老年。《礼记·曲礼上》："八十、九十曰耄。"《尚书·大禹谟》："耄期倦于勤。"《孔传》："八十、九十曰耄，百年曰期颐"）。乃日事铅椠［音 qiàn。古人用以书写文字的文具。铅，铅粉笔，用以写字；椠，古代用木头削成以备书写的版片。《论衡·量知》："断木为椠，析之为板，力加刮削，乃成奏牍。"《西京杂记·卷三》："（扬雄）常怀铅提椠，从诸计吏访殊方绝域四方之语。"引申为刻本。由此，每日从事刻本的工作］，散者集之，蚀者补之，期以不负先生济世之苦心，庶贻之子孙，播之人间，自兹元元子民，或得保其正命，不为寒暑阴阳所播荡乎。

永淳元年（682 年）仲春孙思邈识于终南山下

《华佗神医秘传·徐序》：《后汉书·方术传》载，华佗精于方药，处剂不过数种，心识分铢（一分一铢。铢，古代重量单位，一说二十四铢相当于旧制的一两；更有其他说法，不一而足；喻极微小的分量），不假称量（假，凭借；借助。《淮南子·主术训》："故假舆马者足不劳而致千里。"不需要借助称量）。针灸不过数处，裁七八九。若疾发结于内，针药所不能及者，乃令先以酒服"麻沸散"，既醉无所觉，因刳破腹背，抽割积聚；若在肠胃，则断截煎洗，除去疾秽，既而缝合，傅以神膏，四五日创愈，一月之间皆平复。先生之以神医见称于世者盖以此。相传先生性好恬淡，喜味方书，多游名山幽洞，往往有所遇。一日因酒息于公宜山古洞前，忽闻人论疗病之法，先生讶其异，潜逼洞窃听。须臾有人云：“华生在迩，术可付焉。”复有一人曰：“是人性贪，不悯生灵，安得付也？”先生不觉愈骇，跃入洞，见二老人。衣木衣，顶草冠。先生躬趋左右而拜曰：“适闻贤者论方术，遂乃忘归，况夙所好，所恨者未遇一法，可以施验，徒自不足耳。愿贤者少察愚诚，乞与开悟，终身不负恩。”首座者云：“术亦不惜，恐异日与子为累。若无高下，无贫富，无贵贱，不务财贿，不惮劳苦，矜老恤贫为急，然后可脱子祸。”先生再拜谢曰：“贤圣之语，一一不敢忘，俱能从之。”二老笑指东洞云：“石床上有一书函，子自取之，速出吾居，勿示俗流，宜秘密之。”先生时得书，回首已不见老人，乃慑怯离洞，忽然不见。云崩雨泻，石洞摧塌。既览其方，论多奇怪，从兹诚施，靡不神效。是先生得享盛名于世者，实由于神仙之予以秘方也。先生既得此秘方，又恐其有失也，乃手录之，随时佩之囊中，借便临时检索之需。仍将原书藏之家中。

尝为曹操治头风，久而不愈，又去家思归，乃就操求还取方，因托妻疾，数期不返，操累书呼之。又敕郡县发遣，先生恃能厌事，犹不肯至，操大怒，使人廉之，知妻诈疾，乃收付狱讯考验，首服（亦称“首伏”。坦白服罪。《东观汉记·和熹邓皇后传》：“宫人盗者，即时首服，不加鞭棰，不敢隐情”）。荀彧（163—212，三国时期曹操的著名谋士。字文若，因反对曹操自称魏公，无奈被迫自杀）请曰：“佗方术实工，人命所悬，宜加全宥。”操不从，竟杀之。先生临死出书一卷，与狱吏曰：“此可以活人。”吏畏法，不敢受，先生亦不强，索火烧之，于是世遂谓先生之秘方从兹失传矣。不知先生手录之本，虽毁于火，其家藏之本，则固无恙也。况世间奇籍，决无堙没而不章之理。凡阅数百有余年，辗转流传，此书遂入于孙真人之手。

真人固沈酣典籍（沈：同沉，亦作沈酣、沉酣。沉迷；醉心于。北宋文学家、诗人苏轼《答范纯父书》：“沉酣江山，旬日忘归。”沉浸于古典经籍之中），邃于方书者（精深于方书），获睹是编，觉视所著之《千金要方》与《千金翼方》。其治病之法，更为精确。即为之排比后先，补苴罅漏（苴，音jū。本谓鞋底的草垫，用以铺垫鞋底。此是说草鞋垫破了，需要缝补。《汉书·贾谊传》："冠虽敝，不以苴履。"罅，音 xià。本谓瓦器的裂缝。引申为凡物的缝隙，又引申为漏洞。唐文学家韩愈《进学解》："补苴罅漏，张皇幽眇。"此谓进行书籍的补缺编辑），藏之箧笥（音 qiè sī。竹制小书箱。南宋文学家戴侗《六书故》："今人不言箧笥，而言箱笼，浅者为箱，深者为笼"），传之子孙。于是先生秘传之先方，乃始得复出于世，且视原本尤厘然有当矣（清楚分明有条理更为恰当。厘，治理。《尚书·尧典》："允厘百工。"引申为厘正；修改。《后汉书·梁统传》："施行日久岂一朝所厘？"李贤注解："厘，犹改也。"）。

余雅好轩、岐之术，尤嗜读古方书。岁在壬辰（1772 年，乾隆三十七年。徐大椿落款写作乾隆二十七年，显然有误，1762 年为壬午年），薄游皖之亳州，馆于姚氏，雨窗无事。主人姚君季虔，辄出其所蓄旧籍，借资鉴赏而消永昼（漫长的白天。《诗经·豳风·七月》："昼尔于茅，宵尔索绹。"索绹，搓绳）。忽于古纸堆中，获睹是编，纸墨暗淡，古色盎然，望而知为千百余年之物也。逮观其内容，则见其所载治病之法，视若奇异，而实则一本于至理，且其书中所记"麻沸散"及神膏等方，尤为世人所渴望而急欲一睹以为快者。急怂恿姚君，付之剞劂（音 jī jué。本意是指雕版，亦指印制成书籍），他日者一编风行，俾患病家得按图而索，无庸更假手于庸医，则其裨益于人生，以视施医施药，不更胜万万耶（《汉书·沟洫志》："今濒河十郡治堤，岁费且万万。"此谓功劳极大）？姚君以为然，且欲假余一言以为重，余遂不辞而述此书之缘起如左云。

乾隆二十七年壬辰仲秋洄溪老人

徐大椿序于亳州之墨海楼时年六十有九

《华佗神医秘传·湳序》：华佗治病之法，专注重于刳肠湔胃，不专事方药，其法盖于今之言西医者无殊。史策昭垂（昭，显扬；彰明。《左传·定公四年》："是使之职事于鲁，以昭周公之明德。"垂，流传下去。《后汉书·崔骃传》："何天衢于盛世兮，超千载而垂绩。"扬明流传永存史策），固夫人而知矣，惟其治病之方书，被收时以予狱吏，狱吏畏法不敢受，佗即索火烧之，由是其书遂致失传。是又言医术者，所同为扼腕太息者也（《史记·刺客列传》："樊於期偏袒扼腕而进曰：'此臣之日夜切齿腐心也，乃今得闻教！'"太息，大声叹气；深深地叹息。《离骚》："长太息以掩涕兮，哀民生之多艰。"以手握腕大声叹息以示惋惜）！庸讵知天地之奇（庸讵，亦作"庸遽"。岂；何以；怎么。反诘之辞。清训诂学家王念孙《读书杂志·荀子六》："岂钜知，钜亦岂也。古人自有复语耳，或言岂钜，或言岂遽，或言庸讵，或言何遽，其义一而已矣。"西晋文学家潘岳《秋兴赋》："苟趣舍之殊涂兮，庸讵识其躁静。"《淮南子·齐俗训》："庸遽知世之所自窥我者乎？"何以知天地的神奇），久则必宣？况方书攸关民生，生命与苦乐，视其他载籍为尤重，所至必有神物呵护之，讵能任其堙没而不彰耶（堙没，埋没；堙灭。《史记·封禅书》：“其仪阙然堙灭，其详不可得而记闻。”怎么能够任其埋没而不予以彰显呢）？岁在戊午（1918年，中华民国七年），于役皖北，奉职于淮泗道尹公署，公余少暇，辄搜罗古籍，以资消遣。其年季冬（农历十二月，即冬季的最后一个月。《礼记·月令》：“季冬之月，日在婺女，昏娄中，旦氐中，其日壬癸，其帝颛顼，其神玄冥”），因公住亳，调查学务，晤县立高等小学校校长姚君倜伯，相与讨论学艺，间及典籍。姚君博闻强识，且家富收藏，暇日即邀与观书于墨海楼。楼凡五楹（计算房屋的量词单位，五楹即五间），盖建于逊清壅、乾之间（逊清，清王朝以宣统皇帝逊位而告终，故谓“逊清”。此乃贬义词，有嘲笑、谩骂之意。逊，辞让。《史记·太史公自序》：“唐尧逊位，虞舜不台。”应为清代的雍正、乾隆年之间，1723—1795年。壅，系误写），其高祖父季虔先生所经营也。余得此良晤，不忍遽舍去（遽，急；骤然。北宋文学家苏轼《贾谊论》：“安有立谈之间，而遽为人痛哭哉！”不忍骤然舍去），凡流连浃旬（《资治通鉴·后汉·隐帝乾祐三年》：“比皇帝到阙，动涉浃旬，请太后临朝听政。”宋、元之际史学家胡三省撰《资治通鉴音注》注解：“十日为浃旬”），得尽观其所藏。中有华佗方书，尤为平时所渴望而不得见之秘籍，且内有孙真人及徐灵胎先生序各一，于是书之原由，叙述綦详，姚君先人，盖欲付梓而不果者。余谓姚君，昔张文襄视学西蜀，尝谓凡有力好事之人，若自揣得业学问，不足过人，而欲求不朽者，莫如刊布古书，则其书终古不废，而刊书之人，亦与之终古不泯。况方书关系民命，视刊布其他古籍，为尤有裨益，图不朽，利民生，承先志，一举而数善备焉。姚君重违余请，即以剞劂之事相委，比来海上，与诸同志商榷。佥谓是书所列各方，虽间有分两过大，不合于今人者，然病家果能斟酌用之，其奏效必伟。且书中如“麻沸散”及神膏等配合之法，尤为世人所渴欲一睹者。借兹播之于世，亦足令今之欧化家，俾知刀圭解剖之术，固非今世欧西医学家所得自夸为绝技也。余深韪其言，即述其缘起，而为之序。

中华民国九年仲春之月

北骧序于沪西“古书保存会”

《华佗先生玄门脉诀内照图·孙奂序》：夫医药之书，起于神农，而胤于三代大盛乎战国之世（胤，音 yìn。后代；继承。《尔雅·释诂上》："胤，继也。"《说文解字·月部》："胤，子孙相承续也。"《左传·隐公十一年》："夫许，大岳之胤也。"三代，夏、商、周三个朝代。《论语·卫灵公》："斯民也，三代之所以直道而行也"），绵历数千载（绵，延续；连续不断。东汉文学家张衡《思玄赋》："潜服膺以永靓兮，绵日月而不衰。"连续经历数千载。载，犹"年"。《尔雅·释天》："夏曰岁，商曰祀，周曰年，唐、虞曰载"）。神巧之士，继踵系兴（继往开来之意。继踵，接踵；前后相接。《史记·范雎蔡侯列传论》："及二人羁旅入秦，继踵取卿相。"系，联缀，引申为系统、世系、派系。神巧之士前后相接使系兴旺）。逮乎沛国华佗，疗病处法，尤为神异，至有解肌剖腹者，寿余百龄。曹瞒令治头风（曹瞒，即曹操，字孟德，小字阿瞒），元化嫉之（嫉，憎恨；厌恶。《史记·荀卿列传》："荀卿嫉浊世之政"），不除其源（不消除根治），瞒怒，遂死狱中！所以灵机伟范（灵机，犹如玄机；天意。《抱朴子·任命》："灵机冥缅，混茫眇昧。"亦谓神妙的计策，灵巧的心思。伟范，伟大的榜样、模范；壮美的范例。西汉文学家扬雄著《法言·学行》："师者，人之模范也。模不模，范不范，为不少矣。"所以神妙的计策、伟大的典范），倘然殄灭（殄，音 tiǎn。灭绝；消灭。《尚书·盘庚中》："乃有不吉不迪，颠越不恭，暂遇奸宄，我乃劓殄灭之，无遗育，无俾易种于兹新邑"），无以彰示来世耳！今仅存《内照图》一编，自重楼绛台（道教术语。重楼是喉咙的别称，绛台应为绛宫，指心脏。道教经典养生著作《黄庭内景经·黄庭》："重堂焕焕明八威。"梁丘子注解："重堂，喉咙名也。一曰重楼。"梁丘子，即唐代的白履忠，亦有写作白履中。汴州浚仪人。博涉经史文学，隐居古大梁城，时号"梁丘子"。是位隐居不任官职的学者。唐睿宗李旦景云中，征拜校书郎，弃官而去。唐玄宗李隆基开元时，召赴京师，辞以老病仍不任职，拜朝散大夫，旋乞还。留有《老子注》《黄庭内景经》及文集），至于阑门上下营垒之曲折（《难经·四十四难》："大肠小肠会为阑门"），五内六凿之络绎（五脏六腑连续不断。梁昭明太子萧统主编，成书于6世纪初叶的《文选·马融〈长笛赋〉》："繁缛络绎，范蔡之说也。""选学"通儒李善注解："辞旨繁缛，又相连续也。"五臣注《文选》之一者的张铣注解："笛声繁多，相连不绝，如范睢、蔡泽之说辞也"），三焦六脉十二经之源委（上、中、下三焦，三阴三阳各六脉。源委，同"原委"。《礼记·学记》："三王之祭川也，皆先河而后海，或源也，或委也，此之谓务本。"西汉经学家郑玄注解："源，泉所出也；委，流所聚也。"指水的发源和最后的归宿。引申为事情的本末、底细。《元史·张起岩传》："宋儒道学源委，尤多究心"），与夫水谷分行之派，精血运输之路，粲然可究（《荀子·非相》："欲观圣王之迹，则于其粲然者矣，后王是也。"唐代学者杨倞《荀子注》："粲然，明白之貌"）。然累代藏于秘府（古代朝廷禁中藏书之处。《汉书·艺文志》："于是建藏书之策，置写书之官，下及诸子传说，皆充秘府。"唐颜师古注引如淳曰："外则有太常太史博士之藏，内则有延阁广内秘室之府”），故世罕得见焉。初长葛禹益之（长葛，今属河南省许昌市长葛市。禹益之史书无考，似应与作序者同时代之人），避兵汉上，得此书于包洪道家（史书无考，应与作序者同时代之人）。一日复见宋人杨介《存真图》（杨介，北宋名医。世医家庭，曾为太医生，治病多奇效，徽宗赵佶脾胃疾病即由他以理中汤冰煎治好。崇宁年间，泗州，即今江苏省盱眙处决犯人，郡守李夷行令医生及画工予以解剖，察验脏腑，绘制成图。此后，杨介凭此图参阅其他资料整理订正撰就《存真环中图》，简称《存真图》一卷，遗憾的是早佚），曰：此华佗作也。佗虽立图，而解注颇简，因取介图左注，说参附其中。固陵王君达之（固陵，今属河南省，位于太康县南），又取晋阳郭之才《产育》及《小儿秘方》（晋阳，古代北方大都会之一，位于今山西省太原市附近。郭之才，史书无考，应与作序者同时代之人。二书均佚不见），并益之《运气要诀》，节要绪之尾卷（要绪，犹绪论。著作开头的部分，乃是说明全书大旨和主要内容的文字，也是著作篇首概述全书主旨或介绍写作意图等的文字。尾卷，犹如尾声，作品的最后部分。《玉篇·尾部》：“尾，末后稍也。”《汉书·儒林传·孔安国》：“又采《左氏传》《书叙》为作首尾凡百二篇”），共成一书，几二万言。仍请医学教授许公信之、袁公振之校定（二人史书均无考，应与作序者同时代之人）。遂命工板行于世，庶令明慧者，披此图，读此论，考其经隧（《黄帝内经·素问》：“五藏之道，皆出于经隧，以行血气。”此“隧”为名词，实指人体气血、津液等运行分泌的通道），详其运化（运行变化。《易经·复》：“复其见天地之心乎？”三国魏玄学家王弼注解：“然则天地虽大，富有万物，雷动风行，运化万变，寂然至无，是其本矣”），他日少起荧疑之悔矣（荧疑，犹“荧惑”。迷惑；眩惑。《庄子·人间世》：“而目将荧之，而色将平之，口将营之，容将形之，心且成之。”唐初道教理论家成玄英疏解：“言汝目将为所眩”）。呜呼！百世之下，不闻夭横沦胥之音者（夭，早死；短命。唐代韩愈《祭十二郎文》：“孰谓少者殁而长者存，强者夭而病者全乎？”横，意外；不测。《淮南子·诠言训》：“内修极而横祸至者，皆天也，非人也。”沦胥，无罪之人亦被牵连而相继受苦难。《诗经·小雅·雨无正》：“若此无罪，沦胥以铺。”《毛诗训诂传》：“沦，率也。”西汉郑玄笺解：“胥，相；铺，遍也。”唐代陆德明释文引王肃云：“铺，病也。”清代陈奂传疏以“铺”为“痡”的假借字。又《诗经·小雅·小旻》：“如彼泉流，无沦胥以败。”《诗经·大雅·抑》：“如彼泉流，无沦胥以亡。”其义皆为“相率”。听不到意外夭折死于非命、相继受苦难人的声音），庸知非由吾达之也耶？且观是书，似非止为医学设也，学者审之。

至元 癸酉（1273 年，至元十年）

重午后一日（农历五月初六日。重午即重五，农历的五月初五日）

大都路儒学教授孙奂书

华佗，字元化，一名旉。东汉沛国谯郡人。出身儒生，兼通数经，潜心医技，不慕爵禄，创制麻沸散施行外科手术，被人们尊拜为外科鼻祖；通晓养生之术，创导引术“五禽戏”，遗惠后世。医学成就斐然，有“神医”之誉。是位生活于东汉中期至末期，年近百岁的长寿老人。

晚清医家、曾任台州府和杭州两地教授的陆以湉撰《冷庐医话》批评范晔，评说张仲景和华元化，一个是医中之圣，一个是医中之仙，二人又同时，范氏只为元化作传，乌得称良史乎？（此指南朝宋史学家范晔所作《后汉书》，其中只有华佗传而无张仲景传。）

其于《冷庐杂识·卷五》中评说“华佗庙联”：“客有述华佗庙联云：‘未劈曹颅千古恨，曾医关臂一军惊。’又云：‘岐黄以外无仁术，汉、晋之间有异书。’称前联尤佳。余谓‘曹颅’‘关臂’事，皆不见正史，不若后联之大方也。”

陆氏说神奇之术传承难矣，后学之人很难承继：上古俞跗治病，能割皮解肌，湔洗肠胃，漱涤五藏；华元化犹传其术，史所称刳破腹背，抽割积聚是也。华以后能之者无闻焉，虽有弟子吴普、樊阿，不尽其奥（难以完全懂得其中之奥秘）。岂神奇之术，非其人勿传欤！

陆以湉赞医人每享高龄，说华佗便是一位尽享年百余岁高龄的长寿者，这与其精晓医学，深悟道术，探明性命之旨，善于审视颐养之宜，从而得以克葆天年不无关系。

古人建先医庙，用以祭祀、拜念先贤，庙中常供以三皇、伏羲、神农、黄帝以及名医张机和华佗。当然还有句芒（句，音 gōu。古代汉族神话中的春神，也叫木神。《吕氏春秋·孟春》：“其帝太皞，其神句芒。”高诱注解：“太皞，伏羲氏，以木德王天下之号，死祀于东方，为木德之帝。句芒，少皞氏之裔子曰重，佐木德之帝，死为木官之神。”《礼记·月令》：“其帝太皞，其神句芒。”郑玄注解：“句芒，少皞氏之子，曰重，为木官。”朱熹注解：“太皞，伏羲，木德之君。句芒，少皞氏之子，曰重，木官之臣”）、风后（即风伯。黄帝的宰相。《史记·五帝本纪》：“〔黄帝〕举风后、力牧、常先、大鸿以治民。”裴骃集解引郑玄之说：“风后，黄帝三公也”）、祝融（古代汉族神话中的火神。炎帝的火师。《吕氏春秋·孟春》：“其神祝融。”高诱注解：“祝融，颛顼氏后，老童之子，吴回也，为高辛氏火正，死为火官之神”）、力牧（古代汉族传说中协助黄帝在涿鹿之战中战胜蚩尤的大将军。《淮南子·览冥训》载：“黄帝治天下，而力牧、太山稽辅之”），**僦贷季**（上古时期精通阴阳、谙熟色脉之学的医学家，岐伯的老师。《黄帝内经·素问·移精变气论》：“色脉者，上帝之所贵也，先师之所传也。上古使僦贷季，理色脉而通神明，合之金木水土，四时八风六合，不离其常，变比相移，以观其妙，以知其要，欲知其要，则色脉是矣。”明代徐春甫撰《古今医统》：“僦贷季，黄帝时人，岐伯师也。岐伯相为问答，著为《内经》”）、**天师**（《黄帝内经·素问·上古天真论》：“黄帝乃问于天师曰：‘余闻上古之人，春秋皆度百岁……’岐伯对曰：‘上古之人其知道者，法于阴阳，和于术数。’”唐王冰注解：“天师，岐伯也。”东汉道教创始人张道陵，继承其衣钵的门徒亦称其为天师）、**岐伯、伯高、少师**（传说上古时期医学家，黄帝的臣子，擅长人体体质之论，其答黄帝曰：“天地之间，六合之内，不离于五，人亦应之”）、**太乙**（有多解，有商汤说、东皇太乙说等）、**雷公、伊尹、仓公淳于意、皇甫谧、巢元方、韦慈藏、钱乙、刘完素、李杲，及鬼臾区**（传说上古时期医学家，黄帝的臣子，辅佐黄帝发明五行，详论经脉）、**俞跗**（传说上古时期医学家，杏林之祖，黄帝的臣子。曾跟随神农遍尝百草，熟知百草药性。具有现代外科手术“割皮解肌，荡涤五藏”之高超技术，被人们视为神医）、**少俞**（传说上古时期医学家，黄帝的臣子，俞跗之弟，精于针灸术）、**桐君**（传说上古时期的药学家，黄帝的臣子，擅长本草学，编撰有世界上最早的一部制药学专书《桐君采药录》，《药对》论其佐使相识）、**马师皇**（传说上古黄帝时期善医治马匹疾病的兽医，也是有文字记载以来最早的兽医。西汉刘向《列仙传·马师皇》：“黄帝时马医也。知马形生死之诊，治之辄愈”）、**扁鹊、王叔和、葛洪、孙思邈、王冰、朱肱、张元素、朱彦修**（即朱震亨，字彦修。人称丹溪先生）等。

吴普，东汉至魏间医学家，华佗弟子。

撰有本草学著作《吴普本草》，又名《吴氏本草》。

《后汉书·华佗传》：广陵吴普（约149—约259）、彭城樊阿皆从佗学。普依准佗疗，多所全济。

佗语普曰：“人体欲得劳动，但不当使极耳。动摇则谷气得销，血脉流通，病不得生，譬犹户枢，终不朽也。是以古之仙者为导引之事，熊经鸱顾，引挽腰体，动诸关节，以求难老。吾有一术，名五禽之戏：一曰虎，二曰鹿，三曰熊，四曰猿，五曰鸟。亦以除疾，兼利蹄足，以当导引。体有不快，起作一禽之戏，怡而汗出，因以着粉，身体轻便而欲食。”普施行之，年九十余，耳目聪明，齿牙完坚。

《华佗别传》：吴普从佗学，微得其方。魏明帝呼之（魏明帝，即曹睿，字元仲，曹丕之子，善诗文。生卒年：205—239 年。227—239 年在位），使为禽戏，普以年老，手足不能相及，粗以其法语诸医。普今年将九十，耳不聋，目不冥，牙齿完坚，饮食无损。

《抱朴子·至理篇》：有吴普者，从华佗受五禽之戏，以代导引，犹得百余岁。

李当之，（生卒年不详）东汉至魏间医学家。

史书无其传记，究竟是否是华佗弟子存疑，只有五代后蜀的韩保昇在其所撰《蜀本草》中记载有“（李当之）华佗弟子，修《神农旧经》，而世少行用”。

撰有本草学著作《李当之药录》，又名《李当之本草经》《李氏本草》。其成书年代早于《吴普本草》，为后世历代各医家撰写本草学著作提供了不可或缺的素材。

楼护（生卒年不详），东汉著名医学家。

楼护，字君卿，齐人。父世医也，护少随父为医长安，出入贵戚家。护诵医经、本草、方术数十万言，长者咸爱重之，共谓曰：“以君卿之材，何不宦学乎?”由是辞其父，学经传，为京兆吏数年，甚得名誉。

是时王氏（王莽及其家族）方盛，宾客满门，五侯兄弟争名，其客各有所厚，不得左右（颜师古注：“不相经过也”），唯护尽入其门，咸得其欢心。结士大夫，无所不倾，其交长者，尤见亲而敬，众以是服。为人短小精辩，论议常依名节，听之者皆竦（竦，音 sǒng。肃静貌。《后汉书·黄宪传》：“竦然异之。”听其议论者无不肃静）。与谷永俱为五侯上客，长安号曰“谷子云笔札，楼君卿唇舌”，言其见信用也。母死，送葬者致车二三千两（音 liàng。同“辆”。《尚书·牧誓序》：“武王戎车三百两。”《诗经·召南·鹊巢》：“百两御之”），闾里（乡里。《周礼·天官·小宰》：“听闾里以版图。”唐学者贾公彦撰《周礼义疏》疏解：“在六乡则二十五家为闾，在六遂则二十五家为里。闾里之中有争讼，则以户籍之版，土地之图听决之。”六乡、六遂，都是周代制度。京城之外百里以内，分为六乡，每乡有乡大夫管理政务。六遂则是远郊地方的行政区划，离京城百里之外二百里之内分为六遂，每遂由遂师管理政务）歌之曰：“五侯治丧楼君卿。”

久之，平阿侯举护方正，为谏大夫，使郡国。护假贷（颜师古注：“官以物假贷贫人，令护监之”），多持币帛，过齐，上书求上先人冢，因会宗族故人，各以亲疏与束帛，一日散百金之费。使还，奏事称意，擢为天水太守。数岁免，家长安中。……

后护复以荐为广汉太守。元史中（应为元始，西汉平帝刘衎的年号。元始：公元1—5年），王莽为安汉公，专政，莽长子宇与妻兄吕宽谋以血涂莽第门，欲惧莽令归政。发觉，莽大怒，杀宇，而吕宽亡。宽父素与护相知，宽至广汉过护，不以事实语也。到数日，名捕宽诏书至（名捕，颜师古注：“举姓名而捕之也”），护执宽。莽大喜，征护入为前辉光（颜师古注：“莽分三辅置前辉光，后丞烈，以护为之辉音晖”）封息乡侯，列于九卿［秦、汉通常以奉常（太常）、郎中令（光禄勋）、卫尉、太仆、廷尉、典客（大鸿胪）、宗正、治粟内史（大司农）、少府为九卿，实即中央各行政机关的总称］。

莽居摄，槐里大贼赵朋、霍鸿等群起，延入前辉光界，护坐免为庶人。其居位，爵禄赂遗所得亦缘手尽。既退居里巷，时五侯皆已死，年老失势，宾客益衰。至王莽篡位，以旧恩召见护，封为楼旧里附城（颜师古注：“莽为此爵名，效古之附庸也”）。而成都侯商子邑为大司空，贵重，商故人皆敬事邑，唯护自安如旧节，邑亦父事之，不敢有阙。时请召宾客，邑居樽下，称“贱子上寿”（颜师古注：“言以父礼事”）。坐者百数，皆离席伏，护独东乡正坐（颜师古注：“乡读曰向”），字谓邑曰：“公子贵如何（颜师古注：“邑字公子也”）！”

初，护有故人吕公，无子，归护。护身与吕公、妻与吕妪同食。及护家居，妻子颇厌吕公。护闻之，流涕责其妻子曰：“吕公以故旧穷老托身于我，义所当奉。”遂养吕公终身。护卒，子嗣其爵。（东汉班固撰，《汉书·卷九十二·游侠传第六十二·楼护》）

第六篇　三国　两晋篇

三　国

董奉：三国时期吴国著名医学家。

董奉者（220—280），字君异，侯官（今福建省福州市）人也。吴先主（指孙权。三国吴国的创立者，生卒年：182—252。黄龙元年，即229年称帝。229—252年在位）时，有少年为奉本县长，见奉年四十余，不知其道，罢官去。后五十余年，复为他职行经侯官，诸故吏人皆老，而奉颜貌一如往日，问言："君得道邪？吾昔见君如此，吾今已皓首（白首，老年），而君转少何也？"奉曰："偶然耳。"

又士燮为交州刺史（203年，东汉建安八年，改交阯刺史部为交州。辖境在今两广的大部，越南承天以北诸省。刺史：西汉武帝时始置的官职名。将全国分为十三部〈州〉，设置刺史，后也称州牧，原本为监察性质的官职，亦曾掌一州的军政大权），得毒病死，死已三日。奉时在彼（指交州），乃往与药三丸，内（音 nà，同"纳"。《荀子·富国》："婚姻娉内，送逆无礼。"唐学者杨倞注解："内，读曰纳，纳币也"）在口中，以水灌之，使人捧举其头，摇而消之。须臾手足似动，颜色渐还，半日乃能起坐，后四日乃能语，云："死时奄忽（急遽的样子。《文选·马融〈长笛赋〉》："奄忽灭没。"唐学者李善注引《方言》曰："奄，遽也"）如梦，见有十数乌衣人来收燮上车去，入大赤门，径以付狱，狱各一户，户才容一人；以燮内一户中，乃以土外封塞之，不复见外光，恍惚闻户外人言云，太乙（亦作"太一"。天神。星官名。在天龙座内，属紫微垣。《史记·天官书》："中宫天极星，其一明者，太一常居也"）遣使来召士燮，又闻除其户土，良久引出，见有车马赤盖，三人共坐车上，一人持节呼燮上车，将还至门而觉（音 jiào。觉醒；睡醒。《诗经·王风·兔爰》："尚寐无觉"）"燮遂活，因起谢曰："某蒙大恩，何以报效?”乃为奉起楼于庭中。奉不食他物，唯啖脯枣，饮少酒，燮一日三度设之，奉每来饮食，或如飞鸟腾空来坐，食了飞去，人每不觉。如是一年余，辞燮去，燮涕泣留之不住。燮问：“欲何所之（意欲何往)？莫要大船否?”奉曰：“不用船，唯要一棺器耳。”燮即为具之。至明日日中时，奉死，燮以其棺殡埋之。七日后，有人从容昌来，奉见嘱云：“为谢燮加自爱理。”燮闻之，乃起殡，发棺视之，唯存一帛，一面画作人形，一面丹书作符。

后还豫山、庐山下居，有一人中有疠疾（有麻风与瘟疫两说。①麻风病也称“癞疾”。《黄帝内经太素·诸风数类》：“疠者，营气热胕，其气不精，故使其鼻柱坏而色败也，皮肤伤溃。”②瘟疫。《左传·哀公元年》：“天有灾疠。”晋杜预注解：“疠，疾疫也”)，垂死（即将死去)，载以诣奉，叩头求哀之。奉使病人坐一房中，以五重布巾盖之，使勿动。病者云：“初闻一物来舔身，痛不可忍，无处不咂（音 zā，吮吸)，量此舌广一尺许，气息如牛，不知何物也，良久物去。”奉乃使往池中，以水浴之，遣去，告云：“不久当愈，勿当风（不要再受风邪侵袭)！”十数日，病者身赤无皮，甚痛，得水浴，痛即止，二十日皮生则愈，身如凝脂（描写先秦时代齐女庄姜出嫁卫庄公时美貌形象的《诗经·卫风·硕人》：“手如柔荑，肤如凝脂，领如蝤蛴，齿如瓠犀。”指皮肤洁白柔滑犹如凝冻的脂肪。柔荑，以其初生的叶芽，比喻女子柔嫩洁白的双手；蝤蛴，天牛的幼虫，以此喻美女洁白丰润的脖颈；瓠犀，本指瓠瓜的种子，整齐洁白，以此喻美女的牙齿)。

后忽大旱，县令丁士彦议曰：“闻董君有道，当能致雨。”乃自赉（音 lài。赏赐；赠送）酒脯见奉，陈大旱之意。奉曰：“雨易得耳。”因视屋曰：“贫道屋皆见天，恐雨至何堪（怎能承受得住)?”令解其意，曰：“先生但致雨，当为立架好屋。”明日士彦自将人吏百余辈，运竹木起屋立成，方聚土作泥，拟数里取水，奉曰：“不须尔，暮当大雨。”乃止。至暮即大雨，高下皆平，方民（四方百姓）大悦。

奉居山不种田，日为人治病，亦不取钱。重病愈者，使栽杏五株，轻者一株，如此数年，得十万余株，郁然（异常繁盛。抒发对君子的思念，情真意切的《诗经·秦风·晨风》：“鴥彼晨风，郁彼北林”）成林。乃使山中百禽群兽游戏其下，卒不生草，常如芸治也。后杏子大熟，于林中作一草仓，示时人曰：“欲买杏者，不须报奉，但将谷一器置仓中，即自往取一器杏去。”常有人置谷来少而取杏去多者，林中群虎出吼逐之，大怖，急挈杏走路旁，顷复，至家量杏，一如谷多少。或有人偷杏者，虎逐之到家，啮致死。家人知其偷杏，乃送还奉，叩头谢过，乃却使活。奉每年货杏得谷，旋（随后；不久。《史记·秦始皇本纪》：“登芝罘刻石……旋，遂之琅邪”）以赈救贫乏，供给行旅不逮者（逮，音 dài，及；到。《左传·哀公六年》：“逮夜至于齐”），岁二万余人。”（此即“杏林”或“杏苑”说之来历。）

解县（西汉始置县，今山西省运城及西南部的解州）令有女为精邪所魅（魅，本指鬼魅；精怪。此处则指被鬼魅所迷惑），医疗不效，乃投奉治之，若得女愈，当以侍巾栉（音 zhì。古代妇女的头巾和发饰，此乃指妻妾）。奉然之，即召得一白鼍（音 tuó，扬子鳄。俗称鼍龙、猪婆龙），长数丈，陆行（爬行）诣病者门，奉使侍者斩之，女病即愈，奉遂纳女为妻。久无儿息，奉每出行，妻不能独住，乃乞一女养之，年十余岁。奉一日耸身入云中去，妻与女犹存其宅，卖杏取给，有欺之者，虎还逐之。奉在人间三百余年乃去，颜状如三十时人也。（《古今图书集成·医部全录·医术名流列传·神仙传·董奉传》）

董奉者，字君异，侯官县人也。昔吴先主时，有年少做本县长，见君异年三十余，不知有道也。罢去五十余年，复为他职，行经侯官，诸故吏人皆往见故长。君异亦往，颜色如昔，了不异故，长宿识之，问曰：“君无有道也？昔在县时，年纪如君辈，今吾已皓白，而君犹少也？”君异曰：“偶尔耳。”

魏　晋

王叔和，魏晋之际著名医学家、医书编纂家，《脉经》撰著者。

山阳郡高平（今山东省邹城）人。

“《脉经》十卷王叔和撰。”“《王叔和论病》六卷。”（唐代魏徵等撰，《隋书·卷三十四·志第二十九·经籍三子》）

“《张仲景药方》十五卷王叔和撰。”（后晋刘昫等撰，《旧唐书·卷四十七·志第二十七·经籍下·医术类》）

“王叔和《张仲景药方》十五卷。又《伤寒卒病论》十卷。”（北宋欧阳修、宋祁等撰，《新唐书·卷五十九·志第四十九·艺文三》）

“王叔和《脉诀》一作《经》一卷。”“王叔和《脉经》十卷。”“《脉诀机要》三卷。”“《金匮玉函》八卷。王叔和集”“《金匮要略方》三卷。张仲景撰，王叔和集”（元代脱脱等撰，《宋史·卷二百七·志第一百六十·艺文六》）

《太平御览·卷第七百二十二·方术部三·医二》引高湛《养生论》说：“王叔和性沉静，好著述，考核遗文，采摭群论，撰成《脉经》十卷，编次张仲景方论，编为三十六卷，大行于世。”

王叔和（201—280），高平人也。仕西晋为太医令（秦时始置的为官廷、百官治疗疾病的官员）。性度沈靖（通“沉静”，性情度量沉稳平静），潜心方脉（专心致志、孜孜不倦从事医方和脉学诊疗的研究），精意诊切（专心诊疗切脉），洞识摄养之道（通晓解保健、养生之道）。平生雅好著述，乃本黄帝《素问》、秦越人《八十一难经》，暨张仲景、华元化之书，撰《脉经》十卷，凡九十七篇。叙阴阳表里，辨三部九候，分人迎、气口、神门（针灸穴位名，位于腕横纹尺侧凹陷处，属手少阴心经。主治心烦、失眠、惊悸、癫、狂、痫等症），条十二经（疏理十二经脉。人体经络的主要组成部分，称为正经，由手三阴、足三阴、手三阳、足三阳的表里配合，成为十二经脉，简言之：手、足三阴三阳经脉。细分之：手太阴肺经、手阳明大肠经、足阳明胃经、足太阴脾经、手少阴心经、手太阳小肠经、足太阳膀胱经、足少阴肾经、手厥阴心包经、手少阳三焦经、足少阳胆经、足厥阴肝经。十二经脉的阴经皆属藏而络府，阳经皆属府而络藏；循行走向是：手三阴经从胸走手，手三阳经从手走头，足三阴经从足走腹，足三阳经从头走足。此外，还有多种复杂的循行路径。十二经脉为营卫、气血不断运行的主要通路，是经络系统中的主体。《灵枢·经别》：“夫十二经脉者，人之所以生，病之所以成，人之所以治，病之所以起。”说明它对人体的生理功能、病理变化和指导治疗都起着极其重要的作用）、二十四气（阴阳十二经各有一绝一实，故称二十四气脉。表现在左右手的寸、关、尺三部的阴绝、阳绝、阴实、阳实）、奇经八脉（经络组成部分之一，也是十二经脉以外的八条经脉，即冲、任、督、带、阴跷、阳跷、阴维、阳维八脉的总称。因其“别道奇行”，不受十二经脉拘束和制约，且无脏腑配偶关系，故名奇经。《难经·二十七难》：“脉有奇经八脉者，不拘于十二经。”八脉的循行分布，参互于十二经脉之间，对人体气血、营卫的沟通、涵蓄、运行，起着调节和联系的作用）、五藏六府（五藏：心、肝、脾、肺、肾五个藏器的总称。六府：胆、胃、大肠、小肠、三焦、膀胱六个藏器的总称。中医学认为五藏具有藏贮精气的功能，分别与躯体的一些组织器官有着密切关系；而六府具有传化精微物质的功能，完成食物在体内消化、吸收、排泄的过程；五藏六府的生理功能和活动虽各有不同特点，但又互相密切联系，以维持人体的生理活动）、三焦四时之病（中医学分别以胸膈部、上腹部、脐腹部的藏器组织分为三焦，属六府之一，主要功能是疏通水道与主持气化。《素问·灵兰秘典论》："三焦者，决渎之官，水道出焉。"四时：在祖国文化中说天有朝、暮、昼、夜和春、夏、秋、冬四时。），粲如指掌（了解得精凿细微鲜明，了如指掌）。其文约，其旨远，其理奥，使人占外以内知，见死而别生。按其法而用之，厥（指示代词。相当于"其"）验如神，毫发不爽（《诗经·小雅·蓼萧》："其德不爽，寿考不忘。"《毛传》："爽，差也。"丝毫没有差错）。自《难经》之后，阐明脉旨，殆无余蕴（殆，副词。推测语。相当于"几乎""大概"。《孟子·尽心下》："齐饥。陈臻曰：'国人皆以夫子将复为发棠，殆不可复。'"《朱子语类·卷二十一》："推发此心，更无余蕴，便是忠处，恕自在其中。"几乎再没有深奥之处。或曰：再无蕴藏于其中而未全部显现的内容）。观其自叙，有曰：脉理精微，其体难辨。弦紧浮芤（分别说的是四种脉象。弦脉：脉搏挺直如弦，常见于肝病、疟疾、疼痛等；紧脉：脉搏紧张有力，常见于表寒外束、阴寒内盛以及疼痛等；浮脉：轻按即得，常见于表证，外感热病初起发热之时；若浮大而重按无力，多见于劳损久病，显示病情较重；芤脉：脉搏浮大而软，按之中空如葱管，常见于大失血后），辗转相类（辗转，反复，转移不定而相互类似）。在心易了（了，音 liǎo。动词。明了；明白；知道。），指下难明。谓沉为伏（沉脉：脉搏轻按不明显，重按始得，常见于里证，沉而有力为里实，沉而无力为里虚。《脉经》："举之不足，按之有余。"伏脉：脉搏沉浮，重按着骨始隐约可得，多见于邪气闭塞，正气不能宣通所致的闭证、厥证及剧痛等，阳衰时亦可见此脉象。《脉经》："极重指按之，着骨乃得。"又说："沉与浮相类"），则方治永乖（这样处方治病总会出差错。乖，形容词。《广雅》："乖，背也。"背离；违背）；以缓为迟（缓脉：脉搏迟缓无力，属病脉，常见于湿邪及脾胃虚弱等证；又见脉搏和缓均匀，为正常脉象，有病频率转和缓，为正气恢复之征。《脉经》："去来亦迟，小快于迟。"迟脉：脉搏缓慢，一呼一吸，在三次左右。多属寒证，迟而无力为虚寒，迟而有力为多见实证。《脉经》："呼吸三至，去来极迟。"又说："迟与缓相类"），则危殆立至（这样危险立刻就到）。况有数候俱见，异病同脉者乎（更何况有多种脉象同时出现，不同疾病脉象却相同的情况）！

夫医药为用，性命所系，和、鹊至妙（秦医和、扁鹊至极巧妙），犹或加思（尚且加以思考、思虑）；仲景明审，亦候形证（还要诊候形体证候），一毫有疑，则考验以求验，故伤寒有承气之戒，呕哕发下焦之问。而遗文远旨，代寡能用（前人遗留下来的文献含义深远，历代很少有人能够理解运用）；旧经秘述，奥而不售（经典著作由于含义神秘，深奥不易理解，难以宣传推广传播）。遂令末学昧于源本（终于让后来学医的人难以明白医学本源)，互滋偏见，各逞己能（互相滋生偏见，各自显示、炫耀自己的才能)。致微疴成膏肓之变（以致使轻微的小病发展成为难以医治的重症)，滞固绝振起之望（顽症失去治疗的机会，难以得到起死回生的希望)，良有以也（良，副词。的确；确实；果然。以，所以；原因；缘故。三国曹丕《与吴质书》："少壮真当努力，年一过往，何可攀援！古人思秉烛夜游，良有以也。")。

今撰集岐伯以来，逮（动词。及；到）于华佗，经论要诀，合为十卷。百病根源，各以类例相从，声色证候，靡不赅备（无不兼备。靡，音 mí。副词。无；没有。《诗经·大雅·荡》："靡不有初，鲜克有终。"鲜，少；克，能。赅，音 gāi。兼备；完具。《庄子·齐物论》："百骸、九窍、六藏，赅而存焉")。诚能笃志研究，究其微赜（果真能够专心致志地研究其精微幽深玄妙之处)，则可以比踪古贤，代无夭横矣（这样就可以比照古圣先贤的踪迹，世世代代没有意外夭折、横祸发生)。

夫自王氏《脉经》出，而海内学医之士，咸知所宗（咸，副词，全，都。《说文解字·戌部》："咸，皆也，悉也。"普遍知道所遵循宗仰的意旨)。论者以为经络之高抬贵手（本意是恳求别人原谅或饶恕的话。此处做明镜、借鉴之解)，攻疗之梯航（梯航本谓登山和航海，意指翻山越海，经历险远的路程。此句则是说治疗疾病的必备工具和缓慢过程)，广仁术而利天下，厥功甚溥（溥，形容词。《说文解字·水部》："溥，大也。"广大。其功甚为广大)。叔和又有《脉诀》四卷，《脉赋》一卷，纂次张仲景《伤寒论》为三十六卷，行于世云。(明代李濂撰，《医史·王叔和传》)

明陈嘉谟撰《本草蒙筌·历代名医图姓氏》：王叔和，西晋高平人也，为太医令。性度沉静，博通经史，究研方脉，精意诊切。尤好著述。洞识修养之道，撰《脉经》十卷、《脉诀》四卷，《脉赋》一卷。仲景作《伤寒论》，错简，迨叔和撰次成序，得成全书。其行事具在唐甘伯宗《名医传》中。

历代名医图赞曰：晋王叔和，方脉之科。撰成要诀，普济沉疴。

《脉经·自序》：脉理精微，其体难辨。弦紧浮芤，展转相类，在心易了，指下难明。谓沉为伏，则方治永乖（诊脉相反，用什么处方治疗都不会正确，永远都是错误的)；以缓为迟，则危殆立至（危和殆均是危险、危急、不安之意。重叠用是为加强语气。《庄子·则阳》："安危相易，祸福相生。"《孙子·谋攻》："知彼知己者百战不殆")。况有数候俱见，异病同脉者乎！夫医药为用，性命所系。和、鹊至妙，犹或加思。仲景明审（明察仔细、明确周密。先秦史籍《逸周书·大戒》："人知其罪，上之明审，教幼乃勤，贫贱制□设九备，乃无乱谋"），亦候形证，一毫有疑，则考校以求验，故伤寒有承气之戒，呕哕发下焦之间。而遗文远旨，代寡能用，旧经秘述，奥而不售，遂令末学，昧于原本，互兹偏见，各逞已能，致微疴成膏肓之变（疴，音kē。病。微疴，轻微的疾病。膏肓，人体部位名词。《左传·成公十年》："疾不可为也。在肓之上，膏之下，攻之不可，达之不及，药不至焉。"晋学者杜预注解："心下为膏；肓，鬲也。"心下膈上，为体内重要部位。由此后世人称病势极为严重为"病入膏肓"），滞固绝振起之望，良有以也。今撰集岐伯以来，逮于华佗，经论要诀，合为十卷，百病根原，各以类例相从，声色证候，靡不该备，其王、阮、傅、戴、吴、葛、吕、张，所传异同，咸悉载录。诚能留心研穷，究其微赜（音zé，幽深玄妙。《易经·系词上》："圣人有以见天下之赜"），则可以比踪古贤，代无夭横矣。

晋太医令王叔和撰

《校定脉经·序》：臣等承诏典校古医经方书，所校雠中《脉经》一部，乃王叔和之所撰集也。叔和，西晋高平人，性度沈靖，尤好著述，博通经方，精意诊处，洞识修养之道。其行事具唐甘伯宗《名医传》中。臣等观其书，叙阴阳表里，辨三部九候，分人迎、气口、神门，条十二经、二十四气、奇经八脉，以举五藏六府、三焦、四时之疴。若网在纲，有条而不紊，使人占外以知内，视死而别生，为至详悉，咸可按用。其文约，其事详者，独何哉？盖其为书，一本《黄帝内经》，间有疏略未尽处，而又辅以扁鹊、仲景、元化之法，自余奇怪异端不经之说，一切不取。不如是，何以历数千百年而传用无毫发之失乎？又其大较，以谓脉理精微，其体难辨，兼有数候俱见，异病同脉之惑，专之指下，不可以尽隐伏，而乃广述形证虚实，详明声色王相，以此参伍，决死生之分，故得十全，无一失之谬，为果不疑。然而，自晋室东渡，南北限隔，天下多事，于养生之书实未皇暇（皇，通"遑"。闲暇；空闲。《左传·哀公五年》："不僭不滥，不敢怠遑，命以多福。"《晋书·祖逖传》："时帝方拓定江南，未遑北伐。"实在无暇顾及），虽好事之家，仅有传者，而承疑习非，将丧道真，非夫圣人，曷为厘正（曷，音hé。《说文解字·曰部》："曷，何也。"《史记·鲁仲连列传》："曷为久居此围城之中而不去？"厘正，考正；订正。唐经学家孔颖达《毛诗正义序》："先君宣父，厘正遗文，缉其精华，褫其烦重"）。恭惟主上体大舜好生之德，玩神禹叙极之文，推赐福之良心，鉴慎疾之深意，出是古书，俾从新定。臣等各殚所学，博求众本，据经为断，去取非私。大抵世之传授不一，其别有三：有以隋巢元方时行《病源》为第十卷者，考其时而谬自破；有以第五分上、下卷，而撮诸篇之文别增篇目者，推其本文而义无取稽。是二者，均之未睹厥真，各秘其所藏尔。今则考以《素问》《九墟》《灵枢》《太素》《难经》《甲乙》、仲景之书，并《千金方》及《翼》说脉之篇以校之，除去重复，补其脱漏，其篇第亦颇为改易，使以类相从，仍旧为一十卷，总九十七篇。施之于人，俾披卷者，足以占外以知内，视死而别生，无待饮上池之水矣（典出《史记·扁鹊仓公列传》。常桑君教扁鹊秘不示人的"禁方"，以上池之水送服怀中药，能洞见脏腑，医人疾病。此处之意是不用饮上池之水，便可诊人疾病）。

国子博士　臣　高保衡

尚书屯田郎中　臣　孙奇

光禄卿直秘阁　臣　林亿　等谨上

"医之学以七经为本，犹儒家之六艺也。然七经中，其论脉理精凝，莫详于王氏《脉经》。纲举目分，言近旨远，是以自西晋至于今日，与黄帝、卢扁之书并传，学者咸宗师之。"1217 年，南宋嘉定十年即丁丑年（嘉定：南宋宁宗赵扩的年号，1208—1224 年），濠梁何大任校正补注再版时做序评价说。

王叔和，名熙。幼年家境贫寒。自幼性情沉静，聪慧好学，孜孜不倦，知识渊博，通古达今，经史子集无所不通，潜心研读历代名医著作，精研医学，尤好经方，尤其重视脉诊，博采众长，通晓养生之道，深谙疗疾之说，先任魏御医，司马氏称帝后，晋升为太医令，掌管朝廷医政。

王叔和在行医过程中，深感传统医学"望、闻、问、切"四诊中的切脉之深奥，迫切需要脉学这方面的专著，于是在政务之余，多方收集前代诊脉文献，如屡经战争动乱而传抄讹误，已经散佚、残损不全、几近濒临失传的东汉名医张仲景撰著的《伤寒杂病论》，以及《黄帝内经》，扁鹊、华佗等诸多医家有关脉学的论述，倾尽全力加以整理、编辑，结合自己的行医实践体会，勤奋著述，编著《脉经》十卷，全面总结了公元3世纪以前的传统脉诊理论，终于使已经流散的珍贵医学文献得以保全、延续和流传。这是现存最早、较为系统、规范的脉学专著，为后世中医诊脉学奠定了坚实基础。他创立的“寸口切脉法”，只要熟练掌握了寸、关、尺各部位的脉象，就可以准确判断出体内脏器的疾病，较之此前的“三部九候”法，更受医、患的欢迎。此后，这部《脉经》与《难经》《内经》同为祖国传统医学的经典著作，同属历代医科学生医学教育不可或缺的重要教材，极大地促进了医学的进步和医疾疗效的提高。王叔和是位潜心钻研医理学问，不问政治的医学技术专家。他对人体的养生保健、修身养性亦有精辟见解，十分强调饮食起居对于人们的健康长寿具有不可忽视的作用，亦是较早系统论述膳食养生的医学家。

皇甫谧，魏晋间著名医学家。

“《皇甫士安依诸方撰》一卷。”“《皇甫谧论寒食散方》二卷，亡。”（唐魏徵等撰，《隋书·卷三十四·志第二十九·经籍三子》）

“《黄帝三部针经》十三卷皇甫谧撰。”（后晋刘昫等撰，《旧唐书·卷四十七·志第二十七·经籍下》）

“皇甫谧《黄帝三部针经》十二卷。”（北宋欧阳修、宋祁撰，《新唐书·卷五十九·志第四十九·艺文三》）

“皇甫谧《黄帝三部针灸经十二卷即《甲乙经》》。”（元代脱脱等撰，《宋史·卷二百七·志第一百六十·艺文六》）

皇甫谧（214—282），字士安，幼名静，安定朝那人（今甘肃省平凉西北），汉太尉嵩（东汉太尉皇甫嵩。汉灵帝时，任北地太守，因镇压黄巾起义军，先后封冀州牧、槐里侯，最后官至太尉）之曾孙也。出后叔父（出生后过继给叔父），徙居新安（新安，辖境相当于今浙江省淳安以西，安徽省新安江流域一带）。年二十，不好学，游荡无度，或以为痴。尝得瓜果，辄进所后叔母任氏。任氏曰：“《孝经》云：三牲（古代用于祭祀的牛、羊、猪称为三牲）之养，犹为不孝。汝今年余二十，目不存教，心不入道，无以尉（音 wèi，“慰”的本字。慰问；安抚。《汉书·韩安国传》：“以尉士大夫心。”《汉书·车千秋传》：“思欲宽广上意，尉安众庶”。颜师古注：“尉安之字，本无心也。是以《汉书》往往存古体字焉”）我。”因叹曰：“昔孟母三徙以成仁，曾父烹豕以存教，岂我居不卜邻，教有所阙（阙，通“缺”；通“厥”。短；缺。《玉篇·厂部》：“厥，短也。”教育有所缺失），何尔鲁钝之甚也（以至于你如此粗鲁迟钝笨拙之极）！修身笃学（努力专心学习提高自己的品德修养），自汝得之（你自己得好处），于我何有（对我有何好处）！”因对之流涕。谧乃感激，就乡人席坦受书，勤力不怠。居贫，躬自稼穑，带经而农，遂博综典籍百家之言。沈静（沈，同“沉”）寡欲，始有高尚之志，以著述为务，自号“玄晏先生”，著《礼乐》《圣真》之论。后得风痹疾，犹手不辍卷（仍手不释卷。辍，中止；停止。《论语·微子》：“耰而不辍”）。

或劝谧修名广交（犹修身求名广交朋友。有人劝皇甫谧出仕任职广交朋友），谧以为“非圣人孰能兼存出处，居田里之中亦可以乐尧、舜之道，何必崇接世利（何必高攀达官贵人接近世俗利益），事官鞅掌（忙于官场事物而无暇整理仪容。《诗经·小雅·北山》：“或栖迟偃仰，或王事鞅掌。”《毛传》：“鞅掌，失容也。”引申指公事忙碌。唐代白居易《寄杨六》诗：“公门苦鞅掌，尽日无闲隙”），然后为名乎。”作《玄守论》以答之。或谓谧曰：“富贵人之所欲，贫贱人之所恶，何故委形待于穷而不变乎？且道之所贵者，理世也；人之所美者，及时也。先生年迈齿变，饥寒不赡，转死沟壑，其谁知乎？”

谧曰：“人之所至惜者，命也；道之所必全者，形也；性形所不可犯者，疾病也。若扰全道以损性命，安得去贫贱存所欲哉？吾闻食人之禄者怀人之忧，形强犹不堪，况吾之弱疾乎！且贫者士之常，贱者道之实，处常得实，没齿不忧，孰与富贵扰神耗精者乎！又生为人所不知，死为人所不惜，至矣！喑聋之徒，天下之有道者也。夫一人死而天下号者，以为损也；一人生而四海笑者，以为益也。然则号笑非益死损生也。是以至道不损，至德不益。何哉？体足也。如回天下之念以追损生之祸，运四海之心以广非益之病，岂道德之至乎！夫唯无损，则至坚矣；夫唯无益，则至厚矣。坚故终不损，厚故终不薄。苟能体坚厚之实，居不薄之真，立乎损益之外，游乎形骸之表，则我道全矣。”

遂不仕，耽玩（深切地爱好、玩味。《三国志·吴志·士燮传》：“耽玩《春秋》，为之注解”）典籍，忘寝与食，时人谓之“书淫”。或有箴其过笃（箴，动词。劝告；劝戒；箴谏。有人规劝他过于沉湎其中），将损耗精神。谧曰："朝闻道，夕死可矣，况命之修短分定悬天乎！"

叔父有子既冠（古礼，男子年二十时即视为成年而加冠。此指叔父的儿子已成年），谧年四十丧所生后母，遂还本宗。

城阳太守梁柳，谧从姑子也，当之官，人劝谧饯之。谧曰："柳为布衣时过吾，吾送迎不出门，食不过盐菜，贫者不以酒肉为礼。今作郡而送之，是贵城阳太守而贱梁柳，岂中古人之道，是非吾心所安也。"

时魏郡召上计掾，举孝廉；景元初（景元，魏元帝曹奂的第一个年号，即260—264年），相国辟（辟，音bì。动词。君主征召，授予官职。《后汉书·张衡传》："举孝廉，不行，连辟公府，不就"），皆不行。其后乡亲劝令应命，谧为《释劝论》以通志焉。其辞曰：

相国晋王辟余等三十七人，及泰始登禅（泰始：晋武帝司马炎的第一个年号，265—274年），同命之士莫不毕至，皆拜骑都尉，或赐爵关内侯，进奉朝请，礼如侍臣。唯余疾困，不及国宠。宗人父兄及我僚类，咸以为天下大庆，万姓赖之，虽未成礼，不宜安寝，纵其疾笃，犹当致身。余唯古今明王之制，事无巨细，断之以情，实力不堪，岂慢也哉！乃伏枕而叹曰："夫进者，身之荣也；退者，命之实也。设余不疾，执高箕山，尚当容之，况余实笃！故尧、舜之世，士或收迹林泽，或过门不敢入。咎繇之徒两遂其愿者（咎繇，即皋陶。音gāo yáo。咎，通"皋"。东夷族的首领，偃姓，曾被舜任命为掌管刑法的官员，后又被禹选为继承人，因早亡未继位。《离骚》："汤、禹严而求合兮，挚、咎繇而能调"），遇时也。故朝贵致功之臣，野美全志之士。彼独何人哉！今圣帝龙兴，配名前哲，仁道不远，斯亦然乎！客或以常言见逼，或以逆世为虑。余谓上有宽明之主，下必有听意之人，天网恢恢，至否一也，何尤于出处哉！"遂究宾主之论，以解难者，名曰《释劝》。

客曰：……

夫才不周用，众所斥也；寝疾弥年，朝所弃也。是以胥克之废，丘明列焉；伯牛有疾，孔子斯叹。若黄帝创制于九经，岐伯剖腹以蠲肠，扁鹊造虢而尸起，文挚徇命于齐王，医和显术于秦、晋，仓公发秘于汉代皇，华佗存精于独识，仲景垂妙于定方。徒恨生不逢乎若人，故乞命诉乎明王。求绝编于天录，亮我躬之辛苦，冀微诚之降霜，故俟罪而穷处。

其后武帝频下诏敦逼不已，谧上疏自称草莽臣曰：“臣以尪痹，迷于道趣，因疾抽簪，散发林皐，人纲不闲，鸟兽为群。陛下披榛采兰，并收蒿艾。是以皋陶振褐，不仁者远。臣惟顽蒙，备食晋粟，犹识唐人击壤之乐，宜赴京城，称寿阙外。而小人无良，致灾速祸，久婴笃疾，躯半不仁，右脚偏小，十有九载。又服寒食药，违错节度，辛苦荼毒，于今七年。隆冬裸袒食冰，当暑烦闷，加以咳逆，或若温疟，或类伤寒，浮气流肿，四肢酸重。于今困劣，救命呼噏，父兄见出，妻息长诀。仰迫天威，扶舆就道，所苦加焉，不任进路，委身待罪，伏枕叹息。臣闻《韶》《卫》不并奏，《雅》《郑》不兼御，故郤子入周，祸延王叔；虞丘称贤，樊姬掩口。君子小人，礼不同器，况臣糠䵃（䵃一音 kuàng。麦麸也），糅之雕胡？庸夫锦衣，不称其服也。窃闻同命之士，咸以毕到，唯臣疾疢，抱衅床蓐，虽贪明时，惧毙命路隅。设臣不疾，已遭尧、舜之世，执志箕山，犹当容之（帝尧为访贤人以备禅让天下，于箕山附近访得许由，先是让其治理天下，许由认为这是对他的一种羞辱，不肯接受，遁耕自食于箕山之下。此后，尧又任其为九州长，许由听到这一任命，认为这玷污了自己的耳朵，遂于颍水之滨洗耳，死后葬于箕山之上）。臣闻上有明圣之主，下有输实之臣；上有在宽之政，下有委情之人。唯陛下留神垂恕，更旌瑰俊，索隐于傅岩，收钓于渭滨，无令泥滓久浊清流。”谧辞切言至，遂见听许。

岁余，又举贤良方正（汉代选拔统治人才的科目之一。汉文帝刘恒为了询访政治得失，开始“举贤良方正能直言极谏者”，中选者则授予官职。非常设之制科），并不起。自表就帝借书，帝送一车书与之。谧虽羸疾，而披阅不怠。初服寒食散，而性与之忤（忤，动词。逆也；违反；抵触。药性与自己的体质相违逆、抵触），每委顿不伦（每每极度颓丧疲惫乏困不堪），尝悲恚，叩刃欲自杀，叔母谏之而止。

济阴太守蜀人文立，表以命士有贽为烦，请绝其礼币，诏从之。谧闻而叹曰：“亡国之大夫不可与图存，而以革历代之制，其可乎！夫‘束帛戋戋’，《易》之明义，玄纁之贽，自古之旧也。故孔子称夙夜强学以待问，席上之珍以待聘。士于是乎三揖乃进，明致之难也；一让而退，明去之易也。

若殷汤之于伊尹，文王之于太公，或身即莘野，或就载以归，唯恐礼之不重，岂吝其烦费哉！且一礼不备，贞女耻之，况命士乎！孔子曰：赐也，尔爱其羊，我爱其礼。弃之如何？政之失贤，于此乎在矣。”

咸宁初（咸宁，西晋武帝司马炎的年号，275—280年），又诏曰：“男子皇甫谧沉静履素（性格沉稳文静，践行本质纯朴素雅），守学好古（守学，坚持学习。《国语·晋语四》：“文公问元帅于赵衰，对曰：‘郤縠可。行年五十矣，守学弥惇。’”坚守学习，尤其爱好古籍），与流俗异趣，其以谧为太子中庶子（东宫太子的侍从之臣，职如侍中，辅助太子师傅对太子进行教育，甚至可以参与议政）。”谧固辞笃疾。帝初虽不夺其志，寻复发诏征为议郎（西汉始置的官职名。掌顾问应对。隶光禄勋，为郎官之一，但不入值宿卫，官秩比中郎、侍郎、郎中等略高），又召补著作郎（三国魏时，始设置的官职，掌管编纂国史，属中书省；晋代改属秘书省，号称大著作）。司隶校尉刘毅请为功曹（官职名。亦称功曹史，简称功曹，秦已有之，西汉名臣萧何就是秦时沛县的功曹，实为郡守、县令的重要辅佐官吏，不仅职掌人事工作，甚至可以参与一郡的政务），并不应。著论为葬送之制，名曰《笃终》。曰：

玄晏先生以为存亡天地之定制，人理之必至也。故礼六十而制寿，至于九十，各有等差，防终以素，岂流俗之多忌者哉！吾年虽未制寿，然婴疢弥纪，仍遭丧难，神气损劣，困顿数矣。常惧夭陨不期，虑终无素，是以略陈至怀。

夫人之所贪者，生也；所恶者，死也。虽贪，不得越期；虽恶，不可逃遁。人之死也，精歇形散，魂无不之，故气属于天；寄命终尽，穷体反真，故尸藏于地。是以神不存体，则与气升降；尸不久寄，与地合形。形神不隔，天地之性也；尸与土并，反真之理也。今生不能保七尺之躯，死何故隔一棺之土？然则衣衾所以秽尸，棺椁所以隔真，故桓司马石椁不如速朽；季孙玙璠比之暴骸；文公厚葬，《春秋》以为华元不臣；杨王孙亲土，《汉书》以为贤于秦始皇。如令魂必有知，则人鬼异制，黄泉之亲，死多于生，必将备其器物，用待亡者。今若以存况终，非即灵之意也。如其无知，则空夺生用，损之无益，而启奸心，是招露形之祸，增亡者之毒也。

夫葬者，藏也；藏也者，欲人之不得见也。而大为棺椁，备赠存物，无异于埋金路隅而书表于上也。虽甚愚之人，必将笑之。丰财厚葬以启奸心，或剖破棺椁，或牵曳形骸，或剥臂捋金环，或扪肠求珠玉。焚如之形，不痛于是？自古及今，未有不死之人，又无不发之墓也。故张释之曰：使其中有欲，虽固南山犹有隙；使其中无欲，虽无石椁，又何戚焉！斯言达矣，吾之师也。夫赠终加厚，非厚死也，生者自为也。遂生意于无益，弃死者之所属，知者所不行也。《易》称“古之葬者，衣之以薪，葬之中野，不封不树”。是以死得归真，亡不损生。

故吾欲朝死夕葬，夕死朝葬，不设棺椁，不加缠敛，不修沐浴，不造新服，殡含之物，一皆绝之。吾本欲露形人坑，以身亲土，或恐人情染俗来久，顿革理难，今故粗为之制。奢不石椁，俭不露形。气绝之后，便即时服，幅巾故衣，以籧篨（音 qú chú，用芦苇或竹子编织的粗糙席子。《淮南子·本经训》：“若簟籧篨。”东汉经学家高诱著《淮南子注》解释：“籧篨，苇席”）裹尸，麻约二头，置尸床上。择不毛之地，穿坑深十尺，长一丈五尺，广六尺，坑讫，举床就坑，去床下尸。平生之物，皆无自随，唯赍（音 jī。抱着；带着）《孝经》一卷，示不忘孝道。籧篨之外，便以亲土。土与地平，还其故草，使生其上，无种树木、削除，使生迹无处，自求不知。不见可欲，则奸不生心，终始无怵惕，千载不虑患。形骸与后土同体，魂爽与元气合灵，真笃爱之至也。若亡有前后，不得移袝（音 fù。合葬。《礼记·檀弓上》：“周公盖袝。”唐代经学家孔颖达编《五经注疏》解：“周公以来，盖始袝葬，袝即合也，言将后丧合前葬”）。袝葬自周公来，非古制也。舜葬苍梧，二妃不从，以为一定，何必周礼。无问师工，无信卜筮，无拘俗言，无张神坐，无十五日朝夕上食。礼不墓祭，但月朔于家设席以祭，百日而止。临必昏明，不得以夜。制服常居，不得墓次。夫古不崇墓，智也。今之封树，愚也。若不从此，是戮尸地下，死而重伤。魂而有灵，则冤悲没世，长为恨鬼。王孙之子，可以为诫。死誓难违，幸无改焉！

而竟不仕。太康三年卒（282 年），时年六十八，子童灵、方回等遵其遗命。

谧所著诗赋诔颂论难甚多，又撰《帝王世纪》《年历》《高士》《逸士》《列女》等传，《玄晏春秋》，并重于世，门人挚虞、张轨、牛综、席纯，皆为晋名臣。

史臣曰：皇甫谧素履幽贞，闲居养疾，留情笔削，敦悦丘坟，轩冕未足为荣，贫贱不以为耻，确乎不拔，斯固有晋之高人者欤！洎乎《笃终》立论，薄葬昭俭，既戒奢于季氏，亦无取于王孙，可谓达存亡之机矣。

赞曰：士安好逸，栖心蓬荜（“蓬门荜户”的略语，比喻穷人居住的房子）。属意文雅，忘怀荣秩。遗制可称，养生乖术。（唐房玄龄等撰，《晋书·卷五十一·列传第二十一·皇甫谧》）

《太平御览·卷第七百二十二·方术部三·医二》引《晋书》说：“皇甫谧，字士安，幼沉静寡欲，有高尚之志，以著述为务，自号“玄晏先生”。后得风痹疾，因而学医。习览经方，手不辍卷，遂尽其妙。

明代陈嘉谟撰《本草蒙筌·历代名医图姓氏》：“皇甫谧，字士安，西晋时人，号‘玄晏先生’。博通古今，聚书万卷，精究方脉，深于医，广《汤液》，作《甲乙经》。”

历代名医图赞曰：皇甫士安，治法千般。经言甲乙，造化实难。

《针灸甲乙经·自序》：夫医道所兴，其来久矣。上古神农始尝草木而知百药。黄帝谘访岐伯、伯高、少俞之徒，内考五藏六府，外综经络血气色候，参之天地，验之人物，本性命，穷神极变，而针道生焉。其论至妙，雷公受业传之于后。伊尹以亚圣之才，撰用《神农本草》以为汤液。中古名医有俞跗、医缓、扁鹊，秦有医和，汉有仓公。其论皆经理识本，非徒胗病而已（胗，音 zhěn，同“诊”。诊断；诊察）。汉有华佗、张仲景。其他奇方异治，施世者多，亦不能尽记其本末。若知直祭酒刘季琰，病发于畏恶，治之而瘥，云：后九年季琰病应发，发当有感，仍本于畏恶，病动必死。终如其言。仲景见侍中王仲宣（王粲，字仲宣，东汉末年著名文学家，“建安七子”之一。三国曹魏名臣，四十一岁卒），时年二十余，谓曰：君有病，四十当眉落，眉落半年而死，令服五石汤可免。仲宣嫌其言忤（音 wǔ，违逆；违背；抵触。《新唐书·李义府传》：“凡忤意者，皆中伤之”），受汤勿服。居三日，见仲宣谓曰：服汤否？仲宣曰：已服。仲景曰：色候固非服汤之胗，君何轻命也？仲宣犹不信。后二十年果眉落，后一百八十七日而死，终如其言。此二事虽扁鹊、仓公无以加也。华佗性恶矜技，终以戮死。仲景论广伊尹《汤液》为数十卷，用之多验。近代太医令王叔和撰次仲景，选论甚精，指事施用。按《七略·艺文志》：《黄帝内经》十八卷。今有《针经》九卷，《素问》九卷，二九十八卷，即《内经》也。亦有所忘失，其论遐远，然称述多而切事少，有不编次。比按仓公传，其学皆出于是，《素问》论病精微，《九卷》原本经脉，其义深奥，不易觉也。又有《明堂孔穴针灸治要》，皆黄帝、岐伯选事也。三部同归，文多重复，错互非一。甘露中（甘露：三国魏高贵乡公曹髦的年号，256—260年。），吾病风加苦聋，百日方治，要皆浅近，乃撰集三部，使事类相从，删其浮辞，除其重复，论其精要，至为十二卷。

《易》曰：观其所聚，而天地之情事见矣。况物理乎？事类相从，聚之义也。夫受先人之体，有八尺之躯，而不知医事，此所谓游魂耳。若不精通于医道，虽有忠孝之心，仁慈之性，君父危困，赤子涂地，无以济之。此固圣贤所以精思极论，尽其理也。由此言之，焉可忽乎？其本论，其文有理，虽不切于近事，不甚删也。若必精要，后其闲暇，当撰核以为教经云尔。

《针灸甲乙经·序》：臣闻通天地人曰儒，通天地不通人曰技，斯医者虽曰方技，其实儒者之事乎。班固序《艺文志》，称儒者助人君，顺阴阳，明教化。此亦通天地人之理也。又云：方技者，盖论病以及国，原诊以知政。非能通三才之奥，安能及国之政哉。晋皇甫谧博综典籍百家之言，沉静寡欲，有高尚之志。得风痹，因而学医，习览经方，遂臻至妙（臻，音 zhēn，达到。言卫女思归的《诗经·邶风·泉水》："遄臻于卫，不瑕有害。"后世多用作达到的意思。如日臻完善、渐臻佳境）。取黄帝《素问》《针经》《明堂》三部之书，撰为《针灸经》十二卷，历古儒者之不能及也。或曰：《素问》《针经》《明堂》三部之书，非黄帝书，似出于战国。曰：人生天地之间，八尺之躯，藏之坚脆，府之大小，谷之多少，脉之长短，血之清浊，十二经之血气大数，皮肤包络其外，可剖而视之乎。非大圣上智，孰能知之，战国之人何与焉。大哉！《黄帝内经》十八卷，《针经》三卷，最出远古，皇甫士安能撰而集之。惜简编脱落者已多，是使文字错乱，义理颠倒，世失其传，学之者鲜矣。唐甄权但修《明堂图》，孙思邈从而和之，其余篇第亦不能尽言之。国家诏儒臣校正医书，今取《素问》《九墟》《灵枢》《太素经》《千金方》及《翼》《外台秘要》诸家善书校对，玉成缮写，将备亲览。恭惟主上圣哲文明，光辉上下，孝慈仁德，蒙被众庶，大颁岐黄，远及方外，使皇化兆于无穷，和气浃（音 jiā，动词。通彻。《淮南子·原道训》："不浸于肌肤，不浃于骨髓"）而充塞，兹亦助人灵，顺阴阳，明教化之一端云。

国子博士　臣　高保衡

尚书屯田郎中　臣　孙奇

光禄卿直秘阁　臣　林亿　等谨上

皇甫谧（214—282），历魏晋著名医学家，幼名静，字士安，晚自号"玄晏先生"，当时著名的经学大师，实乃晋朝高秀。

祖籍安定郡朝那县人，此后徙居新安。东汉末年名将皇甫嵩之曾孙，出身将门世家，其家族自汉至魏、晋，世代为官，始终是西北地区的名门望族，"累世富贵"。

出生于东汉建安十九年（214 年），成长于三国魏时期，成名于魏晋时期，病故于西晋武帝司马炎太康三年（282 年），享年六十八岁。

皇甫谧出生后，生母亡故，家道衰落，遂过继给堂叔家为子，十五岁时跟随堂叔从老家故里迁徙至新安，以务农为生。四十岁后，为奔丧而重返故里，从此再未离开过故土。

他的青少年时代是在东汉末年兵戈扰攘、战乱不断、民难安宁、疾疫时生之中度过的，目睹了当时社会的腐败黑暗、民不聊生的现实。史书说其年少前至二十岁时，尚目不存教，心不入道，是个贪玩，不好学习，不习上进，常与村童嬉戏分阵习兵，矛盾相执，愚顽难教，游荡无度的孩子，时人皆以为其痴。后来还是在叔母任氏的不断教诲、开导之下，顿生感悟，心存感激，遂就乡人席坦受书、习儒；虽居贫，却能够做到负经务农，躬自稼穑，同时奋发读书、勤力不怠、学而时习之，并博览群书、综汇典籍百家之言。在书籍的熏染之下，修身笃学，其性情逐渐变得沉静寡欲，并产生高尚之志，以著述为务。

时至中年，甘露（256—259 年）年间罹患风痹，又加苦聋百日，病魔缠身就是在这种状况下，仍是手不释卷，披阅不怠，人称“书淫”。因其读书太多，地方上的图书已经不够他读，不得不向晋武帝借书看，帝王赐书给地方上的一个穷书生读，既是佳话又史无前例。其潜心研习医学，习览经方，洞明医术，手不辍卷，因病习医而遂至臻至妙。

其对养生之道亦非常崇尚、重视，在其玄学思想的著作《玄守论》中记述道：“人之所至惜者，命也；道之所必全者，形也；性行所不可犯者，疾病也。若扰全道以损性命，安得去贫贱存所欲哉？吾闻食人之禄者怀人之忧，形强犹不堪，况吾之弱疾乎！且贫者士之常，贱者道之实，处常得实，没齿不忧，孰与富贵扰神耗精者乎！又生为人所不知，死为人所不惜，至矣！喑聋之徒，天下之有道者也。夫一人死而天下号者，以为损也；一人生而四海笑者，以为益也。然则号笑非益死损生也。是以至道不损，至德不益。何哉？体足也。如回天下之念以追损生之祸，运四海之心以广非益之病，岂道德之至乎！夫唯无损，则至坚矣；夫唯无益，则至厚矣。坚故终不损，厚故终不薄。苟能体坚厚之实，居不薄之真，立乎损益之外，游乎形骸之表，则我道全矣。”

又在《针灸甲乙经·精神五藏》一节中详叙：“智者之养生也，必顺四时而适寒暑，和喜怒而安居处，节阴阳而调刚柔，如是则邪僻不生，长生久视。”

皇甫谧著书颇丰，他根据《素问》《针经》《明堂孔穴针灸治要》等书，著成《黄帝三部针灸甲乙经》，简称《针灸甲乙经》或《甲乙经》，该书共十二卷，一百二十八篇，是我国现存的第一部针灸学专书，是针灸学科开山之作，它保存了晋以前诸多古医籍中的针灸文献资料，总结了晋以前的针灸学成就，弘扬了《黄帝内经》中的针灸学术思想，确立了针灸操作规范，汇集了丰富的临床经验，阐述经络理论，明确穴位名称和位置，并详述疾病的针灸取穴法，以方治要皆浅近，实乃从事针灸医术者之秘宝；后来学者，宜遵惯用之，其亦因撰著《甲乙经》而名扬海内外。

此外，另著有《帝王世纪》十卷，起自三皇，尽至汉、魏；以及撰《高士传》《逸士传》《列女传》《玄晏春秋》等。

葛洪（283—363），两晋时期道家大师，道教理论家，炼丹术家，医学家。

葛洪云：“学之广在于不倦，不倦在于固志。”

“《肘后方》六卷葛洪撰。”“《玉函煎方》五卷葛洪撰。”“《狐刚子万金诀》二卷葛仙公撰。”“《神仙服食药方》十卷抱朴子撰。”“《序房内秘术》一卷葛氏撰。”（唐魏徵等撰，《隋书·卷三十四·志第二十九·经籍三子》）

此外，另据书名判断亦应是葛洪所撰：“《杂仙方》一卷。”“《神仙服食经》十卷。”“《神仙服食神秘方》二卷。”“《神仙饵金丹沙秘方》一卷。”“《神仙杂方》十五卷。”“《神仙服食杂方》十卷。”“《神仙服食方》五卷。”“《服食诸杂方》二卷。”“《杂神仙黄白法》十二卷。”（这仅是笔者管见，因原书均未注明作者。）

“《肘后救卒方》四卷葛洪撰。”“《太清神仙服食经》五卷。”“《太清神丹中经》三卷。”“又一卷抱朴子撰。”“《狐子方金诀》二卷葛仙公撰。”“《玉房秘术》一卷葛氏撰。”（后晋刘昫等撰，《旧唐书·卷四十七·志第二十七·经籍下·医术类》）

“葛洪《肘后救卒方》六卷。” “抱朴子《太清神仙服食经》五卷。”“葛仙公录《狐子方金诀》二卷。”“《葛氏房中秘术》一卷。”此外，另据书名判断亦应是葛洪所撰：“《神仙服食经》十二卷。”“《神仙药食经》一卷。”“《神仙服食方》十卷。”“《神仙服食药方》十卷。”“《太清神仙服食经》五卷。”“《太清诸丹药要录》四卷。”（这仅是笔者管见，因原书均未注明作者。）（北宋欧阳修、宋祁撰，《新唐书·卷五十九·志第四十九·艺文三》）

“葛洪《肘后备急百一方》三卷。”“《葛仙公杏仁煎方》一卷。”（元代脱脱等撰，《宋史·卷二百七·志第一百六十·艺文六》）

葛洪，字稚川，丹阳句容人也（今江苏省西南部的句容县）。祖系吴大鸿胪（三国时期吴九卿之一，职掌赞襄礼仪之官），父悌，吴平后入晋，为邵陵太守（今湖南省邵陵市）。洪少好学，家贫，躬自伐薪以贸纸笔（亲自砍伐柴火去卖以购买纸和笔），夜辄写书诵习，遂以儒学知名。性寡欲，无所爱玩（不喜好玩耍），不知棋局几道，摴蒲齿名（摴，音 chū。摴蒱，同“樗蒱”。古代博戏。博具有子，有马，有五木等。人执六马，用五木掷彩；采有十种，以卢、雉、犊、白为贵彩，余为杂彩。贵采得连掷、打马、过关，杂采则否。盛行于汉、魏。后世则专以五木为戏，并作为赌博的通称。五木，古代博具。斫木为子，一具五枚，故名。古代博戏，樗蒲用五木掷彩打马，以后则专掷五木以决胜负。唐代李白《赠别从甥高五》诗："五木思一掷，如绳系穷猿。"后世所用骰子，相传即由五木演变而来。）。为人木讷（音 mù nè。质朴而不善辞令。《论语·子路》："子曰：刚、毅、木、讷，近仁"），不好荣利（不好荣耀利益。《荀子·荣辱》："先义而后利者荣，先利而后义者辱。"《论语·宪问》："见利思义，见危授命"），闭门却扫（闭门谢客。所谓不复扫径迎客，喻隐居不与世俗事物接触。三国魏王粲《寡妇赋》："阖门兮却扫，幽处兮高堂"），未尝交游。于余杭山（位于今浙江省杭州市）见何幼道、郭文举，目击而已，各无所言（目光触及而已，并未交流）。时或寻书问义，不远数千里崎岖冒涉，期于必得，遂究览典籍，尤好神仙导养之法。从祖玄（父亲的堂兄弟。《尔雅·释亲》："父之从父晜弟为从祖父"），吴时学道得仙，号曰"葛仙公"，以其炼丹秘术授弟子郑隐。洪就隐学，悉得其法焉。后师事南海太守上党鲍玄（南海，即今广东省广州市。上党，即今山西省东南部上党地区的长治市。此说葛洪从师于上党人、驻守南海的太守鲍玄学习）。玄亦内学（谶纬者称图谶之术为内学），逆占将来（预知未来），见洪深重之，以女妻洪。洪传玄业，兼综练医术，凡所著撰，皆精核是非，而才章富赡（才华横溢，文章著述丰富多彩）。

太安中（太安：西晋惠帝司马衷的年号，302—303 年），石冰作乱（西晋时期张昌起义军的将领，先后攻占扬州、江州，后被叛将张统所杀害），吴兴（今浙江省湖州市）太守顾秘为义军都督，与周玘等起兵讨之，秘檄洪为将兵都尉，攻冰别率，破之，迁伏波将军。冰平，洪不论功赏，径至洛阳，欲搜求异书以广其学。

洪见天下已乱，欲避地南土，乃参广州刺史嵇含军事。及含遇害，遂停南土多年，征镇檄命一无所就。后还乡里，礼辟皆不赴。元帝为丞相（东晋司马睿，317—322 年在位。司马懿的曾孙，311 年，西晋愍帝司马邺封司马睿为丞相、大都督中外军事。西晋愍帝被汉赵刘曜俘获后，西晋灭亡。司马睿在晋旧贵族与江东大族的扶持之下，于 317 年承制改元即晋王位称晋王，318 年改元建武即帝位，东晋建立，史称晋元帝。东晋的开国皇帝），辟为掾（音 yuàn，本意为佐助、辅佐，后则为副官佐或者官署属员、从属官吏的通称。《说文解字·手部》："掾，缘也。"清文字学家、训诂学家朱骏声著《说文通训定声》解："掾，本训当为佐助之谊，故从手"）。以平贼功，赐爵关内侯（秦、汉时置的爵位名，仅是爵位名称，有号无国，就是有封号，实际上却没有封国。一般只是对立有军功的将领的奖励，封有食邑户数，按规定户数征收租税的权力，二十等爵位的倒数二级）。咸和初（咸和，东晋成帝司马衍的年号，326—334年），司徒导（司徒，西周时始置的官职名，三公之一，相当丞相，属权臣，辅佐皇帝综理全国政务。王导，东晋名臣，著名的政治家、书法家，276—339，历仕元明成三帝，东晋政权的奠基人之一，领导安抚南迁士族，联合江南世族，对稳定东晋在南方的统治发挥了重要作用）召补州主簿（官职名，统兵开府之大臣幕府中的重要幕僚，典领州郡幕府中的文书，总领府事，参与机要，谋划、办理事务的辅佐之吏。《文献通考·卷六十三》："盖古者官府皆有主簿一官，上自三公及御史府，下至九寺五监以至郡县皆有之"），转司徒掾（司徒的副手。晋代的司徒与太尉、司空均属三公。三公，朝廷中最为尊贵显赫的官职），迁咨议参军（官职名，重要幕僚，职掌咨询谋划事务。或曰主帅的副手或高级参谋）。干宝（？—336，东晋史学家、文学家。字令升。新蔡人。出身官宦之家的干宝，勤学好学，博览群书，造诣深厚，尤好阴阳术数。元帝时以佐著作郎领修国史，著《晋纪》，时称良史，并撰有已佚的神灵怪异故事集《搜神记》，以及其他诸多著作，如《周易注》《五气变化论》《论山徒》《论妖怪》《周官礼注》等，堪称小说家的一代宗师）深相亲友（与亲友深切亲近友善），荐洪才堪国史（举荐葛洪的才能堪任修撰国史之职），选为散骑常侍（三国魏时设置的官职，在皇帝左右预闻要政，以备顾问，规谏过失），领大著作（三国魏时始设置的官职，属中书省，掌管编纂国史；晋代改属秘书省，号称大著作），洪固辞不就。以年老，欲炼丹以祈遐寿（祈求高寿），闻交阯（辖境今越南北部、广西区钦州地区、广东省雷州半岛的统称）出丹，求为句扁令（句，同"勾"，音gōu。《前汉书·地理志》："交阯有勾漏县"。今广西区北流市东北）。帝以洪资高（资历、声望高），不许。洪曰："非欲为荣，以有丹耳。"帝从之，洪遂将子侄俱行。至广州，刺史邓岳留，不听去，洪乃止罗浮山（罗浮山位于广东省东江北岸，增城、博罗、河源等县之间；山水瀑布，风景优美，乃粤中旅游胜地，葛洪曾修道于此，道教称为第七洞天）炼丹。岳表补东官太守（邓岳上表补缺任命其为东官太守。东官治所在今广东省宝安区），又辞不就。岳乃以洪兄子望为记室参军（总揽军政事务、上表章、报书记的秘书之职）。在山积年，优游闲养，著述不辍。其自序曰：洪体乏进趣之才，偶好无为之业。假令奋翅则能陵厉玄霄（超越、凌驾于高空、玄霄之上。简称"陵霄"，亦作"凌霄"。直上云霄，高举之意。西晋文学家、诗人陆机《赴洛》诗："仰瞻陵霄鸟，羡尔归飞翼"），骋足则能追风蹑景（蹑，音niè。动词。《说文解字·足部》："蹑，蹈也。"追踪；跟随。轻步行走追看风景），犹欲戢劲翮（戢，音jí。《说文解字·戈部》："戢，藏兵也。"《小尔雅》："戢，敛也。"原意是谓将兵器收藏起来，引申为收敛、止息。翮，音hé，《说文解字·羽部》："翮，羽茎也。"《尔雅·释器》："羽本谓之翮。"犹欲将强劲的羽毛收敛起来）于鹪鹩

（音 jiāo yàn，鷦，鷦明，传说中的一种五方神鸟。《说文解字·鸟部》：“五方神鸟：东方发明，南方焦明，西方鷫鷞，北方幽昌，中央凤凰。”《广雅·释鸟》：“鷦明，凤皇属也。”鷃，古籍中的鸟名。麦收时的一种候鸟）之群，藏逸迹于跛驴之伍，岂况大块禀我以寻常之短羽，造化假我以至驽之蹇足（蹇，音 jiǎn。跛足，瘸子。《楚辞·七谏·谬谏》：“驾蹇驴而无策兮，又何路之能极？”引申指蹇驴或驽马）？自卜者审，不能者止，又岂敢力苍蝇而慕冲天之举，策跛鳖而追飞兔之轨；饰嫫母（亦作“嫫姆”，古之极丑之妇。传为黄帝的第四任妻室。其面貌虽然极度丑陋，然品德贤淑，性情温柔，组织能力非凡，是心灵美的妇女代表。黄帝元妃嫘祖病逝后，就是由嫫母有条不紊地组织料理的后事）之笃陋，求媒阳之美谈（有书解说“媒阳”是古代美人，实乃误矣。此实指旧时媒婆做媒时，为男方极尽美言之说，以求做媒成功）；推沙砾之贱质，索千金于和肆哉（和肆，出售宝玉的店铺。西晋文学家、诗人潘尼《释奠颂》：“如彼和肆，莫匪琼瑶。”唐学者马总编辑《意林·卷六》引三国魏钟会《刍荛论》：“珪玉弃于粪土，铅锡列于和肆”）！夫僬侥（亦作“焦侥”，音 jiào yáo。古代传说中的一种矮人。《国语·鲁语下》：“仲尼曰：‘僬侥氏长三尺，短之至也。’”又《列子·汤问》：“从中州以东四十万里，得僬侥国，人长一尺五寸”）之步而企及夸父（上古汉族神话传说中的人物之一。成语典故：夸父追日。《山海经·海外北经、大荒北经》载其立志追赶太阳，赶到太阳入口处，感觉焦渴，便喝干了黄、渭两河的水，仍感觉不足，终于渴死。遗留下的手杖化成桃林）之踪，近才所以踬碍也（亦作“踬阂”。踬，音 zhì。颠仆障碍，不能前进。《三国志·魏志·毋丘俭传》：“将士诸为俭、钦所迫胁者悉归降。”裴松之注解：“狼狈踬阂，无复他计”）；要离（义士，春秋末年吴国人，应伍子胥引荐给吴王，谋刺在卫的公子庆忌。为谋成功，他主动让吴王断其右手，杀其妻子，假装得罪出逃至卫，再假意向庆忌献破吴之计，力图亲近庆忌。当同舟渡江之时，刺死庆忌，之后自杀）之羸而强赴扛鼎之势，秦人所以断筋也。是以望绝于荣华之途，而志安乎穷圮之域（圮，音 pǐ。①毁；绝。《尚书·尧典》：“帝曰：‘吁！咈哉，方命圮族。’”张衡《东京赋》：“汉初弗之宅，故宗绪中圮。”②坍塌。苏辙《东轩记》：“支其欹斜，补其圮缺”）；藜藿有八珍之甘，蓬荜有藻棁之乐也（蓬荜，成语“蓬门荜户”的略语。比喻穷人所居住的房子，此处指穷人。藻棁，音 zǎo zhuō，此喻浮夸浅识的人。《梁书·贺琛传》：“斗筲之人，藻棁之子，既得伏奏帷扆，便欲诡竟求进，不说国之大体。”此句说穷人也有浮夸炫耀之乐事也）。故权贵之家，虽咫尺弗从也（形容距离很近。《左传·僖公九年》：“天威不违颜咫尺”）；知道之士，虽艰远必造也。考览奇书，既不少矣，率多隐语，难可卒解，自非至精不能寻究，自非笃勤不能悉见也。

道士弘博洽闻者寡，而意断妄说者众（意断，同“臆断”。主观猜测而盲目判断）。至于时有好事者，欲有所修为，仓卒不知所从，而意之所疑又无足咨。今为此书，粗举长生之理。其至妙者不得宣之于翰墨（犹“笔墨”，指文辞。曹丕《典论·论文》：“古之作者，寄身于翰墨，见意于篇籍。”亦指书法或绘画。《宋史·米芾传》：“特妙于翰墨，沈著飞翥，得王献之笔意。”此处则指前者），盖粗言较略以示一隅，冀悱愤（亦作“愤悱”。《论语·述而》：“不愤不启，不悱不发。”朱熹注解：“愤者，心求通而未得之意；悱者，口欲言而未能之貌。”亦用来指心中蕴积的思虑。唐代白居易《与元九书》：“既而愤悱之气，思有所泄”）之徒省之可以思过半矣。岂谓暗塞必能穷微畅远乎，聊论其所先觉者耳。世儒徒知服膺周、孔，莫信神仙之书，不但大而笑之，又将谤毁真正。故予所著子言黄白之事，名曰《内篇》，其余驳难通释，名曰《外篇》，大凡内外一百一十六篇。虽不足藏诸名山，且欲缄之金匮，以示识者。

自号“抱朴子”，因以名书。其余所著碑诔诗赋百卷，移檄章表三十卷，神仙、良吏、隐逸、集异等传各十卷，又抄《五经》《史》《汉》、百家之言、方技杂事三百一十卷，《金匮药方》一百卷，《肘后要急方》四卷。

洪博闻深洽（多闻博识、深入精到），江左绝伦（古人称长江下游南岸地区为江东，在地理上视东为左，以西为右，故江东又名江左。实指东晋统治地区。绝伦，出类拔萃；超越同辈；无与伦比。《史记·龟策列传》：“通一伎之士咸得自效，绝伦超奇者为右，无所阿私”）。著述篇章富于班、马（班固、司马迁的代称），又精辩玄赜（精通、辨识幽深、玄虚、奥妙之事理），析理入微。后忽与岳疏云：“当远行寻师，克期便发。”岳得疏，狼狈往别（此喻仓猝困顿窘迫的样子。西晋父早亡、母再嫁，只与祖母相依为命的李密，为辞晋武帝征召任命，而上《陈情表》固辞道：“臣之进退，实为狼狈”）。而洪坐至日中，兀然若睡而卒，岳至，遂不及见。时年八十一。视其颜色如生，体亦柔软，举尸入棺，甚轻，如空衣，世以为尸解得仙云（尸解，道学术语。道教认为修道之人死后，可以遗留形骸，魂魄则仙去，称为尸解。甚或不留遗体，只假托一物，如衣、杖、宝剑等。唐代李贤为《后汉书·王和平传》作注解释说：“尸解者，言将登仙，假托为尸以解化也”）。

史臣曰：稚川束发从师，老而忘倦。紬奇册府，总百代之遗编；纪化仙都，穷九丹之秘术。谢浮荣而捐杂艺，贱尺宝而贵分阴，游德栖真，超然事外。全生之道，其最优乎！

赞曰：稚川优洽。贫而乐道。载范斯文，永传洪藻。（唐房玄龄等撰，《晋书·卷七十二·列传第四十二·葛洪》）

《太平御览·卷第七百二十二·方术部三·医二》引《晋中兴书》说："葛洪，字稚川，丹阳句容人。幼览众书，近得万卷，自号'抱朴子'。善养性之术，撰经用救验方三卷，号曰《肘后方》。又撰《玉函方》一百卷，于今行用。"

北宋苏轼把葛洪视为自己的老师，称赞："东坡之师抱朴老，真契久已交前生。"

明代陈嘉谟撰《本草蒙筌·历代名医图姓氏》："东晋葛洪，字稚川，丹阳人，仕晋，为勾屚令。善为治政，览究典籍，尤好神仙导养之法。隐居罗浮山，炼丹得仙，号曰'葛仙翁'。在山积年，优游闲养。著述不辍，撰经效方三卷，名曰《肘后救卒方》，又曰《肘后备急方》。自号'抱朴子'，因以名书云。终年八十一，殡殓后举轻。发棺视之，惟衣而已，世以为尸解云。"

历代名医图赞："隐居罗浮，优游养导。世号"仙翁"，方传《肘后》。"

《李约瑟·中国科学技术史·第六卷·第三十八章·植物学》称"葛洪为公元4世纪中期最伟大的博物学家和炼丹术士"。

《刻葛仙翁肘后备急方·序》：尝观范文正（范仲淹，北宋著名政治家、文学家，字希文。死后谥号"文正"）曰："不为良相，则愿为良医。"而陆宣公之在忠州（陆贽，唐政治家、文学家。字敬舆。死后谥号"宣"。人称陆宣公。著有《陆氏集验方》），亦惟手校方书，每叹其济人之心先后一揆，古人之志何如其深且远也。予少不习医而济人一念则耿耿于中，每见海内方书则购而藏之，方之效者则珍而录之，以为庶可济人之急；然以不及见古人奇方为恨，尤愧不能为良医，虽藏之多而无所决择也。今年之夏，偶以巡行至均游武当，因阅《道藏》得《肘后备急方》八卷，乃葛稚川所辑，而陶隐居增补之者，其方多今之所未见。观二君之所自为序，积以年岁仅成此编，一方一论皆已试而后录之，尤简易可以应卒，其用心亦勤。其选之亦精矣。矧二君皆有道之士，非世良医可比。得其方书而用之，中病固不必为医，可以知药不必择方，可以知医。其曰：苟能起信可免夭横，信其不我欺也。因刻而布之，以快予济人之心云。

万历二年甲戌（1574年。万历，明神宗朱翊钧的年号）秋仲，

巡按湖广监察御史剑江李栻书

李栻：明万历四十一年进士，福建省安溪人。字克伻，号“怀蓝”，曾任云南按察使，有善政。

《葛仙翁肘后备急方·序》：医有方古也。古以来著方书者无虑数十百家，其方殆未可以数计，篇帙浩瀚，苟无良医师，安所适从？况穷乡远地，有病无医，有方无药，其不罹夭折者几希。

丹阳葛稚川，夷考古今医家之说，验其方简要易得、针灸分寸易晓，必可以救人于死者，为《肘后备急方》。使有病者得之，虽无韩伯休，家自有药（详见《后汉书·韩康传》。有成语：韩康卖药。意为隐士卖药。韩康，字伯休，京兆霸陵人。虽出自豪门却不愿入仕做官，常游名山大川采药，之后到长安市场上出售，三十年如一日，药不二价）；虽无封君达（详见《后汉书·方术传·甘始传》。汉方士封君达，人称青牛道士。唐代李贤注引《汉武帝内传》：“封君达，陇西人。初服黄连五十余年，入鸟举山，服水银百余年，还乡里，如二十者。常乘青牛，故号“青牛道士”。葛洪撰《神仙传·卷十·封君达》：“封君达者，陇西人也。服黄连五十余年，又入鸟鼠山，服炼水银百余岁，往来乡里，视之年如三十许人，常乘青牛。闻人有疾病时死者，便过与药治之，应手皆愈。不以姓字语人，世人识其乘青牛，故号为‘青牛道士’。后二百余年，入玄丘山仙去也”），人可为医，其以备急固宜。

华阳陶弘景曰：葛之此制，利世实多，但行之既久，不无谬误。乃著《百一方》，疏于《备急》之后，讹者正之，缺者补之，附以炮制服食诸法，纤悉备具（细致且详尽，无不具备），仍区别内、外、他犯为三条，可不费讨寻，开卷见病，其以备急益宜。

葛、陶二君，世共知为有道之士，于学无所不贯，于术无所不通，然犹积年仅成此编，盖一方一论，已试而后录之，非徒采其简易而已。人能家置一帙，遇病得方，方必已病。如历卞和之肆举皆美玉，入伯乐之厩无非骏足，可以易而忽之邪。葛自序云，人能起信，可免夭横，意可见矣。

自天地大变，此方堙没几绝，间一存者，闭以自宝，是岂制方本意？连帅乌侯，夙多疹疾，宦学之余，留心于医药，前按察河南北道，得此方于平乡郭氏，郭之妇翁得诸汴之掖庭（皇宫中旁边的房舍，多指宫内宫嫔所居住的地方。南朝梁、陈之间诗人、文学家徐陵《玉台新咏序》：“五陵豪族，充选掖庭；四姓良家，驰名永巷”），变

乱之际，与身存亡，未尝轻以示人，迨今而出焉，天也，侯命工刻之，以趣其成（趣，音 cù。尽快。另解，趣向。《易经·系辞下》："变通者，趣时者也。"唐训诂学家孔颖达疏解："趣向于时也"），唯恐病者见方之晚也。虽然方之显晦，而人之生死休戚系焉（休戚，福与祸；喜悦和忧虑。成语：休戚相关；安危休戚。《国语·周语下》："为晋休戚，不背本也"）。出自有时，而隐痛恻怛（音 cè dá。忧伤。《礼记·问丧》："恻怛之心，痛疾之意"），如是其急者，不忍人之心也。有不忍人之心，斯有不忍人之政矣，则侯之仁斯民也，岂直一方书而已乎？方之出，乃吾仁心之发见者也，因以序见命，特书其始末，以告夫未知者。

至元 丙子（至元十三年，1276 年。至元，蒙古世祖孛儿只斤·忽必烈的年号）

季秋稷亭段成已题

《葛仙翁肘后备急方·序亦名《肘后卒救方》，隐居又名《百一方》》："抱朴子"丹阳葛稚川曰：余既穷览坟索，以著述余暇，兼综术数，省仲景、元化、刘、戴《秘要》《金匮》《绿秩》《黄素》方近将千卷。患其混杂烦重，有求难得，故周流华夏九州之中，收拾奇异，捃拾遗逸，选而集之，使种类殊，分缓急易简，凡为百卷，名曰《玉函》。然非有力不能尽写，又见周、甘、唐、阮诸家，各作《备急》，既不能穷诸病状，兼多珍贵之药，岂贫家野居所能立办？又使人用针，自非究习医方，素识明堂流注者，则身中荣卫尚不知其所在，安能用针以治之哉？是使凫雁挚击，牛羊搏噬，无以异也，虽有其方，犹不免残害之疾。余今采其要约，以为《肘后救卒》三卷。率多易得之药，其不获已须买之者，亦皆贱价草石，所在皆有。兼之以灸，灸但言其分寸，不名孔穴。凡人览之，可了其所用，或不出乎垣篱之内，顾眄可具。苟能信之，庶免横祸焉！世俗苦于贵远贱近，是古非今，恐见此方，无黄帝、仓公、和、鹊、俞跗之目，不能采用，安可强乎？

华阳隐居《补阙肘后百一方·序》：太岁庚辰，隐居曰：余宅身幽岭，迄将十载。虽每植德施功，多止一时之设，可以传方远裔者，莫过于撰述。见葛氏《肘后救卒》，殊足申一隅之思。

夫生人所为大患，莫急于疾，疾而不治，犹救火而不以水也。今辇掖左右（辇，谓京都的别称；京邑之地。掖，谓掖庭，皇宫中的旁舍。辇掖，实指京城周边附近），药师易寻，郊郭之外，已似难值。况穷村迥野，遥山绝浦，其间枉夭，安可胜言？

方术之书，卷轴徒烦，拯济殊寡，欲就披览，迷惑多端，“抱朴”此制，实为深益。然尚阙漏未尽，辄更采集补阙，凡一百一首，以朱书甄别，为《肘后百一方》，于杂病单治，略为周遍矣。昔应璩为《百一诗》（应璩，190—252，三国魏诗人、文学家），以箴规心行。今余撰此，盖欲卫辅我躬。且《佛经》云，人用四大成身，一大辄有一百一病。是故深宜自想，上自通人，下达众庶，莫不各加缮写而究括之。余又别撰《效验方》五卷，具论诸病证，候因药变通，而并是大治，非穷居所资，若华轩鼎室，亦宜修省耳。葛序云可以施于贫家野居，然亦不止如是。

今搢绅君子，若常处闲佚，乃可披检方书，或从禄外邑，将命遐征；或宿直禁闱，晨宵隔绝；或急速戎阵，城栅严阻，忽遇疾仓卒，唯拱手相看，曷若探之囊笥，则可庸竖成医。故备论证候，使晓然不滞，一披条领，无使过差也。

寻葛氏旧方，至今已二百许年，播于海内，因而济者，其效实多。余今重以该要，庶亦传之千祀，岂止于空卫我躬乎！

旧方都有八十六首，检其四蛇、两犬，不假殊题；喉舌之间，亦非异处；入塚御气，不足专名；杂治一条，犹是诸病部类，强致殊分，复成失例。今乃配合为七十九首，于本文究具，都无忖减，复添二十二首，或因葛一事，增构成篇；或补葛所遗准文，更撰具如后录，详悉自究。先次比诸病，又不从类，遂具复劳在伤寒前，霍乱置耳目后，阴易之事，乃出杂治中。兼题与篇名不尽相符，卒急之时，难于寻检，今亦复其铨次，庶历然易晓。其解散脚弱、虚劳、渴痢、发背、呕血，多是贵胜之疾，其伤寒中风，诊候最难分别，皆应取之于脉，岂凡庸能究？今所载诸方，皆灼然可用，但依法施治，无使违逆。其痈疽、金疮形变甚众，自非具方未易根尽。其妇女之病、小儿之病，并难治之方法，不少亦载其纲要云。

凡此诸方，皆是撮其枢要，或名医垂记，或累世传良，或博闻有验，或自用得力，故复各题秘要之说，以避文繁。

又用药有旧法，亦不复假事事诠诏，今通立定格，共为成准。凡服药不言先食者，皆在食前；应食后者，自各言之。凡服汤云三服、再服者，要视病源准候，或疏或数，足令势力相及。毒利药皆须空腹，补泻其间，自可进粥。凡散日三者，当取旦、中、暮进之；四五服，则一日之中，量时而分均也。凡下丸散，不云酒、水、饮者，本方如此，而别说用酒、水、饮，则是可通用三物服也。凡云分等，即皆是丸散，随病轻重所须，多少无定。铢两三种五种，皆分均之分两。凡云丸、散之若干分两者，是品诸药宜多宜少之分两，非必止于若干分两，假令日服三方寸匕，须差止，是三五两药耳。凡云末之，是捣筛如法。㕮咀者，皆细切之。凡云汤煮，取三升，分三服，皆绞去滓而后酌量也。字方中用鸟、兽屎，作“矢”字；尿，作“溺”字；牡鼠，亦作“雄”字；干，作“干”字。凡云钱匕者，以大钱上全抄之；若云半钱，则是一钱抄取一边尔，并用五铢钱也。方寸匕，即用方一寸抄之可也；刀圭，准如两大豆。炮、熬、炙、洗，治诸药。凡用半夏，皆汤洗五六度，去滑；附子、乌头，炮，去皮，有生用者，随方言之；矾石熬令汁尽；椒皆出汗；麦门冬皆去心；丸散用胶皆炙；巴豆皆去心皮，熬，有生用者，随而言之；杏仁去尖、皮，熬，生用者言之；葶苈皆熬；皂荚去皮、子；藜芦、枳壳、甘草皆炙；大枣、栀子擘破；巴豆、桃、杏仁之类，皆别研捣如膏，乃和之；诸角皆屑之；麻黄皆去节；凡汤中用芒硝、阿胶、饴糖，皆绞去滓，内汤中，更微煮令消；红雪、朴硝等，皆状此而入药也；用麻黄即去节，先煮三五沸，掠去沫后，乃入余药。凡如上诸法，皆已具载在余所撰《本草》上卷中。今之人有此《肘后百一》者，未必得见《本草》，是以复疏方中所用者载之，此事若非留心药术，不可尽知，则安得使之不僻缪也？

案病虽千种，大略只有三条而已，一则府藏经络因邪生疾，二则四肢九窍内外交媾，三则假为他物横来伤害。此三条者，今各以类而分别之，贵图仓卒之时，披寻简易故也。今以内疾为上卷，外发为中卷，他犯为下卷，具列之云。

上卷三十五首，治内病。

中卷三十五首，治外发病。

下卷三十一首，治为物所苦病。

《附广肘后方·序》：昔伊尹著《汤液》之论，周公设医师之属，皆所以拯救民疾，俾得以全生而尽年也。然则古之贤臣爱其君，以及其民者，盖非特生者遂之而已。人有疾病，坐视其危苦，而无以救疗之，亦其心有所不忍也。仰惟国家受天成命，统一四海，主上以仁覆天下，轻税捐役，约法省刑，蠲积负（蠲，音 juān，通“捐”。除去；减免。《后汉书·卢植传》：“宜弘大务，蠲略细微。”减免积存的重负），柔远服（柔，怀柔；安抚。《左传·僖公二十八年》：“楚服其罪，我且柔之矣。”安抚边远的人民，令其钦服。《尚书·舜典》：“柔远能迩，敦德允元，而难任人，蛮夷率服。”《孔传》：“柔，安也。言安远乃能安近”），专务以德养民，故人臣奉承于下，亦莫不以体国爱民为心，惟政府内外宗公，协同辅翼，以共固天保无疆之业，其心则又甚焉于斯时也。盖民罹兵火，获见太平，边境宁而盗贼息矣，则人无死于锋镝之虑（锋，刀口；镝，箭头。意即刀箭，泛指兵器，引申为战争。《史记·秦楚之际月表》：“销锋镝。”意即人民没有死于战争的顾虑）；刑罚清而狴犴空矣（狴犴，音 bì àn，传说中的一种野兽。明文学家杨慎《升庵全集·卷八十一》：“俗传龙生九子不成龙……四曰狴犴，形似虎，有威力，故立于狱门。”因为狱门之上常绘有狴犴画像，因此成为牢狱的代称。犴，古代乡亭的牢狱。由此引申为狱讼之事。《汉书·刑法志》：“原狱刑所以蕃如此者……狱犴不平之所致也”），则人无死于桎梏之忧（桎梏，音 zhì gù。古代用于拘系犯罪之人手脚的刑具，即脚镣手铐。手上戴的手铐为梏，脚上戴的脚镣为桎。《周礼·秋官·掌囚》：“凡囚者，上罪梏而桎，中罪桎梏，下罪梏。”东汉经学家郑玄注解：“在手曰梏，在足曰桎。”梏，乃是用木制的手铐）；年谷丰而畜积富矣，则人无死于沟壑之患。其所可虞者，独民之有疾病夭伤而已，思亦有以救之，其不在于方书矣乎？然方之行于世者多矣，大编广集，奇药群品，自名医贵胄，或不能以兼通而卒具，况可以施于民庶哉！于是行省乃得乾统间（乾统：辽天祚帝耶律延禧的年号，1101—1110 年）所刊《肘后方》善本，即葛洪所谓皆单行径易，约而已验。篱陌之间，顾眄皆药，家有此方，可不用医者也。其书经陶隐居增修而益完矣，既又得唐慎微《证类本草》，其所附方，皆洽见精取，切于救治，而卷帙尤为繁重，且方随药著，检用卒难，乃复摘录其方，分以类例，而附于《肘后·随证》之下，目之曰《附广肘后方》，下监俾更加雠次，且为之序，而刊行之。方虽简要，而该病则众，药多易求，而论效则远，将使家自能医，人无夭横，以溥济斯民于仁寿之域，以上广国家博施爱物之德，其为利岂小补哉！

皇统四年（1144年，金熙宗完颜亶的年号）

十月戊子儒林郎汴京国子监博士杨用道谨序

葛洪，关于葛洪的生卒年历来多有争议，有着不同的说法，生年基本无大异议，而卒年则因有活了六十一岁和八十一岁两说争议纷纷。有说是生于晋太康四年（283年），卒于建元元年（343年），即“283—343”，而1997年版的《辞海》则坚持“284—364”之说，更有“281—341”之说。

葛洪出身于江东名门士族知识分子家庭，虽然祖、父两代曾在三国东吴朝廷历任要职，而至西晋时，随着朝代的更迭，家父葛悌在邵陵太守任上去世，致使家道中落，家境已渐衰贫，饥寒交困至，遂躬耕执穑，承星履草席。因家境穷困，伐薪贸纸笔，借书来抄写，燃火来披览，以柴火书写。

或许由于遗传基因的缘故吧，洪自幼刻苦好学，不善交友、郊游；闭门读书，广泛涉猎，内外兼修，不懈追求；博览群书，学贯百家，儒家经典，古籍医经，无不就读；学道习医，精研道儒，思想精深，精辩玄赜，析理入微；不入仕途，隐居民间，擅长丹道，通晓医药，炼丹治病，悬壶济世，医学贡献，影响深远；著述篇章，富于班马，著作弘富，遗传万代。其逐渐成为博闻深洽，江左绝伦，贫而乐道的一代大师。

稚川束发从师，老而忘倦。紬奇册府，总百代之遗编；纪化仙都，穷九丹之秘术。谢浮荣而捐杂艺，贱尺宝而贵分阴，游德栖真，超然事外。全生之道，其最优乎！

葛洪虽然是个会炼丹、想成仙的道士，但更是个勤思博学、多才多艺、百科全书式的人物，他是东晋时期著述门类广泛、数量众多之人，却是终生隐居于罗浮山不仕之人。

葛洪所作较为完整保存下来，颇具研究价值的作品仅有《抱朴子·内篇》《抱朴子·外篇》《神仙传》《肘后备急方》《玉函煎方》少数几种。

其自序曰：“……故予所著子言黄白之事，名曰《内篇》，其余驳难通释，名曰《外篇》，大凡内、外一百一十六篇。虽不足藏诸名山，且欲缄之

'金匮'，以示识者。"

自号"抱朴子"，因以名书。其余所著碑诔诗赋百卷，移檄章表三十卷，神仙、良吏、隐逸、集异等传各十卷，又抄五经、史、汉、百家之言、方技杂事三百一十卷，《金匮药方》一百卷，《肘后要急方》四卷。又撰《神仙传》十卷，《玉函煎方》五卷。

所撰《抱朴子·内篇》二十卷，多讲述道教理论与丹药方法即长生之理；讲万物迁化、分解合成、炼丹画符的道理和他所做的各种试验；

《抱朴子·外篇》五十卷，则论述治国安民、纠风禁恶、斥邪拒伪的思考和策略，反映出对红尘世事的高度关注。

而《神仙传》十卷亦属子部道家类，有道教思想、传记文学、志怪小说多方面的内容，讲述服食、修炼、飞升、度人等神仙事迹，陈述长生之理、学道之要，表达道教主张，用以证明"神仙可得，不死可学"，与《抱朴子·内篇》互补、配和、相参照。大致撰成于大（太）兴年间（太兴：东晋元帝司马睿的年号，318—321年），当时的葛洪年仅三十余岁。问世后影响很大。《梁书·陶弘景传》载陶弘景十岁得《神仙传》，"昼夜研寻，便有养生之志"。

人们通过他的作品不难看出，葛洪实质上是一位愤世嫉俗、极其鄙视上层统治阶级丑恶嘴脸、勇于针砭时弊的文化战士。他在《论仙》中不讲成仙之道，却大胆指斥封建帝王的倒行逆施；批判现实政治的黑暗、腐朽和污浊，抨击贵族子弟放荡不羁、荒淫无耻的各种丑行，勇于暴露各种社会丑恶现象。他的论战、抨击是多方面的、是立体的、多层次的，是十分难得的。

葛洪是位享八十一岁高龄的长寿者，这与他精晓医学，深悟道术，探明性命之旨，善于审视颐养之宜，从而得以克葆天年不无关系。

元代脱脱等撰的《宋史·卷四百一十五·列传第一百七十四·葛洪》，亦介绍了一位宋代的葛洪，并非医药界人物，而是一位大学者，字容父，婺州东阳人。登淳熙十一年（1184年。淳熙：南宋孝宗赵昚的年号，1174—1189年）进士及第，历任国子祭酒、国史编修、实录检讨，以资政殿学士、提举洞霄宫，进大学士、侍读。

东晋"五柳先生"陶潜陶渊明撰《搜神后记·卷六》，叙说一名叫李子豫的医者：李子豫，少善医方，当代称其通灵。许永为豫州刺史，镇历阳。其弟得病，心腹疼痛十余年，殆死。忽一夜，闻屏风后有参谓腹中鬼曰："何不速杀之？不然，李子豫当从此过。以朱打汝，汝其死矣。"腹中鬼对曰："吾不畏之。"及旦，许永遂使人候子豫，果来。未入门，病者自闻中有呻吟声。子豫入视，曰："鬼病也。"遂于巾箱中出八毒丸子与服之。须臾，腹中雷鸣鼓转，大利数行，遂差，今八毒丸是也。

第七篇　南北朝篇

雷敩（约420—479），南北朝宋人士，亦有说是隋人，恐误。

"《雷公药对》二卷。"《旧唐书·卷四十七·志第二十七·经籍下·医术类》中说此应是轩辕黄帝时期撰著《药对》的雷公，与俞跗、扁鹊同时，古之神医，姓偶相同，非同一人也。

"雷敩《炮炙方》三卷。"（元代脱脱等撰，《宋史·卷二百七·志第一百六十·艺文六》）

雷敩（音xiào），南北朝宋武帝刘裕创建宋时期人，与轩辕黄帝时期撰著《药对》的雷公非一人也。雷公本上古时人，雷敩因慕雷公之学，撰《炮炙论》，因称雷公。医家著书，常为假托之辞，欲意炫其功能。故，此雷公非彼雷公也。

撰有《雷公炮炙论》三卷。论述各种炮炙方法，计有炮、炙、煨、炒、煅、水飞等十七种，述百药性味，炮煮熬炙之方说。

北宋苏颂说："雷敩虽隋人，观其书，乃有言唐以后药名者，或是后人增损之欤。"

明代李时珍说："《雷公炮炙论》，药凡三百种，为上、中、下三卷。其性味炮炙熬煮修事之法多古奥，文亦古质，别是一家，多本于乾宁晏先生。其首序论述物理，亦甚幽玄……"

胡洽（生卒年无考），唐官员、学者，因撰《胡居士治百病要方》三卷而录入《医林》节。

"《胡洽百病方》二卷梁有《治卒病方》一卷。"（唐代魏徵等撰，《隋书·卷三十四·志第二十九·经籍三子》）

"《胡居士方》三卷胡洽撰。"（后晋刘昫等撰，《旧唐书·卷四十七·志第二十七·经籍

下·医术本草类》）

“《胡居士治百病要方》三卷胡洽。”（北宋欧阳修、宋祁撰，《新唐书·卷五十九·志第四十九·艺文三》）

“《胡道洽方》一卷。”（元代脱脱等撰，《宋史·卷二百七·志第一百六十·艺文六》）

“胡洽，道士，不知何许人。性尚虚静，心栖至道，以拯救为事，医术知名。”（《张杲·医说》）

南朝宋给事黄门郎刘敬叔收罗古今怪异之事撰《异苑》十卷，说：“胡道洽者，自云广陵人。好音乐、医术之事。体有臊气，恒以名香自防，唯忌猛犬。自审死日，戒弟子曰：‘气绝便殡，勿令狗见我尸也。’死于山阳，殓毕，觉棺空，即开看，不见尸体，时人咸谓狐也。”

徐謇（约424—504，另一说约432—512），南北朝北魏时著名医学家。

徐謇，字成伯，丹阳（今安徽省当涂地区，另有一说是今江苏省南京市）人也，家本东莞（今山东省日照市莒县。南北朝时期，曾为县、郡，素有“东莞故郡”之称。是《文心雕龙》作者刘勰和徐謇的故里。另有一说是今山东省诸城市），与兄文伯等皆善医药。謇因至青州，慕容白曜（？—470，南北朝时期北魏名将，鲜卑族人。《魏书·卷五十·列传第三十八》有其传）平东阳（今山东青州），获之，送京师。献文（北魏献文帝拓跋弘，465—470年在位）欲验其能，置病人于幕中，使謇隔而脉之，深得病形，兼知色候，遂被宠遇。为中散（官名，中散大夫的简称，汉始置。属光禄勋，秩六百石。皇帝的从属之官，没有固定职事，属于只有秩禄而没有职权的散官），稍迁内行长（官名。《魏书·刘尼传》：“以尼为内行长，进爵建昌侯”）。文明太后时问经方，而不及李脩（太医令，字思祖，本阳平馆陶人。历中散令，以功赐爵下蔡子，迁给事中。太和中，常在禁内，为文明太后诊疾施针药，颇有成效。赏赐不绝。集诸学士及工书者百余人，在东宫撰著药方百余卷，皆行于世。《北史》有传）之见任用。謇合和药剂攻疗之验，精妙于脩，而性秘忌。承奉不得其意，虽贵为王公，不为措疗也。

孝文（北魏孝文帝元宏，471—499年在位，献文帝拓拔弘之子）迁洛，稍加眷待（亲厚相待。描写西周王朝对东方各诸侯国的侵掠，以致诸侯国人民被压榨而不断发出痛苦哀怨的《诗经·小雅·大东》：“睠言顾之，潸焉出涕。”唐代经学家训诂学家陆德明撰《经典释文》解：“睠，本又作眷。”引申为关心、眷注），体小不平，及所宠冯昭仪有病，皆令处疗。又除中散大夫，转侍御师（顾名思义，帝王御用医官名，是南北朝时期的医官名，其职责是直接负责皇帝的医疗保健工作，相当于后世的御医，其职别在尚药局中的尚药典御、尚药丞之下。北宋司马光《资治通鉴·梁武帝天监七年》："三月，戊子，魏皇子昌卒，侍御师王显失于疗治。"宋、元之际的史学家胡三省注解："医师侍御左右，因以名官。后魏之制，太医令属太常，掌医药；而门下省别有尚药局侍御师，盖今之御医也"）。謇欲为孝文合金丹，致延年法，乃入居嵩高，采营其物，历岁无所成，遂罢。二十二年（指太和二十二年，498 年），上幸悬瓠（古城名，即今河南省汝南地区，东晋南北朝时期，兵家必争之地，因其城北汝水屈曲宛如垂瓠而得名），有疾大渐（渐，动词，加剧。《尚书·顾命》："王曰：呜呼！疾大渐，惟几，病日臻"），乃驰驿召謇，令水路赴行所，一日一夜行数百里。至，诊省（音 xǐng，诊断察看。《论语·学而》："吾日三省吾身"）有大验。九月，车驾次于汝滨，乃大为謇设太官珍膳。因集百官，特坐謇于上席，遍陈肴觞（盛宴款待，美酒佳肴。《楚辞·招魂》："肴羞未通，女乐罗些。"东汉文学家王逸作《楚辞章句》注解："鱼肉为肴。"觞，音 shāng。古代盛酒器。《礼记·投壶》："命酌曰：请行觞"）于前，命左右宣謇救摄危笃振济之功，宜加酬赉。乃下诏褒美，以謇为大鸿胪卿、金乡县伯，又赐钱绢、杂物、奴婢、牛马，事出丰厚，皆经内呈。诸亲王咸阳王禧等各有别赉，并至千匹。从行至邺，上犹自发动，謇日夕左右。明年，从诣马圈上疾势遂甚，蹙蹙不怡（蹙蹙，音 cù cù。局促不得舒展之意。《诗经·小雅·节南山》："我瞻四方，蹙蹙靡所骋。"郑玄笺："蹙蹙，缩小之貌。"不怡，不愉快；不喜悦），每加切诮（诮，音 qiào，动词。责备；责问。《后汉书·陈忠传》："时三府任轻，机事专委尚书，而灾眚变咎，辄切免公台。"李贤注解："切，责也。"《尚书·金縢》："王亦未敢诮公。"每每加以责备），又欲加之鞭捶，幸而获免。帝崩后，謇随梓宫（皇帝的棺材灵柩，因其用梓木制做棺材而得名。唐代学者李贤在为《后汉书·明帝纪》"司徒䜣奉安梓宫"作注时解："梓宫，以梓木为棺。《风俗通》曰：宫者，存时所居，缘生事死，因以为名"）还洛。

謇常有将饵及吞服道，年垂八十，而鬓发不白，力未多衰。正始元年（504 年。正始：南北朝北魏宣武帝元恪的年号，504—508 年），以老为光禄大夫。卒，赠安东将军、齐州刺史，谥曰"靖"。子践，字景升，袭爵，位建兴太守。

文伯仕南齐，位东莞、太山、兰陵三郡太守。

子雄，员外散骑侍郎，医术为江左所称，事并见《南史》。（唐代李延寿撰，《北史·卷九十·列传第七十八·艺术下·徐謇》）。

徐謇，字成伯，丹阳人。家本东莞，与兄文伯等皆善医药。謇因至青州，慕容白曜平东阳，获之，表送京师。显祖欲验其所能，乃置诸病人于幕中，使謇隔而脉之，深得病形，兼知色候，遂被宠遇。为中散，稍迁内侍长。文明太后时问治方，而不及李脩之见任用也。謇合和药剂，攻救之验，精妙于脩，而性甚秘忌。承奉不得其意者，虽贵为王公，不为措疗也。高祖后知其能，及迁洛，稍加眷幸，体小不平，及所宠冯昭仪有疾，皆令处治。又除中散大夫，转右军将军、侍御师。謇欲为高祖合金丹，致延年之法，乃入居崧高［即中岳嵩山，五岳之一。《尔雅·释山》："泰山为东岳，华山为西岳，霍山（衡山）为南岳，恒山为北岳，嵩山为中岳"。《汉书·翼奉传》："臣愿陛下徙都于成周，左据成皋，右阻黾池，前乡崧高，后介大河"］，采营其物，历岁无所成，遂罢。

二十二年，高祖幸悬瓠，其疾大渐，乃驰驿召謇，令水路赴行所，一日一夜行数百里。至，诊省下治，果有大验。高祖体少瘳，内外称庆。九月，车驾发豫州，次于汝滨。乃大为謇设太官珍膳。因集百官，特坐謇于上席，遍陈肴觞于前，命左右宣謇救摄危笃振济之功，宜加酬赉。乃下诏曰：夫神出无方，形禀有碍，忧喜乖适，理必伤生。朕览万机，长钟革运，思芒芒而无怠，身忽忽以兴劳。仲秋动痾，心容顿竭，气体羸瘠，玉几在虑。侍御师、右军将军徐成伯驰轮太室，进疗汝蕃，方穷丹英，药尽芝石，诚术两输，忠妙俱至，乃令沉劳胜愈，笃瘵克痊，论勤语效，实宜褒录。昔晋武暴疾，程和应增封；辛疢数朝，钱爵大坠。况疾深于曩辰上（《尔雅》："曩，久也。"《列子·黄帝》："曩吾以汝为达，今汝之鄙至此乎"），业难于畴日（畴，音 chóu。日前；以往。《礼记·檀弓上》："予畴昔之夜，梦坐奠于两楹之间"），得不重加陟赏乎（陟赏，晋升，进用；赏赐，《说文解字》："陟，登也。"《尔雅》："陟，陞也"）？宜顺群望，锡以山河。且其旧径高秩，中暂解退，比虽铨用，犹未？□□（原文无字）准旧量今，事合显进。可鸿胪卿（古代的外交官，全称是鸿胪寺卿，职掌四夷朝贡、给赐、宴会酬劳、迎送之事等），金乡县开国伯，食邑五百户，赐钱一万贯。又诏曰：钱府未充，须以杂物：绢二千匹、杂物一百匹、四十匹出御府；谷二千斛；奴婢十口；马十匹，一匹出骅骝（亦作"华骝"。周穆王八骏之一。《史记·秦本纪》："造父以善御幸于周穆王，得骥、温骊、骅骝、騄耳之驷。"亦为骏马）；牛十头。所赐杂物、奴婢、牛马皆经内呈。诸亲王咸阳王禧等各有别赉，并至千匹。从行至邺，高祖犹自发动，謇日夕左右。明年，从诣马圈（古地名，位于今河南省邓县东北。《魏书·高祖纪下》："癸酉，显达攻陷马圈……丁酉，车驾至马圈"），高祖疾势遂甚，戚戚不怡，每加切诮，又欲加之鞭捶，幸而获免。高祖崩，謇随梓宫还洛（古作"雒"，即今陕西省洛南县）。

謇常有药饵及吞服道符，年垂八十，鬓发不白，力未多衰。正始元年，以老为光禄大夫，加平北将军，卒。延昌初（延昌：南北朝北魏宣武帝元恪的年号，512—515年），赠安东将军、齐州刺史，谥曰"靖"。

……

成伯孙之才，孝昌初（孝昌，南北朝北魏孝明帝元诩的年号，525—527年），为萧衍豫章王萧综北府主簿，从综镇彭城。综降，其下僚属并奔散，之才因入国。武定中（武定：南北朝北魏孝静帝元善见的年号，543—550年），大将军、金紫光禄大夫、昌安县开国侯。（北齐魏收撰，《魏书·卷九十一·列传术艺第七十九·徐謇》）

名医徐文伯、徐嗣伯、徐成伯兄弟一家，及子徐雄、孙徐之才，自其曾祖、父均有医名，少承家传，医道日精，数代皆精于医，名于医，这在岐黄医史上也是难得一见的奇迹，史书论曰："徐氏妙理通灵，盖非常所至，虽古之和、鹊，何以加兹，故尤应载于史册。"

徐氏祖籍东莞姑幕，寄籍丹阳。徐文伯撰有《徐文伯药方》三卷，《徐文伯疗妇人瘕》一卷，均佚。徐嗣伯的"冷水激发法""死人枕""除钉疽"疗法，甚为神奇，皆已不传，憾哉！

清名医陆以湉撰《冷庐医话·脉》论脉时，亦谈到徐謇智者千虑，亦有一失之事：显祖欲验徐謇之所能，置诸病人于幕中，使謇隔而脉之，深得病情，兼知色候。后高祖疾大渐，謇诊治有验，酬赉甚渥，下诏有"诚术两输，忠妙俱至"之语，其艺可谓精矣。乃文昭皇太后之怀世宗也，梦为日所逐，化为龙而绕后，后寤而惊悸，遂成心疾，王显诊脉云："非有心疾，将是怀孕生男之象。"而謇则谓是微风入藏，宜进汤加针。所谓智者千虑，必有一失，医道真不易言也。

王显（生卒年无考，一说438—518），南北朝北魏名医。

王显，字世荣，阳平（阳平，古县名，今山东省莘县。北齐时改名为乐平）人也。自言本东海郯（音 tán，今山东省郯城北。郯县，东晋、南朝先后为徐州东海郡及南徐州南东海郡、兰陵郡治所）人，王朗（？—228，字景兴。经学家，曹魏三朝重臣。东海郯人）之后也。父安上，少与李亮同师，俱受医药，而不及亮。

显少历本州从事（古代官吏名称。刺史的辅佐属吏，负责一郡或者一州的文书、察举非法，由州、郡长官自行辟僚属，以从事为称。《汉书·丙吉传》："坐法失官，归为州从事。"后世改称参军），虽以医术自通，而明敏有决断才用。初文昭太后（469—497，北魏孝文帝元宏的贵人、宣武帝元恪之母，名高照容。北魏迁都洛阳之时，暴亡于路途之上，年方二十三岁。死后被其子宣武帝元恪追封为"孝文皇后"，谥"文昭皇太后"）之怀宣武（北魏宣武帝元恪，孝文帝元宏的次子，499—515 年在位），梦为日所逐，化为龙而绕后，后寤而惊悸，遂成心疾。文明太后敕徐謇及显等为后诊脉，謇云是微风入藏，宜进汤加针；显言案三部脉，非有心疾，将是怀孕生男之象，果如显言。久之，补侍御师。

宣武自幼有微疾，显摄疗有效，因稍蒙眄识（眄，音 miǎn。眷顾。因此稍微承蒙眷顾。唐代柳宗元《为李京兆祭杨凝郎中文》："优游多暇，眷眄逾深。"眄本意是说斜视，此处应理解为得到认识或赏识）。又罢六辅之初（《文选·任昉〈王文宪集序〉》："六辅殊风，五方异俗。"李善注引韦昭曰："六辅，谓京兆、冯翊、扶风、河东、河南、河内。"南朝陈徐陵《报尹义尚书》："三秦世胄，六辅良家，文武兼能，志怀开远"），显为领军于烈间通规策，颇有密功。累迁廷尉卿（官职名称，职掌司法刑狱的高级长官。《礼记·王制》："诸侯之上大夫卿。"注："上大夫曰卿"），仍在侍御，营进御药，出入禁内。累迁御史中尉（官职名称，北魏由御史中丞改名为御史中尉，系监察系统的首席官僚）。显前后居职，所在著称，纠折庶狱（纠，督查；矫正。《周礼·秋官·大司寇》："以五刑纠万民。"唐代孔颖达疏解："纠，犹察也……谓察其善恶而别异之。"折，判断。纠折庶狱：督查、矫正、判断处理老百姓的狱情），究其奸回（查究行为不端、不守法规的奸恶邪僻之事和人。《尚书·泰誓下》："崇信奸回，放黜师保。"《孔传》："回，邪也。奸邪之人，反尊信之。"《左传·襄公二十三年》："奸回不轨，祸倍于下民可也"），出内惜慎（"出内之吝"的同义词，或曰"出纳之吝"，俗话叫作抠门。爱惜谨慎；出手小气、吝啬。语出《论语·尧白》："子曰：不教而杀谓之虐；不戒视成谓之暴；慢令致期谓之贼；犹之与人也，出内之吝谓之有司"），忧国如家。及领宪台（御史台的别称。西汉时称御史府，其长官为御史大夫。东汉光武帝时不设御史大夫，使御史入兰台，以御史中丞为长官，时称宪台，亦称御史台，实为国家的监察机构。兰台，汉代宫内藏书之处，以御史中丞掌管，后世因此称御史台为兰台。又东汉班固为兰台令史，受诏撰史，故此后世亦称史官为兰台），多所弹劾，百僚肃然。又以中尉属官不悉称职，讽求改革。诏委改选，务尽才能。而显所举，或有请属（亦作“请嘱”，犹请托意。《荀子·成相》：“听之经，明其请。”），未皆得人，于是众议喧哗，声望致损。后宣武诏显撰药方三十五卷，班布天下（同“颁布”，布告周知。《后汉书·寇荣传》：“陛下当班布臣之所坐，以解众论之疑”），以疗诸疾。东宫建，以为太子詹事（职掌、辅导皇太子宫中事务的内侍职官），委任甚厚。上每幸东宫，显常近侍，出入禁中，仍奉医药。赏赐累加，为立馆宇，宠振当时。以营疗功，封“卫国县伯”。

及宣武崩，明帝践祚（亦作“践阼”，即位之称。《三国志·魏志·管宁传》：“陛下践阼，纂承洪绪”），显参奉玺策（玺本指帝王的印玺，此是指王显参与执政策略的制定与执行，权倾一时），随从临哭，微为忧惧。显既蒙任遇，兼为法官，恃势使威［仗势欺人。恃，音 shì，依靠；凭借。《左传·僖公二十六年》：“室如县（悬）罄，野无青草，何恃而不恐”］，为时所疾（疾，厌恶；憎恨；嫉恨。《尚书·君陈》：“尔无忿疾于顽，无求备于一夫。”《论语·泰伯》：“人而不仁，疾之已甚，乱也”）。朝宰托以侍疗无效，执之禁中。诏削爵位，徙朔州（州名。555 年，北齐天保六年始置，治所位于今山西省朔县西南）。临执呼冤，直阁伊盆生以刀镮（古同“环”，即刀环）撞其腋下，伤中吐血，至右卫府，一宿死。子晔，尚书仪曹郎中，惧走，后被获，拷掠百余，宅没于官。

初，显构会（设计进谗言陷害。《后汉书·寇荣传》：“臣兄弟独以无辜，为专权之臣所见批抵，青蝇之人所共构会”）元景，就刑南台。及显之死，在右卫府，唯隔一巷，相去数十步。世以为有报应之验。始显布衣为诸生，有沙门相显，后当富贵，诫其勿为吏，为吏必败。由是宣武时，或欲令其兼摄吏部，每殷勤辞避。及宣武崩，帝夜即位，受玺策，于仪须兼太尉及吏部，仓卒，百官不具，以显兼吏部行事。又显未败之前，有妪卜相于市者，言人吉凶颇验。时子晔已为郎，闻之，微服就妪，问己终至何官？妪言：“君今既有位矣，不复更进，当受父冤。”并如其语。（唐代李延寿撰，《北史·卷九十·列传第七十八·艺术下·王显》）。

周澹，（生卒年无考），南北朝北魏时名医。

周澹，京兆鄠（音 hù，今陕西省鄠邑区，古邑名。夏代的“扈”，秦改名。汉置鄠县）人也。多方术，尤善医药，遂为太医令。明元（即指北魏明元帝拓跋嗣，409—423年在位）尝苦风头眩，澹疗得愈，由此位特进，赐爵“成德侯”。神瑞二年（415年。神瑞：北魏明元帝拓跋嗣的年号，414—416年），京师饥，朝议迁都于邺（古地名，古都遗址，位于今河北省临漳县西与河南省安阳市北），澹与博士祭酒崔浩（？—450，字伯渊，官至司徒。擅长天文历学，制定五寅元历。北方氏族之首，对北方士族人物多所荐拔，极力主张发展士族大地主势力，助道抑佛。因与北魏统治者发生矛盾，于450年，太平真君十一年，因修史暴露“国恶”的罪名惨遭被灭族的命运）进计，言不可。明元曰：“唯此二人，与朕意同。”诏赐澹、浩妾各一人。卒，谥曰“恭”。（唐代李延寿撰，《北史·卷九十·列传第七十八·艺术下·周澹》）。

李脩，（生卒年无考），南北朝北魏时名医。

李脩，字思祖，本阳平馆陶（阳平郡，221年，三国魏黄初二年，分魏郡置，治所位于今河北省大名东。西晋始辖境相当于今河北省馆陶、大名县东部，山东冠、莘及旧堂邑、朝城等县地，李脩应是今河北省馆陶人）人也。父亮，少学医术，未能精究。太武（北魏太武帝拓跋焘，423—451年在位）时奔宋（朝代名，南朝政权之一。420年，由刘裕代晋称帝，国号为宋。建都建康，即今江苏省南京市，历史上也称“刘宋”。前后共历八帝，六十年。后于479年被南齐的萧道成所取代），又就沙门（佛教名词，原为古印度各教派出家修道者的统称，后世佛教则专指依照戒律出家修道的人）僧坦，略尽其术。针灸授药，罔不有效。徐、兖间，多所救恤。亮大为厅事，以舍病人，死者则就而棺殡，亲往吊视，其仁厚若此。累迁府参军都护，本郡士门、宿官，咸相交昵（音nì，亲近；亲昵。《左传·襄公二年》：“若背之，是弃力与言，其谁昵我”），车马金帛，酬赉无赀（酬，劝酒；酬谢。《仪礼·乡饮酒礼》：“主人实觯酬宾。”郑玄注解：“先自饮乃饮宾，为酬。”《仪礼·士冠礼》：“主人酬宾束帛俪皮。”赉，赏赐；赠送。《尚书·汤誓》：“予其大赉汝，尔无不信，朕不食言。”）。

脩兄元孙随毕众敬赴平城（北魏的都城，今山西省大同市），亦遵父业而不及，以功拜奉朝请（南朝安置的闲散官员）。

脩略与兄同，晚入代京（北魏前期都城，位于今山西省大同市北，原为秦、汉时期的平城故址），历位中散令，以功赐爵“下蔡子”，迁给事中（侍从皇帝左右，虽然权不甚重，却因给事殿中，以备顾问应对、讨论政事、谏诤纠弊、献纳得失、收发传达各种奏闻文书、修史诸多事务而得名）。太和中（太和：北魏孝文帝元宏的年号，477—499年），常在禁内（即禁中，帝王所居宫内），文明太后时有不豫，脩侍针药多效，赏赐累加，车服第宅，号为鲜丽。集诸学士及工书者百余人，在东宫撰诸药方百卷，皆行于世。先是咸阳公高允（390—487，字伯恭。初被征为中书博士，迁侍郎，授太子经书，曾与崔浩同修国史。此后，崔浩因国史案被杀，他则因被太子营救得免一死。文成帝时，位至中书令。文明太后临政，引他参决大政。前后经历五帝，历任要职，长达五十余年）虽年且百岁，而气力尚康，孝文（北魏孝文帝元宏，471—499 年在位）、文明太后（即冯太后，亦称文明皇后，442—490，北燕皇族，十四岁时被北魏文成帝拓跋濬选为妃子，后被册封为皇后。文成帝死后，垂帘听政，献文帝尊其为皇太后，在她的辅佐下，孝文帝推行"太和新制"达到高潮，主要成就是去胡汉化，改革新制）时令脩诊视之。一旦，奏言允脉竭气微，大命无逮，未几果亡。后卒于太医令，赠青州刺史。（唐代李延寿撰，《北史·卷九十·列传第七十八·艺术下·李脩》）

褚澄（？—483），南北朝南齐人，无心政治，热衷于医术的著名医学家，南齐东昏侯萧宝卷皇后褚令璩之父。

"《杂药方》十二卷褚澄撰。"（后晋刘昫等撰，《旧唐书·卷四十七·志第二十七·经籍下》）

"褚澄《褚氏遗书》一卷。"（元代脱脱等撰，《宋史·卷二百七·志第一百六十·艺文六》）

褚澄，字彦道。初，湛之尚（褚湛之，411—460，南朝宋大臣。字休玄，河南阳翟人。颇有才干之人，攀亲宋武帝刘裕，先后与其第七女始安哀公主、第五女吴郡宣公主婚配。被宋文帝刘义隆所赏识，历任显位；拜驸马都尉，著作佐郎。尚，动词。匹配；仰攀婚姻；或曰高攀婚姻。多用于匹配皇家的女儿。《汉书·卫青传》："平阳侯曹寿尚武帝姊阳信长公主。"）始安公主，薨，纳侧室郭氏，生渊（褚渊，南朝宋、齐两朝大臣，字彦回。娶宋文帝刘义隆女儿南郡献公主为妻），后尚吴郡公主，生澄。渊事主孝谨，主爱之。湛之亡，主表渊为嫡。澄尚宋文帝（宋文帝刘义隆，424—453 年在位，年号元嘉）女庐江公主，拜驸马都尉。历官清显，善医术。

建元中（建元：南齐高帝萧道成的年号，479—482 年），为吴郡太守，豫章王感疾（萧嶷，字宣俨，南齐高帝萧道成的次子，南齐武帝萧赜的弟弟，高昭皇后刘智容的儿子），太祖召澄为治，立愈。寻迁左民尚书（左民是户部的代称）。渊薨，澄以钱万一千，就招提寺赎太祖所赐渊白貂坐褥，坏作裘及缨，又赎渊介帻犀导及渊常所乘黄牛。

永明元年（永明：南齐武帝萧赜的年号，483—493 年），为御史中丞袁彖所奏，免官禁锢，见原（原，原谅；谅解。《庄子·天道》：“因任已明而原省次之。”唐初杰出的道教理论家成玄英著《庄子注》疏解：“原者，恕免。”唐代柳宗元《宜城县开国伯柳公行状》：“上览之大悦，即原其罪”）。迁侍中（职官名称，职掌机要的门下省长官，事实上的宰相），领右军将军（官职名称，朝廷直属武官，职掌禁卫与屯边军政事务；金印紫绶，三品），以勤谨见知，其年卒。澄女为东昏皇后。永元元年（永元：南齐东昏侯萧宝卷的年号，499—501 年），追赠金紫光禄大夫。（梁萧子显撰，《南齐书·卷二十三·列传第四·褚澄》）。

褚澄，字彦道，彦回弟也。初，湛之尚始安公主，薨，纳侧室郭氏，生彦回。后尚吴郡公主，生澄。彦回事主孝谨，主爱之。湛之亡，主表彦回为嫡。澄尚宋文帝女庐江公主，拜驸马都尉。历官清显，善医术。

建元中，为吴郡太守，百姓李道念以公事到郡，澄见谓曰：“汝有重疾。”答曰：“旧有冷疾，至今五年，众医不差。澄为诊脉，谓曰：“汝病非冷非热，当是食白瀹鸡子过多所致。”令取苏一升煮服之。始一服，乃吐得一物如升（近代学者马宗霍先生著《南史校证》说：“按‘得’元刊本《南史》作出”），涎裹之动，开看是鸡雏，羽翅爪距具足，能行走。澄曰：“此未尽。”更服所余药，又吐得如向者鸡十三头，而病都差，当时称妙。豫章王感病，高帝召澄为疗，立愈。寻迁左户尚书。

彦回薨，澄以钱一万一千就招提寺赎高帝所赐彦回白貂坐褥，坏作裘及褸（音 yìng，裙子的褶皱。《玉篇·衣部》：“褸，褰裥也。裙幅或其他布帛的折迭。”《南史校证》：“按‘褸’，《南齐书》本传作缨”），又赎彦回介帻犀导及彦回常所乘黄牛。永明元年，为御史中丞袁彖所奏，免官禁锢，见原。迁侍中，领右军将军，以勤谨见知。澄女为东昏皇后。永元元年卒（《南史校证》说：“褚澄卒岁的问题，永明元年与永元元年，相差十余年，自来校《南史》者未见及此，当据《齐书》订”），追赠金紫光禄大夫（古代文官职官名称。褒赠之官称。加授金章紫绶者，称为金紫光禄大夫）。（唐代李延寿撰，《南史·卷二十八·列传第十八·彦回弟·澄》）

注：《南史校证》一书由马宗霍先生著，戴维先生点校，湖南教育出版社 2008 年 11 月出版。

《钦定四库全书·褚氏遗书·提要》：臣等谨按：《褚氏遗书》一卷，旧题“南齐褚澄撰”。澄，字彦道，阳翟人，褚渊弟也。尚宋文帝女庐江公主，拜驸马都尉。入齐，为吴郡太守，官至左民尚书，右军将军。事迹具《南齐书·本传》。是书分受形、本气、平脉、浸润、分体、精血、除疾、审微、辨书、问子十篇，大旨发挥人身气血阴阳之奥。

《宋史》始著于录，前有后唐清泰二年（935年。清泰：五代后唐末帝李从珂的年号，934—936年）萧渊序，云：“黄巢时群盗发塚，得石刻弃之，先人偶见，载归后遗命即以褚石为椁。”又有释义堪序，云：“石刻得之萧氏塚中，凡十有九片，其一即萧序也。”又有嘉泰元年（1201年。嘉泰：南宋宁宗赵扩的年号，1201—1204年）丁介跋，称此书初得萧氏父子护其石而始全，继得僧义堪笔之纸而始存，今得刘义先锓之木而始传。所云刘义先者，亦不知何许人？

其书于《灵枢》《素问》之理颇有发明，李时珍、王肯堂俱采用之。其论寡妇僧尼，必有异乎妻妾之疗，发前人所未发；而论吐血、便血、饮寒凉百不一生，尤千古之龟鉴（亦作“龟镜”。龟，龟卜；鉴，镜子。比喻借鉴。北宋苏轼《乞校正陆贽奏议上进札子》：“聚古今之精英，实治乱之龟鉴”）。疑宋时精医理者所著，而伪托澄以传，其序、跋当亦后人所附会。然其言可采，虽赝托不可废也。中颇论精血化生之理，所以辨病源，戒保啬耳。

高儒《百川书志》列之房中类，则其误甚矣。

乾隆四十九年（1784年）八月恭校上

《褚氏遗书·丁介跋》：在《褚澄遗书》一卷，初得萧氏父子护其石而其书始全，继得僧义堪笔之纸而其书始存，今得刘继先锓之木而其书始传，亦可谓多幸矣。

澄，字彦道，河南阳翟人，宋武帝之甥（南朝宋孝武帝刘骏，453—464年在位），尚书左仆射湛之之子，庐江公主之夫，齐太宰、侍中、录尚书公渊之弟，仕宋自驸马都尉，遍历清显，仕齐至侍中、领右军将军，永明元年卒（原书注：《南史》云“永元元年卒”，误也）。

东昏侯立其女为皇后，追赠金紫光禄大夫，实永元元年，去其卒时已七十年矣。遗书题其赠官，岂萧广得其椁石，考之史传而附题于前乎？

初，齐高帝爱子豫章王嶷，自江陵赴都，得疾日臻，帝忧形于色，乃大赦天下，闻澄传杨淳秘方，召澄治，立愈，帝喜甚，擢澄左氏尚书以宠之。

其守吴郡也，民有李道念，以公事至郡，澄遥见谓曰："汝有奇疾。"

道念曰："某得冷疾五年矣。"澄诊其脉，曰："非冷也，由多食鸡子所致，可煮苏一斗服之。"即吐物如升许，涎裹之动，抉涎出视，乃一鸡雏，翅距已具而能走。

澄曰："未也，盍服其余药（盍，音 hé，副词。表示反问或者疑问，相当于"何不"。《玉篇·皿部》："盍，何不也。"《论语·公冶长》："盍各言尔志?"为何不服完剩余的药）。"从之，凡吐十三枚，疾乃瘳，其妙皆此类也。是书幽眇简切（眇，音 miào，通"妙"。精微；奥妙。《汉书·儒林传》："严然总五经之眇论。"唐代颜师古注解："眇，读曰妙。"幽眇，精微深妙，简明精练，切中要害），多前人所未发，而岂徒哉！《问子》篇称建平王，当是澄之妻之景素，其生子六，即延龄、延年辈云。

嘉泰元年日南至甘泉寄士　丁介跋

南齐医学家、太常褚澄，河南阳翟（今河南省禹县）人。祖秀之，南北朝宋太常；父湛之，骠骑将军。尚宋武帝女始安哀公主；宋文帝女婿、南齐南康郡公、尚书令褚渊之弟，《南齐书·卷二十三·列传第四·褚渊》载有详细传记。

《南齐书·卷二十·列传第一·皇后·东昏褚皇后》载：东昏褚皇后名令璩（音 qú），河南阳翟人，太常澄女也。建武二年（495 年。建武：南齐明帝萧鸾的年号，494—498 年），纳为皇太子妃。明年（496 年），谒敬后庙（明敬，刘皇后讳，惠端，彭城人。光禄大夫刘道弘孙也。太祖萧道成为高宗萧鸾纳之。建元三年，除"西昌侯"夫人。永明七年，卒，葬江乘县张山。延兴元年，赠"宣城王妃"。高宗即位后，追尊为敬皇后）。东昏即位，为皇后。帝宠潘妃，后不被遇。黄淑仪生太子诵，东昏废，并为庶人。

陶弘景（456—536），南朝南齐、梁时期著名道教上清派思想家、医药学家，字通明，自号"华阳隐居"。

"《太清草木集要》二卷陶隐居撰。""《肘后方》六卷葛洪撰，梁二卷，《陶弘景补阙肘后百一方》九卷，亡。""《陶氏效验方》六卷梁五卷。""《名医别录》三卷陶氏撰。""《练化杂术》一卷陶隐居撰。""《太清诸丹集要》四卷陶隐居撰。""《合

丹节度》四卷陶隐居撰。”“《服饵方》三卷陶隐居撰。”（唐代魏徵等撰，《隋书·卷三十四·志第二十九·经籍三子》）

“《名医别录》三卷。”“《本草集经》七卷陶弘景撰。”“《补肘后救卒备急方》六卷陶弘景撰。”“《效验方》十卷陶弘景撰。”“《太清诸草木方集要》三卷。”“《太清玉石丹药要集》三卷陶弘景撰。”（后晋刘昫等撰，《旧唐书·卷四十七·志第二十七·经籍下·医术类》）

“陶弘景集注《神农本草》七卷。”又“《效验方》十卷。”“《补肘后救卒备急方》六卷。”“《名医别录》三卷。”（北宋欧阳修、宋祁撰，《新唐书·卷五十九·志第四十九·艺文三》）

“陶隐居《灵奇祕奥》一卷。”（元代脱脱等撰，《宋史·卷二百七·志第一百六十·艺文六》）

陶弘景，字通明，丹阳秣陵（今江苏省南京市）人也。初，母梦青龙自怀而出，并见两天人手执香炉来至其所，已而（旋即；随后；不久。《史记·夏本纪》：“乃召汤而囚之夏台，已而释之”）有娠，遂产弘景。幼有异操（不寻常的、独特的操守。汉代王充《论衡·逢遇》：“伍员、帛喜，俱事夫差。帛喜尊重，伍员诛死。此异操而同主也。”南朝梁任昉《序》：“昉行无异操，才无异能”）。年十岁，得葛洪《神仙传》，昼夜研寻，便有养生之志。谓人曰：“仰青云，睹白日，不觉为远矣。”及长，身长七尺四寸，神仪明秀，朗目疏眉，细形长耳，读书万余卷。

善琴棋，工草隶。未弱冠（《礼记·曲礼上》：“二十曰弱，冠。”弱，年少。古代男子二十岁行冠礼，故用以指男子二十岁左右的年龄），齐高帝（南齐高帝萧道成，南朝齐的建立者。本为南朝宋的禁军将领，乘宋皇族内战，掌握军政大权，官至相国，于479年，代宋自立为南齐皇帝。生卒年：427—482。479—482年在位）作相，引为诸王侍读（具有文学修养，职掌撰著记载事务，讲解经史的官职），除奉朝请（本为贵族、官僚定期朝见皇帝的称谓。古代以春季的朝见为朝，秋季的朝见为请，因而得名。南朝时为安置闲散官员，奉朝请曾增至六百多人，成为官号之一）。虽在朱门，闭影不交外物，唯以披阅为务。朝仪故事，多取决焉。永明十年（492年。永明，南齐武帝萧赜的年号，483—493年），上表辞禄，诏许之，赐以束帛（帛五匹为一束。每匹从两端卷起，共为十端。赏赐、馈赠的丝织物礼品）。及发，公卿祖（古人出行时祭祀路神叫“祖”，亦可称为“祖送”“祖饯”“祖帐”。《左传·昭公七年》：“公将往，梦襄公祖。”晋代杜预注解：“祖，祭道神。”引申为送行）之于征虏亭（公卿为之饯行于南京市东的征虏亭），供帐甚盛，车马填咽（音 yè。亦作“填噎”。形容行人、车马拥挤，车水马龙，好不热闹）。咸云宋、齐已来（咸，副词。全；都。已，同“以”。都说宋、齐以来），未有斯事（没有如此隆重盛大的事情。“斯”作语助，用同“是”，以确指行为的对象。《诗经·大雅·公刘》：“笃公刘，于豳斯馆”）。朝野荣之（朝廷和民间都以此为荣耀之事）。

于是止于句容之句曲山（句容，今江苏省西南部的句容县，句曲山即今茅山）。恒曰（经常说。《礼记·大学》：“为之者疾，用之者舒，则财恒足矣”）：此山下是第八洞宫，名金坛华阳之天，周回一百五十里。昔汉有咸阳三茅君得道，来掌此山，故谓之茅山。乃中山立馆，自号“华阳隐居”。始从东阳孙游岳受符图经法，遍历名山，寻访仙乐。每经涧谷，必坐卧其间，吟咏盘桓（唐代孔颖达在疏解《诗经·周南·关雎序》“吟咏情性，以风其上”时说：“动声曰吟，长言曰咏，作诗必歌，故言吟咏情性也。”后世因以为歌咏或作诗的意思盘桓，亦作“磐桓”。徘徊；逗留。三国曹植《洛神赋》：“怅盘桓而不能去”），不能已已（已已，休止。叠加使用为了加重语气。《世说新语·伤逝》：“庾文康亡，何扬州临葬云：‘埋玉树着土中，使人情何能已已。’”犹言不能自制）。时沈约（南朝梁文学家，441—513。历仕宋、齐二代，后劝梁武帝萧衍称帝，官至尚书令）为东阳郡守，高其志节（特赞赏他的志气和节操），累书要之（累，屡屡；屡次；接连。《晋书·杨佺期传》：“佺期自湖城入潼关，累战皆捷。”要，音 yāo，通“邀”。邀请。屡屡书信邀请他），不至。弘景为人，圆通谦谨（圆通，通达事理。《左传·昭公十四年》：“三言而除三恶，加三利，杀亲益荣，犹义也夫！”唐代著名经学家孔颖达疏解：“义者，于事合宜，所为得理；直者，唯无阿曲，未能圆通。”泛指为人处事灵活随和，不固执拘泥。谦谨，谦虚；谨慎；严谨；慎重小心。《尚书·大禹谟》：“满招损，谦受益，时乃天道。”《论语·学而》：“弟子入则孝，出则弟，谨而信，泛爱众，而亲仁，行有余力，则以学文。”后世多用以表示郑重和恭敬），出处冥会（冥会，暗合；默契；自然吻合。《易经·系辞上》：“君子之道，或出或处。”意即：进、退，出仕、隐退都是不知不觉，很自然合理默契），心如明镜，遇物便了（便，音 biàn。就；即。《后汉书·班超传》：“或谓超可便杀之。”了，音 liǎo。明了；了解；了然；懂得。晋代郭璞《尔雅序》：“其所易了，阙而不论”），言无烦舛（说话既不烦琐、烦乱、啰唆，也无差错、谬误。舛，音 chuǎn。错乱；错谬。《宋史·张举传》：“闭户读书四十年，手校数万卷，无一字舛”），有亦辄觉（辄，犹“即”。唐代文学家、哲学家韩愈《进学解》：“跋前踬后，动辄得咎。”觉，觉悟；明白。东晋大诗人陶潜《归去来辞》：“实迷途其未远，觉今是而昨非。”立即警觉）。建武中（建武：南朝南齐明帝萧鸾的年号，494—498），齐宜都王铿为明帝所害（指萧铿被萧鸾所害），其夜，弘景梦铿告别，因访其幽冥（阴间）中事，多说秘异（神秘诡异），因著《梦记》焉。

永元初（永元：南朝南齐东昏侯萧宝卷的年号，499—501年），更筑三层楼，弘景处其上，弟子居其中，宾客至其下，与物遂绝，唯一家僮得侍其旁。特爱松风，每闻其响，欣然为乐。有时独游泉石，望见者以为仙人。

性好著述，尚奇异，顾惜光景，老而弥笃（《论语·子罕》："仰之弥高，钻之弥坚。"诚笃；忠实。《礼记·中庸》："博学之，审问之，慎思之，明辨之，笃行之。"越老越诚实）。尤明阴阳五行，风角星算（古人根据观察四方、四隅风的状况和变化，用以占卜吉凶；古人还认为人的气数、命运常同星宿的位置、运行有关，每个人都有他的星命，时日有它的吉凶，所以根据五行和八字可以推算一个人的命运），山川地理，方图产物（土产或地方特产），医术本草。著《帝代年历》，又尝造浑天象（即浑天仪。我国古代西汉落下闳制造，测定天体位置的一种仪器），云"修道所须，非止史官是用"。

义师平建康（指梁武帝萧衍平东昏侯萧宝卷之事。建康，即今南京市，东吴、东晋、南朝宋、南齐、南梁、陈朝六代京师之地），闻议禅代，弘景援引图谶（河图、谶语的简称。古代巫师或方士根据河图、洛书制作的一种预言符命之书，或隐语，作为吉凶的符验或征兆，告知人们将来会应验、验证的话。也为王者受命之征验），数处皆成"梁"字，令弟子进之。高祖（即指梁武帝萧衍）既早与之游，及即位后，恩礼逾笃（逾，通"愈"。更加。《淮南子·主术训》："乱乃逾甚。"笃，丰厚；厚实。《诗经·唐风·椒聊》："彼其之子，硕大且笃。"施恩之礼更加丰实），书问不绝，冠盖相望（此指陶弘景被人们称为"山中宰相"之状。虽隐居在山中，不在朝中，然而梁武帝常问政于他；王公官员的冠服和乘舆往来不息之状）。

天监四年（505年。天监：南朝梁武帝萧衍的年号，502—519年），移居积金东涧。善辟谷导引之法，年逾八十而有壮容。深慕张良之为人，云"古贤莫比"。曾梦佛授其菩提记，名为胜力菩萨。乃诣鄮县（鄮，音mào。古县名，秦置。治所在今浙江省鄞州区东，鄮山之北，因山得名。至隋废）阿育王塔自誓（暗自发誓），受五大戒（佛教语言，言在家男女信徒所应遵循五项戒条：不杀生、不偷盗、不邪淫、不妄语、不饮酒）。后太宗（南朝梁简文帝萧纲）临南徐州（南朝时的京口称南徐州，即今江苏省丹徒区），钦其风素（钦佩他的风采和素养），召至后堂，与谈论数日而去，太宗甚敬异之。大通初（527年。大通：南朝梁武帝萧衍的年号，527—529年），令献二刀于高祖，其一名善胜，一名威胜，并为佳宝。

大同二年（536年。大同：南朝梁武帝萧衍的年号，535—546年），卒，时年八十五。

颜色不变，屈申如恒（申，通“伸”。屈伸如常）。诏赠中散大夫，谥曰“贞白先生”，仍遣舍人（王公贵族的亲近属官都称舍人，由文学修养较高者担当，参与机密，权力甚重。掌起草、传宣诏命之职）监护丧事。弘景遗令薄丧，弟子遵而行之。（唐姚思廉撰，《梁书卷五十一列传第四十五处士陶弘景》）。

陶弘景，字通明，丹阳秣陵人也。祖隆，王府参军。父贞，孝昌令。

初，弘景母郝氏梦两天人手执香炉来至其所，已而有娠（音 shēn。原意为胎儿在母体内微动，泛指怀孕。《左传·哀公元年》：“灭夏后相，后缗方娠。逃出自窦，归于有仍，生少康焉”）。以宋孝建三年（456 年。孝建：南北朝宋孝武帝刘骏的年号，453—456 年）丙申岁夏至日生。幼有异操，年四五岁，恒以荻为笔（荻，一种广泛分布于我国各地，茎秆直立的禾本科多年生草本植物），画灰中学书。至十岁，得葛洪《神仙传》，昼夜研寻，便有养生之志。谓人曰：“仰青云，睹白日，不觉为远矣。”父为妾所害，弘景终身不娶。及长，身长七尺七寸，神仪明秀，朗目疏眉，细形长额耸耳，耳孔各有十余毛出外二寸许，右膝有数十黑子作七星文。读书万余卷，一事不知，以为深耻。善琴棋，工草隶。未弱冠，齐高帝（南北朝南齐高帝萧道成）作相，引为诸王侍读，除（拜官授职。白居易《除苏州刺史》诗：“老除吴郡守，春别洛阳城”）奉朝请。虽在朱门，闭影不交外物，唯以披阅为务。朝仪故事，多所取焉。

家贫，求宰县不遂。永明十年（492 年。永明：南北朝南齐武帝萧赜的年号，483—493 年），脱朝服挂神武门（原书校勘记：神武门本神虎门，此避唐讳改），上表辞禄。诏许之，赐以束帛，敕所在月给茯苓五斤，白蜜二升，以供服饵。及发，公卿祖之征虏亭，供帐甚盛，车马填咽（亦作“填噎”，形容行人众多、车马拥挤），咸云宋、齐以来未有斯事。于是止于句容之句曲山。恒曰：此山下是第八洞宫，名金坛“华阳之天”，周回（周围。《汉书·刘向传》：“秦始皇帝葬于骊山之阿，下锢三泉，上崇三坟，其高五十余丈，周回五里有余”）一百五十里。昔汉有咸阳三茅君得道来掌此山，故谓之茅山。乃中山立馆，自号“华阳”陶隐居。人间书札，即以隐居代名。

始从东阳孙游岳受符图经法，遍历名山，寻访仙药。身既轻捷，性爱山水，每经涧谷，必坐卧其间，吟咏盘桓，不能已已。谓门人曰：“吾见朱门广厦，虽识其华乐，而无欲往之心。望高岩，瞰大泽，知此难立止，自恒欲就之。且永明中求禄，得辄差舛（差错；不顺。东汉蔡邕《上汉书十志疏》："请太师田注考校连年，往往颇有差舛"）；若不尔（不然的话。如此；这样。《晋书·阮咸传》："未能免俗，聊复尔耳"），岂得为今日之事。岂唯身有仙相，亦缘势使之然。"沈约为东阳郡守，高其志节，累书要之，不至。

弘景为人员通谦谨（员，通"圆"。《孟子·离娄上》："规矩、方员之至也；圣人，人伦之至也。"员通，通达事理。唐代孔颖达在疏解《左传·昭公十四年》"三言而除三恶，加三利，杀亲益荣，犹义也夫"时说道："义者，于事合宜，所为得理；直者，唯无阿曲，未能圆通。"谦谨，谦虚谨慎），出处冥会（默契；暗合；自然吻合；不知不觉，自然合理。晋代郭璞《山海经图赞·磁石》："磁石吸铁，琥珀取芥，气有潜通，数亦冥会"），心如明镜，遇物便了。言无烦舛，有亦随觉。永元初，更筑三层楼，弘景处其上，弟子居其中，宾客至其下。与物遂绝，唯一家僮得至其所。本便马善射（本来就熟悉骑马善于骑射。《三国志·魏志·吕布传》："布便弓马，膂力过人，号为飞将"），晚皆不为，唯听吹笙而已。特爱松风，庭院皆植松，每闻其响，欣然为乐。有时独游泉石，望见者以为仙人。

性好著述，尚（崇尚；偏好；尊重。《礼记·檀弓上》："夏后氏尚黑，大事敛用昏，戎事乘骊，牲用玄"）奇异，顾惜光景，老而弥笃（越老越坚定、忠实专一。《论语·子罕》："仰之弥高，钻之弥坚。"《荀子·不苟》："故操弥约而事弥大"）。尤明阴阳五行、风角星算、山川地理、方图产物、医术本草，著《帝代年历》，以算推知汉熹平三年丁丑冬至，加时在日中，而天实以乙亥冬至，加时在夜半，凡差三十八刻，是汉历后天二日十二刻也。又以历代皆取其先妣母后配飨地祇，以为神理宜然，硕学通儒，咸所不悟。又尝造浑天象，高三尺许，地居中央，天转而地不动，以机动之，悉与天相会。云"修道所须，非止史官是用"。深慕张良为人，云"古贤无比"。

齐末为歌曰"水丑木"为"梁"字。及梁武兵至新林，遣弟子戴猛之假道奉表。及闻议禅代，弘景援引图谶（音 chèn。即"谶书"。巫师或方士制作的一种隐语或预言，作为吉凶的符验或征兆，谓将来会应验的话语。《后汉书·光武帝纪》："宛人李通等，以图谶说，光武云：'刘氏复起，李氏为辅。'"李贤注云："图，河图也；谶，符命之书。谶，验也。言为王者受命之征验也"），数处皆成"梁"字，令弟子进之。武帝（南北朝梁武帝萧衍，502—549 年在位）既早与之游，及即位后，恩礼愈笃，书问不绝，冠盖相望。

弘景既得神符秘诀，以为神丹可成，而苦无药物。帝给黄金、朱砂、曾青、雄黄等，后合飞丹，色如霜雪，服之体轻。及帝服飞丹有验，益敬重之。每得其书，烧香虔受。帝使造年历，至己巳岁而加朱点，实太清三年（549年）也。帝手敕招之，锡（动词，通“赐”。赐予；赏赐。《公羊传·庄公元年》：“王使荣叔来锡桓公命。锡者何？赐也。”引申为给予）以鹿皮巾。后屡加礼聘，并不出，唯画作两牛，一牛散放水草之间，一牛着金笼头，有人执绳，以杖驱之。武帝笑曰：“此人无所不作，欲敩曳尾之龟（敩，音xiào。通“学”。曳，音yè。此语出自《庄子·秋水》：“吾闻楚有神龟，死已三千岁矣，王巾笥而藏之庙堂之上。此龟者宁其死为留骨而贵乎？宁其生而曳尾于涂中乎？”涂，污泥。其意为与其显身扬名于庙堂之上，位列卿相，还不如全生远害，犹如乌龟一样拖拽着尾巴在泥潭里缓慢爬行），岂有可致之理。”国家每有吉凶征讨大事，无不前以咨询。月中常有数信，时人谓为“山中宰相”。二宫及公王贵要参候相继，赠遗未尝脱时。多不纳受，纵留者即作功德。

天监四年（505年），移居积金东涧。弘景善辟谷导引之法，自隐处四十许年，年逾八十而有壮容。仙书云：“眼方者寿千岁。”弘景末年一眼有时而方。曾梦佛授其菩提记云，名为胜力菩萨。乃诣鄮县阿育王塔自誓，受五大戒。后简文（南朝梁简文帝萧纲，549—550年在位）临南徐州，钦其风素，召至后堂，以葛巾进见，与谈论数日而去，简文甚敬异之。天监中（510年），献丹于武帝。中大通初（中大通：南北朝梁武帝萧衍的年号，529—534年），又献二刀，其一名善胜，一名威胜，并为佳宝。

无疾，自知应逝，逆克亡日，仍为《告逝诗》。大同二年卒，时年八十一。颜色不变，屈伸如常，香气累日，氛氲满山。遗令：“既没不须沐浴，不须施床，止两重席于地，因所着旧衣，上加生裓裙及臂衣靺冠巾法服（裓，音gé。长衣的下襟。靺，音mò，同“袜”）。左肘录铃，右肘药铃，佩符络左腋下。绕腰穿环结于前，钗符于髻上。通以大袈裟覆衾蒙首足（衾，殓尸的包被。《孝经·丧亲章》：“为之棺椁衣衾而举之。”北宋经学家邢昺疏解：“衾谓单被，覆尸荐尸所用”）。明器有车马。道人道士并在门中，道人左，道士右。百日内夜常然灯，旦常香火。”弟子遵而行之。诏赠太中大夫，谥曰贞白先生。

弘景妙解术数，逆知梁祚覆没，预制诗云：“夷甫任散诞，平叔坐论空。岂悟昭阳殿，遂作单于宫。”诗秘在箧里，化后，门人方稍出之。大同末，人士竞谈玄理，不习武事，后侯景篡，果在昭阳殿。

初，弘景母梦青龙无尾，自己升天，弘景果不妻无子。从兄以子松乔嗣（音sì，继承；接续。《尚书·洪范》：“禹乃嗣兴”）。所著《学苑》百卷，《孝经》《论语集注》《帝代年历》《本草集注》《效验方》《肘后百一方》《古今州郡记》《图像集要》及《玉匮记》《七曜新旧术疏》《占候》《合丹法式》，共秘密不传，及撰而未讫又十部，唯弟子得之。（唐代李延寿撰，《南史·卷七十六·列传第六十六·隐逸下·陶弘景》）。

陶弘景，字通明，丹阳人。性爱林泉，尤好著述，常曰：“我读书未满万卷，以内典参之，当小出耳。”先生性好医方，专以拯济。欲利益群品，故修撰《神农本草经》三卷为七卷，撰《真诰》十卷，《集验方》五卷，广《肘后》为百一之制，世所行用，多获异效焉。（《太平御览·卷第七百二十三·方术部四·医三》引《梁书》说）

丹阳陶弘景幼有异操，年四五岁，恒以荻为笔，画灰中学书。至十岁，得葛洪《神仙传》，昼夜研寻，便有养生之志。神仪明秀，朗目疏眉，细形，长额，耸耳。右膝有数十黑子，作七星文。读书万余卷，一事不知以为深耻。善琴棋，工草隶，朝请虽在朱门，闭影不交外物，唯以披阅为务，朝仪故事多所取焉。家贫，求宰县不遂。永明十年，脱朝服，挂神武门，上表辞禄，诏许之。赐以束帛，敕所在月给茯苓五斤，白蜜三斤，以供服饵之需。景为人圆通谦谨，出处冥会，心如明镜，遇物便了，言无烦舛，有亦随觉。永元初，更筑三层楼，弘景处其上，弟子居其中，宾客至其下，与物遂绝，唯一家僮得至其所。本便马善射，晚皆不为，唯听吹笙而已。物爱松风，庭院皆植松，每闻其声，欣然为乐。有时独游泉石，望见者以为仙人。性好著述，尚奇异，顾惜光景，老而弥笃。尤明阴阳五行，风角星算，山川地理，方圆产物，医术本草。所著《学苑百卷》《孝经》《论语集注》《帝代年历》

《本草集注》《效验方》《肘后百一方》《古今州郡记》《图像集要》《玉匮记》《七曜新旧术疏》《占候合丹法式》，皆秘密不传；及撰而未讫，又十部，唯弟子得之。卒年八十五，谥“贞白先生”。（明代高濂《遵生八笺·尘外遐举笺·历代高隐》）

南朝梁丹阳陶弘景，历经宋、南齐、梁三朝。仕南齐，拜左卫殿中将军。入梁，隐居华阳句曲山，自号“华阳隐居”。梁武帝萧衍礼聘不出，但朝廷大事辄就咨询，时人称为“山中宰相”，卒后，谥“贞白先生”。

陶弘景，出身世医家庭，自幼聪明好学，博览群书，博学多识，对阴阳五行、天文历算、政治历史、地理物产、本草医药、琴棋书画等无不研究，无所不精。他潜心研究本草医药学、炼丹术、修身养生术，工草隶，行书尤妙，颇有建树。他的思想脱胎于老、庄哲学和葛洪的神仙道教，并杂有儒家、佛教观点，集儒、释、道思想于一体。

他刻苦整理古代药学名著《神农本草经》，并增收魏、晋年间名医所用新药，勤奋著述，撰辑成《神农本草经集注》七卷，共载药物七百三十种，首创以玉石、草木、虫、兽、果、菜、米实分类，按照疾病的通用药分类法，收录药物的种类，便于选择应用，对本草学的发展产生了显著的积极影响。原著虽遗佚，但其内容得以历代本草书籍收载，因而得以流传。另著有《真诰》《药总诀》《陶氏效验方》《补阙肘后百一方》等。

晚清医家、曾任台州府和杭州教授的陆以湉于《冷庐杂识·卷八》批评陶弘景，道：“陶弘景，受知于齐帝，迨梁武兵至新林，遣弟子戴猛之假道奉表（假道，取道；借路；经由。《左传·僖公二年》：“晋荀息请以屈产之乘，与垂棘之璧，假道于虞以伐虢。”晋杜预注解：“自晋适虢，途出于虞，故借道。”奉表，恭敬地上表章）。及闻议禅代，又援引图谶数处，皆成“梁”字，令弟子进之。夫既自号隐居，何乃与人家国事？且忘齐帝知遇之隆，而干宠新朝（干预宠信于新朝），洊膺恩礼（多次受到恩礼。洊，一再；屡次；接连。膺，接受；荣膺；膺受），以是远拟巢、由（巢父和许由的并称，史传二人皆为尧时的隐士，尧欲让位于二人，皆不受。由此用以指隐居不仕之人），得无有余怍耶（怍，音作 zuò。惭愧。就没有惭愧之意吗？仰不愧于天，俯不怍于地）”看来陆以湉先生很是不耻陶弘景在前、后两朝的做法。

《神农本草经梁陶隐居序〈节选〉》：隐居先生，在乎茅山岩岭之上，以吐纳余暇，颇游意方技［游意，留心；留意；潜心。《后汉书·范准传》："垂情古典，游意经蓺（同"艺"）。"东汉蔡邕《陈政要七事疏》："（陛下）听政余日，观省篇章，聊以游意，当代博弈"］，览本草药性，以为尽圣人之心，故撰而论之。旧说皆称《神农本经》，余以为信然。昔神农氏之王天下也，画八卦，以通鬼神之情；造耕种，以省杀生之弊；宣药疗疾，以拯夭伤之命。此三道者，历众圣而滋彰。文王、孔子，彖、象繇、辞，幽赞人天。后稷、伊尹，播厥百谷，惠被群生。岐、黄、彭、扁，振扬辅道，恩流含气。并岁逾三千，民到于今赖之。但轩辕以前，文字未传，如六爻指垂，画象稼穑，即事成迹。至于药性所主，当以识识相因，不尔，何由得闻。至乎桐、雷，乃著在于编简。此书应与《素问》同类，但后人多更修饰之尔。秦皇所焚，医方、卜术不预，故犹得全录。而遭汉献迁徙，晋怀奔迸，文籍焚糜，千不遗一。今之所存，有此四卷是其《本经》。所出郡县，乃后汉时制，疑仲景、元化等所记。又云有《桐君采药录》，说其华、叶、形、色。《药对》四卷，论其佐使相须。魏、晋以来，吴普、李当之，更复损益。或五百九十五，或四百四十一，或三百一十九。或三品混糅，冷、热舛错，草、石不分，虫、兽无辨。且所主疗，互有得失。医家不能备见，则识智有浅深。今辄苞综诸经，研括烦省。以《神农本经》三品，合三百六十五为主，又进《名医》副品，亦三百六十五，合七百三十种。精粗皆取，无复遗落，分别科条，区畛物类，兼注铭时用，土地所出，及仙经道术所须，并此序录，合为七卷。虽未足追踵前良，盖亦一家撰制。吾去世之后，可贻诸知音尔。……

《遵生八笺·尘外遐举笺·陶弘景》：陶弘景，字通明，秣陵人也。幼有异操，年四五岁，恒以荻为笔，画灰中学书。至十岁，得葛洪《神仙传》，昼夜研寻，便有养生之志。谓人曰："仰青云，睹白日，不觉为远矣。"神仪明秀，朗目疏眉，细形长额耸耳。右膝有数十黑子作七星文。读书万余卷，一事不知以为深耻。善琴棋，工草隶，朝请虽在朱门，闭影不交外物，唯以披阅为务，朝仪故事多所取焉。家贫，求宰县不遂。永明十年（492年），脱朝服挂神武门，上表辞禄，诏许之，赐以束帛，敕所在月给茯苓五斤，白蜜二升，以供服饵之需。景为人圆通谦谨，出处冥会，心如明镜，遇物便了，言无烦舛，有亦随觉。永元初，更筑三层楼，弘景处其上，弟子居其中，宾客至其下，与物遂绝，唯一家僮得至其所。本便马善射，晚皆不为，唯听吹笙而已。物爱松风，庭院皆植松，每闻其响，欣然为乐。有时独游泉石，望见者以为仙人。性好著述，尚奇异，顾惜光景，老而弥笃。尤明阴阳五行，风角星算，山川地理，方圆产物，医术本草。所著《学苑百卷》《孝经》《论语集注》《帝代年历》《本草集注》《效验方》《肘后百一方》《古今州郡记》《图象集要》及《玉匮记》《七曜新旧术疏》、《占候合丹法式》，皆秘密不传，及撰而未讫又十部，唯弟子得之。卒年八十五，谥“贞白先生”。

徐嗣伯（生卒年无考），南北朝南齐著名医学家。

“《徐嗣伯落年方》三卷。”“《药方》五卷徐嗣伯撰。”（唐代魏徵等撰，《隋书·卷三十四·志第二十九·经籍三子》）

“《徐氏落年方》三卷徐嗣伯撰。”“《杂病论》徐嗣伯撰。”（后晋刘昫等撰，《旧唐书·卷四十七·志第二十七·经籍下·医术类》）

“徐嗣伯《杂病论》一卷。”又“《徐氏落年方》三卷”。（北宋欧阳修、宋祁撰，《新唐书·卷五十九·志第四十九·艺文三》）

嗣伯，字叔绍，亦有孝行，善清言，位正员郎，诸府佐，弥为临川王映所重。时直阁将军房伯玉服五石散十许剂，无益，更患冷，夏日常复衣。嗣伯为诊之，曰：“卿伏热，应须以水发之，非冬月不可。”至十一月，冰雪大盛，令二人夹捉伯玉，解衣坐石，取冷水从头浇之，尽二十斛（音 hú。《仪礼》：“十斗曰斛。”汉代许慎《说文解字》：“斛，十斗也。”自宋代始，改为一斛等于五斗，一石等于二斛。明代张自烈撰《正字通》：“斛，今制五斗曰斛，十斗曰石”）。伯玉口噤气绝（口噤，病证名。口紧闭不能张开，牙关紧急，详见《金匮要略·痉湿暍病脉证治》。气绝，有昏厥、呼吸短暂闭塞和呼吸停止三解），家人啼哭请止。嗣伯遣人执杖防阁，敢有谏者挝之（挝，音 zhuā。击；打。《后汉书·温序传》：“以节挝杀数人”）。又尽水百斛，伯玉始能动，而见背上彭彭有气，俄而起坐，曰：“热不可忍，乞冷饮。”嗣伯以水与之，一饮一升，病都差（《方言·第三》：“差，愈也。南楚病愈者谓之差”）。自尔恒发热，冬月犹单裈衫（裈，音 kūn。有裆的裤子，用以别于无裆的套裤而言。《晋书·阮籍传》："独不见群虱之处裈中……行不敢离缝际，动不敢出裈裆"），体更肥壮。

常有妪人（妪，音 yù。妇人，一般多指老妇）患滞冷，积年不差。嗣伯为诊之曰："此尸注也，当取死人枕煮服之乃愈。"于是往古冢中取枕，枕已一边腐缺，服之即差。后秣陵人张景，年十五，腹胀面黄，众医不能疗，以问嗣伯。嗣伯曰："此石蛔耳，极难疗，当取死人枕煮之。"依语煮枕，以汤投之，得大利，并蛔虫头坚如石，五升，病即差。后,沈僧翼患眼痛，又多见鬼物，以问嗣伯。嗣伯曰："邪气入肝，可觅死人枕煮服之。竟，可埋枕于故处。"如其言又愈。王晏问之曰："三病不同，而皆用死人枕而俱差，何也?"答曰："尸注者，鬼气伏而未起，故令人沉滞。得死人枕投之，魂气飞越，不得复附体，故尸注可差。石蛔者久蛔也，医疗既僻，蛔虫转坚，世间药不能遣，所以须鬼物驱之然后可散，故令煮死人枕也。夫邪气入肝，故使眼痛而见魍魉（音 wǎng liǎng。亦作"罔两""蝄蜽"，传说中的精怪名。《国语·鲁语下》："木石之怪曰夔、蝄蜽"），应须邪物以钩之，故用死人枕也。气因枕去，故令埋于冢间也。"又春月出南篱门戏，闻笪（音 dá。粗竹簟。《方言·第五》："筕篖。"晋代郭璞注："似籧篨，直文而粗，江东呼笪"）屋中有呻吟声。嗣伯曰："此病甚重，更二日不疗必死。"乃往视，见一老姥称体痛，而处处有黯（音 àn。同"黯"，深黑色。《六书故·天文下》："黯，深黑也，别作黯。"《说文·黑部》："黯，深黑也。"亦泛指黑色）黑无数。嗣伯还，煮斗余汤送令服之，服讫痛势愈甚，跳投床者无数。须臾，所黯处皆拔出钉，长寸许。以膏涂诸疮口，三日而复，云"此名钉疽也"。

时又有薛伯宗善徙痈疽，公孙泰患背，伯宗为气封之，徙置斋前柳树上。明旦痈消，树边便起一瘤如拳大，稍稍长二十余日，瘤大脓烂，出黄赤汁斗余，树为之痿损。（唐代李延寿撰，《南史·卷三十二·列传第二十二·徐嗣伯》）。

徐嗣，（生卒年无考），南北朝南齐医学家。

时东阳（有多解，不释）徐嗣，医术妙。有一伧父（亦作"伧夫"，骂人的话，犹言鄙陋、粗野之人。晋、南北朝时，文人、士大夫常讥骂他人为"伧"或"伧夫"。宋代陆游《老学庵笔记·卷九》："南朝谓北人曰伧夫"）冷病积年，重茵累褥（多重垫子，好多褥子。茵是垫子、褥子、毯子的通称。《仪礼·既夕礼》："加茵，用疏布。"郑玄注解："茵，所以藉棺者"），床下设炉火，犹不差。嗣为作治，盛冬月，令伧父髁（音 kuà。骑；跨越；迈过。《左传·昭公十三年》："康王跨之，灵王肘加焉，子干、子皙皆远之。"杜预注解："过其上也"）身坐石，启以百瓶水，从头自灌。初与数十瓶，寒战垂死，其子弟相守垂泣，嗣令满数。得七八十瓶后，举体出气如云蒸，嗣令彻（彻，通"撤"。撤出；撤除。《左传·宣公十二年》："虽诸侯相见，军卫不彻，警也"）床去被，明日立能起行，云此大热病也。又春月出南篱门戏，闻笪屋（用粗竹篳搭建的屋子）中有呻吟声，嗣曰："此病甚重，更二日不治，必死。"乃往视。一姥称举体重，而处处有黶黑无数，嗣还，煮升余汤送令服之，姥服竟，痛愈甚，跳投床者无数，须臾，所黶处皆拔出长寸许，乃以膏涂诸疮口，三日而复，云此名钉疽也。事验甚多，过于澄矣。（梁萧子显撰，《南齐书·卷二十三·列传第四·徐嗣》。《南齐书》所说徐嗣应就是《南史》所说徐嗣伯，疑原书脱文之故。）

姚僧垣（约498—583），南北朝梁著名医学家，历史学家姚察之父。

"《集验方》十卷姚僧垣撰。"（唐代魏徵等撰，《隋书·卷三十四·志第二十九·经籍三子》）

"《集验方》十卷姚僧垣撰。"（后晋刘昫等撰，《旧唐书·卷四十七·志第二十七·经籍下·医术类》）

"姚僧垣《集验方》十卷。"（北宋欧阳修、宋祁撰，《新唐书·卷五十九·志第四十九·艺文三》）

姚僧垣，字法卫，吴兴武康人（今浙江省湖州市德清县武康镇），吴太常（古代官职名称。秦始置奉常，自公元前144年，西汉景帝六年改名太常，职掌官廷祭祀社稷、宗庙朝会礼仪、丧葬等礼乐之官，兼掌选试博士工作）信之八世孙也。父菩提，梁高平令。尝婴疾疹历年（婴，动词。罹患。谢灵运《昙隆法师诔》："同学婴疾，振锡万里相救。"锡，锡杖，原为僧人乞食时振环作声以代叩门，并兼防备牛、犬袭击之用的杖，杖高与眉齐，头有锡环，故称"锡杖"，是比丘常持的十八件物件之一，后世称僧人游行曰"飞锡""巡锡"，称居住曰"挂锡""驻锡"。历年，多年），乃留心医药。梁武帝召与讨论方术，言多会意（犹言会心；领悟；心领神会。谓领会其意义。或曰互相理解。东晋陶潜《五柳先生传》："每有会意，便欣然忘食"），由是颇礼之。

僧垣幼通洽（通达贯通；通晓广博；博古通今，多闻博识。《宋书·礼志一》："通洽古今，行为世表者，领国子博士"），居丧尽礼，年二十四，即传家业。仕梁为太医正（宫廷御用职掌医药政事的正一品的医官），加文德主帅。梁武帝尝因发热，服大黄（一味中草药，中医药学以其根状茎入药用，性寒，味苦，功能攻积导滞，泻火解毒，行瘀通经，主治实热便秘、腹痛胀满、痢疾、黄疸、瘀血经闭、目赤口疮、痈肿疮疖诸多病证。亦可外敷治疗烫伤）。僧垣曰："大黄快药，至尊年高，不宜轻用。"帝弗从（弗，音 fú，义同"不"。《公羊传·僖公二十六年》："公追齐师至巂，弗及。"东汉经学家何休《春秋公羊解诂》注解："弗者，不之深者也"），遂至危笃。太清元年（547 年），转镇西湘东王府中记室参军（古代官职名称，犹如后世的秘书之职。职掌军队的文书起草，记录表彰等重要工作）。僧垣少好文史，为学者所称。及梁简文嗣位（承继君位。《尚书·舜典序》："虞舜侧微，尧闻之聪明，将使嗣位，历试诸难，作《舜典》。"《毛传》："嗣，继也"），僧垣兼中书舍人（古代官职名称。参预机密，起草诏令权力重大的重臣）。梁元帝（南北朝梁元帝萧绎。552 年即位，552—554 年在位）平侯景，召僧垣赴荆州，改受晋安王府咨议（参预咨询议论政事之官员。《三国志·魏志·田畴传》："遂随使者到军，署司空户曹掾，引见咨议"）。梁元帝尝有心腹病，诸医皆请用平药。僧垣曰："脉洪实，宜用大黄。"元帝从之。进汤讫，果下宿食，因而疾愈。时初铸钱，一当十，乃赐十万贯，实百万也。

及魏军克荆州，僧垣犹侍梁元，不离左右，为军人所止，方泣涕而去，寻而周文遣使驰驿征僧垣。燕公于谨固留不遣，谓使人曰："吾年衰暮，疾病婴沉，今得此人，望与之偕老。"周文以谨勋德隆重，乃止。明年，随谨至长安。

武成元年（559 年。武成：南北朝北周明帝宇文毓的年号，559—560 年），授小畿伯下大夫（古代官职名称。《资治通鉴·陈宣帝太建七年》："畿伯下大夫长安来和尝谓坚曰：'公眼如曙星，无所不照，当王有天下，愿忍诛杀。'"宋元之际史学家胡三省注解："畿伯，周置，属大司徒。"杜佑曰："周地官之属，每方畿伯，中大夫也；每县小畿伯，则下大夫"）。金州刺史伊娄穆以疾还京，请僧垣省疾，乃云自腰至脐，似有三缚，两脚缓纵，不复自持。僧垣即为处汤三剂，穆初服一剂，上缚即解；次服一剂，中缚复解；又服一剂，三缚悉除。而两脚疼痹，犹自挛弱，更为合散一剂，稍得屈申（申，通"伸"。东汉史学家班彪《北征赋》："行止屈申，与时息兮"）。僧垣曰："终待霜降，此患当愈。"及至九月，遂能起行。大将军、襄乐公贺兰隆先有气疾，加以水肿，喘息奔急，坐卧不安。或有劝其服决命大散者，其家疑未能决，乃问僧垣。僧垣曰："意谓此患，不与大散相当。"即为处方，劝使急服，便即气通；更服一剂，诸患悉愈。大将军、乐平公窦集暴感风疾，精神瞀乱（瞀，音 mào。昏乱；错乱。《楚辞·宋玉·九辩》："忼慨绝兮不得，中瞀乱兮迷惑。"唐五臣注之一的张铣注解："叹与相绝而不见，使中昏乱迷惑也。瞀，昏也"），无所觉知。医先视者，皆云已不可救。僧垣后至曰："困矣，终当不死。"为合汤散，所患即瘳。大将军、永世公叱伏列椿苦痢积时，而不损废朝谒。燕公谨尝问僧垣曰："乐平、永世，俱有痼疾，意永世差轻。"对曰："夫患有深浅，时有危杀，乐平虽困，终当保全；永世虽轻，必不免死。"谨曰："当在何时？"对曰："不出四月。"果如其言，谨叹异之。

天和六年（571 年。天和：南北朝北周武帝宇文邕的年号，566—572 年），迁遂伯中大夫（古代官职名称。此"遂"亦作"隧"，系辅佐县、乡长官掌管政令、戒禁工作的官员。自西周至春秋时期，国内地域便已设有"国"和"野"的"乡""遂"制度。"国人"所居住的地区在郊内，称为"乡"。被称为"野人"的人，必须住在郊外，这个地区就叫作"遂"，这是"野人"所居住的地区。周代制度，远离京城百里之外、二百里之内，分为六遂，每遂设有管理政务的遂师。《周礼·地官·遂人》："大丧，帅六遂之役而致之，掌其政令。"《周礼》始置有地官司徒，所属有"遂"大夫，每"遂"一人，作为"遂"的地方长官。"遂"地亦有制度，以五家为邻，五邻为里，四里为"酂"，五"酂"为"鄙"，五"鄙"为"遂"，每"遂"有一万二千五百家。北周依据《周礼》制度，设置六官，地官府的属官设有左、右遂伯中大夫二人，小遂伯大夫，用以仿照《周礼》的遂人中大夫、遂师下大夫制度。北周所设"遂"之地区，完全是比照、附会古制，在王畿百里之外设为"遂"，三百里为"稍"，四百里为"县"，千里为"畿"。详见《北周六典》）。建德三年（574 年，建德：南北朝北周武帝宇文邕的年号，572—578 年），文宣太后寝疾（因病卧床。《左传·昭公七年》："寡君寝疾，于今三月矣。"《礼记·檀弓上》："成子高寝疾，庆遗入请曰：子之病革矣"），医、巫杂说，各有同异。武帝引僧垣坐，问之。对曰："臣准之常人，窃以忧惧。"帝泣曰："公既决之矣，知复何言！"寻而太后崩。其后复因召见，乃授骠骑大将军（西汉武帝刘彻时始置的军队武官职务，历代沿置。按照等级高低，是仅低于大将军的第二级军衔的武官。皇帝为褒奖、赏赐立有大功劳的高级军官或重臣，以示尊重敬意）、开府仪同三司［自周已有此词，此指朝廷中最为尊显、高贵的三个官职司马、司徒、司空的合称。亦有称太尉（大司马）、司徒、司空。《后汉书·顺帝纪》："今刺史、二千石之选，归任三司。"李贤注解："三司，三公也，即太尉、司空、司徒也"］。敕停朝谒，若非别敕，不劳入见。四年（575年），帝亲戎东讨，至河阴遇疾，口不能言；睑垂覆目，不得视；一足短缩，又不得行。僧垣以为诸藏俱病，不可并疗，军中之要，莫过于语，乃处方进药，帝遂得言；次又疗目，目疾便愈；未及足，足疾亦瘳。比至（比，音bǐ。及；等到。《国语·齐语》："比至，三衅三浴之"）华州，帝已痊复。即除华州刺史，仍诏随驾入京，不令在镇。宣政元年（578年。宣政，南北朝北周武帝宇文邕的年号。只此一年，是年即驾崩），表请致仕（交还官职，即辞官。《公羊传·宣公元年》："退而致仕。"东汉今文经学家何休注解："致仕，还禄位于君"），优诏许之。是岁，帝幸云阳，遂寝疾，乃召僧垣赴行在所。内史柳昂私问曰："至尊脉候何如？"对曰："天子上应天心，或当非愚所及。若凡庶如此，万无一全。"寻而帝崩。

宣帝初在东宫，常苦心痛，乃令僧垣疗之，其疾即愈。及即位，恩礼弥隆（弥，副词。更加；越发。《论语·子罕》："仰之弥高，钻之弥坚"）。谓曰："尝闻先帝呼公为姚公，有之？"对曰："臣曲荷殊私（承蒙帝王对臣子的特别恩宠、知遇。曲荷，表示敬意之词。荷，音hè。承受；承蒙，多用于书信中表示感激的词语。又如：感荷；至荷；为荷。殊私，犹如殊遇。特殊的知遇之恩或曰礼遇《三国志·蜀志·诸葛亮传》："盖追先帝之殊遇，欲报之于陛下也"），实如圣旨。"帝曰："此是尚齿之辞（尚齿，古代谓尊重老人。《礼记·祭义》："是故朝廷同爵则尚齿。"东汉经学家郑玄注解："同爵尚齿，老者在上也。"《庄子·天道》："宗庙尚亲，朝廷尚尊，乡党尚齿，行事尚贤，大道之序也。"亦作"上齿"。《礼记·王制》："习射上功，习乡上齿，大司徒帅国之俊士与执事焉"），非为贵爵之号。朕当为公建国开家，为子孙永业（永久的家业或曰事业）。"乃封长寿县公，册命之日（册命，亦作策命。西周至春秋时期，周天子任命官员的制度谓之册命。帝王祝告天地宗庙，册立、册封后妃、诸王、大臣之事所用的文书亦称为册命。《尚书·顾命》："太史秉书，由宾阶跻，御王册命。"唐代孔颖达《五经正义》疏解引东汉郑玄曰："太史东面，于殡西南而读策书，以命王嗣位之事。"此后用指册立或册封之事），又赐以金带及衣服等。大象二年（580年，大象：南北朝北周静帝宇文阐的年号，579—580年），除太医下大夫。帝寻有疾，至于大渐，僧垣宿直侍疾。帝谓隋公曰："今日性命，唯委此人。"僧垣知帝必不全济，乃对曰："臣但恐庸短不逮（自谦词，才识凡庸不及之意。逮，音dài。《尔雅·释言》："逮，及也。"《左传·哀公六年》："逮夜至于齐，国人知之。"庸，形容词。《尔雅》："庸，常也。"平常、凡庸、平庸、浅陋、能力低下。《战国策·魏》："此庸夫之怒也。"短，形容词。浅薄、才识凡庸。《晋书·王戎传》："以臣愚短，当此至难"），敢不尽心！"帝颔之（颔，音hàn。点头。《左传·襄公二十六年》："逆于门者，领之而已”）。及静帝嗣位，迁上开府仪同大将军（西汉武帝刘彻时始置的军队武官职务，历代沿置。皇帝为褒奖、赏赐立有大功劳的高级军官或重臣，以示尊重敬意。军衔等级最高的一级武官）。

隋开皇初（开皇：隋文帝杨坚的年号，581—600年），进爵“北绛郡公”。三年（583年），卒，年八十五。遗诫衣帢入棺（帢，音qià。古代士人戴的一种帽子），朝服勿敛，灵上唯置香奁（奁，音lián。古代盛放梳妆用品的漆木制器具），每日设清水而已。赠本官，加荆、湖二州刺史。

僧垣医术高妙，为当时所推，前后效验，不可胜纪。声誉既盛，远闻边服，至于诸蕃外域，咸请托之。僧垣乃参校征效者为《集验方》十二卷，又撰《行纪》三卷，行于世。

长子察，《南史》有传。

次子最，字士会，博通经史，尤好著述。年十九，随僧垣入关。明帝（北周明帝宇文毓，557—560年在位）盛聚学徒，校书于麟趾殿，最亦预为学士。俄授齐王宪府水曹参军，掌记室事，特为宪所礼接（礼，礼遇；以礼相待。《晋书·杜夷传》：“镇东将军周馥倾心礼接，引为参军”）。最幼在江左（地理名词。古人习惯以东为左，以西为右。即江东。明末、清初著名散文家魏禧《目录杂说》：“江东称江左，江西称江右，自江北论之，江东在左，江西在右”），迄于入关，未习医术。天和中，齐王宪奏遣最习之。宪又谓最曰：“博学高才，何如王褒、庾信？王、庾（王褒，字子渊，东晋宰相，王导后裔。北周文学家，约513—576，原为梁代宫廷诗人，在北朝文名颇高。梁元帝时曾任吏部尚书、左仆射。庾信，字子山，北周文学家，513—581，梁散骑常侍、中书令庾肩吾之子。官至骠骑大将军、开府仪同三司，擅长诗赋、骈文）名重两国，吾视之蔑如（没什么了不起；瞧不起。蔑视之词。《汉书·东方朔传赞》：“而扬雄亦以为朔言不纯师，行不纯德，其流风遗书蔑如也。”唐代颜师古注解：“言辞义浅薄，不足称也”）。接待资给，非尔家比也。勿不存心。且天子有敕，弥须勉励。”最于是始受家业，十许年中，略尽其妙。每有人告请，效验甚多。

隋文帝践极（登极，即位。《孟子·万章上》：“夫然后之中国，践天子位焉。”亦可作“践祚”），除太子门大夫（古代官职名称。太子宫宿卫之官，职掌宫门禁卫防范以及通笺表章之事，亦有统领伶官之责。隋炀帝时，改门大夫为宫门监）。以父忧去官，哀毁骨立（旧时形容子女为居父、母丧，因悲哀伤痛万分以致身体形毁瘠瘦只剩骨架而立之状。语出《后汉书·韦彪传》：“孝行纯至，父、母卒，哀毁三年，不出庐寝。服竟，羸瘠骨立异形，医疗数年乃起”）。既免丧，袭爵北绛郡公，复为太子门大夫。俄转蜀王秀友。秀镇益州，迁秀府司马。及平陈，察至，最自以非嫡（不是嫡子。宗法社会中称正妻为嫡，正妻所生子女为嫡生。后世引申为正宗的意思），让封于察，隋文帝许之。秀后阴有异谋，隋文帝令公卿穷其事（穷，动词。寻求原委；穷原竟委；寻根究源。《易经·说卦》：“穷理尽性，以至于命”）。开府庆整、郝玮等并推于秀。最独曰：“凡有不法，皆最所为，王实不知也。”榜讯数百（榜，音 bēng。古代刑法之一。杖击或鞭打，泛指击打，即刑讯逼供），卒无异辞（卒，动词。至死没有不同的供词），竟坐诛，论者义之。撰《梁后略》十卷，行于世。（唐代李延寿撰，《北史·卷九十·列传第七十八·艺术下·姚僧垣》）

姚察，字伯审，吴兴武康人，吴太常卿信之九世孙也。父僧垣，梁太医正。及元帝在荆州，为晋安王咨议参军。后入周，位遇甚重。（唐代李延寿撰，《南史·卷六十九·列传第五十九·姚察》）

姚僧垣，字法卫，吴兴武康人，吴太常信之八世孙也。曾祖郢，宋员外散骑常侍、五城侯。父菩提，梁高平令。尝婴疾历年，乃留心医药。梁武帝性又好之，每召菩提讨论方术，言多会意，由是颇礼之。

僧垣幼通洽，居丧尽礼，年二十四，即传家业。梁武帝召入禁中，面加讨试。僧垣酬对无滞（对答如流，没有丝毫迟疑、停滞）。梁武帝甚奇之。大通六年（或为中大通六年），解褐（即脱贫，解除贫贱人的服装。褐，古时贫贱人所服用兽毛或粗麻制成的短衣。《孟子·滕文公上》：“否，许子衣褐。”东汉末年经学家赵岐著《孟子注》解说：“褐以毳织之，若今马衣也，或曰褐，枲衣也；一曰粗布衣也。”因此以为贫贱人的代称）临川嗣王国左常侍。大同五年（539 年），除骠骑庐陵王府田曹参军。九年（543 年），还领殿中医师。时武陵王所生葛修华，宿患积时，方术莫效。梁武帝乃令僧垣视之。还，具说其状，并记增损时候。梁武帝叹曰：“卿用意绵密，乃至于此，以此候疾，何疾可逃。朕常以前代名人，多好此术，是以每恒留情，颇识治体。今闻卿说，益开人意。”十一年（545 年），转领太医正，加文德主帅、直阁将军。梁武帝尝因发热，欲服大黄。僧垣曰：“大黄乃是快药，然至尊年高，不宜轻用。”帝弗从，遂至危笃。梁简文帝在东宫，甚礼之。四时伏腊（古代两种祭祀的名称。伏，指在夏季的伏日进行的祭祀，腊，则是指农历的十二月进行的祭祀。亦或泛指节日，也指伏祭和腊祭之日。语出《史记·留侯世家》：“留侯死，并葬黄石，每上冢伏腊，祠黄石”），每有赏赐。太清元年（547 年。太清：南北朝梁武帝萧衍的年号，547—549 年），转镇西湘东王府中记室参军。僧垣少好文史，不留意于章句。时商略今古，则为学者所称。

及侯景围建业，僧垣乃弃妻子赴难。梁武帝嘉之，授戎昭将军、湘东王府记室参军。及宫城陷，百官逃散。僧垣假道归，至吴兴，谒郡守张嵊。嵊见僧垣流涕曰：“吾过荷朝恩，今报之以死。君是此邦大族，又朝廷旧臣。今日得君，吾事辨矣。”俄而景兵大至，攻占累日，郡城遂陷。僧垣窜避久之，乃被拘执。景将侯子鉴素闻其名，深相器遇，因此获免。及梁简文嗣位，僧垣还建业，以本官兼中书舍人。子鉴寻镇广陵，僧垣又随至江北。

梁元帝平侯景，召僧垣赴荆州，改授晋安王府咨议。其时虽克平大乱，而任用非才，朝政混淆，无复纲纪。僧垣每深忧之。谓故人曰：“吾观此形势，祸败不久。今时上策，莫若近关。”闻者皆掩口窃笑。梁元帝尝有心腹疾，乃召诸医议治疗之方。咸谓至尊至贵，不可轻脱，宜用平药，可渐宣通。僧垣曰：“脉洪而实，此有宿食。非用大黄，必无差理。”梁元帝从之，进汤讫，果下宿食，因而疾愈。梁元帝大喜。时初铸钱，一当十，乃赐钱十万，实百万也。

及大军克荆州，僧垣犹侍梁元帝，不离左右。为军人所止，方泣涕而去。寻而中山公护使人求僧垣，僧垣至其营。复为燕公于谨所召，大相礼接。太祖又遣使驰驿征僧垣。谨固留不遣，谓使人曰：“吾年时衰暮，疹疾婴沉（疹疾沉重缠身），今得此人，望与之偕老。”太祖以谨勋德隆重，乃止焉。明年，随谨至长安。武成元年，授小畿伯下大夫。

金州刺史伊娄穆以疾还京，请僧垣省疾，乃云：“自腰至脐，似有三缚，两脚缓纵，不复自持。”僧垣为诊脉，处汤三剂。穆初服一剂，上缚即解；次服一剂，中缚复解；又服一剂，三缚悉除。而两脚疼痹，犹自挛弱，更为合散一剂，稍得屈申。僧垣曰：“终待霜降，此患当愈。”及至九月，遂能起行。

大将军、襄乐公贺兰隆先有气疾，加以水肿，喘息奔急，坐卧不安。或有劝其服决命大散者，其家疑未能决，乃问僧垣。僧垣曰："意谓此患不与大散相当。若欲自服，不烦赐问。"因而委去。其子殷勤拜请曰："多时抑屈，今日始来。竟不可治，意实未尽。"僧垣知其可差，即为处方，劝使急服。便即气通，更服一剂，诸患悉愈。

天和元年（566年），加授车骑大将军，仪同三司。大将军、乐平公窦集暴感风疾，精神瞀乱，无所觉知。诸医先视者，皆云已不可救。僧垣后至，曰："困则困矣，终当不死。若专以见付，相为治之。"其家欣然，请受方术。僧垣为合汤散，所患即瘳。大将军、永世公叱伏列椿苦痢积时，而不废朝谒。燕公谨尝问僧垣曰："乐平、永世俱有痼疾，若如仆意，永世差轻。"对曰："夫患有深浅，时有克杀，乐平虽困，终当保全。永世虽轻，必不免死。"谨曰："君言必死，当在何时？"对曰："不出四月。"果如其言，谨叹异之。六年（571年），迁遂伯中大夫。

建德三年（574年），文宣太后寝疾，医巫杂说，各有异同。高祖御内殿，引僧垣同坐，曰："太后患势不轻，诸医并云无虑。朕人子之情，可以意得。君臣之义，言在无隐。公为何如？"对曰："臣无听声视色之妙，特以经事已多，准之常人，窃以忧惧。"帝泣曰："公既决之矣，知复何言！"寻而太后崩。其后复因召见，帝问僧垣曰："姚公为仪同几年？"对曰："臣忝荷朝恩，于兹九载。"帝曰："勤劳有日，朝命宜隆。"乃授骠骑大将军、开府仪同三司。又敕曰："公年过县车，可停朝谒。若非别敕，不劳入见。"

四年（575年），高祖亲戎东讨，至河阴遇疾，口不能言；睑垂覆目，不复瞻视；一足短缩，又不得行。僧垣以为诸藏俱病，不可并治，军中之要，莫先于语，乃处方进药，帝遂得言。次又治目，目疾便愈。末乃治足，足疾亦瘳。比（及；等到。《国语·齐语》："比至，三衅三浴之"）至华州（今陕西省华县境内及周边地区），帝已痊复。即除华州刺史，仍诏随入京，不令在镇。宣政元年，表请致仕，优诏许之。是岁，高祖行幸云阳（今重庆市），遂寝疾，乃诏僧垣赴行在所。内史柳昂私问曰："至尊贬膳日久，脉候何如？"对曰："天子上应天心，或当非愚所及。若凡庶如此，万无一全。"寻而帝崩。

宣帝（南北朝北周宣帝宇文赟）初在东宫，常苦心痛，乃令僧垣治之，其疾即愈。帝甚悦。及即位，恩礼弥隆。常从容谓僧垣曰：“常闻先帝呼公为姚公，有之乎？”对曰：“臣曲荷殊私，实如圣旨。”帝曰：“此是尚齿之辞，非为贵爵之号。朕当为公建国开家，为子孙永业。”乃封长寿县公，邑一千户。册命之日，又赐以金带及衣服等。

大象二年，除太医下大夫。帝寻有疾，至于大渐，僧垣宿直侍。帝谓隋公曰：“今日性命，唯委此人。”僧垣知帝诊候危殆，必不全济，乃对曰：“臣荷恩既重，思在效力。但恐庸短不逮，敢不尽心！”帝颔之。及静帝嗣位，迁上开府仪同大将军。隋开皇初，进爵“北绛郡公”。三年（583年）卒，时年八十五。遗诫衣白帢入棺，朝服勿敛，灵上唯置香奁，每日设清水而已。赠本官，加荆、湖二州刺史。

僧垣医术高妙，为当世所推，前后效验，不可胜记。声誉既盛，远闻边服，至于诸蕃外域，咸请托之。僧垣乃搜采奇异，参校征效者，为《集验方》十二卷，又撰《行记》三卷，行于世，长子察在江南。（唐代令狐德棻等撰，《周书·卷四十七·列传第三十九·艺术·姚僧垣》）

清名医陆以湉撰《冷庐医话·医苑》：赞医人每享高龄，北周姚僧垣八十五。缘其既精医学，必能探明性命之旨，详审颐养之宜，从而得以克葆天年。

全元起（生卒年无考），南朝梁官员、学者，最早注释《黄帝内经·素问》的医学家。

“《黄帝素问》八卷，全元越注（元起、元越，当是一人）。”（唐代魏徵等撰，《隋书·经籍志》）

“全元起注《黄帝素问》九卷。”（北宋欧阳修、宋祁撰，《新唐书·卷五十九·志第四十九·艺文三》）

“《素问》八卷。隋代全元起注。”（元代脱脱等撰，《宋史·卷二百七·志第一百六十·艺文六》）

“僧孺工属文，善楷隶，多识古事。侍郎全元起欲注《素问》，访以砭石。僧孺答曰：‘古人当以石为针，必不用铁。《说文》有此砭字，许慎云‘以石刺病也’。《东山经》：‘高氏之山多针石。’郭璞云：‘可以为砭针。’

《春秋》：'美疢不如恶石。'服子慎注云：'石，砭石也。'季世无复佳石，故以铁代之尔。'"（唐代李延寿撰，《南史·卷五十九·列传第四十九·王僧孺》）

最早对《黄帝内经·素问》进行注释的南朝梁代医学家全元起，虽不知其生卒年和具体史实，但据《南史·王僧孺》传，可推知应是同时期人，王僧孺的生卒年已知（465—522），因此，全元起的生卒年应与其不相上下。因其能够最早注释最权威、最经典的医书《黄帝内经·素问》，可知其在医学上的造诣非等闲之辈。

徐文伯（生卒年无考），南北朝北齐著名医学家。

"《药方》二卷徐文伯撰。""《徐太山试验方》二卷。""《徐文伯疗妇人瘕》一卷。""《徐太山巾箱中方》三卷。""《堕年方》二卷徐太山撰。""《效验方》三卷徐氏撰。""《徐氏家传秘方》二卷。""《徐太山房内秘要》一卷。""《徐文伯辨脚弱方》一卷。""《本草》二卷徐太山撰。""《徐文伯药方》二卷。亡。""《徐文伯辨伤寒》一卷。""《伤寒总要》二卷。""《支法存申苏方》五卷。"（唐代魏徵等撰，《隋书·卷三十四·志第二十九·经籍三子》）

文伯，字德秀，濮阳太守熙曾孙也。熙好黄、老，隐于秦望山，有道士过求饮，留一瓠𤓰与之（瓠𤓰，同"葫芦"。瓠，《说文·瓠部》："瓠，匏也。从瓜，夸声。"一年生草本植物，茎蔓生，叶茎有茸毛。叶子呈心脏形状，叶腋生卷须；花白色，结实呈长条状者称瓠瓜；短颈大腹者称壶卢，今作"葫芦"。𤓰，瓜名。《玉篇·瓜部》："𤓰，瓠𤓰也。"《集韵·模韵》："𤓰，瓠𤓰，瓠而圜者"），曰："君子孙宜以道术救世，当得二千石。"熙开之，乃《扁鹊镜经》一卷，因精心学之，遂名震海内。生子秋夫，弥工其术，仕至射阳令。尝夜有鬼呻吟，声甚凄怆［凄凉；悲怆；伤感；悲痛。《后汉书·桥玄传》："（曹操）及后经过玄墓，辄凄怆致祭"］，秋夫问何须，答言姓某，家在东阳，患腰痛死。虽为鬼痛犹难忍，请疗之。秋夫曰："云何厝法？"鬼请为刍人（刍，音chú。草人。《礼记·祭统》："及迎牲，君执纼，卿大夫从，士执刍，宗妇执盎从夫人。"东汉经学家郑玄注解："刍谓槁也，杀牲时用荐之"），案孔穴针之。秋夫如言，为灸四处，又针肩井三处，设祭埋之。明日见一人谢恩，忽然不见。当世伏其通灵（梁奉朝请吴均撰《续齐谐记》。《齐谐》，志怪者也。亦记有此事："钱塘徐秋夫，善治病。宅在湖沟桥东。夜，闻空中呻吟，声甚苦，秋夫起，至呻吟处，问曰：'汝是鬼邪？何为如此？饥寒须衣食邪？抱病须治疗邪?’鬼曰：‘我是东阳人，姓斯，名僧平。昔为乐游吏，患腰痛死，今在湖北。虽为鬼，苦亦如生。为君善医，故来相告。’秋夫曰：‘但汝无形，何由治?’鬼曰：‘但缚茅作人，按穴针之，讫，弃流水中，可也。’秋夫作茅人，为针腰目二处，并复薄祭，遣人送后湖中。及暝，梦鬼曰：‘已差。并承惠食，感君厚意。’秋夫，宋元嘉六年为奉朝请”)。

秋夫生道度、叔向，皆能精其业。道度有脚疾不能行，宋文帝（刘义隆，424—453年在位）令乘小舆入殿，为诸皇子疗疾，无不绝验。位兰陵太守。宋文帝云：“天下有五绝，而皆出钱塘。”谓杜道鞠弹棋，范悦诗，褚欣远模书，褚胤围棋，徐道度疗疾也。

道度生文伯，叔向生嗣伯。文伯亦精其业，兼有学行，倜傥不屈意于公卿，不以医自业。融（张融，字思光，一名少子。当世名士才子，南朝齐文学家、书法家。留有文集《玉海》数十卷）谓文伯、嗣伯曰：“昔王微（415—443，又一说：415—453。字景玄，也作景贤。南朝宋诗人、画家。兼解音律、医方、阴阳、术数）、嵇叔夜（即嵇康，字叔夜。三国曹魏时期著名思想家、文学家、音乐家。“竹林七贤”之一。史称“嵇中散”，是因其曾任中散大夫，娶曹操的曾孙女长乐亭主为妻。同时是一位善于养生的名家，著有《养生论》）并学而不能，殷仲堪（东晋人，与韩康伯齐名，擅长文学著述，撰有《殷荆州要方》，已佚。曾任荆州刺史，有德行之人。参见由刘宋宗室临川王刘义庆主编的《世说新语》。韩康伯，生卒年无考，名韩伯，字康伯，东晋人。玄学思想家、训诂学家。代表作《周易注解》）之徒故所不论。得之者由神明洞彻，然后可至，故非吾徒所及。且褚侍中澄（褚澄，本篇有其传）富贵亦能救人疾，卿此更成不达。”答曰：“唯达者知此可崇，不达者多以为深累，既鄙之何能不耻之。”文伯为效与嗣伯相埒（音liè。相当；相等。《史记·平准书》：“故吴诸侯也，以即山铸钱，富埒天子”)。宋孝武路太后病，众医不识。文伯诊之曰：“此石博小肠耳。”乃为水剂消石汤，病即愈。除鄱阳王常侍，遗以千金，旬日恩意隆重。宋明帝（刘彧，465—472年在位）宫人患腰痛牵心，每至辄气欲绝，众医以为肉症。文伯曰：“此发症。”以油投之，即吐得物如发。稍引之长三尺，头已成蛇能动，挂门上适尽一发而已，病都差。宋后废帝（刘昱，472—476年在位）出乐游苑门，逢一妇人有娠，帝亦善诊，诊之曰：“此腹是女也。”问文伯，曰：“腹有两子，一男一女，男左边，青黑，形小于女。”帝性急，便欲使剖。文伯恻然（哀怜貌，同情伤感的样子）曰：“若刀斧恐其变异，请针之立落。”便泻足太阴，补手阳明，胎便应针而落。两儿相续出，如其言。

子雄亦传家业，尤工诊察，位奉朝请（本为贵族、官僚定期朝见皇帝的称谓。古时以春季的朝见为朝，秋季的朝见为请，故得名）。能清言（高雅的言论，高谈阔论、清雅文言。东晋陶渊明《咏二疏》："问金终寄心，清言晓未悟"），多为贵游所善（贵游，本指没有官职的王公贵族们，泛指出身显贵者。《周礼·地官·师氏》："掌国中失之事以教国子弟，凡国之贵游子弟学焉。"东汉经学家郑玄注解："贵游子弟，王公之子弟，游，无官司者。"善，喜爱；赞许；友好；亲善。《左传·襄公三十一年》："其所善者，吾则行之；其所恶者，吾则改之。"东汉王充《论衡》："使孔子欲表善颜渊"）。事母孝谨（孝顺且恭谨。《史记·万石张叔列传》："万石君家以孝谨闻乎郡国，虽齐、鲁诸儒质行，皆自以为不及也"），母终，毁瘠几至自灭（毁瘠，亦作"毁眥""毁胔"。有成语：哀毁骨立；哀毁瘠立。由于居亲丧事，导致过度悲哀，以致悲损其身，形体极度羸弱消瘦。语出《荀子·礼论》："故量食而食之，量要而带之，相高以毁瘠，是奸人之道也，非礼义之文也，非孝子之情也，将以有为者也"）。俄而兄亡（俄而，不久；突然间。《庄子·大宗师》："俄而子舆有病，子祀往问之"），扶杖临丧，抚膺一恸（抚膺，手拍胸，表示感叹、悲痛等感悟。恸，极悲哀。《列子·说符》："昔人言有知不死之道者，燕君使人受之，不捷，而言死者……有齐子亦欲学其道，闻言者之死，乃抚膺而恨"），遂以哀卒。（唐代李延寿撰，《南史·卷三十二·列传第二十二·徐文伯》）

文伯仕南齐，位东莞、太山、兰陵三郡太守。（唐代李延寿撰，《北史·卷九十·列传第七十八·徐謇》）

南北朝时期，祖国传统医学界涌现出一个七代名医世家——徐氏医界家族，先后出现了十二位彪炳史册的著名医学家，他们分别是徐熙、徐秋夫（徐熙之子）、徐道度（徐秋夫之子）、徐叔向（徐秋夫之子）、徐文伯（徐道度之长子）、徐成伯（徐道度之次子）、徐嗣伯（徐叔向之子）、徐雄（徐文伯之子）、徐之才（徐雄之子）、徐之范（徐雄之次子，徐之才弟）、徐敏行（徐之范之子）、徐践（徐成伯之子）。徐氏家族医术代代传承，名医辈出，尤以徐熙、徐道度、徐文伯、徐成伯、徐之才更为出名。他们亦官亦医，内外兼修，身居高位，不忘行医，医道精湛，治病救人，名扬海内，为祖国的医学发展做出了不可磨灭的巨大贡献。

徐熙，字仲融，本是南朝时隐居于丹阳秦望山上的一名隐士，因给一名过路乞水饮的道士水喝，而得到丰厚的回报——内藏《扁鹊镜经》的葫芦，自此潜心学问，刻苦攻读，功夫不负有心人，终于成长为一名精通医术的医界名家，并且拉开了徐氏医学世家的序幕，自此子承父业，世代相传，名医辈出，传为佳话。在传统医学史上，名气最盛者当属徐氏第六代的徐之才，被封王加爵，在祖国传统医学发展史上有不可低估的地位和相当的影响力。

徐之才，字士茂，徐氏医学杰出代表，徐文伯之孙，徐雄之子。之才幼而聪慧明敏，才思敏捷，伶俐善辩，继承家学，博览群书，知识广博，博古通今，娴熟儒家经史典籍，精通医术，多才多艺，人称神童。他医学经验丰富，善于总结家传医术，勤奋撰著医书，著有《徐王方》《徐王八世家传效方》等医学著作。

徐之才（492—572），南北朝北齐一代著名医学家，著有《药对》《徐王方》等医书。

“《徐王八代效验方》十卷徐之才撰。”“《徐氏家秘方》二卷徐之才撰。”（后晋刘昫等撰，《旧唐书·卷四十七·志第二十七·经籍下·医术类》）

“徐之才《雷公药对》二卷。” “徐之才《徐王八代效验方》十卷。”“又《家秘方》三卷。”（北宋欧阳修、宋祁撰，《新唐书·卷五十九·志第四十九·艺文三》

徐之才，丹阳（今安徽省马鞍山市当涂县）人也。父雄，事南齐，位兰陵（治所在今江苏省常州市西北）太守，以医术为江左（古代地区名称。古人在地理上习惯以东为左，以西为右，所以江东也叫江左。东晋及南朝的宋、齐、梁、陈各代的根据地都在江左，所以当时人又称这五朝及其统治下的全部地区为江左，南朝人则专称东晋为江左）所称。之才幼而俊发（显现出才能智慧过人。或曰：才识、文采、情性都已充分表现出来了。《淮南子·泰族训》：“智过万人者谓之英，千人者谓之俊，百人者谓之豪，十人者谓之杰。”南朝梁刘勰《文心雕龙·体性》：“吐纳英华，莫非情性。是以贾生俊发，故文洁而体清”），五岁诵《孝经》，八岁略通义旨。曾与从兄（有两种情况。一是同曾祖父却不同祖父，年长于已者，称为从祖兄；再一种则是，同祖父而不同父亲，年长于已者，称为从父兄，今人统称为堂兄。《史记·魏其武安侯列传》：“魏其侯窦婴者，孝文后从兄子也”）康造梁太子詹事汝南周舍宅听《老子》。舍为设食，乃戏之曰：“徐郎不用心思义，而但事食乎？”之才答曰：“盖闻圣人虚其心而实其腹。”舍嗟赏之。年十三，召为太学生（太学，传授儒家经典的最高学府，亦是古代的大学。西周时已有太学之名，公元前 124 年，汉武帝刘彻始建西汉太学），粗通《礼》《易》。彭城刘孝绰、河东裴子野、吴郡张嵊等每共论《周易》及《丧服》仪，酬应如响。咸共叹曰：“此神童也。”孝绰又云：“徐郎燕颔（相貌威猛之意。燕，额头；颔，下巴。此属封侯之相），有班定远（即东汉名将班超，字仲升，班固之弟，因打击匈奴，保护西域地区各族人民的安全，保障"丝绸之路"畅通有功，而被封"定远侯"，因此也叫班定远。《东观汉记·班超传》："超问其状，相者曰：生燕颔虎头，飞而食肉，此万户侯相也"）之相。"陈郡袁昂领丹阳尹，辟为主簿，人务事宜，皆被顾访。郡廨（音 xiè，又读 jiè。官署，旧时官吏办公处的通称）遭火，之才起望，夜中不着衣，披红服帕出房，映光为昂所见。功曹（古代官员名称。自汉代郡守之下设有功曹史，简称功曹。职能相当于郡守的总务长，除掌管人事之外，并得与闻一郡的政务。历代沿置，至隋、唐改称司功，权任渐轻趋向虚名。至明始废）白请免职，昂重其才术，仍特原之（原，原谅、赦免。《后汉书·羊续传》："其余党辈，原为平民"）。豫章王综出镇江都，复除豫章王国左常侍，又转综镇北主簿（豫章王萧综，字世谦，梁武帝萧衍次子。504 年，天监三年，封豫章郡王。江都，今江苏省扬州市下辖区）。

及综入魏，三军散走，之才退至吕梁，桥断路绝，遂为魏统军石茂孙所止。综入魏旬月，位至司空。魏听综收敛僚属，乃访之才在彭泗，启魏帝云："之才大善医术，兼有机辩。"诏征之才。孝昌二年（526 年。孝昌：北魏孝明帝元诩的年号），至洛，敕居南馆（南馆，南边的客舍。泛指接待宾客的住处。曹丕《与朝哥令吴质书》："驰骋北场，旅食南馆"），礼遇甚优。从祖謇子践启求之才还宅。之才药石多效，又窥涉经史，发言辩捷，朝贤竟相要引（要，通"邀"。争相邀迎荐举），为之延誉（称颂夸奖，传扬好名声，扩大声誉。语出《国语·卷四·晋语》："始合诸侯于虚朾以救宋，使张老延君誉于四方，且观道逆者"）。武帝时，封昌安县侯。天平中，齐神武征赴晋阳，常在内馆，礼遇稍厚。武定四年，自散骑常侍转秘书监。文宣作相，普加黜陟（音 chù zhì，亦作"绌陟"。言官吏的升迁进退降职。《尚书·舜典》："三载考绩，三考绌陟幽明，庶绩咸熙"）。杨愔（511—560，字遵彦，小字秦王，北齐宰相）以其南土之人，不堪典秘书，转授金紫光禄大夫，以魏收（字伯起，小字佛助，南北朝时期史学家、文学家）代领之。之才甚快快不平（因不服气而甚为闷闷不乐的神情，或曰因不满意而导致内心愤愤不平、郁闷不悦的神态。《隋书·虞世基传》："贫无产业，每佣书养亲，快快不平"）。

之才少解天文（年少之时便已懂得、明白、领悟天文知识。唐代韩愈《师说》："师者，所以传道受业解惑"），兼图谶之学，共馆客宋景业参校吉凶，知午年必有革易，因高德政启之。文宣闻而大悦。时自娄太后及勋贵臣，咸云关西既是劲敌，恐其有挟天子令诸侯之辞，不可先行禅代事。之才独云："千人逐兔，一人得之，诸人咸息。须定大业，何容翻欲学人。”又援引证据，备有条目，帝从之。登祚后（祚，音 zuò，皇位），弥见亲密。之才非唯医术自进，亦为首唱禅代，又戏谑滑稽，言无不至，于是大被狎昵（音 xiá nì，亦作“狎暱”。亲近；亲昵，态度甚不庄重。《礼记·曲礼上》：“贤者狎而敬之，畏而爱之。”《左传·襄公二年》：“若背之，是弃力与言，其谁昵我。”郭宪《东方朔传》：“武帝暮年好仙术，与朔狎暱”）。寻除侍中，封池阳县伯。见文宣政令转严，求出，除赵州刺史，竟不获述职，犹为弄臣（帝王宠幸狎近戏弄之臣）。

皇建二年（561 年），除西兖州刺史。未之官，武明皇太后不豫（身体不适。《尚书·金縢》：“王有疾，弗豫”），之才疗之，应手便愈，孝昭赐采帛千段、锦四百匹。之才既善医术，虽有外授，顷即征还。既博识多闻，由是于方术尤妙。大宁二年春（561 年。大宁应为太宁），武明太后又病。之才弟之范（徐之范乃徐之才胞弟，507—590，字孝规，亦以医术见知，位太常卿，入周授仪同大将军。隋文帝杨坚开皇中卒）为尚药典御，敕令诊候。内史皆令呼太后为石婆，盖有俗忌，故改名以厌制之。之范出告之才曰：“童谣云：周里跂求伽，豹祠嫁石婆，斩冢作媒人，唯得一量紫綖靴。今太后忽改名，私所致怪。”之才曰：“跂求伽，胡言去已。豹祠嫁石婆，岂有好事？斩冢作媒人，但令合葬自斩冢。唯得紫綖靴者，得至四月，何者？紫之为字‘此’下‘系’，‘綖’者熟，当在四月之中。”之范问靴是何义？”之才曰：“靴者革旁化，宁是久物？”至四月一日，后果崩。

有人患脚跟肿痛，诸医莫能识。之才曰：“蛤精疾也，由乘船入海，垂脚水中。”疾者曰：“实曾如此。”之才为剖得蛤子二，大如榆荚。又有以骨为刀子靶者，五色斑斓。之才曰：“此人瘤也。”问得处，云于古冢见髑髅（音 dú lóu，即“骷髅”，死人的头骨。《庄子·至乐》：“庄子之楚，见空髑髅，髐然有形”）额骨长数寸，试削视，有文理，故用之。其明悟多通如此。

天统四年（568 年。天统，北齐后主高纬的年号），累迁尚书左仆射，俄除兖州刺史，特给铙吹一部（铙，音 náo，青铜制打击乐器）。之才医术最高，偏被命召。武成酒色过度，恍惚不恒，曾病发，自云初见空中有五色物，稍近，变成一美妇人，去地数丈，亭亭而立。食顷，变为观世音。之才云：“此色欲多，大虚所致。”即处汤方，服一剂，便觉稍远，又服，还变成五色物，数剂汤，疾竟愈。帝每发动，暂遣骑追之，针药所加，应时必效，故频有端执之举。入秋，武成小定，更不发动。和士开（524—571，字彦通。北齐武成帝高湛皇后胡太后的男宠，封淮阳王）欲依次转进，以之才附籍兖州，即是本属，遂奏附除刺史，以胡长仁（字孝隆，北齐武成帝高湛的武成皇后之兄）为左仆射，士开为右仆射。及十月，帝又病动，语士开云：“恨用之才外任，使我辛苦。”其月八日，敕驿追之才。帝以十日崩，之才十一日方到，既无所及，复还赴州。在职无所侵暴，但不甚闲法理，颇亦疏慢，用舍自由。

五年冬（569年），后主（北齐后主高纬，565—576年在位）征之才，寻左仆射阙（秦时始置的官职名，凡侍中、尚书、博士、谒者、郎等官都有仆射，根据所领职事作称号，意即其中的首长。仆射之名，由仆人、射人合成，本为君主左右之小臣，至东汉时职权渐重，到末年便分左、右仆射，魏、晋以后渐居宰相之任。阙，同“缺”），之才曰：“自可复禹之绩（自誉语，恢复大禹之功绩）。”武平元年（570年。武平，北齐后主高纬的年号），重除尚书左仆射。之才于和士开、陆令萱（504—576，干预朝政、乱政祸国殃民致使北齐王朝君死国亡的北齐女官）母子曲尽卑狎（极尽亲近、亲热，阿谀逢迎之情），二家苦疾，救护百端。由是迁尚书令，封西阳郡王。祖珽（字孝征，生卒年不详。一位难以让后人予以评价的北齐丞相。他天资聪颖，才华横溢，博学多才，才学过人，通晓音律，擅长阴阳占候之术，既是医术尤为所长的名医，文是位有文才的尚书左仆射，乃一大奇才，但同时又是个品行恶劣、生活放纵淫乱、贪婪无度、聚敛钱财、盗窃癖好，善于阿谀奉承，在掌权后结党营私，大肆陷害忠良，集诸多恶行于一身的人）执政，除之才侍中（秦时始置的官职名。因侍从皇帝左右，出入宫廷，与皇帝甚为亲近，地位渐形贵重，南朝时开始掌握机要）、太子太师（辅导东宫太子之职的虚衔无实职的名号，与太子太傅、太子太保并称为“东宫三师”）。之才恨曰：“子野沙汰（淘汰；拣选。东晋葛洪《抱朴子·明本》：“夫迁之洽闻，旁综幽隐，沙汰事物之臧否，覈实古人之邪正”）我。”珽目疾，故以师旷（春秋时期晋国著名乐师，字子野。生而无目，是名善弹琴，辨音能力极强的目盲残疾人。自称“瞑臣”“盲臣”）比之。

之才聪辩强识（耳聪目明，聪明智慧，明察四方，善长辩论，知识丰富，强于记忆。《说文解字·耳部》：“聪，察也。”《尚书·洪范》：“听曰聪。”《礼记·曲礼上》：“博闻强识而让，敦善行而不怠，谓之君子”），有兼人之敏（兼人，胜过他人，聪明过人。《论语·先进》：“求也退，故进之；由也兼人，故退之。”南宋朱熹集注：“兼人，谓胜人也”），尤好剧谈体语（尤其喜好畅谈、或曰畅所欲言、无所顾忌。《汉书·扬雄传上》："口吃不能剧谈，默而好深湛之思。"体语，亦称"双声语"。"体"是指声母而言。清末民初思想家、史学家、国学大师章炳麟《国故论衡》："收声称势，发声称体，远起齐梁间矣。"盛行于魏晋南北朝时期的一种反切隐语，即反语。大多是诙谐幽默、俚俗之语，不宜用于庄重场合。而徐之才所说的体语，又与一般的体语稍有不同，正如他与卢元明戏谑之语，"卿姓在亡为虐，在丘为虚，生男则为虏，养马则为驴"。卢、虏、驴三个字，声母相同，都是来纽，以此用虏、驴来暗示卢元明的卢姓），公私言聚，多相嘲戏。郑道育常戏之才为师公。之才曰：既为汝师，又为汝公，在三之义，顿居其两。又嘲王昕姓云："有言则诓（音 kuáng，同"诳"。《集韵·漾韵》："诳，隶省或作诓"），近犬便狂，加颈足而为马，施角尾而为羊。"卢元明（字幼章。生卒年不详。历任中书侍郎、尚书右丞、散骑常侍、监起居注、黄门郎。性好玄理，著有文集、杂论等）因戏之才云："卿姓是未入人，名是字之误，'之'当为'乏'也。"即答云："卿姓在亡为虐，在丘为虚，生男则为虏，养马则为驴。"又尝与朝士出游，遥望群犬竞走，诸人试令目之。之才即应声云："为是宋鹊，为是韩卢，为逐李斯东走，为负帝女南徂（音 cú。往、到；行走。《尔雅》："徂，往也"）。"李谐于广坐，因称其父名，曰："卿嗜熊白生否？"之才曰："平平耳。"又曰："卿此言于理平否？"谐遽出避之，道逢其甥高德正，德正曰："舅颜色何不悦？"谐告之故。德正径造坐席，连索熊白。之才谓坐者曰："个人讳底？"众莫知。之才曰："生不为人所知，死不为人所讳，此何足问？"唐邕、白建方贵（正当显贵之时），时人言云："并州赫赫唐与白。"之才蔑之。元日，对邕为诸令史（县令所属低级办事员）祝曰："见卿等位当作唐、白。"又以小史好嚼笔，故尝执管就元文遥口曰："借君齿。"其不逊如此。

历事诸帝，以戏狎得宠（狎，音 xiá。嬉戏、逗趣、调戏、亲近、亲热。《史记·循吏列传》："〈子产〉为相一年，竖子不戏狎，斑白不提挈，僮子不犁畔"）。武成生䶬牙（北齐武成帝高湛，561—565 年在位。䶬，音 diān。牙床末端最后长出的两对磨牙，医名第三恒磨牙，旧称智牙、真牙、牙末。《玉篇·齿部》："䶬，牙也。"《字汇·齿部》："䶬，牙末。"《六书故·人四》："䶬，真牙也。男子二十四岁，女子二十一岁，真牙生"），问诸医，尚药典御（古代医官名称，尚药局正五品最高长官，执掌御用药膳之务。要亲自为患病的皇帝诊断、立法处方，药成之后，须亲自尝验把关）邓宣文以实对，武成怒而挞之（挞，执鞭、棍击打。《说文解字·手部》："挞，乡饮酒，罚不敬，挞其背也"）。后以问之才，拜贺曰："此是智牙，生智牙者聪明长寿。”武成悦而赏之。为仆射时，语人曰：“我在江东，见徐勉作仆射（徐勉，466—535，字修仁，南朝梁政治家、文学家、中书令。勤奋著述，高风亮节，虽居显位，家无积蓄。见《梁书·徐勉传》），朝士莫不佞之（朝士，泛指朝廷中的官员。《周礼·秋官·朝士》：“朝士掌建邦外朝之法。”职掌外朝官次和刑狱等事务的官员。东汉郑玄注解：“外朝，路寝门之外庭。”西汉思想家、政治家、外交家陆贾《新语·怀虑》：“战士不耕，朝士不商，邪不奸直，圆不乱方。”莫不，无不、没有一个不。《诗经·周颂·时迈》：“薄言震之，莫不震叠。”佞，音 nìng。动词，能言善辩有口才。《说文解字·亻部》：“佞，巧谄高材也。”《广雅·亻部》：“佞，巧也。”《论语·公冶长》：“雍也仁而不佞。”朝廷中的官员们没有一个不花言巧语地进谗献媚）。今我亦是徐仆射，无一人佞我，何由可活！”之才妻魏广阳王妹，之才从文襄求得为妻。和士开知之，乃淫其妻。之才遇见而避之，退曰：“妨少年戏笑。”其宽纵如此。年八十，卒。赠司徒公、录尚书事，谥曰“文明”。（唐代李百药撰，《北齐书·卷三十三·列传第二十五·徐之才》）

唐代李延寿所撰《北史·卷九十·列传第七十八·艺术下·徐之才》与唐代李百药所撰《北齐书·卷三十三·列传第二十五·徐之才》如出一辙，文字基本相同，无甚差异。

雄（徐雄，员外散骑侍郎，医术为江左所称，事迹见《南史》。其父徐謇，字成伯，丹阳人也，家本东莞。与兄文伯等皆善于医药。徐之才传之前有其传）子之才。幼而俊发，五岁诵《孝经》，八岁略通义旨。曾与从兄康造梁太子詹事汝南周舍宅，听《老子》。舍为设食，乃戏之曰：“徐郎不用心思义，而但事食乎？”之才答曰：“盖闻圣人虚其心而实其腹。”舍嗟赏之。年十三，召为太学生，粗通《礼》《易》。彭城刘孝绰、河东裴子野、吴郡张嵊等每共论《周易》及《丧服》仪，酬应如响。咸共叹曰：“此神童也。”孝绰又云：“徐郎燕颔，有班定远之相。”陈郡袁昂领丹阳尹，辟为主簿，人务事宜，皆被顾访。郡廨遭火，之才起望，夜中不着衣，披红眠帕出房，映光为昂所见。功曹白请免职，昂重其才术，仍特原之。

豫章王综出镇江都，复除豫章王国左常侍，又转综镇北主簿。及综入魏，三军散走，之才退至吕梁，桥断路绝，遂为魏统军石茂孙所止。综入魏旬月，位至司空。魏听综收敛僚属，乃访知之才在彭泗，启魏帝，云：“之才大善医术，兼有机辩。”诏征之才。孝昌二年，至洛，敕居南馆，礼遇甚优。謇子践启求之才还宅。之才药石多效，又窥涉经史，发言辩捷，朝贤竞相要引，为之延誉。武帝时，封“昌安县侯”。

天平中，齐神武征赴晋阳，常在内馆，礼遇稍厚。武定四年，自散骑常侍转秘书监。文宣作相，普加黜陟。杨愔以其南士，不堪典掌功程，且多陪从，全废曹务，转授金紫光禄大夫，以魏收代，之才甚怏怏不平。

之才少解天文，兼图谶之学，共馆客宋景业参校吉凶，知午年必有革易，因高德正启之。文宣闻而大悦。时自娄太后及勋贵臣咸云：“关西既是勍敌（勍，音 qíng，强有力。《左传·僖公二十二年》：“勍敌之人。”勍敌亦作“劲敌”），恐其有挟天子令诸侯之辞，不可先行禅代事。”之才独云：“千人逐兔，一人得之，诸人咸息。须定大业，何容翻欲学人？”又援引证据，备有条目，帝从之。登祚后，弥见亲密。之才非惟医术自进，亦为首唱禅代，又戏谑滑稽，言无不至，于是大被狎昵。寻除侍中，封“池阳县伯”。见文宣政令转严，求出，除赵州刺史，竟不获述职，犹为弄臣。皇建二年，除西兖州刺史。未之官，武明皇太后不豫，之才疗之，应手便愈，孝昭赐彩帛千段、锦四百匹。之才既善医术，虽有外授，顷即征还。既博识多闻，由是于方术尤妙。

大宁二年春，武明太后又病。之才弟之范为尚药典御，敕令诊候。内史皆令呼太后为石婆，盖有俗忌，故改名以厌制之。之范出告之才曰：“童谣云：‘周里跂求伽，豹祠嫁石婆，斩冢作媒人，唯得一量紫綖靴。’今太后忽改名，私所致怪。”之才曰：“跂求伽，胡言去已。豹祠嫁石婆，岂有好事？斩冢作媒人，但令合葬，自斩冢。唯得紫綖靴者，得至四月，何者？紫之为字，此下系，綖者熟，当在四月之中。”之范问靴是何义？之才曰：“靴者革旁化，宁是久物？”至四月一日，后果崩。有人患脚跟肿痛，诸医莫能识。之才曰：“蛤精疾也，由乘船入海，垂脚水中。”疾者曰：“实曾如此。”之才为剖，得蛤子二，大如榆荚。又有以骨为刀子把者，五色斑斓。之才曰：“此人瘤也。”问得处，云：“于古冢见髑髅，额骨长数寸，试削视，有文理，故用之。”其明悟多通如此。

天统四年，累迁尚书左仆射，俄除兖州刺史，特给铙吹一部。之才医术最高，偏被命召。武成酒色过度，恍惚不恒（不恒，不稳定。《易经·恒》：“不恒其德，或承之差"），曾病发，自云，初见空中有五色物，稍近，变成一美妇人，去地数丈，亭亭而立。食顷，变为观世音。之才云："此色欲多，大虚所致。"即处汤方，服一剂，便觉稍远；又服，还变成五色物；数剂汤，疾竟愈。帝每发动，暂遣骑追之，针药所加，应时必效，故频有端执之举。入秋，武成小定，更不发动。和士开欲依次转进，以之才附籍兖州，即是本属，遂奏附除刺史，以胡长仁为左仆射，士开为右仆射。及十月，帝又病动，语士开云："浪用之才外任，使我辛苦。"其月八日，敕驿追之才。帝以十日崩，之才十一日方到，既无所及，复还赴州。在职无所侵暴，但不甚闲法理，颇亦疏慢，用舍自由。

五年冬，后主征之才。寻左仆射阙，之才曰："自可复禹之绩。"武平元年，重除尚书左仆射。之才于和士开、陆令萱母子曲尽卑狎，二家若疾，救护百端。由是迁尚书令，封"西阳郡王"。祖珽执政，除之才侍中、太子太师。之才恨曰："子野沙汰我。"珽目疾，故以师旷比之。

之才聪辩强识，有兼人之敏，尤好剧谈体语，公私言聚，多相嘲戏。郑道育常戏之才为师公。之才曰："既为汝师，又为汝公，在三之义，顿居其两。"又嘲王昕姓云："有言则讧，近犬便狂，加颈足而为马，施角尾而成羊。"卢元明因戏之才云："卿姓是未入人，名是字之误，之当为乏也。"即答云："卿姓，在上为虐，在丘为虚，生男则为虏，配马则为驴。"又常与朝士出游，遥望群犬竞走，诸人试令目之。之才即应声云："为是宋鹊？为是韩卢？为逐李斯东走，为负帝女南徂？"李谐于广坐因称其父名曰："卿嗜熊白生不？"之才曰："平平耳。"又曰："卿此言于理平不？"谐遽出避之，道逢其甥高德正。德正曰："舅颜色何不悦？"谐告之故。德正径造坐席，连索熊白。之才谓坐者曰："个人讳底？"众莫之应。之才曰："生不为人所知，死不为人所讳，此何足问？"唐邕、白建方贵，时人言云："并州赫赫唐与白。"之才蔑之。元日，对邕为诸令史祝曰："卿等位当作唐、白。"又以小史好嚼笔，故常执管就元文遥口曰："借君齿。"其不逊如此。

历事诸帝，以戏狎得宠。武成生齻牙，问诸医。尚药典御邓宣文以实对，武成怒而挞之。后以问之才，拜贺曰："此是智牙，生智牙者，聪明长寿。”武成悦而赏之。为仆射时，语人曰：“我在江东，见徐勉作仆射，朝士莫不佞之。今我亦是徐仆射，无一人佞我，何由可活！”之才妻，魏广阳王妹，之才从文襄求得为妻。和士开知之，乃淫其妻。之才遇见而避之，退曰：“妨少年戏笑。”其纵之如此。年八十，卒。赠司徒公、录尚书事，谥曰“文明”。

长子林，字少卿，太尉司马。次子同卿，太子庶子。之才以其无学术，每叹曰：“终恐同《广陵散》矣。”

弟之范亦医术见知，位太常卿，特听袭之才爵西阳王。入周，授仪同大将军。开皇中，卒。（唐代李延寿撰，《北史·卷九十·列传第七十八·艺术下·徐之才》）

清名医陆以湉撰《冷庐医话·医苑》：“赞五世之医，北齐有徐之才（此说显然有误，前面已经详细介绍，徐氏家族前后共有七代人行医于世）。”又说：“医人每享高龄，北齐徐之才八十。缘其既精医学，必能探明性命之旨，详审颐养之宜，从而得以克葆天年。”

马嗣明（？—590，据人活八十岁计，生年应是510年），南北朝北齐著名医学家。

马嗣明，河内（古代地区名。黄河以北为河内，河南为河外。尚有多解，略）人。少明医术，博综经方，《甲乙》《素问》《明堂》《本草》莫不咸诵。为人诊候，一年前知其生死。邢卲（496—561，字子才，文学家、无神论者。河间鄚人，即今河北省任丘北鄚州镇人。累迁太常卿、中书监、国子祭酒、中直侍郎，与杨愔为友，曾隐于嵩山。《北齐书·卷三十六·列传第二十八·邢卲》有传）子大宝患伤寒，嗣明为之诊，候脉，退告杨愔（511—560，字遵彦，小名秦王。北齐弘农人，曾任宰相，有一代贤相之称。《北齐书·卷三十四·列传第二十六·杨愔》有传，所著诗赋表奏书论甚多）云：“邢公子伤寒不治自差，然脉候不出一年便死，觉之晚，不可治。”杨、邢并侍宴内殿，显祖（北齐开国皇帝高洋的庙号）云：“子才儿，我欲乞其随近一郡。”杨以此子年少，未合剖符（古代帝王分封诸侯或功臣时，需把符节一剖分为二，双方各执其半，作为信守的约证，叫作“剖符”。《国策·秦策三》：“决裂诸侯，剖符于天下。”符节，古代朝廷传达命令或征调兵将用的凭证，常用金、玉、铜、竹、木制作，双方各执其一半，合之以验真伪。亦有出入门关所须持有的一种用竹、木制成的符节凭证。《周礼·地官·掌节》：“门关用符节”）。宴罢，奏云：“马嗣明称大宝脉恶，一年内恐死，若其出郡，医药难求。”遂寝（停止。《汉书·礼乐志》：“其议遂寝。”又“汉典寝而不着”，唐颜师古注解：“寝，息也”）。大宝未期而卒。

杨令患背肿，嗣明以炼石塗之便差。作炼石法：以粗黄色石鹅鸭卵大，猛火烧令赤，内淳醋中，自屑，频烧至石尽，取石屑曝干，捣下簁（簁，音shāi。①筛子。《说文·竹部》：“簁，簁箄，竹器也。”清经学家、训诂学家朱骏声撰《说文通训定声》：“簁……今俗谓之筛，可以取粗去细。”②过筛。用筛子筛东西，即将物置于筛内摇动，用以分离粗、细颗粒的设备。《齐民要术·大小麦》：“细磨，下绢簁，作饼，亦滑美。”③过滤。三国魏嵇康《声无哀乐论》：“肌液肉汗，踧笮便出，无主于哀乐，犹簁酒之囊漉，虽笮具不同，而酒味不变也。”笮，音zhà，压出物体里的汁液，后世作“榨”。此处应是将曝干的石屑捣碎过筛之意）。和醋以塗肿上，无不愈。后迁通直散骑常侍（古代官员名称。晋武帝司马炎时期，特设员外散骑常侍二人与散骑常侍共同轮流值班服侍，称为通直散骑常侍。此后，与散骑常侍、员外散骑常侍分别成为三个官员名称。南北朝时期，就是将此三者并置，其职任是服侍皇帝左右，规谏过失，预闻要政，参与顾问）。针灸孔穴，往往与《明堂》不同。

从驾往晋阳（晋阳乃古代北方著名大都会，故址位于今山西省太原市晋源区），至辽阳山中（今辽宁省辽阳地区），数处见榜，云有人家女病，若有能治差者，购钱十万（广告悬赏征求名医。《史记·项羽本纪》：“吾闻汉购我头千金”）。诸名医多寻榜至，问病状，不敢下手，唯嗣明独治之。问其病由，云曾以手将一麦穟（将，介词。拿，持。音suì，同“穗”），即见一赤物长二寸，似蛇，入其手指中，因惊怖倒地（因受惊吓昏倒在地），即觉手臂疼肿，渐及半身俱肿，痛不可忍，呻吟昼夜不绝。嗣明为处方服汤。比（动词，等到。《史记·项羽本纪》：“比至定陶，再破秦军”）嗣明从驾还，女平复。嗣明，隋初（581年）卒。（唐代李百药撰，《北齐书·卷四十九·列传第四十一·方伎·马嗣明》）

马嗣明，河内野王人也。少博综经方，为人诊脉，一年前知其生死。邢卲唯一子大宝，甚聪慧，年十七八患伤寒。嗣明为其诊脉，退告杨愔云：“邢公子伤寒不疗自差，然脉候不出一年便死，觉之少晚，不可复疗。”数日后，杨、邢并侍宴内殿。文宣云：“邢子才儿大不恶，我欲乞其随近一郡。”杨以年少，未合剖符。宴罢，奏云：“马嗣明称大宝脉恶，一年内恐死，若其出郡，医药难求。”遂寝。大宝未期而卒。杨愔患背肿，嗣明以炼石涂之，便差，因此大为杨愔所重。作炼石法：以粗黄色石如鹅鸭卵大，猛火烧令赤，内淳醋中，自有石屑落醋里。频烧至石尽，取石屑曝干，捣下簁，和醋以涂肿上，无不愈。

武平中，为通直散骑常侍，针灸孔穴，往往与《明堂》不同。尝有一家，二奴俱患，身体遍青，渐虚羸不能食。访诸医，无识者。嗣明为灸两足趺上（趺，同“跗”，脚背。《庄子·秋水》：“赴水则接腋持颐，蹶泥则没足灭跗。”针灸学位的趺阳穴，也叫冲阳穴。属足阳明胃经。古代医家认为切趺阳脉，可以推断胃气的盛衰虚实）各三七壮，便愈。武平（575年）末，从驾往晋阳，至辽阳山中，数处见榜，云有人家女病，若能差之者，购钱十万。又诸名医多寻榜至是人家，问疾状，俱不下手。唯嗣明为之疗。问其病由，云曾以手持一麦穗，即见一赤物长二尺许，似蛇，入其手指中，因惊倒地。即觉手臂疼肿，月余日，渐及半身，肢节俱肿，痛不可忍，呻吟昼夜不绝。嗣明即为处方，令驰马往都市药，示其节度，前后服十剂汤，一剂散。比嗣明明年从驾还，此女平复如故。嗣明艺术精妙，多如是。

隋开皇中，卒于太子药藏监。然性自矜大（《广雅》：“矜，大也。”《后汉书·明帝纪论》：“内外无幸曲之私，在上无矜大之色。”自恃医术高超，便骄矜自尊自大。），轻诸医人，自徐之才、崔叔鸾以还，俱为其所轻。（唐代李延寿撰，《北史·卷九十·列传第七十八·艺术下·马嗣明》）

许智藏（生卒年无考），南北朝陈、隋时期著名医学家。

名言：为人子者，尝膳视药，不知方术，岂谓孝乎？

许智藏，高阳人也（今河北省保定市高阳县。晋泰始初，265年，始置高阳国，辖境相当今河北省保定市、高阳县、清苑区、博野县、蠡县等地。隋开皇初，589年废）。祖道幼，尝以（因为；缘故；因由。《诗经·邶风·旄丘》：“何其久也，必有以也”）母疾，遂览医方，因而穷极（寻求到尽头。《易经·说卦》：“穷理尽性，以至于命。”《淮南子·原道训》：“然而大不可极，深不可测”），世号名医。诫（告诫；嘱告；警戒。《易经·系辞下》：“小惩而大诫。”《汉书·贾谊传》：“前车覆，后车诫”）其诸子曰：“为人子者，尝膳视药，不知（不懂；不晓得；不知道。《论语·为政》：“知之为知之，不知为不知，是知也”）方术（此处专指医药学。

古时人们将天文、医学、神仙术、占卜、相术、命相、遁甲、堪舆、炼丹采药、祭祀鬼神等，统称为方术。另有治道的方法一说。《庄子·天下》："天下之治方术者多矣。"唐初，道教学者成玄英注《庄子》，名《南华真经注疏》，疏解："方，道也。自轩、项已下，迄于尧、舜，治道艺术方法甚多"），岂谓（用于疑问或反诘句。怎么能说是。《国策·秦策三》："子常宣言代我相秦，岂有此乎"）孝乎？"由是（于是。《诗经·大雅·抑》："无易由言。"东汉郑玄笺注："由，于也。女无轻易于教令"）世相传授。仕梁（朝代名，南朝时期之一国，502—557年，共历四帝，历时五十六年。梁武帝萧衍取代齐称帝，始为国号梁。建都建康，即今江苏省南京市），官至员外散骑侍郎。父景，武陵王咨议参军（古代官名。古代诸王及将帅开府者，皆置参军，实为重要幕僚。主要职任为参谋军务，至南北朝时，随其职司，称咨议参军）。

智藏少以医术自达（明白；通晓。自勉显达。《吕氏春秋·遇合》："凡能听音者，必达于五声"），仕陈为散骑侍郎（官名，三国魏始置，是汉代散骑和中常侍的合称，随在皇帝左右规谏过失，以备顾问。晋以后，增加员额，称员外散骑常侍，或称通直散骑常侍，往往预闻要政。南北朝时归属集书省，隋代属门下省，虽无实际职权，仍为尊贵之官，多用为将相大臣的兼职）。及陈灭，高祖（隋文帝杨坚，581—604年在位）以为（用为。《孟子·滕文公上》："许子以釜甑爨，以铁耕乎"）员外散骑侍郎，使诣（诣，动词。前往；去到。《史记·孝文本纪》："乘传诣长安。"《汉书·杨王孙传》："未得诣前。"颜师古注解："诣，至也"）扬州。会秦孝王俊有疾，上驰召之。俊夜中梦其亡妃崔氏泣曰："本来相迎，如闻许智藏将至，其人若到，当必相苦，为之奈何？"明夜，俊又梦崔氏曰："妾得计矣，当入灵府（属于死人的府地）中以避之。"及智藏至，为俊诊脉，曰："疾已入心，郎当发痫（癫痫病，俗称羊痫风或羊癫疯，中医学病名。《千金方·风眩》引徐嗣伯论："大人曰癫，小儿曰痫，其实则一。"后世总称为"痫症"），不可救也。"果如言，俊数日而薨（音hōng。周代诸侯之死曰薨。《礼记·曲礼下》："天子死曰崩，诸侯死曰薨。"）。上奇其妙，赉（音lài，赏赐；赠送。《尚书·汤誓》："予其大赉汝，尔无不信，朕不食言"）物百段。炀帝（隋代第二位皇帝杨广，604—618年在位）即位，智藏时致仕（交还官职，即辞官。《公羊传·宣公元年》："退而致仕。"东汉经学家何休撰《春秋公羊解诂》注解："致仕，还禄位于君"）于家，帝每有所苦（痛苦，意即患疾，病所致苦），辄令中使（帝王宫廷中派出的使者，实指宦官。《宋书·袁粲传》："敦逼备至，中使相望"）就询访（询问；造访；查考。《尚书·舜典》："询于四岳"），或以舆（本谓车厢，因此意指车子。《老子》："虽有舟舆，无所乘之。"亦指轿子）迎入殿，扶登御床。智藏为方奏之，用无不效。年八十，卒于家。

清名医陆以湉撰《冷庐医话·医苑》:“赞医人许智藏尽享八十岁高龄,缘其既精医学,必能探明性命之旨,详审颐养之宜,从而得以克葆天年。”

宗人许澄,亦以医术显。父奭(音 shì),仕梁太常丞(官名。九卿之一,掌管宗庙礼仪,兼掌选试博士。历代沿置,专为司祭祀礼乐之官。秦始置奉常,至西汉景帝刘启时方改为称太常。太常丞,则为太常的辅佐之官称)、中军长史(官名,辅佐中军将军行使职权的长史,地位、职权都很高的长官。春秋时期大国军队分为上、中、下三军,以中军的地位最高,晋、南北朝都设中军将军,乃属有权的大臣。西汉时丞相、太尉、御史大夫属官均有长史,东汉的太尉、司徒、司空三公府都设长史,职任甚重,号称三公辅佐。三国、晋、南北朝沿置不改。此外,南北朝时的王府亦设长史,总管府内事务及行使州府事)。随柳仲礼入长安,与姚僧垣(北周著名医学家)齐名,拜上仪(隆重的礼节。东汉班固《东都赋》:“至乎永平之际,重熙而累洽,盛三雍之上仪,修衮龙之法服”)同三司(历代不同。东汉称太尉、司徒、司空为三司,唐称御史大夫、中书、门下为三司)。澄有学识,传父业,尤尽其妙。历尚药典御(古代医官名,尚药局的最高长官,通常由精通医药的专家担任。皇帝生病,通常要由典御亲自予以视诊、处方、尝试,因其直接为皇帝服务,历代职品都较高。南北朝时期,南朝梁始设尚药局,长官称奉御。北朝北齐则称典御,正五品。隋因袭不变)、谏议大夫(官名。西汉始置谏大夫,掌议论,属光禄勋。东汉改称谏议大夫。隋、唐隶属门下省,掌侍从规谏),封贺川县伯。父子俱以艺术名重于周(北周,朝代名,北朝之一国,557—581 年,共历五帝,历时二十五年。北周孝闵帝宇文觉取代西魏称帝,始为国号周,史称北周。建都长安,即今陕西省西安市。577 年,灭北齐,统一中国北方。581 年,被隋所代)、隋二代。(唐代魏徵等撰,《隋书·卷七十八·列传第四十三·艺术·许智藏》)

许智藏,高阳人也。祖道幼,常以母疾,遂览医方,因而穷极,时号名医。诫诸子曰:“为人子者,尝膳视药,不知方术,岂谓孝乎?”由是,遂世相传授。仕梁,位员外散骑侍郎。父景,武陵王咨议参军。

智藏少以医术自达,仕陈,为散骑侍郎。陈灭,隋文帝以为员外散骑侍郎,使诣扬州。会秦王俊有疾,上驰召之。俊夜梦其亡妃崔氏泣曰:“本来相迎,如闻许智藏将至,其人若到,当必相苦,为之奈何?”明夜,俊又梦崔氏曰:“妾得计矣,当入灵府中以避之。”及智藏至,为俊诊脉曰:“疾已入心,即当发痫,不可救也。”果如言,俊数日而薨。上奇其妙,赍物百段。炀帝即位,智藏时致仕。帝每有苦,辄令中使就宅询访,或以舆迎入殿,扶登御床。智藏为方奏之，用无不效。卒于家，年八十。

宗人许澄，亦以医术显。澄父奭，仕梁，为中军长史。随柳仲礼入长安，与姚僧垣齐名，拜上仪同三司。澄有学识，传父业，尤尽其妙。历位尚药典御、谏议大夫，封贺川县伯。父子俱以艺术名重于周、隋二代，史失其事，故附云。（唐代李延寿撰，《北史·卷九十·列传第七十八·艺术下·许智藏》）

隋代名医、曾担任过隋炀帝杨广的御医许智藏，高阳人。出身世代医家，祖父许道幼，因母疾病缠身，于是遍览医书，寻根求末，终成一代名医。他告诫子女们，不懂医学便无从谈孝，于是世代相传。辅佐梁武帝萧衍官至员外散骑侍郎。父亲许景，同样精通医理，任职武陵王王府咨议参军。许智藏自少便以通晓医术而闻名。在陈朝，官至散骑侍郎。杨坚灭陈，用其为员外散骑侍郎。曾为亲王诊疾治病，诊断精确无误，而令隋文帝叹服不已，赠送大量物品。至炀帝杀死文帝即位后，许智藏辞职回家，杨广每有疾苦缠身，便令宦官造访或者直接用轿子迎入殿中治病，许智藏每每药到病除，不曾失手，最后老死于家中。

《北史》论曰：周澹、李修、徐謇、謇兄孙之才、王显、马嗣明、姚僧垣、褚该、许智藏方药特妙，各一时之美也。而僧垣诊候精审，名冠一代，其所全济，固亦多焉。而弘兹义方，皆为令器，故能享眉寿（长寿。《诗经·豳风·七月》："为此春酒，以介眉寿。"《毛》传："眉寿，豪眉也。"孔颖达疏解："人年老者必有豪毛秀出者。"古人以豪眉为寿者相，因此用为祝寿之词），縻（牵系；束缚。《广雅·释诂二》："縻，系也。"《小尔雅·广言》："縻，缚也。"苏轼《僧惠勤初罢僧职》诗："既为物所縻，遂与吾辈同。"为爵位所束缚）好爵。老聃云"天道无亲，常与善人"，于是信矣。许氏之运针石，百载可称。

褚该（生卒年无考），南北朝北周医学家。

褚该，字孝通，河南阳翟人也。晋末，迁居江左。祖长乐，齐竟陵王录事参军。父义昌，梁鄱阳王中记室。

该幼而谨厚（谨慎忠厚。《北史·阳休之传》："休之早得才名，为人物所倾服，外如疏放，内实谨厚"），有誉乡曲（乡里，亦指穷乡僻壤。因偏处一隅，故称"乡曲"。《庄子·胠箧》：

“治邑屋州闾乡曲者，曷尝不法圣人哉”）。尤善医术，见称于时。仕梁，历武陵王府参军，随府西上。后与萧㧑（音 huī。萧㧑，事迹见《周书·卷四十二·列传第三十四·萧㧑》。梁武帝萧衍弟安成王萧秀之子。性温裕，仪表雅秀。博观经史，善草隶，算数医方，无不留意。所著诗赋杂文数万言，颇行于世）同归国，授平东将军、左银青光禄大夫，转骠骑将军、右光禄大夫。

武成元年（559 年），除医正上士（医官名）。自许奭（史失其传，方药特妙，与姚僧垣皆为一时之美者）死后，该稍为时人所重，宾客迎候，亚于姚僧垣。天和初，迁县伯下大夫。五年（570 年），进授车骑大将军，仪同三司（东汉称太尉、司徒、司空为三司。唐以后有所改动，以御史大夫、中书、门下为三司，南北朝时应同前者）。该性淹和（宽厚温和，随和。《周书·辛庆之传》：“志量淹和，有儒者风度，特为当时所重”），不自矜尚（自恃地位崇高而倨傲；自高身份；骄矜自大。矜，骄傲；自负；自以为贤能。《正字通·矛部》：“矜，骄矜自负貌。”《尚书·大禹谟》：“汝惟不矜，天下莫与汝争能；汝惟不伐，天下莫与汝争功。”《孔》传：“自贤曰矜，自功曰伐。”尚，尊崇；崇尚；尊重。《集韵·漾韵》：“尚，贵也。”《字汇·小部》：“尚，崇也，又尊也。”《礼记·檀弓上》：“夏后氏尚黑。”《礼记·表记》：“是故君子不自大其事，不自尚其功”），但有请之者，皆为尽其艺术。时论称其长者焉。后以疾卒。子士则，亦传其家业。（唐代令狐德棻等撰，《周书·卷四十七·列传第三十九·艺术·褚该》）

褚该，字孝通，河南阳翟人也。父义昌，梁鄱阳王中记室。

该幼而谨厚，尤善医术，仕梁，历武陵王府参军，随府西上，后与萧㧑同归周。自许奭死后，该稍为时人所重，宾客迎候，亚于姚僧垣。天和初，位县伯下大夫，进授车骑大将军、仪同三司。该性淹和，不自矜尚，但有请之者，皆为尽其艺术。时论称其长者。后以疾卒。子则，亦传其家业。（唐代李延寿撰，《北史·卷九十·列传第七十八·艺术下·褚该》）

第八篇　隋唐篇

许胤宗（约536—626），历隋、唐二代，著名医学家。

名言：医者，意也，在人思虑。

许胤宗，常州义兴（今江苏省宜兴人）人也。初事陈为新蔡王外兵参军，时柳太后病风不言，名医治皆不愈，脉益沉而噤（牙关咬紧、闭口不言。《说文解字·口部》："噤，口闭也。"《楚辞·九叹·思古》："口噤闭而不言"）。胤宗曰："口不可下药，宜以汤气熏之。令药入腠理（中医学名词，特指人体的皮肤、肌肉、藏府的纹理，及皮下肌肉间空隙，实乃气血流通灌注及渗泄之处。《素问·阴阳应象大论》："清阳发腠理。"唐代王冰注解："腠理谓渗泄之门。"《金匮要略·藏府经络先后病脉证》："腠者，是三焦通会元真之处，为血气所注；理者，是皮肤藏府之文理也。"《韩非子·喻老》："君有疾在腠理，不治将恐深"），周理即差，乃造黄芪防风汤数十斛（古代量器名，亦是容量单位。原以十斗为一斛，至南宋末年改为五斗为一斛），置于床下，气如烟雾，其夜便得语。

由是超拜义兴太守。陈亡入隋，历尚药奉御。武德初（武德：唐高祖李渊的年号，618—626年），累授散骑侍郎。时关中（古时地区名称。说法极为纷乱，多有差异，一般指函谷关以西为关中。唐学者颜师古在为《史记·高帝本纪》作注释时说："自函谷关以西，总名关中。"《史记·货殖列传》："故关中之地，于天下三分之一。"清代著名学者张澍所辑唐代佚名地纪《三辅旧事》："西以散关为限，东以函谷为界，二关之中谓之关中。"据现代有关学者研究，人们常说的关中，其范围包括陕西中部秦岭以北，子午岭、黄龙山以南，陇山以东，潼关以西的区域）多骨蒸病（中医病证名，因久病阴虚而致骨蒸潮热，感觉有热自骨内向外透发的虚热之症。《外台秘要·卷十三》："骨髓中热，称为骨蒸。"《诸病源候论·虚劳骨蒸候》："夫蒸病有五。一曰骨蒸，其根在肾，旦起体凉，日晚即热，烦躁，寝不能安，食无味，小便赤黄，忽忽烦乱，细喘无力，腰疼，两足逆冷，手心常热，蒸盛过伤，内则变为疳，食人五藏。"），得之必死，递相连染，诸医无能疗者。胤宗每疗，无不愈。或谓曰："公医术若神，何不著书以贻将来（贻，音yí，动词。留下；遗留。《诗经·周颂·思文》："贻我来牟，帝命率育，无此疆尔界。"《晋书·郭璞葛洪传论》："前修贻训，鄙乎兹道"）"？胤宗曰："医者，意也，在人思虑。又脉候幽微，苦其难别，意之所解，口莫能宣。且古之名手，唯是别脉，脉既精别，然后识病。夫病之于药，有正相当者，唯须单用一味，直攻彼病，药力既纯，病即立愈。今人不能别脉，莫识病源，以情臆度（凭主观臆断推测。北宋苏轼《赠钱道人》诗："书生苦信书，世事仍臆度"），多安药味，譬（譬如，比如。卫武公自儆诗《诗经·大雅·抑》："取譬不远，昊天不忒"）之于猎，未知兔所，多发人马，空地遮围，或冀一人偶然逢也。如此疗疾，不亦疏乎！假令一药偶然当病（当，适合；相宜；合宜。《吕氏春秋·义赏》："岂非用赏罚当邪"），复共他味相和，君臣相制，气势不行，所以难差，谅由于此。脉之深趣，既不可言，虚设经方，岂加于旧。吾思之久矣，故不能著述耳。"年九十余卒。（后晋刘昫等撰，《旧唐书·卷一百九十一·列传第一百四十一·方伎·许胤宗》）

胤宗，仕陈为新蔡王外兵参军。王太后病风不能言，脉沈（同"沉"）难对，医家告术穷（穷尽；完结。《说文·穴部》："穷，极也。"《列子·汤问》："飞卫之矢先穷，纪昌遗一矢。"东晋张湛著《列子注》解："穷，尽也。"）。胤宗曰："饵液不可进。"即以黄芪、防风煮汤数十斛，置床下，气如雾，熏薄之（薄，音bó，动词。通"迫"。接近；迫近。《楚辞·九章·涉江》："腥臊并御，芳不得薄兮。"宋太常博士洪兴祖著《楚辞补注》解："薄，迫也，逼近之意"），是夕语（夕，近黄昏；傍晚；表示肯定或加强肯定之词。《史记·扁鹊仓公列传》："臣意复诊之，曰：'当旦日日夕死。'即死。"东晋陶渊明《饮酒》："山气日夕佳，飞鸟相与还。"许胤宗以熏蒸法治王太后病风不能言，煮黄芪、防风煎汤，置床下熏蒸，使其口、鼻俱受药力，疾得以愈，此善师古法也。医能若此，适大道矣）。擢（音zhuó，动词。提拔；选拔。《方言二》："擢，拔也。"《国策·燕策二》："擢之乎宾客之中，而立之乎群臣之上"）义兴太守。武德初，累进散骑侍郎。关中多骨蒸疾，转相染，得者皆死，胤宗疗视必愈。或劝其著书贻后世者，答曰："医特意耳，思虑精则得之。脉之候幽而难明，吾意所解，口莫能宣也。古之上医，要（重要；关键。《韩非子·扬权》："事在四方，要在中央"）在视脉，病乃可识。病与药值（合宜；恰当；价值相当。《仪礼·丧服》："大功八升，若九升"。东汉经学家郑玄注解："不言七升者当于受服欲其文相值。"唐太学博士贾公彦著《仪礼又疏》解："值者，当也"），唯用一物攻之，气纯而愈速。今之人不善为脉，以情度（音duó，动词。估计；推测。《诗经·小雅·巧言》："他人有心，予忖度之"）病，多其物以幸有功，譬猎不知兔，广络原野，冀一人获之，术亦疏矣。一药偶得，它味相制，弗（《公羊传·僖公二十六年》："公追齐师至嶲，弗及"。东汉经学家何休撰《春秋公羊解诂》注解："弗者，不之深者也"）能专力，此难愈之验也。脉之妙处不可传，虚著方剂，终无益于世，此吾所以不著书也。"卒年七十余。（北宋欧阳修、宋祁撰，《新唐书·卷二百四·列传第一百二十九·方伎·许胤宗》）

甄权（540—643），隋、唐间著名医药学家，历经三代帝王的御医。

"《甄氏本草》三卷。"（唐代魏徵等撰，《隋书·卷三十四·志第二十九·经籍三子》）

"《古今录验方》五十卷甄权撰。"（后晋刘昫等，《旧唐书·卷四十七·志第二十七·经籍下·医术类》）

"甄权《脉经》一卷。""《针经钞》三卷。"（北宋欧阳修、宋祁撰，《新唐书·卷五十九·志第四十九·艺文三》

"甄权《针经抄》三卷。"（元代脱脱等撰，《宋史·卷二百七·志第一百六十·艺文六》）

甄权，许州扶沟（今河南省扶沟县）人也。尝以母病（以，介词。因为；由于；表示行为产生的原因；缘由；缘故。《左传·僖公三十三年》："秦违蹇叔，而以贪勤民，天奉我也"），与弟立言专医方（《新唐书》："与弟立言究习方书，遂为高医"），得其旨趣（要旨；大意。嵇康《琴赋·序》："览其旨趣，亦未达礼乐之情也"）。隋开皇初，为秘书省正字（秘书省，官署名。东汉始置秘书监，典司掌管图书经籍。晋时设秘书寺，后改为秘书省，置监、丞等官员，隋、唐沿袭，主领太史、著作事。正字，与校书郎同掌校正书籍之事），后称疾免。隋鲁州刺史（官名，西汉武帝刘彻时，始设的本为监察性质的官员，隋初在全国只设州、县两级行政官员，除雍州还称州牧外，主理州级行政事务的长官，基本都称为刺史）库狄嵚苦风患（中医学病名，即中风、脑卒中之证。多因气血逆乱，脑脉痹阻，脑出血所致。南朝陈诗人、文学家徐陵《在北齐与宗室书》："风患弥留，半体枯废"），手不得引弓（不能弯弓搭箭。引，动词。东汉许慎《说文解字·弓部》："引，开弓也"），诸医莫能疗，权谓曰："但将弓箭向垛，一针可以射矣。"针其肩隅一穴（肩隅，人体腧穴之一，属手阳明大肠经。因其穴位在肩端部肩峰与肱骨大结节之间，即肩臂交会处而得名。《灵枢·经脉》："手阳明之别，名曰偏历，去腕三寸，别入太阴；其别者，上循臂，乘肩髃，上曲颊偏齿；其别者，入耳合于宗脉。实则龋聋，虚则齿寒痹隔，取之所别也。"针刺此穴，具有疏经通络、理气化痰之功），应时即射。权之疗疾，多此类也。贞观十七年（643年。贞观，唐太宗李世民的年号），权年一百三岁，太宗幸其家（幸，动词。帝王亲自莅临。《汉书·武帝纪》："二年冬十月，行幸雍"），视其饮食，访以药性，因授朝散大夫，赐几杖衣服。其年卒。撰《脉经》《针方》《明堂人形图》各一卷（均已失传）。（后晋刘昫等撰，《旧唐书·卷一百九十一·列传第一百四十一·方伎·甄权》）

甄权，许州扶沟人。以母病，与弟立言究习方书，遂为高医。仕隋为秘书省正字，称疾免。鲁州刺史库狄嵚风痹不得挽弓，权使彀矢向堋立（彀，音gǔ，常用为车轮的代称。堋，音péng，名词。箭靶土墙），针其肩隅，一进，曰："可以射矣。"果如言。贞观中，权已百岁，太宗幸其舍，视饮食，访逮其术，擢朝散大夫，赐几杖衣服。寻卒，年一百三岁。所撰《脉经》《针方》《明堂》等图传于时。（北宋欧阳修、宋祁撰，《新唐书·卷二百四·列传第一百二十九·方伎·甄权》）

甄权，许州扶沟人也。尝以母疾，与弟立言专医方，得其旨趣。开皇初为秘书省正字，后称疾免。……贞观十七年，权，年一百三岁。太宗幸其家，视其饮食，访以药性，因授朝散大夫，赐几、杖、衣服，其年卒。撰《脉经》《针方》《明堂人形图》各一卷。（《太平御览·卷第七百二十三·方术部四·医三》引《唐书》说）

甄权是一名出生于南朝，经历由隋至唐两个朝代，为多个帝王看病疗疾的御医。至唐太宗李世民于643年亲自莅临其家慰问巡访之时，已高寿达一百零三岁，这在距今达一千三百七十多年前的唐代，实在是堪称奇迹之事。甄氏兄弟，为孝敬母亲，主动研习医学方书，遂逐渐成长为一名高医，终成我国中医学历史上的两位兄弟名医高手，实在难得。

甄权不仅精通本草药学，尤其擅长针灸，于脉理尤为造诣颇深，堪称一代针灸巨擘。他不仅医术娴熟，更精通养生之道，对于吐故纳新、摄生保健颐养延年之术，运用熟练自如；他主张饮食清淡、胃气调和、吐故纳新、增精减浊、健身延年的养生法，方可百病不生。

清名医陆以湉撰《冷庐医话·医苑》："赞其尽享百三岁高龄，缘其既精医学，必能探明性命之旨，详审颐养之宜，从而得以克葆天年。"

甄立言（545—638），隋、唐间著名医药学家。

"《本草音义》七卷甄立言撰。"（唐代魏徵等撰，《隋书·卷三十四·志第二十九·经籍

三子》）

"《本草药性》三卷甄立言撰。"（后晋刘昫等撰，《旧唐书·卷四十七·志第二十七·经籍下·医术类》）

"甄立言一作权。《本草音义》七卷，又《本草药性》三卷。《古今录验方》五十卷。"（北宋欧阳修、宋祁撰，《新唐书·卷五十九·志第四十九·艺文三》）

弟立言，武德中累迁太常丞（秦时，始置的掌管宗庙礼仪，兼掌选试博士的九卿之一，历代沿置，专为司祭祀礼乐的官员。隋时称太常寺卿。丞，官名。多对辅佐官员的称呼）。御史大夫（官名，自秦汉时，始设的监察机关，主要职务为监察、执法、兼掌重要文书图籍，职权仅次于丞相的中央最高长官。隋、唐以后，虽也设置，职权专掌监察、执法，为御史台的长官）杜淹患风毒发肿，太宗令立言视之，既而奏曰："从今更十一日午时必死。"果如其言。时有尼明律，年六十余，患心腹鼓胀，身体羸瘦，已经二年。立言诊脉曰："其腹内有虫，当是误食发为之耳。"因令服雄黄，须臾吐一蛇，如人手小指，唯无眼，烧之，犹有发气，其疾乃愈。立言寻卒，撰《本草音义》七卷、《古今录验方》五十卷（均已失传）。（后晋刘昫等撰，《旧唐书·卷一百九十一·列传第一百四十一·方伎·甄立言传》）

立言仕为太常丞。杜淹苦流肿，帝遣视，曰："去此十日，午漏上（古代滴水计时的仪器。周时，已设官员管理漏刻，详见《周礼·夏官》），且死。"如之。有道人心腹懑烦（愤懑；烦恼。《说文解字·心部》："懑，烦也。"《广韵·心部》："懑，烦闷。"《三国志·华佗传》："广陵太守陈登得病，胸中烦懑"）弥二岁（《逸周书·谥法解》："弥，久也"），诊曰："腹有蛊，误食发而然。"令饵雄黄一剂，少选，吐一蛇如拇，无目，烧之有发气，乃愈。（北宋欧阳修、宋祁撰，《新唐书·卷二百四·列传第一百二十九·方伎·甄立言》）

甄立言是名医甄权胞弟，出生于南朝，亦经历由隋至唐两个朝代，随兄习医，二人同以医术享誉当时，亦为朝廷所重用，同为唐代的御医。立言医术娴熟，精通本草，擅长治疗寄生虫病，对疾病的诊断和本草药物的研究亦有极为独特的见解，著述甚丰。

甄氏兄弟二人，皆是有名的孝子，年少之时，皆因母亲体弱多病，而立志研习医学，功夫不负苦心人，经多年苦心钻研学习，终成为一代行医济世的长寿名医。

感言：

《孟子·万章上》："孝子之至，莫大乎尊亲；尊亲之至，莫大乎以天下养。为天子父，尊之至也；以天下养，养之至也。"诗曰："永言孝思，孝思维则。"此之谓也。

纵观历史上诸多医学大家，出现过诸多自幼励志拯救人生，学医救母，尽孝为大的先圣，诸如：

东汉末年弃官从医的张仲景，学医是为了"上以疗君亲之疾，下以救贫贱之厄，中以保身长全，以养其生"，从而成长为一名造福后世的医圣。

唐药王孙思邈说："欲使家家自学，人人自晓。君亲有疾不能疗之者，非忠孝也。"

唐初著名诗人，十二岁至十四岁即从曹元学《周易》《黄帝内经》《难经》的王勃（约650—676）就常说："为人子不可不知医。"

唐医学巨匠王焘，亦是因自幼体弱多病和母亲南平公主疾病缠身之故，有感于"齐梁间不明医术者，不得为孝子"之说，而笃志学医，从而为后世留下医学巨著《外台秘要》传于世。这部医籍宝书被《新唐书》称为"世宝"，被历代医家视为"不观《外台》方，不读《千金》论，则医所见不广，用药不神"，可见这部医书在祖国医学界的地位之高，它的功绩非同一般，美名千古扬。

北宋陈直和元代邹铉二人共同完成的《寿亲养老新书》，是在《黄帝内经》理论指导之下，紧密结合自己的经验体会，针对老年人的生理、病理特点，为老人们养生健康长寿提出了许多具体的宝贵的养生之法，堪称老年人养生医学的指南。此书不仅充分体现了中华民族历来敬老爱老养老的美德，也体现了传统医学家们强调发挥儿女责任、认真奉亲养老、尽孝养护的积极性，不也是反映了他们高度重视老年人的防病延寿，爱老助老、普度众生的人文思想和优良传统吗？

宋、金时期名医张从正著《儒门事亲》，阐述"唯儒者能明其理，而事亲者当知医"的思想。

元代名医朱丹溪，亦常谓人曰："为人子者，不可不知医。"在他而立之年，老母患病，“众工束手”于病无补，于是他为了防庸医伤害亲人，更为了给母亲治愈怪病，遂潜心研习医学巨著《黄帝内经》多年，终于如愿以偿，不仅将母亲的脾疾怪病医治痊愈，自己也成长为当世一代名医。他在《格致余论·序》中说明了立志学医的动机：“医者，儒家格物致知一事，养亲不可缺也。”

明代笃信佛教大乘禅理的名医卢复、卢之颐父子，在《医种子·后序》中，空前绝后地提出了“为人不可不知医”之说。从唐初的王勃提出的“为人子不可不知医”之说，到卢复提出的“为人不可不知医”之说，前后历经近千年，去掉了一个“子”字，其意义可是提升了无数倍。古人尚知学医、知医、懂医的重要性，活在当世的我们，学习条件如此优越方便，又有什么理由不抓紧时间学一学利国利民利己的医学健身养生知识呢？我们无须成为医生、医学家，但是，对于相关的医学知识，多学学、多充实一下自己，又有什么不好呢？

从上面所举先人事例，我们可知，医学知识并非仅为医生所垄断的专利，我们每个人都可以通过认真学习，获取宝贵的医学知识，学医为自己，学医为父母，每个人都可以成为自己的保健医生，只要你肯学，为什么不立刻行动起来呢？

古贤垂训，不可不记；岐黄之术，上孝君亲，下救贫贱，为己为人，理义极深；研医大道，养生诠理，全民习医，利国利民；时代进步，条件优越，普及些知识，何乐而不为？

巢元方（约550—630），隋朝最负盛名的医学家，正史无传。

“《论病源候论》五卷目一卷，吴景贤撰。”（唐代魏徵等撰，《隋书·卷三十四·志第二十九·经籍三子》。唯有《隋书》说《诸病源候论》是吴景贤撰。《唐书》《宋史》都说是巢元方撰）

“《诸病源候论》五十卷吴景撰。”（后晋刘昫等撰，《旧唐书·卷四十七·志第二十七·经籍下·医术类》）

“吴景《诸病源候论》五十卷。”“《巢氏诸病源候论》五十卷巢元方。”（北宋欧阳修、宋祁撰，《新唐书·卷五十九·志第四十九·艺文三》）

“巢元方《巢氏诸病源候论》五十卷。”（元代脱脱等撰，《宋史·卷二百七·志第

一百六十·艺文六》)

《隋书·经籍志》载:《论病源候论》五卷,目一卷,吴景贤撰。《旧唐书·经籍志》载:《诸病源候论》五十卷,吴景撰,均未提及巢元方。《宋史·艺文志》载:巢元方《巢氏诸病源候论》五十卷,又未提及吴景贤,《新唐书·艺文志》则两书并载。1772年,清代乾隆三十七年,历经十年开馆纂修完成的大型百科丛书《四库全书》针对史书记载的差异,辨疑道:“疑当时本属官书,元方与景一为监修,一为编撰,故或提景名,或题元方名,实止一书。”

巢元方于隋炀帝大业年间任太医博士、太医令。

吴景贤于史则别无记载,既无生平也无里籍,据推测也应为隋朝一代名医,《诸病源候论》一书或许由二人合著,或许由二人领衔组织集体编撰?亦或另有一已佚由吴景贤所著之同名书?这一问题,只有有待有关史学专家去探究原委了,也可能永远是个不解的历史疑案。

隋炀帝杨广弑父即位后,不知珍惜民力,不断大兴土木,诸如:营建东都洛阳,修建宫殿和西苑;又修筑长城,开辟驰道,开凿、挖掘、修建“大运河”等工程,强迫大量民众从事无偿劳役,横征暴敛,严重破坏正常的生产秩序,劳民伤财,将人民推向水深火热的深重灾难之中,致使民怨沸腾,农民起义接连不断,最终落了个杀身亡国的可悲下场。历史上,隋炀帝杨广历来都是被人们所鞭笞、唾弃的残暴国君,人们常将他与史上那些淫荡残暴、荼毒四方的帝王,如夏桀王——履癸、商纣王——帝辛同列,正因为他的穷凶极恶、暴虐残忍,以致很快葬送了隋王朝的统治。但是,令人们想象不到的是,这位炀帝同时又是一位颇具才华、有能力、才情并茂、礼贤下士,具有双重性格的人,他在位时也做了一件流芳后世的好事,那就是敕令太医院编纂论述疾病成因的医学理论大典《诸病源候论》一事,堪称是对祖国传统医学的一大贡献。不仅如此,据《旧唐书·卷四十七·志第二十七·经籍下·医术类》载,隋炀帝还主持编撰了十六卷的《四海类聚单方》一书,又载《类聚方》二千六百卷,虽未说明由谁撰著,但据书名推断亦应由其所作,这仅是笔者推断而已。

《诸病源候论》一书是由朝廷下诏组织集体撰著的，成书于隋大业六年，是集探究7世纪以前病因、病理、证候学大成的重要医学理论著作，是我国第一部有关疾病病因、病源、证候学的专书，专论各种疾病之成因、病源、病机、症状，唯论病证，不载方药。《四库全书总目·卷103·子部·医家类一》说此书“但论病源，不载方药，盖犹《素问》《难经》之例。惟诸症之末多附导引法……盖其时去古未远，汉以来经方脉论，存者尚多。又裒集众长（裒，音póu，动词。聚集。咏叹、歌颂兄弟间血缘亲情深厚、相聚和睦之情的《诗经·小雅·常棣》：“原隰裒矣，兄弟求矣。”东汉经学家郑玄笺解：“原也，隰也，以相与聚居之故，故能定高下之名。”引申为众多。而清学者方玉润著《诗经原始》循文解义，释为：裒为损少，即变迁之意），共相讨论，故其言深密精邃，非后人之所能及”。该书共分六十七个门类、一千七百二十种病证候，有论无方，体例使然。它是古代临床医学方面的总结性著作，临床医学参考价值至今不减。该书虽不载录方药，但有四十五门、一百零六候病症，附载有价值很大的“补养倡导”法，附录有“养生方”、“养生方导引法”、手术疗法等二百七十条之多，使前人发明的导引健身法得以系统地为医学服务。

该书博采兼收，荟萃群说，征引典籍颇为丰富，形脉证候罔不收集悉备，保存了古代诸多珍贵的医学资料。该书沉研精理、与诸医共论众疾病所起之源及九候之要，于病的来源、证候两个方面诊断疾病，言之甚详，可谓意到而辞畅；并探究病源，提出医治方法，多有创见，开辟了后世病因学和病理学的研究途径，对后世影响颇大。它在传统医学史上占有极其重要的地位，亦是研究隋以前医学文献的重要史料。这个时期的医疗实践，人们已经非常重视证候与病因、证候与脏腑间关系的研究和分析，注意到对客观症状的描述，对预后的分析，探索百病病因说，注意到对致病的内、外因的分析。

此书尤为令人敬佩的是，首次明确提出了“饮食中毒”的概念。在《诸病源候论·卷二十六·蛊毒病诸病下》这一卷中，共分别陈述了三十六节各种中毒候，更在第十三节中首次明确提出了“饮食中毒”这一概念，又分别在其他节中提出“服药失度候”“食诸肉中毒候”“食牛肉中毒候”“食马肉中毒候”“食六畜肉中毒候”“食六畜百兽肝中毒候”“食郁肉中毒候”“食狗肉中毒候”“食猪肉中毒候”“食射菵肉中毒候”“食漏脯中毒候”“食鸭肉成病候”“食鱼脍中毒候”“食诸鱼中毒候”“食鲈鱼肝中毒候”“食鯸鲐鱼中毒候”“食蟹中毒候”“食诸菜蕈菌中毒候”“食诸虫中毒候”“饮酒大醉连日不解候”“饮酒中毒候”“饮酒腹满不消候”“恶酒候”“饮酒后诸病候”，详细分解、介绍各种食物中毒原因及中毒后反应状况；它还反复强调，牲畜“因疫病死者”“诸疫死者”“皆有毒，不可食之”，也就是说，凡是因为疫病死亡的牲畜，人们是绝对不可食用的。这些警示语在公元7世纪就已经被明确提出来，可见我们的先人是多么的聪明和睿智，多么善于总结经验教训，以利后世。它为人们在日常生活、饮食、卫生保健和养生时，提出了新的警示，这在当时的历史环境下，实在是件非常难能可贵的事情了。这些结论无疑都是前人通过长期的观察、了解和医疗实践所发现的，这在祖国传统医学史上是件史无前例的事情。

巢元方与吴景贤，二人都是隋大业中时的太医，在奉诏编撰《诸病源候论》一书时，一为监修，一为编撰。巢元方虽然因史书无传，事迹零落，名姓不显，至宋时就已经“不知何许人也”了，然而，他却凭借《诸病源候论》一书的重大医学价值流芳后世，以书显人，在祖国的传统医学领域里取得了崇高地位，与岐伯、扁鹊、华佗、葛洪、孙思邈等历代名医并驾齐驱。而他的《诸病源候论》兼具中医古籍及现代学术功用双重性，兼具实用文献和历史文献功用，是研究、探讨古代疾病史、医疗史不可多得的极其珍贵医学史料。人们常将它与《黄帝内经》、战国扁鹊所作《难经》、东汉张仲景所著《伤寒论》《金匮要略》等经籍相提并论。《四库全书》予以高度评价：“《内经》以下，自张机、王叔和、葛洪数家书外，此为最古。究其要旨，亦可云论治之津梁矣（津梁，桥梁，《左传·昭公八年》：今在析木之津，犹将复由。唐经学家孔颖达疏解：隔河须津梁以渡。亦比喻能起桥梁作用的事物。《魏书·封轨传》：吾平生不妄进举，而每荐此二公，非直为国进贤，亦为汝等将来之津梁也）。”

作为御医，巢元方不仅知识渊博，学问深厚，而且精通医理，医术高明，临床经验丰富，对疾病的病因、病源以及证候表现研究尤为精深。他治学严谨，非常善于总结临床经验，因此，于隋大业六年，义不容辞地肩负起组织医官、主持编纂《诸病源候论》五十卷的编撰工作，完成后进献于朝廷。他同时还是一位善于用小方治大病，用药品与食物两相结合治病的高手。

《巢氏诸病源候论》属子部医家类，是官修书，亦是中国医学史上第一部系统的病因、病理、证候学专著。本书书名，书志著录和各本所题有多种并不一致，诸如《诸病源候论》《巢氏诸病源候论》《巢氏病源候论》《巢氏病源论》《巢元方病源》等等。书名中的“源”是指病因，“候”则是指证候。

唐代著名医学家王焘就是以此书作论病源之根据撰著《外台秘要》的，宋太医局曾规定其为学医者必读之书，为医门七经之一（《汉书·艺文志》载列医学书目有医经、医方之分。医经部收录《黄帝内经》《黄帝外经》《扁鹊内经》《扁鹊外经》《白氏内经》《白氏外经》《旁篇》等七部医书，医经主要阐述人体解剖、生理、病理、治疗原则、针灸原理等内容。历经时代和战火，除《黄帝内经》得以流传后世外，余均已早佚。后世亦有以《内经》《难经》为医经的，还有兼称《神农本草经》《伤寒论》《金匮要略》《脉经》等书为医经的），并以其课试医生。北宋王怀隐的《太平圣惠方》亦多本于此书，采取其各论，冠诸卷首。

隋唐时期的皇帝和许多官员不仅好医，而且利用公余闲暇时用心于医药，并有所著述。如前面已经提到的隋炀帝杨广撰有《四海类聚单方》十六卷，唐德宗李适亲撰《贞元集要广利方》五卷。唐初，著名大将、司空、英国公李勣（音jī。本名徐世勣，字懋公。因功赐姓李，为避唐太宗李世民之讳，单名勣）撰《脉经》一卷。中唐时期，潜心匡时济世、勇于上疏直谏，历任监察御史、翰林学士、中书侍郎、同中书门下平章事、尚书右仆射等职的李绛（764—830）平生好医，公余编著《兵部手集方》三卷。礼部郎中兼太子洗马、弘文馆大学士、医学家孔志约与苏敬等人共同修撰《唐本草》二十卷……唐人甘伯宗编撰《历代名医录》七卷，收集自远古的三皇至唐代名医一百二十人传记，是中国最早之医学人物传记专著，后人称之为《名医大传》或《名医录》，极其遗憾的是，因年代久远，战火纷纭，古籍难存。

《巢氏诸病源候论·序》：**臣闻人之生也，陶六气之和**（陶，动词。陶冶；化育；培养。《广韵·豪韵》："陶，化也。"西汉文学家、语言学家扬雄著《太玄·玄告》："岁岁相荡，而天地弥陶。"晋学者范望注解："陶，化也。"《淮南子·本经训》："天地之合和，阴阳之陶化万物。"《方言·卷一》："陶，养也；秦或曰陶。"《广雅·释诂一》："陶，养也。"《太玄·玄攡》："资陶虚无而生乎规。"晋学者范望著《太玄经解》注解："陶，养也。"《宋书·礼志一》："化之所陶者广，而德之所被者大。"六气，有多解，中医学名词，指自然界的风、寒、暑、湿、燥、火六种气候，亦有阴、阳、风、雨、晦、明之说。《左传·昭公元年》："六气，曰阴、阳、风、雨、晦、明也。"更有《素问·五运行大论》和《素问·六元正纪大论》二说。详见《黄帝内经·素问》一书），**而过则为沴**（音 lì。由于天地四时之气不相和而产生的灾害，引申为相害，相克。《汉书·五行志中之上》："气相伤谓之沴"）；**医之作也，求百病之本，而善则能全。若乃**（至于。常用于句首，以示另起一事。东汉班固《西都赋》："若乃观其四郊，浮游近县，则南望杜、霸，北眺五陵"）**分三部九候之殊，别五声五色之变，揆盈虚于表里**（揆，揣度；度量。《说文·手部》："揆，度也。"《诗经·鄘风·定之方中》："揆之以日，作于楚室"），**审躁静于性韵**［性情、气派、风雅、气度。《南史·谢弘微传》："康乐，（谢灵运）诞通度，实有名家韵。"《南齐书·刘祥传》："祥少好学，性韵刚疏，轻言肆行，不避高下"］，**达其消息**（消，消减；息，增长。生、灭，盛、衰。《易经·丰》："日中则昃，月盈则食，天地盈虚，与时消息。"此指人体健康状况），**谨其攻疗，兹所以辅含灵之命**（含灵，指具有灵性的人类生命。《千金方·卷一》："凡大医治病，必当安神定志，无欲无求，先发大慈恻隐之心，誓愿普救含灵之苦。"《晋书·桓玄传论》："夫帝王者，功高宇内，道济含灵"），**裨有邦之治也**（裨，有助；补益；增添。《国语·郑语》："若以同裨同，尽乃弃矣。"三国吴史学家韦昭注解："裨，益也。同者，谓若以水益水，水尽乃弃之，无所成也。"由此引申为补益。古代诸侯封国之称为邦，《尚书·尧典》："百姓昭明，协和万邦。"后世则用以泛指国家。对国家的治理非常有助益）。

国家丕冒万宇（丕，形容词，大。《说文解字·不部》："丕，大也。"《尚书·大禹谟》："予懋乃德，嘉乃丕绩，天之历数在汝躬，汝终陟元后。"冒，动词。蒙盖；覆盖；照临。《诗经·邶风·日月》："日居月诸，下土是冒。"丕冒，广被意，即遍及之意。东汉张衡《东京赋》："惠风广被，泽洎幽荒。"或曰覆盖。《尚书·君奭》："丕冒海隅出日，罔不率俾。"《楚辞·招魂》："皋兰被径兮，斯路渐。"北宋地理学家朱彧《萍洲可谈·卷三》："崇宁兴学，丕冒海隅，四郡士人亦向进。"万宇，指天下。南朝齐诗人谢朓《元会曲》："天仪穆藻殿，万宇寿皇基。"国家广被或曰覆盖天下，意为国家广大），**交修庶职**（交，共；共同；俱。《玉篇·交部》："交，共也。"《尚书·禹贡》：

"四海会同，六府孔修，庶士交正，慎底财赋。"《孔传》："交俱也，众士俱得其正。"交，也可理解为交付、托付。修，整治。庶，众多；庶务。《尔雅·释估下》："庶，众也。"《诗经·小雅·小明》："念我独兮，我事孔庶。"帝王要求属臣共同匡助署理众多的职务）。**执技服于官守**（官守，官位职守；官吏的职责。《左传·昭公二十三年》："慎其官守，守其交礼。"《孟子·公孙丑下》："有官守者，不得其职则去。"执掌医学技术的官员一定要遵守、服从于自己的职责），**宽疾存乎政典**（宽，宽容；放宽；松缓。疾，弊病；缺点。《孟子·梁惠王上》："寡人有疾，寡人好色。"政典，政策典章制度。《韩非子·五蠹》："今欲以先王之政，治当世之民，皆守株之类也。"放宽弊病或曰缺憾存在于国家政典之中）。**皇上秉灵图而迪成宪**（秉，顺着；遵循。《国语·晋语二》："吾秉君以杀太子，吾不忍。"灵图，即《河图》。历代儒学家认为"河图""洛书"是《周易》《洪范》的成书之因。《周易·系辞上》："河出图，洛出书，圣人则之。"此后，历代圣明帝王均秉承二书治国已成规矩，至汉代谶纬学家则认为是王者受命之瑞。西晋文学家成公绥作《大河赋》："灵图授录于羲皇。"借指皇权。《文选·王融》："秉灵图而非泰，涉孟门其何险。"唐学者吕向与他人共作《五臣注》注解《文选》："灵图，天子位也。"迪，《广雅·释言》："迪，蹈也。"遵循；承袭；继承。《尚书·立政》："古之人迪惟有夏。"《汉书·叙传下》："汉迪于秦，有革有因。"唐代颜师古注引刘德曰："迪，至也。"清代文字训诂学家朱骏声撰《说文解字通训定声·孚部》："《汉书·叙传》：'汉迪于秦，按犹踵也'。至也，失之。"北宋陆佃《鶡冠子序》："其道踳驳，著书初本黄、老，而末流迪于刑名。"成宪，原有的或者说是固有的、成熟的法律、规章制度。《尚书·说命下》："监于先王成宪，其永无愆。"帝王秉承君权而行先世之成法），**奉母仪而隆至化**（母仪，通常指作母亲的典范，多用于皇后。《后汉书·光武郭皇后纪》："郭主虽王家女，而好礼节俭，有母仪之德。"至化，最美好的教化。《后汉书·王充王符仲长统传》著《损益》篇论及井田之变时说："今欲张太平之纪纲，立至化之基趾，齐民财之丰寡，正风俗之奢俭，非井田实莫由也。"遵奉母仪之德为典范而标立兴隆最美好的教化）。**明烛幽隐，惠绥动植**（惠，爱也。《尚书·皋陶谟》："安民则惠，黎民怀之。"此是说：能使人民安定就是仁爱，民众就会归附于他。安民则见爱，民众思之也。绥，安；安抚。《尔雅·释诂下》："绥，安也。"《广雅·释言》："绥，抚也。"《诗经·大雅·民劳》："惠此中国，以绥四方。"以仁慈友爱安抚动、植物）。

悯斯民之疢苦（悯，此字即可作动词亦可作形容词。怜恤；怜悯；哀怜。北齐文学家、教育家颜之推著《颜氏家训·省事》："然而穷鸟入怀，仁人所悯，况死士归我，当弃之乎？"斯，代词，假借为"此"。《尔雅·释诂》："斯，此也。"这；这个。《论语·雍也》："斯人也，而有斯疾也！"疢，音 chèn，名词。《说文解字·疒部》："疢，热病也，亦作疹。"本指热病。《隋书·经籍志三》："医方者，所以除疾疢，保性命之术者也。"描写子女惨遭父母虐待、抛弃而哀怨忧愤的《诗经·小雅·小弁》："心之忧矣，疢如疾首。"郑玄笺解："疢，犹病也。"引申为疾病，亦可理解为忧患。怜恤民众之疾苦），**伫嘉医之拯济**（嘉，本谓美；善；美好；受到赞许的；嘉奖的。《尔雅·释诂》："嘉，善也。"《说文·壴部》："嘉，美也。"《诗经·豳风·东山》："其新孔嘉，其旧如之何？"郑玄笺注："嘉，善也。"嘉医，引申为优秀的医生。拯济，拯救；援助；救助；救济；挽救；拯恤。《汉纪·平帝纪》："陛下圣德拯救，国命复延。"《论衡·感虚》："田出谷以拯饥。"《盐铁论·忧边》："问人间所疾苦，拯恤贫贱，周赡不足。"《晋书·何攀传》："惟以周穷济乏为事。"贮积优良医生用于拯疾救济）。**且念幅员之辽邈**（辽、邈都是遥远的意思，犹如说是辽远。形容词。《说文解字·辵部》："辽，远也。"《楚辞·九章·怀沙》："汤、禹久远兮，邈而不可慕。"《宋书·江夏文献王义恭传》："交趾辽邈，累丧藩将，政刑每阙，抚莅惟艰。"南宋陆游《登慧昭寺小阁》："岁月消磨阅亭传，山川辽邈弊衣裘。"而且念及幅员辽阔遥远），**闾巷之穷厄**（闾，街巷；乡里。古时，二十五家为一闾，后世遂将居民区域泛称为闾里、闾巷。《战国策·秦策一》："卖仆售乎闾巷者，良仆妾也；出妇嫁乡曲者，良妇也。"《盐铁论·刺权》："并兼列宅，隔绝闾巷。"闾巷，泛指平民百姓。穷厄，贫困；苦难；困穷；穷困贫乏；不亨通。东汉班固《汉书·苏武传》："其冬，丁令盗武牛羊，武复穷厄。"闾巷中百姓穷困苦难），**肄业之士**（古人受业于师，学习之曰肄业。研习、修习其业的人士。《左传·文公四年》："臣以为肄业及之也。"杜预注解："肄，习也。"《后汉书·礼仪志中》："兵官皆肄孙、吴兵法"），**罕尽精良；传方之家，颇承疑舛。四种之书或缺**（《汉书·艺文志·方伎略》："今其技术暗没，故论其书，以序方伎为四种。"此指医技方术中有关医经、经方、房中、神仙四类医书），**七年之习未周**（语出《论语·子路》："子曰：善人教民七年，亦可以即戎矣。"意思是孔子说：善人教育百姓七年，他们就可以参军作战打仗了。即戎，参军作战。此借喻：学医七年未必周全、遍及通达。周，周到；遍及。《易经·系辞上》："知周乎万物。"古籍医经、浩如瀚海，博大精深，难以遍阅普及，意指习医之难），**以彼粗工，肆其亿度**（肆，放纵；不受约束；不受拘束。《左传·昭公十二年》："昔穆王欲肆其心，周行天下，将皆必有车辙马迹焉。"亿，"臆度"，预料；揣度；猜测；估计。《论语·先进》："赐不受命，而货殖焉，亿则屡中。"北宋苏轼《赠钱道人》诗："书生苦信书，世事仍臆度。"肆意想象；任凭主观随意想象猜测，或曰劳其辛苦臆测），**夭害生理，可不哀哉！是形惨怛**（是，代词，此；这。《孟子·告子下》："故天将降大任于是人也，必先苦其心志，劳其筋骨，饿其体肤，空乏其身，行拂乱其所为，所以动心忍性，曾益其所不能。"惨怛，音 cǎn dá。忧伤；痛悼；悲伤；痛苦。语出《庄子·盗跖》："惨怛之疾，恬愉之安，不监于体。"《汉书·元帝纪》："岁比灾害，民有菜色，惨怛于心。"其形如此悲苦），**或怀重慎**（亦称"慎重"，谨慎持重。语出东汉著名学者荀悦《汉纪·成帝纪三》："或问温室中树皆何等木，光默然不应，更答以他语。其重慎如此。"《新唐书·仪卫志》："必备物而后动，盖所以为慎重也"），**以为昔之上手，效应参神，前五日而逆知**（逆知，动词。预先；预知；逆料；揣度；预先猜度。《易经·说卦》："知来者逆。"《后汉书·乌桓传》："乌桓逆知，悉相率逃走，追斩百级而还”），经三折而取信（三，代表多次或多数。三折，意为凡是良医均经受过多次挫折后，才能成为良医，从而取得人们的信任。《史记·魏世家》：“寡人不佞，兵三折于外。”又有三折肱之说，《左传·定公十三年》：“三折肱，知为良医。”唐代刘禹锡《学阮公体》诗：“百胜虑无敌，三折乃良医。”清学者王棠著《知新录》说：“三折肱知为良医，谓屡折其臂，能参攷其方之优劣也。”即古人所谓“三折肱为良医”之语，比喻良医学问渊博，阅历多挫折，经验丰富。宋张侃《岁时书事》诗：“年来三折肱，逢人漫称好。”义同“九折臂”。《楚辞·九章·惜诵》：“九折臂而成医兮，吾至今而知其信然”），得非究源之微妙，用意之详密乎？

盖诊候之教，肇自轩祖，中古以降，论著弥繁，思索其精，博利于众。乃下明诏，畴咨旧闻（畴咨，访问；访求。《尚书·尧典》：“帝曰：畴咨若时登庸。”南宋专心攻习《尚书》数十年之久的学者蔡沈传解：“畴，谁；咨，访问也。若，顺；庸，用也。尧言：谁为我访问能顺时为治之人而登用之乎。”后世则用为访问或访求的意思。《三国志·魏志·管宁传》：“高祖文皇帝畴咨群公，思求俊乂。”访求旧闻），上稽圣经，旁摭奇道，发延阁之秘蕴（古代帝王藏书之处称为延阁。西汉末年古文经学家、目录学家刘歆撰《七略》说藏书之所：“外则有太常、太史、博士之藏，内则有延阁、广内、秘室之府。”发掘延阁所隐藏的秘密），敕中尚而雠对（中尚，官署名，汉末至隋称中尚方，唐称中尚署，执掌宫内营造杂作，与左、右尚署均隶属少府。雠，校对考证。《新唐书·王珪传》：“召入秘书内省，雠定群书。”帝下诏敕命中尚方予以校对）。《诸病源候论》者，隋大业中太医巢元方等奉诏所作也。会粹群说，沉研精理，形脉之证，罔不该集。明居处、爱欲、风湿之所感，示针镵（音chán。刺。亦称“镵针”，中医针灸疗法所用的九种针之一。《素问·刺疟》：“胻酸痛甚，按之不可名，曰胕髓病，以镵针针绝骨出血立已”）、挢引（挢，音jiǎo。抻引手足，按摩、导引、伸筋、蹈足，用以养生、治病之意。源自《史记·扁鹊仓公列传》：“中庶子曰：臣闻上古之时，医有俞跗，治病不以汤液、醴酒、镵石、挢引，案抏毒熨。”唐著名史学家司马贞著《史记索引》解：“挢音九兆反，谓为按摩之法，夭挢引身，如熊顾鸟伸也。”抏，音wù。摇动；摆动。《诗经·小雅·正月》：“天之抏我，如不我克。”《周礼·考工记·轮人》：“辐广而凿浅，则是以大抏，虽有良工，莫之能固”）、汤熨之所宜。诚术艺之楷模，而诊察之津涉（津，有渡口、过渡之意。涉，渡水、涉水之意。津涉，渡口。引喻为学习、学艺的门径或曰途径。晋郭璞《尔雅序》：“〈尔雅〉诚九流之津涉，六艺之钤键。”北齐文学家刘昼作《刘子新论·崇学》：“道象之妙，非言不津；津言之妙，非学不传”）。监署课试，固常用此。乃命与《难经》《素问》图镂方版，传布海内。洪惟祖宗之训（洪，用于句首的语助词。《尚书·多方》：“洪惟图天之命，弗永寅念于祀”），务推存育之惠，补《农经》之缺漏，班禁方于遐迩（班，后作“颁”，颁布。

遐迩，音 xiá ěr，远近。《尚书·太甲下》：“若升高，必自下；若陟遐，必自迩。”《诗经·郑风·东门之墠》：“其室则迩，其人甚远。”《盐铁论·备胡》：“故人主得其道，则遐迩潜行而归之，文王是也。”布告周知禁方于远近）。**逮今搜采，盖穷元本，方论之要殚矣，师药之功备矣。将使后学优而柔之**（柔，宽舒；从容。语出西晋著名政治家、学者杜预《左传序》：“优而柔之，使自求之。”略语为优柔。南朝梁文学理论批评家刘勰著《文心雕龙·养气》：“志于文也，则申写郁滞，故宜从容率情，优柔适会”），**视色毫而靡愆**（望色丝毫没有失误；无过失。《尔雅·释言》：“靡，无也。”《诗经·大雅·荡》：“天生烝民，其命匪谌，靡不有初，鲜克有终。”鲜，少；克，能。做事无不有个好的开端，但很少有能够坚持到底的。《玉篇·心部》：“愆，过也。”《诗经·大雅·假乐》：“不愆不忘，率由旧章”），**应心手而胥验**（胥，副词，表示范围，相当于“皆”“都”。《尔雅·释估下》：“胥，皆也。”《方言·卷七》：“佥、胥，皆也。自山而东五国之郊曰佥，东齐曰胥。”《诗经·小雅·角弓》：“尔之远矣，民胥然矣；尔之教矣，民胥效矣。”东汉郑玄笺解：“胥，皆也。言王女不亲骨肉，则天下之人皆知之。”亦可理解为“尽”。《孟子·万章上》：“天下之士多就之者，帝将胥天下而迁之焉。”应心顺手而无不验证）。**大哉！味百草而救枉者，古皇之盛德；忧一夫之失所者，二帝之用心**（二帝，有唐尧与虞舜一说，又有颛顼与帝喾一说）。**弭兹札瘥**（弥，消除；制止。《玉篇·弓部》：“弭，息也，止也，灭也。”《左传·襄公二十五年》：“自今以往，兵其少弭矣。”兹，此。《尚书·大禹谟》：“念兹在兹，释兹在兹，名言兹在兹，允出兹在兹，惟帝念功。”札，瘟疫。《周礼·春官·大宗伯》：“以凶礼哀邦国之忧，以丧礼哀死亡，以荒礼哀凶札，以吊礼哀祸灾，以禬礼哀围败，以恤礼哀寇乱。”郑玄注解：“札，读为截，谓疫疠。”亦指遭遇瘟疫而早死。《左传·昭公四年》：“疠疾不降，民不夭札。”瘥，病愈。消除此疠疫疾病），**跻之仁寿**（跻，动词，登；升。《说文解字·足部》：“跻，登也。”《易经·震》：“跻于九陵，勿逐。”《诗经·豳风·七月》：“跻彼公堂，称彼兕觥。”东汉经学家郑玄笺解：“跻，升也。”仁寿，仁厚而且长寿。凡具有仁德的人多长寿。《论语·雍也》：“知者动，仁者静；知者乐，仁者寿。”《汉书·董仲舒传》：“尧、舜仁德，则民仁寿。”达到长寿），**上圣爱人之旨，不其笃欤。**

翰林学士兼侍读学士玉清昭应宫判官中散大夫尚书左司郎中知制诰史馆修撰
判馆事上护军常山郡开国侯食邑一千二百户赐紫金鱼袋臣宋绶奉敕撰

翰林医官副使赵拱等参校既终，缮录以献，爰俾近者，为之题辞。顾惟空疏，莫探秘赜（音 zé，幽深玄妙。《易经·系辞上》：“圣人有以见天下之赜。”不要去探索神秘幽深奥妙的东西），**徒以述善诱之深意，用劝方来，扬勤恤之至仁**（扬，显扬。《礼记·中庸》：“隐恶而扬善，执其两端用其中于民。”勤恤，语出《尚书·召诰》：“上下勤恤，其曰我受天命，丕若有夏历年，式勿替有殷历年。'关怀、忧悯之意。仁，儒家一种含义极其广泛的道德范畴。《说文·人部》："仁，亲也。"《礼记·中庸》："仁者人也，亲亲为大。"仁含恭、宽、信、敏、惠、智、勇、忠、恕、孝、弟诸多内容。张扬关怀、忧悯，仁义、道德到极致)，式昭大庇云尔(式昭，用以光大。《后汉书·张衡传》："朝有所闻，则夕行之。立功立事，式昭德音。"唐代李贤注解："逸诗曰：'祈招之愔愔，式昭德音。'式，用也；昭，明也。"用以光大昭显庇护众云生耳)。谨序。

孙思邈（581—682），唐代最著名医药学家，后世称其为"药王"。

"孙思邈《千金方》三十卷。""《千金髓方》二十卷。""《千金翼方》三十卷。"(北宋欧阳修、宋祁撰，《新唐书·卷五十九·志第四十九·艺文三》)

"孙思邈《五藏旁通明鉴图》一卷。""《针经》一卷。""孙思邈《千金方》三十卷。""《千金髓方》二十卷。""《千金翼方》三十卷。""孙思邈《芝草图》三十卷。""《太常分药格》一卷。""《神枕方》一卷。"(元代脱脱等撰，《宋史·卷二百七·志第一百六十·艺文六》)

孙思邈，京兆华原人也(今陕西省铜川市耀州区)。七岁就学，日诵千余言。弱冠(《礼记·曲礼上》："二十曰弱，冠。"古代男子二十岁行冠礼)，善谈庄、老及百家之说，兼好"释"典。洛州总管独孤信(总管，地方高级军政长官。独孤信，503—557，南北朝时历仕北魏、西魏、北周时的权臣、元勋宿将。由此观之，史书恐有误。因为此时孙思邈尚未出生)见而叹曰："此圣童也。但恨其器大，适小难为用也。"周宣帝时(北周宣帝宇文赟，578—579年在位。)，思邈以王室多故，乃隐居太白山(也称太乙山，秦岭主峰，在陕西省周至、眉县、太白诸县之间)。隋文帝辅政，征为国子博士(古代专为公卿大夫、贵族子弟服务的教授经典、古今经学或专精一艺的学官名)，称疾不起。尝谓所亲曰："过五十年，当有圣人出，吾方助之以济人。"及太宗即位，召诣京师，嗟其容色甚少(嗟，叹词。感叹、赞美他的少小容颜)，谓曰："故知有道者诚可尊重，羡门、广成(均指古代传说中的仙人。《史记·秦始皇本纪》记载："始皇之碣石，使燕人卢生求羡门、高誓。"《庄子·在宥》篇则记载了黄帝向隐居崆峒山石室中的广成子询问养生之要的一段精彩对白：'黄帝立为天子十九年，令行天下，闻广成子在于空同之山，故往见之，曰："我闻吾子达于至道，敢问至道之精？吾欲取天地之精，以佐五谷，以养民人。吾又欲官阴阳以遂群生，为之奈何？"广成子曰："而所欲问者，物之质也；而所欲官者，物之残也。自而治天下，云气不待族而雨，草木不待黄而落，日月之光益以荒矣，而佞人之心翦翦者，又奚足以语至道！"黄帝退，捐天下，筑特室，席白茅，闲居三月，复往邀之。广成子南首而卧，黄帝顺下风膝行而进，再拜稽首而问曰："闻吾子达于至道，敢问：治身奈何而可以长久?"广成子蹶然而起，曰："善哉问乎！来，吾语女至道：至道之精，窈窈冥冥；至道之极，昏昏默默。无视无听，抱神以静，形将自正。必静必清，无劳女形，无摇女精，乃可以长生。目无所见，耳无所闻，心无所知，女神将守形，形乃长生。慎女内，闭女外，多知为败。我为女遂于大明之上矣，至彼至阳之原也。天地有官，阴阳有藏。慎守女身，物将自壮。我守其一以处其和，故我修身千二百岁矣，吾形未常衰。"黄帝再拜稽首，曰："广成子之谓天矣!"广成子曰："来，余语女。彼其物无穷，而人皆以为有终；彼其物无测，而人皆以为有极。得吾道者，上为皇而下为王；失吾道者，上见光而下为土。今夫百昌皆生于土而反于土，故余将去女，入无穷之门，以游无极之野。吾与日月参光，吾与天地为常。当我缗乎！远我，昏乎！人其尽死，而我独存乎")，岂虚言哉!"将授以爵位，固辞不受。显庆四年（659年。显庆：唐高宗李治的年号，656—661年），高宗召见，拜谏议大夫（西汉时，始置的掌议论的职官名。至隋、唐掌侍从规谏事务，隶属门下省），又固辞不受。

上元元年（674年。上元，唐高宗李治的年号，674—676年），辞疾请归，特赐良马，及鄱阳公主邑司（府邸。《旧唐书·职官志一》："王公以下置府佐国官，公主置邑司。"唐代管理公主事务的机构或供职于这一机构的官吏。这里指的是鄱阳公主的府邸）以居焉。当时知名之士宋令文、孟诜、卢照邻等，执师资之礼以事焉。思邈尝从幸九成宫（《新唐书·地理志》："西五里有九成宫，本隋仁寿宫"。皇帝避暑的宫殿名），照邻留在其宅。时庭前有病梨树，照邻为之赋，其序曰："癸酉之岁，余卧疾长安光德坊之官舍。父老云：'是鄱阳公主邑司。昔公主未嫁而卒，故其邑废。'时有孙思邈处士居之。邈道合古今（《庄子·天下》："古之所谓道术者……无乎不在。"孙思邈的道术、学问融会、合乎古今），学殚数术（殚，动词。《说文解字·歺部》："殚，极尽也。""数术"也称"术数"。"术"指方术，"数"指气数。学尽了数术学，即以种种方法，观察自然界可以注意到的现象，以此来推测个人或国家的气数和命运。《汉书·艺文志》中列有天文、历谱、五行、蓍龟、杂占、形法等六种，并说："数术者，皆明堂羲和史卜之职也。"但史官久废，除天文、历谱外，后世称术数者，一般专指星占、卜筮、六壬、奇门遁甲、命相、拆字、堪舆、占候等），高谈正一（道家崇尚自然，认为纯真正一乃世界万物之根本。后世道教分有"全真道"和"正一道"两大教派，信奉"正一派"的道士不出家或很少出家），则古之蒙庄子（即庄子，名周，战国时期著名思想家、哲学家，约公元前369—前286，宋国蒙人，又因曾做过蒙这一地方的漆园吏，故人称蒙庄子）；深入不二（佛教认为离开语言文字的"真如""实相"之理，平等不二，非一非异。菩萨悟入此不二之理，名为入不二法门），则今之维摩诘耳（简称"维摩"，与释迦牟尼同时的一位大乘居士。为佛典中现身说法，善于辩论，其才无碍，善于应机化导宣扬大乘深义的代表人物）。其推步（古称推算历法为“推步”，意谓日月转运于天，犹如人的行步，可以推算而知）甲乙（天干地支），度量乾坤（计量《周易》、天地、日月等），则洛下闳（字长公，汉武帝时隐士，民间天文学家。西汉阆中人。首创圆球形浑天仪，与司马迁等人共订《太初历》）、安期先生（晋皇甫谧《高士传》：“安期生者，琅玡人也，受学河上丈人，卖药海边，老而不仕，时人谓之千岁公”）之俦（音 chóu，名词。同辈；同类）也。”照邻有恶疾，医所不能愈，乃问思邈：“名医愈疾，其道何如？”思邈曰：“吾闻善言天者，必质之于人；善言人者，亦本之于天。天有四时五行，寒暑迭代，其转运也，和而为雨，怒而为风，凝而为霜雪，张而为虹霓，此天地之常数也。人有四肢五藏，一觉一寐，呼吸吐纳，精气往来，流而为荣卫，彰而为气色，发而为音声，此人之常数也。阳用其形，阴用其精，天人之所同也。及其失也，蒸则生热，否则生寒，结而为瘤赘，陷而为痈疽，奔而为喘乏，竭而为焦枯，诊发乎面，变动乎形。推此以及天地亦如之。故五纬盈缩，星辰错行，日月薄蚀，孛彗飞流，此天地之危诊也。寒暑不时，天地之蒸否也；石立土踊，天地之瘤赘也；山崩土陷，天地之痈疽也；奔风暴雨，天地之喘乏也；川渎竭涸，天地之焦枯也。良医导之以药石，救之以针剂，圣人和之以至德，辅之以人事，故形体有可愈之疾，天地有可消之灾。”（此段内容述写天人合一之论）又曰：“胆欲大而心欲小，智欲圆而行欲方。《诗》曰‘如临深渊，如履薄冰’，谓小心也；‘赳赳武夫，公侯干城’，谓大胆也。‘不为利回，不为义疚’，行之方也；‘见机而作，不俟终日’，智之圆也。”

思邈自云开皇辛酉岁生，至今年九十三矣，询之乡里，咸云数百岁人，话周、齐间事，历历如眼见，以此参之，不啻（音 chì。不止；不只；何止）百岁人矣。然犹视听不衰，神采甚茂，可谓古之聪明博达不死者也。

初，魏徵（唐初著名政治家，580—643）等受诏修齐、梁、陈、周、隋五代史，恐有遗漏，屡访之，思邈口以传授，有如目睹。东台侍郎（秦、汉时始置的侍从皇帝、传达诏命的皇宫宫门之内事务的职官，也称“黄门侍郎”；至唐初改称“东台侍郎”）孙处约将其五子侹、儆、俊、佑、佺以谒思邈，思邈曰：“俊当先贵；佑当晚达；佺最名重，祸在执兵。”后皆如其言。太子詹事（秦始置的职掌皇后、太子家事的职官，太子官署之长，历代相沿）卢齐卿童幼时，请问人伦之事（人与人之间关系和应当遵守的行为准则。《孟子·滕文公上》：“人之有道也，饱食暖衣，逸居而无教，则近于禽兽，圣人舜有忧之，使契为司徒，教以人伦：父子有亲，君臣有义，夫妇有别，长幼有序，朋友有信”），思邈曰：“汝后五十年位登方伯（《礼记·王制》：“天子百里之内以共官，千里之内以为御，千里之外设方伯。”殷、周时期，一方诸侯之长官。此后泛称地方之长官为方伯。《史记·周本纪》：“周室衰微，诸侯疆并弱，齐、楚、秦、晋始大，政由方伯。”裴骃集解引郑司农曰：“长诸侯为方伯”），吾孙当为属吏（此指孙思邈的孙子将成为其下属官吏），可自保也。”后齐卿为徐州刺史，思邈孙溥果为徐州萧县丞（今安徽省萧县）。思邈初谓齐卿之时，溥犹未生，而预知其事。凡诸异迹，多此类也。

永淳元年卒（682年。永淳，唐高宗李治的年号，只此一年）。遗令薄葬，不藏冥器（也称“明器”，殉葬器物），祭祀无牲牢（祭祀时不要屠宰后的牲畜）。经月余，颜貌不改，举尸就木（将尸体移入棺木之中），犹若空衣，时人异之。自注《老子》《庄子》，撰《千金方》三十卷，行于代（为避唐太宗李世民名讳而改“世”为“代”）。又撰《福禄论》三卷，《摄生真录》及《枕中素书》《会三教论》各一卷。（后晋刘昫等撰，《旧唐书·卷一百九十一·列传第一百四十一·方伎·孙思邈传》）

孙思邈，京兆华原人。通百家说，善言老子、庄周。周洛州总管独孤信见其少，异之，曰：“圣童也，顾器大难为用尔！”及长，居太白山。隋文帝辅政，以国子博士召，不拜。密语人曰：“后五十年有圣人出，吾且助之。”太宗初，召诣京师，年已老，而听视聪瞭。帝叹曰：“有道者！”欲官之，不受。显庆中，复召见，拜谏议大夫，固辞。上元元年，称疾还山，高宗赐良马，假鄱阳公主邑司以居之。

思邈于阴阳、推步、医药无不善，孟诜、卢照邻等师事之。照邻有恶疾，不可为，感而问曰：“高医愈疾，奈何？”答曰：“天有四时五行，寒暑迭居，和为雨，怒为风，凝为雪霜，张为虹蜺，天常数也。人之四肢五藏，一觉一寐，吐纳往来，流为荣卫，彰为气色，发为音声，人常数也。阳用其形，阴用其精，天人所同也。失则蒸生热，否生寒，结为瘤赘，陷为痈疽，奔则喘乏，竭则燋槁，发乎面，动乎形。天地亦然。五纬缩赢，孛彗飞流，其危诊也；寒暑不时，其蒸否也；石立土踊，是其瘤赘；山崩土陷，是其痈疽；奔风暴雨其喘乏，川渎竭涸其焦槁。高医导以药石，救以砭剂；圣人和以至德，辅以人事。故体有可愈之疾，天有可振之灾。”

照邻曰：“人事奈何?”曰：“心为之君。君尚恭，故欲小。《诗》曰‘如临深渊，如履薄冰’，小之谓也。胆为之将，以果决为务，故欲大。《诗》曰‘赳赳武夫，公侯干城’，大之谓也。仁者静，地之象，故欲方。《传》曰‘不为利回，不为义疚’，方之谓也。智者动，天之象，故欲圆。《易》曰‘见机而作，不俟终日’，圆之谓也。”

复问养性之要，答曰：“天有盈虚，人有屯危，不自慎，不能济也。故养性必先知自慎也。慎以畏为本，故士无畏则简仁义，农无畏则堕稼穑，工无畏则慢规矩，商无畏则货不殖，子无畏则忘孝，父无畏则废慈，臣无畏则勋不立，君无畏则乱不治。是以太上畏道，其次畏天，其次畏物，其次畏人，其次畏身。忧于身者不拘于人，畏于己者不制于彼，慎于小者不惧于大，戒于近者不悔于远。知此则人事毕矣。”

初，魏徵等修齐、梁、周、隋等五家史，屡咨所遗，其传最详。永淳初，卒，年百余岁，遗令薄葬，不藏明器，祭去牲牢。

孙处约尝以诸子见，思邈曰：“俊先显，侑晚贵，佺祸在执兵。”后皆验。太子詹事卢齐卿之少也，思邈曰：“后五十年位方伯，吾孙为属吏，愿自爱。”时思邈之孙溥尚未生，及溥为萧丞，而齐卿徐州刺史。（北宋欧阳修、宋祁撰，《新唐书·卷一百九十六·列传第一百二十一·隐逸·孙思邈》。明代高濂《遵生八笺·尘外遐举笺·历代高隐》亦载）。

明陈嘉谟撰《本草蒙筌·历代名医图姓氏》：孙思邈，京兆华原人也。七岁就学，口诵千言。及长，盛谈庄、老百家之说。周宣帝时，以王室多事，隐于太白山。学道炼气养形，求度世之术。洞晓天文推步，精究医药，审察声色，迥蕴仁慈（迥，音 jiǒng，形容词。高；远之意。《说文解字·辶部》：“迥，远也。”蕴，动词。《说文解字·艹部》：“蕴，积也。”《广雅·艹部》：“蕴，聚也。”深蕴仁慈，极富大慈大悲之人）。凡所举动，务行阴德。用心自固，济物为功，偶出路行，见人欲杀小青蛇，已伤血出，思邈求其人，脱衣赎而救之，以药封裹，放于草间。后出行，见一白衣少年，仆马甚盛，下马迎拜谢言：小弟昨蒙所救，父母欲相见。以别马载思邈，偕到一城郭，门庭炫赫，人物繁盛，俨若王者之居。少年延（动词，假借为“引”，引入；引见；迎接。《礼记·曲礼上之三》：“主人延客祭，祭食，祭所先进，肴之序，遍祭之”）思邈入，见一人端美，白帢帽绛衣（帢，音 qià，古代士人戴的一种轻便帽子。《曹瞒传》：“太祖为人佻易无威重……时或冠帢帽以见宾客。”绛，深红色的衣服。《汉书·五行志下之上》：“成帝绥和二年八月庚申，郑通里男子王褒衣绛衣小冠，带剑入北司马门殿东门。”戴白色的士人帽，穿大红色的衣服），侍从甚众，欣喜相接。谢曰：前者小儿偶出，忽为愚人所伤，赖道者救赎，获全其命，感再生之恩。乃命女子领一青衣小儿出拜。思邈省思尝救青蛇，但不知此何所也？心甚异之，潜问左右，曰：此泾阳水府也（泾阳之名最早见于周宣王臣尹吉甫奉命出征北伐入侵的猃狁族，出师大捷庆功所作励志诗《诗经·小雅·六月》：“猃狁匪茹，整居焦获，侵镐及方，至于泾阳。”泾阳，位于陕西省中部，泾河之北，“八百里秦川”的腹地，我国大地之原点所在地。古以水之北为阳，故名。唐时，属京畿道京兆府泾阳县。今所属陕西省咸阳地区）。帢帽乃命设酒馔妓乐以宴，思邈辞以辟谷服气，惟饮酒。王遂以轻绡（轻薄的丝织物）珠金赠之，思邈坚辞不受。乃取龙宫所颁药方三十首与思邈，谓曰：“此真可以济世救人”。俄命仆马送归至原处。思邈深自以为异，后历试诸方，无不应手神效。遂著《千金方》三十卷，散载龙宫之方在其内；又著《脉经》一卷，皆盛行于世。隋文帝征为国子博士，不就。唐高宗召拜谏议大夫，复固辞。年九十余，视听不衰。永徽三年二月十五日（652 年，此说与后晋刘昫等撰《旧唐书》不符。照此说，孙真人只活了七十一岁），晨起沐浴，严其衣冠，端坐而化，经月余而颜色不变。后举尸入棺，既葬，举棺如空。发棺视之，惟衣衾存（衾，裹殓尸体的包被。《孝经·丧亲章》：“为之棺椁衣衾而举之。”北宋经学家邢昺疏解：“衾谓单被，覆尸荐尸所用”），而尸已解矣（道教认为得道之人可遗弃肉体而仙去，或不留遗体，只假托一物，如衣、杖、剑遗世而生天，谓之“尸解”）。后世医家，咸绘其像，深加敬仰，如师道焉。

历代名医图赞曰：唐孙真人，方药绝伦。挟危拯弱，应效如神。

“药王”孙思邈，唐京兆华原人。一代名医，“百岁神医”。行医数十年，医人无数，世人美誉为“药王”“神医”。

孙思邈不仅医术精湛，而且医德高尚，不仅深受百姓景仰，同时也很受皇家看重。唐太宗李世民曾写诗赞誉他：“凿开径路，名魁大医。羽翼三圣，调和四时。降龙伏虎，拯危救急。巍巍堂堂，百代之师。”可见他的地位之高，影响之大。唐太宗写诗、送匾、黄金白银，改原来的山名五台山为“药王山”，镌刻于山上（山西省忻州市五台县有一座五台山，是佛教四大名山之首。陕西省铜川市耀州区也有一座五台山，孙思邈长期隐居于此，跑遍此山广采草药，对采药季节、炮制方法研究颇深，又因唐太宗非常欣赏孙思邈的高超医术，人们为纪念这位大师，便将他常去采药的这座五台山改名为“药王山”，而且在此山上建有药王庙）。

孙思邈是一位天资聪颖，治学勤奋，精研医药，通经明史，知晓百家，具有革新、创新思想的医学家。他博涉经史百家学术，兼通佛学典籍；他对中医药精髓的诠释，在中医药学界的地位和影响，人所共知，在我国医药学史上占有极其重要的地位。他的医学实践和理论突破了过去的凡医必读《黄帝内经》、凡药必读《神农本草经》的旧框框，既注重继承，又勤于开拓，从而使医道“至唐而一变”。

他行医数十年，直至耄耋之年时（耄耋，音 mào dié，言老之意，古时对人寿古龄的称呼是八十岁至九十岁为耄耋之年。《礼记·曲礼上》：“八十九十曰耄。”但历来对此说法不一，如《盐铁论·孝养》：“八十曰耋，七十曰耄。”西晋杜预在注《左传·僖公九年》“以伯舅耋老，加劳，赐一级，无下拜”时说“七十曰耄”），在总结了唐以前的临床医疗经验和医学理论，收集方药，针灸等内容的基础上，结合自己的医疗经验，著成《千金要方》《千金翼方》各三十卷，总编二百三十二门，方论五千三百首，包括藏脉之论、针灸之法、脉证之辨、食治之宜、痈疽水肿、七窍之病、五石之毒、备急之方、养生之术诸多方面，首列妇女、婴孩、幼儿疾病，提倡设立藏、府病分类，极具新的系统性。《千金翼方》是其百岁时所作，是对《千金要方》的补充和发挥。两部著作论述疾病数百科，方剂近万首，是我国最早的临床医学百科全书，为祖国的传统医学事业做出了不可磨灭的重大贡献。

孙思邈是在导尿术、糖尿病，及传染疾病如麻风病、结核病、霍乱、痢疾等方面的论述都非常超前。他提倡用葱管导尿，不愧为导尿术的发明人。他发现糖尿病患者小便味甜，可作为诊断依据，同时告诫人们不可为此类病患施行针灸，在发现、防治糖尿病以及并发症方面功绩卓著。

孙思邈历经两年时间（650—652 年）写完了三十卷的《备急千金要

方》，过了三十年，又于680—682年，在弟子卢照邻的协助下完成了三十卷的《千金翼方》，这两本书合称为《千金方》，被人们赞誉为我国历史上最早的临床医学百科全书。

中华人民共和国邮政主管部门为纪念这位“神医”“药王”，于1962年12月1日发行过一套影写版的纪92.《中国古代科学家（第二组）》邮票，其中的第三、四枚分别是孙思邈人物像和医药。

《备急千金要方·序》：夫清浊剖判，上下攸分（此指开天辟地，天地分清，清气上升，浊气下降，自此始有天地），三才肇基（才，亦作材，此指天、地、人三才。《易经·系辞下》：“有天道焉，有人道焉，有地道焉，兼三材而两之。”肇基，自此建立或曰奠定基础。《尚书·武成》：“至于大王，肇基王迹。”肇。动词。创建；始建。《尚书·舜典》：“肇十有二州，封十有二山”），五行俶落［五行，指木、火、土、金、水五种物质。五行学说既是古代哲学家的主导思想和理论基础，亦是中医学说名词和基本理论、精神支柱。俶落，开始；最早。《尔雅·释估下》：“俶，始也。”《尔雅·释估上》：“落，始也。”周王在秋收之后，用新谷祭祀宗庙时所唱的乐歌《诗经·周颂·载芟》：“俶载南亩，播厥百谷。”东汉郑玄笺解：“俶，始也；载，事也。”周王室决心巩固政权的宣言诗《诗经·周颂·访落》：“访予落止，率时昭考。”《毛诗诂训传》：“访，谋；落，始。”郑玄笺解：“（成王）于庙中与群臣谋我始即政之事。”《北史·李崇传》：“洛邑俶营，虽年跨十稔，根基未就。”俶，亦通“倏”。忽然；疾速。晋陶潜《饮酒诗》：“一生复能几，倏如流电惊。”《北史·突厥铁勒传论》：“倏来忽往，云飞鸟集”］，万物淳朴（质朴、敦厚、朴实。《后汉书·崔骃传》：“淳朴散离，人物错乖。”唐代杜甫《五盘》：“喜见纯朴俗，坦然心神舒”），无得而称（无从或曰没有什么理由而得名称）。燧人氏出，观斗极以定方名（斗极，北斗星与北极星的简语。《尔雅·释地》：“北戴斗极为空桐。”北宋训诂学家邢昺疏解：“斗，北斗也；极者，中宫天极星。其一明者，泰一之常居也。以其居中也，故谓之极。极，中也。北斗拱极，故云斗极。”位于北部天空排列成斗形或杓形的七颗亮星谓之北斗星。地球自转轴同地球表面相交的两点，叫作地极，位于北半球的叫北极，北极的上空有一颗极为明亮的星星叫作北极星。《考工记·匠人》：“昼参诸日中之景，夜考之极星，以正朝夕。”《楚辞·九叹·远逝》：“引日月以指极兮，少须臾而释思。”方名，方向；方位。引申为准则。《诗经·大雅·皇矣》：“万邦之方，下民之王。”《毛诗诂训传》：“方，则也。”东汉郑玄笺解：“方犹乡也。”东汉哲学家、经学家桓谭著《新论》：“斗极常在，知为天之中也”），始有火化（此指燧人氏发明钻木取火的用火方法，人们始有熟食）；伏羲氏作，因之而画八卦，乃立庖厨（始立厨房与厨师。《庄子·养生主》：“庖丁为文惠君解牛。”唐成玄英《庄子注》疏解：“庖丁，谓掌厨丁役之人”）。滋味既兴，痾瘵萌起（痾瘵，泛指疾病，亦强调病情严重，《诗经·大雅·瞻卬》："邦靡有定，士民其瘵。"）。大圣神农氏，愍黎元之多疾（愍，动词，同情，体恤。《说文解字·心部》："愍，痛也。"《后汉书·应奉传》："追愍屈原，因以自伤。"黎元，亦即指黎民百姓，民众。唐代杜甫《自京赴奉先县咏怀五百字》："穷年忧黎元，叹息肠内热"），遂尝百药，以救疗之，犹未尽善。黄帝受命，创制九针（中医学名词，中医针灸医疗使用的九种针具。详见《灵枢·九针论》），与方士岐伯、雷公之伦，备论经脉，旁通问难，详究义理，以为经论，故后世可得依而畅焉。春秋之际，良医有和、缓（秦代的两位名医。本书有专节）；六国之时（战国时期的齐、楚、燕、韩、赵、魏六个国家），则有扁鹊，汉有仓公、仲景，魏有华佗，并皆探赜索隐，穷幽洞微（此是《易经·系辞上》之语："探赜索隐，钩深致远……莫大乎蓍龟。"赜，幽深玄妙莫测的道理，隐，隐秘难见的事物。先人认为卜筮能够帮助人们探索幽深莫测隐秘难见的道理，后泛指探究深奥玄妙的义理或搜索隐秘的事迹。探求幽冥，洞察微妙。《易经·说卦》："穷理尽性，以至于命。"幽微；深奥。多用于形容哲理。《后汉书·崔骃传》："穷至赜于幽微，测潜隐之无源。"北宋张君房《云笈七笺·卷102》："穷幽极微，至纤无际"），用药不过二三，灸炷不逾七八，而疾无不愈者。晋、宋以来，虽复名医间出，然治十不能愈五六，良由今人嗜欲泰甚（良由，缘由；确实是由于；实在是由于。泰甚，太甚；过甚。《汉书·循吏传·黄霸》："凡治道，去其泰甚者耳。"《老子·第二十九章》："是以圣人去甚、去奢、去泰。"《韩非子·扬权》："故去甚去泰，身乃无害。"西晋左思《魏都赋》："匪朴匪斫，去泰去甚"），立心不常，淫放纵逸，有阙摄养所致耳（《玉篇·门部》："阙，少也。"《集韵·月韵》："阙，乏也。"《吕氏春秋·任数》："耳目心智，其所以知识甚阙。"东汉高诱注解："阙，短也。"亦有空缺之意。《小尔雅·广诂》："阙，隙也。"《集韵·月韵》："阙，空也。"《论语·卫灵公》："吾犹及史之阙文也。"《老子》："盖闻善摄生者陆行不遇兕虎。"西汉河上公注解："摄，养也。"实在是缺乏摄生保养所导致）。余缅寻圣人设教（缅寻，缅求；远求。缅，遥远、久远之意。《广韵·狝韵》："缅，远也。"《谷梁传·庄公三年》："改葬之礼缌，举下，缅也。"东晋学者范宁撰《春秋谷梁传集解》："缅，藐远也。"设教，实施教化。《易经·观》："圣人以神道设教，而天下服矣"），欲使家家自学，人人自晓。君亲有疾不能疗之者，非忠孝也。末俗小人，多行诡诈，倚傍圣教而为欺绐［绐，通"诒"，欺骗；欺诈；谎言。《玉篇·糸部》："绐，疑也，欺也。"清代段玉裁《说文解字注·糸部》："绐，古多假为诒字。"《史记·高祖本纪》："（高祖）乃绐为谒曰：'贺钱万。'实不持一钱"］，遂令朝野士庶咸耻医术之名，多教子弟诵短文、构小策（读书应策以谋官。构，创作，多指诗文写作或文学艺术作品而言。小策，小册子。北宋皈依佛门的文人文莹著记载北宋前期见闻杂事的《湘山野录·卷上》："遂就架取一小策，振拂以呈丞相，乃《鹖冠子》也。"构小策，创作诗文或文学艺术作品的小册子），以求出身之道，医治之术，阙而弗论，吁可怪也。嗟乎！深乖圣贤之本意（乖，违背；背戾。西汉政论家、文学家贾谊著政论文集《新书·道术》："刚柔得道谓之和，反和为乖。"深深地违背圣贤们的原本之意）。吾幼遭风冷，屡造医门，汤药之资，罄尽家产（罄，本意是说容器中空，抒发诗人不能尽赡养父母痛极之情的《诗经·小雅·蓼莪》："瓶之罄矣，维罍之耻。"引申为尽、完，如同"罄其所有"之成语）。所以青衿之岁（衿，描写女子单相思，难得的优美情歌《诗经·郑风·子衿》："青青子衿，悠悠我心。"《毛诗诂训传》："青衿，青领也，学子之所服。"指学中生员的服式，泛指学习时期的人们），高尚兹典；白首之年，未尝释卷（从不曾放开书卷。尝，曾经。《史记·五帝本纪》："余尝西至崆峒。"释卷，放下；舍弃。）。至于切脉诊候，采药合和，服饵节度，将息避慎，一事长于己者，不远千里，伏膺取决（伏，通"服"。伏膺，通"服膺"。《中庸》："得一善，则拳拳服膺，而弗失之矣。"朱熹注解："服，犹着也；膺，胸也。奉持而著之心胸之间，言能守也。"《颜氏家训·止足》："吾终身服膺，以为名言也。"衷心信服，诚心求教，谨记在心，以便决断）。至于弱冠，颇觉有悟，是以亲邻中外有疾厄者，多所济益；在身之患，断绝医门。故知方药本草，不可不学。吾见诸方，部帙浩博（帙，音 zhì。本指用布帛制成的书套，由此谓一套书为一帙。部帙，亦作"部秩"。书籍的篇次、卷页。浩博，丰富广博繁多；数量众多。《论语·子罕》："夫子循循然善诱人，博我以文，约我以礼，欲罢不能。"此谓方药本草书籍浩瀚繁多），忽遇仓卒，求检至难，比得方讫（比，及；等到。《国语·齐语》："比至，三衅三浴之。"讫，通"迄"。到；至。等到求得药方时），疾已不救矣。呜呼！痛夭枉之幽厄，惜堕学之昏愚。乃博采群经，删裁繁重，务在简易，以为《备急千金要方》一部，凡三十卷。虽不能究尽病源，但使留意于斯者，亦思过半矣（语出《易经·系辞下》："知者观其彖辞，则思过半矣。"思，思考；思虑；思索。《论语·为政》："学而不思则罔，思而不学则殆。"大部分已经领悟）。以为人命至重，有贵千金，一方济之，德逾于此，故以为名也。未可传于士族，庶以贻厥私门（庶，欣幸；希冀之词，寄希望于。《尔雅·释言》："庶，幸也。"《玉篇·广部》："庶，幸也，冀也。"描写相思人思念之苦的《诗经·桧风·素冠》："庶见素冠兮，棘人栾栾兮，劳心慱慱兮。"《毛诗诂训传》："庶，幸也。"贻厥，亦作"诒厥"。贻，遗留；留给。《晋书·郭璞葛洪传论》："前修贻训，鄙乎兹道。"厥，其。《尚书·五子之歌》："有典有则，贻厥子孙。"贻厥私门与成语"诒厥孙谋"意近。歌颂周朝君王功德的杰作《诗经·大雅·文王有声》："诒厥孙谋，以燕翼子。"《晋书·贾充传论》："逮乎贻厥，乃乞丐之徒。"士族倾心于追求名利权势，漠视医学，我所著的医书《千金方》只可以流传给自家后世子孙。)。张仲景曰："当今居世之士，曾不留神医药，精究方术，上以疗君亲之疾，下以救贫贱之厄，中以保身长全，以养其生。而但竞逐荣势，企踵权豪，孜孜汲汲(孜孜，努力不懈怠。《尚书·君陈》："惟日孜孜，无敢逸豫。"汲汲，心情急切，迫不及待。《礼记·问丧》："其往送也，望望然，汲汲然，如有追而弗及也。"《汉书·扬雄传》："不汲汲于富贵，不戚戚于贫贱。"心情急切，努力不怠)，惟名利是务；崇饰其末，而忽弃其本，欲华其表，而悴其内(悴，形容词，憔悴；忧虑。《晋书·凉武昭王李玄盛传》："人力凋残，百姓愁悴。"忧虑于内心)。皮之不存，毛将安附(语出《左传·僖公十四年》："皮之不存，毛将安傅?"西汉经学家、文学家刘向《新序·杂事》："皮之不存，毛将焉附")？进不能爱人知物，退不能爱躬知己，卒然遇邪风之气(卒，音 cù，同"猝"，突然。《史记·司马相如列传》："卒然遇轶才之兽")，婴非常之疾(婴，缠绕；羁绊；环绕。晋文学家陆机《赴洛道中》诗："借问子何之？世网婴我身。"李善注引《说文》曰："婴，绕也。"唐著名高僧玄应著《一切经音义·卷二十一》："婴，犹缠绕也。"引申为加、加上。《汉书·贾谊传》："婴以廉耻，故人矜节行。"颜师古注解："婴，加也")，患及祸至，而后震栗，身居厄地，蒙蒙昧昧，戆若游魂(戆，音 zhuàng。迂愚而刚直。《说文·心部》："戆，愚也。"《正字通·心部》："戆，急直也。"《史记·汲黯列传》："甚矣，汲黯之戆也。"愚直游散的精气。古时哲学家认为人或物由于精气凝聚方能生存；一旦精气游散，生命就趋于死亡。《易经·系辞上》："精气为物，游魂为变")，降志屈节，钦望巫祝(钦望，景仰；敬慕；仰慕；仰望；敬仰；钦佩；敬重。巫，事鬼敬神者为巫。祝，祭祀时司职祷告赞词鬼神的人。巫祝，通称掌祭祀、占卜的人。《礼记·檀弓下》："君临臣丧，以巫祝桃茢执戈，恶之也。"《庄子·逍遥游》："庖人虽不治庖，尸祝不越樽俎而代之矣。"尸，代表死者受祭的人，亦指为人祷告神灵乞求福祉之人。东晋葛洪撰《抱朴子·道意》批道："巫祝小人，妄说祸祟。"钦佩期望于巫祝)，告穷归天，束手受败。赍百年之寿命(赍，同"賫"。《字汇补·贝部》："赍，俗賫字。"持；携。《广雅·释诂三》："赍，持也")，将至贵之重器(本谓国宝或曰能够胜任重大事情的人，也就是大器，此处则指自己的身体或曰生命)，委付庸医，恣其所措。"咄嗟喑呜(咄嗟，瞬时；顷刻；一霎时；一呼一诺之间，表示时间极短。《晋书·石崇传》："为客作豆粥，咄嗟便办。"喑呜，张仲景《伤寒论序》作"呜呼"。又作发怒声。怒斥；怒喝。瞬时一命呜呼，亦即死亡)！厥身已毙(其。《尚书·禹贡》："厥土惟白壤，厥赋惟上上错，厥田惟中中")，神明消灭，变为异物("鬼"的讳辞，即指已经死亡生命的代名词。《汉书·贾谊传》："化为异物，又何足患")，幽潜重泉(幽潜，隐伏。西汉辞赋家王褒《九怀·通路》："鲸鱏兮幽潜，从虾兮游踏。”重，地下；黄泉；九泉；死后归所。南朝梁著名文学家江淹《杂体诗·效·潘岳（悼亡）》：“美人归重泉，凄怆无终毕。”清诗人陈苌《梦中》诗：“子母重泉相见否，梦中还望寄声来。”幽隐于黄泉之下），徒为涕泣。痛夫！举世昏迷，莫能觉悟，自弃若是，夫何荣势之云哉？此之谓也。

《新校备急千金要方·序》：昔神农遍尝百药，以辨五苦六辛之味（宋金时期名医张从正秉承“唯儒者能明其理，而事亲者当知医”的思想，所著《儒门事亲·卷二·攻里发表寒热殊涂笺十二》详解其意：“顷，余之旧契读孟坚《汉书·艺文志》，载五苦六辛之说，而颜师古辈皆无注解，渠特以问余。余顾其《内经》诸书中，亦不见其文。既相别矣，乘蹇且十里外，讽然而悟。欲复回以告，予之旧契已归且远。乃令载之以示来者。夫五者，五藏也，藏者，里也；六者，六府也，府者，表也。病在里者属阴分，宜以苦寒之药涌之泄之；病在表者属阳分，宜以辛温之剂发之汗之，此五苦六辛之意也。颜师古不注，盖阙其疑也。乃知学不博而欲为医难矣。余又徐思五积六聚，其用药亦不外于是。夫五积在藏，有常形，属里，宜以苦寒之药涌之泄之。六聚在府，无常形，属表，宜以辛温之药发之汗之，与前五苦六辛亦合。亦有表而可用柴胡之凉者，犹宜热而行之；里寒而可用姜附之热者，犹宜寒而行之。余恐来者不明《内经》发表攻里之旨，故并以孟坚五苦六辛之说，附于卷末”。其又在《儒门事亲·卷十四·五苦六辛》一节，再次叙述其义：“五苦六辛，从来无解，盖史家阙其疑也。一日，麻征君以此质疑于张先生，先生亦无所应。行十五里，忽然有所悟，欣然回告于麻征君。以为五苦者，五藏为里属阴，宜用苦剂，谓酸苦涌泄为阴。六辛者，六府为表属阳，宜用辛剂，谓辛甘发散为阳。此其义也。征君大服其识见深远，凿昔人不传之妙。故曰知其要者，一言而终；不知其要者，流数无穷”），逮伊尹而汤液之剂备；黄帝欲创九针，以治三阴三阳之疾，得岐伯而砭艾之法精。虽大圣人有意于拯民之瘼（疾病；疾苦。周朝小吏行役江南，遭遇变乱，滞留难归，以讽喻之诗抒发强烈的悲愤心情《诗经·小雅·四月》：“乱离瘼矣，爰其适归”），必待贤明博通之臣，或为之先，或为之后，然后圣人之所为得行于永久也。医家之务，经是二圣二贤而能事毕矣（二圣：神农、黄帝；二贤：岐伯、伊尹）。后之留意于方术者，苟知药而不知灸，未足以尽治疗之体；知灸而不知针，未足以极表里之变。如能兼是圣贤之蕴者，其名医之良乎。有唐真人孙思邈者，乃其人也，以上智之才，抱康时之志，当太宗治平之际（语出《礼记·大学》：“家齐而后国治，国治而后天下平。”自此后世遂称政治修明、社会安定为治平），思所以佐乃后庇民之事，以谓上医之道，真圣人之政，而王官之一守也（语出《汉书·艺文志·方伎略》：“方伎者，皆生生之具，王官之一守也。”王官，王朝的官职。《左传·定公元年》：“若复旧职，将承王官，何故以役诸侯?”一守，帝王下属官员的职守责任之一。)。而乃祖述农、黄之旨(语出《礼记·中庸》:"仲尼祖述尧、舜,宪章文武。"《墨子·尚贤上》:"尚欲祖述尧、舜、禹、汤之道。"效法、遵循前哲尧、舜、禹、汤的行为及学说。此句则说要效法、遵循神农、黄帝的旨意),发明岐、挚之学(岐伯、伊尹。伊尹一名挚,夏末商初人),经掇扁鹊之《难》(见《扁鹊》节),方采仓公之《禁》(《史记·扁鹊仓公列传》:"高后八年,更受师同郡元里公乘阳庆……使意尽去其故方,更悉以禁方予之。"仓公即淳于意,因其曾任齐国太仓长,人们亦称其为仓公。此谓其从师处所获《禁方》),仲景《黄素》(此谓张仲景所撰医书,已佚。《隋志》《旧唐志》均载有《黄素方》),元化《绿帙》(华佗所撰医书。《千金翼方·序》:"华佗之录帙"),葛仙翁之《必效》(葛洪及其从祖父葛玄均被尊称为葛仙翁。见《葛洪》节),胡居士之《经验》(见《胡洽》节。南北朝时期精通医学的道士,著有《胡洽百病方》一书,已佚),张苗之《药对》(张苗,善治疑难病症的晋代医家。《药对》一书应系北齐著名医学家徐之才所撰。),叔和之《脉法》(见《王叔和》节),皇甫谧之《三部》(见《皇甫谧》节),陶隐居之《百一》(见《陶弘景》节),自余(其余;此外)郭玉、范汪、僧垣、阮炳(见《郭玉》《姚僧垣》节。范汪,东晋时期,南阳顺阳人,字玄平。因其曾任东阳太守,人称"范东阳",有惠政。喜医,广集民间单验方,撰成《范东阳杂药方》,亦称《范汪方》,已佚,由此亦有人称其为医家。阮炳,南北朝北魏时期医家。字叔文,曾任河南尹,世称"阮河南",所撰《阮河南》一书已佚),上极文字之初,下讫有隋之世,或经或方,无不采摭。集诸家之所秘要,去众说之所未至,成书一部,总三十卷,目录一通(通,表示数量,常用于文章、文件等。东汉史学家班昭撰《女诫》:"间作《女诫》七章,愿诸女各写一通。"一卷)。藏府之论,针艾之法,脉证之辨,食治之宜,始妇人而次婴孺,先脚气而后中风,伤寒、痈疽、消渴、水肿、七窍之疴,五石之毒,备急之方,养性之术,总篇二百三十二门,合方论五千三百首,莫不十全可验(语出《周礼·天官·医师章》:"岁终则稽其医事,以制其食:十全为上,十失一次之,十失二次之,十失三次之,十失四为下。"此喻治愈率极高),四种兼包(语出《汉书·艺文志·方伎略》:"今其技术暗昧,故论其书,以序方伎为四种。"泛指医经、经方、房中、神仙)。厚德过于千金,遗法传于百代,使二圣二贤之美不坠于地(语出《论语·子张》:"文武之道,未坠于地,在人"),而世之人得以阶近而至远,上识于三皇之奥者(上古时期的三位圣王:伏羲氏、神农氏、黄帝),孙真人善述之功也。

然以俗尚险怪,我道纯正,不述刳腹易心之异(剖腹换心之术,华佗、扁鹊具其能）；世务径省，我书浩博，不可道听途说而知（语出《论语·阳货》：“道听途说，德之弃也。”北宋训诂学家邢昺疏解：“言闻之于道路，则于道路传而说之，必多谬妄。”《汉书·艺文志》：“小说家者流，盖出于稗官，街谈巷语，道听涂说者之所造也。”没有任何凭据的道听传说）。是以学寡其人，浸以纷靡（语出《易经·遁》：“浸而长也。”唐代经学家孔颖达疏解：“浸者，渐进之名。”纷，混淆；杂乱。《汉书·王莽传中》：“郡县赋敛，递相赇赂，白黑纷然。”靡，零落；倒下。《左传·庄公十年》：“望其旗，靡。”逐渐凌乱混淆零落）；贤不继世（继世，承继先世。《孟子·万章上》：“继世以有天下，天之所废，必若桀、纣者也，故益伊尹、周公不有天下。”贤惠、贤德不会承继先世。贤与不贤没有遗传基因相承），简编断缺（自春秋战国至魏、晋时期，写作文字均使用削制成狭长的竹片或木片作为书写材料，竹片称为简，木片称为札或牍，二者统称为简。简须用带子串联方成为书籍，时间经久书简极易散脱残缺，竹简散失谓之“简缺”。葛洪《抱朴子·钧世》：“且古书之多隐，未必昔人故欲难晓……经荒历乱，埋藏积久，简编朽绝，亡失者多”）。不知者以异端见黜（异端，不同见解；其他说法。三国嵇康《答释难宅无吉凶摄生论》：“广求异端，以明事理。”黜，废除；贬斥；取消。《玉篇·黑部》：“黜，贬也，下也。”《论语·微子》：“柳下惠为士师，三黜。”异端邪说逐渐被摈弃、废黜），好之者以阙疑辍功（语出《论语·为政》：“多闻阙疑，慎言其余，则寡尤。”辍，废止；中止；停止。《论语·微子》：“耰而不辍。”遇疑而阙，因为有疑问却不知止功）。恭惟我朝以好生为德，以广爱为仁，乃诏儒臣，正是坠学（正是，确实是。以示肯定真实性。坠学，行将衰败的学问。确实要补正行将衰败的学问）。臣等术谢多通（谢，逊；差；不如；惭愧。《文选》载南朝宋代诗人颜延之《赠王太常》诗：“属美谢繁翰，遥怀具短礼。”唐代学者李善注解：“谢，犹惭也。”唐代吕向《五臣注》诂解：“愧我无繁辞之翰缀属君之美事，然远写怀抱具短札之中。”臣等学术上尚未达到多闻博通的程度，而自觉惭愧不已），职专典校（主管专项校勘书籍。东汉班固《答宾戏》：“永平中为郎，典校秘书，专笃志于儒学，以著述为业”），于是请内府之秘书（唐代，折冲府有内府、外府的区别。折冲府乃府兵制军府的总称。详见《新唐书·兵志》），探道藏之别录（探，探测；寻求；搜取。道藏，道教经籍总集，是按照约定的编纂意图、收集范围、组织结构、将诸多经典典籍编排起来的大型道教丛书，内容十分庞杂，除道教经籍之外，亦收集有诸子百家文集），公私众本，搜访几遍，得以正其讹谬，补其遗佚。文之重复者削之，事之不伦者辑之（不伦，不相当；不相类。《汉书·梁怀王刘揖传》：“臣愚以为王少，而父同产长，年齿不伦。”辑，聚集。《汉书·艺文志》：“门人相与辑而论纂，故谓之《论语》。”引申为编辑，亦指整套书籍的一部分），编次类聚，期月功至。纲领虽有所立，文义犹或疑阻，是用端本以正末，如《素问》《九墟》（《灵枢》亦称《九卷》《针经》《九灵》《九墟》））、《灵枢》《甲乙》《太素》《巢源》（即《诸病源候论》）诸家本草、前古脉书、《金匮玉函》（张仲景《伤寒论》的别本，同体而别名）、《肘后备急》（葛洪撰，见《葛洪》节）、谢士秦《删繁方》（《隋书·志第二十九·经籍三·子部》载《删繁方》十三卷，谢士秦撰。约为南北朝时期人，史书无载，事迹失考。《删繁方》一书已佚，但在《医心方》《外台秘要》书中存有该书轶文）、刘涓子《鬼遗论》之类，事关所出，无不研核。尚有所阙，而又溯流以讨源，如《五鉴经》（已佚。南宋史学家郑樵《通志·艺文志》载有五卷）《千金翼》《崔氏纂要》（唐崔知悌撰有《崔氏纂要方》，已佚，《外台秘要》载有部分内容。《唐书·经籍志》载有《崔知悌集》五卷）、《延年秘录》（东晋学者、清谈玄学家张湛撰《延年秘录》十二卷，已佚，亦作有《列子注》）、《正元广利》（即《贞元集要广利方》，唐德宗李适于贞元年间颁行的一部方书，已佚。《医心方》《外台秘要》书中存有该书轶文）、《外台秘要》、《兵部手集》（已佚，唐兵部尚书李绛所撰）、《梦得传信》（刘禹锡所撰《传信方》，见《刘禹锡》节）之类，凡所派别，无不考理。互相质正，反覆稽参（稽考参阅。《汉书·武帝纪》："稽参政事，祈进民心"），然后遗文疑义，焕然悉明。书虽是旧，用之惟新，可以济函灵（意即"含灵"，具有灵性的人类。《晋书·桓玄传论》："夫帝王者，功高宇内，道济含灵"），裨乃圣好生之治（裨，增添；补益。《国语·郑语》："若以同裨同，尽乃弃矣。"韦昭注解："裨，益也。同者，谓若以水益水，水尽乃弃之，无所成也。"引申为补益）；可以传不朽，副上主广爱之心（副，符合；相称。《后汉书·黄琼传》："盛名之下，其实难副"）。非徒为太平之文致（文采思致。《新唐书·岑文本传》："文本奏《借田》《三元颂》二篇，文致华赡"），算可佐皇极之锡福（皇，君王，另一说是大；极，屋极，指最高正中的位置。由此引申为标准之义。缘于古代帝王自以为所施政教得其正中，可作为法的模式，由此得名。《尚书·洪范》："五，皇极，皇建其有极。"隋唐之际经学家孔颖达疏解："皇，大也，极，中也；施政教，治下民，当使大得其中，无有邪僻。"锡，赐。《公羊传·庄公元年》："王使荣叔来锡桓公命。锡者何？赐也。"引申为与。《尚书·尧典》："师锡帝曰：'有鳏在下，曰虞、舜。'"算作可以辅佐皇极赐福于民）。校雠既成，缮写伊始，恭以上进，庶备亲览。

太子右赞善大夫　臣　高保衡

尚书都官员外郎　臣　孙奇

尚书司封郎中充秘阁校理　臣　林亿　等谨上（注郑重恭敬地献上）

《遵生八笺·尘外遐举笺·孙思邈》：孙思邈，京兆人，通百家说，善言《老子》《庄周》。思邈于阴阳、推步、医药无不善。孟诜、卢照邻等有恶疾，不可为，感而问曰："高医愈疾，奈何?"答曰："天有四时五行，寒暑迭居，和为雨，怒为风，凝为霜雪，张为虹霓，天常数也。人之四肢五脏，一觉一寐，吐纳往来，流为荣卫，彰为气色，发为音声，人常数也。阳用其形，阴用其精，天人之所同也。失则蒸生热，否生寒，结为瘤赘，陷为痈疽，奔则喘乏，渴则焦槁，发乎面，动乎形。天地亦然，五纬缩赢，孛彗飞流，其危证也。寒暑不时，蒸否也。石立土踊，是其瘤赘。山崩土陷，是其痈疽。奔风暴雨，是其喘乏。川渎竭涸，是其焦槁。高医导以药石，救以砭剂。圣人和以至德，辅以人事。故体有可愈之疾，天有可振之灾。"照邻曰："人事奈何?"曰："心为之君。君尚恭，故欲小。《诗》曰：'如临深渊，如履薄冰。'小之谓也。胆为之将，以果决为务，故欲大。《诗》曰：'赳赳武夫，公侯干城。'大之谓也。仁者静，地之象，故欲方。《传》曰：'不为利回，不为义疚。'方之谓也。智者动，天之象，故欲圆。《易》曰：'见机而作，不俟终日。'圆之谓也。"复问养性之要，答曰："天有盈虚，人有屯危，不自慎，不能济也。故养性必先知自慎也。慎以畏为本，士无畏，则简仁义；农无畏，则堕稼穑；工无畏，则慢规矩；商无畏，则货不殖；子无畏，则忘孝；父无畏，则废慈；臣无畏，则勋不立；君无畏，则乱不治。是以太上畏道，其次畏天，其次畏物，其次畏人，其次畏身。忧于身者，不拘于人；慎于小者，不惧于大；戒于近者，不侮于远。如此，则人事毕矣。"卒年百岁。

清名医陆以湉撰《冷庐医话·医苑》："赞其尽享百余岁高龄，缘其既精医学，必能探明性命之旨，详审颐养之宜，从而得以克葆天年。"

孙思邈（581—682）：京兆华原人，唐代最著名医药学家。博涉经史百家学术，兼通佛学典籍。著作：《千金要方》《千金翼方》。他总结了唐以前的临床医疗经验和医学理论，收集方药，针灸等内容，首列妇女、幼儿疾病，倡立藏、府病分类，具有新的系统性。

苏敬（活动在公元7世纪的人，约599—674），唐代官员、药物学家，他是撰修《新修本草》《新修本草图》《图经》的主要倡导、参与者。

“《本草图经》七卷苏敬撰。”“《新修本草》二十一卷苏敬撰。”“《新修本草图》一十六卷苏敬等撰。”“《本草音》三卷苏敬等撰。”（后晋刘昫等撰，《旧唐书·卷四十七·志第二十七·经籍下·医术类》）

“苏敬《新修本草》二十一卷。又《新修本草图》二十六卷。《本草音》三卷。《本草图经》七卷。”（北宋欧阳修、宋祁撰，《新唐书·卷五十九·志第四十九·艺文三》）

“苏敬、徐玉、唐侍中《三家脚气论》一卷。”（元代脱脱等，《宋史·卷二百七·志第一百六十·艺文六》）

苏敬，于《新唐书旧唐书》中均无传，然从《旧唐书·卷七十九·列传第二十九·吕才传》中得知，高宗时“时右监门长史苏敬上言，陶弘景所撰《本草》，事多舛谬。诏中书令许敬宗与才及李淳风、礼部郎中孔志约，并诸名医，增损旧本，仍令司空李勣总监定之，并图合成五十四卷。大行于代（参与纂修者尚有多人，见《艺文志》）”。《新唐书·卷一百四·列传第二十九·于志宁传》载：初，志宁与司空李勣修定《本草》并图，合五十四篇。帝曰：“《本草》尚矣，今复修之，何所异邪？”对曰：“昔陶弘景以《神农经》合杂家《别录》注诏之，江南偏方，不周晓药石，往往纰谬，四百余物，今考正之，又增后世所用百余物，此以为异。”帝曰：“《本草》《别录》何为而二？”对曰：“班固唯记黄帝内、外经，不载《本草》，至齐《七录》乃称之。世谓神农氏尝药以拯含气，而黄帝以前，文字不传，以识相付，至桐、雷乃载篇册，然所载郡县，多在汉时，疑张仲景、华佗窜记其语。《别录》者，魏、晋以来吴普、李当之所记，其言华叶形色，佐使相须，附经为说，故弘景合而录之。”帝曰：“善。”其书遂大行。

由此可知，苏敬是位生活在盛唐时期的勋臣，曾任朝议郎行右监门府长史等官职。后世因避宋讳，改名苏恭。他对医药学素来深感兴趣，看到南朝南齐、梁时期的医药学家陶弘景所撰《本草经集注》一书中多有纰漏、乖违之处，认为极有必要进行更为全面的修订，于是在657年上疏朝廷，请求政府予以重视并加以修订。很快，这一利国利民的建议就被唐高宗李治欣然采纳了，显庆二年，唐政府令长孙无忌（唐太宗李世民的内兄，唐朝开国功臣，《旧唐书》《新唐书》有传。《旧唐书·卷六十五·列传第十五·长孙无忌》）主持编修工作，由苏敬征召二十余位享誉当时的医药学家、科学家，包括文学家、政治家刘禹锡亦奉诏参与了这一集体修订、编写的药物学专著《新修本草》的工作；历时两年多，于659年完成了我国由政府颁行的第一部药典，也是世界上最早的药典。这部由政府主持编撰的第一部大型药典，含目录一卷，正文二十卷，图经七卷（药图说明文字），新修本草图二十五卷，目录一卷，合共五十四卷，对祖国传统医药学的发展发挥了重大作用。其所载药物品种达八百四十四种，较《本草经集注》增加了一百一十四种。它比于1535年颁发的世界医学史上极为有名的《纽伦堡药典》早了876年，比1498年出版的欧洲最早的《佛罗伦萨药典》要早839年。

《新修本草》题名多作苏敬，但也有题名李勣者，其实二人中李勣为监修，苏敬为编撰。

这部学术价值极高的《新修本草》极具权威性，流传广泛，又名《英公本草》，简称《唐本草》。

《新修本草·孔志约序》：盖闻天地之大德曰生，运阴阳以播物（化育万物。唐学者许敬宗《奉和元日应制》：“发生同化育，播物体陶钧”）；含灵之所保曰命，资亭育以尽年（资，凭借；资助；取资。《淮南子·主术训》：“夫七尺之桡而制船之左右者，以水为资。”亭，养；育。亭育，养育；培育；化育；养成。语出《老子》：“长之育之，亭之毒之。”《梁书·武帝纪下》：“思随干覆，布兹亭育。”凭借养育以尽天年）。蛰穴栖巢（此指原始社会的人们穴居和巢居。《易经·系辞下》：“上古穴居而野处，后世圣人易之以宫室。”《庄子·盗跖》：“古者禽兽多而人民少，于是民皆巢居以避之”），感物之情盖寡；范金揉木（范金，用模子浇铸金属制品，如铜范。《论衡·物势》：“今夫陶冶者初埏埴作器必模范为形故作之也。”亦指用模子进行浇铸。《礼记·礼运》：“后圣有作，然后脩火之利，范金合土，以为台榭宫室牖户。”孔颖达疏解：“范金者，谓为形范以铸金器。”南宋末年、元初著名教育家、理学家陈澔著《礼记集说》解：“范字当从竹，以竹曰笵。笵金，为形范以铸金器也。”揉木，动词，用手使木材弯曲变形。《易经·系辞下》：“包牺氏没，神农氏作，斫木为耜，揉木为耒，耒耨之利，以教天下，盖取诸《益》。”人力加工金属和木材），逐欲之道方滋。而五味或爽（爽，动词。伤败；败坏。《老子·第十二章》：“五色令人目盲，五音令人耳聋，五味令人口爽。”《淮南子·精神训》：“五味乱口，使口爽伤”），时昧甘、辛之节；六气斯沴（因阴阳之气不和而产生的灾害。《汉书·五行志中之上》：“气相伤谓之沴”），易愆寒燠之宜（《说文解字·心部》：“愆，过也。”失误；丧失；过失。《诗经·

大雅·假乐》："不愆不忘，率由旧章。"《左传·昭公二十六年》："王昏不若，用愆厥位。"燠，音yù。暖。《诗经·唐风·无衣》："不如子之衣，安且燠兮。"《礼记·内则》："下气怡声，问衣燠寒，疾痛苛痒，而敬抑搔之。"寒燠，冷热。《汉书·天文志》："此寒燠之表也，故曰为寒暑"）。**中外交侵，形神分战。饮食伺衅，成肠胃之眚**（眚，名词，病名。《汉书·外戚传下》："是岁，孝王薨，有一男，嗣为王，时未满岁，有眚病。"唐代颜师古注引苏林曰："名为肝厥，发时唇口手足十指甲皆青。"东汉张衡《东京赋》："勤恤民隐，而除其眚"）；**风湿候隙，遘手足之灾**（遘，动词。遇；遭遇。《说文解字·辵部》："遘，遇也。"《楚辞·哀时命》："哀时命之不及古人兮，夫何予生之不遘时！"）。**几缠肤腠，莫知救止**（莫，副词，表示否定之意，相当于"不"。救止，纠正；阻止。不知道救治制止）；**渐固膏肓**（形容疾病非常严重，极为难以救治。膏肓本谓人体部位名。《左传·成公十年》："疾不可为也。在肓之上，膏之下，攻之不可，达之不及，药不至焉，不可为也。"晋学者杜预注解："心下为膏；肓，鬲也。"心下膈上，为体内重要部位。古代医学认为心尖脂肪为膏，心藏与膈膜之间为肓。逐渐成为膏肓固疾），**期于夭折。暨炎晖纪物**（暨，及；到。《国语·周语中》："若七德离判，民乃携贰，各以利退，上求不暨，是其外利也。"三国魏韦昭注解："暨，至也。"炎晖，本谓光辉或炎热的阳光，但在此则宜解为：炎，炎帝；晖，日光。炎帝以火德为王，以火名官，故称炎帝，炎帝的光辉。纪，有记载、记录、整理之意。《诗经·大雅·棫朴》："勉勉我王，纲纪四方。"东汉郑玄笺解："理之为纪。"纪，亦通"记"。《文选·东京赋》、张衡《东京赋》："咸用纪宗。"唐李贤注解："纪，录也。"此指炎帝神农氏尝百草记载事物之事，意即神农氏做《神农本草经》这件事），**识药石之功；云瑞名官**（云瑞，本谓空中云彩呈现祥瑞之色。《左传·昭公十七年》："昔者黄帝氏以云纪，故为云师而罢名。"西晋杜预注解："黄帝受命有云瑞，故以云纪事，百官师长，皆以云为名号。"名官，①犹名宦，名声与官职。②居官而名声地位显赫者。而此则指黄帝与岐伯等众医官探讨医学之事。此指《黄帝内经》成书之事），**穷诊候之术。草木咸得其性，鬼神无所遁情。刳麝剸犀**（刳，音kū。解剖；剖开；挖空。《易经·系辞下》："刳木为舟，剡木为楫。"剸，音tuán，割；截断。《后汉书·杜笃传》："盖夫燔鱼剸蛇，莫之方斯。"此指《神农本草经》中载麝香与犀角均具药用功能，前者须解剖而得，后者须截取二者均可用于辟邪和除恶气之用），**驱泄邪恶；飞丹炼石**（此指炼丹制药，见《南史·陶弘景传》），**引纳清和**（导引吐故纳新。《庄子·刻意》："吹呴呼吸，吐故纳新。"人体呼吸，吐出二氧化碳，吸进新鲜氧气）。**大庇苍生，普济黔首**（普济，普遍救济。晋代陆机《演连珠·之二十》："威以齐物为肃，德以普济为弘。"黔首，平民大众或曰老百姓。《说文解字·卷十上》："秦谓民黔首，谓黑色也。"《礼记·祭义》："明命鬼神，以为黔首则。"东汉郑玄注解："黔首，谓民也。"唐代孔颖达疏解："黔首，谓万民也。黔，谓黑也。凡人以黑巾覆头，故谓之黔首。"《史记·秦始皇本纪》："二十六年……更民名曰黔首。"裴骃集解引应劭曰："黔亦黎，黑也"）；**功侔造化**（《说文解字·亻部》："侔，齐等也。"齐等。《庄子·大宗师》："畸人者，畸于人而侔于天。"造化，本谓创造化育。《淮南子·精神训》："伟哉造化者其以我为此拘拘邪？"东晋葛洪《抱朴子·对俗》："夫陶冶造化，莫灵于人。"亦指天地、自然界。唐代杜甫《望岳》诗："造化钟神秀，阴阳割昏晓。"成就、功绩与天地等同），**恩迈财成**（迈，超过；超越。明初文学家宋濂撰《篇海类编·人事类·辵部》："迈，过也。"《诗经·小雅·菀柳》："俾予靖之，后予迈焉。"南宋朱熹注解："迈，过也，求之过其分也。"财，通"裁"，制裁；裁成。《荀子·非十二子》："一天下，财万物，长养人民，兼利天下。"唐学者杨倞著《荀子注》解："财与裁同。"财成，亦作"裁成"，裁度以成之，筹谋而取得成就。《易经·泰》："天地交，泰，后以财成天地之道。"《汉书·律历志上》引作"裁成"。唐代政治家、文学家裴度《中和节诏赐公卿尺》诗："共仰财成德，将酬分寸功。"恩德豪迈，筹谋成就），**日用不知，于今是赖**（于今，至今；如今；现在。赖，依赖；倚靠。《左传·襄公十四年》："王室之不坏，緊伯舅是赖"）。**岐、和、彭、缓，驣绝轨于前**（驣，同"腾"。《龙龛手鑑·马部》："驣，马跃也。"《康熙字典·马部》："腾，俗作驣。"绝轨，先贤卓越的功绩和事迹。《文选·蔡邕〈郭有道碑文〉》："将蹈鸿涯之遐迹，绍巢许之绝轨。"唐代六臣注之一的李周翰注解："绝，远也；轨，亦迹也。"《宋书·礼志一》："荡近世之流弊，继千载之绝轨。"腾跃于先贤卓越功绩和事迹之前）；**李、华、张、吴，振英声于后**（振作；奋起。《礼记·月令》："东风解冻，蛰虫始振。"振，又通"震"。震撼；震惊。《后汉书·张衡传》："如有地动，尊则振龙。"英声，美名。西汉司马相如《封禅文》："俾万世得激清流，扬微波，蜚英声，腾茂实。"英雄美名震惊于后）。**昔秦政煨燔**（煨是燃烧，燔也是焚烧，动词迭用加重语气。南朝梁刘勰《文心雕龙·正纬》："平子恐其迷学，奏令焚绝；仲豫惜其杂真，未许煨燔。"此指秦始皇焚书之事），**兹经不预**（兹，代词，这个；此。兹事体大，此事关系重大。经，经过。预，通"豫"。预先；事先；事先有所准备。《荀子·大略》："先患虑患谓之豫，豫则祸不生。"不预，就是没有事先预备）；**永嘉丧乱**（此指西晋惠帝司马衷在位期间，政治腐败，战乱不断，皇族中的八王纷纷为争夺政权而不断发动战争，前后历时十六年，史称"八王之乱"，生产遭到严重破坏，民不聊生。由此激起各民族人民纷纷起义，各少数民族贵族亦乘机起兵，争夺政权。304年，也就是永兴元年，匈奴贵族刘渊也利用这一时机，乘机兴事起兵反晋，并建国号汉，自称汉帝。310年，永嘉四年，西晋怀帝司马炽即位四年之时，刘渊死，子聪立，次年，聪遣石勒兴兵在苦县宁平城灭晋军十余万人，俘杀太尉王衍等众多官员，又派刘曜率兵直破洛阳，俘虏西晋怀帝司马炽，任意烧杀抢掠，不分王公士民，残杀三万余人，致使民众人心惶惶不已，史称"永嘉之乱"），**斯道尚存**（斯，代词。《尔雅释诂》："斯，此也。"卫武公借自警以规劝讽谏周平王的《诗经·大雅·抑》："斯言之玷，不可为也！"）。**梁陶弘景雅好摄生，研精药术。以为《本草经》者，神农之所作，不刊之书也**（不刊，不容更动和改变，引申为不可磨灭的书。西汉刘歆《答扬雄书》："是县诸日月，不刊之书也"）。**惜**

其年代浸远（《易经·遁》："浸而长也。"唐训诂学家孔颖达疏解："浸者，渐进之名。"浸远，渐行渐远），简编残蠹（简编，书籍。明思想家、文学家方孝孺《心远轩记》："穷居则乐之以终身，垂之于简编，岂不诚远矣哉！"残，残缺、不完整。《汉书·刘歆传》："学残文缺。"蠹，蛀蚀损害。《公羊传·宣公十二年》："杅不穿，皮不蠹。"东汉今文经学家何休注解："蠹，坏也。"《韩非子·初见秦》："则是一举而坏韩，蠹魏，拔荆，东以弱齐、燕。"东汉学者高诱注解："蠹，害也。"书籍已经被蠹虫残食毁坏），与桐、雷众记，颇或踳驳（踳，音 chōng，动词。踏。驳，形容词。庞杂；驳杂。《庄子·天下》："惠施多方，其书五车，其道舛驳。"西晋左思《魏都赋》："非醇粹之方壮，谋踳驳于王义。"《文心雕龙·诸子》："其纯粹者入矩，踳驳者出规。"极为舛谬杂乱；驳杂不堪）。兴言撰缉，勒成一家，亦以雕琢经方，润色医业。然而时钟鼎峙（犹如鼎足并峙。《三国志·吴志·吴主传论》："故能自擅江表，成鼎峙之业。"《晋书·凉武昭王李玄盛传》："昔汉运将终，三国鼎峙"），闻见阙于殊方；事非佥议（佥议，共同商议。《续资治通鉴·宋太祖干德三年》："先是，全斌受诏，每制置必与诸将佥议，因是虽小事亦各为异同，不能即决。"事非众议），诠释拘于独学。至如重建平之防己，弃槐里之半夏。秋采榆人，冬收云实。谬粱米之黄白，混荆子之牡蔓。异繁蒌于鸡肠，合由跋于鸢尾。防葵、狼毒，妄曰同根；钩吻、黄精，引为连类。铅锡莫辨，橙柚不分。凡此比例，盖亦多矣。自时厥后（语出《尚书·无逸》："自时厥后，亦罔或克寿"），以迄于今（迄，至；到。《诗经·大雅·生民》："后稷肇祀，庶无罪悔，以迄于今"），虽方技分镳（镳，本谓马嚼子，与衔合用，衔在口内，镳在口旁。《楚辞·九叹·离世》："断镳衔以驰骛兮，暮去次而敢止。"东汉文学家王逸注解："镳，勒也。"分镳，分道。《晋书·孝武帝赞》："燕之击路，郑叔分镳。"成语分道扬镳的略语。驱马分路前行。后世则多用以比喻志趣、目的不同，而各走各的路。《昭明文选·序》："各体互兴，分镳并驱。"《北史·文苑传序》："徐陵、庾信分路扬镳"），名医继轨（接继前人之轨迹，继往开来之意。轨，遵照；依照。《韩非子·问辩》："故言行而不轨于法令者必禁。"三国魏文学家李康《运命论》："前监不远，覆车继轨"），更相祖述（更相，互相；相继。祖述，效法、遵循前人的行为或学说。《礼记·中庸》："仲尼祖述尧、舜，宪章文、武。"相继效法前人学说），罕能厘正（罕，引申为稀少，难得。《公羊传·桓公六年》："何以书？盖以罕书也。"厘正，考正；订正。唐经学家孔颖达《毛诗正义序》："先君宣父，厘正遗文，缉其精华，褫其繁重。"很难能考正）。乃复采杜蘅于及己，求忍冬于络石。舍陟厘而取莂藤，退飞廉而用马蓟。承疑行妄，曾无有觉。疾瘵多殆（瘵，病。讥讽谏刺周幽王乱政亡国的《诗经·大雅·瞻卬》："邦靡有定，士民其瘵。"殆，不安；危险。《孙子·谋攻》："知彼知己者百战不殆。"疾病多危险），良深概叹。既而朝议郎、行右监门府长史、骑都尉臣苏敬，摭陶氏之乖违（摭，音 zhí，拾取；摘取。《后汉书·班彪传》："至于采经摭传，分散百家之事，甚多疏略。"乖，违背；乖错。西汉贾谊《新书·道术》："刚柔得道谓之和，反和为乖。"违，违背；违反；错厄。摘取陶弘景的错乱失当），辨俗用之纰紊（纰，不正；疏忽；错误。皆是说错误、漏洞、不正确。《礼记·大传》："五者一物纰缪，民莫得其死。"东汉郑玄注解："物犹事也，纰缪犹错也。"南朝裴骃作《史记集解·序》："虽时有纰缪，实勒成一家。"紊，乱。《说文·糸部》："紊，乱也。"《尚书·盘庚上》："若网在纲，有条而不紊。"《孔》传："紊，乱也。"唐代孔颖达疏解："紊是丝乱，故为乱也"）。遂表请修定，深副圣怀（副，动词。相称；符合。圣怀，帝王的心意。唐代韩愈《送温处士赴河阳军序》："其又何能无介然于怀耶！"非常符合皇帝的心意）。乃诏太尉、扬州都督、监修国史、上柱国、赵国公臣无忌，太中大夫、行尚药奉御臣许孝崇等二十二人，与苏敬详撰。窃以动植形生，因方舛性；春秋节变，感气殊功。离其本土，则质同而效异；乖于采摘，乃物是而时非。名实既爽，寒温多谬。用之凡庶，其欺已甚；施之君父，逆莫大焉。于是上禀神规，下询众议；普颁天下，营求药物。羽、毛、鳞、介，无远不臻（臻，至；到。描写卫女思归的《诗经·邶风·泉水》："遄臻于卫，不瑕有害?"后世多用做到达的意思）；根、茎、花、实，有名咸萃（咸，皆；都。东晋王羲之《兰亭集序》："群贤毕至，少长咸集。"萃，本谓草丛生茂，引申为聚集，如荟萃。《楚辞·天问》："苍鸟群飞，孰使萃之?"根、茎、花、实，凡是有名的全都荟萃收集）。遂乃详探秘要，博综方术。《本经》虽阙，有验必书；《别录》虽存，无稽必正。考其同异，择其去取。铅翰昭章（铅，是一种性质极其稳定的化学元素，15 世纪之后，印刷术曾长期使用铅活字以印书籍，得以长期保存。翰，毛笔。昭章，同"昭彰"。显著；昭著。南朝梁萧统《陶渊明集序》："词采精拔，跌宕昭彰，独超众类。"书籍文辞显著昭彰），定群言之得失；丹青绮焕（丹青，史籍。古代丹册纪勋，青史纪事。东汉王充《论衡·书虚》："俗语不实，成为丹青；丹青之文，贤圣惑焉。"阮籍《咏怀诗》："丹青著明誓，永世不相忘。"唐代李善注解："丹青不渝，故以方誓。"丹青之色不以泯灭，比喻明著或坚贞不渝。绮，美丽，美盛；焕，鲜明，光亮。西晋文学家潘尼《安石榴赋》："遥而望之，焕若随珠耀重川。"随珠，随侯之宝珠。史籍鲜明美盛），备庶物之形容。撰《本草》并《图经》《目录》等，凡成五十四卷。庶以网罗今古，开涤耳目。尽医方之妙极，拯生灵之性命。传万祀而无昧，悬百王而不朽。

礼部郎中　孔志约撰

孟诜（621—713），唐代著名医药学家，《食疗本草》底本《补养方》

的撰著者。

“《补养方》三卷孟诜撰。”“《孟氏必效方》十卷孟诜撰。”（后晋刘昫等撰，《旧唐书·卷四十七·志第二十七·经籍下·医术类》）

“孟诜《食疗本草》三卷。又《补养方》三卷。”（北宋欧阳修、宋祁撰，《新唐书·卷五十九·志第四十九·艺文三》）

“孟诜《食疗本草》六卷。”“孟氏《补养方》三卷。”（元代脱脱等撰，《宋史·卷二百七·志第一百六十·艺文六》）

孟诜（音 shēn），汝州梁人也（今河南省临汝县）。举进士。垂拱初（685 年。垂拱：唐代武则天的年号，685—688 年），累迁凤阁舍人（即中书舍人，官名，始见《周礼·地官》。皇帝、太子左右亲近的官员，以有文学资望者充任，常撰拟诏旨。684 年，武则天光宅元年改中书省为凤阁，故对舍人称呼为凤阁舍人。舍人官居正五品上，侍从朝会，参议政务，掌呈中书令的奏章）。诜少好方术，尝于凤阁侍郎（侍郎，官名。本为宫廷的近侍，唐以后，中书、门下、尚书省所属各部均以其为长官之副，官位渐高）刘祎之家，见其敕赐金，谓祎之曰：“此药金也，若烧火其上，当有五色气。”试之果然。则天闻而不悦，因事出为台州司马。后累迁春官侍郎（官名。《周礼·六官》称辅佐天子掌管宗室之事，宗庙祭祀典礼礼仪的官员宗伯为春官。后世对礼部的通称，以大宗伯为礼部尚书的别称，侍郎则称为少宗伯。武则天时期，曾一度改礼部为春官，不久恢复旧称。正四品下，主管礼仪、祭祀、贡举等事务及活动）。睿宗在藩（唐睿宗李旦乃唐高宗李治第八子，698 年时，被武则天封为相王），召充侍读。长安中（长安：武则天的年号，701—704 年），为同州（今西安市北面）刺史，加银青光禄大夫（官名，西汉武帝刘彻执政时，将战国时期所设置的中大夫改称为光禄大夫，执掌顾问应对，属光禄勋。魏晋以后无定员，皆为加官及褒奖赠与之官。加赠银章青绶者，称为银青光禄大夫，属从三品官阶）。神龙初（705 年。神龙：705—707 年。本为武则天的年号，不久。唐中宗李显复辟，沿用不改。）致仕（即辞官还家。《公羊传·宣公元年》：“退而致仕。”东汉今文经学家何休注解：“致仕，还禄位于君”），归伊阳之山第（伊阳，河南省汝阳县的旧称。唐置伊阳县，隶属汝州，之后伊阳县置撤销。《读史方舆纪要·河南·南阳》言“汝州”：“伊阳县……周伊川地，汉为陆浑县地，唐、宋为伊阳县地，明初为嵩县地，成化十二年，析嵩县汝州地，置今县，属汝州”），以药饵为事。诜年虽晚暮，志力如壮，尝谓所亲曰：“若能保身养性者，常须善言莫离口，良药莫离手。”睿宗即位（710 年），召赴京师，将加任用，固辞衰老。景云二年（711 年。景云：唐睿宗李旦的年号，710—712 年），优诏（朝廷颁发的褒美嘉奖的诏书。《后汉书·东平宪王苍传》："声望日重，意不自安，上疏归职……帝优诏不听"）赐物一百段，又令每岁春、秋二时特给羊酒糜粥。开元初（713年。开元：唐玄宗李隆基的年号，713—741年），河南尹毕构以诜有古人之风，改其所居为子平里。寻卒（寻，副词，不久；旋即。《后汉书·李膺传》："再迁渔阳太守，寻转蜀郡太守。"东晋陶渊明《桃花源记》："未果，寻病终。"不久亡故），年九十三。

诜所居官，好勾剥为政，虽繁而理（政务虽繁杂但处理得有条不紊、条理清楚），撰《家》《祭礼》各一卷，《丧服要》二卷，《补养方》《必效方》各三卷。（后晋刘昫等撰，《旧唐书·卷一百九十一·列传第一百四十一·方伎·孟诜》）

孟诜，汝州梁人。擢进士第，累迁凤阁舍人。它日至刘祎之家，见赐金曰："此药金也，烧之，火有五色气。"试之，验。武后闻，不悦，出为台州司马，频迁春官侍郎。相王召为侍读。拜同州刺史。神龙初，致仕，居伊阳山，治方药。睿宗召，将用之，以老固辞，赐物百段，诏河南春秋给羊酒糜粥。尹毕构以诜有古人风，名所居为子平里。开元初，卒，年九十三。

诜居官颇刻敛，然以治称。其闲居尝语人曰："养性者善言不可离口，善药不可离手。"当时传其当。（北宋欧阳修、宋祁撰，《新唐书·卷一百九十六·列传第一百二十一·隐逸·孟诜》）

孟诜，汝州梁人也，以进士擢第。垂拱初，累迁凤阁舍人。诜学方术，尝于凤阁侍郎刘祎之家。见其敕赐金盘，谓祎之曰："此药金也。若烧之，上有五色。"试之果然。则天闻之不悦，因事出为台州司马，撰《补养方》《必效方》各三卷。（《太平御览·卷第七百二十四·方术部五·医四》引《唐书》）

孟诜生于唐武德四年（621年），卒于开元元年（713年），享年九十有三岁，今河南省临汝县人，是一位聪敏嗜读、广览博采、博学多才、自幼喜好医药学及炼丹术的文人。孟诜不仅在文学上颇有造诣，在祖国传统医药学史上亦占有一定地位。他和弟子张鼎二人共同完成的我国第一部食疗专著《食疗本草》，集食物与草药于一体，历来为人们所称道，被赞为我国有关食物养生的第一部本草作品。

聪明好学的孟诜，年长后考举进士，历任凤阁舍人、台州司马。睿宗在藩，召充侍读；长安中（长安：周武则天的年号，701—704年）为同州刺史，故人称

"孟同州"。

在履历各种官职期间，五十多岁时的孟诜结识了名医"药王"孙思邈，并以师礼事之。作为孙思邈虔诚、忠实的弟子，他努力虚心向孙思邈广泛学习阴阳、推步、医药，并深受其医学思想的影响，尤其对于"药王"一向重视食疗养生的医学思想，更是认真学习、努力继承、全盘发展。

孙思邈在《备急千金要方》中不仅阐述了作为医者为病患诊治治病时，首先应该做到"夫为医者，当须先洞晓病源，知其所犯，以食治之，食疗不愈，然后命药"，并且高度评价善用食疗平疴遣疾者，方为医术高明的上医。"若能用食平屙，释情遣疾者，可谓上工"。能否善于运用食疗愈疾的医家，才是判断其医术是否高明的标准。由此可见，药王对食治疗疾是多么的重视。

神龙初，年已八旬的孟诜致仕归伊阳之山隐居，但以药饵为事，专事医药养生的研究。他撰著《补养方》三卷。在此书基础之上，唐代养生家张鼎予以增补改名为《食疗本草》三卷。《食疗本草》一书，堪称二位作者食疗经验的集合体。《食疗本草》是我国传统医药学、本草学中最早以"食疗"一词为题的本草书籍。该书从形式到内容将"食疗"形成了一个较为完善系统独立的学科分支，被人们视为唐以来最为著名的食物疗法专著。该书兼收并蓄了前人及当时人们丰富的食疗应用经验与作者个人药饵养生的独立见解，并汇集了许多来自民间的经验效方，反映了古代劳动人民在日常生活中取得的食疗养生成果和治病经验，它并没有多少高深的医药学理论，是部极为实用的食疗专著。该书问世以后，其所提倡的饮食疗法对后世影响甚大，受到了历代医药学家的高度重视，唐代王焘《外台秘要》、北宋唐慎微《经史证类大观本草》等书中均有引录。在敦煌的莫高窟中，人们发现了残缺不全的故抄本残卷。敦煌是唐代通向西域的重要关卡驿站，这一发现可以见证《食疗本草》一书在当时传播的力度。

清名医陆以湉撰《冷庐医话·医苑》："孟诜尽享九十三岁高龄，缘其既精医学，必能探明性命之旨，详审颐养之宜，从而得以克葆天年。"

张文仲（约620—700），唐代医学家，论风与气尤精。

韦讯（约644—741），唐代药王、药学家。

李虔纵（生卒年无考，但应与上述二人同时），唐代御医。

“张文仲《随身备急方》三卷。”（北宋欧阳修、宋祁撰，《新唐书·卷五十九·志第四十九·艺文三》）

“张文仲《法象论》一卷。”（元代脱脱等撰，《宋史·卷二百七·志第一百六十·艺文六》）

张文仲，洛州洛阳人也（今河南省洛阳市）。少与乡人李虔纵、京兆人韦慈藏并以医术知名。文仲，则天初（684—690年）为侍御医。时特进（官名。西汉末期始置，专为授予列侯中有特殊地位的人，朝会时位在三公之下。《后汉书·志第二十八》：“中兴以来，唯以功德赐位特进者，次车骑将军……”隋用为文散官名号，位于开府仪同三司之上；唐宋时为文散官之第二阶，相当于正二品，位开府仪同三司之下）苏良嗣（606—690，颇为唐高宗李治和武则天赏识重用之宰相。因宰相韦方质深遭酷吏陷害，韦与苏历来不甚和睦，韦便攀诬苏，高龄老人在惊吓之下，于金殿之上拜谢武则天时，由于惊惧惶恐过度而致昏厥，被送回府邸的当日傍晚便死于家中，应该说也是酷吏政治的受害者。《旧唐书》《新唐书》均有其传）于殿庭因拜跪便绝倒，则天令文仲、慈藏随至宅候之。文仲曰：“此因忧愤邪气激也，若痛冲胁，则剧难救。”自朝候之，未及食时，即苦冲胁绞痛。文仲曰：“若入心，即不可疗。”俄顷心痛，不复下药，日旰（音gàn。晚；日暮。《左传·襄公十四年》：“卫献公戒孙文子、宁惠子食，皆服而朝，日旰不召，而射鸿于囿。”晋代杜预注解：“旰，晏也。”现代语言学家杨伯峻著《春秋左传注》解：“旰，日晚也。”《吕氏春秋·慎小》：“二子待君，曰晏，公不来至，来不释皮冠而见二子。”东汉经学家高诱注解：“晏，暮也”）而卒。文仲尤善疗风疾。其后则天令文仲集当时名医共撰疗风气诸方，仍令麟台监王方庆监其修撰（王綝，字方庆。？—702，武周时期宰相，东晋宰相王导后裔。著名藏书家，著有《新本草》《药性要诀》《南宫故事》等。《新唐书》有其传）。文仲奏曰：“风有一百二十四种，气有八十种。大抵医药虽同，人性各异，庸医不达药之行使，冬、夏失节，因此杀人。唯脚气、头风、上气，常须服药不绝，自余则随其发动，临时消息之（消息，调养。《金匮要略·疟病脉证并治》：“弦数者，风发也，以饮食消息止之”）。但有风气之人，春末、夏初及秋暮，要得通泄，即不困剧。”于是撰四时常服及轻重大小诸方十八首表上之。文仲久视年终于尚药奉御（古代负责帝王医疗事务的中央机构称为尚药局，正式创立于北魏孝文帝时期，往前推还可追溯至东汉魏晋时。隋初，尚药局仍隶属于门下省，典御二人均为正五品。隋炀帝杨广时，改归殿内省，典御改名为奉御。唐代，尚药局隶属殿中省，设奉御二人，正五品下。662年，唐高宗龙朔二年，改尚药局为奉医局，至670年，唐高宗咸亨元年，又复称尚药局。奉御，顾名思义，就是奉诏进宫面见服务），撰《随身备急方》三卷，行于代。

虔纵，官至侍御医（尚药局中医官名，直接负责帝王的医疗保健工作。官阶，从六品上）。慈藏，景龙中（景龙：唐中宗李显的年号，707—710年）光禄卿（职掌宫廷宿卫及侍从之职的长官，掌管祭祀、朝会、宴飨酒醴膳食之事。卿一人，官阶，从三品）。自则天、中宗以后，诸医咸推文仲等三人为首。（后晋刘昫等撰，《旧唐书·卷一百九十一·列传第一百四十一·方伎·张文仲·内附·李虔纵、韦慈藏》）

文仲仕武后时，至尚药奉御。特进苏良嗣方朝，疾作，仆廷中。文仲诊曰："忧愤而成，若胁痛者，殆未可救。"顷告胁痛。又曰："及心则殆。"俄心痛而死。文仲论风与气尤精。后集诸言方者与共著书，诏王方庆监之。文仲曰："风状百二十四，气状八十，治不以时，则死及之。惟头风与上气、足气、药可常御。病风之人，春、秋末月，可使洞利，乃不困剧，自余须发则治，以时消息。"乃著《四时轻重术》凡十八种上之。

虔纵官侍御医，慈藏光禄卿。（北宋欧阳修、宋祁撰，《新唐书·卷二百四·列传第一百二十九·方伎·张文仲·内附·李虔纵、韦慈藏》）

张文仲，唐代医学家。约生于唐武德三年，卒于唐圣历三年。684年，武则天光宅元年，为侍御医、尚药奉御，也就是御医的最高负责人，与李虔纵、韦慈藏同以医术高超享誉当时。张氏精通医理，尤善疗风疾。一代女皇武则天，不仅长寿，而且善于保养青春不老的面容，除与"采取元阳，以培根本"，从而阴阳和合，血气充足有关外，也与御医们努力研发美容秘方不无关系。

明代陈嘉谟《本草蒙筌·历代名医图姓氏》云："药王，姓代韦氏，名讯，道号慈藏，大唐人。医中之圣，药中之王。灵应如神，人皆仰之。今医家皆图绘其像而祀之。"

历代名医图赞曰：大唐药王，德号慈藏。老师韦讯，万古名扬。

唐代药王韦讯（韦慈藏），约生于贞观十八年，卒于开元二十九年，亦即生活在唐太宗李世民至唐玄宗李隆基统治期间，其间经历过唐高宗李治、唐中宗李显、唐睿宗李旦、武则天、唐中宗李显、唐少帝李重茂、唐睿宗李旦数代帝王更迭的九十七年间，堪称精通医药，极为善于养生保健的高寿老人。唐京兆府人，曾为道士，精通医术，武后执政时曾任侍御医（684—690 年），唐中宗李显景龙年间，任光禄卿，掌御膳食，此时的韦讯年事已高，不久就告老还乡，施药济人，巡医民间……唐玄宗李隆基甚为尊重其医术，屡召入宫，擢官不受，告老还乡，回归故里，世人甚为仰慕其高超医术。737 年，年已九十的韦慈藏回到京师，仍杖履而行，广施医药，令人钦慕。玄宗赐号“药王”，死后配祀药王庙，为世代医家所祭祀。

王焘（670—755），唐代著名中医文献学家。

“王焘《外台秘要方》四十卷，又《外台要略》十卷。”（北宋欧阳修、宋祁撰，《新唐书·卷五十九·志第四十九·艺文三》）

“王焘《外台秘方》四十卷。”（元代脱脱等撰，《宋史·卷二百七·志第一百六十·艺文六》）

王焘，性至孝，为徐州司马。母有疾，弥年不废带（终年不解衣带），视絮汤剂（絮，音 qù，调和。《礼记·曲礼上》：“毋嚃羹，毋絮羹，毋刺齿，毋歠醢。”东汉郑玄注解：“絮，犹调也。”唐代孔颖达著《五经正义》注疏：“毋絮羹者，絮谓就食器中调和盐梅也。若得主人羹，更于器中调和，是嫌主人食味恶也。”亲手调和料理饮食汤药）。数从高医游，遂穷其术，因以所学作书，号《外台秘要》（成书于 752 年的一部重要医学著作，载方约六千七百四十三首，内容涉及临床各科。论述及选方均注明出处，使唐以前所散佚之方书得以保存），讨绎（探讨阐释）精明世宝焉（传世至宝矣）。历给事中（官名。顾问应对，讨论参议政事，掌驳正政令之违失的官员。隋唐以后为门下省之要职）、邺郡太守，治闻于时（治理政绩闻名于当时）。（北宋欧阳修、宋祁撰，《新唐书·卷九十八·列传第二十三·王焘》）

王焘出身世家，其祖父乃唐太宗李世民时名相王珪。王珪（570—639）出身官宦世家，字叔玠，太原祁人（今山西省祁县东南）也。据《旧唐书·卷七十·列传二十·王珪传》载，王珪有子二人，长子，崇基，袭爵官至主爵郎中；少子，敬直，以尚主拜驸马都尉。坐与太子承乾交结，徙于岭外。

而据《新唐书·卷九十八·列传第二十三·王珪传》则知：“珪孙焘、旭，世居郿（今陕西省眉县）。”由此可知，王珪有子二人，有孙二人。这里有一点要说明的是：《旧唐书》说崇基孙旭，而《新唐书》说珪孙旭。显然，《旧唐书》所说有误。

孙兆（生活在11世纪的北宋医学家。进士出身，官至殿中丞，当时名医，出身医学世家，著有《伤寒方》《伤寒脉诀》，修订了由林亿、高保衡等人校补的《黄帝内经素问》，重定名为《重广补注黄帝内经素问》。其父孙用和，官至尚药奉御，名于当时）作序曰："夫'外台'者，刺史之任也，'秘要'者，秘密枢要之谓也。王焘在台阁二十余年，久知弘文馆（知，动词。主持；管理。《国语·越语上》："有能助寡人谋而退吴者，吾与之共知越国之政。弘文馆，官署名称。国家藏书之所，犹如国家图书馆。621年，唐武德四年，置修文馆于门下省。626年，武德九年，唐太宗李世民即位，改名为弘文馆），得古今方，上自神农，下及唐世，无不采摭，集成经方四十卷，皆诸方秘密枢要也。以出守于外，故号曰《外台秘要方》。"

王焘，今陕西省眉县人。祖父王珪乃唐太宗李世民贞观年间侍中、名相，与中书令、尚书令同掌宰相职。他自幼身体羸弱多病，成人后，性情孝顺，母亲患病，侍奉汤药，衣不解带，为人称颂；喜好方药，拜名医游学，穷究医术。王焘于盛唐时入仕，因国泰民安，利用长达二十余年仕途居馆阁职务之便，沉醉、博览弘文馆中所存储的大量古代珍贵医学文献，由此积累了无数宝贵资料，为其著书奠定了坚实基础。王焘虽身处官场，政务繁忙，但无论居京还是外放，都始终坚持收集选录古代医学文献、名医验方。他认为历代方书流传至唐代，已经篇目杂乱，论多方少，民不便用，遂立志编撰一部集历代医论和医方大成的医方大全巨著。他呕心沥血，精研医方，严谨治学，历时十年，博采众长，穷其所学，终于752年，即天宝十一年，撰著完成这部学术价值极高、内容丰富、结构严谨的《外台秘要》。此书凡四十卷，立一千一百零四门，传世医方七千余首，使众多宝贵历史医学文献得以保存和流传；首创详注出处，注明所引书书名和卷第，先论后方之法，为后世保存了诸多古佚医书和珍贵资料。通过此书，人们可以借此窥知原佚书梗概，对于后世研究传统医学史是弥足珍贵的材料，尊其为医学文献大师绝不为过。

《外台秘要方·序》：昔者农皇之治天下也，尝百药立九候，以正阴阳之变沴，以救性命之昏札（义同“夭札”。夭亡；早死；遭疫疠致夭亡。《左传·昭公十九年》：“寡君之二三臣，札、瘥、夭昏。”隋、唐之际训诂学家孔颖达疏解：“子生三月，父名之；未名之曰昏，谓未三月而死也。”《左传·昭公四年》：“疠疾不降，民不夭札。”晋学者杜预注解：“短折为夭，大死为扎。”大，年长之意），俾厥土宇（俾，音 bǐ。《尔雅·释估下》：“俾，使也。”描写周成王之七世孙厉王时期，徭役繁多，税赋沉重，致使平民百姓陷入极度疲劳困苦之态，劝诫厉王应该体恤民力，改弦更张的《诗经·大雅·民劳》：“式遏寇虐，无俾民忧。”《毛诗诂训传》：“俾，使也。”俾厥，使之。《左传·成公十三年》：“敢尽布之执事，俾执事实图利之。”《尚书·无逸》：“自时厥后。”土宇，疆域；国土；领土。《后汉书·荀彧传》：“公前屠郯城，海内震骇，各惧不得保其土宇，守其兵众。”使之国土），用能康宁，广矣哉！洎周之王（洎，音 jì。动词。及；到。东汉文学家张衡《东京赋》：“惠风广被，泽洎幽荒”），亦有冢卿（上卿。六卿之中执掌国政的人。《荀子·大略》：“有国之君不息牛羊，错质之臣不息鸡豚，冢卿不脩币，大夫不为场园。”唐学者杨倞著《荀子注》解：“冢卿，上卿。”依周制，宗周及诸侯都设卿，分上、中、下三级，上卿即朝中最尊贵的大臣，相当于后世的宰相），格于医道（格，音 gé。格律；标准；法式。《字汇·木部》：“格，格样，法则也。”《礼记·缁衣》：“言有物而行有格也。”东汉郑玄注解：“格，旧法也。”《后汉书·傅燮传》：“朝廷重其方格。”唐代李贤注解：“格，犹标准也。”以一定的标准、格式管理医学之道），掌其政令，聚毒药（泛指治病所用的各种药物。《周礼·天官》：“医师掌医之政令，聚毒药以供医事。”东汉经学大师郑玄注解：“毒药之辛苦者，药之物恒多毒。”《素问·异法方宜论》：“其病生于内，其治宜毒药。”唐代王冰注解：“能攻其病，则谓之毒药。药，谓草木虫鱼鸟兽之类，皆能除病者也”）以供其事焉。岁终稽考（稽核；考核；察考；查核。《周礼·夏官·大司马》：“简稽乡民，以用邦国。”郑玄注解：“稽，犹计也。”《尚书·舜典》：“三载考绩，三考黜陟幽明。”《元典章·刑部·系狱》：“其有庸医用药差误，无从稽考。”年终考核），而制其食（制订；规定；裁定。《淮南子·氾论训》：“此皆因时变而制礼乐者。”从而制定医官的衣食俸禄），十全为上，失四下之。我国家率由兹典（率，大率；通常。由，自；从。《孟子·尽心下》：“由文王至于孔子，五百有余岁。”兹，此。《尚书·大禹谟》：“念兹在兹，释兹在兹，名言兹在兹，允出兹在兹，惟帝念功。”我国家大率自此始有此典章），动取厥中（厥中，其中。《尚书·禹贡》：“冀州厥土惟白壤，厥赋惟上上错，厥田惟中中。”用时从其中索取），置医学，颁良方，亦所以极元气之和也。夫圣人之德，又何以加于此乎？故三代常道（三代，夏、商、周三代。《论语·卫灵公》：“斯民也，三代之所以直道而行也”），百王不易（百王，历代，举成数以言其多。各个朝代不曾变易），又所从来者远矣（自所从来者已经很远了）！自雷、岐、仓、缓之作（见《雷公》《岐伯》《仓公》《和缓》各节），**彭、扁、华、张之起**（彭，彭祖，上古名医巫彭。见《扁鹊》《华佗》《张仲景》各节），**追兹厥后**（自此之后。追，等到。兹，此。厥后，其后；后来；从那以后），**仁贤间出，岁且数千，方逾万卷，专车之不受**（占满一车；独据一车。《国语·鲁语下》："吴伐越，堕会稽，获骨焉，节专车。"三国著名史学家韦昭注解："骨一节，其长专车。专，擅也。"近代训诂学家吴曾祺著《国语韦解补证》："专车，满一车。"形容图籍之多，满满一车亦不能承载），**广厦之不容**（高楼大厦亦容不下）。**然而载祀绵远**（《尔雅·释天》："夏曰岁，商曰祀，唐虞曰载。"商代称年为祀。《尚书·洪范》："惟十有三祀。"《左传·宣公三年》："桀有昏德，鼎迁于商，载祀六百。"杜预注解："载、祀皆年。"然而年复一年延绵久远），**简编亏替**（亏替，毁坏；亏损；丧失；残缺不全；废弃。书简竹编毁坏亏缺亡损。《诗经·鲁颂·閟宫》："不亏不崩，不震不腾。"郑玄笺解："亏、崩皆谓毁坏也。"《离骚》："余虽好修姱以鞿羁兮，謇朝谇而夕替。"王逸注解："朝谏謇謇于君，夕暮而身废弃也。"《国语·鲁语上》："今先君俭而君侈，令德替矣。"韦昭注解："替，灭也"），**所详者虽广，所略者或深**（广、深皆谓众多之意），**讨检则功倍力烦**（检讨起来费时费力烦琐），**取舍则论甘忌苦**（两难，不知所措），**永言笔削**（永言，吟咏；长言。《诗经·卫风·木瓜》："匪报也，永以为好也。"《尚书·舜典》："诗言志，歌永言。"《孔传》："谓诗言志以导之歌，咏其义以长其言。"笔削，《史记·孔子世家》："至于为《春秋》，笔则笔，削则削，子夏之徒，不能赞一辞。"后世则用以喻请人修改文章之辞。唐代陆龟蒙《酬谢龚美先辈》诗："向非笔削功，未必无瑕疵。"古时文字写在竹简之上，需要修改之时，定要先用刀子刮去旧字，再写上新字，此过程称为笔削。笔指记载，削指删除。常言删改修订整理），**未暇尸之**（未，用同"否"。没有。未暇，无暇；没有时间顾及。东汉张衡《东京赋》："因秦宫室，据其府库，作洛之制，我则未暇。"尸，动词。主持；执掌。描写妇女采摘萍草、水藻，置办祭祀祖先活动风俗的《诗经·召南·采蘋》："谁其尸之？有齐季女。"《毛传》："尸，主。齐，敬。季，少也。"无暇主持这件事）。

余幼多疾病，长好医术，遭逢有道（遭逢，遇到；际遇。《论衡·命义》："遭逢非常之变。"具才艺有道德的人谓之有道。《周礼·春官·大司乐》："凡有道者，有德者，使教焉。"郑玄注解："道，多才艺者。"《论语·学而》："敏于事，而慎于言，就有道而正焉。"三国魏玄学家何晏著《论语集解》引孔安国曰："有道，有道德者。"遇到有德才的高明医学家。另一说是政治清明，社会稳定。《论语·季氏》："天下有道，则礼乐征伐自天子出"），**遂蹑亨衢**（遂，副词。于是。多用于书面语。《左传·庄公八年》："齐侯游于姑棼，遂田于贝丘。"蹑，音 niè。动词。《说文解字·足部》："蹑，蹈也。"至；踏；登。《史记·淮阴侯列传》："张良、陈平蹑汉王足。"亨衢，通达顺利、四通八达的道路。《易经·大畜》："上九：何天之衢，亨。"唐代孔颖达疏解："乃天之衢亨，无所不通也。"由此踏上精通医学的大道），**七登南宫**（官署名，尚书省的别称，因其像列宿的南宫而得名。唐及之后列朝，尚书省六部统称南宫），**两拜东掖**（东掖，本谓皇宫中东侧的旁门。唐时，门下省的代称为左掖，与其对称的中书省代称为右掖。），**便繁台阁二十余载**（便繁，亦作“便蕃”。频繁；屡屡。《左传·襄公十一年》：“乐只君子，福禄攸同，便蕃左右，亦是帅从。”晋代杜预注解：“便蕃，数也。言远人相帅来服从，便蕃然在左右。”台阁，尚书。因尚书台设在宫廷建筑之内，故名。台阁往往与公府对举。《后汉书·仲长统传》：“光武皇帝……政不任下，虽置三公，事归台阁。”唐代李贤注解：“台阁，谓尚书也。”此说王焘在台阁频繁任职长达二十余年），**久知弘文馆图籍方书等**（知，动词。主管；主持。《左传·襄公二十六年》：“子产其将知政矣。”弘文馆，官署名。621年，武德四年，唐高祖李渊设置修文馆于门下省。626年，武德九年，太宗李世民即位，始改名为弘文馆。705年，唐中宗神龙元年，为避太子李弘讳，改名昭文馆；719年，唐玄宗开元七年，复名。此乃藏书、校书、学习之处，始聚书二十余万卷。置学士，职掌校正图籍，教授生徒，还参议政事；又置校书郎，职掌校理典籍，勘正谬误之务。此说王焘长期主持弘文馆的工作），**繇是观奥升堂**（繇，通“由”。介词。自此；从此；由是。《尔雅》：“繇膝以下为揭，繇膝以上为涉。”《史记·文帝本纪》：“盖闻天道，祸自怨起，而福繇德兴。”观奥，动词加形容词组成一词组。《说文解字·足部》：“观，谛视也。”《广雅·释诂一》：“观，视也。”《战国策·秦策》：“由此观之，王之蔽甚矣。”观，洞视；审察；观察。奥，深；深奥；奥秘；奥妙；精深难以理解。唐代经学家孔颖达作《尚书·序》：“至于夏商周之书，虽设教不伦，雅诰奥义，其归一揆，是故历代宝之，以为大训。”《释文》：“深也。”升堂，比喻学问、技艺已经达到入门之意。《论语·先进》：“子曰：‘由也升堂矣，未入于室也。’”北齐教育家、文学家颜之推《颜氏家训·诫兵》：“仲尼门徒，升堂者七十有二，颜氏居八人焉。”此说自此更加深入了解、掌握图书典籍之奥妙精髓），**皆探其秘要。以婚姻之故**（以，介词，表示行为产生的原因。因；因由；缘故。描写黎臣责卫劝君归国的《诗经·邶风·旄丘》：“何其久也？必有以也”），**贬守房陵**（古县名。秦始置房陵县，属汉中郡，治所即今湖北省房县，后归十堰市管辖。据《史记》“纵横千里，山林四塞，其固高陵，如有房屋”而得名。636年，唐代贞观十年，改光迁县为房陵县，属房州治），**量移大宁郡**（因罪被贬谪至远方的官吏遇赦免则酌量迁移到近处任职，称“量移”。《旧唐书·玄宗纪上》：“大赦天下，左降官量移近处。”唐改隰州为大宁郡，治所位于今山西省隰县治。王焘因婚姻之故，由朝廷贬谪至地方任职，先任房陵太守，后量移至距京城较近处的大宁郡任太守），**提携江上**（提携，搀扶；带领。《礼记·曲礼上》：“长者与之提携，则两手奉长者之手”），**冒犯蒸暑，自南徂北**（徂，音 cú。动词。《尔雅》：“徂，往也。”往；到。描写正直周大夫芮伯责备、讥刺周厉王、近功好利，任用小人、执政大臣荣夷公，行暴政，招外辱，祸害老百姓，国人莫敢言的罪行，陈述救国之道的《诗经·大雅·桑柔》：“自西徂东，靡所定处”），**既僻且陋，染瘴婴痢**（感染瘴疫，痢疾缠身。瘴，俗称疟疾；

痢，痢疾。婴，缠绕；羁绊。西晋陆机《赴洛道中》诗：“借问子何之？世网婴我身。”引申为加），**十有六七，死生契阔**（契，音 qiè。离合；久别重逢。描写战争期间，士卒长期征战，悲愤之情无以复加，如泣如诉的《诗经·邶风·击鼓》：“死生契阔，与子成说。”《后汉书·范冉传》：“奂曰：‘行路仓卒，非陈契阔之所，可共到前亭宿息，以叙分隔’”），**不可问天，赖有经方仅得存者，神效妙用，固难称述。遂发愤刊削**（删改；修订。《晋书·齐王攸传》：“就人借书，必手刊其谬，然后反之。”南朝梁任昉《齐竟陵文宣王行状》：“未见好德，愚窃惑焉。即命刊削，投杖不暇”），**庶几一隅**（庶几，但愿；希望；或许可以。《诗经·小雅·车舝》：“虽无旨酒，式饮庶几；虽无嘉肴，式食庶几。”袁梅《诗经译注》解：“庶几，幸。此表希望之词。”一隅，泛指事物的一部分。不全面。《论语·述而》：“举一隅，不以三隅反，则不复也。”希望部分有用）。**凡古方纂得五六十家，新撰者向数千百卷，皆研其总领**（皆研究它们总的要领），**核其指归**（指归，宗旨或意向所在。《晋书·束皙传》：“校缀次第，寻考指归。”核对它们的宗旨）。**近代释僧深、崔尚书、孙处士、张文仲、孟同州、许仁则、吴升等十数家**（释僧深，南北朝宋、齐时期僧人，亦称深师，僧深。著有《深师方》一书。崔尚书即崔知悌，孙处士即孙思邈，孟同州即孟诜，许仁则、吴升二人无考），**皆有编录，并行于代，美则美矣，而未尽善。何者？各擅风流，递相矛盾，或篇目重杂，或商较繁芜**（商较，研究比较。《魏书·皮喜传》：“其所陈计略，商较利害，料其应否，宁边益国，专之可也。”繁芜，繁多芜杂。《后汉书·郑玄传》：“删裁繁芜，刊改漏失。”《文选·景福殿赋》：“桑梓繁芜，大雨时行。”唐代十八学士之一吕向注解：“繁芜，多也。”研究比较繁多芜杂、杂乱无章的古代经方）。**今并味精英**（如今普遍研究体味其精粹、华美所在。晋代葛洪《抱朴子·嘉遁》：“漱流霞之澄液，茹八石之精英”），**钤其要妙**（钤，音 qián。锁；锁住；关键。掌握其精深奥妙之处。晋代郭璞《尔雅序》：“九流之津涉，六艺之钤键。”北宋训诂学家邢昺疏解：“《小尔雅》云：‘键谓之钥。’言此书为六艺之锁钥），**俾夜作昼**（使夜当作白昼，意即成语“夜以继日”的另一种说法），**经之营之**（语出《诗经·大雅·灵台》：“经始灵台，经之营之。”这是一首记述周文王建灵台，因得到百姓拥护，迅速建成；文王在灵囿、灵沼游赏奏乐，一幅盛世景象的诗歌。引申为筹划营谋；构思谋划），**损众贤之砂砾**（损，舍弃；筛除。《说文解字·手部》：“损，减也。”《易经·杂卦》：“损益，盛衰之始也。”去除、舍弃细微的不足或曰糟粕内容），**掇群才之翠羽**（掇，音 duō。拾取；摘取；选取。《诗经·周南·芣苢》：“采采芣苢，薄言掇之。”《毛诗训诂传》：“掇，拾也。”引申为选取、摘取。翠羽，本谓翠鸟绿色的羽毛，因稀少而珍贵，比喻珍宝；珍贵。选取英才们的宝贵精华），**皆出入再三**（反复再三。形容多次反复，慎重之意），**伏念旬岁**（伏念，自谦词。退而自省；念及；常用于对尊者致书。西汉东方朔《七谏·初放》："伏念思过兮，无可改者。"旬岁，满一年。《汉书·翟方进传》："方进旬岁间，免两司隶。"唐代颜师古注解："旬，遍也，满也。旬岁，犹言满岁也，若十日之一周。"尽心编撰历时一年)，**上自炎昊，迄于圣唐，括囊遗阙**（囊括遗缺），**稽考隐秘**（查考稽核隐讳秘密），**不愧尽心焉**（当之无愧，尽心尽力了。《孟子·尽心上》："仰不愧于天，俯不怍于人"）。

客有见余此方曰：嘻，博哉！学乃至于此邪（赞美词！学识或曰学问如此渊博也。《墨子·非儒下》："然则今之鲍、函、车、匠皆君子也，而羿、伃、奚仲、巧垂，皆小人邪。"清末经学家、训诂学家孙诒让著《墨子间诂》解："也、邪古通。"《庄子·天地》："始也我以女为圣人邪，今然君子也"）。**余答之曰：吾所好者寿也，岂进于学哉？至于遁天倍情**（语出《庄子·养生主》："是遁天倍情，忘其所受，古者谓之遁天之刑。"唐代道学家成玄英疏解："言逃遁天理，倍加俗情。"倍，通"背"。背离自然之性，倍加流俗之情），**悬解先觉，吾常闻之矣**（悬解，原作"县解"，道家术语。语出《庄子·大宗师》："且夫得者时也，失者顺也，安时而处顺，哀乐不能入也，此古之所谓县解也。"成玄英疏解："处顺忘时，肃然无系，古昔至人谓为县解。"高超深入的理解。《新唐书·尹知章传》："于《易》《老》《庄》书尤县解。"先觉，先知先觉。《孟子·万章上》："天之生此民也，使先知觉后知，使先觉觉后觉也。"对事物、事理的认识具有较一般人提前、深入高超理解能力的人。对于先知先觉这个道理，我经常听说）。**投药治疾，庶几有瘳乎**（庶几，也许可以；表示希望。《史记·秦始皇本纪》："寡人以为善，庶几息兵革。"瘳，音 chōu。疾病痊愈。《尚书·说命上》："若药弗瞑眩，厥疾弗瘳。"引申为恢复元气。希望有治愈者乎）！**又谓余曰：禀生受形，咸有定分，药石其如命何**（如，于；对于。《吕氏春秋·爱士》："人之穷困，甚如饥寒。"药物、砭石，对于性命又能如何）？**吾甚非之，请论其目**（目，请论述其项目或曰要点。《小尔雅·广诂》："目，要也"）。**夫喜怒不节，饥饱失常，嗜欲攻中，寒温伤外，如此之患，岂由天乎？夫为人臣、为人子，自家刑国**（刑，治理。《广雅·释诂三》："刑，治也。"《周礼·秋官·叙官》："以佐王刑邦国。"自家庭的治理到治理国家），**由近兼远，何谈之容易哉！则圣人不合启金縢**（音 téng。《尚书·金縢序》："武王有疾，周公作金縢。"孔颖达疏解："郑云：凡藏秘书，藏之于匮，必以金缄其表。"此说周武王得了疾病，周公作书祷告乞以自身性命代之，并用金缄封藏于匮中。圣贤有不同意见可以开启金縢求解），**贤者曷为条玉版**（曷，音 hé。何不；何必。《诗经·唐风·有杕之杜》："中心好之，曷饮食之？"条，条陈。分条陈述。《汉书·李寻传》："臣谨条陈所闻。"后称向上级分条陈述意见的文件为条陈。玉版，玉简。通指古代典籍。《韩非子·喻老》："周有玉版，纣令胶鬲索之，文王不予；费仲来求，因予之。"贤者何必陈述书写祷辞于玉版之上？圣人指周武王，贤者指周公）？斯言之玷（音 diàn。北宋官修韵书《广韵》：“玷，玉瑕。”语出卫武公籍自警以刺王的《诗经·大雅·抑》：“白圭之玷，尚可磨也；斯言之玷，不可为也。”本指玉上的斑点瑕疵，亦喻人的缺点、过失。所言之错），窃为吾子羞之。客曰：唯唯（谦卑恭敬的应答声。暗讽、讥刺鲁桓公夫人文姜与其兄齐襄公违背天伦，荒淫无耻秽行的《诗经·齐风·敝笱》：“敝笱在梁，其鱼唯唯。”东汉郑玄注解：“唯唯，行相随顺之貌。”《左传·桓公十八年》载其史实。《汉书·司马相如传上》：“齐王曰：‘虽然，略以子之所闻见言之。’仆对曰：‘唯唯。’”唐代颜师古注解：“唯唯，恭应之辞也。”《国策·秦测三》：“秦王跪而请曰：‘先生何以幸教寡人？’范雎曰：‘唯唯。’”由此引申为谦卑的应答）。呜呼！齐、梁之间，不明医术者，不得为孝子。曾、闵之行（曾子，名参；闵子骞，名损。二人均是孔子学生，都是春秋时期鲁国人，均以孝和德行著称。曾子提出了“吾日三省吾身”的修养方法），宜其用心，若不能精究病源，深探方论，虽百医守疾，众药聚门，适足多疑，而不能一愈之也。主上尊贤重道，养寿祈年，故张、王、李等数先生继入（此数人无考，不知其所指），皆钦风请益（敬辞加自谦词。敬慕、钦佩诸先生的风俗教化。记述尧统治时期的政治体制、政治思想、社会制度诸多内容的《尚书·尧典》：“乃命羲和，钦若昊天，历象日月星辰，敬授人时。”《晋书·赫连勃勃载记》：“故伪秦以三世之资，丧魂于关陇；河源望旗而委质，北虏钦风而纳款。”请益，受教后仍不明了，再去请教。《礼记·曲礼上》：“请业则起，请益则起。”郑玄注解：“益谓受说不了，欲师更明说之。”敬慕诸先生的教化，不明白的地方再三请教），贵而遵之（贵，敬辞。珍贵；贵重。因其珍贵而遵守）。故《鸿宝》《金匮》《青囊》《绿帙》（四者均是古代著名医方典籍。《鸿宝》，道教修仙炼丹、延年益寿养身之宝书。《汉书·刘向传》：“上复兴神仙方术之事，而淮南有《枕中鸿宝苑祕书》。”起源于尧、舜之时，历经夏商周，盛行于春秋，成书于西汉。由淮南王刘安整理编辑民间资料而成书的《鸿烈》，其中中篇八卷即是《鸿宝》，《汉书·淮南王传》有载。《金匮》，即《金匮要略》，由东汉张仲景著述的中医经典著作之一，是现存最早的一部诊治疑难杂病的中医专著。《青囊》，即《青囊经》，《后汉书·华佗传》记载由东汉末年著名医学家华佗著，此书已佚。附：《青囊经》，尚有由秦末、汉初的学者黄石公所著我国历史上第一部有文字记载的风水经书一说。此书虽然字数不多，仅寥寥四百余字，分上、中、下三卷，却博大精深，简洁明快，直言学理，绝不故弄玄虚，确立了“风水学”的具体哲学思想和理论体系。亦可理解为成书年代、著者均不详的中医学论著《青囊秘诀》一书，也可理解为古代医家存放医书的布口袋一说。唐代刘禹锡《闲坐忆乐天以诗问酒熟未》：“案头开缥帙，肘后检青囊。唯有达生理，应无治老方。”应以华佗著为准。《绿帙》，一说东汉末年著名医学家华佗著，另一说不详），往往而有，则知日月所照者远，圣人所感者深，至于啬神、养和、沐老、补病者（语出《后汉书·周磐传》：“昔方回、支父啬神养和，不以荣利滑其生术。”方回，古仙人名。参见西汉刘向《列仙传·方回》。支父，古贤士名。参见《庄子·让王》。唐代李贤注解：“《列仙传》曰：‘方回，尧时隐人也。尧聘之，练食云母，隐于五柞山。至夏启末，为人所劫，闭之室中，从求道，回化而去。’《高士传》曰：‘尧、舜各以天下让支父，支父曰：‘予适有劳忧之病，方且疗之，未暇理天下也。’”），**可得闻见也。余敢采而录之，则古所未有，今并缮辑**（《说文解字·糸部》：“缮，补也。”《后汉书·卢植传》：“臣前以《周礼》诸经，发起秕谬，敢率愚浅，为之解诂，而家乏，无力供缮写上。”辑，动词。汇集各种来源的书面材料或项目经过加工、整修、编辑汇编成一个完整的文件或丛书谓之辑。《诗经·大雅·板》：“辞之辑矣，民之洽矣。”南朝著名文学家沈约《佛记序》：“妙应事多，宜加总辑，共成区畛。”如今一并收集修整编辑），**而能事毕矣。若乃分天地至数**（若乃，相当“至于”之意。常用于句首，以示另起一事。东汉班固《西都赋》：“若乃观其四邻，浮游近县，则南望杜、霸，北眺五陵。”至数，指事物发展的必然结果。《后汉书·赵咨传》：“夫含气之伦，有生必终，盖天地之常期，自然之至数。”至于分天地发展的自然规律），**别阴阳至候**（辨别阴阳发展变化的征候。至，副词。极；大；最。《易经·坤》：“至哉坤元，万物资生。”《荀子·正论》：“罪至重而罚至轻，庸人不知恶矣。”此外，其含义又有道家所指最玄妙、最精深道理的意思。古代哲学家所指一种极其精微、神妙而难觅形迹的形态），**气有余则和其经渠以安之，志不足则补其复溜以养之，溶溶波波**（溶溶，形容词。水流宽广、盛大汹涌奔波貌。刘向《楚辞·九叹·愍命》：“心溶溶其不可量兮，情淡淡其若渊。”东汉著名文学家王逸注解：“溶溶，广大貌。”刘向《楚辞·九叹·逢纷》：“扬流波之潢潢兮，体溶溶而东回。”王逸注解：“溶溶，波貌也。”波波，水流的波涛起伏现象。唐代诗人岑参《阌乡送上官秀才归关西别业》：“风尘奈汝何，终日独波波。”此处则是说人体的气血经脉缓慢无力、波动荡漾、畏寒之状。《难经·二十九难》：“阴阳不能自相维，则怅然失志，溶溶不能自收持。”明代文学家王九思《难经集注》引北宋丁德用的《难经补注》说：“溶溶者，缓慢所以不能收持也。”明代李时珍《本草纲目·草三·当归》：“带脉为病，腹痛，腰溶溶如坐水中”），**调上调下，吾闻其语矣，未遇其人也，不诬方将，请俟来哲**（不诬，不妄；不假。《礼记·表记》：“是故君有责于其臣，臣有死于其言，故其受禄不诬。”唐代孔颖达疏解：“以其言善乃受禄，是受禄不诬罔也。”方将，将来；将要；未来；表示行为正要进行。语出描写卫国宫廷贵族女子赞美、钟爱、羡慕舞师高大魁梧、威武健美、雍容优雅、风度翩翩、雄壮勇猛之态的诗歌《诗经·邶风·简兮》：“简兮简兮，方将万舞。”俟，动词。等待。《论语·先进》：“如其礼乐，以俟君子。”来哲，名词。后世聪明、智慧卓越超群的哲人。《文选·班固〈幽通赋〉》：“若胤彭而偕老兮，诉来哲而通情。”唐代六臣注之一的吕延济注解道：“若得续彭祖之年，俱老聃之寿，当告之来智与之通情。”方不致贻误正要学医者，请等待未来智慧超群的哲人）。**其方凡四十卷，名曰《外台秘要方》，非**

敢传之都邑（京城都市。记载法家革新变法政治思想的《商君书·算地》："故为国任地者，山林居什一，薮泽居什一，溪谷流水居什一，都邑蹊道居什四，此先王之正律也"），且欲施于后贤，如或询谋，亦所不隐。

是岁天宝十一载（752年），岁在执徐［古人用干支纪年，十干叫作岁阳，十二支叫作岁阴。十二支中辰的别称叫作执徐，用以纪年。《尔雅·释天》："（太岁）在辰曰执徐。"唐代陆德明释文引李巡云："执，蛰也。徐，舒也。言蛰物皆敷舒而出，故曰执徐也"］，月之哉生明者也（哉生明，亦作"哉生魄""既生魄""旁生魄"。此指农历每月的初二或初三日，此时月亮开始有光。《尚书·武成》："厥四月，哉生明，王来自商，至于丰。"《尚书·康诰》："惟三月，哉生魄。"魄，亦作"霸"，月光，指月末盛明时所发出的光芒。哉生魄，亦即"始生魄"，谓月亮开始发光，古人常用其作阴历每月初二日或初三日的代称。月既生魄而未大明叫"既生魄"，即从上玄月到月望这一段时间。《礼记·乡饮酒义》："月者，三日则成魄。"《白虎通·日月》："月三日成魄，八日成光。"《汉书·律历志》："生霸，望也。"《尚书·武成》："既生魄，庶邦冢君暨百工，受命于周。"《孔传》解："魄生明死，十五日之后。"旁，广大。旁生魄，谓月亮大部分有光。《逸周书·世俘》："维一月丙午，旁生魄。"西晋五经博士孔晁注解："旁，广大，月大时也。"古时常用作阴历每月初十日的代称，或指初十日至十五、十六日这一段时间）。

唐代银青光禄大夫使持节邺郡诸军事兼守刺史、
上柱国清源县开国伯　王焘撰

《校正外台秘要方·序》：夫外台者（古代官职名。东汉的刺史，实由朝廷外派至地方任职为州、郡的长官。置别驾、治中，诸曹掾属，号为外台），刺史之任也（古代官职名。隋、唐时期州、县两级的行政长官称刺史，刺史、太守相同。职权较三国、南北朝时期渐轻）；秘要者，秘密枢要之谓也。唐代王焘台阁二十余载（唐代李贤在为《后汉书·仲长统传》"光武皇帝……政不任下，虽置三公，事归台阁"作注时解释："台阁，谓尚书也。"东汉时期，置尚书之职以辅佐皇帝直接处理政务，三公的职权逐渐削弱。由于尚书台设置在宫廷建筑之内，故称台阁），久知弘文馆，得古今方，上自神农，下及唐世，无不采摭，集成经方四十卷，皆诸方秘密枢要也。以出守于外，故号曰《外台秘要方》。凡一千一百四门，以巢氏《病源》、诸家论辨各冠其篇首，一家之学不为不详。

王氏为儒者，医道虽未及孙思邈，然而采取诸家之方，颇得其要者，亦崔氏、孟诜之流也（崔知悌，隋代医学家，著有《崔氏纂要方》《崔氏产书》《崔氏骨蒸方》等。《旧唐书》《新唐书》虽在《崔知温传》内附有简历，然甚略，见《孟诜》节）。且古之如张仲景、《集验》（《集验方》系姚僧垣所撰，见《姚僧垣》节）、《小品方》（见《陈延之》节）最为名家，今多亡逸，虽载诸方中，亦不能别白，王氏编次各题名号，使后之学者皆知所出，此其所长也。又谓针能杀生人，不能起死人，其法亡之且久，故取灸而不取针，亦医家之蔽也。此方撰集之时，或得缺落之书，因其阙文义理不完者多矣。又自唐历五代，传写其本，讹舛尤甚，虽鸿都秘府（东汉时期，皇室藏书之所。《后汉书·儒林传序》：“乃董卓移都之际，吏民扰乱，自辟雍、东观、兰台、石室、宣明、鸿都诸藏典策文章，竞共剖散。”宫廷中专职收藏珍贵典籍图书之处。自汉至唐，均由秘书监监管），亦无善本。国家诏儒臣校正医书，臣承命，以其书方证之重者，删去以从其简；经书之异者，注解以著其详，鲁鱼豕亥（谓书籍在传抄书写过程中或刊印时出现文字错误的现象。“鲁”和“鱼”、“豕”和“亥”的篆书形体极为相似，在传写过程中极易写错。《抱朴子·遐览》：“谚曰：‘书三写，鱼成鲁，虚成虎。’”与成语“鲁鱼帝虎”之意一致。《吕氏春秋·察传》：“有读史记者曰：‘晋师三豕涉河。’”孔子学生子夏释：“非也，是已亥也。夫已与三相似，豕与亥相似”），焕然明白。臣谓三代而下（三代，夏、商、周三代。《论语·卫灵公》：“斯民也，三代之所以直道而行也”），文物之盛者，必曰西汉，止以侍医李柱国校方技，亦未尝命儒臣也。臣虽滥吹儒学，但尽所闻见，以修正之，有所阙疑，以待来哲（后世聪明、智慧卓越超群的贤哲之人。《论语·微子》：“往者不可谏，来者犹可追”）。总四十卷，并目录一卷。恭惟主上盛德承统，深仁流化，颁此方论，惠及区宇（区域；疆域；境域；天下。《三国志·魏志·崔琰传》：“不如守境述职以宁区宇。”唐代元稹《贺诛吴元济表》：“威动区宇，道光祖宗”），赞天地之生育，正万物之性命，使岁无疵疠（音 cī lì。灾变；灾害；疾病；疫病。《列子·黄帝》：“人无夭恶，物无疵疠。”《庄子·逍遥游》：“其神凝，使物不疵疠，而年谷熟。”唐代道教学者、理论家成玄英疏解：“疵疠，疾病也”），人不夭横（短命；早死；意外折亡。犹如夭折。《荀子·荣辱》：“忧险者常夭折。”横，不测，意外，横祸。此句意为不致意外亡命），熙熙然歌乐于圣造者也（温和愉悦高兴欢乐的样子。《汉书·礼乐志》：“众庶熙熙，施及夭胎；群生啿啿，唯春之祺。”唐代颜师古注解：“熙熙，和乐貌也。”唐代诗人元稹《唐故京兆府盩厔县尉元君墓志铭》：“临弟侄妻子熙熙然，穷年无愠厉”）。

前将仕郎、守殿中丞、同校正医书　臣　孙兆谨上

陈藏器（约687—757），唐代著名医药学家，撰《本草拾遗》。

“陈藏器《本草拾遗》十卷开元中人。”（北宋欧阳修、宋祁撰，《新唐书·卷五十九·志第四十九·艺文三》。《新唐书·卷一百九十五·列传第一百二十·孝友》节中，记“唐时陈藏器著《本草拾遗》，谓人肉治羸疾（羸，①音 léi。瘦；弱；衰弱病生。《礼记·问丧》：“身病体羸，以杖扶病也。”晋代杜预在为《左传·桓公六年》“请羸师以张之”作注时说：“羸，弱也。”②痼疾；羸疢。《南史·隐逸传·陶潜》：“遂抱羸疾。江州刺忠檀道济往候之，偃卧瘠馁有日矣”），自是民间以父母疾，多刲（音 kuī。动词。《广雅》：“刲，屠也。”割取。《战国策·齐策》：“刲魏之东野”）股肉（人腿肉。自胯至脚踝的部分。特指膝盖以上至胯的部分。《战国策·秦策一》：“（苏秦）读书欲睡，引锥自刺其股”］而进。”唐代文学家、哲学家韩愈不满此说，批驳道：“父母疾，烹药饵，以是为孝，未闻毁肢体者也。苟（副词。况且；姑且；如果；假如。《孟子·告子上》：“苟得其养，无物不长”）不伤义，则圣贤先众而为之，是不幸因而且死，则毁伤灭绝之罪有归矣，安可旌其门以表异之？”

“陈藏器《本草拾遗》十卷。”（元代脱脱等撰，《宋史·卷二百七·志第一百六十·艺文六》）

北宋学者、官员掌禹锡评价说：“以《神农本草经》虽有陶（弘景）、苏（敬）补集之说，然遗逸尚多，故汇集前人遗漏之药物，于开元二十七年（739 年）撰成《序例》一卷，《拾遗》六卷，《解纷》三卷，总曰《本草拾遗》共十卷。”以补《新修本草》之缺憾。原书已佚，其佚文可见于《证类本草》等。

明代李时珍评价说：“其所著述，博极群书，精核物类，订绳谬误，搜罗幽隐。自《本草》以来，一人而已。”

晚于代陈藏器（约 687—757）近千年的后世同乡（也就是陈死后 948 年，全出生），清代著名史学家、文学家、思想家全祖望（1705—1755）鉴于他对传统医药学的贡献，赞其为“四明医学之初祖”。全祖望在《鲒埼（音 jié qí）亭集》中，详解陈藏器和日华子实则为二人之说：“陈藏器、日华子本末：陈藏器，唐开元中人也，著有《本草拾遗》，是为四明医学之初祖，吾乡唐人传者甚少。藏器，官京兆三原尉，然非是书，则几莫之传也。日华子，宋开宝中人也，著诸家本草，不知姓氏？《嘉祐本草》所载二人甚明。其云：陈藏器即日华子者，出于明之丰吏部，以世有陈日华谈谐也，不知别是一人，近或以日华子之姓氏，为大明则更谬也。”

陈藏器，四明人（即今宁波市鄞州区。浙江旧宁波府的别称，因其境内有四明山得名），唐开元年间（713—741年）曾任京兆府三原县尉。陈藏器精通医药，对本草有深刻研究，用宣、通、补、泻、轻、重、滑、涩、燥、湿解释药物性能的方法，发展为后世的“十剂”之方剂分类法。因觉《本经》挂漏尚多，天地品物无穷，古今隐显亦异，用舍有时，名称或变，岂可以一隅之见（偏见；管见；一孔之见；以偏概全。语出《论语·述尔》：“举一隅不以三隅反，则不复也”），而遽议多闻哉（遽，遂；就。《墨子·公孟》：“虽子不得福，吾言何遽不善？而鬼神何遽不明？”岂可凭偏见，就说是闻见颇多），乃广集药名撰《本草拾遗》一书。

陈藏器，是位生活于盛唐时期，曾任京兆府三原县尉。他虽为低级官吏，并不热心于自己的政治前程，却极为热衷于祖国的医药学事业，尤其倾心攻读、研究本草之学。经过多年的认真研读，他觉得成书于汉代的《神农本草经》，几经后世的历代名医，如南朝梁时期的陶弘景、唐代苏敬等人的集注、补释，又在唐高宗李治显庆四年（659年），经由朝廷高度重视所主持编撰、颁布了世界上第一部由国家批准，载药多达八百四十四种的法定药典《新修本草》（这部药典要比西方的意大利《佛罗伦萨药典》、德国《纽伦堡药典》、俄国的第一部药典早达8个世纪以上。欧洲的第一部法定药典《佛罗伦萨处方集》颁行于1498年，《纽伦堡药典》颁行于1535年，俄国的第一部药典颁行于1778年）。但是，随着时代的发展，医药事业的发展，流行于民间的单方、验方又陆续不断地涌现出来。作为国家药典的《新修本草》明显存在着诸多遗漏，鉴于此，本着对祖国中医药事业的极度热爱和高度负责精神，陈藏器不肯墨守陈规，历经多年辛苦劳作，终于在739年，唐玄宗李隆基开元二十七年，撰就了兼顾药学理论和临床应用实践，极具学术价值的十卷本《本草拾遗》一书，共收录、增补官修《新修本草》未载之药物多达六百九十二种（另一说达七百一十二种），每种药物都详细叙述药名、产地、性状、采制、性味、主治、药效、禁忌、毒性等项；又为解决之前本草书籍中记载纷乱的现象，增记“解纷”三卷，予以品种考证，讹误订正，形态辨析，对性味相似易于混淆者，论药达二百六十九种；对保守的官方药物学著作进行了大量补充，大大充实了本草学的内容，极大地弥补了国家药典的缺憾和不足，更广阔地开拓、丰富了中草药学的知识宝库。

陈藏器所撰《本草拾遗》实乃继唐政府官修《新修本草》之后，有唐一代对本草学贡献最大的民间药物学专著。此书兼顾药物学理论和实际临床应用，其学术价值相当之高，从后世诸多本草学著作纷纷引用其内容，即可看出它的重要作用。由北宋著名药学家唐慎微编著，北宋时期集药物学之大成，多次作为国家法定本草学著作的《经史证类备急本草》（简称《证类本草》）引用它的药物品种达四百多种；收录药物多达1892种，收集医药方11096个的《本草纲目》摘引、采用它的药物品种竟多达368种，约占其书的1/5，其中动物药111种，矿物药106种，居二十八家历代本草之首。五代李珣专门记述由海外传入中国的药物学著作《海药本草》引其二种。由宋太祖赵匡胤敕诏修订的《开宝新详定本草》（简称《开宝本草》）引其六十四种。1057年，北宋嘉祐二年，由成立伊始的校正医书局，最早承担的校修任务《嘉祐补注神农本草》（简称《嘉祐本草》）引其五十九种，并被引录为正品药条。由此可见，《本草拾遗》对后世本草学的影响有多么巨大。

陈藏器不仅勇于“搜罗幽隐”，努力巡检、发掘、增加当时认为冷僻，难得常用药物的载入，而且，不拘谨于内，广收外物，相当重视来自海外药物的收集。这不仅仅反映了唐代中、外医药学的交流情况，更可窥见这位县吏开阔的胸怀和气度，对外来文明的重视。他极具勇于担当的精神，敢于纠正先人本草著录的失误，这一贡献不可小觑。诸如《本经》载食姜令人少智，这一说法太过于荒唐；反驳斥黄精与色吻、女萎与葳蕤分别为两物的错误说法，赞成陶弘景在《名医别录》一书中关于以上二物的正确说法；又如，箘桂、牡桂、桂心三种本来就是一物，筒桂即为箘桂之误，言之有理有据，确凿无误，令人不得不钦佩点赞。他在某种程度上可以说是推动了临床医学的进展，如利用动物药理实验来验证药物的功效和毒性，虽然这一工作自隋巢元方在《诸病源候论》一书中就有关于动物实验的记载，但陈藏器在这方面的工作更加大大推动了动物药理学实验的进程，如，他发现了铜元素可以促进骨痂的生长愈合，非常有利于骨伤病人的康复，在其书中有明确的记载：“赤铜屑主折疡，能焊入骨，及六畜有损者，细研酒服，直入骨伤处。六畜死后取骨视之，犹有焊痕，可验。”这段话堪称世界上最早的动物药理学试验的记载，尽管这次动物实验并非有意识地进行，而是在受伤六畜死后进行解剖才发现的，但毕竟这一说法也已得到现代医学的验证。铜元素是骨骼中制造骨质的成骨细胞内必不可少的物质，骨折之后，铜元素的介入对于骨痂的形成，起着积极的触谋作用，更有利于骨痂形成，有利于骨伤病人的早日康复。此后北宋的寇宗奭，则是实实在在地，有目的地在动物身上进行了这一验证，据其在《本草衍义》中记载：“有人以自然铜饲折翅胡雁，后遂飞去。今人（以之治）打扑损。”明代的李时珍则在其《本草纲目》中有同样的记载：“自然铜接骨之功，与铜屑同，不可诬也。”同时警醒人们：“自然铜接骨之后，不可常服。”说明古人早已知晓微量元素对人体健康的重要性和不慎过量服用微量元素对人体健康的危害性。古人的智慧，实在令人钦佩得五体投地。

如果这一做法能够在当今的骨伤科得到大力推广，而不是动不动就予骨置换术，加之骨伤科病人普遍都盲目追求置换高价的进口器材，就这一点，每年能够给病人和国家节省多少经费？不可估量，希望今后能够在医院的骨伤科得以大力普及中医骨伤科的这一传统治疗法。虽然，股骨头置换术在当今的医疗治疗中是一件极为成熟的手术治疗法。

关于中草药药物性能功用分类的“十剂”之说，历来纷争不断，一说源于北齐徐之才总结归纳所得，一说出于唐代陈藏器之功，后经多位现代学者考证研究认为，实为陈氏所归纳，陈氏所创立的这种按照药物性能分类的药物分类法为后世方剂学按功能分类奠定了坚实基础，在理论上将处方按功效分为“十剂”之说。大意内容分别是：

宣可去壅，使用宣散、涌越之品，以治疗胸闷、呕恶等壅塞之证：生姜、橘皮之属。

通可去滞，利用通利之品，以治乳汁不通或湿滞、藏府、经络等病证：木通、防已之属。

补可去弱，利用补益之品，以治各种虚弱之证：人参、羊肉之属。

泄可去闭，利用开泄之品，以治府实便秘、肺实气急等郁闭之证：葶苈、大黄之属。

轻可去实，利用轻清之品，以治外感六淫之邪，肌表无汗之证：麻黄、葛根之属。

重可去怯，利用重镇之品，以治心神浮越，惊悸不宁等神怯之证：磁石、铁粉之属。

滑可去着，利用滑利通淋之品，以治湿热凝结的热淋等证：冬葵子、榆白皮之属。

涩可去脱，利用涩敛之品，以治各种精津气血耗散滑脱之证：牡蛎、龙骨之属。

燥可去湿，利用燥湿之品，以治水肿腹胀，小便不利等水湿之证：桑白皮、赤小豆之属。

湿可去枯。利用滋润之品，以治干咳无痰，口干舌燥，或肠燥便秘等津枯之证：白石英、紫石英之属。

《本草拾遗》也是一部推介茶疗养生的书籍，对茶饮文化的推广起到了弥足轻重的推动作用。它详细记载了茶叶的食药功用，充满了对自然食疗、茶饮文化的传统智慧。经现代科学及医药学的大量研究证实，陈藏器在一千二百五十八年之前所推介的茶疗法，确实具有抗氧化、抗炎症、抗诱变、抗辐射、抗肿瘤、抗高血压，降血脂、保护神经和心血管系统、预防动脉粥样硬化的诸多药理作用和保健功用，因此赞其为茶疗鼻祖一点也不为过。这也再次证实了我们的祖先是多么的聪明和智慧，只不过现代人通过现代科学方法，诸如理化法、色谱法、光谱法、原子吸收等，终于解密茶叶能起这么多积极有益作用的基本成分主要是多酚类、茶氨酸、谷氨酰胺这些物质和一些人体必需微量元素而已。这也正是现代科学进步之处，正是通过这些先进手段，人们终于弄明白了什么是有益物质，什么是有害物质。不光是茶叶，所有的药食两用物质中所含的基本成分，无外乎就是通过毒理实验诸多手段来验证其生物活性、分子机制、药物代谢动力学，来达到人们的预期和目的，这些无疑都是源自西方科学技术的先进、进步之处；但，可别忘了，这要滞后于我们祖先们的发明、验证和总结至少一两千年之久。因此说，中西医结合，传统医药学与现代医药学巧妙结合，西方先进的科学技术与东方古老的智慧紧密有机地相结合，这才是社会与科学真正地进步和发展。

陈藏器对于中草药学的杰出贡献有目共睹，不容置疑，其在本草药物学史上的地位不可动摇，他在其中的重要地位得到海内外学术界普遍认可，海内外医药学界人士无不给予其高度评价，人们纷纷赞誉他为“8 世纪伟大的药物学家”。然而，正如全祖望所说：“然非是书，则几莫之传也。”也就是说，如果不是因为《本草拾遗》这本本草书籍的巨大影响，在各种正史中是无处觅得其踪的。由此可见，历代书写史籍的人，对于祖国传统医药学的轻视和忽略有多么严重，不能不说是件非常遗憾的事。为此，笔者觉得有义务重点为陈藏器予以补遗。

王冰（约 710—804），唐官员、医学文献学家，《黄帝内经》注释者。

“王冰注《黄帝素问》二十四卷。”“《释文》一卷冰号“启元子”。”（北宋欧阳修、宋祁撰，《新唐书·卷五十九·志第四十九·艺文三》）

“《黄帝内经素问》二十四卷唐人王冰注。”“王冰《素问六脉玄珠密语》一卷。”（元代脱脱等撰，《宋史·卷二百七·志第一百六十·艺文六》）

王冰，自号“启玄子”。代宗宝应中（宝应是唐代宗李豫的年号，762—763 年）曾居官任太仆令，故后人亦称其为王太仆。

王冰弱龄慕道，夙好养生，笃好医学及医方，平素喜爱钻研医学，尤其是对于《黄帝内经·素问》有着极其深刻、精到的研究。他在得到先师所藏《黄帝内经》这部真经及隋医全元起的《内经训解》之后，甚为重视，潜心为之撰注。他认为《素问》一书，虽然岁月久淹，袭以成弊；或一篇重出，而别应二名；或二论并吞，而都为一目；或问答未已，别树篇题；或脱简不书，而云世阙，但终难掩其真经典籍之宝书面目：文简意博、理奥趣深，凡天地之象，阴阳证候，无不罗列其中；而病理变化之缘由，死生寿夭之征兆，亦表彰于其内。所以他尊崇《素问》为“至道之宗，奉生之始”。只要认真学好《素问》一书，就可以做到“动则有成，犹鬼神幽赞”。历代名医无不深得其精髓、奥妙而能发扬光大。他潜心汲汲，精勤博访，历经十二年时间（750—762 年），对《黄帝内经·素问》九卷进行了全面、系统、细致的研究，方臻理要加以整理、编次及注释，在注疏《黄帝内经·素问》时，因原书第七卷早佚，乃以其所得先师张公旧藏秘本之卷补入缺文“大论”，将原来的九卷本改编并扩展成二十四卷，由此，使旧传本《黄帝内经·素问》中篇目重迭、前后不伦、文意悬隔、纰缪误错之处得以纠正。更将其中简脱文断、义不相接者，搜求经纶所有，迁移以补其处；篇目坠缺、指示不明者，量其意趣加字以昭显其义；篇论吞并，义不相涉，缺漏名目者，区分事类制目以冠篇首。其所作注释，排抉隐奥，多所发明，以保存及传播古代经典医学文献的巨大贡献而著称于医学界。

《黄帝内经·素问》之所以能够比较完整地保存下来，与王冰严谨的治学态度、认真刻苦求是的学风不无关系，“凡所加字，皆朱书其文”，使今古必分，字不杂糅，全书前后得以贯通。《黄帝内经·素问》中七篇大论赖以流传，其功当之无愧，王冰对祖国传统医学的发展做出了卓越贡献。冰年至八十余乃寿终正寝。

存有《释文》一卷，另有《玄珠密语》《元和纪用经》，据考为后人托名所作。

《重广补注黄帝内经素问序·启玄子王冰撰》：夫释缚脱艰，全真道气，拯黎元于仁寿，济羸劣以获安者，非三圣道（三圣之说，即指古代的三位圣人；有多种说，应以孔安国所说伏羲、神农、黄帝为准，这是针对中国医道、《黄帝内经》而言。三圣之说，还有以下诸多说法，排列于下，仅供参考。①尧、舜、禹。西汉董仲舒《贤良策三》“道之大原出于天，天不变，道亦不变。是以禹继舜，舜继尧，三圣相受而守一道。”《汉书·高惠高后文功臣表序》：“汤法三圣。”唐代颜师古注解：“三圣，谓尧、舜、禹也。”②夏禹、周公、孔子说。《孟子·滕文公下》：“我亦欲正人心，息邪说，距诐行，放淫辞，以承三圣者，岂好辩哉，予不得已也。”南宋朱熹注解：“三圣，禹、周公、孔子也。”③伏羲、文王、孔子说。《汉书·艺文志》：“人更三圣，世历三古。”唐代颜师古注引韦昭解释：“伏羲、文王、孔子。”清代史学家、经学家、考据学家王鸣盛撰《蛾术编·卷三》：“伏羲画六十四卦，文王作卦辞，爻辞，孔子作十翼……历数三圣。”④文王、武王、周公说。《汉书·诸侯王表序》：“三圣制法，立爵五等。”唐代颜师古注解：“三圣，谓文王、武王及周公也”），则不能致之矣。孔安国序《尚书》曰：伏羲、神农、黄帝之书，谓之三坟，言大道也（三坟之书，亦称三皇之书。坟，形容词，有大的意思。特指古代的大著作，如坟典、坟籍。《南史·丘巨源传》：“少好学，居贫，屋漏，恐湿坟典，乃舒被覆书；书获全而被大湿”）。班固《汉书·艺文志》曰："《黄帝内经》十八卷"。《素问》即其经之九卷也，兼《灵枢》九卷，乃其数焉。虽复年移代革，而授学犹存；惧非其人，而时有所隐。故第七一卷，师氏藏之。今之奉行，惟八卷尔。然而其文简，其意博，其理奥，其趣深。天地之象分，阴阳之候列，变化之由表，死生之兆彰。不谋而遐迩自同（遐迩，音 xiá ěr。远近。《尚书·太甲下》："若升高，必自下；若陟遐，必自迩。"《诗经·郑风·东门之墠》："其室则迩，其人甚远。"不经谋划而远近自然相同），勿约而幽明斯契。稽其言有征，验之事不忒（忒，音 tè。差误。不忒，没有差错。《易经·豫》："天地以顺动，故日月不过，而四时不忒"），诚可谓至道之宗，奉生之始矣。

假若天机迅发（天机，中国传统命理学、星相学术语。其主身体的神经系统、筋骨、足部），妙识玄通（与天相通。《老子》："古之善为士者，微妙玄通。"汉代隐士河上公注解："玄，天也。言其志节玄妙，精与天通也。"河上公亦称"河上丈人""河上真人"，是一位集黄、老哲学之大成者，方仙道的开山祖师，齐地琅琊一带的方士，是历史上无人知晓的一位真正的隐士。其为老子作注的《河上公章句》成书最早，流传最广，影响最大。《神仙传》记载："河上公者，莫知其姓名"）。蒇谋虽属乎生知（蒇，音 chǎn。动词。完成；解决；办好。《方言·卷十三》："蒇，备也。"又"蒇，解也"。东晋郭璞注解："蒇，训敕，复训解，错用其意。"生知，不待学而知之。《论语·季氏》："生而知之者上也。"解决的谋略虽属于生而知之），标格亦资于诂训（标格：①风范；风度。唐代诗人杨敬之《赠项斯》诗："处处见诗诗总好，及观标格过于诗。"②规范。晋代葛洪《抱朴子·重言》："吾特收远名于万代，求知己于将来，岂能竟见知于今日，标格于一时乎？"③标写格式。唐代刘知几《史通·题目》："观夫旧史列传，题卷靡恒……如此标格，足为详审。"诂训，解释古书文义，以今言解释古言。即用当代的话来解释古代词语。宋代邢昺疏解《尔雅·释诂》："诂，古也；古今异言，解之使人知也。"标写格式也都依据、借助于训诂的方法）。未尝有行不由径，出不由户者也。然刻意研精，探微索隐，或识契真要，则目牛无全。故动则有成，犹鬼神幽赞（好像暗中受到神明辅佐赞助一样。《易经·说卦》："昔者圣人之作《易》也，幽赞于神明而生蓍。"现代古文字学家高亨注解："言圣人作《易》，暗中受神明之赞助，故生蓍草，以为占筮之用"）。而命世奇杰，时时间出焉：则周有秦公（此指东周战国时期的秦代名医和、缓），汉有淳于公，魏有张公、华公（此指东汉末年、曹魏间名医张仲景、华佗），皆得斯妙道者也，咸日新其用，大济烝人。华叶递荣，声实相副（名副其实）。盖教之著矣，亦天之假也。

冰弱龄慕道（弱龄，年幼之时。犹如弱冠。《礼记·曲礼上》："二十曰弱，冠。"弱，年少。

旧时男子二十岁行冠礼，故用以指男子二十岁左右的年龄。左思《咏史》诗："弱冠弄柔翰，卓荦观群书。"慕，羡慕；仰慕；向慕。唐代韩愈《争臣论》："庶岩穴之士，闻而慕之。"道，宇宙万物的本原。《老子》："有物混成，先天地生……可以为天下母。吾不知其名，字之曰道。"王冰年少之时就渴慕追求真道本原），**夙好养生**（夙，早；素常。素所喜好养生）。**幸遇真经，式为龟镜**（《说文解字》："式，法也。"模范；榜样；式范；特定的规格。三国曹操《置屯田令》："秦人以急农兼天下，孝武以屯田定西域，此先世之良式也。"龟镜，亦作"龟鉴"。龟，龟卜，以卜吉凶；鉴，镜子，以别美丑。比喻借鉴，或引以为戒的教训。《北史·长孙绍远传》："照烂典章，扬榷而言，足为龟镜。"幸运得以真经作为榜样、模范，用以作为借鉴或引以为教训）。**而《世本》纰缪**［《世本》乃战国时期史官所撰史书。记述黄帝讫春秋时期，上古帝王、诸侯、卿大夫家族的氏姓、世系、居（都邑）、作（制作）等的史籍。纰缪，音 pī miù。差错；谬误。《礼记·大传》："五者（治亲，报功，举贤，使能，存爱）一物纰缪，民莫得其死。"郑玄注解："纰缪，犹错也。"东晋史学家裴骃《史记集解序》："虽时有纰缪，实勒成一家"］，**篇目重叠，前后不伦，文义悬隔**（文章的思想内容或曰文辞的涵义相差太远。《南史·陆澄传》："读《易》三年，不解文义。"文义，有三解：①指文章的内容，或其义理。《汉书·扬雄传下》："今扬子之书文义至深，而论不诡于圣人。"②文辞。《晋书·李玄盛传》："通涉经史，尤善文义。"③单指文字的意义。明末、清初戏剧家李渔于六十岁后所著戏曲理论专著《闲情偶寄·词曲上》："竟有只顾串合，不询文义之通塞，事理之有无，生扭数字作曲名者，殊失顾名思义之体。"悬隔，差别太大；相差太大；相隔甚远。东汉"建安七子"之一陈琳作《檄吴将校部曲文》："昔岁军在汉中，东西悬隔"）。**施行不易，披会亦难**（披，动词。翻阅；分析。解其要领，领会其意亦不易。唐代韩愈《进学解》："手不停披于百家之编"）。**岁月既淹**（淹，形容词。时间长久。《尔雅》："淹，久也。"《左传·成公二年》："无令舆师淹于居地。"淹的本意是被水浸没、沉没，此指岁月长久，既然已经过去许久），**袭以成弊**（袭，动词。因袭；承袭。《史记·乐书》："五帝殊时，不相沿乐；三王异世，不相袭礼。"《后汉书·宦官传论》："汉兴，仍袭秦制"）：**或一篇重出，而别立二名；或两论并吞，而都为一目；或问答未已**（未已，不止。描写因为追求所爱而不及的惆怅与苦闷的四言诗情歌《诗经·秦风·蒹葭》："蒹葭采采，白露未已"），**别树篇题；或脱简不书，而云世阙；重《合经》而冠《针服》，并《方宜》而为《咳篇》，隔《虚实》而为《逆从》，合《经络》而为《论要》，节《皮部》为经络，退《至教》以先《针》。诸如此流，不可胜数。且将升岱岳**（岱岳，泰山的别称），**非径奚为**（《史记·高祖本纪》："高祖被酒，夜径泽中。"唐代史学家司马贞著《史记索隐》解："言酒后放徒，夜径行泽中，不敢由正路，且从而求疾也。"奚，代词。何；什么。《孟子·梁惠王下》："君奚为不见孟轲也?"）？**欲诣扶**

桑（诣，动词。《仓颉》篇："诣，至也。"前往；去到。《史记·孝文本纪》："乘传诣长安。"《汉书·杨王孙传》："未得诣前。"颜师古注解："诣，至也。"《南史·东夷传》："扶桑在大汉国东二万余里。"其地在我国东海之外），无舟莫适。乃精勤博访，而并有其人。历十二年，方臻理要（臻，动词。《说文解字·至部》："臻，至也。"至；达到。卫女思归诗《诗经·邶风·泉水》："遄臻于卫，不瑕有害？"后世多用作达到的意思。方才达到事理的要旨或曰掌握要点。南朝宋颜延之《吊张茂度》："贤弟子少履贞规，长怀理要。清风素气，得之天然。"）。询谋得失，深遂夙心。时于先生郭子斋堂，受得先师张公秘本，文字昭晰（清楚；明白。东汉学者、经学家应劭撰《风俗通义·过誉·汝南戴幼起》："既推独车，复表其上，为其饰伪，良亦昭晰"），义理环周（义理，探求经义、讲究名理的学问，此指《周易》的哲学思想和《黄帝内经》的医学理论。《礼记·礼器》："义理，礼之文也。"《汉书·刘歆传》："及歆治《左氏》……由是章句义理备焉。"环周，严密；周密。南朝梁代刘勰《文心雕龙·风骨》："思不环周，索莫乏气，则无风之验也。"经义名理周密）。一以参详，群疑冰释（冰释，像冰融化一样，比喻疑点或隔阂完全消除。《老子》："涣兮若冰之将释。"诸多疑问全都如冰一样释放化解）。恐散于末学，绝彼师资，因而撰注，用传不朽。兼旧藏之卷，合八十一篇二十四卷，勒成一部。冀乎究尾明首（冀，希望。《离骚》："冀枝叶之峻茂兮，愿俟时乎吾将刈。"希望穷尽全文），寻注会经，开发童蒙，宣扬至理而已。

其中简脱文断、义不相接者，搜求经论所有，迁移以补其处；篇目坠缺、指事不明者，量其意趣，加字以昭其义；篇论吞并、义不相涉、阙漏名目者，区分事类，别目以冠篇首；君臣请问礼仪乖失者，考校尊卑，增益以光其意；错简碎文、前后重叠者，详其指趣，削去繁杂，以存其要；辞理秘密难粗论述者，别撰《玄珠》（无传，早佚），以陈其道。凡所加字，皆朱书其文，使今古必分，字不杂糅。庶厥昭彰圣旨，敷畅玄言，有如列宿高悬、奎张不乱，深泉净滢、鳞介咸分，君臣无夭枉之期，夷夏有延龄之望。俾工徒勿误，学者惟明，至道流行，徽音累属，千载之后，方知大圣之慈惠无穷。

时大唐 宝应元年（762 年）岁次壬寅序

将仕郎守殿中丞　孙兆重改误

朝奉郎守、国子博士、同校正医书、上骑都尉、赐绯鱼袋　臣　高保衡

朝奉郎守、尚书屯田郎中、同校正医书、骑都尉、赐绯鱼袋　臣　孙奇

朝散大夫守、光禄卿、直秘阁、判登闻检院上护军　臣　林亿

《重广补注黄帝内经素问·序》：臣闻安不忘危，存不忘亡者，往圣之先务；求民之瘼（《说文解字·病部》："瘼，病也。"《诗经·小雅·四月》："乱离瘼矣，爰其适归？"《毛传》："瘼，病。"了解黎民百姓的疾苦、痛楚），恤民之隐者（恤，动词。《说文解字·忄部》："恤，忧也。"表示体恤、怜悯，同情他人之意。抚恤百姓的隐忍之情），上主之深仁（上主，特指有道明君。西汉贾谊《新书·连语》："故上主者，尧、舜是也。"《汉书·谷永传》具体描写了什么样的人是上主："臣闻上主可与为善而不可与为恶，下主可与为恶而不可与为善。陛下天然之性，疏通聪敏，上主之姿也"）。在昔黄帝之御极也［御极，登极；即位。南朝梁刘勰《文心雕龙·时序》："明帝（晋明帝）秉哲，雅好文会，升储御极，孳孳讲艺。"往昔黄帝轩辕氏即位君临天下时就是如此］，以理身绪余治天下（理身，修身；养生。《后汉书·崔寔传》："为国之道，有似理身，平则致养，疾则攻焉。"绪余，本谓蚕抽丝之后留在茧上的蚕丝；后世则将其指剩余的、次要的部分。《庄子·让王》："道之真以治身，其绪余以为国家，其土苴以治天下。"唐代陆德明释文："司马、李云：续者，残也，谓残余也。"此说黄帝登极修身养性之余治理天下），坐于明堂之上（明堂，天子宣明政教的地方，天子在此借助神权以布政，宣扬君权神授。凡朝会及祭祀、庆赏、选士、养老、教学等大典，均于其中举行。乐府诗《木兰诗》："归来见天子，天子坐明堂。"《黄帝内经·素问·著至教论》："黄帝坐明堂，召雷公而问之"），临观八极（八极，八方。观八方分野，以察地理。《淮南子·墬形训》："天地之间，九州八极。"亲临明堂视察边疆八方。《黄帝内经·素问·五运行大论》："黄帝坐明堂，始正天纲，临观八极，考建五常"），考建五常（五常，儒家为了个人的发展与社会的进步，用以调整、规范君臣、父子、兄弟、夫妇、朋友等人伦关系的行为准则，为人们制定的五种最基本的品格和德行：仁、义、礼、智、信，亦即"五典"。《尚书·泰誓下》："今商王受，狎侮五常，荒怠弗敬。"唐代经学家孔颖达疏解："五常即五典，谓父义，母慈，兄友，弟恭，子孝；五者，人之常行。"考察建立社会行为的五种准则）。以谓人之生也，负阴而抱阳，食味而被色，外有寒暑之相荡，内有喜怒之交侵，夭昏札瘥（语出《左传·昭公十九年》："郑国不天，寡君之二三臣，札瘥夭昏，今又丧我先大夫偃……"晋代学者杜预注解："短折曰夭，未名曰昏。"唐代孔颖达疏："子生三月，父名之，未名之曰昏，谓未三月而死也。"《左传·昭公四年》："疠疾不降，民不夭札。"杜预注解："短折为夭，大死为札。"遭遇疫疠疾病而致幼儿夭亡、成人病倒），国家代有。将欲敛时五福，以敷锡厥庶民（锡，同"赐"。敷锡，布施；施赐。语出《尚书·洪范》："敛时五福，用敷锡厥庶民。"《公羊传·庄公元年》："王使荣叔来锡桓公命。锡者何？赐也。"引申为与。掌握五福，用以普遍布施赐予庶民百姓），乃与岐伯上穷天纪，下极地理，远取诸物，近取诸身，更相问难，垂法以福万世。于是雷公之伦授业传之，而《内经》作矣。历代宝之，未有失坠。苍"周"

之兴，“秦”和述六气之论，具明于《左》《史》(《左传》《史记》)。厥后（之后；其后；自此以后。《尚书·无逸》：“自时厥后，亦罔或克寿”），越人得其一二，演而述《难经》，西汉仓公传其旧学，东汉仲景撰其遗论，晋代皇甫谧刺而为《甲乙》，及隋杨上善纂而为《太素》。时则有全元起者，始为之训解，阙第七一通。迄唐宝应中，太仆（太仆，古代官职名称。自周春秋时期始有设置，秦汉隋唐历代沿置，至清始废。属天子近臣，为九卿之一，职掌宫廷皇帝的车舆、马政、马匹、畜牧之事的长官，为天子左驭前驱而执御。北齐始称太仆寺卿）王冰笃好之，得先师所藏之卷，大为次注。犹是三皇遗文，烂然可观。惜乎唐令列之医学，付之执技之流，而荐绅先生罕言之（荐绅，同“搢绅”“缙绅”。《史记·五帝本纪赞》：“荐绅先生难言之。”晋代史学家裴骃集解引徐广曰：“荐绅即缙绅也，古字假借。”本谓古代高级官吏的装束，借指官员或做过官的人）。去圣已远，其术暗昧（暗昧，隐没；湮没；埋没。《汉书·艺文志》：“汉兴有仓公，今其术暗昧，故论其书，以序方技为四种。”《论衡·谢短》：“上古久远，其事暗昧，故经不载而师不说也。”其术逐渐湮没模糊不清），是以文注纷错，义理混淆。殊不知《三坟》之余（古书名。语出《左传·昭公十二年》楚灵王称赞左史倚相：“是良史也，子善视之，是能读《三坟》《五典》《八索》《九丘》。”孔子撰《尚书·序》：“伏羲、神农、黄帝之书，谓之《三坟》，言大道也。少昊、颛顼、高辛（喾）、唐（尧）、虞（舜）之书，谓之《五典》，言常道也。至于夏商周之书，虽设教不伦，雅诰奥义，其归一揆，是故历代宝之，以为大训。八卦之说，谓之《八索》，求其义也。九州之志，谓之《九丘》；丘，聚也，言九州所有，土地所生，风气所宜，皆聚此书也。”贾逵解说：“三坟，三皇之书；五典，五帝之典；八索，八王之法；九丘，九州亡国之戒。”郑玄解说：“三坟五典”就是“三皇五帝之书”。杜预亦注：皆古书名），帝王之高致，圣贤之能事，唐尧之授四时（上古帝王尧，父系氏族社会后期的部落联盟领袖。陶唐氏，名放勋，史称唐尧。曾设官员掌管时令，制定历法，咨询四岳，推选舜为其接班人，经认真考核三年之后，终命舜摄位行政。他死后，即由舜继位。四时，有两说，一是指四季。《礼记·孔子闲居》：“天有四时，春、秋、冬、夏。”另一说则是指一日的朝、暮、昼、夜。《左传·昭公元年》：“君子有四时，朝以听政，昼以访问，夕以修令，夜以安身”），虞舜之齐七政（虞舜，远古部落名，即有虞氏，其领袖就是舜。居于蒲阪，即今山西省永济西蒲州镇。齐七政，语出《尚书·舜典》：“在璇玑玉衡，以齐七政。”七政，天文术语。亦称“七曜”“七纬”。史上有数说：①春、夏、秋、冬、天文、地理、人道。②金、木、水、火、土五星，日、月合称七政或七曜。③古代兵法说人、正、辞、巧、水、火、兵为七政），神禹修六府以兴帝功（神禹，此指大禹，人们视其为神。金、木、水、火、土、谷为六府。语出《尚书·大禹谟》：“德惟善政，政在养民。水、火、金、木、土、谷，惟修；正德、利用、厚生，惟和……地平天成，六府三事允治，万世永赖，时乃功。”三事，指正德、利用、厚。另一说是中医学名词，胆、胃、大肠、小肠、三焦、膀胱六个藏器的总称。)，文王推六子以叙卦气（此指周文王被商纣王拘禁羑里七年之久，推演《周易》，以观宇宙变化，辨识天机时运，探索社会变化、人生规律之事。六子，称《易经》八卦中的阴爻为六子。《说文解字》：“爻，交也。象易六爻，头交也。”卦气，用易的八卦来表象事物的阴阳对立的静态属性和互相消长的动态属性。人们通过易的卦辞和爻辞可以看作是在描述事物的阴阳属性，以便从中洞察天机时运)，伊尹调五味以致君（见《伊尹》节)，箕子陈五行以佐世（箕子，商朝太师，中华第一哲人，著名的哲学家、政治家、思想家；爵位为子爵，故称箕子。另一说是因封于箕地而被人们称为箕子。为商纣王的叔父，因极力劝谏纣王，纣王不听，而被囚禁。周武王灭商，被释放，并被封于朝鲜，箕子朝鲜侯国正式成立，统治近千年，可参见《史记·宋微子世家》《尚书大传·洪范》。箕地，今山西省太谷、榆社一带。此句意为箕子陈述五行之道，用以辅佐治世之理)，其致一也。奈何以至精至微之道，传之以至下至浅之人。其不废绝，为已幸矣！

顷在嘉祐中（嘉祐：北宋仁宗赵祯的年号，1056—1063年)，仁宗念圣祖之遗事将坠于地，乃诏通知其学者，俾之是正。臣等承乏典校，伏念旬岁（满一年。《汉书·翟方进传》：“方进旬岁间免两司隶，朝廷由是惮之。”颜师古注解：“旬，遍也，满也。旬岁犹言满岁也，若十日之一周”)，遂乃搜访中外，裒集众本（裒，音póu。动词。辑集；聚集)，寖寻其义，正其讹舛，十得其三四，余不能具。窃谓未足以称明诏，副圣意，而又采汉、唐书录古医经之存于世者，得数十家，叙而考正焉，贯穿错综，磅礴会通，或端本以寻支，或溯流而讨源（本意为逆流而上。《水经注·江水》：“沿溯阻绝。”引申为追求根源)，定其可知，次以旧目，正谬误者六千余字，增注义者二千余条。一言去取，必有稽考；舛文疑义，于是详明。以之治身，可以消患于未兆；施于有政，可以广生于无穷。

恭惟皇帝抚大同之运，拥无疆之休，述先志以奉成，兴微学而永正，则和气可召，灾害不生，陶一世之民，同跻于寿域矣。

国子博士　臣　高保衡

光禄卿直秘阁　臣　林亿等谨上

《玄珠密语·自序》：余少精吾道，苦志文儒，三冬不倦于寒窗，九夏岂辞于炎暑，后因则天理位而乃退志休儒，继日优游，栖心至道，每思大数（命运；气数；寿限；死期)，忧短景以无依，欲究真筌（音quán，同“铨”。犹真谛，真义。追究奥妙真谛所在），虑流年而不久（流年，年华，意即时光年华犹如流水一样容易流失，形容时间一去不复返。南朝宋代鲍照《登云阳九里埭》："宿心不复归，流年抱衰疾。"亦有称人一年的运气为"流年"）。故乃专心问道，执志求贤，得遇玄珠，乃师事之尔。即数年间，未敢询其太玄妙之门，以渐穷渊源，乃言妙旨，授余曰：百年间可授一人也。不得其志求者，勿妄泄矣。余即遇玄珠子，与我启萌，故自号启玄子也，谓启问于玄珠子也。今是直书五本，每本一十卷也。头尾篇类义同，其目曰：玄珠密语。乃玄珠子密而口授之言也。余于百年间，不逢志求之士，亦不敢隐没圣人之言，遂书五本，藏于五岳深洞中，先飨山神，后乃藏之。恐后人志求者，可以遇之。如得遇者，可以珍重之宝爱之，勿妄传之。不得奇人，不可轻授尔。此玄珠子授余之深诫也。此十卷书，可见天之令，运之化。地产之物，将来之灾害，可以预见之。《素问》中隐奥之言，可以直而申之。可以修养五内，资益群生，有罚强补弱之门，有祛邪全正之法。故圣人云：天生天杀，道之理也。能究其玄珠之义，见之天生，可以延生。见之天杀，可以逃杀。《阴符经》云："观天之道，执天之行，尽矣。"此者是人能顺天之五行六气者，可尽天年一百二十岁矣。其有夭亡，盖五行六气，近相罚天，故祖师言六气之道，本天之机，其来可见，其往可追，可以法之玉版（玉简；古代用于刻字的玉片。也通指古代典籍。《韩非子·喻老》："周有玉版，纣令胶鬲索之，文王不予；费仲来求，因予之。"《史记·太史公自序》："秦拨去古文，焚灭《诗》《书》，故明堂石室，金匮玉版，图籍散乱"），藏之金柜，传之非人，殃堕九祖（泛指历代祖宗。九，泛指多数。西汉司马迁《报任少卿书》："若九牛亡一毛。"唐代吕岩《敲爻》歌："九祖先灵得超脱，谁羡繁华贵与荣。"此说将玉版藏之于金柜之中，如若遗传给不正常、不适当的人，灾殃将堕落于历代祖宗）。"

陆贽（754—805），唐代官员、著名政治家、文学家、政论家、学者，因其撰《陆氏集验方》五十卷而录入《医林》节。

"《陆氏集验方》十五卷陆贽。"（北宋欧阳修、宋祁撰，《新唐书·卷五十九·志第四十九·艺文三》）

陆贽，字敬舆，苏州嘉兴人。父侃，溧阳令，以贽贵，赠礼部尚书。贽少孤（幼年丧父），特立不群（语出《礼记·儒行》："其特立独行，有如此者。"《楚辞·九章·惜诵》："行不群以颠越兮，又众兆之所咍也。"《楚辞·离骚》："鸷鸟之不群兮，自前世而固然。"形容其人志行高洁，不同流俗，德才超群，不同凡响，与众不同。自恃有操守，有见识，独善其身，不随波逐流），颇勤儒学。年十八登进士第，以博学宏词登科，授华州郑县尉。罢秩（秩，名词。《说文解字·禾部》："秩，积也。"官吏的俸禄。《周礼·宫伯》："行其秩叙。"注："禄禀也。"罢官失秩。唐代李肇《唐国史补》："勉罢秩，客游河北偶见故囚"），东归省母（省，音xǐng。动词。《说文解字·目部》："省，视也。"探望；问候），路由寿州，刺史张镒有时名，贽往谒之。镒初不甚知，留三日，再见与语，遂大称赏，请结忘年之契（音qì。犹同"忘年交""忘年之好"。意气相合；投合。意谓因意气相投合而不拘年岁、行辈差异而结忘年之交的朋友）。及辞，遗（动词。给予；馈赠。《史记·魏公子列传》："公子闻之，往请，欲厚遗之"）贽钱百万，曰："愿备太夫人一日之膳。"贽不纳（不接受；不接纳），唯受新茶一串而已，曰："敢不承君厚意。"又以书判拔萃，选授渭南县主簿，迁监察御史。德宗（唐德宗李适，779—804年在位）在东宫时，素知贽名，乃诏为翰林学士，转祠部员外郎。贽性忠荩（音jìn。忠诚。《诗经·大雅·文王》："王之荩臣，无念尔祖。"朱熹集撰："荩，进也，言其忠爱之笃，进进无已也"），既居近密，感人主重知，思有以校报，故政或有缺，巨细必陈，由是顾待益厚。

建中四年（783年），朱泚（音cǐ。742—784，唐叛将，曾自立为帝，国号秦，年号应天。784年，兴元元年，改国号为汉，自号"汉元天皇"，与其叛唐的弟弟朱滔相互呼应，逼迫唐德宗李适出奔奉天，不久被唐将李晟打败，逃命过程之中被其部将斩杀）谋逆，从驾幸奉天（今陕西省乾县）。时天下叛乱，机务填委（堆积；纷集。东汉文学家、诗人，建安七子之一刘桢《杂诗》："职事相填委，文墨纷消散。"《南史·朱异传》："每四方表疏，当局簿领，咨详请断，填委于前"），征发指踪（亦作"指纵"。发纵指示；谋划指挥），千端万绪，一日之内，诏书数百。贽挥翰起草，思如泉注，初若不经思虑，既成之后，莫不曲尽事情，中于机会，胥吏简札不暇，同舍皆伏其能。转考功郎中，依前充职。尝启德宗曰："今盗遍天下，舆驾播迁，陛下宜痛自引过，以感动人心。昔成汤以罪己勃兴，楚昭以善言复国。陛下诚能不吝改过，以言谢天下，使书诏无忌，臣虽愚陋，可以仰副圣情，庶令反侧之徒，革心向化。"德宗然之。故奉天所下书诏，虽武夫悍卒，无不挥涕感激，多贽所为也。

……………

贽在忠州十年（四川省忠县的旧称），常闭关静处，人不识其面，复避谤不著书。家居瘴乡，人多疠疫，乃抄撮方书，为《陆氏集验方》五十卷于代。初，贽秉政，贬驾部员外郎李吉甫为明州（今宁波市）长史，量移忠州刺史。贽在忠州，与吉甫相遇，昆弟（亦作“晜弟”，即兄和弟，也包含近房的和远房的弟兄。《尔雅·释亲》：“父之晜弟，先生为世父，后生为叔父”）、门人咸为贽忧，而吉甫欣然厚礼，都不衔前事（衔，含。《古诗十九首》：“愿为双飞燕，衔泥巢君屋。”引申为藏在心里。亦指衔怨，怀恨。而此处则指二人都不衔怨恨），以宰相礼事之，犹恐其未信不安，日与贽相狎（音 xiá。亲近；亲热。《礼记·曲礼上》：“贤者狎而敬之”），若平生交契者（就好像平生忘年交）。贽初犹惭惧，后乃深交。时论以吉甫为长者。后有薛延者，代吉甫为刺史，延朝辞日，德宗令宣旨慰安。而韦皋累上表请以贽代己。顺宗即位（唐顺宗李诵，805—805 年在位），与阳城、郑余庆同诏征还。诏未至而贽卒，时年五十二，赠兵部尚书，谥曰“宣”。

史臣曰：近代论陆宣公，比汉之贾谊，而高迈之行，刚正之节，经国成务之要，激切仗义之心，初蒙天子重知，末涂沦踬（涂，通“途”，道路。《荀子·性恶》：“涂之人可以为禹。”踬，音 zhì。被绊倒。《左传·宣公十五年》：“杜回踬而颠。”引申为行事不利。言其后期仕途没落沉沦，行事不利），皆相类也；而谊止中大夫，贽及台铉（犹言台鼎，指宰相的职位。《陈书·章昭达传》：“初，世祖尝梦昭达升于台铉，及旦，以梦告之”），不为不遇矣。昔公孙鞅三策说秦王，淳于髡以隐语见齐君，从古以还，正言不易，昔周昭戒急论议，正为此也。贽居珥笔之列（珥，音 ěr。古代史官、谏官入朝，或近臣侍从，把笔插在帽子上，以便随时记录、撰述之用。《晋书·郭璞传》：“况臣蒙珥笔朝末，而可不竭诚尽规哉”），调饪之地，欲以片心除众弊，独手遏群邪，君上不亮其诚，群小共攻其短，欲无放逐，其可得乎！《诗》称“其维哲人，告之话言”，又有“诲尔”“听我”之恨，此皆贤人君子叹言不见用也。故尧咨禹拜，千载一时，携手提耳，岂容易哉！

赞曰：良臣悟主，我有嘉猷（音 jiā yóu。治国的美好规划。《尚书·君陈》：“尔有嘉谋嘉猷，则入告尔后于内，尔乃顺之于外。”《孔传》：“汝有善谋善道则入告汝君于内。”南宋学者蔡沉撰《书集传》：“言切于事谓之谋，言合于道谓之猷”）。多僻之君（多僻，不正；邪僻。《诗经·大雅·板》：“民之多辟，无自立辟。”郑玄笺解：“民之行多为邪僻者，乃女君臣之过；无自谓所建为法也。”《淮南子·精神训》：“悖志胜而行不僻矣。”高诱注解：“僻，邪也。胜或作遁”），为善不周（不周，不周到；不齐全。奉劝君王去除邪恶，多行善事，惟恐不周到）。忠言救失，启沃（开诚忠告。指以治国之道，竭诚开导，辅佐帝王。《尚书·说命上》："启乃心，沃朕心，若药弗瞑眩，厥疾弗瘳。"孔颖达疏解："当开汝心所有，以灌沃我心，欲令以彼所见教已未知故也"）曰雠（音 chóu。应答。卫武公刺王自警的《诗经·大雅·抑》："无言不雠，无德不报。"引申为应验）。勿贻天问，苍昊悠悠（苍昊，苍天；上帝；世间万物主宰者。《梁书·武帝纪上》："上达苍昊，下及川泉。"《文选·王延寿〈鲁灵光殿赋〉》："据坤灵之宝势，承苍昊之纯殷。"张铣注解："苍昊，天也。"悠悠，忧思；忧伤。《诗经·邶风·终风》："莫往莫来，悠悠我思。"）。（后晋刘昫等撰，《旧唐书·卷一百三十九·列传第八十九·陆贽》）

陆贽，字敬舆，苏州嘉兴人。十八第进士，中博学宏辞。调郑尉，罢归。寿州刺史张镒有重名，贽往见，语三日，奇之，请为忘年交。既行，饷钱百万，曰："请为母夫人一日费。"贽不纳，止受茶一串，曰："敢不承公之赐。"以书判拔萃补渭南尉。

……………

班宏（720—792，《旧唐书》《新唐书》均有传。德宗李适时，历任户部尚书，封萧国公）判度支（官职名。度支的原意是量入为出。唐制，户部的度支司掌管国家的财政收支，郎中和员外郎分掌收入和支出，户部侍郎则检查押署的账目。开元时，始用他官判度支。安史之乱后，因军事供应浩繁，多以户部尚书、侍郎或他官兼领度支事务，称度支使或判度支、知度支事，权任极重，与盐铁使、判户部或户部使合称"三司"），卒官，贽荐李巽，帝漫许之（漫，副词。随便；随意。唐代杜甫《闻官军收河南河北》："却看妻子愁何在，漫卷诗书喜欲狂"），而自用裴延龄，贽言："延龄僻戾躁妄，不可用。"不听。俄而（不久。《庄子·大宗师》："俄而子舆有病，子祀往问之"）延龄奸佞得君，天下仇恶，无敢言。贽上书苦谏，帝不怿（怿，音 yì。《广韵》："怿，悦也，乐也。"不悦；不喜悦；不欢愉。《史记·五帝本纪》："召舜曰：'女谋事至而言可绩，三年矣，女登地位。'舜让于德不怿。"裴松之之子、南朝史学家裴骃集解："谓辞让于德不堪，所以心意不悦怿也。"《史记·廉颇蔺相如列传》："于是秦王不怿，为一击瓴"），竟以太子宾客罢。贽本畏慎（畏惧谨慎），未尝通宾客。延龄揣帝意薄，谗短百绪，帝遂发怒，欲诛贽，赖阳城等交章论辩，乃贬忠州别驾。后稍思之，会薛延为刺史，谕旨慰劳。韦皋数上表请贽代领剑南，帝犹衔之（衔，动词。藏在心中，衔怨；怀恨。《资治通鉴·晋武帝泰始五年》："吴主素衔其直切。"宋、元之间史学家胡三省注解："有所恨怒，蓄而不发者为衔"），不肯与。顺宗立（李诵，761—806，唐德宗李适长子。805 年，德宗驾崩，由此继位，是为唐顺宗。同年八月，主动禅位给太子李纯，自称太上皇。806 年驾崩，谥号为至德大圣大安孝皇帝，庙号唐顺宗），召还。诏未至，卒，年五十二，赠兵部尚书，谥曰“宣”。

始，贽入翰林，年尚少，以材幸（幸，宠爱。因其年少有才而得帝王宠爱。《史记·吕太后本纪》：“高祖为汉王，得定陶戚姬，爱幸”），天子常以辈行（音 háng。名词。辈分，同辈的人。文天祥《山中漫成柬刘方斋》诗：“二三辈行惟须醉，多少公卿未得归”）呼而不名（不直呼其名，表示尊重或优礼之意。《后汉书·梁冀传》：“冀入朝不趋，剑履上殿，谒赞不名”）。在奉天，朝夕进见，然小心精洁（精粹纯洁。《国语·周语上》：“国之将兴，其君齐明、衷正、精洁、惠和，其德足以昭其馨香，其惠足以同其民人”），未尝有过，由是帝亲倚，至解衣衣之，同类莫敢望。虽外有宰相主大议，而贽常居中参裁可否，时号“内相”。尝为帝言：“今盗遍天下，宜痛自咎悔，以感人心。昔成汤罪己以兴，楚昭王出奔，以一言善复国。陛下诚不吝改过，以言谢天下，使臣持笔亡所忌，庶叛者革心。”帝从之。故奉天所下制书，虽武人悍卒无不感动流涕。后李抱真入朝（李抱真，733—794。《旧唐书》《新唐书》有其传。本姓安，其兄长安抱玉，由于耻与叛臣安禄山同姓，恳请朝廷请求改姓，朝廷感其忠义之情，遂赐国姓李，全族亦都随其赐国姓为李。由此，安抱真也就改名为李抱真了。他为人沉毅有谋，沉虑果断，行事忠谨小心，礼贤下士，诚恳仗义，勇武善骑射，为维护大唐的安定与国家统一做出有很大贡献；曾任司空、检校左仆射，封爵为义阳郡王，追赠太保），为帝言：“陛下在奉天、山南时，赦令至山东，士卒闻者皆感泣思奋。臣是时知贼不足平。”议者谓兴元戡难功，虽爪牙宣力，盖贽有助焉。狩山南也，道险涩，与从官相失，夜召贽不得，帝惊且泣，诏军中得贽者赏千金。久之，上谒，帝喜见颜间，自太子以下皆贺。及辅政，不敢自顾重，事有可否必言之，所言皆剀拂帝短（剀拂，音 kǎi fú。动词。劝戒匡正；规劝；讽喻。），恳到深切。或规其太过者，对曰：“吾上不负天子，下不负所学，皇它恤乎？”既放荒远，常阖户，人不识其面。又避谤不著书，地苦瘴疠，只为《今古集验方》五十篇示乡人云。

赞曰：德宗之不亡，顾不幸哉！在危难时听贽谋，及已平，追仇尽言，怫然（愤怒的样子）以谗幸逐犹弃梗。至延龄辈，则宠任磐桓（音 pán huán，同“盘桓”。徘徊；逗留。《易经·屯卦》：“初九，磐桓，利居贞，利建侯。”曹植《洛神赋》：“揽騑辔以抗策，怅盘桓而不能去。”），不移如山，昏佞之相济也。世言贽白罢翰林，以为与吴通玄兄弟争宠，窦参之死，贽漏其言，非也。夫君子小人不两进，邪谄得君则正士危，何可訾耶（訾，音 zǐ，动词。怎么可以毁谤非议。《礼记·曲礼上》："为人子者……不苟訾，不苟笑"）？观贽论谏数十百篇，讥陈时病，皆本仁义，可为后世法，炳炳如丹（炳，光明；显著。《易经·革卦》："大人虎变，其文炳也。"唐代张说《处士元公碣铭》："嗟我处士，炳炳其文"），帝所用才十一。唐胙不竞（胙，音 zuò。福佑。《国语·周语下》："其行也文，能文则得天地，天地所胙，小而后国。"三国著名史学家韦昭注引贾侍中曰："反，复也；胙，位也；绛，晋国都也。'②通"祚"，指君位。《国语·齐语》："南城于周，反胙于绛。"不竞，不强劲。《左传·襄公十八年》："南风不竞，多死声。"），惜哉！（北宋欧阳修、宋祁撰，《新唐书·卷一百五十七·列传第八十二·陆贽》）

唐代官员、学者陆贽，浙江省嘉兴市人。字敬舆，曾任溧阳县令的父陆侃早逝，自幼受母教养成长。大历年间进士。德宗即位，任命为翰林学士，参与机谋。783 年，建中四年，德宗为避朱泚逆乱，移驾奉天，诸多诏书大都由陆贽起草。792 年（贞元八年），陆贽任中书侍郎、同平章事，参政时勇于指陈弊政，主张废除各种积弊，减少苛捐杂税暴敛；建议积谷边境，改进防务。后因为被奸宄（音 guǐ，指犯法作乱的人。《尚书·舜典》："寇贼奸宄。"亦作"奸轨"）用事的户部侍郎、判度支裴延龄日加谮毁所击，十年十二月罢相，除太子宾客，罢知政事，居忠州十年而亡。私居期间，朝谒之外，不通宾客；又因奏请增加边军刍粟，再次被裴延龄诋毁，致令德宗迁怒，十一年贬为忠州别驾。

陆贽不仅反应机敏，聪明能干，秉性贞刚，严于律己，具有多智善谋、卓识远见、善于活动的素质，亦有兴大业、博得名利的实力。他精忠体国，励精图治，任贤黜恶，广开言路，纳言改过，自许"上不负天子，下不负所学"，敢以天下为己任，勇于矫正人君过失，大胆揭露奸佞祸国罪恶。他为振兴、匡扶唐王室，竭诚戮力尽瘁，决策仗义尽心；主张轻徭薄赋，反对横征暴敛；储粮备边防侵，驰骋并辔向前，消弭无义战争，河右廓清建功。其所作谏论奏议，数十百篇，文笔流畅，条理精密，讥陈时弊，皆本仁义，炳炳丹心，情词恳切，动人挥涕，可为后世法。

闲居忠州十年间，体恤民情，撰著《陆氏集验方》五十卷，颇行于代，遗著有《翰苑集》。

崔元亮（约767—833），唐学者、官员，方书《海上集验方》作者。

“崔玄亮《海上集验方》十卷。”（北宋欧阳修、宋祁撰，《新唐书·卷五十九·志第四十九·艺文三》

“崔元亮《海上集验方》十卷。”（元代脱脱等撰，《宋史·卷二百七·志第一百六十·艺文六》）

史上崔玄亮因避讳唐玄宗李隆基之讳亦作崔元亮。

崔玄亮，字晦叔，山东磁州人也（今河北省邯郸市磁县）。玄亮，贞元十一年（795年。贞元：唐德宗李适的年号，785—805年）登进士第，从事诸侯府。性雅淡，好道术，不乐趋竞（趋竞，奔走钻营，争名夺利。北齐颜之推《颜氏家训·省事》：“须求趋竞，不顾羞惭。”《荀子·议兵》：“故近者歌讴而乐之，远者竭蹷而趋之。”《诗经·商颂·长发》：“不竞不绒，不刚不柔。”东汉经学家郑玄笺注：“竞，逐也。”不愿意、不乐意或曰不擅长趋附竞逐、钻营争利），久游江湖。至元和初（806年。元和：唐宪宗李纯的年号，806—820年），因知己荐达入朝，再迁监察御史，转侍御史。出为密、湖、曹三郡刺史。每一迁秩（迁，升迁，古时官职的升迁调动。秩，官吏的俸禄。《荀子·强国》：“官人益秩，庶人益禄。”每每升迁加秩），谦让辄形于色。大和初（827年。大和：唐文宗李昂的年号，827—835年），入为太常少卿（官职名。秦始置奉常，汉景帝刘启时改称太常。负责掌管宗庙礼仪，兼掌选试博士，专为司祭祀礼乐之官员，属九卿之一。少卿则是太常寺卿的辅佐之官）。四年（830年），拜谏议大夫，中谢日，面赐金紫（金印紫绶的简称。秦、汉之时，相国、丞相、太尉、大司空、太傅、列侯等皆授金印紫绶。魏、晋以后，光禄大夫得假金章紫绶，因此亦称为金紫光禄大夫）。朝廷推其名望，迁右散骑常侍（散骑，音sǎn jì。官职名，三国魏始置，即汉代的散骑和中常侍的合称。在皇帝左右规谏过失，以备顾问。至唐代，分别隶属门下省和中书省，在门下省者称左散骑常侍，在中书省者称右散骑常侍。虽无实际职权，仍为尊贵之官，多用为将相大臣的兼职）。

来年（831年），宰相宋申锡（760—834，《新唐书》有其传。在唐文宗年间，曾短暂任宰相，为助文宗清除权阉，事泄，反被贬死）为郑注所构（郑注，?—835，出身贫寒，相貌丑陋，曾以医术维持生计，飘荡江湖之上，曾以偏方医治好襄阳节度使李愬的痿病和文宗李昂不能讲话的风疾。其因医术而厚遇受重用，因其才而升迁；其因权宦王守澄而发迹，之后又助唐文宗绞杀监军王守澄。甘露之变，仓皇逃窜，被杀枭首。构，动词。构陷；诬陷；陷害。《左传·桓公十六年》：“宣姜与公子朔构急子。”晋代杜预注解：“构会其过恶。”），狱自内起，京师震惧。玄亮首率谏官十四人，诣延英请对，与文宗往复数百言。文宗初不省其谏（省，音xǐng。《尔雅》：“省，察也。”醒悟；明白。《列子·杨朱》：“实伪之辨，如此其省也”），欲置申锡于法，玄亮泣奏曰："孟轲有言：'众人皆曰杀之，未可也；卿大夫皆曰杀之，未可也；天下皆曰杀之，然后察之，方置于法。'今至圣之代，杀一凡庶，尚须合于典法，况无辜杀一宰相乎？臣为陛下惜天下法，实不为申锡也。"言讫，俯伏呜咽，文宗为之感悟，玄亮由此名重于朝。七年（833年），以疾求为外任，宰相以弘农便其所请，乃授检校左散骑常侍、虢州刺史。是岁七月，卒于郡所，中外无不叹惜。

始玄亮登第，弟纯亮、寅亮相次升进士科，藩府辟召，而玄亮最达。（后晋刘昫等撰，《旧唐书·卷一百六十五·列传第一百一十五·崔玄（元）亮》

崔玄亮，字晦叔，磁州昭义人（今山西省东南部和河北省西南部地区）。贞元初，擢进士第，累署诸镇幕府。父丧，客高邮（今江苏省扬州市），卧苫终制，地下湿，因得痹病，不乐进取。元和初，召为监察御史，累转驾部员外郎。清慎介特澹如也。稍迁密、歙二州刺史。歙人马牛生驹犊，官籍蹄噭，故吏得为奸，玄亮焚其籍，一不问。民山处，输租者苦之，下令许计斛输钱，民赖其利。历湖、曹二州，辞曹不拜。大和四年，由太常少卿改谏议大夫。朝廷推为宿望，拜右散骑常侍。每迁官，辄让形于色。

郑注（《新唐书·郑注》："绛州翼城人，世微贱，以方技游江湖间。太和末，仕至检校尚书左仆射、凤翔陇右节度使。与李训等谋诛宦者，事败被杀"）构宋申锡，捕逮仓卒，内外震骇。玄亮率谏官叩延英苦诤，反复数百言，文宗未谕，玄亮置笏在陛曰："孟轲有言：'众人皆曰杀之，未可也；卿大夫皆曰杀之，未可也；天下皆曰杀之，然后察之，乃置于法。'今杀一凡庶，当稽典律，况欲诛宰相乎？臣为陛下惜天下法，不为申锡言也。"俯伏流涕，帝感悟，众亦服其不挠，由此名重朝廷。

顷之，移疾归东都，召为虢州刺史。卒，年六十六，赠礼部尚书。

玄亮晚好黄、老清静术，故所居官未久辄去。遗言："山东士人利便近，皆丧两都，吾族未尝迁，当归丧滏阳，正首丘之义。"诸子如命。（北宋欧阳修、宋祁撰，《新唐书·卷一百六十四·列传第八十九·崔玄亮》）

崔玄（元）亮，字晦叔，山东磁州人。贞元十一年进士，元和年间，召任监察御史，累转驾部员外郎。累迁密、歙、湖三州刺史。文宗朝，拜谏议大夫，面赐金紫，迁右散骑常侍。晚年因疾归东都，召为虢州刺史。卒年六十六岁，赠礼部尚书。

其性格清静谨慎，恬淡安定，孤高，不随流俗。

其一生最感人的一件事就是勇于在大殿之上，俯伏呜咽、置笏泣奏、勇救宰相宋申锡的一幕，陈述“孟轲有言：众人皆曰杀之，未可也；卿大夫皆曰杀之，未可也；天下皆曰杀之，然后察之，方置于法。今至圣之代，杀一凡庶，尚须合于典法，况无辜杀一宰相乎？臣为陛下惜天下法，实不为申锡也”。极力陈请唐文宗李昂要遵法、重法，慎杀、忌杀，法大于权，法典不可侮之言。终于感悟圣上，手下留情；感动众臣，佩其不挠，正因如此，名重于朝，由此朝廷尤为推其名望。

晚年尤好黄、老清静之术，撰辑方书《海上集验方》，留遗后世。

刘禹锡（772—842），唐代文学家、哲学家、诗人、医学家。

他也是一位极为重视并强调“弭病于将然之先，而以攻治为后”的“治未病”预防医学思想的医学家。

因其撰有《传信方》二卷而列入《名医》篇，《新唐书》《旧唐书》，《唐才子传·刘禹锡》均有传。

“刘禹锡《传信方》二卷。”（北宋欧阳修、宋祁撰，《新唐书·卷五十九·志第四十九·艺文三》）

“刘禹锡《传信方》二卷。”（元代脱脱等撰，《宋史·卷二百七·志第一百六十·艺文六》）

刘禹锡，字梦得，中山人。贞元九年进士，又中博学宏词科，工文章。时王叔文得幸，禹锡与之交，尝称其有宰相器。朝廷大议，多引禹锡及柳宗元，与议禁中判度支盐铁案，凭借其势，多中伤人。

刘禹锡，字梦得，彭城人（今徐州。《新唐书·卷一百六十八·列传第九十三·刘禹锡》：“自言系出中山。”《辞海》：“洛阳人。”应理解为祖籍是中山，而出生地为洛阳。他本是匈奴族后裔，七世祖刘亮追随北魏孝文帝元宏迁至洛阳，始改汉姓）。祖云，父溆，仕历州县令佐，世以儒学称。禹锡，贞元九年（793 年）擢进士第，又登宏辞科（宏辞，亦作“宏词”“弘词”。唐朝始临时设置的一种考试科目，属制科名目之一种。考中者即授官。《新唐书·选举志下》：“凡试判登科谓之‘入等’，甚拙者谓之‘蓝缕’。选未满而试文三篇，谓之‘宏词’；

试判三条，谓之‘拔萃’。中者即授官”）。禹锡精于古文，善五言诗，今体文章复多才丽。从事淮南节度使杜佑幕（735—812，字君卿，唐代政治家、史学家。京兆万年人，编撰《通典》二百卷），曲记室，尤加礼异（特殊礼遇。唐代杜甫《八哀诗·赠汝阳郡王琎》：“出入独非时，礼异见群臣”）。从佑入朝，为监察御史。与吏部郎中韦执谊相善（769—814，字宗仁，唐代政治家，任职宰相不足一年。京兆万年人。协助王叔文推行“永贞革新”，被流放天涯崖州长达七年，直至病死，终年四十六岁。崖州，即今海南省三亚市崖州区）。

贞元末，王叔文于东宫用事，后辈务进，多附丽之（亦作“附离”。依附；附着。西晋左思《魏都赋》：“而子大夫之贤，尚弗曾庶翼等威，附丽皇极”），禹锡尤为叔文知奖（知晓赏识，赞许有加。唐代李翱《与淮南节度使书》：“翱不肖，既已谬蒙十一叔知奖如此，其又何敢不言”），以宰相器待之。顺宗即位（唐顺宗李诵，805年即位，在位不到一年），久疾不任政事，禁中文诰（禁中，宫中。《史记·秦始皇本纪》：“于是二世常居禁中，与高（赵高）决诸事。”南朝宋代裴骃著《史记集解》引蔡邕曰：“禁中者，门户有禁，非侍御者不得入，故曰禁中。”文诰，朝廷颁布的文书诰命），皆出于叔文，引禹锡及柳宗元入禁中，与之图议，言无不从。转屯田员外郎、判度支盐铁案（官职名。度支，原意是量入为出。唐时制度，户部的度支司掌管国家的财政收支，郎中和员外郎分别掌管收入和支出，户部侍郎则检查押署账目。开元时，始用他官判度支。安史之乱战后，因军事供应浩繁，大多以户部尚书、侍郎或者其他官员兼领度支事务，称呼为度支使或判度支、知度支事，权任甚重，与盐铁使、判户部或户部使合称“三司”，至后唐时，则合并为一职，称为“三司使”。唐中期以后特地设置盐铁使，以便专管食盐专卖事务，同时兼管铜、铁、银、锡的采冶，大多特派大臣充任，或由淮南节度使兼领，常驻扬州。是当时掌握财权的极为重要的官职），兼崇陵使判官。颇怙威权（怙，音hù。动词。《说文解字·忄部》：“怙，恃也。”《诗经·小雅·蓼莪》：“无父何怙？无母何恃？出则衔恤，入则靡至。”依靠；凭恃；仗恃。依仗权势威力），中伤端士（语见《大戴礼记·保傅》：“于是皆选天下端士，孝悌闲博有道术者以辅翼之，使之与太子居处出入，故太子乃目见正事，闻正言，行正道，左视右视前后皆正人，夫习与正人居，不能不正也。”攻击、陷害品行端正的人士）。宗元素不悦武元衡（758—815，字伯苍。唐代政治家、铁血宰相、状元诗人，武则天的曾侄孙。缑氏人，致力于削弱藩镇割据，上朝途中遇刺身亡），时武元衡为御史中丞，乃左授右庶子。侍御史窦群（765—814，字丹列。诗人。扶风平陵人，《旧唐书》有其传）奏禹锡挟邪乱政，不宜在朝，群即日罢官。韩皋（744—822，字仲闻。作名画《五牛图》的韩滉之子。）凭借贵门，不附叔文党，出为湖南观察使（皋恃前辈之名望，简倨自处。唐顺宗李诵时，王叔文党盛，皋甚嫉之，谓人曰："吾不能事新贵。"后被从弟晔告发，由此，出为鄂州刺史、岳鄂蕲沔等州观察使。诸朝臣不附叔文党，均遭排挤)，既任喜怒凌人，京师人士不敢指名，道路以目，时号二王、刘、柳。

叔文败，坐贬连州刺史（连州，今广东省北部的连州市、连山、阳山等县地。另一说：唐当年亦在四川省筠连县境置州，亦称连州，当以前者为准。刺史，古代职官名，即太守。一州的军政长官)，在道，贬朗州司马（朗州，今湖南省常德市。司马，古代职官名。职掌兵部军赋、组织军训等职能。也是相当重要的军职)。地居西南夷，土风僻陋，举目殊俗，无可与言者。禹锡在朗州十年，唯以文章吟咏，陶冶情性。蛮俗好巫，每淫祠鼓舞，必歌俚辞。禹锡或从事于其间，乃依骚人之作，为新辞以教巫祝（《说文·巫部》："巫，祝也。女能事无形，以舞降神者也。"祝，名词。古代专指男巫。《说文·礻部》："祝，祭主赞词者。"《易》曰："兑，为口、为巫。"祝所以悦神也。《尚书·洛诰》："王命作册，逸祝册。"唐代孔颖达疏解："读策告神谓之祝。"亦作为动词。求福；祷告；祝颂；《玉篇·礻部》："祝，祭词也。"古时，事鬼神者为巫，祭主赞词者为祝。后人常用以指执掌占卜祭祀者。《礼记·檀弓下》："君临臣丧，以巫祝桃茢执戈，恶之也")。故武陵溪洞间夷歌，率多禹锡之辞也（武陵，古地名，位于今湖南省北部的常德地区。《汉书·地理志》："武陵郡，高帝置，莽曰建平。属荆州。"夷，《说文解字·大部》："夷，东方之人也。"《史记·西南夷列传》《后汉书·南蛮西南夷传》都有相关记述。夷歌，泛指外族的歌曲。《后汉书·西南夷传论》："夷歌巴舞殊音异节之技，列倡于门外。"杜甫《阁夜》："野哭几家闻战伐，夷歌数处起渔樵")。

初禹锡、宗元等八人犯众怒，宪宗（唐宪宗李纯，805年即位）亦怒，故再贬，制有"逢恩不原"（原，动词。宽恕；原谅；谅解；宽容之意。《庄子·天道》："因任已明而原省次之，原省已明而是非次之，是非已明而赏罚次之。"不原，就是不予原谅、宽恕之意）之令。然执政惜其才，欲洗涤痕累，渐序用之。会程异复掌转运（程异，？—819，字师举，京兆长安人。曾被王叔文提拔任用，变法失败后，受牵连贬为郴州司马，著名的"八司马"之一。为官清廉，管理财税十余年，不曾敛财，死后家无余财，极被朝野人士称许)，有诏以韩皋及禹锡等为远郡刺史。属武元衡在中书，谏官十余人论列，言不可复用而止。

禹锡积岁在湘、澧间，郁悒不怡（郁悒，忧郁；忧虑；郁闷。《文选·司马迁》："顾自以为身残处秽，动而见尤，欲益反损，是以独郁悒而谁与语！"李善注解："郁悒，不通也。"司马迁《报任少卿书》："陵败书闻，主上为之食不甘味，听朝不怡。"）……

元和十年（815年)，自武陵召还，宰相复欲置之郎署。时禹锡作《游玄都观咏看花君子诗》，语涉讥刺，执政不悦，复出为播州（今贵州省遵义市）刺史。诏下，御史中丞裴度奏曰："刘禹锡有母，年八十余。今播州西南极远，猿狖所居（狖，音yòu。黑色的长尾猴。《淮南子·览冥训》："猨狖颠蹶而失木枝。"高诱注解："狖，猨属，长尾而卬鼻。"猿狖，泛指猿猴。《楚辞·九章·涉江》："深林杳以冥冥兮，乃猿狖之所居"），人迹罕至。禹锡诚合得罪，然其老母必去不得，则与此子为死别，臣恐伤陛下孝理之风。伏请屈法，稍移近处。"宪宗曰："夫为人子，每事尤须谨慎，常恐贻亲之忧。今禹锡所坐，更合重于他人，卿岂可以此论之?"度无以对。良久，帝改容而言曰："朕所言，是责人子之事，然终不欲伤其所亲之心。"乃改授连州刺史。去京师又十余年，连刺数郡。

大和二年（828年），自和州刺史征还（和州，今安徽省东部的马鞍山），拜主客郎中。禹锡衔前事未已，复作《游玄都观诗序》曰："予贞元二十一年为尚书屯田员外郎，时此观中未有花木，是岁出牧连州，寻贬朗州司马。居十年，召还京师，人人皆言有道士手植红桃满观，如烁晨霞，遂有诗以志一时之事。旋又出牧，于今十有四年，得为主客郎中。重游兹观，荡然无复一树，唯兔葵、燕麦，动摇于春风，因再题二十八字，以俟后游。"其前篇有"玄都观里桃千树，总是刘郎去后栽"之句，后篇有"种桃道士今何在?前度刘郎又到来"之句，人嘉其才而薄其行。禹锡甚怒武元衡、李逢吉（758—835，字虚舟，因其父李颜有痼疾，自己料理草药医剂，遂通方术。品性险谲多端，刻薄妒忌。以司徒致仕，卒年七十八岁。赠太尉，谥曰"成"），而裴度稍知之。大和中，度在中枢，欲令知制诰，执政又闻《诗序》，滋不悦，累转礼部郎中、集贤院学士。度罢知政事，禹锡求分司东都（司职掌管东都洛阳的事务，657年，显庆二年，以洛阳为东都。其后屡屡变更，684年，武后光宅元年，改称神都；705年，神龙元年，复称东都。742年，天宝元年，改称东京；761年，上元二年，停京号，次年复称东都）。

终以恃才褊心（褊，音biǎn。亦作"偏心"。心胸狭隘窄小。书写魏地陋隘，缝衣女奴因受女主人虐待而生不满之情，故作讽刺贫富不均诗《诗经·魏风·葛屦》："维是褊心，是以为刺。"东汉郑玄笺解："魏俗所以然者，是君心褊急，无德教使之耳，我是以刺之"），不得久处朝列。六月，授苏州刺史，就赐金紫（金印紫绶的简称。秦汉之时，相国、丞相、太尉、大司空、太傅、列侯等皆授金印紫绶。魏汝州，晋以后，光禄大夫得假金章紫绶，因此亦称为金紫光禄大夫）。秩满入朝，授汝州刺史（汝州，今河南省汝州市，唐时，东都洛阳的东南门户，军事要地），迁太子宾客（官职名，唐始置。太子东宫官署中级别最高的官员，官阶正三品。职责是调护侍从、规谏太子等事，不具实际职权，仅为高级官员之升转做准备），分司东都。

禹锡晚年与少傅（官职名。北周以后，历代多沿置，与少师、少保合称三少，并无实际职权，一般为大官加衔）白居易友善，诗笔文章，时无在其右者。常与禹锡唱和往来，因集其诗而序之曰："彭城刘梦得，诗豪者也。其锋森然，少敢当者。予不量力，往往犯之。夫合应者声同，交争者力敌。一往一复，欲罢不能。由是每制一篇，先于视草，视竟则兴作，兴作则文成。一二年来，日寻笔砚，同和赠答，不觉滋多。大和三年（829年）春以前，纸墨所存者，凡一百三十八首。其余乘兴仗醉，率然口号者不在此数。因命小侄龟儿编录，勒成两轴。仍写二本，一付龟儿，一授梦得小男仑郎，各令收藏，附两家文集。予顷与元微之（元稹，字微之，779—831）唱和颇多，或在人口。尝戏微之云："仆与足下二十年来为文友诗敌，幸也，亦不幸也。吟咏情性，播扬名声，其适遗形，其乐忘老，幸也。然江南士女语才子者，多云元、白，以子之故，使仆不得独步于吴、越间，此亦不幸也。今垂老复遇梦得，非重不幸耶？"梦得梦得，文之神妙，莫先于诗。若妙与神，则吾岂敢？如梦得"雪里高山头白早，海中仙果子生迟""沉舟侧畔千帆过，病树前头万木春"之句之类，真谓神妙矣。在在处处，应有灵物护持，岂止两家子弟秘藏而已，其为名流许与如此。梦得尝为《西塞怀古》《金陵五题》等诗，江南文士称为佳作，虽名位不达，公卿、大僚多与之交。

开成初（836年。开成：唐文宗李昂的年号，836—840年），复为太子宾客分司，俄授同州刺史（同州，即今陕西省渭南市大荔县）。秩满，检校礼部尚书、太子宾客分司。会昌二年（842年。会昌：唐武宗李炎的年号，841—846）七月卒，时年七十一，赠户部尚书。（后晋刘昫等撰，《旧唐书·卷一百六十·列传第一百一十·刘禹锡》）

刘禹锡，字梦得，自言系出中山。世为儒。擢进士第，登博学宏辞科，工文章。淮南杜佑表管书记。入为监察御史，素善韦执谊。时王叔文得幸太子，禹锡以名重一时，与之交，叔文每称有宰相器。太子即位，朝廷大议秘策多出叔文，引禹锡及柳宗元与议禁中，所言必从。擢屯田员外郎、判度支、盐铁案，颇冯借（冯，音píng，通"凭"。凭借；依靠。《左传·哀公七年》："鲁弱晋而远吴，冯恃其众，而背君之盟，辟君之执事，以陵我小国”）其势，多中伤士（中，音 zhòng。《后汉书·王允传》：“以事中允。”李贤注解：“中，伤也。”污蔑他人使受伤害。《后汉书·杨秉传》：“有忤逆于心者，必求事中伤”）。若武元衡不为柳宗元所喜，自御史中丞下除（除，施予。召公伯虎为周宣王亲政祝福、祈愿，给予热情鼓励，殷切期望励精图治、中兴大业的《诗经·小雅·天保》：“俾尔单厚，何福不除？”《毛传》：“除，开也。”郑玄笺解：“皆开出以予之”）太子右庶子；御史窦群劾禹锡挟邪乱政，群即日罢；韩皋素贵，不肯亲叔文等，斥为湖南观察使。凡所进退，视爱怒重轻，人不敢指其名，号“二王、刘、柳”。

宪宗立，叔文等败，禹锡贬连州刺史，未至，斥郎州司马。州接夜郎（有古县名和郡名两说，治所因不同历史时期多有变化，大体方位位于今云、贵地区。唐朝的夜郎县，位于现贵州省桐梓县城北的夜郎镇）诸夷，风俗陋甚，家喜巫鬼，每祠（春季的祭祀。名词。《说文解字·示部》：“春祭曰祠，品物少，多文辞也。”《尔雅·释天》：“春祭曰祠。”《礼记·月令》：“仲春之月，是月也。祀不用牺牲，用圭璧，更皮币”），歌竹枝，鼓吹裴回（同“徘徊”。彷徨，徘徊不进的样子。《后汉书·冯衍传》：“发轫新丰兮，裴回镐京”），其声伧伫（音 cāng zhù。粗野；粗恶；鄙陋）。禹锡谓屈原居沅、湘间作《九歌》，使楚人以迎送神，乃倚其声，作《竹枝词》十余篇，于是武陵夷俚（古时对西南少数民族的简称）悉歌之。

始，坐叔文贬者八人，宪宗欲终斥不复，乃诏虽后更赦令不得原。然宰相哀其才且困，将澡濯（音 zǎo zhuó。冲洗；洗刷；洗雪；平反昭雪。引申为洗刷使之保持洁白，不受污浊。《三国志·魏志·管宁传》：“夏时诣水中澡洒手足。”如今称浴身为“洗澡”。为周王或诸侯歌功颂德的《诗经·大雅·泂酌》：“泂酌彼行潦，挹彼注兹，可以濯罍”）用之，会程异复起领运务，乃诏禹锡等悉补远州刺史，而元衡方执政，谏官颇言不可用，遂罢。

禹锡久落魄，郁郁不自聊，其吐辞多讽托幽远，作《问大钧》《谪九年》等赋数篇。又叙：“张九龄为宰相，建言放臣不宜与善地，悉徙五豁不毛处。然九龄自内职出始安，有瘴疠之叹；罢政事守荆州，有拘囚之思。身出遐陬（音 xiá zōu，边远一隅地区。《尚书·太甲下》：“若升高，必自下；若陟遐，必自迩。”《宋书·谢灵运传》：“内匡寰表，外清遐陬”），一失意不能堪，矧（音 shěn。连词。况；何况；况且。《尚书·大诰》：“厥子乃弗肯播，矧肯获”）华人士族必致丑地，然后快意哉！议者以为开元良臣，而卒无嗣，岂忮心（忮，音zhì。忮心，嫉恨之心；妒忌之心。《庄子·达生》：“虽有忮心者，不怨飘瓦”）失恕，阴责最大，虽它美莫赎邪！”欲感讽权近，而憾不释。久之，召还。宰相欲任南省郎，而禹锡作《玄都观看花君子》诗，语讥忿，当路者不喜，出为播州刺史。诏下，御史中丞裴度为言：“播极远，猿狖所宅，禹锡母八十余，不能往，当与其子死诀，恐伤陛下孝治，请稍内迁。”帝曰：“为人子者宜慎事，不贻亲忧。若禹锡望它人，尤不可赦。”度不敢对，帝改容曰：“朕所言责人子事，终不欲伤其亲。”乃易连州，又徙夔州刺史（夔州，今重庆市奉节地区，历史名城）。

禹锡尝叹天下学校废，乃奏记宰相曰：……当时不用其言。

由和州刺史入为主客郎，复作《游玄都》诗，且言：‘始谪十年，还京师，道士植桃，其盛若霞。又十四年过之，无复一存，唯兔葵、燕麦动摇春风耳。’以诋权近，闻者益薄其行。俄分司东都。宰相裴度兼集贤殿大学士，雅知禹锡，荐为礼部郎中、集贤直学士。度罢，出为苏州刺史。以政最，赐金紫服。徙汝、同二州。迁太子宾客，复分司。

禹锡恃才而废，褊心不能无怨望，年益晏（晚。《礼记·礼器》：“质明而始行事，晏朝而退”），偃蹇（音yǎn jiǎn，困顿、窘迫。《新唐书·段文昌传》：“宪宗数欲亲用，颇为韦贯之奇诋，偃蹇不得进。”《聊斋志异·于去恶》：“君命偃蹇，生非其时。”或曰卧病不能做事。《晋书·郭璞传》：“庄周偃蹇于漆园。”艰难。宋叶梦得《石林诗话·卷中》：“偃蹇狭陋，尽成死法。”当以困顿、窘迫为是）寡所合，乃以文章自适。素善诗，晚节尤精，与白居易酬复颇多。居易以诗自名者，尝推为“诗豪”，又言：“其诗在处应有神物护持。”

会昌时，加检校礼部尚书。卒，年七十二，赠户部尚书。始疾病，自为《子刘子传》，称：汉景帝子胜，封中山，子孙为中山人。七代祖亮，元魏冀州刺史，迁洛阳，为北部都昌人，坟墓在洛北山，后其地狭不可依，乃葬荥阳檀山原。德宗弃天下，太子立，时王叔文以善奕得通籍，因间言事，积久，众未知。至起苏州掾，超拜起居舍人、翰林学士，阴荐丞相杜佑为度支、盐铁使，翌日，自为副，贵震一时。叔文，北海人，自言猛之后，有远祖风，东平吕温、陇西李景俭、河东柳宗元以为信然。三子者皆予厚善，日夕过，言其能。叔文实工言治道，能以口辩移人，既得用，所施为人不以为当。太上久疾，宰臣及用事者不得对，宫掖事秘，建桓立顺，功归贵臣，由是及贬。其自辩解大略如此。（北宋欧阳修、宋祁撰，《新唐书·卷一百六十八·列传第九十三·刘禹锡》）

刘禹锡，洛阳人（今河南省洛阳。此说出自《辞海》，《旧唐书》则说是彭城人）。他的祖先本是匈奴族，七世祖刘亮随北魏孝文帝元宏迁都洛阳后，改汉姓。父辈为避“安史之乱”而寓居江南。

刘禹锡，资性英敏聪明，在安定的社会环境里，他受到了良好的文化教养，奠定了优异的文学才能。他学识渊博，知识积淀深厚，富有出众的智谋才略，有奇特的才能和活动能力，有胆具魄力，性格刚毅，以其英俊文采，自能成其大业。自 793 年（贞元九年）初登进士第，795 年（贞元十一年）正式踏上仕途，曾授监察御史。因为他是个不甘心只当文士，而欲在政治上施展才能的人，因此，自入仕后，便怀抱着舒展才智的愿望，积极参与政治活动。唐顺宗李诵执政时，他在杜佑、王叔文领导下，与柳宗元等积极参与王叔文搞的政治革新运动，反对宦官和藩镇割据势力，发挥卓越才干，成为革新派核心人物之一。

然而不幸的是，王叔文推行的“永贞革新”运动，仅仅经历一百四十六天，就被宦官俱文珍勾结藩镇韦皋等人发动政变所推翻绞杀。革新运动失败后，他虽屡遭贬谪，其革新思想却始终不变，政治热情丝毫不减；后因讽刺新贵，得罪权势，不断外放，贬为郎州司马，又历任连州、夔州、和州多地刺史，所到之处，遍访民众，关心疾苦，赈济灾民，恢复发展生产。在长期的贬谪过程中，在极度苦闷之中，佛教成为他的精神支柱，在一定程度上弥合了他的精神创伤，但他的斗争意志却始终未曾磨灭，政治热情依然饱满。他不怕打击，坚持改革、企望在政治上有所作为的初衷之心不变，反映了他的坚强性格，力求振作的壮志。他的入世精神很强，斗争意志旺盛，他对自己的政治才干始终不能得到发挥，抱恨终生。他一生关注政治，热爱生活，热衷于革新，对黑暗腐朽的封建势力坚持进行尖锐的揭露、讽刺、批判，表现了他深切关注希望国家的统一、政治开明、人民生活安定的进步思想，这也是他之所以成为杰出、伟大诗人的重要原因。加之因其性情不平衡，有些怪脾气，傲骨不折，屡遭击打，始终不屈；其不逊之心，与外人交接时，时常意气用事，傲慢无礼，不知谦逊谨慎，言语中多棱角，柔中带硬；又好冒险投机，因而，进则招祸上身，遭受诽谤攻击，弄吉反凶，以致失败，甚致刑伤。他的前后二篇《玄都观桃花诗》，就是最好的佐证。贬谪期间，处境险恶，又长期在大江南北多地担任地方官，足迹遍布多半个中国，所到之处都要探访古迹，写诗咏史怀古，讽谕现实，抒发对于贬谪生活的怨愤之情。他的诗作感情爱憎鲜明，充分反映了中唐时期政治生活中的重大问题和社会上的严重弊病。

刘禹锡，诗、文皆有名，曾有“诗豪”之誉。与韩愈、柳宗元、白居易同属中唐时期文学界的明星，都是擅长诗歌与散文的著名才子，取得了杰出的成就，为中唐时期文学的繁荣做出了巨大贡献，在中国文坛历史上占据不可小视的一席之地。

他与柳宗元交谊甚笃，人称“刘、柳”；诗歌与白居易并称齐名，二人唱和甚多，世称“刘、白”。白居易称之为“诗豪”，所作诗篇善用比兴手法寄托政治内容，或直接抒写重大政治事件，或直接嘲讽当朝权贵，或抒发自己身世遭遇的愤懑和痛苦，或充满古今兴亡的无限沉思。语言精确，清新刚健，风格通俗易懂，一些组诗如《竹枝词》《柳枝词》《插田歌》深具民歌的优点，既有民歌朴实、明快的特色，又富有浓郁的生活气息和地方色彩，为唐诗中别开生面之作。他留存至今的诗歌多达八百余首，内容丰富多彩，留有千古名篇《刘梦得文集》，还曾著有革新观点的重要哲学著作《天论》。

他交友唱和，相濡以沫，相慰以情，虽交友不多，但一些诗作内容深刻，感情沉郁；他虽历经挫折、折磨、颠簸，却丝毫不动摇顽强性格，令人敬佩。他善于吸取民间有关风土人情、民众生活营养，创造了许多反映下层社会民众生活的好诗作。其诗作特点是取境、语言都很优美，精练含蓄有致，韵律自然，民歌气息浓厚。他的爱情诗，文采丰富，情操高尚，精练、含蓄二者兼而有之，言简意丰，耐人寻味，用典精确，构思巧妙，令人神往，在唐诗发展史上具有重要地位，对后世影响较大。他是一位富于独立思考和批判精神的作家，在思想上是积极向上的，在艺术上是独辟蹊径的，因此，留给后人许多珍贵的文化遗产。

他在经过伏波神祠时曾做有《经伏波神祠》诗："蒙蒙篁竹下，有路上壶头。汉垒麏鼯斗（麏鼯，音 qún wú，通"麇"。《玉篇·鹿部》："麇，麞也。麏，同麇。"洪兴祖补注："麏，麞也。"李善注："麏与麇音义同。"通"群"。《左传·昭公五年》："求诸侯而麇至"杜预注："麇，群也。"成群的鼯鼠），蛮溪雾雨愁。怀人敬遗像，阅世指东流。自负霸王略，安知恩泽侯？乡园辞石柱，筋力尽炎州。一以功名累，翻思马少游。"借古人之酒杯，浇胸中之块垒，抒发了对贬谪生涯的怨苦之情。

刘禹锡，不仅仅是位著名的文学家、政治家、哲学家，还是一位了解本草药学、精通医术、通晓医理的医学家，因为其自幼体弱多病，经常延医服药，渐对中医药感兴趣，并有所研究，经三十余年持之以恒，遂成为一名非常重视收集、整理民间医药经验。治病用药擅长单方、验方，讲求实效，不固守古法的良医。同时他还是位极具重视强调"弭病于将然之先，而以攻治为后"的预防医学思想的医学家。他亦是一位曾奉诏参与了由苏敬领衔编撰，由唐政府颁布执行的世界上第一部国家药典《新修本草》的编修工作的成员之一。

他的杂文《鉴药》以治病用药必须剂量适中做比喻，说明办事应该实事求是，凭主观意识必将招致为害。刘子慨然曰："善哉医乎！用毒以攻疹，用和以安神，易则两踬（踬，音 zhì，动词。①被绊倒。《左传·宣公十五年》："杜回踬而颠。"②阻碍；遭受挫折。引申为事业上不顺利。唐代玄应《一切经音义·卷三》："踬顿，谓挫辱也。"清代朱骏声《说文通训定声·履部》："踬，《通俗文》事不利曰踬"），明矣。苟循往以御变，昧于节宣，奚独吾侪（奚，代词。何；岂。侪，音 chái，辈；类。《说文解字·亻部》："侪，等辈也。"《左传·僖公二十三年》："晋郑同侪。"杜预注："侪，等也。"明末清初思想家黄宗羲《柳敬亭传》："此故吾侪同说书者也，今富贵如此！"何独我辈；岂止吾辈）小人理身之弊而已！"

晚年感叹人事沧桑，安于现状。官终检校礼部尚书，赠户部尚书。

昝殷（约 797—859），唐著名妇产科医学家，著有《产宝》《食医心鉴》《道养方》。昝殷（昝，音 zǎn 或 qián，但因历史久远，究竟应读何音已不可考？后世常用者读

“攒”）

“昝殷《产宝》三卷。”“《食医心鉴》二卷。”（元代脱脱等撰，《宋史·卷二百七·志第一百六十·艺文六》）

蜀成都人，精通医理，通晓药物学，尤其擅长妇产科，对于摄生、食疗亦有研究。食治医方取材容易，价廉效验，著有《道养方》三卷。

宣宗大中年间在世（大中，唐宣宗李忱的年号，847—860年）。官至医学博士，大中年间，集有关胎产、经、带诸症效验方378首，编成《产宝》三卷，是我国现存较早之妇产科专书。《证类本草》《妇人大全良方》保存有其中部分内容，有《医方类聚》辑本。另撰有《食医心鉴》三卷，已佚。但有《医方类聚》辑本介绍药物煮粥、制茶、做酒饮用等药方211首，对后世妇科学、饮食疗法影响很大。时剑南西川节度使白敏中因妇人多患难产，遂四处询访名医思救人命，敏中召问产乳之事，殷遂撰方三卷，进于敏中，敏中重其简要，遂名其书为《产宝》。后经五代人周颋（音tǐng。《尔雅·释诂》：“颋，直也”）增辑为《经效产宝》三卷，为我国存世最早之妇产科专著。

韦宙（？—866或867年），唐代官员、学者、方书《集验独行方》撰著者。

“《韦氏集验独行方》十二卷韦宙。”（北宋欧阳修、宋祁撰，《新唐书·卷五十九·志第四十九·艺文三》）

“韦宙《独行方》十二卷”“《玉壶备急方》一卷。”（元代脱脱等撰，《宋史·卷二百七·志第一百六十·艺文六》）。

子宙（父韦丹，字文明，京兆万年人。丹，自幼从外祖、名臣、著名书法家颜真卿学习），推荫累调河南府司录参军（官职名。唐时各州设有录事参军，京府任职者则称司录参军。职任为负责书写六曹公文的专职官员。六曹，唐代各州佐治之官分六曹，即功曹、仓曹、户曹、兵曹、法曹、士曹，亦称六司），李珏表河阳幕府（河阳，黄河北岸，今河南省的孟州市。幕府，古代军队出征，施用帐幕，故将军的府署称之为“幕府”，即将领的军帐）。宣宗（唐宣宗李忱，846—859年在位，）谓宰相墀（周墀，796—855，曾任集贤殿学士、兵部侍郎、同平章事。监修国史）曰：“丹有子否？”以宙对。帝曰：“与好官。”乃拜侍御史（官职名，一般称侍御。自秦始置，历代多因之。受命于御史中丞，在御史大夫之下，接受公卿奏事，或给事殿中，或举劾非法，或督察郡县，或奉使出外执行指定任务。御史台成员之一，国家的监察机关，负责纠察工作），三迁度支郎中（官职名。度支，原意是量入为出。唐制，户部的度支司掌管国家的财政收支，郎中和员外郎分掌收入和支出，户部侍郎则检查押署账目）。

卢钧节度太原（卢钧，778—864，字子和。宣宗时期，任宣武节度使，河东节度使，后入朝任尚书左仆射。唐朝后期治理广州比较清廉的一位节度使），表宙为副。是时，回鹘（音hú。即回纥，维吾尔的古称。788年，唐贞元四年，回纥可汗请唐改称回纥为回鹘，取“回旋轻捷如鹘”之义）已破诸部，入塞下，剽杀吏民，钧欲得信重吏视边，宙请往。自定襄、雁门、五原，绝武州塞，略云中，逾句注，遍见酋豪，镌谕之（镌，音juān。动词。凿；雕刻；镌镂。《淮南子·本经训》：“镌山石。”《说文解字·言部》：“谕，告也。”《广雅·言部》：“谕，晓也。”谕，告诉；谕示；使人知道；使人明白；使人理解。意即凿刻文字广而告之。《周礼·掌交》：“掌邦国之通事而结其交好，以谕九税之利，九礼之亲，九牧之维，九禁之难，九戒之威。”《礼记·文王世子》：“师也者，教之以事而谕诸德者也。”西汉司马相如《喻巴蜀檄》：“故遣信使晓谕百姓以发卒之事”）。视亭障守卒，增其禀（禀，音lǐn，通“廪”。给予粮食。《汉书·文帝纪》：“今闻吏禀当受鬻者，或以陈粟。”颜师古注解：“禀，给也”）。约吏不得擅以兵侵诸戎（戎，或称西戎，戎羌。古时中原人对西北、西南部少数各民族的泛称之一。《三国志·诸葛亮传》：“西和诸戎”），犯者死，于是三部六蕃诸种皆信悦。召拜吏部郎中（官职名。掌管全国官吏的任免、考课、升降、调动、选补事务的官署即称吏部。郎中属其中的高级部员，从五品上，位级低于尚书、侍郎、丞）。出为永州刺史（永州，今湖南省零陵地区永州市。刺史，官职名，一州的长官。自西汉武帝时始置，后各帝期间反复改名，或称州牧，或称刺史。三国、南北朝时，各州多置刺史，以都督兼任，再加将军号，权力极大。隋后，职权减轻）。州方灾歉，乃斥官下什用所以供刺史者，得九十余万钱，为市粮饷（在市场上交易购买粮饷。《易经·系辞下》：“日中为市，致天下之民，聚天下之货，交易而退，各得其所”）。俗不知法，多触罪，宙为书制律并种植为生之宜，户给之。州负岭，转饷艰险，每饥，人辄莩死（莩，音piǎo，同“殍”。饿死，亦指饿死的人。《广韵·小韵》：“莩，殍同。”《孟子·梁惠王上》：“狗彘，猪。食人食，而不知检，塗有饿莩，而不知发”），宙始筑常平仓（汉以后历代政府为“调节粮价，备荒赈恤”而设置的粮仓。唐初置义仓及常平仓，元和中改称常平义仓。义仓，是585年，隋文帝开皇五年时始设，在收获粮食时，向民户征粮积储以备荒年放赈，因设在里社，由当地人负责管理，亦名社仓），收谷羡余（音xiàn yú。《新唐书·食货志二》：“淮南节度使杜亚等皆徼谢恩泽，以常赋入贡，名为羡余。”白居易《重赋》诗：“缯帛如山积，丝絮似云屯，号为羡余物，随月献至尊。”唐官员以赋税盈余为名向皇室进贡的税款财物。唐德宗李适时，藩镇常用加重赋税、贩卖商品、克扣俸禄等办法聚敛财物，除贪污中饱私囊之外，并用羡余名义进贡皇室，以博取皇帝欢心，以利进取）以待乏。罢冗役（冗，音 rǒng。多余；闲散。《新唐书·百官志一》：“其事愈繁而官益冗。”冗役，古时称无专职而备临时使令的官员。《正字通·宀部》：“古设官分职，人有常守，转移执事，不可无人，故有冗员备使令。”后世则指机关中的闲散多余人员）九百四十四员。县旧置吏督赋（县里以前专门设置吏员督导赋税工作），宙俾民自输，家十相保，常先期。湘源生零陵香，岁市上供，人苦之，宙为奏罢。民贫无牛，以力耕，宙为置社（设置集体性组织或曰团体），二十家月会钱若干，探名得者先市牛，以是为准，久之，牛不乏。立学官，取仕家子弟十五人充之。初，俚民婚，出财会宾客，号“破酒”（大操大办，花钱摆喜酒），昼夜集，多至数百人，贫者犹数十；力不足，则不迎，至淫奔者。宙条约，使略如礼，俗遂改。邑中少年，常以七月击鼓，群入民家，号“行盗”（流动性抢劫，流窜劫掠。《史记·平津侯主父列传》：“夫匈奴难得而制，非一世也。行盗侵驱，所以为业也，天性固然”），皆迎为辨具（置办酒饮饭食），谓之“起盆”，后为解素（开荤解除吃素之戒。南朝梁武帝《净业赋·序》：“谢朏、孔彦颖等屡劝解素，乃是忠至，未达朕心”），喧呼疻斗（疻，音 zhǐ，殴斗。清代训诂学家朱骏声《说文通训定声·解部》：“凡殴伤皮肤青黑无创瘢曰疻，有创瘢曰痏。”《汉书·薛宣传》：“遇人不以义而见疻者，与痏人之罪钧。”唐代颜师古注引应劭解：“以杖手殴击人，剥其皮肤，肿起青黑而无创瘢者，律谓疻痏。”意即指没有创瘢的疻伤，喧闹呼叫殴斗），宙至，一切禁之。还为大理少卿（官职名。本秦、汉之廷尉，北齐后改称大理寺卿。廷尉，秦始置，汉景帝时改称大理，武帝时复称廷尉。掌刑狱，司法官员，九卿之一。《新唐书·百官志三》：“大理寺，卿一人，从三品；少卿二人，从五品下。掌折狱，详刑。凡罪抵流、死，皆上刑部，覆于中书、门下”）。久之，拜江西观察使（官职名。758 年，唐乾元元年，改采访处置使为观察处置使，掌管考察州县官吏政绩，后兼理民事，管辖的地区即为一道。凡不设节度使的地方，即以观察使为一道的行政长官；设有节度使的地方，亦兼观察使），政简易，南方以为世官（某一官职由一族世代承袭，谓之世官。《孟子·告子下》：“四命曰：士无世官，官事无摄，取士必得，无专杀大夫”），迁岭南节度使（官职名。唐初沿袭北周及隋旧制，于重要地区设立总管，后改称都督，总揽数州军事。710—711 年，唐睿宗景云中，薛讷出任幽州镇守经略节度大使，贺拔延嗣为凉州都督充河西节度使，始有此称号。总揽全州军、民、财政一切事务）。南诏（古国名，唐代以乌蛮为主体，含白蛮等族建立的奴隶制政权。位于云南全境、贵州西部、四川南部，历传十三王，十王受唐册封，902 年灭亡）陷交趾（古地区名，亦作交阯），抚兵积备，以干闻。加检校尚书左仆射（官职名，即尚书左丞相。中央政权执行政务的总机构称为尚书省，尚书省设有左、右丞相，亦称左、右仆射）、同中书门下平章事（官职名，简称“同平章事”。唐制，君主在极为信任的大臣之中选任数人，给予同中书门下平章事的名义，即为事实上的宰相。职责处理政务中枢）。咸通中（咸通：860—874 年）卒。（北宋欧阳修、宋祁撰，《新唐书·卷一百九十七·列传第一百二十二·循吏·韦宙》）

韦宙出身官宦世家，其父韦丹就是颇受唐宣宗李忱赏识、褒美的卓然的直臣，而韦丹的外祖父则是唐玄宗李隆基时期的名臣、著名书法家颜真卿。颜真卿不仅曾是参与平定安史之乱的功臣，更是创建“颜体”楷书，与柳公权并称“颜筋柳骨”，与赵孟頫、柳公权、欧阳询并称“楷书四大家”的著名书法家。当属“器质天资，公忠杰出，出入四朝，坚贞一志（德宗李适语）”，名冠青史的忠烈之臣。

其具祖宗阴庇之福，当宣宗自宰相周墀处得知其有子韦宙时，立刻言道“与好官”，乃拜侍御史，三迁度支郎中。此后又历任太原节度副使、吏部郎中、永州刺史，大理少卿，江西观察使，岭南节度使，检校尚书左仆射，同中书门下平章事即宰相等职。

在任太原节度副使时，视边境，见酋豪，镌谕示，增其廪，约吏卒，不动兵，服众人，皆信悦。

任永州刺史时，闹灾歉收，节流万钱，作市粮饷；俗不知法，多有触罪，为书制律，种植为生，户户自给；每遇饥年，人辄莩死，筑常平仓，收谷羡余，罢冗役员；民贫无牛，以力耕作，宙为置社，互相合作，久之，牛不乏缺。

俚民婚俗，大操大办，出财会客，号曰“破酒”，昼夜聚集，铺张浪费。宙立条约，反对恶习，予以约束，使略如礼，俗习遂改，其意境高远。

邑中少年，七月击鼓，群入民家，号曰“行盗”，实为劫掠；惊吓之余，还要为他们置办酒食，以示迎接犒劳，谓之“起盆”，再后开荤解素，喧呼殴斗，诸多恶习，触目惊心。韦宙到任后，一律布告禁止。

仕途一生，由最初的司录参军直至担任宰相之职，由于品性廉洁，情操高尚，惯于付出，始终秉承利他益民为人，不求回报之情愫；自信心强大，有权力智谋，志向一方；为政简易，抚兵积备，以干练闻名；历经各种磨难，勇破诸难，有志竟成，终于博得名利双收。一生身体健康，疾病少有；衣食富足，幸福长寿。

行政之余，闲暇之时，熟读医书，兼通医术，撰辑《韦氏集验独行方》十二卷，以利庶民识医取药，祛疾延年。非常遗憾的是，原书早已遗佚。

第九篇　五代　两宋篇

五　代

日华子（生卒年无考），五代末期吴越国药学家，名佚。

五代吴越人（吴越，五代时十国之一，由唐代镇海节度使钱镠于907年建，978年降于北宋。共历五主，七十二年，建都杭州，据今浙江之地及江苏的一部分。）。

宋代掌禹锡著《嘉祐本草》说："《日华子诸家本草》四明人（今浙江省宁波市）撰，不著姓氏，但云日华子大明。"

其人大致活动于北宋开宝前后（968—975年），撰有《日华子诸家本草》二十卷，其中有《日华子大明》序，故后世称其为日华子或大明，亦有将其书简称《大明本草》者。《日华子本草》集诸家本草及当时医家所用药，"各以寒温性味，华（花）实草虫为类"，以叙述药性功效为主，兼述形态鉴别及炮制等，简明实用，记有槐花等数十种新增药。

陈士良（生卒年不详），五代南唐医药学家，撰有本草书《食性本草》。

"陈士良《食性本草》十卷。"（元代脱脱等撰，《宋史·卷二百七·志第一百六十·艺文六》）。

陈士良亦作陈仕良，汴州人（汴州，今河南省开封），以医名于时，曾任陪戎副都尉，剑州医学助教（剑州，今四川省剑阁）。专掌调制饮食，对各类药食两用物品性味、功能甚为了解。以古有食医之官，以食养治百病，故取《本经》《本经集注》《新修本草》《食疗本草》《本草拾遗》诸书中有关食疗之药物分类编写，附以己说，载以食医诸方及四时调养、藏府之术，约于937—957

年间撰成《食性本草》十卷，由徐锴为之序，已佚，部分条文收入《证类本草》《本草纲目》等。其子孙均世其业。

韩保昇（生卒年无考），五代后蜀药学家。

韩保昇，蜀人。翰林学士。精通医学，因详察药品，深知药性，不拘局方，施药辄有神效，解释本草甚为明切。曾奉后蜀蜀主孟昶敕旨，与蜀中诸多医工取《新修本草》并《图经》相参校正修订，稍增注释，编为《蜀重广英公本草》二十卷，简称《蜀本草》。《蜀本草》乃五代后蜀政府所修订的国家药典性本草，对研究中国医药史、五代时期药物学的发展状况，具有一定的参考价值。原书已佚，《嘉祐本草》转引其部分内容注明“蜀本云”，《证类本草》所引“唐本余”亦为该书佚文。

韩保昇于此书中首次解释“本草”一词：“药有玉石、草木、虫兽，而直云本草者，为诸药中草类最众也，为后世所膺服”。所增内容多切实用，李时珍评价该书时说“药物形状颇详于陶弘景、苏敬之说”。

附：

孟昶，五代时期后蜀国君（后蜀，933—965年。孟昶，934—965年在位）。初名仁赞，字保元。孟知祥第三子（孟知祥，字保胤。874—934，五代时期后蜀国的建立者），邢州龙岗（今河北省邢台）人。他即位后，抑制权臣，加强集权。北宋乾德三年（乾德：北宋太祖赵匡胤的年号，963—968年），宋军入成都，遂降宋，至开封，被封为“秦国公”。后因宋太祖赵匡胤欲霸其妃花蕊夫人，投毒致其死。

南朝宋宗室、临川王刘义庆汇集一批文人编撰的笔记小说《世说新语·卷十六·企羡》：“孟昶未达时，家在京口（即今江苏省镇江市京口区）。尝见王恭乘高舆（高舆，高大的车子），被鹤氅裘。于时微雪，昶于篱间窥之，叹曰：“此真神仙中人!”

孟昶，作为后蜀国一国国君，是位颇富文学才华，兼通医药，却毫无治国之能，生活荒淫，整日沉湎酒色，奢侈无度的皇帝。与善诗文、音乐、书画、尤以词名的五代南唐国主李煜，著名的书画家、北宋的太上皇徽宗赵佶当属一类（虽然北宋是在其子北宋钦宗赵桓执政时期亡国的，但赵桓是在其父赵佶长期执政达二十五年之后，金兵大举入侵汴京之际，才禅位继承皇位的，仅仅执政一年多便亡国了，故主要罪责应归咎在其父赵佶身上。当然赵桓也不是一个精明强干、为国为民的好皇帝，他上位后虽然贬谪了奸佞贼子蔡京、童贯等人，一度重用李纲抗金，然而这位优柔寡断、懦弱无能之人，最后还是听从奸臣之言罢免了李纲，求和于金，最终导致靖康之难，亡国为虏，死于他乡），都是毫无政治才能，不具备治国理政，而颇富艺术才能的亡国之君。

孟昶，素好方药，母亲有病，屡屡更换太医而不效，便自制方饵进孝，遂愈；群臣有疾者，亲召诊视，多有成效，医官亦钦服备至。他倡导修本草，令翰林学士韩保昇挂衔领导后蜀诸医取唐代的《新修本草》并《图经》为蓝本，参考诸多本草文献，进行参校补正删定，稍加增补注释撰成《蜀重广英公本草》二十卷，简称《蜀本草》。由孟昶亲自作序，刊行于世。此乃五代时期医学界的一大贡献，对后世的本草学影响也非常大。此书已佚，其佚文部分收入《证类本草》。

两　宋

四库《御纂医宗金鉴》提要说：“自古以来，惟宋代最重医学。”当您了解了宋代时期的校正医书、编刊医方、颁布药典、创办官药局、推行医学教育等作为，即可知在那个时代，医学已是多么深入人心，受人重视。宋代的国子监除雕刊经史之外，亦刻印医书，可见当时是相当重视医学教育的。嘉祐二年（1057 年）专门设立校正医书局，将此前的大多重要医书进行了系统的校勘，像《黄帝内经》这样重要的经典还曾多次被校勘。宋代相当重视医学教育并予以大力推行，中央医政部门设有太医局，后来成为专门负责培训医科学员的教育机构。

959 年，五代后周世宗柴荣病逝驾崩，年幼的柴宗训即位登基，号称周恭帝，由符太后垂帘听政。时任后周殿前都点检、领宋州归德军节度使的赵匡胤，与禁军高级将领石守信、王审琦等结义兄弟，抓住这千载难逢的机会，借助北汉契丹兵将南下攻打周的传闻，于960年正月初一，发动了一场彻底改变中国历史命运的军事政变——陈桥兵变，众将官将黄袍加身于赵匡胤身上，皆拜呼万岁，拥立其为皇帝，胁迫周恭帝禅位于他。赵匡胤废黜柴宗训后，封其为郑王，后周灭亡。由此，胤即帝位，兵不血刃，政权更迭，建国号“宋”。其用各个击破的战略对付五代十国分裂割据政权，先后灭了其他数国，从而彻底结束了这一时期混战割据的局面，五代纷争就此休止。宋一统天下加强了中央集权，对推动历史的进程发挥了积极作用。此后，为防止历史重演，他又导演了杯酒释兵权的剧目，轻而易举地解除了功臣、将领们的兵权。

北宋太祖赵匡胤建国，制年号建隆（建隆，北宋太祖赵匡胤立国后制定的第一个年号，960—963年）。北宋朝廷强调对国家实行重文轻武的策略，尤其一直非常重视医药学，凡皇亲国戚、近臣、诸大校有疾，必遣内侍挟医疗视（内侍，在宫廷中侍奉、供使唤的人。《汉书·金日䃅传赞》：“世名忠孝，七世内侍。”挟，音xié。携；带领。三国魏曹丕《短歌行》：“翩翩飞鸟，挟子巢栖。”北宋苏轼《赤壁赋》：“挟飞仙以遨游，抱明月而长终”），群臣中有特被眷遇者亦如之（眷遇者，特殊优待、眷顾的人。《北史·房彦谦传》：“忝蒙眷遇，辄写微诚，野人愚瞽，不知忌讳”）。其有效者，或迁秩（迁秩，官员晋级，或曰升迁。秩，则指官吏的俸禄。《荀子·强国》：“官人益秩，庶人益禄。”《汉书·主父偃传》：“偃数上疏言事，迁谒者、中郎、中大夫，岁中四迁。”引申为官吏职位的升迁或品级晋升），赐服色（赏赐紫色或绯色的官服。唐、宋时期，三品以上官员公服为紫色，五品以上官员为绯色即大红色，有时皇帝对有特殊贡献者特加赐紫或赐绯以示尊崇。唐代僧人常受此待遇。宋时，除僧人外，道士亦常受此恩遇）。边郡屯帅多遣医官、医学随行，三年一代。出师及出使境外、贡院锁宿（贡院，会试的考场，开科取士的地方。自唐朝始设，各地举子前来此应试，就如向皇帝贡奉特产的地方。锁宿，《宋史·选举志三》：“初立四门学，自八品至庶人子弟充学生，岁一试补。差一学官锁宿，弥封校其艺，疏名上闻而后给牒。”为了防止考官徇私和举人舞弊，对考官和举人实行锁闭于科举试场内应试的一种制度），皆令医官随之。京城四面，则分遣翰林祗候疗视将士。暑月，即令医官合药，与内侍分诣城门、寺院散发给军民。上每便坐阅兵，有被金疮者，即令医官处疗。

咸平中（咸平：北宋真宗赵恒的第一个年号，998—1003年），有军士尝中流矢，自颊贯耳（颊，音jiá，面颊，脸的两侧），众医不能取，医官阎文显以药傅之，信宿而镞出（信宿，连宿两夜。《诗经·豳风·九罭》："公归不复，于女信宿。"《毛》传："再宿曰信；宿，犹处也"）。上嘉其能，命赐绯（上命赏赐大红色官服，以示奖励）。

又有医学刘赟亦善此术（赟，音yūn）。天武右厢都指挥使韩晸从太祖征晋阳（晸，音zhěng），弩矢贯左髀（髀，音bì，左股部，左大腿。箭头贯穿左大腿），镞不出几三十年（镞，音zú。箭头；箭镞。西汉贾谊《过秦论》："秦无亡矢遗镞之费，而天下诸侯已困矣。"几，音jī。将近；几乎。《史记·留侯世家》："汉王辍食吐哺，骂曰：'竖儒，几败而公事'"）。景德初（景德：北宋真宗赵恒的第二个年号，1004—1007年），上遣赟视晸，赟傅以药出之，步履如故。晸请见，自陈感激，愿得死所，又极称赟之妙。特赐赟白金，迁医官。

太平兴国年间（太平兴国：北宋太宗赵光义的第一个年号，976—984），北宋太宗赵光义将自己搜集的妙方一千余首以及大臣们进献的经验方一万余首，命王怀隐等人汇编成《太平圣惠方》一百卷。于每证之前，均列《诸病源候论》冠于首，之后详列处方与各种疗法，是一部有论有方的系统方书，颁行于天下之后，影响巨大。

北宋徽宗赵佶亲撰《圣济经》十卷。宋代在多位皇帝重文教，爱医学，十分重视医疗卫生事业精神的影响之下，产生了诸多热爱医学的官员、学者及精通医术的名医，诸如"不为良相，当为良医"的著名政治家、文学家范仲淹，推行庆历新政（庆历：北宋仁宗赵祯的年号。1041—1048年），始设官办医事机构太医局；至学识渊博、才华横溢、热衷政治改革变法的著名政治家、思想家、文学家王安石，大力推行变法，改革教育，始将太医局脱离太常寺独立出来（太常寺，负责执掌宗庙祭祀礼乐的最高行政机关。《隋书·百官志》："太常，掌陵庙群祀，礼乐仪制，天文术数衣冠之属"），突破了医学教育机构附属于政府医疗机构的状况，使太医局成为专门负责医学教育的机构和医学教育基地，源源不断为翰林医官院提供优秀人才，开创了医学教育独立发展的先河；同时创建了第一家官办药店太医局熟药所，它的创办、传承和发展，对我国的医药卫生事业无疑产生了巨大的推动力。

著名学者、翰林学士，官至右拾遗、集贤殿修撰、中书侍郎的李昉

(925—996)等人，不仅撰有保存古代佚书最为丰富、文献资料最多的大型类书《太平御览》，取材于汉代至宋初的野史小说、释藏、道经、小说家为主的杂著类书《太平广记》，大型诗文总集的文学类书《文苑英华》三部巨著，而且还参与编撰有《开宝本草》二十卷、《目》一卷。

尚药奉御刘翰(919—990)、道士马志等人取《唐本草》《蜀本草》等详校，参以《本草拾遗》等书，整理修订补充，后经翰林学士，曾任中书侍郎、兵部尚书、宰相的卢多逊(934—985)刊定《详定本草》二十卷、《目录》一卷。《补注本草》二十卷、《目录》一卷。

历仕仁、英、神、哲四帝，出将入相达五十年之久，秉公执法的贤相，政治家、书法家文彦博(1006—1097)撰《药准》一卷。

历仕仁、英、神、哲四朝，主持编纂第一部编年体史学巨著《资治通鉴》的著名政治家、文学家、史学家司马光(1019—1086)，也曾撰著有《医问》七卷。

与苏颂、掌禹锡等人共同校定过《嘉祐补注神农本草》，曾任朝散大夫、光禄卿直秘阁的林亿撰有《黄帝三部针灸经》十二卷。

对针灸学研究颇深的医学家王惟一(987—1067)，不仅奉旨铸造了二尊针灸铜人，而且著有《新铸铜人腧穴针灸图经》三卷和《明堂经》三卷，对祖国针灸学的大力发展奠定了坚实基础，做出不可磨灭的贡献。

虽不以医为业，却知医、涉医的儒林巨匠、医药学家苏轼，科技史上的巨擘、医药学家沈括撰有《苏沈良方》十五卷，大诗人、医药养生学家陆游撰有《陆氏续集验方》二卷。

曾任朝奉郎、尚书库部郎中、提辖措置药局等职，精于医学的陈师文撰有《校正太平惠民和剂局方》五卷。

巴蜀中医药学家陈士良撰《食性本草》十卷，出身于中医世家、自幼随父习医、精通妇科和外科的陈自明(1190—1270)，著有《妇人大全良方》二十四卷和《外科精要》三卷。自幼学医、十七岁便开始行医，重视藏府辨证、深究脉因证治的严用和(1200—1268)撰《济生方》十卷，又著《济生续方》八卷。曾任泰州兴化县令的陈直撰著最早有关老年医学专著，专论老人如何食治、养生、四时摄生养老长寿之道的《奉亲养老书》一卷。南宋医学家王璆（音 qiú），字孟玉，号“是斋”。曾任汉阳太守，公事之暇留心医药，撰《百一选方》二十八卷。又有南宋医学家王碛（音 qì），撰有《易简方》一卷，等等，多至不胜枚举……

两宋时期的医药学家、著名医生刘翰、许希、掌禹锡、林忆、唐慎微、庞安时、许叔微、朱肱、苏颂、刘完素、钱乙、杨士瀛等等，个个事迹感人，不胜枚举，无不令人钦佩、赞羡。

这一时期的名医巨儒，大量涌现，不仅名医诸多，医著频现，即便是儒林学者，也大都学医懂医，这应与当时的社会大背景有着直接关系，也与朝廷、皇室体恤民生、关注医学不无关系。

刘翰（919—990），北宋医官、医药学家，撰有《开宝重定本草》二十卷。

“刘翰《今体治世集》三十卷。”（元代脱脱等撰，《宋史·卷二百七·志第一百六十·艺文六》）

北宋医官、医药学家刘翰，今河北省沧县人，出身世医，北宋太祖赵匡胤及北宋太宗赵光义宠幸、信任的御医之一，曾连续两次参加并领衔修订本草。955 年（后周显德二年），主动将家传《经用方书》三十卷、《论候》十卷、《今古治世集》二十卷等医学著作进献给周世宗柴荣，交由史馆收藏，故因此受任为翰林医官、卫尉寺主簿。北宋太祖赵匡胤黄桥兵变，黄袍加身开国建立北宋，刘翰越发受其喜爱，被视为心腹，不离左右。963 年（乾德初年），太常寺考核翰林医官的医疗技术，以甄别医术高明程度，刘翰不负众望，考取第一，加封朝散大夫、鸿胪寺卿、检校工部员外郎。973 年（开宝六年），奉宋太祖之诏与道士马志、医官陈昭遇等九人共同编写《开宝新详定本草》二十卷。次年，再次对该书进行修订，更名为《开宝重定本草》，连同目录共二十一卷，载新旧药物共计九百八十三种，新增一百三十三种。979 年（太平兴国四年），被任命为翰林医官使，再加检校户部郎中。990 年（淳化元年），再次被宋太宗赵光义复任为翰林医官使。同年去世，享年七十二岁。

刘翰，沧州临津人（今河北省沧县）。世习医业，初摄护国军节度巡官。周显德初（显德：五代时后周世宗柴荣的年号，954—960年），诣阙献《经用方书》三十卷、《论候》十卷、《今体治世集》二十卷（阙，官门的代称。《汉书·朱买臣传》："诣阙上书。"诣阙，前往皇宫献书）。世宗嘉之，命为翰林医官（宋代所设置的医官官阶名。掌管供奉医药及承诏视疾疗病之职），其书付史馆（官署名。北齐时设立，掌监修国史。唐太宗时，始以史馆为宰相兼领职务之一，以后沿为定制。另设修撰、直馆等官。宋以史馆与昭文馆、集贤院、秘阁并称馆职。即修撰史书的馆署），再加卫尉寺主簿（卫尉寺，掌管仪仗幕帐的官署；主簿，典领文书、办理事务的官名。唐、宋以后官署州县虽然仍设置此官，职任渐轻非重）。

太祖北征，命翰从行。建隆初（建隆：宋太祖赵匡胤的年号，960—963年），加朝散大夫（官职名。隋文帝始置的一种文阶官员制度。唐为文官第十三阶，从五品下，宋沿置，改为文官第十二阶，从五品上）、鸿胪寺丞（官署名。北齐始置鸿胪寺，历代沿置。主官为卿，辅佐之官称丞。东汉以后，大鸿胪一官主要执掌为朝祭礼仪之赞导，与西汉之大鸿胪所掌稍异）。时太祖求治，事皆核实，故方技之士必精练。乾德初（乾德：宋太祖赵匡胤的年号，963—968年），令太常寺考较翰林医官艺术（太常为九卿之一。太常寺是掌宗庙礼仪，司祭祀礼乐，选拔考试博士之职的官署），以翰为优，绌其业不精者二十六人（绌，音chù，通"黜"。贬退；排除。《荀子·成相》："展禽三绌，春申道缀，基毕输"）。自后，又诏诸州访医术优长者籍其名，仍量赐装钱，所在厨传给食，遣诣阙。开宝五年（972年。开宝：宋太祖赵匡胤的年号，968—976年），太宗在藩邸有疾，命翰与马志视之。及愈，转尚药奉御，赐银器、缗钱（缗，音mín，穿钱的绳子，亦指成串的钱，一千文为一缗）、鞍勒马。

尝被诏详定《唐本草》，翰与道士马志、医官翟煦、张素、吴复珪、王光祐、陈昭遇同议，凡《神农本经》三百六十种，《名医录》一百八十二种，唐本先附一百一十四种，有名无用一百九十四种，翰等又参定新附一百三十三种。既成。诏翰林学士中书舍人李昉、户部员外郎知制诰王祐、左司员外郎知制诰扈蒙详覆毕上之。昉等序之曰：

《三坟》之书，神农预其一。百药既辨，《本草》序其录。旧经三卷，世所流传。《名医别录》，互为编纂。至梁陶弘景乃以《别录》参其《本经》，朱墨杂书，时谓明白。而又考彼功用，为之注释，列为七卷，南国行焉。逮乎有唐，别加参校，增药余八百味，添注为二十卷。《本经》漏缺则补之，陶氏误说则证之。然而载历年祀，又逾四百，朱字墨字，无本得同；旧注新注，其文互阙。非圣主抚大同之运，永无疆之休，其何以改而正之哉！

乃命尽考传误，刊为定本。类例非允，从而革焉。至如笔头灰，兔毫也，而在草部，今移附兔头骨之下；半天河、地浆，皆水也，亦在草部，今移附土石类之间；败鼓皮，移附于兽名；胡桐泪，改从于木类；紫矿，亦木也，自玉石品而改焉；伏翼，实禽也，由虫鱼部而移焉；橘柚，附于果实；食盐，附于光盐；生姜、干姜，同归一类；至于鸡肠、蘩蒌、陆英、蒴藋，以类相似，从而附之。仍采陈藏器《拾遗》、李含光《音义》，或穷源于别本，或传效于医家，参而较之，辨其臧否。至如突屈白，旧说灰类，今是木根；天麻根，解似赤箭，今又全异。去非取是，特立新条。自余刊正，不可悉数。

下采众议，定为印板。乃以白字为神农所说，墨字为名医所传，唐附今附，各加显注，详其解释，审其形性。证谬误而辨之者，署为今注；考文意而述之者，又为今按。义既判定，理亦详明。今以新旧药合九百八十三种，并目录二十一卷，广颁天下，传而行焉。

翰后加检校工部员外郎。太平兴国四年（979 年。太平兴国：宋太宗赵光义的年号，976—984 年），命为翰林医官使，再加检校户部郎中。雍熙二年（985 年。雍熙：宋太宗赵光义的年号，984—987 年），滑州刘遇疾，诏翰驰往视之。翰还，言遇必瘳，既而即死，坐责授和州团练副使。端拱初（988 年。端拱：北宋太宗赵光义的年号，988—989 年），起为尚药奉御（古代医官名称。南北朝时期，南朝梁始设尚药局，其长官称为奉御，即是尚药局的最高长官。因其要直接为皇帝诊病处方，药煎成后需要亲自品尝验证，这通常都由最为精通医药知识的专家担纲，因此，其职品一般都要高于他人。至北朝北齐时期，尚药局长官称为典御，正五品官阶。至唐时，官阶定为正五品下）。淳化元年（990 年。淳化：宋太宗赵光义的年号，990—994 年）复为医官使（宋代的医官制度虽然是基本沿袭了唐和五代的旧制，但也做了大刀阔斧的改革，最为出名的是，创办了翰林医官院，后改为翰林医官局，全权管理医官人事制度，也就是最高的医官人事管理机构。医官院，内设使及副使，由尚药奉御充任；下设有翰林医官、翰林医学、翰林祗候、翰林医人等。全部由通晓医术的专业技术人员出任。医官使，则是皇帝的钦差，监理、主管医官院的行政事务。)。卒，年七十二。(元代脱脱等撰，《宋史·卷四百六十一·列传第二百二十·方技上·刘翰传》)

《开宝重定本草·序》：三坟之书，神农预其一，百药既辨，本草存其录。旧经三卷，世所流传，名医别录，互为编纂。至梁"正白先生"陶景(即陶弘景，因避北宋太祖赵匡胤和太宗赵光义的父亲赵弘殷讳，而略弘，简称陶景，字通明。正，贞之误)，乃以别录参其《本经》，朱、墨杂书，时谓明白；而又考彼功用，为之注释，列为七卷，南国行焉。逮乎有唐，别加参校，增药八百余味，添注为二十一卷。《本经》漏功则补之，陶氏误说则证之。然而载历年祀，又逾四百，朱字、墨字，无本得同；旧注、新注，其文互阙；非圣主抚大同之运，永无疆之休，其何以改而正之哉！乃命尽考传误，刊为定本；类例非允，从而革焉。至如笔头灰，兔毫也，而在草部，今移附兔头骨之下；半天河、地浆，皆水也，亦在草部，今移附土石类之间。败鼓皮移附于兽皮，胡桐泪改从于木类。紫矿亦木也，自玉石品而取焉；伏翼实禽也，由虫鱼部而移焉。橘柚附于果实，食盐附于光明盐。生姜、干姜，同归一说。至于鸡肠、蘩蒌(蘩蒌，音 fán lóu，与鸡肠草实为一物，主积年恶疮不愈)、陆英、蒴藋(蒴藋，音 shuò diào，即"陆英"，亦称"接骨草"。忍冬科，灌木状草本植物，全草均可入药用，治疗各种疮肿及跌打损伤)，以类相似，从而附之。仍采陈藏器《拾遗》、李含光《音义》，或讨源于别本，或传效于医家，参而较之，辨其藏否。至如突屈白，旧说灰类，今是木根；天麻根解似赤箭，今又全异。去非取是，特立新条。自余刊正，不可悉数，下采众议，定为印板。乃以白字为神农所说；墨字为名医所传；唐附、今附，各加显注；详其解释，审其形性，证谬误而辨之者，署为今注；考文记而述之者，又为今按。义既刊定，理亦详明。今以新旧药合九百八十三种，并目录二十一卷，广颁天下，传而行焉。

王怀隐(生卒年无考，一说 925—997)，北宋官员、医药学家，撰医方巨著《太平圣惠方》百卷。

"王怀隐《太平圣惠方》一百卷。"(元代脱脱等撰，《宋史·卷二百七·志第一百六十·艺文六》)

医官使、尚药奉御王怀隐，今河南省商丘人。初为京城开封府建隆观道士，精通岐黄之术、养生之道，医理精深，医术精湛，名重当时。北宋太宗赵光义即位之前，就曾因服用王怀隐的汤剂而取得奇佳疗效，976年，太平兴国初，赵光义登基，念其妙手回春，医术高明，诏令还俗，入朝为官任尚药奉御，又晋升为翰林医官使，主管宫廷医药事宜。

因赵光义素来对传统医药倍加喜爱，对医术、医方甚为留意收集，经多年的积累，已收藏历代临床效验名方千余首，即位后又诏令翰林医官院从业人员献出家传秘方，积得验方万余首。于是便有了编撰方书的想法、愿望。978年，太平兴国三年，太宗诏谕，令尚药奉御王怀隐领衔，和副史王佑、郑奇及医官陈昭遇，以《千金要方》《千金翼方》《外台秘要》为蓝本，广泛搜集汉、唐以来各家方书及民间经验，历时十四年校正编类，终于淳化初年，撰就宋代医药方书巨著《太平圣惠方》一百卷一书。书成，北宋太宗阅后大喜，亲自为其作序，并题名为《太平圣惠方》，简称《圣惠方》，王怀隐亦因撰著此书而名显于世。

这部由北宋朝廷组织编纂的第一部大型方书，理论联系实际，具有理、法、方、药完整体系的医方巨著，内容丰富，保存了大量古代经验医方，录方16834首，分1670门，按藏府病症分类，并于编首著其疾证；罗列了诊断脉法，用药法则……反映了10世纪以前我国的医药学成就，临床实用价值极高，影响深远。

王怀隐，宋州睢阳人（今河南省商丘市南）。初为道士，住京城建隆观，善医诊。太宗尹京（北宋太宗赵光义未登基之前，曾做过京都开封府尹），怀隐以汤剂祗事（祗，音zhī。奉侍；恭敬。《尚书·大禹谟》："文命敷于四海，祗承于帝"）。太平兴国初，诏归俗，命为尚药奉御（官职名。为宫廷服务的尚药局长官），三迁至翰林医官使。三年（978年），吴越遣子惟濬入朝（吴越，五代时十国之一。893年，钱镠任唐镇海节度使，后据有今浙江省之地及江苏省的一部分，907年，封为吴越王，建都杭州。978年，降于北宋，共历五主，七十二年。第五代吴越王钱俶，初名钱弘俶，978年即太平兴国三年献所据两浙十三州之地归宋，后累受宋封为邓王。），惟濬被疾（被，音bèi。动词，遭受；蒙受。《史记·项羽本纪》："项王身亦被十余创。"引申为表被动之词。被疾，遭受疾病困扰），诏怀隐视之。

初，太宗在藩邸（被分封的官邸。北宋太宗赵光义做晋王时在京城的住处），暇日多留意医术，藏名方千余首，皆尝有验者。至是，诏翰林医官院各具家传经验方以献，又万余首，命怀隐与副史王祐、郑奇，医官陈昭遇（同时代名医）参对编类。每部以隋太医令巢元方《病源候论》冠其首（《病源候论》即《诸病源候论》，亦称《诸病源候总论》《巢氏病源》），而方药次之，成一百卷。太宗御制序，赐名曰《太平圣惠方》，仍令镂版颁行天下，诸州各置医博士掌之。怀隐后数年卒。

"昭遇本岭南人，医术尤精验，初为医官，领温水主簿，后加光禄寺丞，赐金紫。"（元代脱脱等撰，《宋史·卷四百六十一·列传第二百二十·方技上·王怀隐传》）

赵自化（949—1005），北宋名医，撰《四时养颐录》《名医显秩传》。

赵自化，本德州平原（今山东省平原人）人，高祖常，为景州刺史，后举家陷契丹。父知岩脱身南归，寓居洛阳，习经方名药之术，又以授二子自正、自化。周显德中（显德：五代十国的后周世宗柴荣的年号，954—950 年），偕来京师，悉以医术称。知岩卒，自正试方伎，补翰林医学。

会秦国长公主疾，有荐自化诊候者，疾愈，表为医学，再加尚药奉御。淳化五年（994 年），授医官副使。时召陈州隐士万适至，馆于自化家。会以适补慎县主簿，适素彊力无疾（彊，通"强"。强大；强盛。《风俗通义·穷通》："管仲去鲁入齐，鲁弱而齐彊。"万适素来强力没有疾病），诏下日，自化怪其色变，为切脉曰："君将死矣。"不数日，适果卒。

至道中（至道：北宋太宗赵光义的年号，995—997 年），有布衣郑元辅者，尝依自化之姻吏部令史张崇敏家。元辅时从自化丐索无所得（丐，音 gài。乞求索要。《左传·昭公六年》："禁刍牧采樵，不入田，不樵树，不采刈，不抽屋，不强丐"），心衔之（衔，音 xián。含。《古诗十九首》："愿为双飞燕，衔泥巢君屋。"引申为藏在心里。亦或说是怀恨在心。宋、元之际史学家胡三省注解《资治通鉴·晋武帝泰始五年》："吴主素衔其直切"时说："有所恨怒，蓄而不发者为衔"）。乃诣检上书（犹如现今检举信），告自化漏泄禁中语及指斥、非所宜言等事（禁中，宫中。《史记·秦始皇本纪》："于是二世常居禁中，与高决诸事。"裴骃集解引蔡邕曰："禁中者，门户有禁，非侍御者不得入，故曰禁中"）。太宗初甚骇，命王继恩就御史府鞫之（鞫，音 jū 或音 jú，动词。审讯究问。《史记·酷吏列传·张汤传》：“汤掘窟得盗鼠及余肉，劾鼠掠治，传爰书，讯鞫论报，并取鼠与肉，具狱磔堂下。”引申为纪录犯人罪状的文书），皆无状，斩元辅于都市。自化坐交游非类（坐，特指办罪的因由。《左传·昭公二十三年》：“晋人使与邾大夫坐。”杜预注解：“坐，讼曲直。”交游，交际；结交朋友。《荀子·君道》：“其交游也，缘类而有义。”东汉王符《潜夫论·务本》：“列士者，以孝悌为本，以交游为末。”非类，身份、门第皆不相类的人；志向不合、志趣不同的人。结交朋友不当或曰交友有过错。《荀子·君道》：“其待上也，忠顺而不懈；其使下也，均遍而不偏；其交游也，缘义而有类；其居乡里也，容而不乱”），黜为郢州团练副使（黜，音 chù，动词。贬斥；废除。《论语·微子》：“柳下惠为士师，三黜”）。未几，复旧职。咸平三年（1000 年。咸平：北宋真宗赵恒的年号，998—1003 年），加正使。

景德初（1004 年。景德：北宋真宗赵恒的年号，1004—1007 年），雍王元份洎晋国长公主并上言：自化药饵有功，请加使秩（官吏的俸禄。《左传·庄公十九年》：“王夺子禽、祝跪与詹父田，而收膳夫之秩。”杜预注解：“秩，禄禀也。”《荀子·强国》：“官人益秩，庶人益禄。”引申为指官吏的职位或品级待遇），领遥郡。上以自化居太医之长，不当复为请求，令枢密院召自化戒之。雍王薨，坐诊治无状，降为副使。二年（1005 年），复旧官。是冬卒，年五十七。遗表以所撰《四时养颐录》为献，真宗改名《调膳摄生图》，仍未制序。

自化颇喜为篇什（篇什，就是诗章。缘于《诗经》的“雅”和“颂”以十篇为一什，所以诗章又称“篇什”），其贬郢州也（郢，音 yǐn。郢州，古代都邑名称，即今湖北省武汉市武昌区），有《汉沔诗集》五卷，宋白、李若拙为之序。又尝缵自古以方伎至贵仕者（缵，音 zuǎn。继续；继承。《诗经·豳风·七月》：“载缵武功。”《毛传》：“缵，继；功，事也。”），为《名医显秩传》三卷。（元代脱脱等撰，《宋史·卷四百六十一·列传第二百二十·方伎上·赵自化》）

掌禹锡（990—1066），北宋官员、学者、医药学家，撰有《嘉祐补注神农本草》（简称《嘉祐本草》）二十卷。

“掌禹锡（原书校勘记：党禹锡，《郡斋志·卷十五》：‘补注神农本草’条、《书录解题·卷十三》‘大观本草’条都作掌禹锡）《嘉祐本草》二十卷。”（元代脱脱等撰，《宋史·卷二百七·志第一百六十·艺文六》）

掌禹锡，字唐卿，许州郾城（今河南省郾城县）人。中进士第，为道州司理参军。试身言书判第一，改大理寺丞，累迁尚书屯田员外郎、通判并州（并州，古九州之一。即今山西省太原、大同及河北省保定市部分地区）。擢知庐州（即今安徽省合肥市），未行，丁度荐为侍御史，上疏请严备西羌（古族名，出自三苗，羌族的别支。居于西南地区）。时议举兵，禹锡引周宣薄伐为得，汉武远讨为失；且建画增步卒，省骑兵。旧法，荐举边吏，贪赃皆同坐。禹锡奏谓："使贪使愚，用兵之法也。若举边吏必兼责士节，则莫敢荐矣。材武者孰从而进哉？"后遂更其法。

出提点河东刑狱。杜衍荐，召试，为集贤校理，改直集贤院兼崇文院检讨。历三司度支判官、判理欠司、同管勾国子监。历判司农、太常寺。数考试开封国学进士，命题皆奇奥，士子惮之，目为"难题掌公"。迁光禄卿，改直秘阁。英宗即位，自秘书监迁太子宾客。御史劾禹锡老病不任事，帝怜其博学多记，令召至中书，示以弹文。禹锡惶怖自请，遂以尚书工部侍郎致仕，卒。

禹锡矜慎畏法，居家勤俭，至自举几案。尝预修《皇祐方域图志》《地理新书》，奏对帝前，王洙推其稽考有劳，赐三品服。及校正《类篇》《神农本草》，载药石之名状为《图经》（即指《嘉祐补注神农本草》，简称《嘉祐本草》）。喜命术，自推直生日，年庚寅，日乙酉，时壬午，当《易》之《归妹》《困》《震》初中末三卦。以世应飞伏纳五甲行轨析数推之，卦得二十五少分，三卦合七十五年约半，禄秩算数，尽于此矣。著《郡国手鉴》一卷，《周易集解》十卷。好储书，所记极博，然迂漫不能达其要。常乘驽马，衣冠污垢，言语举止多可笑，僚属或慢侮之，过闾巷，人指以为戏云。（元代脱脱等撰，《宋史·卷二百九十四·列传第五十三·掌禹锡传》）

北宋官员、学者、医药学家掌禹锡乃北宋真宗赵恒天禧年间进士（天禧：1017—1021年）。为官矜持谨慎，持家勤俭，博学强记，于易经、数术、命理、地域、医药、本草诸学颇有研究，著述甚丰。嘉祐二年（1057年。嘉祐：北宋仁宗赵祯的年号，1056—1063年），与林亿、苏颂等人共同奏请于集贤院设立校正医书局，并奉敕修订《开宝本草》，后又与其他医官以之为蓝本，参考其他诸多

《本草》校正补充，终于嘉祐五年（1060年）编撰成《嘉祐补注神农本草》一书二十卷，简称《嘉祐本草》。共收药物一千零八十二种，其中新补充药物八十二种，新定药物十七种。

《嘉祐补注本草·总叙》：旧说《本草经》神农所作，而不经见，《汉书·艺文志》亦无录焉。《平帝纪》云：元始五年（公元5年。元始：西汉平帝刘衎的年号，公元1—5年），举天下通知方术、本草者，在所为驾一封，轺传遣诣京师。《楼护传》称："护，少诵医经、本草、方术数十万言。"本草之名，盖见于此。而英公李世勣等注引班固叙《黄帝内外经》云：本草石之寒温，原疾病之深浅，此乃论经方之语，而无本草之名。惟梁《七录》载《神农本草》三卷，推以为始，斯为失矣。或疑其间所载生出郡县，有后汉地名者，以为似张仲景、华佗辈所为，是又不然也。《淮南子》云："神农尝百草之滋味，一日而七十毒，由是医方兴焉。"盖上世未著文字，师学相传，谓之本草。两汉以来，名医益众，张机、华佗辈，始因古学，附以新说，通为编述，本草繇是见于经录。然旧经才三卷，药止三百六十五种，至梁陶隐居，又进《名医别录》，亦三百六十五种，因而注释，分为七卷。

唐显庆中，监门卫长史苏恭，又摭其差谬，表请勘定；乃命司空、英国公李世勣等，与恭参考得失，又增一百一十四种，分门部类，广为二十卷，世谓之《唐本草》。国朝开宝中，两诏医工刘翰、道士马志等，相与撰集；又取医家尝用有效者一百三十三种，而附益之；仍命翰林学士卢多逊、李昉、王祐、扈蒙等，重为刊定，乃有详定、重定之目，并镂板摹行。

由此，医者用药，遂知适从。而伪蜀孟昶，亦尝命其学士韩保昇等，以唐本《图经》，参比为书，稍或增广，世谓之《蜀本草》，今亦传行。是书自汉迄今，甫千岁，其间三经撰著，所增药六百余种，收采弥广，可谓大备。而知医者，犹以为传行既久，后来讲求，浸多参校；近之所用，颇亦漏略，宜有纂录，以备颐生驱疾之用。嘉祐二年八月（1057年。嘉祐：北宋仁宗赵祯的年号，1056—1063年），有诏臣禹锡、臣亿、臣颂、臣洞等，再加校正。臣等亦既被命，遂更研核。窃谓前世医工，原诊用药，随效辄记，遂至增多。概见诸书，浩博难究；虽屡加删定，而去取非一。或《本经》已载，而所述粗略；或俚俗尝用，而太医未闻。向非因事详著，则遗散多矣。乃请因其疏捂，更为补注。应诸家医书、药谱所载物品功用，并从采掇；惟名近迂僻，类乎怪诞，则所不取。自余经史百家，虽非方饵之急，其间或有参说，药验较然可据者，亦兼收载，务从该洽，以副诏意。凡名本草者非一家，今以《开宝重定》本为正；其分布卷类、经注杂糅、间以朱墨，并从旧例，不复厘改。凡补注并据诸书所说，其意义与旧文相参者，则从删削，以避重复；其旧已著见，而意有未完，后书复言，亦具存之，欲详而易晓；仍每条并以朱书其端云"臣等谨按某书云"某事；其别立条者，则解于其末，云"见某书"。凡所引书，以唐、蜀二《本草》为先，他书则以所著先后为次第。凡书旧名《本草》者，今所引用，但著其所作人名曰"某人"，惟唐、蜀本则曰"唐本云""蜀本云"。凡字朱、墨之别，所谓《神农本经》者以朱字；名医因《神农》旧条而有增补者，以墨字间于朱字；余所增者，皆别立条，并以墨字。凡陶隐居所进者，谓之《名医别录》，并以其注附于末。凡显庆所增者，亦注其末曰"唐本先附"。凡开宝所增者，亦注其末曰"今附"。凡今所增补，旧经未有者，于逐条后开列云"新补"。凡药旧分上、中、下三品，今之"新补"，难于详辨，但以类附见，如绿矾次于矾石，山姜花次于豆蔻，扶移次于水杨之类是也。凡药有功用，《本经》未见，而旧注已曾引据，今之所增，但涉相类，更不立条，并附本注之末曰"续注"，如地衣附于垣衣，燕覆附于通草，马藻附于海藻之类是也。凡旧注出于陶氏者曰"陶隐居云"，出于显庆者曰"唐本注"，出于开宝者曰"今注"，其开宝考据传记者，别曰"今按""今详""又按"，皆以朱字别于其端。凡药名《本经》已见而功用未备，今有所益者，亦附于本注之末。凡药有今世已尝用，而诸书未见，无所辨证者，如葫芦巴、海带之类，则请从太医众论参议，别立为条，曰"新定"。旧药九百八十三种；新补八十二种，附于注者不预焉；新定一十七种。总新、旧一千八十二条，皆随类粗释。推以十五凡，则补注之意可见矣。旧著开宝、英公、陶氏三序，皆有义例，所不可去，仍载于首篇云。

新、旧药合一千八十二种

三百六十种《神农本经》
一百八十二种《名医别录》
一百一十四种唐本先附
一百三十三种今附
一百九十四种有名未用
八十二种新补
一十七种新定。

苏颂（1020—1101），北宋宰相、科学家、天文学家、医药学家、诗人，撰有《图经本草》二十一卷。

“苏颂《校本草图经》二十卷。”（元代脱脱等撰，《宋史·卷二百七·志第一百六十·艺文六》）

苏颂，字子容，泉州南安（今属福建省）人。父绅，葬润州丹阳［润州，州名。595年，隋开皇十五年始置，以州东有润浦而得名，治所位于今江苏省镇江市，辖境相当于今江苏省镇江市、丹阳、句容、金坛等县地。1113年，北宋政和三年，升为镇江府。《宋史·地理志四·两浙》：“镇江府，望，丹阳郡，镇江军节度，开宝八年改（975年）。本润州，政和三年（1113年），升为府。建炎三年（1129年），置帅。四年（1130年），加大使兼沿江安抚，以浙西安抚复还临安”］，因徙居之。第进士，历宿州观察推官（宿州，亦称宿县。秦置符离县，唐为宿州治；元废县入宿州。位于安徽省北部。《宋史·地理志四·淮南东路》：“宿州，上，符离郡，建隆元年，升防御。开宝五年，建为保静军节度。元领五县，绍兴中，割虹县隶楚州，后没于金”）、知江宁县［县名，晋置临江县，后改为江宁县，即今江苏省南京市郊。《宋史·地理志四·江南东路》：“江宁府，上，开宝八年，平江南，复为升州节度。天禧二年，升为建康军节度。旧领江南东路兵马钤辖。建炎元年，为帅府。三年，复为建康府，统太平、宣、徽、广德。五月，高宗即府治建行宫。绍兴八年（1138年），置主管行宫留守司公事；三十一年（1161年），为行宫留守。乾道三年，兼沿江军，寻省。……县五：上元、江宁、句容、溧水、溧阳”］。时建业承李氏后，税赋图籍，一皆无艺（全都没有一定的法度、准则。《左传·昭公二十年》：“布常无艺，征敛无度。”西晋学者杜预注解：“艺，法制也。言布政无法制”），每发敛，高下出吏手（高下，高低不一，完全出自于官吏之手。没有法制）。颂因治讯他事，互问民邻里丁产［丁，人口；家口。男称丁，女称口。产，财产；产业；财富。《宋史·高宗纪四》：“诏湖南丁米三分之二，均取于民田，其一取之丁口。”《史记·越王勾践世家》：“（范蠡）父子治产，居无几何，致产数千万”］，识其详。

及定户籍，民或自占不悉（自占，自己估计；自己度量。《史记·平准书》：“各以其物自占。”司马贞《索隐》：“郭璞曰：‘占，自隐度也。’谓各自隐度其财物多少，为文簿送之官也。”《汉书·宣帝纪》：“流民自占八万余口。”唐代颜师古注解：“谓自隐度其户口，而著名籍也。”不悉，不详尽。《汉书·张释之传》：“对上所问禽兽簿甚悉。”《尚书·盘庚上》：“王命众悉至于庭。”），颂警之曰：“汝有某丁某产，何不言？”民骇惧，皆不敢隐。遂刬剔夙蠹（刬，音chǎn。《广雅》：“刬，削也。”削去；铲平。《后汉书·左雄传》：“刬革五等，更立郡县。”剔，动词。《说文解字·刂部》：“剔，解骨也。”《通俗文》：“去骨曰剔。”刬剔，铲平剔除。夙蠹：音 sù dù。《后汉书·郭伋传》：“伋知卢芳夙贼，难卒以力制。”《韩非子·初见秦》：“则是一举而坏韩，蠹魏，拔荆，东以弱齐、燕。”高诱注解：“蠹，害也”），成赋一邑，简而易行，诸令视以为法，至领其民拜庭下以谢。凡民有忿争，颂喻以乡党宜相亲善（乡党，周制以五百家为党，一万二千五百家为乡，后世遂因以“乡党”泛指乡里。《论语·乡党》：“孔子于乡党，恂恂如也，似不能言者”），若以小忿而失欢心，一旦缓急，将何赖焉。民往往谢去，或半途思其言而止。时监司王鼎、王绰、杨纮于部吏少许可（监司，监察州、县的地方长官的简称。宋代转运使和提点刑狱有监察一路官吏的责任，故或称监司。《宋史·职官志七·提举常平茶马市舶等职》：“提举茶盐司：……是年冬，诏提举官依旧法为监司，与转运判官叙官，岁举升改，官员有不职，则按以闻。……”），及观颂施设，则曰：“非吾所及也。”

调南京留守推官（南京，古都名。1006 年，北宋景德三年，北宋太祖赵匡胤在周末曾任宋州节度使，升宋州为应天府，1014 年，大中祥符七年，建为南京。1127 年，建炎元年，高宗赵构即帝位于南京，即此。《宋史·地理志一·京城》：“南京。大中祥符七年，建应天府为南京。”推官，唐朝始置的职官名。在节度使、观察使、团练使、防御使、采访处置使之下，皆设一官员，位置仅次于判官、掌书记，职掌推勾狱讼之事。五代沿袭，至宋，三司之下各部每部设一员，主管各案公事；开封府所属设左、右厅，每厅推官各一员，分日轮流审判案件；临安府设节度推官、观察推官各一员，诸州幕职中亦有节度、观察推官。属开封府、临安府的推官，类似于今日的法院院长；隶属于三司下六部的推官，相当于现代的办公室主任，高级秘书。而属于地方的推官，则有点像幕僚，没有实权），留守欧阳修委以政，曰：子容处事精审，一经阅览，则修不复省矣，时杜衍老居睢阳（杜衍，978—1057，字世昌，北宋仁宗时期最负盛名的贤良宰相之一。睢阳，①古县名。秦始置。因在睢水之阳而得名。治所位于今河南省商丘南。②郡名。742 年，唐天宝元年，改宋州置，治所位于今河南省商丘南），见颂，深器之（器，动词。器重；看重；重视。《老子》：“大器晚成，大音希声，大象无形。”《后汉书·陈宠传》：“宠性周密，常称人臣之义，苦不畏慎。自在枢机，谢遣门人，拒绝知友，唯在公家而已，朝廷器之。”老宰相杜衍深深地器重苏颂），曰：如君，真所谓不可得而亲疏者。衍又自谓平生人罕见其用心处，遂自小官以至为侍从、宰相所以施设出处，悉以语颂，曰：以子相知，且知子异日必为此官，老夫非以自矜也（自矜，自尊自大；自命不凡；自以为贤能。《尚书·大禹谟》："汝惟不矜，天下莫与汝争能"）。故颂后历政（历政，从事政事。此指苏颂以后执政），略似衍云。

皇祐五年（1053年。皇祐：北宋仁宗赵祯的年号，1049—1054年），召试馆阁校勘（北宋沿袭唐制，设昭文馆、史馆、集贤院三馆，另增设秘阁、龙图阁、天章阁等，分别掌管图书经籍和编修国史等事务，通称"馆阁"。《宋史·职官志二·诸修撰直阁》："直秘阁：国初，以史馆、昭文馆、集贤院为三馆，皆寓崇文院。太宗端拱元年，诏就崇文院中堂建秘阁，择三馆真本书籍万余卷及内出古画、墨迹藏其中，以右司谏直史馆宋泌为直秘阁。直馆、直院则谓之馆职，以他官兼者谓之贴职。元丰以前，凡状元、制科一任还，即试诗赋各一而入，否则用大臣荐而试，谓之入馆。官制行，废崇文院为秘书监，建秘阁于中，自监少至正字列为职事官。罢直馆、直院之名，独以直秘阁为贴职，皆不试而除，盖特以为恩数而已。故事，外官除馆职如秘阁校理、直秘阁者，必先移书在省执事，叙同僚之好，乃即馆设盛会宴之。自崇宁以来，外官除馆职既多，此礼寖废。"校勘，音jiào kān，亦称"校雠""校订"。指对同一书籍，用不同版本和有关资料或翻译书的原文相互核对，比勘其文字篇章的异同，以订正错误。条列校勘异同得失情况的文字，称"校勘记"。勘，核对、校订、推究、查问之意），同知太常礼院。至和中（至和：北宋仁宗赵祯的年号，1054—1056年），文彦博为相，请建家庙，事下太常。颂议以为："礼，大夫士有田则祭，无田则荐（这是古代社稷不同等级的祭礼制度。《礼记·王制·第五》："天子社稷皆大牢，诸侯社稷皆少牢，大夫、士宗庙之祭，有田则祭，无田则荐。庶人春荐韭，夏荐麦，秋荐黍，冬荐稻。"大牢的大，通'太'，亦即太牢。牛、羊、豕三牲皆具为大牢。天子祭土神、谷神时当用牛、羊、豕三牲。只具羊、豕曰少牢。大夫以上职位的人行祭礼时用羔，所谓羔、豚而祭，百官皆足。士荐牲用特豚。若一牲皆无不得牢名。田，此指禄田，即由国君赏予有官职的大夫、士以作俸禄之用的田地。有田者既祭又荐新，祭以首时，荐以仲月。无田，则指失去职位而无田禄者。庶人行祭奠宗祖、田地之时，因没有固定的动物做牺牲，即无常牲，所以只好取用不同季节的时鲜新物做祭品相宜而已。荐，进；献。《论语·乡党》："君赐腥，必熟而荐之。"三国魏玄学家何晏著《论语集解》："荐其先祖。"北宋经学家邢昺撰《论语注疏》解："谓君赐己生肉，必烹熟而荐其先祖，荣君赐也。"恭献祭品本质上也是行祭的一种形式，只是形式上不如祭隆重），是有土者乃为庙祭也。有田则有爵，无土无爵，则子孙无以继承宗祀，是有庙者止于其躬，子孙无爵，祭乃废也。若参合古今之制，依约封爵之令，为之等差，锡以土田（锡，动词。赐；给予；赐予。《公羊传·庄公元年》："王使荣叔来锡桓公命。锡者何？赐也。"），然后庙制可议。若犹未也，即请考案唐贤寝堂祠飨仪，止用燕器常食而已（燕，通"宴"，宴饮。清代文字学家朱骏声撰《说文通训定声·乾部》："燕，叚借为宴，飨宴也。"《诗经·鲁颂·闷宫》："鲁侯燕喜，令妻寿母。"东汉经学家郑玄笺解："燕，燕饮也。"燕器，古代行燕礼所使用的食器）。"

嘉祐中（嘉祐：北宋仁宗赵祯的年号，1056—1063年），诏礼院议立故郭皇后神御殿于景灵宫，颂谓："敕书云：'向因忿郁，偶失谦恭。'此则无可废之事。又云：'朕念其自历长秋，仅周一纪，逮事先后，祗奉寝园。'此则有不当废之悔。又云：'可追复皇后，其祔庙谥册并停（祔，音fù，名词。附祭；配享；祭祀名；合葬说。帝王在宗庙内把后死者的神位附于先祖旁边进行祭祀。《仪礼·既夕礼》："犹朝夕哭，不奠。三虞，卒哭，明日，以其班祔。"祔庙，子孙死后附在祖宗庙里以祭祀。也就是祔祭后逝者于先祖之庙。南朝梁刘勰《文心雕龙·祝盟》："夙兴夜处，言于祔庙之祝。"《资治通鉴·唐武宗会昌四年》："宣懿太后祔庙，陛下未尝亲谒。"谥，音shì。既是名词，亦是动词。《礼记·表记》："先王谥以尊名，节以壹惠，耻名之浮于行也。是故君子不自大其事，不自尚其功，以求处情；过行弗率，以求处厚；彰人之善而美人之功，以求下贤。是故君子虽自卑而民敬尊之。"隋秘书郎虞世南辑录编纂的类书《北堂书钞》引《说文解字》："谥，行之迹也。"东汉史学家班固编写的会议资料《白虎通》："谥者，别尊卑，彰有德也。"用言论为死去的帝王、后妃、贵族、大臣等追加、授予、敕封带有褒贬之意的称号。《史记·司马相如列传》："身死无名，谥为至愚，耻及父母，为天下笑。"谥册，刻写有为皇帝、后妃上谥诏书的简册。《魏书·术艺传·江式》："以书文昭太后尊号谥册，特除奉朝请，仍符节令"）。'此则有合祔庙及谥册之义。请祔郭皇后于后庙，以成追复之道。"众论未定，宰相曾公亮问曰："郭后，上元妃，若祔庙，则事体重矣。"颂曰："国朝三圣，贺、尹、潘皆元妃，事体正相类。今止祔后庙，则岂得有同异之言。"公亮曰："议者以谓阴逼母后，是恐万岁后配祔之意。"颂曰："若加一怀、哀、愍之谥，则不为逼矣。"公亮叹重。

迁集贤校理，编定书籍。颂在馆下九年，奉祖母及母，养姑姐妹与外族数十人，甘旨融怡（甘旨，美好的食品。《韩诗外传·卷五》："鼻欲嗅芬香，口欲嗜甘旨。"也特指养亲的食品。南朝梁文学家任昉《上萧太傅固辞夺礼启》："饥寒无甘旨之资，限役废晨昏之半。"融怡，融洽；和乐；和畅；和悦；安适愉快。《晋书·陶潜传》："每一醉则大适融然。"《左传·隐公元年》："公（郑庄公）入而赋：'大隧之中，其乐也融融。'"《论语·子路》："朋友切切偲偲，兄弟怡怡。"养亲以美好食品，相处和悦融洽），昏嫁以时（昏，通"婚"。《诗经·邶风·谷风》："宴尔新昏，不我屑以。"婚嫁时机恰好）。妻子衣食常不给，而处之晏如（晏如，平静；悠闲安适；安然自若状。《汉书·诸侯王表》："虽然，高祖创业，日不暇给，孝惠享国又浅，高后女主摄位，而海内晏如，亡狂狡之忧，卒折诸吕之难，成太宗之业者，亦赖之于诸侯也。"此话中的晏如，粉饰语，是说天下太平、安然宁静。三国魏嵇康《幽愤诗》：“与世无营，神奇晏如”）。富弼尝称颂为古君子（富弼，1004—1083，字彦国，曾任宰相。与文彦博同日被任命为宰相，人称“洛阳才子”），及与韩琦为相，同表其廉退，以知颍州（州、府名。528年，北魏孝昌四年始置州。北齐废，唐初复置，治所在今阜阳，辖境相当于今安徽省阜阳、颍上、阜南、太和、界首、临泉等县地。北宋政和中，即1114年改为顺昌府。《宋史·地理志一·京西路》：“顺昌府，上，汝阴郡，旧防御，后为团练。开宝六年，复为防御。元丰二年，升顺昌军节度。旧颍州，政和六年，改为府）。通判赵至忠本边徼降者（徼，音jiào。边界。《汉书·邓通传》：“人有告通盗出徼外铸钱。”颜师古注解：“徼，犹塞也”），所至与守竞，颂待之以礼，具尽诚意。至忠感泣曰：“身虽夷人（古人对东方各族的泛称，亦称“东夷”，夏至周有“九夷”之称。晋郭璞著《尔雅注》：“九夷在东。”古人有时也用以泛指四方的少数民族，如汉时总称西南少数民族为“西南夷”。旧时亦泛指外国人），然见义则服，平生诚服者，唯公与韩魏公耳（即韩琦。1008—1075，字稚圭，北宋大臣，与范仲淹、富弼同为北宋重臣。因封魏国公，故人称其为韩魏公）。”

仁宗崩（1063年），建山陵（山陵，帝王陵墓。《水经注·渭水》：“秦名天子冢曰山，汉曰陵，故通曰山陵矣”），有司以不时难得之物厉诸郡（厉，通“励”。劝勉；振奋；激励；勉励。《汉书·儒林传序》：“以厉贤才焉。”颜师古注解：“厉，劝勉之也”）。颂曰：“遗诏务从俭约，岂有土不产而可强赋乎？量其有无，事亦随集。”英宗即位（1063年），召提点开封府界诸县镇公事（开封府，府名。907年，五代梁开平元年，升汴州置，治所位于今河南省开封市。宋代辖境相当于今河南省原阳、鄢陵以东，延津、长垣以南，兰考、民权以西，太康、扶沟以北地区。《宋史·地理一·京畿路》：“皇祐五年，以京东之曹州，京西之陈、许、郑、滑州为辅郡，隶畿内，并开封府，合四十二县，置京畿路转运使”及提点刑狱总之。……旧开封府界依旧为京畿）。颂言：“周制六军出于六乡，在三畿四郊之地；唐设十二卫，亦散布畿内郡县，又以关内诸府分隶之，皆所以临制四方，为国藩卫。国朝禁兵，多屯京师及畿内东南诸县，虽馈运为便，而西边武备殊阙。今中牟、长垣，都门要冲（《宋史·地理志一·京畿路》：“开封府：……县十六：开封、祥符、尉氏、陈留、雍丘、封丘、中牟、阳武、延津、长垣、东明、扶沟、鄢陵、考城、太康、咸平”），二鄗驿置皆由此，而旧不屯兵，阒无防守（阒，音qù，形容词。寂静；阒寂；阒然。《易经·丰》：‘窥其户，阒其无人。’），请置营益兵，以备非常。”明年，饥民果乘虚犯长垣，戕官吏（戕，音qiāng，动词。杀害；残害。《左传·宣公十八年》：“邾人戕鄫子于鄫”），如颂虑。颂又请以获盗多寡为县令殿最法，以谓："巡检、县尉，但能捕盗，而不能使人不为盗；能使其不为盗者，县令也。且民罹剽劫之害（剽劫，音piāo jié。抢劫；强夺掠取。《汉书·贾谊传》："白昼大都之中，剽吏而夺之金。"《汉书·王尊传》："往者南山盗贼阻山横行，剽劫良民，杀奉法吏，道路不通，城门至以警戒。"唐代颜师古注解："剽，劫也"），而长官不任其责，可乎？"

迁度支判官（官名，佐理国家财政收支的官员。魏、晋始置度支这一机构，负责掌管国家的财政收支。南北朝以度支尚书领度支、金部、仓部等曹。隋开皇初，改度支尚书为民部尚书。唐因避讳，改称户部。唐亦曾改户部尚书为度支尚书，旋复旧称。判官：唐代特派担任临时职务的大臣皆得自选中级官员奏请充任判官，以资佐理。中期以后，节度、观察等使均有判官，亦由本使充任，以备差遣。均非正官。宋代沿置，于各州、府，选派京官充任时称签书判官厅公事，简称"签判"；各路经略、宣抚、转运和中央的三司、群牧等使亦设判官，职位略低于副使）。送契丹使，宿恩州（《宋史·地理志二·河北路》："恩州，下，清河郡，军事。唐贝州，晋永清军节度，周为防御。宋初，复为节度。庆历八年，改州名，罢节度），驿舍火，左右请出避，颂不动。州兵欲入救，闭门不纳，徐使防卒扑灭之。初火时，郡人汹汹（汹汹，形容喧扰不安的样子。《盐铁论·利议》："辩讼公门之下，讻讻不可胜听。"《三国志·魏志·曹爽传》："天下汹汹，人怀危惧"），唱使者有变（唱，动词。高呼；大声呼叫。唐代李贺《恼公》诗："鸡唱星悬柳，鸦啼露滴桐"），救兵亦欲因而生事，赖颂安静而止。遂闻京师，神宗疑焉（疑：①不相信；表疑惑；《易·乾·文言》："或之者，疑之也。"②存疑；不分明；难于确定。《荀子·君道》："其辩说足以解烦，其知虑足以决疑，其齐断足以距难"）。颂使还，入奏，称善久之。命为淮南转运使（官名，唐代始置。初称水陆发运使，管理洛阳、长安间的粮食运输事务。此后，又设江淮转运使，责掌东南各道的水陆转运；诸道转运使，掌管全国谷物财货的转输和出纳。宋初，为便于集中财权，改置专职的都转运使、转运使，掌管一路或数路的财赋，具有督察地方官吏的权力；其后职掌扩大，兼理边防、治安、钱粮、巡察等事务，成为府州以上的行政长官。《宋史·职官志七·都转运使》："都转运使、转运使、副使、判官：掌经度一路财赋，而察其登耗有无，以足上供及郡县之费；岁行所部，检察储积，稽考帐籍，凡吏蠹民瘼，悉条以上达，及专举刺官吏之事……"）。召修起居注（记录古代帝王的言行录。汉武帝时有《禁中起居注》，魏、晋以下设有著作郎、起居舍人、起居郎等职，职任便是编撰起居注。至唐、宋记注最详，成为修史的重要根据），擢知制诰，知通进银台司（官署名。宋时始设。掌管天下奏状案牍，因司署设在银台门内，故名。），知审刑院（即刑部，古代官署的名称亦称院。《宋史·职官志三·刑部》："掌刑法、狱讼、奏谳、赦宥、叙复之事。凡断狱本于律，律所不该，以敕、令、格、式定之……"）。

时知金州张仲宣坐枉法赃罪至死（金州，州名。554 年，西魏废帝元钦三年，改东梁州置。治所在今安康。唐辖境相当于今陕西省石泉以东，旬阳以西的汉水流域。《宋史·地理志一·京西路》："金州，上，安康郡，乾德五年，改昭化军节度。"又《宋史·地理志五·利州路》："金州，上，安康郡，昭化军节度。前宋隶京西南路，惟此一州未没于金。建炎四年，属利州。绍兴元年，置金、均、房州镇抚使。六年，复隶京西南路。九年，隶西川宣抚司。十年，置金、房、开、达安抚使。十三年，隶利州路，又以商州上津、丰阳两县来属。乾道四年，兼管内安抚），法官援李希辅例，杖脊黥配海岛（杖脊黥配，用大荆条、大竹板或棍棒拷打脊背的刑罚，隋代定为五刑之一。黥，音 qíng。古代的一种肉刑，墨刑的异称。用刀刺刻额颊等处，再涂上墨。）。颂奏曰："希辅、仲宣均为枉法，情有轻重。希辅知台，受赇数百千（赇，音 qiú，动词。受贿；行贿赂。《汉书·刑法志》："及杀人先自告，及吏坐受赇枉法，守县官财物而即盗之，已论命复有笞罪者，皆弃市。"南宋周密《齐东野语》："官暗而吏赇，故冤不得直也"），额外度僧，仲宣所部金坑，发檄巡检体究，其利甚微，土人惮兴作，以金八两属仲宣不差官比校，止系违令，可比恐喝条，视希辅有间矣。"神宗曰："免杖而黥之，可乎？"颂曰："古者刑不上大夫，仲宣官五品，今贷死而黥之，使与徒隶为伍，虽其人无可矜，所重者，污辱衣冠耳。"遂免杖黥，流海外，遂为定法。

又言："提举青苗官不能体朝廷之意，邀功争利，务为烦扰。且与诸司不相临统，文移同异，州县莫知适从。乞与常平、众役一切付之监司，改提举为之属，则事有统一，而于更张之政无所损也。"不从。

大臣荐秀州判官李定（秀州，州名，五代时吴越置，治所位于今浙江省嘉兴县。辖境相当于今浙江省杭州湾以北，桐乡市以东地区及上海市所辖吴淞江以南诸县地。1195 年，宋庆元元年，升为嘉兴府。《宋史·地理志四·两浙》："嘉兴府，本秀州，军事。政和七年，赐郡名曰嘉禾。庆元元年，以孝宗所生之地，升府。嘉定元年，升嘉兴军节度"），召见，擢太子中允，除监察御史里行。宋敏求知制诰，封还词头。复下，颂当制，颂奏："祖宗庙，天下初定，故不起孤远而登显要者。真宗以来，虽有幽人异形，亦不至超越资品。今定不由铨考，擢授朝列；不缘御史，荐寘宪台。虽朝廷急于用才，度越常格，然隳紊法制所益者小（隳，音 huī，动词。毁坏；损毁。《吕氏春秋·顺说》："甲之事，兵之事也，刈人之颈，刳人之腹，隳人之城郭，刑人之父子也。"西汉贾谊《过秦论》："于是废先王之道，焚百家之言，以愚黔首；隳名城，杀豪杰；收天下之兵，聚之咸阳，销锋镝，铸以为金人十二，以弱天下之民。"然而毁坏紊乱法制所获益者微小），所损者大，未敢具草。"次至李大临，亦封还。神宗曰："去年诏，台官有阙，委御史台奏举，不拘官职高下。"颂与大临对曰："从前台官，于太常博士以上、中行员外郎以下举充。后为难得资叙相当，故朝廷特开此制。止是不限博士、员郎，非谓选人亦许奏举。若不拘官职高下，并选人在其间，则是秀州判官亦可为里行，不必更改中允也。今定改京官，已是优恩，更处之宪台，先朝以来，未有此比。倖门一启，则士涂奔竞之人，希望不次之擢，朝廷名器有限，焉得人人满其意哉！"执奏不已，于是并落知制诰，归工部郎中班，天下谓颂及敏求、大临为"三舍人"。

岁余，知婺州（州名，隋开皇九年置州。治所位于今金华，唐辖境相当于今浙江省武义江、金华江流域各县。《宋史·地理志四·两浙》："婺州，上，东阳郡，淳化元年，改保宁军节度"）。方溯桐庐（溯，形声动词。《尔雅》："逆流而上曰溯洄。"《诗经·秦风·蒹葭》："溯洄从之，道阻且长。"桐庐，县名。三国吴置县。位于今浙江省杭州市西南部、钱塘江沿岸。《宋史·地理志四·两浙》："建德府，本严州，新定郡，遂安军节度。本睦州军事。宣和元年，升建德军节度；三年，改州名、军额。咸淳元年升府。……县六：建德、淳安、桐庐、分水、遂安、寿昌"），江水暴迅，舟横欲覆，母在舟中几溺矣，颂哀号赴水救之，舟忽自正。母甫及岸（甫，副词。才；方；刚刚。《汉书·孝成许皇后传》："今吏甫受诏读记，直豫言使后知之，非可复若私府有所取也。"母亲刚刚到了岸上），舟乃覆，人以为纯孝所感。徙亳州（亳，音 bó，州名。北周末改南兖州置，治所位于今安徽省亳州。《宋史·地理志四·淮南东路》："亳州，望，谯郡，本防御。大中祥符七年，建为集庆军节度。南渡后，没于金"），有豪妇罪当杖而病，每旬检之，未愈，谯簿邓元孚谓颂子曰："尊公高明以政称，岂可为一妇所绐［绐，音 dài，名词。欺骗；谎言；哄骗；欺诈。《史记·高祖本纪》："（高祖）乃绐为谒白：'贺钱万。'实不持一钱"］。但谕医如法检，自不诬矣。"颂曰："万事付公议，何容心焉。若言语轻重，则人有观望，或致有悔。"既而妇死，元孚惭曰："我辈狭小，岂可测公之用心也。"

加集贤院学士，知应天府（府名，北宋景德三年，即 1006 年，升宋州置，治所位于今河南省商丘南，辖境相当于今河南省宁陵以东除永城以外地区，为京东西路治所。大中祥符七年，1014 年，建为南京。《宋史·地理志一·京西路》："应天府，河南郡，归德军节度。本唐宋州。至道中，为京东路。景德三年，升为应天府，大中祥符七年，建为南京。熙宁七年，分属西路"）。吕惠卿尝语人曰："子容，吾乡里先进，苟一诣我，执政可得也。"颂闻之，笑而不应。凡更三赦，大临还侍从，颂才授秘书监、知通进银台司。吴越饥，选知杭州（州、路、府名。590年，隋开皇中置州，治所位于今浙江省杭州市。1129年，南宋建炎三年，因为行在所，升临安府。《宋史·地理四·两浙》：“两浙路。熙宁七年，分为两路，寻合为一；九年，复分；十年，复合。府二：平江，镇江。州十二：杭……临安府，大都督府，本杭州，余杭郡。淳化五年，改宁海军节度。大观元年，升为帅府。旧领两浙西路兵马钤辖。建炎元年，带本路安抚使，领杭、湖、严、秀四州。三年，升为府，带兵马钤辖。绍兴五年，兼浙西安抚使”）。一日，出遇百余人，哀诉曰：“某以转运司责逋市易缗钱（逋，音bū，形声动词。《说文解字·辵部》：“逋，亡也。”本意是说逃亡；逃跑。亦有拖欠、欠税、拖延、稽迟之意。北宋苏辙《送毛君致仕》诗：“晚为二千石，得不偿所逋。”《晋书·蔡谟传》：“顷以常疾，久逋王命。”缗钱，成串的钱），夜囚昼系，虽死无以偿。”颂曰：“吾释汝，使汝营生，奉衣食之余，悉以偿官，期以岁月而足，可乎？”皆谢不敢负，果如期而足。

颂宴客有美堂，或告将兵欲乱，颂密使捕渠领十辈（捕渠，负责缉捕、捉拿工作的首领，也就是捕快。《汉书·灌夫传》：“遂按其前事，遣吏分曹逐捕诸灌氏支属，皆得弃市罪。”渠，通“巨”“钜”。形容词。大；头；首领；渠帅；渠魁。《三国志·魏志·韩暨传》：“暨散家财以供牛酒，请其渠帅”），荷校付狱中，迨夕会散，坐客不知也。及修两朝正史，转右谏议大夫。使契丹，遇冬至，其国历后宋历一日。北人问孰为是，颂曰：历家算术小异，迟速不同，如亥时节气交，犹是今夕；若逾数刻，则属子时，为明日矣。或先或后，各从其历可也。北人以为然（然，形容词。是；对。《广雅》：“然，应也。”《论语·雍也》：“仲弓曰：‘居敬而行简，以临其民，不亦可乎？居简而行简，无乃大简乎？’子曰：‘雍之言然！’”亦用作肯定的回答）。使还以奏，神宗嘉曰：“朕尝思之，此最难处，卿所对殊善。”因问其山川，人情向背，对曰：“彼讲和日久，颇窃中国典章礼义，以维持其政，上下相安，未有离贰之意。昔汉武帝自谓：高皇帝遗朕平城之忧，虽久勤征讨，而匈奴终不服。至宣帝（西汉宣帝刘询，公元前74—前49年在位），呼韩单于稽首称藩。唐自中叶以后，河湟陷于吐蕃，宪宗每读《贞观政要》（唐宪宗李纯，805—820年在位），慨然有收复意。至宣宗时（唐宣宗李忱，846—859年在位），乃以三关、七州归于有司（古代设官分职，各有专司，因此称官吏为“有司”。《尚书·立政》：“文王罔攸兼于庶言，庶狱、庶慎，惟有司之牧夫，是训用违。庶狱、庶慎，文王罔敢知于兹。”清代经学家孙星衍《尚书今古文注疏》解：“庶狱庶慎，言诸狱事，众当慎之，惟责成于有司及牧民之人。”《三国志·蜀志·诸葛亮传》：“若有作奸犯科及为忠善者，宜付有司，论其刑赏”）。由此观之，外国之叛服不常，不系中国之盛衰也。”颂意盖有所讽，神宗然之。

元丰初（1078年。元丰：北宋神宗赵顼的年号，1078—1085年），权知开封府，颇严鞭朴。谓京师浩穰（浩穰，音hào rǎng。浩，形容词。本意是说水广大。引申为大或多。《尚书·尧典》：“汤汤洪水方割，荡荡怀山襄陵，浩浩滔天。”穰，形容词。兴盛；兴旺；众多；繁荣。《汉书·张敞传》：“长安中浩穰，于三辅尤为剧。”唐代颜师古注解：“穰，盛也，言人众之多也。”说京师人口众多），须弹压，当以柱后惠文治之，非亳、颍卧治之比。有僧犯法，事连祥符令李纯，颂置不治。御史舒亶纠其故纵（亶，音dàn。颜师古注解：“亶，读曰但”），贬秘书监，知濠州（州名，582年，隋开皇二年，改西楚州置，因濠水而得名。治所位于今安徽省凤阳东；辖境相当于今安徽省的怀远、定远、凤阳、嘉山等县地。《宋史·地理志四·淮南西路》：“濠州，上，钟离郡，团练。乾道初，移戍藕塘，嘉定四年，始城定远县，复旧”）。

初，颂在开封，国子博士陈世儒妻李氏恶世儒庶母，欲其死，语群婢曰：“博士一日持丧，当厚饷汝辈。”既而母为婢所杀，开封治狱，法吏谓李不明言使杀姑，法不至死。或谮颂欲宽世儒夫妇，帝召颂曰：“此人伦大恶，当穷竟。”对曰：“事在有司，臣固不敢言宽，亦不敢谕之使重。”狱久不决。至是，移之大理（指大理寺，我国自南北朝到清代的中央审判机关。初设于北齐，寺指官署。其职掌是审核刑狱案件。宋代分左、右寺，左寺复审各地方的奏劾和疑狱大罪，右寺审理京师百官的刑狱。与提起奏劾的御史台和管理司法行政的都官尚书合称三法司。《宋史·职官志五·大理寺》：“旧置判寺一人，兼少卿事一人。建隆二年，以工部尚书窦仪判寺事。凡狱讼之事，随官司决劾，本寺不复听讯，但掌断天下奏狱，送审刑院详讫，同署以上于朝……”）。意颂前次请求，移御史台逮颂对。御史曰：“公速自言，毋重困辱。”颂曰：“诬人死，不可为已，若自诬以获罪，何伤乎？”即手书数百言伏其咎。帝览奏牍，以为疑，反复究实，乃大理丞贾种民增减其文傅致也，由是事得白。同列犹以尝因人语及世儒帷薄事，颂应曰：“然。”以是为泄狱情，罢郡。

未几，知河阳（古县名。春秋晋邑，汉置县，治所位于今河南省孟州西，北齐废，隋开皇时复置，移治今孟州南。《宋史·地理志一·京西路》：“孟州，望，河阳三城节度。政和二年，改济源郡。…县六：河阳、济源、温、汜水、河阴、王屋”），改知沧州（州名。517年，北魏熙平二年，分瀛、冀二州置，治所位于今河北省盐山西南。唐移治今河北省沧县东南，辖境相当于今河北省的海河以南，静海、青县、交河以东，东光及山东省的宁津、乐陵、无棣以北地区。宋后辖境有所变动。《宋史·地理志二·河北路》：“沧州，上，景城郡，横海军节度。……县五：清池、无棣、盐山、乐陵、南皮”）。入辞，帝曰：“朕知卿久，然每欲用，辄为事夺，命也夫！卿直道，久而自明。”颂顿首谢。召判尚书吏部兼详定官制。唐制，吏部主文选，兵部主武选；神宗谓三代、两汉本无文、武之别，议者不知所处。颂言：“唐制，吏部有三铨之法［量才授官的铨选之法。自唐、宋直至清选拔任用官吏的制度。除最高级职官由皇帝亲自任命之外，一般都由吏部按照规定选补某种官缺。凡经考试、捐纳或原官起复，具有资格的人均须到吏部听候铨选。《唐六典·卷二·考功郎中》：“（吏部）以三铨分其选：一曰尚书铨，二曰中铨，三曰东铨”］，分品秩而掌选事。今欲文、武一归吏部，则宜分左右曹掌之，每选更以品秩分治。”于是吏部始有四选法。

因陛对，神宗谓颂曰：“欲修一书，非卿不可。契丹通好八十余年，盟誓、聘使、礼币、仪式，皆无所考据，但患修书者迂延不早成耳。然以卿度，此书何时可就?”颂曰：“须一二年。”曰：“果然，非卿不能如是之敏也。”及书成，帝读《序引》，喜曰：“正类《序卦》之文。”赐名《鲁卫信录》。

帝尝问宗子主祭、承重之义，颂对曰：“古者贵贱不同礼，诸侯、大夫世有爵禄，故有大宗、小宗、主祭、承重之义，则丧服从而异制，匹士庶人亦何预焉。近代不世爵，宗庙因而不立，尊卑亦无所统，其长子孙与众子孙无以异也。今《五服敕》（过去时的丧服制度，以亲疏为差等，有斩衰、齐衰、大功、小功、缌麻五种名称，统称“五服”。详见《仪礼·丧服》），嫡孙为祖、父为长子犹斩衰三年，生而情礼则一，死而丧服独异，恐非先王制礼之本意。世俗之论，乃以三年之丧为承重，不知为承大宗之重也。臣闻庆历中（庆历：北宋仁宗赵祯的年号，1041—1048年），朝廷议百僚应任子者，长子与长孙差优与官，余皆降杀，亦近古立宗之法。乞诏礼官、博士参议礼律，合承重者，酌古今收族主祭之礼，立为宗子继祖者，以异于众子孙之法。士庶人不当同用一律，使人知尊祖，不违礼教也。”除吏部侍郎，迁光禄大夫。遭母丧，帝遣中贵人唁劳，赐白金千两。

元祐初（元祐：北宋哲宗赵煦的年号，1086—1094年），拜刑部尚书，迁吏部兼侍读。奏：“国朝典章，沿袭唐旧，乞诏史官采《新旧唐书》中君臣所行，日进数事，以备圣览。”遂诏经筵官遇非讲读日，进汉、唐故事二条。颂每进可为规戒、有补时事者，必述己意，反复言之。又谓：“人主聪明，不可有所向，有则偏，偏则为患大矣。今守成之际，应之以无心，则无不治。”每进读至弭兵息民，必援引古今，以动人主之意。

既又请别制浑仪，因命颂提举。颂既邃于律历，以吏部令史韩公廉晓算术，有巧思，奏用之。授以古法，为台三层，上设浑仪，中设浑象，下设司辰，贯以一机，激水转轮，不假人力。时至刻临，则司辰出告。星辰躔度所次（躔，音chán，亦作“缠”，形声动词。《广雅》：“躔，行也。”《方言·第十二》：“躔，历行也，日运为躔，月运为逡。”《汉书·律历志上》：“日月初躔，星之纪也。”西汉与枚乘、韩安国同时之人公孙乘作《月赋》：“躔度运行，阴阳以正。”古人将周天分为三百六十度，划出若干区域，用以辨别日月星辰运行的方位和度次），占候则验，不差晷刻，昼夜晦明，皆可推见，前此未有也。

颂前后掌四选五年，每选人改官，吏求垢瑕，故为稽滞。颂敕吏曰：“某官缘某事当会某处，仍引合用条格，具委无漏落状同上。”自是吏不得逞。每诉者至，必取按牍使自省阅，诉者服，乃退；其不服，颂必往复诘难，度可行行之，苟有疑，则为奏请，或建白都堂。故选官多感德，其不得所欲者，亦心服而去。

迁翰林学士承旨。五年（1090年），擢尚书左丞。尝行枢密事。边帅遣种朴入奏：“得谍言，阿里骨已死，国人未知所立。契丹官赵纯忠者，谨信可任，愿乘其未定，以劲兵数千，拥纯忠入其国立之。”众议如其请。颂曰：“事未可知，其越境立君，使彼拒而不纳，得无损威重乎？徐观其变，俟其定而抚辑之，未晚也。”已而阿里骨果无恙。

七年（1092年），拜右仆射兼中书门下侍郎。颂为相，务在奉行故事，使百官守法遵职。量能授任，杜绝侥幸之原，深戒疆场之臣邀功生事。论议有未安者，毅然力争之。贾易除知苏州，颂言：“易在御史名敢言，既为监司矣，今因赦令，反下迁为州，不可。”争论未决。谏官杨畏、来之邵谓稽留诏命，颂遂上章辞位，罢为观文殿大学士、集禧观使，继出知扬州（州名，589年，隋开皇九年，改吴州为扬州，治所位于今江苏省扬州市。《宋史·地理四·淮南东路》：“扬州，大都督府，广陵郡，淮南节度。熙宁五年，废高邮军，并以县隶州。元祐元年1086年，复高邮军。旧领淮南东路兵马钤辖。建炎元年，升帅府。二年，高宗驻跸。四年，为真、扬镇抚使，寻罢。嘉定中，淮东制置开幕府于楚州，仍兼安抚）。徙河南，辞不行，告老，以中太一宫使居京口（古城名，故址在今江苏省镇江市。东汉末、三国吴时称为京城。东晋、南朝时期，因此城凭山临江，通称京口城。实为长江下游军事重镇和首都建康的北方门户）。绍圣四年（1097年。绍圣：北宋哲宗赵煦的年号，1094—1098年），拜太子少师致仕（《宋史·职官志二·东宫官》："太子太师、太傅、太保；太子少师、少傅、少保。国初，师傅不常设。仁宗升储，置三少各一人。参政李昉兼掌宾客，及升首相，遂进少傅，此宰相兼官僚之始也。丁谓兼少师，冯拯兼少傅，曹利用兼少保，是时实为东宫官，余多以前宰执为致仕官。若太子太师、太傅、太保，以待宰相官未至仆射者，及枢密使致仕，亦随本官高下除授。太子少师、少傅、少保，以待前执政，惟少师非经顾命不除。若因迁转，则递进一官，至太师即迁司空。天禧末，皇太子同听政，乃以首相兼少师。自后神宗、钦宗、孝宗、光宗在东宫，皆不置。开禧三年，史弥远自詹事入枢府，乃进兼宾客。已而太子侍立，遂以丞相钱象祖兼太子少傅。明年，景献太子立，象祖兼少师，弥远以右相兼少傅。未几，弥远丁内艰，象祖亦去位。又明年，弥远起复，遂兼进少师。景定元年，度宗升储，以贾似道为少师。《宋史·职官志十·致仕》："致仕：凡文武朝官、内职引年辞疾者，多增秩从其请，或加恩其子孙。乾德元年，太子太师致仕侯益来予郊祀，太祖优待之，因诏曰：'群官列位，自有通规，旧德来朝，所宜加礼，且表优贤之意，用敦尚齿之风。自今一品致仕官曾带平章事者，每遇朝会，宜缀中书门下班。'二年，令藩镇带平章事求休致者亦如之"）。

方颂执政时，见哲宗年幼，诸臣太纷纭，常曰："君长，谁任其咎耶？"每大臣奏事，但取决与宣仁后，哲宗有言，或无对者。惟颂奏宣仁后，必再禀哲宗；有宣谕，必告诸臣以听圣语。及贬元祐故臣，御史周秩劾颂。哲宗曰："颂知君臣之义，无轻议此老（无，副词，通"毋"。别，不要，以示劝阻、禁止之意。《论语·学而》："子曰：'君子食无求饱，居无求安，敏于事而慎于言，就有道而正焉。可谓好学也已。'不要轻率议论这位老人）。"徽宗立，进太子太保（见"太子少师"注），爵累赵郡公。建中靖国元年夏至（1101年6月。建中靖国：北宋徽宗赵佶的年号。夏至，二十四节气之一，每年的6月22日前后太阳到达黄经90°时开始。《月令·七十二候集解》："五月中……夏，假也；至，极也；万物于此皆假大而至极也。"农谚曰："夏至棉田草，胜如毒蛇咬"），自草遗表，明日卒，年八十二。诏辍视朝二日，赠司空。

颂器局闳远，不与人较短长，以礼法自持。虽贵，奉养如寒士。自书契以来，经史、九流、百家之说，至于图纬、律吕、星官、算法、山经、本草，无所不通。尤明典故，喜为人言，亹亹不绝（亹，音wěi。亹亹，勤勉不倦的样子。《诗经·大雅·文王》："亹亹文王，令闻不已。"《汉书·张敞传》："今陛下游意于太平，劳精于政事，亹亹不舍昼夜"）。朝廷有所制作，必就而正焉。

尝议学校，欲博士分经；课试诸生，以行艺为升俊之路。议贡举，欲先行实而后文艺，去封弥、誊录之法，使有司参考其素，行之自州县始，庶几复乡贡里选之遗范，论者韪之。（元代脱脱等撰，《宋史·卷三百四十·列传第九十九·苏颂传》）

苏颂历仁宗、英宗、神宗、徽宗四朝。《史》赞颂有德量。佐相于母后垂帘听政之秋（此指哲宗年幼，方颂执政之时，每遇议政，必先奏明宣仁皇后，再禀哲宗；有宣谕，必告诸臣以听圣语），而能使元祐之治，比隆嘉祐之时，其功岂易致哉！颂独岿然高年，未尝为奸邪所污，世称其明哲保身。然而，观其一生所为，敢于犯颜辩护情罪重轻，又陈州不上大夫之义，以礼相待降将之诚，多为雅德君子之事，可见其人品德高尚、为人真诚，佐君正直，实乃真君子也。

欧阳修赞颂行政，曰："子容处事精审，一经阅览，则修不复省矣。"

神宗时召修起居注，擢知制诰、知通进银台司、知审刑院。

苏颂虽于《宋史》有传，但却是以官员履历身份详细描述，而于其上谕撰著《图经本草》书一事，只字未提，未免有些遗憾，史书中仅稍提"通本草"一语。

苏颂堪称是北宋学有所成，尊礼重法，处事精审，为人真诚，为官清廉，佐君正直，德才兼备，德量高雅的一名难能可贵的高级官员。史记其"自书契以来，经史、九流、百家之说，至于图纬、律吕、星官、算法、山经、本草，无所不通。尤明典故，喜为人言，亹亹不绝。朝廷有所制作，必就而正焉"。细数历代士大夫、为官者，能像苏颂这样两袖清风，一心为官，不贪不腐者，少之又少，凤毛麟角。

在医药学方面，于1061年，即嘉祐六年，历时四年，编著了《图经本草》一书，对药物学的考订提供了很大的帮助。

在天文学方面，于1088年，即元祐三年，组织韩公廉等人制造了水运仪象台，并著作了关于北宋天文仪器的重要著作《新仪象法要》一书，叙述水运仪象台的结构和制造。

《本草图经·序》：昔神农尝百草之滋味，以救万民之疾苦，后世师祖，由是本草之学兴焉。汉、魏以来，名医相继，传其书者，则有吴普、李当之药录，陶隐居、苏恭等注解。国初两诏近臣，总领上医，兼集诸家之说，则有《开宝重定本草》，其言药之良毒，性之寒温，味之甘苦，可谓备且详矣。然而五方物产，见气异宜，名类既多，赝伪难别，以虺床当蘼芜，以荠苨乱人参，古人犹且患之，况今医师所用，皆出于市贾，市贾所得，盖自山野之人，随时采获，无复究其所从来；以此为疗，欲其中病，不亦远乎？昔唐永徽中（永徽：唐高宗李治的年号，650—655 年），删定本草之外，复有图经相辅而行，图以载其形色，经以释其同异；而明皇御制又有《天宝单方药图》，皆所以叙物真滥，使人易知，原诊处方，有所依据。二书失传且久，散落殆尽，虽鸿都秘府（东汉时期皇家藏书之处称为鸿都，历代王朝宫中收藏珍贵图书之处称为秘阁或曰秘府。自汉代至唐代，都由秘书监监管。《后汉书·儒林传上》："自辟雍、东观、兰台、石室、宣明、鸿都诸藏典策文章，竞共剖散"），亦无其本。天宝方书，但存一卷，类例粗见，本末可寻。宜乎圣君哲辅，留意于搜辑也。先是诏命儒臣，重校《神农本草》等凡八书，光禄卿、直秘阁、臣禹锡、尚书祠部郎中、秘阁校理、臣亿、太常博士、集贤校理、臣颂、殿中丞、臣检、光禄寺丞、臣保衡，相次被选，仍领医官秦宗古、朱有章等，编绎累年，既而补注本草成书，奏御，又诏天下郡县，图上所产药本，用永徽故事，重命编述。臣禹锡以谓：考正群书，资众见，则其功易就；论著文字，出异手，则其体不一。今天下所上，绘事千名，其解说物类，皆据世医之所闻见，事有详略，言多鄙俚（鄙俚，质朴；粗俗。西晋左思《魏都赋》："非疏粝之士所能精，非鄙俚之言所能具。"《金史·斜卯爱实传》："性好作诗，词语鄙俚"），向非专壹整比，缘饰以文，则前后不伦，披寻难晓。乃以臣颂向尝刻意此书，于是建言奏请，俾专撰述。臣颂既被旨（被，动词。加；施加。《尚书·尧典》："允恭克让，光被四表"），则裒集众说，类聚诠次，粗有条目。其间玉石、金土之名，草木、虫鱼之别，有一物而杂出诸郡者，有同名而形类全别者，则参用古今之说，互相发明；其荄梗之细大（荄，音 gāi，名词。《说文解字·草部》："荄，草根也。"《后汉书·鲁恭传》："虽煦嘘万物，养其根荄，而犹盛阴在上，地冻水冰，阳气否隔，闭而成冬。"草木根茎和直茎的粗细和大小），华实之荣落，虽与旧说相戾，并兼存之；崖略不备，则稍援旧注，以足成文意；注又不足，乃更旁引经史，及方书、小说，以条悉其本原。若陆英为蒴藋花，则据《尔雅》之训以言之；诸香同本，则用《岭表录异》以证之之类是也。生出郡县，则以《本经》为先，今时所宜次之。若菟丝生于朝鲜，今则出于冤句；奚毒生于少室，今乃来自三蜀之类是也。收采时月有不同者，亦两存其说，若赤箭，《本经》但著采根，今乃并取茎苗之类是也。生于外夷者，则据今传闻，或用书传所载，若玉屑、玉泉，今人但云玉出于阗，不究所得之因，乃用平居诲《行程记》为质之类是也。药有上、中、下品，皆用《本经》为次第。其性类相近，而人未的识，或出于远方，莫能形似者，但于前条附之，若溲疏附于枸杞，琥珀附于茯苓之类是也。又古方书所载，简而要者，昔人已述其明验，今世亦常用之，及今诸郡医工所陈经效之药，皆并载其方，用天宝之例也。自余书传所无，今医又不能解，则不敢以臆说浅见，傅会其文，故但阙而不录。又有今医所用，而旧经不载者，并以类次，系于末卷，曰“本经外类”；其间功用尤著，与旧名附近者，则次于逐条载之，若通脱次于木通，石蛇次于石蟹之类是也。总二十卷，目录一卷。撰次甫就（甫，副词。方；才；刚刚。《汉书·孝成许皇后传》：“今吏甫受诏读记，直豫言使后知之，非可复若私府有所取也”），将备亲览。恭惟主上，以至仁厚德，函养生类，一物失所，则为之恻然（恻然，哀怜、悲痛、忧伤状。明代张居正《乞宥言官疏》：“臣观台疏中，尚有垂白父母在家，臣实恻然怜之。”则为之哀怜忧伤）。且谓札瘥荐臻（札，音jié，名词。疫病。《周礼·春官·大宗伯》：“大宗伯……以凶礼哀邦国之忧，以丧礼哀死亡，以荒礼哀凶札，以吊礼哀祸灾，以禬礼哀围败，以恤礼哀寇乱。”东汉经学家郑玄注解：“札，读为截，谓疫疠。”荐臻，屡屡来到；接连来到；一再遇到。常用于不幸的事情。《诗经·大雅·云汉》：“天降丧乱，饥馑荐臻。”谓疾病、瘟疫、疫疠这些不幸的事情接连发生），四时代有，救恤之惠，无先医术。早岁屡敕近臣，雠校岐黄《内经》，重定针艾俞穴，或范金揭石，或镂板联编，悯南方蛊惑之妖，于是作《庆历善救方》以赐之；思下民资用之阙，于是作《简要济众方》以示之。今复广药谱之未备，图地产之所宜；物色万殊，指掌斯见；将使合和者，得十全之效；饮饵者，无未达之疑；纳斯民于寿康，召和气于穹壤，太平之致，兹有助焉。臣学不该通，职预编述，仰奉宸旨，深愧寡闻。

嘉祐六年九月日，朝奉郎、太常博士、
充集贤校理、新差知颍州军州兼管内劝农及管句开治
沟洫河道事、骑都尉借紫　臣　苏颂谨上

沈括（1031—1095）（生卒年无考。另一说是约1029—1093），《苏沈良方》《梦溪笔谈》撰著者。

“沈括《良方》十卷。”“《苏沈良方》十五卷沈括、苏轼所著。”（元代脱脱等撰，《宋史·卷二百七·志第一百六十·艺文六》）

北宋杰出的政治家、外交家，著名科学家、文学家、医药学家沈括是杭州钱塘（旧县名，即今浙江省杭州市）人，寄籍吴县（今属江苏省苏州）。北宋仁宗嘉祐八年进士（嘉祐：北宋仁宗赵祯的年号，1056—1063年）。神宗执政时，曾参加过王安石的变法运动。熙宁五年提举司天监（1072年。熙宁：北宋神宗赵顼的年号，1068—1077年），主修历法。熙宁八年出使契丹（1075年），面对强辽无理争地的要求，有备而往，严词驳斥、有力反击，全胜而归。得拜翰林学士、执掌三司使权（北宋称盐铁、户部、度支为三司，长官称三司使。掌管统筹国家财政收支均衡、钱谷出纳，实为最高财政长官，号称计相。1082年，元丰五年改官制，职掌归并于户部尚书）。

后又复龙图阁待制、知审官院。在知延州时（延州，州名。今陕西省延安、安塞、延长、志丹等县地），积极加强战备，防御西夏的觊觎。元丰五年（1082年。元丰：北宋神宗赵顼的年号，1078—1085年），因坐议给事中徐禧失陷永乐城事（永乐，古城名，即今陕西省米脂西），连累坐贬谪至均州任团练副使（均州，位于湖北省西北部，邻接河南省）。元祐初年，徙秀州（州名，五代吴越始置，治所位于今浙江省嘉兴），复光禄寺少卿分司，居润州（州名，隋开皇十五年，即595年始置，治所位于今江苏省镇江市、丹阳、句容、金坛等县地）。

沈括晚年卜居润州，以“琴、棋、禅、墨、丹、茶、吟、谈、酒”九客为乐归隐梦溪，筑梦溪园（今江苏省镇江市东郊），并终老于此地。

沈括既是一位勇于改革的政治家、思想家，曾积极参加王安石的变法；又是一位出色的外交家，捍卫疆土，临强敌而不软弱，据理力争，严词反击；他亦是一位著名的、成就显著的科学家、医药学家；也是一位卓越的工程师，观测天象，精研天文，倡导新历法；又善治水，且具有极强的环保观念；他对于中国的科学技术进步发挥的巨大作用，永远值得人们缅怀纪念，他在中国科学技术史上的地位是任何人也无可替代的。英国著名的中国科学史家李约瑟对沈括给予过高度评价，撰《中国科学技术史·第一卷·导论》

赞誉沈括“可能是中国整部科学史中最卓越的人物”，其所撰《梦溪笔谈》“是中国科学史上的里程碑”“中国科学史上的坐标”。

沈括一生著述勤奋，然大多遗佚，惟有始作于元丰六年（1083年）、元祐元年至二年（元祐：北宋哲宗赵煦的年号，1086—1094年），至迟到元祐五年初的《梦溪笔谈》已广为流传。迁居润州梦溪时已成书，但是为二十六卷本。元祐五年至七年间再加增修，成三十卷，元祐七年至八年又作《补笔谈》，以补三十卷本之不足。

沈氏因举平生见闻撰著笔记体百科全书巨著《梦溪笔谈》一书而闻名于世。这是他晚年历时八年完成的一部包罗万象的杰作，自然科学与社会科学兼收，杂录与考证并蓄，犹如一本小型百科全书，书中涵括了他一生所见所闻，一生对科学技术和艺术的考察、了解与研究成果，为我国古代科技史留下了无数珍贵史料。他所取得的丰硕成果，尤其是在算学、天文学、地质学、生物学、物理学各个方面都已经达到了当时世界科技史的最高水平。

在漫长的历史长河中，中国不乏各种杰出的历史人物，然而，能像沈括这样知识渊博、博学多才、成就卓著的科学巨匠，实不多见。史书赞誉他“博学善文，于天文、方志、律历、音乐、医药、卜算无所不通，皆有所论著”。实际上他对天文、文史、考古、文学、地理（地图、地质）、物理、化学、数学、生物、药物学、水利、工程技术……亦有广泛的研究和开创性的发现，并且都有显著的贡献。著作多达二十二种、一百五十五卷之多。然而，只有《梦溪笔谈》二十六卷、《补笔谈》二卷、《续笔谈》一卷，以及《长兴集》十九卷传世。另编有《青元历》，所创历法制度与现代的“太阳历”基本相同。又对浑天仪、古代计量时间的浮漏、测日影用的景表等提出新的方案。《续资治通鉴·宋神宗熙宁七年（1074年）》载：“乃以太子中允沈括提举司天监，始制浑仪、景表、五壶浮漏。”

沈括具有极其科学的头脑，从而使他能够对任何事情都能进行严谨的缜密思考和研究，做出合乎科学原理的论断和解释，他那超前的科学论断预见能力是无人能与之相提并论的。是他在陕北发现了“出于地下而无穷”的石油，从而成为后世世界主要能源“石油”这一名称最早的首席命名者。他还用石油下脚料烟灰制成油墨以替代烟墨，从而成为遏制滥砍滥伐树木以制烟墨又破坏水土、破坏植被的先行者。在天文历法方面，他是第一位提出太阳历和农历相互结合的人；是他制定了并为后世所沿用至今的新年历：一年平分十二个月，大月三十一天，小月三十天，二者相间安排，科学地统一了节气、物象、农事这一天文历法制度。

沈括因是晚生子，由于父母高龄育子（父亲54岁，母亲46岁时生产），先天不足导致自幼体弱多病，然而，事物的两面性，反而使他对于医药学产生了浓厚的兴趣，与医药学结下了不解之缘。在博览经史子集之时，他亦广泛阅览研读古籍医经，收集民间验方、秘方，精心研究药用植物与医学，留心记录有效方药，著有《灵苑方》，可惜的是已佚。他的药用植物学知识十分广博，而且能够做到理论联系实际，辨别真伪，纠正古书上的错误；并提出“五难”的新理论，又撰有《良方》十卷而成为医药界名人（传本附入苏轼所作医药杂说，改称《苏沈良方》）。

沈括博闻精见，格物游艺，尤其精通医药学，论草物，疏骨蒸，高远之见，超出群哲。他虽然不是坐堂的职业医生，其医术之高明并不亚于那些堂医和铃医。在《梦溪笔谈》及《补笔谈》中均猎及医药学，收载有大量有效方药，论及四十四种药物之形态、配伍、药理、采集、生长环境等内容；他广泛搜集了很多验方，纠正古医书中的错误，辨别真伪，并用于实践，积极治疗病人的疾病。沈括对于祖国传统中医药学的发展做出的巨大贡献是有目共睹的。他那注重实践、勤于调查、目睹其验，严谨的科学态度，是备受人们尊崇的。

《宋史》赞誉沈括博物洽闻，贯乎幽深，措诸政事，又极开敏。《宋史》记载沈括史实重点在政绩，而对于他的博学善文，于天文、方志、律历、音乐、医药、卜算，无所不通，皆有所论著，这一点仅以最后一句话笼统概括之，并未予以详细记述，未免太过遗憾！又说《梦溪笔谈》一书纪平日与宾客言谈交流、朝廷故实、耆旧出处，传于世，一语带过，更为憾事。

中华人民共和国邮政主管部门为纪念这位卓越的“科学家”“医学家”，于1962年12月1日发行的影写版，纪92，《中国古代科学家（第二组）》邮票，其中的第五、第六枚（301、302）分别是沈括像和其考察地质图。

沈括，字存中，以父任为沭阳主簿。县依沭水，乃职方氏所书者，故跡漫为汙泽，括新其二坊，疏水为百渠九堰，以播节原委，得上田七千顷。

擢进士第，编校昭文书籍，为馆阁校勘，删定三司条例。故事，三岁郊丘之制，有司按籍而行，藏其副，吏沿以干利。坛下张幔，距城数里为园囿，植采木、刻鸟兽绵络其间。将事之夕，法驾临观，御端门、陈仗卫以阅严警，游幸登赏，类非斋祠所宜。乘舆一器，而百工侍役者六七十辈。括考礼沿革，为书曰《南郊式》。即诏令点检事务，执新式从事，所省万计，神宗称善。

迁太子中允、检正中书刑房、提举司天监，日官皆市井庸贩，法象图器，大抵漫不知。括始置浑仪、景表、五壶浮漏，招卫朴造新历，募天下上太史占书，杂用士人，分方技科为五，后皆施用。加史馆检讨。

淮南饥，遣括察访，发常平钱粟（常平，古时调节平衡米价的一种方法，西汉宣帝刘询时曾任大司农中丞的理财家、历算家耿寿昌首创。建议在西北各郡设置“常平仓”，即筑仓储谷，谷价贱时增加而籴，谷价贵时减价而粜，以利农业），疏沟渎，治废田，以救水患。迁集贤校理，察访两浙农田水利，迁太常丞、同修起居注。时大籍民车（籍，名词。《说文解字·竹部》：“籍，簿书也。”本义是户口册，登记册。词性发生变化，动词。大籍，登记；籍名；籍夫；籍田。《汉书·武帝纪》：“籍吏民马，补车骑马。”唐代颜师古注解：“籍者，总入籍录而取之。”届时正值大力登记吏民的马车），人未谕县官意（谕，音 yù，形声动词。《说文解字·言部》：“谕，告也。”《广雅·言部》：“谕，晓也。”古同“喻”。明白；知道；理解。《荀子·儒效》：“其言多当矣，而未谕也”），相挻为忧（挻，音 shān。揉和。清代朱骏声《说文通训定声·干部》：“凡柔和之物，引之使长，抟之使短，可析可合，可方可圆，谓之挻”）；又市易司患蜀盐之不禁，欲尽实私井而辇解池盐给之（辇，音 niǎn。载运。《后汉书·张衡传》：“或辇贿而违车兮，孕行产而为对”）。言者论二事如织，皆不省，括侍帝侧，帝顾曰：“卿知籍车乎？”曰：“知之。”帝曰：“何如？”对曰：“敢问欲何用？”帝曰：“北边以马取胜，非车不足以当之。”括曰：“车战之利，见于历世。然古人所谓兵车者，轻车也，五御折旋，利于捷速。今之民间辎车重大，日不能三十里，故世谓之太平车，但可施于无事之日尔。”帝喜曰：“人言无及此者，朕当思之。”遂问蜀盐事，对曰：“一切实私井而运解盐，使一出于官售，诚善。然忠、万、戎、泸间夷界小井尤多，不可猝绝也，势须列候加警，臣恐得不足偿费。”帝颔之（颔，音hàn，亦作“顄”。动词，点头。《左传·襄公二十六年》：“逆于门者，颔之而已”）。明日，二事俱寝（寝，音qǐn。停止；平息。《汉书·礼乐志》：“其议遂寝。”颜师古注解：“寝，息也。”两件事情全都止息）。擢知制诰，兼通进、银台司，自中允至是才三月。

为河北西路察访使。先是，银冶，转运司置官收其利，括言：近宝则国贫，其势必然；人众则囊橐奸伪何以检颐（囊橐，音náng tuó。口袋；袋子。《诗经·大雅·公刘》：“乃裹糇粮，于橐于囊。”《毛传》：“小曰橐，大曰囊。”郑玄笺注：“乃裹粮食于囊橐之中。”段玉裁《说文解字注》：“囊者，言实其中如瓜瓤也；橐者，言虚其中以待，如木也。”常用以比喻收容包庇。检颐，无义，作语助词）？朝廷岁遗契丹银数十万，以其非北方所有，故重而利之。昔日银城县、银坊城皆没于彼，使其知凿山之利，则中国之币益轻，何赖岁饷，邻衅将自兹始矣（邻国事端恐自此始发也）。

时赋近畿户出马备边（畿，音jī。古代王都所在处的千里地面。《诗经·商颂·玄鸟》：“邦畿千里，维民所止。”后人多指京城所管辖的地区，如京畿。《国语·楚语上》：“而至于是有畿田。”三国吴经学家韦昭注解：“方千里曰畿”），民以为病，括言：北地多马而人习骑战，犹中国之工疆弩也。今舍我之长技，强所不能，何以取胜。又边人习兵，唯以挽疆定最，而未必能贯革，谓宜以射远人坚为法。如是者三十一事，诏皆可之。

辽萧禧来理河东黄嵬地，留馆不肯辞，曰：必得请而后反（反，通“返”。归；还。《国策·卫策》：“智伯果起兵而袭卫，至境而反。”引申为回转）。帝遣括往聘。括诣枢密院阅故牍，得顷岁所议疆地书，指古长城为境，今所争盖三十里远，表论之。帝以休日开天章阁召对，喜曰：大臣殊不究本末，几误国事。命以画图示禧，禧议始屈。赐括白金千两使行。至契丹庭，契丹相杨益戒来就议，括得地讼之籍数十，预使吏士诵之，益戒有所问，则顾吏举以答。他日复问，亦如之。益戒无以应，谩曰：“数里之地不忍，而轻绝好乎？”括曰：“师直为壮，曲为老。今北朝弃先君之大信，以威用其民，非我朝之不利也。”凡六会，契丹知不可夺，遂舍黄嵬而以天池请。括乃还，在道图其山川险易迂直，风俗之纯庞，人情之向背，为“使契丹图抄”上之，拜翰林学士、权三司使。

尝白事丞相府，吴充问曰：自免役令下，民之诋訾者今未衰也（诋訾，音dǐ zǐ，毁谤非议诋毁。《汉书·刘向传》："是以群小窥见间隙，缘饰文字，巧言丑诋，流言飞文，譁于民间。"亦为辱骂。西汉戴圣作《礼记·曲礼上》："不登高，不临深，不苟訾，不苟笑。"清代纪昀《阅微草堂笔记》："诋訾今古，高自位置"），是果于民何如？括曰：以为不便者，特士大夫与邑居之人习于复除者尔，无足恤也。独微户本无力役，而亦使出钱，则为可念。若悉弛之，使一无所预，则善矣。充然其说，表行之。

蔡确论括首鼠乖剌（首鼠，踌躇；瞻前顾后；迟疑不决；进退不定。《三国志·吴志·诸葛恪传》："缓则首鼠，急则狼顾。"乖剌，犹乖戾，不合；不和。《后汉书·范升传》："各有所执，乖戾分争。"，不顺。《汉书·杜钦传》："外戚亲属，无乖剌之心"），阴害司农法，以集贤院学士知宣州，明年，复龙图阁待制，知审官院，又出知青州，未行，改延州。至镇，悉以别赐钱为酒，命廛市良家子驰射角胜（廛，音chán。古代城市中平民住宅的通称。《周礼·地官·廛人》："廛人掌敛市絘布、緫布、质布、罚布、廛布而入于泉府。"东汉郑玄注解："廛，民居区域之称。"《周礼·地官·载师》："以廛里任国中之地，以场圃任园地，以宅田、士田、贾田任近郊之地，以官田、牛田、赏田、牧田任远郊之地，以公邑之田任甸地，以家邑之田任稍地，以小都之田任县地，以大都之田任畺地。"清末经学家、教育家孙诒让《周礼正义》："通言之，廛里皆居宅之称；析言之，则庶人、农、工、商等所居谓之廛……士大夫等所居谓之里。"角胜，车马疾行射击角逐较量胜负。《左传·昭公十七年》："啬夫驰，庶人走。"晋代学者杜预注解："车马曰驰，步曰走。"引申为急行。三国魏曹植《与司马仲达书》："无有争雄于宇内，角胜于平原之志也"），有轶群之能者（轶，音yì，形声动词。《说文解字·车部》："轶，车相出也。"清代段玉裁注解："车之后进突于前也。"《广雅》："轶，过也。"《汉书·扬雄传上》："轶五帝之遐迹兮，蹑三皇之高踪。"本义为后车超越前车，后引申为超越），自起酌酒以劳之，边人欢激（边疆的人们欢呼激动），执弓傅矢，唯恐不得进。越岁，得彻札超乘者千余，皆补中军义从，威声雄他府。以副总管种谔西讨拔银、宥功，加龙图阁学士。朝廷出宿卫之师来戍，赏赉至再而不及镇兵（赉，音lài。赏赐；赠送。《尚书·汤誓》："予其大赉汝，尔无不信，朕不食言"）。括以为卫兵虽重，而无岁不战者，镇兵也。今不均若是，且召乱。乃藏敕书，而矫制赐缗钱数万，以驿闻。诏报之曰：此右府颁行之失，非卿察事机，必扰军政。自是，事不暇请者，皆得专之。蕃汉将士自皇城使以降，许承制补授。

谔师次五原（次，至；舍。《礼记·檀公上》注解："次，舍也。"《尚书·泰誓中》："惟戊午，王次于河朔。"《孔传》："戊午渡河而誓，既誓而止于河之北。"谔师驻扎在五原），值大雪，粮饷不继，殿直刘归仁率众南奔，士卒三万人皆溃入塞，居民恟骇。括出东郊饯河东归师，得奔者数千，问曰："副都总管遣汝归取粮，主者为何人?"曰："在后。"即谕令各归屯。及暮，至者八百，未旬日，溃卒尽还。括出按兵，归仁至，括曰："汝归取粮，何以不持军符?"归仁不能对，斩以徇（徇，示众；对众宣示。《周礼·天官·小宰》："正岁，帅治官之属而观治象之法，徇以木铎，曰：不用法者，国有常刑。"郑玄注解："古者将有新令，必奋木铎以警众，使明听也。"《周礼·地官·乡师》："凡四时之征令有常者，以木铎徇以市朝"）。经数日，帝使内侍刘惟简来诘叛者（诘，音jié。《说文解字·讠部》："诘，问也。"《广雅》："诘，责也。"诘问；诘责；询问；查究；究办。《左传·襄公二十一年》："于是鲁多盗。季孙谓臧武仲曰：'子盍诘盗?'"《新五代史·裴迪传》："乃屏人密诘之，具得其事"），具以对。

大将景思谊、曲珍拔夏人磨崖葭芦浮图城，括议筑石堡以临西夏，而给事中徐禧来，禧欲先城永乐。诏禧护诸将往筑，令括移府并塞，以济军用。已而禧败没，括以夏人袭绥德，先往救之。不能援永乐，坐谪均州团练副使。元祐初，徙秀州，继以光禄少卿分司，居润八年卒，年六十五。

括博学善文，于天文、方志、律历、音乐、医药、卜算，无所不通，皆有所论著。又纪平日与宾客言者为《笔谈》，多载朝廷故实、耆旧出处，传于世（元代脱脱等撰，《宋史·卷三百三十一·列传第九十·沈遘传·从弟·沈括传》）。

《苏沈良方·原序》予尝论治病有五难：辨疾、治疾、饮药、处方、别药，此五也。今之视疾者，惟候气口六脉而已（气口，中医学名词，指切脉的部位，亦叫寸口。因寸口可以候气之盛衰，用以辨病，故亦称气口。又指右手寸部脉。六脉，则指手三阳、手三阴的脉象）。古之人视疾，必察其声音、颜色、举动、肤理、性情、嗜好。问其所为，考其所行，已得其大半，而又遍诊人迎、气口、十二动脉。疾发于五藏，则五色为之应，五声为之变，五味为之偏，十二脉为之动，求之如此其详，然而犹惧失之（犹，动词，踌躇疑惧。《老子》："豫兮若冬涉川，犹兮若畏四邻。"然而仍然惧怕失策），此辨疾之难，一也。今之治疾者，以一二药书，其服饵之节，授之而已；古以治疾者，先知阴阳运历之变故，山林川泽之窍发，而又视其人老少肥瘠，贵贱居养，性术好恶，忧喜劳逸，顺其所宜，违其所不宜。或药或火，或刺或砭，或汤或液，矫易其故常，捭摩其性理（捭，音bǎi，形声动词。《说文解字·扌部》："捭，两手击也。"清代学家段玉裁《说文解字注·手部》："谓左右两手横开旁击也。”西晋左思《吴都赋》：“莫不衄锐挫芒，拉捭摧藏。”双手排击揣摩其中的性质道理)，捣而索之，投几顺变，间不容发。而又调其衣服，理其饮食，异其居处，因其情变，或治以天，或治以人。五运六气，冬寒夏暑，旸雨电雹（旸，音 yáng。《说文解字·日部》：“旸，日出也。”日出；天晴；出太阳。《尚书·洪范》：“庶征：曰雨，曰旸，曰燠，曰寒，曰风，曰时，五者来备，各以其叙，庶草蕃庑。一记备，凶；一级无，凶。”《孔》传：“雨以润物，旸以干物”），鬼灵魇蛊（魇，音 yǎn。梦魇；噩梦；梦中惊骇。《广韵·叶韵》：“噩，恶梦。”《集韵·琰韵》：“魇，惊梦。”《篇海类编·人物类·鬼部》：“魇，睡中魇也，气室心惧而神乱则魇。”睡梦中遇到可怕的事情而呻吟、惊叫。蛊，音 gǔ。①有毒虫说，《说文·虫部》：“蛊，腹中虫也。”人工培养的一种毒虫。《周礼·秋官·庶氏》：“秋官司寇所属有庶氏，设下士一人及徒四人。掌除毒蛊。”郑玄注解：“毒蛊，虫物而病害人者。”②蛊毒，伤害人的热毒恶气。③害人的邪术。④蛊疾。⑤蛊惑、诱惑、迷惑等多解)，甘苦寒温之节，后先胜负之用，此天理也。盛衰强弱，五藏异禀，循其所同，察其所偏，不以此形彼，亦不以一人例众人，此人事也。言不能传之于书，亦不能喻之于口，其精过于承蜩（承蜩，音 zhěng tiáo。语出《庄子·达生》：“仲尼适楚，出于林中，见痀偻者承蜩，犹掇之也。”唐代成玄英疏解：”承蜩，取蝉也。”近代独爱《说文解字》的学者郭庆藩撰《庄子集释》：“承，读为拯。拯，谓引取之也。”《说文解字》：“承，奉也。受也。”《诗经·小雅·鹿鸣》：“吹笙鼓簧，承筐是将。”《诗经·豳风·七月》：“四月秀葽，五月鸣蜩。”承，取、受之意。以竿粘取。人们常以长竿顶部裹以树胶粘取知了取乐)，其察甚于刻棘（刻棘，语本《韩非子·外储说左上》：“宋人有请为燕王以棘刺之端为母猴者，必三月斋，然后能观之；燕王因以三乘养之。右御、冶工言王曰：‘臣闻人主无十日不燕之斋。今知王不能久斋以观无用之器也，故以三月为期。凡刻削者，以其所以削必小……’王因囚而问之，果妄，乃杀之。”韩非子本为讽刺说客之词，后以此词比喻治学的艰辛劳苦)，目不舍色，耳不舍声，手不释脉，犹惧其差也。授药遂去，而希其十全，不亦难哉！此治疾之难，二也。古之饮药者，煮炼有节，饮啜有宜。药有可以久煮，有不可以久煮者，有宜炽火（炽，音 chì。《说文解字·火部》：“炽，盛也。”《韩非子·内储说下》：“奉炽炉，炭火尽赤红”），有宜温火者，此煮炼之节也。宜温宜寒，或缓或速，或乘饮食喜怒，而饮食喜怒为用者，有违饮食喜怒，而饮食喜怒为敌者，此饮啜之宜也。而水泉有美恶，操药之人有勤惰，如此而责药之不效者，非药之罪也。此服药之难，三也。药之单用为易知，药之覆用为难知。世之处方者，以一药为不足，又以众药益之。殊不知药之有相使者，相反者，有相合而性易者。方书虽有使佐畏恶之性，而古人所未言，人情所不测者，庸可尽哉？如酒于人，有饮之逾石而不乱者，有濡吻则颠眩者；漆之于人，有终日搏漉而无害者，有触之则疮烂者。焉知药之于人，无如此之异者？此禀赋之异也。南人食猪、鱼以生，北人食猪、鱼以病，此风气之异也。水银得硫黄而赤如丹，得矾石而白如雪（矾石，一种含氧化铝的矿石，炼铝的主要原材料）。人之欲酸者，无过于醋矣，以醋为未足，又益之以橙（益，动词。《说文解字·皿部》："益，饶也。"增益；增加；补充；补助。《国策·秦策二》："甘茂曰：请明日鼓之而不可下，因以宜阳之郭为墓。于是出私金以益公赏。明日鼓之，宜阳拔"），二酸相济，宜其甚酸而反甘。巴豆善利也，以巴豆之利为未足，而又益之以大黄，则其利反折。蟹与柿，尝食之而无害也，二物相遇，不旋踵而呕（不，助词，用来加强语气。旋踵，音 xuán zhǒng。转动；反转。《说文解字·方部》："旋，周旋。"《广雅·释诂四》："旋，还也。"《诗经·小雅·黄鸟》："言旋言归，复我邦族。"南宋朱熹注解："旋，回；复，反也。"《玉篇·足部》："踵，足后曰踵。"《字汇·足部》："踵，足跟。"不等旋转脚跟，形容时间极短，意即转瞬间。北宋王安石《和吴冲卿雪》诗："纷华始满眼，消释不旋踵"）。此色为易见，味为易知，而呕利为大变，故人人知之。至于相合而知他藏致他疾者，庸可易知耶（庸，犹"岂"，怎么。《左传·宣公十二年》："其君能下人，必能信用其民矣。庸可几乎"）？如乳石之忌参、术，触者多死。至于五石散，则皆用参、术，此古人处方之妙，而世或未喻也（喻，形声动词。《广雅》："喻，告也。"知晓；明白。《论语·里仁》："君子喻于义，小人喻于利。"皇疏："喻，晓也。"未喻，就是不通晓，不了解）。此处方之难，四也。医诚艺也，方诚善也，用之中节也，而药或非良，奈何哉！橘过江而为枳，麦得湿而为蛾，鸡逾岭而黑，鸲鹆逾岭而白（鸲鹆，即"八哥"，音 qú yù。《说文解字·鸟部》："鸲，鸲鹆也。"清代段玉裁注解："今之八哥也。"《楚辞·九思·疾世》："鴳雀列兮华欢，鸲鹆鸣兮聒余"）。月亏而蚌蛤消（蚌蛤，音 bàng gé。蚌，泛指多种淡水蚌类。蛤，沿海经济海产品），露下而蚊喙坼（喙坼，音 huì chè。此指蚊子的喙吻或说是嘴开裂、分裂，由此便不会再叮咬人。《淮南子·本经训》："天旱地坼，凤凰不下"），此形器之易知者也，性岂独不然乎？予观越人艺茶畦稻，一沟一陇之异，远不能数步，则色味顿殊，况药之所生，秦、越、燕、楚之相远，而又有山泽、膏瘠、燥湿之异禀，岂能物物尽其所宜。又《素问》说：阳明在天，则花实戕气；少阳在泉，则金石失理。如此之论，采掇者固未尝晰也（掇，音 duō，动词。《说文解字·扌部》："掇，拾取也。"《诗经·周南·芣苢》："采采芣苡，薄言掇之。"《毛》传："掇，拾也。"

拾取；摘取，选取。采掇，采摘、摘取、采取、采集、搜集之意。东汉王充《论衡·卜筮》："著书记者，采掇行事。"《论衡·超奇》："故夫能说一经者为儒生，博览古今者为通人，采掇传书以上书奏记者为文人，能静思著文、连结篇章者为鸿儒。"此是说摘取者未必明晰、懂得其理）。抑又取之有早晚，藏之有焙眼（眼，音 làng。晾；晒。《集韵·四十二宕》："眼，暴也"），风雨燥湿、动有槁暴（槁暴，音 gǎo pù。槁，形容词。枯干；草木枯干。《说文解字·木部》："槁，木枯也。"《孟子·公孙丑上》："其子趋而往视之，苗则槁矣。"暴，"爆"的古字，即晾晒、晒干的意思。后作"曝"。《广韵·屋韵》："暴，日干也。"《小尔雅·广言》："暴，晒也。"《玉篇·日部》："晒，暴干物也。"《尔雅·释天》："日出而风谓之暴。"暴晒；晒干。《颜氏家训·书证》："言日中时必须暴晒，不尔者，失其时也。"槁暴，风吹日晒而使之干枯。《荀子·劝学》："虽有槁暴，不复挺者，猱使之然也"）。今之处药，或有恶火者，必日之而后咀。然安知采藏之家，不常烘煜哉（烘，烘干；向火取暖或用火烤干。煜，音 yù。煜，照耀。《太玄·元告》："日以煜乎昼，月以煜乎夜。"烘煜，一种干燥工序，将待欲干燥之物放入烘笼用适当的温度烘焙干燥）？又不能必。此辨药之难，五也。此五者，大概而已。

其微至于言不能宣，其详至于书不能载，岂庸庸之人而可以易言医哉？予治方最久，有方之良者，辄为疏之。世之为方者，称其治效，尝喜过实。《千金》《肘后》之类，犹多溢言，使人不敢复信。予所谓良方者，必目睹其验，始著于篇，闻不预也。然人之疾，如向所谓五难者，方岂能必良哉？一睹其验，即谓之良，殆不异乎刻舟以求遗剑者？予所以详著其状于方尾，疾有相似者，庶几偶值云尔。篇无次序，随得随注，随以与人，极道贵速，故不暇待完也。

《苏沈良方·林序》：沈公内翰，字存中，博古通今，古君子也。留心医书，非所好也，实有补于后世尔。公凡所至之处，莫不询究，或医师，或里巷，或小人，以至士大夫之家，山林隐者，无不求访。及一药一术，皆至诚肯切而得之，终不以权势财货逼而得之，可见其爱物好生之理也。公集而目之曰《良方》，如古之良医者，若孙真人，未尝不以慈悲方便救护为念也。近世有人，或得一方，小小有效，则终莫得之，此亦为衣食故也。若夫腰金佩玉，出权贵之门，又安敢望其面目乎？余得此方十有余年，恨箧无金帛，而能成就一板（箧，音 qiè。小箱子；小钱箱。板，印书用的板片，亦指版本。此意为只恨囊中羞涩无钱成就出版一事），使流传天下后世，疗夫久疾沉疴缠绵之苦者也，岂自言微功有所利也。然此方经验有据，始敢镂行（镂，动词。雕刻。《荀子·劝学》："锲而不舍，金石可镂。”《左传·哀公元年》：“昔阖庐食不二味，居不重席，室不崇坛，器不雕镂，宫室不观，舟车不饰，衣服财用，择不取费。”始敢刻板发行）。

永嘉（即今浙江省永嘉县）金门羽客（亦称“羽人”“羽士”，道士的别称。道士求道，希冀飞升成仙，故称道士为羽人或羽士。羽，含有“飞升”之意。《楚辞·远游》：“仍羽人于丹丘兮，留不死之旧乡。”东汉文学家王逸作《楚辞章句》注解：“《山海经》言有羽人之国”）。

林灵素序

附：家暴，这是现代社会很流行的一个名词。指的是家庭成员间发生的精神、肉体或者性方面受到的伤害或摧残，从而使得受害者从精神上、身体上、人格尊严上感到十分痛苦，而受害者多是妇女、儿童、老人。恐怕人们不会想到，这一名词，早在九百多年前的北宋时期，就已经出现了，而且就是出自在积极参与王安石变法活动的政治家沈括。据朱彧根据游宦所至见闻，撰《萍州可谈》一书记载，沈括本人便是一位遭受家暴，而且是相当残暴的受害者。

沈括，字存中，入翰苑，出塞垣（塞垣，北方边关要塞。前蜀韦庄《送人游并汾》：“风雨潇潇欲暮秋，独携孤剑塞垣游。”亦指长城。鲍照《东武吟》：“始随张校尉，占募到河源；后逐李轻车，追虏穷塞垣。”张铣注解：“塞垣，长城也”），为闻人（闻人，名人、名士、名流。在社会上具有名望的人。《荀子·宥坐》：“夫少正卯，鲁之闻人也，夫子为政而始诛之，得无失乎”）。晚娶张氏，悍虐（凶悍暴虐），存中不能制，时被捶骂（捶笞，棰殴。《汉书·路温舒传》：“捶楚之下，何求而不得”），捽须堕地（捽，音 zuó，动词。《说文解字·扌部》：“捽，持头发也。”揪，抓，捽拽，捽挽。捽须，揪持须发。《荀子·正论》：“詈侮捽搏，捶笞膑脚，斩断枯磔，借靡后缚，是辱之由外至者也，夫是之谓埶辱”），儿女号泣而拾之，须上有血肉者，又相与号恸，张终不恕。余仲姊嫁其子清直（朱彧的二姊嫁与沈括的儿子沈清直，朱彧与沈括当为亲戚），张出也。存中长子博毅，前妻儿，张逐出之。存中时往赒给，张知辄怒，因诬长子凶逆暗昧事，存中责安置秀州（即今浙江省嘉兴市。）。张时时步入府中，诉其夫子，家人辈徒跣从劝于道。先公闻之，颇怜仲姊，乃夺之归宗。存中投闲十余年，绍圣初复官，领宫祠。张忽病死，人皆为存中贺，而存中恍惚不安。船过扬子江，遂欲投水，左右挽持之，得无患，未几不禄。或疑平日为张所苦，又在患难，方幸相脱，乃尔何耶？余以为此妇妒暴，非碌碌者，虽死魂魄犹有凭借。

钱乙（约1032—1113，又一说：约1035—1117），北宋著名儿科医学家，我国医学史上第一位著名的儿科专家。

“钱乙《小儿药证直诀》八卷。”（元代脱脱等撰，《宋史·卷二百七·志第一百六十·艺文六》）

北宋时期著名儿科医学家钱乙，字仲阳，祖居原籍钱塘（今浙江省杭州），自曾祖时，始迁徙至山东省东平县，定居郓州（今山东省东平），始为郓人，享年八十二岁。

清代名医陆以湉撰《冷庐医话医苑》赞：钱乙尽享八十二岁高龄，缘其既精医学，必能探明性命之旨，详审颐养之宜，从而得以克葆天年。

钱乙专心儿科学长达六十余年，实乃我国古代最杰出的一位儿科医学专家。他的儿科学理论及治疾经验，为后世儿科学的发展和进步奠定了坚实基础，发挥了深远影响，被清代著名文学家纪昀赞誉为“幼科之鼻祖”。他善于化裁古方，创制新方，补肾名方六味地黄丸便是他的创造，延至今日不曾失效，堪称千年实效古方。为其作序及传的阎孝忠和刘跂，均是与其同时或稍晚之辈，所记史实当是确凿无误、可信之事。因此，钱乙的感人事迹历来被人们所敬仰和传诵。

钱乙曾任太医丞。他自幼丧母，父亲是位通晓医术，尤其擅长针灸，却喜好云游四方的游医，于家不顾，抛妻弃儿，离家不返，音讯全无。于是，儿时的钱乙便被姑母、姑父怜悯收养。钱乙自幼便是位孝子，少时遵姑教诲便随姑父学医；成人之后，知道了父亲的事情，多次外出寻找父亲，直至三十多岁时，方将父亲寻回奉养，自此相伴不离，尽享天伦。对于自幼养育他的姑父、姑母，更是滴水之恩涌泉相报，极尽孝道，养老送终，无异亲子。

钱乙自幼学医，博览群书，于书无所不窥，于师无所不求，不拘泥恪守古法，且颇具开创精神，灵活善变自有法度；于传统医学经典《黄帝内经》《伤寒杂病论》《颅囟方》等无不苦心精读钻研，终于成长为一名造诣颇深、医术高明、享誉四方的儿科医生。无论是在宫廷内为皇子、公主、皇亲贵戚子女疗疾，还是辞官回归故里为民祛病，一视同仁，尽心尽力，因此深受民众爱戴。钱乙行医数十年，尤其精于儿科，他理论联系实际，时刻以《黄帝内经》理论指导实践，创立了完整的五藏辨证论治体系；结合临床实践，撰写《小儿药证直诀》三卷。所传此书，乃是由其门人学生阎孝忠收集整理钱氏的医学论述而成。此书是指导中医儿科理论实践的重要专著。钱乙是开创中医儿科的一代宗师，亦是开创小儿望诊治病的先驱。其辨证用药多据藏象理论，书中所载五藏补泻诸方后世颇多沿用。

钱乙于《本草》尤善于辨证缺误，追本求末，考之甚详。诊病以五行说论医，甚验。乳妇因悸而病，目张不得瞑，乙以郁李酒疗乳妇目张不得瞑，既愈，乙道其理："煮郁李酒饮之使醉，即愈。所以然者，目系内连肝胆，恐则气结，胆衡不下。郁李能去结，随酒入胆，结去胆下，则目能瞑矣。"此亦堪称食疗一验方。

钱乙中年之后患有痹症，半边手足偏废，恐与长年嗜酒有关；不过他虽身残志却不残，依靠坚强意志不断自我疗疾，风骨强悍坚强如全人，真可谓难能可贵之一代名医！

钱乙，字仲阳，本吴越王俶支属，祖从北迁，遂为郓州人（郓州，今山东省东平县）。父颖善医，然嗜酒喜游，一旦，东之海上不反。乙方三岁，母前死，姑嫁吕氏，哀而收养之，长诲之医，乃告以家世。即泣，请往迹寻，凡八九反。积数岁，遂迎父以归，时已三十年矣。乡人感慨，赋诗咏之。其事吕如事父，吕没无嗣，为收葬行服（行服，穿孝服居丧。《后汉书·桓郁传》："肃宗即位，郁以母忧乞身，诏听以侍中行服"）。

乙始以《颅囟方》著名（《颅囟经》，我国现存最早的中医儿科学专著。旧题周代穆王时期的师巫撰，二卷。《太平御览·卷722》称，张仲景方序曰，卫泛好医术，少师仲景，撰《小儿颅囟方》三卷，行于世，后佚。《宋史·艺文志》载有师巫《颅囟经》二卷，原书亦佚。今传本乃自明《永乐大典》辑出，据考证实为唐末宋初人所撰。囟，指婴儿初生，囟门尚未合拢，其证治与成人不仅区别甚大，而且极难诊治，故取以作为书名。实乃现存最早的中医儿科专著。其内容专门讲述幼儿脉法，以及幼儿科常见的惊、痫、癫、疳、痢、丹毒等诸多疾病的症状和方药），至京师视长公主女疾，授翰林医学。皇子病瘛疭（瘛疭，音 chì zòng，中医学病症名，俗名"抽风"。筋急引缩谓之"瘛"，筋缓纵伸谓之"疭"；手足时缩时伸，抽动不止者，称之为"瘛疭"。《内经·

素问·玉机真藏论》："病筋脉相引而急，病名曰瘛"），乙进黄土汤而愈。神宗召问黄土所以愈疾状，对曰："以土胜水，水得其平，则风自止。"帝悦，擢太医丞，赐金紫。由是公卿宗戚家延致无虚日。

广亲宗子病（宗子，有二解。①嫡出的长子。《礼记·曲礼下》："支子不祭，祭必告于宗子。"②皇室子弟。《文选·曹囧〈六代论〉》："内无宗子以自毗輔，外无诸侯以为蕃卫。"此处当作长子解），诊之曰："此可毋药而愈。"其幼在旁，指之曰："是且暴疾惊人，后三日过午，可无恙。"其家恚（恚，音 huì，副词。《说文解字·心部》："恚，恨也。"《广雅·释诂二》："恚，怒也。"《汉书·东方朔传》："舍人恚曰：'朔擅诋欺天子从官'。"生气；发怒；愤怒；怨恨），不答。明日，幼果发痫甚急，召乙治之，三日愈。问其故，曰："火色直视，心与肝俱受邪。过午者，所用时当更也。"王子病呕泄，他医与刚剂，加喘焉。乙曰："是本中热，脾且伤，奈何复燥之？将不得前后溲。"与之石膏汤，王不信，谢去。信宿寖剧，竟如言而效。

士病咳，面青而光，气哽哽（哽，音 gěng，象声词。形容悲痛之情导致发声气堵塞的样子。《说文解字·口部》："哽，语为舌所介也。"《后汉书·明帝纪》："祝哽在前，祝噎在后。"说话为舌所阻，或食物在喉部梗塞住不能下咽）。乙曰："肝乘肺，此逆候也。若秋得之，可治；今春，不可治。"其人祈哀，强予药。明日，曰："吾药再泻肝，而不少却；三补肺，而益虚；又加唇白，法当三日死。今尚能粥，当过期。"居五日而绝。

孕妇病，医言胎且堕。乙曰："娠者五藏传养，率六旬乃更。诚能候其月，偏补之，何必堕？"已而母子皆得全。又乳妇因悸而病，既愈，目张不得瞑。乙曰："煮郁李酒饮之使醉，即愈。所以然者，目系内连肝胆，恐则气结，胆衡不下。郁李能去结，随酒入胆，结去胆下，则目能瞑矣。"饮之，果验。

乙本有羸疾，每自以意治之，而后甚，叹曰："此所谓周痹也。入藏者死，吾其已夫。"既而曰："吾能移之使在末。"因自制药，日夜饮之。左手足忽挛不能用，喜曰"可矣！"所亲登东山，得茯苓大逾斗。以法啖之尽，由是虽偏废，而风骨悍坚如全人。以病免归，不复出。

乙为方不名一师，于书无不窥，不靳靳守古法（靳，音 jìn。靳靳，固执；坚执。南宋严羽《答出继叔临安吴景仙书》："李杜复生，不易吾言矣，而吾叔靳靳疑之，况他人乎？"不拘泥、执着于古法)。时度越纵舍(度越纵舍,古代军事用语。度越,超越;越过;胜过。唐代韩愈《与崔群书》:"况足下度越此等百千辈,岂以出处近远,累其灵台耶。"纵舍,追踪与舍弃。《吕氏春秋·决胜》:"智则知时化,知时化则知虚实盛衰之变,知先后远近纵舍之数。"度越纵舍,意为将领用兵应取灵活之法,不可纸上谈兵。安全越过险要地区叫作度越,为了全歼敌人而故意放过敌人称纵舍。传统医药学界借此语比喻临床治病须要善于灵活辨证施治,万不可一味拘泥。元末明初医学家吕复撰《论诸医》:"钱仲阳医如李靖用兵,唯独钱乙先生能够不固守古方,而能超越与舍弃一定之规。意即遵古而不固执,勇于创新"),卒与法会(卒,副词。终于;终究。《史记·廉颇蔺相如列传》:"卒廷见相如,毕礼而归之。"终归与古法相互融汇)。尤邃《本草》诸书(邃,音suì,动词。《说文解字·穴部》:"邃,深远也。"《小尔雅》:"邃,深也。"《离骚》:"闺中既以邃远兮,哲王又不寤。"《汉书·任敖传》:"苍凡尤好书,无所不观,无所不通,而尤邃律历。"唐代经学家颜师古注解:"邃,深也。"本意是说深远,引申为精通;深晓;邃晓;精深。此说钱乙尤其通晓《本草》等类书),辨正阙误。或得异药,问之,必为言生出本末、物色、名貌差别之详,退而考之皆合。末年挛痹寖剧,知不可为,召亲戚诀别,易衣待尽,遂卒,年八十二。(元代脱脱等撰,《宋史·卷四百六十二·列传第二百二十一·方伎下·钱乙传》。

《小儿药证直诀·自序》:余平生刻意方药(刻意,语出《庄子·刻意》:"刻意尚行,离世异俗。"唐代陆德明《经典释文》:"谓削意令峻也。"南朝刘勰《文心雕龙·通变》:"才颖之士,刻意学文。"锐意;认真;潜心致志;极度用心;用尽心思。钱乙一生锐意潜心医方草药。),察脉按证,虽有定法,而探源应变,自谓妙出意表。盖脉难以消息求(消息,征兆;迹象;端倪。《淮南子·缪称训》:"故君子日孳孳以成辉,小人日快快以至辱,其消息也"),证不可言语取者,襁褓之婴,孩提之童,尤甚焉。故专一为业垂四十年(垂,副词。几近;接近;将近;将及;快要。《广韵·支韵》:"垂,几也。"《集韵·寘韵》:"垂,将及也。"《后汉书·隗嚣传》:"吾年垂四十,在兵中十岁,厌浮语虚辞。"以儿科为专业接近、长达四十年)。因缘遭遇,供奉禁掖(禁掖,本指宫中旁舍,亦泛指宫廷,天子的居所。唐代杜甫《奉留赠集贤院崔、于二学士》:"欲整还乡旆,长怀禁掖垣。"为宫廷服务),累有薄效,误被恩宠(自谦之词)。然小儿之疾,阴阳痫为最大(痫,音xián。《千金方·风眩》引徐嗣伯所说:"大人曰癫,小儿曰痫,其实则一。"后世统称痫疾),而医所覃思(覃,音qín。覃思,深思。《尚书·序》:"于是遂研精覃思,博考经籍,采摭群言,以立训传。"《汉书·叙传下》:"下帷覃思,论道属书。"北宋经学家、训诂学家邢昺《尔雅注疏序》:"虽复研精覃思,尚虑学浅意疏"),经有备论。至于斑疹之候,蔑然危恶(蔑然,默然;沉默不语。《晋书·卫瓘传》:"先公名谥未显，无异凡人，每怪一国蔑然无言。”沉默不语的样子。静默、无视它的危险和恶果），与惊搐、伤寒、二痫大同，而用药甚异，投剂小差，悖谬难整，而医者恬不为虑。比得告归里中（比，及；等到。里中犹里居，里间，乡里。官吏告老或者引退回乡居住谓之归里），广川及之，出方一帙示予（帙，音zhì，古人用布帛制作的包书的书套。因此说书一套或曰一帙。陆德明《经典释文序》：“辄撰集《五典》《孝经》《论语》及《老》《庄》《尔雅》等音，合为三帙，三十卷。”予，我。《孟子·滕文公上》：“舜何人也？予何人也？有为者，亦若是”），予开卷而惊叹曰：“是予平昔之所究心者，而子乃不言传而得之。”予深嘉及之少年艺术之精，而又惬素所愿以授人者，于是辄书卷尾焉。

时元祐癸酉（1093年）十月丙申日　翰林医官、

太医丞、赐紫金鱼袋　钱乙题

《小儿药证直诀·原序》：医之为艺诚难矣，而治小儿为尤难。自六岁以下，黄帝不载其说。始有《颅囟经》，以占寿夭死生之候，则小儿之病，虽黄帝犹难之，其难一也。脉法虽曰八至为和平，十至为有病，然小儿脉微难见，医为持脉，又多惊啼，而不得其审，其难二也。脉既难凭，必资外证，而其骨气未成，形声未正，悲啼喜笑，变态不常，其难三也。问而知之，医之工也，而小儿多未能言，言亦未足取信，其难四也。藏府柔弱，易虚易实，易寒易热，又所用多犀、珠、龙、麝，医苟难辨，何以已疾（已，yǐ，象形动词。止住；停止；终止。引申为消除、治愈。《诗经·郑风·风雨》：“风雨如晦，鸡鸣不已。”唐代柳宗元《捕蛇者说》：“永州之野产异蛇，黑质而白章；触草木尽死；以啮人，无御之者。然得而腊之以为饵，可以已大风、挛踠、瘘、疠，去死肌，杀三虫”）？其难五也。种种隐奥，其难固多，余尝致思于此，又目见庸医妄施方药而杀之者，十常四五，良可哀也（良，在此做副词，表示程度，相当于“太”“甚”“很”“实在”“极其”。《史记·秦始皇本纪》：“使者奉璧具以闻，始皇默然良久，曰：山鬼固不过知一岁事也。”《后汉书·公孙述传》：“良失斩将吊人之义也。”唐代李贤注解：“良犹甚也”）！盖小儿治法，散在诸书，又多出于近世臆说（臆，音yì。臆说，无稽之谈，仅凭个人主观己见而毫无根据的论说。《颜氏家训·归心》：“何故信凡人之臆说，迷大圣之妙旨”），汗漫难据（汗漫，广大宽泛；漫无标准；不着边际；浮泛不着边际。《淮南子·俶真训》：“至德之世，甘暝于溷澖之域，而徙倚于汗漫之宇。”《新唐书·选举志上》：“因以谓按其声病，可以为有司之责，舍是则汗漫而无所守，遂不复能易。”难据，难以为据），求其要妙，岂易得哉！太医丞钱乙，字仲阳，汶上人。其治小儿，概括古今，又多自得，著名于时。其法简当精审，如指诸掌。先子治平中登第（先子，自称去世的父亲。《孟子·公孙丑上》："或问乎曾西曰：吾子与子路孰贤？曾西蹵然曰：吾先子之所畏也。"先子，曾参，曾西之父。治平：北宋英宗赵曙的年号，1064—1067年），调须城尉识之。余五六岁时，病惊疳、癖瘕，屡至危殆（危殆，生命病情危急，十分危险。《韩非子·解老》："士卒尽，则军危殆。"《管子·立政》："夫朋党处前，贤不肖不分，则争夺之乱起，而君在危殆之中。"屡屡以致病情危急），皆仲阳拯之，良愈。是时仲阳年尚少，不肯轻传其书，余家所传者，才十余方耳。大观初（大观：北宋徽宗赵佶的年号，1107—1110年），余筮仕汝海（筮仕，古人即将受命做官时，必当先占卜问吉凶，故后世便称即将做官为"筮仕"。《左传·闵公元年》："初，毕万筮仕于晋，遇《屯》之《比》。"汝海，汝水的别称。《文选·枚乘》："客曰：既登景夷之台，南望荆山，北望汝海。"李善注解："郭璞《山海经》注曰："汝水出鲁阳山东，北入淮海。汝称海，大言之也"），而仲阳老矣，于亲旧间，始得说证数十条。后六年，又得杂方，盖晚年所得益妙。比于京师（比，及；等到。《国语·齐语》："比至，三衅三浴之。"等到了京城），复见别本。然旋着旋传（《广韵·仙韵》："旋，疾也。"旋字有副词或者连词之解。副词表示时间，相当于"随即""旋即"或"立即"之意。作为连词使用，则表示并列或连用。同时进行，相当于"一边…一边""一面…一面"。唐代进士、诗人章碣作《陪浙西王侍郎夜宴》："深锁雷门宴上才，旋看歌舞旋传杯"），皆杂乱。初无纪律，互有得失，因得参校焉。其先后则次之，重复则削之，讹谬则正之，俚语则易之。上卷脉证治法，中卷记尝所治病，下卷诸方，而书以全。于是古今治小儿之法，不可以加矣。余念博爱者，仁者之用心，幼幼者，圣人之遗训，此惠可不广耶！将传之好事者，使幼者免横夭之苦，老者无哭子之悲，此余之志也。因以明仲阳之术于无穷焉。

宣教郎 大梁　阎孝忠序

《钱仲阳传》：钱乙，字仲阳，上世钱塘人，与吴越王有属，俶纳土，曾祖赟随以北，因家于郓（北宋郓州，即今山东省东平县）。父颢，善针医，然嗜酒喜游。一旦匿姓名，东游海上不复返，乙时三岁。母前亡，父同产姑嫁医吕氏（父亲的姊妹），哀其孤，收养为子。稍长，读书，从吕君问医。吕将殁，乃告以家世，乙号泣，请往迹父（迹，动词。迹访；察迹；追寻踪迹。《汉书·季布传》："汉求将军急，迹且至臣家。"寻找父亲的踪迹），凡五六返，乃得所在。又积数岁，乃迎以归，是时乙年三十余。乡人惊叹，感慨为泣下，多赋诗咏其事。后七年，父以寿终，丧葬如礼。其事吕君犹事父，吕君殁，无嗣，为之收葬行服，嫁其孤女，岁时祭享，皆与亲等。

乙始以《颅囟方》著山东。元丰中，长公主女有疾，召使视之，有功。奏授翰林医学，赐绯（皇帝对五品以上官员赏赐绯色官服以示尊宠。绯，大红色）。明年，皇子仪国公病瘛疭，国医未能治，长公主朝，因言钱乙起草野，有异能，立召入，进黄土汤而愈。神宗皇帝召见褒谕（褒谕嘉奖告谕），且问黄土所以愈疾状。乙对曰："以土胜水，木得其平，则风自止，且诸医所治垂愈（垂愈，将近；将及。《集韵·寘韵》："垂，将及也。"诸多医生已经治疗的差不多快痊愈了。亦是自谦之词），小臣适当其愈。"天子悦其对，擢太医丞，赐紫衣金鱼（擢，选拔；提升。《国策·燕策二》："擢之乎宾客之中，而立之乎群臣之上。"太医丞，主管医药行政的医政高级长官名。宋设医官院，太医令为长官，太医丞为助手。紫衣，紫色的袍服。《左传·哀公十七年》："良夫乘衷甸、两牡、紫衣、狐裘，至。"晋代杜预注解："紫衣，君服。"唐制，亲王及三品以上官员服用紫。五品以上服用朱，五等以上亲及五品以上母妻，服紫衣。金鱼符，金质的鱼符，用以表示身份品级的符节，亦是出入宫廷的凭证。唐制，亲王及三品以上官员佩戴。宋沿袭。说明神宗皇帝甚是宠幸、器重钱乙）。自是戚里贵室，逮士庶之家，愿致之无虚日。其论医，诸老宿莫能持难，俄以病免。哲宗皇帝复召，宿直禁中。久之，复辞疾赐告，遂不复起（遂，在此做副词用。①相当于"终于"；"竟然"。近代语言文字学家杨树达著《词诠·卷六》解："遂，副词，终竟也。"②相当于"就"；"于是"。《集韵·至韵》："遂，因也。"终不再起用）。

乙本有羸疾（羸，音 léi。瘦；弱。《礼记·问丧》："身病体羸，以杖扶病也。"晋代杜预注解《左传·桓公六年》："请羸师以张之。"时说："羸，弱也"），性简易嗜酒，疾屡攻，自以意治之辄愈，最后得疾备甚，乃叹曰："此所谓周痹也。周痹入藏者死，吾其已夫！"已而曰："吾能移之，使病在末。"因自制药日夜饮之，人莫见其方，居亡何，左手足挛不能用。乃喜曰："可矣。"又使所亲登东山（所亲，亲人；亲近的朋友。《史记·魏世家》："李克曰：'君不察故也，居视其所亲，富视其所与，达视其所举，穷视其所不为，贫视其所不取。五者足以定之矣'"），视菟丝所生，秉火烛其下，火灭处斸之（斸，音 zhuó。《说文解字》："斸，斫也。"掘；挖。《齐民要术》："明年斸地令熟，还于槐下种麻。"唐代杜甫《所思》诗："徒劳望牛斗，无计斸龙泉"），果得茯苓，其大如斗。因以法啖之（啖，音 dàn，动词。《说文解字·口部》："啖，噍啖也。"《广雅》："啖，食也。"吃；给人吃。北宋苏轼《食荔枝》："日啖荔枝三百颗，不辞长作岭南人。"按一定方法吃），阅月而尽。由此，虽偏废而气骨坚悍如无疾者；退居里舍，杜门不冠屦（杜门，闭门不出。《汉书·孔光传》："光退闾里，杜门自守。"南宋陆游《春晚即事诗之一》："残虏游魂苗渴雨，杜门忧国复忧民。"屦，音 jù。《说文解字·尸部》："屦，履也。"清代段玉裁注解："今时所谓履者，自汉以前皆名屦。"《周礼·屦人》："掌王及后之服屦。"用麻、葛等原料制作的单底鞋。《诗经·魏风·葛屦》："纠纠葛屦，可以履霜。"不出门不戴帽不穿鞋），坐卧一榻上，时时阅史书杂说，客至酌酒剧谈（剧谈，畅谈；尽情谈论；畅所欲言。《汉书·扬雄传上》："为人简易佚荡，口吃不能剧谈，默而好深湛之思"）。意欲之适，则使二仆夫舆之（舆，音 yú。《说文解字·车部》："舆，车舆也。"动词。通"舁"。扛；抬；共同抬。《礼记·曾子问》："下殇土周葬于园，遂舆机而往，涂迩故也。"则使二位仆人抬着他），出没闾巷。人或邀致之，不肯往也。病者日造门，或扶携襁负，累累满前。近自邻井，远或百数十里，皆授之药，致谢而去。

初，长公主女病泄痢将殆，乙方醉，曰："当发疹而愈。"驸马都尉以为不然，怒责之，不对而退。明日，疹果出，尉喜以诗谢之。

广亲宗室子病，诊之曰："此可无药而愈。"顾其幼曰："此儿旦夕暴病惊人。"后三日过午，无恙。其家恚曰："幼何疾？医贪利动人乃如此。"明日果发痫甚急，复召乙治之，三日愈。问："何以无疾而知？"曰："火急直视，心与肝俱受邪。过午者，心与肝所用时，当更也。"

宗室王子，病呕泄，医以药温之，加喘。乙曰："病本中热，脾且伤，奈何以刚剂燥之？将不得前后溲。"与石膏汤，王与医皆不信。谢罢，乙曰："毋庸复召我。"后二日，果来召。适有故不时往，王疑且怒，使人十数辈趣之（趣，音 cù，古同"促"。督促；催促；急促。《说文解字·走部》："趣，疾也。"《公羊传·定公八年》："趣驾。既驾，公敛处父帅师而止。"东汉今文经学家何休撰《春秋公羊传解诂》注解："使疾驾。"《史记·陈涉世家》："趣赵兵亟入关。"唐代史学家司马贞著《史记索隐》解："上音促，促谓催促也。"差遣十余人催促他），至，曰："固石膏汤证也。"竟如言而效。

有士人病咳，面青而光，其气哽哽。乙曰："肝乘肺，此逆候。若秋得之可治，今春不可治。"其家祈哀，强与之药。明日，曰："吾药再泻肝而不少却，三补肺而益虚，又加唇白，法当三日死，然安谷者过期，不安谷者不及期。今尚能粥，居五日而绝。"

有妊妇得疾，医言胎且堕。乙曰："娠者，五藏传养，率六旬乃更，诚能候其月偏补之，何必堕？"已而子母皆得全。又乳妇因大恐而病，病虽愈，目张不得瞑。人不能晓，以问乙，乙曰："煮郁李酒饮之，使醉则愈。所以然者，目系内连肝胆，恐则气结，胆恒不下，惟郁李去结，随酒入胆，结去胆下，目则能瞑矣。"如言而效。

一日，过所善翁，闻儿啼，愕曰："何等儿声？"翁曰："吾家孪生二男子。"乙曰："谨视之，过百日乃可保。"翁不怿（怿，音 yì。喜悦；欢喜；悦怿。《说文新附》："怿，悦也。"《广韵》："怿，悦也，乐也。"《诗经·大雅·板》："辞之怿矣，民之莫矣。"《史记·廉颇蔺相如列传》："于是秦王不怿，为一击瓴"）。居月余，皆毙。

乙为方博达，不名一师，所治种种皆通，非但小儿医也。于书无不窥，他人靳靳守古，独度越纵舍，卒与法合。尤邃本草，多识物理，辨正阙误，人或得异药，或持疑事问之，必为言；出生本末，物色名貌，退而考之，皆中。末年，挛痹浸剧，其嗜酒喜寒食，皆不肯禁。自诊知不可为，召亲戚诀别，易衣待尽，享年八十二，终于家。所著书有《伤寒论指微》五卷，《婴孺论》百篇。一子早世，二孙今见为医。

刘跂曰：乙非独其医可称也，其笃行似儒，其奇节似侠，术盛行而身隐约，又类夫有道者。数谓余言：曩学六元五运（曩，音 nǎng。《尔雅》："曩，久也。"以往；从前。《列子·黄帝》："曩吾以汝为达，今汝之鄙至此乎？"唐代柳宗元《捕蛇者说》："曩与吾祖居者，今其室十无一焉"），夜宿东平王冢巅，观气象至逾月不寐。今老且死，事诚有不在书者，肯以三十日暇从我，当相授。余笑谢弗能，是后遂不复言。呜呼！斯人也，如欲复得之，难哉！殁后，余闻其所治验尤众，东州人人能言之。剟其章章者（剟，音 duō。刊削；删改；删除。《说文解字·刂部》："剟，刊也。"《广雅·释诂三》："剟，削也。"《商君书·定分》："有敢剟定法令，损益一字以上，罪死不赦。"晋代郭璞《尔雅序》："剟其瑕砾，搴其萧稂。"北宋训诂学家邢昺疏解："剟，削也。削去其疵瑕瓦砾以取瑾瑜也。"亦可理解为截取、采取、割取。《新唐书·卢景亮传》："剟治道之要，著书上下篇。"章章，亦作"彰彰"。明晰；显著；鲜明美好；昭著。《荀子·法行》："故虽有珉之雕雕，不若玉之章章。"唐代学者杨倞著《荀子注》解："章章，素质明著也"），著之篇，异时史家序方术之士（异时：①不同时候。《史记·仲尼弟子传·颜无繇传》："路者，颜回父，父子尝各异时事孔子。"②以后；他时。《史记·苏秦列传论》："然世言苏秦多异，异时事有类之者皆附之苏秦。"此处应以后者为准），其将有考焉。

河间　刘跂撰

苏轼（1037—1101），北宋著名文学家、书画家、诗人、医药学家，《苏沈良方》撰著者。

“《苏沈良方》十五卷沈括、苏轼所著。”（元代脱脱等撰，《宋史·卷二百七·志第一百六十·艺文六》）

苏轼，字子瞻，眉州眉山人（今属四川省眉山市）。生十年，父洵游学四方，母程氏亲授以节，闻古今成败，辄能语其要。程氏读东汉《范滂传》（《后汉书·卷六十七·党锢列传第五十七·范滂》有传。范滂，字孟博，因遭党锢之祸，身陷囹圄致死），慨然太息（感慨地大声叹气；深深地叹息。《离骚》：“长太息以掩涕兮，哀民生之多艰。”《晋书·桓温传》：“见少为琅琊时所种柳，皆已十围，慨然曰：‘木犹如此，人何以堪’”），轼请曰：“轼若为滂，母许之否乎？”程氏曰：“汝能为滂，吾顾不能为滂母邪？”

比冠（比，音bǐ。及；等到。《国语·齐语》：“比至，三衅三浴之。”比冠，等到二十岁行冠礼。《礼记·曲礼上》：“二十曰弱，冠。”弱，年少，古代男子二十岁行冠礼），博通经史，属文日数千言（属，音zhǔ。属文，撰著文辞。《汉书·贾谊传》：“以能诵诗书属文闻于郡中”），好贾谊（西汉政论家、文学家，公元前200—前公元168）、陆贽书（陆贽，唐代曾任翰林学士、中书侍郎、同平章事等职。遭贬罢相。曾起草许多诏书，所作奏议，多用排偶，调理精密，文笔流畅）。既而读《庄子》，叹曰：“吾昔有见，口未能言，今见是书，得吾心矣。”嘉祐二年（1057年），试礼部（官署名，北周始设。隋、唐为六部之一，此后，魏、晋以来客曹及祠部等机构之职掌，分礼部、祠部、主客、膳部四曹，掌礼仪、祭享、贡举等职，长官为礼部尚书。历代相沿未予改动。《宋史·职官志三·礼部》：“礼部：掌国之礼乐、祭祀、朝会、宴飨、学校、贡举之政令。祭之名有三：天神曰祀，地祇曰祭，宗庙曰飨。又有大祀、中祀、小祀之别。……”）。方时文磔裂诡异之弊胜（时文，时下流行的文体。古代对科举考试所采用文体的通称。唐、宋时兴律赋，明、清时则兴八股文。磔，音zhé。分割；割裂。磔裂，本是古时分裂牲畜以祭祀神灵的一种形式。《礼记·月令》：“季春之月九门磔攘。”清代学者、翰林院编修孙希旦撰著《礼记集解》释：“磔，磔裂牲体也。”亦是古代一种惨烈的分尸酷刑刑罚），主司欧阳修思有以救之，得轼《刑赏忠厚论》，惊喜，欲擢冠多士，犹疑其客曾巩所为，但置第二；复以《春秋》对义居第一，殿试中乙科。后以书见修，修语梅圣俞曰（梅圣俞，北宋诗人梅尧臣字圣俞）：“吾当避此人出一头地。”闻者始哗不厌，久乃信服。

丁母忧（丁忧，亦称居丧，是古代官员为父、母居丧守制的代名词。西汉时期规定在朝廷任职的官员，在父、母过世后要离职为父、母守丧丁忧三年，至东汉时期，此制度已经盛行。此后历代均有规定，朝廷不可以强招丁忧的人为官，如遇特殊原因强招丁忧的人为官，叫作“夺情”。应该丁忧却匿而不报者，一经查出，将会受到严厉惩处。《宋史·礼志》记载：“咸平元年，诏任三司、馆阁职事者丁忧，并令持服”）。**五年**（1060年），**调福昌**（《宋史·地理一·京西北路》：“河南府，洛阳郡，因梁、晋之旧为西京。熙宁五年，分隶京西北路。……县十六：河南、洛阳、永安、偃师、颍阳、巩、密、新安、福昌、伊阳、渑池、永宁、长水、寿安、河清、登封”）**主簿**（职官名。汉代中央及郡县官署一律设置此官，以典领文书，办理事务。魏、晋以后，逐渐成为统兵开府之大臣幕府中的重要僚属，参与机要，总领府事。唐、宋以后，各官署及州县虽然仍留存此名，但职任渐轻。《宋史·职官志七·诸县令丞簿尉》：“主簿：开宝三年，诏诸县千户以上置令、簿、尉；四百户以上置令、尉，令知主簿事；四百户以下置簿、尉，以主簿兼知县事。咸平四年，王钦若言：川陕县五千户以上请并置簿，自余仍以尉兼。从之。自后川蜀及江南诸县，各增置主簿。中兴后，置簿掌出纳官物、销注簿书，凡县不置丞，则簿兼丞之事。凡批销必亲书押，不许用手记，仍不许差出，以防销注”）。**欧阳修以才识兼茂，荐之秘阁**（秘阁，封建王朝宫中收藏珍贵图书之处。北宋太宗时，在崇文院中堂建造秘阁，选择史馆、昭文馆、集贤院所有真本书籍万于卷及古画墨迹，藏于其中，并设直秘阁执掌其事，下设校理、检讨等官员负责管理）。**试六论，旧不起草，以故文多不工。轼始具草，文义粲然**（粲然，文义清楚明白、鲜明。《荀子·非相》：“欲观圣王之迹，则于其粲然者矣，后王是也。”杨倞注解：“粲然，明白之貌”）。**复对制策**（制策，一种文体名称。东汉许慎《说文解字》：“策者，谋也。凡录政化得失显而问之，谓之对策。”皇帝有事书写于策以问臣下，称为“制策”。《汉书·武帝纪》载，元光元年，诏贤良，各“受策察问，咸以书对”。此后，为科举考试制度所采用，遂成为国家取士的科目之一。苏轼《策别七》：“国家取人，有制策，有进士，有明经，有词科，有任子，有府史杂流。”明代徐师曾《文体明辨》：“制策，天子称制以问对者是也”），**入三等。自宋初以来，制策入三等，惟吴育与轼而已**（吴育，1004—1058，字春卿。年少之时，奇颖博学，科举考试考中甲科，礼部第一。历任临安、诸暨、襄城知县，后任大理寺丞、著作郎，举贤良方正，任苏州通判。是位足智多谋，勇于直言善谏的正直大臣）。

除大理评事（《宋史·职官五·大理寺》：“凡狱讼之事，随官司决劾，本寺不复听讯，但掌断天下奏狱，送审刑院详讫，同署以上于朝。元丰官制行，置卿一人，少卿二人，正二人，推丞四人，断丞六人，司直六人，评事十有二人，主簿二人。卿掌折狱、详刑、鞫谳之事。……评事详断……”国家的中央审判机关。职掌审核刑狱案件。宋代，分左、右寺，左寺复审各地方的奏劾和疑狱大罪，右寺审理京师百官的刑狱。与提起奏劾的御史台和管理司法行政的都官尚书，合称三法司。主官称卿，下设少卿、丞及其他员役）、**签书凤翔府判官**（凤翔府，府名。唐至德二年，即757

年，升凤翔郡为府。治所位于今陕西省宝鸡、岐山、凤翔、扶风、眉县、周至、麟游等地。《宋史·地理三·陕西》："凤翔府，次府，扶风郡，凤翔军节度。乾德初，置崇信县。淳化中，割崇信属仪州。熙宁五年，废乾州，以好畤县来隶。政和八年，又以好畤隶醴州"）。关中自元昊叛（李元昊，1003—1048，西夏国主。对宋多次进行战争，直至1044年才与宋约和），民贫役重，岐下岁输南山木筏，自渭入河，经砥柱之险，衙吏踵破家。轼访其利害，为修衙规，使自择水工以时进止，自是害减半。

治平二年（1065年。治平：北宋英宗赵曙的年号，1064—1067年），入判登闻鼓院（官署名，简称"鼓院"。北魏延和元年，即432年，于阙门悬挂登闻鼓，许人鸣冤。唐于东、西朝堂分置肺石下和击登闻鼓。宋初，立登闻鼓于阙门之前，置鼓司，先以宦官、后以朝臣主管。景德四年，即1007年才始改称登闻鼓院，隶司谏、正言，职掌接受文、武官员及士民章奏表疏。凡是建议有关朝廷政事、军事机密、公私利害等事，或请求恩赏，申述冤狱、冤枉，奉献奇异之术……如果不能依常规上达朝廷，便可先到登闻鼓院呈递事状，如遇阻抑，可报告登闻检院，这是一条下情上达的重要渠道）。英宗自藩邸闻其名（藩邸，藩王的邸宅，皇帝即位前分封藩王时所居住的宅邸。《北齐书·昭帝纪》："月余，乃居藩邸，自是诏敕多不关帝"），欲以唐故事召入翰林，知制诰（《宋史·职官二·翰林学士院》："翰林学士承旨、翰林学士、知制诰、直学士院、翰林权直、学士院权直：掌制诰诏令撰述之事。凡立后妃，封亲王，拜宰相、枢密使、三公、三少，除开府仪同三司、节度使，加封，加检校官，并用制；赐大臣太中大夫、观察使以上，用批答及诏书；余官用敕书；布大号令用御札；戒励百官、晓谕军民用敕牓；遣使劳问臣下，口宣。凡降大赦、曲赦、德音，则先进草；大诏命及外国书，则具本取旨，得画亦如之"）。宰相韩琦曰："轼之才，远大器也，他日自当为天下用。要在朝廷培养之，使天下之士莫不畏慕降伏，皆欲朝廷进用，然后取而用之，则人人无复异辞矣。今骤用之，则天下之士未必以为然，适足以累之也。"英宗曰："且与修注如何？"琦曰："记注与制诰为邻，未可遽授（遽，音jù。急；急促；骤然。《国语·晋语》："谒者以告，公遽见之。"《左传·昭公二十年》："公遽见之，执其手曰：'余知而无罪也，入，复而所。"不可以马上授予）。不若于馆阁中近上帖职与之，且请召试。"英宗曰："试之未知其能否，如轼有不能邪？"琦犹不可，及试二论，复入三等，得直史馆（直，通"值"。动词。当值；轮值；轮班。唐初名相房玄龄受诏重撰《晋书》："王民为侍中，直于省内。"《晋书·羊祜传》："悉统宿卫，入直殿中"）。轼闻琦语，曰："公可谓爱人以德矣。"

会洵卒，赙以金帛（赙，音fù，动词。以财物助人办理丧事。《玉篇》："赙，以财助丧也。"《左传·隐公三年》："武氏子来求赙，王未葬也"），辞之，求赠一官，于是赠光禄丞（《宋史·职官志四·光禄寺》："光禄寺：卿、少卿、丞、主簿各一人。卿掌祭祀、朝会、宴飨酒醴膳羞之事，修其储备而谨其出纳之政，少卿为之贰，丞参领之。……"）。洵将终，以兄太白早亡，子孙未立，妹嫁杜氏，卒未葬，属轼。轼既除丧，即葬姑。后官可荫，推与太白曾孙彭。

熙宁二年（1069年），还朝。王安石执政，素恶其议论异己（恶，音wù。憎恨；讨厌。《左传·隐公元年》："庄公寤生，惊姜氏，故名曰寤生，遂恶之。"《论语·里仁》："唯仁者，能好人，能恶人。"异己，思想、看法、意见、志趣与己不同。），以判官告院。四年（1071年），安石欲变科举、兴学校，诏两制，三馆议。轼上议曰：……

议上，神宗悟曰："吾固疑此，得轼议，意释然矣。"即日召见，问："方今政令得失安在？虽朕过失，指陈可也。"对曰："陛下生知之性，天纵文武，不患不明，不患不勤，不患不断，但患求治太急，听言太广，进人太锐。愿镇以安静，待物之来，然后应之。"神宗悚然曰（悚，音sǒng。恐惧；害怕；惶恐不安。形容惊骇、恐惧的样子。《三国志·吴志·孙霸传》："顷闻二宫并绝宾客，远近悚然，大小失望。"《三国演义·第十七回》："于是三军悚然，无不懔遵军令"）："卿三言，朕当熟思之。凡在馆阁，皆当为朕深思治乱，无有所隐。"轼退，言于同列。安石不悦，命权开封府推官（开封府，府名，五代梁开平元年，即907年，升汴州置，治所位于今河南省开封市。宋代辖境相当于今河南省原阳、鄢陵以东，延津、长垣以南，兰考、民权以西，太康、扶沟以北地区。《宋史·地理一·京畿路》："皇祐五年，以京东之曹州，京西之陈、许、郑、滑州为辅郡，隶畿内，并开封府，合四十二县，置京畿路转运使及提点刑狱总之。……旧开封府界依旧为京畿。"推官，官名。唐代在节度、观察等使下置推官，职掌勘问刑狱），将困之以事。轼决断精敏，声闻益远。会上元敕府市浙灯，且令损价。轼疏言："陛下岂以灯为悦？此不过以奉二宫之欢耳。然百姓不可户晓，皆谓以耳目不急之玩，夺其口体必用之资。此事至小，体则甚大，愿追还前命。"即诏罢之。

轼见安石赞神宗以独断专任，因试进士发策，以"晋武平吴以独断而克，苻坚伐晋以独断而亡，齐桓专任管仲而霸，燕哙专任子之而败，事同而功异"为问。安石滋怒，使御史谢景温论奏其过，穷治无所得，轼遂请外，通判杭州（通判，职官名。宋初始于诸州府设置，即共同处理政务之意。地位略次于州府长官，但握有连署州府公事和监察官吏的实权，号称"监州"。杭州，州、路、府名。590年，隋开皇中置州，治所位于今浙江省杭州市。1129年，南宋建炎三年，因为行在所，升临安府。《宋史·地理四·两浙》："两浙路。熙宁七年，分为两路，寻合为一；九年，复分；十年，复合。府二：平江，镇江。州十二：杭……临安府，大都督府，本杭州，余杭郡。淳化五年，改宁海军节度。大观元年，升为帅府。旧领两浙西路兵马钤辖。建炎元年，带本路安抚使，领杭、湖、严、秀四州。三年，升为府，带兵马钤辖。绍兴五年，兼浙西安抚使"）。高丽入贡，使者发币于官吏，书称甲子。轼却之曰："高丽于本朝称臣，而不禀正朔（正，一年的开始；朔，一月的开始。正朔，就是一年第一天开始的时候。古代夏历以孟春之月为正，平旦为朔；自汉武帝时的太初历直到现今的夏历，都用夏正），吾安敢受！"使者易书称熙宁，然后受之。

时新政日下，轼于其间，每因法以便民，民赖以安。徙知密州（密州，州名，隋开皇五年即585年改胶州置，因境内密水而得名。治所位于今山东省诸城。《宋史·地理一·京东路》："密州，上。本防御州。建隆元年，复为防御。开宝五年，升为安化军节度。后降防御。六年，复为节度"）。司农（司农寺：官署名。北齐始建，历代沿置，掌管粮食积储、仓廪管理及京朝官禄米供应等事务。北宋神宗时，为推行新法的重要机构，常平新法，即青苗法、农田水利法、免役法、保甲法等都由其制定或执行，长官称为司农寺卿。《宋史·职官志五·司农寺》："司农寺：旧置判寺事二人，以两制、朝官以上充；主簿一人，以选人充。掌供籍田九种，大中小祀供豕及蔬果、明房油，与平粜、利农之事"）行手实法（手实法，亦称"首实法"。唐、宋时的政令。官府下令民户自报田亩数和自家财产，据以作为征收赋税根据的办法，名"手实法"。宋仁宗时，周湛任江南西路转运使和苏颂任江宁知县时，都曾施行许民自言、自实的办法。神宗时，吕惠卿又创制五等丁、产簿，规定申报项目极为广泛，尺椽寸土，鸡豚家畜，无不须陈报；如有隐匿，许人告发，并以查获资产的三分之一作为奖赏给予告发检举人。此乃富国贫民政策，无奈终以扰民太甚，不得人心，民怨沸腾，不久即被罢废），不时施行者以违制论。轼谓提举官曰："违制之坐，若自朝廷，谁敢不从？今出于司农，是擅造律也。"提据官惊曰："公姑徐之。"未几，朝廷知法害民，罢之。

有盗窃发，安抚司遣三班使臣领悍卒来捕（安抚司，官署名。安抚使是古代官员名称，是由朝廷派出的处理地方事务的官员，隋代曾设安抚大使，实由行军主帅兼职。唐代前期曾派大臣巡视经过战争或受灾地区，称为安抚使。宋代沿袭，负责军政的重要地方长官常带安抚使，职任是兼综较大地区的军民两政，或兼称经略安抚使，有"帅司"之称，以二品以上大臣充任时称安抚大使），卒凶暴恣行，至以禁物诬民，入其家争斗杀人，且畏罪惊溃，将为乱。民奔诉轼，轼投其书不视，曰："必不至此。"散卒闻之，少安，徐使人招出戮之。

徙知徐州（徐州，州名。西汉武帝时即已置州。《宋史·地理一·京西路》："徐州，大都督。

彭城郡，武宁军节度。本属京东路。元丰元年，割属京东西路”)。河决曹村，泛于梁山泊，溢于南清河，汇于城下，涨不时泄，城将败，富民争出避水。轼曰：“富民出，民皆动摇，吾谁与守？吾在是，水决不能败城。”驱使复入。轼诣武卫营（诣，音 yì，形声动词。《说文解字·言部》：“诣，候至也。”《小尔雅》：“诣，进也。”前往；去到。《汉书·杨王孙传》：“王孙苦疾，仆迫从上祠雍，未得诣前。愿存精神，省思虑，进医药，厚自持。”唐代颜师古注解：“诣，至也”)，呼卒长曰：“河将害城，事急矣，虽禁军且为我尽力。”卒长曰：太守犹不避涂潦（潦，音 lǎo，名词。路上的流水；雨后地面积水。《楚辞·九辩》：“寂寥兮，收潦而水清。”两宋学者洪兴祖补注引五臣云：“潦，雨水。”涂潦，路途上的污泥浊水。《尚书·禹贡》：“厥土惟涂泥，厥田惟下下，厥赋下上，上错。”《礼记·曲礼上》：“送丧不由径，送丧不避涂潦”)，吾侪小人（侪，音 chái，名词。《说文解字·亻部》：“侪，等辈也。”同辈；同类的人。《左传·僖公二十三年》：“晋郑同侪，其过子弟，固将礼焉，况天之所启乎？”杜预注解：“侪，等也”)，当效命。率其徒持畚锸以出（畚，音 běn。古人用草绳制作的盛物之器，后又以竹编为之，即畚箕。《左传·宣公二年》：“宰夫胹熊蹯不熟，杀之，置诸畚，使妇人载以过朝。”《唐书·张志和传》：“县令使浚渠，执畚无怍色。”锸，音 chā。插地起土的铁锹。《汉书·王莽传上》：“父子兄弟负笼荷锸。”此句意为：苏轼令卒长率领众多徒弟，手持畚箕、铁锹出动)，筑东南长堤，首起戏马台，尾属于城。雨日夜不止，城不沉者三版。轼庐于其上（庐，茅庐；小屋。《说文解字·广部》：“庐，寄也。秋冬去，春夏居。”《广雅》：“庐，舍也。”《荀子·正名》：“屋室、庐帘、葭稾蓐、敝机筵，而可以养形。”清代经学家王先谦作《荀子注》解：“草屋也。”此说苏轼居住在上面的草屋内)，过家不入，使官吏分堵以守，卒全其城。复请调来岁夫增筑故城（岁夫，年度劳役。岁，指年度；夫，旧时指从事体力劳动或被拘役驱使的人)，为木岸，以虞水之再至（虞，音 yú，动词。准备；戒备；防备；防御。《国语·晋语四》：“过卫，卫文公有邢、翟之虞，不能礼焉。”韦昭注解：“虞，备也。”《孙子·谋攻》：“故知胜有五：知可以战与不可战者胜；识众寡之用者胜；上下同欲者胜；以虞待不虞者胜；将能而君不御才。此五者，知胜之道也”)，朝廷从之。

徙知湖州（湖州，州名。隋仁寿二年，即 602 年，置州，因濒临太湖而得名。治所在今浙江省吴兴地区。《宋史·地理四·两浙路》：“湖州，上，吴兴郡，景祐元年，升昭庆军节度。宝庆元年，改安吉州”)，上表以谢。又以事不便民者不敢言，以诗托讽，庶有补于国。御史李定、舒亶（亶，音 dǎn）、何正臣摭其表语（摭，音 zhí，动词。《说文解字·扌部》：“摭，拾也。陈、宋语。”《方言一》：“摭，取也。”如：拾取；摘取。《论衡·逢遇》：“犹拾遗于涂，摭弃于野。”《后汉书·班彪传》：“至于采经摭传，分散百家之事，甚多疏略”)，并媒蘖所为诗以为讪谤（媒蘖，亦作“媒孽”。媒，酒母；孽，通“蘖”，曲蘖。比喻挑拨是非，陷人于有罪。《汉书·司马迁传》：“今举事壹不当，而全躯保妻子之臣，随而媒孽其短。”颜师古注解：“媒如媒娉之媒，孽如曲孽之孽。一曰齐人谓曲饼为媒也。”按《汉书·李陵传》作“媒蘖”，颜师古注引孟康曰：“媒，酒教；蘖，曲也。谓酿成其罪也。”讪谤，音 shàn bàng。毁谤；诽谤；诋毁；中伤；污蔑；讥笑；指责；说别人的坏话。周代函谷关令尹喜撰道家著作《关尹子·九药》：“不可以轻忽道已，不可以讪谤德已。”《关尹子》，亦称《关令子》《文始经》，全名《文始真经》。唐代史学家李延寿撰《北史·贾彝传》：“父为苻坚巨鹿太守，坐讪谤系狱。”《论语·阳货》：“有恶。恶称人之恶者，恶居下流而讪上者，恶勇而无礼者，恶果敢而窒者。”《国语·周语上》：“厉王虐，国人谤王。”《楚辞·七谏·沈江》：“正臣端其操行兮，反离谤而见攘”），逮赴台狱（台狱，御史台，监察机构所设的监狱。《宋史·张璪传》：“苏轼下台狱，璪与李定杂治，谋傅致轼于死，卒不克”），欲置之死，锻炼久之不决。神宗独怜之，以黄州团练副使安置（黄州，州名。隋开皇五年即585年改衡州为黄州。治所位于今湖北省黄冈市北。团练副使，职官名。唐代中期以后，于不设节度使的地区设置都团练使、团练使，职掌本区各州军事，常与观察使、防御使互兼，又曾与防御使互易称号。宋代为武将兼衔，官阶虽高于刺史，低于防御使，却是个没有实际职权的虚衔）。轼与田父野老，相从溪山间，筑室于东坡，自号“东坡居士”。

三年（1070年），神宗数有意复用，辄为当路者沮之（当路者，担任重要官职，掌握实际政权的人。《孟子·公孙丑上》：“夫子当路于齐，管仲、晏子之功可复许乎？”依《后汉书·张皓传》所说：“豺狼当路，安问狐狸。”比喻为奸恶当权者。沮，音 jǔ，形声动词。阻止；沮遏；遏止；沮挠；沮厄。《孟子·梁惠王下》：“嬖人有臧仓者沮君，君是以不果来也。”朱熹注解：“沮、尼，皆止之之意也”）。神宗尝语宰相王珪、蔡确曰：“国史至重，可命苏轼成之。”珪有难色。神宗曰：“轼不可，姑用曾巩。”巩进《太祖总论》，神宗意不允，遂手札移轼汝州（汝州，州名，隋大业二年即606年，改伊州置。以州境内有汝水而得名。次年废。唐贞观时，又改伊州为汝州，治所位于今河南省临汝，辖境相当于今河南省北汝河、沙河流域各县。《宋史·地理一·京西路》：“汝州，辅，临汝郡，陆海军节度。本防御州。政和四年，赐军额”），有曰：“苏轼黜居思咎，阅岁滋深，人材实难，不忍终弃。”轼未至汝，上书自言饥寒，有田在常，愿得居之。朝奏，夕报可。

道过金陵（金陵，即建康，府名。五代吴武义二年即920年，升州置。治所在上元即今南京市市区，辖境相当于今江苏省南京市市区及江宁、句容、溧水、高淳等县地。南宋建炎三年即1129年，改江宁府置，治所，辖境同上。《宋史·地理四·江南东路》：“江宁府，上，开宝八年，平江南，复为昇州节度。天禧二年，升为建康军节度。旧领江南东路兵马钤辖。建炎元年，为帅府。三年，复为建康府，统太平、宣、徽、广德。五月，高宗即府治建行宫。绍兴八年，置主管行宫留守司公事；

三十一年，为行宫留守。乾道三年，兼沿江军，寻省”），见王安石，曰：“大兵大狱，汉、唐灭亡之兆。祖宗以仁厚治天下，正欲革此。今西方用兵，连年不解，东南数起大狱，公独无一言以救之乎？”安石曰：“二事皆惠卿启之，安石在外，安敢言？”轼曰：“在朝则言，在外则不言，事君之常礼耳。上所以待公者非常礼，公所以待上者，岂可以常礼乎？’安石厉声曰：“安石须说。”又曰：“出在安石口，入在子瞻耳。”又曰：“人须是知行一不义，杀一不辜，得天下弗为，乃可。”轼戏曰：“今之君子，争减半年磨勘（磨勘，唐、宋时期官员考核政绩升迁的制度。唐时文武官吏考课，由州府和百司官长考核属下的功过行能，分九等注入考状，期满根据考绩决定升降。为防止申报不实、升降不当，须经吏部和各道观察使等加以复验。磨勘这一名词便始于此时。宋代又设审官院来专职主持官吏的考课升迁，并确定磨勘的名称。北宋真宗时，规定磨勘年限，文武官任职满三年，给予磨勘迁秩。在京的京朝官吏，磨勘时例须引对，表示是由皇帝亲自决定升擢。北宋仁宗时，范仲淹作《答手诏条陈十事》：“今文资三年一迁，武职五年一迁，谓之磨勘。”北宋英宗时，又展限一年。此后条例屡有修改），虽杀人亦为之。”安石笑而不言。

至常，神宗崩（北宋神宗赵顼，1067—1085年在位），哲宗立（北宋哲宗赵煦，1085—1100年在位），复朝奉郎（宋代职官名。《宋史·职官志九》：“朝奉郎，正六上”），知登州（登州，州名，武周如意元年即692年置州，治所位于今山东省烟台市牟平区。唐、宋辖境相当于今山东省蓬莱、黄县、栖霞、海阳以东地区。《宋史·地理一·京东路》：“登州，上，东牟郡，防御”），召为礼部郎中（郎中，官名。只设官一人。《宋史·职官志三·礼部》：“掌国之礼乐、祭祀、朝会、宴飨、学校、贡举之政令。祭之名有三：天神曰祀，地祇曰祭，宗庙曰飨。元丰，郎官、员外郎参领礼乐、祭祀、朝会、宴享、学校、贡举之事。有所损益，则审订以次谘决。凡庆会若谢，掌撰表文。与祠部、主客、膳部并列为四。建炎三年，并省郎曹，礼部领主客，祠部领膳部。隆兴元年，复诏礼部、祠部一员兼领，自是并行四司之事矣。通置吏五十四人”）。轼旧善司马光、章惇（善，动词。亲善；友好；友善。《国策·秦策二》：“齐楚之交善”）。时光为门下侍郎（官职名。秦、汉时，原名黄门侍郎，秦及西汉时，郎官给事于黄闼即宫门之内者，称黄门郎或黄门侍郎。职责为侍从皇帝、传达诏命。本为君主近侍之官员。唐天宝元年即742年，改称门下侍郎，为门下省长官侍中之副。唐、宋多以门下侍郎或中书侍郎同平章事为宰相之称。《宋史·职官志一·门下省》：“受天下之成事，审命令，驳正违失，受发通进奏状，进请宝印。凡中书省画黄、录黄，枢密院录白、画旨，则留为底。及尚书省六部所上有法式事，皆奏覆审驳之。给事中读，侍郎省，侍中审，进入被旨画闻，则授之尚书省、枢密院。即有舛误应举驳者，大则论列，小则改正。凡文书自内降者，著之籍。章奏至，则受而通进，俟颁降，分送所隶官司。凡吏部拟六品以下职事官，则给事中校其仕历、功状，侍郎、侍中引验审察，非其人则论奏。凡迁改爵秩、加叙勳封、四选拟注奏钞之事，有舛误，退送尚书省。覆刑部大理寺所断狱，审其轻重枉直，不当罪，则以法驳正之。”又“侍郎：掌贰侍中之职，省中外出纳之事。大祭祀则前导舆辂，诏进止。大朝贺则授表以奏祥瑞。册后则奉节及宝位。与知枢密院、同知枢密院、中书侍郎、尚书左右丞为执政官。南渡后，复置参知政事，省门下侍郎不置”），惇知枢密院（枢密院，中央官署名称。五代后梁时期，建立崇政院，后唐改称枢密院，宋代沿置。主要管理军事机密、边防等事务，与中书省并称“二府”，同为最高国务机关。《宋史·职官志二·枢密院》：“掌军国机务、兵防、边备、戎马之政令，出纳密命，以佐邦治。凡侍卫诸班直、内外禁兵招募、阅试、迁补、屯戍、赏罚之事，皆掌之。以升拣、废置揭帖兵籍；有调发更戍，则遣使给降兵符。除授内侍省官及武选官，将领路分都监、缘边都巡检使以上。大事则禀奏，其付授者用宣；小事则拟进，其付授者用札。先具所得旨，关门下省审覆。面得旨者为录白，批奏得画者为画旨，并留为底。惟以白纸录送，皆候报施行。其被御宝批旨者，即送门下省缴覆。应给诰者，关中书省命词。即事干大计，造作、支移军器，及除都副承旨、三衙管军、三路沿边帅臣、太仆寺官，文臣换右职，仍同三省取旨。”宋初，循唐、五代之制，置枢密院，与中书对持文武二柄，号为“二府”），二人不相合，惇每以谑侮困光（谑侮，音 xuè wǔ。戏谑不敬；欺负侮辱。《诗经·卫风·淇奥》：“善戏谑兮，不为虐兮。”《诗经·豳风·鸱鸮》：“今汝下民，或敢侮予”），光苦之。轼谓惇曰：“司马君实（即司马光，字君实）时望甚重。昔许靖以虚名无实，见鄙于蜀先主，法正曰：‘靖之浮誉，播流四海，若不加礼，必以贱贤为累。’先主纳之，乃以靖为司徒。许靖且不可慢，况君实乎？”惇以为然，光赖以少安。

迁起居舍人［起居舍人，官职名。魏、晋、南朝多以著作郎兼修起居注。北魏始置起居令史，另有修起居注、监起居注等官，侍从皇帝，掌记录皇帝言行。隋代于内史省（中书省）设起居舍人。唐、宋又于门下省设起居郎，和起居舍人分掌其事。《宋史·职官志一·中书省》：“起居舍人：一人。掌同门下省起居郎。侍立修注官，元丰前，以起居郎、舍人寄禄，而更命他官领其事，谓之同修起居注。官制行，以郎、舍人为职任”］。轼起于忧患，不欲骤履要地，辞于宰相蔡确。确曰：“公徊翔久矣（徊翔，徘徊上下；比喻仕途曲折，时间长久，升迁缓慢），朝中无出公右者（古时尚右。《史记·廉颇蔺相如列传》：“既罢，归国，以相如功大，拜为上卿，位在廉颇之右。”引申为地位、官职都更为高贵、重要）。”轼曰：“昔林希同在馆中，年且长。”确曰：“希固当先公耶？”卒不许。元祐元年（1086 年。元祐：北宋哲宗赵煦的年号，1086—1094 年），轼以七品服入侍延和（延和，本是北魏太武帝拓跋焘的年号、高昌曲伯雅的年号、唐睿宗李旦的年号。在此以年号代称帝王），即赐银绯（银印红绶。《新唐书·崔彦曾传》：“有许铎者……诏拜石首令，赐银绯”），迁中书舍人（舍人，官职名。始见《周礼·地官》。“战国及汉初，王公贵族都有舍人。唐代颜师古在注解《汉书·高帝纪》时说：“舍人，亲近左右之通称也。”唐、宋太子属官中沿置中舍人和舍人，均为亲近的属官。魏于中书省中置中书舍人，掌传宣诏命之职，历代沿置，多以有文学资望者充任。宋时虽有此官，实不任职。直至神宗元丰改官制，始职掌制诰，即撰拟诏旨之任。《宋史·职官志一·中书省》：“掌进拟庶务，宣奉命令，行台谏章疏，群臣奏请兴创改革，及中外无法式事应取旨事。凡除省、台、寺、监长贰以下，及侍从、职事官，外任监司、节镇、知州军、通判，武臣遥郡横行以上除授，皆掌之。”又“设官十有一：令、侍郎、右散骑常侍各一人，舍人四人，右谏议大夫、起居舍人、右司谏、右正言各一人”。又“舍人，四人，旧六人。掌行命令为制词，分治六房，随房当制，事有失当及除授非其人，则论奏封还词头。国初，为所迁官，实不任职，复置知制诰及直舍人院，主行词命，与学士对掌内外制。……”由此可知，苏轼乃四位舍人中之一人）。

初，祖宗时，差役行久生弊，编户充役者不习其役，又虐使之，多致破产，狭乡民至有终岁不得息者。王安石相神宗，改为免役，使户差高下出钱雇役，行法者过取，以为民病。司马光为相，知免役之害，不知其利，欲复差役，差官置局，轼与其选。轼曰：“差役、免役，各有利害。免役之害，掊敛民财（掊，音póu。动词，聚敛；敛取；抔敛；搜刮。《新唐书·严挺之传附严武》：“蜀虽号富饶，而峻掊亟敛，闾里为空。”北宋王安石《兼并》：“俗吏不知方，掊克乃为材”），十室九空，敛聚于上而下有钱荒之患。差役之害，民常在官，不得专力于农，而贪吏猾胥得缘为奸。此二害轻重，盖略等矣。”光曰：“于君何如?”轼曰：“法相因则事易成，事有渐则民不惊。三代之法，兵农为一，至秦始分为二，及唐中叶，尽变府兵为长征之卒。自尔以来，民不知兵，兵不知农，农出谷帛以养兵，兵出性命以卫农，天下便之。虽圣人复起，不能易也。今免役之法，实大类此。公欲骤罢免役而行差役，正如罢长征而复民兵，盖未易也。”光不以为然。轼又陈于政事堂，光忿然（忿然，气愤、愤怒、不快貌。西汉刘向《列女传·齐桓卫姬》：“妾闻之人君有三色……忿然充满手足矜动者，攻伐之色”）。轼曰：“昔韩魏公刺陕西义勇，公为谏官，争之甚力，韩公不乐，公亦不顾。轼昔闻公道其详，岂今日作相，不许轼尽言耶?”光笑之，寻除翰林学士（官名。唐玄宗李隆基于内廷供奉之翰林院以外别建学士院，选任颇具文学才能的朝臣充翰林学士。唐德宗李适以后，翰林学士更成为皇帝最亲近的顾问兼秘书官，经常留宿内廷值守，承命撰拟有关任免将相官员和册后立太子等事的文告，有“内相”之称。唐代后期，往往即以翰林学士升任宰相。北宋的翰林学士仍掌制诰，此后地位逐渐降低。《宋史·职官志二·翰林学士院》：“凡初命为学士，皆遣使就第宣诏旨召入院。上日，敕设会从官，宥以乐。元丰中，始命佩鱼，自蒲宗孟始。见执政议事则系鞋，盖与侍从异礼也……"）。

二年（1087年），兼侍读（侍读，官职名，唐代设有集贤殿侍读学士，宋始置翰林侍读学士。《宋史·职官志二·翰林学士院》："翰林侍读学士：太宗初，以著作佐郎吕文仲为侍读。真宗咸平二年，以杨徽之、夏侯峤并为翰林侍读学士，始建学士之职。其后，冯元为翰林侍读，不带学士；又以高若讷为侍读，不加别名，但供职而已。天禧三年，张知白为刑部侍郎，充翰林侍读学士、知天雄军府，侍读学士外使自知白始。元丰官制，废翰林侍读、侍讲学士不置，但以为兼官。然必侍从以上，乃得兼之，其秩卑资浅则为说书。岁春二月至端午日，秋八月至长至日，遇隻日入侍迩英阁，轮官讲读。元祐七年，复增学士之号，元符元年省去。建炎元年，诏可特差侍从官四员充讲读官，遇万机之暇，令三省取旨，就内殿讲读"）。每进读至治乱兴衰、邪正得失之际，未尝不反复开导，觊有所启悟。哲宗虽恭默不言，辄首肯之。尝读祖宗《宝训》，因及时事，轼历言："今赏罚不明，善恶无所劝沮；又黄河势方北流，而疆之使东；夏人入镇戎，杀掠数万人，帅臣不以闻。每事如此，恐寖成衰乱之渐（寖，音jìn。古同"浸"。副词。浸渍；渐渐。《易经·遁》："小利贞，浸而长也。遁之时义大矣哉！"孔颖达疏解："浸者，渐进之名。"《楚辞·远游》："形穆穆以浸远兮，离人群而遁逸。"《汉书·艺文志》："是以五经乖析，儒学寖衰"）。"

轼尝锁宿禁中，召入对便殿，宣仁后问曰："卿前年为何官？"曰："臣为常州团练副使。"曰：'今为何官？'曰："臣今待罪翰林学士。"曰："何以遽至此？"曰："遭遇太皇太后、皇帝陛下。"曰：'非也。"曰："岂大臣论荐乎？"曰："亦非也。"轼惊曰："臣虽无状［无状，自谦词。无善状；无成绩；没有功绩。《史记·夏本纪》："（舜）行视鲧之治水无状，乃殛鲧于羽山以死。"《汉书·贾谊传》："谊自伤为傅无状，常哭泣"］，不敢自他途以进。"曰："此先帝意也。先帝每诵卿文章，必叹曰：'奇才，奇才！'但未及进用卿耳。"轼不觉哭失声，宣仁后与哲宗亦泣，左右皆感涕。已而命坐赐茶，彻御前金莲烛送归院。

三年（1088年），权知礼部贡举（贡举，取士选材的方法。《礼记·射义》："古者天子之制，诸侯岁献贡士于天子。"古时地方官府向君主荐举人才，规定有选举诸侯贡士的制度，到了汉代，开始合并贡、举为一，自此，泛泛浑称"贡举"）。会大雪苦寒，士坐庭中，噤未能言。轼宽其禁约，使得尽技。巡铺内侍每摧辱举子（宋代贡院内设巡铺所，纠察举人应试时是否遵守场规、有无舞弊情事），且持暧昧单词，诬以为罪，轼尽奏逐之。

四年（1089年），积以论事，为当轴者所恨（当轴者，要员；当权者；官居要职者，谓居于政府中核心地位要职的官员。旧指宰执大臣。《汉书·车千秋传赞》："车丞相履伊、吕之列，当轴处中，括囊不言，容身而去，彼哉！彼哉"）。轼恐不见容，请外拜龙图阁学士（《宋史·职官志二·诸阁学士》："龙图阁学士：直学士、待制。大中祥符中建。在会庆殿西偏，北连禁中，阁东曰资政殿，西曰述古殿。阁上以奉太宗御书、御制文集及典籍、图画、宝瑞之物，及宗正寺所进属籍、世谱。有学士、直学士、待制、直阁等官。学士，大中祥符三年置。以杜镐为之，班在枢密直学士上。六年，诏结衔在本官之上。直学士，景德四年置，以杜镐为之，班在枢密直学士下。祥符六年，诏结衔在本官之上。待制，景德元年置，以杜镐、戚纶为之，并依旧充职。四年，诏班在知制诰下，并赴内殿起居。自改官制，为学士初复之职，或知制诰平出除之"）、知杭州。未行，谏官言前相蔡确知安州（《宋史·地理志四·淮南东西路》："隆兴府，本洪州，都督府，豫章郡，镇南军节度。旧领江南西路兵马钤辖。绍兴三年，以淮西屯兵听江西节制，兼宣抚舒、蕲、光、黄、安、复州，寻罢。四年，止称安抚、制置使，八年，复兼安抚、制置大使。隆兴三年，以孝宗潜藩，升为府"），作诗借郝处俊事以讥太皇太后。大臣议迁之岭南。轼密疏："朝廷若薄确之罪，则于皇帝孝治为不足；若深罪确，则于太皇太后仁政为小累。谓宜皇帝敕置狱逮治，太皇太后出手诏赦之，则于仁孝两得矣。"宣仁后心善轼言而不能用。轼出郊，用前执政恩例，遣内侍赐龙茶、银合，慰劳甚厚。

既至杭，大旱，饥疫并作。轼请于朝，免本路上供米三之一，复得赐度僧牒（即"度牒"。僧道出家，均由官府发与凭证，称之为"度牒"。中国封建时代度僧的事情是由政府掌握的。须经审查合格得度之后，由政府发给相应的证明文件，称之为"度牒""戒牒"。取得此度牒之后，就可以免除赋税、劳役。相当于后世的僧人游方挂单，必须随身携带，犹如今日人们的身份证），易米以救饥者。明年春，又减价粜常平米（粜，音 tiào，动词。卖出粮食。《说文解字·出部》："粜，出谷也。"《广雅·释诂三》："粜，卖也。"《玉篇·出部》："粜，出糓米也。"唐后期诗人聂夷中《咏田家》诗："二月卖新丝，五月粜新谷"），多作饘粥药剂（饘，音 zhān。《说文解字·食部》："饘，糜也。周谓之糜木，谓之饘。"饘粥，厚粥。厚者曰饘，薄者曰粥。《方言一》："相谒而食麦饘。"注："糜也。"《左传·昭公七年》："饘于是，鬻于是，以糊余口。"《礼记·檀弓》："穆公之母卒，使人问于曾子曰：如之何？对曰：申也闻诸申之父曰：哭泣之哀、齐斩之情，饘粥之食，自天子达。布幕，卫也；缪幕，鲁也"），遣使挟医分坊治病（挟，音 xié，动词。《说文解字·扌部》："挟，俾持也。"本义是用胳膊夹持。此处则是携带、带领之意。三国曹丕《短歌行》："翩翩飞鸟，挟子巢栖。"北宋苏轼《赤壁赋》："挟飞仙以遨游，抱明月而长终。"坊，名词。城市中街市里巷的通称。把一个城邑划分为若干个区域，通称为坊。《唐元典》："两京及州县之郭内为坊，郊外为村。”），活者甚众（此谓苏轼在杭州始设病坊即医院为灾民治病疗疾之事，救了众多平民百姓）。轼曰：“杭，水陆之会，疫死比他处常多。”乃裒羡缗得二千（裒，音 póu，动词。聚集；裒集；裒敛；裒汇。《诗经·小雅·常棣》：“原隰裒矣，兄弟求矣。”郑玄注解：“原也，隰也，以相与聚居之故，故能定高下之名。”羡，形容词。有余；剩余；富余；足够且多余。《诗经·小雅·十月之交》：“四方有羡，我独居忧。”《孟子·滕文公下》：“子不通功易事，以羡补不足，则农有余粟，女有余布；子如通之，则梓匠轮舆皆得食。”缗，名词。本义是钓鱼绳。《诗经·召南·何彼秾矣》：“其钓维何？维丝伊缗。”本谓古代穿钱的绳子，亦指成串的钱，一千文为一缗。羡缗，音 xiàn mín。剩余的钱粮），复发橐中黄金五十两（橐，音 tuó。袋子。《诗经·大雅·公刘》：“乃裹糇粮，于橐于囊。”又从袋子中取出五十两黄金），以作病坊，稍畜钱粮待之。

杭本近海，地泉咸苦，居民稀少。唐刺史李泌始引西湖水作六井，民足于水。白居易又浚西湖水入漕河，自河入田，所溉至千顷，民以殷富。湖水多葑（葑，音 fēng。名词。《说文解字·艹部》：“葑，须从也。字亦作蘴、作菘。”《诗经·邶风·谷风》：“采葑采菲，无以下体。”即芜菁、蔓菁。一种一年或二年生十字花科草本植物，根和叶可作蔬菜食用。菲亦是芜菁类植物），自唐及钱氏（指五代吴越国的建立者钱镠），岁辄浚治，宋兴，废之，葑积为田，水无几矣。漕河失利，取给江潮，舟行市中，潮又多淤，三年一淘，为民大患，六井亦几于废。轼见茅山一河专受江潮，盐桥一河专受湖水，遂浚二河以通漕。复造堰闸，以为湖水畜泄之限，江潮不复入市。以余力复完六井，又取葑田积湖中，南北径三十里，为长堤以通行者。吴人种菱，春辄芟除（芟，音 shān。动词。《说文解字·艹部》：“芟，刈草也。”《诗经·周颂·载芟》：“载芟载柞，其耕泽泽。”《毛》传：“除草曰芟，除木曰柞。”芟除，刈除杂草），不遗寸草。且募人种菱湖中，葑不复生。收其利以备修湖，取救荒余钱万缗、粮万石，及请得百僧度牒以募役者。堤成，植芙蓉、杨柳其上，望之如画图，杭人名为苏公堤（李泌、白居易、苏轼为杭州市的建立、发展及美化做出了不可磨灭的贡献，人们不该忘记这些先贤。北宋朱彧《萍州可谈·苏公堤孟家蝉语谶》：“苏子瞻元祐中知杭州，筑大堤西湖上，人呼为苏公堤，属吏刻石榜名。世俗以富贵相高，以堤音低，颇为语忌。未几，子瞻迁责，时孟氏作后，京师衣饰，画作双蝉，目为孟家蝉，识者谓蝉有禅意，久之后竟废”）。

杭僧净源，旧居海滨，与舶客交通，舶至高丽，交誉之。元丰末（1085年），其王子义天来朝，因往拜焉。至是，净源死，其徒窃持其像，附舶往告。义天亦使其徒来祭，因持其国母二金塔，云祝两宫寿。轼不纳，奏之曰："高丽久不入贡，失赐予厚利，意欲求朝，未测吾所以待之厚薄，故因祭亡僧而行祝寿之礼。若受而不答，将生怨心；受而厚赐之，正堕其计。今宜勿与知，从州郡自以理却之。彼庸僧猾商，为国生事，渐不可长，宜痛加惩创。"朝廷皆从之。未几，贡使果至，旧例使所至吴越七州，费二万四千余缗。轼乃令诸州量事裁损，民获交易之利，无复侵扰之害矣。

浙江潮自海门东来，势如雷霆，而浮山峙于江中，与渔浦诸山犬牙相错，洄洑激射（洄洑，音 huí fú，亦作"洄澓"。江水湍急回旋而流，急疾猛烈腾涌弹射飞溅。南朝齐王琰《冥祥记》："晋徐荣者，琅琊人。尝至东阳，还经定山，舟人不惯，误堕洄澓中。"北宋苏辙《亡兄子瞻端明墓志铭》中亦引有此句话。洄，动词。水流回旋状。《说文解字·氵部》："洄，溯洄也。"《尔雅·释水》："逆流而上曰泝洄。"《诗经·秦风·蒹葭》："溯洄从之，道阻且长。"洑，名词。漩涡。《水经注·沔水》："又东为净滩，夏水急盛，川多湍洑，行旅苦之"），岁败公私船不可胜计。轼议自浙江上流地名石门，并山而东，凿为漕河，引浙江及溪谷诸水二十余里以达于江。又并山为岸，不能十里以达龙山大慈浦，自浦北折抵小岭，凿岭六十五丈以达岭东古河，浚古河数里达于龙山漕河，以避浮山之险，人以为便。奏闻，有恶轼者，力沮之，功以故不成。

轼复言：三吴之水，潴为太湖，太湖之水，溢为松江以入海。海日两潮，潮浊而江清，潮水常欲淤塞江路，而江水清驶，随辄涤去，海口常通，则吴中少水患。昔苏州以东（州、府名，589 年，隋开皇九年，改吴州为苏州，因姑苏山而得名，治所在今江苏省苏州市。大业初，复为吴州，又改吴郡，621 年，唐武德四年，又改苏州。辖境相当于今江苏省苏州、常熟以东，浙江省桐乡、海盐东北及上海市大陆部分。五代晋后，缩小为上述江苏省部分及上海的嘉定、宝山二县。1113 年，北宋政和三年，改平江府。《宋史·地理志四·两浙路》："平江府，望，吴郡。太平兴国三年，改平江军节度。本苏州，政和三年，升为府。绍兴初，节制许浦军"），公私船皆以篙行，无陆挽者。自庆历以来，松江大筑挽路，建长桥以扼塞江路，故今三吴多水，欲凿挽路、为千桥，以迅江势，亦不果用，人皆以为恨。轼二十年间再莅杭（莅，形声动词。《尔雅》："莅，视也。"来；到；临。《仪礼·士冠礼》："某将加布于某之首，君子将莅之，敢宿。"《诗经·小雅·采芑》："方叔莅止，其车三千"），有德于民，家有画像，饮食必祝。又作生祠以报（生祠，为还活着的生人建立的祠堂、庙宇，以便奉祀，用以表示内心的感戴、钦敬之意。《汉书·于定国传》："其父于公，为县狱史，郡决曹，决狱平，罹文法者，于公所决皆不恨。郡中为之生立祠，号曰于公祠”）。

六年（1091年），召为吏部尚书（吏部，官署名。东汉始将尚书常侍曹改为吏曹，又改为选部，魏、晋以后称吏部。隋、唐列为六部之首，掌管全国官吏的任免、考课、升降、调动等事务，长官为吏部尚书。历代相沿未曾改动。《宋史·职官志三·吏部》：“吏部：掌文武官吏选试、拟注、资任、迁叙、荫补、考课之政令，封爵、策勋、赏罚殿最之法。尚书：掌文武二选之法而奉行其制命。凡序位有品，寓禄有阶，列爵有等，赐勋有给，分任有职，选官有格，考其功过，计其岁月，辨其位秩，而以序进之。凡文臣自京朝官，武臣自大使臣以上，选授、封爵、功赏、课最之事，所隶官分掌其事，兼总于尚书，验实而后判成。以天下职事员阙具注于籍，月取其应选者揭而书之，集官注拟，考阀阅以定其可否。若有疑不能决，小事则申请，大事则禀议于尚书省，应论奏者与郎官同请对。大祭祀则奉玉币以授左仆射，执爵以授左丞。旧，尚书为所迁官名，班左丞上。自厘正百司，吏部以金紫光禄大夫，户、礼、兵、刑、工部以银青光禄大夫换授，而任六曹尚书者，始实领职事。……”），未至。以弟辙除右丞，改翰林承旨（全称翰林学士承旨，官职名。唐玄宗李隆基时期在内廷设立翰林学士院，设翰林学士六名，自肃宗李亨至德宗李适年间，从其中选择年资深厚德高望重者一人为承旨，独承密命。唐宪宗李纯时，正式设立翰林学士承旨这一职位，乃为翰林学士之长，职权益重，多至宰相。翰林学士承旨作为翰林学士的首领，不仅单纯起草诏令，而且在禁中职掌机密，职权甚重，相当于实际上的宰相，常被人们称为“内相”。宋朝的翰林学士承旨不再像唐朝那样具有宰相职权，但仍为翰林学士院的主官，别称“翰长”“学士院长”，通常以翰林学士中任职最久者担任，职掌制、诰、诏、令的撰述主事，不常设。北宋神宗元丰时期改制，定翰林学士承旨为正三品官。《宋史·职官志二·翰林学士院》：“翰林学士院：翰林学士承旨、翰林学士、知制诰、直学士院、翰林权直、学士院权直，掌制、诰、诏、令、撰述之事。凡立后妃，封亲王，拜宰相、枢密使、三公、三少、除开府仪同三司、节度使，加封，加检校官，并用制；赐大臣太中大夫、观察使以上，用批答及诏书；余官用敕书；布大号令用御札；诫励百官、晓谕军民用敕牓；遣使劳问臣下，口宣。凡降大赦、曲赦、德音，则先进草；大诏命及外国书，则具本取旨，得画亦如之。……承旨，不常置，以学士久次者为之”）。辙辞右丞，欲与兄同备从官，不听。轼在翰林数月，复以谗请外，乃以龙图阁学士出知颍州（颍州，州、府名。528年，北魏孝昌四年始置州。北齐废，唐初复置。治所在今阜阳。辖境相当于今安徽省阜阳、颍上、阜南、太和、界首、临泉等县地。北宋政和中改为顺昌府。《宋史·地理志一·京西路》：“顺昌府，上，汝阴郡，旧防御，后为团练。开宝六年，复为防御。元丰二年，升顺昌军节度。旧颍州，政和六年，改为府）。

先是，开封诸县多水患（开封，府名。907年，五代梁开平元年，升汴州始置，治所在今河南省开封市。宋代号东京，辖境相当于今河南省原阳、鄢陵以东，延津、长垣以南，兰考、民权以西，太康、扶沟以北地区。《宋史·地理志一·京城》：“东京，汴之开封也。梁为东都，后唐罢，晋复为东京，宋因周之旧为都。建隆三年，广皇城东北隅，命有司画洛阳宫殿，按图修之，皇居始壮丽矣。雍熙三年，欲广宫城，诏殿前指挥使刘延翰等经度之，以居民多不欲徙，遂罢。宫城周迴五里。”又“开封府，京东路，分为东西两路，得兖、豫、青、徐之域，当虚、危、房、心、奎、娄之分，西抵大梁，南极淮、泗，东北至于海，有盐铁丝石之饶。其俗重礼义，勤耕纴浚郊处四达之会，故建为都。政教所出，五方杂居……”)，吏不究本末，决其陂泽（陂，音bēi，名词。《说文解字·阝部》：“陂，阪也。”《说文解字·阝部》：“阪，坡者曰阪。一曰泽障，一曰山胁。字亦作坂。”山坡；斜坡；圩岸。《诗经·陈风·泽陂》：“彼泽之陂，有蒲与荷”)，注之惠民河，河不能胜，致陈亦多水。又将凿邓艾沟与颍河并，且凿黄堆欲注之于淮。轼始至颍，遣吏以水平准之，淮之涨水高于新沟几一丈，若凿黄堆，淮水顾流颍地为患。轼言于朝，从之。

郡有宿贼尹遇等，数劫杀人，又杀捕盗吏兵。朝廷以名捕不获，被杀家复惧其害，匿不敢言。轼召汝阴尉李直方曰：“君能禽此（禽，古通“擒”。动词，捕捉。《左传·哀公二十三年》：“齐师败绩，知伯亲禽颜庚”)，当力言于朝，乞行优赏；不获，亦以不职奏免君矣。”直方有母且老，与母诀而后行。乃缉知盗所，分捕其党与（党与，党羽，同盟者，同党之人。《荀子·王霸》：“约结已定，虽睹利败，不欺其与。”唐代学者最早著《荀子注》的作者杨倞注解：“与，相亲与之国。”《宋史·徐绩传》：“时绍圣党与尚在朝，人怀异意，以沮新政。”)，手戟刺遇，获之。朝廷以小不应格（应格，符合标准。格，一定的标准。《礼记·缁衣》：“言有物而行有格也。”朝廷以功劳太小不符合赏赐标准)，推赏不及（推，赞许；举荐。《晋书·刘寔传》：“天下所共推，则天下士也。”《仪礼·燕礼》：“射人纳宾。宾入，及庭，公降一等揖之。公升就席。”《国策·齐策一》：“君美甚，徐公何能及君也。”推举、举荐论赏却得不到)。轼请以己之年劳，当改朝散郎阶（朝散郎，文散官名。从七品上。《宋史·职官志九·文散官》：“文散官二十九：朝散郎，从七上”)，为直方赏，不从。其后吏部为轼当迁，以符会其考（符会，符合)，轼谓已许直方，又不报。

七年（1092年)，徙扬州（扬州，州名，589年，隋开皇九年，改吴州为扬州，治所位于今江苏省扬州市。《宋史·地理四·淮南东路》：“扬州，大都督府，广陵郡，淮南节度。熙宁五年，废高邮军，并以县隶州。元祐元年，复高邮军，旧领淮南东路兵马钤辖。建炎元年，升帅府。二年，高宗驻跸。四年，为真、扬镇抚使，寻罢。嘉定中，淮东制置开幕府于楚州，仍兼安抚”)。旧发运司主东南漕法，听操舟者私载物货，征商不得留难。故操舟者辄富厚，以官舟为家，补其弊漏，且周船夫之乏，故所载率皆速达无虞。近岁一切禁而不许，故舟弊人困，多盗所载以济饥寒，公私皆病。轼请复旧，从之。未阅

岁，以兵部尚书召兼侍读［兵部，官署名。三国魏始置五兵（中、外、骑、别、都兵）尚书，晋又设驾部、车部、库部等。隋、唐以后综合设立兵部，为六部之一，掌管全国武官选用和兵籍、军械、军令之政，长官为兵部尚书。历代相沿未予改动。侍读，乃较为高级的翰林官。《宋史·职官志三·兵部》："兵部：掌兵卫、仪仗、卤簿、武举、民兵、厢军、土军、蕃军，四夷官封承袭之事，舆马、器械之政，天下地土之图。凡仪卫，大朝会用黄麾大仗；文德殿视朝及册命王公大臣，用黄麾半仗；紫宸殿受外国使朝，用黄麾角仗；文德殿发册，用黄麾细仗。卤簿有大驾、法驾、小驾，皆掌其数及行列先后之仪，为图以授有司。凡武选之制，仿贡举之法。凡联其什伍而教之以战为民兵，材不中禁卫而足以执役为厢军，就其乡井募以御盗为土军，以老疾而裁其功力之半为剩员。团结以御戎为洞丁，为义军、弩手；属羌分隶边将为蕃兵。籍其名数而颁其禁令。大将出征，奏捷则告于庙，破贼则露布以闻。凡招置厢、禁军及州郡屯营，三衙迁补，守戍军吏转补，文武官白直、宣借，皆掌之。其属三：曰职方，曰驾部，曰库部。旧判部事一人，以两制充。掌三驾仪仗、卤图、春秋释奠武成王庙及武举，岁终以义军、弓箭手户数上于朝。国初，掌千牛备身，殿中省进马籍。元丰设官十，尚书、侍郎各一，四司郎中、员外郎各一。元祐初，省驾部郎中一员，以职方兼库部。绍兴改元，诏职方、库部互置郎官一员兼。"又"尚书：掌兵卫、武选、车辇、甲械、厩牧之政令。以天下郡县之图而周知其地域。凡陈卤簿，设仗卫，饬官吏整肃，蕃夷除授，奉行其制命。凡军兵以名籍统隶者，阅习按试，选募迁补，及武举、校试之事，皆总之。侍郎为之贰，郎中、员外郎参掌之。大礼，则尚书充卤簿使；大祀，奉鱼牲及俎；视朝，则侍郎执班簿对立；小祀，则郎中、员外郎荐俎并彻。分案九，置吏四十有七。凡蕃夷属户授官、封袭之事皆掌之。建炎三年，并卫尉寺隶焉。分案十：曰赏功，曰民兵卫，曰厢兵，曰人从看详，曰帐籍告身，曰武举，曰蕃官，曰开拆，曰知杂，曰检法。乾道裁减吏额，共置三十人。续诏：'将下班祗应并进义校尉、守阙进义副尉、进武校尉、守阙进武副尉并隶兵部，许于殿前司抽差下班祗应，文字人吏六名，赴部行遣'"）。

是岁（是，在此作为代词用。表示近指相当"此""这"。是岁，此年。《广雅·释言》："是，此也。"《论语·述而》："子于是日哭，则不歌。"隋、唐间经学家孔颖达疏解："言孔子于是日闻丧，或吊人而哭，则终是日不歌也。"《庄子·齐物论》："名实未亏，而喜怒为用，亦因是也"），**哲宗亲祀南郊，轼为卤簿使**（卤，音 lǔ。卤簿使，古代帝王外出巡游时在其前后执行礼节性任务的武装仪仗队的使者。东汉文学家蔡邕《独断》："天子出，车驾次第，谓之卤簿。"《文献通考·王礼十二》："宋太祖皇帝建隆四年，将郊祀，大礼使范质与卤簿使张昭、仪仗使刘温叟，同详定大驾卤簿之制"），**导驾入太庙。有赭伞犊车并青盖犊车十余争道**（赭，名词。《说文解字·赤部》："赭，赤土也。"《广雅·释器》："赭，赤也。"《管子·地数》："上有赭者下有铁。"。犊车，牛车。《三国志·吴书·鲁肃传》："今肃迎操，操当以肃还付乡党，品其名位，犹不失下曹从事，乘犊车，从吏卒，交游士林，累官故不失州郡也。"青，黑色。《尚书·禹贡》："厥土青黎，厥田惟下上，厥赋下中，三错。"孔颖达疏引王肃曰："青，黑色。"青盖，青色的车盖。汉制：皇太子、皇子所乘之车。《后汉书·舆服志上》："皇太子、皇子皆安车，朱斑轮，青盖。"宋制：宰相仪仗张青色伞盖。苏轼《召还至都门先寄子由》诗："已飞青盖在河梁，定餉黄封兼赐名。"南宋进士、著作佐郎、国史院编修、著名刻书家施元之注《文选·古诗》："宰相执政，许张青盖"。有褐红色伞盖的牛车以及青黑色伞盖的牛车十多辆车互不相让争抢道路），不避仪仗。轼使御营巡检使问之，乃皇后及大长公主。时御史中丞李之纯为仪仗使，轼曰："中丞职当肃政，不可不以闻之。"纯不敢言，轼于车中奏之。哲宗遣使赉疏驰白太皇太后（赉，音lài。《说文解字·贝部》："赉，赐也。"赏赐；赠送；赐予。《尚书·汤誓》："予其大赉汝，尔无不信，朕不食言"），明日，诏整肃仪卫，自皇后而下皆毋得迎谒。寻迁礼部兼端明殿、翰林侍读两学士（《宋史·职官志二·诸殿学士》："端明殿学士：端明殿即西京正衙殿也。后唐天成元年，明宗即位之初，四方书奏，命枢密使安重诲进读，懵于文义。孔循献议，始置端明殿学士，命冯道、赵凤俱以翰林学士充，班在翰林学士上。后有转改，止于翰林学士内选任。初如三馆例，职在官下；赵凤转侍郎，讽任圜特移职在官上，后遂为故事。宋太宗初，以程羽为之，后随殿名改为文明殿学士。庆历中，改为紫宸，后又改为观文。明道二年，改承明殿为端明殿，复置端明殿学士，以翰林侍读学士宋绶为之，在翰林学士之下。自明道讫元丰，无前执政为之者，仅以待学士之久次者。元丰中，以前执政为之，自曾孝宽始；以见任执政为之，自王安礼始。政和中，尝改为延康殿。建炎二年，都省言：延康殿学士旧系端明殿学士。诏依旧。后拜签枢者多领焉"），为礼部尚书（官署名。北周始设，隋、唐为六部之一，魏、晋以来，客曹及祠部等机构之职掌，分礼部、祠部、主客、膳部四曹，职掌礼仪、祭享、贡举等职，长官为礼部尚书）。高丽遣使请书，朝廷以故事尽许之。轼曰："汉东平王请诸子及《太史公书》，犹不肯予。今高丽所请，有甚于此，其可予乎？"不听。

八年（1093年），宣仁后崩，哲宗亲政。轼乞补外，以两学士出知定州（州名，北魏天兴三年，即400年改安州置，治所位于今河北省定县。北宋末，升为中山府。《宋史·地理二·河北西路》："中山府，次府，博陵郡。建隆元年，以易、北平并来属。太平兴国初，改定武军节度。本定州。庆历八年，始置定州路安抚使，统定、保、深、祁，广信、安肃、顺安、永宁八州。政和三年，升为府，改赐郡名曰中山"）。时国是将变（国是，专指国家大事；国家的重大政策、规划等事务。国是，所指的范围较比"国事"稍窄，不可替代"国事"。西汉刘向以谏讽为政治目的撰历史故事类编《新序·杂事》："君臣不合，国是无由定矣。"《后汉书·桓谭冯衍列传》："昔楚庄王问孙叔敖曰：寡人未得所以为国是也。叔敖曰：国之有是，众所恶也，恐王不能定也。王曰：不定独在君，亦在臣乎？对曰：君骄士，曰士非我无从富贵；士骄君，曰君非士无从安存。人君或至失国而不悟，士或至饥寒而不进。君臣不合，则国是无从定矣。庄王曰：善。愿相国与诸大夫共定国是也"），轼不得入辞。既行，上书言：天下治乱，出于下情之通塞。至治之极，小民皆能自通；迨于大乱，虽近臣不能自达。陛下临御九年，除执政（执政，当政者，即掌理国家政事的大臣。《左传·襄公三十一年》："郑人游于乡校，以论执政。"此执政，指子产。《史记·文帝本纪》："唯二三执政犹吾股肱也"）、台谏外（唐时，台官与谏官分别而立。台官，由御史大夫、御史中丞、侍御史、殿中侍御史、监察御史组成，是监督官吏的官员，主职就是纠正、弹劾行为不端、违法不正的官员。谏官，由谏议大夫、拾遗、补阙、司谏、正言组成，是侍从规谏，谏讽君主的官员。自宋时，台谏合一，实际是御史台、监司、谏官的连称。二者事权混淆，谏官也拥有监察百官的权力。《宋会要·职官》："天子耳目，寄与台谏，而台之为制，则有内台，有外台。外台即监司是也。"简言之，唐、宋时期，以专掌纠正弹劾之御史为台官，以职掌建言之给事中、谏议大夫等为谏官。二者虽然各有所司，其职责多有掺混，所以就泛称为"台谏"），未尝与群臣接。今听政之初，当以通下情、除壅蔽为急务。臣日侍帷幄（帷幄，音 wéi wò。帐幕。位于旁边的叫"帷"，四面合围起来的象屋宇的叫"幄"。《汉书·张良传》："运筹策帷幄中，决胜千里外，子房功也。"帝王宫室的帐幕。西汉辞赋家司马相如作《长门赋》："飘风回而起闺兮，举帷幄之襜襜。"《旧唐书·王琚传》："琚在帷幄之侧，常参闻大政，时人谓之'内宰相'"），方当戍边，顾不得一见而行，况疏远小臣欲求自通，难矣。然臣不敢以不得对之故，不效愚忠。古之圣人将有为也，必先处晦而观明，处静而观动，则万物之情，毕陈于前。陛下圣智绝人，春秋鼎盛。臣愿虚心循理，一切未有所为，默观庶事之利害，与群臣之邪正。以三年为期，俟得其实，然后应物而作。使既作之后，天下无恨，陛下亦无悔。由此观之，陛下之有为，惟忧太蚤（蚤，古通"早"。《论衡·问孔》："颜回年二十九，发尽白，蚤死。孔子哭之恸，曰：自吾有回，门人益亲"。《淮南子·天文》："日至于曾泉，是谓蚤食"），不患稍迟，亦已明矣。臣恐急进好利之臣，辄劝陛下轻有改变，故进此说，敢望陛下留神，社稷宗庙之福，天下幸甚。

定州军政坏弛，诸卫卒骄惰不教，军校蚕食其廪赐（廪，音 lǐn。米仓；粮库；米粟粮食；俸禄。廪赐，官府给予的赏赐和俸禄。《后汉书·董卓传》："廪赐断绝，妻子饥冻"），前守不敢谁何。轼取贪污者配隶远恶，缮修营房，禁止饮博，军中衣食稍足，乃部勒战法，众皆畏伏。然诸校业业不安（业业，畏惧不安貌。《尚书·皋陶谟》："兢兢业业，一日二日万几。"《孔传》："业业，危惧。"《三国志·吴志·朱桓传》："诸将业业，各有惧心。"然而，诸多校尉终日畏惧不安），有卒吏以赃诉其长，轼曰："此事吾自治则可，听汝告，军中乱矣。"立决配之，众乃定。

会春大阅，将吏久废上下之分，轼命举旧典，帅常服出帐中，将吏戎服执事。副总管王光祖自谓老将，耻之，称疾不至。轼召书吏使为奏，光祖惧而出，讫事，无一慢者。定人言："自韩琦去后，不见此礼至今矣。"契丹久和，边兵不可用，惟沿边弓箭社与寇为邻，以战射自卫，犹号精锐。故相庞籍守边，因俗立法。岁久法弛，又为保甲所挠。轼奏免保甲及两税折变科配，不报。

绍圣初（1094年。绍圣：北宋哲宗赵煦的年号，1094—1098年），御史论轼掌内外制日，所作词命，以为讥斥先朝。遂以本官知英州（英州，位于今广东省北部，北江中游及其支流连江及滃江下游。汉置浈阳、含洭两县，宋置英德府。《宋史·地理志六·广南东路》："广南东路，府一：肇庆。州十四：广、韶、循、潮、连、梅、南雄、英、贺、封、新、康、南恩、惠。英德府，下，本英州，军事。宣和二年，赐郡名曰真阳。庆元元年，以宁宗潜邸，升府"），寻降一官，未至，贬宁远军节度副使（宁远军，《宋史·地理志六·广南西路》："容州，下，都督府，普宁郡，宁远军节度。开宝五年，废欣道、渭龙、陵城三县。"节度副使是节度使的副职，辅助官员。唐初沿袭北周、隋旧制，在重要地区设总管，后改称都督，总揽数州军事，至710—711年，始有节度使之称。安史之乱后，各地多设立节度使，辖境大小不一，且多兼军号，致使一些地区的节度使拥兵自重，传位于子孙、部将，不奉朝命，世称藩镇。至北宋初，中央收回兵权，节度使自始专做将相及宗室勋戚的荣誉职衔，并不赴任，即便赴任亦无实权。《宋史·职官志六·节度使》："节度使：宋初无所掌，其事务悉归本州知州、通判兼总之，亦无定员，恩数与执政同。初除，锁院降麻，其礼尤异，以待宗室近属、外戚、国婿年劳久次者；若外任，除殿帅始授此官，亦止于一员；或有功勋显著，任帅守于外，及前宰执拜者，尤不轻授。又遵唐制，以节度使兼中书令、或侍中、或中书门下平章事，皆谓之使相，以待勋贤故老及宰相久次罢政者；随其旧职或检校官加节度使出判大藩，通谓之使相。元丰以新制，始改为开府仪同三司。旧制，敕出中书门下，故事之大者使相系衔。至是，皆南省奉行，而开府不预。……"），惠州安置（惠州，州、路、府名。1021年，北宋天禧五年，改祯州为惠州。治所在今惠阳东，辖境相当于今广东省罗浮山以东的东江流域和螺河水流域以西沿海地区。《宋史·地理六·广南东路》："惠州，下，军事。宣和二年，赐郡名博罗"）。居三年，泊然无所蒂芥（泊然，恬静；淡泊无欲。《汉书·司马相如传上》："于是楚王乃登阳云之台，泊乎无为，澹乎自持，芍药之和具而后御之。"三国魏嵇康《养生论》："爱憎不栖于情，忧喜不留于意，泊然无感，而体气和平。"《汉书·贾谊传》："细故蒂芥，何足以疑！"西汉司马相如《子虚赋》："吞若云梦者八九于其胸中，曾不蒂芥。"后人们则将蒂芥比喻累积在心底里使人不愉快或怨恨的嫌隙）。

人无贤愚，皆得其欢心。又贬琼州别驾（琼州，州、府名，631年，唐代贞观五年，分崖州置州。治所在今海南省海口市，辖境相当于今海南省海口市及琼山、定安、澄迈、临高、琼海等县地。《宋史·地理志六·广南西路》："琼州，下，琼山郡靖海军节度。本军事州。大观元年，以黎母山夷峒建镇州，赐军额为靖海。政和元年，镇州废，以其地及军额来归。"别驾，官名。汉置别驾从事史，为刺史的辅佐之吏，刺史外出巡视辖境时，别驾亦乘驿车随同前往，故而得名。魏、晋以后，均承袭汉制，诸州置别驾，总理众务，职权甚重，当时论者认为其职居刺史之半。隋、唐时期改为长史，唐代中期以后诸州仍以别驾、长史并置，而职任已轻。宋于诸州置通判，近似别驾之职，后世因此沿称通判为别驾。《宋史·职官志七·诸军通判》："通判：宋初惩五代藩镇之弊，乾德初，下湖南，始置诸州通判，命刑部郎中贾玭等充。诏知府公事并须长吏、通判签议连书，方许行下。时大郡置二员，余置一员，州不及万户不置，武臣知州，小郡亦特置焉。……"），居昌化（旧县名，今浙江省杭州市西部。南邻桐庐、淳安，北接安徽省宁国，西接安徽省歙县、绩溪。一个资源丰富、文化独特，既美丽而又富饶的地方。《宋史·地理志四·两浙》："临安府，大都督府，本杭州，余杭郡。淳化五年，改宁海军节度。大观元年，升为帅府。旧领两浙西路兵马钤辖。建炎元年，带本路安抚使，领杭、湖、严、秀四州。三年，升为府，带兵马钤辖。绍兴五年，兼浙西安抚使。……县九：钱塘、仁和、余杭、临安、富阳、于潜、新城、盐官、昌化。绍兴中，七县并升畿"）。昌化，故儋耳地（儋，音dàn。儋耳，古部族名。一说在北荒，一说在今海南岛。《吕氏春秋·任数》："北怀儋耳。"《山海经·大荒北经》："有儋耳之国。"郭璞注解："其人耳大，下儋垂在肩上。"又，西汉元丰元年置郡名，辖境在今海南儋州），非人所居，药饵皆无有。初僦官屋以居（僦，音jiù，形声动词。租赁。韩愈《送郑权尚书序》："家属百人，无数亩之宅，僦屋以居。"初始租赁公房用以居住），有司犹谓不可（有司，官吏。古代设官分职，各有专司，故称。三国蜀诸葛亮《出师表》："若有作奸犯科，乃为忠善者，宜付有司，论其刑赏。"官府之吏仍然不允许、不答应），轼遂买地筑室，儋人运甓畚土以助之（甓畚，音pì běn。砖和畚箕。畚箕，古代人用草绳编织做成的盛物之器，后用编竹为之。《诗经·陈风·防有鹊巢》："中唐有甓，邛有旨鹝。"清代进士马瑞辰著《毛诗传笺通释》解："甓为砖。"《唐书·张志和传》："县令使浚渠，执畚无作色。"意即当地土人帮助搬砖用畚箕盛土助其筑屋）。独与幼子过处，著书以为乐，时时从其父老游，若将终身（南宋陆游《老学庵笔记·卷五》："绍圣中，贬元祐人苏子瞻儋州，子由雷州，刘莘老新州，皆戏取其字之偏旁也。时相之忍忮如此。东坡自儋耳归，至广州舟败，亡墨四箧，平生所宝皆尽，仅于诸子处得李墨一丸，潘谷墨两丸。自是至毗陵捐馆舍，所用皆此三墨也，此闻之苏季真云"）。

徽宗立（1100年，北宋徽宗赵佶登基），移廉州（州名，634年，唐贞观八年，改越州置州。治所位于今广西区合浦县。北宋太平兴国中废，咸平初复置。《宋史·地理志六·广南西路》：

“廉州，下，合浦郡，军事。972年，北宋开宝五年，废封山、蔡龙、大廉三县，移州治于长沙场，置石康县。太平兴国八年，改太平军，移治海门镇。咸平元年复”），改舒州团练副使（舒州，唐置舒城县。治所位于今安徽省中南部。《宋史·地理四·江南东西路》：“隆兴府，本洪州，都督府，豫章郡，镇南军节度。旧领江南西路兵马钤辖。绍兴三年，以淮西屯兵听江西节制，兼宣抚舒、蕲、光、黄、安、复州，寻罢。四年，止称安抚、制置使，八年，复兼安抚、制置大使。隆兴三年，以孝宗潜藩，升为府”），徙永州（州名，589年，隋开皇九年，置州，治所位于今湖南省零陵县。《宋史·地理四·荆湖南北路》：“永州，中，零陵郡，军事。熙宁六年，废福田、乐山二砦。八年，废零陵砦”）。更三大赦，遂提举玉局观，复朝奉郎（宋代官名。《宋史·职官志九·文散官二十九》：“朝奉大夫，正五品。”又“朝奉郎，正六上”）。轼自元祐以来，未尝以岁课乞迁，故官止于此。建中靖国元年（1101年。建中靖国：北宋徽宗赵佶的年号），卒于常州（州名，589年，隋开皇九年，改晋陵郡置州，治所位于今江苏省常州市。《宋史·地理四·两浙路》：“常州，望，毗陵郡，军事”），年六十六。

轼与弟辙，师父洵为文，既而得之于天。尝自谓：“作文如行云流水，初无定质，但常行于所当行，止于所不可不止。”虽嬉笑怒骂之辞，皆可书而诵之。其礼浑涵光芒，雄视百代，有文章以来，盖亦鲜矣。洵晚读《易》，作《易传》未究，命轼述其志。轼成《易传》，复作《论语说》；后居海南，作《书传》；又有《东坡集》四十卷、《后集》二十卷、《奏议》十五卷、《内制》十卷、《外制》三卷、《和陶诗》四卷。一时文人如黄庭坚、晁补之、秦观、张耒、陈师道，举世未之识，轼待之如朋俦（俦，音chóu。朋友；同辈；交好的人。《周礼·地官·大司徒》：“五曰联朋友。”郑玄注解：“同师曰朋，同志曰友。”亦泛称相交好的人。《论语·学而》：“有朋自远方来”），未尝以师资自予也。

自为举子至出入侍从，必以爱君为本，忠规谠论（忠规，忠言规谏。谠，正直的言论。《汉书·叙传上》：“吾久不见班生，今日复闻谠言。”颜师古注解：“谠言，善言也。”），挺挺大节（正直貌。《左传·襄公五年》：《诗》曰：“周道挺挺，我心扃扃。”扃，音jiōng，通“炯”。明察貌。大节，大体。《左传·成公二年》：“礼以行义，义以生利，利以平民，政之大节也”），群臣无出其右。但为小人忌恶挤排，不使安于朝廷之上。

高宗即位（1127年），赠资政殿学士，以其孙符为礼部尚书。又以其文置左右，读之终日忘倦，谓为文章之宗，亲制集赞，赐其曾孙峤。遂崇赠太师，谥“文忠”。轼三子：迈、迨、过，俱善为文。迈，驾部员外郎（驾部，官署名。三国魏始设，属尚书的一曹，有尚书郎，职掌车舆、牛马厩牧之事。晋、南北朝沿置；北齐有驾部，归属殿中尚书管辖；隋改归兵部，置郎中、员外郎，唐代宋沿袭未改。员外郎，官职名。《太平御览·职官部·驾部郎中驾部员外郎》："《六典》曰：驾部郎中、员外郎，掌邦国舆辇、车乘、传驿、厩牧官私马牛杂畜之簿籍，辨其出入，司其名数"）。迨，承务郎（官职名。隋文帝时期，尚书各司于侍郎之外，各置员外郎一人，负责管理本司书籍账簿，侍郎出缺，代其职务。隋炀帝时，多有改动，改侍郎为郎，废除员外郎，每司增设一郎；既而又裁去所增之郎，改设承务郎，实质上还是原来的员外郎。620年，唐复改为员外郎，另外设置承务郎作为文散官的第二十五阶，从八品下。宋沿袭唐制，元丰改制用以代校书郎、正字、将作监主簿）。

过，字叔党。轼知杭州，过年十九，以诗赋解两浙路（路名，995—997年，北宋至道时，十五路之一，治所在今杭州市。辖境相当于今浙江全省和上海市及江苏省镇江市、金坛、宜兴以东地区。熙宁年间，分为东、西两路，不久又合为一；南宋时始定为两路。《宋史·地理志四·两浙》："熙宁七年，分为两路，寻合为一；九年，复分；十年，复合。府二：平江、镇江。州十二：杭、越、湖、婺、明、常、温、台、处、衢、严、秀。县七十九。南渡后，复分临安、平江、镇江、嘉兴四府，安吉、常、严三州，江阴一军，为西路；绍兴、庆元、瑞安三府，婺、台、衢、处四州，为东路。"又"两浙路：盖《禹贡》扬州之域，当南斗、须女之分。东南际海，西控震泽，北又滨于海。有鱼盐、布帛、秔稻之产。人性柔慧，尚浮屠之教。俗奢靡而无积聚，厚于滋味。善进取，急图利，而奇技之巧出焉。余杭、四明，通蕃互市，珠贝外国之物，颇充于中藏云"），礼部试下。及轼为兵部尚书，任右承务郎。轼帅定武，谪知英州，贬惠州，迁儋耳，渐徙廉、永，独过侍之。凡生理昼夜寒暑所须者，一身百为，不知其难。初至海上，为文曰《志隐》，轼览之曰："吾可以安于岛夷矣。"因命作《孔子弟子别传》。轼卒于常州，过葬轼汝州郏城小峨眉山，遂家颍昌，营湖阴水竹数亩，名曰小斜川，自号"斜川居士"。卒，年五十二。

初监太原府税，次知颍昌府郾城县，皆以法令罢。晚权通判中山府。有《斜川集》二十卷。其《思子台赋》《飓风赋》早行于世。时称为"小坡"，盖以轼为"大坡"也。其叔辙每称过孝，以训宗族。且言："吾兄远居海上，惟成就此儿能文也。"

论曰：苏轼自为童子时，士有传石介《庆历圣德诗》至蜀中者，轼历举诗中所言韩、富、杜、范诸贤以问其师，师怪而语之，则曰："正欲识是诸人耳。"盖已有颉颃当世贤哲之意（颉颃，音xié háng。①本意是说空中飞鸟上下自由飞翔的样子。《诗经·邶风·燕燕》："燕燕于飞，颉之颃之。"东汉张衡《归田赋》："交颈颉颃，关关嘤嘤。”由此引申为不相上下或相互抗衡、刚直傲慢的意思。《晋书·文苑传序》：“藩夏连辉，颉颃名辈。”②傲慢貌，犹言倔强。《文选·夏侯湛、东方朔画赞》：“苟出不可以直道也，颉颃以傲世。”已经具有与当世贤哲不相上下傲世之意）。弱冠，父子兄弟至京师，一日而声名赫然（明显；显耀；显赫状。《三国志·蜀书·诸葛亮传》：“神武赫然，威震八荒”），动于四方。既而登上第（科举制度，称考试成绩列入最优等者。《后汉书·献帝纪》：“九月甲午，试儒生四十余人，上第赐位郎中，次太子舍人，下第者罢之”），擢词科（擢，音 zhuó。提升；选拔。《国策·燕策二》：“擢之乎宾客之中，而立之乎群臣之上。”词科，科举考试科目之一。宏词科、词学兼茂科、博学宏词科的通称。主要选拔学问渊博、善于文辞，且文辞清丽，能够代帝王草拟朝廷日常文稿的人才），入掌书命（进入朝廷执掌书写诏书、命令。北宋白体诗人、散文家王禹称《寓直偶题》诗：“两朝书命媿无才，漫逐词臣侍玉阶”），出典方州（出典，出而执掌某官职。三国魏应璩《与赵叔潜书》：“入侍华幄，出典禁闱。”方州，①帝都。《昭明文选·班固》：“卓荦乎方州，洋溢乎要荒。”李周翰注解：“方州，帝都也。”②州郡。唐代王维《责躬荐弟表》：“顾臣谬官华省，而弟远守方州。”为朝廷制定有关方面的制度、法则）。器识之闳伟（器识，器量与见识。《晋书·张华传》：“器识弘旷，时人罕能测之。”闳，音 hóng。器量与见识宏大雄伟广博），议论之卓荦（荦，音 luò，形容词。明显；分明。《史记·天官书》：“此其荦荦大者。”《史记索隐》：“事之分明也。”卓荦，亦作“卓跞”。卓越；突出；超绝超群。《三国志·魏志·陈矫传》：“博闻强记，奇逸卓荦。”左思《咏史诗之一》：“弱冠弄柔翰，卓荦观群书”），文章之雄俊（俊，优秀，雄峻，宏大，才智出众。《汉书·礼乐志》：“至武帝即位，进用英俊。”《大戴礼记·夏小正》：“时有俊风；俊者，大也”），政事之精明，四者皆能以特立之志为之主，而以迈往之气辅之。故意之所向，言足以达其有猷（猷，音 yóu。计划；谋划。《尚书·盘庚上》：“各长于厥居，勉出乃力，听予一人之作猷。”道；道术；法则。《诗经·小雅·巧言》：“秩秩大猷，圣人莫之。”东汉郑玄注解：“猷，道也”），行足以遂其有为。至于祸患之来，节义足以固其有守，皆志与气所为也。仁宗初读轼、辙制策（东汉许慎《说文解字》：“策者，谋也。凡录政化得失显而问之，谓之对策。”制策，一种古代选拔人才的办法。汉时，由主考官发策以问，应试者就其所问回答陈述自己的见解，称为“对策”。而由皇帝亲自出题，书之于策上以问臣下，称为“制策”），退而喜曰：“朕今日为子孙得两宰相矣。”神宗尤爱其文，宫中读之，膳进忘食，称为天下奇才。二君皆有以知轼，而轼卒不得大用。欧阳修先识之，其名遂与之齐，岂非轼之所长不可掩抑者，天下之至公也，相不相有命焉，呜呼！轼不得相，又岂非幸欤？或谓：“轼稍自韬戢（韬戢，音 tāo jí。收藏；敛藏；韬晦收敛。唐末五代前蜀医家、道士、著名道教学者杜光庭《罗天普告词》：“五兵韬戢，四气均调。"《资治通鉴·晋武帝太康元年》："今天下为一，当韬戢干戈"），虽不获柄用，亦当免祸。"虽然，假令轼以是而易其所为，尚得为轼哉。（元代脱脱等撰，《宋史·卷三百三十八·列传第九十七·苏轼传》）

《宋史》载徽宗赵佶对苏轼是极端地不待见，因为他被奸佞蔡京列为元祐党人之一分子。既然蔡京是被赵佶极为宠幸的臣子，那么，蔡京所恨之人，自然也就是赵佶所痛恨之人，请问一个被皇上所恨的人，能有什么好果子吃吗？能有好的处境吗？因此在"崇宁元年九月己亥日（1102 年），籍元祐及元符末宰相文彦博等、侍从苏轼等、余官秦观等、内臣张士良等、武臣王献可等凡百有二十人，（御书刻石端礼门籍，籍录；登记。《说文解字·竹部》："籍，簿书也"）"，又于"崇宁二年夏四月乙亥日（1103 年），诏毁刊行《唐鉴》并三苏、秦、黄等文集"，这是发生在赵佶刚坐上皇帝宝座的第二、三年时的事情。

此后，赵佶对元祐党人也算做了些宽赦，一次是在元符三年，就是刚即位的当年夏四月丁巳日，"诏范纯仁等复官宫观，苏轼等徙内郡居住"，这算是对元祐党人的一次宽大。再一次就是在崇宁四年的九月乙巳日，诏元祐人贬谪者以次徙近地，惟不得至畿辅。这是在己亥大赦天下之后，做出对被贬谪的元祐党人，算是较为人性化的一次诏敕。此后，又于崇宁五年春正月乙巳日（1106 年），以星变避殿损膳，诏求直言阙政，毁《元祐党人碑》。复谪者仕籍，自今言者勿复弹纠。丁未，太白画见，赦天下，除党人一切之禁。至此，前后历时五年的元祐党人事件终于算是被彻底平反昭雪解放了，作为元祐党人一分子的苏轼，也就算是被解放了。

注：元祐党人，北宋徽宗赵佶执政的第二年，也就是崇宁元年的秋七月戊子（1102 年），"以蔡京为尚书右仆射兼中书侍郎。己丑，焚元祐法"。便重用奸佞蔡京为相，其与宦寺勾结，把持朝政，打着尊崇奉行神宗赵顼熙宁新政的旗号，大力排斥异己，严厉打击政治反对派，完全恢复绍圣之法，把反对他的司马光、文彦博、苏轼等三百零九人扣上"元祐奸党"的大帽子，并先后在端礼门及郡县官厅，文德殿门外前树立"元祐党籍碑"："皇帝嗣位之五年，旌别淑慝，明信赏刑，黜元祐害政之臣，靡有佚罚。乃命有司，夷考罪状，第其首恶与其附丽者以闻，得三百九人。皇帝书而刊之石，置于文

德殿门之东壁，永为万世臣子之戒。又诏臣京书之，将以颁之天下。臣窃惟陛下仁圣英武，遵制扬功，彰善瘅恶，以昭先烈。臣敢不对扬休命，仰承陛下孝悌继述之志。司空尚书左仆射兼门下侍郎蔡京谨书。”同时，碑上刻写这些人的名字，昭示于国人，被其谓之朋党的这些所谓的“元祐党人”，重者关押迫害，轻者肆意贬谪流放边远之地，未经特许，决不允许内徙。

元祐，此年号乃是北宋哲宗赵煦执政的第一个年号。绍圣，此年号乃是北宋哲宗赵煦执政的第二个年号。

《宋史》载苏轼事迹多从为官政绩记录，而对于他的文学才能和医药学知识记载甚少或基本未有，不无遗憾！但在最后的简论之说，尤应引起人们的重视：“苏轼自为童子时，士有传石介《庆历盛德诗》至蜀中者，轼历举诗中所言韩、富、杜、范诸贤以问其师。师怪而语之，则曰：‘正欲识是诸人耳。’盖已有颉颃当世贤哲之意。弱冠，父子兄弟至京师，一日而声名赫然，动于四方。既而登上第，擢词科，入掌书命，出典方州。器识之闳伟，议论之卓荦，文章之雄俊，政事之精明，四者皆能以特立之志为之主，而以迈往之气辅之。故意之所向，言足以达其有猷，行足以遂其有为。至于祸患之来，节义足以固其有守，皆志与气所为也。仁宗初读轼、辙制策，退而喜曰：“朕今日为子孙得两宰相矣。”神宗尤爱其文，宫中读之，膳进忘食，称为天下奇才。二君皆有以知轼，而轼卒不得大用。欧阳修先识之，其名遂与之齐，岂非轼之所长不可掩抑者，天下之至公也，相不相有命焉，呜呼！轼不得相，又岂非幸欤？或谓：“轼稍自韬戢，虽不获柄用，亦当免祸。”虽然，假令轼以是而易其所为，尚得为轼哉”？

大文豪苏轼，号“东坡居士”。北宋仁宗嘉祐年间进士，神宗时，曾任祠部员外郎，曾出任密州、徐州、湖州知州。

由于政治观念比较守旧，在政治见解观念上属于旧党，但也有改革弊政的要求。其因反对王安石推行变革新法，上书力陈新法弊端，直言种种“不便”，而被王安石所疏远，1079年（元丰二年），因“乌台诗案”，以作诗“谤讪朝廷”罪下狱、贬谪黄州（北宋朱彧《萍州可谈·苏公堤孟家蝉语谶》：“苏子瞻责黄州，居州之东坡，作雪堂，自号‘东坡居士’，后人遂目子瞻为东坡，其地今属佛庙。”《萍州可谈·东坡羹》："东坡在黄州，手作菜羹，号为"东坡羹"，自叙其制度，好事者珍奇之")。

哲宗时，以司马光为首的旧党得势上台执政，全面废除新法，召东坡回朝共事，擢任翰林学士，曾出任杭州、颍州知州，官至礼部尚书。后又因他不满司马光的"一风吹"政策，而遭到排斥打击，再次遭贬谪居英州、惠州、儋州以至海南岛（南宋陆游《老学庵笔记·卷四》："绍圣中，贬元祐人苏子瞻儋州，子由雷州，刘莘老新州，皆戏取其字之偏旁也。时相之忍忮如此"。忮，音 zhì，形容词。《说文解字·忄部》："忮，很也。从心，支声。"《一切经音义》引《说文》："忮，恨也。"嫉妒，忌恨，忮害，忮心，忮刻。《诗经·邶风·雄雉》："不忮不求，何用不臧？"忍忮，刻毒忌恨）。

徽宗即位，大赦北还，病卒于常州，追谥"文忠"。

北宋地理学家朱彧撰《萍州可谈·东坡处忧患》：东坡元丰间知湖州，言者以其诽谤时政，必致死地，御史台遣就任摄之，吏部差朝士皇甫朝光管押。东坡方视事，数吏直入上厅事，捽其袂曰："御史中丞召。"东坡错愕而起，即步出郡署门，家人号泣出随之。弟辙适在郡，相逐行及西门，不得与诀，东坡但呼："子由，以妻子累尔！"郡人为之泣涕。下狱即问五代有无誓书铁券，盖死囚则如此，他罪止问三代。东坡为一诗付狱吏，他日寄子由，其诗曰："圣主如天万物春，小臣愚暗自亡身。百年未满先偿债，十口无归更累人。是处青山可埋骨，他时夜雨独伤神。与君世世为兄弟，更结来生未了因。"狱吏怜之，颇宽其苦楚。狱成，神考薄其罪，止责散官，安置黄州。元祐中，复起为两制用事。绍圣初，贬惠州，再窜儋耳。元符末，放还，与子过乘月自琼州渡海而北，风静波平，东坡叩弦而歌，过困不得寝，甚苦之，率尔曰："大人赏此不已，宁当再过一巡？"东坡矍然就寝（矍，音 jué，形容词。《说文解字》："矍，一曰视遽貌。"徐锴注解："左右惊顾。"矍然，警觉惊视，惊慌不安，惊惶四顾状。东汉班固《东都赋》："主人之辞未穷，西都宾矍然失容，逡巡降階。"李善注引《说文》："矍，惊视貌也"）。余在南海，逢东坡北归，气貌不衰，笑语滑稽无穷，视面多土色，靥耳不润泽（靥，音 yè，名词。酒窝，面颊上的微涡。南朝梁陈间诗人、文学家徐陵选编诗歌总集《玉台新咏序》："北地胭脂，偏开两靥"）。别去数月，仅及阳羡而卒（即今江苏省宜兴市）。东坡固有以处忧患，但瘴雾之毒，非所能堪尔。

苏轼性格受其父苏洵影响，豪爽率直，热爱生活。他的思想境界、民主精神无不令人佩服。他心胸明净，直面人世，不畏权势，不随波逐流，不论仕途如何险恶，决不说违心的话。他刚直疾恶，直谏不避嫌，其名言：“古之取士论政必于学。有学而不论政、不取士，犹无学也”。苏轼一生政治上虽不得志，因其性格上的刚直不阿，屡屡遭贬，但是，因其学识渊博，博通经史，多才多艺、才华横溢、主儒却不为儒学所拘，是北宋中期以后文坛领袖式的人物，文、诗、词、书、画皆称大家，成就卓越，为后人所崇仰，他于诗词文赋、琴棋书画无一不精。

南宋陆游撰《老学庵笔记·卷五》：世言东坡不能歌，故所作乐府词多不协，晁以道云：“绍圣初，与东坡别于汴上。东坡酒酣，自歌《古阳关》。则公非不能歌，但豪放不喜裁剪以就声律耳。”

其文视野开阔，风格豪迈，个性鲜明，明白畅达，妙趣横生，汪洋恣肆；历来强调文章的独特见解与主张，其文是继欧阳修之后，在文坛“独领风骚”数十年的领军人物，与欧阳修并称“欧苏”，使宋代的文学艺术成就水平远远超过前人，又滋养了后代。与其父苏洵、弟苏辙并称“三苏”，同为“唐、宋八大家”之一，留有《东坡全集》。

其诗作清新豪迈，善用夸张比喻，在艺术表现上具有独特风格，首开宋朝一代诗歌新风气。他一生关心民生疾苦，诗词中有不少反映农村生活、民生疾苦和指斥统治阶级奢侈骄纵的诗篇作品，与诗人黄庭坚并称“苏、黄”。《宋史·卷四百四十四·列传第二百三·文苑六·黄庭坚传》载：“而庭坚于文章尤长于诗，蜀、江西君子以庭坚配轼，故称‘苏、黄’。”

词作风格开豪放一派，视野广阔，个性鲜明，意趣横生，与词人辛弃疾并称“苏、辛”，对后代有很大影响。

又工书画，擅长行书、楷书，取法多家，自创新意；用笔丰腴跌宕，极富天真烂漫情趣，世称“苏体”，与黄庭坚、米芾、蔡襄并称“宋代四大家”。

北宋诗人黄庭坚、秦观、晁补之、张耒由于都出于苏轼门下，故称之为“苏门四学士”。《宋史·卷四百四十四·列传第二百三·文苑六·黄庭坚传》载：“与张耒、晁补之、秦观俱游苏轼门，天下称为四学士……”

北宋文学家黄庭坚、秦观、晁补之、张耒、陈师道、李廌（音 zhì）由于都出于苏轼门下，当时皆有文名，推尊他们的人因此称之为“苏门六君子”。

喜竹、善画竹，喜作枯木怪石，竹木画极具特色。论画主张“神似”，追求“诗中有画，画中有诗”的意境。

古代的儒学大师们，对于医药学亦多精通，大文豪苏东坡亦不例外。他在医药学知识上的造诣，不亚于一些名医。他不仅精通本草中医药学，更是一位深谙药膳、食疗养生，非常善于养生健身的美食养生家，是位知医理明药物，热衷济世救人的文学家。他不仅喜好而且非常善于从民间搜集秘方、验方，与名医探讨、交流医理，总结、撰写比较科学实用的医学著作。他于饮食保健、药膳养生亦十分见长，对于传统医药学方面亦有诸多独到见解，常自拟方剂食用，《苏沈良方》一书，便是后人依据沈括《良方》与苏轼撰写的《苏学士良方》二人的杰作汇编的一本极具实用价值的方书。

1089 年，北宋哲宗赵熙元祐四年，他在出任杭州太守期间，首开“病坊”以药粥施舍救治疫民，不愧是一为人称赞的善举。

在任黄州团练使时，发现当地山中盛产苍术，而当地居民因不明其价值、功效，只知燃烧熏蚊虫，甚为惋惜，遂作《论苍术》，倡明其健脾燥湿、辟秽、明目功效。

他在《辟谷说》中写道：“引首东望，吸初日光咽之。”便是一种养生的诀窍。

他留意于养生、精于养生，多方请教，不耻下问，广泛搜集、整理、研究、总结前人养生方法和理论，撰写了多篇有关养生学的文章，如《问养生》《养生说》《续养生说》《书养生后论》等，对后人如何养生产生了很大影响。

他为“麦门冬饮”赋诗，吟道：“一枕清风值万钱，无人肯卖北窗眠；开心暖胃门冬饮，知是东坡手自煎。”将其作为日常口腔保健、安神催眠的饮品。麦冬乃补阴上品，养阴生津，润肺清心，时常饮用，自然有益于睡眠。

人所共知的美食“东坡鱼”“东坡肉”不都是缘于他的创造吗?

他生性豁达、天生乐观，遇事泰然处之，置贵贱、祸福、荣辱、得失、生死、苦乐这些人生大事于度外，这与他日常重视养生保健不无关系。苏轼这一生堪称古代史、官场史上绝无仅有的一位旅行家官员，据笔者统计，他在任期间共出任过约二十四个州、府的官职。虽然有两位皇帝很是看重他，无奈当政执权者不知是出于嫉妒心或是其他因素，总之，这位才子始终未能坐上宰相之位，是国之福？还是国之悲？或是他的福分始终未到？其实道理也很简单，能人未必得用，唐代大诗人杜甫有诗云：“自古圣贤多薄命，奸雄恶少皆封侯。”一语道破天机，也道破了这一历史规律。

苏轼，在历史上历来总是被人们尊崇为伟大的、可爱的聪明才子，政治家、文学家，有道之士，人们无不欣赏其诗文佳作，赞赏他的执政能力，夸奖他的为民精神。可是，令人不可思议的事是，《宋史》中记载他也曾是历史上两个臭名昭著、被人唾弃的人——大奸臣高俅、无良道士林灵素的主人，二人都曾做过他的书僮。

僧智缘（生卒年无考），嘉祐年间僧医。

僧智缘，随州人，善医。嘉祐末，召至京师，舍于相国寺。每察脉，知人贵贱、祸福、休咎，诊父之脉而能道其子吉凶，所言若神，士大夫争造之（造，音 zào。往；到；造访；拜访。《说文解字·辶部》：“造，就也。”《周礼·地官·司门》：“凡四方之宾客造焉，则以告。”士大夫们争相前往造访）。王珪与王安石在翰林，珪疑古无此，安石曰：“昔医和诊晋侯，而知其良臣将死。夫良臣之命乃见于其君之脉，则视父知子，亦何足怪哉！”

熙宁中，王韶谋取青唐，上言蕃族重僧，而僧结吴叱腊主部帐甚众，请智缘与俱至边。神宗召见，赐白金，遣乘传而西（乘传，音 chéng zhuàn。乘坐驿站的传车。《汉书·高帝纪下》：“横惧，乘传诣洛阳。”颜师古注解：“如淳曰：‘律，四马高足为置传，四马中足为驰传，四马下足为乘传，一马二马为轺传。急者乘一乘传。”“传者，若今之驿。古者以车，谓之传车；其后又单置马，谓之驿骑”），遂称“经略大师”。智缘有辩口，径入蕃中，说结吴叱腊归化，而他族俞龙珂、禹藏讷令支等皆因以书款（也都致书信以示恳切心情。《三国志·吴志·孙权传》：“初权外托事魏，而诚心不款”）。韶颇忌恶之，言其挠边事，召还，以为右街首坐，卒。（元代脱脱等撰，《宋史·卷四百六十二·列传第二百二十一·方伎下·僧智缘传》）

宋代僧人智缘，诊脉便可知人贵贱、祸福、休咎，诊父之脉便能道其子吉凶祸福，所言若神若化，常令人不敢相信。然，古来神医颇多，出神入化之事，数不胜举，常人难以相信，也难以理解。

赵佶（1082—1135，1100—1125年在位，享年五十四岁），北宋第八位皇帝，杰出的书画家，通晓医药学。撰著有《宋徽宗圣济经》，简称《圣济经》。

北宋徽宗赵佶是神宗赵顼的第十一子，哲宗赵煦的亲弟弟，只因哲宗病逝时没有子嗣接班，由神宗的向皇后独断决策敕立端王即位

宋徽宗赵佶，是位笃信道教，达到无以复加地步的皇帝，自诩为“教主道君皇帝”。他大力兴建道观宫殿，并为道士设官立阶，赐予俸禄，设立经局，编辑出版多部道教经典书籍。据《宋史》载，“自崇宁元年秋七月甲申朔，建长生宫以祠荧惑（荧惑，火星。东汉王充《论衡·变虚》：“有善行必有善政，政善则嘉瑞臻，福祥至。荧惑之星，无为守心也”）”。

政和三年夏四月乙巳（1113年），以福宁殿东建玉清和阳宫。冬十月戊辰，诏冬祀大礼及朝景灵宫（景灵宫有二，在城内端礼街之东西。大中祥符五年十一月建，奉艺祖以下御容。元丰五年诏，岁以四孟月朝。景灵东宫：大中祥符五年十一月，诏以圣祖临降，令择地建官，遂以锡庆院建。约唐太清宫制度。仍上新宫名曰景灵。神宗元丰中，又广其制，尽奉诸帝后御容也），并以道士百人执威仪前导。冬十一月辛巳，朝献景灵宫。乙酉，以天神降，诏告在位，作《天真降临示现记》。十二月癸丑，诏天下访求道教仙经。政和四年春正月戊寅朔（1114年），置道阶，凡二十六等。政和五年夏四月甲辰，作葆真宫（1115年）。政和六年闰月丁未（1116年），置道学。夏四月乙丑，会道士于上清宝箓宫（《东京梦华录·上清宫》：“在新宋门里街北”）。九月辛卯朔，诣玉清和阳宫，上太上开天执符御历含真体道昊天玉皇上帝徽号宝册。丙申，令洞天福地修建宫观，塑造圣像。政和七年二月甲子（1117年），会道士二千余人于上清宝箓宫，诏通真先生林灵素谕以帝君降临事。辛未，改天下天宁万寿观为神霄玉清万寿宫。乙亥，幸上清宝箓宫（上清宝箓宫在景龙门东，与晨晖门相对，政和五年建），命林灵素讲道经（林灵素，字通叟，1075—1119，今浙江省温州人，北宋后期著名道士。家世寒微，年少时曾为苏轼的书僮。陪侍东坡先生游瑞佛寺，读碑记，过目不忘，惊呆博闻强记的东坡先生，说：“子聪明过我，富贵可立待。”笑而答曰：“生封侯，死立庙，未为贵也。封侯虚名，庙食不离下鬼。愿做神仙，予之志也。”稍识五雷法，呼风召霆，偶尔祷雨有小验。其说妄诞，无所能解，不可究质；装神弄鬼，平步青云，甚善欺世惑众。帝心喜其所言，被赐号“通真达灵先生”，加号“元妙先生”，金门羽客，赏赉无算。据《宋史·方伎传》载：“少从浮屠

学，苦其师笞骂，去为道士。善妖幻，往来淮、泗间，丐食僧寺，僧寺苦之。”在京师四年，立道学，封道官，废佛学，寺为宫；追随附庸之徒多达两万，锦衣玉食，骄横不悛，跋扈霸道，道遇太子亦不避敛，太子禀告父皇，帝怒，为太虚大夫，斥归故里，死于徙处楚州。南宋初年中兴名臣、宰相、政治家、词人赵鼎和进士赵与时分别都作有《林灵素传》)。夏四月庚申，帝讽道箓院上章（讽，形声动词。《说文解字·讠部》：“讽，诵也”），册己为教主道君皇帝，止于教门章疏内用。五月己丑，如玉清和阳宫，上承天效法厚德光大后土皇地祇徽号宝册。五月癸卯，改玉清和阳宫为玉清神霄宫。十二月戊辰，诏天神降于坤宁殿，刻石以纪之。庚午，命户部侍郎孟揆作万岁山（万岁山，北宋京城东京即今开封市的一座著名皇家园林。1117 年，政和七年十二月始建，历时六载，终于 1122 年，宣和四年建成。占地六百余亩，丘陵起伏，树木参天，因其坐落于国都艮位，亦称艮岳、寿岳、寿山。因其囊括了全国各地美景之绝，集南北园林景观之大成，既藏自然山水美，亦有人工造景美，赵佶曾作《艮岳记》盛赞其美景：“……未若此山并包罗列，又兼胜绝。”也正因为这个劳民伤财的巨大工程，最终导致民不聊生，纷纷揭竿起义造反，如方腊、宋江等）。

关于艮岳，南宋周密在其所著《癸辛杂识》一书中有较为详细记载：前世叠石为山，未见显著者，至宣和，艮岳始兴大役，连舻辇致，不遗余力。其大峰特秀者，不特侯封，或赐金带，且各图为谱。然工人特出于吴兴，谓之山匠，或亦朱勔之遗风。盖吴兴北连洞庭，多产花石，而下山所出，类亦奇秀，故四方之为山者，皆于此中取之。浙右假山最大者，莫如卫清叔吴中之园，一山连亘二十亩，位置四十余亭，其大可知矣。然余平生所见秀拔有趣者，皆莫如俞子清侍郎家为奇绝。盖子清胸中自有丘壑，又善画，故能出心匠之巧。峰之大小凡百余，高者至二三丈，皆不事饾饤，而犀株玉树，森列旁午，俨如群玉之圃，奇奇怪怪，不可名状。大率如昌黎《南山》诗中，特未知视牛奇章为何如耳。乃于众峰之间，萦以曲涧，甃以五色小石，旁引清流，激石高下，使之有声，淙淙然下注大石潭。上荫巨竹、寿藤，苍寒茂密，不见天日。旁植名药，奇草薜荔、女萝、菟丝花红叶碧。潭旁横石作杠，下为石渠，潭水溢，自此出焉。潭中多文龟、斑鱼，夜月下照，光景零乱，如穷山绝谷间也。今皆为有力者负去，荒田野草，凄然动陵谷之感焉。

重和元年五月乙酉（1118 年），诏诸路选漕臣一员，提举本路神霄宫。丁亥，以林灵素为通真达灵元妙先生，张虚白为通元冲妙先生。壬辰，班御制

《圣济经》。以青华帝君八月九日生辰为元成节。八月辛酉，诏班御注《道德经》。九月丁酉，用蔡京言，集古今道教事为纪志，赐名《道史》。辛丑，诏：视中大夫林灵素、视中奉大夫张虚白，并特授本品真官。冬十月甲辰，置道官二十六等，道职八等。

宣和元年三月己未（1119年），诏天下知宫观道士与监司、郡县官以客礼相见。甲子，知登州宗泽坐建神霄宫不虔，除名编管。五月丁未，诏德士并许入道学，依道士法。壬申，班御制《九星二十八宿朝元冠服图》。六月甲申，诏封庄周为微妙元通真君，列御寇为致虚观妙真君，仍行册命，配享混元皇帝。九月癸亥，幸道德院观金芝。他也曾罢黜过道学，那是在“宣和二年春正月甲子（1120年），罢道学”。这位笃信道教的皇帝，不知何故，做出了令人十分费解的这一举动？也是破天荒的事。“宣和四年二月丙申（1122年），以旱祷于广圣宫，即日雨。”“宣和六年九月庚寅，以金芝产于艮岳万寿峰，改名寿岳。”“宣和七年十二月庚申，诏内禅，皇太子即皇帝位，尊帝为教主道君太上皇帝，居于龙德宫（懿亲宅潜邸。潜邸，非太子身份尚未即皇帝位之前的居所，即藩王的藩府宅邸）。”

为了长寿，为了万寿无疆，他颇为垂意于花石，欲在京师内兴建万寿山，供其养生、延年之用，便于“大观四年辛酉，以张阁知杭州，兼领花石纲”。这位警敏以诗邀宠的进士、翰林学士张阁初知杭州，思以固宠，自然主动乞领花石纲这一肥差。这个万岁山，就是全国最大的园林工程艮岳的一部分，而这艮岳自然需要奇花异植、怪石珍异来装点修饰。自此，巨大的花石纲工程便启动了，遭难的自然是平民百姓。

威远节度使朱勔（1075—1126，宋文学家孟元老著《东京梦华录·卷七》引曾敏行《独醒杂志十》对此人有详细记述。本一巨商，与其父杀人抵罪，以贿得免死，因遁迹入京师，交结童、蔡，援引得官，以致通显，欲假事归以报复雠怨。先搜奇石异卉以献，探知上意，因说曰：东南富有此物，可访求。受旨而出，即以御前供奉为名，多破官舟，强占民船，往来商贩于淮浙间。凡官吏居民，旧有睚眦之怨者，无不生事害之；或以藏匿花石破家。越州有一大姓，家有数石，勔求之不得，即遣兵卒彻其屋庐而取之。惠山有柏数株，在人家坟墓畔，勔令掘之，欲尽其根，遂及棺椁。若是之类，不可胜数。故陈朝老以谓东南之人，欲食其肉……），因为赵佶迷恋于奇花异石，为奉迎帝意，更于政和年间，在苏州设立了苏杭应奉局，专职搜刮勒索民间稀罕之物，然后，舳舻相衔于淮河、汴河运往京城（舳舻，音 zhú lú。《汉书·武帝纪》："舳舻千里，薄枞阳而出。"颜师古注引李斐解："舳，船后持舵处也；舻，船前头刺棹处也。言其船多，前后相衔，千里不绝也"），只为获取帝君欢心，上位有加之故。"宣和元年十一月，时朱勔以花石纲媚上，东南骚动，太学生邓肃进诗讽谏，诏放归田里。"学生邓肃讽谏意欲终止朱勔这种溜须拍马、害民伤国之罪行，反被遣返回乡，放归田里，由此可见，这位昏君徽宗皇帝对于道教是多么虔诚，已致不可救药的地步，不亡国，更待何时？

正因为这前后持续近二十多年的苛捐杂税、劳民伤财的花石纲，导致江南人民卖子鬻女，生灵涂炭，民不聊生，最后引致方腊、宋江等人举旗暴动。

徽宗赵佶却是位抑佛、憎佛之人，请见《宋史》载其抑佛之举，在他执政的第二年，也就是"崇宁元年冬十月戊辰（1102 年），诏：责降宫观人不得同一州居住。"

然而在"崇宁二年九月癸巳（1103 年），令天下郡皆建崇宁寺（崇宁寺，本是南北朝时期，由声言不做皇帝，四次出家为僧，虔诚、皈依于佛教的梁武帝萧衍，于 509 年，梁天监八年花费巨资，始建的佛教寺庙。此后，历代屡有兴废）"，这又是一次非常难得的敕令普建寺庙运动。

此后，又于"大观元年春正月戊戌（1107 年），幸兴德禅院（兴德寺，本是先代帝王祠庙，始建于宋。1065 年，英宗赵曙治平二年，建齐州为兴德军；1075 年，神宗赵顼熙宁八年八月，下诏潜邸为佛寺，以本镇赐封，赐名兴德禅院）"。

大观四年春正月辛酉（1110 年），诏：士庶拜僧者，论以大不恭。五月壬寅，停僧牒三年。

政和元年（1111 年），壬申，毁京师淫祠一千三十八区（淫祠，泛滥兴建，不合礼义，不在祀典内而建造的祠庙）。

宣和元年乙卯（1119 年），诏：佛改号大觉金仙，余为仙人、大士。僧为德士，易服饰，称姓氏。寺为宫，院为观。改女冠为女道，尼为女德。

又于"宣和二年六月丁亥（1120 年），复寺院额。九月乙巳，复德士为僧"。

由此可见，赵佶对于佛教似又持模棱两可之态度。

北宋初年，中央医官承袭唐制，设立翰林医官院，职掌卫生行政工作，设立官药局，属官方经营的药业机构。庆历年间，设立太医局，职掌医学教育。赵佶素来留意、学习、知晓传统医学，为医学教育做出多重贡献。他不仅亲撰《宋徽宗圣济经》，还积极改革医官制度，兴办官药局，完善国家的医学教育和慈善事业，其对传统中医药事业的健全与发展做过不少工作，人们不应忽略、轻视他对祖国传统医药学所做的贡献。

1112年，政和三年，更改医官职位由武阶为文阶，提升医官责任制和工作积极性。此事见于陆游所作《老学庵笔记·卷三》："曹孝忠者，以医得幸。政和、宣和间，其子以翰林医官换武官，俄又换文，遂除馆职。"

1116年，政和六年七月二十九日，敕令组建编类《圣济经》所，组织医官们编辑收方达两万余首的大型综合性医方书《政和圣济总录》，校正、增删了《太医局方》，更名为《校正合剂局方》；校订、补注《证类本草》，编纂《太平惠民和剂局方》等（太平惠民和剂药局，南宋周密撰《癸辛杂识》揭露其本为作善事为民而设立的药局，却被利己者利用舞弊营私，全改初衷的状况，"和剂惠民药局，当时制药有官，监造有官，监门又有官。药成，分之内外，凡七十局，出售则又各有监官。皆以选人经任者为之，谓之京局官，皆为异时朝士之储，悉属之太府寺。其药价比之时直损三之一，每岁縻户部缗钱数十万，朝廷举以偿之。祖宗初制，可谓仁矣！然弊出百端，往往为诸吏药生盗窃，至以樟脑易片脑，台附易川附，囊橐为奸，朝廷莫之知，亦不能革也。凡一剂成，则又皆为朝士及有力者所得，所谓惠民者，元未尝分毫及民也。独暑药、腊药分赐大臣及边帅者，虽隶御药，其实剂局为之。稍精致若至宝丹、紫雪膏之类，固非人间所可办也。若夫和剂局方，乃当时精集诸家名方，凡经几名医之手，至提领以从官内臣参校，可谓精矣。然其间差讹者，亦自不少。且以牛黄清心丸一方言之，凡用药二十九味，其间药味寒热讹杂，殊不可晓。尝见一名医云：'此方止是前八味至蒲黄而止，自干山药以后凡二十一味，乃补虚门中山芋丸，当时不知缘何误写在此方之后，因循不曾改正。'余因其说而考之，信然。凡此之类，必多有之，信乎误注《本草》，非细故也"）。

据《宋史》载："元符三年八月戊戌（1100年），诏诸路遇民有疾，委官监医往视疾给药。""崇宁元年八月辛未（1102年），置安济坊，养民之贫病者（安济坊，北宋徽宗时期设立的收养容纳救济贫病之人，施医给药的政府福利性服务机构。北宋哲宗元祐五年，苏轼在杭州首建"病坊"，亦称"安乐坊"用以领导、控制流行病的院所。据《宋会要辑稿》载："崇宁二年五月二十六日，两浙转运同言，苏轼知杭州日，城中有病坊一所，名安乐，以僧主之。三年，医愈百人，与紫衣。"此后，北宋政府于1102年，崇宁元年八月，接管并易名为"安济坊"。之后，各地陆续建设之)，仍令诸郡县并置。十一月辛卯，置河北安济坊。”“崇宁二年九月壬辰（1103年），置医学。” “崇宁三年六月辛酉（1104年），复置太医局。”“大观元年二月乙亥（1107年），复医学。” “大观四年三月庚子（1110年），诏：医学生并入太医局。” “政和三年闰月戊午（1113年），复置医学。十二月乙卯，诏天下贡医士。”“政和五年春正月己丑（1115年），令诸州县置医学，立贡额。”“重和元年五月壬辰（1118年），班御制《圣济经》。” “宣和三年闰月辛未（1121年），立医官额。”

他亦曾罢减过医学：“宣和二年秋七月己未（1120年），罢医、算学。八月庚辰，诏减定医官额。”

《宋史·徽宗纪》评赵佶：宋中叶之祸，章、蔡首恶（章惇，1035—1105，字子厚。北宋宰相。积极拥护并参与推行王安石变法的领袖人物，其死后，王安石变法才彻底终结失败。历神宗、哲宗、徽宗三朝。哲宗朝时，任宰相，权倾朝野；因反对赵佶即位，虽曾一度进封，终归屡遭贬斥，死于任上。是一位识见卓著的治国能臣，侠肝义胆、豪爽洒脱不惧权贵的刚烈直臣。蔡京，1047—1126，字元长，著名奸佞之臣、宰相、书法家。积极拥护并参与推行王安石变法的得力干将。其极力兴办运送奇花异石，以满足徽宗皇帝嗜好的花石纲之役。靖康元年，宋钦宗即位后，贬斥岭南，死于潭州，即今湖南省长沙)，赵良嗣厉阶（赵良嗣，? —1126。别名：马植。辽燕地人，即今河北省北部地区人，仕辽，位至光禄卿。厉阶，祸端；祸患的缘由。《诗经·大雅·桑柔》：“谁生厉阶，至今为梗。”《毛传》：“厉，恶。”郑玄笺解：“阶，所由上下也。”苏轼《代张方平谏用兵书》：“从微至著，遂成厉阶”)。然哲宗之崩，徽宗未立，惇谓其轻佻不可以君天下；辽天祚之亡（天祚，辽国的最后一位皇帝天祚帝耶律延禧，1075—1128。辽国将亡之意），张觉举平州来归（张觉，? —1123。别名：张珏、张仓，辽金宋将领。1125年，金太祖完颜阿骨打次子完颜宗望奉太祖之命以张觉屡叛为由，出兵伐宋，终致宋灭的“靖康之难”结局），良嗣以为纳之失信于金，必启外侮。使二人之计行，宋不立徽宗，不纳张觉，金虽强，何衅以伐宋哉（以什么理由来讨伐宋国呢？或曰怎么会有寻衅可乘的机会呢?）？以是知事变之来，虽小人亦能知之，而君子有所不能制也。

迹徽宗失国之由（迹，追寻；迹察；迹访。南宋岳飞之孙岳珂作两宋时代朝野见闻史料随笔《桯史》：“逻者见之，知非其国人也，迹其所憩执之”），非若晋惠之愚、孙皓之暴（晋惠，西晋惠帝司马衷，290—306年在位。西晋武帝司马炎次子，一位中国历史上著名的昏庸、愚蠢懦弱、不能任事的皇帝。任其丑而短黑、性酷虐残的皇后贾南风专权乱政，导致西晋很快陷入八王之乱局面，屡次作为傀儡被他人挟持，终被毒死。孙皓，264—280年在位。字元宗。三国吴末代皇帝，孙权之孙。权施恩惠，有初无末；沉溺酒色，穷淫极侈；谄谀者进，忠谏者诛；滥施淫刑，陨毙黜者；凶顽残暴，昏庸暴虐；剥面凿眼，淫暴无道，专擅杀戮），亦非有曹、马之篡夺，特恃其私智小慧，用心一偏，疎斥正士（疎斥，疏远排斥。《新唐书·柳冕传》："自以久疎斥，又性躁狷，不能无恨"），狎近奸谀（狎近，亲近。唐代韩渥《赠湖南李思齐处士》："燕侠冰霜难狎近，楚狂锋刃触凡愚。"奸谀，奸诈谄媚。东汉政论家、文学家王符隐居著书，"以讥当时失得，不欲彰显其名"故题《潜夫论·务本》："今多奸谀以取媚，挠法以便佞。"唐代杰出的思想家、文学家，古文运动领袖韩愈《答崔立之书》："诛奸谀于既死，发潜德之幽光"）。于是，蔡京以狷薄巧佞之资（狷，狷薄，胸襟狭窄，器量狭小，性情急躁浅薄。巧佞，巧言奸佞；机巧奸诈，阿谀奉承。《管子·立政》："谄谀饰过之说胜，则巧佞者用。"《吕氏春秋·情欲》："巧佞之近，端直之远，国家大危"），济其骄奢淫佚之志。溺信虚无（虚无，荒诞无稽。东汉王符《潜夫论·务本》："忠信谨慎，此德义之基也；虚无谲诡，此乱道之根也"），崇饰游观（游观，游逛观览。《荀子·君道》："人主不能不有游观安燕之时，则不得不有疾病物故之变焉"），困竭民力。君臣逸豫（逸豫，安逸闲乐；闲适安乐。《诗经·小雅·白驹》："尔公尔侯，逸豫无期。"余冠英注解："逸豫，安乐也。"北宋欧阳修《新五代史·伶官传·序》："忧劳可以兴国，逸豫可以忘身，自然之理也"），相为诞谩（诞谩，荒诞；放荡欺瞒，行为举止极不检点。《史记·褚少孙补龟策传》："人或忠信而不如诞谩，或丑恶而宜大官，或美好佳丽而为众人患。"北宋苏洵《管仲论》："而又逆知其将死，则其书诞谩不足信也"），怠弃国政，日行无稽（无稽，没有根据，无据可考。《尚书·大禹谟》："无稽之言勿听，弗询之谋毋庸。"《荀子·正名》："无稽之言，不见之行，不闻之谋，君之慎之"）。及童贯用事（童贯，1054—1126，字道夫。是依赖赵佶极度宠信，权倾一时，封疆挂帅，职掌最高军事执政，手握兵权长达二十年，而成为中国历史上掌控军事权力最大的宦官；获得皇帝赏识，封赐王爵以致成为史上爵位最高的宦官；代表国家政权出使外交的宦官），又佳兵勤远，稔祸速乱（稔祸，酿成祸患。南宋陆游《北岩》："修怨以稔祸，哀哉谁始谋"）。他日国破身辱，遂与石晋、重贵同科（石晋，五代后晋高祖石敬瑭，936—942年在位。在位六年，享年五十岁。后晋开国皇帝，曾割让燕云十六州献给契丹国，心甘情愿做被人唾弃的"儿皇帝"。重贵，五代后晋出帝石重贵，942—946年在位。在位四年，享年五十一岁。石敬瑭养子，对契丹国称孙不称臣，曾两次击退契丹军的攻击，得胜后，得意忘形，贪暴无厌，骄奢淫逸；后因姨夫、大将杜重威主动投敌，终致兵败被俘，流亡契丹，客死异乡），岂得诿诸数哉（诿，形声动词。《说文解字·讠部》："诿，累也。"累；烦劳。《汉书·贾谊传》注："诿者，托也。"诿诸，诿托；委托；诿属）。

昔西周新造之邦，召公犹告武王以不作无益害有益，不贵异物贱用物，况宣政之为宋，承熙、丰、绍圣椓丧之余（熙，熙宁；丰，元丰；北宋神宗赵顼的两个年号。赵顼任用王安石变法用事，始求边功，结怨安南，导致安南之役，也就是宋越之间的熙宁之战。元丰五年，西夏在永乐城之战中大败宋军。绍圣，北宋哲宗赵煦的第二个年号。绍圣四年，苏轼被贬谪到海南。文彦博、沈括等人过世。椓，音 zhuó，动词。《说文解字·木部》：“椓，击也。”《广雅》：“椓，椎也。”毁坏；伤害。椓丧，遭受伤害。元代著名史学家、文学家、书法家揭傒斯《〈宋史论〉序》：“反复小人之情状，痛悼君子之椓丧，读之千载之下，犹当拊膺扼腕，流涕而咏叹也”），而徽宗又躬蹈二事之弊乎？自古人君玩物而丧志，纵欲而败度，鲜不亡者，徽宗甚焉，故特著以为诫。

《圣济经·御制序》：一阴一阳之谓道，偏阴偏阳之谓疾。不明乎道，未有能已人之疾者。阴阳相照、相盖、相治，四时相代、相生、相杀，五行更王、更废、更相。人生其间，由于阴阳，役于四时，制于五行。平则为福，有余则为祸，淫则为疾。惟非数之能摄，而独立于万形之上；非物之所能制，而周行于万有之内。为能以道御时，以神用数，形全精复，与天为一。

昔者黄帝氏，盖体神而明乎道者也。问道于广成（广成，就是广成子，古代传说中养生得法，活了一千二百岁都未衰老的神仙，道家创始人，黄帝时期汝州人，居住在汝州西南崆峒山上的石室之中。《太上老君开天经》：“黄帝之时，老君下为师，号曰广成子。消自阴阳，作《道戒经》《道德经》。黄帝以来，始有君臣父子，尊卑以别，贵贱有殊。”《黄帝内经》中多有黄帝虔诚请教于广成子修身养性、练道求仙的对话），见大隗于具茨（隗，音 wei。大隗，神仙名。语出《庄子·徐无鬼》：“黄帝将见大隗乎具茨之山，方明为御，昌寓骖乘，张若、謵朋前马，昆阍、滑稽后车；至于襄城之野，七圣皆迷，无所问涂。”唐代经学家陆德明释文：“或云：大隗，神名也。”具茨山，位于河南省中部的禹州市、新郑市、新密市三市交界之处，属于伏牛山余脉），而自亲事于法宫之中（法宫，宫室中的正殿。《汉书·晁错传》：“臣闻五帝神圣，其臣莫能及，故自亲事，处于法宫之中，明堂之上。”唐初经学家颜师古注引三国曹魏注释过《汉书》的如淳曰：“法宫，路寝正殿也”），垂衣裳，作书契，造甲子，定律历，所以成天下之亹亹者（亹亹，音 wěi wěi。连续不间断，勇往直前行进。《诗经·大雅·文王》：“亹亹文王，令闻不已。”宋玉《楚辞·九辩》：“时亹亹而过中兮，蹇淹留而无成。”王逸注解：“亹亹，进貌。”所以成就了天下的丰功伟绩）。虽若风后、力牧、常先、大鸿（语出《史记·五帝本纪》：“黄帝举风后、力牧、常先、大鸿以治民。”南朝刘宋裴骃《史记集解》引郑玄曰：“风后，黄帝三公也。”唐代张守节《史记正义》：“四人皆帝臣也。”风后，即风伯。四人皆黄帝的辅宰之臣），奉令承教之不暇，而不可跂及（跂，音qì。跂及，企及。《荀子·劝学》："吾尝跂而望矣，不如登高之博见也。"踮起脚望而不可望即）。然且叹世德之下衰，悯斯民之散朴（散朴，质朴之风丧失，淳朴的民风变得浮躁轻薄。《文子·上礼》："施及周室，浇醇散朴。离道以为伪，险德以为行。"《汉书·循吏传·黄霸》："浇淳散朴，并行伪貌，有名亡实，倾摇解怠。"颜师古注解："不杂为淳，以水浇之，则味漓薄。朴，大质也，割之，散也。"可怜老百姓淳厚质朴的民风失去了），上悖日月之明（上违背日月的光明），下铄山川之精（铄，音shuò。《说文解字·金部》："铄，销金也。"《庄子·胠箧》："彼人含其明，则天下铄矣。"销毁；消损。下则铄毁山川的精华），中堕四时之施（堕，音duò。《说文解字·土部》："堕，败城阜曰堕。"毁坏；损毁；败坏；荒废。《汉书·刑法志》："周道衰，法度堕。"居中则败坏四时的施行）。至于逐妄耗真，曾不终其天年，而中道以夭。乃询岐伯，作为《内经》。通神明之德，类万物之情，其言与典坟相为表里，而世莫得其传。至号为医家者流，此与谓《易》为卜筮者何异！

朕甚悼之。自继述以来，兢兢业业，夙夜不敢康（夙夜，朝夕；日夜；时时。《尚书·旅獒》："夙夜罔或不勤，不矜细行，终累大德。"《孔传》："言当早起夜寐。"康，安乐；康乐；康娱；享乐。《礼记·乐记》："啴谐慢易繁文简节之音作，而民康乐。"《诗经·唐风·蟋蟀》："无已大康，职思其居。"朝夕不敢享乐）。万机之余，䌷绎访问（䌷，音chōu。动词，引出。《汉书·谷永传》："燕见䌷绎，以求咎愆。"颜师古注解："䌷绎者，引其端绪也。"绎，音yì。《说文解字·糸部》："绎，抽丝也。"《三苍》："绎，抽也。"引出头绪，寻求事理。此句意为日理万机之余，阐述调查寻访察问），务法上古，探天人之赜，原性命之理，明荣卫之清浊，究七八之盛衰（男女的生理周期。《黄帝内经》一书中有详细记述）。辨逆顺，鉴盈虚，为书十篇，凡四十二章，名之曰《圣济经》。使上士闻之，意契而道存。中士考之，自华而摭实。可以养生，可以立命，可以跻一世之民于仁寿之域。用广黄帝氏之传，岂不美哉！

呜呼！阴淫寒疾，阳淫热疾，风淫末疾，雨淫腹疾。阴阳之寇，外伤其形，有如此者。意伤于忧悲而支废，魂伤于悲哀而筋挛，魄伤于喜乐而皮槁，志伤于恚怒而不能俯仰。情伪之感，内伤其真，有如此者。积亏成损，积损成衰，患固多藏于细微，而发于人之所忽。益止于畎浍（畎浍，音quǎn kuài，名词。《说文解字·田部》："畎，水小流也。"泛指溪流、沟渠、田间水道。《尚书·益稷》："予决九川距四海，濬畎浍距川；暨稷播，奏庶艰食鲜食。"郑玄注解："畎浍，田间沟也。"《汉书·李寻传》："今汝颖畎浍皆川水漂踊，与雨水并为民害。"颜师古注解："畎浍，小流也"），而损在于尾闾（尾闾，①是地理名词。海水流向海拔低下之处，也就是河水和江水最后流进汇聚的地方。《庄子·秋水》："天下之水，莫大于海，万川归之，不知何时止而不盈；尾闾泄之，不知何时已而不虚；春秋不变，水旱不知。"三国嵇康《养生论》注引西晋史学家司马彪所说："尾闾，水之从海水出者也，一名沃燋，在东大海之中。尾者，在百川之下故称尾；闾者，聚也，水聚族之处，故称闾也。在扶桑之东，有一石方圆四万里，厚四万里，海水注者无不燋尽，故名沃燋。"。②经穴名称。长强穴的别称，位于尾骨端。据上下文意，应为前者）。戒之，慎之！疾成而后药，神医不可为也。

若乃推行道术，辅正而去邪，立学建官，群多士而教养，廪无告，救病苦，而墐其亡殁（墐，音 jìn。《说文解字·土部》："墐，涂也。"本意是用泥涂塞。通"殣"，掩埋。《诗经·小雅·小弁》："行有死人，尚或墐之"），则布之政令，载在有司，此不复叙。

御制《圣济经解义·序》辟雍学生吴禔注　一阴一阳之谓道，偏阴偏阳之谓疾。不明乎道，未有能已人之疾者。

大钧以阴阳而播物，人受阴阳以立命。播物之初，独阳不生，独阴不成。一阴一阳，莫不由之，而其道显矣。受命之后，阳胜则病阴，阴胜则病阳。偏阴偏阳，不适其平，而其疾作矣。古之人明阴阳之道，以治人之疾者，阳病治阴，阴病治阳；虚则补之，实者泻之；有余则取之，不足则与之。将使一阴一阳无所偏胜而后已。其于已人之疾也何有？故曰：阴平阳秘，精神乃治；阴阳离决，精气乃绝。

阴阳相照、相盖、相治，四时相代、相生、相刹，五行更王、更废、更相。人生其间，由于阴阳，役于四时，制于五行。平则为福，有余则为祸，淫则为疾。

日月往来是谓相照，下降上升是谓相盖，时消时息是谓相治，此阴阳之相摩也。寒暑屈伸是谓相代，以相继王是谓相生，以王克胜是谓相刹，此四时之变通也。当时者，尊更王也。已用者，贱更废也。方来者，贵更相也，此五行之迭运也。太虚之中，阴阳相摩，四时变通，五行迭运，所以生化万物也。人生其间，由于阴阳，役于四时，制于五行。受中以委和，以生中和之理，各得其平。能者养之以取福，或过或淫，祸疾之所由作也。

惟非数之能摄，而独立于万形之上；非物之所能制，而周行于万有之内。为能以道御时，以神用数，形全精复，与天地为一。

非数之所能摄，而独立于万形之上者，不役于数，斯能为众形之所宗。非物之所能制，而周行于万有之内者，不命于物，斯不为群有之所累。夫若是者，以道御时，而其应不穷。以神用数，而其运不测。养气而形全，致一而精复。以此之神，合天之神，与天为一，庸有间哉！

昔者黄帝氏，盖体神而明乎道者也。问道于广成，见大隗于具茨，而自亲事于法宫之中，垂衣裳，作书契，造甲子，定律历，所以成天下之亹亹者。虽若风后力牧，常先大鸿，奉令承教之不暇，而不可跂及。然且叹世德之下衰，悯斯民之散朴，上悖日月之明，下铄山川之精，中堕四时之施。至于逐妄耗真，曾不终其天年，而中道以夭。

黄帝生而能言，弱而神灵，幼而徇齐，长而敦敏，其体神明道有素矣。然且退托冲虚，而问至道于广成。见大隗于具茨之山，出真兆圣，而亲事于法宫之中。垂衣裳，而取诸干坤。作书契，以代结绳之治。托用借明，而不自恃。爰命大儒，探五行之情，占斗纲所建，以作甲子。命伶伦取嶰谷之竹以定律。察发敛，定清浊，起五部，命容成以定历。虽有风后、力牧、常先、大鸿，为之辅相，而奉令承教之不暇，不可跂及，可谓至矣。然俗以时异，且叹世德之下衰，悯斯民之散朴。日月、山川、四时既失其和，而逐妄耗真者，又中道以夭。方将访拯援之方而不置，其体神明道为如何哉！

乃询岐伯，作为《内经》。通神明之德，类万物之情，其言与典坟相为表里，而世莫得其传。至号为医家者流，此与谓《易》为卜筮者何异！

古之人务内游，不务外游。务内观，不务外观。在内者，性命是也。在外者，事物是也。黄帝降已，以问岐伯，悉意而陈性命而已，此《内经》所由作也。通神明之德，则非止于事；类万物之情，则非止于文。三坟之书，言大道也。五典之书，言常道也。而《内经》之作，与之表里。世之人方务外之观游，岂暇传此哉。夫伏羲书八卦，黄帝作《内经》，其理一也。以伏羲之易，为卜筮之书。则号《内经》，为医家者流，无足怪也。

朕甚悼之。自继述以来，兢兢业业，夙夜不敢康。万机之余，细绎访问，务法上古，探天人之赜，原性命之理，明荣卫之清浊，究七八之盛衰。辨逆顺，鉴盈虚，为书十篇，凡四十二章，名之曰《圣济经》。使上士闻之，意契而道存。中士考之，自华而摭实。可以养生，可以立命，可以跻一世之民于仁寿之域。用广黄帝氏之传，岂不美哉！

恭惟皇帝陛下，以天下为心思，济之以道。虽继述之大，万机之繁，其余暇犹且细绎访问，探天人之赜，于神明之表；原性命之理，于造化之初。臣谨按《难经》言：五藏六府，皆受于气。其清者为荣，其浊者为卫。则荣卫之清浊，血气之自然也。惟皇帝陛下有以明之。臣谨按《上古天真论》言：女子七岁肾气盛，七七太冲衰。丈夫二八肾气盛，七八肾藏衰。则七八之盛衰，生化之妙理也。惟皇帝陛下有以究之。臣谨按《玉版论》曰：孤为逆，虚为从。行所不胜曰逆，行所胜曰从。逆顺之不一。惟皇帝陛下有以辨之。臣谨按《六元正纪大论》言：六位之盈虚，其不同也。则有或太或少者焉。天地之盈虚，其不足也。则有或逆、或从者焉。盈虚之不齐，惟皇帝陛下有以鉴之。为书十篇，备天地之数也。凡四十二章，取六七之期，水火之成数，全阴阳之义也。名之曰《圣济经》，盖博施济众，何事于仁必也。圣乎昔尧、舜之难者。

皇帝陛下从容而行之，此名《经》之义也。生而知之者上士也，故闻之则意契而道存。学而知之者中士也，故考之则自华而摭实。得其粗者，可以养生。得其妙者，可以立命。举天下之人，咸能养生而立命，则其跻仁寿之域也何有？用以广黄帝氏之传，而加惠元元。

皇帝陛下作《经》之旨，夫庸可既邪。

呜呼！阴淫寒疾，阳淫热疾，风淫末疾，雨淫腹疾。阴阳之寇，外伤其形，有如此者。意伤于忧悲而支废，魂伤于悲哀而筋挛，魄伤于喜乐而皮槁，志伤于恚怒而不能俯仰。情伪之感，内伤其真，有如此者。

厥初生民，天禀其精，是生之真，神藏是也。地禀其形，是生之质，形藏是也。形藏外也，阴阳之寇，得以伤之。神藏内也，情为之感，得以伤之。阴淫失中而过于寒，故为寒疾。阳淫失中而过于热，故为热疾。风者，阳化气也。湿者，阴化气也。四肢者，诸阳之末，故风淫末疾。背为阳，腹为阴，故雨淫腹疾。凡此阴阳之伤形者然也。脾虚而肝气并之，则忧悲而伤意，意伤则四肢不举，是谓支废。肝虚而肺气并之，则悲哀而伤魂，魂伤则筋缩而不展，是谓筋挛。肺气喜乐无极则伤魄，魄伤则人皮革焦，是谓皮槁。肾气盛怒不止则伤志，志伤则腰脊不可屈伸，是为不能俯仰，凡此情伪之伤真者然也。

积亏成损，积损成衰，患固多藏于细微，而发于人之所忽。益止于畎浍，而损在于尾闾。戒之，慎之！疾成而后药，神医不可为也。

形诸于外，而阴阳之寇得以伤之。真存于中，而情伪之感得以伤之。始而亏，中而损，终而衰。浸渍而罔觉也。知患藏于细微，而发于人之所忽，则当为大于其细。知益止于畎浍，而损在于尾闾。则当不作无益，害有益。戒之于其事，慎之于其心，则可以无患也。夫上医治未病，苟不知戒慎，而遂至于疾，虽神医亦奚可为哉！

若乃推行道术，辅正而祛邪，立学建官，群多士而教养，廪无告，救病苦，而墐其亡殁，则布之政令，载在有司，此不复叙。

道术之在天下。惟皇帝陛下有以推行之。其见于法度之间，如辅正而祛邪，则仁济辅正之亭建焉。立学建官，群多士而教养，则内外之学立焉。有居养以禀无告，有安济以救病苦，有漏泽以墐其亡殁。行之有法，掌之有官，由中及外。

仁恩至矣。顾犹以谓，此布之政令，载在有司者尔，未足以极。

宸衷济众之大由是而《圣济经》作焉。其彰往察来，显微阐幽，广大悉备。旨远辞示因贰以济民行。用以广黄帝氏之传，岂不至哉！昔伏羲画卦，文王重之，无以过此。

《圣济经解义·进表》：臣褆闻博施于民而能济众。孔子以为何事于仁必也，圣乎！盖仁，无数也，所施为有方。神，无方也，其用为无穷。《素问》曰：神用无方，谓之圣。圣人体神，以致无方之用，故能博施而济众。无尧、舜帝之盛也，犹以是为难。则见尧、舜以来，从可知矣。昔黄帝之作《内经》，其知神之所为乎。观夫太虚寥廓，肇基化原，天高地下，气形分矣。五运回薄，太少陈矣。六气循环，寒暑作矣。在人禀之盈虚消息，常相与流通，孰使之然？盖至神不测，为之斡旋宰制乎其间。《内经》所载此道也。阐而施诸天下，则所济不其众乎。在黄帝时，闻著之玉版，未闻发为云汉之章，以昭示万方。闻藏之灵兰之室，未闻颁之学校，以启迪天下之士。遂使后世莫得其传，至号为医家者流者，凡数千载不有。真人提挈天地，把握阴阳，孰能举盛典于既坠之后耶？恭惟皇帝陛下降神霄之帝宫，悯斯民之大惑，乃坐明堂，始正天纲，临观八极，考建五常，才成天地之道，辅相天地之宜，发挥圣学，作为帝典，名之曰《圣济经》。训辞昭示，欲使“上士闻之，意契而道存。中士考之，自华而摭实。可以养生，可以立命，可以跻一世之民于仁寿之域”。此所以光黄帝之传，而易尧、舜之难也。臣尝闻孔子作《春秋》，以游夏之文学，且不能措一辞，而况圣训渊懿，岂易窥测。然《春秋》之作，得《左氏》《公羊》《谷梁》之传，而后可以因传而明经。臣承学鲰生，涵泳圣涯于兹有年。虽文学有愧于孔门游夏，而服习《圣经》，自华而摭实，窃妄意于三子者之传焉。所以忘其狂简，仰窥圣作，而为之解释。夫圣人之言，远如天一。经之奥古，人期以三年而后通。以臣之不敏，未几而义成者，非敢以为通。然既得其华，则若仓庚、蝼蜩，乘时而鸣，不能自已也。伏望圣慈，少宽僭越之诛，而迟以日久，使草茅小臣，循序而进，有以摭《圣经》之实，仰副皇帝陛下乐育之万一也。

政和八年七月 日辟雍 学生臣

吴禔诚惶诚惧　顿首顿首谨言

辟雍，古代天子所设立的大学校。就是古代的学官，缘于西周天子为了教育贵族子弟而建立的大学。《礼记·王制》：“小学在公宫南之左，大学在郊。天子曰辟雍，诸侯曰泮宫。”西汉刘向《五经通义》：“天子立辟雍者何？所以行礼乐，宣教化，教导天下之人，使为士君子，养三老，事五更，与诸侯行礼之处也。”东汉班固《白虎通·辟雍》:“辟者,璧也。象璧圆又以法天,于雍水侧,象教化流行也。”

许希(生卒年无考),北宋医学家、翰林医官,著有《神应针经要诀》。

许希,河南省开封市人。行医为业,因大长公主的荐举,用针法迅速医好了众御医望而不能为的仁宗疾患,而被任命为翰林医官,得到极为丰厚的赏赐;在谢恩之后,不忘感谢医界鼻祖扁鹊的恩德。仁宗为感谢许希之艺,兴建扁鹊庙,移立太医局于其旁,以示尊医重医之意,可见宋朝廷一向对医药学的重视。许希最后官至殿中省尚药奉御而卒,著有《神应针经要诀》。

许希,开封(今河南省开封市)人。以医为业,补翰林医学。景祐元年(1034年),仁宗不豫,侍医数进药,不效,人心忧恐(忧恐,忧虑恐惧;愁苦不安;担心害怕)。冀国大长公主荐希,希诊曰:“针心下包络之间,可亟愈(亟,音jí。迫切;即刻等。《尔雅·释估下》:“亟,疾也。”邢昺疏解:“皆谓急、疾也。”又“亟,速也”。可以马上痊愈)。左右争以为不可,诸黄门祈以身试(黄门,有三指,一是宦官;二是汉、唐间非由宦者充任的黄门侍郎、给事黄门侍郎等官员的简称;三是官署名,《汉书·霍光传》:“上乃使黄门画者画周公负成王朝诸侯以赐光。”颜师古注解:“黄门之署,职任亲近,以供天子,百物在焉,故亦有画工。”此处则专指宦官),试之,无所害。遂以针进,而帝疾愈。命为翰林医官,赐绯衣、银鱼及器币(赐以大红色的衣服、银鱼、器物、钱币以示诚挚谢意)。希拜谢已,又西向拜,帝问其故,对曰:“扁鹊,臣师也。今者非臣之功,殆臣师之赐,安敢忘师乎?”乃请以所得金兴扁鹊庙(兴,兴建;创办。《荀子·王霸》:“兴天下同利,除天下同害,天下归之。”于是请用所得的赏金兴建扁鹊庙)。帝为筑庙于城西隅,封“灵应侯”。其后庙益完,学医者归趋之,因立太医局于其旁。

希至殿中省尚药奉御,卒,著《神应针经要诀》行于世。录其子宗道至内殿崇班。(元代脱脱等撰,《宋史·卷四百六十二·列传第二百二十一·方伎下·许希》)

庞安时(约1042—1099),北宋医学家,撰《伤寒总病论》《本草补遗》。

“庞安时《难经解》一卷。”“庞安时《难经解义》一卷。”(元代脱脱等撰,

《宋史·卷二百七·志第一百六十·艺文六》）

庞安时，字安常，自号“蕲水道人”。蕲州蕲水人（即今湖北省浠水县）。著名的伤寒学家，被人们美誉为“北宋医王”。出身世医家庭，自幼聪明好学，尤喜医方，具过目不忘之能。潜心研究《内经》《难经》《伤寒论》等诸多经典医书，对扁鹊、仲景之论尤为精通，补充、发挥了他们的思想和论点；着意阐发温热病，力主将温病和伤寒予以区分，发展了外感病学。在医学理论和医疗实践中有着真知灼见，医术精湛，慷慨大方，疾人诣门，不问贫富，一视同仁；爱老慈幼，轻财不苟，不谋私利，与世无争，任侠而不害人。庞安时与苏轼（1037—1101）、黄庭坚（1045—1105）是同时代人，三人交往密切，互有字、墨交换馈赠，可称为儒界友人。

庞安时，字安常，蕲州蕲水人。儿时能读书，过目辄记。父，世医也，授以脉诀。安时曰：“是不足为也。”独取黄帝、扁鹊之脉书治之，未久，已能通其说，时出新意，辨诘不可屈，父大惊，时年犹未冠。已而病聩（聩，音kuì。耳聋。《国语·晋语四》：“聋聩不可使听，童昏不可使谋。”韦昭注解：“耳不别五声之和曰聋，生而聋曰聩。”亦引申为昏聩，不明事理。此句是说不久庞安时患了耳聋病。《史记·夏本纪》：“乃召汤而囚之夏台，已而释之”），乃益读《灵枢》《太素》《甲乙》诸秘书，凡经传百家之涉其道者，靡不通贯。尝曰：“世所谓医书，予皆见之，惟扁鹊之言深矣。盖所谓《难经》者，扁鹊寓术于其书，而言之不详，意者使后人自求之欤！予之术盖出于此。以之视浅深，决死生，若合符节。且察脉之要，莫急于人迎、寸口。是二脉阴阳相应，如两引绳，阴阳均，则绳之大小等。故定阴阳于喉、手，配覆溢于尺、寸，寓九候于浮沉，分四温于伤寒。此皆扁鹊略开其端，而予参以《内经》诸书，考究而得其说。审而用之，顺而治之，病不得逃矣。”又欲以术告后世，故著《难经辨》数万言。观草木之性与五藏之宜，秩其职任，官其寒热，班其奇偶，以疗百疾，著《主对集》一卷。古今异宜，方术脱遗，备阴阳之变，补仲景《论》。药有后出，古所未知，今不能辨，尝试有功，不可遗也，作《本草补遗》。

为人治病，率十愈八九。踵门求诊者，为辟邸舍居之，亲视饩粥药物（饩，音zhān，同“馆”。厚粥。《孟子·滕文公上》：“三年之丧，齐疏之服，饩粥之食，自天子达于庶人，三代共之。”东汉经学家赵岐撰《孟子章句》注解：“饦，糜粥也”），必愈而后遣；其不可为者，必实告之，不复为治。活人无数。病家持金帛来谢，不尽取也。

尝诣舒之桐城，有民家妇孕将产，七日而子不下，百术无所效。安时之弟子李百全适在傍舍，邀安时往视之。才见，即连呼不死，令其家人以汤温其腰腹，自为上下拊摩（拊，音 fǔ，同“抚”，即自我按摩之意）。孕者觉肠胃微痛，呻吟间生一男子。其家惊喜，而不知所以然。安时曰：“儿已出胞，而一手误执母肠不复能脱，故非符药所能为。吾隔腹扪儿手所在，针其虎口，既痛即缩手，所以遽生，无他术也。”取儿视之，右手虎口针痕存焉。其妙如此。

有问以华佗之事者，曰：“术若是，非人所能为也。其史之妄乎！”年五十八而疾作，门人请自视脉，笑曰：“吾察之审矣。且出入息亦脉也，今胃气已绝，死矣。”遂屏却药饵。后数日，与客坐语而卒。（元代脱脱等撰，《宋史·卷四百六十二·列传第二百二十一·方技下·庞安时传》）

《庞先生伤寒论序》：庞安常自少时喜医方，为人治病，处其死生，多验，名倾淮南诸医。然为气任侠，斗鸡走狗，蹴鞠击球（蹴鞠，音 cù jū。《说文解字·足部》：“蹴，蹑也。”《一切经音义》引《说文》：“蹴，踏也。以足逆踏曰蹴。”《说文解字·革部》：“鞠，蹋鞠也。”体育运动项目之一种。亦名“蹋鞠”“蹴球”“蹴圆”“筑球”，类似现代的足球运动），少年豪纵事（豪纵，豪放任性不受拘束。《南史·王思远传》：“明帝从祖弟季敞性甚豪纵，使诣思远，令见礼度。”《宋史·邵亢传》：“赋诗豪纵，乡先生见者皆惊伟之。”年少不懂事，经常会做出一些出格的事来），无所不为。博弈音技（博弈，语出《论语·阳货》：“饱食终日，无所用心，难矣哉！不有博弈者乎？为之，犹贤乎已。”朱熹集注：“博，局戏；奕，围棋也。”音技，音乐的技能。《后汉书·蔡邕传赞》：“苑囿典文，流悦音技。”李贤注解：“音技谓鼓琴吹笛之属也。”用心于音乐技能），一工所难而兼能之。家富多后房，不出户而所欲得。人之以医聘之也，皆多陈其所好，以顺适其意。其来也，病家如市；其疾已也，君脱然不受谢而去。中年，乃屏绝戏弄，闭门读书。自神农、黄帝、经方，扁鹊《八十一难经》，皇甫谧《甲乙》，无不贯穿。其简册纷错（简册，古代在纸张未发明之前，人们都用竹简或木简书写文字，简，就是用竹子或木材削制成的狭长竹木片，若干简再用丝线串联起来就成为册。最早在三千多年前的商代，就已经有了这种简册。由于这种简册不易保管，随着时间的推移，丝线的腐朽毁灭，兵燹的连绵不断，战火的蔓延，这种简册极易焚烧散乱。纷错，纷繁错乱。西汉汉室宗亲、经学家、目录学家、文学家刘向作《楚辞·九叹·忧苦》："思余俗之流风兮，心纷错而不受。"东汉著名文学家、《楚辞章句》的作者王逸注解："纷错，溃乱也。"简册纷繁错乱），黄素朽蠹（黄素，黄颜色的丝织品——绢。东晋葛洪《神仙传·阴长生》："能知神丹，久视长安。于是阴君裂黄素，写丹经。"朽蠹，腐朽虫蚀。《左传·昭公三年》："民参其力，二入于公，而衣食其一，公聚朽蠹，而三老冻馁。"黄绢极易腐朽被虫蚀），先师或失其意；学术浅薄，私智穿凿，曲士或窜其文，安常悉能辩论发挥，每用以治病，几乎十全矣。然人疾诣门，不问贫富，为便房曲斋（便房，迎宾的侧室；休息之所。斋，书房学舍；斋戒的房舍。曲斋，同"曲室"。曲室小户，偏僻幽静的小房子。为来看病的人设置休息之所或偏僻幽深的小房舍），调护寒暑所宜，珍膳美蔬，时节其饥饱之度。爱老而慈幼，不以人之疾尝试其方，如疾痛在已也。盖其轻财如粪土，耐事如慈母而有常，似秦汉间任侠而不害人，似战国四公子而不争利（四公子，齐国的孟尝君田文、楚国的春申君黄歇、赵国的平原君赵胜、魏国的信陵君魏无忌）。所以能动而得意。起人之疾，不可为数。他日过之，未尝有德色也。其所总辑《伤寒论》，皆其日用书也。欲掇其大要，论其精妙，使士大夫稍知之。然未尝游其庭者，虽得吾说而不解；若有意于斯者，读其书自足以揽其精微，故不著。著其行事，以为后序云。前序海上人诺为之，故虚其右以待。

元符三年三月（1100年）

豫章　黄庭坚序（黄庭坚，字鲁直，号"山谷道人"，晚号"涪翁"，又称"豫章黄先生"。豫章，古郡名，治所在今江西省南昌）

朱肱（1050—1125），北宋后期名医，著有《南阳活人书》《酒经》。

"朱肱《内外二景图》三卷。""《南阳活人书》二十卷。"（元代脱脱等撰，《宋史·卷二百七·志第一百六十·艺文六》）

北宋后期医学家朱肱，字翼中，号"无求子"，晚号"大隐翁"。浙江吴兴（今浙江省湖州）人，又一说是乌程（今江苏省吴兴县）人，后定居杭州。父临、兄服及肱三人皆进士，名誉乡里，堪称儒学世家。1088年，北宋元祐三年进士。因曾官至奉议郎（文散官名。隋始置通议郎，唐改称奉议郎，从六品上，文官第十六官阶。北宋神宗赵顼元丰时，改制用以代太常丞、秘书丞、殿中丞、著作郎），故后人常称其为朱奉议。

因为极不适应官场秩序，勇于直言谏议，有忤上意而去官，遂侨居杭州大隐坊，酿酒著书，自号“大隐翁”。朱肱是一位既精通儒学而又精研医学的学者，他潜心钻研伤寒多年，精通医理，临床经验颇为丰富。后值朝廷重视医学，遍求深于道术对医学有深厚造诣之人，而被征为医学博士，于1114年，始负责朝廷医药政令。此后，又因为书写苏轼《诗》而获罪，贬至达州。其对张仲景所著《伤寒论》予以深入研究，从经络病因传变分析，认为不识经络，犹如触途冥行，不知邪气所在，难以获效。

主要著作有二十卷本伤寒类书籍《活人书》（亦称《类证活人书》）及《伤寒百问》。书成于元祐四年至大观二年，即1089—1108年。1118年，作者重加校正，易名为《南阳活人书》。此书的特点即秉承了张仲景关于伤寒论的学说旨意，又囊括了后世诸家之说，书中并附诸方治法，对《伤寒论》整理和阐释，实属分类论述《伤寒论》的佳作，颇为后世著名医家所赞赏，清代名医徐大椿对其著作评价相当高，称其为“大有功于张仲景者，《活人书》为第一”。

此书后屡经刊刻，致使卷幅多寡不一，遂出现常见的二十一卷本或二十二卷本，书名亦多有变化，如《朱肱活人书》《无求子活人书》《类证活人书》《伤寒类证活人书》《增注类证活人书》等。此外尚有《北山酒经》《针灸经穴图》《内外二景图》等。

朱肱，字翼中，一作亦中。归安人元祐三年（1088年）。进士志喜论医，尤深于伤寒。在南阳时，太守盛次仲疾作，召肱视之，曰：小柴胡汤证也，请，并进三服，至晚乃觉满。又视之，问所服药安在？取以视之，乃小柴胡散也。肱曰：“古人制㕮咀（音fǔ jǔ，中药学名词。《灵枢·寿夭刚柔》节有关㕮咀的记载。在无铁器的时代，用口将药物咬碎，如豆粒大，以便煎服，乃是最原始的药物加工方法。后世则改为将中药材切片捣碎或剉末应用，但㕮咀这一名词仍有沿用下来使用的）谓剉如麻豆大，煮清汁饮之名曰汤，所以入经络攻病取快，今乃为散，滞在鬲上（鬲，音gé，通膈。人和哺乳动物胸腔与腹腔之间的膜状肌肉。《洪武正韵·陌韵》：“膈，胸膈心脾之间，通作‘鬲’。”《素问·五藏生成论》：“心烦头痛，病在鬲中，过在手巨阳、少阴。”此处亦可理解为滞留、阻隔在膈上。《汉书·薛宣传》：‘阴阳否鬲’），所以胃满而病自若也。”因依法旋制自煮以进二服，是夕遂安（是，代词。在此表示肯定判断或表示加强肯定语气。《广雅·释言》："是，此也。"）。因论经络之要，盛君立赞成书（盛君，太守盛次仲），盖潜心二十年而活人书成。尝过洪州，闻名医宋道方在焉，因携活人书就见，宋留肱款语（恳谈；亲切谈话。唐代诗人王建《题金家竹溪》诗："乡使到来常款语，还闻世上有功臣"），坐中指驳（犹如：反驳；驳斥；批驳。指摘反驳；指责批驳）数十条皆有考据，肱惘然自失（惘，音wǎng。怅然失意的样子，心中若有所失的神态。《广韵·养韵》："惘，惘然失志貌。"《正字通·心部》："惘，怅然失志貌。"《楚辞·九章·悲回风》："抚佩衽以案志兮，超惘惘而遂行。"《文选·潘岳〈西征赋〉》："惘辍驾而容与，哀武安以兴悼。"李善注解："惘，犹罔罔，失志之貌也"），即日解舟去泊宅编，属朝廷大兴医学（属，音zhǔ，通"嘱"。请托；托付。《左传·隐公三年》："召大司马孔父而属殇公焉。"叮嘱朝廷大力兴办医学教育），求深于道术者为之官，师起肱为医学博士。坐书东坡《诗》贬达州，以宫祠还（因宫廷祭祀事归还。宫，宗庙；神庙。《诗经·召南·采蘩》："于以用之，公侯之宫。"《毛》传："宫，庙也。"祠，祭祀。《周礼·春官·小宗伯》："大灾，及执事祷祠于上下神祇。"亦可理解为祭祀祖庙、祠堂），侨居西湖上《北山酒经诗序》。（清代陆心源撰，《宋史翼·卷三十八·列传第三十八·方技二·朱肱》）。

《类证活人书·自序》：伤寒诸家方论不一，独伊尹、仲景之书，犹六经也。其余诸子百家，时有一得，要之不可为法。又况邪说妄意，世业名家，规利虽厚，因果历然。特以伊尹汤液，仲景经络，常人难晓，士大夫又以艺成而下，耻而不读，往往仓卒之际，束手待尽，卒归之于命而已。世人知读此书者亦鲜，纵欲读之，又不晓其义。况又有好用凉药者，如附子、硫黄，则笑而不喜用，虽隆冬使人饮冷，服三黄丸之类；有好用热药者，如大黄、芒硝，则畏而不敢使，虽盛暑劝人炙煅，服金液丹之类。非不知罪福，偏见曲说所趣者然也。阳根于阴，阴本于阳，无阴则阳无以生，无阳则阴无以化。是故春时气温，当将理以凉，夏月盛热，当食以寒，君子扶阴气以养阳之时也，世人以为阴气在内，反抑以热药，而成疟痢脱血者多矣；秋时气凉，当将息以温，冬时严寒，当食以热，君子扶阳气以养阴之时也，世人以阳气在内，乃抑以凉药，而成吐痢腹痛者多矣。伐本逆根，岂知天地之刚柔，阴阳之逆顺，求其不夭横也难矣。偶有病家，曾留意方书，稍别阴阳，知其热证，则召某人，以某人善医阳病；知其冷证，则召某人，以某人善医阴病，往往随手全活。若病家素不晓者，道听泛请，委而听之。近世士人如高若讷、林亿、孙奇、庞安常皆惓惓于此（惓惓，音 quán quán，同“拳拳”。诚恳、深切之意。《论衡·明雩》：“区区惓惓，冀见答享”），未必章句之徒不诮且骇也（诮，音 qiào，责问。《尚书·金縢》：“王亦未敢诮公”）。仆因闲居，作为此书，虽未能尽窥伊尹之万一，庶使天下之大，人无夭伐，老不哭幼，士大夫易晓而喜读，渐浸积习，人人尊生，岂曰小补之哉？仲尼曰：“吾少也贱，故多能鄙事。”学者不以为鄙，然后知余用意在此而不在彼。

大观元年（1107 年）正月 日前进士　朱肱序

仆乙未秋以罪去国（1115 年，政和五年），明年就领宫祠以归。过方城，见同年范内翰云：《活人书》详矣，比《百问》十倍，然证与方分为数卷，仓卒难检耳。及至濉阳，又见王先生《活人书》，京师、京都、湖南、福建、两浙凡五处印行，惜其不曾校勘，错误颇多。遂取缮本，重为参详，改一百余处，命工于杭州太隐坊镂板，作中字印行，庶几缓急易以检阅。然方术之士，能以此本游诸聚落，悉为改证，使人读诵，广说流布，不为俗医妄投药饵，其为功德，获福无量。

政和八年（1118 年）

季夏朔朝奉郎、提点洞霄宫　朱肱重校正

《类证活人书·青词》（唐代学者李肇著《翰林志》：“凡太清宫道观荐告词文，用青藤纸书朱字，谓之青词。”此后成为一种文体，亦称“绿章”，乃是道教斋醮仪式上表告天神的奏章表文。实为文体的一种，通常为骈俪体，因为是用朱笔写于青藤纸上而得名。元师从元好问，好学善为文、能诗词。参与修国史的翰林学士王恽著《玉堂嘉话·卷四》：“青词主意，不过谢罪、禳灾、保佑平安而已。”明代官员、学者徐师曾编辑《文体明辨·青词》：“青词者，方士忏过之词也，或以祈福，或以荐亡，唯道家用之。其秘密词，则释、道通用矣。词用俪语，诸集皆有，而《事文类聚》所载尤多，今录数篇，以备一体”）：窃以神农尝药，伊尹论方，证顺阴阳，虽克求于民瘼（民瘼，人民大众的疾病痛苦。《诗经·大雅·皇矣》：“监观四方，求民之莫。”莫，通“瘼”），时无疫疠（疫疠，中医学名词。也称“疫气”“戾气”“疠气”，《素问·刺法论》有详细记述。自然界中一种具有强烈传染性和流行性伤人致病的邪气，可以侵犯人类不同的藏府和经络，以致产生各种传染性疾病），盖有赖于神休（神休，神明赐予的福祥。西汉扬雄《甘泉赋》：“惟汉十世，将郊上玄，定泰畤，拥神休，尊明号。”唐代李善注解：“言将祭泰畤，冀神拥祐之以美祥”）。瞻彼旻穹（旻穹，上苍；苍天；苍穹。《隶释·汉繁阳令杨君碑》：“旻穹不惠，年五十一”），哀此黎庶。伏念臣浪游东土，空阅流光。蔑闻经国之谋，端议济人之术。冥冥长夜，怜横死之无辜；断断穷年（专注诚笃守一生。《尚书·秦誓》："如有一介臣，断断猗，无他伎。"唐代孔颖达引王肃疏解曰："断断，守善之貌。无他技能，徒守善而已。"南宋师事朱熹的学者蔡沈撰《书集传》："断断，诚一之貌。"穷年，毕生；全年。《战国策·齐策六》："使管仲终穷抑……穷年没寿，不免为辱人贱行矣"），矧余生之多病（矧，况；何况。《尚书·大诰》："厥子乃弗肯播，矧肯获？"更何况我生来多病）。自朝及夕，考古验今。首尾几二十一年，前后仅九万余字。焦心皓首，编笔青编。原其微功，实自潜佑（潜，秘密；暗中。《荀子·议兵》："窥敌观变，欲潜以深。"祐，保祐，指得到仓天、神灵的佑助。《易经·大有》："自天佑之，吉无不利。"潜佑，默默保佑，暗暗地护佑）。属成书之将上，爰奏牍以先天。恭即兰场，肆陈醮席（醮席，斋醮祭奠祈祷天帝、神灵时铺设用的酒席。《竹书纪年·卷上》："黄帝见大鱼，杀五牲以醮之"）。冀九清之降鉴（九清，道教术语。犹喻九天。唐代白居易《送毛仙翁》："所憩九清外，所游五岳颠。"降鉴，俯视察看。《诗经·王风·黍离》："悠悠苍天，此何人哉？"《毛传》解："自上降鉴，则称上天；据远视之苍苍然，则称苍天。"唐佚名作《郊庙歌辞·梁郊祀乐章·庆平》："天命降鉴，帝德惟馨；享祀不忒，礼容孔明。"希冀九天俯视察看），祈万宇于康宁（万宇，天下。南朝齐谢朓《元会曲》："天仪穆藻殿，万宇寿皇基。"康宁，安康宁静。《汉书·元帝纪》："黎庶康宁，考终厥命。"祈求天下太平安康宁静）。仰获证明，庶传永久。臣无任恳祷之至（恳祷，恳切祈求。唐代白居易《为宰相〈请上尊号第二表〉》："特回宸衷，俯受徽号……此实天下之幸甚，非独臣之幸也。臣等无任诚愿恳祷之至"）。

《类证活人书·进表》：臣闻钟山非矫，幽人屩于深林（屩，音 juē。草鞋。《释名·释衣服》："屩，草履也。屩，跻也，出行著之，屩屩轻便，因以为名也。"《说文·履部》："屩，屐也。"《新唐书·朱桃椎传》："其为屩，草柔细，环结促密，人争蹑之"）；衡岳虽遥，志士献书于北阙。盖行藏之有数，非狂狷所能知（狂狷，既狂放无羁、敢作敢为，又清高自守、有所不为。语出《论语·子路》。子曰："不得中行而与之，必也狂狷乎！狂者进取，狷者有所不为也。"三国魏玄学家何晏著《论语集解》引东汉经学家包咸所说："中行，行能得其中者，言不得中行则欲得狂狷者。狂者，守节无为。欲得此二人者以时多进退，取其恒一。"不是狂狷者所能知晓的。书疏中又常用作谦词）。中谢伏念臣出自蔀屋之微（蔀，音 bù。蔀屋，用草席苫盖房顶的屋子。泛指贫困家庭幽暗、简陋的屋子。北宋王安石《寄道光大师》诗："秋雨漫漫夜复朝，可嗟蔀屋望重霄"），尝奉大廷之对。昔为冗吏（冗吏，没有固定职事的官吏。《周礼·地官·稾人》："掌共外内朝冗食者之食。"唐代经学家、太学博士贾公彦编撰《周礼义疏》疏解："外内朝上直诸吏谓之冗吏，亦曰散吏。"又专指多余无用的官吏。唐代文学家符载《送敬侍御之南海序》："皇帝以易简之道大黜冗吏"），今作闲人。乃因三余，著成《百问》。上稽伊尹汤液之论，下述长沙经络之文。诠次无差，搜罗殆尽。从微至著，盖不可加；亘古及今，实未曾有。载在简册，图之丹青。思欲胶口而不传，大惧利己而无益。恐先朝露，虚弃寸阴。学古入官，既无禆于国论；博施济众，庶或广于仁风。伏惟皇帝陛下，经纬之文，出自天纵；纪纲之治，成于日跻。疆宇开拓于版图，弦歌洋溢乎天下。栖神内景，属意生民。收拾人材，凡片善寸长，皆有所用；勤恤民隐，虽沉痾垂老，各安其居。玉烛亘天以流离，朱草填廷而委积。湛恩滂沱，温诏下宁。致兹丘园一介之愚，亦效涓埃万分之助（涓，细流；涓细。《说文解字·氵部》："涓，小流也。"埃，灰尘；尘埃。《说文解字·土部》："埃，尘也。"涓埃，比喻微小；微末。唐代文学家韩愈《为裴相公让官表》："于禆补无涓埃之微，而谗谤有丘山之积。"唐代诗人杜甫《野望》："惟将迟暮供多病，未有涓埃答圣朝。"亦或仿效涓流和尘埃一样微小的帮助，略尽微薄之力之意）。蒇明大道（蒇，音 chǎn。完成；解决。《方言·卷十三》："蒇，解也。"西晋郭璞注解："蒇训敕，复训解，错用其义。"大道，常理；正理。《汉书·董仲舒传》："欲闻大道之要，至论之极。"完成正理的解释。或可曰：阐明大道），敷奏弥文。杨雄所怀以既章，蔡泽没齿而无憾。重惟道途修阻，巾笈护持。未免客嘲，焉令鬼泣。顾因果之有在，兹俯仰而不惭。傥合宸衷（《史记·伯夷列传》："傥所谓天道，是邪非邪？"宸衷，帝王的初衷。宸，是帝王的代称。缘于宸本指北辰所居，因此亦指帝王的宫殿，引申为王位、帝王的代称。唐代文学家陈子昂《为赤县父老劝封禅表》："垂显号以居宸，建明堂而治物。"衷，内心；真心。《左传·僖公二十八年》："今天诱其衷，使皆降心以相从也。"《三国志·蜀志·法正传》："孙权以妹妻先主，妹才捷刚猛，有诸兄之风，侍婢百余人，皆亲执刀侍立。先主每入，衷心常凛凛。"倘或符合帝王的初衷），自詟与议（詟，音舍。恐惧；害怕。《史记·张仪列传》："愁居慑处，不敢动摇。"与议，不足道。自谦词）。特羁縻于丹灶（羁縻，束缚；笼络；控制。东汉辞赋家、文学天才、王逸之子王延寿《王孙赋》："暂縶以縻缚，遂缨络而羁縻。"由于被丹灶所束缚），徒景仰乎公车。谨遣男遗直，赍臣所撰书一函八册，共二十卷，躬诣检院（躬，本指身体，引申为自身；亲自。三国蜀诸葛亮《出师表》："臣本布衣，躬耕于南阳。"诣，前往；去到。《史记·孝文本纪》："乘传诣长安。"《汉书·杨王孙传》："未得诣前。"颜师古注解："诣，至也。"亲自前往检院），投进以闻。委有观采，伏乞宣付国子监印造颁行。如臣学植浅陋，违戾于经，即乞委官参详，然后布之天下，以福群生。臣无任干天冒圣，激切屏营之至。

政和元年（1111 年）

正月一日奉议郎、致仕臣　朱肱谨上

《类证活人书·谢表》：命涣丝论，恩加田里，抚躬无状，愧汗交流。中谢窃以彭泽拂衣，本非绝物，东山投褐，终以为民。自古及今，非狂则狷。求之载籍，赖有斯人。伏念臣忧患余生，栖迟末路。爰脱身于簪绂，遂晦迹于渔樵。流浪江湖，侵寻岁月。穷通有路，莫知税驾之由；出处何心，第顾倦游而止。晓猿夜鹤，春韭秋菘。绝交几近于矫情，苦誓未忘于匿怨。岂知圣世，率在周行。然而丘壑之志已坚，桑榆之光无几。辞华衰落，素无翰墨之称；趋操阔流，谁借齿牙之论。偶缘著述，误被选抡。特起于五湖寂寞之滨，置之在三坟讨论之地。未之一可，先阅两官。不期投老以偷安，乃复弹冠而再仕。此盖伏遇皇帝陛下，发明道术，游戏艺文。欲稽上古之书，覃及卫生之士。肇新学校，爰择师儒。岂容幽人，而在此选。臣不敢随缘应世，与物为春。消息有时，虽佩山公之语；始终一节，虽逃俗士之讥。

《类证活人书·谢启》：命出于中，恩归有自。艺成而下，惟济世可以无嫌；禄在其中，苟为贫有何不可？如肱者瞿、聃遮眼（瞿，指瞿昙。佛教鼻祖释迦摩尼姓瞿昙，故常以瞿昙代表释迦摩尼，亦即佛教的代称。聃，亦作“耼”，老子以此为字。一说为老聃，姓李名耳，道家创始人，道教始祖，春秋时期思想家。遮眼，遮人眼目。北宋苏轼《明日南禅和诗不到故重赋数珠篇以督之·之二》：“看经聊尔耳，遮眼初不卷”），医卜藏身。十载投闲，怜桑麻之已长；一朝就列，愧松菊以难存。方将穿墨池以灌园，安丹灶而息火。扫除伎俩，淘汰因缘。不虞汤液之言，偶合春秋之法。道俗交庆，鱼鸟亦惊。龙光祇荷于殊恩，陶冶实资于大化。此盖伏遇太师相公，无心造物，有意为民。以人物升沉为深忧，以世谛俯仰为可愧。苟有一得，不问其他。致兹流落之余，亦在使令之数。敢不激昂晚节，棰策下愚（棰策，犹“鞭策”。棰，同“棰”，亦作“捶”。鞭子；马鞭。《韩非子·奸劫弑臣》：“无棰策之威，衔橛之备，虽造父不能以服马。”西汉政论家、文学家贾谊《过秦论》：“执棰拊以鞭笞天下，威振四海。”下愚，自谦词。三国吴华核《奉敕草对》：“猥命草对，润被下愚。”鞭策自己）。稽首倾心，岂特平日之师仰；断臂抉目，盖将投老以依归。

《类证活人书·张蒇（音 chàn）序》：余顷在三茅，见无求子《伤寒百问》，披而读之，不知无求子何人也？爱其书，想其人，非居幽而志广，形愁而思远者，不能作也。惠民忧国，不见施设，游戏艺文，以阅岁月者之所作乎？逃世匿迹，抗心绝虑，灌园荒丘，卖药都市者之所作乎？颠倒五行，推移八卦，积功累行，以就丹灶者之所作乎？不然，则穷理博物，触类多能，东方朔者耶？浩歌散发，采掇方伎，皇甫谧者耶？周流人间，卫生救物，封君达者耶？前非古人，后无作者，则所谓无求子者，余不得而知也。三茅三年，挟册抵掌，未尝停手，所借以全活者，不知其几人也。惜其论证多，而说脉少；治男子详，而妇人略。铢两讹舛，升匊不明（匊，音 jū。满握；满捧；捧起。清代军事家、政治家左宗棠《兰州饮和池记》："乏者或以织柳之四来，或手匊而饮。"清代政治家、思想家谭嗣同《刘云田传》："夜则支幕沙上，椎髻箕踞，匊黄羊血，杂雪而咽。"升，指容量单位，"市升"的简称。连最起码的容量、称量单位都不明白），标目混淆，语言不通俗，往往闾阎（闾阎，音 lǘ yàn，亦称"阎闾"。本谓里巷内外的门，后世则多指里巷。《晋书·刘颂传》："今阎闾少名士，官司无高能。"又指平民。《资治通鉴·陈长城公祯明二年》："恣溪壑之欲，劫夺阎闾。"《史记·李斯列传论》："李斯以闾阎历诸侯，入事奏"）有不能晓者，此余之所以夙夕歉然者也（夙夕，同"夙夜"。日夜；早晚；朝夕。《尚书·舜典》："夙夜惟寅，直哉惟清。"《孔传》："夙，早也；言早夜敬思其职。"歉然，歉疚；惭愧；不满足。南宋文学家叶梦得《石林家训》："然盛夏帐中亦须读数卷书，至极困，乃就枕；不尔，胸次歉然若有未了事。"日夜歉疚不安）。今秋游武林，邂逅致政朱奉议，泛家入境，相遇于西湖之业林，因论方士，奉议公乃称贾谊云：古之人，不在朝廷之上，必居医卜之中。故严君平隐于卜，韩伯休隐于医。然卜占吉凶，医有因果。不精于医，宁隐于卜。班固所谓有病不治得中医，盖慎之也。古人治伤寒有法，治杂病有方。葛稚川作《肘后》，孙真人作《千金》，陶隐居作《集验》，元晏先生作《甲乙》。率著方书，其论伤寒活法者，长沙太守一人而已。华佗指张长沙《伤寒论》为活人书，昔人又以《金匮玉函》名之，其重于世如此。然其言雅奥，非精于经络，不可晓会。顷因投闲，设为对问，补苴缀缉（苴，音 jū。本谓铺垫鞋底的草垫。《汉书·贾谊传》："冠虽敝，不以苴履。"缀，音 zhuì。补缀。缀缉，通"缀辑"，即"编辑"。南朝梁文学家任昉《王文宪集序》："是用缀缉遗文，永贻世范。"全句则为补缺编辑之意），仅成卷轴。因出以相示，然后知昔之所见《百问》，乃奉议公所作也。因乞其缮本，校其详略，而《伤寒百问》十得五六，前日之所谓歉然者，悉完且备。书作于己巳（1089 年），成于戊子（1108 年），增为二十卷，厘为七册，计九万一千三百六十八字。得此书者，虽在崎岖僻陋之邦，道途仓卒之际，据病可以识证，因证可以得方，如执左契（犹左券。《老子》："是以圣人执左契而不责于人。"

左券，古时的契约分为左右两联，双方各执一联；左券即左联，常用作索偿的凭证。《史记·田敬仲完世家》："公常执左券以责于秦、韩。"亦常用于比喻具有充分的把握。执左券或曰左契，是说颇有把握)，易如反掌，遂使天下伤寒无横夭之人，其为饶益，不可思议。昔枢密使高若讷作《伤寒纂类》，翰林学士沈括作《别次伤寒》，直秘阁胡勉作《伤寒类例》，殿中丞孙兆作《伤寒脉诀》，蕲水道人庞安常作《伤寒卒病论》，虽互相发明，难于检阅，比之此书，天地辽落（辽落，相差很多；悬殊太大之意。南朝梁文学家任昉《为范尚书让吏部封侯第一表》："在魏则毛玠公方，居晋则山涛识量，以臣况之，一何辽落。"亦用为形容辽远旷绝，辽阔空旷。《世说新语·言语》："江山辽落，居然有万里之势。"天壤之别）。张长沙，南阳人也。其言虽详，其法难知。奉议公祖述其说，神而明之，以遗惠天下后世，余因揭其名为《南阳活人书》云。

武夷　张蒇 大观五年（1111年，北宋大观年号，无五年，应是政和元年）正月日序

《活人书论·徐大椿》：宋人之书，能发明《伤寒论》，使人有所执持而易晓，大有功于仲景者，《活人书》为第一。盖《伤寒论》不过随举六经所现之证以施治，有一证而六经皆现者，并有一证而治法迥别者，则读者茫无把握矣。此书以经络、病因传变，疑似条分缕析，而后附以诸方治法，使人一览了然，岂非后学之津梁乎［津梁，比喻普济引渡众生；佛家谓以佛法引渡众生到人生彼岸。《世说新语·言语》："（庾公）尝入佛图见卧佛，曰：此子疲于津梁。"又可理解为能够起到桥梁作用的人或事物］。其书独出机杼（杼，音 zhù。机杼，比喻创作诗文中的命意、新巧构思、布局。《魏书·祖莹传》："文章须自出机杼，成一家风骨，何能共人同生活也。"此书构思独特，命意新巧），又能全本经文无一字混入己意。岂非好学深思，述而不作，足以继往开来者乎！后世之述伤寒论者，唐、宋以来已有将经文删改，移易不明不贯。至近代前条辨尚论编等书，又复颠倒错乱，各逞意见，互相辩驳，总由分证不清，欲其强合，所以日就支离。若能参究此书，则任病情之错综反覆，而治法仍归一定，何必聚讼纷纭，致古人之书愈讲而愈晦也。

唐慎微（1056—1093），北宋著名医药学家，著有三十一卷本的《经史证类大观本草》。

"唐慎微《大观经史证类备急本草》三十二卷。"（元代脱脱等撰，《宋史·卷二

百七·志第一百六十·艺文六》）

唐慎微，宋代著名医药学家。《宋史翼》说是蜀州晋源人（今四川省崇庆），元祐间，师事李端伯而招之居成都。世业为医，学赅博（赅，音 gāi，形容词。兼备；完具。《庄子·齐物论》："百赅、九窍、六藏，赅而存焉。"赅博，渊博。有成语：学问赅博。北宋人称秀才的刘斧著志怪、传奇小说集《青琐高议·骊山记》："应制科，辞理优赡赅博"），深于经方，对医药造诣颇深，治病多效，百无一失，一时知名。为人诊疾疗病，不论贵贱，不避寒暑风雨，有召必往；士人求医则不取分文诊金一钱，唯索赠以名方、秘录，只求文献资料，故士人每于经史诸集中视获一药一方，必录以告之，经多年广采博辑，合《嘉祐补注本草》《图经本草》为一，编著成《经史证类备急本草》一书，简称《证类本草》（三十一卷，目录一卷）。刊行于 1108 年，由此盛行于世。该书集北宋以前本草学之大成，举凡经史百家、佛书道藏有关医药记载均加择录，收药达一千七百四十六种，且集书传所记单方附之于本条之下，并新补增添了大量药物资料，殊为详博。

据考其书初成于元丰五年（1082 年）前后，后经陆续增补，约于元符元年至大观二年间定稿（1098—1108 年。元符，北宋哲宗赵煦的年号。大观，北宋徽宗赵佶的年号）。由艾晟校补刊行，名《大观经史证类备急本草》。政和六年（1116 年）医官曹孝忠据此重校厘正，名《政和新修经史证类备用本草》三十卷，之后迭经刊印，版本甚多，然基本内容仍以所著《经史证类备急本草》为准。明代李时珍著《本草纲目》主要以此书为蓝本。子二人及婿张宗说皆受其传，从而成为成都名医。

李时珍说其是北宋徽宗大观二年时的蜀医（此说谬矣），取《嘉祐补注本草》和《图经本草》合著成《经史证类备急本草》，复拾《唐本草》、陈藏器《本草》、孟诜《食疗本草》、旧本所遗者五百余种，附入各部，并增五种，仍采雷公炮炙及唐本食疗陈藏器诸说收未尽者，附于各条之后，又博采古今单方，并经史百家之书，有关药物者亦附之，共三十一卷，名《证类本草》。上之朝廷，改名《大观本草》。使诸家《本草》及各药单方，垂之千古不致沦没，皆其功也，《宋史翼》所说皆与李时珍所说基本一致。

唐慎微，字审元，蜀州晋源人。元祐间（1086—1093），蜀帅李端伯招之居成都。貌寝陋（容貌丑陋或曰形象太差，或说难看之极。唐代韩愈《顺宗实录五》："伾以侍书幸，寝陋，吴语，上所亵狎。"《新唐书·郑注传》："貌寝陋，不能远视"），举措、语言朴讷（举措，行为；举止；举动。亦作"举错""举厝"。《管子·五辅》："故民必知权，然后举错得；举错得，则民和辑。"《后汉书·王霸妻传》："向见其子容服甚光，举措有适。"讷，音 nè，亦作"呐"。既可做形容词亦可做动词。《说文解字·言部》："讷，言难也。"表示有话在肚子里，却难以言表。朴讷，朴实且木讷寡言。《三国志·魏书·崔琰传》："少朴讷，好击剑，尚武事。"语言朴讷，出言迟钝、笨拙、谨慎。《论语·里仁》："子曰：君子欲讷于言而敏于行。"《孔子家语·王言解》："是故人君先立仁于己，然后大夫忠而士信，民敦俗朴，男悫而女贞，六者，教之致也。"说话质朴率真、敦厚且迟钝）而中极明敏（中指中央，尽端为极。明敏，聪明奋勉机敏。《论语·公冶长》："敏而好学，不耻下问。"《北齐书·文宣帝纪》："内虽明敏，貌若不足，世宗每嗤之。"而终究是聪明机敏）。治病百不失一，一语症候不过数言，再问之辄怒不应。其于人不以贵贱，有所召必往，寒暑雨雪不避焉。为士人疗病不取一钱，但以名方秘录为请，以此士人尤喜之。元祐间，宇文虚中之父感风毒，慎微疗之如神。又手缄一书（缄，音 jiān。书信；信函。唐代白居易《初与元九别后忽梦见之》："开缄见手札，一纸十三行"），约曰某年月日启封，至期旧恙复作，取封开视，则所录之方，第一疗风毒；再作，第二疗风毒。上攻气促、欲作喘嗽，如其言，次第饵之，半月良愈（宇文虚中《证类本草·跋》参宾退录）。徽宗大观二年（1108 年），取《嘉祐补注本草》及《图经本草》合为一书，复拾《唐本草》、陈藏器《本草》、孟诜《食疗本草》旧本所遗者五百余种附入各部，并增五种，仍采雷公《炮炙》及唐本《食疗》，陈藏器诸说，收未尽者附于各条之后，又采古今丹方并经史百家之书有关药物者亦附之，共三十一卷，名《证类本草》上之朝廷，改名《大观本草》《证类本草》。（清代陆心源辑撰，《宋史翼·卷三十八·列传第三十八·方技二·唐慎微》）

《宋史·宇文虚中》：虚中，字叔通，成都华阳人。大观三年进士（1109 年），建炎二年（建 1128 年），应诏为祈请使，使金不归，受官至翰林学士知制诰兼太常卿，封河内郡开国公，金人号为国师。据此，则知虚中本与慎微同乡，故能详其始末。虚中使金，与宋隔绝，所作书后金刻之，而宋人初未之见，故谓不知慎微何人。

《宋史·洪皓》一节亦提及：初，皓至燕，宇文虚中已受金官，因荐皓。

金主闻其名，欲以为翰林直学士，力辞之。

《重修政和经史证类备用本草·序》：自古人俞穴针石之法不大传，而后世亦鲜有得其妙者，遂专用汤液、丸粒理疾。至于刳肠、剖臆、刮骨、续筋之神奇，以为别术所得，终非神农家事。维圣哲审证以制方，因方而见药，故方家言盛行，而神农之经不可一朝而舍也。其书大抵源于神农氏。自神农氏而下，名本草者，固非一家。又有所谓唐本、蜀本者，迄于有宋政和间，天子留意生人，乃命鸿儒名医，诠定诸家之说，为之图绘，使人验其草木根茎、花实之微，与夫玉石、金土、虫鱼、飞走之状，以辨其药之真赝而易知，为之类例，使人别其物产，风气之殊宜，君、臣、佐、使之异用，甘、辛、咸、苦、酸之异味，温、凉、寒、热、缓急、有毒、无毒之不同而易见，其书始大备而加察焉。行于中州者，旧有解人庞氏本，兵烟荡析之余，所存无几，故人罕得恣窥。今平阳张君魏卿，惜其浸遂湮坠，乃命工刻梓，实因庞氏本，仍附以寇氏《衍义》，比之旧本益备而加察焉。书成，过余属为序引。余谓人之所甚重者生也，卫生之资，所甚急者药也，药之考订，使无以乙乱丙，误用妄投之失者，神农家书也。开卷之际，指掌斯见，政如止水鉴形，洪钟答响，顾安所逃遁其形声哉？养老慈幼之家，固当家置一本，况业医者之流乎？然其论著，自梁陶隐居，唐、宋以来诸人备矣。余言其赘乎？世固有无用之学，无益之书，余特嘉张君爱物之周，用心之勤，能为是大有益之书，以暨群生，以图永久，非若世之市儿、贩夫侥幸目前，规规然专以利为也。故喜闻而乐道之。君讳存惠，字魏卿。

岁己酉孟秋望日　贻溪　麻革信之序

《政和新修经史证类备用本草·序》：中卫大夫、康州防御使、句当龙德宫总辖、修建明堂所医药提举、入内医官、编类《圣济经》提举、太医学臣曹孝忠奉敕撰。

成周六典（《周礼·天官·大宰》："大宰之职，掌建邦之六典，以佐王治邦国。"此指治典、教典、礼典、政典、刑典、事典六种典制），列医师于《天官》，聚毒药以共医事。盖虽治道绪余（绪余，剩余；多余。一般多指学问、礼义、道德。《庄子·让王》："道之真以治身，其绪余以为国家"），仁民爱物之意寓焉。圣人有不能后也。国朝阐神农书，康济斯民，嘉祐中，两命儒臣，图经、补注、训义、剖治，亦已详矣。而重熙累洽（熙，光明；兴盛。三国魏曹植《七启》：“丽草交植，殊品诡类，绿叶朱荣，熙天曜日。”《诗经·周颂·酌》：“时纯熙矣，是用大介。”洽，融洽；和睦。《诗经·大雅·江汉》：“明明天子，令闻不已，矢其文德，洽此四国。”语出东汉史学家班固《东都赋》：“至乎永平之际，重熙而累洽。”唐代张铣注解：“熙，光明也；洽，合也；言光、武既明，而明帝继之，故曰重熙累洽。”世事清明安宁；国家数代太平安乐），文物滋盛，士之闻见益广，视前世书，犹可缉熙而赓续者（缉熙，光明。《诗经·大雅·文王》：“穆穆文王，于缉熙敬止。”《毛传》：“缉熙，光明也。”《诗经·周颂·敬之》：“日就月将，学有缉熙于光明。”东汉经学家郑玄笺解：“且欲学于有光明之光明者，谓贤中之贤也。”赓续，继续；连续。《尚书·益稷》：“乃赓载歌曰：元首明哉，股肱良哉，庶事康哉！”可以使得前世书之光辉永远传续下去）。

蜀人唐慎微，近以医术称，因本草旧经，衍以证类、医方之外，旁摭经史至仙经、道书，下逮百家之说，兼收并录，其义明，其理博，览之者，可以洞达。臣因侍燕间（燕，通“宴”。宴饮。《诗经·小雅·鹿鸣》：“我有旨酒，嘉宾式燕以敖。”宴，亦有安闲、休息之意。《诗经·小雅·蓼萧》：“既见君子，孔燕岂弟。”东汉经学家郑玄笺解：“燕，安也。”侍，侍候。东汉末期文学家陈琳《饮马长城窟行》：“善侍新姑嫜，时时念我故夫子！”此指唐慎微侍宴期间），亲奉玉音（此指帝王所说话。西汉辞赋家司马相如《长门赋》：“愿赐问而自进兮，得尚君之玉音。”得以亲自侍奉帝王的话语语音），以谓此书，实可垂济。乃诏节使臣杨戬总工刊写，继又命臣校正而润色之。臣仰惟睿圣当天（仰，抬头望。《论语·子罕》：“仰之弥高，钻之弥坚，瞻之在前，忽焉在后。”引申为敬慕。《新唐书·韩愈传赞》：“学者仰之如泰山北斗。”惟，思；想；思慕。西汉辞赋家东方朔《非有先生论》：“于是吴王穆然，俯而深惟。”仰惟，仰仗；倚赖。北宋著名政治家、文学家范仲淹《延州谢上表》：“仰赖圣威，即纾边患。”睿圣，智慧；明智通达；德才超凡。《尚书·洪范》：“貌曰恭，言曰从，视曰明，听曰聪，思曰睿。”北宋政治家王安石《洪范传》：“睿则思无所不通。”乃颂扬帝王的用语，称颂帝王神圣而明智。《国语·楚语上》：“昔卫武公年数九十有五矣，犹箴儆于国……及其没也，谓之睿圣武公。子实不睿圣，于倚向何害。”三国吴史学家韦昭注解：“睿，明也。”当天，顺应天命。北宋政治家、文学家范仲淹《上执政书》：“况今圣人当天，四贤同德，此千百年中言事之秋也。”臣仰慕帝王的圣明，顺应天命），慈仁在宥（宥，音 yòu，动词。《说文解字·宀部》：“宥，宽也。”《易经·解》：“君子以赦过宥罪。”《庄子·在宥》：“闻在宥天下，不闻治天下也。”又，《广雅》：“宥，赦也。”慈善仁爱在于宽宥），诞振三坟（诞，本义为大言，说大话；引申为大。《尚书·汤诰》：“王归自克夏，至于亳，诞告万方。”《孔》传：“诞，大也。”亦可作语气助词。《尚书·大诰》：“肆朕诞以尔东征。”《诗经·大雅·生民》：“诞我祀如何？或舂或揄，或簸或蹂。”振，动词。《说文解字·手部》：

"振，举救也。"《小尔雅·广言》："振，救也。"三坟，相传是古书名称。《左传·昭公十二年》："是能读三坟、五典、八索、九丘。"亦有说是指伏羲氏所作的《连山易》、神农氏所作的《归藏易》、黄帝所作的《干坤易》。此指此书的重要性非比寻常，亦可解为大大振兴三皇之书），跻民寿域（跻，形声动词。《说文解字·足部》："跻，登也。"《易经·震》："跻于九陵，勿逐。"《诗经·豳风·七月》："跻彼公堂，称彼兕觥，万寿无疆。"东汉经学家郑玄笺解："跻，升也。"让老百姓齐登长寿之领域），肇设学校（肇，形声动词，创建。《尚书·酒诰》："乃穆考文王，肇国在西地。"《尚书·舜典》："肇十有二州，封十有二山，浚川。"创建设立学校），俾革俗弊；复诏天下进以奇方善术，将为《圣济经》，以幸天下万世（以上均是歌功颂德，赞扬圣明君王的词语）。臣以匪才（《广雅·释诂四》："匪，非也。"自谦词，臣以不才），叨列是职（叨，音 tāo，常用于对受人恩惠表示感谢的谦词。唐代张说《恩赐丽正殿书院宴应制得林字》："位窃和羹重，恩叨醉酒深。"承受恩惠，叨列陪侍这一职务），竞临渊谷（渊，深渊；深潭。《庄子·列御寇》："夫千金之珠，必在九重之渊。"谷，山谷；困境；《诗经·大雅·桑柔》："人亦有言：进退维谷。"渊谷，深谷。北宋苏洵《谏论下》："君之犯难，犹渊谷之难越也。"争逐濒临深渊峡谷）。而《证类本草》诚为治病之总括，又得以厘而正之，荣幸深矣。谨奉明诏，钦帅官联（官联，官员联合起来做事。《周礼·天官·大宰》："以八法治官府……三曰官联，以会官治。"东汉经学家郑玄注解："官联，谓国有大事，一官不能独共，则六官共举之。"此谓奉诏率领众官员联合起来做这件事），朝夕讲究，删繁缉紊（删，削除；删繁就简。《汉书·律历志上》："删其伪辞，取正义，著于篇。"缉，通"辑"，聚集。《汉书·艺文志》："门人相与辑而论纂，故谓之《论语》。"引申为编辑。此谓书籍的编辑过程。删去繁琐、编辑紊乱的内容），务底厥理（务，务必；必须。底，留草稿；底稿；留底。厥，其。务必留底符合其理）。诸有援引误谬，则断以经传；字画鄙俚，则正以字说；狡或论戾肴互缮录之不当者，又复随笔刊正，无虑数千。遂完然为成书，凡六十余万言，请目以《政和新修经史证类备用本草》云。

政和六年（1116 年）九月一日中卫大夫、康州防御使、句当龙德宫总辖、修建明堂所医药提举、入内医官编类《圣济经》提举、太医学臣曹孝忠谨序

《证类本草·宇文虚中（1079—1146 年，北宋诗人，爱国大臣）跋》曰：唐慎微，字审元，成都华阳（即今四川省成都市）人。貌寝陋，举措语言朴讷，而中极明敏。其治病百不失一，一语证候，不过数言，再问之，辄怒不应。

其于人不以贵贱，有所召必往，寒暑雨雪不避也。其为士人疗病，不取一钱，但以名方秘录为请。以此士人尤喜之。每于经史诸书中得一药名、一方论，必录以告，遂集为此书。尚书左丞蒲公传正，欲以执政恩例奏与一官，拒而不受。其二子及婿张宗说，字岩老，皆传其艺，为成都名医。元祐间，虚中为儿童时，先人感风毒之病，审元疗之如神。又手缄一书，约曰"某年月日即启封"。至期，旧恙复作，取所封开视之，则所录三方：第一疗风毒，再作；第二疗风毒，攻注作疮疡；第三疗风毒，上攻气促欲作喘嗽。如其言以次第饵之，半月良愈，其神妙若此。

皇统三年九月望（1143 年的夏历十五日。皇统，金熙宗完彦亶的年号）

成都　宇文虚中书

王克明（1068—1135），两宋间名医。

王克明，字彦昭，其始饶州乐平人（饶州，州名，治所位于今江西省波阳。589 年，隋开皇九年，置州。乐平，县名，治所位于今江西省东北部，乐安江横贯。唐始置县），后徙湖州乌程县（湖州，州名。602 年，隋仁寿二年，置州。因地滨太湖而得名，治所位于今浙江省吴兴。乌程县，旧县名，秦始置，治所位于今浙江省吴兴南。相传有善酿酒的乌、程二姓居此故名）。绍兴（南宋高宗赵构的年号，1131—1162 年）、乾道（南宋孝宗赵眘的年号，1165—1173 年）间名医也。初生時，母乏乳，饵以粥，遂得脾胃疾，长益甚，医以为不可治。克明自读《难经》《素问》以求其法，刻意处药，其病乃愈。始以术行江、淮，入苏、湖，针灸尤精。诊脉有难疗者，必沉思得其要，然后予之药。病虽数证，或用一药以除其本，本除而余病自去。亦有不予药者，期以某日自安。有以为非药之过，过在某事，当随其事治之，言无不验。士大夫皆自屈与游（游，动词。交游；交往；来往。《史记·魏其武安侯列传》："两人相为引重，其游如父子然，相得欢甚"）。

魏安行妻风痿十年不起，克明施针，而步履如初。胡秉妻病内秘腹胀（即便秘症，导致腹胀不适），号呼逾旬（逾，形声动词。《吕氏春秋·乐成》："大智之用，固难逾也。"高诱注解："逾，迈也。"旬，《说文解字·勹部》："旬，遍也，十日为旬。"《尚书·尧典》："朞，三百有六旬有六日。"呼号叫唤超过十天），克明视之。时秉家方会食（会食，聚餐；

相聚共同进食。《史记·淮阴侯列传》："令其裨将传飧，曰：今日破赵会食"），克明谓秉曰："吾愈恭人病，使预会可乎？"以半硫圆碾生姜调乳香下之，俄起对食如平常（对食，面对食物或曰相对用餐。唐代杜甫《夏日叹》："对食不能餐，我心殊未谐。"《东观汉记·鲍永传》："今圣主即位，天下已定，不降何待？即开城降，永说下怀。上大喜，与永对食。"不一会儿饮食如常）。庐州守王安道风禁不语旬日，他医莫知所为。克明令炽炭烧地（炽，音 chì。旺火，引申为势盛。王克明令人把炭烧炽热烧地面），洒药，置安道于上，须臾而苏（须臾，片刻；不久；时间很短。《商君书·慎法》："不可以须臾忘于法"）。金使黑鹿谷过姑苏，病伤寒垂死，克明治之，明日愈。及从徐度聘金，黑鹿谷适为先排使，待克明甚厚。克明讶之（讶，惊奇；诧异。《广韵·禡韵》："讶，嗟讶。"《集韵·禡韵》："讶，疑也。"《新唐书·李勣传》："使至，高祖讶无表，使者以意闻。"王克明惊讶为什么），谷乃道其故，由是名闻北方。后再从吕正己使金，金接伴使忽被危疾，克明立起之，却其谢。张子盖救海州，战士大疫，克明时在军中，全活者几万人。子盖上其功，克明力辞之（王克明尽力辞谢之）。

克明颇知书，好侠尚义（崇尚义气），常数千里赴人之急。初试礼部中选，累任医官。王炎宣抚四川，辟克明，不就。炎怒，劾克明避事，坐贬秩（坐，动词。《仓颉》篇："坐，罪也。"特指办罪的因由。《左传·昭公二十三年》："使与邾大夫坐。"杜预注解："坐，讼曲直。"贬秩，削减或降低官吏的俸禄。《左传·僖公二十一年》："修城郭，贬食省用，务穑劝分，此其务也。"《左传·庄公十九年》："王夺子禽祝跪与詹父田，而收膳夫之秩。"《荀子·强国》："官人益秩，庶人益禄。"引申为指官吏的职位或品级被削减）。后迁至额内翰林医痊局（古时调动官职叫"迁"，一般指升职。《汉书·主父偃传》："偃数上疏言事，迁谒者、中郎、中大夫，岁中四迁"），赐金紫（赐，赏赐；赐予。《礼记·玉藻》："君赐车马，乘以拜。"旧指上对下的给予。金紫，金印紫绶的简称。秦、汉时，相国、丞相、太尉、大司空、太傅、列侯等皆金印紫绶。魏、晋以后，因有特加金印紫绶者，遂有金紫光禄大夫、银青光禄大夫之别。直至金、元，仍用作高级官员的官名号）。绍兴五年卒（1135 年），年六十七。（元代脱脱等撰，《宋史·卷四百六十二·列传第二百二十一·方伎下·王克明》）

两宋间名医王克明，《宋史·王克明》先说他是绍兴、乾道间名医，文后却又说卒于绍兴五年，显然是闹了个大笑话，据宋纪年表，可知绍兴五年是 1135 年，是南宋高宗的年号，而乾道则是南宋高宗儿子赵昚的年号，而且乾道年号，是在 1165—1173 年，此时距名医王克明亡故已经过去了三十年。已经死亡了三十年的名医，怎么会在三十年之后又成了后世的名医呢？岂不是天下大笑话。由此可知，史书中的错误是难以避免的，脱脱等做史之人一不小心为后人留下了一个大笑柄。正因如此，笔者在前面注明代王克明是两宋间名医，而非绍兴、乾道间名医。

如果说其真是绍兴、乾道间名医的话，那么死期似应该是淳熙年间，淳熙五年应该是1178年，那么他的生卒年就应该是1111—1178年，这似应是个历史悬案？无论如何，无关紧要，都不影响他是位历史名医的地位。

王克明是位宋时自学成才的名医，因出生后未被母乳喂养，而以粥糜为饵，故此患有脾胃疾病，无医能治。求医无果，无奈之下，自学经典，自治而愈。这是何等的难能可贵的精神啊！这里也提出一个古老的问题，即母乳喂养乃是养育健康儿童的唯一渠道，而现如今许多年轻的父母，只为保持自己的体形，或为了工作，而忽视母乳喂养的问题，不能不说是件非常不可取的事情，希望为人父母者，为了下一代的健康，重视起母乳喂养，而不要仅靠奶粉、蔬菜汁、粥糜等食物。

寇宗奭（1071—1146），北宋药学家，撰有《本草衍义》。

北宋药学家通直郎添差充收买药材所辨验药材寇宗奭（奭，音shì）。史无传纪，里贯无考，生平事迹不详，只知其于北宋后期的政和年间（政和，北宋徽宗赵佶的年号，1111—1118年）曾官杭州、永耀、顺安军等处，由承直郎澧州司户进书转一官而已（澧州，今湖南省澧县）。

代寇宗奭札（札，旧时官府上行下的一种公文。有两种，一种是用于颁发指示，或称“堂帖”。宋代中书省或尚书省所发指令，凡不用正式诏命的，称为劄子。诸路帅司向其部属发指令也用札子，另一种则是用于向皇帝或长官进言议事的札子）。

太医学状：承尚书省批送下提举湖北路常平等事刘亚夫状：承直郎澧州司户曹事寇宗奭撰成《本草衍义》二十卷，申尚书省投纳后，批送太医学看详，申尚书省。本学寻牒送众学官看详去后，今据博士李康等状：上件寇宗奭所献《本草衍义》，委是用心研究，意义可采，并是诣实申闻事（诣实，核查是否符合事实）。十二月二十五日奉圣旨，寇宗奭特与转一官，依条施行，添差充收买药材所辨验药材。

上札付　寇宗奭

政和六年十二月二十八日

宣和元年月本宅镂板印造（1119 年）

侄　宣教郎知解州解县丞　寇约校勘

寇宗奭从宦南北十余年，曾以通直郎官杭州、永、耀、顺安军等地。甚为留意于医药，于本草学颇有研究，尤其是药性的研究；精通医理，研究本草尤深，各地实际考察，积累第一手资料。常谓：“疾病所可凭者医也，医可据者方也，方可恃者药也。”行医者必识药性之良毒，辨方宜之早晚，不可真伪相乱，新陈相错。精于辨药，历时十余年，深入考究药物，采拾众善，诊疗疾苦，和合收蓄之功，率皆周尽，据其本人医药实践所得，鉴于神农本草之学自始见梁《七录》，凡三百六十五种，陶隐居（陶弘景）整理、增补古代的《神农本草经》三百六十五种，而成《神农本草经集注》，共载药物七百三十种，首创以玉石、草木、虫兽、果蔬、米实分类，极大地发展了本草学。唐高宗显庆中（658 年），命苏恭等人参考得失，又增一百一十四种，是为《唐本草》。

北宋太祖赵匡胤命刘翰等以医家尝用有效者增补一百三十三种，编为《开宝重订本草》；北宋仁宗赵祯命掌禹锡等在《开宝重订本草》的基础上，再加校正增一百种，编成《嘉祐补注本草》；北宋著名医药学家、蜀人唐慎微将宋初的《补注神农本草》《图经本草》二书合并，收辑经史百家文献之内所载方药，又重视民间医药经验，赴各地采访单方、草药，再增六百余种，是为《经史证类备急本草》，后改名为《经史证类大观本草》。北宋徽宗赵佶又命曹孝忠予以勘正，是为《政和重修经史证类备用本草》。以掌禹锡等所修的《嘉祐本草》《嘉祐本草图经》，唐慎微所续的《经史证类大观本草》尚有差失、疏误，寇宗奭遂考诸家，参以目验，订正发挥，拾遗补充纠谬，疏通证明，弥补疏漏，于 1116 年，政和六年撰著药物学专著《本草衍义》，载药物四百七十种，另附三十六味以类相附于各药条之下予以阐释。又作《本草广义》二十卷。尝谓行医者须“达药性之良毒，辨方宜之早晚”，不可真伪相乱，新陈互错，又订药物“四气”为“四性”，于医药理论颇多阐发，宣和元年（1119年）由其侄子宣教郎、知解州解县丞寇约镂板刊行。因其所述产地形态、采收鉴别、炮制制剂、性味功效、主治禁忌较为确凿，故自金、元诸医、药学家多采信之，本草之学自此一变。

政和六年（1116年），提举荆湖北路常平等事刘亚夫申投尚书省，经太医学博士李康详审申状之后，谓此书“委是用心研究，意义可采”。申报朝廷，求旨转官，政和六年十二月特转以“添差充收买药材所辨验药材”一官。

许叔微（约1080，有说1079—1154），两宋时期著名医学家、药物学家，著有《普济本事方》。

“许叔微《普济本事方》十二卷。”（元代脱脱等撰，《宋史·卷二百七·志第一百六十·艺文六》）

许叔微，字知可，号“近泉”，宋代真州白沙人（今江苏省仪征）。绍兴三年进士（1133年。绍兴：南宋高宗赵构的年号，1131—1162年），与庞安常同为有宋一代著名医师。正史无传，最大遗憾。缘于父母因时疫、庸医误治相继去世，在极大悲愤忧伤之时，深感医事之重要，遂发愤精研医学。由于他少孤力学，于书无所不读，习儒之余，留心方书，刻苦钻研经籍，时至中年便以医名著于乡里，成为一位医术精湛、医德高尚、声望显赫的儒医。许叔微虽于绍兴二年举进士（1132年），在徽州、杭州任职教官，后又任翰林集贤院学士，亦因此后世多以“许学士”称之。然已逾“知天命”之年，又因不满南宋高宗政权苟且偷安江南，激愤奸佞秦桧当道，残虐陷害忠良，遂弃官归隐乡里，隐居于马迹山（今江苏省无锡市马山镇一带），与抗金名将韩世忠过从甚密，共抒忧国情怀。同时，专以医为业，行医济世，凡有病者来召，不分昼夜，不问贫富，不求回报，志在活人，颇受时人嘉许。

许叔微是宋代研究“伤寒病”的著名医家，他善于采摭诸家之精要，理论密切联系实际，以歌诀形式，对《伤寒论》中的百证进行阐发，编著成一部《伤寒百证歌》，便于学习与记忆；又针对《伤寒论》中的病证和方药，同时结合阐发自己的临证医案经验、用药处方心得及医治过程，联系《伤寒论》的条文加以印证、分析探讨，编纂《伤寒九十论》，探赜索隐，彰明仲景心法之奥，发展创新，使之成为后世学习《伤寒论》的重要参考书。

许氏一生著述甚丰，现有《许叔微伤寒论著三种》（《伤寒百证歌》《伤寒发微论》《伤寒九十论》），全面反映了许叔微在《伤寒论》研究方面的巨大成就，是从临床实践研究《伤寒论》的一个里程碑，其学术价值不可小觑。

其所著《普济本事方》一书传世，辑录了他一生临床实践之效方，既有病例，又结合临证，抒发己见，阐述心得，被后世名医，诸如明代的张景岳、清代的叶天士等人收为枕中秘籍，由此可见此书的实用性和珍贵性不是一般医书所能堪比的。

许叔微，字知可，真州人，绍兴三年进士，与庞安常同为宋代医师，著《普济本事方》十卷，直探张仲景之奥。所谓“黑锡圆”“神效散”“温脾汤”“玉真丸”“退阴散”等方，识精理到足补前人所未及。先是元祐庚午（1090年），父殁，母忧恸气厥牙噤，里医误下而殁，叔微始习医，深得其理，每见此证，急以“苏合丸”灌醒，然后，察其虚实调之。暴喜伤阳、暴怒伤阴，忧愁失意，气多厥逆。经云：“无故而瘖，脉不至，不治自已谓气暴也，气复则已虽不服药可也。”一人患项筋痛，连及臂髀不得转，诸风药不效。叔微谓肾气自腰夹脊，至“曹溪入泥丸”，今逆行至此，不得通用“椒附丸”，以引归经则安。歙县尉宋省甫膀胱痛不可忍，医与刚剂益甚，叔微候其面赤色脉洪大，曰：“阴阳否，寒疾虚不可以虚治，宜先滌其邪。”以“五苓散”与葱合煮下，溲如墨汁乃瘥。王检正希皋患鼻额间痛不仁，渐连及口唇颊车发际左额与颊上，如餬手镯则痛极。叔微谓饮食之毒聚于胃，足阳明受之传入络，主以犀角解毒、升麻佐之数日愈。乡人李信道得疾，六脉沉伏，按至骨则有力，头痛身温而躁，指冷而满哕，医者不识，叔微曰：“此阴中伏阳，仲景无此证，世人患此者多用热药，则为阴邪隔绝不克，导引真阳反生客热，用冷药则所伏真火愈见消灭，宜破散阴气，俾火升水降，然后，得汗而解。”乃造“破阴丹”镕硫黄、水银令匀，投陈皮、青皮末，冷艾汤下。信道服药益加狂热、手足躁，扰其家大骇，叔微曰：“此换阳也。”

须臾少定，已而病除。叔微少时夜坐为文，左向伏几案卧，又向左后饮酒止，从左下有声，久之胁痛，减食十数日，必呕酸水，署月止；右畔有汗，访名医徧试诸药，皆不验。因自考其理，谓已成窠，囊如潦水之科臼，不盈科不行，清行浊停故积必呕，而去数日复作。脾恶湿，而水则流，湿莫若燥脾，以胜湿，崇土以填科臼，于是屏诸药，专服苍术三月愈。其治伤寒皆宗守仲景。一士人得太阳病，汗不止，恶风，小便涩，而足挛曲，叔微诊其脉浮而大，谓仲景书有两证，一小便难，一小便利，用药稍差失以千里。是宜桂枝加"附子汤"，三啜汗止；佐以"甘草芍药汤"，足便得伸。邱生病伤寒发热，头痛烦渴，脉浮而尺，迟弱，叔微曰："荣气不足，不可汗以'建中汤'治之。"翊日脉尚尔，其家几不逊，叔微仍用"建中"，至五日，尺部方应，然后汗之而愈。撰《伤寒歌》三卷，凡百篇。又有《治法》八十一篇，《仲景脉法》三十六图，《翼伤寒论》二卷，《辨类》五卷（《辍耕录本事方文献通考》)。(清代陆心源辑撰,《宋史翼·卷三十八·列传第三十八·方伎二·许叔微》)

《许学士传》：许叔微，字知可，宋代真州白沙人（今江苏省仪征），一说毗陵（今江苏省武进）人。政和中，累举进士不第。初，叔微父母遭时疾（时疾，季节性流行病。《周礼·夏官·司爟》："司爟掌行火之政令，四时变国火，以救时疾。"孔颖达疏解："所以禳去时气之疾也"），相继卒，常痛里无良医（里，故乡。城市称"里弄"，乡村称"乡里"。《汉书·食货志上》："在野曰庐，在邑曰里"）。至是遂治经方，以医名。南渡初，游临安（今浙江省杭州市），活人无算。然叔微故业儒，弗专艺也（此谓许叔微本是一位儒士，并非医生也。自幼习儒学，五十出头时方中进士，曾官至徽州、杭州教官）。建炎五年（《两宋纪年表》无建炎五年，按年序应是绍兴元年），登进士第，累官集贤院学士。会秦桧当国，主和议，疾朝士异己者，乃谢病归。其在汴也（汴梁，即今河南省开封市），尝治蔡京病（北宋徽宗时期的权相。历时十七年之久，虽以书法闻名，却因其贪婪无度，排除异己，大兴土木，工役繁重，被人们称为"六贼"之首。于北宋后期被钦宗赵桓贬谪、放逐岭南，死于途中），一昔瘳（一昔，一夜。《左传·哀公四年》："为一昔之期，袭梁及霍。"瘳，音chōu。病愈；痊愈。《尚书·说命上》："若药弗瞑眩，厥疾弗瘳。"《尚书·金縢》："公归，乃纳册于金縢之匮中，王翼日乃瘳。"引申为恢复元气）。京喜，欲官之，时叔微方下第（科举时代进士考试不中谓"下第"，亦称"落第"），郁郁不得志，竟拂衣去。

至是，又以忤时相归，人咸高之。叔微少有当世志，不得用，始终以医名。无问贵富贱贫，虽曛夜风雨，有以疾告，辄束缊笠屐往（束，捆；系。《诗经·唐风·绸缪》：“绸缪束薪，三星在天。”《左传·襄公二十八年》：“士皆释甲束马而饮酒，且观优。”缊，新棉和旧絮所作袍。《礼记·玉藻》：“纩为茧，缊为袍，禅为絅，帛为褶。”郑玄注解：“缊，谓今纩及旧絮也。”纩，音 kuàng，亦作“絖”。絮衣服的新丝绵。《左传·宣公十二年》：“三军之士，皆如挟纩。”杜预注解：“言说以忘寒。”束缊，用乱麻搓成的引火之物。笠，笠帽，用竹箬或棕树皮等物编制成的帽子。亦有称之为斗笠者。《诗经·小雅·无羊》：“尔牧来思，何蓑何笠，或负其餱。”屐，音 jī。东汉训诂学家刘熙撰《释名·释衣服》：“帛屐，以帛作之，如屩者。不曰帛屩者，屩不可践泥也，屐可以践泥也。此亦可以步泥而浣之，故谓之屐也。”常谓草制或帛制的木底鞋。屩，音决。草鞋。《释名·释衣服》：“屩，草履也……出行着之，屩屩轻便，因以为名也。”此句可以译为：立即持火把，戴上斗笠，穿上木底草鞋前往），所治辄应手愈。虽高若讷、王克明辈不能过也。顾始终不索酬，志在济人而已。人咸德之，然叔微竟以医术终其身（终生行医），所著有《伤寒发微论》《伤寒百证歌》《议证》二十二篇及《仲景脉法》诸书，其最著者，《类证普济本事方》十卷。

肄江　唐棉村撰

又自《中国医学大成续集·二十四·伤寒百证歌注·许学士传》补入：《伤寒百证歌》五卷，《四库全书目录》不载，惟陈振孙《书录解题》有之。自明以来，诸家书目亦罕有著录。考焦弱侯《国史·经籍志》载有《伤寒百证歌》三卷，钱曾《读书敏求记》，有《伤寒百证歌》五卷，《伤寒发微论》三卷。求之十余年，不可得见。辛亥六月二十一日也，予从书贾仅购得宋刻残本《伤寒百证歌》五卷，前后缺去序、跋。书中脱落三十余字，藏书家亦无有畜之者。盖岁久墨敝纸渝（敝，音 bì，形容词。《说文解字·攴部》：“敝，一曰败衣。”《礼记·缁衣》：“苟有车，必见其轼；苟有衣，必见其敝。人苟或言之，必闻其声；苟或行之，必见其成。”渝，音 yú，形声动词。本谓净水变污水，引申为改变。《说文解字·氵部》：“渝，变污也。”《诗经·郑风·羔裘》：“彼其之子，舍命不渝。”此说由于年岁久或曰时间久远墨坏纸变），不可复读。予思宋自高庙而后，国事日非，奸良莫辨，学士以文章经济之身，处闲散之位，事权不属（事权，职权；权力。北宋梅尧臣《送邵郎中知潭洲》：“且谕汉家绥抚厚，莫言湘守事权轻。”不属，不专注。明末清初文学家、收藏家周亮工著《书影·卷二》：“先生知其意已不属，遂驱之出阁。”职权不专注。又一解，不依附。《韩非子·外储说右上》：“前有老主而不逾，后有储主而不属，矜矣。”不宜用此），强聒何为（聒，音 guō，形声动词。《说文解字·耳部》：“聒，欢语也。”《仓颉篇》：“聒，扰乱耳孔也。”

《左传·襄公二十六年》："左师闻之，聒而与之语。"唐代经学家孔颖达疏解："声乱叫谓之聒。"强聒，唠叨起来无止无休。《庄子·天下》："以此周行天下，上说下教，虽天下不取，强聒而不舍者也。"何为，何故；为什么。《国语·鲁语下》："今王死，其名未改，其众未败，何为还?"唠叨不休又何必呢)？因发愤著书，以自抒无聊之志，所谓邦无道危行言孙（语出《论语·宪问》："子曰：'邦有道，危言危行；邦无道，危行言孙。"危，正直；危言，直言。孙，同"逊"。谦逊；恭顺。国家有道之时，要直言正行；而当国家无道之时，仍需要正直；但是言语说话之时，就要谦虚谨慎。只有如此，方可避免祸端。此乃为政之道）。学士固不求人知，人又何能知学士也。予固重其人，而并以重其书，故将所购得宋刻残本《伤寒百证歌》躬自影摹，篝灯命笔录而存之，然《百证歌》一书，观其因证论方，因方辨证，始觉豁然心目，苟能玩而索之。治六淫者，自有脉络可寻，且注中所引《素问》《难经》《脉经》《甲乙经》《伤寒论》《金匮》《巢源》《千金》《外台》《活人》、华元化以及孙兆、庞安时、宋迪、王实诸公，又皆神奇出人意表。多半亦人间希有之本。览者勿漫视之。

壬子八月十三日　得全居士　唐棉村 识

《许学士传二》：医之道大矣，可以养生，可以全身，可以尽年，可以利天下与来世。是非浅识者所能为也。苟精此道者，通神明，夺造化，擅回生起死之功。则精神之运，必有默相于冥冥之中者。岂可谓之艺与技术为等耶？近世习医仅有借径于俚师，问津于坊刻耳。予少抱病治医，凡医林典籍莫不网罗搜讨；既而游历四方，名医宿学多所就正，而知津识路可资启发者（语出《论语·微子·第六章》："孔子使子路向长沮、桀溺问津，长沮听说问津的是孔丘，说是知津矣！"借喻为识途知路），盖亦寡见焉！辛亥秋（1851 年，清咸丰元年），予从书贾搜得宋刻残本医书二种，一为晞范子《脉诀集解》十二卷，注中所引，皆宋代名流中多精义妙论，世罕有传之者。后为马氏借看，屡索不还，耿耿挂胸臆者年余矣。又得许学士《伤寒百证歌》五卷，其标题曰《新编张仲景注解伤寒百证歌》，心甚疑之。迨而伏膺是书，乃知书中引仲景之言以为注，其实推明仲景之意而申言之也。予览训解《伤寒论》者，自宋至今百有余家，竟至汗漫纷歧（本谓汗水浸湿貌，借此比谓分歧众多、混乱不堪），入主出奴者众矣（典出唐代韩愈《昌黎先生集·原道》："入于彼，必出于此。入则主之，出则奴之。"入，仰慕者；出，排斥者。学术上的不同门户各持己见），其能言简而赅，又能继往开来，如：郭白云《伤寒补亡》以及此书而已。况此等书流传绝少，世罕有知之者。医家固不能举其名，书肆亦未见列其目，爰缀数语于简末，以俟博识君子。

时咸丰壬子（1852年）九月

得全居士（即唐棉村）记于羊城之堪隐居

《普济本事方·自序》：医之道大矣，可以养生，可以全身，可以尽年，可以利天下与来世。是非浅识者所能为也。苟精此道者，通神明，夺造化，擅回生起死之功。则精神之运，必有默相于冥冥之中者，岂可谓之艺与技术为等耶？窃疑上古之时，如岐伯辅黄帝，伊尹相商王，皆有方书，以瘳民瘼。迨及后世，周有和、缓，秦有扁鹊，汉有仓公，魏有华佗，宋有徐文伯，唐有孙思邈，又皆神奇出人意表，背望踵蹑（踵蹑，相连；持续；相继。南宋中后期著名思想家、哲学家叶适《郑景元墓志铭》："故事，第四人与上三人踵蹑以进，累日月皆至卿相，景元耻自言，故甘为选人。"背望相接），代不乏人，自兹以往，其妙不传。间有能者，仅可一二数。何古人精巧如是，而今人之不逮也？予尝思之。古人以此救人，故天畀其道（畀，音bì。给予；赠予；送与。《诗经·鄘风·干旄》："彼姝者子，何以畀之。"故此苍天赐予其道），使普惠含灵。后人以此射利，故天啬其术，而不轻畀予，无足疑者。

予年十一，连遭家祸，父以时疫，母以气中，百日之间，并失怙恃（怙恃，音hù shì。《说文解字·忄部》："怙，恃也。"《说文解字·忄部》："恃，赖也。"《诗经·小雅·蓼莪》："无父何怙？无母何恃！"以此比喻父母。失去父母的呵护和依恃）。痛念里无良医，束手待尽，及长成人，刻意方书，誓欲以救物为心。杳冥之中（杳冥，音yǎo míng。幽暗深远；高深悠远。《说文解字·木部》："杳，冥也。"《楚辞·涉江》："杳冥冥兮羌昼晦，东风飘兮神灵雨。"《说文解字·日部》："冥，幽也。"《广雅》："冥，暗也。"《诗经·小雅·无将大车》："无将大车，维尘冥冥。"幽暗深远之中。三国魏曹丕《感物赋》："瞻玄云之蓊郁，仰沉阴之杳冥"），似有所警，年运而往。今逼桑榆（桑榆，晚年之喻。《旧唐书·太宗本纪上》："至若筋力将尽，桑榆且迫，徒竭夙兴之勤，未悟夜行之罪。"本是说日落时分，阳光照在桑榆之间的情景，意即傍晚时分，以喻人近晚年之状），漫集已试之方，及所得新意，录以传远，题为《普济本事方》。孟棨有本事诗（孟棨，字初中。唐人，生卒年不详。875年，唐代僖宗乾符二年进士，编著有著名的《本事诗》，记述了当时诗人的趣闻逸事。正是因为此书的流传，才使得众多的诗篇、故事、唐人的佚诗得以保存、流传，由此可知其弥足珍贵之处），杨元素有本事曲（杨绘，1026—1088年，字元素，自号“无为子”，北宋绵竹人。一位敢于直谏，不惧罢官，判案如神，吏民拥戴的杰出名臣。所著颇多，但多是关于文学、判案、谏疏方面的文字。苏轼任杭州通判时，杨元素任杭州知州，二人多有诗词来往），皆有当时事实，庶几观者见其曲折也。予既以救物为心，予而不求其报，则是方也，乌得不与众共之？

《伤寒九十论·伤寒九十论重刊记·张金吾藏书志》：宋白沙许叔微知可述。先列病证，后论治法，剖析颇精。是书诸家书目俱未著录，伏读钦定《四库全书总目》云：叔微书，属辞简雅，不谐于俗，故明以来，不甚传布。是则因传本稀少，故藏书家俱未之见欤？陈振孙曰：叔微有伤寒治法八十一篇，未知即此书否。

《重雕元刻〈伤寒百证歌·发微论〉叙》：《新编张仲景注解伤寒百证歌》五卷，《发微论》二卷，题曰：白沙许叔微知可述。直斋书泉解题云：许叔微《伤寒歌》三卷，凡百篇，皆本仲景注；又有《治法》八十一篇，仲景《脉法》三十六图，《翼伤寒论》二卷，《辨类》五卷，皆未见。

《四库提要》云：叔微，字知可，真州人。绍兴二年（1132年）进士，医家谓之许学士，不知所历何官也？按《伤寒歌》即《百证歌》，三与五盖字之误，《翼伤寒论》即《发微论》也。叔微，扬州仪征人。少孤力学，于书无所不读，而尤邃于医。建炎初，剧贼张遇破真州，已而疾疫大作，知可遍历里门，视病与药，十活八九。仕至徽州、杭州教官。迁京秩。见影宋抄本，干道庚寅张郯《序》及《独醒杂志》《西溪丛话》、张杲《医说》，知可所著《类证普济本事方》十卷，《宋史·艺文志》《书录解题》《文献通考》《四库全书》皆著录。余谨见于《书录解题》，《脉法类辨》久佚。《八十一法》当即张月霄《藏书志》著录之《伤寒九十论》。《百证》《发微》，元、明以来不甚显。《四库》未收，阮文达、张月霄亦皆未见，惟钱遵王《读书敏求记》著于录。遵王元槧今归于余。夫医家之有仲景，犹儒家之有孔子也。医书之有《伤寒论》，犹儒书之有《四书》也。宋时为其学者，有成无已之《注》，李柽之《要旨》，王实之《证治》，韩祇和之《微旨》，庞安常之《总病论》，朱翼中之《活人书》，钱闻礼之《百问歌》。虽皆各有所长，而知可之书，为最能得其意。《百证歌》，七字韵言，意该言简；《发微论》，探微索赜，妙悟通神，于以叹知可之学之深且邃。非薄技偏长执一是之见者所可及也。明万历辛亥（1611年），有乔山堂坊刻，合为四卷，证以元刊。不但面目全非，窜改亦复不少，此明人刊板之通病，医书尤甚者耳。余虑其误俗医而害人命也，重摹元刻以广其传，后之治医家言者，由是以求仲景之书，庶几免废人之诮乎！

光绪七年（1881年）岁在重光大荒落［《尔雅·释天·岁阳》："（太岁）在辛曰重光。……（太岁）在巳曰大荒落。"我国先人用干支纪年，十干叫作"岁阳"，十二支叫作"岁阴"。重光大荒落，就是辛巳年，也就是1881年］季冬之月既生霸（亦称"既生魄"。近代著名国学大师王国维《观堂集林·生霸死霸考》："余览古器物铭而得古之所以名日者凡四：曰初吉，曰既生霸，曰既望，曰既死霸。……既生霸，谓自八、九日以降至十四、五日也"）归安（今浙江省吴兴县）陆心源撰。

《四库全书提要》曰：《类证普济本事方》十卷，宋许叔微撰。叔微，字知可，或曰扬州人，或曰毗陵人，惟曾敏行《独醒杂志》作真州人（今江苏省仪征市真州镇），二人同时，当不误也。绍兴二年进士，医家谓之"许学士"。宋代词臣率以"学士"为通称，不知所历何官也？是书载经验诸方，兼记医案，故以《本事》为名。

刘昉（1108—1150），官员、南宋著名的儿科医学专家，著有《幼幼新书》。

南宋儿科医学家刘昉，名旦，字方明。南宋海阳县人（今广东省潮州市），于十六岁，即北宋后期宣和六年（1124年）考取进士。虽历任各种官职，如礼部员外郎、太常寺少卿、夔州知州（今四川省奉节市）、荆湖转运副使、湖南安抚使、潭州知事（今湖南省长沙市），兼荆湖南路经略安抚使，还被任命为龙图阁学士，因此亦被人们称为刘龙图。他不仅是一位爱国爱民，品格高尚，注意减轻民赋徭役，深受百姓赞誉和爱戴，反对媾和，力主抗金的爱国官员，同时还是一位精研医学，尤其关注儿科医学的医学家。因见小儿深受各种病疾折磨，痛苦不堪，而世间有关儿科疾病的医学专书罕见，遂决心编纂一部汇集北宋以前有关儿科疾病医学的专著以供百姓全济之。正是由于他的这一英明决断，从而使这部包括儿科总论、病源形色、胎教、胎风中风、调摄护理、初生疾病、先天疾病、内科杂病、丹毒痈疽瘰疬等，洋洋百数十万言，四十卷本的医学巨帙，保存了自北宋以前有关儿科疾病医学之大成，也正是由于他非常注重广泛搜集来自于民间的儿科临床经方、验方，无论是先贤古论、宋时方论、民间秘诀，凡是有关儿科的研究成果和临床经验，书中无不兼收并蓄，全面荟萃了儿科医学学术精华，为后世保存了诸多极有价值的儿科医学文献资料和大量古医籍佚文，实在是一部内容十分丰富的幼儿科全书，其医学文献价值不可小觑，对于儿科临床实践更具有极高的参考和应用价值。

《幼幼新书·序》：医家方论，其传尚矣。自有书契以来，虽《三坟》之言世不得见，而《神农本草》《黄帝内经》，乃与宓牺氏之八卦绵历今古，烂然如日星昭垂。信乎！药石不可阙于人（阙，音 quē，通“缺”），而医书尤不可废于天下。或者乃谓医特意耳，不庸著书。唐史臣以此剧口（剧口，热议；大力赞许；剧烈称道。《汉书·扬雄传》：“口吃不能剧谈”）称道于许胤宗，殊不知张仲景、孙思邈辈，率千百年而得一人，使其方剂之书不传，则医之道或几于熄矣！是或一偏之论也。

湖南帅潮阳刘公，镇拊之暇（拊，同“抚”。保护；抚慰。《左传·宣公十二年》：“王巡三军，拊而勉之。”即镇抚。南宋初期在淮南、湖南等地设置的特别行政区，其长官为镇抚使，官署称为镇抚使司。此说刘昉在镇抚公事之余暇时间，特别喜爱阅读收集古代医方书籍），尤喜方书。每患小儿疾苦，不惟世无良医，且无全书。孩抱中物，不幸而殒于庸人之手者，其可胜计！因取古圣贤方论，与夫近世闻人家传，下至医工、技士之禁方，闾巷小夫已试之秘诀（闾巷，乡里，里巷。借指民间。古代居民以二十五户设置为一闾，此后便称居民的区域为闾巷或曰闾里。《周礼·天官·小宰》：“听闾里以版图。”唐代经学家贾公彦撰《周礼义疏》解：“在六乡则二十五家为闾，在六遂则二十五家为里。闾里之中有争讼，则以户籍之版，土地之图听决之。”此说游走行医于民间的铃医已经取得的成功秘方），无不曲意寻访，兼收并录。命干办公事王历义道主其事，乡贡进士王湜子是编其书。虽其间取方或失之详，立论或失之俗，要之皆因仍旧文，不敢辄加窜定，越一年而书始成。惜乎！公未及见而疾不起。公临终顾谓庚曰：《幼幼新书》未有序引，向来欲自为之，今不皇及矣（皇，古同“惶”字。惶恐；恐怕。意即恐怕来不及自己为此书亲自作序了），子其为我成之。庚曰：谨闻命。呜呼！学士大夫公天下以为心者，几何人哉！

平日处念积虑（犹如苦心积虑、费尽心血、想方设法、呕心沥血。意即平日里处处念及此事，长期一再思考筹谋），无非急己而缓人，先亲而后疏，物我异观，私为町畦（界限；规矩；约束。《庄子·人间世》："彼且为无町畦，亦与之为无町畦。"唐代经学家陆德明撰《释文》引北魏南阳太守李颐曰："町畦，畔埒也；无町畦，无威仪也"），其来盖非一日。昔吾夫子助祭于蜡（古代臣属出资、陪位或献乐以佐助君主祭祀。后世人遂以称谓用财物人祭祀），出游鲁观之上，喟然发叹，以谓：大道之行，天下为公。故人不独亲其亲，不独子其子。大道既隐，天下为家，各亲其亲，各子其子。夫子之叹，盖叹鲁也。然而天下后世岂止一鲁而已哉！滔滔者皆是也。东汉人物如第五伦者（字伯鱼，东汉时期官员，《后汉书》有其传。第五伦是古代一位典型的得民欢心的清官，最初曾任淮阳国医工长，颇受光武帝赏识；后历任太守、司空等多种职务。他贵为公卿，一心奉公，为政有方，均平徭役，调理怨滞，政绩卓著；同时又是位尽守节操，性特节俭，寝卧布被的先贤君子），悃愊无哗（悃愊，音 kǔn bì。至诚实意，绝不哗众取宠。《后汉书·章帝纪》："安静之吏，悃愊无华"），质直好义（品质直爽、质朴诚信、讲义气），似若可喜也。意其设心（语出《孟子·离娄下》："其设心以为不若是，是则罪之大者。"用心；用尽心思；或曰处心积虑于某一件事。或者说集中精力于某种高度思想境界），必有大过人者。至于或人问之：以有私乎？伦则曰：吾兄之子尝病，一夜十往，退而安寝；吾子有疾，虽不省视，终夕不寐。自以为不能无私，夫以兄之子尚若尔，况他人之子乎！以第五伦尚若尔，况下伦一等者乎！宜乎！夫子之叹也。

今公之为是书，使天下之为父兄者，举无子弟之戚（戚，形容词。忧愁；悲伤；痛苦。《诗经·小雅·小明》："心之忧矣，自诒伊戚。"没有子女的忧伤），少有所养，老有所终。家藏此书，交相授受，庆源无穷（喜庆幸福缘由便可没有穷尽。《诗经·小雅·楚茨》："孝孙有庆，报以介福，万寿无疆"），其为利顾不博哉？以此知公之存心，非特无愧于今之人，抑亦无愧于古之人矣。

绍兴二十年九月几望谨序

门人　左迪功郎、潭州湘潭县尉主管学事、巡捉私茶盐矾　李庚

《幼幼新书·后序》：议者曰：经籍，吾道之筌蹄（筌，捕鱼用的竹制鱼篓；蹄，则指一种捕兔器具。语出《庄子·外物》篇："筌者所以在鱼，得鱼而忘筌；蹄者所以在兔，得兔而忘蹄。"后世则以"筌蹄"一词比喻达到目的的手段。此说经典古籍乃是儒家成才的工具或曰手

段）；方论，医道之筌蹄。然则然矣。使经籍不存，学者无所折衷，安知夫道之渊源；使方论不著，医者无所夷考（无从考察。《孟子·尽心下》："夷考其行，而不掩焉者也。"东汉经学家赵岐注解："考察其行，不能掩覆其言。"夷，字在此只做语气助词，实际上没有任何意义），安知夫医之精粗？世有卢、扁、华佗，则处剂意解，妙通于神，何假方论哉？奈何卢、扁、华佗不世，有求其不迂、不泥、不矜、不诬者盖鲜（不迂，不守旧固执、不切合实际；《论语·子路》："有是哉，子之迂也。"不泥，不拘泥、不死板、不泥古。《论语·子张》："致远恐泥。"不矜，不骄傲、不炫耀、不自以为了不起。语出《尚书·大禹谟》："汝惟不矜，天下莫与汝争能。"《孔传》解："自贤曰矜。"《项羽本纪赞》："自矜攻伐，奋其私智而不师古。"不诬，不妄、不假、不欺骗、不诬枉。《礼记·表记》："是故君有责于其臣，臣有死于其言，故其受禄不诬。"唐代经学家孔颖达疏解："以其言善乃受禄，是受禄不诬罔也"）。士大夫与其委听于庸医之手，曷若（何如；不如。反诘语。《后汉书·班固传下》："太液昆明，鸟兽之囿，曷若辟雍海流，道德之富？"士大夫们与其听命于庸医任意宰割，还不如翻阅古人的医方与论述，以此作为医治的办法）因方论求古人用心，以之卫生济世耶？方论之于世，犹五谷之于日用乎，孰谓士君子耻言之。

揭阳刘公帅荆湘，尝命编集古今医书中小儿方剂之说为一书，总四十卷，目曰《幼幼新书》，既成三十八卷而疾不起。

漕使四明楼公实继其政，乃曰：前之美不可不成。肆命亟讫其事（肆，遂；于是。《尚书·舜典》："望秩于山川，肆觐东后。"肆命，故命；于是命令。亟，形容词。《广雅》："亟，急也。"急切；尽快。讫，动词。《说文新附》："讫，至也。"于是下令尽快完成这件事）。因合后二卷为一，复纂历代所述求子方论为一卷，冠其篇首，阅月而书成（阅，动词。经过；经历。阅月，经过一月。《新唐书·李景俭传》："及延英奉辞，景俭自陈见抑远，穆宗怜之，追诏为仓部员外郎，不遣。阅月，拜谏议大夫。"经过一个月时间终于完成这部书）。噫！可谓尽矣。才孺窃尝闻诸夫子之言曰：父母生之，续莫大焉。嗣续之道（繁衍、延续后世子孙之道。语出《国语·晋语四》："嗣续其祖，如谷之滋。"三国经学家韦昭注解："言子孙将继续其先祖，如谷之蕃滋"），人伦之首。诗三百六篇，圣人所取。妇人乐有子，芣苢美之（芣苢，音 fú yǐ。《幼幼新书·卷第一·求子方论第一》以"《诗周南国风》开篇：芣苢，后妃之美也。和平，则妇人乐有子矣。王氏《诗义》以为芣苢，以为药能使人有子。《尔雅》云：芣苢，马舄。马舄，车前也。"先贤认为芣苢能使人有子。《诗经·国风·周南·芣苢》："采采芣苢，薄言采之。"此诗借喻采集车前草及车前子，其意则是说世道和平，妇人便乐于有子矣。而古人历来认为车前子有助妇人多产子的功能。此诗说妇人乐于多产子，就如多子的车前草一样美好。）；**子孙众多，螽斯美之**（螽斯，音 zhōng sī。即鸣虫蝈蝈。《诗经·国风·周南·螽斯》："螽斯羽，薨薨兮；宜尔子孙，绳绳兮。"此说子孙众多，连蝈蝈都为其赞美歌唱），**居然生子，生民美之**（《诗经·大雅·生民》："不康禋祀，居然生子。"此说姜嫄履大人迹，而生周始祖后稷，周人赞许美誉）；**乃生男子，斯干美之**（《诗经·小雅·斯干》："乃生男子，载寝之床。"西周宣王筑宫室群寝，生男儿就让他睡在床上，凸显重男轻女之态）。**读诗至此，使人三致志焉**（语出《史记·屈原贾生列传》："其存君兴国而欲反复之，一篇之中三致志焉。"一再多次表达此意。读了这么多《诗经》，至此，使人再三赞许繁衍子孙，多子多福，重男轻女的这种意愿）。**求子之论，古人所以著于方书者欤！今公荟萃诸家之说，置诸方论之前，使成书流布家藏，人有真得，夫子与诗人之意者也。抑尝谓：昔宋莒公因暴雨至水侵蚁穴，公折竹为桥，以过群蚁**（这个典故说的是北宋时期，宋庠、宋祁二兄弟救蚁的故事，此后二人同获"双状元"称号。《宋史·卷二百八十四·列传第四十三》有其传。二人幼年时在湖北省随州广水市西原应山县城南郊法兴寺，接受启蒙教育。一年夏天大雨之后，水漫河堤，淹了蚂蚁窝，蚂蚁们纷纷从洞内爬出，在水面上奔波以求活命。聪明的两个小孩见状，回寺取来一把才折断的竹枝，又向寺内和尚讨要来糖果，把竹枝编成辫儿当作桥，在上面再放些糖作为诱饵，伸放到水面上的"竹桥"，再加上那些甜味的糖果，终于挽救了众多小蚂蚁的生命，见到蚂蚁得救，小哥儿俩才又放心地去读书。过了些年，二人进京赶考，成绩优异，分别被点为状元和第十名。二人金榜高中的喜讯，传回应山城，当地人就在他们搭桥救蚁的地方，修建了一座石桥，取名为"救蚁桥"，还在桥旁修建了一座"兄弟状元"牌坊。更有意思的是，宋庠在考试时，将文章中"蝼蚁尚且偷生"的"蚁"字，漏写掉了一点，出现了一个大白字，出得考场方才意识到，已经不可挽回。孰知主考官阅卷时，冷不防从考卷中掉出一只蚂蚁，他也没有在意，只顾看文章，当看到那个"蚁"字时，奇怪的事情发生了，只见那只蚂蚁一动不动地仍旧趴在那个字上，主考官再次不经意地抖落开那只蚂蚁，这才看出庐山真面目，原来是那个"蚁"字少了一点，读完全文倍加赞赏，遗憾的一点就是那个"蚁"字少了一点。蚂蚁反复趴在那个大白字上面，主考官暗自称奇，经私下查访，得知二宋编竹桥救蚂蚁之事，被宋庠的"德行"所感动，并未深究白字事。

在其尚未及第之时，有僧人相其面说："小宋大魁天下，大宋亦不失科甲。"之后数日，僧见宋庠，惊异地说："君何满面阴骘纹，似救数万生命者?"庠答："惟前日见蚁被水淹，戏将竹编桥渡之。"僧告："即此便是，当大魁天下。"1024 年，即北宋仁宗天圣二年，兄弟二人同举甲子科进士；礼部奏请弟弟宋祁第一，哥哥宋庠第三，此后因为章献太后不喜欢弟先于兄之事，果真应了僧人所说。擢宋庠为第一，置弟弟宋祁第十。因此，宋庠成为乡试、会试、殿试都是第一的"连中三元"之人）。**他日有僧谓公曰：公丰神顿异**（此说刘昉容貌俊逸，神采丰沛，才华出众，异于常人），**如能活数百万命者。夫折竹为桥，一时戏事，蝼蚁微生**（蝼蚁，音 lòu yǐ。蝼蛄和蚂蚁都是微小的生物。《淮南子·人间训》："千里之堤，以蝼蚁之穴漏"），何补于世，而阴为功惠如此。矧是书之传，利及天下后世，则公之第禄荣衎（及第、府邸；俸禄、福禄；荣耀、兴盛；衎达、扩展、富足），取必于天，端可执左契也（左契，借贷金钱、粮米的契卷。古代借贷双方所持有的凭证。用竹木制成，中间刻横画，两边刻上相同的文字，用以记载财物的名称、数量等内容，劈为两半；左片就是左契，刻着负债人的姓名，交由债权人保存。右片叫做右契，刻着债权人的姓名，交由负债人保存。到索物、还物时，便以左、右两契相吻合为凭据，的确可以作为凭证用）。

绍兴上章敦牂岁十一月哉生明，左迪功郎新差江陵府司户参军石才孺谨序（《尔雅·释天·岁阳》："太岁在庚曰上章。"《尔雅·释天·岁阴》："太岁在午曰敦牂。"实际上就是庚午年。哉生明，农历的初二或初三日。此时月亮开始有光。《尚书·武成》："厥四月哉生明，王来自商，至于丰。"《孔传》："哉，始也。始生明，月三日。"唐代经学家孔颖达疏解："《顾命》传以'哉生魄'为十六日，则'哉生明'为月初矣。以三日月光见，故传言'始生明，月三日'也。此经无日，未必非二日也。生明死魄俱是月初。"司户参军，正七品地方官职。宋代各州置司户参军，职掌户籍、赋税、仓廪管库交纳诸多事务。始自汉、魏，州郡僚佐均设有户曹掾，主管民户各项事务；至隋文帝始改称司户参军）。

《幼幼新书·跋》：庚午秋仲（1150年的中秋时节。古代历法，一年有四季，一季三个月，分别称为孟月、仲月、季月，故秋季的第二个月就叫作仲秋或曰秋仲），潭帅刘方明以疾不起，仆摄帅事（自谦词，指楼本人接掌帅府之事），问诸府人：公治潭久，凡所兴立，不为苟且计（苟且，只为眼前，得过且过，敷衍了事。语出晋陆机《五等论》："为上无苟且之心，群下知胶固之义。"此说刘昉治理湖南潮阳潭州多年，所作事情很多，而且是一位做事认真、负责，绝不敷衍、得过且过之人），得无有肇端（肇，初始；创建。《尚书·舜典》："肇十有二州，封十有二山，浚川。"端，头；头绪），既闲偶未就者？于是以《幼幼新书》来告。索而观之，则古今医家之书，若方与论为婴孺设者，无不毕取包并、总统类聚而条分之。如适通衢（通衢，四通八达、宽敞平坦的道路。语出东汉班昭《东征赋》："遵通衢之大道兮，求捷径欲从谁。"楼先生倍加赞赏、夸奖此书作用之巨大，就犹如适合去往各地四通八达、宽敞平坦的道路。实际上是赞许适合应用于各种婴幼儿疾病的诊治之意），百货具在，如开藏室，群玉灿然。随所宜用，必厌其求。噫！昔好事人得一名方，椟藏谨守（椟，木柜；木匣。珍藏于椟中之宝物，谨慎守护。唐代散文家独孤郁《上权侍郎书》："有照乘之珍而密椟之，有切玉之利而谨椟之，有倾都之艳而深帷之……"），虽父子誓以不传。方明于此，顾能穷探博取，萃为成书。锓版流通，与世共宝，则其用心亦仁矣哉！因命趣工以成其美，又集旧传宜子诸方，列系于下为第一通云。

十一月十六日，右朝散大夫、荊湖南路转运判官权潭州军州事楼（石寿）谨跋

周密（1232—1308），南宋词人，文学家，笔记大家，撰笔记体史学著作《齐东野语》，其中记载许多南宋时期非常有价值的史料，由于其对医方药典也极感兴趣，颇有研究，故书中同样记载有多例有关各种疾病的治疗方剂，以及一些当时名医的事迹，对保存宋代杭州京师风情及社会史料有极大贡献，《四库全书总目》赞其“皆足以补史传之阙”。此书是研究宋史的宝贵资料，具有非常重要的参考价值。现特将书中一篇有关近世名医中的神奇故事摘录于下。

1. 严三点：近世江西有善医号严三点者，以三指点间知六脉之受病，世以为奇，以此得名。余按诊脉之法，必均调自己之息，而后可以候他人之息。凡四十五动为一息，或过或不及，皆为病脉。故有二败、三迟、四平、六数、七极、八脱、九死之法。然则察脉固不可以仓卒得之，而况三点指之间哉？此余未敢以为然者也。或谓其别有观形察色之术，姑假此以神其术，初不在脉也。

2. 王继先：绍兴间，王继先号“王医师”，驰名一时。继而得罪，押往福州居住。族叔祖宫教，时赴长沙倅（倅，音 cuì。任副帅。知府的佐贰官。如通判、同知。北宋赵与时《宾退录·卷一》：“三司副使曰簉，通判曰倅……簉、倅皆副贰之称”），素识其人，适邂逅旅舍，小酌以慰劳之，因求察脉。王忽愀然曰（愀，音 qiǎo。愀然，凄怆；神色改变忧愁的样子。《史记·司马相如列传》：“于是二子愀然改容，超若自失，逡巡避席。”李善注引郭璞所说：“愀然，变色貌。”王医师忽然凄怆地说）：“某受知既久，不敢不告。脉证颇异，所谓脉病人不病者，其应当在十日之内，宜亟反辕（最好尽快回返行辕或曰衙署。辕，名词。旧时指军营或官署的外门，借指衙署），尚可及也。”因泣以别。时宫教康强无疾，疑其为妄，然素信其术，于是即日回辕。仅至家数日而殂，亦可谓异矣。

3. 邢氏医：尝闻陈体仁端明云：绍熙间（绍熙：南宋光宗赵惇的年号，1190—1194年），有医邢氏，精艺绝异。时韩平原知阁门事，将出使，俾之诊脉，曰：“和平无可言。所可忧者，夫人耳。知阁回轺日，恐未必可相见也。”韩

妻本无疾，怪其妄诞不伦，然私忧之。洎出疆甫数月，而其妻果殂。又朱丞相胜非子妇偶小疾，命视之，邢曰："小疾耳，不药亦愈。然自是不宜孕，孕必死。"其家以为狂言。后一岁，朱妇得男，其家方有抱孙之喜，未弥月而妇疾作。急遣召之，坚不肯来，曰："去岁已尝言之，势无可疗之理。"越宿而妇果殂。余谓古今名医多矣，未有察夫脉而知妻死，未孕而知产亡者，呜呼！神矣哉！

脉学，是中医学的精华，利用切脉诊治疾病，这是中医学中一项极为独特的诊治方法，我国先贤很早就已经发现人体血液流动循环的道理，而且可以通过切脉准确判断内脏器官的病变，《周礼》和《黄帝内经》诸多古籍都有相应记载，经过长期医疗实践总结，扁鹊为我们后人建立了"脉学"这一门科学，为后人奠定了坚实基础。这本是学习中医学的学子们必须认真学习，努力掌握的一门课程，然而严酷的现实告诉我们，在社会实践中，在医疗现实中，又有多少学习中医学的学子们真正掌握了这门技术呢？南宋的周密告诉我们抚按诊脉之法，必须首先均调自己之气息，尔后方可以诊候他人之脉息，而且察脉绝不可以仓卒得之。这就是说诊脉实际上是一件极为认真精细的活儿，也只有进行了正确的诊脉，方才可以准确地为人治病。遗憾的是，在如今如此浮躁的社会现实中，在孔方兄的大力影响之下，笔者有幸亲历了在北京某大型中医院住院治疗过程中，接受了大夫极少次数、站立瞬间诊脉的过程，令我不解，就这样诊脉，也可以判断、治疗疾病吗？是不是现在科学进步了，诊脉的速度和方法也改进了呢？实在令人无语。古代先贤名医可以通过察脉预知生死，察夫脉而知妻死，未孕而知产亡，各个事例告知人们：我们的祖先是多么的聪明智慧，有着多么高超、令人震惊的医疗技术和手段，是多么的令人肃然起敬和佩服。现在，是社会进步了、发展了，还有多少人在认真、刻苦、努力学习祖国的传统文化？还有多少人在认真、刻苦、努力学习祖国的传统中医药学文化？祖先的这些技术遗失了、失传了，人们难道不觉得遗憾吗？悲哉！憾哉。

王贶（音 kuàng，亦写作况）（生卒年无考），北宋末期宣和年间医学家，著有《全生指迷论》。

王贶，字子亨，考城人（今河南省兰考）。是当时南京（今河南省商丘）名医宋道方的女婿，从其习医尽得真传。宣和年间，因医得幸，官至朝请大夫，因此被人们尊称为“王朝奉”。

其因精研《肘后方》，医术高明，技艺精湛，长于针刺，曾用针刺之法治好众医无能为力的舌出不回之奇症，而名震京师，令人叹服！

因悲乎抱病之人，束手无能；庸医昏聩，处方纰缪；更不满诸医家医方散乱浩博，论及选药用量多，而论及病状病源甚少，使得求医者检索甚难，难觅头绪，于是博采古人之绪余，分病症之门类，采群方、别疑似、定指归，阴阳既明，虚实可考；对二十余种常见病的病因病证、处方用药等相关资料，删繁就简，补缺汇总整理成一部若能按图求治，足以解惑指迷，扶危救困，起死回生，使读者有所依据、便于临床应用的《全生指迷方》，简称《指迷方》，又名《济世全生指迷方》（三卷）。因其以崇大伦之道，故号曰“全生指迷”。此乃王子亨对后世医学在脉学和方剂学方面最大的贡献，凡是习传统医学者不可忘记和疏漏其对祖国医学做出的贡献。

王贶，字子亨，本士人。为南京宋毅叔婿，毅叔既以医名擅南北，贶初传其学未精，薄游京师甚凄然（薄，形容词。本谓草木密集丛生之处。《说文·艸部》：“薄，林薄也。”亦解为不厚，引申为淡薄。与“厚”相对。薄遊，未定居，草草地、泛泛地轻装随意漫游京都。犹如今日背包客。唐代宋之问《游法华寺》：“薄游京都日，遥羡稽山名。”凄然，《说文解字·心部》：“凄，痛也。”《玉篇·心部》：“凄，凄怆也，伤也。”战国屈原《楚辞·远游》：“意荒忽而流荡兮，心愁凄凄而增悲。”唐代高适《除夜作诗》：“旅馆寒灯独不眠，客心何事转凄然”）。会盐法忽变（盐法，政府管理食盐的产制运销制度、盐政法令和则例。中国盐法起源极早，《周礼》即记载有掌盐政之官，名“盐人”。西汉武帝时，立盐法，实行盐专卖，禁止私营。东汉设官征税。历朝历代，盐法专卖制和征税制更迭采用，变动很大。各国盐法各异，有行专卖制，有行征税制，亦有行无税制），有大贾睹（贾，音 gǔ。形声动词，本义是做买卖。《说文解字·西部》：“贾，市也。”大贾，做买卖的大商人。古指设肆售货的商人。《周礼·地官·司市》：“以次叙分地而经市，以陈肆辨物而平市，以政令禁物靡而均市，以商贾阜货而行布。”郑玄注解：“通物曰商，居卖物曰贾。”又，做买卖的商人。《韩非子·五蠹》：“长袖善舞，多钱善贾。”睹，看见。《说文·目部》：“睹，见也。睹，古文从见。”《易·乾》：“圣人作而万物睹”），揭示失惊吐舌，遂不能复入经旬（揭下告示看后受惊吓，大惊失色吐出舌头，自此舌头历时长达十天而不能收回），食不下咽，尪羸日甚（尪羸，音 wāng léi。瘦弱；瘠病；多病。尪，瘠病之人。《左传·僖公二十一年》："夏大旱，公欲焚巫尪。"西晋杜预注解："瘠病之人，其面上向，俗谓天哀其病，恐雨入其鼻，故为之旱。"《吕氏春秋·尽数》："苦水所多尫与伛人。"东汉学者高诱著《吕氏春秋注》注解："尪，突胸仰向疾也。"《吕氏春秋·明理》："盲秃伛尪。"高诱注解："尪，短仰者也。"羸，瘦瘠。《说文·羊部》："羸，瘦也。"清代文字训诂学家朱骏声撰《说文通训定声》注解："本训当为瘦羊，转而言人耳。"《国语·楚语下》："民之羸馁，日已甚矣。"三国吴经学家韦昭注解："羸，瘠也。"亦有衰弱、微弱之解。《玉篇·羊部》："羸，弱也"），国医不能疗，其家忧惧（愁苦忧虑；恐惧害怕。《孟子·梁惠王下》："忧民之忧者，民亦忧其忧。"《论语·述而》："临事而惧，好谋而成者也"），榜于市（张贴告示于市场内），曰："有治之者，当以千万为谢！"贶利其所售之厚（王贶见其赏赐甚厚），姑往应其求，既见贾之状，忽发笑不能制（不能克制），心以谓未易措手也（措手，着手安排；处置应付。唐代诗人方干《酬将作于少监》："冰丝织络经心久，瑞玉雕磨措手难。"内心觉得事情来得太快，太出乎意外，来不及应付；内心以为这不是件容易处置的事情）。其家人怪而诘之（诘，音 jié。责问；质问；反问。《广雅·释诂一》："诘，责也。"），贶谬为大言（谬，荒谬；谬误。《说文解字·言部》："谬，狂者之妄言也。"《广雅·释诂三》："谬，误也。"亦可理解为欺诈、虚伪。《广雅·释诂二》："谬，欺也。"《玉篇·言部》："谬，诈也。"王贶荒谬地夸下海口），答之曰："所笑者，辇毂之大如此（辇毂，音 niǎn gǔ。京都；京师。《新唐书·许孟容传》："然臣职司辇毂，当为陛下抑豪强。"亦犹言在皇帝车驾之下。用以指天子。西汉司马迁《报任少卿书》："仆赖先人绪业，得待罪辇毂下，二十余年矣。"京城如此这么大。此语当为前者），乃无人治此小疾耳。"语主人家曰试取针经来，贶谩检之（谩，通"漫"。随意；胡乱。近代语言文字学家张相撰《诗词曲语辞汇释·卷二》："漫，本为漫不经意之漫，为聊且义或胡乱义，漫字亦作谩。"王贶漫不经心地检索《针经》），偶有穴与其疾似是者，贶曰尔家当勒状与我（勒状，约束；强制；必须遵守告示之语。亦即病家必须遵守诺言，不可反悔。《隋书·食货志》："于是侨居者各勒还本属"），万一不能治，则勿尤我（《玉篇·乙部》："尤，责也；怨也。"《论语·宪问》："不怨天，不尤人。"邢昺疏解："尤，非也"）。当为针之可立效，主病者不得已亦从之。急针舌之底，抽针之际，其人若委顿状（委顿，衰弱；疲惫；倦乏；憔悴；极度疲困。《新唐书·韩愈传》："此譬有十夫之力，自朝抵夕，跳跃叫呼，势不支久，必自委顿"），顷刻舌遂伸缩如平时矣。其家大喜，谢之如约（如约，履约。。《史记·高祖本纪》："项羽使人还报怀王，怀王曰：'如约'"），又为之延誉（《尔雅·释诂上》："延，陈也。"邢昺疏解："铺陈也。"《国语·晋语七》：

“使张者延君誉于四方。”韦昭注解：“延，陈也。陈君之称誉于四方”），自是翕然名动京师（翕，音xi。盛；炽。显明盛大的样子。《方言·卷十二》：“翕，炽也。”《广韵·缉韵》：“翕，盛也。”《论语·八佾》：“始作，翕如也。”北宋经学家邢昺疏解：“翕，盛貌。”自此名声大大震动京师）。既小康始得（王贶从此过上家庭经济宽裕，无忧无虑、安然度日的小康生活），尽心肘后之书（《肘后备急方》，原名《肘后救卒方》，简称《肘后方》。此是说王贶自此竭尽心力于医学事业。《孟子·梁惠王上》：“寡人之于国也，尽心焉耳矣”），卒有闻于世，事之偶然有如此者。贶后以医得幸（幸，音xìng。《小尔雅·广义》：“幸，非分而得吉而免凶也。”意外地得到好处或免去灾害谓之“幸”。得幸，得到在上位者的恩幸宠爱。《新唐书·杨炎传》：“无学术，以柔媚自进，得幸于王缙。”王贶自此以医为职业并且得到幸福）。宣和中为朝请大夫（《宋史·官职志》：从五品文职散官）。著《全生指迷论》一书，医者多用之王明清余话。（清代陆心源撰，《宋史翼·卷三十八·列传第三十八·方伎二·王贶》）

《全生指迷方·原序》：余昔任左史（官名。早自商代便已设置了负责掌管祭祀和记事等事物，居王左右的史官这一名位。自西周始，有太史、内史等职位，至春秋时期，更有称外史、左史、南史等。《礼记·玉藻》：“动则左史书之，言则右史书之。”可见那时史官便已有左史、右史之分了。清代经学家黄以周采集汉、唐以至清代关于礼制的解说，撰《礼书通故》百卷，考释认为左史记言，即内史；右史记事，即太史。唐、宋两代亦以门下省之起居郎、中书省之起居舍人充当左、右史。起居郎修记事之史，起居舍人修记言之史），遇疾濒死，考城王贶子亨，为察众工之用药而余以生。因以其所著《全生方》一编遗予（遗，赠予；致送。《左传·隐公元年》《春秋左氏传·郑伯克段于鄢》均载有：“小人有母，皆尝小人之食，未尝君之羹，请以遗之。”《史记·魏公子列传》：“公子闻之，往请，欲厚遗之，不肯受”），藏之未暇读也（没有时间阅读只好收藏起来）。继章外制（唐、宋时期，以中书舍人与翰林学士的总称，称为两制。以中书舍人或知制诰所职掌之正式诏敕者为外制，与翰林学士所职掌之皇帝临时的特殊文告的内制相对。此二制都是与闻机务，贴身君主的重要职任。外制指中书门下正规机构所撰拟的诏勅，内制指皇帝主动发出的文告。两种官员总称两制。根据规章制度负责外制），一日得异疾，谋诸医未决。子亨笑曰：毋恐，此我书所有也，视某章，病当某药。如方，信宿而疾良已（信宿，连宿两夜。亦谓两三日。《诗经·风·九罭》：“公归不复，于女信宿。”《毛诗诂训传》：“再宿曰信；宿，犹处也。”女，通“汝”。良已，痊愈。《史记·孝武本纪》：“遂幸甘泉，病良已。”南北朝史学家裴駰撰《史记集解》引孟康曰：“良已，善已，谓愈也。”连续两夜疾病痊愈），于是奇之。归居淮南，去王城国，偶有病，只讯于书（只，表示决定或感叹语气。《诗经·鄘风·柏舟》：“母也天只！不谅人只！”只能查询于医书）。谪三巴（东汉后期，益州牧刘璋分巴郡为永宁、固陵、巴三郡，此后又改为巴、巴东、巴西三郡，称为三巴，辖境相当于今四川省嘉陵江和綦江流域以东的大部分地区。469年，南朝宋泰始五年，分益州之巴郡、巴西、梓潼、荆州之巴东、建平五郡，置三巴校尉，职领巴郡太守），迁百粤（即“百越”。有二解：一是古族名，散居南方各地越族的总称。秦、汉以前就已经广泛分布于长江中下游以南地区，部落众多，故又有百越、百粤之称。另一则是古国名，亦称于越，疆域在今江苏省北部，运河以东地区，江苏省南部、安徽省南部、江西省东部和浙江省的北部。约在公元前306年，被楚国所灭亡），去医益远（益，副词。更加。《孟子·梁惠王下》：“如水益深，如火益热。”《韩非子·喻老》：“君之疾在肌肤，不治将益深。”离医生越发远了），又橐本以归余（橐，音tuó。袋子；口袋。《诗经·大雅·公刘》：“乃裹糇粮，于橐于囊。”《战国策·秦策》：“羸縢履蹻，负书担橐，形容枯槁，面目犁黑，状有归色。”又用袋子装书本送归我）。余以为之表其端曰：此书直而邃（邃，音suì。深远。《离骚》：“闺中既以邃远兮，哲王又不寤。”引申为精深。明代归有光《送吴纯甫先生会试序》：“先生精于学，邃于文，熟于事。”这本书显直并且意境深远），曲而通，部居标列（按部归类，分别标列。东汉许慎《说文解字·叙》：“分别部居，不相杂厕”），而脉络潜流，形色昭彰，而对治要妙。知方者读之，智思横生；不知者，犹可按图而愈疾，真卫生之奇宝，济物之良术也。至理不烦，至语不费。余非知道者，而于此乎取之。子亨当官不苟，遇世变，当概然再请，出疆万里。其论著此书，用心救世利物，不特此矣。

吴敏序

《全生指迷方·自序》：德弥大者，常存乎好生之心；志弥广者（弥广，更加广大。《论语·子罕》：“仰之弥高，钻之弥坚。”晋代陆机《豪士赋序》：“节弥效而德弥广，身逾逸而名逾劭”），每切于立言为教。在上世则有伊尹，逮后汉乃见张机（逮，及；到。《左传·哀公六年》：“逮夜至于齐。”《汉书·文帝纪》：“能直言极谏者，以匡朕之不逮。”），祖述神农之经（祖述，宗奉、效法、遵循前人的行为或学说。《礼记·中庸》：“仲尼祖述尧、舜，宪章文、武。”《墨子·尚贤上》：“尚欲祖述尧、舜、禹、汤之道”），发明黄帝之道。虽然，术至通神之妙，在乎知虑以为先；药至起生之功，必因精而能后效。天无弃物，非人莫知所能；人有常心，非道莫知所适。凝神自悟，触理皆分。故能赞益天机，悉体阴阳之变；深穷造化，博极生死之源。候色验形，自契一时之理；刳肠剖臆，难传后代之精。至于汤液除疴，砭石起死，必当研穷性味，斟酌浅深。治理在于君臣，协攻资乎佐使。方书之行，其来尚矣。有人犹不能刻意研求，专心致志，撄邪抱病（撄，音 yīng。纠缠；萦绕；扰动。《玉篇·手部》："撄，结也。"《集韵·清韵》："撄，有所系著也。"《庄子·庚桑楚》："夫至人者，相与交食乎地而交乐乎天，不以人物利害相撄，不相与为怪，不相与为谋，不相与为事，翛然而往，侗然而来。"邪气萦绕，疾病缠身），则束手无能；制疗处方，则委身纰缪，余窃悲之。于是采古人之绪余，分病证之门类，别其疑似，定其指归，阴阳既明，虚实可考。若能按图求治，足以解惑指迷，虽未起死回生，庶几扶危拯困，故号曰"全生指迷"，以崇大伦之道焉。

考城　王贶　子亨序

何澄（生卒年无考），北宋末期宣和年间医学家。

何澄，宣和间人，善医。有一士人抱病经年百治不瘥。其妻召至引入密室中，告之曰："妾以良人抱疾日久，典卖殆尽，无以供医药之资，愿以身相酬。"医正色拒之曰："小娘子何为出此言？但放心当为调治取效，切不可以此相污。万一外人知之，非独使某医药不效（某，自称之词，指代"我"，古文学著作中常用之词），不有人诛，必有鬼责。"未几，其夫疾愈。何澄一夕梦神引入神祠，有判官语之："汝医药有功，不于艰急之际，以色欲为贪乱良人妇女，上帝令赐汝钱五万贯，官一资。"未数月，东宫得疾（东宫，亦称"春闱""春宫""青宫"。古制，天子诸侯太子居东宫。《易经·说卦》："震为长男，为东方。"东方属木，于色为青，故《初学记·卷十》谓：皇太子居青宫。因即指太子。《诗经·卫风·硕人》："东宫之妹，邢侯之姨，谭公维私。"《毛》传："东宫，齐太子也。"唐代经学家孔颖达疏解："太子居东宫，因以东宫表太子。"太子所居之宫室称为东宫，亦用以指太子。此说太子患了疾病），国医不能治，有诏召草泽医（草泽，本意是指荒野之地。《史记·仲尼弟子列传》："原宪遂亡在草泽中。"亦指草野之士，隐士。此处则指散布在民间的医生，或曰铃医，而非宫廷中的御医），澄乃应诏进剂而愈。朝廷赐钱三千贯与初品官，自后医道盛行京师，号为"何药院家"。（清代陆心源撰，《宋史翼·卷三十八·列传第三十八·方伎 2·何澄》）

洪遵（1120—1174），南宋末年官员、学者、医药学家，钱币学家，撰《洪氏集验方》。所著《泉志》，为现存最早的钱币学著作。

"《洪氏集验方》五卷不知名。"（元代脱脱等撰，《宋史·卷二百七·志第一百六十·艺文六》）

洪遵，鄱阳（今江西省波阳）人。自幼好学，寄居僧舍时即学习词章，参加博学宏词科考试，中首选，赐进士出身，擢拔秘书省正字，曾为侍从官，官拜资政殿学士。

人们从正史中可以看到这是一位真正的忠臣、廉政之臣，然而，遗憾的是，正史却未肯用只言片语介绍这位作为皇帝非常亲近的臣子于临政、政事之暇，还极为留意祖国传统医药经方、验方的收集和整理，他熟读医书，并事治疗，多获效验。晚年尤为热心于医书的编辑工作，将其一生所搜求、集辑求得的经方、验方，平生用之有著验，或虽未及用而传闻之审有效医方，进而精选辑成《集验方》，刊刻成书，名《洪氏集验方》。于1170年，即南宋乾道六年，已有原刻本。封面书写有宋洪遵辑，书末有其题识。

洪遵，为人性情耿直亲民，奸相秦桧子秦熺居高位，遵拒附权势，恬然远之，故多年不得迁升，淡然宴如，不以为然。他是一位关心民瘼，热心于为民治病疗疾的医学家，这除与他的为人、品性有关之外，也与当时的时代背景不无关系，北宋自祖宗之朝，便以君、相爱民为务，官设惠济局，以医药施舍贫人为风尚，士大夫由此多留心于方书。特自《洪氏集验方》集辑这位政客于传统医药学的贡献，以飨读者。

洪遵，字景严，皓仲子也。自儿时端重如成人，从师业文，不以岁时寒暑辍。父留沙漠（指洪皓出使金国，被留滞北廷难归之事），母亡，遵孺慕攀号（孺，孺子，就是幼童，小孩子。《说文解字·子部》："孺，乳子也。"慕，追祷哀思的意思。《说文解字·心部》："慕，习也。"孺慕，就是孩子们痛哭哀悼追思逝去的父母，以示子女对父母的孝敬、思慕、怀念。有成语：孺慕之情。语出《礼记·檀弓下》）"有子与子游立，见孺子慕者，有子谓子游曰：'予壹不知夫丧之踊也，予欲去之久矣。情在于斯，其是也夫?'"东汉经学家郑玄注解："丧之踊，犹孺子之号慕。"号慕，是说哀嚎父母之丧，深表怀念追思之情。孺慕，对父母的哀悼、怀念，爱慕父母之情。《陈书孝行传司马皓》："年十二，丁内艰，孺慕过礼，水浆不入口，殆经一旬。"攀号，攀龙髯而痛哭。《陈书·后主纪》："上天降祸，大行皇帝奄弃万国，攀号擗踊，无所迨及。"孺慕攀号，哀悼父母之丧亡而痛哭不止）。既葬，兄弟即僧舍肄词业（僧舍，寺院。宋真山民《晓行山间》："僧舍在何许？隔林钟磬清。"亦可解为僧人所住的地方。肄，动词。研习；学习。《后汉书·礼仪志中》："兵官皆肄孙、吴兵法。"词业，词章之技艺。唐代李德裕《与桂州郑中丞书》："小子词业浅近，获继家声。武宗一朝，册命典诰，军机羽檄，皆授命撰述。"葬礼结束后，兄弟们就开始在寺院里学习诗文之技艺），夜枕不解衣。以父荫补承务郎（荫补，古时子孙以先代官爵而受封之称。《隋书·柳述传》："少以父荫，为太子亲卫。"承务郎，隋炀帝时，改侍郎，设承务郎，实即原员外郎。至唐，改为员外郎，宋同唐制。属于皇帝近侍官之一，中央官吏中的要职），与兄适同试博学宏词科，中魁选（科举考试中的第一名。亦称魁甲，即状元），赐进士出身。高宗以皓远使，擢为秘书省正字。中兴以来，词科中选即入馆，自遵始。宰相秦桧子熺为官长，謦欬为人轻重（謦，音 qǐng。謦欬，咳嗽声。《通俗文》："利喉曰謦欬。"意即咳嗽一声、谈笑间就可以弹劾、决定一个人地位的高低、轻重），遵恬然不附丽（恬然，安然自得、满不在乎。《荀子·治国》："恬然如无治者，古之朝也。"附丽，亦作"附离"。附着；依附。西晋文学家左思《魏都赋》："而子大夫之贤，尚弗曾庶翼等威，附丽皇极。"李善注解："言不曾与众庶翼戴上者，等其威仪，而附着于大中之道也。"洪遵安然自得并不依附），二年弗迁（弗，义同"不"。东汉经学家何休注解："弗者，不之深者也"）。

皓南还，与朝论异，出守。遵遂乞外，通判常、婺、越三州。绍兴二十五年（1155 年），汤思退荐之，复入为正字。八月，兼权直学士院（直，通"值"，当值。《晋书·羊祜传》："悉统宿卫，入直殿中。"兼职学士院）。汤鹏举副台端，密荐为御史。方赐对而父讣闻。二十八年（1158 年），免丧，召对，极陈父冤，曰："先臣与龚璹同出疆（璹，音 shú），璹仕于刘豫，以妄杀兵官为豫所诛，而秦桧赠以节旄（节旄，亦称"符节"，古时出外使者所持以作凭证，用牦牛尾装饰旗杆头的旗子。《汉书·苏武传》："杖汉节牧羊，卧起操持，节旄尽落"），擢用其子。先臣拒金人之命，留十五岁乃得归，顾南窜岭外，臣兄弟屏迹在外。桧不分忠逆如此。"高宗悉为道谤语所起，且曰："卿再登三馆，尝典书命，今以修注处卿。"遂拜起居舍人。

奏乞以经筵官除罢及封章进对、宴会锡予、讲读问答等事，萃为一书，名之曰《迩英记注》。其后乾道间又有《祥曦殿记注》（乾道：南宋孝宗赵昚的年号，1165—1173 年），实自遵始。又因面对，论铸钱利害，帝嘉纳之。迁起居郎兼权枢密院都承旨。旧制，修注官、经筵官许留身奏事，而近例无有。遵奏请复旧制，且言起居注未修者十五年，请除见修月进外，每月带修，皆从之。

二十九年（1159 年），拜中书舍人。殿前裨将辅逵转防御使，王纲转团练使，遵言："近制管军官十年始一迁，今两人不满岁，安德尔？"时勋臣子孙多躐居台省（躐，音liè。逾越。不按次序，逾越等级。《礼记·学记》："幼者听而弗问，学不躐等也。"台省，汉代尚书台设在宫禁之中，其时称禁中为省中，故称台省。唐代中台为尚书省，门下省为东台，中书省为西台，总称台省。亦有以三省及御史台合称台省者），遵极言乞明有所止。高宗曰："正立法，自今功臣子孙序迁至侍从，并令久任在京宫观。"遵曰："侍从，朝廷高选，非如磨勘阶官（磨勘，唐、宋之际官员考绩升迁的制度。唐时文武官吏考课，由州府和百司官长考核属下的功过行能，分九等注入考状，期满根据考绩决定升降；为了防止申报不实，升降不当，须经吏部和各道观察使等加以复验。磨勘之名始于此时。宋代设审官院主持官吏的考课升迁，并确定磨勘的名称。至真宗时，规定磨勘的年限，文武官任职满三年，给予磨勘迁秩。居京的京朝官吏，磨勘时例须引对，表示由皇帝亲自升擢。仁宗时，范仲淹《答手诏条陈十事》："今文资三年一迁，武职五年一迁，谓之磨勘。"之后，条例屡有修改），安有迁序之制？"退而上奏言："今内外将家无虑二十人，若以序迁，不出十年，西清次对皆可坐致。太祖开国功臣子孙不过诸司，惟曹彬之子琮、玮以功名自奋，遂为节度，初不闻有递迁侍从之例。今旨一出，使穆清之地类皆将种（穆清，语出《诗经·大雅·烝民》："吉甫作诵，穆如清风。"《史记·太史公自序》："汉兴以来，至明天子，获符瑞，建封禅，改正朔，易服色，受命于穆清泽流罔极。"三国曹植《七启》："至闻天下穆清，明君莅国，览盈虚之正义，知顽素之迷惑。"谓指陶冶人的性情，犹如清和的熙风化育万物。这是颂扬帝王或有才德之人的话语），非所以示天下。望收还前诏。"又言："瑞昌、兴国之间茶商失业，聚为盗贼。望揭榜开谕，许其自新，愿充军者填刺（填，音zhì，同"置"。安放。《汉书·贡禹传》："武帝时，又多取好女至数千人，以填后宫……"唐代颜师古注解："此填字读与'置'同。"刺，名帖。《梁书·处士传·诸葛璩传》："璩安贫守道，悦《礼》敦《诗》，未尝投刺邦宰，曳裾府寺，如其简退，可以扬清厉俗。"愿意充军者即发放名片），愿为农者放还。"上皆可其奏。

论者欲复鄱阳、永平、永丰两监鼓铸（鼓铸，熔炼金属用以铸造器械或钱币。《史记·货殖列传》："即铁山鼓铸，运筹策，倾滇、蜀之民，富至僮千人"），诏给，舍议，遵曰："唐有鼓铸使，国朝或以漕臣兼领，或分道置使，厘为三司。自中兴来，置都大提点，官署太多，动为州县之害。间者亟行废罢，又无一定之论，初委运使，又委提刑，又委郡守、贰，号令不一，鼓铸益少。窃以为复置便。"

三十年正月（1160年），试吏部侍郎。异时选人诣曹改秩，吏倚为市，毫毛不中节，必巧生沮阂（沮阂，音jǔ hé。阻止；阻碍；阻隔。《孟子·梁惠王下》："嬖人有臧仓者沮君，君是以不果来也。"朱熹注解："沮、尼，皆止之之意也"），须赂饷满欲乃止。

遵明与约，苟于大体无害，先行后审，荐员有定限，而举者周遮重复，或同时一章而巧为两牍（牍，音dú。《说文解字·片部》：“牍，书版也。长一尺，既书曰牍，未书曰椠。”《史记·游侠原涉传》：“削牍为疏。”注：“木简也。”引申为公文。唐代刘禹锡《陋室铭》：“无丝竹之乱耳，无案牍之劳形。”古时，战国至魏、晋时期将木片或竹片削制成书写文字用的狭长片，竹片称简，木片称札或牍，统称为简。后世称公文为文牍、书札或尺牍），或当荐五员而辄逾十数，或当举职官而诡为京状，或身系常调而妄称职司，或东西分曹而交错搀补，或已予复夺而指云事故，件析枚数，请凡如是者得通劾之。旧制，致仕任子，随所在审敕牒即请行（敕牒，音lài dié。记载有皇帝命令的文书。唐代诗人白居易《杜陵叟》：“昨日里胥方到门，手持敕牒榜乡村”）。是时，从议者请，必令于元州判奏。遵言：士大夫或游宦粤、蜀，数千里外，不幸以死。临终谢事，其家获归故里已为至难，今复因此龃龉（龃龉，音jǔ yǔ。本意是指上下牙齿不相配合、对不上。比喻意见不合、不融洽。唐代诗人白居易《达理》诗：“谁能坐此苦，龃龉于其中”），反复稽延（稽，音鸡。稽延，拖延、耽误；迟迟迁延。《管子·君臣上》：“是以令出而不稽，刑设而不用。”《三国志·吴书·吕蒙传》：“若太子必能一士卒之心，保孤城之守，尚能稽延旦夕，以待所归者，可也”），是明与恶吏为地也。乃止仍旧贯。

平江、湖、秀三州水，无以输秋苗，有司抑令输麦。遵言：“麦价殊不在米下，民困如是，奈何指夏以为秋，衍一以为二，使挤沟壑乎？愿量取其半，而被水害者悉免之。”金人来索绛阳郭小的、安化刘孝恭二百家，遵以蜀之李特可为至戒，愿以根集未足为解，淹引日月报之。迁翰林学士兼吏部尚书。汪澈论汤思退罢相，遵行制无贬词，澈以为言。遂丐去（丐，乞求。《左传·昭公六年》：“不强丐”），以徽猷阁直学士提举太平兴国宫。

三十一年（1161年），金主完颜亮命其尚书苏保衡由海道窥二浙，朝廷以浙西副总管李宝御之。宝驻兵平江，守臣朱翌素与宝异，朝议以遵常荐宝，乃命遵知平江。及宝以舟师捣胶西，凡资粮、器械、舟楫皆遵供亿（楫，音jí。本指划船用的短船桨。《易经·系辞下》：“刳木为舟，剡木为楫。”舟楫，泛指船只。《易经·系辞下》：“舟楫之利，以济不通。”亿，《说文解字·亻部》：“亿，安也。”满足。《左传·襄公二十五年》：“陈介恃楚众，以冯陵我敝邑，不可亿逞。”清代著名学者王引之撰《经义述闻·卷十八·春秋左传中》详解：“不可亿逞：今案亿者，满也。‘逞’与‘盈’古字通，言其欲不可满盈也。”都是由洪遵满足供应），宝成功而归，遵之助为多。车驾幸金陵，禁卫士丐索无艺（无艺，没有限量；没有法度。《国语·晋语八》："桓子骄泰奢侈，贪欲无艺。"三国吴国经学家韦昭注解："艺，极也。"禁卫军的将士们索要没有限度），它郡随与不厌（不厌，吃不饱；贪得无厌。引申为不满足。《孟子·离娄下》："其良人出，则必餍酒肉而后反返"）。至吴，乃相告曰："内翰在此，汝毋复然。"先是，朝廷虑商舶为贼得，悉拘入官，既而不返，并海县团萃巨舰及募水手、民兵，皆絷留未得去（絷，音 zhí。拘囚；拘禁；絷拘。《左传·成公九年》："晋侯观于军府，见钟仪，问之曰：'南冠而絷者谁也?'有司对曰：'郑人所献楚囚也。'"统统拘留不得离去）。遵因对论之，以船还商，而听水手自便，吴人德之（德，《说文解字·彳部》："德，升也。"感激。《左传·成公三年》："王曰：'然则德我乎?'对曰：'二国图其社稷，而求纾其民，各惩其忿，以相宥也，两释累囚，以成其好。二国有好，臣不与及，其谁敢德'"）。

孝宗即位（1155 年），拜翰林学士承旨兼侍读。诏问宰执、侍从、台谏曰："敌人来索旧礼，从之则不忍屈，不从则边患未已。中原归正人源源不绝，纳之则东南力不能给，否则绝向化之心。宜指陈定论以闻。"遵与给事中金安节、中书舍人唐文若、起居郎周必大共为一议，其略谓："不宜直情径行，亦未可遽为之屈，谓宜遗金缯如前日之数，或许稍归侵地如海、泗之类，则彼亦可藉口而来议矣。"

知隆兴元年（1163 年）贡举（贡，指"贡士"；举，乡举里选。贡举，古代地方官有向朝廷荐举人才的制度。《礼记·射义》："古者天子之制，诸侯岁献贡士于天子。"此说洪遵负责乡里面的乡举里选工作），拜同知枢密院事（唐中后期，代宗李豫永泰中始置枢密使一职，通常由宦官充任。宋代沿其制而稍加变通，以枢密使为枢密院长官，与同门下平章事等共同负责军国要政。《宋史·职官志二》："枢密使，知院事，佐天子执兵政，而同知、副使、签书为之贰。凡边防军旅之常务，与三省分班禀奏；事干国体，则宰相、执政官合奏。"宋代枢密院不设枢密使及副使时，其主官称知枢密院事，辅佐之官则称同知枢密院事，或者简称知院、同知院。枢密使，尊称枢相，负责统帅全国的军政大事；枢密使有时亦称知枢密院事，简称知院。此职通常为文官出任，而且往往由同平章事兼理。凡是涉及军事之措置，一律由枢密使秉承皇帝之旨来决断执行）。寿康殿产金芝十二，同列议表贺，遵引李文靖奏灾异故事风止之。荐眉山李焘、永嘉郑伯熊及林光朝，未及用，会汤思退为左相，而次相张浚罢，御史周操策遵且超迁（策，谋划；策划；督促；促进、策动。《左传·哀公十一年》："孟之侧后入以为殿，抽矢策其马，曰：'马不进也。'"《孙子·虚实》："故策之而知得失之计，候之而知动静之理，形之而知死生之地，角之而知有余不足之处"），上章致劾，上亟徙置他官。遵不能安位，连章乞免，讫与御史俱去。是年七月，以端明殿学士提举太平兴国宫。

乾道六年（1170 年），起知信州，徙知太平州。前守周操以尝论遵，闻遵来，不俟合符驰去（不俟，不等待。《论语·先进》：“如其礼乐，以俟君子。”合符，符节相符合。古代人们以竹、木或玉作为符信，分为两半，各执其一，检验相合，叫作合符。《史记·魏公子列传》：“公子即合符，而晋鄙不授公子兵而复请之，事必危矣。”不等到合符便飞驰而去）。遵追饯至十里，劳苦如平时，曰：“君当官而行，我何怨？”闻者以为盛德。圩田坏（圩，音 wéi。圩田，在低洼土地四周筑堤防用以防止外水自由流入的田地。南宋杨万里《圩田》诗：“周遭圩岸缭金城，一眼圩田翠不分”），民失业，遵鸠民筑圩凡万数（鸠民，聚集民众百姓。《左传·昭公十七年》：“五鸠，鸠民者也。”杜预注解：“鸠，聚也。治事上聚，故以鸠为名。”洪遵号令聚集民众建筑圩田多达数万）。方冬盛寒，遵躬履其间（躬履，亲身履行。《孔丛子·嘉言》：“言称先王，躬履谦让。”《史记·司马相如列传》：“心烦于虑而身亲其劳，躬腠胝无胈，肤不生毛。”洪遵亲自践行其间），载酒食亲饷馌（馌，音 yè。《说文解字·食部》：“馌，饷田也。”《诗经·豳风·七月》：“同我妇子，馌彼南亩。”《左传·僖公三十三年》：“其妻馌之，敬，相待如宾。”亲自带上酒食给在田中耕作的人们送去），恩意倾尽，人忘其劳。运使张松忌功，妄奏圩未尝决，民未尝转徙，必责圩户自阏筑（阏，音 è。阻塞。东汉文学家蔡邕作《樊惠渠歌》：“我有长流，莫或阏之；我有沟浍，莫或达之。”必须责成圩户自己筑圩阻塞），且裁省募工钱米之半。遵连疏争，至乞遣朝臣覆按。于是将作少监马希言、监察御史陈举善狎至（狎，音 xiá。本义是训犬。《说文解字·犭部》：“狎，犬可习也。”狎至，交替，接连前来。《左传·襄公二十七年》：“且晋、楚狎主诸侯之盟也久矣。”东汉末年哲学家王符著《潜夫论·救边》：“旬时之间，虏复为害，军书交驰，羽檄狎至，乃复怔忪如前”），黜松言，圩遂成，合四百五十有五。松无所泄其忿，则别治溧水永丰圩，来调丁、米、木，数甚广。遵曰：‘郡当岁俭，方振恤流移，劝分乞籴（籴，买进粮食。唐代诗人杜甫《醉时歌》：“日籴太仓五升米”），如自刲其股以充喉（刲，音 kuī。《说文解字·刂部》：“刲，刺也。”《广雅》：“刲，屠也。”《国策·齐策三》：“刲魏之东野。”注：“取也。”股，《论语·宪问》篇：“膝上曰股，膝下曰胫。”喉，《说文解字·口部》：“喉，咽也。”《后汉书·马融传》：“喉咽者，量肠之府也。”犹如自己割取大腿上的肉用以充量肠之府），不暇食（肚子饿了也没有空吃饭。东晋葛洪《神仙传·阴长生》：“饥不暇食，思不敢归，劳不敢息”），况能饱他人腹哉。执不从。

楚地旱，旁县振赡者虑不早，施置失后先，或得米而亡以炊，或阖户莩藉而廪不至（莩，音 piǎo，通“殍”。《孟子·梁惠王下》：“民有饥色，野有饿莩。”全家都饿死没有了户籍。廪，官府发给的粮米。或有全家都饿死，户籍都没有了，而官府发给的赈灾粮米尚没有来到）。遵简宾佐，随远近壮老以差赋给，蠲租至十九，又告籴于江西，得活者不啻万计。戍兵乘时盗利，曹伍剽于野，尽执拘以归其军，故当大札瘥而邑落晏然，徙知建康府、江东安抚使兼行宫留守。孝宗谕当制舍人范成大，褒其治绩，且许入觐。

时虞允文当国，有北征志。先调侍卫马军出屯，其在府者五军，悉送其孥，谋筑营寨（谋划建筑营寨），无虑万灶。张松用不能罢，特敕遵同宰执赴选德殿奏事。遵奏外臣不敢尾二府后，愿需班退别引，上弗许。进资政殿学士以行。至则揭榜（揭榜，张贴文告。《明史·太祖纪一》：“揭榜禁剽掠，有卒违令，斩以徇，军中肃然。”到了就张贴文告），民苗米唯输正不输耗，听民自持斛概［斛，量器名，一说是容量单位元。十斗为一斛，南宋末年改为五斗为一斛。概，古代量米麦时刮平斗斛的器具。《礼记·月令》：“（仲春之月）日夜分，则同度量，钧衡石，角斗甬，正权概。”郑玄注解：“称锤曰权；概，平斗斛者。”《韩非子·外储说左下》：“概者，平量者也。”引申为刮平或削平。听任老百姓自己携带称量器］，庾人不能轻重其手（庾，音 yǔ。本意是露天的谷堆。泛指粮库。唐代杜牧《阿房宫赋》：“钉头磷磷，多于在庾之粟粒。”庾人，管理谷仓的人员。仓库管理人员不能决定他的重量大小）。遍行郊野卜砦地，求不妨民居、不夷冢墓者（夷，削平。《国语·周语下》：“夷其宗庙。”冢，隆起的坟墓。《周礼·春官·序官》：“冢人。”东汉经学家郑玄注解：“冢，封土为丘垄，象冢而为之。”唐代学者贾公彦撰《周礼义疏》疏解：“按《尔雅》，山顶曰冢，故云象冢而为之”），逾年始得之。营卒醉，妄言摇众，斩之，磔于市（磔，音 zhé。分尸。古时的一种酷刑。《荀子·宥坐》：“伍子胥不磔姑苏东门外乎?”唐代学者杨倞着《荀子注》注解：“磔，车裂也”），三军无敢哗（哗，哗变；叛变。三军没有敢于哗变的）。有画入旗亭挺刃椎垆者（旗亭，①酒楼。南宋诗人陆游作《初春感事》诗：“百钱不办旗亭醉，空爱鹅儿似酒黄。”②古代指挥集市的市楼。东汉文学家张衡《西京赋》：“旗亭五重，俯察百隧。”此处应为前者。椎，名词，《说文解字·木部》：“椎，所以击也。”《广韵》：“椎，棒椎也。”本义是敲击的器具。垆，《说文解字·土部》：“垆，刚土也。”本为酒店安置酒瓮的土墩子，后因以为酒店的代称。椎垆，敲击捶打酒店。有被划进入酒楼工作举起刀刃砸击酒店的），械付狱（缴械交付监狱），驿上奏未下，统帅惧得谴（统帅惧怕受到谴责），请自治之。孝宗怒，罢统帅，遵亦坐贬两秩。未几，五营成，复元官，仍拜资政殿学士。淳熙元年（1174 年），提举洞霄宫。十一月，薨（音 hōng，《新唐书·百官之一》：“凡丧，二品以上称薨，五品以上称卒，自六品达

于庶人称死”)，年五十有五，谥“文安”。(元代脱脱等撰，《宋史·卷三百七十三·列传第一百三十二·洪遵》)

《宋史》用大量篇幅介绍了洪遵和其父、兄、弟的政绩和史实，兄弟三人相继登词科，文名满天下，父子四人均为学者、朝臣，其家可谓富贵至极。

其父洪皓（1088—1155），少有奇节，博学强记，北宋徽宗赵佶政和年间进士。1129 年，南宋高宗赵构建炎三年，奉旨使金，被拘扣十余年不得回返。久在北廷，甚为金人所敬重，直至 1142 年（绍兴十二年）才被释放，宋金之际，凡使金者，如探虎口，不堪其苦，能全节而归，实属不易，皓留北十五年，忠节尤著，高宗叹苏武不能过，诚哉！孔子云：“使于四方，不辱君命，可谓士矣。”返归南宋后，因谏不宜苟安钱塘，而遭权相秦桧所忌恨，不久便被贬官，迁徙途中病亡。洪皓不死于敌国，竟以忤秦桧被谪死，死于谗匿，实属悲哉！皓死后，帝叹惜怜之，复徽猷阁直学士，谥“忠宣”。皓育有人称“三洪”才子的洪适、洪遵、洪迈兄弟三人，四人《宋史》均有传。

其兄洪适（1117—1184），工文词的金石学家，累官司农少卿、同中书门下平章事兼枢密使，官至宰相，位极台辅。

其弟洪迈（1123—1202），著名文学家。学识渊博，文学尤高，自经史百家以至医卜星算皆有论述，尤熟于宋代掌故；立朝议论最多，所谓忠义之报，讵不信夫。撰有《容斋随笔》《夷坚志》等，编有《万首唐人绝句》。

宋末、元初诗人鲜于枢（1259—1301）亲读《洪氏集验方》之后，深感于洪遵虽身为高官，而不忘医事，深表钦敬，题诗跋赞曰：贤人留意济斯民，学仕之余未舍勤，犹访医方治疾病，岂因富贵堕心身。乃知后世家风远，想见当年德业新，愧我长贫仍懒惰，不能望见属车尘。

洪公当宋盛时，为侍从官，兄为宰相，其富贵为何如也？而恳恳不忘救民之事，著成方书，百世行之。

杨倓（音 tán）（1120—1185），南宋医学家，字子靖。代州崞县人（旧县名，

1958年改名为原平县，位于今山西省中部偏北）。曾官至户部员外郎、枢密使、昭庆军节度使。因其父杨存中嗜好收集方剂验方，倓遂将其收集的诸多深藏而不语人的千余首临床验方，编辑为医方著作《杨氏家藏方》二十卷。

杨存中（1102—1166），《宋史·卷三百六十七·列传第一百二十六·杨存中》有传。有子二人：偰（音xiè），工部侍郎；倓，签书枢密院事、昭庆军节度使。

杨存中，本名沂中，字正甫，绍兴间赐名存中。与张俊、韩世忠并为抗金名将。存中天资忠孝敢勇，魁梧沈鸷（性情深沉勇猛。《新唐书·李光弼传赞》："李光弼生戎虏之绪，沈鸷有守"），少警敏，诵书数百言；力能绝人，善骑射，大小二百余战，身被五十余创，宿卫出入四十年，最寡过。孝宗帝以为旧臣，尤礼异之，常呼郡王而不名。御军宽而有纪，所用将士，专以才勇选，不私部曲之旧（部曲本为军队编制之称。《汉书·百官志》："将军……其领军皆有部曲，大将军营五部，部校尉一人，……部下有曲，曲有军候一人。"唐以后无此称）。尝营居凤山，十年而就，极山川之胜，后献于朝廷；又葺园亭于湖山之间（葺，音qì。泛指修建房屋。《左传·昭公二十三年》："必葺其墙屋。"杜预注解："葺，补治也"），高宗为书"水月"二字。所居建阁以藏御书，孝宗题曰"风云庆会之阁"。

陈言（约1121—1190），南宋医学家，著《三因极一病证方论》。

陈言，字无择，号"鹤溪道人"，处州青田人（今浙江省青田县）。敏悟绝人，精医，治病立效。有不治者，则预告以期，晷刻无爽。对疾病病因研究颇深，著有《三因极一病证方论》一书（简称《三因方》）存世。三因，谓内因、外因、不内外因，其书文词典雅而理致简赅。

张锐（生卒年无考），北宋末年、南宋初名医，撰《鸡峰普济方》。

"张锐《鸡峰备急方》一卷。"（元代脱脱等撰，《宋史·卷二百七·志第一百六十·艺文六》）

北宋末年、南宋初名医张锐因撰《鸡峰普济方》而闻名，正史无传。据《宋史翼》可知应与蔡京同时之人，但应年少许。据文所载二病例，其堪称妇科专家，用药如神，手到病除，名不虚传。其医德高尚，为避嫌，不告而别，行医如此不图钱财，千年之后的如今，那些号称精英、栋梁的贪官污吏们汗颜否？答案是肯定不会的，因为他们根本就不具备如此思想境界。当有人夸赞其医术高明之时，却又十分谦虚，以医子之病例而自谦，这是何等的境界啊！

张锐，字子刚，郑州人。官成州团练使，以医知名。政和中（政和：宋徽宗赵佶的年号，1111—1118年），蔡京之孙妇有娠及期而病（蔡京，北宋后期大奸臣。曾任户部尚书、右仆射、直至太师，被称为“六贼”之首），国医皆以为阳证伤寒，惧胎之堕，不敢投凉剂。京密邀锐视之。锐曰：“儿处胎十月将生矣，何药之能败？”即以常法与药，且使倍服之，半日而儿生，病亦失去。明日妇大泄而喉闭不入食，众医复指言其疵，且曰二疾如冰炭，又产蓐甫近，虽扁鹊复生无活理也。锐曰：“无庸忧（毋庸忧虑），将使即日愈。”乃入室取药数十粒使吞之，咽喉即迩（咽喉闭不得进食之病即接近痊愈），下泄亦止。逮满月（逮，及；至；到。《左传·哀公六年》：“逮夜至于齐。”到了满月），京开宴自诸子、诸孙及女妇、甥、婿合六十人，请锐为客，京亲酌酒为寿，曰：“君之术通神，吾不敢知，敢问？一药而治二疾，何也？”锐曰：“此于《经》无所载，特以意处之。向者所用乃附子理中丸裹以紫雪尔，方喉闭不通，非至寒药不为用，既已下咽则消释无余，其得至腹中者，附子力也，故一服而两疾愈。”京大加叹异，尽敛席上金匕箸遗之。

刑部尚书慕容彦逢为起居舍人，母夫人病亦召锐于郑，至则死矣。时方六月署，将就木，锐欲入视，彦逢不忍，意其欲求钱（怀疑张锐是为了要出诊费钱，所以执意要入视，真乃小人度君子之腹典型事例），乃曰：“道路之费当悉奉偿（路费之资当悉数奉与偿送），实不烦入。”锐曰：“伤寒法有死一昼夜复生者，何惜一视之？”彦逢不得已，自延入悲哭不止。锐揭面帛注视，呼仵匠语之曰（仵，音wǔ。仵作。古时官署中检验死伤的吏役，即验尸官，即今法医。《清会典·刑部》：“凡斗殴伤重不能动履之人，不得扛抬赴验，该管官即带领仵作亲往验看”）：“若尝见夏月死者面色赤乎？”曰：“无。”然则汗不出而蹶尔不死也，幸无亟敛（亟，形容词。急速；迅速；急迫。《广雅》：“亟，急也。”《孟子·梁惠王上》：“经始勿亟，庶民子来。”敛，动词。《说文解字·支部》："敛，收也。"入殓。《释名·释丧制》："衣尸棺曰敛。"《礼记·檀弓下》："季康子之母死，公输若方小。敛，般请以机封，将从之。"西汉礼学家戴德、戴圣叔侄二人注解："敛，下棺于椁。"幸亏没有急着入殓)，趋出，取药命以水二升煮其半灌病者，戒曰："善守之(善，妥当地；好好地。《汉书·史丹传》："善辅导太子，毋违我意!"好好地守护着)，至夜半大泻则活矣。"锐舍于外馆，至夜半时，守病者觉有声，勃勃然(勃勃，出自《淮南子·时则训》："勃勃阳阳，惟德是行，养老化育，万物蕃昌。"《庄子·天地》："荡荡乎忽然出，勃然动。"本意是兴盛，此处则是说忽然、猝然)，遗屎已满席，出秽恶物斗余。一家尽喜，遽敲门呼锐(遽，音jù。立刻；赶紧；马上；急忙。《左传·僖公三十三年》："遂发命，遽兴姜戎，子墨衰绖。"杜预注解："晋文公未葬，故襄公称子，以凶服从戎。"《左传·僖公二十四年》："谒者以告，公遽见之")，锐应曰："吾今日体困，不能起；然亦不必起，明日方可进药也。"天且明，出门若将便旋然径命起驾归郑(天明，出门立刻让车夫起驾回归郑地)，彦逢诣其室(诣，前往；去到。《史记·孝文本纪》："乘传诣长安。"《汉书·杨王孙传》："未得诣前。"唐代颜师古注解："诣，至也")，但留平胃散一帖而已，其母服之数日良愈。盖锐以彦逢有求钱之疑，故不告而去。

绍兴中(绍兴，南宋高宗赵构的年号，1131—1162年)，流落入蜀，王秬叔坚问之曰："公之术，古所谓十全者，几是欤?"曰："未也，仅能七八耳。吾长子病，诊脉察色皆为热极，命煮承气汤欲饮之，将饮，复疑？至于再三；将遂饮，如有掣吾肘者(掣，音chè。牵制；掣肘。《旧唐书·陆贽传》："若谓志气足任，方略可施，则当要之于终，不宜掣肘于其间也")，姑持杯以待，儿忽发颤悸，覆绵衾至四五始稍定(衾，音qīn。被子。南唐后主李煜《浪淘沙·帘外雨潺潺》词："帘外雨潺潺，春意阑珊；罗衾不耐五更寒。梦里不知身是客，一晌贪欢。"覆盖棉被至四五层才稍微安定)，汗下如洗，明日而脱然(脱然，舒适；轻快；霍然貌。多指疾病终于脱体。又，形容疾病一下子消除，或表示油然而生的一种情绪或曰感觉。《公羊传·昭公十九年》："乐正子春之视疾也，复加一饭，则脱然愈。"《淮南子·精神训》："今夫繇者，揭钁臿，负笼土，盐汗交流，喘息薄喉，当此之时，得茠越下，则脱然而喜矣")，使吾药入口则死矣！安得为造妙。世之庸医。学方书未知万一，自以为足，吁！可惧哉。"《夷坚志》著有《鸡峰方》。(清代陆心源撰，《宋史翼·卷三十八·列传第三十八·方伎二·张锐》)。

皇甫坦(生卒年无考)，南宋医学家。

皇甫坦，蜀之夹江人（今四川省夹江县，隋始置夹江县。位于四川省中部，青衣江下游），善医术。显仁太后苦目疾，国医不能愈，诏募他医，临安守臣张偁以坦闻。高宗召见，问何以治身？坦曰：“心无为则身安，人主无为则天下治。”引至慈宁殿治太后目疾，立愈。帝喜，厚赐之，一无所受。令持香祷青城山，还，复召问以长生久视之术，坦曰：“先禁诸欲，勿令放逸。丹经万卷，不如守一。”帝叹服。书“清静”二字以名其庵，且绘其像禁中。

荆南帅李道雅敬坦，坦岁谒道。隆兴初（隆兴：南宋孝宗赵昚的年号，1163—1164年），道入朝，高宗、孝宗问之（南宋高宗赵构，1127—1162年在位。南宋孝宗赵昚，1162—1189年在位），皆称皇甫先生而不名。坦又善相人，尝相道中女必为天下母，后果为光宗后（南宋光宗赵惇，1189—1194年在位）。（元代脱脱等撰，《宋史·卷四百六十二·列传第二百二十一·方伎下·皇甫坦》）

张杲（1149—1227），南宋医学家、医史学家，《医说》十卷撰著者。

张杲，字季明，南宋新安人（今属安徽省歙县），三世之医。

其伯祖张扩，尝受业于庞安时，闻听蜀人王朴擅长太素脉，毅然决然前往学习，年后，尽得其传，回归为人治病，神妙莫测，遂以医名京、洛间（今开封、洛阳），是位享誉全国的杏林高手。祖父张挥、父亲张彦仁亦皆秉承家学，医术也非同一般，精妙有加。张杲自少传承家学，在坚实的儒业基础上，其从事临床诊治取效甚丰，这也为其日后撰写医史奠定了扎实基础。

罗愿（1136—1184，字端良，曾任鄂州知事，训诂学家）著七卷本《鄂州小集》记有扩传，其叙治验甚详。此书前有淳熙己酉（淳熙十六年，1189年）罗项序，亦称“罗授其弟子发，子发授其子彦仁”。杲，彦仁子也，承其家学，亦喜谈医，尝欲集古来医案勒为一书。初期满一千事，猝不易足，因先采掇诸书，据其见闻所及为是编。凡分四十七门，前七门总叙古来名医、医书及针灸、诊视之类，次分杂证二十八门，次杂论六门，次妇人、小儿二门，次疮及五绝、痹疝三门，而以医功报应终焉。其间杂采说部，颇涉神怪。……然取材既富，奇疾险证，颇足以资触发，而古之专门禁方，亦往往在焉。三世之医，渊源有自，固与道听途说者殊矣。1189 年（淳熙十六年）撰就《医说》十卷，是一部我国现存最早的记载有大量医史人物传记和丰富医学史料、影响深远的传记。

《四库全书总目提要》评说张杲所著《医说》：取材既富，奇疾险证，颇足以资触发。而古之专门禁方，亦往往在矣。

宋慈（1186—1249），南宋著名法医学家，撰有《洗冤集录》。《宋史》无传。

宋慈，字惠父，福建建阳童游（今属福建省南平市）人。生于南宋淳熙十三年（1186 年。淳熙：南宋孝宗赵昚的年号，1174—1189 年），卒于淳祐九年（1249 年。淳佑：南宋理宗赵昀的年号，1241—1252 年）。祖籍河北省邢台市南和县，唐代著名宰相宋璟之后。北宋时，高祖宋世卿自浙江省建德县来到建阳出任建阳丞，由此定居于此，与南宋著名理学大家朱熹同居于建阳。自幼聪明好学，受学于父，“博记览，善辞令”，少年时受业于同邑学者、朱熹之高徒弟子吴稚，同时得到吴稚的同窗黄干、李方子等学者指教；1205 年，进入太学学习，钻研百家学说。当时主持太学工作的博士真德秀（1178—1235，南宋后期著名的朱子学者，早年师从朱熹门人詹体仁，可算是朱熹的私淑弟子。《宋史》有传），也是一名著名的理学家，为朱熹的再传弟子，颇为赏识其学识，宋慈遂拜其为师。

1217 年，应乙科进士试，以第三名进士及第，始步入仕途，其年三十一岁。历任主簿（管理一个县的文书簿籍，办理事务的官员）、县令、通判兼摄郡事等职。1239 年，嘉熙三年（嘉熙：南宋理宗赵昀的年号，1237—1240 年），时年五十三岁，升任广东提点刑狱官（相当于现今省一级的法官），后移任江西提点刑狱兼知赣州，淳祐年间，提点湖南刑狱兼大使行府参议官。

自 1245 年，淳祐五年始，时年五十九岁，为向更多刑狱官分享他的知识与经验，在湖南任职期间，整理一生断狱的经验，博采荟萃诸书，终于在 1247 年，完成了《洗冤集录》这部系统的法医学著作，时年六十一岁。因其荟萃各家之言，厘剔考证而成书，于检验之法，于是乎详且备矣；士君子学古入官听讼决狱者，无不奉其为圭臬。它既是我国古代的第一部，也是世界上最早的一部法医学专著。《洗冤集录》的问世，标志着世界科学史上又一门具有独立理论体系及技术方法的新学科——法医学的诞生，其对世界现代法医学的形成与发展做出了开创性的贡献。

《洗冤集录》是古代法医理论与司法实践经验的总结，是古代科学技术文化发展的巨大成果，其兼具科学性与实用性，内容系统、涉猎广泛、研究深刻，理论与实践紧密相结合，凡是法医学家无不奉其为刑狱案件中尸伤检验的指南和经典。

《洗冤集录·自序》：狱事莫重于大辟（辟，音 bì，中国古代五刑之一。商、周、春秋、战国等时期对死刑的通称），大辟莫重于初情，初情莫重于检验。盖死生出入之权舆（权舆，草木萌芽的状态。《大戴礼记·诰志》："于时冰泮发蛰，百草权舆。"引申为起始、初时），幽枉屈伸之机括［机括，指治事的权柄。《风俗通·过誉》："棱（韩棱）统机括，知其虚实"］，于是乎决。法中所以通差令佐理掾者（辅助治理的胥吏。《周礼·天官·大宰》："以佐王治邦国。"掾，音 yuàn，古时属官的通称。《后汉书·马援传》："此丞掾之任，何足相烦"），谨之至也（一定要谨慎至极）。

年来州县，悉以委之初官，付之右选，更历未深，骤然尝试，重以仵作之欺伪，吏胥之奸巧，虚幻变化，茫不可诘。纵有敏者，一心两目，亦无所用其智，而况遥望而弗亲，掩鼻而不屑者哉！慈四叨臬寄，他无寸长，独于狱案，审之又审，不敢萌一毫慢易心。若灼然知其为欺，则亟与驳下；或疑信未决，必反复深思，惟恐率然而行，死者虚被涝漉（涝漉，动词，浸润其中。先是水淹，再慢慢干涸，竭尽）。每念狱情之失，多起于发端之差，定验之误，皆原于历试之浅，遂博采近世所传诸书，自《内恕录》（宋代无名氏所著检验辨狱书，早佚）以下，凡数家，会而粹之，厘而正之，增以己见，总为一编，名曰《洗冤集录》。刊于湖南宪治，示我同寅，使得参验互考，如医师讨论古法，脉络表里先已洞澈，一旦按此以施针砭，发无不中。则其洗冤泽物，当与起死回生同一功用矣。

淳祐丁未嘉平节前十日（*1247* 年，阴历十二月即腊月，《史记·秦始皇本纪》："三十一年十二月，更名腊曰嘉平"），朝散大夫、新除直秘阁、湖南提刑充大使行府参议官宋慈惠父序

贤士大夫或有得于见闻及亲所历涉，出于此集之外者，切望片纸录赐，以广未备。慈拜禀

陈自明（1190—1270），南宋著名的外科、妇产科医学专家，著有《外科精要》《妇人大全良方》。

陈自明，字良甫，一作良父，晚年自号“药隐老人”。抚州临川人（今江西省抚州市临川区），出身医学世家，三世之医，曾任建康府明道书院医学教授。与严用和、龚廷贤、危亦林、黄宫绣、喻昌等人并列江西历史上十大名医。

陈自明于1237年，博采引纳历代前贤关于女科之病症方药，同时结合自家三世家传经验方以及多年的临证实践经验，撰就我国最早的一部内容较为系统、全面的妇产科名著《妇人大全良方》。该书总结了南宋以前妇产科的成就，见解独特，理论精辟，对后世的影响不可小觑。陈氏同时精通外科医术，并著有《外科精要》一书，对于痈疽发病起因、发病机理、辩证治疗、预后，都做了比较系统、全面的讲解与论述，实乃成书较早的一部外科提名专著。

《妇人大全良方·原序》：世之医者，于妇人一科，有《专治妇人方》，有《产宝方》。治以“专”言，何专攻也？方以“宝”言，爱重之也。盖医之术难，医妇人尤难，医产中数证则又险而难。彼其所谓《专治》者、《产宝》者，非不可用也。纲领散漫而无统，节目疏略而未备。医者尽于简易，不能深求遍览。有才进一方不效，辄束手者；有无方可据，揣摩臆度者；有富贵家鄙药贱，而不服者；有贫乏人惮药贵，而无可得服者；有医之贪利以贱代贵，失其正方者。古云：看方三年，无病可治；治病三季，无药可疗。又云：世无难治之病，有不善治之医；药无难代之品，有不善代之人，此之谓也。

仆三世学医，家藏医书若干卷。既又遍行东南，所至必尽索方书以观。暇时闭关净室，翻阅涵泳，究极未合，采摭诸家之善，附以家传经验方，萃而成编。始自调经，讫于产后，凡八门，门数十余证，总二百六十余论。论后有药，药不惟其贵贱，惟其效。纲领节目，灿然可观。庶几病者随索随见，随试随愈。

仆于此编，非敢求异昔人也，盖亦补其偏而会其全，聚于散而敛于约，期更无憾云。愚者千虑，必有一得，君子毋以人永废言。

时嘉熙元年（1237年）

八月良日 建康府 明道书院医谕

临川　陈自明良父序

《外科精要·序》：凡痈疽之疾，比他病最酷，圣人推为杂病之先。自古虽有疡医一科，及《鬼遗》等论，后人不能深究，于是此方沦没，转乖迷途。今乡井多是下甲人专攻此科［下甲人，科举时代殿试第三等称谓下甲人。《金史·选举志二》："（大定）二十二年，上甲第二、第三人初除上簿，中甲则除中簿，下甲则除下簿。"此指殿试后那些等级最低者多专攻外科医疗］，然沾此疾又多富贵者。《内经》云：大凡痈疮，多生于膏粱之人。仆家世大方脉，每见沾此疾者，十存一二。盖医者少有精妙能究方论者，闻读其书，又不能探赜素隐；及至临病之际，仓卒之间，无非对病阅方，遍试诸药。况能疗痈疽、持补割、理折伤、攻牙疗痔，多是庸俗不通文理之人，一见文繁，即使厌弃。病家又执方论以诘难之，遂使医者鼯鼠技穷（鼯鼠技穷，这是一成语，亦有写作"梧鼠"的，简称"鼯穷"。鼯鼠，俗称"大飞鼠"。《荀子·劝学》："螣蛇无足而飞，梧鼠五技而穷。"东汉文学家蔡邕《劝学篇》："鼯者，能飞不能上屋，能缘不能穷木，能泅不能渡渎，能走不能绝人，能藏不能覆身是也。"明代政治家、科学家徐光启《考课无能乞允辞免疏》："看评章疏，复鼯穷于后尘。"鼯鼠看似能飞、能爬、能游、能跑、能掘地藏身，本领很多，其实没有一样绝顶的、能够拿得出手的本领。此谓庸医技艺穷尽，才能有限，比喻本领极为有限，只具误人之能），心中惶惑（惶恐不解、疑惑畏惧。《三国志·蜀志·吕凯传》："盖闻天无二日，土无二王，今天下鼎立，正朔有三，是以惶惑"），当下不下，悠悠弗决（悠悠，忧思的形态。《诗经·邶风·终风》："莫往莫来，悠悠我思。"弗，不。《公羊传·僖公二十六年》："公追齐师至嶲，弗及。"东汉经学家何休注解："弗者，不之深者也。"忧思不能决定），迁延日久，遂令轻者重、重者死。

又多见生疽之人，隐讳者众，不喜人言是痈疽发疾，但喜云只是小小疖毒而已，及至孔洪，遂致不救。又有病家猜鄙，吝其所费浩瀚，不肯请明了之医，而甘心委命于庸俗之手。或有医者用心不臧，贪人财利，不肯便投的当伐病之剂，惟恐效速而无所得，是祸不极则功不大矣。又有确执一二药方，而全无变通者。又有当先用而后下者，当后下而先用者。多见一得疾之初，便令多服排脓内补十宣散，而反增其疾，此药是破后排脓内补之药，而洪内翰未解用药之意，而妄为序跋，以误天下后世者众矣。陈无择云：当在第四节用之是也。又有得一二方子，以为秘传，惟恐人知之，穹贵之人不见药味而不肯信服者多矣（穹，泛指高大。《汉书·司马相如传上》："赴隘陿之口，触穹石，激堆埼。"唐代训诂学家颜师古注引张揖曰："穹石，大石也。"）。又有自知众人尝用已效之方，而改易其名而为秘方，或妄增药味以惑众听，而返无效者亦多矣。此等之徒，皆含灵之巨贼，何足相向！又有道听途说之人，远来问病，自逞了了，诈作明能，谈说异端，或云是虚，或云是实，出示一方，力言奇效，奏于某处。此等之人，皆是贡谀（谀，音 yú。奉承；谄媚。《史记·刘敬叔孙通列传》："先生何言之谀也？"进贡的美言，全是阿谀、献媚、奉承之人说的谄谀话。明代文学家沈德符著笔记《万历野获编·礼部一》："盖两番贡谀，皆不得厚偿"），其实皆未曾经历一病，初无寸长。病家无主，易于摇惑，欲于速效，又喜不费资财，更不待医者商议可服不可服，即欲投之，倏然至祸，各自走散。古人云：贫无达士将金赠，病有闲人说药方。此世之通患，历代不能革。

凡痈疽之疾，真如草寇，不守律法，出意凶暴，待之稍宽，杀人纵火，无可疑者。凡疗斯疾，不可以礼法待之，仍要便服一二紧要经效之药，把定藏府，外施针灸，以泄毒气。其势稍定，却乃详观方论，或命医者详察定名，是痈是疽，是虚是实，是冷是热，或重或轻，对证用药，毋失先后次序。病者不必忧惶，医者确执己见，不可妄立名色、仓皇惑乱，收效必矣。如近代名医李嗣之、伍起予、曾孚先辈，编集上古得效方论要诀，愚因暇日，采摭群言，自立要领，或先或后，不失次序。其中重复繁文者削之，取其言简意尽，纲领节目，整然不紊。庶几览者，如指诸掌，虽不能尽圣人之万一，使临病之际，便有所主，毋致渴而穿井，斗而铸兵者乎！

时景定 癸亥（1263年）孟秋 宝唐习医　陈自明　良甫序

《外科精要·赵序》：吕西华秘传麦饭石膏方，为痈疽妙药，靳勿传人。裴员外饵以富贵而不能移，河南尹胁以威武而不能屈，独善其身可矣，抑何视而不广也？民吾同胞，痒疴疾痛举切吾体，苟可活人，惟患其不传，传之患不广，矧肯秘□陋矣哉西华之用心，仁矣哉陈君之用心！余再入梅关，衰老多病，荷君相与扶持。暇日出一编书，曰《外科精要》。余见其议论有据依，用药有先后，嘉其用心之大，为锓梓以广其传。君临川人，良甫其字，方脉精，尤长于妇科，此特专车之一节耳。

景一日斋　赵汝暨书于广平堂

王硕（生卒年无考）南宋医学家，著有《易简方》。

王硕，南宋之处州府永嘉人，字德肤，并非科第出身，亦非职业医生，据其在《易简方·自序》中落款乃是一名“承节郎新差监临安府富阳县酒税务”，也就是说，他实际上是一名负责富阳县监收酒税的小官吏（富阳县，今属浙江省杭州市富阳区。公元前221年，秦王政二十六年就已置县）。曾从游永嘉医派奠基人陈言无择先生习医，据有关专家推算其所撰《易简方》当在1196年左右。因其内容简明扼要，法易且方简，检索方便，对证施药，运用之妙，了如指掌，实践了其师陈无择由博返约、执简驭繁的方剂学治学思想与学术理念，中外医家甚是推崇，因此盛行于世；而《三因方》《百一方》（晋代葛洪撰《重订肘后百一方》。南朝梁陶弘景撰《补阙肘后百一方》）、《局方》（《太平惠民合剂局方》）等方，则因它的兴起而渐趋暗淡废亡。

《易简方·论叙》：医言神圣，工巧，尚矣！然有可传者，有不可传者。就其可传者言之，其略则当先诊脉，次参以病，然后知为何证，始可施以治法，古人所谓脉病证治四者是也。如头疼发热，人总谓之感冒，不知其脉浮盛。其病恶风自汗，其证则曰伤风，治法当用桂枝；若其脉紧盛，其病恶寒无汗，其证则曰伤寒，治法当用麻黄；风寒证交攻，则两药兼用。倘脉之不察，证之莫辨，投伤寒以桂枝，投伤风以麻黄，用药一误，祸不旋踵（形容时间极其短促。南朝梁沈约《七贤论》：“受祸之速，过于旋踵。”用错了药，灾祸立马就来到）。又况六淫外感，七情内贼，停寒蕴热，痰饮积聚，交互为患，证候多端。亦有证同而病异，证异而病同者，尤难概举。若欲分析门类，明别是非，的用何药，谁不愿此，奈何素不知脉，况自古方论，已不可胜纪，宁能不惑于治法之众？将必至于尝试而后已。用药颠错，诸证蜂起，殆有甚于桂枝、麻黄之误。古语有之，看方三年，无病可治，治病三年，无药可疗，正谓是也。故莫若从事于简要，今取常用之方，凡一剂而可以外候兼用者，详著其义于篇，庶几一览而知，纵病有相类，而证或不同，亦可均以治疗。假如中风，昏不知人，四肢不收，六脉沉伏，亦可脉随气奔，指下洪盛，当是之时，脉亦难别，徒具诸方，何者为对。加之有中寒、中暑、中湿、中气、痰厥、饮厥之类，证大不同，而外候则一。急欲求其要领，则皆由内蓄痰涎，因有所中，发而为病。总治之法，无过下气豁痰，可解缓急，气下痰消，其人必苏。自余杂病，以类而求。其稍轻者，对方施治，自可获愈。或未全安，亦可借此以俟招医。若夫城郭县镇，烟火相望，众医所聚，百药所备，尚可访问。其或不然，道途修阻，宁无急难？仓皇斗捧，即可辨集。今取方三十首，各有增损，备㕮咀生料三十品，及市肆常货丸药一十种，凡仓卒之病，易疗之疾，靡不悉具。惟虚劳、癫痫、劳瘵、癥瘕、渴利等患，既难亟愈，不复更录。是书之作，盖自大丞相葛公始辞国政，归休里第，命硕以常所验治方，抄其剂量大概，以备缓急之需。硕自惟幺么不学（自谦之词。惟，动词。《说文解字·忄部》："惟，凡思也。"。《汉书·张良传》："吾惟之，竖子固不足遣。"西汉辞赋家东方朔《非有先生论》："于是吴王穆然，俯而深惟。"幺么，音 yāo mó。微小；微不足道。《文选·班彪〈王命论〉》："勇如信、布，强如梁、籍，成如王莽，然卒润镬伏锧，烹醢分裂，又况幺么不及数子，而欲暗干天位者也！"李善注引《鹖冠子》："无道之君，任用幺么，动则烦浊；有道之君，任用俊雄，动则明白。"东汉刘良注解："幺么，小也。"王硕思量着自己那点微不足道的学问），辱丞相知遇（恐怕有辱葛大丞相知遇之恩），不敢辞也。已而士夫间（已而，不久；旋即。《史记·夏本纪》："乃召汤而囚之夏台，已而释之。"不久士大夫之间），颇亦知之，不以其肤浅，而访问者踵至。遂因已编类者，揭其纲目，更加辨析于其间，其略亦粗备矣。倘或可采，敢不与卫生之家共之！

承节郎、新差监临安府 富阳县 酒税务　王硕述

《重刻易简方·叙》：宋王德肤《易简方》，盖其法易而其方简，对证施药，运用之妙，犹于指掌。余家旧藏施政卿所著《续易简方》，而未观此书久已，为遗恨耳。乃探诸天禄石渠之秘，索之二酉石室之藏（石室，古代收藏图书档案之处。《史记·太史公自序》："秦拨去古文，焚灭诗书，故明堂、石室、金匮玉版图籍散乱。"《汉书·高帝纪下》："丹书铁契，金匮石室。"唐代颜师古注解："以石为室，重缄封之，保慎之义"），皆莫得焉（都没有得到）。先是余读平安甲《慎斋医方纪原》，因知其家独藏之，企望之思不止，然无由苇航矣（苇航，小舟。明文学家、书画家徐渭《镜湖竹枝词》："杏子红衫一女郎，郁金衣带一苇航。"然而没有任何理由引见）。会其门

人丰玄甫者，颇好学，每陪藩候东，东则过余庐，偶谈及此，因使玄甫绍解而乞借焉。甲即许诺，而令玄甫更赍之千金（赍，音jī。《说文解字·贝部》："赍，持遗也。"送给；赠送；拿东西给人。《国策·西周策》："王何不以地赍周最？"还叫门人丰玄甫送给重金），余得而写已藏焉，拱璧不啻十袭之秘（拱璧，大玉璧。《左传·襄公二十八年》："与我其拱璧，吾献其柩。"唐代孔颖达疏解："拱，谓合两手也，此璧两手拱抱之，故为大璧。"后世便以此比喻极其珍贵之物。不啻，不止；不仅。《尚书·无逸》："厥愆，曰朕之愆。允若时，不啻不敢含怒。"十袭，将珍贵物品用纸或布层层进行包裹，以示此物为心爱之珍贵品。北宋欧阳修《谢赐表》："十袭珍藏，但誓传家而永宝。"此典故最早出于《后汉书·卷四十八·杨李翟应霍爰徐列传·子应劭》："昔郑人以干鼠为璞，鬻之于周；宋愚夫亦宝燕石，缇溜十重。夫睹之者掩口卢胡而笑，斯文之族，无乃类旃。"唐代李贤注引《阙子》曰："宋之愚人得燕石梧台之东，归而藏之，以为大宝。周客闻而观之，主人父斋七日，端冕之衣，衅之以特性，革匮十重，缇巾十袭。客见之，俛而掩口卢胡而笑曰：'此燕石也，与瓦甓不殊。'主人父怒曰：'商贾之言，竖匠之心。'藏之愈固，守之弥谨。"《太平御览·卷五十一》亦载有此笑话段子）。时有望子鹄者，从余而学，有附骥志（三国魏曹操《步出夏门行》："老骥伏枥，志在千里。"常以此比喻杰出的人才。有依附老骥之志者），乃谓曰：世鲜古方书，冀刻而与同志者俱之，可乎？余乃然其志。然此书也，出人所秘，吾岂敢。遂再令玄甫告其故，则亦复许诺焉，于是乎余许子鹄刻焉。为世好便简，为巾箱云易（①巾箱，原本是指古人放置头巾的小箱子，后来亦用以存放书卷、文件等物品。缘于北宋高承编辑《事物纪原·经籍艺文》："《南史》齐衡阳王钧尝亲手细书五经，部为一卷，置巾箱中……今谓之细书小本者为巾箱，始于此也。"《太平御览·卷771·引〈汉武内传〉》："武帝见西王母巾箱中有一卷书。"②亦指巾箱本。开本很小的图书或曰小版本的古书。因其形状体积不大，可以放入巾箱之中，便于携带而得名）。云易则易知，简则易从（语出《易经·系辞·第一章》："干以易知，坤以简能，易则易知，简则易从……易简而天之理得矣，天下之理得，而成为乎其中"）。呜呼！《易简》之名得哉！夫慎斋博洽多识，洛阳巨擘云（巨擘，本意是指大拇指，借以比喻杰出、特殊的人或物。《孟子·滕文公下》："于齐国之士，吾必以仲子为巨擘焉"），方今至使吾党终遂其愿，不亦求志隐君子乎！乃为之序尔。

宽延（日本桃园天皇的年号，1748—1750年）改元终十一月

鹿门　望三英识（日本医生兼藏书家望月三英）

《易简方·叙》：经曰：夫约方者，犹约囊也。囊满而弗约则输泻，方成而弗约则神与弗俱。晋唐以来，类聚方者几千万，有漫录传世，故见其茫洋

不知其所向。昔王硕作《易简方》，仅录方三十首，市肆丸子十首，药品三十种，而隶附其所以扩充之方若干，可谓能得用方之口诀哉。而王硕无传，时世亦难知，当是宋朝人。此书中往往引《局方》，又引《三因》玄菟煎。然则《局方》《三因》以后之书乎？《局方》中虽偶有引《易简方》，是乃宝庆、淳祐所附录，而非熙宁、元丰、崇宁、大观所收入乎（宝庆、淳祐为南宋理宗赵昀的年号。分别是1225—1227年、1241—1252年。而熙宁、元丰、崇灯、大观分别是北宋神宗赵顼和徽宗赵佶的年号，分别是1068—1077年、1078—1085年、1102—1106年、1107—1110年）！亦后传来吾邦。曩日宽延改元年（曩，音nǎng。曩日，以往；从前。《列子·黄帝》："曩吾以汝为达，今汝之鄙至此乎?"），东武望月鹿门子序之，始上之木，颁行乎世，其刻尝罹灾亡矣。予昔得之，安永戊戌之岁刻之，再行于世，又罹天明戊申之火，何此书受祝融之崇甚乎（祝融，火神，亦称水火之神、南海神。上古神话传说中的古帝王，炎帝部落首领。以火施化，号为"赤帝"。《礼记·月令》："孟夏之月，日在毕，昏翼中，日婺女中，其日丙丁，其帝炎帝，其神祝融。"《史记·楚世家》："重黎为帝喾高辛居火正，甚有功，能光融天下，帝喾命曰祝融，后世尊为火神。"崇，动词。通"终"。《诗经·卫风·河广》："谁谓宋远，曾不崇朝。"为何此书特别受到祝融这个火神的终极关照乎），于是舍而未补刻。然熟惟此书后世为方原者不少，则世宝不可缺，故再起愤，校正其所误，明其所原，标记之，新镌之。庶希后之君子，博学而约方，有取于易则易知，简则易从，则冀此书之长照乎世也。

文化十三岁次丙子秋九月　典药寮医员、从五位下长门守和气朝臣　惟亨识

门人 加州　长谷川均谨书

《易简方·跋》：近日海外诸国，以高丽、琉球、日本、越南为能通文教（指礼乐法度，文章教化的儒学。《尚书·禹贡》："五百里绥服，三百里揆文教，二百里奋武卫。"《孔传》："揆，度也，度王者文教而行之。"唐代经学家孔颖达疏解："此服诸侯揆度王者政教而行之。"《后汉书·荀悦传》提倡崇尚五政："兴农桑以养其生，审好恶以正其俗，宣文教以章其化，立武备以秉其威，明赏罚以统其法，是谓五政"），而日本尤崇尚儒业，多汉以来古书。去年夏（1887年，光绪十三年），得其国人涩全善、森立之所纂《经籍访古志》，皆宋、元间善本。所列吾乡遗书，独有忠文王公所注坡诗，而医书乃有王执中的《针灸资生经》、王硕的《易简方论》、施发的《察病指南论》《续易简方论》、卢祖常的《续易简方论集》、王玮的《续易简方脉论》凡六种。硕书

去冬得之沪上，初未知为乡先生作（乡先生，《仪礼·士冠礼》："遂以挚见于乡大夫、乡先生。"东汉经学家郑玄注解："乡先生，乡中老人为卿大夫致仕者。"又《乡射礼》："以告于乡先生君子可也。"唐代学者贾公彦撰《仪礼义疏》解："先生，谓老人教学者。"先秦两汉时期对辞官职居乡里并在乡里任教的老人尊称为乡先生），及考陈氏《书录解题》，言《易简方》一卷，永嘉王硕德肤撰（王硕，字德肤。浙江省永嘉县人），增损方三十首，㕮咀药三十品，市肆长货丸子药十种，以为仓卒应用之备，其书盛行于世，乃知硕固吾乡宋时名医。此本为其国宽文元年（宽文：日本后西天皇、灵元天皇的年号，1661—1673年）望三英重刊，《访古志》所谓巾箱本也。陈氏《录》称一卷，《访古志》则云三卷。盖其书分三类，每类各有标目，而系方论于后，《志》遂析为三卷，实则硕书本无卷数也。此本首列三英重刊序，次硕自序。三英序不详，硕爵里（爵位故里）。自序言大丞相葛公归休里第，命以常所验治方，抄其大概，以备缓急。考《宋史》葛邲以绍熙三年为右丞相，次年即罢政（葛邲，《宋史》有传。1192年，南宋光宗赵惇绍熙三年任右相，次年即罢官回归故里），则知是书成于光、宁之间（光，南宋光宗赵惇；宁，南宋宁宗赵扩）。又序末系衔自称：承节郎差监临安府富阳县酒税，则知硕以武臣初官充监当差遣，其大略可考如此。《郡志》《经籍》仅据陈氏《录》载《资生经》及硕此书，而诸家书目皆无著录。至《钦定四库全书目录》，亦但有《资生经》而已，然则此书之在中国失传久矣！硕虽不由科第，他无所表，见此书亦第其平时经验诸方，未为详备，而流传远至海外。当时施、王、卢三家之作，似皆以乡里术业相同，相与祖述赓续而推广之，陈氏所谓盛行于世，殆非虚语。然非今日中外同文之盛，亦安从复见其书哉！此诚可喜也已。今日本方以文字通于中华，使节往来，时或得其秘笈。彼三家者，犹当一一致之，以备德肤一家之学云。

光绪 戊子（1888年，光绪十四年）逊学叟记于邵屿寓庐

《易简方·跋》：宋永嘉王德肤《易简方》一卷（永嘉，县名，隋改东汉设置的永宁县为永嘉县，位于浙江省东南部今日的温州市。瓯江下游北岸，楠溪江纵贯其县），见陈氏《直斋书录》、马氏《经籍考》。明以后，自《文渊阁书目》外，绝无著录，盖中土久无传本矣（中土，即指中国。《后汉书·西域传论》："余闻之后说也，其国则殷乎中土"）。此本为倭宽延中刊本，其㕮咀药料性治，及饮子药治法后抚刻旧本木

记，有是春堂注方善本及四明杨伯启刻于纯德书堂等字（四明，浙江省旧宁波府的别称，因其境内有四明山而得名。据说山上有方石，四面如窗，中通日、月、星宿之光，故称四明山。校注者杨伯启系纯德堂书商）。而市肆丸子药《纲目》后亦有题记，云所举《局方》，多不载方，今并注其下云云。盖正文为德肤元本，而注则重刻者所增益，故书专有校正注方真本之题，大抵皆书肆所为。所谓杨伯启者，亦陈芸居、余仁仲之流亚与册中所载方（亚，相当；匹敌。《梁书·侯景传》："总揽兵权，与神武相亚"），皆寻常习用丸剂，今医家犹传用之，无异闻新义。以其简明易检，故宋时盛行于世，屡经刊校，流播海外，更历元、明，佚而复显，足以补《四库》储藏之缺，亦藏书家所宜珍秘也。曩游沪渎（曩，音 nǎng。以往；从前。《列子·黄帝》："曩吾以汝为达，今汝之鄙至此乎？"沪渎，今指上海市市区内的吴淞江。六朝时期即已有记载，缘于当地人民用"沪"在江海之滨捕鱼为业而得名，古时称吴淞江下游临近海处的一段为"沪渎"。以往游吴淞江或曰游沪），于书肆购得此本（书肆，即"书店"，亦有多种称呼："书坊""书林""书堂""书铺""书棚""经籍铺"等。自西汉时即已有，扬雄《法言》："好书而不要诸仲尼，书肆也"），敬呈先君子（①自称去世的父亲，②称自己或他人去世的祖父。《礼记·檀弓上》："门人问诸子思曰：'昔者子之先君子丧出母乎？'"唐代经学家孔颖达疏解："子之先君子，谓孔子也。"《荀子·非十二子》："案饰其辞而只敬之，曰：此真先君子之言也。子思唱之，孟轲和之。"此处应指孙诒让过世的父亲孙衣言），以其为吾乡宋、元医家最古之册，惊喜累日，手跋其后，拟重刊之。而先君子以乙未冬捐馆舍（乙未，1895 年，光绪二十一年。馆舍，书塾），诒让孤露余生（孙诒让，1848—1908，清代著名经学家、文字学家。字仲容，号籀庼，浙江省瑞安人。著训诂书颇多，对古书的校释多所贡献。孤露，幼年丧父，或曰父母双亡而得不到庇护；又指孤单无所荫庇。三国魏文学家、思想家、音乐家嵇康《与山巨源绝交书》："少加孤露，母兄见骄"），未遑理董（未遑，还未来得及；没时间顾及。语出西汉扬雄《羽猎赋》："立君臣之节，崇贤圣之业，未遑苑囿之丽，游猎之靡也。"理董，整理；订正。近代思想家章炳麟即章太炎《丁未与黄侃书》："窃谓理董方言，在证明其难知者，不在疏举其易晓者。"没时间整理）。既释服（除丧，或曰除去丧服。《史记·孝文帝本纪》："其令天下吏民，令到出临三日，皆释服"），乃检付梓人（古代木匠之称。1041—1048 年，北宋庆历年间，毕昇发明了胶泥活字印刷术，此后改为以木模做活字，而木模必由木匠制作，故梓人成为印刷业的代名词。检点付与梓人），以仰成先志（仰，切望的意思。冀望完成先人的志愿）。倭本增注亦大书，与正文同。今改为小字，以便省览，亦以其非德肤旧本，不宜淆混也。倭中所传，尚有施发《察病指南论》《续易简方论》，卢祖常《续易简方论集》，王暐《续易简方脉论》，皆吾乡宋、元医家佚书，俟更访求，赓续刊之（赓，音 gēng。赓续，连续；继续。《尚书·益稷》："乃赓载歌曰：元首明哉，股肱良哉，庶事康哉！"《敦煌曲校录·皇帝感》："始皇无道焚书尽，赖得仙人壁里藏，拾得故文多损坏，孔生赓续巧相当"），亦先君子之志也（这乃是先父孙衣言的志愿啊）。

光绪戊戌孟陬（孟陬，阴历正月的别称。陬，音 zōu。《尔雅·释天》："正月为陬。"清代训诂学家郝懿行义疏："陬者，虞喜以为陬訾是也。按陬訾，星名，即营室东壁，正月日在营室，日月会于陬訾，故以孟陬为名。"《文选·陆倕·新刻漏铭》："而司历亡官，畴人废业，孟陬殄灭，摄提无纪"）诒让记（1887 年，光绪十三年丁亥年冬，孙诒让先生四十岁时游沪上，在书店购得日本望月三英重刊的巾箱刻本王德肤所著《易简方》一书。归呈其父孙衣言，惊喜不已，意欲重刻刊行，不幸的是，不久衣言病逝，孙诒让遂"仰成先志"，终于 1898 年如愿以偿）。

严用和（1200—1268），南宋著名医学家，撰有《严氏济生方》《济生续方》。

严用和，字子礼，南宋庐山（今江西省九江市）人。少而聪颖，自八岁幼时，始便喜爱读书，十二岁时受学于当时名医刘开（刘复真）。刘先生字立之，专习释老之学，时常游览庐山，因遇异人面授机宜，得《太素脉经》并以此行世，帝赐其号"复真先生"。刘开先生，系南宋道士、医学家崔嘉彦（1111—1191，字希范，号"紫虚""紫虚道人"，人称"崔真人"。与时任南康知守驻军的朱熹交往甚密，朱常向崔叩问养生济世之术，口授心传，获益匪浅，并甚为钦佩崔的高明医术。元末明初文学家、史学家陶宗仪所著《辍耕录》载："宋淳熙中，南康崔紫虚隐君嘉彦，以《难经》于六难专言浮沉，九难专言迟数，故用为宗，以统七表八里，而总万病。"著有《紫虚脉诀》《紫虚真人四原论》等）的弟子，正因师传有序，崔真人传刘复真、复真复传严子礼，开又独荷予进子礼，面命心传，言传身教，学有渊源，师出名门，顿悟捷得，尽获其传，名誉正等。十七岁时始行医，因以医知名，四方诸公贵人士大夫并不因其年少学浅而轻视他，反而邀问者接踵而至，望尘靡驰，尽礼请延以为座上客。

至 1253 年，即宝祐癸丑（宝祐：南宋理宗赵昀的年号，1253—1258 年），采古人可用之方，裒所学已试之效，疏其论治，犁为条类，著医书名曰《济生方》，在为书作序时说，其留心医药已经三十余年。此时的严氏，年龄应当在五十岁左右。后又经十五年的再实践，于1267年，咸淳丁卯（咸淳：1265—1274年），为进一步完善《济生方》，使之更臻完备，又著《济生续方》，为之作序时说：余夙嗜名书，蚤（通“早”。《论衡·问孔》：“颜渊蚤死”）即师授，以医道行世五十余年。此因暇日，论治凡八十，制方凡四百，总为十卷，号《济生方》。总而用之，十有五年，收效甚多，然间有前书所未备而不可尽索者，因著《续方》，为方又九十，为评二十四，用锓诸梓，以广其传。或谓古者处剂不过数种，针灸不过数处，君之方奚以多为？余应之曰：医者，意也。意在天地间一息不可间断，续此方所以续此生，请勿多议余。这时的严氏，年龄应当在六十五岁至七十岁之间。

严用和是一位求是务实的医学家。撰《严氏济生方》，宗本《内经》《难经》，兼取众长，内容丰富，有论有方，论述简明扼要，观点明确，严谨不苟，丝丝入扣；所列之方既集有历代先贤名医之良方，亦辑载严氏本人临床施治屡屡应验有效之方，治病师古却不拘泥于古方；善于继承寓创新，详究脉因证治，重视藏府辨证，言病因之机、脉证并治；重视调气，《素问·举痛论》言“百病皆生于气”，藏府气机调理顺畅则百病难生，严氏临证深谙此理，所以他秉承“人之气道贵乎顺，顺则津液流通”的原则治病，深受后世医家尊崇推举。

《严氏济生方·序》：古之人不在朝廷之上，必居医卜之中。虽然，医之为艺诚难矣，亦贵乎精者也。所谓精者，当先造于四者之妙而已，古人云：脉、病、证、治是也。夫微妙在脉，不可不察；察之有理，乃知受病之因。得病之因，乃识其证；既识其证，则可详其所治。四者不失，临病之际，可以判生死、决安危矣。若当下反汗，当汗反下，疗热以温，疗寒以冷，有余者与之，不足者取之，是谓虚虚实实，损不足而益有余。苟不明此，鲜有不致毙者，良可叹哉！

用和幼自八岁喜读医书，年十二，受学于复真刘先生之门。先生名开，立之其字也。独荷予进（荷，音hè，动词。肩负；担负。东汉文学家张衡《东京赋》：“荷天下之重任，匪怠皇以宁静。”予，我。《孟子·滕文公上》：“舜何人也？予何人也？有为者，亦若是。”独自承担帮助自己进步的重担），面命心传（语出《诗经·大雅·抑》：“匪面命之，言提其耳。”郑玄笺解：“我非但对面语之，亲提撕其耳。”有成语：面命耳提。不仅是当面传授，而且还是提着耳朵对他讲。形容长辈热诚恳切地教育开导），既十七，四方士夫，曾不以少年浅学（不曾因为我年轻学识浅薄），而邀问者踵至（踵，音 zhǒng，动词。《说文解字·足部》：“踵，追也。从足，重声。一曰往来貌。”《庄子·德充符》：“鲁有兀者叔山无趾，踵见仲尼。”兀者，断去一足者。成玄英疏解：“刖一足曰兀。”邀约询问的人接连不断），至今留心三十余载矣！

偶因暇间，慨念世变有古今之殊，风土有燥湿之异，故人禀亦有厚薄之不齐，若概执古方以疗今之病，往往枘凿（枘凿，音 ruì záo，“方枘圆凿”成语的省略语。语出《楚辞·九辩》：“圜凿而方枘兮，吾固知其鉏铻而难入。”《史记·孟子荀卿列传》：“持方枘欲入圜凿，其能入乎？”枘，榫头，即插入卯眼的木栓。枘凿，比喻事物二者两不相合或两不相容，互相矛盾。鉏铻，音 jǔ yǔ，同“龃龉”。不相配合。东汉文学家王逸注解：五臣云：“若凿圆穴，斫方木，内之而必参差不可入”）之不相入者。辄因臆见，乃度时宜，采古人可用之方，裒所学已试之效（裒，音 póu。聚集；裒辑；裒集。《诗经·小雅·常棣》：“原隰裒矣，兄弟求矣。”东汉经学家郑玄笺解：“原也，隰也，以相与聚居之故，故能定高下之名。”引申为众多。裒辑所学已经得到临床验证取得实效的方子），疏其论治（疏，动词。《说文解字·疋部》：“疏，通也。”《国语·周语》：“疏为川谷，以导其气。”注：“通也。”解释；注释。唐代柳冕《与权德舆书》：“不能诵疏与注，一切弃之”），犁为条类（《广雅·释地》：“犁，耕也。”如耕地一样，分条别类），名曰《济生方》。

集既成，不敢私秘，竟锓诸木（锓，刻，特指刻版印刷成书。近代学者、藏书家、出版家叶德辉著《书林清话·卷一》：“刻板盛于赵宋，其名甚繁……曰锓板，月锓木，曰锓梓”），用广其传，不惟可以备卫生家缓急之需，抑以示平日师传济生之实意云。

时宝祐癸丑（1253 年）上巳（别称“人日”。在旧时，这是个很重要的节日。相传女娲在七天之内造出七种动物，按日排列分别是：初一的鸡日，初二的狗日，初三的羊日，初四的猪日，初五的牛日，初六的马日，初七的人日。按照天干、地支的排序法，初七为地支巳日，故巳日就是人日，上巳节，也就是人日的节日。魏晋之后将这个节日固定在阴历的三月三日为“上巳”日，同时这天还是西王母娘娘的生日。所以，旧时的人们是非常重视这个节日的，在这一天，人们通常要去郊外游春，水边饮宴，予以庆贺）。

庐山　严用和序

《严氏济生方·序二》：余夙嗜名书，蚤即师授，以医道行世五十余年。此因暇日，论治凡八十，制方凡四百，总为十卷，号《济生方》。出而用之，十有五年，收效甚多，然间有前书所未备而不可尽索者，因著《续方》，为方又九十，为评二十四，用锓诸梓，以广其传。或谓古者处剂不过数种，针灸不过数处，君之方奚以多为？余应之曰：医者，意也。意在天地间一息不可间断，续此方所以续此生，请勿多议余。

时咸淳丁卯良月庐山严用和谨书（咸淳丁卯，咸淳三年，1267 年。良月，吉祥月份的代称。一般以十月作为良月。《左传·庄公十六年》："公父定叔出奔卫。三年而复之，曰：'不可使共叔无后于郑。'使以十月入，曰：'良月也，就盈数焉。'"古人以盈数为吉，数至十则小盈，十月是个满数，所以以十月为良月）

陈直（生卒年不详），《奉亲养老书》一卷撰著者。

邹铉（约 1237—约 1311），《寿亲养老新书》四卷编撰者。

之所以将二人并列到一起，是因为邹铉在陈直所著《奉亲养老书》一书的基础之上，增加、续编、扩充为四卷本的老年摄生、养命专著《寿亲养老新书》。

陈直为北宋元丰年间泰州兴化令尹（元丰，1078—1085 年。令尹，县、府一级的地方行政长官。《说文解字》："令尹：令，发号也；尹，治也。令尹，握事者也。"这就是说陈直是位兴化县令）。

邹铉为元代福建人，字冰壑，号"敬直老人"，亦有书说"冰壑"是其号，还尊称其为元代的著名养生医学家。约生于南宋理宗赵昀嘉熙初年，逝于元武宗孛儿只斤海山至大末年。据其同乡黄应紫为此书所做序称，邹铉在国都时亦曾为官，曾任中都总管，由于《福建通志考》记载他的曾祖邹南谷、叔祖邹朴庵，人们得以知其祖上均在宋时步入仕途，分别任参知政事和江西提刑，皆有名于时。而书中未曾载其履历，故其详细行履并不可考。

陈令尹和邹总管，因为二人都是下级官吏，事迹史书均无记载，人们无从了解他们更多信息。

虽然他们都曾只任下级官吏，而非专职医生，也就是说并非杏林中人；但是，他们无疑都是出于儒家门第之儒生，也只有如此，方能够撰写出如此传世久远、影响巨大的养生学专著传于世。之所以如此，是因为祖国的传统医药学与儒家的治国平天下思想始终是相互融通的，儒家之人自古便有"不为良相，则为良医”之训，东汉医圣张仲景在《伤寒论》中有句名言：“进则救世，退则救民；不能为良相，亦当为良医。”北宋名相范仲淹亦说过：“不为良相，便为良医。”元代学者、著名诗人、曾拜师学医于朱震亨，通晓经史百家、医卜释老学说的戴良在其《九灵山房集·医儒同道》中说：“医以活人为务，与吾儒道最切近。”

古代的儒家之人与医林中者都具有强烈的“惠民济世”思想，他们的核心理念就是以人为本，崇尚尊亲孝道，孝敬尊爱老者长辈。他们一致认为以仁爱之心治理朝政，可以平天下；以仁爱之心救助疾患病者，就可将仁爱的思想传播到天下百姓之中，使人们健康，人伦有序，家庭和睦，从而达到使社会长治久安、国家富强的目的。这种对人的生存、处境、幸福的关怀，在古代医家的思想观念中，占据着重要的甚至是首要的地位。这种把“医”与“相”相提并论的思想，使从医者更加感觉到其责任的重大。侍亲尽孝，普济万民，利泽苍生，造福天下，历来是儒家思想的灵魂。再者，儒家门第历来重视著书立说，以便更好地传播自己的思想，这也是儒家的传统。正因如此，我国历史上文人名士、官员儒吏留心于医药者，兼通医道者，习医著书者，历来不乏其人，这种现象相当普遍。诸如本书中提到的就有陆贽、沈括、苏轼、朱棣……陈直、邹铉亦在此列。他们都十分重视推崇孝道，主张仁爱，尊老、爱老、敬老，如此用心令人钦佩；他们二人对于自己祖国的传统自然医学不仅是热爱，而且是极其用心认真学习，努力做到谙熟于心，作为低级的行政官员，工作之余专心攻读医学，尤其是钻研于养老摄生之学，于祖国的医经经典，无不浏览，认真阅读，如蜂采蜜，采撷精华；更加可贵的是，在他们仁爱之心的主导下，认真编纂写作，终于为人们留下了这部传承久远、流芳后世的杰出老年养生之作《寿亲养老新书》。

陈直撰著了一卷本的《奉亲养老书》，刊行于1307年（元大德十一年）。此书分为上、下两籍，分论老人常见内科疾病、耳目诸疾，及从各种医经、本草书籍中精选的食疗诸方，实用便捷；下籍则侧重于详细论述老年人的生理特点、发病规律和病理机制，饮宴起居、护养调摄、形证脉候、用药调理、食疗养身……表述确凿细致，条理分明，于老人祛疾延年、健康长寿实在是一部难得的宝书。自其问世后，影响很大，可谓是我国现存早期有关老年人的摄生专著。

元代的邹铉获读此书后，十分欣赏、崇拜，推崇备至，于是详加研读、细细品味；之后，总觉其说不甚完备，极有补充、续编内容之必要，于是，便在其基础之上，广集嘉言懿行、奇事异闻，再增补药石、膳馐、器服之宜、方论所述诸多内容，使这部书更为充实、实用，愈加精审详备，由是更名为《寿亲养老新书》。此书的后三卷内容，均为邹铉所续编，自饮食调治至简妙老人备急方十五篇一百三十三条节宣之法无不具备，于饮膳药石之宜更为赅具，增括内容不少，均由同乡黄应紫点校。

此二人所著的《寿亲养老新书》，是部针对老年人的养生保健、祛病延年的专著，本着"食者，生民之天，活人之本也"的思想，极力推崇饮食调养这一策略，其中不乏赡养老人可资借鉴之处。书中所引方、药类多奇秘，又多食药两用之品，着重食治，在日常生活中取材简便、易行，于高年颐养之法不无小补，尤其对于指导老人食治、养生、保健、防病、饮食起居、康健高寿之事，具有重要作用，影响深远，其实用价值不可小觑，在老年病学的养生保健领域占有绝对的重要地位，故对后世人影响巨大，堪称善本宝书。凡欲致力于老人食养、摄生之事者，凡为人子者都不可不读此书也，均宜究心于此。

《钦定四库全书·子部五·医家类·提要》：（臣）等谨案，《寿亲养老新书》四卷，第一卷为宋陈直撰，本名《养老奉亲书》。第二卷以后，则元大德中泰宁邹铉所续增，与直书合为一编，更题今名。直于元丰时为泰州兴化令。《文献通考》载有直所著《奉亲养老书》一卷，而此本则题曰《养老奉亲书》，其文互异然。此本为至正中浙江刊本。犹据旧帙翻雕不应标题有误，盖《通考》传写倒置也。

铉，号"冰壑"又号"敬直老人"。书中称其曾祖曰南谷，叔祖曰朴庵，以《福建通志考》之南谷为宋参知政事应龙，朴庵为宋江西提刑应博，皆有名于时。据黄应紫序称为总管邹君，又称其官中都时，则铉亦曾登仕版者，特《通志》不载，其行履不可详考矣。直书自“饮食调治”至“简妙老人备急方”分为十五篇二百三十三条，节宣之法甚备。明代高濂作《尊生八笺》，其“四时调摄牋”所录诸药品，大抵本于是书。铉所续者，前一卷为“古今嘉言善行七十二事”，后两卷则凡“寝兴器服”及“饘粥药石”之宜，更为赅具，而附以“妇人小儿良治”诸方，凡二百五十六条，其中如“祝寿诗词”连篇载入，不免失于冗杂；又叙述“闲适之趣”，往往词意纤仄（纤仄，音 xiān zè。喻其文风不正，文辞纤巧，狭隘卑贱。清代文学家、史学家章学诚著《文史通义·诗话》：“挟纤仄便娟之笔，为称功颂德之辞”），采掇琐碎。明季清言小品实亦滥觞于此（滥觞，音 làn shāng。原喻江河发源地水量极小，仅可浮起酒杯。北魏官员、散文家、地理学家郦道元在三国时代桑钦所著的地理学著作《水经》基础之上，整理、完善，著成《水经注》一书，在《水经注·江水一》节中写道：“江水自此已上至微弱，所谓发源滥觞者也。”后世则用以比喻事物的发端、起源）。然，征引方药类多奇秘，于高年颐养之法不无小补，固为人子者所宜究心也。

乾隆四十六年（1781 年）十二月恭校上

总纂官（臣）纪昀、（臣）陆锡熊、（臣）孙士毅

总校官（臣）陆费墀

《寿亲养老新书·原序》：寿亲养老之事，著于诸儒《记》《礼》之书备矣。然自后世观之，则犹有未备焉者。何也？二帝三王之世（此指古代帝王。唐尧、虞舜；夏禹、商汤、周文王），风气浑沦（浑沦，义同“浑沌”。宇宙形成之前万物形质不分明的迷蒙状态。《列子·天瑞》：“太初者，气之始也。太始者，形之始也。太素者，质之始也。气、形、质具而未相离，故曰浑沦；浑沦者，言万物相浑沦而未相离也。”而此处的风气浑沦，则是指社会风气还处于迷蒙、浑沌状态），人生其间，性质醇厚，故能平血气于未定方刚之际，全筋力于欲衰将老之时。人子之爱其亲，因其康强，加以奉养，为之安其寝处，时其旨甘，娱其耳目心志，即可使之燕佚（燕，形容词，假借为“安”。《诗经·小雅·蓼萧》：“燕笑语兮，是以有誉处兮。”饮宴笑语欢声，所以安乐愉悦。佚，音 yì，同“逸”。秦朝李斯著学童识字书《仓颉篇》：“佚，乐也。”《荀子·尧问》：“彼正身之士，舍贵而为贱，舍富而为贫，舍佚而为劳，颜色黎黑而不失其所，是以天下之纪不息，文章不废也。”就可以使其安乐闲逸），怡愉全生而益寿，则《礼经》所载谓之备可矣。后世太朴日漓（太朴，亦作“大朴”。《文选·桓温〈荐谯元彦表〉》：“大朴既亏，则高尚之标显。”唐开元间，五臣之

一的刘良注解："大朴，大道也。一本作'太朴'。"漓，形容词。浅薄；漓俗。原始质朴的大道日渐离散、浮薄。简译为：后世淳朴之风渐薄），真元日散（真元，人的本性。清代洪昇《长生殿·神诉》："悔深顿令真元露，情坚链出金丹固。"徐朔方校注："真元，本性。"真元日散，善良的本性日渐散去。亦可解为人体的肾脏元气日渐散失。《景岳全书·十问》指肾藏所藏之元气。肾藏位于人体的下焦，故又称下元。北宋苏辙《病退》诗："病根欲去真元在，昨夜梦游何有乡"），七情为沴（七情：喜、怒、忧、思、悲、恐、惊。人应令七情适当，不可过度，否则，便会阴阳失调，气血不周，而致沴气伤身，轻则致病，重则伤身），六气乘之（六气，分别是风、火、燥、湿、寒、暑。它们本是自然界中六种不同的气候变化，正常情况之下，它们是不会导致人们生病的；然而这六种因素在人体内、外的太过或不及，即中医学之"六淫"，则会导致人们生病），壮或夭伤，老宜尫弱（尫，音 huī。人老了就容易虚弱、疲劳从而致病）。孝子慈孙，服勤左右，寝膳调娱之外，尤不能不唯疾之忧，而求之《礼经》，则不过曰"痛痒抑搔"而已。若秦越人过雒之所为医，曾未见之省录，顾得谓之备欤？

孝哉，陈令尹！乃能辑是书于千数百年之后，而特详于医药治疗之方，凡为四时调摄、食治、备急，合二百三十有三焉，斯亦备矣。吾樵卿先哲太师文靖邹公之曾孙敬直翁铉，推老老亲亲之念，䌷绎是书有年（䌷绎，音 chōu yì。《汉书·谷永传》："燕见䌷绎，以求咎愆。"唐初经学家颜师古注解："䌷绎者，引其端绪也。"理出头绪，加以阐述、注释这部书有许多年了），犹恨其说之未备也，则又广集前修嘉言懿行，奇事异闻，与夫药石、膳馐、器服之宜，于佚老者厘为三卷，而方论所述，愈益精详，是书始大备。

吾闻乔木故家（此说乡贤世族大家的人才，其所用器物也必定非同一般，亦解为官宦世家多珍贵之物。《儒林外史·第四十六回》："自古说'故家乔木'，果然不差。就如尊府这灯，我县里没有第二副"），寿基世积。翁之高祖、叔祖、二母夫人皆年过九十，备极荣养。今翁亦希年矣，桂子兰孙（桂子兰孙，这是一句成语，既是对他人子孙的美称，亦是对他人儿孙后代的爱称或曰昵称。明代文学家、戏曲作家汤显祖作《紫箫记·第十五出·就婚·尾声》："作夫妻天长地远，还愿取桂子兰孙满玉田"），盈庭戏彩，青山流水，竹色花香，鸠杖鹦杯（鸠杖，老年人手持的手杖，头部刻有鸠鸟形状的拐杖，缘自刘邦得救于鸠鸟的鸣声。见《太平御览·卷921·引风俗通》："俗说高祖与项羽战，败于京、索，遁藂薄中，羽追求之时，鸠正鸣其上，追者以鸟在，无人，遂得脱。后及即位，异此鸟，故作鸠杖，以赐老者。"又一说是相传鸠鸟不会被食物所噎到，故以鸠杖赐予老年人，意思就是扶老。鹦杯，用海中产软体动物鹦鹉螺的壳雕刻制作的一种奇特且可以把玩的酒杯），苍颜玄鬓，见者谓不老地行仙，盖是书验于公家久矣。兹复不私其验，绣诸梓而公之。且拳拳道夫人以自养之说，夫能知自养之养，而后能安享子孙之养，此吾于续书重叹翁用心之仁也。仁者必寿，由是八十而师，九十而相，百岁而定律令，百世而与咨谋，衍而为商大夫之八百。曾元而下，家庆一堂，是书之验，将千岁之日至而未止也。诗曰："永锡尔类。"又曰："永锡难老。"请为翁三诵之（此乃《诗经·大雅·既醉》和《诗经·鲁颂·泮水》的内容："孝子不匮，永锡尔类。"世上从来不缺乏孝顺的儿孙，苍天自然会赐福于他们。"既饮旨酒，永锡难老。"既然饮了美酒，苍天自然会赐其不老）。

时大德丁未中元樵西麓危彻孙序（大德：元成宗孛儿只斤·铁穆耳的年号，1297—1307年。丁未，1307年。危彻孙，？—1307年，福建省人，生长于"进士之乡"的邵武西南部和平镇。咸淳元年进士，作有茶文化诗词《北苑御茶园诗》）。

《黄应紫·序》：堂上慈亲八十余，阶前儿辈戏相呼，旨甘取足随丰俭，此乐人间。更有无康节翁诗先人"怡轩居士"奉八十有三之母，大书屏间，时应紫方垂髫也（垂髫，音 chuí tiáo。儿童或说是童年时期。古代汉族的儿童们在行冠礼之前是不束发的，因此头发呈自然下垂状，尤其是前额顶部这部分的长发下垂下来，显得格外可爱。此阶段的年龄大约在三四岁至七八岁之间。东晋陶渊明《桃花源记》："黄发垂髫，并怡然自乐"）。既壮，挟册从宜春通守邹爱山宦游（宦游，古人为入仕求官或做官，而离乡背井奔波在外。《汉书·司马相如传上》："长卿久宦游，不遂而困"）。爱山爱其母，施及塾宾；所至，令应紫侍七秩之母以行（秩，量词。十年为一秩，七秩即为七十岁之意。唐代大诗人白居易《思旧》诗："已开第七秩，饱食仍安眠"）。咸淳庚午寓上杭县斋汀守刘审轩刊吕东莱《辨志录》（咸淳庚午，1270年），应紫与寓目焉。中间二则载"春夏奉亲事"，注云《养老奉亲书》，于是，方知此书之名。越二载壬申至宜春（壬申，1272年，咸淳八年），遍求于《袁吉文献》，故家咸无焉。自后司马倦游意谓此书不可复得矣。阅三十有余载，大德己巳春（1305年。大德：1297—1307年。应为乙巳年，而无己巳年），总管冰壑邹君缄其书视余（缄，音 jiān。捆扎；包装。《广韵·咸韵》："缄，缄封。"此说邹铉带着包装好的书来给我看），余手之不释，如获随珠和璧之宝（随珠，亦作"隋珠"，和璧，和氏之璧。随珠和璧，全称应该叫作隋侯之珠、和氏之璧，此乃我国古代的两件珍宝。《淮南子·览冥训》载："譬如隋侯之珠，和氏之璧，得之者富，失之者贫。"东汉著名学者、经学家高诱著《淮南子注》解释道："隋侯，汉东之国，姬姓诸侯也。隋侯见大蛇伤断，以药傅之。后蛇于江中衔大珠以报之，因曰隋侯之珠，盖明月珠也。"《史记·廉颇蔺相如列传》："和氏璧，天下所共传宝也。”《韩非子·和氏》一文详载了春秋时期，楚国人卞和在山中发现一块璞玉，先后进献楚厉王、楚武王，而被蒙冤，以欺君之罪，先后断其左、右足。最终楚文王被其感动，果得一稀世之宝的故事），口之不置，如聆虞韶商頀之音（韶、頀，均是古乐曲名。韶，是虞舜时期的乐曲名。记录舜、禹、皋陶相互告诫如何从政，以及吟诗、奏乐、舞蹈、欢快盛况的《尚书·益稷》载：“箫韶九成，凤凰来仪。”《孔传》解：“韶，舜乐名。”《礼记·乐记》：“韶，继也。”东汉经学家郑玄注解：“韶，舜乐名也。韶之言绍也，言舜能继绍尧之德。”《说文解字·音部》亦说：“韶，虞舜乐也。”頀，音 hù。商頀，亦称“大頀”，商汤时期的一种古乐曲名。三国魏张揖撰仿《尔雅》体裁的训诂学汇编《广雅·释乐》：“大頀，乐名。”清代著名训诂学家王念孙作《广雅疏证》解释：“大頀，汤乐也。”《玉篇·音部》：“頀，汤乐名。”皆源于西汉哲学家董仲舒写的政治哲学著作《春秋繁露·楚庄王》：“汤之时，民乐其救之于患害也，故頀。頀者，救也”），已不胜其欣喜。未几（不久；很快。《诗经·齐风·甫田》：“未几见兮，突而弁兮。”南宋著名教育家朱熹著《诗经集传》解释：“未几，未多时也”），复以其续编来示，命名《寿亲养老新书》，其嘉言懿行、雅事奇方，前书所未有者，灿然毕备（清楚明白、鲜明俱全。《荀子·非相》：“欲观圣王之迹，则于其灿然者矣，后王是也。”唐著名学者杨倞著《荀子注》解释“灿然，明白之貌”），又何如其喜也？君自吾杉迁樵南，重作文靖公故宅楼，居高明剩有园池亭馆之胜，经史、图书、琴棋、觞咏（觞，音 shāng，古代酒器。觞咏，饮酒赋诗之意。语出晋代大文豪王羲之的《兰亭集序》：“一觞一咏，亦足以畅叙幽情。”唐代白居易《老病幽独偶吟所怀诗》：“觞咏罢来宾阁闭，笙歌散后妓房空”），款亲友于玉壶中（玉壶，一词有多解。①美玉制成的壶形配饰，由皇帝颁发，寓意敬老、表功。事见《后汉书·杨赐传》记载有其受帝赏赐之事。②寓意仙境。事见《后汉书·方术传下·费长房》记载有其欲求仙之事。③亭园馆舍之名。据此，宜以款待亲朋好友于亭园馆舍之中为对），诸郎、诸孙，珠联玉立，善能承顺其志，怡悦其心，允谓人间。至乐湖山院落云月为家，四时佳兴自有癡乐堂，樵南小隐二记，《新书》锓梓（锓梓，音 qǐn zǐ。刻板印刷。古时印刷所刻之板多用梓木而得名），抑使世之养老奉亲者，同有此乐焉。锡类之仁远矣（以善举施及众人，甚为远大。语出《诗经·大雅·既醉》：“孝子不匮，永锡尔类。”《毛传》：“类，善也。”东汉著名经学家郑玄笺解：“孝子之行非有竭极之时，长以与女之族类，谓广之以教导天下也”）。应紫虽不获再遂寸草春晖之志（寸草春晖，这一成语缘于唐代诗人孟郊的《游子吟》诗中的最后两句提炼而成。全诗内容为“慈母手中线，游子身上衣；临行密密缝，意恐迟迟归；谁言寸草心，报得三春晖”？此喻父母养育情深，恩情深重，子女的心力犹如小草微弱无以报答），而亦不忘于老莱斑衣之思君（老莱斑衣，此乃《二十四孝》中的孝行故事。诗曰：“老莱七十，戏彩娱亲，作婴儿状，烂漫天真。”这一孝行典故在西汉刘向《列女传》、西汉司马迁《史记·老子列传》、晋代皇甫谧《高士传》、唐代《艺文类聚·卷二十·引〈列女传〉》、北宋《太平御览·卷四百十三·引〈孝子传〉》诸书中都收有记载。“周老莱子，姓莱，佚其名。楚人。至孝。奉二亲极其甘脆。行年七十，言不称老。尝着五彩斑斓之衣，为婴儿状，戏舞于亲侧。并在双亲前弄雏，欲亲之喜。又尝取水上堂，诈跌卧地，作婴儿啼，以娱亲意。”司马迁著的《史记·老子列传》疑其为老子：“或曰：老莱子亦楚人，著书十五篇，言道家之用，与孔子同时。”欧阳询等人编撰的《艺文类聚》所引《列女传》：“老莱子孝养二亲，行年七十，婴儿自娱，着五色彩衣，尝取浆上堂，跌仆，因卧地为小儿啼。”此说黄应紫亦是一位大孝子。虽然父母双亲已不在世，无法尽孝，以报答父母养育之恩，但是仍旧不忘思君行孝之义）。昔官中都时（中都，即国都，古代对都城的通称），曾遇异人授以怡神养性之旨，故续书多述老人之所以自养者，应紫之志喜益充然有得于斯，鹏鷃同游（语出《庄子·逍遥游》：“有鸟焉，其名为鹏，背若太山，翼若垂天之云；抟扶摇、羊角而上者九万里，绝云气，负青天，然后图南，且适南冥也。斥鷃笑之曰：……”鹏鸟之大，翱翔九天，远适南海，斥鷃嘲笑。或曰：鷃雀嘲笑大鹏鸟。喻平庸者嘲笑志远大者。后世则以此喻物有大、小，心志、趣味悬殊，绝不相同），亦惟曰各安其分。

云尔是年冬至节日，同郡泰宁玉窗

黄应紫　德夫敬书

《张士弘载拜书》：余家藏旧有《养老奉亲书》，其言老人食治之方，医药之法，摄养之道，靡所不载，余仿之以奉吾母范阳郡太夫人李氏，食饮起居咸得其宜，寿高八旬，而甚康健。则此书有益于人子大矣。然，岁月既深，卷舒之久，字画模糊，编简脱落，惧后之览者不得其说，思获善本书而新之，以贻后人，求之数载，弗果得。每郁郁以为欠事。至正辛巳夏五，余叨承朝命备员浙东宪使访诸、婺郡庠教授李子贞得《寿亲养老书》，睹其篇帙节目，比余旧本尤加详备。昔之郁郁者，一旦豁然矣，因自念曰与其得之难，孰若传之广，遂命工锓梓于学宫，庶天下后世皆得观览以尽事亲之道云。

至正壬午中秋 范阳　张士弘载拜书

杨士瀛（生卒年不详），南宋晚期医学家，撰有《仁斋直指方论》《仁斋小儿方论》《医脉真经》《伤寒类书活人总括》等，《宋史》无传。

他勤于著述，且所做颇丰，广撷诸家验方，融会贯通各家之长，参以家传临证经验，附以自己的学术见解，著有《仁斋直指方论》《仁斋小儿方论》《医脉真经》《伤寒类书活人总括》等，而《仁斋直指方论》一书，因内容极其丰富，富含可贵的临床医学经验，实属他的代表作。全书二十六卷，以论治内科杂病为主，兼论妇、外诸科病证；论述精当，切合实用，因病识症，对症施药，因名“直指”；为便于后学记诵，每条冠以歌诀，令人易晓透彻，堪称一部颇有影响力的临床诊治参考书。

杨士瀛、苏颂、宋慈、陈修园，人称福建四大名医，他们不仅在福建的医学史上，更在祖国的医学史上，做出过很大贡献，在祖国医学发展史上，发挥、产生过重要的影响。后三人在正史上均有传，而作为南宋晚期的民间医学家杨士瀛，则知之者甚少，缘于其在社会地位上不高，尤其是医生的地位，不受人们所重视，并非因其医术不高、医理不精、没有特色之故；加之南宋不久就被元人所灭，朝政更迭，社会紊乱，经籍散逸，无不是导致杨氏及其著作长期不为人所共知之因。

景定甲子良月朔（1264 年，景定五年），三山（福建省福州市的别称，因旧福州城内东有九仙山、西有闽山、北有越王山而得名）杨士瀛登父序

《仁斋小儿方论·序》：虹桥涉川（虹桥，拱曲形似彩虹的长桥。北宋王辟之撰《渑水燕谈录·事志》：“陈希亮守宿，以汴桥坏，率尝损官舟害人，乃命法青州所作飞桥，至今沿汴皆飞桥，为往来之利，俗曰虹桥”），足以为福田乎？溱洧济人（溱洧，音 zhēn wěi。《诗经·郑风·溱洧》：“溱与洧，方涣涣兮。士与女，方秉蕑兮”），不足为惠，然成者有时而坏也。红粟振饥，足以为阴德乎？翳桑待哺（翳桑，古地名。《左传·宣公二年》：“初，宣子田于首山，舍于翳桑，见灵辄饿，问其病。曰：“不食三日矣。”食之，舍其半。……”清代著名学者王引之撰《经义述闻·左传中》：“翳桑当是地名。”东晋葛洪《抱朴子·论仙》：“家有长卿壁立之贫，腹怀翳桑绝粮之馁”），不能家给，然利者有时而病也。人生天地间，溥万物为一体，参大造为全仁，盍思所以广其济。余每见人以疾痛为忧，财匮者无力召医，力到者无医能疗，杂药遍尝，付性命于一掷，未尝不为之扼腕焉。于是窃暇灯窗研精脉法，上稽《灵》《素》之书，下及汤液之论。张长沙鸣于汉，孙地仙鸣于唐，与夫晋宋而下诸贤之所撰次者，搜览迨尽，将以推广，不忍人之仁，就是而得三昧（三昧，奥妙；诀窍。唐代李肇《唐国史补·卷中》：“长沙僧怀素好草书，自言得草圣三昧”）。窃谓大科伤寒法度为甚严，小科惊风方论为难尽。

伤寒治法表里阴阳出入传变，若网在纲，固不容紊。若夫婴儿惊风急转而慢，实俄而虚（俄而，亦作“俄尔”，不久。《庄子·大宗师》：“俄而子舆有病，子祀往问之”），形似实非，尤难臆度，自非审脉验证，达变知几，鲜有不以婴儿为戏，此《惊风证治指要》之所由作也。证以言惊风之状，治以言惊风之方，指者直诀以晓人，要者精义以致用。王氏非无家传，然方粹而证不详；钱氏非无诀法，然义深而方难用。是编所作，本之前圣大贤之方论，参之闻人高士之见闻，得之先畴已试之效，虚实补泻之辨，其证参苓桂术之随其方览者，历历可晓，惠之方来传之同志，使据病可以识证，因证可以得方，为天下挟提回生立命，起备扶衰，倘执周流人间，卫生求物，独不得如封君达之用心乎？径诸梓，嘉与四方共之，庶几广济于无穷也。或曰：子胡不私诸己为家传计？余应之曰：喜舍方便释氏书第一义也，政使学者复之孰之，榷是以及人之幼耳，若南阳一书，余当细绎其说，目曰《活人总括》，嗣此以求其传，堂上呼卢喝六作五，小子则不敢知。

景定 庚申开朔（1260 年，景定元年）

三山郡 北后曹　杨士瀛登父自序

第十篇　辽金元篇

辽

义宗耶律倍（约898—约936），通阴阳，精医药、砭焫之术。

义宗，名倍，小字图欲，亦作突欲。太祖长子，母淳钦皇后肖氏。神册元年春（916年。神册：916—921年），立为皇太子。幼聪敏好学，外宽内挚。通阴阳，知音律，精医药、砭焫之术。初市书数万卷，藏于医巫闾山绝顶之望海堂。太宗既立（辽太宗耶律德光，927—947年在位），见疑，携书泛海至中原。枢密使赵延寿每假其异书医经，皆中国所无者。（《辽会要·卷七·方伎·医事》）

义宗，名倍，小字图欲，太祖长子，母淳钦皇后肖氏。幼聪敏好学，外宽内挚。神册元年春，立为皇太子。

时太祖问侍臣曰："受命之君，当事天敬神。有大功德者，朕欲祀之，何先？"皆以佛对。太祖曰："佛非中国教。"倍曰："孔子大圣，万世所尊，宜先。"太祖大悦，即建孔子庙，诏皇太子春秋释奠。

尝从征乌古、党项，为先锋都统，及经略燕地。太祖西征，留倍守京师，因陈取渤海计。天显元年（926年。天显，辽太祖耶律阿保机的年号，天显二年，辽太宗耶律德光即位，未改年号），从征渤海。拔扶余城，上欲括户口，倍谏曰："今始得地而料民，民必不安。若乘破竹之势，径造忽汗城，克之必矣。"太祖从之。倍与大元帅德光为前锋，夜围忽汗城，大諲譔穷蹙，请降。寻复叛，太祖破之。改其国曰东丹，名其城曰天福，以倍为人皇王主之。仍赐天子冠服，建元甘露，称制，置左右大次四相及百官，一用汉法。岁贡布十五万端，马千匹。上谕曰："此地濒海，非可久居，留汝抚治，以见朕爱民之心。"驾将还，倍作歌以献。陛辞，太祖曰："得汝治东土，吾复何忧？"倍号泣而出，遂如仪坤州。

未几，诸部多叛，大元帅讨平之。太祖讣至，倍即日奔赴山陵。倍知皇太后意欲立德光，乃谓公卿曰："大元帅功德及人神，中外攸属，宜主社稷。"乃与群臣请于太后而让位焉，于是大元帅即皇帝位，是为太宗。

太宗既立，见疑，以东平为南京，徙倍居之，尽迁其民。又置卫士阴伺动静。倍既归国，命王继远撰《建南京碑》，起书楼于西宫，作《乐田园诗》。唐明宗闻之（后唐明宗李嗣源，926—933年在位。李克用的养子，沙陀部人。李存勖在兵变中被杀后，遂入洛阳，称监国，之后称帝），遣人跨海持书密召倍。倍因畋海上（畋，音 tián。耕种与狩猎。《说文解字·田部》："畋，平田也。"《广韵》："畋，取禽兽也。"《尚书·多方》："今尔尚尔宅，畋尔田。"唐代经学家孔颖达疏解："治田谓之畋，犹捕鱼谓之渔"）。使再至，倍谓左右曰："我以天下让主上，今反见疑；不如适他国，以成吴太伯之名。"立木海上，刻诗曰："小山压大山，大山全无力。羞见故乡人，从此投外国。"携高美人，载书浮海而去。

唐以天子仪卫迎倍，倍坐船殿，众官陪列上寿。至汴，见明宗。明宗以庄宗（后唐庄宗李存勖）后夏氏妻之，赐姓东丹，名之曰慕华。改瑞州为怀化军，拜怀化军节度使，瑞、慎等州观察使。复赐姓李，名赞华。移镇滑州，遥领虔州节度使。倍虽在异国，常思其亲，问安之使不绝。

后明宗养子从珂弑其君自立，倍密报太宗曰："从珂弑君，盍讨之。"及太宗立石敬瑭为晋主，加兵于洛。从珂欲自焚，召倍与俱，倍不从，遣壮士李彦绅害之，时年三十八，有一僧为收瘗之（瘗，音 yì。埋葬。《诗经·大雅·云汉》："上下奠瘗，靡神不宗，后稷不克，上帝不临。"唐代经学家孔颖达疏解："奠谓置之于地，瘗谓埋之于土"）。敬瑭入洛，丧服临哭，以王礼权厝（厝，音 cuò。浅埋以待改葬，或者停柩待葬。明代散文家归有光《与沈养吾书》："山妻在殡，便欲权厝"）。后太宗改葬于医巫闾山，谥曰"文武元皇王"。世宗即位，谥"让国皇帝"，陵曰显陵。统和中（统和：983—1011），更谥"文献"。重熙二十年（1051年。重熙：1032—1054年），增谥"文献钦义皇帝"庙号"义宗"，及谥二后曰"端顺"，曰"柔贞"。

倍初市书至万卷，藏于医巫闾绝顶之望海堂。通阴阳，知音律，精医药、砭焫之术。工辽、汉文章，尝译《阴符经》。善画本国人物，如《射骑》《猎雪骑》《千鹿图》，皆入宋秘府。然性刻急好杀，婢妾微过，常加刲灼（刲灼，音kuī zhuó。割杀。《说文解字·刂部》："刲，刺也。"《广雅》："刲，屠也。"《国语·楚语下》："诸侯宗庙之事，必自射牛刲羊击豕。"灼，炙；烧。《说文解字·火部》："灼，炙也。"《史记·龟策列传》："征丝灼之，务以费。"唐代著名史学家司马贞索隐："灼，谓燔也。烧丝以当薪"），夏氏惧而求削发为尼。（《辽史·卷七十二·列传第二·宗室·义宗倍传》）

迭里特（生卒年无考）

迭里特，字海邻。有膂力，善驰射，马踬不仆（踬，音zhì。被绊倒。《左传·宣公十五年》："杜回踬而颠，故获之"）。尤神于医，视人疾，若隔纱睹物，莫不悉见。会帝（太祖）患心痛，召迭里特视之。迭里特曰："膏肓有瘀血如弹丸，然药不能及，必针而后愈。"帝从之，呕出瘀血，痛止。（《辽会要·卷七·方伎传·医事·针灸、望诊》）

迭里特，字海邻。有膂力，善驰射，马踬不仆。尤神于医，视人疾，若隔纱睹物，莫不悉见。

太祖在潜（犹如"在野"，尚未即位掌权之时），已加眷遇，及即位，拜迭剌部夷离堇（辽国的官职名称。契丹族各部的军事首领称夷离堇，此后权力逐渐增大，成为部族的政治、军事首领。922年，辽太祖耶律阿保机天赞元年，分迭剌部为五院部、六院部两部，各部置夷离堇一人）。太祖尝思鹿醢解酲（醢酲，音hǎi chéng。用鹿肉制成的酱。《周礼·天官·醢人》："醢人掌四豆之实。"东汉经学家郑玄注解："醢者必先膊干其肉，乃后莝之，杂以粱曲及盐，渍以美酒，涂置瓶中，百日则成矣。"酒醒之后所感觉的困惫如病状态谓酲。《诗经·小雅·节南山》："忧心如酲，谁秉国成?"《毛传》："病酒曰酲。"唐代经学家孔颖达疏解："言既醉得觉，而以酒为病，故云病酒也。"简言之以鹿肉酱解醉酒），以山林所有，问能取者。迭里特曰："臣能得之。"乘内厩马逐鹿，射其一。欲复射，马跌而毙。迭里特跃而前，弓犹不弛，复获其一。帝欢甚曰："吾弟万人敌!"会帝患心痛，召迭里特视之。迭里特曰："膏肓有瘀血如弹丸，然药不能及，必针而后愈。"帝从之。呕出瘀血，痛止。

帝以其亲，每加赐赉；然知其为人，未尝任以职。后从剌葛乱（耶律剌葛，契丹可汗，辽太祖耶律阿保机的弟弟，曾于911年、912年、913年多次率领各位兄弟反叛辽太祖，并于913年3月曾被推选为契丹可汗，5月被其兄耶律阿保机擒拿，最终于914年1月被处死），与其父辖底俱缢杀之（亦有写作耶律撒剌。唐时曾任迭剌部首领，执掌联盟军事。）。（《辽史·卷百十二·列传第四十二·逆臣上·迭里特传》）

韩匡嗣（？—981），与其父韩知古一样，皆善医疗之士。

匡嗣，父韩知古，蓟州玉田人。以善医直长乐宫，皇后视之犹子，官至西南面招讨使。（《辽会要·卷七·方伎传·医事·针灸、望诊》）

韩知古，蓟州玉田人，善谋有识量。太祖平蓟时，知古六岁，为淳钦皇后兄欲稳所得。后来嫔，知古从焉，未得省见。久之，负其有，怏怏不得志，挺身逃庸保，以供资用。

其子匡嗣得亲近太祖，因间言（间言，有多解。①间，同“闲”。间言，即惹是生非的闲言碎语。《集韵·山韵》：“间，作‘闲’。”或解：挑拨离间使人不和睦的言语。《史记·屈原贾生列传》：“谗人间之。”《魏书·献文六王传论》：“虽祸由间言，亦自贻伊戚。”②非议；异议。南朝齐王俭《褚渊碑文》：“尽欢朝夕，人无间言。”③个人私底下里的谈话。《史记·孝文本纪》：“太尉勃进曰：‘愿请间言。’”而据此文意，应以第三种解释为宜）。太祖召见与语，贤之，命参谋议。

神册初，遥授彰武军节度使。久之，信任益笃，总知汉儿司事，兼主诸国礼仪。时仪法疏阔，知古援据故典，参酌国俗，与汉仪杂就之，使国人易知而行。

顷之，拜左仆射，与康默记将汉军征渤海有功，迁中书令。天显中卒，为佐命功臣之一，子匡嗣。

匡嗣以善医，直长乐宫，皇后视之犹子。应历十年（960年。应历：951—968年），为太祖庙详稳（辽国官员的一种名称，并非专指某一职官，辽国的许多机构中都设有此官职）。后宋王喜隐谋叛，辞引匡嗣，上置不问。

初，景宗在藩邸，善匡嗣。即位，拜上京留守。顷之，王燕，改南京留守。保宁末（保宁：969—978年），以留守摄枢密使。

时耶律虎古使宋还，言宋人必取河东，合先事以为备。匡嗣诋之曰：“宁有是！”已而宋人果取太原，乘胜逼燕。匡嗣与南府宰相沙、惕隐休哥侵宋，军于满城，方阵，宋人请降。匡嗣欲纳之，休哥曰：“彼军气甚锐，疑诱我也。可整顿士卒以御。”匡嗣不听。俄而宋军鼓噪薄我，众蹙践（蹙，音

cù，同“蹴”。踩踏；踢踏；践踏。《礼记·曲礼上》：“以足蹙路马刍，有诛”），尘起涨天。匡嗣仓卒谕诸将，无当其锋。众既奔，遇伏兵扼要路，匡嗣弃旗鼓遁，其众走易州山，独休哥收所弃兵械，全军还。

帝怒匡嗣，数之曰：“尔违众谋，深入敌境，尔罪一也；号令不肃，行伍不整，尔罪二也；弃我师旅，挺身鼠窜，尔罪三也；侦候失机，守御弗备，尔罪四也；捐弃旗鼓，损威辱国，尔罪五也。”促令诛之。皇后引诸内戚徐为开解，上重违其请。良久，威稍霁（霁，音 jì。《说文解字·雨部》：“霁，雨止也。”《埤雅》：“雨晴曰霁。”此是说，景帝许久后，威严怒气才稍微地消散），乃杖而免之。

既而遥授晋昌军节度使。乾亨三年（981 年。乾亨：979—982 年），改西南面招讨使，卒。睿智皇后闻之，遣使临吊，赙赠甚厚，后追赠尚书令。（《辽史·卷七十四·列传第四·韩知古附·匡嗣传》）

德崇（生卒年无考），韩匡嗣第四子，是一位视人形色，便可决其病原，善于望诊医疗的医家。

制心，小字可汗奴。父德崇，善医，视人形色，辄决其病，累官至武定军节度使。（《辽史·卷八十二·列传第十二·耶律隆运传附〈制心传〉》）

德崇，匡嗣四子，善医，视人形色，辄决其病，累官至定武军节度使。（《辽会要·卷七·方伎传·医事·针灸、望诊》）

直鲁古（915—1005），出生于世医家庭，著《脉诀》《针灸书》。

直鲁古，吐谷浑人，世善医。其父虽马上视疾，亦知标本。直鲁古，长亦善医，专事针灸。所著《脉诀》《针灸书》一卷。（《辽会要·卷七·方伎传·医事·针灸、望诊》）

直鲁古，吐谷浑人。初，太祖破吐谷浑（谷，音 yù。吐谷浑，亦称吐浑，我国古代西北民族及其所建立国名。西晋至唐朝时期位于祁连山脉和黄河上游谷地的一个古代国家），一骑士弃橐（橐，音 tuó。袋子。《诗经·大雅·公刘》：“乃裹糇粮，于橐于囊”）反射，不中而去。及追兵开橐视之，中得一婴儿，即直鲁古也。因所俘者问其故，乃知射橐者，婴之父也，世善医。虽马上视疾，亦知标本。意不欲子为人所得，欲杀之耳。由是进于太祖，淳钦皇后收养之。长亦能医，专事针灸。太宗

时，以太医给侍。尝撰《脉诀》《针灸书》，行于世，年九十卒。(《辽会要·卷十七·艺文·子部·医家类》)

孔子称“小道必有可观”，医卜是已。医以济夭札，卜以决犹豫，皆有补于国，有惠于民。前史录而不遗，故传。

耶律庶成（？—1064），将《方脉书》译成契丹文的辽国人。

耶律庶成自幼好学，有过目不忘之能，懂得辽、汉两国文字，是一位出色的翻译家，对于诗歌尤其擅长。由于他将《方脉书》翻译成契丹文，并推而广之，从而使得各少数民族也都渐渐懂得了切脉审药这些医学之事。庶成是位掌理文翰之职的林牙，与他人合作参酌古今，修定法令，刊正讹谬，撰著《实录》及《礼书》。

耶律庶成，字喜隐，小字陈六，季父房之后。父吴九，检校太师。庶成幼好学，书过目不忘。善辽、汉文字，于诗尤工。重熙初（重熙：辽兴宗耶律宗真的年号，1032—1055年），补牌印郎君，累迁枢密直学士。初，契丹医人鲜知切脉审药，上命庶成译《方脉书》行之，自是人皆通习，虽诸部族亦知医事。(《辽会要·卷十七·艺文·子部·医家类》)

耶律庶成，字喜隐，小字陈六，季父房之后。父吴九，检校太师。庶成幼好学，书过目不忘。善辽、汉文字，于诗尤工。重熙初，补牌印郎君，累迁枢密直学士。与肖韩家奴各进《四时逸乐赋》，帝嗟赏。初，契丹医人鲜知切脉审药，上命庶成译《方脉书》行之，自是人皆通习，虽诸部族亦知医事。时入禁中，参决疑议。偕林牙萧韩家奴等撰《实录》及《礼书》。与枢密副使萧德修定法令，上诏庶成曰：“方今法令轻重不伦。法令者，为政所先，人命所系，不可不慎。卿其审度轻重，从宜修定。”庶成参酌古今，刊正讹谬，成书以进，帝览而善之。

庶成方进用，为妻胡笃所诬，以罪夺官，绌为“庶耶律”。使吐蕃凡十二年，清宁间始归（清宁：辽道宗耶律洪基的年号，1055—1064年）。帝知其诬，诏复本族，仍迁所夺官，卒。

庶成尝为林牙（辽国设置的官职名称，置大林牙院，为掌理文翰，北面官。《辽史·百官二》："行枢密院，有左、右林牙，有参谋"），梦善卜者胡吕古卜曰："官止林牙，因妻得罪。"及置于理，法当离婚。胡笃适有娠，至期不产而死。剖视之，其子以手抱心，识者谓诬夫之报。有诗文行于世。（《辽史·卷八十九·列传第十九·耶律庶成传》）

耶律敌鲁（1165—1220），善于望诊，察言观色即知病原，既是一位擅长心理治疗病人的高明医生，亦是位长寿高达八十岁的医生。

耶律敌鲁，字撒不碗。其先本五院之族，始置宫分，隶焉。敌鲁精于医，察形色即知病原。虽不诊候，有十全功。统和初（统和，辽圣宗耶律隆绪的年号，983—1012年），为大丞相韩德让所荐，官至节度使。初，枢密使耶律斜轸妻有沉疴，易数医不能治。敌鲁视之曰："心有蓄热，非药石所及，当以意疗。因其聩（聩，音kuì。先天耳聋。《国语·晋语四》：……嚚瘖不可使言，聋聩不可使听，童昏不可使谋。韦昭注解：耳不别五声之和曰聋，生而聋曰聩），聒之使狂（聒，音guō。喧扰；嘈杂。《楚辞·九思·疾世》："鴳雀列兮哗欢，鸲鹆鸣兮聒余"），用泄其毒则可。"于是令大击钲鼓于前（钲鼓，古代行军、歌舞时用以指挥进止、动静讯号的两种乐器。击鼓则示前进，敲钲则示止步，所以常用作比喻军事行动。《新唐书·南蛮传下·骠》："每拜跪，节以钲鼓……歌已，俯伏，钲作，复揖舞。"《汉书·东方朔传》："十九学孙吴兵法，战阵之具，钲鼓之教，亦诵二十二万言"）。翌日果狂，叫呼怒骂，力极而止，遂愈。治法多此类，人莫能测。年八十卒。（《辽会要·卷七·方伎传·医事·针灸、望诊》）

耶律敌鲁，字撒不碗。其先本五院之族，始置宫分，隶焉。敌鲁精于医，察形色即知病原。虽不诊候，有十全功。统和初，为大丞相韩德让所荐，官至节度使。初，枢密使耶律斜轸妻有沉疴，易数医不能治。敌鲁视之曰："心有蓄热，非药石所及，当以意疗。因其聩，聒之使狂，用泄其毒则可。"于是令大击钲鼓于前。翌日果狂，叫呼怒骂，力极而止，遂愈。治法多此类，人莫能测，年八十卒。

论曰：方伎，术者也。苟精其业而不畔于道，君子必取焉。直鲁古、王白、耶律敌鲁无大得失，录之宜矣。（《辽史·卷一百八·列传第三十八·方伎·耶律敌鲁传》）

敌鲁（生卒年无考），善于望诊，观形色即知病原所在、通晓医学的有名位的医生。

敌鲁，肖胡笃曾祖，明医（对有名位者的尊称，犹明公）。人有疾，观其形色即知病所在。世预太医选（辽朝世选任用官员制度的基本内容之一，世代继承太医的选拔，亦即医术高超的世医家庭。世，世世代代。《诗经·大雅·崧高》："登是南邦，世执其功。"东汉末年经学大师郑玄注释《毛诗传笺》解："世世持其政事，传子孙也。"预，参与；参预；相干。唐代精通训诂学高僧慧琳著《一切经音义》卷二十二引《珠丛》："凡事相及为预也。"太医，古时专为帝王服务的医生，始于秦，后世则用作敬称）。(《辽会要·卷七·方伎传·医事·针灸、望诊》)

肖胡笃，字合术隐。其先撒葛只，太祖时原隶宫分，遂为太和宫分人。

曾祖敌鲁，明医。人有疾，观其形色即知病所在。统和中，宰相韩德让贵宠，敌鲁希旨，言德让宜赐国姓，籍横帐，由是世预太医选。子孙因之入官者众。(《辽史·卷一百一·列传第三十一·肖胡笃传》)

邓延正（延贞）（生卒年无考）

邓中举大父延正（大父，即祖父），通术数，尤长于医卜。兴庙时（振兴祖宗庙之时），皇太后齿疾，三治不验，因召入，遂以术止之。而后出入扈从（扈从，随从；护卫跟随。西汉司马相如《上林赋》："孙叔奉辔，卫公参乘，扈从横行，出乎四校之中"）。至于寓泊逄舍，贫贱惸独（惸，音 qióng，亦作"茕"。本意是说没有兄弟，由此引申为孤独无依靠。《周礼·秋官·大司寇》："凡远近惸独、老幼之欲有复于上。"东汉经学家郑玄注解："无兄弟曰惸，无子孙曰独"）、婴疾恙者，皆阴治活之。(《辽会要·卷七·方伎·医事》)。

金　元

医者，儒家格物致知一事，养亲不可缺无。宋、金之际，医学繁兴，名医迭现，人才辈出。诸如上谷张元素、河间刘完素，俱以颖特之资，深达阃奥（阃，音 kǔn。亦作"困隩""壸奥"。本指室内深处，后用以比喻学问、事理的精微深奥境界。《三国志·魏志·管宁传》："升堂入室，究其阃奥"），高出前古。元素之学，东垣李杲深得之，明内伤之旨，盛鸣于时。王海藏（王好古，字进之，号海藏）、罗谦甫（罗天益，字谦甫，李杲弟子）受业于东垣，罗太无（罗知悌，字子敬，世称太无先生）亦私淑（典出《孟子·离娄下》：“予未得为孔子徒也，予私淑诸人也。”东汉经学家赵岐注解：“淑，善也。我私善之于贤人耳。盖恨其不得学于大圣人也。”后来的人们便对自己所敬仰而不得从学的前辈，常自称为其“私淑弟子”）诸贤者。明哲迭兴，摩肩接踵，著为方论，究极精微，犹如水火谷粟之在天下，不可一日或缺。遵而用之，疾困废起，斯民何其幸欤！

泰定中，元一代巨儒丹溪朱先生又起江东，穷研《素问》之旨，广集先贤之大成，洞参运气之机，辟《局方》之非宜，不拘泥古方，别阴阳于疑似，辨标本于隐微，审查血气虚实，探究真邪强弱，遵循本质活法，诚医道之宗工，性命之主宰；勤于笔耕，著述颇丰，遗书传播后世，以飨后来学者。

世代业医，贯穿《难》《素》之学，深受河间刘完素医学思想影响，法宗刘守真，而又不拘泥固执，善于继承、创新和发展刘的学说，创建自己独特的“汗吐法”“攻下派”行医思路的张子和（张从正，字子和，号戴人），用药多寒凉，然起疾救死多取效，堪称攻邪派开山，雄踞金、元四大医家之一，历来为人们所景仰。

成无已（约1063年或1064—1156或1157），宋金时期医学家，著《伤寒论》并予注解《伤寒论》的第一人。

“成无已《伤寒论》一卷。”（元代脱脱等撰，《宋史·卷二百七·志第一百六十·艺文六》）

成无已约生于北宋嘉祐八年（1063年）或北宋治平元年（1064年），卒于金正隆元年丙子（1156年）或金正隆二年丁丑（1157年），享年九十余岁。聊摄（今山东省聊城）人。其出生于世医家庭，《医林列传》称其“家世儒医，性识明敏，记问该博”。自幼受儒家思想教育，秉承家学，深造自得，博极研精，学问深厚，术业精通。

成天已是专心研究《伤寒论》的大家之一，是用《难经》《素问》《灵枢》诸书经旨对张仲景的《伤寒论》进行分辨、解析、注解的第一人，著成《注解伤寒论》十卷，《伤寒明理论》四卷。

清代名医陆以湉撰《冷庐医话·医苑》，赞成无已尽享九十余岁高龄，缘其既精医学，必能探明性命之旨，详审颐养之宜，从而得以克葆天年。

《伤寒明理论·序》：余尝思历代明医，回骸起死（骸，音 hái。起死回生。喻医术高明，能使死人复活。南宋诗人范成大《问天医赋》："窃闻大神，天医之王，范围堪舆，运平阴阳，起死回骸，斡旋天藏"），祛邪愈疾，非曰生而知之，必也祖述前圣之经，才高识妙，探微索隐，研究义理，得其旨趣，故无施而不可。且百病之急，无急于伤寒，或死或愈，止于六七日之间，十日以上。故汉张长沙感往昔之沦丧，伤横夭之莫救，撰为《伤寒论》一十卷，三百九十七法，一百一十三方，为医门之规绳（规绳，规则准绳。唐人文学家柳宗元《梓人传》："犹梓人之有规矩绳墨以定制也"），治病之宗本（宗旨根本。《吕氏春秋·下贤》："以天为法，以德为行，以道为宗"）。然自汉逮今，千有余年，唯王叔和得其旨趣（要旨；大意。《北史·孝行传·王颁传》："勤学累载，遂遍通五经，究其旨趣，大为儒者所称。"只有王叔和领会了《伤寒论》的大意要旨），后人皆不得其门而入。是以其间少于注释，阙于讲义。自宋以来，名医间有著述者，如庞安常作《卒病论》（庞安常，即庞安时，安常是其字），朱肱作《活人书》，韩祗和作《微旨》（韩祗和，具体生卒年无考。北宋时期，十分推崇张仲景有关伤寒的学说，精研伤寒之学的医家。撰有《伤寒微旨论》二卷），王寔作《证治》（王寔，字仲弓，北宋名医。庞安时的高才弟子，对于伤寒学研究颇深。著有《伤寒证治》三卷），虽皆互有阐明之义，然而未能尽张长沙之深意。聊摄成公（《医林列传》载，成无己为聊摄人，聊、摄，春秋战国时期的小国，汉始置聊城县，故城在今山东省聊城西北十五里，宋承其治。摄，平原聊城东北有摄城，在今山东省茌平县西。由此推断，成无己应为今聊城附近人），家世儒医，性识明敏，记问赅博，撰述伤寒，义皆前人未经道者，指在定体、分形、析证，若同而异者明之，似是而非者辨之，释战栗有内外之诊，论烦躁有阴阳之别，谵语郑声（谵语，患病之人神志不清时妄言乱语，尤其是患有急性热病之时），令虚实之灼知；四逆与厥（二者均为中医学病症名。《素问·阴阳别论》《素问·至真大要论》二篇中均有关于四逆的论述，属于少阴病，表现是心、肝、脾、肾四脏之阴，并逆而起之证。厥，厥逆之症，突然昏倒，不省人事，逾时苏醒的病症。厥症有多种：暴厥、寒厥、热厥、痰厥、气厥、署厥、血厥等），使浅深之类明。始于发热，终于劳复。凡五十篇，目之曰《明理论》，所谓真得长沙公之旨趣也。使习医之流，读其论而知其理，识其证而别其病，胸次了然而无惑，顾不博哉？余家医业五十载，究旨穷经，自幼迄老，凡古今医书，无不涉猎，观此书义理灿然（灿然，鲜明，明白，显然。西汉文学家董仲舒《春秋繁露·王道通三》："文理灿然而厚，知广大有而博"），不能默默（默默，有无知貌之解。《庄子·在宥》："至道之极，昏昏默默。"《庄子·天运》："荡荡默默，乃不自得。"唐代道教学者成玄英疏解："默默，无知之貌。"而此处则作闭口不说话，或不出声意思之解。《尚书·说命》："恭默思道。"不能沉默不做声），因序其略。

岁在壬戌（1142年）

八月望日锦嶓山　严器之序

（严器之，宋代以医为业的医家，与成无己交往过密，常为成书作序，史无详细记载。）

《伤寒明理论·跋》：上《注解伤寒论》十卷，《明理论》三卷，《论方》一卷，聊摄成无己之所作。自北而南，盖两集也。予以绍熙庚戌岁入都（1190年），传前十卷于医者王光廷家，洎守荆门（洎，音jì。及；到。东汉文学家张衡《东京赋》："惠风广被，泽洎幽荒。"荆门，今湖北省荆门市），又于襄阳访后四卷，得之。望、闻、问、切，治病处方之要，举不越此。古今言伤寒者，祖张长沙，但因其证而用之，初未有发明其意义。成公博极研精，深造自得，本《难》《素》《灵枢》诸书以发明其奥，因仲景方论以辨析其理，极表里虚实、阴阳死生之说，究药病轻重去取加减之意，毫发了无遗恨。诚仲景之忠臣，医家之大法也。士大夫宦四海，每病无医，予来郴山（位于今湖南省郴州市。北宋诗人秦观作《踏莎行·郴州旅舍》："郴江幸自绕郴山，为谁留下潇湘去"），尤所叹息，欲示之教，难于空言，故刊此书，以为楷式（楷模、典范；法式、规格。《礼记·儒行》："今世行之，后世以为楷。"《周礼·天官·大宰》："以九式均节财用"），使家藏其本，人诵其言，夭横伤生，庶乎免矣。成公当乙亥、丙子岁（乙亥，1155年；丙子，1156年），其年九十余，则必生于嘉祐治平之间（嘉祐：北宋仁宗赵祯的年号，1056—1063年。治平：1064—1067年，北宋英宗赵曙的年号），国家长育人才，命医立学，得人之效，一至于此，则天下后世，凡所谓教养云者，可不深加之意也夫？

开禧改元（1205年）

五月甲子 历阳　张孝忠书

《伤寒明理药方论·序》：制方之体，宣、通、补、泻、轻、重、涩、滑、燥、湿，十剂是也；制方之用，大、小、缓、急、奇、耦、复，七方是也。是以制方之体欲成七方之用者，必本于气味生成，而制方成焉。其寒、热、温、凉，四气者，生乎天；酸、苦、辛、咸、甘、淡，六味者，成乎地。生成而阴阳造化之机存焉。是以一物之内，气味兼有；一药之中，理性具矣。主对治疗，由是而出，斟酌其宜，参合为用。君、臣、佐、使，各以相宜；宣摄变化，不可胜量。一千四百五十三病之方，悉自此而始矣。其所谓君、臣、佐、使者，非特谓上药一百二十种为君，中药一百二十种为臣，下药一百二十五种为佐使，三品之君臣也。制方之妙，的与病相对。有毒无毒，所治为病主，主病之谓君，佐君之谓臣，应臣之谓使。择其相须、相使，制其相畏、相恶，去其相反、相杀。君臣有序，而方道备矣。方宜一君、二臣、三佐、五使，又可一君、三臣、九佐使也。多君少臣，多臣少佐，则气力不全。君一、臣二，制之小也；君一、臣三、佐五，制之中也；君一、臣三、佐九，制之大也；君一、臣二，奇之制也；君二、臣四，耦之制也；君二、臣三，奇之制也；君二、臣六，耦之制也。近者奇之，远者耦之。所谓远近者，身之远近也。在外者，身半以上，同天之阳，其气为近；在内者，身半以下，同地之阴，其气为远。心、肺位膈上，其藏为近；肾、肝位膈下，其藏为远。近而奇耦，制小其服；远而奇耦，制大其服。肾、肝位远，数多则其气缓，不能速达于下，必剂大而数少，取其气迅急，可以走下也。心、肺位近，数少则其气急，不能发散于上，必剂少而数多，取其气易散，可以补上也。所谓数者，肾一、肝三、脾五、心七、肺九，为五藏之常制，不得越者。补上治上，制以缓；补下治下，制以急。又急则气味厚，缓则气味薄，随其攸利而施之，远近得其宜矣。奇方之制，大而数少，以取迅走于下，所谓下药不以耦；耦方之制，少而数多，以取发散于上，所谓汗药不以奇。经曰：汗者不以奇，下者不以耦。处方之制，无逾是也。然自古诸方，历岁浸远（岁月渐远。浸，渐渐。《易经·遁》："浸而长也。"唐代训诂学家孔颖达疏解："浸者，渐进之名"），难可考评，惟张仲景方一部，最为众方之祖，是以仲景本伊尹之法，伊尹本神农之经，医帙之中（帙，音 zhì。本谓用布帛制成包书的套子，由此谓一套书为一帙。唐代训诂学家陆德明撰《经典释文序》说："辄撰集《五典》《孝经》《论语》及《老》《庄》《尔雅》等音，合为三帙，三十卷"），特为枢要（喻事物的关键或纲领之处。《荀子·正名》："然则所为有名，与所缘以同异与制名之枢要，不可不察也"）。参今法古，不越毫末，实乃大圣之作也。一百一十二方之内，择其医门常用者，方二十首，因以方制之法明之，庶几少发古人之用心焉。

《注解伤寒论·序》：夫前圣有作，后必有继而述之者，则其教乃得著于世矣。医之道源自炎黄，以至神之妙，始兴经方。继而伊尹以元圣之才，撰成汤液，俾黎庶之疾疢，成遂蠲除，使万代之生灵，普蒙拯济。后汉张仲景，又广汤液为《伤寒卒病论》十数卷，然后医方大备，兹先圣后圣，若合符节（古代朝廷传达敕命或征调兵将之用的凭证，用金、玉、铜、竹、木制成，双方各执一半，符合以验真伪。此处则用以说明药方符合病症，或曰对症下药）。至晋太医令王叔和，以仲景之书撰次成叙，得为完秩。昔人以仲景方一部为众方之祖，盖能继述先圣之所作，迄今千有余年不坠于地者，又得王氏阐明之力也。《伤寒论》十卷，其言精而奥，其法简而详，非寡闻浅见所能赜究。后虽有学者，又各自名家，未见发明。仆忝医业（仆、忝都是自谦词。西汉史学家司马迁《报任少卿书》：“仆非敢如是也。”忝，音 tiǎn。有愧于。《尚书·尧典》：“否德忝帝位。”此说自己有愧于医学事业），自幼徂老（徂，音 cú，动词。《尔雅》：“徂，往也。”及；至；到。《诗经·大雅·桑柔》：“自西徂东，靡所定处。”自幼到老），耽味仲景之书五十余年矣（耽味，深切地爱好、玩味、体味，酷嗜。《尚书·无逸》：“生则逸不知稼穑之艰难，不闻小人之劳，惟耽乐之从。”《孔传》：“过乐谓之耽。”晋代郭璞《尔雅序》：“靡不钦玩耽味，为之义训”），虽粗得其门而近升乎堂，然未入于室，常为之慊然（慊，音 qiàn。遗憾；不满足。《淮南子·齐俗训》：“衣若悬衰而意不慊。”东汉学者高诱注解：“慊，恨。”《旧唐书·文苑传下·吴通玄》：“凡中旨撰述，非通玄之笔，无不慊然”）。昨者，解后聊摄成公，议论赅博，术业精通，而有家学，注成《伤寒》十卷，出以示仆，其三百九十七法之内，分析异同，彰明隐奥，调陈脉理，区别阴阳，使表里以昭然，俾汗下而灼见，百一十二方之后，通明名号之由，彰显药性之主，十剂轻重之攸分，七精制用之斯见，别气味之所宜，明补泻之所适，又皆引《内经》，旁牵众说，方法之辨，莫不允当，实前贤所未言，后学所未识，是得仲景之深意者也。昔所谓慊然者，今悉达其奥矣！亲觌其书（觌，音 dí。见；相见。《易经·困卦》：“臀困于株木，入于幽谷，三岁不觌。”《论语·乡党》：“私觌，愉愉如也”），诚难默默（实在不能沉默不语），不揆荒芜（揆，音 kuí。不度量；不估量；不揣度。荒芜，形容学识浅陋拙劣。北宋苏轼《紫宸殿正旦教坊词·教坊致语》：“不度荒芜，敢进口号”），聊序其略。

时甲子（1144 年）

中秋日 洛阳　严器之序

《刻伤寒论·序》：序曰：医自轩、岐之学不传，惟《素》《难》二书，又多舛缺。遗文奥旨，代寡玄参（寡，形容词，少；缺少。《说文解字》："寡，少也。"《三国志·诸葛亮传》："曹操比于袁绍，则名微而众寡。"）。末学昧于原本，任疑用独，而经乃樊乱（樊乱，形容词。纷纭；杂乱。《庄子·齐物论》："自我观之，仁义之端，是非之涂，樊然淆乱，吾恶能知其辨"），逮后汉张长沙氏始因《素问·热论》广伊尹汤液，肆为论说（《说文解字》："肆，极陈也。"《广韵》："肆，陈也。"），发其疑义，而经复一明。既而撰次于王叔和，注释于成无己，厥后庞、朱、韩、许之流因亦互有开发（庞安时、朱肱、韩保升、许叔微），提纲挈要（揭示要领，提纲挈领），无越乎吐、汗、下、温四法而已。盖一证一方，万选万中。回生起死，千载合符。陶隐居称为群方之祖，孙真人叹其特有神功，岂无征哉？然方土异宜，古今殊运，阴阳虚实之交错，其后至微。发汗、吐、下之相反，其祸至速，无以庸工固滞，迷误弗省（迷误，迷惑谬误。唐代骆宾王《和道士闺情诗启》："类西秦之镜，照彻心灵；同南指之车，导引迷误。"弗，义同"不"。《公羊传·僖公二十六年》："公追齐师至嶲，弗及。"东汉今文经学家何休注解："弗者，不之深者也。"迷惑不解、错误百出，还不自省或）。致微疴成膏肓之变（微疴，小病。导致很小的疾病逐渐演变成膏肓之疾），沉痼绝苏起之望，有由然矣。大都此书条贯虽明，词旨雅奥，时俗难入，具眼几何（具眼，有眼力的人；具有鉴识事物能力的眼光和识别能力。《宋史·谢深甫传》："为浙曹考官，一时士望，皆在选中。司业郑伯熊曰：'文士世不乏，求具眼如深甫者实鲜。'"几何，犹言若干；多少。具备鉴别事物的眼光和识别能力的人能有几个）？故医门罕读，鬻者莫售，矧张经王传（矧，音 shěn，连词。况；何况；况且。《尚书·大诰》："厥子乃弗肯播，矧肯获"），又往往反覆后先，鲁鱼相杂（语出《吕氏春秋·察传》。书籍传写谬误或刊印的文字错误），版本漫缺（版本逐渐浸坏遗缺。《金史·河渠志》："河水浸漫，堤岸陷溃"），好古者致憾于斯（斯，此。《论语·雍也》："斯人也，而有斯疾也！"《论语·子罕》："有美玉于斯，韫匵而藏诸？求善贾而沽诸？"好古者导致遗憾于此），嗟乎！《脉诀》出而《脉经》隐，《百问》行而《伤寒论》乖（乖，不顺；不谐。西汉政论家贾谊著《新书·道术》："刚柔得道谓之和，反和为乖"）。譬之俗儒，专诵时文而昧经传（时文，时下流行的文体，旧时对当时科举考试所采用文体的通称。唐宋盛行律赋，明清流行八股文），其失均也。汪子希，说氏以慱雅名家（慱，音 tuán，通"团"。圆；满。《字汇·心部》："慱，古作团字。"雅，高尚；高雅。名家，学有专长而名为一家。《汉书·艺文志》："传《齐论》者……唯王阳名家"），慨俗学之昏迷，愍烝民之夭札（愍，音 mǐn。哀怜。《后汉书·应奉传》："追愍屈原，因以自伤。"烝民，众多民众。《诗经·大雅·烝民》："天生烝民，有物有则。"可怜百姓因遭疫病而死亡)，出其家藏善本，视汪处敬氏三复仇校(仇，同"雠"，音 chóu。雠校，校对考正。《新唐书·王珪传》："召入秘书内省，雠定群书")，乃命入梓，而问序于余。余故以多病好医而未能也，然耽味仲景之论有年矣。辄援古炤今(炤，音 zhāo，同"昭"。明显；显露。《诗经·小雅·正月》："潜虽伏矣，亦孔之炤。"于是援引古籍印证当今之文)，溯其流委于卷后，且以嘉二子之有功于长沙也。学者诚能潜精斯籍(诚，果真；如果。《史记·张耳陈余列传》："诚听臣之计，可不攻而降城。"学者如果真能渐渐精熟这部书籍)，讨其旨归(讨，探索；研究。《隋书·王劭传》："尝论古事，有所遗忘，讨阅不能得。"旨归，主旨；要旨。探索它的要旨)，斯可以凌驾前贤，仁寿当代矣。

嘉靖乙巳之吉(1545 年)

新安 篁南　江瓘撰

李庆嗣(生卒年无考)，金代医学家，著有《伤寒论》《伤寒纂类》《改证活人书》等。

李庆嗣，洺人(洺州，因境内有洺水流经而得名，今属河北省邯郸永年区，治所位于今河北省邯郸、永年、武安等县、市地)。少举进士不第，弃而学医，读《素问》诸书，洞晓其义。天德间(天德，1149—1153 年，金海陵王完颜亮的年号)，岁大疫，广平尤甚(金置广平县，位于河北省南部)，贫者往往阖门卧病。庆嗣携药与米分遗之，全活者众。庆嗣年八十余无疾而终，所著《伤寒纂类》四卷、《改证活人书》三卷、《伤寒论》三卷、《针经》一卷，传于世。(元代脱脱等撰，《金史·卷一百三十一·列传第六十九·方伎·李庆嗣》)

清代名医陆以湉撰《冷庐医话·医苑》，赞医学家李庆嗣尽享八十余岁高龄，缘其既精医学，必能探明性命之旨，详审颐养之宜，从而得以克葆天年。

纪天锡(生卒年无考)，金医学家，集注《难经》五卷。

纪天锡，字斋卿。泰安人(今山东省泰安市)。早弃进士业，学医，精于其技，遂以医名世。集注《难经》五卷。大定十五年(1175 年)上其书，授医学博士。

（元代脱脱等撰，《金史·卷一百三十一·列传第六十九·方伎·纪天锡》）

刘完素（约1120—1200，另一说1110—1200），宋金时期著名医学家。著有《黄帝素问宣明论方》（又称《医方精要宣明论方》，简称《宣明论》）、《素问玄机原病式》、《素问病机气宜保命集》、《运气要旨论》《保童秘要》等。

河间名医刘完素，自号“通玄处士”，河间人，故世称刘河间。约生于北宋大观四年（1110年），卒于金承安五年（1200年）。医名贯世，金元四大家之一，“寒凉派”创始人。他根据《素问》病机十九条，阐明六气过甚皆能化火的理论，故治法上多用寒凉药，并创制了不少治疗伤寒热病的方剂，对后世温病学说有所启发。他的辛凉解表、泄热养阴学术思想为后世明、清之际温热学派的形成奠定了坚实基础。

刘完素，字守真，河间（今河北省河间市）人。尝遇异人（异常、不寻常的人；方士、神人。《史记·平津侯主父列传》：“上方欲用文武，求之如弗及。始以蒲轮迎枚生，见主父而叹息。群臣慕向，异人并出。”晋代郭璞《江赋》：“纳隐沦之列真，挺异人乎精魂”）陈先生，以酒饮守真，大醉，及寤，洞达医术（洞达，动词。透彻地明白通晓。东汉王充《论衡·知实》：“孔子见窍睹微，思虑洞达，材智兼倍，强力不倦，超逾伦等！”等到酒醒遂彻底通晓医术），若有授之者。乃撰《运气要旨论》《精要宣明论》，虑庸医或出妄说，又著《素问玄机原病式》，特举二百八十八字，注二万余言。然好用凉剂，以降心火、益肾水为主。自号通元处士云。（元代脱脱等撰，《金史·卷一百三十一·列传第六十九·方伎·刘完素》）

《素问病机气宜保命集·自序》：夫医道者，以济世为良，以愈疾为善。盖济世者，凭乎术；愈疾者，仗乎法。故法之与术，悉出《内经》之玄机。此经固不可力而求、智而得也，况轩岐问答，理非造次，奥藏金丹宝典，深隐生化玄文，为修行之径路，作达道之天梯。得其理者，用如神圣；失其理者，似隔水山。其法玄妙，其功深远，固非小智所能窥测也，若不访求师范而自生穿凿者（穿凿，极为牵强地解释。《汉书·礼乐志》：“以意穿凿，各取一切。”《后汉书·徐防传》：“今不依章句，妄生穿凿，以遵师为非义，意说为得理，轻侮道术，寖以成俗。诚非诏书实选本义”），徒劳皓首耳（皓首，犹白首，指老年。《后汉书·吕强传》：“故太尉段颎，武勇冠世，习于边事，垂发服戎，功成皓首。”即便到了老年也徒劳无功之意）。

余二十有五，志在《内经》，日夜不辍，殆至六旬，得遇天人（语出《庄子·天下》：“不离于宗，谓之天人；不离于精，谓之神人；不离于真，谓之至人。”洞悉宇宙人生本原的人），授饮美酒，若橡斗许（橡，橡树的果实，也叫橡栗、栎实。《列子·说符》：“自为不知己，去，居海上，夏日则食菱芰，冬日则食橡栗”），面赤若醉，一醒之后，目至心灵，大有开悟，衍其功疗，左右逢源，百发百中。今见世医多赖祖名，倚约旧方，耻问不学，特无更新之法，纵闻善说，反怒为非。呜呼！患者遇此之徒，十误八九，岂念人命死而不覆者哉！仁者鉴之，可不痛欤！以此观之，是未知阴阳变化之道，况木极似金，金极似火，火极似水，水极似土，土极似木（此言金、木、水、火、土五行辩证关系），故《经》曰亢则害，承乃制，谓己亢极，反似胜己之化。流俗未知，故认似作是，以阳为阴，失其本意。《经》所谓诛罚无过，命曰大惑，医徒执迷，反肆傍识，纵有获效，终无了然之悟，其道难与语哉。仆见如斯，首述玄机，刊行于世者，已有《宣明》等三书。革庸医之鄙陋，正俗论之舛讹，宣扬古圣之法则，普救后人之生命。今将余三十年间，信如心手，亲用若神，远取诸物，近取诸身，比物立象，重明真理，治法方论，裁成三卷三十二论，目之曰《素问病机气宜保命集》。此集非崖略之说，盖得轩岐要妙之旨，故用之可以济人命，舍之无以活人生。得乎心髓，秘之箧笥，不敢轻易示人，非绝仁人之心，盖圣人之法，不遇当人（遇不到适当的人），未易授尔！后之明者，当自传焉。

时大定 丙午（1186年）闰七月中元日

（旧俗以农历的七月十五日为“中元节”）

河间　刘完素守真述

此书三卷本是刘完素晚年总结一生临床经验、心得所作的经典著作，但是，李时珍对于此说持怀疑、批判态度（详见李所作《洁古珍珠囊·序例》）。

《新刊图解素问要旨论·自序》：天地之道，生一气而判清浊。清者轻而上升为天，浊者重而下降为地。天为阳，地为阴，乃为二仪。阴阳之气各分三品，多寡不同，故有三阴三阳之六气。然天非纯阳而亦有三阴，地非纯阴而亦有三阳，天地各有三阴三阳，总之一十二矣。然天之阴阳者，寒、暑、燥、湿、风、火也；地之阴阳者，木、火、土、金、水、火也。金火不同其运，是故五运彰矣。然天地之气运生降不以（以，古同“已”。不已，不休；不停止；不止息。《诗经·周颂·维天之命》：“维天之命，于穆不已。”唐代经学家孔颖达疏解：“言天道转运无极止时也”），阴阳相感，化生万物矣。其在天者，则气结成象，以为日月星辰也；在地则气化为形，以生人、为万物也。然人为万物之灵也，非天垂象而莫能测矣。其非机理，归自然也。其非圣意而宣悟玄玄之理（《释言》：“玄，天也。”西汉扬雄《太玄经·玄告》：“天以不见为玄，地以不形为玄，人以心腹为玄”），故有祖圣伏羲占天望气，及视龙马灵龟，察其形象而密解玄机，无不符其天理。乃以始为文字画卦，造六甲历纪，命曰《太始天元册文》，垂示之于后人也；以诮神农诏明其道（诮，动词。辽代僧人行均所撰字书《龙龛手鉴》：“诮，呵也。”责备。），乃始令人食谷，以尝百药而制《本草》矣；然后黄帝命其岐伯及鬼臾区以发明太古灵文，宣陈造化之理，论其疾苦，以著《内经》焉。

凡此三皇三经，命曰三坟，通为教之本始，为万法宗源，诚为天之候也。若论愈病疾，济苦保命防危，非斯圣典，则安得致之矣！然经之所论，玄机奥妙，旨趣幽深，习者卒无所悟，而悟得其意者鲜矣。完素愚诚，则考圣经，撮其枢要，积而岁久，集就斯文，以分三卷，叙为九篇，勒成一部，乃号《内经运气要旨论》尔，乃以设图彰奥，绮贯纪倜（绮，音 qǐ。美丽；绮丽。倜，音 tì。洒脱；豪迈；不拘束），袭句注辞而敷其言意，或可类推者，以例旁通，例成而陈精粹之文，训古其难明兼义，释字音以附之于后，虽言词鄙陋，所乘从俗，而庶览者曷为悟古圣之妙道矣。

河间　刘守真谨序

张元素（生卒年不详，约与刘完素同时而年辈稍晚），宋金时期著名医学家，“易水学派”创始人。著有《珍珠囊》《医学启源》《洁古本草》《洁古家珍》《藏府标本药式》《素问病机气宜保命集》等著作。

他自幼聪慧，好学，屡中童子举、经义进士，只因犯庙讳而无缘仕途之路，无奈之下，于二十七岁之后便去潜心学医，二十余年虽记诵医书广博，然治病之术差强人意，不如他人，无所闻也。自梦仙人凿心开窍，纳书于窍中，乃骇然惊悟，自是医术洞彻；尤其是在医治好河间名医刘完素伤寒病后，日益声名显赫。其后的名医李杲、王好古都是他的入室高徒弟子，对于传承、发扬洁古之学，起到了中坚作用。自张洁古、刘守真、张子和、李明之四人业医之后，于是乎使医道中兴；张子和传刘守真之学，李明之传张洁古之学，前后四人，实即是“易水学派”“河间学派”的师承授受。而后人竟去张元素，而列入朱丹溪，称谓为金元四大医家，实缘于后人不识当时医学演变的大体，亦可说是一大憾事吧！但“兰泉老人”张吉甫、李时珍都给予其高度评价，客观地承认了张元素在传统医学史上的重要地位，令人较为欣慰。

张元素认为治病不应完全拘泥古方古训，要勇于具有创新思维能力；首创“药物归经”（中药学名词，也是药物功效的一种分类法。即指不同药物对某一经络、藏府能起特殊作用）及“药性气味厚薄、升降浮沉（中药学名词，指药物因有气味厚薄和质地轻重的区别，而分别能产生升、降、浮、沉的不同作用。升、浮药物具有升阳、宣发、散寒等作用，沉、降药物具有潜阳、降逆、泻下等作用）”的理论，开创了“易水学派”，对后世医学具有积极的影响。他以《医学启源》教授门生，李杲、王好古都是其入室弟子，而二人均成为该时代及其后世非常有影响力的名医。

张元素，字洁古，易州（今河北省易县）人。八岁试童子举（唐、宋时即已设立的特别考试科目之一，唐制十岁以下能通经者，宋制十五岁以下能通经作诗赋者，应试后给予出身并授官，亦称“童子科”）。二十七试经义进士（经义，经书的意旨。科举考试时所用的文体之一，以经书中的文句为题，应试者作文阐明其中义理。始于宋代，成型固定于明、清的八股文体。进士，贡举的人才。始见于《礼记·王制》，唐代以进士科为最重要，历代相沿袭，以进士为入仕资格的首选；明、清时均以举人经过会试考中者为贡士，再由贡士经殿试赐出身为进士），犯庙讳下第（古代称皇帝的父祖名讳为“庙讳”。科举时代进士考试不中为“下第”，也叫“落第”）。乃去学医，无所知名，夜梦有人用大斧长凿凿心开窍，纳书数卷于其中，自是洞彻其术（自是，自此；从此。《文选·曹冏·六代论》：“自是之后，齐分为七，赵分为六。”洞彻，通晓、透彻理解。南朝江淹《水上神女赋》：“理洞彻于俗听，物惊怪于世心。”自此透彻通晓医术）。河间刘完素病伤寒八日，头痛脉紧，呕逆不食，不知所为。元素往候，完素面壁不顾，元素曰：“何见待之卑如此哉（为何对待我如此怠慢、轻视）。”既为诊脉，谓之曰脉病云云，曰：“然（然，形容词。肯定的回答。《广雅》：“然，应也。”《晏子春秋》：“公见其妻曰：‘此子之内子邪？’”晏子对曰：“然，是也”）。”“初服某药，用某味乎？”曰：“然。”元素曰："子误矣。某味性寒，下降走太阴（太阴，中医学名词，《伤寒论》六经分证之一。主要表现为呕吐、下痢、腹满时痛、不思食或食不下、口不渴、脉缓或弱等症），阳亡汗不能出。今脉如此，当服某药则效矣。"完素大服，如其言遂愈，元素自此显名。平素治病不用古方，其说曰："运气不齐，古今异轨，古方新病不相能也（古今天时、气候不同，治疗疾病的方法也应不同，用古方治疗新病是不相适用的）。"自为家法云。（元代脱脱等撰，《金史·卷一百三十一·列传第六十九·方伎·张元素》）

李时珍著《本草纲目·序例》评《历代诸家本草·洁古珍珠囊》：书凡一卷，金易州明医张元素所著。元素，字洁古，举进士不第，去学医，深阐轩、岐秘奥，参悟天人幽微。言古方新病不相能，自称家法。辨药性之气味、阴阳、厚薄、升降、浮沉、补泻、六气、十二经，及随证用药之法，立为主治、秘诀、心法、要旨，谓之《珍珠囊》，大扬医理。《灵》《素》之下，一人而已。后人翻为韵语，以便记诵，谓之《东垣珍珠囊》，谬矣。惜乎止论百品，未及遍评。又著《病机气宜保命集》四卷，一名《活法机要》。后人误作河间刘完素所著，伪撰序文词调于卷首以附会之。其他洁古诸书，多是后人依托，故驳杂不伦。

《医学启源·序》：先生张元素，字洁古，易水人也。八岁试童经，廿七经义登科，犯章庙讳出落（庙讳，古代有避君讳的制度，也就是人们的名字中，一定要避免与已逝去帝王名字中相同的名讳。已故去的君主七世之内须避讳，叫作避"庙讳"。包括姓氏、名字、地名、官名、物名、书名、干支名、方药名、常语。如《新五代史·职方考》："镇州，故曰成德军，梁初以成音犯庙讳，改曰武顺。"这是改地名。又如《魏书·崔玄伯传》："崔玄伯，清河东武城人也，名犯高祖庙讳。"《旧唐书·韦贯之传》："韦贯之，本名纯，以宪宗庙讳，遂以字称。"），于是殆仕进，遂潜心于医学，廿余年虽记诵广博书，然治人之术，不出人右（古人尚右，即以指较高的地位。《史记·廉颇蔺相如列传》："位在廉颇之右。"引申为高贵、重要。此处则是说张元素技艺不如人）。其夜梦人柯斧长凿（柯，斧柄。《诗经·豳风·伐柯》："伐柯如何，匪斧不克。"《毛》传："柯，斧柄也。"做梦梦见有人手持斧柄、长凿凿开他的内心，使之自此开窍），凿心开窍，纳书数卷于其中，见其题曰《内经主治备要》，骇然惊悟，觉心痛，只为凶事也，不敢语人。自是心目洞彻（亦作"洞澈"。通达事理；明白透彻。唐代杜甫《送韦讽上阆州录事参军》诗："韦生富春秋，洞彻有清识"），便为传道轩、岐，指挥秦、越也。河间刘守真医名贯世，视之蔑如也（《国语·周语中》："不夺民时，不蔑民功。”韦昭注解：“蔑，弃也”)。异日守真病伤寒八日误下证，头疼脉紧，呕恶不食，门人侍病，未知所为，请洁古诊之，至则守真面壁不顾也（不看；不搭理。《史记·儒林列传》：“为治者不在多言，顾力行何如耳”)。洁古曰：“何视我直如此卑也？（为什么如此看不起我?)。”诊其脉，谓之曰：“脉病乃尔，初服某药犯某味药乎？”曰：“然（是。《论语·雍也》：“雍之言然!”也用做肯定的回答。《论语·阳货》：“然，有是言也”)。”洁古曰：“差之甚也。”守真遽然起曰：“何谓也？”曰：“某药味寒，下降，走太阴，阳亡，汗不彻故也。今脉如此，当以某药服之。”守真首肯大服其能（首肯，点头表示同意。北宋苏轼《司马温公行状》：“时仁宗缄默不言，虽执政奏事，首肯而已”)，一服而愈，自是名满天下。洁古治病，不用古方，但云：“古方新病，甚不相宜，反以害人。”每自从病处方，刻期见效（刻期，犹“刻日”。限定日期；严格规定的期限内。《宋史·张浚传》：“时金人屯重兵于河南，为虚声胁和，有刻日决战之语”)，药下如攫（攫，音 jué，动词。《说文解字·手部》：“攫，执也。”攫取；攫夺。本意是指鸟用爪迅速疾取食物，引申为夺取。《列子·说符》：“昔齐人有欲金者，清旦衣冠而之市，适鬻金者之所，因攫其金而去”)，当时目之曰神医。暇日辑集《素问》五运六气（暇日，空闲的日子。唐代杜甫《北征》诗：“维时遭艰虞，朝野少暇日”)，《内经》治要，《本草》药性，名曰《医学启源》，以教门生，及有《医方》三十卷传于世。壬辰遗失（1232 年)，□□□存者惟《医学启源》。真定李明之（李杲，字明之)，门下高弟也，请余为序，故书之。

兰泉老人　张吉甫应　李杲之邀为　张元素所撰《医学启源》作序

张从正（约 1156—1228)，金著名医学家。金元四大医家之一，金代四大名医之首，“攻下派”的倡导者，著有《儒门事亲》。

张从正，字子和，名从正，号“戴人”。金代睢州考城人，世代业医，家庭富裕，自其祖母韩氏起始行医，其兄子正亦为当时名医，其家族行医历时近百年。自幼好读书，尤其爱医学，承父业学医，秉承庭训，家教有方，二十岁时即悬壶应诊，因医术高明，救死扶伤多有成效，因而名噪京城。1217—1222 年，金兴定年间，经人举荐，成为御医。然而，由于其性格豪爽，刚正耿直，悠游自在，不结交权贵，无威仪，嗜酒，好读书。屡屡招致非议毁谤，嫉世愤俗，避祸归隐，匿迹于林泉，访客于禅院，游逸于宛丘

（即今河南省淮阳县，古时称陈州。史传三皇——伏羲氏、女娲氏、神农氏建都之地）。

张从正所处时代，甚为流行温补之风，滥用温补药成为一种风气，弊端百现，乱用温热补益药致死者不乏其人。张氏在行医实践中，目睹现状，又阅读了刘完素的医学著作，深受启发，由此，受河间刘完素医学思想的影响，认识到正确使用寒凉药物对于传染病和热性病的治疗往往会取得意想不到的上佳效果，结合张仲景的“汗、吐、下”三法，创立了中医学派中的“攻下派”。

张从正著有《儒门事亲》一书，书中阐述了运用“汗、吐、下”三法治病的理论和临诊经验，列举了各类病症二百多例，说明其攻邪治法的疗效；对儿科斑疹伤寒的症状亦有较为详细的描述，对妇女带下病与口眼㖞斜的诊断等各方面亦有创新的独到见解。

张从正，字子和，睢州考城（今河南省兰考县东）人。精于医，贯穿《难》《素》之学，其法宗刘守真，用药多寒凉，然起疾救死多取效。古医书有汗下吐法，亦有不当汗者汗之则死，不当下者下之则死，不当吐者吐之则死，各有经络脉理，世传黄帝、岐伯所为书也。从正用之最精，号“张子和汗下吐法”。妄庸浅术习其方剂，不知察脉原病（不知推求、察究疾病的本末、底细。《韩非子·主道》：“掩其迹，匿其端，下不能原。”《管子·戒》：“春出原农事之不本者，谓之游。”唐代尹知章注解：“原，察也”），往往杀人，此庸医所以失其传之过也。其所著有“六门、二法”之目，存于世云。（元代脱脱等撰，《金史·卷一百三十一·列传第六十九·方伎·张从正》）

《儒门事亲·原序》：是书也，戴人张子和专为事亲者著。论议渊微，调摄有法，其术与东垣、丹溪并传。名书之义，盖以医家奥旨，非儒不能明；药品酒食，非孝不能备也。故曰：为人子者，不可不知医。予幼失怙，慈母在堂，逾七望八（此说慈母年过七旬向八十接近意。《吕氏春秋·乐成》：“大智之用，固难逾也。”东汉著名学者高诱注解：“逾，迈也。”《诗经·卫风·河广》：“谁谓宋远？跂予望之”），滫瀡既具（滫瀡，音 xiǔ suǐ。古代人们的一种烹饪方法，用植物淀粉拌合食物使之柔滑。滫，《广韵·有韵》：“滫，溲面。”瀡，滑。《玉篇·水部》：“瀡，滑也。”《集韵·纸韵》：“瀡，齐人谓滑曰瀡。”即溲淘使滑，引申为柔滑爽口的食物。《史记·三王世家》：“兰根与白芷，渐之滫中。”东晋著名史学家裴松之之子裴骃集解引徐广曰：“滫者，淅米汁也。”引申为溲淘。《礼记·内则》：“堇、荁、枌［音 fén，即白榆］、榆、免、薧，滫瀡以滑之。”东汉经学家郑玄注解：“秦人溲曰滫，齐人滑曰瀡也。”唐代经学家孔颖达疏解：“谓用堇、用苴及枌、榆及新生干薨相和滫瀡之，令柔滑之。”清代训诂学家段玉裁《说文解字注·水部》：“滫，《内则》‘滫瀡’，注：‘秦人溲曰滫。’此则别是汤液之类，与久泔异实同名，秦人方言也”)，未尝不防以药物。每虑当有所馈，委之时医，恐为尽道之累。将欲遍阅方书，诸家著述繁杂，窃为是皇皇者数载矣（皇皇，同“遑遑”，匆忙貌。《楚辞·九叹·怨思》：“征夫皇皇，其孰依兮”）。近得是书，如获宝璐（《楚辞·九章·涉江》：“被明月兮佩宝璐。”东汉文学家王逸注解：“璐，美玉也”），执是以证，何虑臆说之能惑。惜其板久失，传本多亥豕之讹（此是“鲁鱼亥豕”成语的简语）。因付儒医闻忠较订锓梓，与世之事亲者共云。

嘉靖 辛丑（1541年）三月戊子

复元道人　邵辅序

《钦定四库全书·儒门事亲》提要：臣等谨案。《儒门事亲》十五卷，金张从正著。从正，字子和，号“戴人”，睢州考城人。兴定中（1219年）召补太医，寻辞去。与麻知几、常仲明辈讲求医理，辑为此书。有说有辨，有记有解，有诫有笺，有诠有式，有断有论，有疏有述，有衍有诀，有十形三疗，有六门三法，名目颇繁琐，而大旨主于用攻。其曰儒门事亲者，以为惟儒者能明其理，而事亲者当知医也。从正宗河间刘守真，用药多寒凉。其汗、吐、下三法当时已多异议，故书中辨谤之处为多。丹溪朱震亨亦讥其偏，后人遂并其书置之。然病情万状。各有所宜，当攻不攻与当补不补厥弊维均，偏执其法固非，竟斥其法亦非也。惟中间负气求胜，不免太激。欲矫庸医恃补之失，或至于过直，又传其学者，不知察脉虚实，论病久暂，概以峻利施治，遂致为世所借口，要之未明从正本意耳！

乾隆四十三年（1778年）三月恭校上

总纂官：臣　纪昀　臣　陆锡熊、臣　孙士毅

总校官：臣　陆费墀

李杲（1180—1251），金著名医学家。字明之，号“东垣老人”，著有《脾胃论》《兰室秘藏》《医学发明》《用药心法》等。

李杲，金真定（今河北省正定）人。师从张洁古学医，以医著效，医技超群，被光宠者甚众。他认为饮食不节、劳役所伤和情绪失常，极易导致脾胃

受伤、正气衰弱而引起各种病变；提出发热的疾病亦应分辨“外感”或“内伤”，治法上重视调理脾胃、培补元气、扶正祛邪，丰富了内伤脾胃方面的理论和经验。他以群阴之剂愈小便不利、目睛凸出、腹胀如鼓、饮食不下而甘淡渗泄之药皆不效之恶疾。病隐经络间，用升阳温药行其间之理，收经行阳升病自愈之果。

李杲，字明之，镇人也（镇州，治所真定，即今河北省正定县），世以资雄乡里。杲幼岁好医药，时易人张元素以医名燕赵间（燕赵，河北省的别称，古代的燕赵之地，其范围较大，包括北京、天津北部四县、山西省、河南省的北部、内蒙古自治区南部的部分地区），杲捐千金从之学，不数年，尽传其业。家既富厚，无事于技（无意专门从事医技，或说不靠医技谋生），操有余以自重（操持富裕的家业以重视自己的身份），人不敢以医名之（人们也不敢称呼他为医生）。大夫士或病其资性高謇（謇，音 jiǎn。高謇，清高正直。意思是官宦与士人都担心他性情清高傲慢），少所降屈（降屈，降身屈节。《后汉书·法真传》：“帝虚心欲致，前后四征。真曰：‘吾既不能遁形远世，岂饮洗耳之水哉？’遂深自隐绝，终不降屈。”很少有所低声下气、降身屈节），非危急之疾，不敢谒也（谒，动词。《尔雅》：“谒，告也。”访；请；请求；谒见。《后汉书·廉范传》：“邓融备礼谒范为功曹。”不是病情危急的疾病，人们不敢去向他求医）。其学于伤寒、痈疽、眼目病为尤长。

北京人王善甫，为京兆酒官，病小便不利，目睛凸出，腹胀如鼓，膝以上坚硬欲裂，饮食且不下，甘淡渗泄之药皆不效。杲谓众医曰：“疾深矣。《内经》有之：膀胱者，津液之府，必气化乃出焉。今用渗泄之剂而病益甚者，是气不化也。启玄子云：‘无阳者阴无以生，无阴者阳无以化。’甘淡渗泄皆阳药，独阳无阴，其欲化得乎？”明日，以群阴之剂投，不再服而愈。

西台掾（西台，就是御史台于唐、宋时期的称呼。南宋陆游《老学庵笔记·卷六》详解：“唐人本谓御史台在长安者为西台，言其雄剧，以别分司东都事。……本朝都汴，谓洛阳为西京，亦置御史台，至为散地，以其在西京，亦号西台，名同而实异也。”掾，音 yuàn。原为辅佐、佐助的意思，后为副官佐或者官署属员的通称）萧君瑞，二月中病伤寒发热，医以白虎汤投之（白虎汤，出于东汉末年张仲景名著《伤寒论》中的经典名方），病者面黑如墨，本证不复见，脉沉细，小便不禁。杲初不知用何药，及诊之，曰：“此立夏前误用白虎汤之过。白虎汤大寒，非行经之药，止能寒府藏，不善用之，则伤寒本病隐曲于经络之间。或更以大热之药救之，以苦阴邪，则他证必起，非所以救白虎也。有温药之升阳行经者，吾用之。”有难者曰：“白虎大寒，非大热何以救，君之治奈何？”杲曰：“病隐于经络间，阳不升则经不行，经行而本证见矣。本证又何难焉。”果如其言而愈。

魏邦彦之妻，目翳暴生（翳，音yì。《广雅》：“翳，障也。”掩盖；遮蔽。《楚辞·离骚》：“百神翳其备降兮，九疑缤其并迎。”东汉王逸注解：“翳，蔽也。”目翳，眼睛内生长出遮蔽视线的翳膜，诸如白内障等物。眼睛内突然剧烈地生长出遮蔽视线的翳膜），从下而上，其色绿，肿痛不可忍。杲云：“翳从下而上，病从阳明来也。绿非五色之正，殆肺与肾合而为病邪。”乃泻肺肾之邪，而以入阳明之药为之使。既效矣，而他日病复作者三，其所从来之经，与翳色各异。乃曰：“诸脉皆属于目，脉病则目从之。此必经络不调，经不调，则目病未已也。”问之果然，因如所论而治之，疾遂不作。

冯叔献之侄栎，年十五六，病伤寒，目赤而顿渴，脉七八至，医欲以承气汤下之，已煮药，而杲适从外来，冯告之故。杲切脉，大骇曰：“几杀此儿。《内经》有言：在脉，诸数为热，诸迟为寒。今脉八九至，是热极也。而《会要大论》云：病有脉从而病反者何也？脉至而从，按之不鼓，诸阳皆然。此传而为阴证矣。令持姜、附来，吾当以热因寒用法处之。”药未就而病者爪甲变，顿服者八两，汗寻出而愈。

陕帅郭巨济病偏枯（偏枯，中医学病症名称，即指半身不遂。《庄子·盗跖》：“尧不慈，舜不孝，禹偏枯，汤放其主，武王伐纣，此六子者，世之所高也。”隋唐初期道家学者、道家理论家成玄英疏解：“治水勤劳，风栉雨沐，致偏枯之疾，半身不遂也。”《素问·生气通天论》：“汗出偏沮，使人偏枯。”王冰注解：“偏枯，半身不随。”明代张介宾《类经·针刺类·刺诸风》：“偏枯者，半身不随，风之类也。”气血失养致肢体偏废，犹如草木失荣缺失生机），二指着足底不能伸，杲以长针刺骫中（骫，音wěi。现亦作“委中”，中医针灸穴位名，参见《灵枢·本输》篇。属足太阳膀胱经，位于腘窝横纹正中，主治急性腰扭伤、腰背酸痛、下肢痿痹、转筋及痧症等），深至骨而不知痛，出血一二升，其色如墨，又且谬刺之。如此者六七，服药三月，病良已。

裴择之妻病寒热，月事不至者数年，已喘嗽矣。医者率以蛤蚧、桂、附之药投之，杲曰：“不然，夫病阴为阳所搏，温剂太过，故无益而反害。投以寒血之药，则经行矣。”已而果然。杲之设施多类此。当时之人，皆以神医目之（时人都以神医看待他）。所著书，今多传于世云。（明代宋濂等撰，《元史·卷二百三·列传第九十·方伎·李杲》）。

《东垣老人传》："东垣老人"，李君，讳杲，字明之。其先世居真定，富于金财，大定初（大定：1161—1189年），校籍真定、河间，户冠两路。君之幼也，异于群儿，及长，忠信笃敬，慎交游，与人相接无戏言，衢间众人以为欢合处，足迹未尝到，盖天性然也。朋侪颇疾之（侪，音chái。辈；类。《左传·僖公二十三年》："晋、郑同侪，其过子弟，固将礼焉，况天之所启乎？"晋学者杜预注解："侪，等也。"《左传·昭公二十四年》："吾侪何知焉，吾子其早图之。"朋友们颇嫉妒他），密议一席，使妓戏狎（戏狎，调戏；戏耍；嬉戏。《史记·循吏列传》："为相一年，竖子不戏狎，斑白不提挈，僮子不犁畔。"差遣、支使妓女嬉戏），或引其衣，即怒骂，解衣焚之。由乡豪接待国使府尹，闻其妙龄有守也，讽妓强之酒，不得辞，稍饮遂大吐而出，其自爱如此。受《论语》《孟子》于王内翰从之，受《春秋》于冯内翰叔献。宅有隙地，建书院延待儒士，或不给者，尽周之。

泰和中（泰和：1201—1208年），岁饥，民多流亡，君极力赈救，全活者甚众。母王氏寝疾，命里中数医拯之，温凉寒热，其说异同，百药备尝，以水济水，竟莫知为何证而毙。君痛悼不知医，而失其亲，有原曰：若遇良医，当力学以志吾过。闻易水洁古老人张君元素，医名天下，捐金帛诣之，学数年，尽得其法，进纳得官，监济源税（济源，县名，隋设县。位于河南省西北部、黄河北岸，与山西省相邻接），彼中民感时行疫疠，俗呼为大头天行，医工遍阅方书，无与对证者，出己见，妄下之，不效，覆下之，比比致死，医不以为过，病家不以为非，君独恻然于心（只有李杲内心哀怜悲伤不已），忘食废寝，循流讨源，察标求本，制一方与服之，乃效。特寿之于木，刻揭于耳目丛集之地，用之者无不效，时以为仙人所传，而鏨之于石碣（鏨，凿刻；雕刻。《广雅·释器》："镌谓之鏨。"石碣，圆顶的碑石。亦作"碣"。《后汉书·窦宪传》："封神丘兮建隆嵑。"唐李贤注解："方者谓之碑，员者谓之碣"）。君初不以医为名，人亦不知君之深为医也，辟兵汴梁（辟兵，躲避兵灾。《艺文类聚·卷四》引汉应劭《风俗通》："五月五日以五彩丝系臂者，辟兵及鬼，令人不病温。"此说李杲为了躲避兵灾逃至开封），遂以医游公卿间，其明效大验，具载别书。壬辰（1232年）北渡，寓东平（县名，位于今山东省西南部），至甲辰（1244年）远乡里。一日谓友人周都运德父曰：吾老，欲道传后世，艰其人，奈何？德父曰：廉台（河北省定州市的一个行政村）罗天益谦父，性行敦朴（敦朴，敦厚朴实；忠厚老实。《史记·孝文本纪》："上常衣绨衣，所幸慎夫人，令衣不得曳地，帏帐不得文绣，以示敦朴，为天下先。”此说罗天益是一位性格品性敦厚朴实之人），尝恨所业未精，有志于学，君欲传道，斯人其可也。他日偕往拜之。君一见曰：汝来学觅钱医人乎？学传道医人乎？谦父曰：亦传道耳。遂就学。日用饮食，仰给于君。学三年，嘉其久而不倦也，预之白金二十两曰：吾知汝活计甚难，恐汝动心，半途而止，可以此给妻子。谦父力辞不受，君曰：吾大者不惜，何吝乎细，汝勿覆辞。君所期者可知矣。临终，平日所著书，检勘卷帙，以类相从，列于几前，嘱谦父曰：此书付汝，非为李明之、罗谦父，盖为天下后世，慎勿湮没（湮没，埋没。《后汉书·应劭传》：“旧章湮没，书记罕存。”千万谨慎万勿不要埋没了），推而行之。得年七十有二，实辛亥二月二十五日也（1251年）。君殁迨今十有七年，谦父言犹在耳，念之益新。忆嘻！君之学知所托矣。

至元 丁卯（1267年）

上元日 真定路 府学教授　砚坚述

《内外伤辨惑论·自序》：仆幼自受《难》《素》于易水张元素先生，讲诵既久，稍有所得，中年以来，更事颇多，诸所诊治，坦然不惑。曾撰《内外伤辨惑论》一篇，以证世人用药之误，陵谷变迁（《诗经·小雅·十月之交》：“高岸为谷，深谷为陵。”本用以比喻君子处在下位，小人反居在上位。后世用以比喻世事变迁，高下易位。唐代文学家骆宾王《叙寄员半千》诗：“坐历山川险，吁嗟陵谷迁。”金文学家元好问《学东坡移居》诗：“一从陵谷变，归顾无复望”），忽成老境，神志既惰，懒于语言，此论束之高阁十六年矣。昆仑范尊师曲相奖借，屡以活人为言，谓此书果行，使天下之人不致夭折，是亦仁人君子济人利物之事；就令著述不已，精力衰耗，书成而死，不愈于无益而生乎！予敬受其言，仅力疾就成之，虽未为完备，聊答尊师慈悯之志。师，宋文正公之后也（范仲淹，死后谥号“文正公”，北宋著名政治家、文学家）。

丁未岁（1247年）重九日“东垣老人”　李杲明之题

《脾胃论·序》：“天之邪气，感则害人五藏”，八风之中，人之高者也；“水谷之寒热，感则害人六府”，谓水谷入胃，其精气上注于肺，浊溜于肠胃，饮食不节而病者也：“地之湿气，感则害人皮肤筋脉”，必从足始者也。《内经》说百病皆由上、中、下三者，及论形气两虚，即不及天地之邪，乃知脾胃不足为百病之始。有余不足，世医不能辨之者，盖已久矣。往者，遭壬辰之变，五六十日之间，为饮食劳倦所伤而殁者，将百万人，皆谓由伤寒而殁，后见明之“辨内外伤”及“饮食劳倦伤”一论，而后知世医之误。学术不明，误人乃如此，可不大哀耶！明之既著论矣，且惧俗蔽不可以猝悟也，故又著《脾胃论》叮咛之。上发二书之微，下祛千载之惑，此书果行，壬辰药祸，当无从而作。仁人之言，其意博哉！

己酉（1249年）七月望日 遗山　元好问序

《此事难知·东垣先生序》：予读医书几十载矣，所仰慕者，仲景一书为尤焉。然读之未易洞达其趣，欲得一师指之，遍国中无有能知者。寤而思，寐而思，天其勤恤俾我李公明之，授予及所不传之妙。旬储月积，浸就编帙，一语一言，美无可状，始而终之，终而始之，既无端之圜璧也。或有人焉，厌闻而恶见者，岂公徒使之然哉？彼未尝闻，未尝见，耻夫后于人之过也。因目之曰《此事难知》，以其不因师指也。人徒见是书为伤寒之法，而不知上合轩岐之经，中契越人之典，下符叔和之文，兹又言外不传之秘，具载斯文矣！

时至大改元（1308年）秋七月二十有一日 古赵　王好古识

《此事难知·序》：东垣先生医书一帙，予府已锓梓传于世矣。今又得一书，亦东垣治疾之法，名曰《此事难知》。盖医之为道，所以续斯为之命，而与天地生生之德不可一朝泯也。秦焚六经，而废周公、孔子之道，幸而医书存世。考诸经者，则知黄帝与岐伯之论辨，反复推明五运七气之秘，以立补泄之法，所以拯斯人之疾，而人之死生系焉。岐黄既远，求能推诸五运七气，而察阴阳升降之候，定藏府虚实之所因，合经络上下之所属，而能起死回生者鲜矣。噫！克绍明之者，其惟东垣先生乎？先生是书，乃言外不传秘，诚为人所难知。然方剂虽载其妙理，有不可得而明言者，在乎心领而神会耳。唐代许胤宗曰：“医者，意也。思虑精则得之，此之谓欤！”而孟轲氏曰：梓匠轮舆，能与人规矩，不能与人之巧，亦此谓也。予用寿行而与四方之士共焉，则济人利物之一端，未必无小补云！

成化甲辰岁（1484年）仲夏既望

荆南一人书于 宝训堂 拙庵

人们通过其门人罗天益为李东垣所著《兰室秘藏》一书所作的序，可以进一步了解名医李杲孜孜不倦做学问的认真态度和其诸多救疾拯难的事迹。

《兰室秘藏·序》：《兰室秘藏》六卷，吾师李东垣先生所辑也。不肖（自称谦词，多用于父母死后。明代散文家归有光《祭外舅魏光禄文》："重以不肖连蹇困顿"）读之而曰：至矣哉！吾师之学术贯天人，洞微奥也。其论饮食劳倦，人所日用而不知者，故首及之。次中满腹胀，胃脘酒渴，至于眼耳鼻舌齿喉，血分腰痛，大小便，痔漏泻痢，疮疡，妇儿科，皆穷其旨要。而论脉法尤详悉而切当，言病证变换万状皆形见于脉，按其弦长、滞缩、清浊，伸引无尽。吾师尝云：至微者，理也；至著者，象也。体用一源，显微无间，得其理则象可得而推矣。是吾师有不言，言辄应，与是编相符合，非口所辩说，纸上陈言，不能施用者欤！然则人之欲自颐真精，顺时却病，与医家溯流穷源，不拘执古方而收功者，舍是奚观焉？夫吾师合生气之和，道五常之性，使疾疢不作而无妖祲短折，起死扶伤，令六合咸宁，万世攸赖，非古圣王亨嘉之致治乎？圣王之世，即喙息蠕动之细，莫不禀仰太和，沐浴玄泽。若吾师殚厥心思以较雠是编，濯痍煦寒（濯痍煦，音 zhuó yí xù。洗涤创伤、温暖寒冷忧惧），如《洪范》所谓：身其康强，子孙逢吉，曰寿、曰康宁、曰考终者，是编之效也。吾师弗自私藏，以公诸人。不止一身行之，欲人人行之，又欲天下万世行之；不止一方蒙泽，欲举世蒙泽，又欲千世亿世蒙泽也。吾师嘉鱼无穷者（语出《诗经·南有嘉鱼》。意为求贤之意。《毛诗序》："《南有嘉鱼》，乐与贤也，大平之君子至诚，乐与贤者共之也"），吾师心思之所流而精神之所聚也。不肖何敢序，但忝衣钵之传，若太史公云：岩穴之人，欲砥行立名，非附青云之士，恶能声施后世，则序之之鄙意云尔。

至元丙子（1336 年）三月上巳门人　罗天益拜书

王好古（约 1200—1264），元代著名医学家。字进之，晚号"海藏老人"，赵州（今河北省赵县）人，金元时期"易水学派"代表人物之一。幼年即性识明敏，好学不倦，及长，博通经史，专心医学，少时曾与李东垣同受业于易水名医张元素，后又因其年辈稍晚，继续从师于师兄李东垣学医，深得二人真传，堪称东垣高弟、医之儒者，成为"易水学派"中坚人物。其对二人学术思想，既有继承，更有发展，有机地融合了伤寒学说和脾胃内伤学说而创立了阴证学说，丰富、发展了中医学，对后世产生有深远影响。

王氏通经史，好医方，举进士。学识、经验具丰，精通《内经》，晚年独喜言医。精研岐黄以来诸家医书，勤奋刻苦，虚心治学，灵活知变，求简务实。一生勤于著述，著作颇丰，著有《汤液本草》《医垒元戎》《阴证略例》《此事难知》等。

《阴证略例·序》：人生天地间而阴阳命之气，其受病亦不外乎此，医家言视证察脉则必本诸阴与阳，自轩岐以来诸书可考也。至汉长沙张仲景著《伤寒》一书，其言备矣，其法皆出伊尹汤液，如《易》之于数，《春秋》之于法，盖万世不可易者。其论气脉形声，以测人之藏府经络之微，亦不过曰如是为阳，如是为阴，如是为寒，如是为热，如是为有余，如是为不足，以决人之死生之变于征兆之前，使夫学者可以按而知之，苟能详辨而勿失，则思过半矣。然混茫乎疑似之中，缪辖（亦作“轇轕”，音 jiāo gé。交错纠缠貌。东汉张衡《东京赋》：“云罕九斿，閫戟轇轕。”閫，音 sà，通“钑”。閫戟，古兵器）乎毫厘之间，自非精思入神，冥合造化，则不能也。是以古者之言医也，皆聪明有道之士，如孙思邈、陶隐居、葛稚川之徒，何如人也。迨夫叔世末流（叔世，衰乱的末世时代。《左传·昭公六年》：“三辟之兴，皆叔世也。”唐代经学家孔颖达疏解引东汉经学家服虔所说：“政衰为叔世。”《旧唐书·孝友传·宋兴贵》：“叔世浇讹，人多伪薄，修身克己，事资诱劝。”末流，末世；末期；后期状态。《汉书·叙传上》：“昔周立爵五等，诸侯从政，本根既微，枝叶强大，故其末流有纵横之事，其势然也。”《汉书·司马迁传》：“惟汉继五帝末流，接三代绝业”），多出于粗工庸人间，褎衣峨冠（褎，音 yòu。盛服；盛装；服饰华美貌。《广韵·宥韵》：“褎，服饰盛貌。”《诗经·邶风·旄丘》：“叔兮伯兮，褎如充耳。”毛《传》：“盛服也。”峨冠，高帽。古代士大夫所戴高帽。《三国演义·第三十七回》：“忽人报：‘门外有一先生，峨冠博带，道貌非常，特来相探”），挟方寸之囊，自命为医工，然试读其书，音读且不知，况能索理于精微之地哉！如赵括之用兵，徒能诵其父之书，旋取覆败之祸，如又不能诵其书，则其为败宜如何哉？夫阴阳二证也，寒与温之味，从而用之亦二也。其主治嗜好又有大不同者，甚者各主一偏，互相诋訾（诋訾，毁谤非议。语出《史记·老子韩非列传》：“故其著书十余万言，大抵率寓言也。作《渔父》《盗跖》《胠箧》，以诋訾孔子之徒，以明老子之术。”唐代司马贞著三十卷本《史记索隐》释义：“诋，讦也……谓诋讦毁訾孔子也”)。殊不知桂枝、承气之一倒置，则毙之患立见。异时承平，贵人挟朔方鞍马劲悍之气（朔方，寒冷的北方。《尔雅》：“朔，北方也。”《诗经·小雅·出车》：“天子命我，城彼朔方”），加以膏粱肥浓之养，故糁以刚剂，往往而中。或者遂狃于此（狃，音 niǔ，动词。因袭；拘泥），以为人之为病皆然，热黜阴候不论，岂理也哉！且四方风土既殊，而人之禀受亦异，而一律按之，其可乎？盖亦求其至当而已矣。呜呼！中古以降，老寿少而夭阏多（阏，音 è。夭阏，夭亡；夭折；早死。《庄子·逍遥游》：“背负青天，而莫之夭阏者，而后乃今将图南。”长寿的人少而夭亡的人多），岂真不幸欤？盖医者心术之偏，其蔽必至于杀人；儒者心术之偏，其蔽必至于误天下，如宋之王安石是也。偏之为害之烈如此。夫窃尝谓：受天地中和之性，得圣人公恕之学，不以利欲一毫入于其心，而后可以为儒为医矣。天地万物一理也。圣人之道一中而已，《中庸》曰：致中和天地位焉，万物育焉，而况医乎？海藏先生王君进之家世赵人，早以通经举进士，晚独喜言医，始从东垣李明之，尽传其所学，后乃精研极思轩岐以来诸家书，驰骋上下数千载间，如指诸掌。予在大梁时（大梁，即今河南省开封市），闻其名诸公间籍甚，独以未识为恨。今年秋来晋州（州名，1215 年置，治所位于今晋州，辖境相当于今河北省晋州、安平、饶阳、武强四县地），始得候先生于馆舍，观其气和而凝，志一而定，有道者也，与之游甚闲暇，日出一编书授予，且谓予曰：伤寒，人之大疾也，其候最急，而阴证毒为尤惨，阳则易辨而易治，阴则难辨而难治。若夫阳证热深而厥，不为难辨，阴候寒盛，外热反多，非若四逆脉沉细欲绝易辨也。至于脉鼓击有力，加阳脉数倍，内伏太阴，发烦躁，欲坐井中，此世之所未喻也。予恐其误，积思十余年，盖考自岐伯，迄今洁古老人，掇其精要，附以己说，厘为三十余条，有证有药，有论有辨，名之曰《阴证略例》。将锓以传，以诏后学，且与天下卫生之君子共之，子盍为我题其端？予退而伏读之，善之曰：异乎哉！未有是书也！其于救物利生之念深矣。至其论阳证见阴脉者死，谓有外阳内阴，若与阳药犹可生，若及阴阳易分寒热，阴阳易随仲景三经用药，皆出古人言意之表，学者又不深思而熟味之。噫！世之著书立言者多矣，其甚高难行、泛言无实者亦有之。然则是书之出，其知者必以为精思妙用所传证以古今，不可诬也；其不知者则茫然无考，诋以为悠悠谈甚高难行也。予以为获一人贤者之知，不犹愈千百愚人之不知者，则是书可以传信行世无疑矣。故内翰王君从之，尝题曰：世所未闻，真知言哉！比先生过上党，主吾故人文之，疗数阴疾尤奇中，皆书中所可概见者。文之始亦骇，不敢用，及已试，叹曰：误人多矣。昔太仓公所上治验，太史氏列之传末，近代钱仲阳（即钱乙）尝所治病，阎孝忠（钱乙的学生，北宋儿科医家，曾任宣教郎。年幼之时多病，经钱乙医治始愈，成人后，精研钱乙医术，并多方收集整理钱乙医方、著作，辑成《小儿药证直诀》一书）记于论证后，今从先生得所书，主治次第，谨编如下方，亦足以证愚者之不知者。文之姓宋氏，讳廷圭，长平人，世亦号善医云。

岁癸卯（1303年）冬十一月中浣日（浣，唐代制度。官吏每十天休息洗沐一次，后世人遂称每月的上、中、下旬为上、中、下浣。《新唐书·刘晏传》："质明视事，至夜分止，虽休浣不废。即十一月的中旬）王官麻革信之谨题

门人皇甫黻（音fú）、张沌、宋廷圭、张可、弋彀（音gòu）英同校正燕山吴玉君美助缘

《祭神应王文》：窃以济世须医，去疾先药，论江方海，眩目骇心，人皆于此，泥小技作当涂，视大经为何物。及其临胗，莫知所措。况夫病者虚实互见，寒热交分，气运加临，脉候不应，苟或圭黍之差，已有云渊之失。故有者甚而无者生，轻者危而重者毙，夭横盈郊，冤枉举世。每怜孑孑之幽魂（孑孑，音jié jié。孤单貌。唐代韩愈《食曲河驿》诗："而我抱重罪，孑孑万里程"），谁听嗷嗷之夜泣（嗷嗷，亦作"嗸嗸"，哀号声。《诗经·小雅·鸿雁》："鸿雁于飞，哀鸣嗸嗸。"陆德明释文："嗸，本又作嗷"），痛矣如斯，心乎不已，耽嗜数年，裒成此集。总前圣之嘉言，为后学之法则，虽治伤寒，独专隐例，列古于前，评今于后，区别余三十条，收拾过二万字，不必泛天风，彻海波，尽在乎耳目矣！优而柔之，使自得之，厌而饫之，使自趋之。深有望于好生之君子，于戏欲广当世，敬以先神，伏冀鉴辉，庶几绵历。王好古惶恐顿首谨言。

圣贤所言阴证，如岐伯、阿衡、仲景、叔和，故已备矣；活人、许学士、韩只和、成无己，又甚详矣。后人尚有采择未精，览读有阙，予所以从而次第之。然今之病者，得之有内外之异，或不与经符，合之有色脉之殊，或不与方契，形候相若，似是而非，众所共疑，莫之能辨，取其如此者，又

从而比类之。非帘视壁听，仿佛未真也，阴阳寒热，如辨黑白矣。使医者不动声色，蠲去疾疴，免横夭以无辜，皆康宁而得寿，予所愿也。每虑浅识，或有所遗，敬俟来贤，幸为改正。

壬辰岁（1232 年）夏四月初十日

海藏老人古赵　王好古序

《此事难知·自序》：予读医书几十载矣，所仰慕者，仲景一书为尤焉。然读之未易洞达其趣，欲得一师指之，遍国中无有能知者。寤而思，寐而思（寤，醒时；寐，睡时。《诗经·周南·关雎》："窈窕淑女，寤寐求之"），天其勤恤（犹言上天关怀、忧悯、怜恤之意），俾我李公明之，授予及所不传之妙。旬储月积，浸就编帙，一语一言，美无可状，始而终之，终而始之，即无端之圜璧也（圜，音 yuán。《广雅·释诂三》："圜，圆也。"《周礼·考工记·舆人》："圜者中规，方者中矩。"《尔雅·释器》："肉倍好，谓之璧。"圆形的美玉璧）。或有人焉，厌闻而恶见者，岂公徒使之然哉？彼未尝闻，未尝见，耻夫后于人之过也。因目之曰《此事难知》，以其不因师指也。人徒见是书为伤寒之法，而不知上合轩岐之经，中契越人之典，下符叔和之文，兹又言外不传之秘，具载斯文矣。

时至大改元（1308 年）秋七月二十有一日　古赵　王好古识

《此事难知·后序》：东垣先生医书一帙，予府已锓梓传于世矣。今又得一书，亦东垣治疾之法，名曰《此事难知》。盖医之为道，所以续斯人之命，而与天地生生之德不可一朝泯也。秦焚六经而废周公、孔子之道，幸而医书存世。考诸经者，则知黄帝与岐伯之论辨，反覆推明五运七气之秘，以立补泄之法，所以拯斯人之疾，而人之死生系焉。岐黄既远，求能推诸五运七气，而察阴阳升降之候，定藏府虚实之所因，合经络上下之所属，而能起死回生者鲜矣。噫！克绍明之者（克，能够；胜任。《尚书·尧典》："克明俊德。"绍，继承。《尚书·盘庚上》："绍复先王之大业。"克绍，能够继承。《尚书·冏命》："俾克绍先烈。"《孔传》："使能继先王之功业"），其惟东垣先生乎？先生是书，乃言外不传之秘，诚为人所难知，然方剂虽载其妙理，有不可得而明言者，在乎心领而神会耳。唐许胤宗曰：医者，意也。思虑精则得之，此之谓欤！而孟轲氏曰：梓匠轮舆，能与人规矩，不能与人之巧，亦此谓也。予用寿行而与四方之士共焉，则济人利物之一端，未必无小补云！

成化甲辰岁（1484年）仲夏既望（殷、周以阴历每月的十五、十六日至二十二、二十三日为既望。后世遂以阴历即农历每月的十五日为望日，十六日为既望，表示满月后的一天）荆南一人识

罗天益（1220—1290），元著名医学家，著有《卫生宝鉴》《医经辨惑》。字谦甫，号“容斋”，曾任元太医。真定（今河北省正定，亦有说是真定路藁城，今藁城县人）人。生活于金末元初，补土派医学大师李杲的入门弟子。

医与造化参，学之精者甚为难。李杲之高弟罗天益以医为己任，受业十余载间，不畏寒暑，潜心勤奋苦学，躬身领教，深究其理，知其然必究其所以然，深得恩师赏识，尽受其私淑不传之妙，成为一名对李东垣的“易水学派”藏府辨证、脾胃、药性理论形成和发展过程中承前启后的重要医学家。其源流于“易水学派”之金代名医张洁古，同时还继承和发展了金元四大家的针灸医学学术思想。他医术精湛，曾被征召为军医，后入宫做太医之职，尤以擅长治疗疔疮、痈疽而闻名，曾参与元代唯一官修的《至元增修本草》（今已亡佚）增修工作。他以道心济物，其道大行，整理刊行了多部李杲的医学著作，垂训后世，仁心普济，感人至深，对发展和传播“东垣之学”发挥了重要作用。

罗天益撰著医学著作颇多，尤以二十四卷本的《卫生宝鉴》而闻名。此书分门别类，纤悉俱备，刊行于1281年。该书主要记载了医者本人长期临床诊治的经验，以讨论方、药，药理，附以验案为长；论病必本于《素》《难》，穷于其源；依理制方，必辨证施治，随机应变；处方立论，简而恰当，斟酌兼采古方而参以己意；发言造诣，酷类其师，巧妙融汇师徒二人之精妙者，集中反映了作者所遵从的“易水学派”学术思想；本草针法，无不论述，这也是他唯一传世的著作。东垣之学，因谦甫而益明。《宝鉴》得传世，后学庆幸焉；猝然有疾者，难觅良医师；得其观视之，对证以求方；择方有所据，依方服药饵；用药有所循，病愈必畅快；诚足以卫生（护卫生命），不致无助尔，不至于危殆。《宝鉴》见解精辟，临床实用价值极高，是临床医生的宝贵参考书。他还曾协助恩师李东垣编纂了《内经类编》，其他尚有

《医经辨惑》《经验方》《药象图》等，非常遗憾的是后面这几本书均已遗佚。

弟子（李杲之徒）罗天益，字谦甫，亦真定人，能传其学。同县窦行冲，字和师，及见天益，得杲书读之。世祖征为尚医，亦有时名。（民国柯劭忞著，《新元史·卷之二百四十二·列传第一百三十九·方伎·罗天益》）

《卫生宝鉴·自启》：天益上东垣先生启曰：窃以射不师于后羿（又称夷羿，古代传说中夏代东夷族首领，原为有穷氏部落首领，名羿，善于射箭。神话传说尧时十日并出，植物被灼热枯焦致死，猛兽毒蛇危害，羿射去九日，射杀猛兽长蛇，为民除害，为人民所赞许），岂能成弹日之功（弹，音bì。射。《楚辞·天问》："羿焉彃日？乌焉解羽？"怎么能成功完成射日的功劳呢）？匠非习于公输（亦作公输班、公输般，即鲁班），未易耸连云之构（未易，不易；不容易；难于。西汉司马迁《报任安书》："仆又佴之蚕室，重为天下观笑，悲夫悲夫！事未易一二为俗人言也！"耸，耸立；矗立；高起。动词。北宋沈括《梦溪笔谈》："予观雁荡诸峰，皆峭拔险，上耸千尺。"连云，与天空中的浮云相连。形容高远、众多。岂易矗立起连接彩云的构造）。惟此医药之大，关乎性命之深，若非择善以从之（出自《旧唐书·魏徵传》："简能而任之，择善而从之。"选择好的意见采纳应用它。择善，乐善好施，予人恩惠，此作为便是善；不辱国之使命，慷慨就义，此为大善），乌得过人之远矣？兹者伏遇先生聪明夙赋，颖悟生资，言天者必有验于人，论病者则以及于国。驱驰药物，如孙吴之用兵（孙子兵法以及吴子兵法合称孙吴之术，即孙武和吴起的合称）；条派病源，若神禹之行水，是以问病而证莫不识，投药而疾靡不瘳，有元化涤胃之神功（华佗，字元化），得卢扁起人之手段（扁鹊，姓秦，名越人，战国时医学家。因家居卢国，故又称卢扁），犹且谦以接物，莫不忠于教人。如天益者□□晚生东垣□族幼承父训，俾志学于诗书；长值危时，遂苟生于方技。然以才非卓荦（卓荦，音zhuō luò，亦作"卓跞"。超绝；特出。《三国志·魏志·陈矫传》："博闻强记，奇逸卓荦"），性实颛蒙（颛，音zhuān。颛蒙，愚昧无知。《汉书·扬雄传下》："天降生民，倥侗颛蒙。"颜师古注解："郑氏曰："童蒙无所知也"），恐贻后人之讥，常切求师之志。幸接大人之余论，始惭童子以何知？即欲敬服弟子之劳，亲炙先生之教（亲炙，典出《孟子·尽心下》："非圣人而若是乎，而况于亲炙之者乎？"亲自承蒙先生的教诲），朝思夕诵，日就月将。其奈千里孑身，一家数口，内以生涯之逼，外为官长之拘，不得免焉。是以难也！

今乃谨修薄礼，仰渎严颜（仰，敬慕；仰视；仰慕。《新唐书·韩愈传》："学者仰之如泰山北斗。”渎，烦渎；轻慢。《左传·昭公二十六年》：“国有外援，不可渎也”），伏望怜鄙夫之间，为之竭焉。见互乡之童（《论语·卷十四·述而下》之语：“互乡难与言，童子见，门人惑。”三国魏玄学家何晏《论语集解》：郑曰：“互乡，乡名也。其乡人言语自专，不达时宜。而有童子来见孔子，门人怪孔子见之。”北宋经学家邢昺校定《论语》疏解：“言此乡有一童子难与言，是非一乡皆难与言也”），与其进也（与，赞赏；心许；赞许。《论语·卷十三·述而上》：“暴虎冯河，死而无悔者，吾不与也。”赞许他们进步），使得常常之见，得闻昧昧之思（昧昧，想念沉思深切貌。《尚书·秦誓》：“昧昧我思之，如有一介臣，断断猗无他技，其心休休焉，其如有容。”南宋学者蔡沈《书集传》：“昧昧而思者，深潜而静思也”），若味亲糟粕之余，是赐获丘山之重（丘，通“巨”，大；长。《汉书·楚元王传》：“高祖微时，时时与宾客过其丘嫂食。”颜师古注引张晏曰：“丘，大也，长嫂称也”）。过此以往，未知所裁（裁，判断；裁决。《国策·秦策一》：“臣愿悉言所闻，大王裁其罪”），谨启。

重刊《卫生宝鉴·蒋序》：医自轩岐设教，其为天下斯民虑，至深远也。然去圣既远，教虽存而不勉寖至失真（寖，音 jìn，古同“浸”。逐渐；渐渐。然而，离圣人既然越来越远，圣教虽然存在难免不渐渐失真），此所以必又待豪杰之士为之维持发越（发越，发扬传播。《朱子语类·周子之书·太极图》：“万物到秋冬时，各自收敛闭藏，忽然一下春来，各自发越条畅。”所以又必须等待豪杰之士为他们维持发扬传播），而后可以永其传也。历代以来，若秦越人、淳于意、张仲景、华元化、孙思邈，盖皆其人焉。奈何自思邈而下，世代益远，所失益甚。士之习医业者，各尊所闻、行所知，伥伥乎莫知适从矣（伥伥，无所适从的样子。《荀子·修身》：“人无法则伥伥然。”唐代官员、学者杨倞著《荀子注》解：“伥伥，无所适貌，言不知所措履”）。是故凡遗书所存，其处方立论，纷纷乖缪（纷纷，多而杂乱。唐代高适《别董大》：“千里黄云白日曛，北风吹雁雪纷纷。”乖谬，荒谬背理；抵触违背。《鹖冠子·天则》：“使而不往，禁而不止，上下乖谬者，其道不相得也。”南朝梁刘勰《文心雕龙·事类》：“引事乖谬，虽千载而为瑕”）。或气运之有遗，或经络之不审，或表里升降而混于所施，君子于此不能无识议焉。天愍斯民，嗣生豪杰（嗣，音 sì。《尔雅》：“嗣，继也。”《尚书·洪范》：“禹乃嗣兴”），而镏河间（镏，姓，古同“刘”。即刘河间）、张洁古、李东垣诸公者，挺然复出（挺然，挺拔傲立貌。《南史·柳世隆传》：“挺然自立，不与众同。”挺拔特立再次出现），启前圣不传之祕（《说文解字·口部》：“启，开也。”《说文解字·口部》：“启，教也。”秘，秘本；秘藏；秘诀；秘传。开启以前圣人没有传下来的秘密），焕然为后学之模范。然当时学者，惟真定罗谦甫氏，独得李氏之正传，故所辑《卫生宝鉴》一书，论病则本于《素》《难》，必求其因。其为说也详而明，制方则随机应变，动不虚发；其为法也简而当，大抵皆采摭李氏平日之精确者，而间檃括以己意（檃，音 yǐn。檃括，亦作“隐括”，本意是矫正曲木的工具，此指裁剪、修改、组织李东垣及诸家原文素材时常参以己意。南朝刘勰《文心雕龙·镕裁》：“蹊要所司，职在镕裁，檃栝情理，矫揉文采也。”），旁及于诸家者也。江左旧有刻板（江左，亦称“江东”。古时，在地理以东的地区，为左），兵燹不存（燹，音 xiǎn。《玉篇》：“燹，野火也。”兵燹，战火；兵火。撰有《脉法要略》《膏肓腧穴灸法》的两宋间医家、擅长针灸之学的庄绰，字季裕，作《鸡肋篇》：“先圣旧宅，近日亦遭兵燹之厄，可叹也夫！”战火不再存在）。士大夫家罕有其书，虽间有能誊录者，往往病于差缪，弃置不省。后生晚学，殆有未尝经目者矣。吾友院判韩公公达，为予言其幼稚时，尝承先君子复斋先生之训：谓罗氏深得李氏不传之奥，其处方立论，不偏于一，而于针法本草，莫不备述，实医家至要之书，尝仇校其讹舛（仇，音 chóu，同“雠”，动词。《三苍》：“雠，对也。”《说文解字·言部》：“雠，犹应也。”按：以言相当也。《诗经·大雅·抑》：“无言不雠，无德不报。”经常校对其中的错讹舛误），欲重刊行而未暇，汝辈当继志勿忘也。先人没已久，言犹在耳。某今幸承泽余（我今幸运地承蒙恩泽之余），叨仕医垣（叨，既可读 tāo，亦可读 dāo，此处则以前者为准。承受。古汉语中经常用于受人恩惠或礼物时予以表示感谢的谦词。唐代开元名相、政治家、文学家张说《恩赐丽正殿书院宴应制得林字》：“位窃和羹重，恩叨醉酒深。”垣，《说文解字·土部》：“垣，墙也。”垣墙；垣墉。任职于医学界。这是一句自谦语），日近圣天子清光（清光，喻帝王的容颜清美风采。《汉书·晁错传》：“今执事之臣皆天下之选已，然莫能望陛下清光，譬之犹五帝之佐也。”颜师古注引晋灼曰：“今之臣不能望见陛下之光景所及”），思所以报称万一者，惟是书为然。恒惜其传布之不广，乃命医士钱垣缮写（缮写，抄写，誊写。北齐颜之推《颜氏家训·风操》：“政为常所讲习，雠校缮写，及偏加服用，有迹可思者耳。”于是就命令医士钱垣誊抄缮写）。捐俸赀（赀，同“资”，官吏所得的薪金俸酬。主动捐助薪金俸酬），鸠工锓木（鸠工，聚集工匠。唐代黄滔《泉州开元寺佛殿碑记》：“乃割俸三千缗，鸠工度木。”锓木，就是锓板，刻书。南宋学者、藏书家周辉著记录宋人杂事的笔记体著作《清波别志·卷中》：“甫锓木，亦以有不应言者，旋被旨毁板。”聚集工匠，雕版印刷刻书），与众共之，子盍为序。呜呼！罗氏之书，将翕然为人所争诵矣（翕然，一致；一律《汉书·杨敞传》：“宫殿之内翕然同声”）。夫李氏之学，得罗氏而益明；罗氏之书，得韩氏而传播不朽。是其嘉惠后学，羽翼医教之盛心，于何如也？因不辞而书以为末序云。

永乐十五年岁在丁酉冬十一月癸丑（1417年）

太医院院判 淮南　蒋用文书

《卫生宝鉴·胡序》：《卫生宝鉴》者，罗谦甫所著之书也。谦甫，东垣李明之之门人。东垣在当时，有国医之目，已达窔奥（窔，音yào。窔奥，本意是说官室的两个幽深难见阳光的方位。《释名·释宫室》：“室中西南隅曰奥；不见户明，所在秘奥也。东南隅曰窔；窔，幽也，亦取幽冥也。”此取幽深之意）。谦甫盖升其堂而入其室者，发言造诣，酷类其师，有裨于前人之未备。书已板行，元末毁于兵燹，故今少见全籍。近年以来，间有抄录之者，又多遗逸，独吴郡韩氏家藏为善本，盖复斋韩公恒补其缺略，正其讹误，此书之不废，其有幸矣。复斋尝欲锓梓以惠于世，有志未遂而卒，遗命属其子公达。公达拳拳服膺不忘（拳拳服膺，语出《礼记·中庸》：“得一善，则拳拳服膺而弗失之矣。”朱熹集注：“服，犹着也；膺，胸也。奉持而著之心胸之间，言能守也。”拳拳，真挚诚恳。西汉司马迁《报任安书》：“拳拳之忠，终不能自列。”服膺，铭记在心；衷心信服；牢记在心里永不忘记。此言韩公达先生真挚诚恳之心，令人永远铭记于心不忘），既刻《东垣脾胃论》及《内外伤辨》《用药珍珠囊》三书已，又刻完是书，为费不赀，卒成其先人之志，间征广文为序。窃观方书，古今不一家，其或有非出于良医师之手集录，往往用之，或失其宜，不能收效而反有戕贼人者（戕贼，伤害；损害；残害。动词。《孟子·告子上》：“如将戕贼杞柳而以为桮棬，则亦将戕贼人以为仁义与”），非方之罪，盖不知医之误也。大抵医家著述，其说尤难，一或失理，生死安危在毫忽间耳（毫忽，极微小的一小点。北宋苏轼《上皇帝书》：“差舛毫忽，则邪沴之气干之矣。”生死安危决乎于细微之间的失误与否）！世或病张长沙著论，有大人之病而无婴儿之患，有北方之药而无南方之治，斯殆所谓难也欤！今观谦甫是书，备诸证疗，盖斟酌古方而参以己意，且一一经试用之，无不神应，如养由基之于射（养由基，亦作养游基，春秋时期楚国大夫，楚国神射手。《战国策·西周策》：“楚有养由基者，善射，去柳叶百步而射之，百发百中”），百发百中，诚有裨于医道为不少矣。复斋深究其然，乃欲广其传，以寿斯人于无穷，闵世疾苦之心切矣。公达克推是心，无所违焉。果能俾是书之传，如其先人之欲，贤哉公达之为人子也！使其书家列而户置之，其功不亦溥乎（溥，音pǔ，形容词。《说文解字·氵部》：“溥，大也。”广大；

广博。《诗经·大雅·公刘》："瞻彼溥原，乃陟南冈"）！穷乡下邑之士，猝然有疾，不得良医师，得是书而观之，对证以求方，依方而服药，必洒然如褫（褫，音chǐ。本意是脱去衣服。《易经·讼》："或锡之鞶带，终朝三褫之。"引申为革除、夺去。洒然，潇洒畅快貌，此处则引申为解脱之意），不至于束手待毙。使凡浅之夫为医者，得是书而观之，于用药必有所循仿（遵循效仿；依照效法；沿袭仿效），必不至于谬误。其为惠泽于人者，讵可涯乎（讵可，岂可。唐代李白《行路难》诗："华亭鹤唳讵可闻！"涯，边际；极限。《庄子·养生主》："吾生也有涯，而知也无涯。"岂可度量它那无涯的作用）？遂书以为序，以见公达父子之用心也。今国家覃至仁以为治（覃，音tán，动词。广施；覃恩；深广；延伸。至仁，最大的仁德。《庄子·天运》："曰：'谓问至仁？'庄子曰：'至仁无亲。'"如今朝廷广施最大的仁德用以治理国家），跻斯世斯民于寿域之中，而公达之为，盖有所助也欤！公达名夷，仕为太医院判，忠勤端悫，小心慎密，尤为上所知遇云。

永乐十五年岁次丁酉十二月戊戌（1417年）

文渊阁大学士兼左春坊大学士、奉政大夫　庐陵　胡广序

《卫生宝鉴·砚序》：太医罗先生，学于东垣李君，源流于易水张君，其道大行。惧夫二君之传久而泯没也，集录诠次而刻之梓者（诠次，选择编次排列使其具有层次条理。东晋陶渊明《饮酒诗·序》："既醉之后，辄题数句自娱，纸墨遂多，辞无诠次，聊命故人书之，以为欢笑尔。"），非一编矣。暇日携成书四帙见示，而曰：且将板行，一序毋吝。翻而阅之，曰药误永鉴者，知前车之覆，恐后人蹈之也；曰名方类集者，古今之方，择之已精，详而录之，使后人有所据依也；曰药类法象者，气味厚薄，各有所用，证治增损，欲后人信之也；曰医验纪述者，遇如是病，用如是药，获如是效，使后人慎之也，大抵皆仁者之用心。抑论之（抑，副词。表示推测。北宋著名文学家欧阳修《新五代史·伶官传·序》："抑本其成败之迹，而皆自于人欤?"）：天下之事，辨之不明，固有似是而非，利于此而害于彼者。况医之为道，阴阳虚实，千状万态，神圣工巧，存乎其人，合四者而一之，名曰《卫生宝鉴》。夫鉴之本明，其应物也，无心乎妍丑，而妍丑莫能揜（揜，音yǎn，同"掩"。动词。《说文解字·扌部》："揜，自关以东，取曰揜，一曰覆也。"遮蔽；掩藏；揜覆；揜匿。《礼记·檀公下》："既葬而封，广轮揜坎，其高可隐也。"而美与丑是不能遮掩的）。得是书者诚能习而读之，玩而味之，了然于

心而无疑，一旦临用，如鉴之虚明，物来而应，若妍若丑，无纤毫之差，其用岂不博哉？不然，未用时置之高阁，仓卒间但备检阅，殆有辨之不明，似是而非，其所失不啻霄壤（不啻，不止；不只；不仅仅。《尚书·多士》：“尔不克敬，尔不啻不有尔土，予亦致天之罚于尔躬。”《孔传》释其意：“不但不得还本土而已，我亦致天罚于汝身。”霄壤，本意是说天和地。亦喻差别太大，相去太远。其所失不仅仅天壤之别）。诗云：伐柯伐柯，其则不远（语出《诗经·国风·豳风·伐柯》。砍斧柄的规则就在近前）。执柯以伐柯，睨而视之，犹以为远（睨，音 nì。《说文解字·目部》：“睨，视也。”柯，斧头的手柄。伐柯，伐木做斧柄。孔子以斧柄做例子，每个斧柄都不一样，新旧、木质、木纹、长短，都会有差别，但是，斧头必须恰如其分地嵌入斧眼，才能够砍柴伐木。做人的道理、治病的道理，一如斧柄，每个人的行为虽然是千姿百态、各有所异，但是做人的行为规范是不能违背的，就如斧柄的头，不合于斧眼，削改一下，使其恰如其分，就好用了。人的行为不合于规范，改正了就好了），殆非先生垂示后人之意也。

至元 辛巳 冬至日 郧城　砚坚 题于卷首

明代诸多官员对于罗天益及其恩师李东垣，多赞许认可。如官医太医院院判蒋用文、韩公达，文渊阁大学士兼左春坊大学士、奉政大夫胡广，翰林院学士、奉政大夫兼右春坊右庶子杨荣，赐进士出身巡按直隶监察御史刘廷瓒等人，不仅纷纷为《卫生宝鉴》一书作序，予以大力推广和普及，而且赞美之词频频有加。

东垣李先生医术之精，古今罕及，门人罗谦甫深得其秘奥。二公所著《脾胃论》《卫生宝鉴》诸书，皆补前人之未备，分门辨误，不执于一偏，以至针法、本草无不详尽，诚医家切要而不可缺者。（韩公达语）

……近世东垣所著《内外伤辨》等篇，发前人之所未发，故其所著之方，靡不神效。谦甫受业其门，得闻至论。其为此书，斟酌损益，具载悉备，嘉惠于世者厚矣。（杨荣语）

……东垣李明之，生金元之时，得轩岐之髓，用药处方，如衡准物，攻补之施，未尝有毫发苟，盖二三百年来，南北所共遵用，而不敢有异议者。此岂非杰然于其学者哉？罗谦甫氏，为东垣高第弟子，《卫生宝鉴》，则李氏十书之羽翼也。有论有方，跬步不敢越其师家法，而发明遗蕴，时有裨所未备者，盖今学东垣者之所必由，而世决不可少者也。（刘廷瓒语）

《卫生宝鉴》的释义：珍贵的养生儆戒宝书（卫生，犹养生，呵护生命。《庄子·庚桑楚》："趎愿闻卫生之经而已矣。"《尚书·旅獒》："不宝远物，则远人格；所宝惟贤，则迩人安。"《淮南子·说山训》："侯王宝之。"东汉经学家高诱撰《淮南子注》解："宝，重也。"鉴，儆戒；借鉴。《广韵·鉴韵》："鉴，诫也。"《正字通·金部》："考观古今成败为法戒者，皆曰鉴。"南宋著名学者陈傅良《历代兵制·卷五》："得失兴亡，亦可以为世鉴"）。

罗知悌（约1243—1327），宋末、元初医学家，名医朱震亨之师。著有一卷本《罗太无先生口授三法》。

罗知悌，字子敬，号"太无"，世称"太无先生"，钱塘（今浙江省杭州市）人。精通天文、地理，善辞章，工书法，学识深厚。宋理宗朝宝祐中（宝祐：1253—1258年）寺人（官名，宫中供使令的小臣。《周礼·天官·寺人》："寺人掌王之内人及女宫之戒令。"《诗经·秦风·车邻》："寺人之令。"后世称宦官为寺人），学精于医，得金名医刘完素之学（得刘完素门人荆山浮屠之传），而旁参兼通张从正、李杲二家之说。然性甚褊倨（褊倨，音biǎn jù。狭隘傲慢。褊，本谓衣服狭小，《论衡·自纪》："形大衣不得褊。"引申为狭隘。西汉政论家、文学家贾谊撰政论著作《新书·道术》："包众容易谓之裕，反裕为褊"），恃能厌事（恃才傲物），难得意。

南宋灭亡，罗知悌被掳至燕京，其气节有加，坚辞不入内廷，闭门谢客，虚怀若谷，专心研究医术，综合刘完素、张从正、李东垣三家学说，尽心提高自己的学术水平，乐贫好施，治病处方，不拘泥于古方，灵活善变，疗效显著，济世救人，口授方药，赠药资费，是位医德高尚之人。1325年，元泰定二年，朱震亨后多番请见，方成就了一代师徒之交。其为言学医之要，将所学毫不保留地尽教彦修，尽传其术；《丹溪翁传》载罗知悌"即授以刘、李、张诸书，为之敷畅三家之旨，而一断于经""每日有求医者来，必令其诊视脉状回禀，罗但卧听口授……"

罗知悌是承上启下，成就"金元四大家"之说的关键人物，他在其中起到的巨大推动作用绝对不可忽视。元末明初一代名儒宋濂在为朱震亨所著《格致余论》一书题词时说："金以善医名凡三家，曰刘宋真（刘完素），曰张子和（张从正）、李明之（李杲），虽其人年之有先后，术之有救补，至于推阴阳五行升降生成之理，皆以《黄帝内经》为宗，而莫之异也。"又评：元代朱震亨的《格致余论》“有功于生民者甚大，宜与三家所著并传于世”。由此而后，“金元四大家”之说便流传于世。遗憾的是，宋濂忽视了罗知悌在成就“金元四大家”中起到的桥梁作用。

贾铭（约1268—1370），元末明初饮膳学家、养生家，著有《饮食须知》。字文鼎，号“华山老人”。海昌（今浙江省海宁）人。生于南宋，卒于明初，享年一百零六岁，曾在元朝做官至万户。入明后已年过百岁，明太祖朱元璋因其高寿而召见，咨询日常颐养、摄生之法。贾铭答曰：“要在慎饮食。”谓饮食借以养生，如不知物性反忌，则养生者亦未尝不受害损生，并进献所撰《饮食须知》书稿八卷，给明太祖供御览，赐宴礼部后回归。

此书后辑刊入清代周学海的《学海类编》，内容与明代薛己、汪颖之的《食物本草》多同，今人对此书是否为其所撰尚有异议。

《饮食须知·自序》：饮食借以养生，而不知物性有相反相忌，丛然杂进，轻则五内不和，重则立兴祸患。是养生者亦未尝不害生也。历观诸家本草疏注，各物皆损益相半，令人莫可适从。兹专选其反忌，汇成一编，俾尊生者日用饮食中便于检点耳。

华山老人　识

危亦林（1277—1347），元代名医，著有《世医得效方》。字达斋，祖籍江西抚州，后迁至江西南丰，遂称为南丰人。其高祖危云仚（音 xiān。《说文解字·人部》：“仚，人在山上貌。”）游学东京，遇三国时期名医董奉二十五世孙董京，授以大方脉，还家而医道日行，遂以医名世。历五世传至后学达斋危亦林，危氏一家五代业医，遍及诸科，尤其擅长口腔、骨伤、疮肿等科。

元代精通医学各科、五世家传的临床大家危亦林，经过数十年的潜心学练，临床实践，集毕生之心血，博采众长，推陈出新，依按古方，参之家传，刻苦凡十稔，终将世代祖先的医学心得和临床经验承继下来，并予以全面系统的总结归纳，加之自己的独到心得和见解，据元代太医院所颁定医学一十三科为名目，除祝由科不曾习学外，分门析类，编次有法，进行编纂，合而成书《世医得效方》二十卷，编积其高祖以下五世所集医方，科目无遗，纲举目张，由博以见约。危氏集毕生之临床医学实践，甚为讲求实效，论述条理清晰，立论精当，所著《世医得效方》堪称是一部验方、秘方的集锦，综合性医方书。创作始于1328年（天历初元），功成于1337年（至元三年）岁丁丑七月既望。

《太医院题识》：南丰危亦林《世医得效方》，编次有法，科目无遗。江西提举司校正之（提举司，官署名。提举的原意是管理，宋以后设立主管专门事务的部门，元时设有医学提举司，职掌医户差役词讼），牒上于院，下诸路提举司重校之。覆白于院，院之长二僚属皆曰：善。付其属（付，付与；授予；付托。西汉元帝时史游作教学童识字的书《急就·卷二》："取受付予相因缘"），俾绣梓焉（绣，华丽的；精美的。北宋苏轼《题织锦图上回文》诗："人随远雁边城暮，雨映疏帘绣阁空。"梓，雕制印书的木板，引申为印刷。令以精美的刻板印刷）。噫！是方之效，岂以此一言而遂传欤。

至元五年（1339年）太医院 识

《世医得效方·自序》：工欲善其事，必先利其器，器利而后工乃精。医者，舍方书何以为疗病之本？自《难经》《汤液》《灵枢》《伤寒论》等篇出，而后之医师著述者，殆数百家。盖发纵指示（盖，副词。唐代政治家魏徵《谏太宗十思疏》："凡百元首，承天景命，善始者实繁，克终者盖寡。"发纵，亦作"发踪"，指挥调动之意。三国魏著名文学家王粲《反金人赞》："君子亮直，行不柔辟。友贱不耻，诲焉是益。我能发踪，彼用远迹。"盖发纵指示，则操纵指挥调动），俾对病而知证，因证而得药，其用心亦仁矣哉！仆幼而好学，弱冠而业医，重念先世授受之难。由鼻祖自抚而迁于南丰。高祖云仚，游学东京，遇董奉廿五世孙京，授以大方脉，还家而医道日行。伯祖子美，复传妇人、正骨、金镞等科。大父碧崖，得小儿科于周氏（复传黎川大磜周氏小方科）。伯熙载进学眼科及疗瘵疾（指肺结核病，即痨疾）。至仆，再参究疮肿、咽喉、口齿等科，及储积古方，并近代名医诸方。由高祖至仆，凡五世矣。随试随效。然而方书浩若沧海，卒有所索，目不能周。乃于天历初元（1328年），以十三科名目，依按古方，参之家传，昕夕弗怠（昕，拂晓；黎明；天明；日将出时。《说文解字·日部》："昕，旦明也，日将出也。"昕夕，朝暮；终日。北宋沈括《贺年启》："祈颂之诚，昕夕于是。"《仪礼·士昏礼》："凡行事，必用昏昕。"唐代太学博士贾公彦撰《仪礼疏》："昕即明之始，君子举事尚早，故用朝旦也。”夕，日暮；傍晚。《诗经·王风·君子于役》：“日之夕矣，羊牛下来。”弗，副词，表示否定，相当于“不”。《广雅·释诂四》：“弗，不也。”昕夕弗怠，日夜朝夕不敢懈怠），**刻苦凡十稔**（稔，音 rěn。年。《广雅·释诂一》：“稔，年也。”《左传·襄公二十七年》：“所谓不及五稔者，夫子之谓矣。”晋代学者杜预注解：“稔，一年也。”唐代训诂学家陆德明撰《经典释文》：“谷一熟，故为一年。”《国语·郑语》：“凡周存亡，不三稔矣”），**编次甫成**（编排次序方才完成），**为十有九卷，名曰《世医得效方》。首论脉病证治，次由大方脉**（古代医学十三科科目之一。宋、元、明三代有大方脉科，乃治疗成人各种内科疾病的专科，即内科。如果兼治小儿科疾病的，通常称为大小方脉）**杂医科以发端**（发端，开始；起头；开头。特指文章的开头。南朝刘勰《文心雕龙·章句》：“至于夫惟盖故者，发端之首唱”），**至于疮肿科而终编**（到疮肿科结束全编）。**分门析类**（分门别类），**一开卷间，纲举而目张，由博以见约**（语出东汉史学家、文学家班固《白虎通·三纲六纪》：“若罗网之有纪纲而万目张也。”东汉末年思想家、经学家郑玄《诗谱序》：“举一纲而万目张，解一卷而众篇明。”抓住主题，就可带动其他各环节，令人理解文章条理分明）。**固非敢求异于昔人，直不过欲便于观览云耳**（只不过是想便于阅读罢了）。**钦惟国朝念群黎之疾苦**（钦惟，发语词。犹言敬思。南朝梁武帝《践祚后与诸州郡敕》：“钦惟邃古，爰及近代，虽禅代异时，而成功一揆。”三国魏曹植《求自试表》：“若此终年，无益国朝。”指本朝。群黎，《诗经·小雅·天保》：“群黎百姓，遍为尔德。”郑玄笺解：“黎，众也。”群众百姓。朱熹集传：“群，众也。黎，黑也，犹秦言黔首也。”敬思朝廷念及群民百姓的疾苦），**惠民有局，设教有学，于医尤切。然自愧山林鄙陋，见闻不博，妄意纂集，舛谬惟多。尤欲当道缙绅医师**（缙绅，音 jìn shēn，同“搢绅”。古代官吏的装束，代指官宦。《晋书·舆服志》：“所谓搢绅之士者，搢笏而垂绅带也”），**进而教之，订其讹，补其偏，俾绣诸梓，则庶几广圣皇好生之仁于无穷**（《史记·秦始皇本纪》：“寡人以为善，庶几息兵革。”《诗经·小雅·车舝》：“虽无旨酒，式饮庶几；虽无嘉肴，式食庶几。”清代诗人、散文家袁枚注解：“庶几，幸。此表希望之词。”无穷，无尽；无极限；没有穷尽。《易经·临》：“君子以教思无穷，容保民无穷。”《礼记·中庸》：“今夫天，斯昭昭之多，及其无穷也，日月星辰系焉，万物覆焉。”则或许可以扩展圣明的皇帝好生之仁义于无穷无尽），**岂不韪欤**（韪欤，音 wěi yú。是；对。《汉书·叙传下》：“昭韪见戒。”颜师古注引张晏曰：“明其是者，戒其非也”）**！**

仍至元三年（1337 年）丁丑七月既望

嘉禾 后学 達斋 危亦林拜手谨书

《世医得效方·序一》：语云：医不三世，不服其药。医何以贵世业也？

谓其更尝多，而险危剧易皆得之耳闻目见，较之臆决尝试者（臆决，主观决断。唐韩愈《平淮西碑》："大官臆决唱声，万口和附。"较之凭借主观决断尝试的人），得失何啻倍蓰（蓰，音 xǐ，名词。亦作"倍屣""倍徙"。倍，一倍；蓰，五倍。《孟子·滕文公上》："夫物之不齐，物之情也。或相倍蓰，或相什百，或相千万。"倍蓰，数倍。得与失何止数倍）？且药进医手，而方传古人，古方之行于世者何算，一证而百方具，将为所适从哉！夫病者悬命医师，方必对脉，药必疗病，譬之抽关启钥（譬如抽掉门栓开启锁具），应手而决，斯善之善有矣。若中无定见，姑徐徐焉取古方历试之，以庶几一遇焉。虽非有心杀人，而人之死于其手者多矣。医所以贵专门，方所以贵经验也。南丰危亦林，先世遇古名医董奉远孙京，受医术，其后世业之。且遍参诸科，至亦林五业，而学益备技益工，所全活者益众。乃取平昔所用古方，验而无失者，并与其祖、父以来得之师授者，类萃成书，仿《圣济总录》以十三科编次，名曰《世医得效方》，将锓梓以广其传。余观世之人，得一方辄靳靳焉莫肯示人（靳靳，音 jìn jìn。吝惜，舍不得。北宋苏辙《丙戌十月二十三日大雪》诗："田家有余粮，靳靳未肯出"），往往以《肘后》《千金》为解。今危氏以五世所得之秘，一旦尽以公诸人，其过人远矣。昔许叔微未达时，人劝以树阴德，许念贫而树德惟医为可，乃攻医以活人，其后讫致显宦，造物之报施如此。然余以为以身种者有限，以书种者无穷。今危氏能公其术于人，使家有其书，即人无夭死，其所种者不亦多乎！阴德之报，在其身，在其子孙，余知其必有过于许氏者矣。

后至元四年（1338 年）八月 承事郎同知

永新州事　王充耘与　耕书

《世医得效方·序二》：达斋危先生《世医得效方》，盖以先世秘传及至于今，凡治疗所经验者，仿《圣济总录》十三科之目，类而编之，计十二帙，进之本道官医提举司。先生家世江西之南丰，授本州医学教授，故用心亦勤矣。岁在壬午，先生过予书林，因得北面师之，且以全帙见授。嗟乎！千方易得，一效难求。观乎此方，则知先生家得其传，世守其学，用无不验，疾无不愈，以得效名方，迨犹影响之于形声也。活人阴德，其有涯哉！予又安敢私有，故命工绣梓，以广其传。庶乎先生惠济之心，得以见于当世，嘉与民生，同跻寿域，不亦宜乎？

至正三年（1343年），岁在癸未仲夏

建宁路　官医提领　陈志顿首谨书

朱震亨（1281—1358），元代著名医学家，金元四大名医之一，著有《格致余论》《局方发挥》《本草衍义补遗》《丹溪心法》《丹溪手镜》《丹溪治法心要》《金匮钩玄》《脉因证治》等医书。

朱震亨，字彦修，因世居浙江省义乌市南约二十公里处的丹溪畔，后世人遂尊称其为“丹溪翁”。其祖先出于汉槐里令云之后，居平陵（古县名，西汉五陵之一。西汉昭帝刘弗陵始筑陵置县，治所位于今陕西省咸阳市西北。昭帝死后葬于此地。三国魏改名始平）；至晋永兴（永兴：304—305年）中临海太守泛，始迁今婺之义乌（婺，音wù。婺州。州、路名。589年，隋开皇九年始置州，治所位于今浙江省义乌市）。子孙蝉联，多闻于世，郡志载之甚详。

震亨先生个性简悫贞良（悫，音què。《说文解字·心部》：“悫，谨也。”诚实；诚笃；谨慎；忠厚。《韩非子·外储说左上》：“夫称上古之传颂，辩而不悫。”《史记·孝文本纪》：“法正则民悫，罪当则民从。”个性简朴诚实贞洁良善），刚严介特（刚严，刚强严峻。《新唐书·杨发传》：“发操下刚严，军遂怨。”介特，孤高；孤僻清高；特立独行；不随流俗。《后汉书·马融传》：“察淫侈之华誉，顾介特之实功。”李贤注解：“介特谓孤介特立也。”刚强严峻、孤高特立、不随流俗），执心以正，立身以诚，直陈治道，无所顾忌，勇于主持公道；好论古今得失，慨然有天下之忧。孝友之行，实本乎天质。先生受资爽朗，读书即了大义，为声律之赋，刻烛即成，长老咸器之，已而弃去。崇尚侠气，不肯出人之下，乡人莫敢轻犯。

其时乡里有许文懿先生讲道于东阳八华山中，从其学者数百人，时年三十六岁的朱震亨乃抠衣前往师事焉。待自罗知悌之处学成而归，众泥陈、裴之学乡医者，闻其轻视陈、裴之言，初始无不大惊，中伤、嘲笑、排挤、鄙视、嗤之以鼻莫不相继而至，唯独许先生喜且赞曰：“吾疾其遂瘳矣乎！”文懿得末疾（四肢的疾病。《左传·昭公元年》：“阴淫寒疾，阳淫热疾，风淫末疾，雨淫腹疾。”许文懿先生四肢不遂），医不能疗者逾十年；先生以其法治之，良验。待其以己法医好许文懿先生痼疾之后，诸乡医无不感佩尊敬，相继服膺，心服口誉，愿为弟子，甘愿习之。数年之间，声闻顿著，四方以疾迎候者无虚日，凡请无不即刻前往，雨雪载途，亦不能止步。告人曰："疾者度刻如岁，而欲自逸耶！"凡人求药无不与，并不求偿。于困厄无告者，不待其招，携药立往之，虽百里之远无畏也。

初，先习儒，后至壮龄时，因母病脾，始刻志习于医。其后益发深入研习《素问》《难经》等诸多经典医著。当时，陈师文、裴宗元勘定的《大观本草》一百九十七方盛行，唯独朱震亨先生对此颇持不同见解，予以质疑，曰："用药若持衡，随物重轻而为前却，古方新证，安能相值乎？"于是遍游江湖，四处寻师欲定其说，渡江走吴，又走宛陵（古县名，汉初置。治所位于今安徽省宣城）、建业（古县名，东汉建安十七年，孙权改秣陵县置，治所位于今南京市），寻师无所遇，皆未能得。复回武林（旧时对杭州的别称，因武林山而得名），闻知精于医的罗太无（罗知悌）。罗先生乃是名医刘完素再传弟子，技艺非凡，遂于1325年，元泰定二年，屡往谒拜，十往返不能通，不与接；已而求见愈笃、志益坚，日拱立于其门，风雨无阻，历三月，告罗曰："此朱彦修也，君居江南而失此士，人将议君后矣。"罗见其心诚意笃，乃遽然修容见之，曰："子非朱彦修乎？"时翁已有医名，罗故知之；二人一见如故，甚相欢喜，遂北面再拜以谒，始纳为徒，受其所教，尽传其术。罗先生为言学医之要，必本于《素问》《难经》，即授以刘、张、李诸书，告知长沙之书详于外感（张仲景因曾任长沙太守，故有长沙之称），东垣之书详于内伤，必两尽之，治疾方无所憾。区区陈、裴之学，泥之且杀人。湿热相火，为病最多，而人罕有知其秘者。震亨闻知甚相喜悦，立马释然；罗先生授予刘、张、李、王之学，朱先生则融汇刘、张、李、王四人诸家之长，集先贤之大成，学成而归，终成一代精通内、外、妇、儿多科的名医，始创"丹溪学派"，堪称元一代名医巨儒。

医者，儒家格物致知一事，奉亲不可缺矣。丹溪先生行医之暇，勤于笔耕，著述颇丰，《新元史》罗列甚详。

朱震亨，字彦修，婺州义乌（今浙江省义乌市）人。天资爽朗（天资，天赋，天生的资质；爽朗，性格直爽开朗畅快），读书即了大义（明了要义，书籍中的精要之处。《文选·杜预〈春秋左氏传序〉》："然刘子骏创通大义……皆先儒之美者也"）。闻同郡许谦之学，抠衣至门（抠，音 kōu。古代礼节，面见尊长时，要主动向前趋步行走，同时提起自己衣服的前襟，以示恭敬、礼貌。《礼记·曲礼上》："毋践履，毋踖席，抠衣趋隅，必慎唯诺。"唐代孔颖达疏解："抠衣趋隅者，抠，提也；衣，裳也；趋，犹向也；隅，犹角也。既不踖席，当两手提裳之前，徐徐向席之下角，从下而升，当己位而就坐也。"），师事之（以师礼相待；侍奉老师。《左传·昭公七年》："故孟懿子与南宫敬叔师事仲尼。"），谦为开明圣贤大旨（开明，开通思想，启明、明了事理，思想不守旧。《史记·五帝本纪》："尧曰：'谁可顺此事?'放齐曰：'嗣子丹朱开明。'"大旨，基本思想、主要含义。《史记·太史公自序》："欲循观其大旨，作日者列传。"《三国名臣序赞》："虽大旨同归，所托或乖。"此处的谦，指老师许谦。为其开通思想，讲明圣贤们的基本思想、事理要义）。震亨心解（心中领会理解。《礼记·学记》："虽终其业，其去之必速。"东汉郑玄注解："学不心解，则忘之易"），抑其豪迈（豪迈，气度宽广，洒脱豪放。《明史·岳正传》："正素豪迈，负气敢言。"抑制他豪放不羁，不受约束的性格），归于纯粹（纯粹，纯正无杂，朴实纯洁。《庄子·刻意》："纯粹而不杂，静一而不变。"《晋书·荀崧传》："近见荀监子，清虚名理当不及父，德性纯粹，是贤兄辈人也。"回归于完美无缺、纯正不杂的德行），不以一毫苟且自恕（苟且，目光短浅，只图眼前利益，得过且过。敷衍了事，马虎随便。西晋陆机《五等论》："为上无苟且之心，群下知胶固之义。"唐代刘知几《史通·忤时》："今监之者既不指授，修之者又无遵奉，务相推避。"严格要求自己，丝毫不马虎随便、敷衍了事、得过且过，只图眼前利益而宽恕自己），其清修苦节绝类（清修，清净地修行，修炼自己的道德，修炼自己的内心世界，使之清静无为，操行洁美。《后汉书·循吏传·王涣传》："故洛阳令王涣，秉清修之节，蹈羔羊之义，尽心奉公。"苦节，坚苦卓绝，守志不渝。《易经·节卦》："苦节不可贞，其道穷也。"绝类，超越同类。汉王逸《荔支赋》："卓绝类而无俦，超众果而独贵"）。古笃行士（笃行，品行纯厚。《礼记·中庸》："博学之，审问之，慎思之，明辩之，笃行之。"《礼记·儒行》："笃行而不倦，幽居而不淫。"古代品行忠实纯厚、诚笃之士）所至，人多化之（所到之处人们多被其感化）。一日，母病延医，因自悟曰："人子不知医，或委之庸人，宁无有失（宁，副词。岂；难道。岂能没有闪失）?"于是研究医理，博求名师，得罗知悌之传，治症多奇效。尝著《格致余论》《局方发挥》《伤寒辨疑》《外科精要》《本草衍义》《补丹溪心法》诸书行世，学者称丹溪先生。（民国何劭忞著，《新元史·卷之二百四十二·列传第一百三十九·方伎·朱震亨》）

附：太仓人王履，字安道，震亨门人，得其心传，著有《溯洄集》《百病钩元》诸书。

元末明初著名文学家太史、挚友宋濂为其撰《故丹溪先生朱公石表辞》：

丹溪先生既卒，宗属失其所倚藉（倚藉，依靠、依赖，慰藉。《明史·太祖纪一》："然念林儿势盛可倚藉，乃用其年号以令军中。"丹溪先生的过世，使其宗族亲属从此失去倚靠慰藉），井邑失其所依凭，嗜学之士失其所承事，莫不彷徨遥慕（彷徨，徘徊、犹豫不决；坐立不安，心神不定。东汉史学家班固《白虎通·宗庙》："念亲已没，棺柩已去，怅然失望，彷徨哀痛。"遥慕，依恋思念、敬仰羡慕。《后汉书·张衡传》："衡不慕当世。"没有不彷徨思慕的），至于洒涕。濂闻之，中心尤摧，咽不自胜。盖自加布于首，辄相亲于几杖间，订义质疑，而求古人精神心术之所寓，先生不以濂为不肖，以忘年交遇之，必极言而无所隐，故知先生之深者，无逾于濂也（没有任何人能够逾越宋濂更加了解朱先生的了）。方欲聚厥事行（厥，代词，其；他的。北宋苏洵著《六国论》："思厥先祖父，暴霜露，斩荆棘，以有尺寸之地。"事行，履历事迹。明代宋濂《故温州路总管府判官宣君墓志铭》："彦照之事行，其都凡如此。"正要聚敛他的事迹。），为书以传来世，而先生之子玉汝、从子嗣汔，忽踏濂门（蹐，音 jí，动词。小碎步前后脚跟进。《诗经·小雅·正月》："谓天盖高，不敢不局。谓地盖厚，不敢不蹐。"二子谨慎戒惧地碎步跟进宋濂家门），以先生从弟无忌所为状，请为表以勒诸墓上，濂何敢辞。

先生讳震亨，字彦修，姓朱氏。其先出于汉槐里令云之后，居平陵，至晋永兴中，临海太守泛，始迁今婺之义乌。子孙蝉联，多发闻于世，郡志家乘载之为详（家乘，家谱、宗谱、族谱的别名，或曰谱牒的另称。南宋陆游《东邻筑舍与兒辈访之为小留》诗："年丰日有携尊兴，家乘从今不一书"）。当宋之季，有东堂府君者，讳良佑，懿然君子人也，盖以六经为教，以弘其宗，府君生某，某生迪功郎桂（迪功郎，始于1116年，北宋徽宗政和六年的职官名称。《宋史·职官志八》："迪功郎……为从九品。"《宋史·职官志九》："《元丰寄禄格》以阶易官，自开府至迪功凡三十七阶。"南宋朱熹曾获授左迪功郎），迪功生乡贡进士环（乡贡进士，由地方的州、县官吏依据私学养成的士子，经过乡试、府试两级的考试选拔，合格者就被举荐参加礼部贡院所举行的进士科考试，而没能被擢第者则称谓"乡贡进士"。这说明朱环先生未能经过地方级别的考试选拔），先生之大父也（大父，祖父。《韩非子·五蠹》："大父未死而有二十五孙，是以人民众而货财寡"）。父讳元，母某氏。先生受资爽朗，读书即了大义，为声律之赋，刻烛而成（刻烛，典出《南史·王僧孺传》："竟陵王子良尝夜集学士，刻烛为诗，四韵者则刻一寸，以此为率。文琰曰：'顿烧一寸烛，而成四韵诗，何难之有？'"此后，刻烛一词就成了喻人诗才敏捷的代名词），长老咸器之，已而弃去，尚侠气，不肯出人下，乡之右族咸陵之（右族，豪门望族；有声望的世族之家。唐代白居易《和州刺史吴郡张公神道碑铭序》：“或以人物著，或以阖阀称，迄今为江南右族。”咸，副词。全；都；皆。陵，动词。欺辱；打压；陵忽。《礼记·中庸》：“在上位，不陵下；在下位，不援上。正己而不求于人，则无怨。上不怨天，下不尤人。”乡里面的豪门望族无不欺凌他），必风怒电激求直于有司（有司，古代主管某部门事务的官吏。设官分职，各有专司，故称有司。诸葛亮《出师表》：“宜付有司论其刑赏。”每遇欺凌，必定风风火火、迅疾求告于有司），上下摇手相戒，莫或轻犯。时乡先生文懿许公，讲道东阳八华山中，公上承考亭朱子四传之学（此说许文懿先生是朱熹的四传弟子），授受分明，契证真切，担簦而从之者（担簦，背伞奔走，远行跋涉。南朝宋吴迈远《长相思》：“虞卿弃相印，担簦为同欢。”追随学习者），亡虑数百人（亡虑，约略；大约。《汉书·赵充国传》：“今诏破羌将军武贤将兵六千一百人，敦煌太守快将二千人，长水校尉富昌、酒泉侯奉世将婼月氏兵四千人，亡虑万二千人。”颜师古注解：“亡虑，大计也。”大约数百人），先生叹曰：丈夫所学，不务闻道，而唯侠是尚，不亦惑乎？乃抠衣往事焉。

先生之年，盖已三十六矣。公为开明天命人心之秘，内圣外王之微，先生闻之，自悔昔之沉冥颠济（济，音 jì。登上；升上。沉冥，隐居；幽居匿迹。扬雄《法言·问明》：“蜀庄沉冥，蜀庄之才之珍也，不作苟见，不治苟得，久幽而不改其操。”李轨注解：“沉冥，犹玄寂，泯然无迹之貌。”颠，颠簸堕落；困顿挫折。北宋王安石《辞使相第三表》：“末学短能，固知易竭，要官重任，终惧颠。”谦谦自悔以往沉沦困顿无作为），汗下如雨，由是日有所悟，心扉融廓（扉，《说文解字·户部》：“扉，户扇也。”《尔雅》：“阖谓之扉。”南宋陆游《绯桃开小酌》：“夜深静卧百虫绝，清月出岭光入扉。”心扉，内心；心灵的窗户；心中的思想。融廓，和谐大度宽宏阔达。心扉融廓，心胸愈加畅快大度），体肤如觉增长，每宵挟朋坐至四鼓，潜验默察，必欲见诸实践，抑其踈豪［踈，音 shū，古同“疏”。踈豪，抑制他疏远豪爽性格），归于粹夷（粹夷，纯洁平和。粹，形容词。纯粹；精粹。夷，形容词。平和；平易。明宋濂《送东阳马生序》：“与之辩解，言和而色夷。”粹夷，明代宋濂《宋九贤遗象记》：“（程子）色微苍，甚莹，貌长，微有颧，眉目清峻，气象粹夷，髯四垂过领。”使之回归平和纯洁］，理欲之关，诚伪之限，严辨确守，不以一毫苟且自恕。如是者数年，而其学坚定矣。岁当宾兴（宾兴，乡试。科举时代，政府规定士子们需要定期参加地方一级的乡试，以定夺前途取向；这时，地方官员就需要设宴招待这些应举之士，称为“宾兴”。这种制度始于周代。《周礼·地官·大司徒》：“以乡三物教万民而宾兴之。”东汉经学家郑玄注解：“兴，犹举也。”就是从小学选出贤能之人，以上宾之礼举荐升于国学。元代著名学者许谦《送尉彦明赴开化教谕序》：“诵《诗》《书》六艺之文，以广见闻；孝弟忠信之实，以敦德行。故宾兴以示劝，简绌以致罚”），先生应书秋闱（应书，古代下级官府回复上级的公文。《汉书·沟洫志》："下丞相孔光、大司空何武奏请部刺史、三辅、三河、弘农太守举吏民能者。莫有应书。"秋闱，江南乡试多设在秋季的八月举行，又叫"乡闱"。每闱三场，每场三昼夜；期间还要换场，实际上是须要九天七夜的时间。考试院亦称为贡院。此说朱震亨先生接官府通知参加秋季的乡试），幸沾一命，以验其所施，再往，再不利，复叹曰：不仕固无义，然得失则有命焉。苟推一家之政，以达于乡党州闾，宁非仕乎？先是，府君置祭田三十余亩，合为一区，嗣人递司穑事，以陈时荐。然有恒祭而无恒所，先生乃即适意亭遗址，建祠堂若干楹，以奉先世神主。岁时行事，复考朱子家礼，而损益其仪文，少长咸在，执事有恪，深衣大带，以序就列，宴私洽比，不愆于礼。

适意亭者，府君所造（府君，对尊者长者的尊称。宋濂对朱震亨极其尊敬、敬佩，故称其为府君），以延徐文清公之地，先生弗忍其废，改创祠堂之南，俾诸子姓肄习其中。

包银之不下（包银，元朝对汉民所征收的赋税名目之一。1322年，元英宗至治二年停征。金亡元兴，军阀林立，赋税繁杂，名目极多，真定军阀史氏加以改革，合而为一，统一征收，称为包银。此后，此法被各地军阀相继施行。《元史·食货志一》："科差之名有二：曰丝科，曰包银……包银之法，宪宗乙卯年始定之，初汉民科纳包银六两。"《元典章·圣政二·均赋役》："爰自包银之法行，积弊到今，民力愈困"），州县承之，急如星火，一里之间，不下数十姓，民莫敢与辨。先生所居里，仅上富氓二人。郡守召先生，自临之曰：此非常法，君不爱头乎？先生笑曰：守为官，头固当惜，民不爱也，此害将毒子孙，必欲多及，民愿倍输吾产当之。守虽怒，竟不能屈。

县有暴丞，好谄渎鬼神（谄，动词。《论语·学而》："贫而无谄，富而无骄。"谄媚；谄谀；曲意迎合。渎，动词。轻慢；不敬；亵渎。《国语·周语》："不亦渎姓矣乎。"谄渎，谄媚亵渎。残暴的县丞喜好谄媚亵渎鬼神），欲修岱宗祠以徼福，惧先生莫己与，以言尝之曰：人之生死，岳神实司之，欲治其宫，孰敢干令。先生曰：吾受命于天，何庸媚土偶为生死计耶？且岳神无知则已，使其有知，当此俭岁，民食糠核不饱，能振吾民者，然后降之福耳，卒罢其事。赋役无艺，胥吏高下其手，以为民奸。先生集同里之人谓曰：有田则科徭随之，君等入胥吏饵而护相倾，非策之上也，宜相率以义，挈其力之朒赢而敷之（挈，音qiè，动词。《说文解字·手部》："挈，县持也。"《广雅》："挈，提也。"用手提携。朒赢，音nǜ yíng。亏缺不足、盈余。

根据他的能力多少而施予）。众翕然从（翕，音 xī，形容词。《诗经·小雅·常棣》：“兄弟既翕，和乐且湛。”翕然，形容言论、行为一致。《汉书·杨敞传》：“宫殿之内翕然同声。”众人无不相从）。每官书下，相依如父子，议事必先集。若苛敛之至，先生即以身前，辞气恳款（恳款，恳切忠诚。唐代王维《请施庄为寺表》：“上报圣恩，下酬慈爱，无任恳款之至”），上官多听，为之损裁。县大夫劝耕于乡，将有要于民，先生惧其临境，邪幅屝屦（邪幅，古代缠裹足背至膝的布。《诗经·小雅·采菽》：“赤芾在股，邪幅在下。”《毛传》：“诸侯赤芾邪幅。幅，逼也。所以自逼束也。”郑玄笺解：“邪幅，如今行縢也，逼束其胫，自足至膝，故曰在下。”屦，注 jù，名词。用麻或葛等材料制成的单底鞋，后世则泛指鞋。《说文解字·尸部》：“屦，履也。”清代经学家、训诂学家段玉裁注解：“今时所谓履者，自汉以前皆名屦。”《周礼·屦人》：“掌王及后之服屦。”屝屦，草曰屝，麻曰屦。草鞋麻屦），往迎于道左。大夫惊曰：先生何事乃尔耶？先生曰：民有役于官，礼固应尔。大夫曰：劝耕善乎？先生曰：私田不烦官劝，第公田生青刍耳。是时圭田赋重，种户多逃亡，故先生以此为风，大夫一笑而去。

乡有蜀墅塘，周围凡三千六百步，溉田至六千亩而羸，堤坏而水竭，数以旱告，先生倡民兴筑，置坊庸，凿为三窦，时其浅深而舒泄之，民食其利。后十年，山水暴至，堤又坏，先生命再从子漳力任其事，以嗣其成。县令长或问决狱得失，先生必尽心为之开导。

东阳郭氏父子三人，虐殴小民几毙，又贯针鳍腹（贯针，将缝纫用的钢针暗藏在衣服边缘折缝之中。鳍，音 qiú，古通“遒”，动词。《说文解字·辵部》：“遒，迫也。”逼迫。又用贯针逼迫其腹部），逼使吞之。事移义乌鞫问，当其子父皆死。先生曰：原其故杀之情，亦一人可偿尔。一子从父之令，宜从未减，若皆杀之，无乃已重乎？事上从先生议。

张甲行小径中，适李乙荷任器来，几中甲目，甲怒，拳其耳而死。甲乙皆贫人，甲又有九十之亲。先生曰：赦甲罪则废法，徇法甲必瘦死，亲无以养亦死，乙尸暴于道，孰为藏之？不若使竟其葬埋，且慰其亲，徐来归狱，服中刑耳。或曰：甲或逃奈何？先生曰：若以诚待之，必不尔也。县如先生言，后会赦免。

细民有斩先生丘木者，先生讯之，民弗服，先生闻于县，将逮之。人交让民曰：汝奈何犯仁人耶？民曰：计将安出？人曰：先生，长者也，急舁木还之，当尔贷。民从之，先生果置而不问。先生客吴妙湛院，尼刻木做人形，以为厌蛊，馆客陈庚得之，欲发其事，尼惧甚。先生知之，以计绐［绐，音dài。谎言；欺骗。《史记·高祖本纪》：“（高祖）乃绐为谒曰：‘贺钱万’，实不持一钱”］陈出，碎其木刻，陈归怒且詈（《说文解字·言部》：“詈，骂也”），先生徐曰：君乃士人，获此声于吴楚间，甚非君利，倘乏金，吾财可通用，勿忧也。尼后辇金帛为谢（辇，音niǎn。《说文解字·车部》：“辇，挽车也”），先生叱而去（《说文解字·口部》：“叱，呵也。”《仓颉》篇：“大呵为叱”）。

方岳重臣及廉访使者，闻先生名，无不愿见，既见，无不欲交章荐之，先生皆力辞，唯民瘼吏弊，必再三蹙额告之（蹙额，动词。皱着眉头的样子；不高兴或者全神贯注时皱眉头的形态。《孟子·梁惠王下》：“举疾首蹙额而相告曰：‘吾王之好鼓乐，夫何使我至于此极也？父子不相见，兄弟妻子离散。”必定反复再三皱着眉头叮嘱他们。形容朱先生十分体恤老百姓的疾苦，痛恨吏治的弊端），不啻亲受其病者。覃怀郑公持节浙东，尤敬先生，以尊客礼礼之，众或不乐，竞短其行于公，公笑曰：“朱聘君盛举诸公之长，而诸公顾反短之，何其量之悬隔耶？皆惭不能退。”

初，先生壮龄时，以母夫人病脾，颇习医，后益研磨之，且曰：“吾既穷而在下，泽不能至远，其可远者，非医将安务乎？”时方盛行陈师文、裴宗元所定大观一百九十七方，先生独疑之，曰：“用药如持衡，随物重轻而为前却，古方新证，安能相值乎？”于是，寻师而订其说，渡涛江走吴，又走宛陵，走建业，皆不能得，复回武林。有以罗司徒知悌为告者。知悌，字子敬，宋宝祐中寺人，精于医，得金士刘完素之学，而旁参于李杲、张从正二家，然性倨甚，先生谒焉，十往返不能通。先生志益坚，日拱立于其门，大风雨不易。或告罗曰：“此朱彦修也，君居江南而失此士，人将议君后矣。”罗遽修容见之，一见如故交，为言学医之要，必本于《素问》《难经》，而湿热相火为病最多，人罕有知其秘者。兼之长沙之书，详于外感，东垣之书，详于内伤，必两尽之，治疾方无所撼，区区陈、裴之学，泥之且杀人。先生闻之，夙疑为之释然。学成而归，乡之诸医，始皆大惊，中而笑且排，卒乃大服相推尊，愿为弟子。四方之疾迎候者无虚日，先生无不即往，虽雨雪载途，亦不为止。

仆夫告痡（仆夫，驾驭车马的人。《诗经·小雅·出车》：“召彼仆夫，谓之载矣。”《毛传》：

"仆夫，御夫也。"痡，音 pū。《说文解字·疒部》："痡痡，病也。"《尔雅·释诂》："痡，人疲不能行之病。"过度疲劳导致倦怠难行。驭车人告知病痡），先生谕之曰："疾者度刻如岁，而欲自逸耶。"窭人求药（窭，音 jù。巨，贫寒；无财备礼。窭人，穷人），无不与，不求其偿。其困厄无告者，不待其招，注药往起之，虽百里之远弗惮也。

江浙省臣往讨闽寇，深入瘴地，遂以病还钱塘，将北归。先生脉之曰：二十日死。使道经三衢时召吾，可使还燕，然亦不能生之也。如期卒于姑苏驿。

权贵人以微疾来召，危坐中庭，列三品仪卫于左右。先生脉已，不言而出。或追问之，先生曰："三月后当为鬼，犹有骄气耶。"及死，其家神先生之医，载粟为寿，先生辞之。

一少年病热，两颧火赤，不能自禁，躁走于庭，将蹈河。先生曰："此阴证也。制附子汤饮之。"众为之吐舌，饮已，其疾如失。

先生治疗，其神中若此甚多，门人类证有书，兹不详载。先生孤高如鹤，挺然不群，双目有小大轮，日出明，虽毅然之色不可凌犯，而清明坦夷（坦率平易。《张南邨先生传》："南邨为人，坦夷近情，不为矫激之言，不为崖异之行"），不事表儤（儤，音 bào。表儤，不善于表现突出自己），精神充满，接物和粹（和粹，纯粹；平和纯朴。《旧唐书·穆质传》："质兄弟俱有令誉而和粹，世以'滋味'目之"），人皆乐亲炙之，语言有精魄（精魄，精神气魄。明代宋濂《见山楼记》："濂之学识缪悠，立言无精魄，难以传远"），金锵铁铿（金玉相撞击声音洪亮清越，节奏分明。掷地有声之意），使人侧耳耸听，有蹶然兴起之意，而于天人感应殃庆类至之说，尤竭力戒，反复不厌，故其教人也，人既易知，昏明强弱，皆获其心。老者则爱慈祥，幼者则乐恭顺，莫不皆知忠信之为美，固未能一变至道，去泰去甚，有足观者，或有小过，深掩密覆，唯恐先生之知。凡先生杖履所临，人随而化。

浦阳郑太和，十世同居，先生为之喜动颜面，其家所讲冠婚丧祭之礼，每咨于先生而后定。盖先生之学，稽诸载籍，一以躬行为本，以一心同天地之大，以耳目为礼乐之原，积养之久，内外一致，夜寐即平昼之为，暗室即康衢之见（康衢，康庄大道。《晋书·潘岳传》："动容发音而观者，莫不抃舞乎康衢，讴吟乎圣世。"赞美朱先生人前背后，表里端庄如一）。汲汲孜孜（勤奋努力，丝毫不敢懈怠），耄而弥笃（耄，古代人对七十至九十年龄段的称呼。《礼记·曲礼上》："八十、九十曰'耄'。"《诗经·大雅·板》："匪我言耄，尔用忧谑。"弥笃，《梁书·王筠传》："余少好书，老而弥笃，虽偶见瞥观，皆即疏记，后重省览，欢兴弥深，习与性成，不觉笔倦。"越老越坚定如一），每见夸多斗靡之士，辄语之曰："圣贤一言，终身行之弗尽矣。"以为多。至于拈英摘艳之辞，尤不乐顾，且以吾道蠹贼目之，及自为文，率以理为宗，非有关于纲常治化，不轻论也。居室垣墉，敦尚俭朴，服御唯大布宽衣，仅取蔽体，藜羹糗饭（藜羹，本指用藜菜做成的饭食，喻指粗劣的食物。《庄子·让王》："七日不火食，藜羹不糁。"糗，音 qiǔ。《说文解字·米部》："糗，熬米麦也。"糗饭，即指熬粥，亦指炒熟的米和面做成的干粮。粗茶淡饭之意），安之如八珍。或在豪大姓家，当其肆筵设席，水陆之羞，交错于前，先生正襟默坐，未尝下箸。其清修苦节，能为人之所不能为，而于世上所悦者，澹然无所嗜，惟欲闻人之善，如恐失之，随闻随录，用为世劝。遇有不顺轨则者，必诲其改，事有难处者，又导之以其方。晚年识见尤卓，尝自括苍还，道过永康，谓人曰："青田之民嚣悍，值此法弛令乖之时，必依险阻啸聚为乱。"已而果然。又尝告亲友曰："吾足迹所及广矣，风俗浇漓甚（浇漓，刻薄，不淳朴，不敦厚朴素。南朝齐王融《为竟陵王与刘虬书》："淳清既辨，浇漓代袭。"社会风气浮躁轻薄太甚），垂髫之童，亦能操狡谋罔。上天怒已极，必假手歼之，盖力善以延其胤乎？"时方承平，闻者咸笑先生之迂。言未几，天下大乱，空村无烟火，动百余里。

先生所著书，有《宋论》一卷，《格致余论》若干卷，《局方发挥》若干卷，《伤寒论辩》若干卷，《外科精要发挥》若干卷，《本草衍义补遗》若干卷，《风水问答》若干卷，凡七种，微文奥义，多发前人之所未明。先生尝曰："义理精微，礼乐制度，吾门师友论著已悉，吾可以无言矣。故其所述，独志于医为多。先生生于至元辛巳十一月二十八日，卒于至正戊戌六月二十四日。濒卒无他言，独呼嗣气，谓曰："医学亦难矣，汝谨识之。"言讫，端坐而逝，享年七十有八。娶戚氏，道一书院山长象祖之女，先三十五年卒。子男二：嗣衍、玉汝。嗣衍亦先三年卒。女四，适傅似翁、蒋长源、吕文忠、张思忠。孙男一，文椐。女二，一适丁榆，一尚幼。其年十一月日，始葬先生于某山之原，卒后之五月也。先生所居曰丹溪，学者尊之而不敢字，故因其地称之曰丹溪先生云。

夫自学术不明于天下，凡圣贤防范人心，维持世道之书，往往割裂摭拾，组织成章，流为哗世取宠之具。间有注意遗经，似若可尚，又胶于训诂之间，异同纷拿，有如聚讼。其视身心，皆貌然若不相关，此其知识反出于不学庸人之下。呜呼！秦汉以来，则或然矣。然而灵豸不鸣，孽狐之妖弗息（豸，音 zhì。《尔雅》："有足谓之虫，无足谓之豸。"即獬豸。獬豸，上古传说中一种大者如牛，小者如羊，类似麒麟的神兽；双目炯炯有神，全身被浓密黝黑皮毛，额上通常长有一角，俗称独角兽。此说獬豸不再鸣叫，孽障妖狐的气息岂能熄灭）；黄钟不奏，瓦缶之音日甚（《庄子·骈拇》："多于聪者，乱五声，淫六律，金石丝竹、黄钟大吕之声非乎？"黄钟，阳声之首，古代音韵十二律中六种阳律的第一律。大吕，阴声之首，六种阴律的第一律。奏之以祀天神，以示尊崇，以此形容音乐或言辞庄严、正大、高妙、和谐。又有成语：黄钟瓦缶。分别比喻艺术性高雅和低俗的文艺作品。明代谢榛《四溟诗话·卷三》："试诵我诗一篇或一联，以见黄钟瓦缶，声调同异，则工拙两存乎心，所论公平，靡不服矣。"此说庄严、正大、高妙、和谐高雅的黄钟之音不奏，低俗不雅的瓦缶之音日益严重）。天开文运，濂洛奋兴，远明凡圣之绪，流者遏而止之，胶者释而通之，一期闿廓其昏翳，挽回其精明而后已。至其相传，唯考亭集厥大成，而考亭之传（考亭，南宋理学大家朱熹的别称），又唯金华之四贤，续其世胤之正，如印印泥，不差毫末，此所以辉连景接而芳猷允着也。

先生少负任侠之气，不少屈挠，及闻道德性命之说，遽变之而为刚毅，所以局量弘而载任重，寤寐先哲，唯日不足，民吾同胞之念，须臾莫忘，虽其力或弗支，苟遇惠利少足以濡物，必委蛇周旋，求尽其心，应接之际，又因人心感发之机，而施仁义之训，触类而长，开物成化。所谓风雨霜露，无非君子之教者，要亦不可诬也。致思于医，亦能搜隐抉秘，倡期南方之绝学，婴疢之家，倚以为命。先生一布衣耳，其泽物有如此者，使其得位于朝，以行其道，则夫明效大验，又将何如哉？呜呼！先生已矣，其山峙渊澄之色（如高山般耸峙，似深渊样深沉。比喻人品高洁，端凝持重。东晋葛洪《抱朴子·外篇·审举》："逸伦之士，非礼不动，山峙渊渟，知之者希，驰逐之徒，蔽而毁之。"渊澄，明净清澈。两晋善文能书，如深山道士的吴郡太守袁崧，亦称袁山松，作《酒赋》："素醪玉润，清酤渊澄。"赞美、颂扬朱先生端庄凝重本色之语），井洁石贞之操（赞美、颂扬朱先生节操贞洁之语），与其不可传者，弗能即矣。徒因其遗行而诵言之，见闻不博，恶能得十一于千百之间哉！虽然，舍是又无足以求先生者，敢摭状之概叙而为之铭曰：

濂洛有作，性学复明。考亭承之，集厥大成。化覃荆扬，以及闽粤。时雨方行，区萌毕达。世胤之正，实归金华。绵延四叶，益烨其葩。辟诸上尊，置彼逵路。随其志分，不爽其度。有美君子，欲振其奇。血气方刚，畴能侮予。七尺之躯，忍令颠越。壮龄已逾，亟更其辙。更之伊何？我笈有书。负而东游，以祛所疑。非刻非厉，曷图曷究。岂止惜阴，夜亦为昼。昔离其罿，今廓其蒙。始知人心，与宇宙同。出将用世，时有不利。孚惠家邦，庶亨厥志。勤我祠事，以帅其宗。况有诗书，以陶以砻。以畅其施，期寿夫物。苟躬可捐，我岂遑恤。仁义之言，绳绳勿休。昭朗道真，释除欲仇。上帝有赫，日注吾目。天人之交，间不容粟。听者耸然，如闻巨镛。有声铿锵，无耳不聪。旁溢于医，亦绍绝躅。开阐玄微，功利尤博。敛其豪英，变为毅弘。所以百为，度越于人。呫呫世儒，出入口耳。竟藻斗华，柝门殊轨。以经为戏，此孰甚焉。不有躬行，其失曷镌。世涂方冥，正资扬燎。梦梦者天，使埋其耀。精神上征，定为长庚。与造化游，白光焞焞。表德幽墟，遵古之义。佥曰允哉，是词无愧。

《格致余论·自序》：《素问》，载道之书也。词简而义深，去古渐远，衍文错简仍或有之，故非吾儒不能读。学者以易心求之，宜其茫若望洋，淡如嚼蜡（典出大乘佛教经典《楞严经·卷八》：“当横陈时，味如嚼蜡。”如同咀嚼没有一点儿味道的蜡一样。形容语言或文章枯燥无味，丝毫没有吸引力）。遂直以为古书不宜于今，厌而弃之，相率以为《局方》之学（《局方》，《太平惠民和剂局方》的简称。北宋元丰年间由太医局的医官陈承、陈师文、裴宗元等人撰著的成药处方配本。最早曾名《太医局方》，南渡后，1148年，绍兴十八年，药局改名为“太平惠民局”，《和剂局方》便改为《太平惠民和剂局方》）。间有读者，又以济其方技，漫不之省。医道隐晦，职此之由，可叹也！

震亨三十岁时，因母之患脾疼，众工束手，由是有志于医。遂取《素问》读之，三年似有所得。又二年，母氏之疾以药而安。因追念先子之内伤，伯考之瞀闷（伯考，对已故伯父的称呼。《资治通鉴·梁武帝中大通元年》：“二月，甲午，魏主尊彭城武宣王为文穆皇帝，庙号肃祖；母李妃为文穆皇后。将迁神主于太庙，以高祖为伯考。”瞀闷，音 mào mèn。《庄子·徐无鬼》：“予少而自游于六合之内，予适有瞀病。”唐代成玄英疏解：“瞀病，谓风眩冒乱也。”《素问·六元正纪大论》：“民病寒，反热中，痈疽注下，心热瞀闷，不治者死……”），叔考之鼻衄（叔考，对已故叔父的称呼。鼻衄，鼻出血的病症。原因颇多。《灵枢·

百病始治》："阳络伤则血外溢，血外溢则衄血"），幼弟之腿痛，室人之积痰（室人，有多解。①妻妾。《孔丛子·记义》："公父文伯死，室人有从死者。其母怒而不哭，相室谏之。"②主人。《诗经·小雅·宾之初筵》："其湛曰乐，各奏尔能；宾戴手仇，室人入又。"《毛传》："室人，主人也。"③泛指家中所有人。《诗经·邶风·北门》："王事适我，政事一埤益我；我入自外，室人交遍谪我。"郑玄笺解："我从外而入，在室之人更迭徧来责我，使己去也。"④古人对丈夫家中平辈妇女的称呼。《礼记·昏义》："妇顺者，顺于舅姑，和于室人。"郑玄笺解："室人，谓女妐、女叔诸妇也。"孔颖达疏解："室人，经既言顺于舅姑，乃和于室人，是在室之人，非男子也。女妐谓婿之姊也，女叔谓婿之妹，诸妇谓娣姒之属。"《后汉书·列女传·曹世叔妻》："是故室人和则谤掩，外内离则恶扬。"此处应以指妻妾者为准），一皆殁于药之误也（一皆，全部；一律。《三国志·蜀志·法正传》："其计莫若尽驱巴西、梓潼民内涪水以西，其仓廪野谷，一皆烧除，高垒深沟，静以待之。"殁，音 mò，动词。卒；崩；薨；死亡；去世。《广雅·释诂四》："殁，终也。"《史记·屈原贾生列传》："伯乐既殁兮。"全部都因为误服了药物而死去）。心胆摧裂，痛不可追。然犹虑学之未明，至四十岁复取而读之。顾以质钝（自谦词，本质愚笨迟钝），遂朝夕钻研，缺其所可疑，通其所可通。

又四年，而得罗太无讳知悌者为之师。因见河间、戴人、东垣、海藏诸书，始悟湿热相火为病甚多。又知医之为书，非《素问》无以立论，非《本草》无以立方。有方无论，无以识病；有论无方，何以模仿？夫假说问答，仲景之书也，而详于外感；明著性味，东垣之书也，而详于内伤。医之为书，至是始备；医之为道，至是始明，由是不能不致疑于《局方》也。

《局方》流行，自宋迄今，罔间南北，翕然而成俗，岂无其故哉！徐而思之，湿热相火，自王太仆注文已成堙没（唐代王冰，曾任太仆令，故人们称其为王太仆），至张、李诸老，始有发明。人之一身，阴不足而阳有余，虽谆谆然见于《素问》，而诸老犹未表章，是宜《局方》之盛行也。

震亨不揣芜陋（不揣，不估量；自不量力。《孟子·告子下》："不揣其本而齐其末，方寸之木可使高于岑楼。"赵岐注解："孟子言，夫物当揣量其本，以齐等其末，知其大小轻重，乃可言也。"芜，杂乱；芜杂；荒芜。《老子》："田甚芜，仓甚虚。"陋，形容词。《说文解字》："陋，厄陕也。"《荀子·修身》："多闻曰博，少闻曰浅；多见曰闲，少见曰陋。"见识浅陋。作者自谦语），陈于编册，并述《金匮》之治法，以证《局方》之未备，间以己意附之于后，古人以医为吾儒格物致知一事（格物致知，源于《礼记·大学》："致知在格物，物格而后知至。"郑玄笺解："格，来也；物犹事也。其知于善深，则来善物；其知于恶深，则来恶物；言事缘人所好来也，此致或为至。”格其物，致其知，就是要知得分明。只有使事物变得有条理有规律，之后方可获取真正的知识)，故目其篇曰《格致余论》。未知其果是否耶？后之君子，幸改而正诸。

《脉因证治·缪序》：余自归里后，杜门不与世事接。先太宜人病痰饮，延叶眉寿治，历四年弗痊，而眉寿谓为痼疾难效。因遍览方书，颇会其旨，拣方以治，不一年而瘳。后遂旁搜博采，穷幽极渺，而于长沙、河间、东垣、子和、丹溪诸书尤三致意焉（三致意，亦常作“三致志”，再三表达其意。《史记·屈原贾生列传》：“其存君兴国而欲反复之，一篇之中三致志焉。”）。窃尝谓医之有长沙，时中之圣也；而四家并峙，犹清任和之，各成其圣，偏焉而至者也。学不从此参究，犹航断港绝，潢以望至于海也，其能之乎？但四家自河间、东垣而外，子和文多缺略，未为全书；丹溪著作，类出门人记载。惟闻《脉因证治》一书简而赅，约而尽。学者循是而窥长沙，如得其船与楫，沿而不止，固自不可量也。而流传绝少，历三十三年未获一觏（觏，《说文解字·见部》：“觏，遇见也。”经历三十三年都未曾得以遇见），心常怏怏（怏怏，心情不高兴，不满意。《史记·绛侯周勃世家》：“条侯免冠谢罪。上起，条侯因趋出。景帝以目送之，曰：‘此怏怏者非少主臣也。’”）。岁乙未（1775年，乾隆四十年），客有持来示余，欲广诸同好，亟请付梓，不禁欣感交集，以为一线灵光，忽然涌现，真为桑榆之幸。因不辞而为之序，以弁其首。

乾隆乙未（1775年）仲夏吴趋（即吴地）

缪遵义书于芝田山房”

元末明初，精通经史百家之说，又喜爱医学的学者戴良撰著《丹溪翁传》：丹溪翁者，婺之义乌人也（婺州，今属浙江省金华地区。义乌，隶属金华市），姓朱氏，讳震亨（对帝王将相或尊长不敢或不宜直呼其名，谓之避讳，因此亦以指所避讳的名字。《三国志·魏志·武帝纪》：“太祖武皇帝，沛国谯人也，姓曹，讳操”），字彦修，学者尊之曰丹溪翁。翁自幼好学，日记千言。稍长，从乡先生治经（乡先生，原指乡里从朝廷退隐的官员大夫，后则指以教书为业的老先生。《仪礼·士冠礼》：“奠挚见于君，遂以挚见于乡大夫、乡先生。”郑玄注解：“乡先生，乡中老人，为乡大夫致仕者。”治经，《晋书·食货志》：“天之所贵者人也，明之所求者学也，治经入官，则君子之道焉。”研究四书五经等儒家经典著作），为举子业（科举考试的学业。明代宋濂《郑仲涵墓志铭》："仲涵初年学举子业，把笔为文，春葩满林。"）。后闻许文懿公得朱子四传之学（许谦，字益之，号"白云山人"，卒后谥"文懿"。浙江省东阳市人，元代著名学者、理学家，是南宋著名理学家朱熹四传弟子。学识渊博，天文地理、典章制度、食货、刑法、文学音韵、医经术数靡不淹贯，释、老之学，亦洞究其蕴。为人师表四十年。《元史》有传。元末，金华建"四贤书院"，四贤：何基、王柏、金履祥、许谦。明嘉靖年间，东阳建"仰高祠"祭祀之；清雍正年间，从祀"文庙"。朱子，南宋著名大儒、理学家朱熹，字元晦，号"晦庵"，卒后谥"文公"），讲道八华山（位于浙江省东阳市。元代始于山巅建有八华书院，距今已有七百余年历史），复往拜焉。益闻道德性命之说（益，副词。更加；益发。《韩非子·喻老》："君之疾在肌肤，不治将益深。"越发耳闻有关性理、体用、道德性命之学说），宏深粹密（宏大深邃，纯粹周密。《吕氏春秋·用众》："天下无粹白之狐，而有粹白之裘，取之众白也"），遂为专门。一日，文懿谓曰："吾卧病久，非精于医者，不能以起之（起，《说文解字·走部》："起，能立也。"治愈。医术不精深者，不可能治愈我的疾病）。子聪明异常人，其肯游艺于医乎（语出《论语·述而》："志于道，据于德，依于仁，游于艺"）？"翁以母病脾，于医亦粗习（粗略学习，不精也），及闻文懿之言，即慨然曰（《荀子·宥坐》：孔子慨然叹曰："呜呼！上失之，下杀之，其可乎！"随即感慨激昂地说），士苟精一艺，以推及物之仁，虽不仕于时，犹仕也。乃悉焚弃向所习举子业，一于医致力焉（一，形容词。专一。致力，《礼记·祭义》："朔月月半，君巡牲，所以致力，孝之至也。"北宋司马光《言御臣上殿札子》："悉心致力，以治其职。"专注于医学）。时方盛行陈师文、裴宗元所定《大观》二百九十七方（此即《太平惠民和剂局方》。二人曾于大观年间校正《和剂局方》，所以亦名《大观》二百九十七方），翁穷昼夜是习（穷，《说文解字·穴部》："穷，极也。"《小尔雅·广诂》："穷，竟也。"形容词。《礼记·乐记》："穷高极远，而测深厚。"推究到极点。在此处则发生了词性变化，作动词解，穷尽。北宋王安石《游褒禅山记》："问其深，则其好游者不能穷也。"不分昼夜地学习；或曰穷尽昼夜地学习）。既而（副词，作时间连词用。用在全句前，以示前面所发生的情况或动作不久。《左传·僖公十五年》："晋代侯许赂中大夫，既而皆背之。"不久；时间不长）悟曰：操古方以治今病，其势不能以尽合。苟将起度量，立规矩，称权衡（权衡，标准；法度。《素问·至真要大论》："气之相守司也，如权衡不得相失也。"《韩非子·守道》："明于尊位必赏，故能使人尽力于权衡，死节于官职。"度量，规矩，权衡，均是标准、法度、规格、规矩之意。《文子·上义》："夫法者，天下之准绳也，人主之度量也。"《韩非子·难二》："以刑名收臣，以度量准下。"《礼记·经解》："规矩诚设，不可欺以方圜。"孔颖达疏解："规所以正圆，矩所以正方"），必也《素》《难》诸经乎！然吾乡诸医鲜克知之者

（鲜克，语出《诗经·大雅·荡》："靡不有初，鲜克有终。"鲜，很少；克，能够。然而，我乡里的诸多医生很少能够有知道者）。遂治装出游（治装，置办行装。《战国策·齐策四》："于是约车治装，载券契而行。"于是置办整理行装出游），求他师而叩之（叩，动词。旧时的一种礼节，行俯首到地之礼叫作叩头礼，简称为叩。《史记·滑稽列传》："皆叩头，叩头且破，额血流地，色如死灰。"四处叩拜求师）。乃渡浙河（即浙江。唐代元稹《送王十一郎游剡中》："越州都在浙河湾，尘土消沉景象闲"），走吴中（位于苏州市南部，北依苏州古城区，东连昆山，南接吴江，西衔太湖），出宛陵（宣城的古名，东临苏、浙，地近沪、杭，安徽省东南之门户。三国时叫丹阳、宛陵），抵南徐（即今江苏省镇江市。《宋书·州郡志一》："武帝永初二年，加徐州曰南徐，而淮北但曰徐。文帝元嘉八年，更以江北为南兖州，江南为南徐州，治京口"），达建业（南京市的古称。212 年，东汉建安十七年，孙权改秣陵县设置，改称建业），皆无所遇。及还武林，忽有以其郡罗氏告者。罗名知悌，字子敬，世称"太无先生"，宋理宗朝寺人（南宋理宗赵昀，1224—1264 年在位。寺人，就是宫廷内使令的宦官、太监。《诗经·秦风·车邻》："未见君子，寺人之令。"罗知悌曾在理宗朝做过宦官），学精于医，得金代刘完素之再传，而旁通张从正、李杲二家之说（三国魏嵇康《与山巨源绝交书》："足下旁通，多可而少怪。"旁通，广泛通晓；相互贯通）。然性褊甚（褊，通"惼"。形容词。《诗经·卫风·葛履》："维是褊心，是以为刺。"形容此人气量特别的狭小，性格非常急躁），恃能厌事，难得意（语出《后汉书·华佗传》："因讬妻疾，数期不反。累书呼之，又勑郡县发遣，佗恃能厌事，犹不肯至。"凭借自己有本事便厌烦事物或曰侍奉他人，因此很难称心如意）。翁往谒焉，凡数往返，不与接。已而求见愈笃（已而，后来；随后。笃，副词。愈笃，形容愈加诚恳。此说朱震亨求见罗知悌心情愈加迫切，拜师意图更加深厚，登门拜访更勤了），罗乃进之，曰："子非朱彦修乎？"时翁已有医名，罗故知之。翁既得见，遂北面再拜以谒（古代学生敬师之礼。《汉书·于定国传》："定国乃迎师学《春秋》，身执经，北面，备弟子礼。"古代君主、师长都南面而坐，面向北；故臣子、学生朝见尊长时，都面北拜谒，以示尊敬之意。再拜，跪拜两次，古时拜师礼节），受其所教。罗遇翁亦甚欢（欢喜高兴。《礼记·檀公下》："啜菽饮水尽其欢。"形容二人相见都甚兴奋欢喜），即授以刘、李、张诸书，为之敷扬三家之旨（敷扬，动词，传播宣扬；传布弘扬。《后汉书·张纲传》："不能敷扬五教翼赞日月"），而一断于经（一律决断于《内经》《伤寒论》），且曰："尽去而旧学，非是也（《说文解字》："非，违也。"《吕氏春秋·察今》："辞多类非而是，多类似而非，是非之经，不可不分，此圣人之所慎也。"全部弃去你过去所学的，过去所学的都不正确）"。翁闻其言，涣焉无少凝滞于胸臆（涣焉，《说文解字·氵部》：

"涣，流散也。"《诗经·郑风·溱洧》："溱与洧，方涣涣兮。"消散。凝滞，困扰；疑难。《南史·谢灵运传》："几卿详悉故实，仆射徐勉每有凝滞，多询访之。"胸臆，内心深处的思想。《列子·汤问》："推于御也，齐辑乎辔衔之际，而急缓乎唇吻之和，正度乎胸臆之中，而执节乎掌握之间。"此说丹溪翁听了罗知悌所说的话，内心深处的疑难想法马上打消了)。居无何（居住不久；过不多久；居住不多时。《史记·越王勾践世家》："居无何，则致赀累巨万"），尽得其学以归。

乡之诸医泥（泥，动词。固执；拘泥）陈、裴之学者，闻翁言，即大惊而笑且排（听了丹溪翁的话，随即大惊，不仅嘲笑而且非常地排斥），独文懿喜曰："吾疾其遂瘳矣乎！"文懿得末疾（《左传·昭公元年》："阴淫寒疾，阳淫热疾，风淫末疾，雨淫腹疾，晦淫惑疾，明淫心疾。"晋代学者杜预注解："末，四肢也。"许文懿得了四肢的疾病），医不能疗者十余年，翁以其法治之，良验。于是，诸医之笑且排者，始皆心服口誉。数年之间，声闻顿著（《孟子·离娄下》："故声闻过情，君子耻之。"名声威望顿时显著）。

翁不自满足，益以三家之说推广之。谓刘、张之学，其论藏府气化有六（论述藏府气机病变的因素有六种，分别是：君火、相火、风、湿、燥、寒），而于湿、热、相火三气致病为最多，遂以推陈致新，泻火之法疗之，此固高出前代矣。然有阴虚火动，或阴阳两虚，湿热自盛者，又当消息而用之。谓李之论饮食劳倦，内伤脾胃，则胃脘之阳不能以升举，并及心肺之气，陷入中焦，而用补中益气之剂治之，此亦前人之所无也。然天不足于西北，地不满于东南（语出《素问·阴阳应象大论》："天不足西北，故西北方阴也，而人右耳目不如左明也。地不满东南，故东南方阳也，而人左手足不如右强也。帝曰：何以然？岐伯曰：东方阳也，阳者其精并于上，并于上则上明而下虚，故使耳目聪明而手足不便也。西方阴也，阴者其精并于下，并于下则下盛而上虚，故其耳目不聪明而手足便也。故俱感于邪，其在上则右甚，在下则左甚，此天地阴阳所不能全也，故邪居之"）。天，阳也；地，阴也。西北之人，阳气易于降（阳气易降而不足）；东南之人，阴火易于升（心火易升过于旺）。苟不知此，而徒守其法（苟，连词。若；如果；假使。《史记·陈涉世家》："苟富贵，无相忘。"徒，副词。只；唯独；仅仅。表示除此之外没有别的。《史记·廉颇蔺相如列传》："强秦之所以不敢加兵于赵者，徒以吾两人在也。"如果不知道这些道理，反而仅仅执守这些方法），则气之降者固可愈，而于其升者亦从而用之，吾恐反增其病矣。乃以三家之论，去其短而用其长，又复参之以太极之理（太极是阐明宇宙从无极而太极，以阴阳之法，依时之变，以致万物化生、生生不息的过程。最早见于《易传·系辞上》），《易》《礼记》《通书》（北宋哲学家、理学创始人周敦颐所著旨在阐发《易经》之理，与其《太极图说》相为表里的理学重要著作。亦称《周子通书》）、《正蒙》（北宋思想家、哲学家、教育家、理学创始人张载所著用儒家学说批驳佛、道思想，建立气一元论的哲学体系著作。亦称《张子正蒙》）诸书之义，贯穿《内经》之言，以寻其指归（寻，动词。寻求；探求；寻省。指归，主旨；意向；意旨的归向。北宋诗人、散文家王禹偁《请撰大行皇帝实录表》："备尝探讨，粗见指归。"用以探寻其主旨）。而谓《内经》之言火，盖与太极动而生阳、五性感动之说有合（此乃周敦颐《太极图说》一文中的语句：无极而太极。太极动而生阳，动极而静，静而生阴，静极复动。……五性感动而善恶分，万事出矣。此乃理学家、哲学家的宇宙观）；其言阴道虚（《素问·太阴阳明论》："阳道实，阴道虚。"道，乃规律也。此语概括了阴、阳的基本属性和内涵。阳者，充实、向上、外向、充盈；阴者，虚弱、不足、向下、内向），则又与《礼记》之养阴意同（养阴，亦称补阴、滋阴、益阴。属于补法，此乃治疗学术术语。用补阴的药物治疗阴虚证的方法，称为"养阴"）。因作"相火"及"阳有余阴不足"二论，以发挥之（"相火论"及"阳有余阴不足论"略）。

于是，翁之医益闻。四方以病来迎者，遂辐辏于道（辐辏，亦作"辐凑"。《史记·叔孙通传》："且明主在其上，法令具于下，使人人奉职，四方辐辏，安敢有反者。"形容来自四面八方求其诊疾看病的人，就像车辐集中于车毂一样众多），翁咸往赴之。其所治病凡几（凡几，共计多少。清代纪昀《阅微草堂笔记·滦阳消夏录四》："然数百年来，相遇如君者，不知凡几。"明末清初著名思想家、史学家、语言学家顾炎武《钱粮论上》："其逃亡或自尽者，又不知凡几也。"他所治过的疾病多得没法计算），病之状何如？施何良方，饮何药而愈，自前至今，验者何人？何县里、主名，得诸见闻，班班可纪（《后汉书·文苑传下·赵壹》："余畏禁，不敢班班显言，窃为《穷鸟赋》一篇。"李贤注解："班班，明貌。"明显、显著可记）。

浦江郑义士，病滞下（中医病证名，即中医所说的痢疾。见《备急千金要方·卷十五》，即痢之古病名。《景岳全书·卷二十四》："痢疾……因其闭滞不利，故又谓之滞下。"《医宗金鉴·杂病心法要诀·痢疾总括》："大瘕小肠大肠泻，肠澼滞下古痢名，外因风暑湿蒸气，内因不谨饮食生。白痢伤气赤伤血，寒虚微痛热窘疼，实坠粪前虚坠后，湿热寒虚初久称。"注："滞下者，积汁垢腻，与湿热滞于肠中，因而下也。此皆古痢之名也"），一夕忽昏仆，目上视，溲注而汗泄。翁诊之，脉大无伦，即告曰："此阴虚而阳暴绝也，盖得之病后酒且内，然吾能愈之。"即命治人参膏，而且促灸其气海。顷之手动，又顷而唇动（又过了一会儿嘴唇开始张合翕动）。及参膏成，三饮之，苏矣。其后服参膏尽数斤，病已。

天台周进士病恶寒，虽暑亦必以绵蒙其首，服附子数百，增剧。翁诊之，脉滑而数，即告曰："此热甚而反寒也。"乃以辛凉之剂，吐痰一升许，而蒙首之绵减半；仍用防风通圣饮之，愈。周固喜甚，翁曰：“病愈后，须淡食以养胃，内观以养神，则水可生，火可降；否则，附毒必发，殆不可救。”彼不能然，后告疽发背死。

浙省平章（平章，职官名称，亦称平章政事，全名：同中书门下平章事。原意是商量处理。唐代宋以同平章事为宰相之职，金元置平章政事，简称平章，为丞相之副职），南征闽粤还，病反胃，医以为可治。翁诊其脉，告曰：公之病不可言也。即出，独告其左右曰：此病得之惊后而使内，火木之邪相挟，气伤液亡，肠胃枯损。食虽入而不化，食既不化，五藏皆无所禀，去此十日死。果如言。

郑义士家一少年，秋初病热，口渴而妄语，两颧火赤，医作大热治。翁诊之，脉弱而迟，告曰：此作劳后病温，惟当服补剂自已。今六脉皆搏手，必凉药所致，竟以附子汤啜之，应手而瘥。

浙东宪幕傅氏子，病妄语，时若有所见，其家妖之。翁切其脉，告曰：此病痰也。然脉虚弦而沉数，盖得之当暑饮酸，又大惊。傅曰：然，尝夏因劳而甚渴，恣饮梅水一二升，又连得惊数次，遂病。翁以治痰补虚之剂处之，旬浃愈（旬浃，满十天，或指很短时间内。《资治通鉴·唐昭宗光化三年》：“不如驰檄四方，谕以逆顺，军声一振，则元凶破胆，旬浃之间，二竖之首传于天下。”宋元之际史学家胡三省注解：“旬浃，谓一日、二日至于十日”）。

里人陈时叔，病胀，腹如斗，医用利药转加。翁诊之，脉数而涩，告曰：“此得之嗜酒。嗜酒则血伤，血伤则脾土之阴亦伤，胃虽受谷，不能以转输，故阳升阴降而否矣。”陈曰：“某以嗜酒，前后溲见血者有年。”翁用补血之剂投之，验。

权贵人以微疾来召，见翁至，坐中堂自如。翁诊其脉，不与言而出。使诘之，则曰：“公病在死法中，不出三月，且入鬼录，顾犹有骄气耶！”后果如期死。

一老人病目无见，使来求治。翁诊其脉微甚，为制人参膏饮之，目明如常。时后数日，翁复至，忽见一医在庭炼礞石，问之，则已服之矣。翁愕然曰：“此病得之气大虚，今不救其虚，而反用礞石，不出夜必死。”至夜参半，气奄奄不相属而死。

一男子病小便不通，医治以利药，益甚。翁诊之，右寸颇弦滑，曰："此积痰病也，积痰在肺。肺为上焦，而膀胱为下焦，上焦闭则下焦塞，辟如滴水之器，必上窍通而后下窍之水出焉。"乃以法大吐之，吐已，病如失。

一妇人病不知，稍苏，即号叫数四而复昏。翁诊之，肝脉弦数而且滑，曰："此怒心所为，盖得之怒而强酒也。"诘之，则不得于夫，每遇夜，引满自酌解其怀。翁治以流痰降火之剂，而加香附以散肝分之郁，立愈。

一女子病不食，面北卧者且半载，医告术穷。翁诊之，肝脉弦出左口，曰：此思男子不得，气结于脾故耳。叩之，则许嫁，夫入广且五年。翁谓其父曰："是病惟怒可解。盖怒之气击而属木，故能冲其土之结，今第触之使怒耳。"父以为不然。翁入而掌其面者三，责以不当有外思，女子好泣大怒，怒已进食。翁复潜谓其父曰："思气虽解，然必得喜，则庶不再结。"乃诈以夫有书，旦夕且归，后三月，夫果归，而病不作。

一妇人产后，有物不上如衣裾，医不能喻。翁曰："此子宫也，气血虚，故随子而下。"即与黄芪、当归之剂，而加升麻举之，仍用皮工之法，以五倍子作汤洗濯，皱其皮。少选，子宫上，翁慰之曰："三年后可再生儿，无忧也。"如之。

一贫妇，寡居病癞，翁见之恻然，乃曰："是疾世号难治者，不守禁忌耳。是妇贫而无厚味，寡而无欲，庶几可疗也。"即自具药疗之，病愈。后复投四物汤数百，遂不发动。

翁之为医，皆此类也。盖其遇病施治，不胶于古方（不拘泥于古方），而所疗则中；然于诸家方论，则靡所不通。他人靳靳守古（靳靳，固执；坚持。南宋诗人、诗论家严羽《答出继叔临安吴景仙书》："李杜复生，不易吾言矣，而吾叔靳靳疑之，况他人乎"），翁则操纵取舍，而卒与古合。一时学者咸声随影附，翁教之亹亹忘疲（亹亹，音 wěi wěi。勤勉不倦。《汉书·张敞传》："今陛下游意于太平，劳精于政事，亹亹不舍昼夜。"《后汉书·班固传论》："若固之序事，不激诡，不抑抗，赡而不秽，详而有体，使读之者亹亹而不猒，信哉其能成名也。"教课娓娓动人，具有吸引力，使人忘却疲劳）。

一日，门人赵良仁问大极之旨，翁以阴阳造化之精微与医道相出入者论之，且曰：吾于诸生之中，未尝论至于此，今以吾子所问，故偶及之，是盖以道相告，非徒以医言也。赵出语人曰："翁之医，其始橐籥于此乎（橐籥，音 tuó yuè，喻自然造化。老子《道德经·第五章》：“天地之间，其犹橐籥乎？虚而不屈，动而愈出。”此橐籥，本谓鼓风吹火用器具，借此比喻肺主气，司呼吸，调节气机的功能。《文选·陆机·文赋》：“同橐籥之罔穷，与天地乎并育。”丹溪翁的医学，全都始于调节气机、自然造化之道)。

罗成之自金陵来见，自以为精仲景学。翁曰：“仲景之书，收拾于残篇断简之余。然其间或文有不备，或意有未尽，或编次之脱落，或义例之乖舛，吾每观之，不能以无疑，因略摘疑义数条以示。”罗尚未悟，乃遇治一疾，翁以阴虚发热，而用益阴补血之剂疗之，不三日而愈。罗乃叹曰：“以某之所见，未免作伤寒治。今翁治此，犹以芎归之性辛温，而非阴虚者所宜服，又况汗下之误乎。”

翁春秋既高，乃循张翼等所请，而著《格致余论》《局方发挥》《伤寒辨疑》《本草衍义补遗》《外科精要新论》诸书，学者多诵习而取则焉。

翁简悫贞良，刚严介特，执心以正（执心，秉性正直，专心于医。《北史·赵肃传》：“肃久在理官，执心平允，凡所处断，咸得其情”)，立身以诚（立身，自身做人处世的根基以诚为本。或曰安身立命的基础就是个诚字。《孝经·开宗明义》：“立身行道，扬名于后世，以显父母，孝之终也。”《史记·太史公自序》：“且夫孝始于事亲，中于事君，终于立身。”)，而孝友之行（孝友，《诗经·小雅·六月》：“侯谁在矣，张仲孝友。”《毛传》：“善父母为孝，善兄弟为友。”侍奉父母孝顺，待兄弟友爱的行为)，实本乎天质。奉时祀也（奉时，三国魏嵇康《幽愤诗》：“古人有言，善莫近名，奉时恭默，咎悔不生。”遵奉天时进行祭祀)，订其礼文而敬泣之。事母夫人也，时其节宣以忠养之（《左传·昭公元年》：“君子有四时，朝以听政，昼以访问，夕以修令，夜以安身，于是乎节宣其气，勿使有所壅闭湫底，以露其体。”侍奉母夫人，按时裁制以调适之，使其气不漫散、不壅闭且适度得以发泄)。宁歉于己，而必致丰于兄弟；宁薄于己子，而必施厚于兄弟之子。非其友不友，非其道不道。好论古今得失，慨然有天下之忧。世之名公卿多折节下之（折节，佩服。《汉书·东方朔传》：“驰骛于唐虞，折节于三代。”当世的名人、高官、三公九卿无不佩服、礼贤于他)，翁为直陈治道，无所顾忌。然但语及荣利事（荣利，荣誉功名利禄。《吕氏春秋·用民》：“为民纪纲者何也？欲也，恶也。何欲何恶？欲荣利，恶辱害。”东晋陶潜《五柳先生传》：“闲静少言，不慕荣利。”)，则拂衣而起（拂衣，疾世恶俗，不满情绪外露之表现。甩动衣袖，以示不悦或怒气难遏。《后汉书·杨震传》：“孔融鲁国男子，明日便当拂衣而去，不复朝矣。”然而，只要是话语谈及功名利禄方面的事情时，便会立即甩袖起立不与交接)。与人交，一以三纲五纪为去就（三纲五纪，即“三纲五常”。儒家政治思想、伦理文化的道德准则。三纲，君臣义、父子亲、夫妇顺；即君为臣纲、父为子纲、夫为妻纲。五常，又称“五典”，即仁、义、礼、智、信五种人伦关系行为的规则，语出《尚书·泰誓下》：“今商王受，狎辱五常，荒怠弗敬。”孔颖达疏解：“五常即五典，谓父义、母慈、兄友、弟恭、子孝。”。最早源于孔子之说，三纲。五常这两个词，则来源于西汉董仲舒的《春秋繁露》一书，是维持社会秩序稳定、人际关系和谐的基础。丹溪翁与人交往，一律以三纲五纪作为交与不交的标准）。

尝曰：天下有道（《论语·季氏》篇：“孔子曰：天下有道，则礼乐征伐自天子出；天下无道，则礼乐征伐自诸侯出。自诸侯出，盖十世希不失矣；自大夫出，五世希不失矣；陪臣执国命，三世希不失矣。天下有道，则政不在大夫。天下有道，则庶人不议”），则行有枝叶（枝叶，比喻从属的次要的事物。《史记·陈涉世家》：“夫先王以仁义为本，而以固塞文法为枝叶，岂不然哉”）；天下无道，则辞有枝叶。夫行，本也；辞，从而生者也。苟见枝叶之辞，去本而末是务（去本而末。有成语：去本就末；舍本求末。用于选择。语出《汉书·地理志》：“郡国辐凑，浮食者多，民去本就末。”弃农经商。丢弃根本，经营末端。务，是务，致力于），辄怒溢颜面（溢，动词。《说文解字·氵部》：“溢，器满也。”《尔雅》：“溢，盈也。”《广雅》：“溢，满也。”过满为溢。《庄子·人间世》：“夫两喜必多溢美之言，两怒必多溢恶之言。”动辄怒发冲冠、怒颜充盈脸面），若将浼焉（浼，音 měi，动词。玷污；亵渎。《说文解字·氵部》：“浼，污也。”《孟子·公孙丑上》：“尔为尔，我为我，虽袒裼裸裎于我侧，尔焉能浼我哉?”朱熹集注：“袒裼，露臂也；裸裎，露身也。”就好像被玷污、亵渎了一样）。翁之卓卓如是（卓卓，高远超绝出众。西汉初期辞赋家严忌《哀时命》：“处卓卓而日远兮，志浩荡而伤怀。”东汉著名文学家王逸注解：“卓卓，高貌。”北宋曾巩《寄欧阳舍人书》：“先祖之言行卓卓，幸遇而得铭其公与是。”如是，如此；就像这样。《礼记·哀公问》：“君子言不过辞，动不过则，百姓不命而敬恭，如是则能敬其身。”丹溪翁超凡脱俗、与众不同就像这样），则医又特一事而已。然翁讲学行事之大方（大方，《老子》：“大方无隅，大器晚成，大音希声。”《庄子·秋水》：“今我睹子之难穷也，吾非至于子之门则殆矣，吾长见笑于大方之家。”识见广博、擅有专长之人，做事不小气、不畏畏缩缩。然而，丹溪翁授课讲学、行事磊落大方、不拘谨），已具吾友宋太史濂所为翁墓志（宋濂，1310—1381，字景濂，号“潜溪”，别号：玄真子、玄真道士、玄真遁叟。今浙江省浦江人，元末明初文学家。明代太祖朱元璋曾誉其为“开国文臣之首”，学者则称其为“太史公”），兹故不录，而窃录其医之可传者为翁传，庶使后之君子得以互考焉（庶，副词。或许；但愿；希冀。《宋史·文天祥传》：“而今而后，庶几无愧。”《左传·襄公二十六年》：“惧而奔郑，引领南望曰：‘庶几赦余?’”或许会使此后的君子能够得以互相参考之用）。

论曰：昔汉代严君平（西汉早期道家学者、思想家。本名庄遵，字君平。为避讳汉明帝刘庄讳，改为严君平。著有《老子道德真经指归》和《易经骨髓》），博学无不通，卖卜成都（卖卜，依靠卜筮之技赚钱谋生。《后汉书·姜肱传》："遂羸服闲行，窜伏青州界中，卖卜给食"）。人有邪恶非正之问，则依蓍龟为陈其利害（蓍龟，蓍草、龟甲，二者皆为占卜所用器具。古人以蓍草、龟甲占卜吉凶，由此合称"蓍龟"，以此来代替占卜之说。《周易·系辞上》："探赜索隐，钩深致远，以定天下之吉凶，成天下之亹亹者，莫大乎蓍龟。"《史记·龟策列传》："王者决定诸疑，参以卜筮，不易之道也"）。与人子言，依于孝；与人弟言，依于顺；与人臣言，依于忠。史称其风声气节，足以激贪而厉俗（打击、抑制贪婪无厌之风气，劝勉、鼓励良好的世俗。《隋书·炀帝纪上》："或节义可称，或操履清洁，所以激贪厉俗，有益风化"）。翁在婺，得道学之源委（源委，语出《礼记·学记》："三王之祭川也，皆先河而后海，或源也，或委也，此之谓务本。"郑玄注解："源，泉所出也；委，流所聚也。"水的发源及其所归。引申为事情的本末底细），而混迹于医（混迹，隐身不露，混杂在人群之中。南宋陆游《好事近》："混迹寄人间，夜夜画楼银烛"）。或以医来见者，未尝不以葆精毓神开其心（未尝，副词，用在否定词前面，构成双重否定。《论语·雍也》："非公事，未尝至于偃之室也。"不曾；未曾。葆，动词。通"保"。保护；保养。《庄子·田子方》："人貌而天，虚缘而葆真。"毓，动词。养育；孕育《广雅》："毓，长也，稚也。"。《国语》："黩则生怨，怨则毓灾"）。至于一语一默，一出一处，凡有关于伦理者，尤谆谆训诲，使人奋迅感慨激厉之不暇（奋迅，精神振奋，行动迅捷，迅疾有气势。《尔雅·释畜》："绝有力，奋。"东晋郭璞注解："诸物有气力多者，无不健自奋迅，故皆以名云。"《后汉书·耿纯传》："大王以龙虎之姿，遭风云之时，奋迅拔起，期月之间兄弟称王。"不暇，没空；没有时间。《尚书·酒诰》："罔敢湎于酒，不惟不敢，亦不暇。"先生的谆谆教诲训戒，令人精神振奋，心情感慨万分，激动得都没有时间考虑了）。左丘明（春秋末期史学家、文学家、思想家、军事家。著有《左氏春秋》）有云："仁人之言，其利溥哉（溥，音 pǔ，形容词。广大；普遍；《说文解字·氵部》："溥，大也。"《诗经·小雅·北山》："溥天之下，莫非王土。"仁者的话，其利普遍广大）！"信矣（绝对可信）。若翁者，殆古所谓直谅多闻之益友（直谅多闻，语出《论语·季氏》："益者三友，损者三友。友直，友谅，友多闻，益矣。友便辟，友善柔，友便佞，损也。"《汉书·楚元王刘交传》："岂非直谅多闻，古之益友矣。"个性正直诚信，见识渊博的人实在是最好的良师益友），又可以医师少之哉？

清代名医陆以湉撰《冷庐医话·医苑》，赞医学家朱震亨尽享七十八岁高龄，缘其既精医学，必能探明性命之旨，详审颐养之宜，从而得以克葆天年。

按：格物、致知、诚意、正心、修身、齐家、治国、平天下，后世称之为《大学》的“八条目”。“格物”“致知”是八条目的基础，所格的“物”、所致的“知”在这里指的是修已治人的道德修养。朱震亨在此序中道出了篇名立意之所在，正可以表明作者的人品与心迹。

《黄帝内经》说：“上医医国，其次医人，其下医病。”“医为吾儒格物致知一事者，实非‘一事’，而谓之一体两面可也。医者仁术，儒者仁道，其心一也；儒而医，医而儒，道在其中。”

注：对于“医宗四大家”之说，历史上多有争议，现代人可能不太明白早已经非常明确的事情，怎么史上还会有争论呢？诸君不妨看一看清代医家陆以湉在其《冷庐杂识》和《冷庐医话》书中是怎么辩驳此事的。新安罗养斋浩《医经余论》云：“医宗四大家之说起于明代，谓张、刘、李、朱也。李士材辈指张为仲景，不知仲景乃医中之圣，非后贤所及，况时代不同，安得并列！所谓张者，盖指子和也。观丹溪《脉因症治》，遇一症，必首列河间、戴人、东垣之说，余无所及。其断症立方，亦皆不外是，知丹溪意中专以三家为重。《格致余论》著补阴之理，正发三家所未发。由是攻邪则刘、张堪宗，培养则李、朱已尽，皆能不倚傍前人，各抒己见。且同系金、元间人，四大家之称由是而得耳。此说足以证数百年相传之讹。”

李士材　李士材即李中梓（1588—1655），明末医家。字士材，号“念莪”，又号“荩凡居士”，华亭人（即今上海市）。一位十分重视中医理论研究，兼取众家之长，善于深入浅出论述医理的医家。著有通俗易懂的《内经知要》《医宗必读》《本草通玄》《伤寒括要》《病机沙篆》《诊家正眼》《李中梓医案》等。

李鹏飞（生卒年无考），元代医生、大孝子，撰《三元参赞延寿书》。

李鹏飞，池州人（今安徽省贵池市、铜陵市一带）。生母姚氏，为嫡母（旧时妾生的子女称其父的正妻为嫡母）不容，改嫁为朱氏妻。鹏飞幼，不知也。年十九，思慕哀痛，誓学医以济人，愿早见母。行求三岁，至蕲州（湖北省长江以北、蕲春以东地区，邻接安徽省）罗田县得焉。时朱氏家方疫（遭遇疫情），鹏飞起之（起，救扶。西汉辞赋家枚乘《七发》：“车覆能起之。”引申为使之振作），遂迎还奉养。久之，复归朱氏，时渡江省觐（探望、省亲）。既卒，岁时携子孙往祭墓，终其身。

并以有司所请，旌其间。（明代宋濂等撰，《元史·卷一百九十七·列传第八十四·孝友一·李鹏飞》）

（民国何劭忞《新元史·卷之二百三十九·列传第一百三十六·笃行上·李鹏飞》内容与《元史》无异）。

元代李鹏飞，是位以事亲笃孝、极为孝顺的孝子而闻名于时的医生。幼时因生母被迫改嫁朱姓，思母哀痛，誓学医以济人。后寻母至朱氏家，又逢疫病流行，经救治得安，遂迎生母归。

忽思慧（生卒年无考，14世纪人），元代著名饮膳营养学家。

《中国通史·元史卷（下）·总第八卷·忽思慧传记》：回回人，忽思慧，曾任饮膳太医，撰成《饮膳正要》，是一部专门讨论饮食营养学的书籍，对食品营养，饮食卫生、疾病防治、食物种类等都进行了开拓性的探讨。

忽思慧又名和斯辉。《四库全书总目·提要》记载："和斯辉原作忽思慧，今改正。和斯辉官饮膳太医，其始末未详。"其生平《进书表》说："臣思慧自延祐年间选充饮膳之职，于兹有年。"正是据此可知忽思慧自元仁宗延祐年间（1314—1320）充任宫廷饮膳太医之职。他在主管宫廷饮食、药物补益事宜期间，积累了丰富的营养卫生、饮食保健与烹饪技艺诸多方面经验和知识，遂缀集诸家本草、名医方术和宫廷所用奇珍异馔、汤膏煎造及谷肉果菜中性味补益者编成《饮膳正要》一书。

又一说是：1314—1330年（元代延祐年间至天历年间）选任饮膳太医之职，主管宫廷饮食卫生、药物补益诸事。常与赵国公普兰奚将历朝宫廷珍肴异馔、汤膏煎造及诸家本草医书所用食品取其可补益于人者，集成我国著名的营养学专著《饮膳正要》三卷，分述养生避忌、妊娠、乳母食忌，饮酒避忌，膳食服饵、食疗诸病方，其所列"食物中毒"专篇，为我国医学界首次运用此术语，提醒人们重视饮食卫生、防止病从口入，这可是一次重大的划时代的进步啊！又列米谷、兽鱼、果菜及料物等230余种，所载蒙古族饮食营养及卫生史料等材料甚为丰富。内存佚散之医药营养书籍内容，实为颇具一定价值的珍贵文献。其书于元文宗天历三年（1330年）进呈（《四库全书总目·卷16》）。

忽思慧曾为赵国公普兰奚下属，两人关系密切，《新元史·常咬住传》记载，常普兰奚于延祐二年（1315年）加金紫光禄大夫、徽政院使，掌侍奉皇太后诸事，估计，也就是在此情况之下有可能忽思慧被选任为饮膳太医之职，入宫侍奉元仁宗之母。

忽思慧，是一位生活在13世纪至14世纪间，兼通蒙古、汉医学的蒙古族医药学家，在事业上很有成就造诣的膳食营养学家，在我国食疗史上乃至于医药发展史上都占有极为重要的地位。遗憾的是，正史无其传，人生履历知之者甚少；但是，却因其所撰《饮膳正要》一书而流芳百世。

忽思慧自1314—1320年（即延祐年间）选任饮膳太医之职，于1330年（天历三年三月）将累朝宫廷所用饮膳及常用食疗物品编辑撰著成《饮膳正要》三卷。其中第一部分叙述饮食养生宜忌及部分饮膳方，卷二为饮膳营养方剂，卷三为食物之性味、功效、宜忌等内容，分米谷、兽禽鱼、果菜料物诸品，共计二百三十种，附图一百六十八幅。

忽思慧创作之源，因见元朝统治四海，各方进贡珍味奇品，汇粹内府，担心风土有所未宜，燥湿不能相济，再加上庖厨不能察其性味，恐怕难免导致疾病，因此按《周礼·天官》制度有医师、食医、疾医、疡医，分职而治，设立掌管饮膳太医四人。

忽思慧竭尽忠诚，根据任职期间积累的以奇珍异馔、汤煎膏造，及诸家《本草》名医方术，选择无毒、无违，可久饮食，补益药味之品，加以日常所必用谷肉果菜之物，饮食百味之宜者，取其性味互相补益者；又能调和五味，与饮食相宜，每日所造珍品御膳，所用何物，标注于历，以验证后效；又集补养调护之术这些丰富的营养卫生学知识，选择历朝历代食疗精粹和民族食疗方法，以及饮食保健、烹饪技术诸多经验，广泛收集各个民族的食疗方法，继承、整理古代医学理论，紧密结合自己所从事的饮膳工作经验，撰著辑集《饮膳正要》一书。

是书，集药物学、营养学、养生学及康复学之大成，不仅具有很高的实用价值，还是我国第一部具有极高学术价值的营养学专著，而且颇具独到见解，以及鲜明、浓厚的民族特色。

《御制饮膳正要·序》：朕惟人、物皆禀天地之气以生者也。然物又天地之所以养乎人者，苟用之失其所以养，则至于戕害者有矣。如布帛菽粟鸡豚之类，日用所不能无，其为养甚大也。然过则失中，不及则未至，其为戕害一也。其为养甚大者尚然，而况不为养而为害之物，焉可以不致其慎哉！此特其养口体者耳。若夫君子动息威仪（行动休息皆有威德仪礼，庄严的容止。《诗经·邶风·柏舟》："威仪棣棣，不可选也"），起居出入，皆当有其养焉，又所以养德也。尝观前元《饮膳正要》一书，其所以养口体养德之要，无所不载，盖当时尚医所论著。其执艺事，以致忠爱，虽深于圣贤之道者不外是也。夫善莫大于取诸人，取诸人以为善，大舜所先肆（肆，勤苦；极力。《文选·陆机·演连珠》："轮匠肆目，不乏奚仲之妙；瞽史清耳，而无伶伦之察"）。朕嘉是书而用之，以资摄养之助，且锓诸梓，以广惠利于人，亦庶几乎，好生之仁。虽然生禀于天，非人之所能为，若或戕之，与立岩墙之下者同（语出《孟子·尽心上》："是故知命者不立乎岩墙之下。"南宋著名理学家、文学家朱熹著《孟子集注》解："岩墙，墙之将覆者。"即将坍塌的围墙。泛指危险之地），有不由于人乎！故此非但摄养之助，而抑顺受其正之大助也。

景泰七年（1456 年）四月初一

《饮膳正要·虞集序》：臣闻古之君子善修其身者，动息节宣以养生，饮食衣服以养体，威仪行义以养德，是故周公之制礼也。天子之起居、衣服、饮食，各有其官，皆统于冢宰（官职名。《周礼·天官·冢宰》："惟王建国，辨方正位，体国经野，设官分职，以为民极，乃立天官冢宰，使帅其属，而掌邦治，以佐王均邦国，治官之属。"即为辅佐天子之官。东汉经学家郑玄注解："变冢言大，进退异名也。百官总焉则谓之冢，列职于王则称大。"由此后世以冢宰谓之宰相之称），盖慎之至也。今上皇帝，天纵圣明，文思深远，御延阁（御，对帝王的所作所为以及其所用物的敬称。延阁，古代帝王藏书之处。《汉书·艺文志》："于是建藏书之策。"唐代颜师古注引如淳曰："刘歆《七略》曰：外则有太常、太史、博士之藏，内则有延阁、广内、秘室之府"），阅图书，旦暮有恒（早晚持之以恒），则尊养德性，以酬酢万几，得内圣外王之道焉。于是赵国公臣常普兰奚，以所领膳医臣忽思慧所撰《饮膳正要》以进。其言曰：昔世祖皇帝，食饮必稽于本草，动静必准乎法度（语出《尚书·大禹谟》："儆戒无虞，罔失法度。"行动、休息都合乎规矩），是以身跻上寿，贻子孙无疆之福焉。是书也，当时尚医之论著者云。

噫！进书者，可谓能执其艺事，以致其忠爱者矣。是书进上，中宫览焉。念祖宗卫生之戒，知臣下陈义之勤，思有以助圣上之诚身，而推其仁民之至意。命中政院使臣拜住刻梓而广传之。兹举也，盖欲推一人之安而使天下之人举安，推一人之寿而使天下之人皆寿。恩泽之厚，岂有加于此者哉！书之既成，大都留守臣金界奴传敕命臣集序其端云。臣集再拜稽首而言曰：臣闻《易》之《传》有之：大哉乾元，万物资始，至哉坤元，万物资生，天地之大德，不过生生而已耳。今圣皇正统于上，乾道也；圣后顺承于中，坤道也。乾坤道备，于斯为盛，斯民斯物之生于斯时也，何其幸欤（欤，表示感叹语气，意为多么幸福或荣幸啊）！愿飏言之（飏言，犹言大力宣扬推广。南朝梁刘勰《文心雕龙·颂赞》："并飏言以明事，嗟叹以助辞也"），使天下后世有以知。夫高明博厚之可见如此，於戏（於戏，音 wū hū，亦作"于熙""乌呼""于乎""乌乎""乌虖"，亦作感叹之词。《礼记·大学》："《诗》云：'于戏！前王不忘。'君子贤其贤而亲其亲，小人乐其乐而利其利。"唐代训诂学家颜师古《匡谬正俗·卷二》："古文《尚书》悉为'于戏'字，今文《尚书》悉为'呜呼'字，而《诗》皆云'于乎'字。中古以来，文籍皆为'呜呼'字。"清代训诂学家段玉裁《说文解字注》："今文《尚书》作'于戏'，谓汉石经本也，洪适载石经《尚书》残碑，'于戏'字尚四见，可证也。今《匡谬正俗》古今字互讹"）！休哉（文言文用语，即美哉！吉庆之意。《宋书·乐志食举歌》："元首纳嘉礼万邦同欢愿，休哉！君臣嘉燕"）！

天历三年（1330年）五月朔日谨序

奎章阁侍书学士、翰林直学士、中奉大夫、知制诰同修国史　臣　虞集 撰

《饮膳正要·忽思慧进书表》：臣闻古之君子善修其身者，动息节宣以养生，饮食、衣服以养体，威仪行义以养德，是故周公之制礼也。天子之起居、衣服、饮食，各有其官，皆统于冢宰，盖慎之至也。今上皇帝，天纵圣明，文思深远，御延阁，阅图书，旦暮有恒，则尊养德性，以酬酢万几，得内圣外王之道焉。于是赵国公臣常普兰奚，以所领膳医臣忽思慧所撰《饮膳正要》以进。其言曰：昔世祖皇帝，食饮必稽于本草，动静必准乎法度，是以身跻上寿，贻子孙无疆之福焉。是书也，当时尚医之论著者云，噫！进书者，可谓能执其艺事，以致其忠爱者矣。是书进上，中宫览焉。念祖宗卫生之戒，知臣下陈义之勤，思有以助圣上之诚身，而推其仁民之至意。命中政院使臣拜往刻梓而广传之。兹举也，盖欲推一人之安而使天下之人举安，推

一人之寿而使天下之人皆寿。恩泽之厚，岂有加于此者哉！书之既成，大都留守臣金界奴传敕命臣集序其端云。臣集再拜稽首而言曰：臣闻《易》之《传》有之：大哉乾元，万物资始，至哉坤元，万物资生，天地之大德，不过生生而已耳。今圣皇正统于上，乾道也；圣后顺承于中，坤道也。乾坤道备，于斯为盛，斯民斯物之生于斯时也，何其幸欤！愿飏言之，使天下后世有以知。夫高明博厚之可见如此，于戏！休哉！

天历三年五月朔日谨序

奎章阁侍书学士、翰林直学士、中奉大夫、知制诰同修国史　臣　虞集 撰

（以上这一段内容与虞集序完全相同）

伏睹国朝，奄有四海，遐迩罔不宾贡。珍味奇品，咸萃内府，或风土有所未宜，或燥湿不能相济，倘司庖厨者，不能察其性味而概于进献，则食之恐不免于致疾。钦惟世祖皇帝圣明（元世祖孛儿只斤·忽必烈，1260—1294 年在位），按《周礼·天官》有师医（原文如此，应为医师）、食医、疾医、疡医，分职而治，行依典故，设掌饮膳太医四人，于本草内选无毒、无相反、可久食，补益药味，与饮食相宜，调和五味，及每日所造珍品，御膳必须精制。所职何人？所用何物？进酒之时，必用沉香木、沙金、水晶等盏。斟酌适中，执事务合称职。每日所用，标注于历，以验后效。至于汤煎、琼玉、黄精、天门冬、苍术等膏，牛髓、枸杞等煎，诸珍异馔，咸得其宜，以此世祖皇帝圣寿延永无疾。恭惟皇帝陛下自登宝位，国事繁重，万机之暇，遵依祖宗定制，如补养调护之术，饮食百味之宜，进加日新，则圣躬万安矣。臣思慧自延祐年间选充饮膳之职（延祐：1314—1320 年，元仁宗孛儿只斤·爱育黎拔力八达的年号），于兹有年，久叨天禄（语出《尚书·大禹谟》："钦哉！慎乃有位，敬修其可愿，四海困穷，天禄永终。"自谦词，长久承受上天或曰朝廷赐予的食禄），退思无以补报，敢不竭尽忠诚，以答洪恩之万一。是以日有余闲，与赵国公臣普兰奚，将累朝亲侍进用奇珍异馔、汤膏煎造及诸家本草、名医方术，并日所必用谷肉果菜，取其性味补益者，集成一书，名曰《饮膳正要》，分为三卷。本草有未收者，今即采摭附写。伏望陛下恕其狂妄，察其愚忠，以燕闲之际［燕闲，亦作"燕间"。安闲；休息时；公余之时；闲暇之时；安闲时。宋、元之际文学家周密《齐东野语·朱汉章本末》："（朱倬）将陛辞，

刺知上燕闲所观史传，于奏疏中道之，大称旨，留为郎”]，鉴先圣之保摄，顺当时之气候，弃虚取实，期以获安，则圣寿跻于无疆，而四海咸蒙其德泽矣。谨献所述《饮膳正要》一集以闻，伏乞圣览下情，不胜战栗、激切、屏营之至（屏，音 bīng。屏营，通常用于信札中以示歉意，惶恐不安的样子。语出《国语·吴语》：“王亲独行，屏营彷徨于山林之中。”南朝梁文学家任昉《到大司马记室笺》：“不胜荷戴屏营之情”）。

天历三年三月三日，饮膳太医　臣　忽思慧进上

中奉大夫、太医院使臣　耿允谦校正

奎章阁都主管、上事资政大夫、都留守内宰、隆祥总管、

提调织染杂造人匠都总管府事　臣　张金界奴校正

资德大夫、中政院使、储政院使臣　拜住校正

集贤大学士、银青荣禄大夫、赵国公　臣　常普兰奚编集

天之所生，地之所养。天地合气，人以禀天地气生，并而为三才。三才者，天地人。人而有生，所重乎者心也。心为一身之主宰，万事之根本，故身安则心能应万变，主宰万事，非保养何以能安其身。保养之法，莫若守中，守中则无过与不及之病。调顺四时，节慎饮食，起居不妄，使以五味调和五藏。五藏和平则血气资荣，精神健爽，心志安定，诸邪自不能入，寒暑不能袭，人乃怡安。夫上古圣人治未病，不治已病，故重食轻货，盖有所取也。故云：食不厌精，脍不厌细。鱼馁肉败者，色恶者，臭恶者，失饪不时者，皆不可食。然虽食饮，非圣人口腹之欲哉！盖以养气养体，不以有伤也。若食气相恶则伤精，若食味不调则损形。形受五味以成体，是以圣人先用食禁以存性，后制药以防命。盖以药性有大毒，有大毒者治病，十去其六；常毒治病，十去其七；小毒治病，十去其八；无毒治病，十去其九。然后谷肉果菜，十养一尽之，无使过之，是以伤其正。虽饮食百味，要其精粹，审其有补益助养之宜，新陈之异，温凉寒热之性，五味偏走之病。若滋味偏嗜，新陈不择，制造失度，俱皆致疾。可者行之，不可者忌之。如妊娠不慎行，乳母不忌口，则子受患。若贪爽口而忘避忌，则疾病潜生，而中不悟。百年之身，而忘于一时之味，其可惜哉！孙思邈曰：谓其医者，先晓病源，知其所犯，先以食疗，不瘥，然后命药，十去其九。故善养生者，谨先行之。摄生之法，岂不为

有裕矣（裕，道。《方言·第三》：“裕、猷，道也。东齐曰裕，或曰猷”）。

《饮膳正要·跋》：《饮膳正要》三卷，元忽思慧撰。前有天历三年常普兰奚进书表，虞集奉敕序，盖元代饮膳太医官书也。明代景泰间（景泰：1450—1456年）重刻于内府。此本《皕（音bì，二百）宋楼藏书志》作元刊元印，余向见常熟瞿氏“铁琴铜剑楼”藏本，同出一刻，而楮印较逊。有景泰年序，知此为明本而非元本，特佚去景泰一序耳。其书详于育婴、妊娠、饮膳卫生、食性宜忌诸端，虽未合于医学真理，然可考见元人之俗尚。旧时民间传本极稀，近世藏目以钞本为多，究不若此刻本之可信。余求之有年，十七年冬，始觏之于东京“静嘉文库”，因得借印流传，偿余夙昔之愿焉（偿，酬报。《史记·苏秦列传》：“以百金偿之。”以报偿多年之夙愿）。

民国纪元十有九年（1930年）十月 盐海　张元济

景泰一序，原书已佚，初版未获印入，殊为缺憾，嗣从瞿氏借得，今当重印，因以冠诸卷端，读者鉴之。

元济再识

注：张元济（1867—1959），字筱斋，号“菊生”，浙江省嘉兴市海盐人。出身于名门望族，书香世家。清末进士，曾任翰林院庶吉士，后又任总理事务衙门章京。出版家。解放后，历任上海市文史馆馆长、商务印书馆董事长。

第十一篇 明代篇

医与天文皆世业专官，亦本《周官》遗意。攻其术者，要必博极于古人之书，而会通其理，沉思独诣，参以考验，不为私智自用，乃足以名当世而为后学宗。——《明史》。

明清两朝医学极盛，名医辈出，医书大备，诸如：

倪维德（1303—1377），元明间医学家，著有《元机启微》。

名言：医为儒者之一事。

倪维德，字仲贤，吴县人（今属江苏省）。祖、父皆以医显。维德幼嗜学，已乃业医，以《内经》为宗。病大观以来，医者率用裴宗元、陈师文《和剂局方》，故方新病多不合，乃求金人刘完素、张从正、李杲三家书读之，出而治疾，无不立效。

周万户子，八岁昏眊（音 mào，眼睛昏花失神。《孟子·离娄上》："胸中不正，则眸子眊焉。"东汉经学家赵岐撰《孟子章句》注解："眊者，蒙蒙目不明之貌。"唐代柳宗元《与萧翰林俛书》："居蛮夷中久，惯习炎毒，昏眊重膇，意以为常。"），不识饥饱寒暑，以土炭自塞其口。诊之曰："此慢脾风也。脾藏智，脾慢则智短。"以疏风助脾剂投之，即愈。顾显卿右耳下生瘿，大与首同，痛不可忍。诊之曰："此手足少阳经受邪也。"饮之药，逾月愈。刘子正妻病气厥，或哭或笑，人以为祟。诊之曰："两手脉俱沉，胃脘必有所积，积则痛。"问之果然，以生熟水导之，吐痰涎数升愈。盛架阁妻左、右肩臂奇痒，延及头面，不可禁，灼之以艾，则暂止。诊之曰："左脉沉，右脉浮且盛，此滋味过盛所致也。"投以剂，旋愈。林仲实以劳得热疾，热随日出入为进退，暄盛则增剧，夜凉及雨则否，如是者二年。诊之曰："此七情内伤，阳气不升，阴火渐炽。故温则进，凉则退。"投以东垣内伤之剂，亦立愈。他所疗治，多类此。

常言："刘、张二氏多主攻，李氏惟调护中气主补，盖随时推移，不得不然。"故其主方不执一说。常患眼科杂出方论，无全书，著《元机启微》，又校订《东垣试效方》，并刊行于世。洪武十年卒（1377年），年七十五。（清代张廷玉等撰，《明史·卷二百九十九·列传第一百八十七·方伎·倪维德》）

倪维德，字仲贤，晚年自号"敕山老人"。三世业医，且以医名显。幼习儒，后继家业从医，尤其擅长眼科疾病的治疗。所著两卷本《元机启微》，是广泛博集古今眼科确凿论述而成的现存较早眼科专著，内含眼病机理、治则、方剂配伍、药物炮炙及附方等内容。

滑寿（约1304—1386），元明时期著名医药学家，著有《读素问钞》《难经本义》《诊家枢要》《十四经发挥》《读伤寒论钞》《痔瘘篇》《医韵》《脉理存真》《撄宁生补泻心要》等。

滑寿，字伯仁，晚年自号"撄宁生"（语出《庄子·大宗师》篇，南伯子葵请教女偊健康长寿之因的一段交谈："其为物，无不将也，无不迎也，无不毁也，无不成也，其名为撄宁。撄宁也者，撄而后成者也。"唐初道家学者、道家理论家、通儒、善训诂学的成玄英疏解："撄，扰动也；宁，寂静也。……动而常寂，虽撄而宁者也。"此乃道家所追求的一种心宁神静，不受外界俗世纷扰，保持安定、无欲无求，以达出世的修养境界。由此可以看出滑寿不仅是位博通经典的儒学家，还是一位极为虔诚的道教徒），是《明史·方伎传》中所记第一人。祖籍襄城，屡迁仪真、余姚。自幼便是位机警敏悟、聪敏好学、通经史百家、善诗能文的孩子。

据《浙江通志》记载滑寿，本姓刘，乃大明建国之功臣刘基之兄弟（刘基，1311—1375，字伯温，元末明初军事家、政治家、文学家，协助朱元璋建国的开国元勋，谥号"文成"。病逝后，滑寿作赋《望卷悲》十章，采办祭祀所需蒿草赴京奔丧，传说二人是同母异父兄弟）。"按《滑氏家谱》，则为刘基之兄弟也，基尝访之于余姚，留数月而去。"《绍兴府志》亦载："叶知府逢春云：寿盖刘文成基之兄，易姓名为医。文成既贵，尝束劝之仁，不应，留月余而去。"由此可知，滑寿当为刘伯温的哥哥，或说同母异父的兄弟。

滑寿与当时的一些名人如朱右（1314—1376，字伯贤，又字序贤，自号"邹阳子"。曾参与修《元史》。授翰林国史编修官，晋王府右长史。是一位志行高洁、安贫乐道，极受朱元璋看重的儒界人士)、戴良(1317—1383，字叔能，号“九灵山人”，元代著名诗人、大文学家，是位隐居却不避世，博学多才，精晓天文地理，慷慨激昂、神姿疏秀的诗人、作家。《明史》有传)、宋濂、宋禧(生卒年无考，初名玄僖，字无逸，号“庸庵”。《明史》有传)、丁鹤年(1335—1424，字永庚，号“友鹤山人”，诗人、养生家，京城老字号“鹤年堂”创始人)等人，都交往过从甚密。

《元史》总纂官宋濂，与刘基、高启并列为“明初诗文三大家”，较滑寿小六岁，二人是互相甚为了解的好朋友，他应是位了解滑寿之为人、为医、为书的全面情况的人，故将其作为《明史·方伎传》中所记第一人，并且为《十四经发挥》作长篇序，以介绍这部书的成因经过。同时为《十四经发挥》作序的还有名医吕复(生卒年无考，字元膺。晚号“沧州翁”，著有《养生杂言》《内经或问》《难经附说》《切脉枢要》《运气图说》等)。

诗人、翰林学士张翥(1287—1386，字仲举。曾任国子助教、翰林学士承旨)为《难经本义》作序，著名文学家、史学家、书法家、大诗人、大才子揭傒斯(1274—1344，字曼硕，号“贞文”，谥号“文安”。修宋辽金三史，任总裁官。《元史》有传)之子揭汯(1304—1373，字伯防，荫补秘书郎，迁国史编修官)亦为《难经本义》作序。据宋濂在《十四经发挥·序》末所记，历史学家、文学家危素(1295—1372，另一说1303—1372，字太朴，号“云林”。元末明初历史学家、文学家，负责主编宋辽金三部史书，注释《尔雅》，是一位参与过“二十四史”中“四史”编修的重要史臣，历任参知政事、翰林学士、翰林编修、监察御史、工部侍郎、礼部尚书、大司农丞、中书左丞等职。《明史》有传)亦为《难经本义》作有序文。

危素是位与宋濂同修《元史》的重臣，而危素是位治史态度极为严肃，修史绝不敷衍马虎，深负时誉的史臣，他在史学领域里的地位和贡献是不可磨灭的，他与宋濂二人同时决定将滑寿列为《明史·方伎传》中所记第一人，并分别为其书作序，赞誉滑寿之功，可见滑寿在传统医学领域里为恢复针灸学、经络学所做出的贡献，有着多么重要的地位。

此外元代著名诗人戴良曾为其画像：“貌不加丰，体不加长，英英奕奕，其学也昌。早啄诗礼之精华，晚探《素》《难》之窈茫(窈，《说文解字·穴部》：“窈，深远也。”《广雅》：“窈，深也。”《老子》：“窈兮冥兮。”三国魏经学家、哲学家王弼注：“深远之叹。”幽隐深远。茫，模糊不清；迷蒙不明。《庄子·天下》：“芒乎昧乎，未之尽者。”茫然暗昧，未能穷尽。此说《素》《难》二经，去世久远，模糊不清，茫然暗昧，而滑寿勇于探索这一难题，实在是可歌可泣)，推其有，足以防世而范俗。出其余，可以涤藏而湔肠（湔，《三苍·氵部》："湔，濯也。"《广雅》："湔，洒也。"《史记》："湔浣肠胃，漱涤五藏。"洗涤五藏，伐清胃肠。形容以聪慧代替原先的愚昧）。"并作有《怀书·撄宁》诗。其后，丁鹤年作有《寄余姚·滑伯仁先生》诗："独木桥边薜竟门，全家移住水云村；猿声专夜丹山静，蜃气横秋碧海昏。诗卷自书新甲子，药壶别贮小乾坤；陶渔耕稼遗风在，差胜桃源长子孙。"宋禧作有《重过倪氏深秀楼怀滑伯仁》诗："滑公江海客，频到贺家溪。采药行云际，吟诗过水西。"

元代黄岩四进士之一，元末浙东农民起义军领袖方国珍的军师刘仁本（约1311—1368，字德元，别名德玄，号"羽庭"。曾授浙江行省左右司郎中，被朱元璋以数罪鞭背溃烂而死。兴儒学，办书院，振兴文教，活跃诗坛，举办"续兰亭会"，作《续兰亭序》，刻成诗集。晚清著名文史学家王棻编辑《台学统》评其："戎马倥偬之时，独能笃志儒修，振兴文教，其文采风流辉映千古矣。"《明史》有传）在其所著《羽庭诗集》亦有《正月望前一夕，与滑伯仁炼药》诗赞许："委羽山中鹤堕翎，老仙为我制颓龄；人无金石千年寿，药有丹砂九转灵。候熟鼎墟分水火，所吞朋友走风霜；轻身已得刀圭秘，莫问昌阳与茯苓。"

据《仪真县志》记载，滑寿少时曾拜学韩说为师（韩说，史无记载，亦应是位学通四书五经的儒学家），学习诸子百家之书，日诵千言，捉笔弄字，诗雅辞致，尤善乐府诗。元时曾举乡试，但对仕途从无兴趣。而对岐黄之学，兴趣盎然，屡屡拜访镇江地区名医王居中（王君迪，字居中，客居仪真。精晓古方，极善诊脉，是当时一位大名鼎鼎的良医），虚心求教岐黄之术，王见其心诚意笃，遂收其为徒，尽授医学经典《素问》《难经》，由是，颇得真传。寿学业有成，便向其师汇报了自己意欲将缺误甚多的《素问》进行注释以便于人们阅读的想法，得到老师欣然赞许和支持。在进行《素问》和《难经》的学习、注释过程中，其学业日渐长进、日新月异。之后他又汇集、参酌、综合张仲景、刘守真、李明之三家医学思想，融会贯通，在临床施治过程中屡屡取得成效。

夫人之生死系于医，医之本源出于经，经之旨不明，其害可胜言哉！滑君昼惟夕思，旁推远索，作《难经本义》二卷，析其精微，探其隐赜，钩其玄要。疑者辨之，误者正之，诸家之善者取之。于是，《难经》之书，辞达理明，条分缕解，而《素问》《灵枢》之奥，由是而得矣。然则伯仁之功，岂小补者耶！

滑寿所处之世，针灸之道已经湮而不彰，经络之学已恍惚难视，其为挽救渐被荒废的针道、经络之学，又追随泰安市东平县精通针灸之学的高洞阳先生学习针法，遂对人体经络悉心研究；他吸取《内经·骨空》诸论及《灵枢》所述经脉，著《十四经发挥》三卷。他认为任、督二脉应与十二经脉并重，应合称为十四经，在《素问》《灵枢》二经的基础上，考通腧穴六百五十七个，明其阴阳往来，推其骨孔驻会，专意疏解手足三阴、三阳及任、督二脉，条释图陈，详加图章训释，使之纲举目张；脉络尺寸，部候虚实，简而通，决而明。

滑君伯仁，笃实详敏，博极群书，精通经史百家。他积二十余年的儒学基础，凡医之书，无不阅读参考，言为文辞，温雅有法，江南诸医，未能或之先也。挟岐黄之术，早年学仿于张元素、刘完素、张从正、李东垣四家之学，立言垂范，起而继之，微辞秘旨，靡不贯通；阐发前人所未发之旨，究理义之精微，折衷己意，首列诸图，后疏本义，各条问答之下，力图详尽易解。经过他的力挽狂澜，终于使针灸之学又得以盛于元代，其用心至仁矣！君之为后世针灸医家的规范，足以为学者出入方向，实医门之司南也，其功不可没也。

伯仁君，尤深于医，精意于医，即好医理医道，工于医，济人历五十寒暑，精于诊而审于剂者也，起废痊痼愈疴，不可胜纪，活人无数，遂远近闻名，为后世所尊崇。

滑寿，字伯仁，先世襄城（今属河南省）人，徙仪真（今江苏省仪征市），后又徙余姚（即今浙江省余姚市）。幼警敏好学，能诗。京口（今江苏省镇江市京口区）王居中，名医也。寿从之学，授《素问》《难经》。既卒业，请于师曰：《素问》详矣，多错简。愚将分藏象、经度等为十类，类抄而读之。《难经》又本《素问》《灵枢》，其间荣卫藏府与夫经络腧穴，辨之博矣，而缺误亦多。愚将本其义旨，注而读之可乎？居中跃然称善。自是寿学日进。寿又参会张仲景、刘守真、李明之三家而会通之，所治疾无不中。

既学针法于东平（今山东省泰安市东平县）高洞阳，尝言：人身六脉虽皆有系属，惟督、任二经，则苞乎腹背，有专穴。诸经满而溢者，此则受之，宜与十二经并论。乃取《内经骨空》诸论及《灵枢》所述经脉，著《十四经发挥》三卷，通考隧穴六百四十有七。他如《读伤寒论钞》《诊家枢要》《痔瘘》及采诸书本草为《医韵》，皆有功于世。

晚自号“撄宁生”，江、浙间无不知“撄宁生”者。年七十余，容色如童孺，行步矫捷（手脚灵活轻快，壮武矫健敏捷。三国魏曹植《七启》：“矫捷若飞，蹈虚远蹠。”），饮酒无算。天台朱右摭其治疾神效者数十事，为作传，故其著述益有称于世。（清代张廷玉等撰，《明史·卷二百九十九·列传第一百八十七·方伎·滑寿》）

《四库全书提要》：滑寿，字伯仁，《明史·方伎传》称为许州人，寄居靳县。案：朱右《撄宁生传》曰：“世为许州襄城大家。元初，祖父官江南，自许徙仪真。而寿生焉。”又曰：“在淮南曰滑寿，在吴曰伯仁氏，在鄞越曰撄宁生。然则许乃祖贯，鄞乃寄居，实则仪真人也。滑寿卒于明洪武中，故《明史》列之《方伎传》。”然戴良《九灵山房集》有《怀书撄宁诗》曰：“海日苍凉两鬓丝，异乡漂泊已多时；欲为散木留官道，故托长桑说上池。蜀客著书人岂识，韩公卖药世遍知；道途同是伤心者，只合相从赋黍离。”则寿亦抱节之遗老，托于医以自晦者也（此指其属忠于前朝遗老，更朝换代，儒家至死不仕二主精神的殉道者，隐居从医，不愿为明所用）。是书首有张翥序，称寿家去东垣近，早传李杲之学。《撄宁生传》则称学医于京口王居中，学针法于东平高洞阳。考李杲足迹未至江南，与寿时代亦不相及。翥所云，殆因许近东垣，附会其说欤。《难经》八十一篇，历代医家，多有注释。寿所采摭，凡十一家，今惟寿书传于世。其书首列汇考一篇，论书之名义源流，次列阙疑总类一篇，记脱文误字，又次图说一篇，皆不入卷数。其注，则融汇诸家之说，而以己意折衷之，辩论精确，考证亦极详审。寿本儒者，能通解古书文义，故其所注，视他家所得为多云。

臣　纪昀

《十四经发挥·自序》：人为气血之属，饮食起居，节宜微爽，不能无疾。疾之感人，或内或外，或小或大，为是动，为所生病，咸不出五藏六府、手足阴阳。圣智者兴，思有以治之，于是而入者，于是而出之也。上古治病，汤、液、醪、醴为甚少，其有疾，率取夫空穴经髓之所统系，视夫邪之所中，为阴、为阳而灸刺之，以驱去其所苦。观《内经》所载服饵之法才一二，为灸者四三，其他则明针刺，无虑十八九。针之功，其大矣！厥后方药之说肆行，针道遂寝不讲，灸法亦仅而获存。针道微而经络为之不明；经络不明，则不知邪之所在，求法之动中机会，必捷如响，亦难矣。若昔轩辕氏、岐伯氏斤斤问答，明经络之始末，相空穴之分寸，探幽摘邃，布在方册，亦欲使天下之为治者。视天下之疾，有以究其七情六淫之所自，及有以察夫某为某经之陷下也，某为某经之虚若实，可补泻也。某为某经之表里，可汗，可下也。针之，灸之，药之，饵之，无施不可，俾免夫颦蹙呻吟，抑以备矣。远古之书，渊乎深哉！于初学或未易也。乃以《灵枢经·本输篇》《素问·骨空》等论，裒而集之。得经十二，任督脉之行腹背者二，其髓穴之周于身者，六百五十有七，考其阴阳之所以往来，推其骨之所以驻会，图章训释，缀以颔语，厘为三卷，目之曰《十四经发挥》。庶几乎发前人之万一，且以示初学者，于是而出入之向方也。呜呼！考图以穷其源，因文以求其义，尚不戾前人之心，后之君子，察其勤而正其不逮，是所望也。

至正 初元（1341年）

闰月六日 许昌 滑寿自序

《诊家枢要·撄宁生·自序》：天下之事，统之有宗，会之有元。言简而尽，事核而当，斯为至矣。百家者流，莫大于医，医莫先于脉。浮沉之不同，迟数之反类，曰阴曰阳，曰表曰里，抑亦以对待而为名象焉，有名象而有统会该矣。高阳生之七表、八里、九道，盖凿凿也，求脉之明，为脉之晦。或者曰：脉之道大矣。古人之言亦多矣，犹惧弗及，而欲以此统会该之，不既太简乎？呜呼！至微者脉之理，而名象著焉，统会寓焉，观其会通，以知其典礼，君子之能事也。由是而推之，则溯流穷源，因此识彼，诸家之全，亦无遁珠之憾矣。

至正 甲辰（1364年）端月 许昌 滑寿识

《读素问钞·序》：予读滑伯仁氏所集《素问钞》，喜其删去繁芜，撮其枢要，且所编次，各以类从，秩然有序，非深于岐黄之学者，不能也。但王氏所注，多略不取，于经文最难晓处，仅附其一二焉。然自滑氏观之，固无待于注。后之学者，未必皆滑氏。苟无注释，曷从而入首邪？爰复取王氏注，参补其间，而以续字弁之于首简，间有窃附己意者，则以愚谓二字别之。滑氏元本所辑者，不复识别。滑氏自注者如旧，别以今按二字。如此，庶使原今所辑之注，各有分辨，或是或非，俾学者知所择焉。虽然，予之所辑，未必一一尽契经旨而无所误，或者，因予之误，推而至于无误，未可知也。谚云抛砖引玉，亦或有补于万一云。

正德 己卯（1519 年）

三月朔旦（三月初一日）

祁门 汪机 省之序

《读素问钞·跋》：医之有《素问》，犹吾儒之有《四书》。不读《素问》，不知病源；不读《四书》，不知道理。时医只知检方疗疾，不知病源，误人多矣。许昌滑伯仁氏《读素问钞》九卷，其删取之精，编辑之审，其功犹程、朱二夫子之于《四书》也。但微辞奥旨，未易即晓。祁门汪君省之，复取王氏注，参补其间，注之而未尽者，用己意补之，其继往开来之功甚伟。吾鄣（音 dǎng，同“党”，乡党。《释名》：“鄣，长也。一聚所尊长也。或作党，亦作怸”）好事者为之刻梓以公于天下后世，其亦仁者之心哉！仍有末卷未完，爰命公以终之，因忘其固陋而僭识岁月如此（僭，音 jiàn。《汉书·五行志》：“庶位逾节兹谓僭。”超越自己的知识能力水平）。

嘉靖 乙酉（1525 年，明世宗朱厚熜的年号，嘉靖四年）

春二月朔旦（二月初一日）

休宁 湖山 程文杰 识

葛乾孙（1305—1353），元代明间著名医学家，著有《十药神书》《医学启蒙》《十二经络》。

葛乾孙，字可久，长洲人。父应雷，以医名。时北方刘守真、张洁古之学未行于南，有李姓者，中州名医，官吴下，与应雷谈论，大骇叹，因授以张、刘书，自是江南有二家学。

乾孙体貌魁硕，好击刺战阵法。后折节读书，兼通阴阳、律历、星命之术。屡试不偶，乃传父业。然不肯为人治疾，或施之，辄着奇效，名与金华朱丹溪埒。富家女病四肢痿痹，目瞪不能食，众医治罔效。乾孙命悉去房中香奁、流苏之属，掘地坎，置女其中。久之，女手足动，能出声。投药一丸，明日女自坎中出矣。盖此女嗜香，脾为香气所蚀，故得是症。其疗病奇中如此。（清代张廷玉等撰，《明史·卷二百九十九·列传第一百八十七·方伎·葛乾孙》）

葛乾孙，出身三世医家，自祖父始攻医，父亲葛应雷便以医名享誉一时，已由平江医学教授提升为浙江医学提举。著有二卷本的《医学会同》，对于将刘守真、张洁古的学术南传，做出过积极的作用。乾孙体貌魁伟健硕，膂力过人，能文善武，然而科举之路没有为其敞开大门，遂继父业，自辟蹊径，独树一帜，疗疾多奇效，医术不逊于丹溪朱先生，名气与其不分伯仲。精针刺术，重视精神疗法，临证注重综合运用药物、针灸、推拿多种手段；用药审慎，贵贱一视同仁，医德高尚。尤其对痨病研究深入，所著《十药神书》就是我国现存的第一部治疗痨病的专著，实为后学治痨之津梁。民国时期学者、近代医学家谢观先生（1880—1950，字利恒）编著的医史著作《中国医学源流论》高度评价："虚劳之证，世亦多专书，其为医家所宗者，为元代葛可久之《十药神书》。"

王履（约 1332—1391），元明间医学家、著名画家，著有《医经溯洄集》《百病钩玄》《医韵统》。

王履，字安道，昆山人（江苏省昆山市）。学医于金华朱彦修，尽得其术。尝谓张仲景《伤寒论》为诸家祖，后人不能出其范围。且《素问》云"伤寒为病热"，言常不言变，至仲景始分寒热，然义犹未尽。乃备常与变，作《伤寒立法考》。又谓《阳明》篇无目痛，《少阴》篇言胸背满不言痛，《太阴》篇无嗌干，《厥阴》篇无囊缩，必有脱简。乃取三百九十七法，去其重复者二百三十八条，复增益之，仍为三百九十七法。极论内外伤经旨异同，并《中风》《中暑辨》，名曰《溯洄集》，凡二十一篇。又著《百病钩玄》二十卷，《医韵统》一百卷，医家宗之。

履工诗文，兼善绘事。尝游华山绝顶，作图四十幅，记四篇，诗一百五十首，为时所称。（清代张廷玉等撰，《明史·卷二百九十九·列传第一百八十七·方伎·王履》）

王履，字安道，号“畸叟”“抱独老人”，苏州府昆山人。自幼聪慧明敏，才华横溢，笃志问学，博览群书，博通经籍，教授乡里，通诗文，善绘画，为金华名医朱震亨的得意入门弟子，尽受朱氏之学，深得其术。在学术上，治学精神严谨，实事求是，立论有据，于医学理论颇有造诣。虽本于老师朱震亨“一断于经”之旨，但并不为经所拘囿，必以己之临证所断为根据，善于发挥自己的独到见解；以临床实践为依据，深入探求医理，于医学理论颇有造诣，强调对临床的实际指导作用。

明人祁门（今安徽省歙县）名医徐春甫（1520—1596）撰医学全书《古今医统大全》，赞其“学究天人，文章冠世，极深医源，直穷奥妙”。清代纪昀等人奉敕编纂的官修图书《四库全书提要》客观地评说：“观其历数诸家，俱不免有微辞，而内伤余议兼及东垣，可谓少可而多否者。然其会通研究，洞见本源，于医道中实能贯彻源流，非漫为大言以夸世者也。”

1371 年，洪武四年至长安，任秦王府良医正十余年。

1368 年，撰著蕴涵探本穷源、贯通源流之义的二十一论医学书籍《医经溯洄集》，流传于世。其书对《黄帝内经》《难经》《伤寒论》等著名古典医籍及宋以后各著名医家的医学论点之长，予以融会贯通，并阐述自己的学术观点，进行论述，颇有见地。又著《百病钩玄》《医韵统》《伤寒立法考》诸书，颇为后世医家所宗之。

洪武十六年（1383 年）游华山，作画四十幅，幅幅奇秀绝伦，将华山雄奇宏丽、万秀千奇的佳境胜绩用写实风格表现得淋漓尽致。作者另辟蹊径，“以形写意”，采用诗配画的绘画作法，给人以一种全新的视觉感受。

吕复（生卒年无考），元明间医学家，著有《群经古方论》《论诸医》《内经或问》《灵枢经脉笺》《五色诊奇眩》《切脉枢要》《运气图说》《养生杂言》等。

吕复，字元膺，鄞人（鄞县，今属浙江省），少孤贫，从师受经。后以母病求医，遇名医衢人（衢县，今属浙江省）郑礼之，遂谨事之，因得其古先禁方及色脉、药论诸书，试辄有验。乃尽购古今医书，晓夜研究，自是出而行世，取效若神。其于《内经》《素问》《灵枢》《本草》《难经》《伤寒论》《脉经》《脉诀》《病原论》《太始天元玉册元诰》《六微旨》《五常政》《玄珠密语》《中藏经》《圣济经》等书，皆有辨论。前代名医如扁鹊、仓公、华佗、张仲景至张子和、李东垣诸家，皆有评骘。所著有《内经或问》《灵枢经脉笺》《五色诊奇眩》《切脉枢要》《运气图说》《养生杂言》。浦江戴良（1317—1383，元代著名诗人，字叔能，号“九灵山人”。《明史》有传）采其治效最著者数十事，为医案。历举仙居、临海教谕，台州教授，皆不就。（清代张廷玉等撰，《明史·卷二百九十九·列传第一百八十七·方伎·吕复》）

吕复，字元膺，晚号“沧州翁”，是一位多才多艺的能人，博通经史子集，上知天文下知地理，刑律历算、卜筮佛老、经济军事无不研究，于医尤为精通，行医取效如神。虽受聘，皆辞不受。不谙世俗，实为清心寡欲之人。

周汉卿（生卒年无考），元明间医学家，尤善针术。

周汉卿，松阳人（今浙江省丽水市松阳县），医兼内外科，针尤神。乡人蒋仲良，左目为马所踶（音dì，踢。语出《庄子·马蹄》：“夫马，陆居则食草饮水，喜则交颈相靡，怒则分背相踶”），睛突出如桃。他医谓系络已损不可治，汉卿封以神膏，越三日复故。华州陈明远瞽十年。汉卿视之，曰：“可针也。”为翻睛刮翳，欻然辨五色（欻，音xū。迅速。唐代李白《望庐山瀑布》：“欻如飞电来，隐若白虹起”）。武城人病胃痛，奋掷乞死。汉卿纳药于鼻，俄喷赤虫寸许，口眼悉具，痛旋止。马氏妇有娠，十四月不产，尪且黑。汉卿曰：“此中蛊，非娠也。”下之，有物如金鱼，病良已。永康人腹疾，何偻行。汉卿解衣视之，气冲起腹间者二，其大如臂。刺其一，砉然鸣（砉，音xū。《庄子·养生主》：“砉然向然，奏刀騞然。”用刀劈裂物的声音）又刺其一，亦如之。加之按摩，疾遂愈。长山徐妪痫疾，手足颤掉，裸而走，或歌或笑。汉卿刺其十指端，出血而痊。钱塘王氏女生瘰疬，环头及腋，凡十九窍。窍破，白沉出，将死矣。汉卿为剔窍母，深二寸，其余烙以火，数日结痂愈。山阴杨翁项有疣如瓜大，醉仆阶下，溃血不能止。疣溃者必死。汉卿以药糁其穴，血即止。义乌陈氏子腹有块，扪之如罂。汉卿曰："此肠痈也。"用大针灼而刺之，入三寸许，脓随针迸出有声，愈。诸暨黄生背曲，须杖行。他医皆以风治之，汉卿曰："血涩也。"刺两足昆仑穴，顷之投杖去。其捷效如此。（清张廷玉等撰，《明史·卷二百九十九·列传第一百八十七·方伎·周汉卿》）。

戴思恭（1324—1405），明初著名医学家、御医，著《证治要诀》《证治类方》《类证用药》《戴复庵方书》《推求师意》《金匮钩玄》。

戴思恭，字原礼。浦江人（今属金华市），以字行。受学于义乌朱震亨。震亨师金华许谦，得朱子之传，又学医于宋内侍钱塘罗知悌。知悌得之荆山浮屠，浮屠则河间刘守真门人也。震亨医学大行，时称为"丹溪先生"，爱思恭才敏，尽以医术授之。

洪武中（1382年，时年58岁），征为御医，所疗治立效，太祖爱重之。燕王患瘕，太祖遣思恭往治，见他医所用药良是，念何以不效。乃问王何嗜？曰："嗜生芹。"思恭曰："得之矣。"投一剂，夜暴下，皆细蝗也。晋代王疾，思恭疗之愈。已，复发，即卒。太祖怒，逮治王府诸医。思恭从容进曰："臣前奉命视王疾，启王曰：'今即愈，但毒在膏肓，恐复作不可疗也。'今果然矣。"诸医由是免死。思恭时已老，风雨辄免朝。太祖不豫，少间，出御右顺门，治诸医侍疾无状者，独慰思恭曰："汝仁义人也，毋恐。"已而太祖崩，太孙嗣位，罪诸医，独擢思恭太医院使。（明代的太医院院使官阶为正五品，取代了太医院令的最高医官地位。太医院自金代始设，最高长官是提点，下设院使，官阶为从五品）。

永乐初（1403年），以年老乞归。三年夏（1405年），复征入，免其拜，特召乃进见。其年冬，复乞骸骨，遣官护送，赍金币，逾月而卒，年八十有二，遣行人致祭。所著有《证治要诀》《证治类元》《类证用药》诸书，皆櫽括（櫽，音yǐn，依据某种文体原有的内容、词句改编纂写成另一种体裁。北宋苏轼《水调歌头》词序："建安章质夫家善琵琶者，乞为歌词，余久不作，特取退之词稍加檃括，使就声律，以遗之"）丹溪之旨。又订正丹溪《金匮钩玄》三卷，附以己意，人谓无愧其师云。（清

张廷玉等撰，《明史·卷二百九十九·列传第一百八十七·方伎·戴思恭》）

戴思恭，字原礼，号“复庵”。浙江婺州浦江人。数世业医，名医朱震亨弟子、高徒，深得朱震亨、罗知悌真传，医术高超，勇于担责，因其厚德、为人极为仁义，因此，是位极受两代帝王明太祖朱元璋、明惠帝朱允炆宠幸、信任、呵护的御医。

戴先生是一位活了八十二岁的高龄长寿老人，这显然与其精通医学，探明性命之旨，善于审视颐养之宜，从而克葆天年之术不无关系。

楼英（1332—1401），明代医家、御医，著有《医学纲目》《医学正传》《内经运气类注》。

楼英，一名公爽，字全善，号“全斋”，浙江萧山人。出真医学世家，三世业医。

楼英自幼生活在四面环山、山清水秀、民风淳朴、风物繁盛、风景旖旎秀丽，既似仙境又似城郭的萧山楼塔镇，出身书香门第的他承继家教，刻苦好学，《易经》、经史百家、医道等无不是他认真学习的内容。他十多岁时就开始了行医生涯，接待病人，热情温顺；诊脉治病，认真负责。对待病人不论贫富贵贱，不惧污秽脏臭，一律一视同仁，注重与患者的交流，全面了解病情变化，慎重处方，因此，医术日进，屡获奇效，声名远播，四方百姓纷纷慕名前来求治。在行医期间，遍访亲友，博览众多医籍，广搜博采，大量积累素材；与同代名医戴元礼交往甚为密切，在其无私助力下，编纂了四十卷本、一百二十余万字的医学巨著《医学纲目》。此书文简义赅，提纲挈领，颇具创新之见，在中华医学史上享有崇高地位后成为李时珍编撰医药巨著《本草纲目》的重要参考资料。

因其医术高超，名声远播，洪武中期，明太祖朱元璋患病，因此被临淮丞孟恪举荐，应召入宫，遂进京赴命，任职太医院。权势福禄不是他羡慕追求的目标，民间难觅，而太医院中收藏众多的医学书籍却吸引了他的注意力，日积月累，为其日后再著医书，无疑奠定了更加坚实的基础。不久以年老体弱、病体缠身为由，祈请致仕，辞归故里，终获“以老赐归”。归家之后，并未放弃深爱的医事，仍以行医乡间为业，奏效多多，医名传颂，被诸暨、富阳地区百姓誉为“神仙太公”。晚年隐居仙岩山、云门寺等处，专心于著述业，又著《医学正传》《内经运气类注》等。

楼英同时还是一位音乐家，1377 年，辞官返乡时，顺便将宫廷音乐带回故乡，与当地一批擅长音律、会乐器的文人墨客，常以琴会友，共磋琴艺，互相交流学习，由此形成民间雅乐楼塔“细十番”，使其在楼塔一带得以流传，堪称此乐的传播者和创始人。这一曲调优美，深受人们钟爱的江南丝竹乐，现已属于国家级非物质文化遗产。

世外桃源犹仙境，人杰地灵育人才；御医楼英精医术，兼晓音律创“十番”。

江南丝竹似天籁，民俗文化底蕴深；行医妙手常回春，医乐同行传后人。

盛寅（1375—1441），明代医学家、御医，著有《医经秘旨》。

盛寅，字启东，吴江人（今属江苏省），受业于郡人王宾。初，宾与金华戴原礼游，冀得其医术。原礼笑曰：“吾固无所吝，君独不能少屈乎?”宾谢曰：“吾老矣，不能复居弟子列。”他日伺原礼出，窃发其书以去，遂得其传。将死，无子，以授寅。寅既得原礼之学，复讨究《内经》以下诸方书，医大有名。

永乐初，为医学正科（府医学官名。《称谓录·医学官》：“礼部则例，凡直省医学官，府曰正科，州曰典科，县曰训科”）。坐累（牵累；连累；拖累。因过失而受牵连。《新唐书·吴兢传》：“累迁洪州刺史，坐累下除舒州。”），输作天寿山（天寿山，位于北京市昌平北部）。列侯监工者，见而奇之，令主书算。先是有中使（宫中派出的使者，多指宦官。《文选·沈约〈齐故安陆昭王碑文〉》：“勉膳禁哭，中使相望。”张铣注解：“天子私使曰中使”）督花鸟于江南，主寅舍，病胀，寅愈之。适遇诸途（诸途，于途。诸，相当“于”。《礼记·祭义》：“孝弟发诸朝廷，行乎道路”），惊曰：“盛先生固无恙耶！予所事太监，正苦胀，盍与我视之。”既视，投以药立愈。会成祖较射西苑，太监往侍。成祖遥望见，愕然曰：“谓汝死矣，安得生?”太监具以告，因盛称寅，即召入便殿，令诊脉。寅奏，上脉有风湿病，帝大然之，进药果效，遂授御医。一日，雪霁（《说文解字·雨部》："霁，雨止也"），召见。帝语白沟河战胜状（白沟河之战，1400年，建文二年四月，在靖难之役中，燕王朱棣与建文帝的军队在白沟河进行的战役。白沟河位于今河北省的雄县、容城、定兴一带。白沟河之战，以建文帝的大将军李景隆率领的号称百万人的军队惨败、溃散告终。自此，建文帝再也组织不起大规模的军事征讨，而燕王朱棣自此转守为攻，进而取得战事上的主动权），气色甚厉。寅曰："是殆有天命耳。"帝不怿（怿，音yì。不怿，不悦；不高兴；不欢愉。《广韵》："怿，悦也，乐也"），起而视雪。寅复吟唐人诗"长安有贫者，宜瑞不宜多"句，闻者咋舌。他日，与同官对弈御药房。帝猝至，两人敛枰伏地，谢死罪。帝命终之，且坐以观，寅三胜。帝喜，命赋诗，立就。帝益喜，赐象牙棋枰并词一阕。帝晚年犹欲出塞，寅以帝春秋高，劝毋行。不纳，果有榆木川之变（榆木川，古地名，位于今内蒙古多伦西北。1424年，永乐二十二年，鞑靼阿鲁台南下，明成祖朱棣执意带兵出塞北征抵御，无奈蒙古军早已逃遁无影无踪，无功而返，回师归途中，七月十七日庚寅，大军行至榆木川，朱棣因积劳成疾，骤然病死于此，时年六十五岁）。

仁宗在东宫时（明仁宗朱高炽），妃张氏经期不至者十月，众医以妊身贺。寅独谓不然，出言病状。妃遥闻之曰："医言甚当，有此人何不令早视我?"及疏方，乃破血剂。东宫怒，不用。数日病益甚，命寅再视，疏方如前。妃令进药，而东宫虑堕胎，械寅以待。已而血大下，病旋愈。当寅之被系也，阖门惶怖（阖门，全家。东晋皇甫谧《高士传·荀靖》："阖门悌睦，隐身修学，动止合礼。"惶怖，惊慌恐怖；恐惧有加。《东观汉记·阳球传》："权门惶怖股栗，莫不雀目鼠步"）曰："是殆磔死（殆，大概；恐怕。《说文解字·歹部》："殆，危也。"《荀子·议兵》："兵殆于垂沙。"磔，音zhé。古代的一种酷刑，分裂肢体致死。《后汉书·董卓传》："恨不得磔裂奸贼于都市，以谢天地。"李贤注解："磔，车裂之也。"是大概要车裂而死）。"既三日，红仗前导还邸舍，赏赐甚厚。

寅与袁忠彻素为东宫所恶，既愈妃疾，而怒犹未解，惧甚。忠彻晓相术，知仁宗寿不永，密告寅，寅犹畏祸。及仁宗嗣位，求出为南京太医院。宣宗立（明宣宗朱瞻基），召还。正统六年卒（1441年）。两京太医院皆祀寅。寅弟宏亦精药论，子孙传其业。

初，寅晨直御医房，忽昏眩欲死，募人疗寅，莫能应。一草泽医人应之

（又称铃医、走方医，游走于江湖，手持串铃的民间医生），一服而愈。帝问状，其人曰："寅空心入药房，猝中药毒。能和解诸药者，甘草也。"帝问寅，果空腹入，乃厚赐草泽医人。（清代张廷玉等撰，《明史·卷二百九十九·列传第一百八十七·方伎·盛寅》）

兰茂（1397—1476），明代颇负盛名的医药学家、语言学家、文学家、诗人，著有《滇南本草》《医门揽要》。

兰茂，字廷秀，号"止庵"，自称"和光道人""洞天风月子""玄壶子"，享年八十岁。原籍河南洛阳人，后徙云南省嵩明县杨林千户所（千户所，自金代始设，属于卫所兵制军事机构，元明相沿。驻扎于重要府、州，千户是官名，为一所之长，世袭军职，统兵一千一百二十人，分为十个百户所）石羊山。终身平民，自幼既好本草，又因母病，更加留心医药。兰茂不仅博通经史，术数之学，更广泛涉足文学、音韵、戏剧、哲学、教育。兰茂堪称云、滇地区系统文献记载中最早的知名医药工作者，他因学业有成，常往来于云南各地采集医药为民治病，所治多效，深为百姓赞誉、爱戴。

后数十年间，遍访滇南各地蔬菜草木可作药食者，采集药物精细辨审，考察性味，辨其生长环境，区类辨性，探本穷源，绘为图形，汇集撰著《滇南本草》三卷，尽展云南本草之盛，论述地方用药之特长，因内有云南少数民族常用医药经验，殊为可贵。1436 年，正统元年，又撰医学专著《医门揽要》二卷，载方六百八十六首。结合云、滇实际，阐发深邃医理，彰显独到用药之长，附刊于《本草》之后。书中多载验方，间述医理，医药结合，论医用药，明达简要，方药详悉；上卷专论脉法证治，浅显明透；下卷专论病症方药，治法甚详；强调诊断疾病时，望、闻、问、切四诊合参的重要性；调补脾、肾之功能，实为调理五藏功能之最为重要者；贵在辨证论治，灵活机变，师古而不拘泥；确立治疾法则应因时、因地、因人三因制宜。其书多在云南一带流传，为人奉为至宝。兰茂对岐黄之术的贡献不可小觑。其书较李时珍所撰《本草纲目》要早一百四十多年，但李时珍从未见过此书，故其内多有《本草纲目》所不载之药，后世传本及补编本甚多。嘉靖三十五年（1556年）滇南人范洪（号“守一子”）据其书补撰，写生绘图甚精，名书为《滇南本草图说》十二卷。兰茂亦曾撰《悬壶诗》九十七首，体现了他的人生观、哲学观、自然观与对性命深刻的领会。

《滇南本草·自序》：上古神农氏尝百草而知药性，轩辕氏访岐伯、伯高、少俞而知脉理，后世始有生生之术矣。夫人之五藏六府，气脉周流，而阴阳血脉，上按天道，下地理，非冥心聚精，博考沉思，不能入其奥妙，而况粗浮之气，疏略之见哉！

余幼酷好本草，考其性味，辨地理之情形，察脉络之往来，独滇南则不同也。盖滇南乃昆仑之总脉也，而又近于西天之地，故有逆水绕之，往往奇花异草产于滇域，而人不识。余留心数年，审辨数品仙草，合滇中蔬菜草木种种性情，著《滇南本草》三卷，特救民病，以传后世，为永远济世之策。后有学者以诚求之，切不可心矢大利，而泯救病之心。若能刻存善念，利吾救人，自有神天默祐，获福非浅。凡行医者，合脉理参悟，其应如响。然凡奇花异草，切勿轻传匪人，慎之慎之！

明滇南 杨林“和光道人”“止庵”　兰茂撰并识

兰茂亦是一位享年八十岁的高龄长寿老人，这显然与其精通医学，探明性命之旨，善于审视颐养之宜，从而克葆天年之术不无关系。

吴杰（生卒年无考。据说1496—1513年在世，并在宫中业医。而于1496年因以善医征至京师，当时应以近于中老年阶段，由此推算应生于1450年左右），医学家、御医。

吴杰，武进人（今属江苏省常州市），弘治中（1496年），以善医征至京师，试礼部高等。故事，高等入御药房，次入太医院，下者遣还。杰言于尚书曰：“诸医被征，待次都下十余载，一旦遣还，诚流落可悯。杰愿辞御药房，与诸人同入院。”尚书义而许之。

正德中（1513年），武宗得疾，杰一药而愈，即擢御医。一日，帝射猎还，惫甚，感血疾。服杰药愈，进一官。自是，每愈帝一疾，辄进一官，积至太医院使，前后赐彪虎衣、绣春刀及银币甚厚。帝每行幸，必以杰扈行。帝欲南巡，杰谏曰：“圣躬未安，不宜远涉。”帝怒，叱左右掖出。及驾还，渔于清江浦（别称“天下粮仓”，今江苏省淮安市的古称，现行政归属江苏省淮安市。清河、清浦两区是其中的两个主城区，堪称大运河之都，于1415年开埠，是明、清时期，京杭大运河沿线繁荣、享有声誉的交通枢纽、漕粮储地和商业城市，至今已有六百多年历史），溺而得疾，至临清（临清市，位于山东省西北部，京杭大运河从其市区穿过，“富庶甲齐郡”），急遣使召杰，比至（到；及至。《礼记·杂记下》：“诸侯出夫人，夫人比至于其国，以夫人之礼行”），疾已深，遂扈归通州（即今北京市通州区）。时江彬握兵居左右（江彬，？—1521年，《明史》有传。本是一名勇悍倔强镇守边境的边将，后成为武宗朱厚照的义子。恃宠擅权，提督东厂及锦衣卫，取悦武宗，被群臣所记恨。武宗下江南巡幸，由其护驾。武宗在淮安落水染疾病死，皇太后降旨处死弃市），虑帝晏驾已得祸（晏驾，古时帝王驾崩作古的讳称。《战国策·秦策》：“一日宴驾，虽有子异人，不足以结秦”），力请幸宣府（即今河北省宣化市。1370年，洪武三年，朱元璋改宣德府为宣府。因朱厚照封江彬为宣府、大同、辽东、延绥四镇统帅，他在此拥有无上全部权力，手握生杀大权；虑及后果，故吴杰才有“吾辈宁有死所乎”之语）。杰忧之，语近侍曰：疾亟矣，仅可还大内（天子的居所皇宫。《旧唐书·德宗本纪》：“天宝元年四月癸巳，生于长安大内之东宫”）。倘至宣府有不讳（《汉书·丙吉传》：“君即有不讳，谁可以自代者。”颜师古注解：“不讳，言死不可复讳也”），吾辈宁有死所乎！近侍惧，百方劝帝，始还京师。甫还而帝崩（甫，音fǔ，副词。刚刚；方才。《明史·海瑞传》：“瑞抚吴甫半岁。”海瑞巡抚吴地才半年），彬伏诛，中外晏然，杰有力焉（晏，音yàn。《说文解字·日部》：“晏，天清也。”《小尔雅》：“晏，明也。”晏然，平静；安定。《汉书·王吉传》：“布政施教，海内晏然。”杀了江彬，中外遂得以安定。吴杰为此做出了大力贡献）。未几致仕（不久就辞官返乡）。（清代张廷玉等撰，《明史·卷二百九十九·列传第一百八十七·方伎·吴杰》）

汪机（1463—1539），明医家，新安医学奠基人。

汪机，字省之，号“石山居士”，祁门县人（今属安徽省）。医学世家，世代行医，祖父汪轮，父亲汪渭均为当时名医。汪机也是一位活了七十七岁的长寿老人，这显然与其精通医学、探明性命之旨、审视颐养之宜、克葆天年之术不无关系。著述颇丰，有《医学原理》《医读》《石山医案》《运气易览》《伤寒选录》《针灸问对》《读素问钞》《外科理例》《痘治理辨》以及已佚的《本草会编》《内经补注》等十三种之多。

汪石山自幼习儒，尝补邑庠生。因母沉疴，而父又医治力不从心的情况之下，遂弃科举功名之心，从父习医。功夫不负有心人，经过长期的努力钻研，博采众家之长，融会贯通，其医术大有长进，真可谓青出于蓝而胜于蓝，父亲医治不好母亲的疾病，终于被儿子汪机一举拿下。他不仅治好了母亲的头痛呕吐之症，而且行医数十年，活人数万计。汪机精医术，重医德，在百姓中素负盛誉。他倾其毕生精力，究心于医学，广泛收集整理前人著述，补缺订正去讹刊刻，为保存、传播古医籍做出了自己的贡献。他刻苦钻研，治学严谨，笔耕不辍，汇聚诸家之说，又不拘一格，提出了固定培元说，强调滋补元气之重要性，治病以调补气血为主，尤其重视理气，治则取东垣的升阳、丹溪的滋阴，极力反对滥用寒凉攻下法，奠定了新安医学流派的理论基础，并为后世留下了一批宝贵的医学书籍。

凡高坠之人，处于晕厥尚未气绝之状时，他人慎勿移动，俟其气血复定之后而施救之，可有得生者。倘若慌乱之中，急去扶掖以扰乱之，五内摧伤，百无一生者；由此可知，移动之禁，非独坠跌者宜然。汪石山治人卒厥暴死不省人事，亦采取勿动法。先因微寒发热，面色萎黄，六脉沉弦而细，知为中风久郁所致，遂令一人紧抱患者，以嘴接其气，徐徐以热姜汤灌输之，严禁周围环境喧闹嘈杂，万不可移动，动则气不返矣，气不返则不可救。有顷果然苏醒，继以温养半月而安。不止此证如此，凡是中风、中气、中寒、暴厥之证，一律不得妄动以断其气。《内经》明言：气复返则生。若不谙此理而扰乱之，其气不得复，以致夭枉者太多。魏玉璜亦说："遇卒暴病，病家、医士皆宜知此。盖暴病多火，扰之则正气散而死也。"

明初著名医学家戴思恭的《推求师意》一书，历经多年，刊本已不复易见，得益于汪机的努力，"睹其本于歙县，始录之以归，祁门人陈桷校而刊之"。

《石山先生自赞》：先生姓汪氏，名机，字省之，别号石山。世居徽祁之朴墅。早岁习《春秋》，补邑庠弟子员。性至孝，因思事亲者不可不知医，复精于医，赖以存活者众，镜山李先生《别传》详矣。所著有《素问钞》《推求师意》《外科理例》《运气易览》《痘治理辨》《石山医案》《针灸问对》诸书若干卷，行于世。先生生天顺癸未九月十六日酉时（1463 年。酉时，

17：00—19：00），殁嘉靖己亥十二月初四日戌时（1539年。戌时，19：00—21：00）。

嘉靖辛丑（1541年）

五月朔旦（五月的初一日）　桷续题

《石山先生自赞》：舜颜其齿，玉质丹唇。襟度吞云梦之泽，英迈盖苍梧之云。学足以溯河洛之趣，医足以逼岐黄之真。出入造化，弛张鬼神。栖情于烟霞泉石，却步于云路鹏程。激励之论，足以回狂澜于既倒；回天之术，曾以拯夭札于同仁。庙算神谟（庙算，出自《孙子兵法·计》篇："夫未战而庙算胜者，得算多也；未战而庙算不胜者，得算少也。多算胜，少算不胜，而况于无算乎！"国家凡遇战事，必先祷告祖庙，议于庙堂，占卜吉凶，祈求神灵护佑，实属古代最早的战略概念。谟，《说文解字·言部》："谟，议谋也。"《尔雅·释诂》："谟，谋也。"神谟，犹神谋。《三国志·吴志·周鲂传》："朝廷神谟，欲必致休于步度之中。"与成语"神机妙算"义同。都是善于分析既复杂又时刻在变化的情势，做出正确决策的意思），余盖得之万一；生死肉骨，迨不知其几人。蓍蔡之德未艾（语出《易经·系辞》："是故蓍之德圆而神，卦之德方以知。"《史记·龟策列传》："王者决定诸疑，参以卜筮，断以蓍龟，不易之道也。"古人占卜多用"蓍草"与"龟板"，此为占卜必用之物。孔子说："蓍，耆也；龟，旧也。"《埤雅》释"蓍"："草之多寿者，故字从耆。"《博物志》解："蓍千岁而三百茎，故知吉凶。"当年太昊伏羲氏就是用"蓍草"进行"揲蓍画卦"。《易经·说卦》："昔者圣人之作易也，幽赞于神明而生蓍。"蓍，《说文解字·草部》："蓍，蒿属。从草，耆声。生千岁三百茎。"《尚书大传》："蓍，百年一本生百茎。"蔡，名词。指占卜用的大龟。《左传·襄公二十三年》："臧贾、臧为出在铸。臧武仲自邾使告臧贾，且致大蔡也。"德，《说文解字·彳部》："德，升也。"蓍草，龟甲，自古人们便把它们视为"神物""灵物""神蓍"。意思就是，反映事物的变化，据此变化预告吉与凶，进而"探赜索隐，钩深致远，以定天下之吉凶，成天下之亹亹者，莫大乎蓍龟"。未艾，不止；未尽；未灭。《左传·哀公二年》："虽克郑，犹有知在，忧未艾也"），乔、松之寿方臻（语出《战国策·秦策三》："世世称孤，而有乔、松之寿。"《史记·范雎蔡泽列传》："世世称孤，而有许由、延陵季子之让，乔、松之寿，孰与以祸终哉？"乔、松二人是古代传说中的成仙之人，即王乔、赤松子。仙人一般都长寿。臻，《说文解字·至部》："臻，至也。"《国语·晋语二》："又重之以寡君之不禄，丧乱并臻。"方臻，日臻完善；百福并臻。方可达到长寿之目的）。是盖卢扁之能其妙（名医扁鹊，因其家住于卢国，故名"卢扁"，后多指名医），而岂摩诘之能状其亲也欤（摩诘，与释迦摩尼同时的一位大乘居士，佛典中现身说法，辩才无碍的代表人物。南宋陆游《病中作》诗："摩诘病说法，虞卿穷著书"）！

门生石墅　陈桷惟宜拜题

《石山先生自赞》：睹兹厥像，藐焉寒微。其容和粹，其貌清癯。心存仁术，志好儒书。颠已垂白，手不停披。平居不敢于名而犯义，交际不敢口是而心违。事求免于流俗，礼求合于先儒。谦约节俭，乐易疏愚。不求闻达，甘守穷庐。宁为礼屈，勿为势拘。不知我者谓我狂妄，其知我者谓我坦夷。噫，顾我所行，未必尽合乎道也；然造次克念，惟求无愧于心欤！

上石山先生自赞

《石山先生自赞》：貌古心明，言和行固。咀英华以充日用之强，耻奔竟而却云霄之步。学以为己是图，医以济人为务。居穷不失其自然，处变弗愆于常度。所以为一代之伟人，起四方之敬慕也。

休阳（安徽省徽州）　程文杰师《周书》于率溪书院

凌云（生卒年无考，应为明孝宗朱祐樘时人），明代医学家、御医、针灸学家，针法神奇。著有《经学会宗》《流注辨惑》《子午流注图说》等针灸著作。

凌云，字汉章，归安人（今属浙江省吴兴县），为诸生，弃去。北游泰山，古庙前遇病人，气垂绝，云嗟叹久之。一道人忽曰：“汝欲生之乎？”曰：“然。”道人针其左股，立苏，曰：“此人毒气内侵，非死也，毒散自生耳。”因授云针术，治疾无不效。

里人病嗽，绝食五日，众投以补剂，益甚，云曰：“此寒湿积也，穴在顶，针之必晕绝，逾时始苏。”命四人分牵其发，使勿倾侧，乃针，果晕绝。家人皆哭，云言笑自如。顷之，气渐苏，复加补，始出针，呕积痰斗许，病即除。

有男子病后舌吐，云兄亦知医，谓云曰：“此病后近女色太早也。舌者心之苗，肾水竭，不能制心火，病在阴虚。其穴在右股太阳，是当以阳攻阴。”云曰：“然。”如其穴针之，舌吐如故。云曰：“此知泻而不知补也。”补数剂，舌渐复故。

淮阳王病风三载，请于朝，召四方名医，治不效。云投以针，不三日，行步如故。

金华富家妇，少寡，得狂疾，至裸形野立，云视曰：“是谓丧心。吾针其心，心正必知耻。蔽之帐中，慰以好言释其愧，可不发。”乃令二人坚持，用凉水喷面，针之果愈。

吴江妇临产，胎不下者三日，呼号求死。云针刺其心，针出，儿应手下。主人喜，问故。曰：“此抱心生也。手针痛则舒。”取儿掌视之，有针痕。

孝宗（明孝宗朱祐樘，1487—1505 年在位）闻云名，召至京，命太医官出铜人，蔽以衣而试之，所刺无不中（隔衣取穴，准而又准，可见其医术之高），乃授御医。年七十七，卒于家。子孙传其术，海内称针法者，曰归安凌氏。（清代张廷玉等撰，《明史·卷二百九十九·列传第一百八十七·方伎·凌云》）

许绅（？—1543），明官员、御医。

许绅，京师人。嘉靖初（嘉靖，明世宗朱厚熜的年号），供事御药房，受知于世宗，累迁太医院使，历加工部尚书，领院事。二十年（1541 年），宫婢杨金英等谋逆，以帛缢帝，气已绝。绅急调峻药下之，辰时下药（7：00—9：00），未时（13：00—15：00）忽作声，去紫血数升，遂能言，又数剂而愈。帝德绅，加太子太保、礼部尚书，赐赉甚厚。未几，绅得疾，曰：“吾不起矣。曩者宫变（《尔雅》：“曩，久也。”先前；以往），吾自分不效必杀身，因此惊悸，非药石所能疗也。”已而果卒，赐谥“恭僖”，官其一子，恤典有加。明世，医者官最显，止绅一人。（清代张廷玉等撰，《明史·卷二百九十九·列传第一百八十七·方伎·许绅》）

明代以医名而为显官，名列史传者有二人，许绅便是其一（另一人是巡抚王纶）。许绅官尚书，因医而始显者也，是因为他救世宗于已绝。《明史·后妃传·世宗方皇后》有记载：“宫婢杨金英等谋弑帝，赖后救得免。……是夕，帝宿端妃宫。金英等伺帝熟寝，以组缢帝项，误为死结，得不绝。同事张金莲知事不就，走告后，后驰至，解组，帝苏。”而明人沈德符撰三十四卷本笔记《万历野获编》亦详细记载此事：嘉靖壬寅年（1542 年，俗称“壬寅宫变”），上寝于端妃所，宫婢杨金英等相结行杀，用绳系上，翻布塞上口，以数人踞上腹绞之，已垂绝矣。幸诸婢不谙绾结之法，绳股缓不收，户外闻咯咯声，孝烈皇后率众人解之。明人官员郑晓撰四卷本的《今言》又详细记载了救治疗法：西苑宫人之变，圣躬甚危，绅用桃仁、红花、大黄诸下血药，辰时进之，未时忽作声，去紫血数升，申时遂能言（申时：15：00—17：00），又三四剂平气活血药，圣躬遂安。次年（1543年），绅以用药惊扰病死。这又是一例医能治人，医不自治的事例，可谓为医岂易哉！

世宗厚熜求不老，修道成仙近疯癫；女婢死活朕岂管，酷虐宫女致生变。

“壬寅宫变”甚惨烈，黄绫勒颈及欲死；慌乱之下死绳结，赖后施救才得免。

弑君未成反遭害，众女悲惨蹈黄泉；御医畏罪不敢治，婉辞推脱为全身。

院使冒死下峻药，救驾有功厚赐赉；惊悸难愈得重病，医官位显命难痊。

陈嘉谟（约1486—1565），明代著名医药学家，著有《本草蒙筌》，遗憾的是《明史》无传。

陈嘉谟，字廷采，自号“月朋子”，新安祁门（今安徽省祁门县）人，明正德至嘉靖年间（正德：明武宗朱厚照的年号，1506—1521年。嘉靖：明世宗朱厚熜的年号，1522—1566）名医、名儒。长寿之人，至八十而卒，自号“新安八十翁”。

陈嘉谟，天性聪颖朴实，博学多才德，以质行闻，于诗词赋、书法算各方面无不研习，并颇有建树；通《尔雅》，善训诂，明“六艺”，贯五经。年少之时以举子为业，后因体弱多病，遂留意于轩岐之术，尤精本草，深谙《本草》乃方药之根柢、医学之指南，医贵通变，药在合宜之理。为厘正（考证；订正。唐代经学家孔颖达《毛诗正义序》：“先君宣父，厘正遗文，缉其精华，褫其烦重”）历代相继增益《本草》书籍中之谬误，于其晚年，广辑诸家本草旧本之长，会通而折衷，附集自己几十年医药经验，撰著本草书《本草蒙筌》（蒙筌，为童蒙而作《本草》，启迪童蒙觉悟。《易经·序卦》：“蒙者，蒙也，物之稚也。”引申为蒙昧无知。筌者，捕鱼用竹器。唐代诗人、文学家陆龟蒙《渔具诗序》："缗而竿者总谓之筌；……"渔人捕鱼皆赖于筌。初习医者，如童蒙习熟，习此本草，易熟易记，济人却病，随机应变，必由此得尔，便于初学，故谓蒙之筌也）十二卷，收入药物四百四十八种，附录三百八十八种。按草、木、谷、菜、果、石、兽、禽、虫鱼及人部分为十部，每种药物，先述观色嚼味，辨性察宜，定气味、分阴阳、别升降、适寒温、有无毒性；次之产地、优劣，采集早迟；依序明君、臣、佐、使之理，探究《素问》之奥意，归经所行、七情所具；五行属性、炮制、藏留、主治之宜；诸名贤方书应验者，诸多内容，无不予以详细殚述（《说文解字·歺部》："殚，极尽也。"《广雅》："殚，尽也。"《吕氏春秋·本味》："相为殚智竭力。"竭尽详细阐述）。间亦旁掇旧文，附注己见，只为扩大未尽之旨；为便于初学者记诵，撰辑章句，排偶声律，对仗句式；繁者删，略者补，吻者取，乖者遗；首尾通贯，纤悉着明，其义增补，绘刊图像，图文并茂；为后学者免除烦琐劳顿之苦，奠定易寻查究之便，提供了极为方便之门，这是此书最大特色，是一部非常切合实际、颇具实用价值的中药学参考书，全面反映了作者作为一名学有所成的儒士所具备的丰富的儒学知识和药学知识。

作者自1559年（明嘉靖己未三十八年）始创，至1565年（明嘉靖乙丑四十四年），五易其稿，历时七岁始成。之所以名为《本草蒙筌》，只为嘉惠后学诸多弟子，而非二三子也。本书又名《撮要本草蒙筌》《撮要便览本草蒙筌》，成为明中期颇具特色的中药本草学入门启蒙读本。

具有消食功能的药食两用物品鸡内金，即首载于此书。对于药物的炮制原则，在理论上首次提出："凡药制造贵在适中，不及则功效难求，太过则气味反失。"这一理论被后来者李时珍、缪希雍所重视，亦被后世所遵从，可见其对中药炮制和本草学的发展所做出的贡献不可忽视。

李濂（1488—1566），明代学者、医史学家，著有《医史》。

"李濂《医史》十卷。"（清代张廷玉等撰，《明史·卷九十八·志第七十四·艺文三》）

李濂，字川父，祥符（今河南省开封市）人。举正德八年（1513年。正德：明武宗朱厚照的年号，1506—1521年）乡试第一，明年成进士（1514年）。授沔阳知州（沔阳，今湖北省仙桃市），稍迁宁波同知（官名。辅佐知府、知州的官员，分掌督粮、缉捕、海防、江防、水利等事务，分驻指定地点），擢山西佥事（官名。自宋始，按察司设有佥事一职，元代有都督佥事，明代沿袭，在按察使下设佥事，以分领各道。按察使，考核吏治，赴各道巡察，主管一省司法的官员。巡抚的属官）。嘉靖五年（1526年）以大计免归，年才三十有八。濂少负俊才，时从侠少年联骑出城，搏兽射雉，酒酣悲歌，慨然慕信陵君、侯生之为人。一日作《理情赋》，友人左国玑持以示李梦阳（明代文学家，弘治年间进士。曾任户部郎中，因反对宦官刘瑾被下狱，平反后，迁任江西提学副使。其文学主张于当时颇有影响），梦阳大嗟赏，访之吹台（古地名。有两说，一说位于今河南省开封市，相传为春秋时期师旷吹乐之台。又一说是位于今江苏省扬州市瘦西湖内），濂自此声驰河、雒间。既罢归，益肆力于学，遂以古文名于时。初受知梦阳，后不屑附和。里居四十余年，著述甚富。（清代张廷玉等撰，《明史·卷二百八十六·列传第一百七十四·文苑二·李濂》）

明代学者、医史学家李濂，生于明孝宗朱佑樘弘治元年，卒于明世宗朱厚熜嘉靖四十五年，享年七十九岁。李濂是位博学多才、勤奋不倦、才思敏捷、文笔犀利的作家，自三十八岁归里，家居四十余年间，著述不断。他自《左传》《史记》至《元史》诸多前史所载方伎列传中，收集、辑录历代医家医迹，补充续写了张仲景、王叔和、李杲等各时期共约七十一位名医人物医疗事迹的传记和医史著述，于1547年（明嘉靖二十六年），著就我国最早医史人物传记之专著《医史》十卷。这是一部以纪传体形式记述历代名医生平、医绩、医德、医学等较为系统的医史人物传记，反映了自春秋至明代我国医学史发展的情况，开创了我国医史研究的新领域，具有很高的学术价值。

周子干（1506—1586），明代医家，著《脉法解》《周慎斋医书》《医案稿》。

周子干，字元干，号慎斋。宛陵人（今属安徽省宣城）。私淑张元素、李东垣，又参以刘河间，就正于薛己之门。善于吸取各家之长，加以融会贯通，灵活运用，创建自己的一套学说见解，应用于临床实践之中，后世有“自明以来，江南言医者，类宗周慎斋”之说。开明无私，尽传弟子，著《脉法解》《周慎斋医书》《医案稿》。

李时珍（1518—1593），明代杰出的医药学家，号濒湖，湖北蕲春人。世业医，历时二十七年著成《本草纲目》一书，收录药物共1518种，总结了16世纪以前祖国传统医药学经验，实乃自然医药学的一份宝贵遗产和财富。

“李时珍《濒湖脉学》一卷、《奇经八脉考》一卷时珍《本草纲目》一书，用力深久，详《方伎传》。”（清代张廷玉等撰，《明史·卷九十八·志第七十四·艺文三》）

李时珍，字东璧，蕲州（今湖北省蕲春市）人。好读医书，医家《本草》，自《神农》所传止三百六十五种，梁陶弘景所增亦如之，唐代苏恭增一百一十四种，宋刘翰又增一百二十种，至掌禹锡、唐慎微辈，先后增补合一千五百五十八种，时称大备。然品类既繁，名称多杂，或一物而析为二三，或二物而混为一品，时珍病之。乃穷搜博采，芟烦补阙（芟，音shān，删除。《诗经·周颂·载芟》：“载芟载柞，其耕泽泽。”《毛传》：“除草曰芟，除木曰柞。”后世引申为除去之意。阙，音quē，通“缺”。空缺；遗漏。《左传·昭公二十年》：“过齐氏，使华寅肉袒执盖，以当其阙。”晋代杜预注解：“阙，空也。”《礼记·礼运》：“是以三五而盈，三五而阙。”唐代孔颖达疏解：“谓日月亏损。”芟烦补阙，删除繁琐补充遗缺），历三十年，阅书八百余家，稿三易而成书，曰《本草纲目》。增药三百七十四种，厘（厘正；考正；订正；治理。孔颖达《毛诗正义序》：”先君宣父，厘正遗文，缉其精华，褫其烦重”）为一十六部，合成五十二卷。首标正名为纲，余各附释为目，次以集解详其出产、形色，又次以气味、主治附方。书成，将上之朝，时珍遽卒（遽，音jù，骤然；突然。《左传·僖公二十四年》：“仆人以告，公遽见之”）。未几，神宗诏修国史，购四方书籍。其子建元以父遗表及是书来献，天子嘉之，命刊行天下，自是士大夫家有其书。时珍官楚王府奉祠正，子建中，四川蓬溪知县。（清代张廷玉等撰，《明史·卷二百九十九·列传第一百八十七·方伎·李时珍》）

李时珍，字东璧，号濒湖，湖北蕲州人。世业医，出生于医学世家，承继家学，自幼喜爱学习医药知识，精读经史之书而无名利之心，二十二岁始随父从医，一生注重研究医药，重视临床实践。

李时珍曾因治愈武昌楚王儿子的疾病，名震荆、汉，并因此被举荐到京城太医院任职，也正因此，得以开阔视野，博览宫中珍藏的医学典籍，见到了来自全国各地以及外国进贡来的各种药材，使他受益匪浅。鉴于前朝《本草》书籍错谬甚多，提出重修《本草》建议，被太医院主事斥责“擅动古人经典，狂妄已极”。失望之余，借病辞归。回乡后，深入民间，成为一名四处行医的乡村医生，遍访各地特产药物，足迹遍及中原多地。他经常上山下乡亲自采集药物标本，向农民、渔民、樵夫、药农、铃医学习请教，为实现修订历代《本草》的夙愿奠定了坚实基础。即便在著书过程中也不间断亲自上山采药，深入民间向百姓求教，他尤为重视药物研究、临床实践，同时参考历代医药及有关书籍八百余种，对药物加以精心鉴别考证，并收集整理宋、元以来民间发现的很多药物，自 1552 年始，历时二十七年，在六十一岁时，终于编纂完成内容丰富、条理分明、博而不繁，格物之通典、帝王之秘录、臣民之重宝的本草巨著《本草纲目》一书。《本草纲目·序》记：“岁历三十稔，书考八百余家，稿凡三易。”多达五十二卷的巨著《本草纲目》，共收载各种药物一千五百一十八种，新增药物三百七十四种。它总结了 16 世纪以前我国丰富的药物资源和应用经验，纠正了古代本草书籍中药名、品种、产地等某些错误，大大充实了本草学内容。此书不仅为中医药学提供了坚实的理论和临床基础，而且其收集的诸多民间偏方对于人们的医疗实践、康复保健都有着重大影响，并对后世药物学的发展做出了重大贡献，是祖国医药学的一份宝贵遗产和财富。李时珍还著有《五藏图论》《濒湖脉学》《奇经八脉考》等多种医学著作。

李时珍是中国历史上最著名的中医药学家之一，他的巨著被英国博物学家、进化论奠基人查理达尔文（1809—1882）赞誉为“1596 年出版的中国百科全书”。

中华人民共和国邮政主管部门为纪念这位卓越的医药学家，于 1955 年 8 月 25 日发行过一套胶雕套印纪.33《中国古代科学家（第一组）》邮票，其中的第四枚（128）号便是李时珍像。又于 1956 年 1 月 1 日发行了雕刻版的小型张一套，纪.33M《中国古代科学家（第一组）》（小型张）邮票，第四枚（128M）亦是李时珍像。

《本草纲目·序》：纪称：望龙光，知古剑，觇宝气（觇，音 chān，动词。

看；窥看。《说文解字见部》："觇，窥也。"《淮南子·俶真训》："昔公牛哀转病也，七日化为虎，其兄掩户而入觇之，则虎搏而杀之。"《左传·成公十七年》："公使觇之，信"），辨明珠。故萍实商羊，非天明莫洞。厥后博物称华，辨字称康。析宝玉称倚顿，亦仅仅晨星耳。楚蕲阳李君东璧，一日过予弇山园谒予（弇，音 yǎn。弇山园，明代文学家、史学家王世贞的私家园林兼居所。王世贞，字元美，号凤洲，又号弇州山人），留饮数日。予窥其人，晬然貌也（晬，音 zuì。晬然，容貌温润的样子。北宋苏辙《刘凝之屯田哀辞》："其容晬然以温，其言肃然以厉"），癯然身也（癯，音 qú，同"臞"。《说文解字·月部》："臞，少肉也。从肉，瞿声。字亦作癯。"《尔雅·释言》："臞，瘠也。"形容词。清瘦；身体瘦削。唐代文学家柳宗元《国子司业阳城遗爱碣》："癯者既肥，茕如衮衣"），津津然谈议也（津津，形容特别有浓厚的趣味。谈起话来津津乐道，兴趣浓厚），真北斗以南一人（北斗，也叫"北斗七星"。古人把"北斗七星"作为一种永恒神圣的象征，常被人们作为指示方向和认识星座的重要标志。敬语，分外敬佩李时珍这个人和他的谈话）。解其装，无长物（长物，本是佛学常用词汇，原指多余的东西，后来则指象些样的东西或物品。唐代白居易《销暑》："眼前无长物，窗下有清风。"解开行囊装束，没有其他常用的物品），有《本草纲目》数十卷。谓予曰：时珍，荆楚鄙人也。幼多羸疾（年幼时衰弱多病。唐代王维《哭祖六自虚》："悯凶才稚齿，羸疾至中年。"南宋陆游亦作有《羸疾》诗："羸疾止还作，已过秋暮时。但当名百药，那更谒三医？强饭幸如昨，清游元有期。新霜宜野店，行矣不须疑"），质成钝椎（自谦语。愚钝；愚蠢鲁莽。《史记·绛侯周勃世家》："其椎少文如此。"唐代史学家司马贞索隐引唐代颜游秦云："俗谓愚为钝椎。"年幼时多病羸弱，素质愚钝笨拙）；长耽典籍，若啖蔗饴（长，音 zhǎng，形容词。年长；年纪长大了。《易经·泰》："君子道长，小人道消。"耽，沉溺；嗜好；酷嗜；过乐；过度喜好。《尚书·无逸》："惟耽乐之从。"《孔》传："过乐谓之耽。"《三国志·蜀志·谯周传》："耽古笃学。"饴，用麦芽为原料制成的糖稀。《礼记·内则》："枣栗饴蜜以甘之。"也指用饴制成的糖果。此句有二解，一说常常酷嗜典籍，犹如吃甘蔗饴糖般甜蜜。另一解则是说长大成人之后，酷好典籍，当以后者为是）。遂渔猎群书，搜罗百氏。凡子史经传，声韵家谱，医卜星相，乐府诸家，稍有得处，辄著数言。古有《本草》一书，自炎黄及汉、梁、唐、宋，下迨国朝（下至明朝），注解群氏旧矣。其中舛谬差讹遗漏不可枚数，乃敢奋编摩之志，僭纂述之权。岁历三十稔，书考八百余家，稿凡三易。复者芟之，阙者缉之，讹者绳之。旧本一千五百一十八种，今增药三百七十四种，分为一十六部，著成五十二卷。虽非集成，亦粗大备，僭名曰《本草纲目》，愿乞一言以托不朽。予开卷细玩（我打开书卷仔细玩味研究。唐代诗人杜甫《春日忆李白》："何时一樽酒，重与细论文"），每药标正名为纲，附释名为目，正始也。次以集解、辨疑、正误，详其土产形状也。次以气味、主治、附方，著其体用也。上自坟、典，下及传奇，凡有相关，靡不备采。如入金谷之园，种色夺目；如登龙君之宫，宝藏悉陈；如对冰壶玉鉴，毛发可指数也。博而不繁，详而有要，综核究竟，直窥渊海。兹岂禁以医书覯哉（覯，音gòu，通"构"。构成。《左传·成公六年》："郇瑕氏土薄水浅，其恶易覯。"晋代学者杜预注解："恶，疾疢；覯，成也"），实性理之精微，格物之通典，帝王之秘录，臣民之重宝也（赞赏语。王世贞对李时珍钦佩不已，如何夸赞也不为过），李君用心加惠何勤哉（加惠，施予恩惠。勤，殷切盼望。《诗经·召南·江有汜·小序》："《江有汜》，美媵也，勤而无怨，嫡能悔过也。"唐代训诂学家孔颖达疏解："勤者，心企望之。"李时珍用心给予人们的恩惠多么殷勤恳切啊）！噫！碔玉莫剖（碔，音wǔ，似玉的美石。《山海经·南山经》："会稽之山其下多砆石。"东晋训诂学家郭璞注解："砆，武夫，石似玉。今长沙、临湘出之。赤地白文，色茏葱不分明。"似玉的美石没有剖解），朱紫相倾，弊也久矣（相倾，相互对立而存在。朱色与紫色两色相交互，形容颜色难辨，积弊已久矣。《老子》："长短相形，高下相倾。"南朝梁刘孝标《辨命论·下》："岂非否泰相倾，盈缩递运，而汩之以人，其蔽六也"）。故辨专车之骨，必俟鲁儒（这一典故出于《国语·鲁语下》："吴伐越，堕会稽，获骨焉，节专车。"三国吴史学家韦昭注解："骨一节，其长专车，专，擅。"《国语·鲁语下》又记："昔代禹致群神于会稽之山，防风氏后至，禹杀而戮之，其骨节专车。此为大矣。"《史记·孔子世家》亦载此事："吴伐越，堕会稽，得骨节专车。吴使使问仲尼：'骨何者最大？'仲尼曰：'禹致群神于会稽山，防风氏后至，禹杀而戮之，其节专车。此为大矣。'"鲁儒，泛指鲁国的儒生，此处则专指孔子。唐代诗人皇甫冉《送孔党赴举》："家承孔圣后，身有鲁儒名。"王世贞用这一典故，喻李时珍考辨各种药物就如同孔子考辨专车之骨一样有据）。博支机之石，必访卖卜（支机石，亦常省作"支机""支石"。唐代诗人宋之问《明河篇》："更将织女支机石，还访成都卖卜人。"杜甫《天池》："欲问支机石，如临献宝官。"汉时传说天上织女用以支撑织布机的石头。《太平御览·卷八·天部八〈集林〉》：昔有一人，寻河源，见妇人浣纱，以问之，曰："此天河也。"乃与一石而归。问严君平，云："此织女支机石也。"）。予方著《弇州卮言》（语出《庄子·寓言》："卮言日出，和以天倪，因以曼衍，所以穷年。"唐代经学家陆德明释文引王叔之云："卮器满即倾，空则仰，随物而变，非执一守故者也。施之于言，而随人从变，已无常主者也。"后世人则常用为对自己著作的自谦词），恚博古如丹铅卮言后乏人也，何幸睹兹集哉。兹集也，藏之深山石室无当（不当，不恰当；不相宜。南朝宋代裴松之在注解《三国志·魏志·贾诩传》太祖破荆州之后，欲顺江东下，谏阻时说："然则魏武之东下，非失算也。诩之此规为无当矣"），盍锲之（盍锲，音 hé qiè。盍，何不。《论语·公冶长》："盍各言尔志?"锲，刻。《荀子·劝学》："锲而舍之，朽木不折。"何不将它刻成书），以共天下后世味《太玄》如子云者（共，一同；一道。《史记·赵世家》："魏、韩、赵共灭晋，分其地。"《太玄》，亦称《太玄经》，扬雄著。全书以"玄"为中心思想，相当于《老子》的"道"和《周易》的"易"，内含儒、道、阴阳三家学说思想的混合体。子云，即扬雄，西汉文学家、哲学家、语言学家，字子云）。

时万历岁庚寅（1590 年）春上元日，

"弇州山人""凤洲"　王世贞拜撰

《重刻本草纲目·序》：夫医之为道，君子用之以卫生，而推之以济世，故称仁术。乃后世以艺视之，缙绅先生多所弗讲（缙绅，同"搢绅"，官宦的代称。搢，意指插；绅，意指大带。搢绅，插笏于带间。春秋时期，邹鲁之士常垂绅插笏，故名。《庄子·天下》："其在于诗、书、礼、乐者，邹鲁之士，搢绅先生，多能明之"）。贾子（贾谊，西汉政论家、文学家，时称贾生）不云乎：古之圣人，不居朝廷，必居医卜之间。医可以贱简为哉？本草者，固医家之耰锄弓矢也（耰，音 yōu。农具名，形状犹如榔头，用于击碎土块，平整土地之用。《汉书·陈胜项籍传赞》："锄耰棘矜，不敌于钩戟长铩。"此说《本草》犹如医生的农具和弓箭）。洪纤动植（洪纤，大小；巨细；洪大纤细。《文选·班固〈典引〉》："铺观二代洪纤之度，其赜可探也。"张铣注解："言布观殷周大小之度，其幽深之迹亦可探究也。"大小动植物），最为繁杂，散于山泽而根于藏府。名不核则误取，性不明则误施，经不辨则误人。误者在几微之间（几和微，都是表示数量的微少、细小之意。很微量的变化就可以让人失误），而人之死生寿夭系焉（而人的生死寿夭却都与之相联系），可无慎乎（怎么能不慎重呢）？余夙为痰晕作楚（楚，动词，酸辛痛苦。我素来被痰晕疾病所折磨），近复滋甚（滋，《说文解字·氵部》："滋，益也。"动词。滋长；滋演。《左传·昭公元年》："若获诸侯，其虐滋甚。"近来更加严重），时检轩岐家言以自律，得楚名医李时珍氏所辑《本草纲目》，辄侧弁其间。大抵与苏颂《图经》、唐慎微《证类》相表里，而采摭名实，引据征验，不啻倍之。所增药三百七十余种，皆近世所习用而确乎有明效者，其用心亦勤矣。医家者流，得此书而存之，庶几可无误乎。间以质之藩臬诸大夫（臬，音 niè。藩臬，藩司和臬司。前者是布政使，后者即是按察使。此乃明、清两代布政使和按察使的简称。明代政治家、文学家何景明《省中公宴》诗："劝酬尽是文武士，列坐俱为藩臬臣”），俱云甚善，而颇讶其字画之漫漶者多也（漫漶，亦作“曼漶”。文字、图画因磨损或受潮以致模糊难以辨识。唐代文学家韩愈《新修滕王阁记》：“赤白之漫漶不鲜者，治之则已”），图更锲之。于是，搜积贮之所奇者（《后汉书·仲长统传》：“废居积贮，满于都城。”搜求积累保存起来特别稀少珍奇的），悉付剞劂氏（剞劂，音 jī jué。雕版，刊印；亦指书籍。唐代韩愈《送文畅师北游》诗：“先生閟穷巷，未得窥剞劂。”悉数交付给出版商），而诸大夫亦以多寡佐其不足，盖六月而工竣。既成帙，复肆览焉，较前倍觉爽目。余因是而有感于天之生物，何其独厚于人也。既有百谷以养其生，又有百草以治其疾。

夫使蚩蚩者有生而无疾也（蚩，音 chī。《诗经·卫风·氓》：“氓之蚩蚩，抱布贸丝。”《毛传》：“蚩蚩者，敦厚之貌。”南宋理学家朱熹《诗集传》：“蚩蚩，无知之貌。”引申为平民百姓。唐代柳宗元《断刑论下》：“且古之所以言天者，盖以愚蚩蚩者耳，非为聪明睿智者设也。”使敦厚无知的平民百姓有生命却没有疾病也），则滋以百谷足矣。惟其不免于寒暑阴阳之侵也，故必良药补之，毒药攻之，而后得以祛其所害而终其天年，则天心见矣。呜呼！此治道也。治生者，去其所以害吾生者而已矣；治民者，亦岂有他术哉，去其所以害吾民者而已矣。今天下号称治平无事，然而病在脉理者已数形见。四民之业窘，而重以旱涝之不时，所在有啼号声，则元气索。采榷之使十道四出（榷，音 què。专利；专卖。《汉书·武帝纪》：“初榷酒酤。”唐代颜师古注引应劭曰：“县官酤榷卖酒，小民不复得酤也。”十道，627 年，唐贞观元年，依据自然形势分全国为关内、河南、河东、河北、山南、陇右、淮南、江南、剑南、岭南等十道。开元以前，曾先后设置十道存抚、巡察、按察等使，皆不久即罢。732 年，开元二十年，置十道采访处置使，从此定为常制，职掌和汉武帝时期所置的十三部刺史略同），而鸱张虎视者且遍埏宇（鸱，音 chī。鸱张，就像鸱鸟张开翅膀一样。《三国志·吴志·孙坚传》：“卓不怖罪，而鸱张大语。”虎视，如虎瞪大眼睛，将欲有所攫取。《易经·颐》：“虎视眈眈，其欲逐逐。”亦用以形容威武如虎之雄视。埏，音 yán。边际；边远之地。《文选·司马相如〈封禅文〉》：“上畅九垓，下溯八埏。”李善注引孟康曰：“埏若瓮埏，地之八际也。”宇，国土；疆域。《左传·昭公四年》：“或无难以丧其国，失其守宇”），则邪气盛。当其时，欲如医者按其表里标本而治之，何者宜补？何者宜攻？其用以补者，将为参、术乎？抑苄与文无乎？用以攻者，将为黄、芒乎？抑堇与乌喙乎？取其散于山泽者以调吾藏府，必何如而后可以无误？是必有精于其理者，若跗之涤（跗，音 fū，同“趺”。脚背。《庄子·秋水》：“赴水则接腋持颐，蹶泥则没足灭跗。”好似只洗脚背），和之视，长桑君之方，太仓公之诊，而后能挽斯世于仁寿耳，余则能安。敬因是书之成，而以商之医国者。

癸卯 孟秋之朔（1603 年）

巡抚江西、都察院右副都御史古汭郡　夏良心撰。

《重刊本草纲目·叙》：余自辛丑（1601 年，万历二十九年），承乏江臬（承乏，自谦词，古时在任官吏经常使用的谦辞。所任职位一时没有适当人选，暂且由自己来充数。《左传·成公二年》："敢告不敏，摄官承乏。"西晋学者杜预注解："言欲以己不敏，摄承空乏。"臬，音 niè，名词。《说文解字·木部》："臬，射准的也。"本谓箭靶，引申为法度；标准；刑法。《尚书·康诰》："外事，汝陈时臬司师，兹殷罚有伦。"唐代训诂学家孔颖达疏解："汝当布陈是刑法。"明、清称按察使为臬司，按察司收赃罚银的库房称为臬库，均缘于此。此谓张鼎思先生于 1601 年起，任职于江南臬署之事。张鼎思时任江南按察司按察使）。臬署务简多暇日（按察司使署的事务简单，闲暇之日较多），则取署中旧刻翻阅之，庶几乎运甓之思焉（庶几，但愿；希望。《诗经·小雅·车辖》："虽无旨酒，式饮庶几；虽无嘉肴，式食庶几。"清代散文家袁枚注解："庶几，幸。此表希望之词。"甓，音 pì。砖；瓦片。《诗经·陈风·防有鹊巢》："中唐有甓，邛有旨鷊。"清代学者马瑞辰通释："甓为砖。"运甓，《晋书·陶侃传》："侃在州无事，辄朝运百甓于斋外，暮运于斋内。人问其故。答曰：'吾方致力中原，过尔优逸，恐不堪事。'其励志勤力皆此类也。"后世因此以此语比喻刻苦自励）。一日，谒（音 yè，请见；进见。谦辞。下级进见上级；幼年进见长者。《史记·范雎蔡泽列传》："唯睢亦得谒，睢请为君见于张君"）中丞（明、清时期对巡抚的称呼）桐汭夏公。云："《本草纲目》一书，大有裨于生人，非特多识资也。而初刻未工，行之不广，盍图广其传乎（盍，音 hé。何不。《论语·公冶长》："盍各言尔志？"乎，句尾的语气感叹词，无义。何不计划推广并传播）？"

余受而观之，乃明名医李时珍所辑，盖尝经御览而备上方者也。夫《本草》之名尚已（尚，久远。《吕氏春秋·古乐》："乐所由来者尚矣，必不可废"），古圣人爱民深，忧民切。故羲皇有八卦之画，炎帝为百草之尝；画卦以示趋吉辟凶，尝草以使缮生救死（缮生，养生。修养身心，益寿延年。唐代段成式《酉阳杂俎·怪术》："海州司马韦數，曾往嘉兴，道遇释子希遁，深于缮生之术。"此指神农氏尝百草，以救民生死，延其寿命）。盖自有《易》以后，即有此书。诚谓民行民生，均重于世，而当务为急。故万政未遑（扬雄《羽猎赋》："立君臣之节，崇贤圣之业，未遑苑囿之丽，游猎之靡也。"未遑，来不及；尚未顾及。各种政事尚未来得及顾及），而藐焉一草一木之是求也。不然，岂不知自暇自逸，而肯一日之间，遇毒七十，甘以区区府藏，尝试于刚柔升伏百千万变之中哉！何收弗暇，农求未出。万言虽讽于君卿，三卷弗登于册府（册府，亦作“策府”，古代帝王收藏书籍的处所。《晋书·葛洪传论》：“紬奇册府，总百代之遗编”）。汉末存者，三百六十余种耳。陶、苏、李、韩诸贤，相继增益。唐慎微于《图经》外，旁摭远引而再益其品，盖至千五百余种，蔚乎富矣。然品类既繁，名称或杂，宋人表彰，尤多舛者。李君忧之，为是芟复补遗，又益三百七十四种，分为十有六部。总据正名，附释别号，而次之集解、辨疑以正误，详其生产萧貌气味以明实，附以主治诸方以著用，命之曰《本草纲目》，盖集诸家之大成哉。或者谓：人惟五藏，病止七情。古之圣儒，处齐不过数种（齐，音 jì，通“剂”。《礼记·少仪》：“凡齐，执之以右，居之以左。”东汉经学家郑玄注解：“齐，谓食羹酱饮有齐和者也”），而何取纷纷之为。愚则谓：药者，医用也。良医之用药也简，而其储药也备。故芫华一撮，半夏数丸，已足取效，而搜其囊，则牛溲、马勃、鼠肝、虫臂，无不有也。何也？储与用异也。此书之作，固储道也。天之爱人甚矣。人之生齿日繁，物之化育亦盛。人之情识日广，病之变态亦多。物之生也若有待，人之用也若有期，则取之恶得不博？平者不可为毒，温者不可为寒，辛者不可为苦。而平、毒、温、寒、辛、苦之中，微者不可为甚，重者不可为轻也。一物而根、株异宜，一形而补、泄殊性，而至于名与实淆，如荀书之误读，《吕览》之误注（《吕览》即《吕氏春秋》的别称，因其书中有《有始》《孝行》《先识》《审分》《离俗》等八览，故亦称《吕览》），蹲鸱误称（蹲鸱，音 dūn chī。大个的芋头，因其形状酷似蹲伏的鸱鸟而得名。《史记·货殖列传》：“唯卓氏曰：此地狭薄。吾闻汶山之下，沃野，下有蹲鸱，至死不饥。”左思《蜀都赋》：“坰野草昧，林麓黝倏，交让所植，蹲鸱所伏。”北宋学者刘逵注解：“蹲鸱，大芋也。”此谓因大个的芋头与肥胖的鸱鸟极为形似，而为人们所误识而称呼），苫弥误索者（苫弥，音 shān mí。苫，本谓用草编制的覆盖物，具备苫盖，覆盖之用。《仪礼·丧服》：“居倚庐，寝苫枕块。”因人们在居丧时，常睡卧于草荐之中。弥，遍；满。《周礼·春官·大祝》：“国有大故天灾，弥祀社稷祷词。”东汉经学家郑玄注解：“弥，犹遍也。”因苫盖草席遍地很多，令人误识而索取），不可胜数也，则辨之又恶得不详乎？故物虽有名，用实未著，若睬薂（薂，音 áo。鸡肠草，也叫鹅不食草、满天星、食胡荽等）、蛄䗐（音 gū shī。食米谷的一种小黑虫。《说文解字·虫部》：“蛄䗐，强蛘也。”《尔雅·释虫》：“蛄䗐，强蛘。”东晋经学家郭璞注解：“今米谷中蠹小黑虫是也。”清代训诂学家郝懿行著《尔雅义疏》：“今按此虫大如黍米，赤黑色，呼为牛子，音如瓯子，登莱人语也。广东人呼米牛，绍兴人呼米象"），不录可也。其他草根树皮，跂行喙息（语出《史记·匈奴列传》："跂行喙息蠕动之类，莫不就安利而辟危殆。"唐代著名史学家司马贞著《史记索隐》："言虫鸟之类，或以踵而行，或以喙而息。"跂，音 qí，虫子爬行。引申为具足能行者的代称。喙息，动物用嘴呼吸），以至土苴、雏狗之类，秉命虽微，效用则大，既有明验，可厌其多哉？况漆叶青黏，曾益樊阿之寿（樊阿，《三国志·魏书二十九·方伎传第二十九》有传。三国魏彭城人，从华佗学医及针灸术，尤其擅针术，入针颇深病辄愈。因其用华佗传授的"漆叶青黏散"制药技术且服用，年寿至百余岁）；柔汤火齐，并愈齐臣之疾。昔之名者今已非，今之实者可终弃耶？尝读《东阳记》，有虎丸疗心疾之证；叔微书，有獭爪治肺虫之目。道元述解毒之草，名曰牧靡；邵公著救饥之粮，称为石谷。诸如此类，吾犹恨其弗该，而恶可以米、盐概之哉？故得其精者，可以保身，可以全生，可以养亲，可以济世，庶几神农氏之风乎。而达者观之，则可以穷万物之赜，可以识造化之妙，而见天地之心，则多识固其余矣。中丞公抚江右四年于兹，尝节冗食衍锾（冗，音 rǒng。锾，音 huán。由国家免费供给值班内、外朝冗吏的膳食。《周礼·地官·稾人》："稾人掌共外内朝冗食者之食。"清末经学家、训诂学家孙诒让著《周礼正义》："冗，散也。外内朝上直诸吏，谓之冗吏，亦曰散吏，以上直不归家食，稾人供之，因名冗食者。"亦泛指由公家供给饮食。《汉书·成帝纪》："避水他郡国在所冗食之。"唐代颜师古注引文颖解："散廪食使生活。"衍，形容词。丰富；富足；数量大。《荀子·赋》："仁人绌约，亲人衍矣。"唐代学者杨倞著《荀子》注解："衍，饶也。"《后汉书·文苑传·杜笃》："修文则财衍，行武则士要。"唐代李贤注解："修文德，则财产富衍。"锾，钱。《广韵·删韵》："锾，钱也。"清代藏书家、钱币学家倪模著《古今钱略·古币》："锾，亦训钱。"此谓中丞公常常节食攒钱），置义仓一区（隋朝以后，为备荒年赈灾百姓，由地方政府建设而立的公共储备粮食的粮仓。一区，表示数量。一个粮库），贮谷二万有奇，为赈恤计；买田二百于城东，储镪三千于郡帑（镪，音 qiǎng，钱串，引申为成串的钱。西晋著名文学家、诗人左思《蜀都赋》："藏镪巨万。"后世多指银子或银锭。《后汉书·郑弘传》："人食不足，而帑藏殷积。"储备三千串钱或曰银锭储于郡库），为似续计（似续，同"嗣续"。动词。继承；继续；接续。《诗经·小雅·斯干》："似续妣祖，筑室百堵。"《毛传》："似，嗣也"）。既锱铢啬它费矣（锱铢，音 zī zhū。二者均是古代很小的重量单位，比喻极其微小的数量。《荀子·富国》："割国之锱铢以赂之，则割定而欲无厌。"唐代学者杨倞著《荀子注》解："十黍之重为铢，八两为锱"），而独有所用于此。盖仓廪足则民不以非岁死，医药具则民不以非死疾死，此其于民生岂有二哉。昔人集古方书，意亦如此。是役也，中丞公倡之，在事诸寅长佐之，南、新二县尹成之（县尹，一县之长官，亦称县公），不佞思董剞劂之事而已（不佞，犹不才；没有才能。《左传·成公十三年》："寡人不佞，其不能以诸侯退矣。"也用作自称的谦词。《国策·赵策二》："不佞寝疾，不能趋走。"董，督；监督。《尚书·大禹谟》："董之用威。"不才思想着督促雕版印刷成书这件事而已）。刻始于今岁正月，竣于六月。既竣，喜而为之序。

万历 癸卯 孟秋朔日（1603 年），

江南按察司按察使 长洲　张鼎思顿首书

徐春甫（1520—1596），明代著名医学家、御医，著有《古今医统大全》《内经要旨》《医学入门捷径六书》《医学未然金鉴》《妇科心境》《幼幼汇集》《螽斯广育》等。

徐春甫，字汝元，号"思鹤""东皋"，祁门县人。家世业儒，自少勤攻儒学，只因体弱多病，改向本县名医汪宦学医。他有扎实的儒学基础，加之博览医书，很快便掌握、精通内、妇、儿科的医学知识，中年迁居北京，因医术高超，求医者甚众，很快便声名鹊起，闻名遐迩。又因治愈嘉靖帝穆贵妃的疑难病，遂被授予太医院御医职。《四库全书总目提要》称其"居京邸，求医甚众，即显贵者不能旦夕至"。1568 年，隆庆二年，在京首先发起组织了我国医学史上第一个民间医学学术团体——"一体堂宅仁医会"。医会以"宅心仁慈"为宗旨，强调"医为仁术"。1556 年（嘉靖三十五年），撰就一百卷本的医学全书《古今医统大全》，概括、总结了明以前我国重要的医学典籍和医学成就，至今对于临床应用、理论研究仍然具有极高的参考价值。

徐春甫毕生治学严谨，勤勉从医，学有建树，强调"学问始乎诚意"，应具"纯一不二"的精神，读书必须细心揣摩其理，一诊一视，一方一药，均穷其要领而后用。教诲从医者，要戒贪鄙，体恤贫民，要知人，避晦疾；提倡良好的医德医风，端正服务态度，这样的精神，在当时的历史条件之下难能可贵，即便在今日亦不过时。

龚廷贤（1522—1619），明代著名医学家、御医，撰《济世全书》《古今医鉴》《万病回春》《寿世保元》《种杏仙方》《鲁府禁方》《云林神彀》《小儿推拿方脉活婴秘旨全书》等书。

龚廷贤，名廷贤，字子才，号云林，别号悟真子，江西省金溪人。生于明嘉靖元年，卒于明万历四十七年，享年九十七岁。

杏林魁首龚廷贤，德艺双馨霸鳌头；自幼习儒学医道，岐黄道学得其真。

悬壶济世承父志，志行高远享盛誉；神丹妙药拯危厄，脉诊膏肓泣鬼神。

携壶云游数十载，以医会友名中州；历经四十有余载，寻师访友秉家传。

功添造化通今古，国医高手展宏图；老年倦游归故里，著书立说启后学。

耕耘行道奉阴功，不计名利鸣世久；仁孝至爱崇礼节，金声玉振万年春。

龚氏出生于世医之家，生而岐嶷（嶷，音yí，亦作“疑”，在湖南省宁远县境内，有一座九嶷山，亦写作九疑山，又名苍梧山。相传是虞舜死后所葬之处。此“嶷”，又指九嶷山之神。既有神圣葬于此地，又是神灵的代称，此词便绝对是个褒义词，寓意着智慧异常之意。岐嶷，谓幼年六七岁时即聪慧敏识。《诗经·大雅·生民》：“诞实匍匐，克岐克嶷，以就口食。”毛传：“岐，知意也；嶷，识也。”郑玄笺解：“其貌嶷嶷然，有所识别也。”朱熹集注：“岐嶷，俊茂之状。”后世则以此词形容小孩子幼年聪慧。《后汉书·马援传》：“客卿幼而岐嶷，年六岁能应接诸公，专对宾客。”《三国志·吴志·孙和传》：“和少岐嶷，有智意”），幼而英敏，仁孝天畀（畀，音bì。给予；给与。《诗经·鄘风·干旄》：“彼姝者子，何以畀之。”天赐仁孝），襟度汪洋（胸怀坦荡豁达犹如汪洋大海一样，能够吸收容纳一切。《宋史·钱若水传》：“汲引后进，推贤重士，襟度豁如也”），志期向素，习于儒业，卓绝昭代人豪（卓绝，杰出，优秀。《三国志·魏书·管宁传》：“德行卓绝，海内无偶。”昭代，政治清明的时代。臣子常用以赞美、称颂本朝的歌颂之辞。南宋陆游《朝饥示子聿诗》：“生逢昭代虽虚过，死见先亲幸有辞。”龚廷贤被赞誉为绝代杰出豪杰）。

早岁幼年崇尚儒界，即习举子业，饱经术，喜文弄墨，操觚染翰（即挥毫舞墨做文章之意，也就是指写作。古代在纸张尚未发明之前，是将字写在木板或者竹筒上的，而这木板或竹筒被古人称为觚。觚，音gū，名词，即木简、竹简。西晋陆机《文赋》：“或操觚以率尔，或含毫而邈然。”操觚，拿木简写文章，亦借指书籍。翰，《说文解字》：“翰，天鸡，赤羽也。”天鸡，就是锦鸡或曰山鸡，其羽毛五彩缤纷、漂亮之极。《礼记·曲礼下》：“凡祭宗庙之礼……羊曰柔毛，鸡曰翰音。”注解：“犹长也。”按：鸟羽之长而劲者为翰，高飞持之，亦所以卫体。后世遂以“翰音”做鸡的代称。《文选·张协〈七命〉》：“封熊之蹯，翰音之跖。”吕延济注解：“翰音，鸡也。”翰，长而坚硬的羽毛，通常借指毛笔、笔毫、文字、书信等，又常指文翰、辞翰、翰藻。挥翰，写文章，作信札，亦指具有文史方面的才能。操觚染翰，这一成语则指创作诗、文、字、画。唐代骆宾王

《秋日于益州李长史宅宴序》："弁侧山颓，自有琴歌留客，操觚染翰，非无池水助人。"宋代无名氏《灯下闲谈·梦与神交》："松拜而更之，乃操觚染翰；表成，呈于王"），发为文词，云锦天葩，灿然立就。将有志南溟（溟，音 míng，名词。海。南溟，南边的大海。典出《庄子·内篇·逍遥游》："北冥有鱼，其名为鲲，鲲之大，不知其几千里也；化而为鸟，其名而鹏，鹏之背，不知其几千里也；怒而飞，其翼若垂天之云。是鸟也，海运则将徙于南冥。南冥者，天池也。"冥，即大海的意思，故常将"冥"写作"溟"，即指南边的大海。鹏鸟高飞，志在南海远方。唐代诗人王勃《滕王阁序》："地势极而南溟深，天柱高而北辰远。"此说龚子年少之时，就志怀远大，意欲比翼高飞），效用廊庙（《国语·越语下》："谋之廊庙，失之中原，其可乎？王姑勿许也。"《后汉书·申屠刚传》："廊庙之计，既不豫定，动军发众，又不深料。"李贤注解："廊，殿下屋也；庙，太庙也。国事必先谋于廊庙之所也。"意欲为朝廷效忠尽力），以大究厥施（究，《尔雅》："究，谋也。"《诗经·小雅·小弁》："君子不惠，不舒究之。"动词。推求；探究；追究；谋划；考察。施，《广雅》："施，予也。"施予；给予；措施。《易·乾》："德施普也。"释文："与也。"以便极大地谋求惠泽、普济人间，降甘霖于天下），缘数奇不第（数奇，这是姓名学中的术数学。数，命运、命数；奇，《说文解字·大部》："奇，一曰不耦。"古人认为偶数代表好运，而奇数不好。引申为自身命运极其不好）遂缵父业（缵，音 zuǎn。继续；继承。《诗经·豳风·七月》："二之日其同，载缵武功。"《毛传》："缵，继；功，事也。"遂承继家学，随其曾任太医院医官，医学经验丰富的父亲龚信习医为业。这都是身为进士第亚中大夫、浙江布政使司参政徐汝阳先生赞善嘉誉龚云林志行的溢美之词）。

因其自幼业儒，又在其父言传身教的家庭熏陶和影响下，也很喜爱医学，雅好医病，少则精其业。常以"良医济世，功同良相""达则为良相，不达则为良医"铭言自勉。宰相上佐天子调燮阴阳，节宣元气，庶足起疲癃而寿国脉。而自己虽有志于效良相之力，无奈庸劣鲁钝，为时所厄，于是，弃儒就学岐、黄、仓、越，广泛研读古籍医经，博览历代医籍，精研苦读《内经》等经典；刻意研精，辄识真要，凡运气之标本，阴阳之升降变化，生死之由兆，求之心传，既分焉晰矣。曾隐居于云林山中勤学，并取法金元四大家刘河间、张从正、李东垣、朱丹溪等人的学说，博采众长，医学造诣渐深。此后又秉持祖业，游历北上，边访贤求师，边临床行医，行医过程中，亦不断向多位名医求教，既尊古训，又重辨证，在继承前人的基础之上，临证遵古而不拘泥，又结合自己的临床实践，灵活多变，总结、归纳、博考历代医书医术不断提高。因其悬壶济世长达六十余载，常言"良医济世，功与良相”，经年累月的积累，学验俱丰，疗效显著，医名日益显著，终成一代名医。

在游金陵，客繁阳之后，归而徙儒就医，考古证今，通玄入妙。壮游楚洛，南历开闽，精研秦越之术，深入岐黄之域，与其师悟真子，风霜月夕之下，深谈《素问》，得师传授，深谙理奥。万历年间（1573—1619年），始游许昌，如扶沟、诣都下，分别到过中州（河南省的古称）、开封京城行医，经官员举荐，于1593年（万历二十一年）治愈了鲁王妃的危证，从而深受鲁王所敬佩，称国手、酬重金、赐“医林状元”龙牌匾。居大梁之都时（开封市西北，战国时魏国都城。唐代韩愈《送僧澄观》：“愈昔从军大梁下，往来满屋贤豪者”），值疫甚，操岐黄之秘而鸣诸豫，龚氏之术行，大有俾于春台之化（《老子》：“众人熙熙，如享太牢，如春登台。”后世即以“登春台”比喻盛世和乐气象。太有益于盛世和谐快乐氛围了），合境诸医俯首而出其下，由此，受知于太学士中玄高公，定西侯文益蒋公，大司寇三川刘公；咸雅重龚子，授之以衔以示褒奖嘉誉，于是，声名烨烨播京师（烨烨，音yè yè。显赫、明亮、光辉灿烂貌。《诗经·小雅·十日之交》：“烨烨震电，不宁不令。”《毛传》：“烨烨，震电貌。震，雷也。”郑玄笺解：“雷电过常，天下不安，政教不善之征。”北宋司马光《答谢公仪书》：“某官以英伟之才，负天下烨烨之望”），随被命拜官荣归。既而，由金陵复抵大梁，在在驰声，起死回生，活人无算。王侯公卿宾礼敬慕，迎候接踵，赠以诗章，旌以匾额，络绎不绝。而周藩海阳王昆湖，安昌王静观，大宗正西亭，及当道抚台洪溪衷公，翰林玉阳张公，学宪一申杨公尤加毖焉！复发为论著，以释群疑，而医遂裒然名吴楚间。乃龚子以名吴楚为未足，由是游大梁，历许昌，遂北如燕而售其术于公孙之前，而龚子之名复盛称于燕、于梁。

其善为将懿行上闻，征书叠下，既又服务于朝廷，曾任太医院吏目（官名。明代于知州之下设吏目，执掌出纳文书，或分领州事。太医院吏目，则执掌太医院日常事务）。食厚报于无穷，宁非理之必然也哉！龚氏祖孙三代均在太医院担任过医官，并以医名留芳于世，他们亦都非常重视医德的建设。

其父西园君，讳信，字端之。医术上佳，尤为医林所宗。龚信曾编纂有融汇了《内经》《难经》等经典名著，以及金、元时期各名医专家学说，理法方药、民间验方无不俱全，浅显实用、切合临床使用的综合性医书《医学源流肯綮大成》及《古今医鉴》十六卷。

龚廷贤是位出了名的大孝子，事乃父西园公纯孝（其父龚信，字瑞芝，号西园。精医术，曾任明太医院医官），温清定省，聚百顺以养志。佐而翁编著《古今医鉴》，祖之岐黄，宗诸仓越，集周、汉、和、缓，下至金元刘、张、李历代名家，本朝朱、戴辈，诸方奇验者，囊括成帙，名曰《古今医鉴》，以古今医术尽于此，如悬鉴故也。浩博而旨奥，构材备难致，功大成。论辨之精粹，脉方之神妙，悉采而集之。先之以脉息，次之以病症，终之以治方，立为纪纲；先之论说以阐其理，既之门类以悉其端，终之旁行以广其见。要诀悉备，按法取用，厥验如神。遵父“志在仁天下”“著书行道奉阴功”的教诲，为推广其父西园著作影响，普济世间，后均由龚廷贤予以付梓刊行。

龚廷贤承家传，儒医业，盖世传也。在行医济世的同时，不忘承继父训，勤奋著书立说，一生著述宏富，多达十余种，其中有《种杏仙方》《鲁府禁方》《医学准绳》《古今医鉴》等，尤其是《寿世保元》十卷和《万病回春》八卷，二者流传后世甚广，影响深远最大。所推秘集刊行于世，使人人按书而察其病，得以终天年而登寿域，大有功于天下后世。其所作医籍大大丰富了中医学的宝库，因其实用性强流传数百年。

龚子竭生平卒父业，著医书《万病回春》，探本推表，条分缕析，一病一脉，断一脉则次一方，即病者千变万态，其治法尤层见叠出；不必远稽古籍，近搜旁门，按类随索，如持左券。信医学之渊薮（薮，音 sǒu。渊，鱼聚之处。薮，《说文解字·艹部》：“薮，大泽也。”本谓湖泽的通称，亦指水少而草木茂盛的湖泽。渊薮，本指鱼和兽类聚居之处。引喻为某种人或事、物聚集的地方），百家之囊橐（口袋。小曰橐，大曰囊。有底曰囊，无底曰橐。盛装百家书籍的大小口袋），视《古今医鉴》《种杏仙方》二书，尤为切要，传诵急迫。人人击节叹赏，如醉春风，择更易简，亦有投单品辄取效的内容多达四帙。语不艰深，穷啬之人易解读，《种杏仙方》，种杏识效，莫此速殆。

作《云林神彀》一书，方脉幼科，内府秘方，无不收录，所作歌诀，令诵习者愉心快目。

龚生成父之志，而广其仁，所著医书，广行于世，脍炙海内外，既孝亦仁。

龚生良医济世，典医疗疾，植方投剂，获效如响，跻民登寿，保享遐龄（高龄，对老年人高寿的敬语。《魏书·常景传》：“以知命为遐龄，以乐天为大惠。”《醒世恒言》：“君当致身高位，安享遐龄。”龚生凭借自己高超的医术，令百姓都保享长寿之域），以永国祚（祚，音 zuò。福；福运；赐福；天祚。国祚，即国运。既可作名词用，亦可作动词用。《国语》：“皇天嘉之，祚以天下。”使国运昌盛永久不衰），清世之国手也；倜傥有奇节（倜傥，音 tì tǎng。司马迁《报任安书》：“古者富贵而名磨灭，不可胜记，唯倜傥非常之人称焉。”洒脱豪爽不拘束；节操奇异卓绝非同寻常。亦有写作“俶傥”的），阴德动天，天心福善，胤祚永昌，阴骘人无算（骘，音 zhì，动词。安定。阴骘，语出《尚书·洪范》：“惟天阴骘下民，相协厥居。”《孔传》：“骘，定也。夫不言而默定下民。”此说龚生虽不言语，却用自己的行动来安定百姓不计其数，默默无语地为人民服务，使人民得以安定），古君子之风，良医亦调燮宇宙，裨举世有病而无病。公之术，其圭刀足以驻衰历，其宝饵足以缓童龄，洵世之国手哉！夫医业十三科，通玄妙秘，病情百千万变，原感受之因，医岂易言哉，医者良多，求穷医之道，明医之理，穷病之源，察病之变，置方处剂，无不奏效；缘其以道视医，极尽儒者之道故也。而众医皆以艺视医，获效稀少，盖由未尽儒者道故也。

龚生医国医民，何添于良相乎？其用心，仁哉！孝哉！其底蕴深厚，百家奥旨尽括己心。阅历久，术益神，感其惠，嘉其心，见垣一方（见扁鹊节，“饮药三十日，视见垣一方人”），精微玄妙；仁之厚，不名名，不利利，鸣世久，人敬慕，隆礼聘，延上宾，感其诚，天赐功名，垂名竹帛，端有在耳。

龚廷贤之孝，还表现在遵父志上面。其父钟爱庶母所生二幼子，龚生即以其所爱者而加爱焉，视之犹父然也。凡家业悉推让之，又且另赠之以田，使安享其逸以承父欢，可谓善继善述而恪守义方者也。其父病，得以获龚生诊摄救药而获康复。

至于让祖产给叔父，贻厚资于仲弟，建祠堂以承先，立家训以启后，创大门以华宗，置义田以赡族，此皆仁人义士之所为也。又尝输谷粟、赈饥民，而不忍其颠连；施棺木、瘗旅衬（瘗，音 yì，动词。《说文解字·疒部》：“瘗，幽埋也。”《玉篇》：“瘗，藏也。”《集韵》：“瘗，幽隐也。”掩埋；埋葬。西晋潘岳《西征赋》：“夭赤子于新安，坎路侧而瘗之。”旅衬，名词。亡故之人所穿衣服），而不忍其暴露；解衣裘、救寒士，而不望其后偿；崇礼节，友贤良，而不爽其信行；还鬻女，返卖僮，而不索其聘财；怜鳏寡，恤孤独，而不吝其厚费。志行卓荦（荦，音luò。卓越；突出；非同一般。语出《后汉书·班固传》：“卓荦乎方州，羡溢乎要荒。”李贤注解：“卓荦，殊绝也。”志行超绝出众），其伟不可枚举，此特其彰明较著，可继而传之以风世教也。

然其赋性廉介（赋性，天赋秉性。北宋苏轼《乞罢学士除闲慢差遣札子》：“盖缘臣赋性刚拙，议论不随。”介，形容词。《广雅》：“介，独也。”独特；特异。廉介，清廉耿介。然而，他天生的禀性就是清廉耿直有节操），乐于施济而不责报。诸元老荐绅先生酬以金币而不可却者，虽受之，亦不私己，遗归以赈宗族乡党之贫困者。

龚生还是一位专心慈幼，精通儿科推拿术的高明医生。

云林暇笔——医家十要

一存仁心，乃是良箴，博施济众，惠泽斯深。二通儒道，儒医世宝，道理贵明，群书当考。

三精脉理，宜分表里，指下即明，沉疴可起。四识病原，生死敢言，医家至此，始至专门。

五知气运，以明岁序，补泻温凉，按时处治。六明经络，认病不错，藏府洞然，今之扁鹊。

七识药性，立方应病，不辨温良，恐伤性命。八会炮制，火候详细，太过不及，安危所系。

九莫嫉妒，因人好恶，天理昭然，速当悔悟。十勿重利，当存仁义，贫富虽殊，药施无二。

云林暇笔——病家十要

一择明医，于病有裨，不可不慎，生死相随。二肯服药，诸病可却，有等愚人，自家担搁。

三宜早治，始则容易，履霜不谨，坚冰即至。四绝空房，自然无疾，倘若犯之，神医无术。

五戒恼怒，必须省悟，怒则火起，难以救获。六息妄想，须当静养，念虑一除，精神自爽。

七节饮食，调理有则，过则伤神，太饱难克。八慎起居，交际当祛，稍若劳役，元气愈虚。

九莫信邪，信之则差，异端诳诱，惑乱人家。十勿惜费，惜之何谓，请问君家，命财孰贵。

《云林子传》：士之姱修于斯（姱，美好；漂亮。《文选·张衡〈思玄赋〉》：“既姱丽而鲜双兮，非是时之攸珍。”修，心善；美好。《文选·张衡〈思玄赋〉》：“伊中情之信修兮，慕古人之贞节。”李善引旧注：“修，善也。”姱修，此谓士人品德高尚美好。《明史·顾宪成等传赞》：“宪成诸人，清节姱修，为士林标准。”前修，先哲；前世圣贤之人），世品亦殊矣。与其家修，不若公之以普物，与其以己见观物，不若证之以古，始与其博洽之无当也。又不若契之以先天，酌之于方外，此吾云林子之著述乎。生以奉亲之孝，留意黄、岐。凡自《素》《难》以来，所为《龙宫》（即“龙宫方”，详见唐人段成式所撰《酉阳杂俎》一书中所载：孙思邈隐居终南山，与宣律和尚共参禅理时，天下大旱，一位老人因获孙氏救援，遂将龙宫方三十首赠予孙氏作为回报之事。孙氏的《千金要方》《千金翼方》中有不少精妙的大慈大悲、救苦之心的佛教医学内容）、《肘后》诸书，无不句读（句读训释。读，音dòu。古书无标点符号，读古书须先明语气可以停顿句子的段落以及其完整性，故须会“句读”）。而言什者（古代的诗文常以十篇为一卷，指绝大多数），遍历名山，访诸道侣，三都五岳之间，无不扪罗而跻陟者（扪，《说文解字·手部》：“扪，抚持也。”《素问·离合真邪论》：“必先扪而循之。”王冰注解：“扪，谓手摸。”罗，搜寻；搜罗；罗织。唐代韩愈《送温处士赴河阳军序》：“未数月也，以温生为才，于是以石生为媒，以礼为罗，又罗而致之幕下。”扪罗，抚持搜罗。跻陟，音jī zhì。跻，置身；跻攀；登上；升迁。《说文解字·足部》：“跻，登也。”《左传·文公二年》：“大事于大庙，跻僖公，逆祀也。”陟，晋升；进用。《说文解字·阜部》：“陟，登也。”《尔雅》：“陟，陞也。”《尚书·太甲下》：“若升高，必自下；若陟遐，必自迩。”跻陟，踏进；跨入。明代张居正《送南阳公赴留都考功序》：“人谓君跻陟通显，且旦夕矣，胡至濯此意外哉”），旌币相迎（招贤纳士，求取贤能之士时，所馈赠的币帛。《南史·明僧绍传》：“以旌币之礼，征为记室参军，不至”），徜徉周鲁。凡簪裾衮舄之游（簪裾，音zān jū。簪，是古人约束长发用的一种美丽首饰。裾，《说文解字·衤部》：“裾，衣袌也。”《说文通训定声·衤部》：“裾，衣之前襟也。今苏俗曰大襟。”簪裾，则指达官显贵之人的衣着服饰。借喻显贵。《南史·张裕传》：“而茂陵之彦，望冠盖而长怀；渭川之甿，伫簪裾而竦叹。”衮舄，音gǔn xì。“衮服舄履”的省称。衮，君王贵族的礼服。《周礼·司服》：“王之吉服，享先王则衮冕。”司农注解：“衮衣，卷龙衣也。”舄，《广雅》：“舄，履也。”《周礼·天官》：“屦人掌王及王后之服屦，为赤舄黑舄。”泛指脚上穿的鞋子。衮舄，亦借指诸侯王。南朝梁江淹《萧相国让进爵为王第二表》："燕藩懿亲，裁蒙衮舄之荣；梁国戚属，方忝旌旗之贵。"胡之骥注解："衮舄，诸侯王之服也"），无不宾礼而投，辖者生随其染遘而补泄之，每试辄效。镮辕所至（盘旋往还、形势险要、曲折险阻的山路。《管子·地图》："凡兵主必先审知地图。轘辕之险，滥车之水……名都废邑，困殖之地，必尽知之。"尹知章注解："谓路形若辕而又轘曲。缑氏东南有轘辕道是也"），驹不得前，或为之授室以居，悬壶而市更十余载（有成语：悬壶济世。详见《后汉书·方术列传·费长房列传》、晋代葛洪的《神仙传》。说的是历阳人壶翁谢元，身怀绝技，乐善好施，挂葫芦卖药于市，救死扶伤，普济众生的故事。而此处则说龚廷贤行医解疾济世长达十余年），而成寓焉。无不为之卜邻而成聚者，生因有怀璧之惧（怀璧之惧，语出《左传·桓公十年》："周谚有之：匹夫无罪，怀璧其罪。"西晋杜预注解："人利其璧，以璧为罪。"以"怀璧"喻为家藏宝物、家财巨多常会招致祸患，而人若怀揣奇才常遭嫉妒和忌恨），为暴客所窥（暴客，强盗、盗贼。语出《周易·系辞下》："重门击柝，以待暴客。"更夫夜间巡夜时，须击打木梆用以报更），不敢橐诸馈赠（橐，音 tuó。《说文解字·木部》："橐，囊也。"《诗经·大雅·公刘》："乃裹餱粮，于橐于囊。"小而无底曰橐，大而有底曰囊。不敢用橐或囊储藏人家给予的馈赠），独取经验方书而秘之，久而汇成，凡数十余卷，并其书而不可橐，则授诸梓人，梓以费重而不能全，则删其过半，金陵已行其半，而复不废其删也。次第锓之，又四刻而书始全。其初出者，为《古今医鉴》，其继成者为《种杏仙方》，其玉振者为《万病回春》（玉振，语出《孟子·万章下》："集大成也者，金声而玉振之也。金声也者，始条理也；玉振之也者，终条理也。"古人乐队演奏乐曲，当先以钋钟起音，收尾时则以玉磬结束。有条有理即智亦圣，这才是一首奇妙引人的音律。亦常用作比喻文词的谐畅。萧统《文选序》："冰释泉涌，金相玉振。"《万病回春》这部书的文辞声韵最为振扬顺畅谐和），其行于鲁府者为《鲁府禁方》《云林神彀》，总之凡五。而其晚年所嗣成者，又有《寿世保元》《济世全书》，教子活人以读之。中间师心出者什九（古代的诗文常以十篇为一卷，如什二、什九。前者是说十分之二，后者则是说十分之九，亦即指绝大多数。此是说绝大部分内容出自老师的心传口授），与古参者什一。其酌五方之殊，禀经百岁之盛衰，诊四时之代谢，则一疾而缓急异应，一人而先后分歧，一方而损益互变，其得心应手者，书也。其神与之符而奇正百出，并其心而不自知者，意也。生之技足以自取，素封而生之意（语出《史记·货殖列传》："今有无秩禄之奉，爵邑之入，而乐与之比者，命曰'素封'。"唐代张守节《史记正义》："言不仕之人自有田园收养之给，其利比于封君，故曰'素封'也。"虽然没有任何官爵封邑，却比君王封赐的人更为富有。生活完全依靠自己的医术自给自足，不像那些只靠君王封赐才能生活的人），**必欲以阴功厚植，为二人而锡类**（语出《诗经·大雅·既醉》："孝子不匮，永锡尔类。"《毛传》："类，善也。"郑玄笺解："孝子之行非有竭极之时，长以与女之族类，谓广之以教导天下也。"孝子不会匮乏，苍天赐予你好后嗣），**于是，盲者、羸者、危者，广施剂以疗之。而饥者、困者，又量力以济之。甚至橐不可移，疑不可解，而危桥衢路代有司以营之**（衢路，既可泛指道路，亦可理解为歧路、岔道。《三国志·魏志·管宁传》："谨拜章陈情，乞蒙哀省，抑恩听放，无令骸骨填于衢路。"西汉贾谊著政论名著《新书·审微》："故墨子见衢路而哭之，悲一跬而缪千里也。"有司，主管某部门的官吏。古代设官分职，各有专司，故称有司。语出《尚书·大禹谟》："好生之德，洽于民心，兹用不犯于有司。"《管子·幼官》："定官府，明名分，而审责于群臣有司，则下不乘上，贱不乘贵。"危险的桥，狭窄、易令人迷失方向的歧路、岔道则有待有关司职部门去管理经营它们）。**亦有鲁藩千金之赐，璧环备赈而不以为行色**（璧，《尔雅·释器》："肉倍好谓之璧。"邢昺疏解："肉，边也。好，孔也。边大于孔者名璧。"故，圆形中间有孔的玉，谓之璧。环，《尔雅·释器》："肉好若一谓之环。"《说文解字·玉部》："环，璧也。"外边的宽度和中孔圆的直径正好相等的玉器，叫作"环"。其既可作为装饰品，又可作为符、信之物。行色，行旅。语出《庄子·盗跖》："今者阙然数日不见，车马有行色，得微往见跖耶？"行旅出发前前后的情状、气派。此说，龚先生既有鲁藩王赐予他的千两黄金，又有璧环这些珍贵的玉器作为赈济之储备，外出行旅气派得很，不必为旅游经费担心），**累则刺船陈孺**（刺船，撑船。《庄子·渔父》："乃刺船而去，延缘苇间。"陈孺，宋代太子太师、隋国公。聪慧明察，不畏权奸，剿匪平叛，大捷而归，移师江陵，亡故中途），**有度越九家之外者**（度越，超越；超过；越过；胜过。《汉书·扬雄传下》："今扬子之书文义至深，而论不诡于圣人，若使遭遇时君，更阅贤知，为所称善，则必度越诸子矣。"九家，战国时期的九个学派，即儒、道、阴阳、法、名、墨、纵横、杂、农。《汉书·艺文志》："诸子十家，其可观者九家而已。"另一家则是小说家），**宁独以工巧见哉**（工巧，语出《战国策·秦策五》："贞女工巧，天下愿以为妃。"细致；精巧。此说龚先生的著作唯独以精密、细致别具一格，超越了九家所有论著之外）。

书之始创，由一二人之奇验传播；其方书之成，由数十年之积累汇成充栋；书之刻，由二三名公之简阅，分门析类；书之分散，由其他禀之各异，随人姿取而不拘读其书者，如入邓林而游海藏（邓林，语出《山海经·海外北经》："夸父与日逐走，入日；渴，欲得饮，饮于河渭；河渭不足，北饮大泽。未至，道渴而死。弃其杖，化为邓林。"晋代郭璞《山海经图赞》："神哉夸父，难以理寻，倾沙逐日，遁形邓林。"邓林，位处大别山附近，河南省、安徽省、湖北省三省交界处。清代著名学者毕沅考证，"邓"与"桃"音近，故"邓林"与"桃林"二说不矛盾，既是地名亦是"桃林"。海藏，大海龙宫中收藏的宝藏。唐代张说《唐玉泉寺大通禅师碑铭》："海藏安静，风识牵乐。不入度门，孰探玄要"），举世外之珍异，毕集于前。观其行者，如尹旌阳而令岣嵝（岣嵝，湖南省衡阳市北的衡山七十二峰之一，传说大禹曾在此获得金简玉书。岣嵝峰上有岣嵝碑，乃是记载大禹事迹的功德碑。北魏郦道元《水经注·湘水》："芙蓉峰……《山经》谓之岣嵝，为南岳也"），举人世之疲癃（腰背驼曲、老年多病、苦难深重之人。北宋理学创始人、思想家、教育家张载《正蒙·干称》："凡天下疲癃残疾，茕独鳏寡，皆吾兄弟之颠连而无告者也。"茕，音 qióng。孤独、没有兄弟之人），悉就扶植。不佞自京邸而耳，其名至川上，而观其集，集中之类各析为门，而首辄冠之以论，详脉息以加减之，汇诸家之旧说而评其殿最（殿最，考核；评比。以评定其高低上下。《汉书·宣帝纪》："其令郡国岁上系囚以掠笞若庾死者所坐名、县、爵、里，丞相御史课殿最以闻。"颜师古注解："凡言殿最者：殿，后也，课居后也；最，凡要之首也，课居先也。"《文选·班固〈答宾戏〉："虽驰辩如涛波，摛藻如春华，犹无益于殿最也。"李善注引《汉书音义》："上功曰最，下功曰殿。"汇集以往各家所说予以评论其高低上下），即初学者有水镜焉（水镜，明鉴；明察；明镜；镜子明澈如水之映物清晰可鉴。《隋书·高祖纪上》："公水镜人伦，铨衡庶职，能官流泳，遗贤必举，是用锡公纳陛以登。"《文选·谢庄〈月赋〉："柔只雪凝，圆灵水镜。"李善注解："柔祇，地也；圆灵，天也。"张铣注解："言月之光彩，照地如凝雪，照天如水镜。"此说其所著作对于初学者来说就犹如明镜一般）。而久擅名家者，以名之以为彀率（张弓搭箭用力打开的程度。《孟子·尽心上》："大匠不为拙工改废绳墨，羿不为拙射变其彀率。"朱熹集注："彀率，弯弓之限也"），故称彀称神而筌蹄具矣。生年望八而其尊人，以善养之，故酡颜方艾则书之为效（酡，音 tuó。《楚辞·招魂》："美人既醉，朱颜酡些。"酡颜，饮酒之后脸色泛红状，亦泛指脸红。唐代白居易《与诸客空腹饮》："促膝才飞白，酡颜已渥丹。"方艾，方兴未艾的省略语。正在兴起发展，而尚未达到止境），其以登堂见乎。至于兴祭飨（即"祭享""祭祀"，供奉祭品用以祭祀神灵、祖上。《清史稿·礼志二》："旧制，祭飨用生牢，颁百官胙肉。"《逸周书·周月》："至于敬授民时，巡狩祭享，犹自夏焉"），先敦义济，后孝慈惠爱，家训啧啧（感叹词。表示赞叹；赞誉。南宋著名经学家、文学家、诗人王质《满江红·春日》词："看春梅下有，游人啧啧"），婉如范公之遗风，相继而起者乎。此不惟以培形气，而且以培功行，不惟自淑（不惟，不仅；不但。淑，《说文解字·氵部》："淑，清湛也。"《尔雅》："淑，善也。"《诗经·曹风·鸤鸠》："淑人君子，其仪一兮。"自淑，提升自己之意），而且以淑世人。夫亦秩之进乎。道者，名家以其言而立政，其政中之岐伯乎。

赐进士第中宪大夫（中宪大夫，属于吏部的文官名称。金始置，明为文职正四品升授之封阶）

钦差整饬湖东等处兵备副使"圻伽佗居士"袁世振抑之甫述

袁世振（？—1632），字抑之，号“沧孺”，湖广黄州府蕲州人，一位笃信佛教的佛教徒。万历二十六年进士，历任临川知县、金华府同知、按察副使等职。有善政，致力于盐政改革，疏理两淮盐政功绩卓著，堪称明朝盐政专家、财政功臣。

儒医　云林山人像赞　有引

山人鸣于医有年矣，好事者爱而貌之，以布寓内索赞焉。余稽太史公，谓人貌荣名（荣名，荣誉；美名。《战国策·齐策四》：“且吾闻效小节者不能行大威，恶小耻者不能立荣名。”《淮南子·务修训》：“死有遗业，生有荣名。”人们重视荣誉、声名，就如同像重视自己的面貌一样），宁有既乎，山人荣哉。山人江以西，金溪产也。父西园翁，尝以医动我梁豫（梁，古九州之一，辖境在今陕西省南部、四川省全部。豫，河南省的别称。此说龚先生的父亲龚西园先生携壶行医的地理范围主要在于河南省、陕西省、山东省一带），生山人而训以儒，儒既通，去读医，尽父之技，复携壶游颍汝间（携壶，行医。明末清初散文家侯方域《赠武林陈文学》：“远志分明为采药，携壶不尽是逃名。”颍，《说文解字·页部》：“颍，颍水，出颍州阳城干山东入淮。”发源于河南省登封，流至安徽省入淮河，是淮河最大的支流。汝，《说文解字·氵部》：“汝，汝水，出宏农卢氏还归山东入淮。”发源于河南省，流至安徽省入淮河。也是淮河的支流之一。此说龚先生携壶行医于颍汝一带），颍汝士争接纳也，有投辄效，已而京都诸缙绅，无不知山人者，延致之，遂壶于都市。都中自高使相而下，咸宾礼如不及，定西（甘肃省中部的地级市，通称陇中。战国时就已设陇西郡。由此可见龚先生行医曾经到过此地，可知其行医范围之广）蒋侯，尤慕其医而儒也。俾冠佩列于医林，归而鄉往者益众（鄉，音 xiàng，通“向”。动词。向往；趋向；亲近。《左传·僖公三十年》：“秦伯素服郊次，乡师而哭曰：……”向往者越发众多）。然山人愈自淬也（淬，音 cuì，《说文解字·氵部》：“淬，灭火器也。”《汉书·天文志》：“火与水合为淬。”磨砺；磨炼。龚先生愈发自我磨砺自己），日取岐黄家言，参所父授者为《医鉴》，鉴之余，复有是帙焉。持此医寓内，则所生活者不数也（不数，言数不清，所计无数。汉代王符《潜夫论·思贤》：“近古以来，亡代有三，秽国不数。”现代学者彭铎著《潜夫论校正》：“不数，即无数。”此说龚先生携壶行医救治好无数病患者），脱令人莳之（脱，连词。表示假设，相当于“倘若”。唐代著名传奇作家李朝威《柳毅传》：“脱获回耗，虽死必谢。”亦可作为副词。表示推断，相当于“或者”。《世说新语·赏誉·家有名士》：“济脱时过，止寒温而已。”莳，音 shì。《说文解字·艹部》：“莳，更别种也。”《广雅》：“莳，种也。”南宋杨万里《插秧歌》：“秧根未牢莳未匝，照管鹅儿与雏鸭”），杏不啻林矣，因梓其帙曰《种杏仙方》，貌厥状而弁之，逌何生财为之。赞曰：梧言魁度，星眸尤颐，伊语之丰，清夷世医，业以箕裘，材以瑰琦，仙终儒始，遐览玄思，艺圃遗隽，壶天用羁，修能懋誉，峨博是且，是海上之安期。或青牛师佥日想，见其英姿，请稽于斯。

赐进士第　兵部观政　扶沟中寰　何出光书

《济世全书·自序》：不佞少年时（语出《论语·公冶长》："雍也，仁而不佞。"邢昺疏解："佞，口才也。"这是说没有口才。而此处的"不佞"，则是自谦词。本指自己没有本事、才能，谦称自己。《左传·昭公二十五年》："不佞不能与二三子同心，而以为皆有罪"），挥毫吊古（凭吊古往之事。唐代诗人李端《送友人》："闻说湘川路，年年吊古多"），诵爱物济人之句，不胜神往，雅意学问，期徼一命之荣（徼，音 yāo，通"邀"。求取；招致。《国语》："弗使血食，吾欲与之徼天之衷。"东汉王符撰《潜夫论》："乃义士且以徼其名，贪夫且以求其赏尔。"期盼求取一命之荣光幸运），无如非其分也。而意念则未已。夫昔人云：士苟挟一策，以推及物之仁，虽不仕于时，犹仕也。于是，取父书读之，旦莫不辍三年间，尽得其要领，少试之乡邑，乡邑赖之以为有父风，而予之意念犹未已也。乃著《医鉴》《仙方》《回春》《神彀》《禁方》五书，行于海内，风声日籍籍起（口口相传，众口交接喧腾，从而声名大震。此谓因其所著五书刊行于世，广遍于海内，其名声日益轰动。《汉书·江都易王刘非传》："复数使使至长安迎征臣，鲁恭王太后闻之，遗征臣书曰：'国中口语籍籍，慎无复至江都。'"颜师古注解："籍籍，諠聒之意。"唐代杜甫《赠蜀僧闾丘师兄》："大师铜梁秀，籍籍名家孙。"仇兆鳌注解："籍籍，声名之盛也"），已而挟策（已而，不久；后来；旋即。《史记·孝武本纪》："少君曰：此器齐桓公十年陈于柏寝。已而案其刻，果齐桓公器。"《史记·孟子荀卿列传》："李斯尝为弟子，已而相秦。"挟策，手拿书本，愈发勤奋读书。《庄子·骈拇》："问臧奚事，则挟筴读书。"陆德明释文："筴字又作策，李云：'竹简也。古以写书，长二尺四寸。'"），北游燕、赵、梁、豫之间，有车辙马迹焉。行乐到处，王公大人倒屣投辖（此四字出于两个典故。屣，音 xǐ。《广雅》："屣，履也。"苏轼《巫山》："贫贱尔何忧，弃去如脱屣。"倒屣，匆忙之际将鞋穿倒了。典出《三国志·魏书·王粲传》："王粲，字仲宣，山阳高平人也。……献帝西迁，粲徙长安，左中郎将蔡邕见而奇之。时邕才学显著，贵重朝廷，常车骑填巷，宾客盈坐。闻粲在门，倒屣迎之。粲至，年既幼弱，容状短小，一坐尽惊。邕曰："此王公孙也，有异才，吾不如也。吾家书籍文章，尽当与之。"唐代皮日休《初夏即事寄鲁望》："敲门若我访，倒屣欣逢迎。"。辖，插在车轴端孔内的车销键，以使车轮不致脱落。《说文解字·车部》："辖，键也。"《左传·哀公三年》："校人乘马，巾车脂辖。"投辖，典出《汉书·游侠列传·陈遵》："陈遵，字孟公，杜陵人也。……遵少孤，与张竦伯松俱为京兆尹。竦博学通达，以廉俭自守，而遵放纵不拘，操行虽异，然相亲友，哀帝之末俱著名字，为后进冠。……遵嗜酒，每大饮，宾客满堂，辄关门，取客车辖投井中，虽有急，终不得去。”唐代骆宾王《帝京》篇：“陆贾分金将宴喜，陈遵投辖正留宾。”形容主人由于好客，拆卸车辖，使车子难以离去，达到殷勤留客之目的），今倦游矣。耄逊于家（年老回归于家庭。耄，音 mào。古人称七十岁以上老人为耄。《左传·隐公四年》：“老夫耄矣，无能为也。”《盐铁论·孝养》：“八十曰耋，七十曰耄。耄，食非肉不饱，衣非帛不暖。”逊，动词。《说文解字·辶部》：“逊，遁也。”退避；退让；逊位。耄逊，《尚书·微子》：“我其发出狂，吾家耄逊于荒”），而名藩省郡，聘召错道，然予之意念犹未矣也。复搜讨奇秘，总五书之大全（即上述《仙方》《回春》等五本书），披寸灵之独得（披，《广雅》：“披，张也。”打开；开发；披究；披决。寸，中医切脉之部位名。俗称寸关尺，即寸口脉的各部。灵，即《灵枢经》。此句意即披究、开发自己行医疗疾的独到心得体会），汇成一书，命曰《寿世保元》，自谓生平精力殚于此矣，医家纲目簪于此矣（簪，古人用来约束长发，插定发髻或连冠于发的一种玉制、金制或象牙制长针。俗称簪子。《韩非子》：“周主亡玉簪，令吏求之，三日不能得也。”此说从医者的概要、提纲、细则、要目全都集中于《寿世保元》这部书之中了）。虽不获显诸事业，而家国天下，庶几或有补也。第其书不啻数万言，其值不下二三金，而四海争购，两京为之纸贵（语出“洛阳纸贵”。晋代文学家左思所作文学巨著《三都赋》深受人们所喜爱，广为传抄，由于抄写的人多，以致京城洛阳一时纸张供不应求，纸价因此大涨。详见《晋书·文苑·左思》。此谓其作品为世所看重，风行一时，流传甚广，印书的纸张也因缺货而导致昂贵），则富者得遂其求，贫者苦于难获，则予之意念终不能人人惬也（惬，音 qiè。《说文解字·忄部》：“惬，快也。”《后汉书·杨彪传》：“天下莫不惬意。”惬意，形容词。表示心情因为得到格外满足，而感到特别的畅快），其能自已乎！于是披历心神（披历，纷披历落，参差盛多貌。明代李东阳《夜梦楼居风雨中得句觉而有感续成一章》：“飘飘轻襟散，披历层轩举。”心神，心思精力。《庄子·在宥》：“解心释神，莫然无魂。”北周庾信《代人乞致仕表》：“心神已弊，晷刻增悲。”于是披星戴月，费尽心神），昏夜不寐（昏夜，即黑夜。《汉书·陈万年传》：“丞相丙吉病，中二千石上谒问疾。遣家丞出谢，谢已皆去，万年独留，昏夜乃归。”），将前所出六海遗珠（再将之前出版的六部医书遗漏的重要内容），择其简切精当，凡人生之所未有，古来之所罕见，奇异古怪之疾，寒暑虚实之证，分门别类，种种备载，不拾人残唾（绝不拾人牙慧，人云亦云；而是独创心意，标新立异，充分抒发己见），不抄人方书。悉不佞，平生之履历，老父之商榷，每有所获则随录之，积数十年，然后神理凑合，随试辄效。不啻庖丁之牛（啻，音 chì。不啻，不止；不只；何止；岂止；不仅仅。语出《尚书·多士》：“尔不克敬，尔不啬不有尔土，予亦致天之罚于尔躬。”庖丁之牛，说的就是成语庖丁解牛。），飞卫之虱矣（《列子·汤问》：“昌以牦悬虱于牖，南面而望之。旬日之间，浸大也。三年之后，如车轮焉。以睹余物，皆丘山也。乃以燕角之弧，朔蓬之簳射之，贯虱之心，而悬不绝”）。海内得是书而读之，细心批阅，以病之症印予之书，一一而投剂焉。辟之星火春冰（就好像星星之火可以燎原，春天的冰薄而易裂。南宋福安县第一任县长郑黼《福安县名记》：“如司门急于星火，则下邑凛乎春冰。”南宋陆游《示二子》：“岂不怀荣畏友朋，一生凛凛蹈春冰”），未有不涣然欲释者（涣然，明显状。《三国志·蜀志·夏侯尚传》：“行有大小，比有高下，则所任之流，亦焕然明别矣”），倘可以济世，而医经奥诣赖是全备焉。因名之曰《济世全书》。昔青牛道士能延垂尽之命（青牛道士，汉代方士封君达的别号。《后汉书·方术传·甘始传》：“甘始、东郭延年、封君达三人者，皆方士也。率能行容成御妇人术，或饮小便，或自倒悬，爱啬精气，不极视大言。……君达号“青牛师”。凡此数人，皆百余岁及二百岁也。”），白鹿真人顿生已枯之骨，予何人，斯敢以此自任哉！然二子以丹砂之神而展其济世之功，予将借医国之书而展其济世之心，故书成而世世共跻予之愿也。即书成，而未必尽济，亦尽予之心也。予少年时，怕怀博济之转念也，纵有笑予之狂，讥予之任者，余何暇计焉。然而，予之意念终未已也。姑植数杏于庭，以俟予之后来者。

时万历丙辰（1616年）　金溪　龚廷贤自叙

《寿世保元·自叙》：余读父书，往往欲寿一世而未能也。间尝窃取岐、黄、仓、越，刘、张、朱、李诸家之秘旨（岐伯、黄帝、仓公、秦越人、刘完素、张从正、朱丹溪、李杲），经验之良方，汇成五书，曰《古今医鉴》、曰《万病回春》、曰《种杏仙方》、曰《云林神彀》，曰《鲁府禁方》，业已灼灼于世（灼灼，音zhuó，鲜明的样子。《诗经·周南·桃夭》：“桃之夭夭，灼灼其华”）。虽然，医妙无穷，其间标本异治，虚瞬易，损增互换，歧中之歧，变外之变，胶古不得师（胶，有黏性，本谓黏住。《庄子·逍遥游》：“覆杯水于坳堂之上，则芥为之舟；置杯焉则胶，水浅而舟大也。”意谓恋古人之法，从而不得师教。亦是自谦词），心又不得失，岂五书所能竟哉！

近来倦游家居，睹闻觉日益多，谙练觉日益熟，乃采掇名藩之异授（《诗经·邶风·谷风》：“采葑采菲，无以下体。”掇，音duō。《诗经·周南·芣苢》：“采采芣苢，薄言掇之。”《毛传》：“掇，拾也。”引申为摘取、选取。《汉书·董仲舒传》：“掇其切当世，施朝廷者著于篇。”东汉文学家王充《论衡·卜筮》：“著书记者，采掇行事。”授，传授。《汉书·欧阳生传》：“宽授欧阳生子”），内府之珍藏（内府，王室的书库。《韩非子·十过》：“若受我币而假我道，则是宝犹取之内府而藏之外府也”），宇内士夫之所家袭，方外异人之所秘传（世俗之外的高人。《庄子·大宗师》：“孔子曰：‘彼，游方之外者也；而丘，游方之内者也。’”代指僧、道修行界中的高人），间亦窃附己意，发诸前人之所未发，参互勘验，百投百效者，分门别类，汇次成编。命曰《寿世保元》，以示大全，于以补诸书之缺。夫人之一身，有元神，有元气，神官于内，气充乎体，少有不保而百病生矣。余谬为保元云者，正欲保其元神，常为一身之主；保其元气，常为一身之辅。而后神固气完，百邪无能奸，百病无由作矣。如世道之在浇漓者（亦作“浇醨”。唐代书法理论家张怀瓘《书断·神品》：“终以文代质，渐就浇漓。”唐代文学家权德舆《祭梁补阙文》：“游、夏远矣，文章运衰；风流不还，作者盖希；君得其门，独斥浇醨。”唐代文学家张九龄《敕岁初处分》：“政犹踳驳，俗尚浇漓，当是为理之心未返于本耳。”元代辛文房《唐才子传·殷文圭》：“唐季，文体浇漓，才调荒秽。”犹言浇薄。文风浮艳不实。指社会风气浮躁轻薄、虚华不实），则用《劝世歌》砭而规之，使天下后世之人咸跻于仁寿之域。敢曰《寿世保元》，即调元也。调元者，宰相之事，而窃取为名，高哉噫嘻（高哉，无实意的语气助词，亦是敬辞。唐代诗人李白《蜀道难》：“噫吁嚱，危乎高哉！蜀道之难难于上青天。”噫，感叹声。犹如“唉”。《论语·先进》：“颜渊死，子曰：噫，天丧予！天丧予！”嘻，亦是感叹词，表示惊惧，惊怒或感叹。《庄子·养生主》：“文惠君曰：嘻，善哉！技盖至此乎！”噫嘻，赞叹语声。《诗经·周颂·噫嘻》：“噫嘻成王，既昭假尔。”东汉经学家郑玄笺解：“噫嘻，有所多大之声也。”高哉噫嘻，惊异慨叹语）！余放民也（放，放任；豪放；旷放。《晋书·嵇康传》：“又读《老》《庄》，重增其放。”放民，南宋爱国诗人谢翱《鲁国图》诗：“被发逢夫子，狂歌作放民。”我是个放荡不羁，没有任何官职约束的人），遨游湖海，涉迹燕、赵、梁、豫之间。辱王公缙绅，谬为恭敬，盖四十祀于兹（祀，音 sì。殷商称年为祀。《尚书·洪范》：“惟十有三祀，王访于箕子”）。曩鲁藩君侯与余为淮南八公之交（此说西汉淮南王刘安辨达，善属文，博雅好古，孝文皇帝刘恒甚爱重之；天下方术之士多爱亲近之，于是，广招门客，募集天下俊才，遂有苏飞、李尚、左吴、田由、毛披、雷被、晋昌、伍被八位人士慕德前往，世称这八位为“八公”。又与诸儒大山、小山之徒，共讲论道德，总统仁义，助刘安撰著《淮南子》一书。详见高诱所著《淮南子·叙》），却其千金之酬，又颜其匾而赠之（颜，光鲜亮丽。匾，指挂在堂上或门上的匾额。《新唐书·马燧传》：“勒石起义堂，旁榜其颜以宠之。”又以光艳夺目的匾额赠与之），命曰“医林状元”。以余伎俩子（自谦词，就以我的这点技能本事。唐代贯休《战城南》：

“邯郸少年辈，个个有伎俩”)，不获致青云居(居，处于；处在；居首。《史记·汲黯郑当时列传》：“陛下用群臣，如积薪耳，后来者居上。”以我从医的这点本事，不取得平步青云居处)。尝空语奇字，匾以荣衔(言过其实，匾额只不过是一个荣誉头衔)。若谓经术有元，业术亦有元，而余幸窥杏林之一斑(晋代葛洪撰《神仙传》载三国吴名医董奉为人治病，不受报酬，对治愈的病人，只求为其种些杏树，数年之后，蔚然成林，故人们称之为“杏林”，亦是中医学界的代称)，或者亦夺伎位之一元乎，然非余意也。

书成而付剞劂氏，要亦备养生之饾饤云尔(饾饤，音 dòu dìng，亦作“饤饾”“斗钉”。唐代哲学家韩愈《南山》诗：“或如临食案，肴核纷饤饾。”明代文学家杨慎著《升庵全集·卷六十九》：“《食经》：五色小饼，作花卉禽珍宝形，按抑盛之盒中累积，名曰斗钉。”清初戏曲作家孔尚任《桃花扇》凡例：“词中所用典故，信手拈来，不露饾饤堆砌之痕。”本谓食品堆积重叠盛多貌，此处则用来形容、比喻文辞的罗列堆砌)，何敢与《青囊》《肘后》争埒(《青囊》，此指东汉华佗所著医书，因狱吏畏法，佗索火烧之，见《后汉书·华佗传》。又一说是被狱吏妻以囊烧毁。《肘后》则指晋代葛洪所著《肘后备急方》，原名《肘后救卒方》，简称《肘后方》。埒，音 liè。相等；高下；等同。《史记·平准书》：“故吴诸侯也，以即山铸钱，富埒天子。”怎么敢与《青囊》《肘后》相争同等呢)，而用文之以自点也(自点，自污；自辱；玷污自己。西汉史学家司马迁《报任少卿书》：“若仆大质已亏缺，虽材怀随和，行若由夷，终不可以为荣，适足以见笑而自点耳”)。

皆 万历四十三年岁次乙卯(1615年)

春王正月上浣之吉太医院吏目

金溪云林　龚廷贤撰

《寿世保元·张序》：余解绶卧林麓间，于故箧中取《医鉴》《回春》《仙方》《神彀》《鲁府禁方》诸书，时批阅焉。惋然叹曰：奇哉，金溪龚子，术至此乎！其用意良博，其济世之念良殷且苦也。余诚慨慕，冀昕夕遇之矣(昕夕，朝暮；日夜；终日。北宋沈括《贺年启》：“祈颂之诚，昕夕于是。”终日希望与他相遇)。

乃一日飘然来谒，余辗然喜甚，徐揖而进之。领略绪论，津津名理，悉皆溱底芝兰也。乃龚子复出秘书十卷以示余，其命名曰《寿世保元》。余反复玩视，见其立论高，著方妙，其调治疗理，核实而有法，大都九折臂而成，真得医门家钵矣。嘻，亦大奇矣哉！曩者诸书，业已传世，今兹之集，思且殚矣，苦尤剧矣。方之前刻，则昔固精而此尤精之精者也，昔固详而此尤详之详者也。所谓发诸名医之所未发，传诸名医之所未传者，端不在是也邪。

夫医非仁爱不可托，非聪明达理不可任，非廉谨淳良不可信，是以古之用医，必选名世之后，知天地神祇之次，明性命吉凶之数，处虚实之分，定逆顺之理，原疾量药，贯微达幽，度节气而候温冷，参脉理而合轻重，必参知而隐括焉，斯善矣。

云林龚子，身儒行之粹美，跻医道之圣功，固回天国手，所借以上培圣天子之元和，而下跻斯民于仁寿之天者也。顷闻鲁藩币聘，起其元妃于九死，彼且介然却其千金。鲁藩益高其谊，复宠以御医院荣衔，赐以鞶带华饰，赐以龙牌匾额，题以“医林状元”，龚子盖亦有荣遇哉！

夫儒林有玉，其独步者命之曰国士，医林亦有玉，其十全者命之曰国手。龚子者，得不称为国手而当国士哉，得不称为国士而实国手哉！以国手汇成国医之集，以故分门别类，靡不俱悉。溯流穷源，靡不究竟。起死回生，靡不效验。将前登岐、黄，后咸刘、李，自俞跗、涪翁而下，卓敻无与俪矣（卓，高超；高远。《汉书·成帝纪》：“使卓然可观。”唐代颜师古注解：“卓然，高远之貌也。”敻，音 xiòng，通“迥”。远，深远。《玉篇》：“敻，深远也。”《广韵·劲韵》：“敻，远也。”《谷梁传·文公十四年》：“长毂五百乘，绵地千里，过宋、郑、滕、薛，敻入千乘之国。”东晋学者、儒学家范宁《春秋谷梁传集解》：“敻，犹远也。”俪，并；同。《淮南子·精神训》：“凤凰不能与之俪，而况斥鷃乎？”《楚辞·九辩·中》：“四时递来而卒岁兮，阴阳不可与俪偕。”其高超深远之义没有能与之相提并论的。意即给予其极为高度评价）。集成以付剞劂氏，公诸宇内，则遵而守之，可以寿一人，亦可以寿千万人。推而广之，可以寿一世，亦可以寿千万世。其所裨益，宁以家计年算哉！

余故善龚子，喜其集成而启后，洵有地也，特为之弁言简端。

赐进士第荣禄大夫、文渊阁大学士、太子太保、户部尚书、

侍经筵新建洪阳　张位撰

《鲁府禁方·鲁王序》：余自袭封以来（明代鲁敬王朱寿镛自从承袭封王以来），恒念民间疾苦（长久、时常思念民间百姓疾苦），每以济人利物为心，施药活民，盖亦久矣。第恨奇方未广（第，连词。但；只。《史记·陈丞相世家》：“陛下第出伪游云梦。”

只恨神奇药方未得以推广），明医希觏（希，稀疏。《论语·先进》："鼓瑟希，铿尔，舍瑟而做。"引申为稀少、罕见。《老子》："天下希及之。"觏，音 gòu，同"遘"。遇见。《诗经·豳风·伐柯》："我觏之子，笾豆有践。"高明的医生稀罕难得遇见），无能俾天下黎民无恙，此心恒歉歉然（恒，《说文解字·忄部》："恒，常也。"副词。常常；经常。《礼记·大学》："为之者疾，用之者舒，则财恒足矣。"歉歉然，歉疚；惭愧；心觉不安），愿为而未逮也，频年以来（唐代诗人杜甫《绝句漫兴》："熟知茅斋绝低小，江上燕子故来频。"连续多年以来），博集奇方，殆今数载，续以成帙，什袭珍藏（什，数量词。同"十"，言其多；袭，数量词，重叠。亦作"十袭"。意把物品层层加以包裹珍藏。典故出自《太平御览·卷五十一》所引《阚子》："宋之愚人得燕石于梧台之东，归而藏之，以为大宝。周客闻而观焉。主人端冕玄服以发宝。华匮十重，缇巾十袭。客见之，卢胡而笑曰：'此燕石也，与瓦甓不异。'主人大怒，藏之愈固。"于是后世人便把刻意珍重收藏某件物品形容为"什袭而藏"），世不多有。癸巳秋（1593 年），缘余妃张氏（鲁敬王朱寿镨的妃子张氏罹患鼓胀病，日渐沉重，遍延诸医罔效。后经曹州医官张省吾推荐，自大梁聘请来龚廷贤，诊治获效），遘鼓胀之恙（遘，遇；遭遇。《楚辞·哀时命》："哀时命之不及古人兮，夫何予之不遘时?"张氏罹患鼓胀之疾），吾以藩医，弗瘥（不能治愈），遂访海内明医，百药千方，曾无寸效，病势垂危，仓皇无措。有荐金溪明医龚子廷贤者，余特致书币（我特意致以书信和钱币），遣官抵大梁。聘至，询其所蕴，真儒医也。究其方脉，悉皆超迈群识（《梁书·武帝纪下》："文质彬彬，超迈今古。"超过一般人的认识。见识非同凡响）。遂投一二剂，辄有奇效。以后药则时时进，而恙则时时愈。历冬迨春，恙已潜瘳矣（经历冬天至春天，疾病已经慢慢地痊愈了。迨，及；等到）。以吾藩医，余妃弗愈；俾海内诸医，余妃亦弗愈；而易龚子医余妃，辄愈之。龚子之医，岂非天下医之魁乎（魁，魁首；第一；头等人物。东汉末期政论家、史学家荀悦撰《汉纪·孝成纪》："赏［尹赏］所留者，皆其魁首"）！余嘉之以衔（我嘉奖给他以官衔），奖之以匾，题曰"医林状元"（素爱医药方技的鲁王，为酬谢龚廷贤医愈了鲁敬王妃张氏鼓胀之疾，特酬以千金，赐"医林状元"匾额，以示敬意，又大力搜集验方秘方，广选精方，"选奇拔萃，删繁就简，分门别类"，编辑、刊刻医方书籍，名《鲁府禁方》）。举国欣羡（全国欣喜羡慕。南朝宋代王景文《自陈求解扬州》："久怀欣羡，未敢干请"），咸谓古之卢、扁，不是过矣。余思穷檐蔀屋（穷簷，泛指贫穷之家幽暗简陋的房屋；蔀屋，用草席苫盖屋顶的房屋，也是泛指贫困人家幽暗简陋的房屋。词语双重叠加，代指贫困老百姓。北宋政治家王安石《寄道光大师》："秋雨漫漫夜复朝，可嗟蔀屋望重霄。"蔀，音 bù，覆盖于棚架之上遮蔽阳光的草席。

《易经·丰》："丰其蔀，日中见斗。"魏晋时期经学家王弼注解："蔀，覆暧，鄣光明之物也"），设遘斯恙，遇有医若龚子者，则病无弗瘳，否则望其生者难矣，今将所治验方，推而广之，以济天下有是恙者。余闻龚子所著《医鉴》《回春》《仙方》《神彀》四书，盛行于世，推其心仁且厚矣。兹今所蓄秘方，并渠素蕴珍奇（渠，本谓人工开凿的水道。《史记·河渠书》："穿二江成都之中，此渠皆可行舟，有余则用溉浸。"素蕴，北宋文学家欧阳修《与吴正献公书》："兹者遽叨误选，实出意外。任责已重而无素蕴，不败何待？见爱深者，但可吊也。"此指人工汇集各种稀少的珍奇医方），厘为四卷（厘正；考订。唐代经学家孔颖达《毛诗正义序》："先君宣父，厘正遗文，缉其精华，褫其繁重"），题曰《鲁府禁方》。是皆百发百中者，悉附诸梓，愿与斯世斯民共焉。盖以施药限于一方，传方布于天下，欲起天下疲癃之民（疲癃，原指患有曲腰驼背之疾的人，泛指年老多病的人，亦指苦难之人，此处全括老弱病重残之状以及多困苦艰难之人。意欲挽救天下之老弱病重民众。《后汉书·殇帝纪》："疲癃羸老，皆上其名。"北宋张载《正蒙·干称》："凡天下疲癃残疾，茕独鳏寡，皆吾兄弟之颠连而无告者也"），咸跻于仁寿之域（咸，都；皆。晋代王羲之《兰亭集序》："群贤毕至，少长咸集。"跻，登；升。《易经·震》："六二，震来厉，亿丧贝，跻于九陵，勿逐，七日得。"《诗经·豳风·七月》："跻彼公堂，称彼兕觥，万寿无疆。"东汉经学家郑玄笺解："跻，升也。"共同、全部都登、升至仁德、长寿之域。意即企望百姓都长寿健康），庶几少慰余之素志云。

时万历 甲午岁（1594年）仲春之吉　鲁　王三畏书于存心殿

《万病回春·自叙》：余弗类龆龄博载籍（龆龄，音 tiáo líng，同"髫龄"。幼年；童年。《宋高僧传·楚南》："释楚南，闽人也，俗姓张氏，爰在龆龄，冥然跪于父母前，诉志出家。"《后汉书·伏湛传》："髫发励志，白首不衰。"古代的小孩子们所留头发下垂，故此借指童年。载籍，书籍。形容人学识广博。《史记·伯夷列传》："夫学者载籍极博，犹考信于六艺。"我不类似于那些幼年就博览群书者），有志效古良相，佐天子调元化，登生民于春台和煦之境。寻以数奇谫劣弗售（寻，旋即；不久。《后汉书·李膺传》："再迁渔阳太守，寻转蜀郡太守。"数奇，音 shù jī。命数不好，遇事多不利。《史记·李将军列传》："大将军青亦阴受上诫，以为李广老，数奇，毋令当单于，恐不得所欲。"三国魏孟康曰："奇，只不耦也。"谫劣，材谫能薄；学识浅薄低劣。自谦词。明代张居正《考满谢恩命疏》："窃念臣，学术迂疏，行能谫劣。"弗售，汉代王充《论衡·状留》："大器晚成，宝货难售也。"材大难以被任用，言其难得志也。全句的意思是说，龚廷贤不久因为命运术数不好，遇事不利，材谫能薄而难以得志被任用），遂卸仕晋，隐于春云林麓之滨（隐居于春云林麓水边）。赖家大人以医学鸣世起家，乃世其传。思弗克为良相，赞庙谟以寿国脉（庙谟，犹同"庙谋""庙算"。《文选·范晔〈后汉书·光武帝纪赞〉》："明明庙谟，赳赳雄断。"李善注解："庙谋，庙算同'算'也。"庙算，兵法战略概念，国家遇战事，必先启禀祖庙，以便决断。此词源于《孙子兵法·计》篇："夫未战而庙算胜者，得算多也；未战而庙算不胜者，得算少也。多算胜，少算不胜，而况于无算乎"）；则为良医，诊民瘼以寿苍生（寿，《说文解字》："寿，久也。"苍生，老百姓；一切生灵。《文选·史岑〈出师颂〉》："苍生更始，朔风变律。"刘良注解："苍生，百姓也。"审视民众的疾苦，以利于百姓长寿）。虽显晦不同（显晦，明暗。《晋书·陶潜传》："君子之行殊途，显晦之谓也"），而此心之春生均之，有补于世道也。顾医之道大矣，医之书博矣。自轩岐出而《内经》作，世之谈医者宗焉。仓、越而下，如刘、张、朱、李，各擅专门，非不称上乘也。第其书浩瀚渊微，未易窥测，且执滞者不能迎刃以中其肯綮，往往投之非症反以重其膏肓。呜呼舛矣！欲其起死还生，使万病之回春，不可得也。可叹哉！丁丑岁（1577年），余惩其弊，集《古今医鉴》《种杏仙方》刊行于世，稍稍传播律生或有取焉。频年以来，经历愈多，施济愈验，凡疾者疗之，沉疴顿起，如草木之逢春，生意欣欣向荣，一得之愚（语出楚汉相争时期李左车的一段话。《史记·淮阴侯列传》："广武君曰：'臣闻智者千虑，必有一失；愚者千虑，必有一得。'"表明自己对某一件事情的浅显看法），天牖其衷（牖，通假字，通"诱"。《礼记·乐记》："天之牖民。"天诱其衷，成语。语出《左传·僖公二十八年》："天祸卫国，君臣不协，以及此忧也。今天诱其衷，使皆降心以相从也"），更有发往昔之所未发者，非敢沾沾以术自衒（沾沾，自矜；自得。《新唐书·黎干传》："自负其辩，沾沾喜议论。"衒，动词。怀藏；埋在心里。不敢以自己的医术而沾沾自喜藏在心里）。而一念与物同春之心（一念，佛教术语。瞬间的念想），实有不容已也。于是从苦心十祀（苦心，刻意用心；辛苦耗散的心思或精力。《文选·古诗十九首·东城高且长》："晨风怀苦心，蟋蟀伤局促"），祖轩、岐，宗仓、越，法刘、张、朱、李及历代名家，茹其英华（茹，茹古涵今；接受、包含古今所有知识。英华，本指草木之美者。《文选·扬雄·长杨赋》："英华沉浮，洋溢八区。"此指历代各位名家关于医论的精华。吸收、采纳其中的精华），参以己意，详审精密，集成此书，名曰《万病回春》，真有以收天下春于肺腑矣。盖春乃造化生育之府，在天为元，在人为仁。天以元生万物，俾物之瘁者回春，而后品汇毓太和（品汇，事物的品种类别。《晋书·孝友传》："分浑元而立体，道贯三灵；资品汇以顺名，功苞万象。"毓，同"育"。太和，人的精气神，平和的心理状态。宋代陆游《蓬户》："白头万事都经遍，莫为悲伤损太和。"之后按事物的品种类别育太和）；君子以仁生万民，俾民之病者回春，而后群生跻寿域。故三皇之世如春，谓民物咸遂其生，此回春之义所由取也。然弗忍自秘，仍付诸梓，俾海内家传而户晓。凡病症之原，脉络之奥，方药之制，以至寒、燥、虚、实、补、泻之得，宜缓、急、标、本、先、后之异治，明白简要，一览无遗。万病得此，可以回生。由是颐养天和，乐享太平之春以永终。

圣天子仁寿天下之化，则举万国尽在春风和气中矣。三皇如春之盛世，不将复见于今日乎？是书之作，未必无万分之一助也。此固区区草茅芹曝之忠耳（区区，自谦词。一心一意。北宋诗人梅尧臣《金陵有美堂》："愿公乐此殊未央，慎勿区区思故乡。"草茅，民间在野未出仕浅陋微贱之平民。《仪礼·士相见礼》："凡自称于君，士大夫则曰下臣，宅者在邦则曰市井之臣，在野则曰草茅之臣。"《新唐书·马周传赞》："周之遇太宗，顾不异哉！由一介草茅言天下事。"芹曝，谦词。微不足道。南宋诗人、诗论家刘克庄《居厚弟和七十四吟再赋·诗之二》："批涂曾举词臣职，芹曝终怀野老心。"这固然是微臣一点微不足道的忠心），敢曰医之良与良相并。

万历乙卯（1615年）夏月 金溪　龚廷贤谨序

《小儿推拿秘旨·自序》：余曰：育养小儿，难事也。读《康诰》"保民如保赤（《尚书·康诰》："若保赤子，惟民其康乂。"《孔传》："爱养人如安孩儿赤子，不失其欲。"后世遂称养育、保护幼儿为"保赤"）"，诚求可知矣。盖因体骨未全，血气未定，藏府薄弱，汤药难施。一有吐泻、惊风、痰喘、咳嗽诸证，误投药饵，为害不浅。唯推拿一法，相传上帝命九天玄女（道教神名，俗称"九天娘娘"，亦称"玄女"。详见《云笈七签·九天玄女传》《黄帝内传》。传说为上古时代的女神，黄帝的师傅，人头鸟身，圣母元君的弟子。黄帝与蚩尤大战于涿鹿，玄女下凡，以六壬、遁甲、兵符、图策、印剑等器物授予黄帝，并且为其制造夔牛鼓八十面，由此战胜蚩尤），按小儿五藏六府经络，贯穿血道。因其寒热温凉，用夫推拿补泄。一有疾病，即可医治。手到病除，效验立见。洵（实在；诚然。《诗经·郑风·有女同车》："彼美孟姜，洵美且都"）保赤之良法也。但此专用医者之精神力量，不若煎剂丸散，三指拈撮（用三个手指搓捺使其成型曰拈，取物曰撮。近代思想家、学者章炳麟《新方言·释言》："引绵作线，揉纸使紧曰拈"），便易从事，故习学者少而真传罕见矣。予得此良法秘书已久，历试都验，不忍私藏，意欲公世，而因手著，最为详晰，分为上、下二卷。养育之家，开卷了然，随用之效。育婴妙法，尽载斯编矣。

康熙辛未年（1691年）重刻 绣谷　龚云林书于保仁堂

《小儿推拿秘旨·王序》：余专心慈幼，几二十余年。每患药饵为小儿之所苦，思得是术以佐理之。然博采群书，俱繁冗沓杂，茫不知所从事。今幸逢洪都舒时卿手授兹集，在龚云林先生当日，已经三刻，其书大行，慨自我清定鼎（比喻得天下，奠定帝业，定国都。《左传·宣公三年》：“成王定鼎郏鄏，卜世三十，卜年七百，天所命也。”相传夏禹收九州之金，铸为九鼎，以其为传授帝业的宝器、传国的重器，而王都所在，即鼎之所在，故此，后人称定都、建都都为“定鼎”），兵燹（音 xiǎn，火。多用为兵火。明代诗人高启《次韵杨孟载早春见寄》：“久闻离乱今始见，烟火高低变烽燹。”烽燹，即烽火、烽燧。古代边防遇敌入侵时，紧急报警的两种烽火信号。《后汉书·光武帝纪下》：“修烽燧。”唐代李贤注解：“前书音义曰：边防备警急，作高土台，台上作桔皋，桔皋头有兜零，以薪草置其中，常低之，有寇即燃火，举之以相告，曰烽。又多积薪，寇至即燔之，望其烟，曰燧。昼则燔燧，夜乃举烽。”桔皋，可以牵引上下活动的木制机具；兜零，笼子。引申为边警）屡经之余，是集慨不见传，书版久废。余与舒时老暨张友开翁，因旧本次序紊淆，三面订定，重刻行世，亦以志周先生之功亏不朽，而见舒氏之世传为非虚云。

皇清 康熙五十年（1711 年）辛卯秋 鹅湖　王大卿题

高濂（生卒年无考，一说约 1522—1590），明代文学家、戏曲作家、著名养生学家、医药学家。著有养生专著《遵生八笺》一书，《明史》无传。

高濂字深甫，号瑞南道人，浙江钱塘（今属浙江省杭州市）人。约生于嘉靖初年，而创作活动主要在万历前期年间，据人生七十年计算，卒年应约在 1590 年左右。曾在京（今杭州市）任鸿胪寺官员（官署名，职能主要为掌管朝祭礼仪之赞导事务。北齐时始置，历代沿置。南宋、金、元皆不置，至明、清时始复置，清末废。主官为鸿胪寺卿。高濂应为其中具体办事人员），后隐居杭州西湖。

据考，高濂家境富裕，喜好藏书，丰富的藏书为他广览博学奠定了良好基础，创造了有力的学习条件，使他在文学、修养、养生、医药各个领域都取得了巨大成就。

因其对养生修身，琴棋书画，诗词歌赋，文物鉴赏等领域无所不通，又兼通医理，擅养生，因此，在养生学方面为后世留下了集历代养生大成的养生专著《遵生八笺》十九卷，分八目。此书就是有关尊生、养生问题的八卷文字，以“求真，求信”态度从古代经典书籍、医典、名人言论中有选择地广引博收，再结合自己的亲身体验，从而总结出切实有效的方法，辑录成册；又博采佛学中的精妙论语，用来规范尊生清修的要领，备集四时颐养知识用来规范四季调养摄生的方法，强调尊重生命就是尊敬天地父母生我、育我的自然规律，这可不是简单的自我尊重问题，这可是尊重天地之大道的事情。不知道尊重生命，就是轻视生命，而轻视生命的人，则是天地、父母的罪人，生出来又有什么用呢？简言之，不知生所当尊就是轻生，轻生者，则是天地父母罪人乎！

他还告知人们：天地生育万物，困窘、通达、长寿、夭折都出于无心，只要使万物都按照其禀赋得到应得的，就是顺应自然。所以，君子看待命运中的富贵贫贱都是顺其自然，随遇而安，不管困窘，不问穷通富贵，只求贵在自得，所重知足，知足常乐，以生自尊，这样就能尊重生命，珍爱自身。人们只要做到调摄有序，身体健康，无病可除，心境明朗，虚无旷达，看清世间奥秘，人与自然无障碍，身体与世界两相遗忘，就会像山冈丘陵长寿不朽，逍遥于物象之外，游息于红尘世间，成为出尘的罗汉、住世的真仙。

《遵生八笺》全书所载内容极其广泛，医药卫生、汇集单方、气功导引、饮食起居、山川游弋、花鸟鱼虫，详论古器、琴棋书画、笔墨纸砚、文物鉴赏，无不涉及，皆可供闲适消遣之用。论述了身心调养、性情陶冶、生活调摄、卫生保健、疾病防治、气功修炼、艺术欣赏等诸多却病延年、养生防病的知识和方法，皆可供闲适消遣之用，其中虽难免有些伪误，然抄撮既富，亦颇有助于检阅、参考、采用者。此书还记载了历代隐逸者一百人的事迹。

其八笺分别是《清修妙论笺》，属养生总论，述养生警句格言；《四时调摄笺》，继承、发扬《黄帝内经》等古医籍经典，遵循天人相应观点和五行理论，详论按四时修养之诀；《起居安乐笺》，论述日常生活起居养生要义、方法，要保持闲适心态，营造舒适惬意生活环境，随遇而安、乐天知命便可资颐养天年；《延年却病笺》叙养生却病法，强调节制七情六欲、饮食劳倦之重要性；导引、练气可使气血流通，百脉宣畅，既可却病亦可延年；《饮馔服食笺》，除列饮食名目外，附以服饵诸物，日常膳食应该注意的事情；《燕闲清赏笺》，谈奔波劳碌、耗心费神之余应该借助鉴赏清玩之事，清心乐志有助养生，并附以种花果诸法；《灵秘丹药笺》，集亲手搜集、整理经验奇方秘药，更显珍贵；《尘外遐举笺》，取材史书隐逸传，收录上古至唐著名隐士一百名传记，凸显这些高隐放浪形骸山水间，不事王侯，心无所营，神清气明、身闲逸志，方是养生最高境界。

高濂在文学方面成绩颇丰，工诗文、作戏曲，着有传世诗集《雅尚斋诗草》《芳芷楼诗》等，戏曲则有《玉簪记》《节孝记》等，皆为后世传唱经久不衰的本子。作者自喻：湖上桃花渔、高濂、深甫、瑞南道人。

《遵生八笺·自序》：自天地有生之始，以至我生，其机灵自我而不灭。吾人演生生之机，俾继我后，亦灵自我而长存。是运天地不息之神灵，造化无疆之窍，二人生我之功，吾人自任之重，义亦大矣。故尊生者，尊天地。父母生我自古，后世继我自今，匪徒自尊（匪，副词。假借为“非”，表示否定。非徒，不仅。此“非徒”非彼强抢伤生害人之“匪徒”。语出《孟子·公孙丑上》：“以为无益而舍之者，不耘苗者也；助之长者，揠苗者也，非徒无益，而又害之”），直尊此道耳。不知生所当尊，是轻生矣。轻生者，是天地父母罪人乎，何以生为哉！然天地生物，钧穷通寿夭于无心（钧，通“均”。清代文字学家朱骏声著《说文通训定声·坤部》：“钧，假借为均”），俾万物各得其禀。君子俟命，听富贵贫贱于赋畀（赋，授；给予。《汉书·哀帝纪》：“田非冢茔，皆以赋贫民。”特指生成的资质。畀，音 bì。赐予；赐与。《尔雅·释诂》：“畀，赐也。”《尚书·洪范》：“不畀洪范九畴。”西汉经学家、儒学大家孔安国解：“畀，与也。”赋畀，给予。特指天赋的权利。近代教育家严复《论世变之亟》：“唯天生民，各具赋畀，得自由者乃为全受。”此谓君子安天授命之意），顺所适以安其生。彼生于富贵者，宜享荣茂之尊矣，而贫贱者，可忘闲寂之尊哉？故余《八笺》之作，无问穷通，贵在自得，所重知足，以生自尊。博采三明妙论（三明，佛教名词。明识过去、现在、未来。佛教著作《智度》篇：“宿命、天眼、漏尽，名为三明”），律尊生之清修；备集四时怡养，规尊生之调摄；起居宜慎，节以安乐之条；却病有方，道以延年之术；虞燕闲之溺邪僻（虞，待望；候望。《左传·桓公十一年》：“且日虞四邑之至也。”燕，通“宴”。安闲；休息；闲暇；公余之时。《诗经·小雅·蓼萧》：“既见君子，孔燕岂弟。”东汉经学家郑玄注解：“燕，安也。”邪僻，乖谬不正。《管子·正世》：“夫民贪行躁，而诛罚轻，罪过不发，则是长淫乱而便邪僻也。”待公余之时沉溺于乖谬不正），叙清赏，端其身心；防饮馔之困膏腴，修服食，苦其口腹；永年以丹药为宝，得灵秘者乃神，故集奇方于二藏（明代著名学者、一代学术巨匠胡应麟《少室山房笔丛·九流绪论中》:“《隋志》仿《汉书》,道家列于九流,而神仙符录列于二藏,其名悉不著录”);隐德以尘外为尊,惟遐举者称最,乃录师表于百人。八者出入玄筌(玄,玄妙;微妙;奥妙;深奥。特指道家的道。《老子》:“玄之又玄,众妙之门。”此处之“玄”则特指深沉静默的遵生之道。筌,用竹子编制捕鱼用的鱼笱,大口窄颈,肚子大且长无底的竹笼,颈部内中还装有细竹的倒刺,鱼能入而不能出。亦有说是钓鱼使用的各种器具的统称。唐代诗人、文学家陆龟蒙《渔具诗序》:“缗而竿者总谓之筌。”《庄子·外物》篇:“荃者所以在鱼,得鱼而忘荃;蹄者所以在兔,得兔而忘蹄。言者所以在意,得意而忘言。”荃,即筌,捕鱼的竹器;蹄,捕兔器。后世遂以“筌蹄”比喻达到目的的手段。玄筌,修道的工具,亦谓为达到某种目的而采取的措施、手段或工具。而此处则指以《清修妙论》等八笺为论述遵生之道的工具,犹如以筌捕鱼之意),探索隐秘,且每事证古,似非妄作。大都始则规以嘉言(善言;具教育意义的好言语。《尚书·伊训》:“圣谟洋洋,嘉言孔彰。”西汉经学家孔安国传:“洋洋,美。善言甚明,可法”),继则享以安逸,终则成以善行。吾人明哲保身,息心养性之道,孰过于此?谓非住世安生要径哉?是诚出世长生之渐门也(渐门,亦作“五渐门”“五渐之门”,道家修炼得道的五种方法和境界。分别是斋戒信解、安处闲解、存想慧解、坐忘定解、神解。书中的《清修妙论笺·上卷》引《天隐子》曰:“洁身虚心,深居静室,收心复性,遗形忘我,万法通灵,是为五渐之门”)。果能心悟躬行,始终一念,深造道妙,得意忘言,俾妙论合得,调摄合序,所居常安,无病可却。谢清赏玩好,俾视空幻花;辟饮馔腥膻(辟,摈除;屏除;排除。《集韵·陌韵》:“辟,除也。”《荀子·解蔽》:“是以辟耳目之欲,而远蚊虻之声,闲居静思则通。”食素之意),而味餐法喜(佛教术语,修行参悟佛法而从中得到的喜悦或曰乐趣。《法华经·宝塔品》:“闻塔中所出言声,皆得法喜。”又指“法喜食”,即只要闻得佛法,即欢喜,因为可以增长善根,资益慧命,就如同人间膳食,故而得名。《法华经·五百弟子授记品》:“其国众生常以二食,一者法喜食,二者禅悦食”)。丹药怀以济人,遐举逸吾高尚。向之借窥尊生门户者,至则登其径奥矣。到此则心朗太虚(古代哲学术语。《庄子·知北游》:“是以不过乎昆仑,不游乎太虚。”唐代成玄英作《庄子注》疏解:“深玄之理。”北宋张载著《正蒙·太和》提出“太虚即气”的学说:“太虚不能无气,气不能不聚而为万物,万物不能不散而为太虚。”由此可知“太虚”“气”“万物”则是同一物质实体的不同状态),眼空天界,物吾无碍,身世两忘。坐致冈陵永年(冈陵,丘陵。连绵起伏的山冈、丘陵。《诗经·小雅·天保》:“如山如阜,如冈如陵。”永年,长寿;延年。犹如山冈、山陵一样长久永存),鲐庞住相(鲐,①一说是鯸鲐鱼,亦即河豚鱼,《正字通·鱼部》:“鲐,河豚别名。”唐代李善在为《文选·左思〈吴都赋〉》:“王鲔鯸鲐,䲗龟鳣𩸷。”作注时引刘逵曰:“鯸鲐鱼,状如蝌蚪，大者尺余，腹下白，背上青黑，有黄文，性有毒。”②一说是青花鱼，亦即鲭鱼，背青腹白，体侧上部有深蓝色波状条纹。此二种鱼均有斑纹。③老年人的代称。《释名·释长幼》：“九十曰鲐背，寿也。”《尔雅·释诂上》：“鲐背、耇、老、寿也。”清代训诂学家郝懿行著《尔雅义疏》解：“鲐鱼背有墨文，老人背亦发斑似此鱼。”《方言·卷一》：“鲐，老也。秦、晋之郊，陈、兖之会曰耇鲐。”晋代训诂学家郭璞注解：“言背皮如鲐鱼。”耇，gǒu，老；寿。《诗经·小雅·南山有台》：“乐只君子，遐不黄耇。”《毛》传：“黄，黄发也；耇，老。”古人有“鲐背”一词，是说老人背上生斑犹如鲐鱼背，亦因此以称长寿老人。庞，面庞；面容；脸蛋。元代著名杂剧作家王实甫《西厢记·第二本·第二折》：“衣冠济楚庞貌俊。”据此，则“鲐庞”即指老人面部生有如鲐纹的斑纹，俗称“寿斑”“老人斑”。住，通“驻”。驻扎；停留；停止。《三国志·蜀志·诸葛亮传》：“前锋破，退还，住绵竹。”唐代诗人李白《早发白帝城》诗：“两岸猿声啼不住，轻舟已过万重山。”相，相貌；状貌；形象。《荀子·非相》：“形相虽恶而心术善，无害为君子也。”住相，意即驻颜，使容颜永不衰老。鲐庞住相，寿斑驻颜，意谓长寿。实际上就是高寿老人脸上出现的老人斑）。**逍遥象外**（逍遥，道家哲学术语。悠游自得；不受拘束；安闲自在。《文选·司马相如》：“夫何一佳人兮，步逍遥以自虞。”刘良注解：“逍遥，行貌。”象外，物象之外；尘世之外。《文选·孙兴公〈游天台山赋〉》：“散以象外之说，畅以无生之篇。”李善注：“象外，谓道也。”既已逍遥乎象外，则自然得似大道了。孙兴公，《晋书》有传。即孙绰，314—371，字兴公，极具文才的东晋人），**游戏人间，所谓出尘罗汉，住世真仙，是即《八笺》他日证果。谚云：得鱼忘筌。文字其土苴哉**（苴，音 chá。浮草；枯草。《楚辞·九章·悲回风》：“草苴比而不芳。”东汉著名文学家王逸著《楚辞章句》注解：“生曰草，枯曰苴。”土苴，泥土和枯草，犹言“土芥”，比喻轻贱的东西。《孟子·离娄下》：“君之视臣如土芥，则臣视君如寇仇。”清代学者、哲学家焦循著《孟子正义》：“土芥谓视之如土如草，不甚爱惜也。”《庄子·让王》：“王道之真以治身，其余绪以为国家，其土苴以治天下。”西晋玄学家郭象著《庄子注》解：“土苴，如粪草也。”此谓文字如土苴，无足轻重、极微极贱之物）？**笺帙当为覆瓿矣**（瓿，音 bù。古时用青铜或陶制盛水或酒的小瓮。喻高濂所撰著《遵生八笺》这部笺帙毫无价值或不被人们所看重，没人重视它，只能用以去覆盖小瓮。亦有自谦之意。语出《汉书·扬雄传下》：“钜鹿侯芭常从雄居，受其《太玄》《法言》焉；刘歆亦尝观之，谓雄曰：‘空自苦！今学者有禄利，然尚不能明《易》，又如《玄》何？吾恐后人用覆酱瓿也。’雄笑而不应”）。**故知尊生之妙者，毋于此过求，亦毋以此为卑近也，乃可与谈道。**

湖上桃花渔　高濂深甫瑞南道人撰

《遵生八笺·序》：……虎林高深父（古山名，即武林山，今浙江省杭州市西灵隐、天竺诸山的别称），**博学宏通，鉴裁玄朗**（鉴裁，鉴别人物。唐代刘知几《史通·浮词》：“斯皆鉴材非远，智识不周。”玄朗，高明；旷达。《晋书·桓温传》：“陛下禀干坤自然之姿，挺羲皇玄朗之德。”此皆赞誉高濂之词）。少婴羸疾（婴，动词，罹患消瘦羸弱疾病。年少多疾病缠身），有忧生之嗟，交游湖海，咨访道术，多综《霞编》《云笈》（《霞编》《云笈》皆道教经典书籍。云笈，乃北宋学者张君房撰著的道教著作《云笈七签》的简称。大多综合《霞编》《云笈》这些道教经典书籍），秘典禁方。家世藏书，资其淹博，虽中郎至赏，束皙通微（束皙，西晋学者、文学家，263—302，详见《晋书·束皙传》。精通古文字，能够辨析“汲冢书”的文义。汲郡人不准盗发魏襄王墓，得竹书数十车，皆科斗字，称为“汲冢古文”，也叫“科斗篆”“科斗书”），殆无以过。乃念幻泡之无常，伤蜉蝣之短晷（蜉蝣，音 fú yóu。一种生存期极短的小昆虫。成虫寿命不长，短的数小时或一二日，长的约一周，一般均朝生暮死。晷，音 guǐ，日影。引申为时光短促），悟摄生之有道，知人命之可长，剖晰玄机，提拈要诀（提拈，音 dǐ niān。提，掷击；投抛。《战国策·燕策三》：“是时侍医夏无且，以其所奉药囊提轲。”拈，拿提之意。亦有用二三个手指夹捏取物之说。泛指夹、取、提、拿。《释名·释姿容》：“拈，粘也，两指翕之，粘着不放也。”唐代杜甫《韦偃画马歌》：“戏拈秃笔扫骅骝。”提取关键的、重要的诀窍），著为《遵生八笺》。恬寂清虚，道乃来舍，故有清修妙论；阴阳寒暑，妙在节宣，故有四时调摄；养形以无劳为本，故有起居安乐；学道以治病为先，故有延年却病；消烦去闷，丹境怡愉，故有燕闲清赏；戒杀除擅，脏腑澄澈，故有饮馔服食；补髓还精，非服药不效，故有灵秘丹药；调神去壳，非脱尘不超，故有尘外遐举。继之修身炼性，养气怡神，以了道还元，长生度世，洵人外之奇书（洵，副词。诚然；实在；确实。《诗经·郑风·有女同车》：“彼美孟姜，洵美且都。”实在是人外之奇书），玄中之宝篆也。或谓大道以虚无为宗，有身以染者为累，今观高子所叙，居室运用，游具晶物（供以游戏玩耍娱乐的晶莹结晶物质。《庄子·秋水》：“庄子与惠子游于濠梁之上”），宝玩古器，书画香草花木之类，颇极烦冗。研而讨之，驰扰神思；聚而蓄之，障阂身心，其于本来虚空，了无一法之旨（了无，副词。完全；全然没有），亦甚戾矣，何遵生之为？余曰不然，人心之体，本来虚空，奈何物态纷拿（纷拿，纷乱错杂；相互扭扯。东汉末年著名文学家王粲《闲邪赋》：“情纷拿以交横，意惨凄而增悲”），汩没已久（汩没，音 gǔ mò。湮灭；埋没。晚唐代罗隐《大梁见乔诩》：“迹卑甘汩没，名散称逍遥”），一旦欲扫而空之，无所栖泊。及至驰骤漂荡而不知止，一切药物补元，器玩娱志，心有所寄，庶不外驰。亦清静之本也。及至豁然县解（县，音 xiàn。县解，高超深入的理解。《新唐书·尹知章传》：“于《易》《老》《庄》书尤县解”），跃然超脱（跃然，即欣然。形容非常自然地、愉快地超凡脱俗），生平寄寓之物，并划一空（一空，佛学用语，一切皆空），名为舍筏（本是佛教术语，语出《金刚经·正信希有分》："知我说法，如筏喻者。法尚应舍，何况非法。"本谓佛法如筏，既然已渡彼岸，法便已无用，不可以再执着。唐代诗人钱起《归义寺题震上人壁》诗："不作解缨客，宁知舍筏喻。"后世人由此多以此比喻人们欲学好古诗文，一定要首先摆脱方法上的束缚和约束，方能有所创造和别开生面。清初诗人、学者、文学家王士祯著《香祖笔记·卷八》："舍筏登岸，禅家以为悟境，诗家以为化境，诗禅一致，等无差别"），名为甩手（双手向前后摇摆晃动谓之甩手，常指将事情或他人扔下不管不顾。佛教有甩手疗法用以治病之说，源自《达摩易筋经》。对于许多疑难杂病有很好的疗效，简便易学，亦是我国传统文化精华之一），嗟乎！此惟知道者可与语此耳。抱朴子、陶都水得道之人（陶弘景因其曾任蓬莱都水监而世称陶都水。详见明代史学家、文学家王士贞辑《列仙全传》），咸究心古今名物，阴阳术数，医卜方药，一事不知，以为深耻，不闻障心而累道，何疑于深甫乎！

昔蔡邕秘王充《论衡》以为至宝，今观《论衡》，间有名言，未关至理，颇事搜猎（搜猎，搜求；猎取。明代著名思想家、哲学家、文学家王守仁《答顾东桥书》："世之儒者，慨然悲伤，搜猎先圣王之典章法制，而掇拾修补于煨烬之余"），终属冗猥（冗猥，此指卑微低贱的杂吏。《晋书·虞预传》："旁料冗猥，或有可者，厚加宠待，足令忘身"）。令中郎得见深甫《八笺》，当何以云。余恐宝《论衡》者，虽得《八笺》，未必知宝也。

万历 辛卯孟夏之吉（1591 年）

弢光居士　屠隆纬真父撰　瑞南道人　高濂深甫隶古

《遵生八笺·序》：不佞束发（自谦语，犹不才，没有才能。《左传·成公十三年》："寡人不佞，其不能以诸侯退矣。"《国策·赵策二》："不佞寝疾，不能趋走。"此处则是自称的谦词。古时男孩成童后须束发为髻，以示成童的代称。《大戴礼记·保傅》："束发而就大学，学大艺焉，履大节焉。"男孩成童有二说。一是八岁，一是十五岁。《谷梁传·昭公十九年》："羁贯成童，不就师傅，父之罪也。"东晋经学家范宁撰《春秋谷梁传集解》注解："成童，八岁以上。"《礼记·内则》："成童，舞象，学射御。"东汉经学家郑玄注解："成童，十五以上。"《后汉书·李固传》："固弟子汝南郭亮，年始成童，游学洛阳。"唐代章怀太子李贤召集儒林界人物注释《后汉书》注解："成童，年十五也。"此处并不是说李时英先生刚刚成童，而是缘于古人留发，视发肤乃父母所赐，不可自行随意处置，无论男女都要留发，盘束成髻，有此说），探壁中科斗（此指科斗文体的藏书，亦即古文经籍，也叫"科斗书""科斗篆"，古代书体的一种，因头粗尾细形似蝌蚪而得名），旌阳师八诫，神魂寄之。辛未（1571 年，明穆宗隆庆五年），叨一第（叨，音 tāo，古汉语中对受人恩惠表示感谢的谦词。唐代张说《恩赐丽正殿书院赐宴应制得林字》："位窃和羹重，恩叨醉酒深。"恩赐考中进士)，**官钦州**(州名，即今广西区钦州市。598年，隋开皇十八年，改安州为钦州。治所在钦江，即今钦州东北)，**去家万里而遥。岛夷猖狂**(岛夷，古族名，《尚书·禹贡》："大陆即作，岛夷皮服。"先秦时期分布在东部沿海及海域中岛屿上的居民)，**岁坐烽火中，调兵食，即往来勾漏**(即勾漏山，位于广西区北流市东北。因其山峰耸立如林，溶洞勾曲穿漏而得名。道家所传三十六小洞天的第二十二洞天，实乃旅游胜地)，**悠然会心，而有生之乐无几矣。已而官爽鸠氏**(亦作"鷞鸠"，鹰类的一种名称。《左传·昭公十七年》："爽鸠氏，司寇也。"按少皞氏帝挚的司寇。用鸟作官名，爽鸠氏实乃借指掌管刑狱之官)，**载书乞南宫**(南宫，皇室及王侯子弟的学官。《史记·儒林列传》："申公以弟子从师入见高祖于鲁南宫。"又有尚书省的别称之说)，**冰厅无事**(隋、唐礼部有祠部曹，负责掌管祠祀事务，人称冰厅。喻其冷落清闲无所事事。唐代学者赵璘著《因话录·征》："祠部呼为冰厅，言其清且冷也")，**闭影息交，日取二藏书服习之**(服，练习；熟悉。《广韵·屋韵》："服，习也。"《韩非子·显学》："藏书策，习谈论，聚徒役，服文学而议说，世主必从而礼之")，**其于遵生旨稍稍窥一斑。庚辰春三月**(1580年，明神宗万历八年)，**梦陶贞白**(即陶弘景，因其卒后谥曰"贞白先生"，故后人亦称其为陶贞白)，**坐语良久，即上书，不待报，归武林**(见前序虎林注解)。**斯时也，五柳依依，与张绪争少年矣**(《南齐书·卷三十三·列传第十四·张绪》有传，字思曼，吴郡吴人。善清谈，忘荣禄，不言利，有财则散，一代名臣。长于《周易》，言精理奥，素望甚重，宋明帝、齐世祖皆甚器重之。史臣评其曰：凝矜素气，自然标格，搢绅端委，朝宗民望)。**壬午春**(1582年，明神宗万历十年)，**坐圜中百日**(圜，通"环"。语出《庄子·齐物论》："彼是莫得其偶，谓之道枢。枢始得其环中，以应无穷。"环，体圆而中空，立于环中，可以周转贯通。由此比喻如西晋玄学家郭象所注解："无是无非，故能应夫是非，是非无穷，故应亦无穷"之意，后世因此借喻空灵超脱的境界。晚唐诗人、诗论家司空图《诗品·雄浑》："超以象外，得其环中")，**大悟遵生口诀，以省中风尘起，未竟此缘，至今殊怏怏也**(殊，副词。表示程度，相当于"很""甚""极"。《战国策·赵策四》："老臣今者，殊不欲食。"《史记·廉颇蔺相如列传》："恐惧殊甚。"怏怏，因不满、不服气而郁郁不乐或郁闷不快的神情。《史记·绛侯周勃世家》："景帝以目送之，曰：此怏怏者非少主臣也!"《后汉书·彭宠传》："愈怏怏不得志")。**年来上武夷，过雁荡，求出尘如管涔童子、灵威丈人者，冀旦莫遇之，而龙沙八百尚在渺茫间**(龙沙，泛指塞外沙漠之地。《后汉书·班超传赞》："定远慷慨，专攻西遐，坦步葱、雪，咫尺龙沙。"唐代李贤注解："葱岭、雪山、白龙堆沙漠也。"渺茫，时地远隔，模糊不清楚的样子。唐代白居易《长恨歌》："一别音容两渺茫"）。

庚寅秋杪（1590年，明神宗万历十八年。杪，音miǎo，本谓树木的末梢。《礼记·王制·第五》："冢宰制国用，必于岁之杪。"后世遂引申为年、月、季节的末尾，指1590年的秋末），自白岳归，有天际真人之想，适瑞南高子诣余曰：子虚往而实归矣。吾所集《遵生八笺》，皆生平所得实际语，子为我弹射之。余挑灯夜读，如入五都之市（古代的五个大都会城市，泛指繁盛的都市。《文选·宋玉〈登徒子好色赋〉》："臣少曾远游，周览九土，足历五都。"李善注解："五都。五方之都"），毕陈众宝（毕陈，全部陈列），如脺盘示儿，种种咸在，洛阳纸贵自今始矣。余谢玄晏，乌能为子重，余癖嗜《抱朴子》，勤力著十万言，今千载又获睹遵生大编，且得尝禁脔焉（脔，音luán。典故出自《晋书·谢安传附·谢浑传》。东晋元帝司马睿即位之前，镇守建业。届时经济落后、物资贫乏、食物短缺、财用不足，即便达官贵人也很难吃到肉食，因此每得一猪，便视为珍馐。猪脖子上的肉味美，部下不敢自食，而献以帝为食，称为"禁脔"。后世人便以此语比喻不许别人染指、分享的独占物，以示珍贵）。其一曰《清修妙论笺》，出入乎二氏，而耀宝珠以照浊世者也。其二曰《四时调摄笺》，贯彻乎阴阳，而运杀机以全生机者也。其三曰《起居安乐笺》，蘧庐乎天地，而借幻境以养真诠者也。其四曰《延年却病笺》，橐钥乎三宝（橐，音tuó，袋子。橐钥，亦常写作"橐籥"。古代冶炼鼓风用的器具。《老子》："天地之间，其犹橐籥乎，虚而不屈，动而愈出。"清代史学家、文学家魏源著《老子本义》解："外橐内籥，机而鼓之，致风之器也。"橐，是鼓风器，即鞴囊；籥，是送风的管子。三宝，被人们认为最可宝贵的三种事物。①《老子》："我有三宝，持而宝之；一曰慈，二曰俭，三曰不敢为天下先。"②《孟子·尽心下》："诸侯之宝三：土地，人民，政事。"③佛教名词。佛教称佛、法、僧为"三宝"。佛，泛指一切佛或指佛祖释迦牟尼。法，佛教教义。僧，信众。而高濂所说延年却病的"三宝"则是耳、目、口。耳乃精窍，目乃神窍，口乃气窍。详见《延年却病笺·上卷·三宝归身要诀》），以寿天命者也。其五曰《饮馔服食笺》，化工乎群品，以完天倪者也（天倪，自然的分际；自然之道；事物本来的差别。《庄子·齐物论》："何谓和之以天倪。"西晋哲学家郭象注解："天倪者，自然之分也"）。其六曰《燕闲清赏笺》，遨游乎百物，以葆天和者也。其七曰《灵秘丹药笺》，借轩岐之梯航，以渡无量众生乎？其八曰《尘外遐举笺》，树箕颍之风声（隐居意。《高士传》载著名隐士许由住在"颍水之阳，箕山之下"。箕颍，指箕山和颍水。相传唐代尧时期，尧要把君位让给许由，他听说后，便逃至箕山之下，农耕而食；尧又请他做九州长官，他便到颍水河边洗耳，以示不愿听这些让他做官的话），以昭儒家功令乎？瑞南子良苦心矣。

余筮仕天涯，即五岭八桂（湘、赣、粤、桂等省边境有越城、都庞、萌渚、骑田、大庾五岭，总称“五岭”，八桂则是广西区的代称），尽入奚囊（典故出自《新唐书·李贺传》：“贺每旦日出，骑弱马，从小奚奴，背古锦囊，遇所得，书投囊中。”后世因此称诗囊为“奚囊”。元代文学家、诗人柳贯《夜行溪谷间梅花迎路》诗：“正为先生行役苦，故留皴玉荐奚囊”），归来无岁不出游，名山洞府，足迹殆遍，未得窥二酉以印证了了于胸中者，幸而得《八笺》咀嚼之，洋洋洒洒，然遵生之旨大备矣。试展《清修妙论》，所以羽翼许师八诫者（羽翼，辅佐；辅佐的人。《吕氏春秋·举难》：“然而名号显荣者，三士羽翼之也。”东汉高诱注解：“羽翼，佐之。”《三国志·魏志·曹植传》：“植既以才见异，而丁仪、丁廙、杨修等为之羽翼。”许师八诫，详见《清修妙论笺》），功岂浅浅乎哉！他可知矣。余不敏，敢终身诵之，且乞寿之梓，以公天下只眼者（只眼，独特的见解。南宋陆游《书志》：“读书虽复具只眼，贮酒其如无别肠”）。高子曰：唯唯（应诺声。《国策·秦测三》：秦王跪而请曰：“先生何以幸教寡人?”范雎曰：“唯唯。”引申为谦卑的应答，亦有奉命唯谨之意）。

万历 辛卯 岁仲夏之辛卯日（1591 年，农历五月二十八日）

贞阳道人仁和　李时英撰　后学　柴应南促美甫书

孙一奎（1522—1619），明代医家，著《医旨绪余》《一奎医案》《赤水玄珠》《痘疹心印》，命门学说倡导医家。

孙一奎，字文垣。号东宿，别号生生子，安徽省休宁县人。

孙文垣是倡导命门学说的医家之一，他总结命门的功用：“命门乃两肾中间之动气，非水非火，乃造化之枢纽，阴阳之根蒂，即先天之太极，五行由此而生，藏府以继而成”。

他灵活运用《易经》“易有太极，是生两仪，两仪生四象，四象生八卦”之说，阐明自己的基本观点：人体呼吸的原动力在于两肾间的动气，也就是先天之气。这来源于先天的原气，乃由父母之精相合，在胎儿孕育期间即已存在，这原气就是人体生命活动的原动力，就是“生生不息之机”，就是人身太极的本体。命门为两肾间动气，三焦为原气之别使；动气为生生不息之根本，相火有助生生不息之功。所撰《赤水玄珠》，阐发医理，论病理则发明处甚多，如辨三焦命门，亦多阐发深奥义理，甚有裨后学。他的学术理论以及实践经验对于祖国传统医学的贡献不可小觑，无论是临床，还是养生保健祛病延年，对后学之辈颇具有研究探讨之价值。

在其三十多年的勤奋刻苦博采研修过程中，视野愈加宽广，经验愈益丰富，医术造诣非常，救死扶伤、决断生死多能应验，临证处方常愈顽疾，医名渐趋响亮，求之诊者愈众，名士显宦争与交接，名医就这样产生了。诊余，勤奋著述，先后著有三十卷本的《赤水玄珠》，二卷本的《医旨绪余》，五卷本的《孙文垣医案》，此后合称《赤水玄珠全集》，为后世医学留下宝贵的文献资料和丰富的医学财富。

唯独在其论《本草》药物之时，确有过于拘泥古人夸奖之处，是其缺陷之处。如其载制红铅之法，为白圭之玷。

他不晓《本草》所称延年之药，诸如蒲黄、石龙刍、云母、空青、五石脂、菖蒲、泽泻、冬葵子等味，未必皆可以久服之理。《本草》又称水银可久服，神仙不死，而服之者，鲜有不受其害者，是其岂可过于泥其辞乎？

他又十分推重石钟乳，据以《本草》记有久服延年益寿之说，并因此讥刺朱丹溪不可过服之言为非。缪仲淳之言甚善，自唐迄今，因服石乳而发病者，不可胜数，服之而获效者，至今十无二三。《本经》曰："石药之性悍。"此真良言也。遵生之士，无惑方士有长年益寿之说，而擅服之，自取其咎也。大抵服食之品，宜取中和，方可避免偏胜之害。

缪希雍（1546—1627），明代著名医药学家，著有《本草经疏》。

"缪希雍《本草经疏》二十卷、《方药宜忌考》十二卷。"（清张廷玉等撰，《明史·卷九十八·志第七十四·艺文三》）

"又吴县张颐、祁门汪机、杞县李可大、常熟缪希雍皆精通医术，治病多奇中。而希雍常谓《本草》出于神农，朱氏譬之《五经》，其后又复增补《别录》，譬之注疏，惜朱墨错互。乃沉研剖析，以《本经》为经，《别录》为纬，著《本草单方》一书，行于世。"（清张廷玉等撰，《明史·卷二百九十九·列传第一百八十七·方伎·缪希雍》）

缪希雍，字仲醇，常熟人，精医术，医经方书，靡不讨论，尤精本草之学。谓古《三坟》之书，未经秦火者独此而已。《神农本经》朱字，譬之六经也。名医增删《别录》，朱墨错互，譬之注疏也。《本经》以经之，《别录》以纬之，作《本草经疏》《本草单方》等书，抉摘岐、轩未发之秘。为人电目戟髯，如遇羽人剑客，好谈古今事成败，诚奇士也。(《苏州府志》)

缪希雍，字仲醇，号“慕台”，明苏州府常熟人（今属江苏省），明代万历时儒医。自幼天资聪颖敏捷，磊磊魁伟，“于书无所不窥”，学书学剑，醉心医学。理积疴，起奇疾，沉思熟视，如入禅定，处方撮药，一挥而就。才高八斗，口若悬河，能辩善道，为人充满人情味和富有强烈感染力。自认为先天禀赋不足，自幼多病，为解除疾病痛苦，对医药产生兴趣。《明史·缪希雍》载：“精通医术，治病多奇中。”既是一代名医，又是一位人格高尚的志士。既是一位不求功名、不事王侯的老人，又是一名远离尘俗，以保天年的圣贤。先生以医为司命，殚一生精力于医药，鉴于药性之道，具在本草，历代虽有哲匠，演其奥义，然由于去古弥远，古书流传已久，字画谬讹颇多，渐失要旨之状；一字有讹，遗祸无极。再者，虽自《神农本草经》及其以后各种医药书籍，都有关于药物主治的论述，然而，却从未见有阐发其所以然者；加之年届耳顺（《论语·为政》：“六十而耳顺”），顾念往昔仙人道士，无不用药道以济苍生，世事又盘根错节，难以预料，良友凋丧，百念俱灰，惟兹此事，萦绕牵挂于怀，故殚精竭虑，疏立言之旨，发神圣千古之奥，细复检阅，以为定本，撰《神农本草经疏》一书，以通古今之变，以利后之万世，令读者因疏而通经，因经以契往。载药四百九十五种，多有创新见地，结合他丰富的用药经验，全书重在阐述临床用药之理，内容精确广博实用，对以后的中医临床药学实践及其发展产生有巨大影响。

其中最新颖的内容“疏”，乃是鉴于昔人有言用药如用兵，得失之间，呼吸存亡，危险之至，故作“疏”以阐经明义，开创了前所未有的“据经以疏义，缘义以致用，参互以尽其长，简误以防其失”；他虽尊经，却不盲从，条析诸药，应病分门，以究其用；“主治参互”，陈述配伍及实用方，提示用药容易混误之处，阐发五藏苦欲补泻，以畅其神；详细阐释药性功用治病之理，特立研究本草学之新风。

书撰于明万历年间末期，初刻版于1624年（明熹宗天启四年）在学术价值上是仅稍逊于《本草纲目》的一部临床用药专著。

《神农本草经疏·自序》：《神农本草经》者，古“三坟”之一也（古书名。《左传·昭公十二年》：“是能读《三坟》《五典》《八索》《九丘》。”关于三坟之书有多种说法，详见唐代经学家孔颖达的《左传正义》。此处缪公以神农作《神农本草经》为古“三坟”之一）。其成于黄帝之世乎？观其尝药别味，对病主治，施之百世，无可逾越。其为开天大圣，悯生民疾苦，于饮食衣服之外，复设针石药物，用拯夭札（由于遭遇疫疠而夭亡。《左传·昭公四年》：“疠疾不降，民不夭札。”晋代学者杜预注解：“短折为夭，大死为札。”大，指年长），俾得尽其天年（指人的自然寿命。《史记·范睢蔡泽列传》：“终其天年，而不夭伤”）。是已原夫药之生也，气禀乎天，味成乎地，性在其间。气为阳，味为阴，五味四气，各归其类，斯亲上、亲下之义也（缘于《易经》之语：“本乎天者亲上，本乎地者亲下。”乾阳上升，坤阴下降。天者阳，地者阴。本乎天者亲上，言凡为阳者必上升，如干二升坤五是也。本乎地者亲下，言凡属阴者必下降，如坤五下居干二是也。李杲撰药性学本草著作《用药法象》：“轻清成象［味薄，茶之类］，本乎天者亲上；重浊成形［味厚，大黄之类］，本乎地者亲下。”此语保存在王好古《汤液本草》、李东垣《药类法象》一节之中）。既述之以本性，又制之以君臣，合之以佐使，以成其攻邪已疾之能。遂使无情之用，同诸有识，自非生而神灵，冥契万物者，其孰能与于斯乎！去古滋远，民性滋漓（滋，《说文解字·氵部》：“滋，益也。”副词。更加；增益；愈益。《孟子·公孙丑上》：“若是，则弟子之惑滋甚。”《左传·昭公元年》：“若获诸侯，其虐滋甚。”漓，薄；浅薄；浇薄。形容词。此说人们的天赋本性愈渐浅薄。《礼记·王制》：“司徒修六礼以节民性，明七教以兴民德。”《荀子·大略》：“不富无以养民情，不教无以理民性”），心识粗浮（心智粗疏浮躁。北魏散文家杨炫之《洛阳伽蓝记·白马寺》：“有沙门宝公者，不知何处人也？形貌丑陋，心识通达，过去未来，预睹三世”），莫能研精殚思，深入玄要，而不察乎即象即理（即，靠近；接近。动词。依据事物的表象，寻求内在的机理；古人论药，多据其法象，推衍用药之理），物物昭然（物物，各种事物。《荀子·正名》：“物也者，大共名也。”金元好问《杂著·之一》：“万期流转不须臾，物物观来定有无。”昭然，彰明；显扬；明辨；明明白白；显而易见。《礼记·仲尼燕居》：“三子者，既得闻此言也，于夫子，昭然若发蒙矣。”所有事物都很明了），弭疾延年（弭，音mǐ，通“弥”。止息。《周礼·春官·小祝》：“弥灾兵，远皋疾。”清代经学家、训诂学家孙诒让著《周礼正义》解：“汉时通用弭为弥，此经例用古字作弥……凡云弥者，并取安息御止之义。”消除疾病延长寿命），功力自著。正以三坟之书，言大道也，言其然而不言其所以然。言亦象也。予因据经以疏义，缘义以致用，参互以尽其长，简误以防其失；而复详列病忌药忌；以别其微；条析诸药，应病分门，以究其用；刊定七方十剂，以定其法；阐发五藏苦欲补泻，以畅其神。著论三十余首，以通古今之变。始悉一经之趣，命之曰《神农本草经疏》。读之者宜因疏以通经，因经以契往（契，契合；相投；体会；领悟。往，以往；过往。读者可以依据《神农本草经疏》理解、通晓《神农本草经》，再由《神农本草经》以至领悟古代用药的道理），俾炎、黄之旨，晦而复明，药物之生，利而罔害（罔，音 wǎng，动词。无；没有。《汉书·扬雄传下》："事罔隆而不杀，物靡盛而不亏。"唐代颜师古注解："罔、靡，皆无也，杀，衰也。"药物之生，有利而无害），乃余述疏意也。余生也晚，亲年已衰，得于禀者固薄，故少善病（善，多；容易；易于。所以年少之时非常易于患病）。长嗜方伎，僻耽药妙（僻，不常见；冷僻。《新唐书·选举志》："有司患之，谋为黜落之计，以僻书隐学为判目，无复求人之意。"耽，酷嗜；深切地爱好。《三国志·蜀志·谯周传》："耽古笃学。"《三国志·吴志·士燮传》："耽玩《春秋》，为之注解。"长大了嗜好方伎，却很少爱好药物学的妙趣）。顾念自昔仙人道士，靡不悉由药道以济群生。加之友生协赞，后先不一。驯届耳顺（驯届，副词，犹如"驯致"。渐渐地。逐渐临近六十岁。《论语·为政》："六十而耳顺"），良友凋丧，百念灰冷。惟兹一事，尚用婴怀（尚，还；仍然；尚须。婴怀，犹"萦怀"。牵挂于心。《诗经·周南·樛木》："南有樛木，葛藟萦之。"引申为牵绊；牵挂；缠绕；羁绊。西晋文学家陆机《赴洛道中》诗："借问子何之，世网婴我身。"北宋词人周邦彦《氐州第一》词："座上琴心，机中锦字，觉最萦怀抱。"还须要萦绕牵挂于胸怀），手所论著，裒然成帙（裒，音 póu。聚集；裒辑；搜集编辑。南宋著名学者陈傅良《跋御制圣政序记》："爰命史臣，裒辑圣政。"帙，音 zhì，本谓用布帛制作的包书的套子，由此称一套书为一帙。隋唐间经学家、训诂学家陆德明《经典释文序》："辄撰集《五典》《孝经》《论语》及《老》《庄》《尔雅》等音，合为三帙，三十卷。"裒辑成书籍）。倘典则可师，幽隐可显，试用于世，有广来学，固所愿也，不敢必也。采真同好，其相证诸？

《梓行〈本草疏〉题辞》：药性之道，具在本草。虽代有哲匠，演其奥义，然去古弥远（久远。《逸周书·谥法解》："弥，久也。"《左传·哀公二十三年》："以肥之得备弥甥也。"晋代学者杜预注解："弥，远也。"然而去古很远很远了），寖失其旨（寖，音 jìn，通"浸"，渐渐。副词。《易经·遁》："小利，贞，浸而长也。"唐代训诂学家孔颖达疏解："浸者，渐进之名。"旨，意指；意义；目的。《易经·系辞下》："其旨远，其辞文，其言曲而中，其事肆而隐。"孔颖达疏解："其旨远者，近道此事，远明彼事，是其旨意深远。"逐渐失去其宗旨、意义）。予以绵质（绵，软弱；薄弱。《汉书·严助传》："越人绵力薄材，不能陆战。"后世多用做自谦之词，我的个性绵弱），性复疏戆（复，又；更。《左传·僖公五年》：“晋人侯复假道于虞以伐虢。”疏，粗疏；疏忽。《国策·秦策三》：“今见与国之不可亲，越人之国而攻，可乎？其于计疏矣。”戆，音 zhuàng。愚而刚直；憨厚且刚直。《史记·高祖本纪》：“然陵［王陵］少戆，陈平可以助之。”疏戆，形容词。粗疏憨厚而刚直。性格更是粗疏愚而刚直），本不堪尘俗。年方弱冠。值门户衰冷，世累纠缠。以是多见愤激，碍膺之事（碍，妨碍；遮蔽；阻滞。膺，胸臆；内心。三国魏文学家阮籍《咏怀诗三首》：“临觞拊膺，对食忘餐。”伤心之事），十常八九。自兹数婴疾病（婴，缠绕；羁绊。西晋文学家陆机《赴洛道中》诗：“借问子何之，世网婴我身。”引申为加。《汉书·贾谊传》：“婴以廉耻，故人矜节行。”南朝宋代诗人、文学家谢灵运《昙隆法师诔》：“同学婴疾，振锡万里相救。”自此不断为疾病所困），于是检讨《图经》，求其本意。积累既久，恍焉有会心处，辄札记之。历三十余年，遂成此《疏》。学士大夫见而奇之，欲予付诸梓人，予未之许也。予以昔人尝云“切忌说破，恐塞断后学悟门”，将兹是咎。外孙毛凤苞文学曰：“不然，世间上根人少，中下人多（佛学名词。佛教以人身之眼、耳、鼻、舌、身、意为六根。根，是“能生”的意思，因为眼、耳等人体器官对于色、声等能生发感觉，故称为根。之所以分为上、中、下三根，是指修行佛法的人，灵性和悟性有很大的差别，聪慧和敏力亦有很大差别，故分上、中、下三等）。设使上根人出，自得无师智获，睹此书当不言而喻，默默相契；下根人读之，如盲人谭五色（谭，同“谈”，名词。《三国志·魏志·管辂传》：“此老生之长谭”），总不能别；惟中人已上之资，得窥其概，则所得多矣。其为利济，宁有量耶！请亟登梓，以拯夭枉。”予曰：“善。”且曰：“舅祖许可，凤苞愿力任其役。”乃悉检《疏》稿付之。即集予同里门人李枝，通家子云间（通家，姻亲；世代交好之家，犹如一家。云间，松江府的别称，即今上海市松江区一带）康元浤，松陵（即今苏州市吴江区北部）顾澄先二文学（文学，特指精通儒家学术经典的人），并其舅氏隐沦戈汕辈董督校雠，早夜孜孜（《尚书·君陈》：“惟日孜孜，无敢逸豫。”晨夜努力不敢懈怠），惟恐或后，其用意可谓勤矣！志存及物，有君子之嗜尚焉，良足多也。予年已耄，倘书成而得早行于世，亦足以副海内求明斯道者之企望也。

时天启 乙丑暮春（1625 年农历三月）

海虞遗民　缪希雍题于吴江舟次

《方药宜忌考·引》：昔人有言用药如用兵，盖其得失之际，呼吸存亡，机之危险一也。余作《疏》阐《经》，冠以序例。其间有诸药应病之条，当惧后人未能触类引伸，至于疏误；或以辞繁义博，难竞厥旨（难以竞逐。《诗经·商颂·长发》：“不竞不絿，不刚不柔。”东汉经学家郑玄笺解：“竞，逐也。”厥，其。《尚书·禹贡》：“［冀州］厥土惟白壤，厥赋惟上上错，厥田惟中中。”由于辞藻繁复，意义深奥博大，难以竞逐其意旨）。因列病忌于先，次以药忌，又次主治。而于病忌之中，条分缕析，以见方之建立，不逾法制。药忌之下，精列气血、虚实、寒热、攻补、和解，各有避忌，不得滥施。继以主治关切之品，详载于后，以备因病采用。三义并陈，是非自见。俾临证者，展卷了然。抉择既审，无复疑误，不至枉害人命。因署之曰《方药宜忌考》，遗诸宇内，以便考镜云（亦称“镜考”。考，考证；镜，鉴察。《汉书·杜邺传》：“逮身所行，不自镜见。”《汉书·谷永传》：“愿陛下追观夏、商、周、秦所以失之，以镜考已行。”唐代训诂学家颜师古注解：“镜谓鉴照之；考，校也。”以便参证借鉴）。

东吴　缪希雍　仲淳甫识于三箬道中

《缪仲淳先生〈方药宜忌考·序〉》：坡老有言（此指北宋的苏轼苏东坡）：吾虽无疾，而性好修善药（善，多；好。明代文学家、政治家杨慎《丹铅杂录·善字训多》：“古书‘善’字训‘多’：《毛诗》‘女子善怀’，《前汉志》‘岸善崩’，《后汉记》‘蚕善收’，《晋春秋》“陆云善笑”，皆训‘多’也。”《左传·襄公二十八年》：“庆氏之马善惊，士皆释甲束马而饮酒。”唐代训诂学家孔颖达疏解：“善惊，谓数惊，古人有此语，今人谓数惊为好惊，好，亦善之意也”）。得人疾愈，吾为之体轻，因笑予癖犹是也。居恒稍暇手方书，见夫赜探隐索（语出《易经·系辞上》：“探赜索隐，钩深致远。”赜，幽深莫测；隐，隐秘难见，泛指探究深奥的义理或搜索隐秘的事情和道理。唐代训诂学家孔颖达疏解：“探，谓窥探求取；赜，谓幽深难见。卜筮则能窥探幽昧之理，故云探赜也。索，谓求索；隐，谓隐藏。卜筮能求索隐藏之处，故云索隐也。”后世则专指对深奥的义理、典故的探求），靡不推究精微，以彰厥用。尝掩卷笑曰：伟哉！圣人之能事也。惟圣人之言曰，尽人之性，尽物之性，可与天地参。医之功，其可诬哉！轩、岐尚矣，如史所纪汉仓、秦扁，洞垣一方（洞，透彻；深入。如洞察、洞悉。《文选·颜延年（五君咏）》：“阮公虽沦迹，识密鉴亦洞。”唐代学者李善注解《文选》引《广雅》：“洞，深也。”垣，《说文解字·土部》云“垣，墙也”。本泛指墙，《尚书·梓材》：“若作室家，既勤垣墉，惟其涂塈茨。”此指仓公和扁鹊二位医学界的先辈，深入、透彻地了解医学领域里的知识），术也乎哉。予友仲淳氏，少列渊颖（渊，《小尔雅》：“渊，深也”。学识渊博；颖，形容词。聪敏；聪慧而有天才。此赞缪仲淳年少即属聪敏天才、学识渊博之列），不羁之目（不羁，才行高远，,不受拘限，不可羁系。《文选·邹阳〈狱中上书自明〉》："使不羁之士，与牛骥同皂。"李善注解："不羁，谓才行高远，不可羁系也。"他的眼睛无书不读。博览群书之意），于书无所不窥。故业举子，一击不中，慨然弃去。学书学剑，旁通形家者言（形家，亦称"堪舆家"，以相度地形吉凶，选择宅基地、墓地为业的人。清代顾炎武《十月二十日奉先妣葬诗·序》："先考葬祖墓左四十年，其左有池，形家或言兆有水。"），学殖业厚，世无知者，乃其志笃于活人，无所试而试诸医。时出其绪，方剂调散，立起病者，世始咸知仲淳，推若神云。夫以仲淳之才，属当盘错（盘，盘旋；屈曲。错，交错。盘错，本谓自然界的树根木节盘旋交错状，借以比喻事情的繁难、错综、复杂。《后汉书·虞诩传》："志不求易，事不避难，臣之职也。不遇盘根错节，何以别利器乎？"唐代文学家、诗人刘禹锡《奚公神道碑铭序》："公执直笔，阅簿书，纷挐盘错，一瞬而剖。"挐，音 rú，亦是纷乱意。《淮南子·览冥训》："美人挐首墨面而不容"），不以谟讦显（谟讦，音 mó xū，亦作"讦谟"。谟，谋略；计谋。讦，大。语出《诗经·大雅·抑》："讦谟定命，远犹辰告。"《毛传》："讦，大也；谟，谋。"郑玄笺解："大谋定命，谓正月始和，布政于邦国都鄙也。"不以宏谋大计显露），而顾使之笑傲湖山，跌宕文史，放其行如古之逃虚者。或者造物有意斯民，而故老其材，以苏札疠耶（醒过来；病体康复。《左传·宣公八年》："杀诸绛市，六日而苏。"唐代诗人杜甫《江汉》诗："落日心犹壮，秋风病欲苏。"札，瘟疫。《周礼·春官·大宗伯》："以荒礼哀凶札。"东汉经学家郑玄注解："札，读为截，谓疫疠。"亦指遭遇瘟疫而早亡。《左传·昭公四年》："疠疾不降，民不夭札。"疠，瘟疫。《左传·哀公元年》："在国，天有灾疠，亲巡孤寡，而共其乏困。"晋代学者杜预注解："疠，疾疫也。"用以使患有瘟疫、疾疫者病体复原）？是故问某疾，则举某方；问某方，则举某药，世医概知之。至问某药奚以方宜，某方奚以疾宜，有目瞪口呿而已（呿，音 qū，张口的样子。《庄子·秋水》："公孙龙口呿而不合。"目瞪，瞪大眼睛直盯着不动；口呿，张口结舌说不出话来。形容因吃惊而发愣貌）。《局方》罔变，惩者覆餗（语出《易经·鼎》："鼎折足，覆公餗，其形渥，凶。"餗，音 sù，鼎里盛装的食物。鼎餗，鼎中的食品。唐代孔颖达疏解："餗者，糁也，八珍之膳，鼎之实也。"亦谓和米的肉羹。此谓鼎足坏断了，食物便会从鼎里倾倒出来。《后汉书·谢弼传》："今之四公，唯司空刘宠断断守善，余皆素餐致寇之人，必有折足覆餗之凶。"后世遂以此喻力不胜任而必至败事。亦以此比喻政事），仲淳不无恻焉。故为作《疏》阐《经》，续序例以尽变。不佞受而读之，条分缕析，鼎鼎井井（缕，详尽；细致。西汉辞赋家枚乘《七发》："固未能缕形其所由然也。"鼎鼎，盛大貌。井井，整齐有条理。《荀子·儒效》："井井兮其有理也。"有条有理地进行详尽分析，盛大且井井有条），恍登轩岐之堂而面受记也。噫！此仲淳一斑也。然于救世，功有余矣。爰令儿子之黯订之梓（爰，乃；于是。《诗经·魏风

·硕鼠》："乐土乐土，爰得我所。"东汉文学家蔡邕《郭泰碑》："爰勒兹铭，摛其光耀。"黯，音ān。《集韵·谈韵》："黯，深隐也。"梓，本指雕制印刷的木板，引申为印刷。于是让儿子与出版商于暗中或曰私下里商定出版事宜)。**匪医夫疾者，并医夫医疾者**（匪，通"非"。《诗经·卫风·木瓜》："匪报也，永以为好也。"）。

天启 甲子春仲（1624年，明熹宗朱由校天启四年农历二月）

朱汝贤题于嘉莲居

《本草拔萃·序》：医经经方之书，至河间、东垣而大备。国初诸明医各有师承，而《本草》一经，几为绝学。吾友缪仲淳常喟然叹息（喟，音kuì，叹息。两个"叹息"语气叠加，以示心情格外沉重之意），**以谓三坟五典，烬于秦火**（烬，用火烧东西剩余的东西，此谓秦始皇嬴政焚书事），**独《素问》《本草》存。《本草》朱黄正文，出黄帝、岐伯之手，古之至人，所以相天地之宜，类万物之情，穷理尽性，精义入神者，发挥变化，实在于此。而世之学医者，徒取以庀汤液**（庀，音pǐ，备具。《左传·襄公九年》："使华阅讨右官，官庀其司。"晋代学者杜预注解："庀，具也，使具其官属。"），**给方剂，荟蕞津涉**（荟，本谓草木繁盛貌。西晋文学家潘岳《射雉赋》："稊菝丛糅，翳荟菶茸。"引申为会集。蕞，小；琐碎。荟蕞，会集各种琐碎的事物。唐代诗人杜甫《八哀诗·故著作郎贬台州司户荥阳郑公虔》："贯穿无遗恨，荟蕞何技痒？"明末清初著名学者仇兆鳌注解："荟蕞，谓杂撰多。"津涉，本谓渡水的渡口；或曰过渡，引申为传授。由此比喻为做学问的门径。西晋训诂学家郭璞《尔雅序》："夫《尔雅》者……诚九流之津涉，六艺之钤键"），**未有能沉研而钻极者**（没有能沉下心来深入细致地研究其精髓者）。**盖此书自唐、宋以来，增益于古人之《别录》，踳驳于近代之《纲目》**（踳，音chǔn，踳驳，驳杂；舛谬杂乱。西晋著名文学家左思《魏都赋》："非醇粹之方壮，谋踳驳于王义"），**学者目佣耳食**（耳食，用耳朵吃饭，不知何味？实谓不加详审细察，却轻信缺乏确凿根据的传闻。《史记·六国年表序》："学者牵于所闻，见秦在帝位日浅，不察其终始，因举而笑之，不敢道。此与以耳食无异。"唐代史学家司马贞著《史记索隐》："言俗学浅识，举而笑秦，此犹耳食，不能知味也"），**莫知元本**（元本，根本；首要。晋代葛洪《抱朴子·嘉遁》："下帷覃思，殚毫骋藻，幽赞太极，阐释元本。"《宋书·孝武帝纪》："尚书，百官之元本，庶绩之枢机"）。**于是乎医学承陋，经方传讹，用药石杀天下，实自此始。乃奋笔为经疏，以救其失。参治简误之文，若列掌故，若署甲乙，金科玉条，犁然毕举。上下五百年，发轩岐不传之秘者，仲淳一人而已。**

仲淳少苦疾疢，壮多游寓，所至必访药物，载刀笔，五十年而成书。仲淳殁后三十余年，年家子陆仲德氏（科举制度时代，同年同榜登科者互称“年家”，他们的晚辈则称“年家子”。南宋周密《齐东野语·潘庭坚、王实之》：“先君子佐闽漕幕时，方壶山大琮为漕，臞轩王迈实之与方为年家，气谊相好”），读缪氏之书而学其学，作为《本草拔萃》，以发明其宗要。呜呼！何其难也！

仲淳天资敏捷，磊磊瑰伟（磊磊，众石堆积迭累貌。《楚辞·九歌·山鬼》：“采三秀兮于山间，石磊磊兮葛蔓蔓。”瑰伟，亦作“瑰玮”。卓异；奇伟。《史记·司马相如列传》：“若乃俶傥瑰伟，异方殊类，珍怪鸟兽，万端鳞萃，充仞其中者不可胜记”）。从紫柏老人游，精研教乘（教乘，佛教语，指佛教、佛法。清代“阳湖文派”创始人恽敬《上举主笠帆先生书》：“敬自能执笔之后，求之于马、郑而去其执……求之于教乘而去其罔”）。余事作医，用以度世耳。余观其理积疴，起奇疾，沈思熟视，如入禅定，忽然而睡，焕然而兴，掀髯奋袖，处方撮药，指麾顾视，拂拂然在十指涌出。语其险，则齐桓之斩孤竹（齐桓公远征孤竹国事，详见《史记·齐太公世家》：“齐桓公二十三年，山戎伐燕，燕告急于齐，齐桓公救燕，遂伐山戎，至于孤竹而还。”《盐铁论·伐功》亦记载此事：“齐桓公越燕伐山戎，破孤竹，残令支”）；语其奇，则狄青之度昆仑（“狄青度昆仑，李愬擒元济。”南宋官员、诗人高斯得撰《要君》诗，叙说了此事。《全宋诗》载有此诗，《宋史》有狄青传）；语其持重，则赵充国之金城方略。浅人曲士（浅人，言行浮浅轻薄、见识短浅的人。晋代葛洪《抱朴子·行品》：”治细辨于稠众，非其人而尽言者，浅人也。“秦末儒生、孔子后裔孔鲋撰《孔丛子·抗志》：”有龙穆者，徒好饰弄辞说，观于坐席，相人眉睫，以为之意，天下之浅人也。“曲士，乡曲之士，囿于一隅，见识不广，孤陋寡闻的人。《庄子·秋水》：“曲士不可以语于道者，束于教也。”唐代经学家陆德明释文引司马彪曰：“曲士，乡曲之士也。”），遥听风声，犹为之口呿不合，况有能论其人，读其书，知而好之、好而传之者乎？余每思仲淳绪言，叹后世无子云，今得见吾仲德，则仲淳不死也。于其著斯书也，乐为之叙，以道引其志意，而假仲淳以发其端。

仲德好学深思，束脩矫志（束脩，亦作“束修”。古时学生向老师致送礼物，以示敬意，名曰“束脩”。《论语·述而》：“自行束脩以上，吾未尝无诲焉。”南宋著名理学家、思想家朱熹集注解：“古者相见，必执贽以为礼，束脩，其至薄者。”由此后世人称致送教师的酬金），进德修业，日新富有。余虽昏耄，尚能为仲德详叙上医医国之事，如太史公之传扁鹊、仓公者，姑书此以俟之。

《牧斋有学集·第十五卷·序二》清代钱谦益 著

明代末年著名医学家缪希雍（1546—1627），字仲淳，号“慕台”，苏州府常熟人（今属江苏省）。家世望族，天资聪颖，“于书无所不窥”，弱冠前亦曾试于乡里，未中，弃儒习医，从此醉心医学，精通中医之学，具有神奇精湛之医术，治病多奇效。

缪希雍治某人遗精之事，堪可记录。其人只要听闻妇人之声即泄，瘠甚欲死，医者告术穷。缪之门人以远志为君，连须、石莲子为臣，龙齿、茯神、沙苑蒺藜、牡蛎为佐使，丸服稍止，然终究难断。其后，缪加鳔胶一味，不终剂即愈，这就是名医所为。

附：清代著名学者钱谦益（1582—1664），明末清初，常熟人。字受之，号“牧斋”，晚号“蒙叟”。明万历年间进士，崇祯初，官礼部侍郎。因与温体仁争权失败，革职。弘光时（弘光帝朱由崧，于1644—1645年在位。明神宗朱翊钧之孙，明思宗朱由检堂兄，福恭王朱常洵的儿子。崇祯帝殉国后，同年五月被四镇拥立于南京，改元弘光，建立弘光政权。在位仅八个月，清军兵临城下，南京城门大开，他逃亡芜湖，后被擒获押往北京，翌年处死），谄事马士英（南明弘光政权内阁首辅，一位为人贪鄙无远略，招权罔利，促明季早亡之人），任礼部尚书。清兵南下，率先投降迎接，以礼部侍郎管秘书院事。家有绛云楼，以藏书丰富著称，诗文在当时就颇负盛名，留有《有学集》《投笔集》《初学集》《牧斋杂著》《国初群雄事略》等，编有《列朝诗集》，与缪希雍是同乡。

王肯堂（1549—1613），明代著名医学家，著《证治准绳》。

王肯堂，字宇泰，号“损庵”，自号“念西居士”，又号“郁冈斋主”，享年六十五岁。出身于书香门第，早年幼而好学博览，习读文史，九流百家，亡弗探索，读书涉猎广泛，凡遇会心处，欣然至忘寝食。既寡交游，无同好可与接谈者；时时札记以管城（毛笔的别称之一），用为谈尘（谈论人世间红尘世俗）；独具只眼排倒一切（只眼，喻具有独到的高见与特殊的识解。南宋陆游《书志》：“读书虽复具只眼，贮酒其如无别肠。”南宋杨万里《送彭元忠县丞北归》：“近来别具一只眼，要踏唐人最上关”），是一位完全依靠自学取得成功，兼精医学的学者。

嘉靖四十五年（1566年），十八岁时，始发奋学医，锐意于医学。万历七年（1579年），三十一岁时中举人；万历十七年（1589年），四十一岁时，中进士。自此步入仕途，曾选庶吉士，授翰林院检讨，参预国史编修，著有《尚书要旨》《论语义府》等。

曾任福建参政等职，四十四岁时，由于朝廷不但不予采纳他的抗倭疏议，还反诬其“浮躁”，因遭遇诬陷，遂愤然称病，辞官归乡里从医。

从此，他操持起自己喜爱的医学为业。边行医疗他人疾患，边广泛搜集历代医学文献，结合自己的临床实践，应嘉善高生之请，以十年时间，编著《证治准绳》。是书四十四卷，内分杂病、类方、伤寒、疡医、幼科、女科等，用心仁且勤，倾群方之渊海，集治法之大成，古今方法莫不该载，简帙巨大；论述各种疾病的证候治法详而实、明且尽矣，准确详明，尤切于治疗者，颇多要语良方，后世汇刻称《六科准绳》。这是一部集明以前医学之大成的名著，学者不可不读。其又广泛收集、整理历代医学文献四十四种，编辑、撰写医书《古今医统正脉全书》。

万历三十三年（1605 年），王氏主持纂刻唐代著名医学家孙思邈的著名医书《千金翼方》，使之成为现存最佳刻本。

万历三十四年（1606 年），五十八岁时，经吏部侍郎杨时乔举荐，王肯堂补南京行人司副；万历四十年（1612 年），改迁福建布政司右参政；万历四十一年（1613 年），告老还乡，于八月初八日亡故。

王先生还是一位极为谦谨者，虽然自少便读仲景书，读了一辈子，研究了一辈子，却勇于说自己至老尚未窥其堂室，至白首尚不能究者，何其虚心与谦卑。

王肯堂就其《证治准绳》一书之设，讲道：为因证检书而求治法者设也，故分证而不详，虑其误也，详则多互见而复出，而又安得不繁；后之注仲景书，续仲景法者，或见其大全，或窥其一斑，皆可以为后学指南，具择而载之，而又安得不繁。

明代著名医学家王肯堂，江苏金坛人。其父王樵，字明远。嘉靖二十六年进士（1547 年。嘉靖，明世宗朱厚熜的年号），授行人（这是古代的一种官员职称名称，其职能是掌管接待诸侯以及诸侯之上卿之礼，及朝觐聘问之事。《周礼·秋官·讶士》：“邦有宾客，则与行人送逆之。”自春秋、战国时期各个国家都设置有此官职。至汉代的大鸿胪属官也有行人，只不过改称为大行令。明代设有行人司，仍有行人之官，执掌传达圣旨、册封、抚谕等事项。《国语·晋语八》：“秦景公使其弟针来求成，叔向命召行人子员。行人子朱曰：朱也在此。”三国经学家、史学家、文学家韦昭注解：“行人，掌宾客之官。”亦是主管号令之官员。《汉书·食货志上》：“孟春之月，群居者将散，行人振木铎徇于路，以采诗。”隋唐时期经学家、语言文字学家、训诂学家颜师古注解：“行人，遒人也，主号令之官。”在古代，行人也是使者的代名词。《管子·侈靡》：“行人可不有私。”唐代官员、学者、训诂学家尹知章注解：“行人，使人也”）。**万历初**（1573年。明神宗朱翊钧的年号。万历：1573—1620），**张居正柄国，起用其补浙江佥事**（官名，自宋、金代始置。按察司设有佥事一职。主管一省的刑名、诉讼事务。正职官员的副手，或曰副职，即相当于助理的职务），**擢尚宝卿**（明朝始设的尚宝司官署名，职掌宝玺、符牌、印章事务。设卿一人，正五品）。**曾任大理卿**（自南北朝始至清代一直设有的中央审判机关，官署名为大理寺。寺，即指官署，也就是官署的代名词。职掌审核刑狱案件。主官就是卿。大理卿就是大理寺的正职主管官员）、**南京刑部右侍郎**（刑部是汉代始置的官署名，掌管国家的法律、刑狱事务。其长官为刑部尚书。刑部右侍郎即是刑部低于尚书、左侍郎的副长官）、**右督御史等职**（督察院是朝廷设有行使监督职权的机构，职专负责纠正、弹劾百官，辩明冤枉，提督各道，职司为天子耳目风纪。右督御史就是督察院的正二品副长官）。**王樵性恬澹诚悫，温然长者。邃经学，《易》《书》《春秋》等，皆有纂述。卒后赠太子少保，谥“恭简”**（王樵，是位性素简默、恬澹，但是只要谈起经传时，则娓娓不倦的学者型文人官员，亦是很受张居正看重、并予以重用的法制官员。王樵亦是一位多产的作家，撰有《方麓集》十六卷，收录在《四库全书集部别集类》。又于《易》《书》《春秋》《四书》皆有解诂。著有《周易私记》九卷、《老子解》一卷、《紫薇堂札记》一卷、《戊申笔记》一卷。其文章颇具根柢，颇切实际，亦不失雅音）。

“王肯堂《医论》四卷。肯堂著《证治准绳全书》，博通医学，见《王樵传》。”（清代张廷玉等撰《明史·卷九十八·志第七十四·艺文三》）

“士大夫以医名者，有王肯堂。肯堂所著《证治准绳》，为医家所宗。”（清代张廷玉等撰《明史·卷二百九十九·列传第一百八十七·王肯堂》）

子肯堂，字宇泰。举万历十七年（1589年）**进士，选庶吉士**（即“庶常吉士”。从科举进士者中，选拔一些常于文学及书法且具有潜质者，入翰林院内学习，为皇帝讲解经传，起草诏书等工作，是今后具有平步青云机会的“储备人才”。万历年间的内阁首辅张居正就是庶吉士出身），**授检讨**（官职名称。在翰林院内位置仅次于编修，与修撰、编修同谓之史官。明代文学家、戏曲家冯梦龙《智囊补·捷智——李文达》：“[李文达]乃请于新进士内，选人物俊伟，语言正当，学问优长者，授以检讨之职，分任讲读，遂为定例”）。**倭寇朝鲜，疏陈十议，**

愿假御史衔练兵海上。疏留中（此指臣子上疏的奏章，如遇皇帝认为不合己意，又没有合适、恰当的理由予以处置，便留置宫中，不予交办，此种对廷臣奏议的消极处理方式，称为“留中不发”，简称“留中”），因引疾归。京察，降调。家居久之，吏部侍郎杨时乔荐补南京行人司副。终福建参政（参知政事的简称。明代在各省布政使下设左右参政，分领各道，为地方长官的副职）。肯堂好读书，尤精于医。所著《证治准绳》，该博精粹，世竞传之（清代张廷玉等撰《明史·卷二百二十一·列传第一百九·王樵·子·肯堂》）。

《证治准绳·杂病·自叙》：余发始燥（燥，《说文解字·火部》：“燥，干也。”有成语：乳臭未干和毛发始燥，前者虽然有些贬义，但从人体生理发育过程看，刚刚断奶的周岁幼儿，乳臭未干，毛发湿润确实是正常现象。而当儿童发育成长到龆年黄口稚齿这最美好的时期，其毛发自然逐渐显得洁净干燥。所以说小孩在入学就读之前，不仅是其人生最美好最幸福的时期，亦是其毛发始燥的时期。此说其头发干燥了，长大了，不再是毛头娃娃了，到了该求学求师的时期了），则闻长老道说范文正公未达时祷于神，以不得为良相，愿为良医，因叹古君子之存心济物，如此其切也。当是时，颛蒙无所知（颛，音 zhuān，愚昧。《汉书·扬雄传下》：“天降生民，倥侗颛蒙，恣于情性，聪明不开，训诸理。”颜师古注：“郑氏曰：童蒙无所知也”），顾读岐黄家言（顾，《说文解字·页部》：“顾，环视也。”视；看；观看；光顾。《诗经·邶风·终风》：“终风且暴，顾我则笑。”《史记·儒林列传》：“为治者不在多言，顾力行何如耳”），辄心开意解（辄，音 zhé，副词。就；立即。北宋欧阳修《醉翁亭记》：“太守与客来饮于此，饮少辄醉，而年又最高，故自号曰‘醉翁’也。”立即心领神会，恍然大悟，豁然开通，领悟解义），若有夙契者（夙，《说文解字·夕部》：“夙，早敬也。”《诗经·卫风·硕人》：“大夫夙退，无使君劳。”夙日；经久的；存在已久的。契，《说文解字·大部》：“契，刻也。”契约；字据。夙契，“夙愿前契”成语的略语。向来怀着的心愿与前世命里注定的约定。前世的因缘，就好像旧有的契约一样）。嘉靖丙寅（1566 年），母病阽危（阽，音 diàn，《说文解字》：“阽，壁危也。”《广雅》：“阽，危也。”阽危，汉代训诂书《小尔雅》：“疾甚为之阽。”清儒、文学家胡承珙撰训诂书《小尔雅义证》：“疾甚欲死，如临危欲坠，故谓之阽也。”危险急迫。此说母亲病危），常润名医（常州、润州。二州都在今江苏省，一个是今常州市，一个是今镇江市润州区），延致殆遍，言人人殊，罕得要领，心甚陋之（《说文解字》：“陋，厄狭也。”《荀子·修身》：“多见曰闲，少见曰陋。”心里觉得甚为见识短少、浅陋；孤陋寡闻），于是锐志学医。既起亡妹于垂死，渐为人知，延诊求方，户屣恒满（屣，音 xǐ。《广雅》：“屣，履也。”鞋子。北宋苏轼《巫山》：“贫贱尔何忧，弃去如脱屣。”前来延诊求方者众多，以致门户前的鞋子总是码放得满满的）。先君以为妨废举业，常严戒之，遂不复穷究。无何举子乡，又十年成进士，选读中秘书，备员史馆（备员，用作任职或任事的自谦词，亦即储备人员以备使用之称。史馆，官署名称，北齐始置，是朝廷任命监修国史的主管机构，以宰相兼领参与修史活动的官员。明代修史之职并归翰林院。此说王肯堂十年后选中进士，进入翰林院作为秘书，参与修史活动。而这些官员因为工作原因，接近帝王以及高级官员机会很多，日后多有被选任高官的可能，所以称为备员。如：庶吉士、翰林学士等职务）。凡四年，请急归，旋被口语（特指毁谤。汉代杨恽《报孙会宗书》："怀禄贪势，不能自退，遂遭变故，横被口语。"唐代刘禹锡《谢上连州刺史表》："亦缘臣有微才，所以嫉臣者众，竞生口语，广肆加诬。"），终已不振。因伏自念受圣主作养厚恩，见谓储相材（见备员一解，储备宰相之材），虽万万不敢望文正公，然其志不敢不立，而其具不敢不勉，以庶几无负父师之教，而今已矣。定省之余（《礼记·曲礼上》："凡为人子之礼，冬温而夏凊，昏定而晨省。"郑玄注解："定安其牀衽也；省，问其安否何如？衽，席也。"牀衽，即"床衽"，床席，泛指卧具。南宋杨万里《罗氏万卷楼记》："每月之吉，定省其母夫人外，既往山斋。"子女早晚要向父母、长辈请安问好，称为"定省"），颇多暇日，乃复取岐黄家言而肆力焉（肆力，竭尽全力。《文选·陆机〈辩亡论下〉》："是以忠臣竞尽其谟，志士咸得肆力。"此说王肯堂利用颇多的休闲之日，再次复取医书用力攻读）。二亲笃老善病，即医非素习，固将学之，而况乎轻车熟路也。于是，闻见日益广，而艺日益精。乡曲有抱沉疴（乡曲，就是乡里之意。亦指同乡；乡亲。《庄子·胠箧》："阖四竟之内，所以立宗庙社稷，治邑屋州闾乡曲者，曷尝不法圣人哉？"唐代卢照邻《益州至真观主黎君碑》："乡曲争持钱帛，竞施珍宝。"），医技告穷者，叩阍求方（阍，音 hūn，《说文解字·门部》："阍，常以昏闭门隶也。"《礼记·祭统》："阍者，守门之贱者也。"叩，敲击；拍打。《荀子·法行》："叩之，其声清扬而远闻。"叩阍，此处的阍，即指官门。《明史·翟凤翀传》："大臣造膝无从，小臣叩阍无路。"本意原指旧时百姓、官员到朝廷申诉冤屈而叩击宫门，而此处只是求医问方的老百姓来到王家敲门求方而已，并非来此上访诉冤），亡弗立应，未尝敢萌厌心，所全活者，稍稍众矣。而又念所济仅止一方，孰若著为书，传之天下万世耶。偶嘉善高生隐从余游，因遂采取古今方论，参以鄙见，而命高生次第录之，遂先成杂病论与方各八巨帙。高生请名，余命之曰《证治准绳》。高生曰：何谓也？余曰：医有五科七事，曰脉、曰因、曰病、曰证、曰治，为五科；因复分为三，曰内、曰外、曰亦内亦外，并四科为七事。如阴阳俱紧而浮脉也，伤寒因也，太阳病也，头痛发热身痛恶寒无汗证也，麻黄汤治也。派析只分，毫不容滥，而时师皆失之，不死者幸而免耳。自陈无择始发明之，而其为《三因极一方》，复语焉不详。李仲南为《永类钤方》（李仲南，亦作李中南，号“栖碧”。今安徽省黟县人。元代名医，居住在浙江省内的栖碧山中），枝分派析详矣，而入理不精，比附未确（引申相关联，并不确凿的内容。清代王夫之《诗铎》：“不以诗解诗，而以学究之陋解诗，今古人雅度微言，不相比附”），此书之所以作也。曰：五科皆备焉，而独名证治，何也？曰：以证治独详故也。是书出，而不知医不能脉者，因证检书而得治法故也。虽然，大匠之所取平与直者，准绳也。而其能用准绳者，心目明也。倘宋死句而求活人，以准绳为心目，则是书之刻，且误天下万世，而余之罪大矣。家贫无赀，假贷为之，不能就其半。会侍御周鹤阳公以按鹾行县至金坛（鹾，音cuó，盐；或曰咸味。《说文解字》：“鹾，咸也。”《礼记·曲礼下》：“盐曰咸鹾。”行县，巡行所主之县。《后汉书·崔駰传》：“［崔篆］乃遂单车到官，称疾不视事，三年不行县。”李贤注引《续汉志》：“郡国常以春行县，劝人农桑，振救乏绝。”此说监察官员、侍御史周鹤阳巡行审察盐政来到金坛。明代，专设隶属于督察院的监察御史，例行巡察地方者，称为巡按），闻而助成之，遂行于世。

时万历三十年岁次壬寅夏五月朔旦

念西居士　王肯堂宇泰 识

张介宾（1562—1639，又一说1563—1640）明代著名医药学家，著有《类经》《景岳全书》等。

“张介宾《张氏类经》四十二卷。”（清张廷玉等撰，《明史·卷九十八·志第七十四·艺文三》）

“《张氏类经》四十二卷。（钦定四库书目）”

“《景岳全书》六十四卷。（四库书目）。”

“《类经图翼》十一卷、《附翼》四卷。（浙江采集遗书录）”

“本《内经》“素问”“灵枢”分类纂辑，译注五行生化及经脉所在，著为《图说》以志《翼经》之意。”（《绍兴县志·第一辑·会稽之部·经籍志·医家类》）

“张介宾，字惠卿，号“景岳”，别号通一子，浙江山阴人。十三岁时随父进京师，遍交长者，从金梦石学医，遂成名医。以为凡人阴阳但以血气藏府寒热为言，其实病者多以后天戕成，治病以扶元气为主。尝谓河间、丹溪立论稍偏，后世因之喜用寒凉之药多伤元气，寒凉之弊，多减元气。故注

《本草》独详参附之用。因喜用熟地黄，人称“张熟地”，有《类经》《景岳全书》《古方八阵》《新方八阵》……”（《乾隆绍兴府志·卷七十》）

据其外孙林日蔚作《景岳全书·纪略·跋》介绍：先外祖张景岳公，名介宾，字会卿。先世居四川绵竹县，明初以军功世授“绍兴卫”指挥，卜室（通过占卜选择居室。俗话叫作通过看风水选定居处。《明史·张可大传》：“可大约束旗尉，捐俸助之，卜室处其妻子”）郡城会稽之东（今浙江省绍兴市）。生颖异（颖异，聪明过人，才能出众。《醒世恒言·独孤生归途闹梦》：“［遐叔］自幼颖异，十岁便能作文”），读书不屑章句（不屑，不拘泥于，不介意于。《后汉书·马廖传》：“廖性质诚畏慎，不爱权埶声名，尽心纳忠，不屑毁誉。”李贤注解：“王逸注《楚辞》云：屑，顾也”），韬钤（音 tāo qián。古代有二册兵书，分别名为《六韬》与《玉钤》，后世人因称用兵谋略。唐代张说《将赴朔方军应制》诗：“礼乐逢明主，韬钤用老臣”）轩岐之学，尤所淹贯（淹博贯通；深通广晓。《新唐书·柳登传》：“登，字成伯，淹贯群书，年六十余，始仕宦”）。壮岁游燕、冀间，从戎幕府（幕府本谓古代将军出征作战时处理军务的营幕或治事的地方，后世则泛指衙署。《三国演义·第二十二回》：“幕府董统、鹰扬，扫除凶逆。”此指张景岳亦曾从过军，参与过军事谋略），出榆关（即山海关，又称渝关，位于河北省秦皇岛市。万里长城东部起点，连接华北与东北地区的交通要冲，形势险要，军事重地），履碣石（山名，位居今河北省昌黎县城北。秦始皇、汉武帝、魏武帝曹操、唐太宗等皆曾东巡至此，刻石树碑观海。曹操用兵过乌桓时，作有乐府诗《碣石》篇：“东临碣石，以观沧海。水何淡淡，山岛竦峙。树木丛生，百草丰茂。秋风萧瑟，洪波涌起。日月之行，若出其中。星汉灿烂，若出其里。幸甚至哉，歌以咏志”），经凤城（即今辽宁省凤城市），渡鸭绿（渡过中、朝界河鸭绿江），居数年无所就，亲益老（益，副词。更加；益发。《孟子·梁惠王下》：“如水益深，如火益热”），家益贫，翻然而归。功名壮志，消磨殆尽。尽弃所学而肆力于轩岐，探隐研神，医日进，名日彰，时人比之仲景、东垣云。苦志编辑《内经》，穷年缕析（穷年，全年；一年到头。南朝宋代著名山水诗人谢灵运《君子有所思行》：“长夜恣酣饮，穷年弄音徽。”缕析，精细地分析。西汉辞赋家枚乘做赋《七发》：“虽有心略辞给，固未能缕形其所由然也。”《明史·云南土司传》：“而土司名目淆杂，难以缕析，故系之府州，以括其所辖。”），汇成《类经》若干卷问世，世奉为《金匮》《玉函》者（紬，音 chōu，原意为抽引；梳理出丝缕的头绪。引申为寻绎义理，缉成条理。《史记·太史公自序》：“迁为太史令，紬史记石室金匮之书。”）久矣。《全书》者，博采前人之精义，考验心得之玄微（玄微，深远微妙；玄妙幽深。《老子》：“玄之又玄，众妙之门。”引申为深沉静默。《易经·系辞下》：“君子知微知彰”），以自成一家之书。首《传忠录》，统论阴阳六气、先贤可否，凡三卷；次《脉神章》，择诸家珍要精髓，以测病情，凡二卷；著伤寒为“典”，杂证为“谟”，妇人为“规”，小儿为“则”，痘疹为“诠”，外科为“钤”，凡四十卷；采药味三百种，人参、附子、熟地、大黄为药中四维（维，本指系物的大绳。《楚辞·天问》：“斡维焉系？天极焉加？”也比喻一切事物赖以维护、固定的东西。《管子·牧民》：“国有四维，一维绝则倾，二维绝则危，三维绝则覆，四维绝则灭”），更推参、地为良相，黄、附为良将，凡二卷；创药方，分八阵，曰补，曰和，曰寒，曰热，曰固，曰因，曰攻，曰散，名《新方八阵》，凡二卷；集古方，分八阵，名《古方八阵》，凡八卷；别辑妇人、小儿、痘疹、外科方，总皆出入古方八阵以神其用，凡四卷，共六十四卷，名《景岳全书》。是书也，继往开来，功其小补哉！以兵法部署方略者，古人用药如用兵也。或云：公生平善韬钤，不得遂其幼学壮行之志，而寓意于医，以发泄其五花八门之奇（此指古代的兵法阵势。五花，五行阵；八门，八门阵，古代战术中变幻多端的阵势。常用以比喻事物的变化莫测、花样繁多、奇幻无比）。余曰：此盖有天焉，特老其才，救世而接医统之精传，造物之意，夫岂其微欤？是编成于晚年，力不能梓（无力付印。梓的本意是雕制印书的木板，引申为印刷），授先君（已故去的父亲。《初刻拍案惊奇·卷二十》：“家母小侄，其实不曾得会，先君却是伯父至交”），先君复授日蔚。余何人斯，而能继先人之遗志哉？岁庚辰（1700年，清代康熙三十九年），携走粤东（广东省的别称，亦指广东省东部地区，下辖汕头、潮州、揭阳、汕尾四个地级市），告方伯鲁公（鲁超。时任广东布政使，与张景岳、林日蔚是同乡，最先出资刊印《全书》者）。公曰：此济世慈航也（佛教名词。佛教认为佛、菩萨以大慈大悲之心，普度救助众生出生死苦海，有如舟航，故名）！天下之宝，当与天下共之。捐俸付剞劂（音 jī jué，雕板，亦指书籍。韩愈《送文畅师北游》：“先生閟穷巷，未得窥剞劂”），阅数月工竣。不肖得慰藉先人（不肖，自谦词。不贤之人；不肖子孙；不成才之人。《史记·廉颇蔺相如列传》：“臣等不肖，请辞去。”慰藉，安慰；抚慰。指精神上得以抚慰。宋代范成大《次韵耿时举苦热》：“荷风拂簟昭苏我，竹月筛窗慰籍君。”此说《景岳全书》一书已得出版，林日蔚终于得以踏实安慰），以慰先外祖于九原（意指九泉，黄泉。九原，本指春秋时期晋国卿大夫的墓地。《礼记·檀弓下》：“赵文子与叔誉观乎九原。”后世便将九原泛指墓地。人死后埋葬于地穴之中，也就是居地下，上筑墓地，而九泉、黄泉，亦指阴间，意即地下。故常相互借用。《左传·隐公元年》：“不及黄泉无相见也”），先外祖可不朽矣。

外孙　林日蔚跋

附：《张景岳传》

二十年来，医家之书盛行于世者，张景岳《类经》，赵养葵《医贯》。然《医贯》一知半解耳！

《类经》明代岐黄之学，有王冰之所未尽者，即学士大夫，亦必累月而后能通之。昔在戊寅（1578年，明万历六年），曾于张平子座上识景岳，盖交臂而失之。己酉（1609年，明万历三十七年）寓证人书院（黄宗羲在宁波讲学的地方），有蒋一玖者，年八十矣，欲为其舅作传，则景岳也。景岳，名介宾，别号“通一子”，越之山阴人也，其父为定西侯客。介宾年十四，即从游于京师，天下承平，奇才异士集于侯门。介宾幼而齐，遂遍交其长者。是时金梦石工医术，介宾从之学，尽得其传。以为凡人阴阳，但以血气、藏府、寒热为言，此特后天之有形者，非先天之无形者也。病者多以后天戕及先天，治病者但知有形邪气，罔顾无形元气。自刘河间以暑火立论，专用寒凉，其害已甚，赖东垣论脾胃之火，必务温养，纠正实多。丹溪出，立阴虚火动之论，寒凉之弊又复盛行，故其注本草，独详参、附之用。又慨世之医者，茫无定见，勉为杂应之术，假兼备以幸中，借和平以藏拙。虚而补之，又恐补之为害，复制之以消；实而消之，又恐消之为害，复制之以补。若此者，以药治药尚未遑（尚未来得及；尚无时间顾及。西汉扬雄《羽猎赋》：“立君臣之节，崇贤圣之业，未遑苑囿之丽，游猎之靡也”），又安望其及于病耶（又怎么能指望他顾及疾病本身呢）？幸而偶愈，亦不知其补之之力，攻之之力耶？及其不愈，亦不知其补之为害，消之为害耶？是以为人治病，沉思病原，单方重剂，莫不应手霍然（霍然，忽然；突然，多用以形容病愈迅速。西汉辞赋家枚乘《七发》：“涊然汗出，霍然病已。”涊，音niǎn，汗出貌）。一时谒病者，辐辏其门，沿边大帅，皆遣金币致之。其所著《类经》，综合百家，剖析微义，凡数十万言，历四十年而后成，西安叶秉敬谓之“海内奇书”。班孟坚赞孝宣之治政事（班固，字孟坚，东汉史学家、文学家。孝宣，西汉宣帝刘洵。公元前74—公元前49年在位。由于他在襁褓之时遭遇过巫蛊之祸，经历过下狱变故，致使其长期生活在民间，由此得以对百姓的疾苦和吏治的得失有深刻了解，故在位期间，励精图治，任用贤能，贤相循吏辈出，政治清明，社会和谐；他积极发展农业，减轻税赋，使人民负担得以大力减轻，经济繁荣，是中国历史上一位极为难得的明君，史称“宣帝中兴”。薨后谥号：孝宣皇帝），文学法理之士，咸精其能，至于技巧工匠器械，自元成间，鲜能及之！介宾此书，若非遭遇神宗之盛，亦莫能有也。又以应病如应敌，作《新八方阵》，为《八略》以破之。惜其书晚出，尚藏于家。介宾博学，于医之外，象数、星纬、堪舆、律吕，皆能究其底蕴。在辽阳道中，闻御马者歌声聒耳（聒，音 guō。《仓颉》篇：“聒，扰乱耳孔也。”歌声嘈杂浑乱刺耳难听，使人厌烦躁狂。《文选·嵇康〈与山巨源绝交书〉》：“不喜俗人而当与之共事，或宾客盈座，鸣声聒耳”），介宾曰：此恶声也，不出五年，辽其亡矣。已而言验。所亲问以近事，介宾曰：我夜观干象，宫车殆将晏驾，天下从此亦乱矣。未几，神宗崩。介宾遂返越，其年五十八，又二十年始卒。卒之日自题其像，召三子而诲之。其门人曰：先生乃死耶！吾先生故有不死者。介宾莞尔而逝（莞尔，微笑貌。《论语·阳货》：“夫子莞尔而笑曰：‘割鸡焉用牛刀。’”此说张介宾含笑而逝）。自太史公传仓公，件系其事，后之儒者，每仿是体，以作名医之传。戴九灵、宋景濂其著也（戴良，字叔能，号“九灵山人”，元代著名诗人。宋濂，字景濂，号潜溪，别号玄真子、玄真道士、玄真遁叟，明初著名文学家），而名医亦复自列其事，存为医案，以待后人遇有病之相同者，则仿而治之，亦盛心也。世风不古（社会风气不再像古时那样朴实淳厚。源自“世风日下，人心不古”），以医负贩其术（以医术作为做买卖的资本。或曰担货贩卖。《礼记·曲礼上》：“夫礼者，自卑而尊人，虽负贩者，必有尊也，而况富贵乎？”），无异于里闾俗师也（里闾，乡里；街巷；民间。南朝梁武帝《东飞伯劳歌》：“谁家女儿对门居，开颜发艳照里闾。”唐代韩愈《钱重物轻状》：“所贵缗货通行，里闾宽息。”俗师，浅薄凡庸的术士、师傅、老师。《汉书·艺文志》：“《仓颉》多古字，俗师失其读，宣帝时征齐人能正读者，张敞从受之。”与乡闾、里巷中那些凡夫俗子，庸碌浅显之辈无异），而不肯以里闾俗师自居，虽复杀人如草，亦点缀医案以欺人。介宾医案，散在《景岳全书》，予不叙于篇，恶夫蹈袭者之众也。赵养葵（生卒年无考），名献可，宁波人，与介宾同时，未尝相见，而议论往往有合者。

姚江　黄宗羲太冲父 撰

附：黄宗羲（1610—1695），字太冲，世称“梨洲先生”，浙江省余姚人。明末清初思想家、史学家。是一位多才博学，于经史百家、文学历史、天文、算术、乐律，于儒、释、道无不研究，并取得巨大成绩者。

清代康雍间的两粤都运使，瀛海人贾棠，主动出俸翻刻《景岳全书》者，于康熙五十年岁次辛卯孟春，在其羊城的官舍之退思堂，为此书题序作文，赞张介宾为豪杰之士也。说其先世以军功起家，食禄千户。结发读书，不屑章句。初学万人敌，得“鱼腹八阵”不传之秘，仗策游侠，往来燕、冀间，慨然有封野狼胥、勒燕然之想，榆林、碣石、凤城、鸭江，足迹几遍。投笔弃戎，绝塞失其天险；谈兵说剑，壮士逊其颜色。所遇数奇，未尝浼首求合也（浼，音 měi，请托；央求。求合，寻求志同道合者。《楚辞·离骚》：“汤禹严而求合兮，挚咎繇而能调。”王逸注解：“求其匹合。”并非没有寻求志同道合者）。由是落落难偶，浩然归里（由于难以寻觅到志同道合者，毅然决然毫不迟疑回归故里。《孟子·公孙丑下》：“夫出昼，而王不予追也，予然后浩然有归志。”朱熹集注：“浩然，如水之流不可止也”），肆力于轩岐之学，以养其亲。遇有危证，世医拱手，得其一匕，矍然起矣（矍然，快速貌；迅疾貌；急遽貌。《三国演义·第四十九回》：“瑜闻言大喜，矍然而起。便传令差五百精壮军士，往南屏山筑坛”）。常出其平生之技，著为医学全书，凡六十有四卷。语其徒曰：医之用药，犹用兵也。治病如治寇攘，知寇所在，精兵攻之，兵不血刃矣。故所著书，仿佛八阵遗意。古方，经也；新方，权也，经、权互用，天下无难事矣。书既成，限于资未及流传而殁，遗草属诸外孙林君日蔚。蔚载与南游，初见赏于方伯鲁公，捐资付梓。版成北去，得其书者，视为《肘后》之珍，世罕见之。予生平颇好稽古，犹专意于养生家言，是书诚养生之秘籍也。惜其流传不广，出俸翻刻，公诸宇内。善读其书者，庶免庸医误人之咎，讳疾忌医者，毋因噎而废食也可。

会稽同乡鲁超鲁谦庵方伯先生赞誉张景岳：吾郡张会卿先生，名介宾，自号“通一子”，于书无所不窥，壮年好谈兵击剑，思有所用于世，筮《易》得“天山之遁”（筮，音 shì，用蓍草占卦。《礼记·曲礼上》：“龟为卜，策为筮。”《易经·卷四·〈象〉曰》：“天下有山，遁。”《象辞》：“上卦为乾，乾为天，下卦为艮，艮为山，天下有山，天高山远，是遁卦的卦象。君子观此卦象……自甘退隐，远离小人”），遂决意石隐，避世壶中（《后汉书·费长房传》：“市中有老翁卖药，悬一壶于肆头。”后世便把行医称为悬壶。壶，亦通“瓠”。《诗经·豳风·七月》：“七月食瓜，八月断壶，九月叔苴，采荼薪樗，食我农夫。”特指盛药的葫芦）。精轩岐之道，而于生死疑难之际，审呼吸于毫芒，辩浮沉于影响，君臣佐使，无不析其源流，望闻问切，无不穷其妙奥。汇成《景岳全书》一集，列为八阵，中为九宫，前分门，后方剂，去陈言之糟粕，阐前哲之心思，合者参之，疑者剖之，略者补之，诚度世之津梁，卫生之丹诀也。

是书脍炙海内已久，余以不得一见为怅，适林汝晖侄倩携之来粤，如获拱璧。因谓儿辈曰：兹编宏济之仁，不在良相下，岂一身一家之所敢私哉！特付剞劂，以公诸世，庶不没作者之苦心，而同于长桑禁方之授也夫。

《老子·第四十一章》说："大方无隅，大器晚成。"东汉王充著《论衡·卷十四·状留》篇又说："大器晚成，宝货难售也。"

圣贤赞

自古圣贤尽贫贱，何况我辈孤且直。

古来圣贤皆寂寞，惟有饮者留其名。

自古圣贤多薄命，奸雄恶少皆封侯。

古来圣贤命坎坷，励练意志出硕果。

用以上文字介绍明代著名医药学家张介宾先生，恐无不妥之处。

张先生，字惠卿，号"景岳"，别号"通一子"。先世原籍四川省绵竹县，明初，因祖上以军功世授绍兴卫指挥，而徙居浙江会稽之东，食禄千户。因出身官宦之家，家境富裕，加之自幼聪颖好学，读书不辍，自六经及诸子无不考镜，故才学博洽，文采颇佳，善雄辩；于天文、音律、象数无不通晓，尤好兵法、战阵、医学、方药。

年少之时曾随通晓医理的父亲张寿峰入京师，往来于奇人异士群集的王府侯门之域，得遍交这些长者，得遇精通医术的名医金英（金梦石）先生，遂从之学医，悉心钻研《内经》，尽得其传，深有领会，遂潜心于医道。

壮年之时，好谈兵论剑，思有所用于世，正值北方边界屡受侵扰，战事不断，纷乱不已，少负经世之才的先生遂从戎幕府，游旅燕、冀间二十余年，为人行医理疾，据黄宗羲作传介绍其高超医术，"单方重剂，莫不应手霍然，一时谒病者辐辏其门，沿边大帅，皆遣金币致之"，可见此时其医术已非比寻常。因性格耿直、光明磊落，不肯蝇营狗苟，俯首附合，抱负难展，无所成就，致使功名壮志消磨殆尽，时已五十七八岁的先生，既已事无所成，又逢家中亲老家贫，终使其尽弃功利之心，筮《易》又得“天山之遁”，遂解甲归隐，避世壶中，返回南方故居，家居精心钻研轩岐学问之道，习医疗疾，专心从事于临床诊疗，据《全书纪略》载，“尽弃其所学，肆力于轩岐，探隐研神，医日进，名日彰”，经多年历练，由是医技大进，名噪一时，终成一代名医，被人们奉为仲景、东垣再生。

先生在行医之暇，凭借其丰富扎实的文学、史学、哲学基础功底，著书立说，笔耕不辍。所著三十二卷本《张氏类经》，对《黄帝内经》进行系统整理，在医学理论上详加阐发、注释，加以分门别类，增补不足，多所发明，以明阴阳、辨六变，为分析人体生理活动和病机变化的纲要。提倡“阳非有余，真阴不足”论，治疗则着重于补益“元阳”“真阴”。又制定了众多新药方，对祖国医学的发展做出了卓越贡献，颇为后世医家所重视、赞誉。六十四卷本《景岳全书》是其晚年所著最具代表性、最富影响力的一部医学巨著，于生死疑难之际，审呼吸于毫芒，辨浮沉于影响；君臣佐使，无不析其源流；望闻问切，无不穷其奥妙。是其积毕生成就与临证经验、精深理论的结晶，全集列为八阵，中为九宫，前分门，后方剂，去陈言糟粕，阐前哲之心思，合者参用，疑者剖之，略者补缺，诚度世之津梁（津梁，桥梁。《左传·昭公八年》：“今在析木之津，犹将复由。”唐代孔颖达疏解：“隔河须津梁以渡。”亦比喻能够起到桥梁作用的事物。《魏书·封轨传》：“吾平生不妄进举，而每荐此二公，非直为国进贤，亦为汝等将来之津梁也”），卫生之宝诀也。涵盖内、外、妇、儿各科，内容丰富，囊括理论、本草、成方、临床各科疾病，全面而系统，叙述条理性、逻辑性极强，是一部极具临床价值的参考书。

张景岳对《黄帝内经》最为看重，认为它是医学至高经典，反复研习《素问》《灵枢》长达三十余载，为其撰著医著奠定了坚实基础，又经过深入精心研究并结合自己长期的临床实践，终于成长为祖国传统医学发展史上的一位大家，所著《类经》《类经图翼》《类经附翼》《景岳全书》《质疑录》等无疑都是中医学界极为至高水平的经典医书。

张景岳，温补学派的代表人物，因善用熟地，绰号“张熟地”。他高度评价熟地性味功效：“形体之本在精血，熟地至静之性，以至甘至厚之味，实精血形成中第一纯厚之药。”将熟地所具填精补血、滋肾培元的功效，运用得巧妙灵活，掷取自如，广泛应用，多获奇效。

张景岳临证偏主温补，尊崇而信服其者为数不少，然而，攻击之者亦复有人，诸如叶天士、魏玉璜、章虚谷、陈修园。其最显著者，当属叶天士《发挥》一书（《叶天士临证指南医案发挥》），尤为深切详尽。究之景岳之重扶阳，时势适然，亦以救弊，学者循览其书，必当与《发挥》参观，斯不为其所误。

越人张景岳者，生于嘉靖四十二年（1563年），卒于崇祯十三年（1640年），天分既高，少负经世之才，晚年专于医药，师古复细，能决诸家之旨要，融汇百家之精秘，而贯通乎诸子者。终年七十八岁，属长寿之人。先生之所以能够尽享高龄，与其精通医学，必能探明性命之旨，精审颐养之宜，从而克葆天年，不无关系。

卢复（约1573—1627），明代医药学家，著有《医种子》《芷园臆草题药》。

卢复，字不远，号“芷园”，钱塘人（今浙江省杭州市）。早年习儒，二十岁始专攻医学，兼通佛学，自父惠及子之颐三代均礼佛释道，故所言多是佛家术语。与当时名医缪希雍等过从甚密，所著医书颇多。于1616年，明万历四十四年辑成《神农本经》三卷，是现今存世最早的《神农本草经》辑本。此书所辑药物及排列顺序均据李时珍《本草纲目·卷二》所载《神农本草经》目录，佚文则据《证类本草》中《本经》的原文（白大字）。其对本草学的整理、研究贡献很大，虽然不能反映《本经》的全貌，但可使后世得以窥见《本经》一斑。日本国医官杉本良仲温于宽政十一年（1179年）秋九月在为翻刻《神农本经·序》时撰赞曰：明人卢不远达识之士也，忧其如此（指《本经》经久已难辨其真面目），录出于《证类》《纲目》二本草刊而行世，其功伟矣。

又于同年撰有《医种子》又名《芷园医种》。于1619年，明万历四十七年撰有笔记体裁，记述作者研究医学心得的《芷园臆草题药》一卷，共计论药四十三种，不分门类，阐发药性机理，后由其子卢之颐订刻刊行。于1622年，明天启二年撰成载方二十余首的《芷园臆草堪方》一卷册。于1623年，明天启三年撰成不分卷的《芷园臆草存案》，后经清代王琦（字载韩，号琢崖胥山老人）作跋辑入《医林指月》，刻于1765年。

《刻本经正文缘起》：《本经》草木本性也，自神农尝药，爰命其名，盖从周代始见，辞气平淡，义味简蕴，如"太羹玄酒"览者殊罔然也（殊，很；极其。《史记·廉颇蔺相如列传》："今君与廉颇同列，廉君宣恶言，而君畏匿之，恐惧殊甚。"罔然，迷惑。《论语·为政》："学而不思则罔，思而不学则殆。"南宋理学家朱熹注解："不求诸心，故昏而无得。"阅览者非常迷惑）。后世药性，虽文理精析，句语繁多，舍此将何据焉？陶隐居有《别录》，不为无补于此经。朱墨虽分，久而竟混，世固不乏明眼（明眼，眼睛明亮，具有对事物观察得非常清楚明白，极具见识。北宋苏轼《题李伯时画赵景仁琴鹤图二首》："乘轩故自非明眼，终日傲傲舞爨薪"），恐经如长夜矣。使世复观正文，庶无咎于隐居（无所归罪于陶隐居）。余壬寅于《本草》有省（省，音xǐng。醒悟；知觉；明白。《列子·杨朱》："实伪之辨，如此其省也"），今十四年矣。《本经》《别录》颇能分别，据文顾名，往辄有解，益不厌其平淡，始得窥其简蕴也。欲问本草人，唯择其间，日用百余种，熟读详玩，久之必入三昧（三昧，佛教用语。人须平心静气神凝，止息杂念，才能入定，为佛教重要的修行方法。借指事物的诀要、真谛或精义。常指人们在某一方面颇有造诣为"得其三昧"。南宋诗人陆游《示子遹》诗："正令笔扛鼎，亦未造三昧。"只要持之以恒，久之必将颇有造诣，从而获取事物最根本的精义），敬刻《本经》流通。

万历丙辰（1616年）冬钱塘　卢复记

男　之颐　字　子由　姪　琏　字　孔将　仝校

《医种子·后序》：夫人之生，根身为亲（卢复是位礼佛之人，深通佛教术语。六根组合而成之身谓之根身。六根：眼、耳、鼻、舌、身、意。根身，即六根身体，为众生的正报），相分有根（根是能生的意思，犹如草木有根，能生枝干。如眼是视根，能生眼识。余皆类推），身便有疢疢（泛指久病之疾。《释名·释疾病》："疢，久也；久在体中也"），有疢疢便有医业，世云"为人子不可不知医"，予独云："为人不可不知医"。顾医之理，阐自轩、岐，惟《灵枢》《素问》真医之第一义，诸从《灵》《素》中次第流出真种子者，莫如扁鹊、仓公、仲景，家刻易简诸书。经论方按八种，可作生人之获身符券（皆佛家语，即护身符，护身之灵符。又称护符、神符、灵符、秘符，即书写佛、菩萨、诸天神、鬼神等形象、种子、真言的符札，将其置于贴身之处，或吞食，就可以蒙受到各位尊神的加持护念，故得此名。经过僧人、道士、巫师所书画的符，或者念过咒语的物件，随身佩戴，可以起到驱邪避灾，免除厄难、水火之难、安定产业、保护自己的诸多作用），其间义意宛如火之始然，泉之始达，阿赖耶（大乘佛教术语，八识之一。因其能含藏生长万有之种子，亦称种子识。阿赖耶识，又称为藏识，内含能藏、所藏、执藏三义，是指一切善恶种子寄托的地方所在）！识之有种子功能也，以之为种，再受熏习自能燎原滔天，非皭火行潦可比（皭，音 jiào，形容词。清白；洁白；洁净。《史记·屈原贾生列传》："自疏濯淖污泥之中，蝉蜕于浊秽，以浮游尘埃之外，不获世之滋垢，皭然泥而不滓者也。"洁身自好，洁净纯白，染而不黑。皭火行潦，梵语。源于佛教法相宗的主要典籍《成唯识论》，："钞释充栋，征引奥博，皆孳孳矻矻，竭毕生之力，搜讨钻研，不遗余力。而典籍消亡，师说歇绝，其嘉惠后学固可钦，而与唐典比并，尤皭火之于日光，行潦之于渤海。"），因名《医种子》。而种子义者，乃阿赖耶。识本有相分，所谓根身器裹之因（梵语。有诗云：浩浩三藏不可穷，渊深七浪境为风，受熏持种根身器，去后来先作主公。此识为藏识，具有诸法种子之意，持而不能失，有能主宰自己做自己的主公之意。所谓自身外物包含这个世界的因素）。亲生自果功能差别（梵语，语出《成唯识论·卷二》："何法名为种子？谓本识中，亲生自果功能差别。"说的是功能。亦有因缘说，佛教阿毗达摩论中所整理出的因缘论，即赅括一切有为法之生起所凭借的四种缘，指一切有为法中能亲生自果者），故生人于医，实非踈外之理。其所谓亲生自果者之谓乎！此书虽八从经生论从论生方（皆梵语），方生按一线穿成，不烦造竹，弟始有之义，深远邃酝（邃酝，音 suì yùn。深远精深宽和酝借），籍一时难人世之欲速明白者，望见恐生瞌睡矣。不瞌睡亦自不恶，酾瞑之久忽然醒来（酾，音 èr，再一次酿制的酒。《玉篇·酉部》："酾，重酿也。"瞑，音 mián，通"眠"。稽康《养生论》："内怀殷忧，则达旦不瞑。"酒醉睡眠，很久之后忽然醒过来），精神自陪也，管见如此，教公世人至其尼止流通，一任往种之受不受也（一任，听凭；任他去；任他随意。唐代杜甫《鸥》诗："雪暗还须浴，风生一任飘。"明末清初著名学者仇兆鳌作《杜诗详注》引南宋进士、专事著作的著名学者罗大经所说："虽风雪凌厉，亦不暇顾。"受不受也，语出《孟子·公孙丑上·第九章》："是故，诸侯虽有善其辞命而至者，不受也；不受也者，是亦不屑就已。"）。

庚申（1620 年）秋分前一夕雨中灯下

钱塘　不远　卢复记于 芷园 忏室

《医种子·题辞》：语云"通儒乃能通医"，又曰"医道通仙道"，自昔以神仙济世，名者：葛洪、韩康、陶弘景、孙思邈是已，次如范汪（东晋医家，约308—372年，字玄平，又称范东阳。善医术，经常以拯恤为事，凡有患者，不问贵贱，一律救治，多有成效，撰有《范汪方》）、阮咸（西晋人。"竹林七贤"之一，精通音律。《晋书》有传）、皇甫谧、殷仲文之流，又皆以胜情玄解旁达医理，或决死生于邂逅（音 xiè hòu，偶然；一旦；不期而遇。《诗经·国风·郑风·野有蔓草》："邂逅相遇，与子偕臧"），起危困于刀圭，非所为以儒道者乎。后世东垣、丹溪辈出，始业有精，专顾术弥工而意已局，未可语于方之外也。吾友卢不远山情霞貌，望之如神仙中人，壮岁弃儒而隐于医，活人不啻千计，而居恒块处一室，焚香读书澹然自足。所谓径户无人，而披帷期在者，不远有焉。余尝读其《芷园臆草》，精思妙义已见一斑。比又辑《医种子》，决经论方按，附梓行于世，以为医之为道种种发生神明，变化不出于期间，有以不知远学问溯源之所自，其所得者深远矣。今之君子无论上古轩、岐及仓公、仲景之书置之不问，即东垣、丹溪以下亦多勒袭，其浅近者以为心要互相传习，不循其本，执方试药杀人如麻。不远此书出，潦倒俗医，或视为迂阔无当，若夫好古深识之士，未有不秘之枕中，奉为律令者矣。昔人有家富不为人治病者，又有善医而不肯著书者，意在矜恤（怜悯抚恤。《后汉书·周泽传》："奉公克己，矜恤孤羸"）而济世之功或缺焉，不远神明此道，不思独善，而推而公之，便万世而下，医家种子相续不断，不远之功殆可以追媲陶、孙诸人，岂复论区区伪者之效哉！

天启 甲子夏（1624年）

东吴 友人　李流芳书

公元67年，永平十年，东汉明帝刘庄就已派遣使者去往西域，广泛征求佛像及其经典，并且迎请高僧前来洛阳，还在洛阳兴建了第一座官办佛教寺庙——白马寺，于其中布道施教。佛教自汉始入中国，因为先圣以深邃的思想智慧和救人救世、普度众生，慈悲为怀，引人从善的深厚同情心、智慧心给人信心、给人希望、给人欢喜，自此在这块中原大地上牢牢地、深深地扎根发芽，繁衍兴盛；其最重视人类心灵、道德的觉悟和进步，透视宇宙和生命的真相，得以超脱和解放思想，超越生死、苦难，彻底断绝所有烦恼和苦闷，终极目的达致解脱。佛陀，亦称浮屠。此言觉者、知者，对迷名知，对愚名觉。知道，就是知道了、懂得了、觉悟了，就是“大觉”，就是“觉悟者”，简称就是“佛”，其所传的宗教就是“佛教”。

种子之说缘于古印度大乘佛教的瑜伽宗，因其主张“万法唯识”亦称“唯识宗”，而种子论则是唯识宗的哲学理论之一。唯识学的种子思想缘于弥勒，而弥勒是否真有其人？历来争议纷呈不已。唯识学的真正创始人当是生活于公元5世纪印度的无著和小于自己二十五岁的亲弟弟世亲。唐代玄奘西行学习、取经所得佛教大乘唯识宗《成唯识论》，就是兄弟二人传播的佛教经典中的重要组成部分，归国后专心翻译传播的主要内容也是唯识学，因此，玄奘可以说是中国唯识宗的创始人，而唯识宗实乃中国佛教中重要的宗派之一。唯识宗认为宇宙万有都是阿赖耶识变现的，阿赖耶识所以有这样大的功能，就是因为它含藏着各类种子。

阿赖耶识犹如一座神奇的宝库，蕴藏着丰富的各种种子，阿赖耶识是能藏，种子则是所藏。

那么，什么是阿赖耶识呢？这是梵语的音译，译成中文，就是“我”。唯识宗认为世间的一切都是虚幻不实在的，全都是由识变现的；而人有八识，分别是：眼识、耳识、鼻识、舌识、身识、意识、末那识、阿赖耶识。宇宙万有是所变，识是能变，能变识又分三类，始终与时空同在，与自然共存的第八识阿赖耶识是初能变，作为意根的第七识末那识是二能变，而前六识：眼识、耳识、鼻识、舌识、身识、意识则是三能变，亦称六转识。在这三能变中，只有第八识阿赖耶识是本识，是轮回易变于世间，永恒不灭的；其他七识也称七转识，均由阿赖耶识转生而来。识，是唯识理论的核心，只有明了此“识”，方能明了宇宙万有人生的奥秘。

《成唯识论》把“种子”界定为“本识中亲生自果功能差别”，种子被摄藏在阿赖耶识之中，能够亲生一切染、净、善、恶……诸法自果的功能差别。

《成唯识论·卷二》：“谓于所生现行果法，俱现和合，方成种子。”种子当与其所生的现行果法相互依存，因果同时。

卢之颐（一说 1598，一说 1599—1664），明清之际医药学家。字子繇、繇生，号“晋公”“芦中人”。钱塘（今浙江省杭州市）人，著有《学古诊则》《本草乘雅半偈》《摩索金匮》《痎疟论疏》《仲景伤寒论疏钞金錍》。

卢之颐，明代医药学家卢复之子。出生于世医家庭，天资聪颖明敏，博闻强志，自幼承继家学，治学毅力过人，精方药，通禅理，青年时就已善于处方用药，善疗奇疾，有名于时，对祖国医药学多所建树。虽以医为业，却矢志忠于明朝廷，明亡，耻于做清民，遂归隐乡里。一生勤于著述，亦好非难前贤；由于治学勤奋，渐致两目俱盲，竟至愤懑而卒。于明末撰有载医论四十则的诊法类医书《学古诊则》四卷，后由清代王琦重新整理考订加注刊行于约 1722 年。

其父卢复病逝时，之颐二十八岁。继承父志，历时十八年（自丙寅至癸未，即明天启六年至明崇祯十六年，1626—1643 年），在卢复《本草纲目博议》一书的基础之上，增补撰写而成《本草乘雅半偈》（偈，音 jì。佛教用语。梵文的意译，佛经中的唱颂词；音译为“伽陀”“伽他”“偈陀”，义译为“颂”“讽诵”“孤起颂”。隋高僧释吉藏撰佛教文集《百论疏·卷上》：“偈有二种，一者通偈，二者别偈。言别偈者，谓四言五言六言七言皆以四句而成，目之为偈，谓别偈也。二者通偈谓首卢偈，释道安云：盖是胡人数经法也，莫问长行与偈但令三十二字，满即便名偈，谓通偈也。”也就是说，偈乃佛经的一种体裁，由固定字数的四句组成，主要有两种偈，一谓通偈，一谓别偈。前者由梵文的三十二个音节组成，亦称“首卢伽陀”；后者共四句，每一句由四言、五言、六言、七言组成不定。卢复祖孙三代全都礼佛，卢之颐则自幼习之，故所著《本草》，名之曰《本草乘雅半偈》）。古代四数为乘，诠释名物曰雅；因兵燹致书稿散佚，后凭著者回忆，重新补写，仅完成了核、参两部分内容的撰写，而衍、断两部分内容则因内容太多而不能追忆补写，因残稿修补之后仅约为原书稿之半，故取书名为《本草乘雅半偈》。

卢之颐在《本草乘雅半偈》一书中的各药一栏，首列气味良毒、功效主治，其下为“核曰”，述别名、释名、产地、形态、采收、贮存、炮制、畏恶等内容；核，考察、校对之意，与历代本草相参比、对照，阐述经过实地考察之后的见解，实可谓继承与发展的相结合。“参曰”则是作者对药性功效，形态等的阐发。参，乃是参考之意。卢之颐继承父业研究《本经》之后，对各种药物提出自己的参考意见。衍，衍展、引申之意。主要记述卢之颐经过实地考察研究随时随地的笔录，是对历代本草学，尤其是对《别录》的研究心得。断，判断、判定之意。通过“核”以《图经》，“参”以《本经》，“衍”以《别录》，最后示以附方、应用，验证于临床，附方中尤为珍贵之处，乃是以“家授诸方，间以附见，统公海内”。此书在整理、发掘、研究中医药学方面发挥了重要作用，在本草学界具有不可忽视的地位。

此后其又于1651—1654年，撰写了《金匮论疏》，写至将半时，因目盲之故，已不能自写，遂由其女婿陈曾皇代笔，历四年完成《摩索金匮》九卷的写作。“摩索者，言暗中得之也。”此时，他已双目失明，时年六十五岁。

1657年，清顺治十四年，撰成温病类论疟之一卷本《痎疟论疏》。前半论证治，后半附方药；论述串解《素问》的“疟论”“刺疟”及“运气”诸篇和《灵枢》的“经脉”等篇文义，突出审因辨证，知常达变。

借助翁婿之助力，卢氏继续撰写完成了伤寒金匮类的十四卷本《仲景伤寒论疏钞金錍》（简称《金錍》，亦有写作《伤寒金鎞疏钞》）。全书近三十余万言，学术上遵古而不拘泥于古，善于继承，勇于发扬，敢于发前人之未发，纵横奥衍，精以理解，颇具大胆创新精神。

《道古堂文集·卷二十九·名医卢之颐传》：之颐，字子繇，生明熹宗时，号晋公，又自称芦中人。父复，字不远，精于医理，从游者众。聘王绍隆于家讲论《内经》，誓愿买田以膳学徒，使医道大明于世。著有《病种》《芷园臆草》诸书。祖惠，字心斋，艰于得孙，愿以一周星课《华严》满一十二部（佛学术语，佛的华严世界。华严世界也叫种子世界，多元的世界，因果相依相存的世界，三藏十二部转凡成圣的圆满教法，亲近佛陀的最短距离），于时灯香前即时时现一童子相，既满，子繇生焉。自绝乳后，不露一隙慧光，群儿戏，独不能戏；群儿诵，独不能诵，口若胶生，耳若纩塞，形若木偶（纩，音kuàng，衣服的新丝绵。犹似内絮新丝绵的木偶），众以为痴（《说文解字·疒部》：“痴，不慧也。”《明史·海瑞传》：“此人素有痴名。”迟钝、呆傻、不聪慧）。九岁时，依父禅坐，现一身世俱空之境，随诣闻谷禅师，以三语令参，能举心为对。弱冠忽处，方药有合，人亦稍稍许之。王绍隆召听《内经》《素问》，不得其旨，聋哑如故。后讲张仲景《伤寒》，忽大出辩驳，以困其师。明年，即摄师讲席。著《金匮要略摸象》，未成，父促之成，既成，火之。曰：十年后方许汝著书。于是奇颖之声渐起，试命参预笔削（请人修改文章的敬辞。《晋书·皇甫谧传》："留情笔削，敦悦'丘、坟'。"尝试着令其参与修改文章），大有阐发，悉取所著畀之，而于本草终不相入，艰苦殊甚。会父著《纲目博议》，有椒菊双美之疑不能决，得之颐私评而决。因令面判七药，皆有至理。病亟，趋令之颐成之，历十八年而《本草乘雅》始出，中冠以先人字者，即《博议》也。中分核、参、衍、断四则，遭乱后，书籍零散，参、核二种，稍补其残缺，衍、断倍多，不能追忆，遂名《乘雅半偈》，凡十二卷，今已行世。父殁后，述先人之志，成《摩索金匮》九卷，右目偏盲。摩索者，言暗中得之也。继《摩索》而作者，有《伤寒金鎞疏抄》，医难析疑，遐引曲譬几三十万余言。难扁鹊，诮华佗，曲王叔和，驳成无己，自孙思邈以下无讥，以引《灵》《素》之热病以言卒病则谬，指七情、六气、房劳、刀杖为内外三因则谬，以形层，皮肤、肌胸、腹胃限病者期日则谬，以化气为本、以经脉为标则谬。纵横奥衍，精以理解，悟以禅机。旋入闽，归理旧业，积三十余年而后成学。硕如张天生，名彦如陈胤倩，皆从问业。自言于王绍隆得《金匮》之心传，于陈先得《薛案》之私染，而李不夜、严忍公，则文章道谊之宗模也。幼耽禅学，于闻穀、憨山二大师得其南车（比喻正确方向的引导者。北宋名臣范仲淹《上大名府主王侍郎启》："伏遇侍郎，启辟圣门，仪形俊域，实斯文之东道，乃吾党之南车"），于离言和尚得其点醒。云间施笠泽，古娄潘方孺，邵阳宁比玉，不远而来，起予不少。左右采获，卒能名家。有子曰黼。余杭严武顺与卢氏为至交，复卒托孤，一言一动，必关白而后行，稍不当，辄诃督谯让，改乃已。人两难之。

旧史曰：《陈曾蘙传》论之颐云：岁丙戌（1646年，清顺治三年），监国者在山阴，之颐杖策往谒，大为所亲信，授职方郎。事败，跳身归乡里间，与旧相识者往来，门庭杂沓，踪迹不测，性又简傲，虽以医术起家，轻忽同党，好自矜贵，出入乘轩，车盛傔从，广座中伸眉抵掌，论议无所忌。识者谓必中奇祸。顷之，两目皆盲，䀮䀮目成废人，不出户庭，而曩所交游皆断绝，诧叹一室，竟以偾懑卒，此殆天之所以保全之也。

道古堂　杭世骏

附：杭世骏（1695—1773），清代文人、画家，字大宗，号堇浦，别号智光居士、春水老人、阿骏。室名：道古堂。仁和人（今浙江省杭州市）。举鸿博，授编修，官御史。

《钦定四库全书·子部五·本草乘雅半偈·医家类》："臣等谨案《本草乘雅半偈》十卷，明卢之颐撰。其说谓《神农本经》三百六十五种应周天之数，无容去取。但古有今无者居三之一，因于《本经》取二百二十二种，又于历代名家所纂，自陶弘景《别录》至李时珍《纲目》诸书内采取一百四十三种，以合三百六十五之数，未免拘牵附会。然考据该洽，辨论亦颇明晰，于诸家药品甄录颇严，虽辞稍枝蔓，而于《本草》究为有功。其曰"乘雅"者，四数为乘，此书初例有核、有参、有衍、有断，每药之下其目有四，故曰乘也。又曰半偈者，明末兵燹，佚其旧藁（同"稿"），之颐追忆重修，乃以核、参该衍、断已非原书之全，故曰半也，立名亦可谓僻涩矣。案杭世骏所作之颐传，称其父复精于医理，尝著《本草纲目》，博议有椒、菊双美之疑，不能决，得之颐私评而决，因令面判七药，皆有至理，病亟，趣令之颐成之，历十八年而《本草乘雅》始出，中冠以先人字者，即愽议也。则此书实继其父书而作，惟本十卷，而世骏传作十二卷，则不知其何故矣。"

乾隆四十六年（1781年）五月恭校上

总纂官：臣　纪昀、陆锡熊、孙士毅。　总校官：臣　陆费墀

《本草乘雅半偈·原序》：余质性黑暗（自谦语，亦是佛家语。自喻痴、笨、愚昧、不聪明。佛学经典《摩诃止观·卷五上》："此黑暗人，岂可论道"），又不能多取师承；然以黑暗故，益不自知其为黑暗（此语说明卢之颐是位极其谦谨之人。正因为自己不聪明，就越发不知道自己有多么愚痴）。每阅《本草》艰苦殊甚，间亦弋获（泛指擒获；获取；获得。语出《诗经·大雅·桑柔》："如彼飞虫，时亦弋获。"东汉经学家郑玄注解："犹鸟飞行自恣，东西南北，时亦为弋射者所得。"其间已有所收获），记之侧理。夫自写其一得尔，而稍稍为人物色。岁在庚午（1630年，明思宗崇祯三年），武林（杭州的别称，因武林山而得名）诸君子大集余舍，举仲景两论及《灵》《素》秘奥，其余一人为之阐发。余谢不能，然亦不欲自秘其师承也（我本想婉言辞谢，然而，又不想秘藏老师传授给我的知识），于是时计此书之成。自丙寅至庚午（1626—1630年），仅得十之二；自庚

午至癸酉（1630—1633年），仅得十之三，而以诵说，故几不能竣事。会春风座中狂飙拂面，余遂绝念世纷，专意笔墨（会，副词。值此；恰逢；正好。《史记·陈涉世家》：“会天大雨。”春风，形容词。温馨和谐融洽的氛围。狂飙，形容词。强劲地。拂面，动词。吹过面庞。世纷，人世间的纷乱。《后汉书·班彪传赞》：“彪识皇命，固迷世纷。”专意，专心；一门心思专用于笔墨。《汉书·贡禹传》：“古者不以金钱为币，专意于农。”笔墨，指文字或文章。东汉哲学家王充《论衡·乱龙篇》：“子骏，汉朝智囊，笔墨渊海。”值此春风拂面，狂飙我心的氛围影响之下，我于是不再留恋纷乱的人世间，专心于写作文章），自丙寅至癸未（1626—1643年），凡历十八春秋，而此书始成。原分参、核、衍、断，四种，故名其书为《乘雅》。数四为乘，非取载之义也。明年甲申（1644年）方事剞劂，又明年乙酉五月（1645年），会有兵变（此指明清朝代更迭，兵燹不断），携家而逃，流离万状，诸楚备尝（楚，形容词。酸辛痛苦。西晋诗人、文学家、书法家陆机《于承明作与士龙》诗：“俯仰悲林薄，慷慨含辛楚。”各种辛酸痛楚都尝遍了）。沿至丙戌之十月（1646年），始得生还，而家徒四壁，则板帙之零落殆尽可知已。既慕古人破甑弗顾之意（《后汉书·卷六十八·郭符许列传第五十八》：“孟敏，字叔达，钜鹿杨氏人也。客居太原。荷甑堕地，不顾而去。林宗见而问其意。对曰：甑以破矣，视之何益？林宗以此异之，因劝令游学。十年知名，三公俱辟，并不屈云”），而仍自怀千金敝帚之思（《东观汉记·光武帝纪》：“家有敝帚，享之千金。”此谓人各以其所自有为贵之意），勉辑旧业，仅能完参、核之残缺。衍、断倍多，何能补漏？虽余之始意亦欲中分四种，谓参、核可该衍、断，遂又名其书为《乘雅半偈》。寻又念一生精力，何忍自藏其半，语详《义例》中，而今则姑俟之矣。余平生实不能负笈远游（笈，音jí，书箱。背着书箱外出求学。《晋书·王裒传》：“北海邴春，少立志操，寒苦自居，负笈游学”），师承殊少，于家庭则有先大人荷薪之训，于父执（父执，志同道合者，父亲的朋友。语出《礼记·曲礼上》：“见父之执，不谓之进，不敢进；不谓之退，不敢退；不问，不敢对。”郑玄注解：“敬父同志，如事父”）则有绍隆王先生《金匮》之心传、象先陈先生《薛案》之私淑，于往来则有仲淳缪先生之指示，而李不夜先生、严忍公先生则文章道义之宗模也（道谊，道义；道术。宗模，尊崇、宗仰的模范、榜样。《史记·孔子世家》：“孔子布衣，传十余世，学者宗之。”西晋文学家左思《咏史八首》：“巢林栖一枝，可为达士模”）。幼耽禅学，于闻谷、憨山二大师，得其南车（比喻正确方向的引导者。北宋名臣范仲淹《上大名府主王侍郎启》：“伏遇侍郎，启辟圣门，仪形俊域，实斯文之东道，乃吾党之南车”）；于离言和尚得其点醒。而云间施笠泽、古娄潘方孺、邵阳宁比玉亦皆宇内名流，既已不远而来，岂少起予之益。故余之言虽不乏道脉，持黑暗之资，恐犹是摸索语耳。将以就正海内，即以贻笑海内，而前所称武林诸君子，咸以是书出，殊可为人师承，余不敢冒其称也。余特不敢不称述其师承者也。

丁亥（1647年）重九日钱塘　卢之颐书于恒业

《钦定四库全书·痎疟论疏·提要》：臣等谨案，《痎疟（音 jiē nüè，疟疾。《说文·病部》："痎，二日一发疟也。"《素问·生气通天论》："夏伤于暑，秋为痎疟"）论疏》一卷，明卢之颐撰。之颐，字子繇，钱塘人，是书论痎疟证治，于虚、实、寒、热四者最为详尽，足以发明《素问》疟论、刺疟法诸篇微意。大旨谓疟属阳，痎属阴。日作者属阳，间日，间数日作者属阴。而曰温、曰寒、曰瘅、曰牝，皆可以痎疟该之。其主方多取王肯堂《证治准绳》。其余所列诸方，亦多简当。虽为书不过一卷，然治疟之法，约略尽乎是矣。杭世骏《道古堂集》有之颐小传，称所著初有《金匮要略模象》，为其父所焚，续著有《本草乘雅半偈》行于世。后著有《摩索金匮方》九卷，又有《医难析疑》，今未见传本。独无此书之名。殆世骏作传时又有所遗欤。

乾隆五十一年（1786年）七月恭校上

总校官 编修 臣吴裕德、吴敬舆

校对生员 臣祝孝承

《中国古代医方真本秘本全集·清代卷·〈芷园素社痎疟疏方〉〈医林指月〉》：计录方三十八则，聊备因证之常，其变乘气运，先贤未经诠则，颐又何敢妄参。或借此化而裁之，则海内诸方，多堪择用。诚神而明之，则存乎其人焉耳。至于拣选药石，从上古人，不唯审方域、辨气候，必蓄司岁孕生之物，以备一纪之需。恐失所精专，难以待从逆反佐，遂苦欲补泻也。但世苦绵力，七年之病，犹难三年之艾。况品物咸具者乎。是以雷公精参灼灸，以补不逮。设并弃置勿遵，更或良楛不侔，直欲制梃而挞坚利，乌乎可。

……

上录诸方，皆古人成案，各有深意存焉。盖人之病，或有证同而因异，或有因同而证异，或有因证似是而非，或有因证似非而是者，故所贵在尽察，因证之常变，及探索古人所以立方之绳则，则我亦可以效法处方。矧有古方之可循者乎！否则，颐惧其操方以希合也。合其幸，不合，且以病试方矣。颐窃于此，颇三致意。

钱塘　卢之颐　子繇 父疏

卢之颐的《痎疟疏方》一文，曾由钱江的名医王琦于乾隆甲申（1764 年）七月辛亥朔编入《医林指月》之中。

吴有性（约 1582—1652），明末医学家，著有《瘟疫论》。

吴有性，字又可，江南吴县（今江苏省苏州市吴中区和相城区）人。生于明季（明季，即明末），居太湖中洞庭山。当崇祯辛巳岁（1641 年），南北直隶、山东、浙江大疫，医以伤寒法治之，不效。有性推究病源，就所历验，著《瘟疫论》，谓："伤寒自毫窍入，中于脉络，从表入里，故其传经有六。自阳至阴，依次而深。瘟疫自口鼻入，伏于膜原，其邪在不表不里之间。其传变有九，或表或里，各自为病。有但表而不里者，有表而再表者，有但里而不表者，有里而再里者，有表里分传者，有表里分传而再分传者，有表胜于里者，有先表后里者，有先里后表者。"其间有与伤寒相反十一事，又有变证、兼证，种种不同。并著论制方，一一辨别古无瘟疫专书，自有性书出，始有发明。（民国赵尔巽等撰，《清史稿·卷五百二·列传二百八十九·艺术一·吴有性传》）

明末瘟疫学医学家吴有性，字又可，号淡斋，是传统医学领域中发明、创立瘟疫学说并著书立说的奠基人。明末战乱不止，他见饥荒饿殍遍野，致使疫病流行，痛心不已，遂潜心钻研，推究病源，认真总结，批驳依伤寒法治疗之错误，提出、创立了瘟疫学说，著有《瘟疫论》，明确提出瘟疫是由一种看不见的异气（又称戾气、厉气）所导致，是通过口鼻侵入机体造成的疾病，大胆地提出了"厉气"致病说。从病因学方面将瘟疫与通常所说的外感病、伤寒病加以区别，突破了六气致病说的传统观念，明确提出新的传染病病原说。他还将温热与瘟疫逐步合二为一，极大地充实了传统医学关于传染病的内容，于后世预防、治疗疫病流行极具指导意义。他的真知灼见缘于其亲身实践，源于他的勇于探索和创新，不被以往学说所束缚。他在传染病学史上的贡献不可抹杀，其人应受到我们后人尊重和敬佩。

李中梓（1588—1655），明末清初著名医学家，著有《医宗必读》《药性解》《本草通玄》《内经知要》《颐生微论》《病机沙篆》等。

"李中梓《颐生微论》十卷。"（清代张廷玉等撰，《明史·卷九十八·志第七十四·艺文三》）

明末清初著名医学家李中梓，字士材，号念莪，又号荩凡居士，享年六十七岁。江苏省南汇人（今属上海市，亦有说其为华亭人）。出身官宦之家，父亲是万历十七年进士。士材乃博异之士，自幼便受到良好的家庭教育，少年时即擅长文学、兵法，初习儒学、道业，攻举业；继禅学，虽超越当世，欲举仕途，无奈屡试不第，加之体弱多病，遂弃仕途转而专攻岐黄，悉心钻研经典医书、名家著作，深得要旨，受益匪浅。他是位极为重视医学理论与临床实践相结合的医学家，对中草药的药性反复进行研究，灵活应用于临床，在医疗上注重脾、肾，在医疗实践中创立了自己独特的医学理论，终成一代名医。依其才，上而用之，则国事必易决之；下而求之，则山林之间，竹柏之下，其必有与乐之矣。意即上可医国，下可医民治疾，好为生人之事而为之。

李中梓勤于笔耕，一生著述颇丰。于1637年，即崇祯丁丑春仲著《医宗必读》十卷，文字简明通俗易懂，医理深入浅出，实为初学医者登堂入室之有利扶手和指南之捷径，因此流传颇广。另著有《内经知要》、《删补颐生微论》四卷、《诊家正眼》二卷、《本草通玄》二卷、《药性解》六卷、《伤寒括要》、《雷公炮制药性解》等医书。

《医宗必读·自序》：余惟文人之舌，思若泉涌，词若藻发，可以鞭雷驱电，绣虎雕龙（比喻文章写得辞藻华丽，文辞博大恢弘，不同凡响。绣虎：北宋曾慥编著六十卷本笔记体小说总集《类说·卷四》引《玉箱杂记》：魏曹植，号"绣虎"。绣，谓其词华隽美；虎，谓其才气雄杰。雕龙：雕镂龙文，文辞博大恢弘，不同凡响。《史记·卷七十四·列传第十四·孟子荀卿列传》载有战国事：齐人邹衍"言天事"，善闳辩；邹奭"采邹衍之术以纪文"。齐人因此称邹衍为"谈天衍"，邹奭为"雕龙奭"。南朝裴骃著《史记集解》引西汉文学家、经学家刘向《别录》：

“驺奭修衍之文，饰若雕镂龙文，故曰‘雕龙’。”后人因此便指以善于撰写文章者为“雕龙”。《后汉书·崔骃传赞》：“崔为文宗，世禅相传授雕龙。”南朝梁文学理论批评家刘勰为其五十篇文论定名为《文心雕龙》，义亦取自本意。邹衍，战国末期齐哲学家、阴阳家代表人物。邹奭：战国齐稷下学派学者、阴阳家），纵其才之所之，而无所不极。若夫医宗则不然，呼吸存亡之变，埒于行师（埒，音 liè，等于；相等。《史记·平准书》：“故吴诸侯也，以即山铸钱，富埒天子。”行师，《吾思·圣神贤》诗：“深思熟思，必有奇思。信师行师，自可名师。圣学博学，方成绝学。知善致善，是为上善”）；转盼补救之功，同于澍雨（澍雨，时雨，及时雨。《后汉书·明帝纪》：“长吏各洁斋祷请，冀蒙嘉澍。”犹如恩泽。《清史稿·高宗纪一》：“以御门听政，澍雨优渥，赐执事诸臣纱疋有差”）。虽有悬河之口，惊筵之句（即口若悬河、能言善辩、震动筵席的话滔滔不绝），固不如本情性，考坟索（最古老时代的大著作或曰书籍，意即三坟五典。《左传·昭公十二年》：“是能读三坟、五典、八索、九丘。”晋代学者杜预注解：“皆古书名。”唐代经学家孔颖达疏解：孔安国《尚书序》云：伏羲、神农、黄帝之书谓之三坟，言大道也；少昊、颛顼、高辛、唐、虞之书谓之五典，言常道也），率典常以揆方（揆，音 kuí。揣度；度量。《诗经·鄘风·定之方中》：“揆之以日，作于楚室”），叶神化以通微之为得也。且书以诏来，兹言之当则济世之航，不当即殃民之刃。自非研几循理，宏采约收，曷能扶神圣之玄（神圣，庄严尊贵。《汉书·晁错传》：“臣闻五帝神圣，其臣莫能及，故自亲事”），开斯人之瞶乎？

尝考古之著医书者，汉有七家，唐九倍之，得六十四，宋益以一百九十有七，兼之近代，无虑充栋（言书籍堆积之多，高达屋脊栋梁。南宋大诗人陆游《冬夜读书》诗：“茆屋三四间，充栋贮经史”）。然《金匮玉函》之精，而六气之外不详；《天元玉册》之密（唐代王冰撰，亦作《天元玉策》，三十卷，已佚。《古今医统》称其“元诰《内经》之意，益之以五运六气之变”。是专论五运六气学的专著），而拘方之词多泥。孝忠乱钱乙（阎孝忠，北宋儿科医家。钱乙，北宋小儿科名医）之撰，完素（刘完素）假异人之传。上谷之书久湮（音 yān，埋没。上古之书久已埋没。南朝梁文学家江淹作《恨赋》：“含酸茹叹，销落湮沉”），睢水之法偏峻，况其他乎？俚者不堪入目，肤者无能醒心，约者多所挂漏，繁者不胜浏览。盖余究心三十余年，始知合变，而及门者苦于卓也。曩所著《微论》（李中梓《颐生微论》）诸书，未尽玄旨（道家深奥的义理。隋唐常达《山居八咏·之五》：“好听玄旨处，猿啸岭南枝”）。用是不揣鄙陋，纂述是编。颜曰《必读》，为二三子指南。

会友人吴约生，偕其弟君如（丁丑岁，新安友人吴氏兄弟见是书甚悦之，亟欲公布于世，而资助付梓雕制印书）见而俞（音 yú，犹言“然”，表示应允。《尚书·尧典》：“帝曰：俞”）之曰：裒益得中，化裁尽变。明通者读之，而无遗珠之恨；初机者读之，而无望洋之叹。其可秘之帐中乎？遂捐资以付之剞劂，而嘉惠学者以亟读。余曰：读书之难，难在轮扁（春秋时期齐国颇有造诣、因造车而闻名的匠人，名扁。《庄子·天道》：“桓公读书于堂上，轮扁斫轮于堂下。”后世多用为高手的代称。造车工匠斫木制造车轮谓斫轮）之说齐桓也。不疾不徐，有数存乎其间。余之为此书也，仅为渡河之筏耳。若夫循其糟粕，悟其神理，默而成之，存乎心解，余不能喻诸人，人亦不能得之于余。读是书者，无为轮扁所笑则几矣。友人闻而俞之，而命余弁（音 biàn。放在最前面，犹如弁言。弁，本是古代的一种帽子。因此尝谓书籍冠于卷首，相当于前言或序文一类的文字为弁言）其首。

崇祯 丁丑春仲　李中梓识

《雷公炮制药性解·自序》：余读仲景之叙医，辄为之掩卷。盖其感生死之芒忽（芒，通“茫”，模模糊糊；模糊不清；昏暗。《庄子·天下》：“芒乎昧乎，未之尽者。”引申为暗昧无知。《庄子·齐物论》：“其我独芒而人亦有不芒者乎?”忽，通“笏”。《荀子·正名》：“愚者之言，芴然而粗。”唐代学者杨倞著《荀子注》解：“芴与忽同。忽然，无根本貌。”芴芒，音 hū huǎng，恍恍惚惚，形容不可辨认或不可捉摸。），笃（音 dǔ，病重。《史记·范雎蔡泽列传》：“应候遂称病笃”）君父之危殆，贱名利之浮荣，冀年寿以没世，伤哉其言。焉得不原本药性，加意候诊者乎？三皇御宇（传说中的远古帝王。有六种说法，此仅选第六说：《风俗通义·皇霸》篇所引《礼纬含文嘉》谓燧人氏、伏羲氏、神农氏。御宇，则指皇帝在位统治天下。《晋书·武帝纪》：“武皇承基，诞膺天命。握图御宇，敷化导民”），太皞（亦作“太皓”。就是伏羲氏）首画八卦，开万世道术之祖；而神农遍尝百味，黄帝著为《素问》，其迹鼎足，扬化医之用居多。今考《本经》所载，草木鸟兽等类，则干木果、震萑苇（萑，音 huán。萑，长成后的蒹；苇，长成后的葭。《诗经·豳风·七月》：“七月流火，八月萑苇”）、坤子母牛、兑羊、艮狗之说。酸咸有五味之别，青黄有五色之分，则坎水、离火、震木、兑金、坤土之说。定浮沉、明燥湿，则本天本地亲上亲下之说。立君臣、分佐使，则君一臣二之说。有畏有喜，有恶有反，则吉凶利害之说。有补有泻，有正治有从治，则变通趋时之说。无非大易之源流，八卦之分布，圣人所以顺风气而防夭札者，端不越此。自太史公著扁、仓之论，以为美好者不祥之器，而儒者又好自张大，置医于九流之中，欲如皇子之论，当心东里之辨六气，文挚止疾于齐王，枚乘霍然于太子（西汉辞赋家枚乘，公元前？—公元前140，曾做过诸侯王吴王刘濞、梁王刘武的文学侍从，吴楚七国之乱前，屡屡上书谏阻吴王刘濞不要起兵造反，不听；叛乱过程中，再谏，仍被拒。西汉景帝刘启平乱之后，枚乘声名大震。有赋九篇，已散佚。霍然（突然；忽然。枚乘作《七发》：“涊然汗出，霍然病已。”涊，音 niǎn，汗出貌），岂可得哉！余以少孤，不及操药以进慈父，间为母氏尝之，退而考诸方书，多所不合，斯用痛心。乃于读书之暇，发《本经》《仙经》暨十四家本草、四子等书，靡不悉究（无不详详细细地研究）。然后辨阴阳之所属，五行之所宜，著《药性解》二卷。敢谓拯危济殆，于是赖焉。特以志余之悲，为人子事亲之一助耳。且夫甘旨以养之，温清以奉之，而卒罹夫不可疗之灾，欲代则不能，欲遍访而证诸人则不及，此人子终天之恨，仲景氏伤之，余所不辞而为之缕析者也。若夫《素问》一书，轩岐之精蕴在焉，亦欲订其同异而折衷之，期于剖微而止，敬以异日，公之同好。

云间　李中梓 撰

《雷公炮制药性解·钱允治序》（《雷公炮制药性解》又名《镌补雷公炮制药性解》，原由李中梓撰著二卷本《药性解》，后由明代钱允治在此基础之上，摘取《雷公炮制论》有关条文，补订至六卷，易名为《雷公炮制药性解》，并由此作序。由此序亦可窥见李中梓之史，故录）：昔《神农本草经》三卷，计药三百六十五种。谨魏、唐、宋以来，日增月益，或五百九十五，或四百四十一，或三百一十九。受病既多，用药亦广，地分南北，人异刚柔，固不可一律齐也。且穷乡下邑（此指小的县城，亦指穷乡僻壤），书不能备，医亦庸庸（平庸；凡庸。《论衡·答佞》：“庸庸之君，不能知贤；不能知贤，不能知佞”）。于是李东垣先生有《药性赋》焉，不必朱书墨书、图画形象，而括以韵语（指诗歌，亦指押韵的文辞。南宋周密命名其诗集为《草窗韵语》），分寒热温平四类，药止三百二十味，以为君臣佐使，迄今刊行于世，而注释则未遑也（遑，音 huáng，闲暇；暇。《诗经·商颂·殷武》：“不僭不滥，不敢怠遑。”《毛传》：“赏不僭，刑不滥也。”未遑，没来得及；没有时间顾及。西汉语言学家扬雄《羽猎赋》：“立君臣之节，崇贤圣之业，未遑苑囿之丽，游猎之靡也”）。

本朝万历末云间李中梓士材，玄禅之暇（玄，道家的学说。《文心雕龙》：“自中朝贵玄，江左称盛，因谈余气，流成文体。”禅，佛教用语，是梵语音译“禅那”的缩写，意指排除杂念，静坐沉思，研修思维，就是人们常说的“坐禅”“禅定”得以定心，此乃佛教修养的重要方法之一。此说李中梓做完道、佛的功课之剩余时间），研精此道，出其所蕴为注二卷，可谓有功于东垣，而炮制则未遑也。余览雷公所论，僭为条附于各药之下，熬煮修事种种俱悉。俾后学易于检阅讨论，岂不兼有功于二李者欤？嗟乎！医为人命大关，而读书不多，见理未彻，安能与三指之下（中医诊脉之法。以三指按寸关尺，以断疾病），霍然起死回生哉？先儒谓事亲者，不可以不知医，吾儒可不留心乎？若夫三百二十味，较之《神农本草经》三百四百五百，不见其多，只见其少，然调理得宜，依方用之，罔不霍然也者多乎哉。仁人君子，谅能辨之矣。若雷公者，乃刘宋时人，名斅，非《药对》之雷公也。《药对》雷公乃轩辕时人（轩辕，即黄帝。《史记·五帝本纪》：“黄帝者，少典之子，姓公孙，名轩辕”），与俞跗、扁鹊同时，古之神医。刘宋雷公姓偶相同，亦见雷氏世有明医也。兹因太末翁氏请刻乞序，并论及之。

天启壬戌（1622年）仲夏既望吴郡

八十二翁钱允治撰

《内经知要·序》：古云：为人子者，不可以不知医。此言似乎专指孝友中之一端而言之者也，何也？夫人之禀体毋论，其他六淫戕其外，七情贼其中，苟不知节，鲜不病且殆也。为人子者，可以父母、伯叔、兄弟、妻子及诸眷属付之庸医之手乎？故不可不自知之。然知之为知之则可，若强不知以为知，不如无知。从来偾事（音 fèn shì。此即败事之意。语出《礼记·大学》：“一家仁。一国兴仁；一家让，一国兴让；一人贪戾，一国作乱，其机如此。此谓一言偾事，一人定国。”东汉经学家郑玄注解：“偾，犹覆败也”）皆属一知半解之流，而不知奴隶之夫、乳臭之子，一朝而苟得权势，侥幸而世拥多资，便肆其骄慢之气，役医如吏，藐医如工。家有病患，遂促其调治，并以生死之权责成之。初不闻扁鹊有云“臣能使之起，不能使之复生”乎？在医者亦不思往古分医为十四科，使其各治一科为专科，志在济人。今则率皆相习成风，趋炎奔竞，其志不过啖名谋食而已（啖名，好名；贪图虚名；以名谋食。语出《三国志·魏志·卢毓传》：“选举莫取有名，名如画地作饼，不可啖也。”明代李贽《答焦漪园》：“真啖名不济事客，画作褒衣大冠，以堂堂巍巍自负。”后世遂以“啖名”比喻极为爱好名誉，极力追求虚名），岂不卑哉！要知此道之源出自轩皇君臣，以羲皇一画之旨，终日详论世人疾病之所以然，垂教天下后世以治法之所当然。而药物则又出乎炎帝，躬行阅历，察四时山川水土之宜，考五金八石之性，尝水陆草木之味，以定其有毒无毒、寒热温平、攻补缓急之用。相传各有遗书，玄皇者曰《素问》，曰《灵枢》，炎帝者曰《本草》。《素问》自王冰注后，嗣出者不下数十余家。《本草》自陶氏《别录》外，历代以来何止汗牛充栋。无奈时师心喜置身于时路，茫茫然朝值衙门，退侯缙绅，第应乡党。惟恐一人不悦，则谤端百出，飞祸无穷，所以无日不卑躬屈节，寝食俱废，岂有余力孳孳于诵读者哉！以故卷帙繁多，如李时珍、张介宾之所集，罔弗望涯而退，奚能念及此言似乎专指孝友中之一端而发者。扪心惝恍（扪心，抚摸胸口，以示反省。北齐颜之推《神仙》诗："镜中不相识，扪心徒自怜。"惝恍，音 chǎng huǎng，恍惚；模糊不清。《史记》："视眩眠而无见兮，听惝恍而无闻。"此谓反省恍惚、不明白之意），务必旁通一贯（一贯，一种道理贯穿于万事万物。语出《论语·里仁》："参乎，吾道一以贯之。"北宋经学家、训诂学家邢昺疏解："言夫子之道唯以忠恕一理以统天下万事之理"），由亲亲而兼及于仁民耶。余久遭老懒，自丙子（1756 年）岁后，竟作退院老僧，绝口不谈此道矣。一日偶然忆及云间李念莪先生所辑诸书，惟《内经知要》比余向日所辑《医经原旨》，尤觉近人。以其仅得上、下两卷，至简至要，方便时师之不及，用功于鸡声灯影者（通宵达旦；夜以继日；不止不息），亦可以稍有准则于其胸中也。叩之书贾，佥云其板已没久矣，遂嗾余为之重刊（嗾，音 sǒu，动词。促使；使行）。惜乎书可补读，理可渐明，其如笼中药物，悉非古之道地所产及时采取者矣。医岂易知而易为者哉，然亦不可不知者也。

乾隆甲申（1764 年）夏日牧牛老朽薛雪书，时年八十又四

傅山（1607—1684），明清之际思想家、医药学家，著有《傅青主女科》《傅青主男科》《霜红龛集》《荀子评注》等。

傅山，字青主，一字公佗，太原府人，三晋大地上的文化先哲。其故里在晋中北的龙城太原尖草坪区西村。自其曾任山东辽海参议的祖父傅霖，始由晋北的忻州迁居至前临汾河、背靠青山的环境优雅之地。父傅之谟，号离

垢先生，明经授徒。傅山，因其母有孕做梦遇见一位老和尚而生，出生后不会哭啼，直至一位眼睛失明的目盲僧人前来说："既来世间，为何不哭啼?"这才啼哭。生而颖异，六岁食黄精，不喜欢谷食，家人强制，才复食。读书十行并下，过目辄能成诵。年十四，读十三经、诸子百家历史犹如转世灵童，无不通晓。其博通经史诸子，佛道之学，兼工诗文、书画、金石，又精通医学，开创了清代学子研究的新风气。

明亡后，著朱衣，居土穴之中，赡养母亲，号朱衣道人。清康熙中期征举博学鸿词（即鸿博，也叫博学鸿词科，是清代设置的考试科目。由皇帝特旨开设，再由京外官员推荐参加考试，录取者授以翰林官。康熙和乾隆年间曾举行过两次），被迫舁（抬）至京城，仍以死拒不应试；特授中书舍人，仍托老病而辞归。1654 年，即顺治十一年，曾因河南狱牵连被逮捕入狱，严刑之下抗词不屈，绝食九日而未死，幸得门人设奇计营救而获释。

傅山，字青主，阳曲（今山西省阳曲县）人。六岁，啖黄精，不谷食（不谷食，不以谷物为食；不吃五谷杂粮。《管子·轻重戊》："神农作，树五谷淇山之阳，九州之民，乃知谷食，而天下化之。"《淮南子·原道训》："雁门之北，狄不谷食，贱长贵壮，俗尚气力"），强之，乃饭。读书过目成诵。明季天下将乱，诸号为搢绅先生者，多迂腐不足道，愤之，乃坚苦持气节，不少媕婀（音 ān ē。没有主见，犹豫不决，一味依违迎合阿曲。唐代文学家、哲学家韩愈《石鼓歌》："中朝大官老于事，讵肯感激徒媕婀"）。提学（官员职务名称，"提督学政"的简称，古时专门负责文化教育的高级地方行政长官，明代主管学政及其主持考试的官员。《明史·职官志四》："凡学政遵卧碑，咸听于提学宪臣提调"）袁继咸为巡按（官员职务名称。明永乐年间，派遣御史到各地巡察检视，称为"巡按御史"。其职权甚重，负责考核吏治审理大案，知府以下均奉其命。简称"巡按"）张孙振所诬，孙振，阉党也。三约同学曹良直等诣通政使，三上书讼之，巡抚（官员职务名称。明清时期，地方军政大员之一，负责巡视检察各地军政、民政的大臣，因"巡行天下，抚军按民"而得名。明代巡抚的设置，由中央派出大员逐渐向地方军政长官转化，从临时性的差遣逐渐向永久性的机构转化，趋势是逐渐地方化和制度化）吴甡（音 shēn。1589—1670 年，字鹿友，晚号柴庵。明末政治人物，为官刚正不阿，《明史》有传，评价其"抑时势实难，非命世才，故罔知攸济也"）亦直袁，遂得雪，山以此名闻天下。甲申后（1644 年），山改黄冠装（改戴黄色的头冠和装束。道士所戴束发之冠，用金属或木类制成，其色尚黄，故曰黄冠。通常作为道士的别称。唐代诗人唐求《题青城山范贤观》诗：

“数里缘山不厌难，为寻真诀问黄冠”)，衣朱衣（穿绯色的衣服。绯色的衣服是古代的公服，亦指穿这种公服的职位。《后汉书·蔡邕传》：“臣自在宰府，及备朱衣。”李贤注解：“朱衣，祭官也。”），居土穴，以养母。继咸自九江执归燕邸，以难中诗遗山，且曰：“不敢愧友生也！”三省书，恸哭，曰：“呜呼！吾亦安敢负公哉！”

顺治十一年（1654年），以河南狱牵连被逮，抗词不屈，绝粒九日，几死。门人中有以奇计救之，得免。然山深自咤恨（咤，音zhā。慨叹悔恨），谓不若速死为安，而其仰视天、俯视地者，未尝一日止。比天下大定，始出与人接。

康熙十七年（1678年），诏举鸿博，给事中李宗孔荐，固辞。有司强迫，至令役夫舁其床以行。至京师二十里，誓死不入。大学士（官职名，文臣的最高官位。清代的大学士，品级虽高，职任反不重要，他们的职权已被军机大臣所替代，尤其是雍正时期，惟军机大臣及内外大臣资望特重者，仍授大学士作为荣典）冯溥首过之（率先探望他），公卿毕至，山卧床不具迎送礼。魏象枢以老病上闻（魏象枢，1617—1687，字环溪，号“庸斋”，《清史稿》有传，被史家赞誉为清初直臣之冠，誉满朝野的人物。闻，《说文解字·门部》：“闻，知声也。”向上禀报），诏免试，加内阁中书（官职名。掌撰拟、记载、翻译、缮写之职。或由举人考试授命，或由特赐，若由进士经过朝考后以内阁中书任用者，还可充任乡试主考差。官阶为从七品）以宠之（以示恩宠）。冯溥强其入谢（强迫他入朝谢恩），使人舁以入，望见大清门，泪涔涔下（涔，音cén，泪流不止。唐代李商隐《自桂林奉使江陵途中感怀寄献尚书》：“江生魂黯黯，泉客泪涔涔”），仆于地。魏象枢进曰：“止，止，是即谢矣！”翼日归，溥以下皆出城送之。山叹曰：“今而后其脱然无累哉！（从今后可以超然脱俗没有烦劳之事了）”既而曰：“使后世或妄以许衡（宋元之际，擅讲程、朱理学的学者。字仲平，号“鲁斋”，河内，即今河南省沁阳人。在关中大力兴办学校，元世祖忽必烈即位后，官至集贤大学士兼国子祭酒，为元统治者策划“立国规模”，定朝仪官制等）、刘因（宋元之际学者，字梦吉，号“静修”，雄州容城即今河北省保定市徐水区人。工诗词，多伤感时事之作，元世祖忽必烈征诏其为承德郎、右赞善大夫，未几辞归，后更拒绝应聘。肯定君臣大义“此理势之必然，亘万古而不可易”）辈贤我，且死不瞑目矣！（后世人千万不可以许衡、刘因这类人赞许我，否则我将死不瞑目啊！）”闻者咋舌（听说的人都惊异、畏缩惧怕，不敢出声）。至家，大吏咸造庐请谒（官吏们全都前来家中拜谒）。山冬夏着一布衣，自称曰“民”。或曰：“君非舍人乎？”不应也。卒，以朱衣，黄冠敛。

山工书画，谓书宁拙毋巧，宁丑毋媚，宁支离毋轻滑，宁真率毋安排。

人谓此言非止言书也。诗文初学韩昌黎（韩愈。768—824，唐代文学家、哲学家。字退之，自谓郡望昌黎，世称韩昌黎），崛强（即“倔强”。强硬、执拗，桀骜不驯）自喜，后信笔抒写，徘调俗语（反复嘲弄、调笑通俗语句），皆入笔端，不愿以此名家矣。著有《霜红龛集》十二卷。”（民国赵尔巽等撰，《清史稿·卷五百一·列传二百八十八·遗逸二·傅山传》）。

《明生员傅先生山传》：傅先生，名山，字青主，一字公佗。阳曲人。祖霖，官山东辽海参议。父之谟，明经授徒（明经，明清时期对贡生的尊称。科举时代，各府、州、县要从生员也就是秀才中挑选出各方面优秀者，升入京师的国子监读书，称为“贡生”。意指贡献给朝廷有用的人才），号离垢先生。山，生而颖异（聪慧过人，才能出众。《醒世恒言·独孤生归途闹梦》：“自幼颖异，十岁便能作文”），读书十行并下，过目辄能成诵。年十四，督学（明清时期，由朝廷派驻各省督导、视察、主持教育系统行政、考试的专职官员）文太青（文翔凤，字天瑞，号太青，明理学家、史学家、书法家。著有《东极》《文太青文集》《太微经》传于世）拔入庠。继文者，袁临侯先生继咸也（袁继咸，江西省宜春人。字季通，号“临侯”。历任御史、礼部员外郎、山西提学佥事、湘广参议）。一见深器之，准食饩檄（音 xì xí。意即提供免费食宿、生活费、书本教材，读书学习等费用），取读书“三立书院”，时时以道学相期许。山益发奋下帷（放下室内悬挂的帷幕，一门心思闭门专心苦读。南朝梁任昉《赠王僧孺》诗：“下帷无倦，生高有属”），袁每云山文诚佳，恨未脱山林气耳。崇祯丙子（1636年）继咸为直指张孙振（字公武，号古岳。崇祯元年进士，曾任太仆寺少卿、河南道监察御史）诬诋下狱，山徒步走千里，外伏阙讼冤。孙振怒，大索山，山敝衣褴褛，转徙自匿，百折不回。继咸冤得白，当是时，山义声闻天下。后，继咸官南方，数召山，山终不往。

国朝定鼎（此指清王朝在北京定都建国。相传夏王朝初年，大禹划分天下为九州，铸青铜九鼎，象征九州。以示至高无上、国家统一王权的象征。《史记·封禅书》记载：“禹收九牧之金，铸九鼎。”夏商周三代都把它们作为传国重宝，自此之后，“鼎”就成为了拥有政权的象征，后世也就把定都建国称为“定鼎”），自九江执继咸北上，山乃潜入都，密侯继咸起居，继咸见杀；山收其遗稿而归（袁继咸出任兵部右侍郎兼右佥都御史，驻节九江，总督江西湖广安庆应天即今南京等处军务。1645年，被左良玉之子左梦庚诱入军中软禁，左梦庚降清，进献袁继咸邀功请赏，袁拒降清，被押解到北京囚禁，1646年，顺治三年六月二十四日，就义于东便门三忠祠）。山性至孝。父之谟，病笃，朝夕稽颡于神（稽颡，以额触地，极度虔诚的跪拜礼。《仪礼·

士丧礼》："吊者致命，主人哭拜，稽颡成踊"），愿以身代。旬日，父愈，人谓孝通神明，不异黔娄云。执亲丧哀毁特甚，苫块未饮（亦作"苫条"，"寝苫枕块"的略语。苫，草席；块，土块。古代礼制，子女在居父母之丧事期间，作为孝子要以草荐为席，土块作枕头。明代冯梦龙《东周列国志·第四十五回》："秦虽可击，但吾主苫块之中，遽兴兵革，恐非居丧之礼"），不茹蔬果，友爱诸季先人，遗产弟荡费强半（将家庭遗产的一多半都主动给了弟弟），终身无怨色，弟殁，抚遗孤过于己子。失偶时，年二十七，子眉甫五龄，旁无妾，媵誓不复娶（媵，音 yìng。《尔雅》："媵，送也。"《仪礼·士昏礼》："媵御馂。"注："古者嫁女，必娣侄从之，谓之媵。"古代称姬妾婢女或随嫁的人。《诗经·小雅·我行其野》："不思旧姻，求尔新特。"唐代著名经学家孔颖达疏解："媵之名不专施妾，凡送女适人者，男女皆谓之媵。"此指傅山在原配过世后，发誓绝不再婚娶），于里党姻戚竭力赒其缓急（赒，音 zhǒu，深的样子。乡里乡亲都极力劝其尽快婚娶）。为人分别有让，恭俭下人，与人言依于忠孝，谋事要于诚实，盖其敦厚彝伦（典范；表率。《魏书·彭城王勰传》："自古统天位主，曷常不赖明师，仗贤辅，而后燮和阴阳，彝伦民物者哉？"赞誉傅山先生是谦让有礼、忠孝诚实，敦厚无争的典范），根本自然非有强也。自李自成犯京师，明庄烈皇帝殉国（即明思宗朱由检），山遂绝意进取，弃青衿为黄冠（青衿，语出《诗经·郑风·子衿》："青青子衿，悠悠我心。"青衿，本是周代及后世学子士人的服饰装束，后作贤士的代称。因为古代学生穿的衣服，前襟衣领青色，故亦指读书人。《初刻拍案惊奇·卷十六》："我情愿青衿没世也罢，割恩爱而博功名，非吾愿也。"黄冠，多为道士戴用的黄色冠帽。即指傅山先生丢弃学生服不再做学生，而改为做道士），号"石道人"。箨衣草履（箨，音 tuò，俗称"笋壳"。竹类主秆所生的叶子。穿竹叶草鞋）。时遨游于平、定、祁、汾间。所至有墨痕笔迹，工诗赋，善古文词，临池得二王神理，该博古今典籍，百家诸子，靡不淹贯。大叩大鸣，小叩小鸣（比喻叩钟击鼓，力大则响，力弱则微。《礼记·学记》："善待问者如撞钟，扣之以小者则小鸣，扣之以大者则大鸣；待其从容，然后尽其声。不善答问者反此。此皆进学之道也"），复自托绘事写意，曲尽其妙；精岐黄术，邃于脉理，而时通以儒义。不拘拘于叔和、丹溪之言，踵门求医者，户常满，贵贱一视之（一视同仁，不分贵贱）。家故饶，至是渐益窭（音 jù。《尔雅》："窭，贫也。"《三苍》："无财备礼曰窭。"贫寒、穷困。《诗经·邶风·北门》："终窭且贫，莫知我艰。"《毛》传："窭，无礼也；贫者困于财。"此意是说，尽管家庭原本富饶，架不住求医者众，贵贱一视同仁，致使家道也渐渐贫困）。安贫乐道泊如也（淡泊恬淡无欲的样子。《汉书·扬雄传下》："时雄方草《太玄》，有以自守，泊如也"）。屋舍田园多为细人窃据（细人、细民，就是没有社会地位的普通小民，平民老百姓的代称。《晏子春秋·谏下二十》："遂欲满求，不顾细民，非存之道"），概置不问（一律置之不问）。康熙戊午诏举博学宏词，廷臣交章荐山，山坚以老病辞，当事者立迫就道，道称股病不能行，肩舆舁入都，卧旅邸不赴试。满、汉王公、九卿、贤士、大夫，下逮马医、夏畦（夏天不避酷暑，仍在田地里劳动作活计的人们。《孟子·滕文公下》："胁肩谄笑，病于夏畦。"南宋朱熹注解："夏畦，夏月治畦之人也"）、市井细民，莫不重山行义，就见者罗溢其门，子眉送迎常不及，山但欹倚榻上，言衰老不可为礼，诸贵人益以此重山，弗之怪也。明年三月（康熙十八年，1679年），吏部验病入告，奉旨，傅山文学素著，念其年迈，特授内阁中书，著地方官存问，遂得放归。归，愈淡泊。自甘僻居远�，不入城府，然，钦其名者益众，率纡道往见（纡道，曲折迂回的道路），冀得一面为荣。又六年卒（康熙二十四年，1685年）。远近会葬者数千百人。山，所著有《性史》《十三经字区》《周易偶释》《周礼音辨条》《春秋人名韵、地名韵》《两汉人名韵》等书。嵇礼斋曰：昔者尝怪先生值尧、舜之世，笃志高尚（专心致志、孜孜不倦、志向坚定。《论语·子张》："子夏曰：'博学而笃志，切问而近思，仁在其中矣'"），恳辞征辟何其果也（恳辞，恳切辞让；征辟，征召布衣出仕，或曰征召社会中名望显赫的人士出来做官，为朝廷服务。汉代擢用人才的一种用人制度，皇帝、朝廷召聘之称"征"，三公以下官府、州郡征召之称"辟"。《后汉书·儒林传下·蔡玄》："学通五经，门徒常千人，其著录者万六千人，征辟并不就"）。及读汉史，见周党、王霸之为人，初不辱于新莽，建武复辟，连征不起，乃知士各有志，先生盖有道而隐者也（周党，详见《后汉书·卷八十三·逸民列传·周党传》，说的是一位宁愿隐居也不出仕的太原郡广武县人周党的事迹。自幼为孤儿的他，由同宗族人养育，未得善待，成人后，经过诉讼获得家财，散财给宗族各户，遣散奴婢，往长安拜师游学取艺。王莽篡位，托病不出，又因其名气与德行，使得广武县城完好无损。光武帝刘秀建立东汉，年号建武，征为议郎，以病去职，复被征，不得已，伏而不谒，历陈守志，获帝许，隐居黾池，著书而终。同邑之人因其贤者，树立祠堂以示纪念。王霸，详见《后汉书·卷二十·铫期、王霸、祭遵列传·第十》，东汉一代名将，归附光武帝刘秀之后，建功立业，世好文法，智勇深沉，善战能守，善抚士卒，谈笑却戎，杀郎封侯，智败苏、周，拜讨虏将军，攻盗破敌，屡立战功，刘秀赞其曰：疾风知劲草）。彼诚见夫有明末季上下交征利，卒灭亡于寇盗之手，固已心寄夫长林丰草矣。宁复以青紫为荣耶（青紫，典故名，源自《汉书·卷七十五·眭两夏侯京翼李列传·夏侯胜》："胜每讲授，常谓诸生曰：'士病不明经术；经术苟明，其取青紫如俯拾地芥耳。学经不明，不如归耕。”清末经学家、国学大师王先谦补注引两宋间著名词人叶梦得所说：“汉丞相大尉，皆金印紫绶；御史大夫，银印青绶。此三府官之极崇者，胜云青紫谓此。”古代的公、卿、将、相，其服饰颜色、所佩绶带之色多为青紫色，因此喻指高官显贵名爵之类）。至若义白知己之冤，其贤于世之平居，师友相亲，慕临难背负不一（面临灾难之时，承当、担负的责任是不一样的。《管子·禁藏》：“赦罪而不一，德虽厚，不誉者多”），引手捄漠然（捄，音jū，亦读jiū。《诗经·大雅·绵》：“捄之陾陾，度之薨薨。”《庄子·天道》：“老子漠然不应。”初唐通儒的道家理论家、文字训诂学家成玄英疏解：“漠然虚淡，何足介怀。”双手揪聚皱缩不舒展，清虚淡泊不以为然），若不相识者，亦远矣。古云：民生于三，事之如一；惟其所在，则致死焉，先生真无愧哉。

赞曰：于惟先生得圣之清，讼冤奔讣蒙难不惊，辞荣却聘先民是程，功在名教百世景行。

提督学政　嵇曾筠撰

铁城寄　傅青主　宜春　袁继咸　袁山

独子同忧患，于今乃别离，乾坤留古道，生死见心知，贯械还余草，传灯不以诗，悠悠千载业，努力慰相思。

征君傅山传　济南　王士正　贻上

征君傅山，字青主，一字公佗。太原府人。母梦老比丘而生，生复不啼。一瞽僧至门云：既来何必不啼？乃啼。六岁食黄精，不乐谷食，强之，乃复食。读十三经、诸子史如宿通者。崇正十年，袁临侯继咸督学山西，为巡按御史张孙振诬劾，被逮；山素馏左右，伏阙上书，白其冤。马君常世奇作二义士传（谓山与汾阳薛宗周）比之裴瑜、魏劭。乱后，梦天帝赐黄冠衲衣，遂为道士装。医术入神，有司以医见则见，不然不见也，康熙戊午，征聘至，京师，以老病辞，与范阳杜樾俱授内阁中书舍人。归。山工八分隶及金石篆刻，画入逸品。子眉，字寿髦，亦工画，作古赋数十篇，常鬻药四方。儿子共挽一车，暮抵逆旅，辄篝灯课读经、史、骚、赋、选诸书，诘旦成诵，乃行，否即与杖。

清代史学家、文学家全祖望先生（1705—1755），在其《鲒埼亭集·阳曲·傅先生事略》专为傅山先生作有传略，其内容基本与史书记载相同。

朱衣道人者，阳曲傅山先生也。初字青竹，寻改字青主，或别署曰公之它，亦曰“石道人”，又字啬卢。家世以学行师表晋中（古晋国，即今山西省）。先生六岁啖黄精，不乐谷食，强之乃复饭。少读书，上口过数即成诵。顾任侠，见天下且丧乱，诸号为荐绅先生者多腐恶不足道，愤之，乃坚苦持气节，不肎少与时媕婴。提学袁公继咸为巡按张孙振所诬，孙振故阉党也，先生约其同学曹公良直等，诣匦使三上书讼之（诣匦，音 yì guǐ。诣，《小尔雅》：“诣，进也。”到；诣前请教。匦，名词。箱子；小匣子。《新唐书·李中敏传》：“上书者将纳于匦，有司先审其副，有不可，辄却之。”北宋诗人苏舜钦《诣匦疏》：“今臣窃见纲纪隳败，政化阙失，其事甚众，不可概举，今条大者二，诣匦以闻，伏望陛下不少赐观览。”唐宋时期，设有匦于朝堂之上，凡是有进书言事者，悉听投之于内。亦指接纳属臣上疏谏书的机构。三次上书言事、谏诤、诉讼），不得达，乃伏阙陈情。时抚军（对巡抚的别称）吴公甡亦直（吴甡，字鹿友，兴化人，即今江苏省兴化市。万历年间进士，崇祯七年以右佥都御史职衔巡抚山西，官至礼部尚书、东阁大学士。直，正直；直率），袁竟得雪，而先生以是名闻天下。马文忠公世奇为作传（马世奇，？—1644，字君常，号“素修”。江苏省无锡人。崇祯四年进士，官至左庶子。李自成攻破北京，世奇为殉节白绫自缢而尽，清廷谥其号为文忠。明亡首位殉节官员），以为裴瑜、魏劭复出（详见《后汉书·史弼传》。二人皆东汉后期人物，说的是河东太守史弼，字公谦。为官节操高尚，上不谀，下不欺，清廉自守，疾恶如仇，不畏权贵，绝不折腰。因遭宦官侯览诬陷获罪，逮捕入京，处以死刑。吏人均怕被牵连，无人敢于近之；唯有裴瑜前往送行，以示鼓励正义，又有郡人魏劭变卖家产，诈为家僮，贿赂侯览，从而才使得史弼得以免于死罪，减刑从轻发落）。已而曹公任在兵科（曹公，曹良直，与傅山是同学。兵科，是明朝所设吏、户、礼、兵、刑、工六科之一），贻之书，曰谏官当言天下第一等事，以不负故人之期。曹公瞿然，即疏劾首辅宜兴及骆锦衣养性，直声大震（首辅，即首相、宰相。宜兴，此指宜兴人，时任宰相之职的周延儒，字玉绳，万历年间进士。崇祯十四年。晋为中极殿大学士、同宰相职。1643 年，崇祯十六年。曹良直上疏弹劾周延儒十大罪状，帝令其自尽。骆养性，职掌锦衣卫事，多尔衮入京，骆降清）。先生少长晋中，得其山川雄深之气，思以济世自见（思量着以济世自现），而不屑为空言。于是蔡忠襄公抚晋（蔡懋德，字维立，江苏省昆山人，万历年间进士。崇祯十四年，任山西巡抚。崇祯十七年，太原城被李自成攻破，自缢而死。谥号“忠襄”），时寇已亟（此指李自成率领农民起义军攻城已经很急迫），讲学于三立书院，亦及军政军器之属，先生往听之，曰：迂哉，蔡公之言，非可以起而行者也。甲申（1644 年，崇祯十七年)，梦天帝赐之黄冠，乃衣朱衣，居土穴以养母。次年，袁公自九江羁于燕邸，以难中诗贻先生曰：晋士惟门下知我最深，盖棺不远，断不敢负知己，使异日羞称友生也（过去师长对于门生自称的谦词）。先生得书，恸哭曰：公乎，吾亦安敢负公哉！甲午（1654年，顺治十一年），以连染遭刑戮（遇人告密傅山与南明政权相通连，遭遇牵连，而受罚刑戮），抗词不屈，绝粒九日，几死，门人有以奇计救之者，得免。然先生深自咤恨（咤，音zhà。《一切经音义引〈通俗文〉》："痛惜曰咤也。"深深地、无比地痛惜悔恨），以为不如速死之为愈，而其仰视天、俯画地者，并未尝一日止。凡如是者二十年，天下大定，自是始以黄冠自放，稍稍出土穴，与客接。然间有问学者，则告之曰：老夫学庄、列者也，于此间诸仁义事实羞道之，即强言之亦不工。又雅不喜欧公以后之文（向来不喜欢欧阳修以后的文章。雅，一向；平素），曰：是所谓"江南之文"也（南人软语细行，柔有余而刚不足，江南地区的文风亦向来浮华而不实。傅山作《序西北之文》："东南之文概主欧、曾，西北之文不欧、曾"）。平定张际者，亦遗民也，以不谨得疾死，先生抚其尸哭之曰：今世之醇酒妇人以求必死者，有几人哉！呜呼，张生是与沙场之痛等也（张际，字维遇，傅山友人。傅山作有《书张维遇志状后》，赞其不仕清人之志。于酒色之中求死与沙场战死精神等同）！又自叹曰：弯强跃骏之骨，而以占毕朽之，是则埋吾血，千年而必不可灭者矣。或强以宋诸儒之学问（此指宋代的理学家程颢、朱熹众人的学说，大多讲习天命人性，玄远不切实际），则曰必不得已，吾取同甫先生（陈亮，字同甫。南宋永康人今属浙江省。善谈兵法，注重事功，与程、朱理学不相容，极力反对理学的空谈不切实际）。工书，自大小篆隶以下无不精，兼工画，尝自论其书曰：弱冠学晋唐人楷法，皆不能肖，及得松雪、香山墨迹，爱其圆转流丽，稍临之，则遂乱真矣（赵孟頫，宋宗室，宋亡，入元任翰林学士承旨。香山，应作香光。明朝著名书法家董其昌，字玄宰，号香光。傅山《作学示儿孙》诗自注："偶得赵子昂、香光诗墨迹，爱其圆转流丽，遂临之"）。已而乃愧之曰：是如学正人君子者，每觉其觚棱难近，降与匪人游，不觉其日亲者。松雪曷尝不学右军，而结果浅俗至类驹王之无骨，心术坏而手随之也。于是复学颜太师（颜真卿，唐代名臣，著名书法家。曾官至太子太师），因语人学书之法，宁拙毋巧，宁丑毋媚，宁支离毋轻滑，宁真率毋安排。君子以为先生非止言书也。先生既绝世事，而家传故有禁方，乃资以自活。其子曰眉，字寿髦，能养志。每日樵于山中，置书担上，休担则取书读之。中州有吏部郎者，故名士，访先生，既见，问曰：郎君安往？先生答曰：少需之，且至矣。俄而有负薪而归者，先生呼曰：孺子来前肃客。吏部颇惊。抵暮，先生令伴客寝，则与叙中州之文献，滔滔不置，吏部或不能尽答也。诘朝（平旦；平明；清晨。《左传·僖公二十八年》："戒尔车乘，敬尔君事，诘朝将见。"晋代杜预注解："诘朝，平旦"）谢先生曰：吾甚慙于郎君（慙，音 cán，同"惭"）。先生故喜苦酒，自称"老蘗禅"，眉乃自称曰"小蘗禅"（分别指修行吃苦的老、小和尚）。或出游，眉与子共挽车，暮宿逆旅，仍篝灯课读经史骚选诸书，诘旦，必成诵，始行，否则予杖（否则就以杖击打）。故先生之家学，大河以北莫能窥其藩者（藩篱。语出《国语·吴语》："为使者之无远也，孤用亲听命于藩篱之外。"三国吴经学家、史学家韦昭注解："藩篱，壁落。"本义是指用竹子或木条编织成的篱笆或木栅栏，由此引申为边界、屏障，而此处则指黄河以北没有人能够窥视傅山先生家学境界的。窥，动词。《说文解字·穴部》："窥，小视也。"喻见识浅陋，难以看清高深道理。《战国策·齐策一》："邹忌，修八尺有余，身体昳丽，神采焕发，容貌美丽。朝服衣冠，窥镜，谓其妻……"）。尝批欧公《集古录》曰：吾今乃知此老真读书也（北宋著名史学家、文学家欧阳修，撰辑的我国现存最早的金石考证学著作《集古录》十卷，别称《集古录跋尾》。成书于1063年）。戊午（1678年，康熙十七年），天子有大科之命（唐代取士之科的制度，由皇帝亲自下诏，科目由皇帝临时制定，诸如贤良方正、直言极谏、博学鸿词等。宋代谓之"大科"，清代的博学鸿词亦称"大科"。而此处所说的大科，则指清廷诏命特开的博学鸿词科，令各省举荐学问卓著的名士赴京应试），给事中（官职名。是品位较低卑下，而权力颇重，职掌范围颇大，权倾一方的官职。权力包括：侍从、谏诤、补阙、拾遗、审核、封驳诏旨，驳正百司所上奏章，监察六部诸司，弹劾百官，与御史的作用互为填补充实）李宗孔、刘沛先以先生荐（李宗孔，1620—1689，康熙十七年官任给事中。恰逢清廷推行博学鸿儒科考，为的是笼络明末遗老为清廷服务。而当时一些具有民族气节的名士大多不愿参加，清廷就实行半强制政策，李宗孔、刘沛先等人积极参与此事，极力推荐傅山先生应试，导致傅山被迫割断腿筋以示抗议。李宗孔著有小说笔记类丛书《宋稗类钞》），时先生年七十有四，而眉以病先卒，固辞，有司不可，先生称疾，有司乃令役夫舁其床以行，二孙侍。

既至京师三十里，以死拒不入城，于是益都冯公首过之（益都县，今属山东省青州地区。冯公，冯溥，字孔博，号易斋。1647年，顺治四年间进士，历仕顺治康熙两朝。曾任刑部尚书，文华殿大学士，太子太傅，卒谥"文毅"。作有《佳山堂集》十八卷），公卿毕至，先生卧床，不具迎送礼。蔚州魏公乃以其老病上闻（蔚州，今属河北省蔚县。魏公，魏象枢，字环极，亦作环溪；号庸斋，又号寒松。顺治三年间进士，历任顺天府尹，大理寺卿，户部侍郎，督察院左都御史，刑部尚书等职。作有《寒松堂全集》九卷），**诏免试，许放还山**（还山，亦即致仕；退隐。南朝梁沈约《桐柏山金庭馆碑》：“末自夏汭，固乞还山。权憩汝南县境，固非息心之地。”特许放归回家隐居）。**时征士中报罢而年老者恩赐以官**（征士，经过朝廷征聘，却不肯接受征辟职务的人士。南朝宋颜延之与陶渊明私交甚笃，过从甚密；在陶渊明逝后，为了怀念故交，特作有总结和评价陶渊明的《陶征士诔》文，赞其具有“巢高之抗行，夷皓之峻节”，不慕利禄富贵的风范。报罢，科举时代考试未中从而落第、没有被录取者。清代学者胡鸣玉著有订正文字写法和读音谬误的《订讹杂录·报闻罢》：“今人以落第为报罢”），**益都密请以先生与杜征君紫峰**（杜越，1596—1682，字君异，号紫峰。直隶定典，今河北容城人。明代诸生，著名文人。入清不仕，以讲学为业，享年八十七岁。1679 年，康熙十八年，举“博学鸿儒”，以老病不试，特旨与傅山俱授内阁中书），**虽皆未豫试**（豫，动词。参与。《正韵》：“豫，与‘与’通。”《后汉书·乐夷传》：“楚灵会申，亦来豫盟。”虽然都没有参与过考试），**然人望也**（众望所归；人心所向；众人仰望；具有名望、威望的人。《后汉书·王昌传》：“郎以百姓思汉，既多言翟义不死，故诈称之，以从人望。”朱熹《策问》：“乃容人望，使任斯职”），**于是亦特加中书舍人以宠之**（始于先秦时期的官职名称。职任起草诏书、敕令之职，参与机密等事务。明代清时期，虽于内阁中的中书科亦设有中书舍人，职掌书写诰敕、制诏、银册、铁券等，权力以难与前代所比。于是还特别加以册封为中书舍人，以示恩宠之意）。**益都乃诣先生曰：恩命出自格外，虽病，其为我强入一谢。先生不可。益都令其宾客百辈说之，遂称疾笃，乃使人舁以入望，见午门泪涔涔下**（见到午门泪流不止）。**益都强掖之使谢，则仆于地。蔚州进曰：止止，是即谢矣。次日遽归，大学士以下皆出城送之。先生叹曰：自今以还，其脱然无累哉。既而又曰：使后世或妄以刘因辈贤我，且死不瞑目矣。闻者咋舌**（语出《后汉书·马援传》：“岂有知其无成，而但萎腇咋舌，叉手从族乎。”咬舌。形容吃惊、害怕，不敢说话或者语塞）。**及卒，以朱衣黄冠殓。著述之仅传者，曰《霜红龛集》十二卷，眉之诗亦附焉。眉诗名《我诗集》，同邑人张君刻之宜兴。先生尝走平定山中，为人视疾，失足堕崩崖，仆夫惊哭曰：死矣。先生彷徨四顾，见有风峪甚深，中通天光，一百二十六石柱林立，则高齐所书佛经也。摩挲视之**（摩挲，音 mó suō，动词。《后汉书·蓟子训传》：“与一老公共摩挲铜人。”用手轻轻地抚摸看着），**终日而出，欣然忘食，盖其嗜奇如此。惟顾亭林**（顾亭林，即顾炎武，1613—1682，原名顾绛，字忠清。明亡国后，改名为顾炎武，字宁人，学者尊其为亭林先生。明末清初著名思想家、史学家、语言学家）**之称先生曰：萧然物外，自得天机。予则**

以为是特先生晚年之踪迹，而尚非其真性所在。卓尔堪（卓尔堪，生卒年不详，字子任，号鹿墟，自号宝香山人。江都人，即今浙江杭州人。清初诗人。著有《近青堂集》）曰：青主，盖时时怀翟义（翟义,？—公元7年，汉代人。事见《前汉书·翟方进传》，翟义是翟方进之子。王莽篡位称帝，翟义任东郡太守，起兵首举伐莽大旗，虽然兵败被杀身亡，可是他却揭穿了王莽篡权的野心，点燃了西汉末年农民起义的星星之火）之志者。可谓知先生者矣。吾友周君景柱守太原（周景柱，生卒年不详，字砒斋，号岩陵。浙江遂安人，即今淳安县。1747年，乾隆十二年，其由内阁中书出任太原府同知，断案如神，没有冤狱；兴利除弊，百姓拥戴。月余，升任太原府知府。兴建书院、考院，府署，兴修水利，疏浚水湖；劝阻士兵，莫攻闹事民众，孤胆英雄，只身前往聚众闹事之地，陈述利害，民众心悦诚服，免遭杀戮。清代学者、文学家全祖望与其为挚友，故应太原府知府周景柱之托付，撰写此文），以先生之行述请（应先生的陈述邀请），乃作事略一篇致之（事略，一种概述某人生平事迹或事的传记文体。有别于正式传记），使上之史馆（官署名称。北齐始置，以宰相领衔，监修国史。明以修史之职并归翰林院）。予固知先生之不以静修自屈者（“静修”是刘因的号。自屈，委屈自己。我固然知晓傅山先生绝不会像刘因那样委屈自己），其文当不为先生之所唾（唾弃。动词。《说文解字·口部》：“唾，口液也。”唐代杜甫《醉歌行》：“汝身已见唾成珠，汝伯何由发如漆！”表示反感或轻蔑。这篇文章也应当不会被先生所唾弃、藐视），但所愧者，未免为“江南之文”尔。

全祖望，（1705—1755，字绍衣，号谢山。学者尊称其为谢山先生。清代学者、文学家。鄞州人，即今浙江省宁波市。1736年，乾隆元年，荐举博学鸿词科，同年中进士，选为翰林院庶吉士。次年回归故里，专事著述。

《傅青主女科·祁序》：执成方而治病，古今之大患也。昔人云：用古方治今病，如拆旧屋盖新房，不经大匠之手经营，如何得宜？诚哉是言！昔张仲景先生作《伤寒论》立一百一十三方，言后世必有执其方以误人者，甚矣！成方之不可执也，然则今之女科一书，何为而刻乎？此书为傅青主征君手著，其居心与仲景同而立方与仲景异，何言之？仲景《伤寒论》杂症也，有五运六气之殊，有中表传里之异，或太阳或太阴不一，其秉或内伤外感不一，其原或阳极似阴、阴极似阳不一，其状非精心辨证、因病制方，断不能易危就安，应手即愈。此书则不然，其方专为女科而设，其症则为妇女所同，带下、血崩、调经、种子以及胎前产后，人虽有虚实寒热之分，而方则极平易精详之至，故用之当时而后传之后世，而无不效，非若伤寒杂病，必待临证详审化裁通变，始无诒误也。尝慨后世方书汗牛充栋，然或偏攻偏补专于一家，主热主寒坚执谬论，炫一己之才华，失古人之精奥，仲景而后，求其贯彻《灵》《素》，能收十全之效者，不数数觏（不数，无数；数不清。汉代王符《潜夫论·思贤》："近古以来，亡代有三，秽国不数。"清代藏书家汪继培著《潜夫论笺校正》："秽，当作灭。"现代已故学者彭铎校正："不数，即无数。"觏，遇见；看见。《说文解字·见部》："觏，遇见也。"《诗经·邶风·柏舟》："忧心悄悄，愠于群小；觏闵既多，受侮不少"）。读征此书，谈症不落古人窠臼（窠臼，旧有的现成格式。南宋朱熹《答许顺之书》："此正是顺之从来一个窠臼，何故至今出脱不得，岂自以为是之过耶?"喻其别出心裁、独具匠心、别开生面、独创风格），制方不失古人准绳（准绳，标准准则；权衡事物的法度。《旧唐书·经籍志上》："坟、典起之于前，诗、书继之于后，先王陈跡，后王准绳。"制方不失古人标准准则）；用药纯和，无一峻品；辨证详明，一目了然；病重者十剂奏功，病浅者数服立愈。较仲景之《伤寒论》，方虽不同，而济世之功则一也。此书晋省抄本甚多，然多秘而不传，间有减去药味，错乱分量者，彼此参证，多不相符，兹不揣冒昧，详校而重刊之。窃愿家置一编，遇症翻检，照方煎服，必立起沉疴，并登寿域，或亦济人利世之一端也夫!

道光十一年（1831 年）新正上元（农历新年正月十五日）同里后学祁尔诚谨序

《傅青主女科·王序》：世传先生字不如诗，诗不如画，画不如医，医不如人。先生之高远，固不可以区区之医见也（高远，高超深远。东晋葛洪《抱朴子·疾谬》："不闻清谈讲道之言，专以丑辞嘲弄为先，以如此者为高远，以不尔者为呆野。"先生之高尚远大、高超深远，绝不可以仅仅局限于医学领域的见地）。而先生有所著《性史》《十三经字区》《周易偶释》《周礼音辨条》《春秋人名地名韵》《两汉人名韵》等书，不慨见于世，虽欲言先生之高，莫之由也。今读先生之传，想先生之为人，岂非所谓天子不得臣，诸侯不得友者欤?

先生有《女科》传于世，平尝遵治家人妇女，无一不效。尝语人曰："先生《女科》，神乎神矣。惜未有《男科》传焉。"或谓："子不闻谚乎?能治十男子，不治一妇人，女科难，男科易，故有传有不传耳。"似也，而心疑之。癸亥（同治二年，1863 年）秋，有邦定罗公，持先生《男科》《小儿科》以相示，平见而奇之，究其所从来。罗曰：道光初年，余家刻印先生《女科》，是时平定州（1162年，金大定二年，晋升平定军为平定州，领平定、乐平二县，隶属山西冀宁道，归属太原府）孙毓芝先生，为余家西席（西席，古时以西、东分宾主，主位在东，故主人称“东家”；宾位居西，故宾客称‘西席’。旧时的私塾先生或幕友亦常被称为“西宾”“西席”。孙毓芝，清代官员、学者，嘉庆七年进士），由平定州携至舍下，余录之，藏笥已四十余年矣。今有乡人生产，胞衣不下，求方于余。余搜《女科》而得此，因子好《女科》，而特为相示。平受而读之，欲付手民而窘于赀（手民，雕版排字的工人。北宋为宋太祖赵匡胤禅位起草诏书的陶谷《清异录·手民》：“木匠总号运斤之艺，又曰手民、手货。”欲交付雕版排字工人时，却困窘于缺少资金）。冬十月，有宝翰罗公、正南王公、书铭安公、敦友罗公，亦善此书，于是各捐板资于亲友，以共成其事。愿仁人君子，勿视此为易易（易易，很容易；极其容易。清代梁启超《谭嗣同传》：“荣禄固操、莽之才……待之恐不易易。”切勿把这件事看得太轻而易举）。

先生此书，只言病之形，不论病之脉，明白显易，使人一刻而即知其病是寒是热，属实属虚，真深入而显出，似易而实难也。非深精脉理，不能为此。先生盖精于岐黄而通以儒义，不囿于叔和、丹溪之言而独有所见，探古人未探之本，传古人未传之妙，实大有益于世人，能救死于呼吸之间也。

平本才疏，不足为先生序，而梓人索序，孔极待观者，又欲速成其书，为述其稿之所由来，版之所由成，以待能文之士，弃此而重为之序，是则此书之深幸耳。

同治二年（1863年）十二月 康衙王道平识

李玉（生卒年无考），明代医家，善针灸，两京号“神针李玉”。

李玉，官六安卫千户（六安，今安徽省六安市。千户，金朝始置的官名。世袭军职，明朝卫所兵制沿置。千户为一所之长官，正五品，隶属于卫，下设若干百户，百户之下再设十户；一人掌印，一人佥书，称管军，驻在重要府州，统兵一千一百二十人），善针灸。或病头痛不可忍，虽震雷不闻。玉诊之曰：“此虫啖脑也。”合杀虫诸药为末，吹鼻中，虫悉从眼、耳、口、鼻出，即愈。有跛人扶双杖至，玉针之，立去其杖。两京号“神针李玉”。

兼善方剂。或病痿，玉察诸医之方，与治法合而不效，疑之。忽悟曰：“药有新陈，则效有迟速。此病在表而深，非小剂能愈。”乃熬药二锅倾缸内，稍冷，令病者坐其中，以药浇之，逾时汗大出，立愈。（清代张廷玉等撰，《明史·卷二百九十九·列传第一百八十七·方伎·李玉》）

李玉治瘘，谓病在表而深，非小剂能愈，乃熬药二锅，倾缸内，稍冷，令病者坐其中，以药浇之，逾时汗大出，立愈。利用熏蒸、浇注疗法，以药力透过肌肤，经由毛细血管、经络，渗透入藏府，从而达到治疗预期目的，此古圣先贤发明、创立高明医疗之法也；既能避免一些患者忌讳汤药的不适口感，又能够达到治愈患者的目的，岂不一举两得之法。此既能善师古法，又善于变通，医能若此，岂不与大道适宜矣。

万全（1495—1580）明代妇、儿科著名医学家，著有《保命歌括》《养生四要》《内科要诀》《幼科发挥》《育婴秘诀》《伤寒摘锦》《痘疹心法》《片玉痘疹》《片玉新书》等。

万全，又名全仁，字事，号“密斋”。祖籍豫章（即今江西省南昌市），湖北省罗田县人。世医家庭，自祖父万杏城始，便以幼科闻名乡里。父亲万菊轩，因兵荒马乱之故，定居于罗田大河岸，仍以幼科远近闻名，广受赞颂。而万全因为科举失意，自此矢志于医学，于诊病疗疾之余，勤奋于著述立说，历经数十年时间，总结和整理了自己和祖辈诸多的临床实践经验，终于写出凝聚了自己诸多心血、极具实用价值的医学著作多部。万氏以儿科和妇科见长，儿科私淑于钱乙，是位继钱乙之后，治学严谨、遵法不泥的儿科专家，不仅医术高明，且医德高尚，不计得失，贫富贵贱一视同仁，悉心诊疗，因此声名远扬，清康熙年间，曾被封为“医圣”，可见人们对他的敬仰和佩服到了何等地步。

万氏特别重视小儿的护理保育和疾病预防，极为强调辨证施治，重视望诊，四诊兼顾，特别重视脾胃的调养，家传的许多方剂由于效果好至今有些仍被临床沿用。

万氏晚年将其毕生的心血凝聚成的医学理论总结成《万密斋医学全书》，收编于《古今医学集成》。

秦昌遇（约1547—1629），明代医家，字景明，号“广野山道人”。上海人。精儿科，著有《幼科折衷》《幼科金针》《痘疹折衷》《大方折衷》《脉法颔珠》等。

附：秦之祯（生卒年无考），清代医家，字皇士，秦昌遇之重孙，上海人。著《女科辑要》《伤寒大白》，编辑其祖秦昌遇遗著《证因脉治》。《病因脉治》系明代秦景明撰，清代秦皇士补辑（《证因脉治》和《病因脉治》本是一本书，只是后人称法不一）。

武之望（1552—1629），明代著名医学家，著有《济阴纲目》《济阳纲目》《医帜》《疹科》等。

武之望，字叔卿，号“阳纡”，陕西省临潼县人（即今西安市阎良区），是一位聪颖好学，博览强记，颇受临潼县知县张蒲赏识的优秀学子。1588年，明万历十六年中乡试解元，1589年，明代万历十七年进士（《临潼县志·武之望传》载其是1588年的进士）。累官霍丘、江都宰职，海州盖州两州兵备道，永平兵备道，登莱抚，督察院右都御史兼兵部右侍郎，陕西三边总督等职。

武氏是一位潜心学问，生平正色，立朝不为朋党，为官清廉、遇事独断，不依违两可，从不营私舞弊，刚正不阿，具有山涛之风格，处事果敢决断的干练之臣，正直无私的官员。

面对官场的黑暗，天启六年（1626年）八月丙寅，因疾乞休，愤然辞职回归故里，却迹城市，拥书万卷，闭门讲学。

崇祯元年（1628年）五月己巳，迁南京刑部左侍郎，兼管右侍郎事。六月庚戌，由于其“谙练边事，猷略过人”，升任督察院右都御史兼兵部侍郎，总督陕西三边军务，驻扎固原。崇祯二年正月（1629年），农民起义军侵扰多郡，流贼猖獗，恣掠深重，面对如此纷繁复杂、进退维谷、不能左右的危险局面，武氏忧惧成疾，不能自已，三月戊寅，自杀于固原总督府内，时年七十七岁。

武氏还是位精通医学的儒医，在文学领域、方志学领域多有建树的关中鸿儒。因其幼年体弱多病，于是习岐黄之学，医籍经典无不习读，归里后更嗜睹医术。公务余暇之时，经常为人诊疾疗病，尤其擅长于妇科，由此成为一代医学大家。

清代康熙四十年（1701年）的《临潼县志·武之望传》记载：武之望，字叔卿，号“阳纡”。从学于荆川先生之门（唐顺之，1507—1560，明代儒学大师、散文家、军事家。字应德，又字义修，号“荆川”，学者们称其为“荆川先生”。武进人，嘉靖八年会试第一），得姚江正派（姚江学派，明代巨儒、教育家、唯心主义哲学家王守仁创立的一支儒家学派，故亦称阳明学派，成形于明代中晚期。只因王守仁出生于今浙江省余姚市，而余姚境内有条江水名余姚江，亦简称：姚江、舜江、舜水。故此，阳明学派，亦称姚江学派）。万历戊子省试第一人（1588年），遂成进士。宰霍丘（即今安徽省霍丘）、江都（即今江苏省扬州市），皆有能名。擢吏部，寻主文选直，忤当路，有山涛之风焉。改兵曹（兵曹，有多解。①兵部。②军中掌管作战部署的机构。③管理兵事的官员）。归里闭门讲学，远近争师事之。后备兵海、盖（即海州、盖州，在今辽东半岛。出任两州兵备道），调永平（即今江苏省扬州市），台头营呼饷噪城下（台头营，亦称“抬头营”。应在今河北省抚宁），佥议藉府别贮之（佥议，群臣百官众人共同商议的意见。《南齐书·王融传》：“臣侧闻佥议，疑给虏书，如臣愚情，切有未喻。”《宋史·胡铨传·〈戊午上高宗封事〉》：“桧之遂非愎谏，已自可见，而乃建白令台谏、侍臣佥议可否？是盖畏天下议己，而令台谏、侍臣共分谤耳”），望持不可，万一他营效尤（效尤，仿效错误的行为。《左传·庄公二十一年》：“郑伯效尤，其亦将有咎”），即又何以应？自临城，以温言慰散。荐历诸卿，晋大中丞（大中丞，掌管接受公卿、大夫的奏报之事，以及荐举、弹劾官员的事务。明代文学家张溥《五人墓碑记》：“是时以大中丞抚吴者为魏之私人，周公之逮所由使也。”晋升为大中丞），巡抚登、莱（即今山东省蓬莱）。劾总兵毛文龙之骄，即有登抚可裁一疏，迁比部尚书（比部，古代官署名称，三国魏始设，为尚书的一个办事机构。后历代沿置。隋唐宋归属刑部，元以后废除。职掌稽核簿籍工作。明清时期，用为刑部司官的通称。《通典·职官五》：“比部郎中一人。魏尚书有比部曹，晋因之。宋时，比部主法制。”《新唐书·百官志一》：“比部郎中、员外郎，各一人，掌句会内外赋敛、经费、俸禄、公廨、勋赐、赃赎、徒役课程、逋欠职务，及军资、械器、和籴、屯收所入”），以少司马总督陕西三边军务（三边，即今陕西、甘肃、宁夏）。士卒缺饷，谋作乱如台头营，乃廉治其魁（廉治，古代政治伦理中的思想传统，治政者须具保廉持正的德治理念、修身惟清的高尚情操、一心为民的忧患意识。这些思想观念经过历代皇帝和儒家文臣的力导和提倡，终于在官吏之中形成了廉治传统），一军肃然。未几卒于官。生平正色，立朝不为朋党，遇事独断，曾不依违两可；至居乡则恂恂（温和恭敬，小心谨慎状。亦有诲人不倦之解。《论语·乡党》："孔子于乡党，恂恂如也，似不能言者。"唐代柳宗元《捕蛇者说》："吾恂恂而起，视其缶，而吾蛇尚存，则弛然而卧。"《宋书·礼志一》："孔子恂恂，道化洙泗；孟轲皇皇，诲诱无倦。"此说武氏归里还乡之时，是一位谦恭和蔼、处事谨慎、诲人不倦的老先生），未尝以才能势位加人也。所著有《扣缶编》《举业卮言》《鸡肋编》《吐质编》《医帜》《疹科》《济阴纲目》行于世。今祀乡贤祠。

康熙五十六年（1717年）的《江都县志》记载："之望长身玉立，丰采映人，政和教肃，士民安之。事上官，恭不阿，直不为抗；乡大夫刺敕门者必露封而后进，一时请托顿绝。"

2007年12月，病理生理学家、九三学社中央主席、中国科学技术协会主席、第十二届全国政协副主席韩启德先生在关中鸿儒、儒医武之望的故里西安市阎良区武屯镇，在武之望纪念碑落成仪式上，题写"杏林一杰，泽被万世"赞誉之语。

李梴（1567—1619），明代医家，字文清，号"健斋"，江西省南丰人。明代著名儒医，与陈自明、严用和、危亦林、龚廷贤、喻昌、黄宫绣、崔嘉彦、龚居中、谢星焕并列为江西历史上十大名医。撰有为初学中医入门者的《医学入门》。

倪朱谟（生卒年无考），明末医药学家，字纯宇。钱塘人（今浙江省杭州市）。倾其毕生精力，广泛搜集历代本草书籍，详加辨误及考订，于1624年（天启四年）完成了二十卷本的《本草汇言》撰写工作。《浙江通志》载："少沉默好古，治桐君、岐伯家言，得其间奥。治疾奇效，多奔走而延致之，不得则怨。"又"周游省直，于都邑市里，幽岩隐谷之间，遍访耆宿，登堂请益。采其昔所未详，今所屡验者，一一核载"，编为《本草汇言》。

袁体庵（生卒年无考）明末医家，高邮人。陆以湉叙说："有举子举于乡，喜极发狂，笑不止，求体庵诊之，惊曰：‘疾不可为矣，不以旬数矣，宜急归，迟恐不及矣。道过镇江，必更求何氏诊之。’遂以一书寄何，其人至镇江而疾已愈，以书致何，何以书示之曰：‘某公喜极而狂，喜则心窍开张，不可复合，非药石之所能治，故以危言惧之以死，令其忧愁抑郁，则心窍闭，至镇江当已愈矣。’其人乃北向再拜而去。”清初地理学家刘献廷撰笔记《广阳杂记·神医·袁体庵》亦记有此事。

赵献可（1573—1664，一说生卒年不详），明末清初医家，字养葵，自号“医巫闾子”。浙江鄞县人（今属宁波），与张景岳同时（据黄宗羲作《张景岳传》：“赵养葵，名献可，宁波人，与介宾同时，未尝相见，而议论往往有合者。”张景岳，1563—1640，据此可大致判断赵献可的生卒年），著《医贯》《内经钞》《素问注》《经络考》《正脉论》《胎产遗论》。

刘若金（1585—1665），明末清初官吏、医家，字云密，安徽省潜山人。1625年进士（天启五年），1644年（崇祯十七年）擢升刑部尚书。隐居三十年，潜心医学，竭三十年之力，汇集百家所长，编著三十二卷本《本草述》一书，载药六百九十一种。

程国彭（1620—1690，一说是1662—1735，一说是1680—1733），明末清初医家。一名山龄，字钟龄。号恒阳子，天都人（今安徽省歙县）。著《医学心悟》《医中百误歌》。

陆以湉赞其所著《医学心悟》，篇幅虽隘，其方颇有佳者。并举例说自己的亲戚李氏妇患噎症绝粒，诸药不效，医告技穷，奄奄待毙。余检此书启膈散令煎汤服之（北沙参三钱，丹参三钱，川贝二钱，茯苓钱半，砂仁壳五分，广郁金五分，柯蒂二个，杵头糠五分）。四剂而能纳食，去郁金，加蒌皮一钱，服四剂，复加味调理痊愈。

明人尤其注重植物图谱的编著工作，所著植物图谱通行者有明太祖朱元璋的第五子，贵为藩王之尊的周定王朱橚所撰《救荒本草》，王磐著的《野菜谱》，鲍山编著的《野菜博录》，以后者成书最晚。

朱橚（1361—1425），明太祖朱元璋第五子，《救荒本草》作者。

“周定王《普济方》六十八卷。”（清代张廷玉等撰，《明史·卷九十八·志第七十四·艺文三》）

《明实录·太祖实录·卷九》载：“（辛丑）秋七月己酉朔，丁巳，皇帝五子生。”也就是说周定王朱橚出生于1361年，于1425年卒，享年65岁。明成祖朱棣的嫡亲胞弟。

周定王橚，太祖第五子。洪武三年（1370年）封吴王。七年（1374年），有司（古代设官分职，各有专司，故称有司。《尚书·大禹谟》：“好生之德，洽于民心，兹用不犯于有司”）请置护卫于杭州。帝曰：“钱塘财赋地，不可。”十一年（1378年）改封周王，命与燕、楚、齐三王驻凤阳（凤阳县，位于安徽省东北部。古称“钟离”“濠州”。明太祖朱元璋的故乡）。十四年（1381年）就藩开封，即宋故宫地为府。

二十二年（1389年），橚弃其国来凤阳。帝怒，将徙之云南，寻止，使居京师，世子有燉理藩事。二十四年十二月敕归藩（1391年）。建文初（1399年。建文：明惠帝朱允炆的年号，1398—1402年在位），以橚燕王母弟，颇疑惮之。橚亦时有异谋，长史（职官名，秦始置，历代相沿。执掌事务不一，多为幕僚性质的官员，相当于现在的秘书长或幕僚长，亦称为“别驾”）王翰数谏不纳，佯狂去。橚次子汝南王有告变，帝使李景隆备边（生卒年无考，明朝将领。先是协助明惠帝朱允炆削藩，担任朝廷讨燕大军主帅，讨伐燕王朱棣，兵败，丧师数十万；后是开城迎降，致使南京陷落。朱棣因其“默相事机之功”，授予其诸多爵位，并增俸禄一千石），道出汴，猝围王宫，执橚，窜蒙化（蒙化府，古代行政区划名称，治今云南省巍山彝族回族自治县，属大理路，曾降为州，1448年，明代正统十三年，复升为蒙化府），诸子并别徙。已，复召还京，锢之。成祖入南京，复爵，加禄五千石。永乐元年（1403年）正月诏归其旧封，献颂九章及佾舞（颂，以赞颂、颂扬、祝愿为内容的文章或诗歌。《荀子·天论》：“从天而颂之，孰与制天命而用之。”佾，音yì，古代乐舞的行列称为“佾”。《论语·八佾》：“孔子谓季氏八佾舞于庭，是可忍也，孰不可忍也。”《谷梁传·隐公五年》：“舞夏，天子八佾，诸公六佾，诸侯四佾。”《左传·隐公五年》：“天子用八，诸侯用六，大夫四，士二”）。明年来朝，献驺虞（驺虞，音zōu yú。①古代神话传说中的一种仁兽，虎身狮头，白毛黑纹，长尾巴，生性仁慈，不肯踏青草，只食自然死亡生物的仁义之兽。《山海经·海内北经》:“林氏国有珍兽,大若虎,五彩毕具,尾长于身,名曰驺虞,乘之日行千里。”《毛传》说是白虎黑纹,不食生物的兽名,《韩诗》则解释为给天子掌管鸟兽的官员名。②《诗经·召南·驺虞》篇名。《毛诗序》说是歌颂文王教化有方,赞美“文王之化”的诗作。“人伦既正,朝廷既治,天下纯被文王之化,则庶类蕃殖,蒐田以时,仁如驺虞,则王道成也。”③古乐名。《墨子·三辩》:“周成王因先王之乐,又自作乐,命曰《驺虞》。”此处应为赞美歌颂,喻意“文王之化”之说)。帝悦,宴赐甚厚。以汴梁有河患,将改封洛阳。橚言汴堤固,无重劳民力。乃止。十四年(1416年)疏辞所赐在城税课。十八年(1420年)十月有告橚反者。帝察之有验。明年(1421年)二月召至京,示以所告词。橚顿首谢死罪。帝怜之,不复问。橚归国,献还三护卫。仁宗即位(明仁宗朱高炽,1424—1425年在位),加岁禄至二万石。橚好学,能辞赋,尝作《元宫词》百章。以国土夷旷(平坦且旷阔。《明史·广西土司传－南宁》:“又郡地夷旷,可宿数万师”),庶草蕃庑(语出《尚书·洪范》:“曰时五者来备,各以其叙,庶草蕃庑。”地大物博之意),考核其可佐饥馑者四百余种,绘图疏之,名《救荒本草》。辟东书堂以教世子,长史刘淳为之师。洪熙元年薨。(清代张廷玉等撰,《明史·卷一百十六·列传第四·诸王一·周定王·橚》)。

《重刻〈救荒本草·李濂序〉》:《淮南子》曰:神农尝百草之滋味,一日而七十毒,由是《本草》兴焉。陶隐居、徐之才、陈藏器、日华子、唐慎微之徒,代有演述,皆为疗病也。嗣后(以后;随后;继承;接续。《尚书·洪范》:“鲧则殛死,禹乃嗣兴。”明代唐顺之《答俞教谕书》:“嗣后更望时惠尽言,此仆之所汲汲而求也”),孟诜有《食疗本草》,陈士良有《食性本草》,皆因饮馔以调摄人,非为救荒也。《救荒本草》二卷,乃永乐间周藩(指朱橚,因其被册封为周王,建藩开封,而称周藩)集录而刻之者,今亡其版。濂家食时(濂乃李濂。家食,家居赋闲,不食国家俸禄之时。语出《易经·大畜》:“大畜,利贞,不家食,吉,利涉大川。”唐代训诂学家孔颖达疏解:“‘不家食吉’者,已有大畜之资,当使养顺贤人,不使贤人在家自食,如此乃吉也。”南宋朱熹《周易本义》:“不家食,谓食禄于朝,不食于家也”),访求善本,自汴携来(汴即汴梁,今开封的别称)。晋台按察使石冈蔡公(蔡天佑,1440—1534,字成之,号石冈,弘治十八年进士;累迁福建佥事、山东按察副使、山西按察使、大同巡抚、兵部右侍郎,《明史·卷二百》有传。有惠政,著有《石冈集》),见而嘉之,以告于巡抚都御使蒙斋毕公(毕昭,字蒙斋,山东新城人。弘治十二年进士;嘉靖二年任山西右副都御使,后又升任山西巡抚。1525年卸职乞养)。公曰："是有俾荒政者。"乃下令刊布，命濂序之。按《周礼》大司徒以荒政十二聚万民，五曰舍禁（舍，音 shè，同"舍"）。夫舍禁者，谓舍其虞泽之厉禁（《周礼·夏官·牧师》："牧师掌牧地，皆有厉禁而颁之。"《周礼·秋官·司隶》："执其邦之兵，守王宫与野舍之厉禁。"郑玄注解："厉，遮例也。"本指划定的范围，专设卫兵警戒，限制出入，亦指禁止擅自进入的法令；泛指严格禁止），纵民采取以济饥也。若沿江濒湖诸郡邑，皆有鱼、虾、螺、蚬、菱、芡、茭、藻之饶，饥者犹有赖焉。齐、梁、秦、晋之墟，平原坦野，弥望千里（视野所及之处，意即辽阔遥远。明代归有光《与沈敬甫书》："舍中蓬蒿弥望，使人怆然，不能还矣"），一遇大侵（灾情严重的灾荒年。《谷梁传·襄公二十四年》："五谷不升谓之大侵。"东晋经学家范宁撰《春秋谷梁传集解》注解："侵，伤。"唐初学者杨士勋撰《春秋谷梁传疏》进一步解释："大侵者，大饥之异名"），而鹄形鸟面之殍（殍，音 piǎo，饿死的人。《盐铁论·水旱》："野有饿殍，不知收也。"饥饿、疲劳、消瘦，形容憔悴而饿死的人。明代归有光《送宋知县序》："岁复荐饥，侯加意抚恤，向之逃亡者，鹄形鸟面，争出供役"），枕借于道路（枕借，音 zhèn jí。纵横交错相互枕着而卧倒。东汉班固《西都赋》："禽相镇压，兽相枕借"），吁可悲已！后汉永兴二年（154 年），诏令郡国种芜菁以助食，然五方之风气异宜，而物产之质异状，名汇既繁，真赝难别，使不图列而详说之，鲜有不以虺床当蘼芜，荠苨乱人参者，其弊至于杀人，此《救荒本草》之所以作也。是书有图有说，图以肖其形，说以著其用。首言产生之壤，同异之名；次言寒热之性，甘苦之味；终言淘、浸、烹、煮、蒸、晒调和之法。草木野菜，凡四百一十四种，见旧本草者一百三十八种，新增者二百七十六种云。或遇荒岁，按图而求之，随地皆有，无艰得者。苟如法采食，可以活命。是书也，有功于生民大矣。昔李文靖为相（李沆，947—1004，字太初，谥文靖，北宋时期名相、政治家、诗人。注重吏事，清静无为治国，有"圣相"之美誉。《宋史》有传），每奏对常以四方水旱为言；范文正为江淮宣抚使（范仲淹，989—1052，字希文，谥文正，世称范文正公，北宋时期著名思想家、政治家、军事家、文学家，其名言"先天下之忧而忧，后天下之乐而乐"对后世影响深远。《宋史》有传），见民以野菜煮食，即奏而献之。毕、蔡二公刊布之盛心，其类是夫！

嘉靖四年岁次乙酉（1525 年）春二月之吉

赐进士出身奉政大夫、山西等处提刑按察司佥事、奉敕提督屯政大梁　李濂撰

《救荒本草·卞同序》：植物之生于天地间，莫不各有所用。苟不见诸载

籍，虽老农老圃亦不能尽识。而可烹可芼者（芼，音 máo。《诗经·豳风·七月》："六月食郁及薁，七月亨葵及菽。"《周礼·天官·内饔》："掌王及后、世子膳羞之割亨煎和之事。"芼，通"毛"。本指草，亦指可供食用的野菜或水草。《礼记·内则》："芼羹。"东汉经学家郑玄注解："芼，菜也。"唐代训诂学家孔颖达疏解："按公食大夫礼，三牲皆有芼者，牛藿、羊苦、豕薇也，是芼乃为菜也，用菜杂肉为羹"），皆躏借于牛、羊、鹿、豕而已。自神农氏品尝草木，辨其寒、温、甘、苦之性，作为医药，以济人之夭札，后世赖以延生。而本草书中所载多伐病之物，而于可茹以充腹者，则未之及也。

敬惟周王殿下体仁遵义，孳孳为善（同"孜孜"。语出《孟子·尽心上》："鸡鸣而起，孳孳为善者，舜之徒也。"《后汉书·鲁丕传》："性沈深好学，孳孳不倦。"李贤注解："孳孳，不怠之意。"勤勉努力不懈怠地从事善事）。凡可以济人利物之事，无不留意。尝读《孟子》书，至于'五谷不熟，不如荑稗'（荑稗，音 tí bài。荑，通"稊"，一种似稗子的草，其实亦可食，然不能如五谷味之美也。五谷仁必贵乎熟，熟则美；如果五谷不熟，还不如熟了的荑稗。语出《孟子·告子上》："五谷者，种之美者也，苟为不熟，不如稊稗。"禾本科一年生草本植物，有水、旱两种稗草，籽粒可作饴糖、酿酒、饲料之用）。因念林林总总之民（形形色色、各种众多且杂乱的样子。唐代柳宗元《贞符》："惟人之初，总总而生，林林而群。"林林，树木聚集成片的样子；总总，形容词。常作谓语、定语，以形容人众多且杂乱的样子），不幸罹于旱涝（罹，音 lí，动词。《诗经·王风·兔·爰》："我生之后，逢此百罹。"遭遇忧患、苦难或不幸。此处则说是遭遇旱涝之灾），五谷不熟，则可以疗饥者，恐不止荑稗而已也。苟能知悉而载诸方册，俾不得已而求食者，不惑甘苦于荼、荠，取昌阳，弃乌喙，因得以裨五谷之缺，则岂不为救荒之一哉！于是购田夫野老，得甲坼勾萌者四百余种（坼，音 chè，开裂；分裂。草木的种子分裂发芽谓之坼。甲坼，草木种子外皮开裂而萌芽。《易经·解》："雷雨作而百果草木皆甲坼。"孔颖达疏解："雷雨既作，百果草木皆孚甲开坼，莫不解散也。"勾萌，亦常写作"句萌"，草木的芽苗，拳合者称为"句"，有芒且直放者称为"萌"，合称"勾萌"或写作"句萌"。草木发芽生长。语出《礼记·月令》："是月也，生气方盛，阳气发泄，句者毕出，萌者尽达，不可以内。"南朝宋代诗人鲍照《园葵赋》："句萌欲伸，丛芽将放"），植于一圃，躬自阅视。俟其滋长成熟，乃召画工绘之为图。仍疏其花、实、根、干、皮、叶之可食者，汇次为书一帙，名曰《救荒本草》，命臣同为之序。臣惟人情，乃饱食暖衣之际，多不以冻馁为虞，一旦遇患难，则莫知所措，惟付之乃无可奈何。故治己治人，鲜不失所。

今殿下处富贵之尊，保有邦域，於无可虞度之时，乃能念生民万一或有之患，深得古圣贤安不忘危之旨，不亦善乎？神农品尝草木，以疗斯民之疾。殿下区别草木，欲济斯民之饥，同一仁心之用也。虽然，今天下方乐雍熙泰和之治（喻盛世之治。天下和乐升平，民间太平友好和睦。东汉文学家张衡《东京赋》："百姓同于饶衍，上下共其雍熙。"三国吴名臣、学者薛综注解："言富饶是同，上下咸悦，故能雍和而广也。"汉代扬雄《法言·孝至》："或问太和？曰：其在唐虞、成周乎"），禾麦产瑞，家给人足，不必论及于荒政。而殿下亦岂忍覩斯民仰食于草木哉！是编之作，盖欲辨载嘉植，不没其用，期与《图经本草》并传于后世。庶几萍实有征，而凡可以烹芼者，得不躏借于牛、羊、鹿、豕。苟或见用于荒岁，其及人之功利，又非药石所可拟也。尚虑四方所产之多，不能尽录，补其未备，则有俟于后日云。

永乐四年岁次丙戌（1406 年）秋八月

奉议大夫、周府　左长史　臣　卞同拜手谨序

日本人丹波元胤撰《中国医籍考》引永乐十三年（1415 年）修订《袖珍方》时朱橚亲撰的序文：予当弱冠之年，每念医药可以救夭伤之命，可以延老疾之生，尝令集《保生余录》《普济》等方。方虽浩瀚，编辑多讹。至洪武庚午（1390 年，即洪武二十三年），寓居滇阳（今云南省的别称），知彼夷方（古人蔑指中原以外的各族人民为夷方之人），山岚瘴虐，感疾者多，惜乎不毛之地，里无良医，由是收药诸方，得家藏应效者，令本府良医，编类锓诸小板，分为四卷，方计三千七十七，门八十一，名曰《袖珍》。袖者，易于出入，便于巾笥（用手巾或头巾包裹收藏于箱箧之中。《庄子·秋水》："吾闻楚有神龟，死已三千岁矣，王巾笥而藏之庙堂之上"），珍者，方至妙选，医之至宝，故名《袖珍》。数年已来，印版模糊，今于永乐十三年春，令良医等复校订正刊行于世，庶使不失妙方，永兹善事。呜呼！天高地厚，春往秋来，日陵月替，海水桑田，况人物乎。吾尝三复思之。惟为善迹有益于世，千载不磨，昔太上有立德、有立功、有立言，今吾非以徇名（徇，通"殉"，舍身以求名。西汉贾谊《鹏鸟赋》："贪夫徇财兮，烈士徇名"），将以救人之疾苦也，将以于世立功也。时岁乙未季秋，书成，广行印施。岂曰小补云耳。

由此序文可知《普济方》成于洪武二十三年之前，《袖珍方》成于洪武

二十三年。

英国近代生物化学家李约瑟在《中国科学技术史·第六卷·第三十八章·植物学》中介绍朱橚“是明太祖的第五子，他撰写的书叫作《救荒本草》。朱橚约生于1360年，1378年被封为周王，谥号是人所共知的“周定王”。1381年，封地河南开封地区。开封是过去宋朝都城，先前的皇宫被赐予他作为王府，除了两度遭到贬黜或流放外，他一生的其余时间就是在那里度过的。随着其科学兴趣的不断增长，他逐步建立起的不仅是一个植物园，而且还是一个试验基地，以便对尽可能多地在饥荒时可作为食用的植物进行驯化和研究，这个基地必然有一个实验室进行生物化学和药学试验及相关产品的制备。《救荒本草》首次刊印于1406年，由周府的学者卞同做序，在序言中他写道：

周王殿下……于是购田夫野老，得甲拆勾萌者四百余种，植于一圃，躬自阅视。俟其滋长成熟，乃召画工绘之为图，仍疏其花、实、根、干、皮、叶之可食者，汇次为书一帙，名曰《救荒本草》，命臣同为之序，臣惟人情于饱食暖衣之际，多不以冻馁为虞；一旦遇患难，则莫知所措，惟付之于无可奈何，故治己治人，鲜不失所。”

卞同无疑是朱橚的最亲密助手，但同时朱橚可能也得到他的一个儿子——朱有燉（明太祖之孙，世袭周王，谥“宪”，世称“周宪王”，明代戏曲作家，1379—1439），即另一个周王（周宪王）的帮助。朱有燉在他父亲1425年去世之后还活了十四年，我们知道，尽管这位年轻人对于继承权的争吵深感忧虑，但他对植物学仍很有兴趣。……”

李约瑟继续评价道：卞同希望《救荒本草》将会与《图经本草》一起传给后世，而结果比他期望的还要好。因为本书的价值已为现代科学史家所充分认识……（外国学者）恰当地给予这部书以最高的赞誉，把它称作是“中世纪时代最杰出的草药志”。回顾朱橚的著作，人们会对他那非凡创造力留下深刻的印象。在这之前肯定没有类似的著作流传下来，即使政府的档案中也许还保存着我们现在无法看到的资料。随着岁月的流逝，饥荒问题引起了人们的重大关注，这种关注有时使生物学问题清楚地显露出来。朱橚所依靠、运用的科学知识，是“以可靠的实验作为依据”。因此，朱橚看来是救荒著述流派中一位伟大的开拓者，也是其中最重要的一位作者。而且，我们认为他还是一位伟大的人道主义者。他对诸如饥荒、水灾、旱灾、作物歉收、动物流行病、战争和瘟疫等论题大多以科学的客观性来讨论。……

周定王者朱橚，明成祖朱棣胞弟，明朝开国皇帝朱元璋的第五个儿子。洪武中就藩开封，虽贵为藩王之尊，保有邦域，富贵无忧，却十分好学，擅长诗赋，曾做《元宫词》百章。

朱橚尤其雅好医术，热心医学，对于医药学的兴趣，非历代任何皇子可堪比。其之所以如此喜爱医药学，在于他人性之善，行善积德的朴素品质，他认为医药具有救死扶伤、延年益寿之功用。即便在被父皇朱元璋恼怒、流放云南期间，虽然生活在颠沛流离之中，亦深入体察、了解民间疾苦，看到当地民众缺医少药，生活环境极其恶劣，遂于洪武二十三年（1390年）又命周王府医官李恒（字伯常，合肥人，洪武初周府良医）编集方便实用的《袖珍方》四卷。

周王朱橚贵为藩王，父亲乃一国之君，权力至极，处富贵之尊，保有邦域，生活本可无忧无虑，却与人为善，体仁遵义，尊人仗义，无时不念万民之患，品德高尚，不用言语赞誉，有目共睹。其深得古圣先贤安不忘危之旨，凡可以济人利物之事，无不留意，除读孔、孟之书外，亲自效仿神农之所为，尝从田夫野老处购得各种可以充饥果腹药饮两用植物幼苗，种植于自己的园圃中，亲自躬耕、阅视，细心观察其成长过程，俟其滋长成熟，取其中可食之物啮尝，以区别百草草木；又召画工绘图成画，每物一图，文图对照，释文简疏其产地、形态、性味、有无毒的部位、食用方法，就其花、实、根、干、皮、枝、叶之可食者，著录简编成在众多本草著作中地位十分特殊的《救荒本草》一书。这是缘于作者认为历代本草书中所载多伐病之物，而于可茹以充饥果腹者，未曾涉及，故欲编撰一部有别于以前本草书的本草书。虽冠“本草”之名，名曰《救荒本草》，撰著本意却不在解疾疗伤、临床治病遗方之需，而是欲济民众之饥，为用在灾荒饥饿之年，预防天灾人祸、充饥果腹度荒救生之用。仁心之用，尽在书中。此举之高尚，乃是仁心仁术的极大体现，不能不令人感叹！

《救荒本草》是一本记载野生食用植物的专著，也是本草学从药物学向应用植物学发展的一个标志。《救荒本草》编订成书于1406年，原书两卷，收载各种可供食用的植物四百一十四种，其中来源于旧本草者一百三十八种，其余皆属新增植物二百七十六种，其中不乏经济价值较高的（药用、食用）植物，与“部颁药食两用物品”相吻合的达四十三种。其中所载大多数都经由作者移植园圃，亲眼验证花实，亲口品尝滋味，所以对植株形态的描述多切实准确翔实。该书有图有说，图以肖其形，说以着其用。告知产地、同异之名、寒热之性、甘苦之味、淘浸烹煮、蒸晒调和之法，令民如遇荒年，可按图索骥，易于求之，不致太过艰难，随地皆有，如法采食，可以活命，极有功于生民。此书问世后，虽未及时被医药学家所重视，却很为植物学家所看好青睐。

该书文字虽简略，在植物学、农学、医药学上的价值和贡献和意义重大。它开创了人们对于野生食用植物研究的新纪元，不仅为大众普及了植物学知识，而且对于饥荒之年人们用于解饥度荒之用，无疑具有非常积极的作用。它所产生的深远影响，为后世的著名科学家徐光启编著《农政全书》、著名医药学家李时珍撰著《本草纲目》、清代植物学家吴其濬编撰植物学专著《植物名实图考》都起到了重要蓝本作用。

《救荒本草》于17世纪后期传到了日本，深受日本学者所重视，并由此赢得了国际学术界的高度重视和评价。

神农遍尝草木，以疗斯民之疾，殿下区别草木，欲济斯民之饥，仁心之致用也。

植物之生于天地间，莫不各有所用，其众多无数，即便有经验的老农，亦未必尽识别。自远古神农品尝草木，辨其寒温甘苦之性，始作医药，以疗民众之疾，以济人之夭札，后世赖以延生祛疾。

朱橚还有“一个弟弟朱权（宁献王，卒于1448年），也是一位杰出的科学家和文学家，不过他的兴趣在于炼丹术、矿物学、声学和地理学，而非植物学和园艺学。事实上，正当作者全力以赴编写《救荒本草》时，第三位王子

（宁献王）差不多还在孩提之年，但后来他很可能受到在开封科学团体的影响下而成长起来了。除了我们现在认真考察的植物学著作外，朱橚还是《普济方》一书的作者，该书是一部仍在使用的多卷验方集。

“宁献王权，太祖第十七子，具有明显的道家性格，与文学士相往还，托志翀举（翀，音 chōng。《明史·杨最传》：“神仙乃山栖澡鍊者所为，岂有高居黄屋紫闼，衮衣玉食，而能白日翀举者。”寄托情志于成仙升天），自号“臞仙”“涵虚子”。尝奉敕辑《通鉴博论》二卷，又作《家训》六篇，《宁国仪范》七十四章，《汉唐秘史》二卷，《史断》一卷，《文谱》八卷，《诗谱》一卷，其它著撰数十种。正统十三年薨（1448 年。正统：明英宗朱祁镇的年号，1436—1449 年）（《明史·卷一一七·列传第五·诸王二·宁王权》）。

朱权还曾著有论述炼丹术、冶金术和药学的《庚辛玉册》，于 1421 年成书。晚年撰有《神隐书》，即《臞仙神隐书》，记述隐居习道的人希望保持活力、延年益寿的日常生活琐事，这是继《农桑衣食撮要》之后的主要涉及园艺、食物储藏、畜牧和兽医科学的著作。《农桑衣食撮要》是于 1314 年出版的一部元代专著，作者是维吾尔族的鲁明善，朱权对该书甚为赞赏。他还著有关于老年病处方的《寿域神方》，两本论述阴阳学说的医学著作《乾坤秘韫》和《乾坤生意》李时珍曾经参阅过，但可能现已佚失。虽然朱权年少时是在王子间的徒劳争斗中度过的。曾有一度，他不得不面对有关他参与巫术活动的指控，但朱权似乎尽力避开了那些困扰着朱橚的政治烦恼。

王磐（约 1470—1530，《野菜谱·序》说其生卒年是 1455—1524），明代散曲家、医家，著有《野菜谱》。

说明：王磐并非医学家和本草学家，本不应列入《医林》节，但是其所撰《野菜谱》内有多种物品与部颁《药食两用物品》相吻合，其功亦不可小觑，故载。

王磐，字鸿渐，自号西楼。明扬州府高邮（今属江苏省高邮市）人。其家世行踪难于详悉，只知他“生于富室，薄于功名，疏财重义，雅好文墨”。身富好学，襟期潇洒（襟期，志趣；志愿；抱负；襟怀。唐代杜甫《醉时歌》：“日籴太仓五升米，时赴郑老同襟期。”《北史·李谐传》：“庶弟蔚，少清秀，有襟期伦理，涉观史传，兼属文词。”潇洒，神情举止自然大方，洒脱磊落。唐代李白《王右军》：“右军本清真，潇洒在风尘。”此说王磐襟怀坦荡，志趣超逸脱俗），少时薄科举，不应试（薄，轻视；淡薄；鄙薄。年少之时不重视科举制度，不参加其考试），筑楼高邮城西，与当时文人志士谈咏其间，因自号“西楼”。留恋田野山水间，过着文人逸士的生活，与方外人士也有往来，似曾有信佛参禅超脱尘世的思想。他博学多才，琴棋诗画俱精，尤擅音律散曲，诗律流丽，“每一传诵，人争慕之”，“谓其如摩诘之流”（摩诘，有两说，一指唐代诗人王维，字摩诘。另一说，和释迦牟尼同时的大乘居士维摩诘。南宋陆游《病中作》：“摩诘病说法，虞卿穷著书”）。其曲尤为时人所重，与金陵陈大声并被誉为“南曲之冠”（陈大声，本名陈铎，约1488—约1521年，字大声，号秋碧，明代散曲家，家居金陵。精通音律，工于诗词绘画，善弹琵琶，人称“乐王”），其所作散曲，题材广泛，著有《王西楼乐府》《西楼集》传世。善谐谑（善于调笑戏弄，诙谐逗趣，引人捧腹。《旧唐书·柳浑传》：“浑謦辩，好谐谑放达，与人交，豁然无隐”），工题赠。晚期因朝廷腐败，荒岁苛政，阊阖凋敝，（阊阖，秋风至，百花凋，凄凉景象满视野。《文选·郭璞〈游仙诗之一〉》：“阊阖西南来，潜波涣鳞起。”亦有闾巷、阖戸、天门、宫门说。凋敝，衰败；破败；百姓困苦。《史记·酷吏列传》：“吏民益凋敝。”总之是说，因为明朝廷腐败无能，加上灾荒岁月，苛捐杂税，致使民不聊生）民不聊生，才写出一些托物讽刺、揭露现实黑暗的名篇。《野菜谱》中的诗歌，多寓规诫。《野菜谱》是他生前唯一一部植物学著作，据其自序称，正德年间（正德：明武宗朱厚照的年号，1506—1521年），因见当时江、淮地区连年迭遭水旱之灾，饥民无奈纷纷以采拾野菜充饥度日，因恐饥民误食伤生，乃多方查访，鉴于“其间形类相似，美恶不同，误食之，或至伤生”，便“历览详询”搜集高邮田野间所生长的可食植物，“取其象而图之，俾人人易识，不至误食而伤生”，于嘉靖三年（1524年）撰成《野菜谱》一书，也叫《王西楼野菜记》。

书内收载野生植物六十种，各绘简图，并附歌诀，明其性用，一物一图，上栏为文，下栏为图；并缀以词，雅俗相杂；文则描述植物形态特征，生长环境，生长期，食用方法，尤为重视采集时日，其辞似谣似谚，古质可诵，易于记忆，于医药、植物均有积极参考价值。图则撮其实物之重要部位，或全株或嫩苗，以象其物，使人人易识，不致误食伤生。书中所记植物之名称多为高邮本土之地方名，这些植物或因其形态、生长地、生长季节、性味而得名，至今仍有沿用者。

《野菜谱》极具浓厚乡土气息，可谓一部乡土植物志，堪称16世纪的一部科普读物。遗憾的是，因是其离世前不久完成的著作，生前未及付梓。刊行后，流传甚广，尤其是被著名科学家、政治家、文渊阁大学士徐光启将此谱收入《农政全书》之后，影响更大，传播范围更广。

《野菜谱·序》：谷不熟曰饥，菜不熟曰馑。饥馑之年，尧、汤不免，惟在有以济之耳。正德间，江、淮迭经水旱，饥民枕藉道路，率皆采摘野菜以充食，赖之活者甚众。但其间形类相似，美恶不同，误食之或至伤生，此野菜谱不可无也。予虽不为世用，济物之心未尝忘，田居朝夕，历览详询，前后仅得六十余种。取其象而图之，俾人人易识，不致误食而伤生。且因其名而为之咏，庶乎因是以流传，非特于吾民有所补济，抑亦可以备观风者之采择焉。此野人之本意也，同志者因其未备而广之，则又幸矣。

嘉靖三年春三月高邮　王磐识

附：〔明〕宋濂等撰《元史·卷一百六十·列传第四十七》亦载有一位王磐（1202—1293），字文炳，是广平永年（今属河北省）人，元代一位资性刚方，闲居不妄言笑，不肯阿谀奉承的正直大臣。

鲍山（1573—1627），因是名隐士，故正史无传，事迹难觅，著有《野菜博录》。

明代末年万历、天启年间人（万历，明神宗朱翊钧的年号。1620年，明光宗朱常洛在位一年，同年明熹宗朱由校继位）。

鲍山，字元则，号“在斋”，自署“香林主人”。明代婺源（今江西省东北部）人。据甚为了解他的程大中“味玄居士”介绍，其赋性颖异，不肯与流俗同伍，少游太学，自弱冠始归，益加厌弃凡尘世俗，时时思欲脱离，故于万历三十八年（1610年）入黄山，筑室白龙潭之上栖隐，超凡脱俗，读书修习肄业七载。与松云泉石相亲，朝夕吟咏，或跣足石上，或双髻松间，或呼鹤而舞，或招猿而吟，饥餐野菜，渴饮涧泉，飘飘然恍若神仙中人；时常与老衲坐蒲团，参禅守寂，茹淡有年，遍得菜中味，虽然身体在世中，神已游乎物外；又正值边防屡屡不得安宁，考虑到民众饮食艰难，便亲自尝试体味品查，别其性味，根据自己多年素食茹餐所记载的内容，选取那些不难博采，调食简便，食之不但足以当裹粮疗饥救荒，而且不伤生厌腹，令人神清气爽，有助资生，可以延年，可以济世的野菜，于天启二年（1622年）撰著了三卷本的《野菜博录》。

《野菜博录》前两卷草部，下卷木部，著录草木共四百三十五种，是一部参考、继承、发展了明代王磐著的《野菜谱》和周定王朱橚撰写的《救荒本草》，并以之为蓝本，撰著的融学术性、知识性、趣味性于一体的本草古籍。书中所选择野菜品种多为一般本草书所未载之地方草药。这是作者长期隐居民间，将访采可食野菜种于自家园圃，做了大量踏踏实实、实际调研访查，并亲自按时采摘，如法炮制调食之后，得到的绝对行之有效的记录。由于是绘图明示，详其调制，使野叟山童一阅而知采茹，日常饮食自觉以蔬菜相宜，其于民用绝对有益，而未为无补矣。其以“疗医以愈疾，备荒以赈饥”，甚有益于救荒及医药。汉民族多食植物，与游牧民族多嗜肉食者不同，故其取之也博而考之也精，研究植物者手执一编，倘于格致之功不为无补。廉而易，无遗利，止生杀，防凶荒，于僧、道茹食做修道行功之事，欲减肥去胖者亦非常有益。

《野菜博录·鲍山自序》：闻上古粒食未兴，民借以生养者，唯是草衣木食。自神农氏作，尝及百草，以疗诸疾，而民无夭岁，则草木之益于人，从古然矣。予性禀淡泊，家常日用，觉与蔬菜宜，诸凡甘毳（毳，音cuì，通“脆”。脆弱；不坚。《荀子·议兵》：“是事小敌毳，则偷可用也；事小敌坚，则涣焉离耳。”甘毳，同“甘脆”。味美食物。诸凡味美的食品，不宜放纵食欲），不喜纵嗜。及阅王西楼《野菜谱》若干种，每访采茹，植其异者于家圃，以供野味，惜其种类局而未广。庚戌岁（即万历三十八年，1610年）肄业（肄，音yì。读书修习其业。《左传·文公四年》：“臣以为肄业及之也。”晋代杜预注解：“肄，习也。”东汉经学家、文学家马融作《长笛赋》：“工人巧士，肄业修声。”后世则称在学校学习而未毕业为“肄业”。而此处的“肄业”则是说鲍山自庚戌始，便在黄山读书学习修习其业达七年之久）黄山七载，每过普门（释家语，或曰梵语，又作“无量门”。《法华文句·卷十》：“普者，周遍也。诸法无量，若不得普，则是偏法，若得普者，则是圆法。门者，从假入空，空通而假壅，从空入假，假通而空壅。偏通则非普，壅固非门。中道非空非假，正通实相，双照二谛，故名普，正通故名门”）师道场（佛教礼拜、诵经、行道的场所。《维摩经》

僧肇注解："闲宴修道之处，谓之道场。"另有道之所在和寺院名之说)，见诸方游释(僧人为修行问道而云游四方，各方游走的僧尼。亦称"游方")多采根芽华实茎叶(华，同"花"。《诗经·周南·桃夭》："桃之夭夭，灼灼其华")，供终日餐。因随叩索，备尝之，而识所未识者若干种。然犹限之境内，境以外辄遗之。又值社友潘稚春出《备荒本草》，云得关中王府抄本若干种。阅之，予益欣艳(犹如欣赏艳羡。南宋诗人、文学家朱弁《曲洧旧闻·卷十》："自是一群欣艳")。用时按时采取，如法调食。虽性有温平寒热之异，味有甘苦辛酸之殊，皆清利爽口，总之宜人，此尤淡泊者之所怡情，其于腥膻之味，直将唾弃之矣。

矧(音 shěn，况；何况。《尚书·大诰》："厥子乃弗肯播，矧肯获?")夫疗医以愈疾，备荒以赈饥，种种借是，益知草木之功，足以广仁爱，而佐粒食于不穷也已。且孟子曰：'五谷者，种之美者也。苟为不熟，不如荑稗(音 tí bài，①此话援引自《孟子·告子上》之语："五谷者，种之美者也，苟为不熟，不如荑稗。"荑，通"稊"。一种似稗子的草。《齐民要术·种谷》作："不如稊稗。"②指茅草的嫩芽。《诗经·邶风·静女》："自牧归荑。"稊，音 tí。①一种形似稗子的草，实如小米。《庄子·秋水》："不似稊米之在太仓乎?"②通"荑"，植物的嫩芽。《易经·大过》："枯杨生稊")。兹采集野蔬以防岁歉，随处便于民取，岂非过于荑稗者乎？今所得若干余种共四百数十种，皆予亲尝试之，分作草部二卷、木部一卷，次其品汇，别其性味，详其调制，并图其形，而胪列之(《尔雅》："胪，叙也。"陈列；陈述。《史记·六国表》："位在藩臣，而胪于郊祀。"《国语·晋语六》："风听胪言于市，辩祆祥于谣")，即野叟、山童一搜阅而知采茹焉。其于民用未为无补矣。因付之剞劂氏，以广其传，而题之曰《野菜博录》，亦谓所遗者尚多，如茹芝、饵术、飡松实、服黄精，能引长年；而辟谷者，虽有其理而未征其事，则犹遗于索取之外，姑俟博雅君子一政之(姑，姑且；暂且。《诗经·周南·卷耳》："我姑酌彼兕觥，维以不永伤。"俟，等待。《论语·乡党》："君命召，不俟驾行矣。"博雅，学识纯正渊博。《楚辞·招隐士序》："昔淮南王安，博雅好古，招怀天下俊伟之士。"一，统一。唐代诗人、文学家杜牧《阿房宫赋》政："六王毕，四海一。"通"正"，改正。姑且等以后让学识纯正渊博的君子勘正它吧)。

天启 壬戌(1622年)仲春"香林主人"书于天都 青莲庵中

《野菜博录·程大中跋》：予与元则交虽忘年，而知最深，元则赋性颖异，不与流俗伍(流俗，世俗；社会上流行的一般风俗习惯，贬义语。《孟子·尽心下》："同乎流俗，合乎污世。”南宋著名理学家朱熹注解：“流俗者，风俗颓靡，如水之下流，众莫不然也。”《礼记·射义》：“幼壮孝弟，耆耋好礼，不从流俗，脩身以俟死者，不在此位也。”不与世俗同列为伍）。**自弱冠从太学归**（弱冠，古代男子于二十岁时行冠礼，以示成人，但体还未壮，故称弱冠。后泛指男子二十岁左右年纪为弱冠。《礼记·曲礼上》：“人生十年曰幼，学；二十曰弱，冠。”太学，古代设立于京城的最高学府。《汉书·武帝纪》：“兴太学，修郊祀。”此说鲍山自二十岁从京师最高学府学成而归），**益厌嚣尘**（嚣，喧闹；尘，尘土。此谓嘈杂而肮脏。《左传·昭公三年》：“子之宅近市，湫隘嚣尘，不可以居。”越发讨厌喧嚣的尘世），**思离脱，入黄山，筑室白龙潭上，超超乎**（超然出尘；超脱世俗意。《南史·刘讦传》：“讦超超越俗，如半天朱霞；歊矫矫出尘，如云中白鹤”）**欲遐举**（遐举，远行；高飞；得道成仙。《尚书·太甲下》：“若升高，必自下；若陟遐，必自迩。”《楚辞·远游》：“泛容与而遐举兮，聊抑志而自弭。”唐代白居易《送王处士》：“王生独拂衣，遐举如云鹄”）**而远引焉。松云泉石，朝夕吟哦**（犹吟咏，有节奏地吟诵、朗读。《宋史·何基传》：“读诗之法，须扫荡胸次净尽，然后吟哦上下，讽咏从容，使人感发，方为有功”），**时同老衲**（衲是僧衣，出家人穿的衣服是由别人不用的布块缝纳而成，称为纳衣，故称老僧为老衲。老衲，是和尚、道士的谦称。唐诗人戴叔伦《题横山寺》：“老衲供茶碗，斜阳送客舟”）**坐蒲团**（蒲团，用蒲草编织而成的圆形、扁平坐垫。信仰佛教、道教的人，在打坐即坐禅和跪拜时，多用蒲草编成的团形垫具），**参禅**（佛教名词，佛教禅宗的修行方法。即习禅者为求开悟，向各处禅师参学，求证真心实相的一种行门之意）**守寂而茹淡有年，偏得菜中味，盖身涉世中，而神已游物外矣。迩值边方不宁**（迩，近；接近。《诗经·郑风·东门之墠》：“其室则迩，其人甚远。”《尚书·仲虺之诰》：“惟王不迩声色，不殖货利。”正值边境不安宁），**虑民艰食，而出素所餐茹而纪载**（纪，通“记”，亦作“记载”。《文选·张衡〈东京赋〉》：“咸用纪宗存主，飨祀不辍，铭勋彝器，历世弥光。”李善注解：“纪，录也”）**者，名为《野菜博录》，公之梓人**（古代木工之一。《考工记·总序》载木工有七种，其一为梓人，专造饮器、箭靶、钟磬的架子，后世亦称造器具的匠人为梓人。古代印刷术，必须先造字模，而字模需木匠用木料制作），**裨资生者时一披阅不难，博采而调食之，则取不伤廉野无遗利，不但凶荒足以当裹粮**（《诗经·大雅·公刘》：“乃裹猴粮，于橐于囊。”唐代志怪小说家、文学家段成式《酉阳杂俎·物异》：“上清玉珠，以绛纱裹之”），**且不伤生厌腹而神清气爽，足为道引餐霞地**（导引餐霞，一种健身养生祛病的方法，也是中医治疗疾病的方法之一，亦作“道引”。唐初杰出的道家学者、道家理论家成玄英疏解《庄子·刻意》：“导引神气，以养形魄，延年之道，驻形之术。”《素问异法方宜论》：“其病多痿厥寒热，其治宜导引按跻。”唐代王冰注解：“导引，谓摇筋骨，动支节。”唐代僧人玄英《一切经音义》：“凡人自摩自捏，伸缩手足，除劳去烦，名为导引”），乃知兹录一刻备种种，善根可以疗饥（善根，《大品般若经》亦作“善本”“德本”，就是产生各种善法的根本。东汉张衡《思玄赋》：“聘王母于银台兮，羞玉芝以疗饥”），可以止杀，可以济世，可以延年。庶几乎仁者之用心矣。予即不敏（自谦词。不才；不明达；不聪敏。《论语·颜渊》：“回虽不敏，请事斯语矣。”《国语·晋语二》：“款也不才，寡智不敏，不能教导，以至于死”），亦愿释褐（脱去布衣即平民服装，更换上官服，即做官之意。亦指进士及第授职为官。西汉扬雄《解嘲》：“夫上世之士，或解缚而相，或释褐而傅。”科举时代称新进士及第授官为释褐）从游，相与采精茹华，作出世脱离想乎！彼肉食者，直将糟粕而吐弃之，吾不知其人何如也！

味玄居士　程大中跋

《野菜博录·赵万里跋》：明人所著植物图谱通行者得四书焉。一曰周定王朱橚之《救荒本草》，二曰王磐之《野菜谱》，三曰周履靖之《茹草编》，四曰鲍山之《野菜博录》，而以鲍氏书最晚出。《四库全书·农家类》著录本亦从天启刊本传录，惟所据本阙去中卷，故《提要》谓实得二百六十二种，与自序不符云云，以获其失；又割裂上卷野茴香以下为第二卷，下卷藤花菜以下为第四卷，一若明时别有一四卷本者，可谓巧于作伪矣。《库本》于卷一首页改大蓝为蘘荷，而《提要》仍称此卷自大蓝始，殊不可解？又《库本》于刀豆苗后忽出嫩翠蒿、秋水角苗二种，庵摩勒后忽出老儿树一种，检明本未得，疑皆后补之页，今一并附印此本后，俾览者详焉。涵芬楼旧有此书（涵芬楼，原是商务印书馆在上海时期，为便于编辑特设的收藏善本书的藏书楼，创立于1904年。“戊戌变法”维新人物，翰林出身的张元济主理商务印书馆的编务，于编辑工作中，苦于难觅珍本善本，于是创立涵芬楼，取其善本书香、知识芬芳之意，1909年，正式以涵芬楼命名。详见《商务印书馆百年大事记》），棉楮初印在此本上，惜毁于兵火之灾，此则鸣野山房旧藏本（鸣野山房，系沈复粲在自己家开辟的藏书阁。沈复粲，1779—1850，字霞西，号“鸣野山房主人”。山阴东浦人，家贫无力读书，难事科举，倾力伺养父母。嗜好读书似命，致力于经史百家，更好藏书，尤喜收藏大儒、大忠孝之卷帙，惜如异珍。《四库总目艺术编》载：“嗜金石，喜博览，著书甚多”），今归北平图书馆云。

海宁　赵万里

《钦定四库全书·子部四·野菜博录·农家类》提要：臣等谨案《野菜

博录》四卷，明鲍山撰。山，字元则，号“在斋”，婺源人。尝入黄山筑室白龙潭上，七年备尝野蔬诸味，因次其品汇（品种类别。唐代韩愈《感春·二》：“幸逢尧、舜明四目，条理品汇皆得宜”），别其性味，详其调制，著为是编。分草部二卷，木部二卷，草部叶可食者，自大蓝至秋角苗，一百四十二种，木部叶可食者自茶树柯至藩篱枝五十九种，华可食者自蜡梅至欓齿五种，实可食者自青舍子条至野葡萄二十五种，华可食者槐树、栾华木、房木三种，叶实可食者杏树至石榴十九种，华叶实俱可食者松树至旁其五种，叶皮实俱可食者榆钱至老儿树四种，并图绘其形，以备荒岁。

盖明之末造，饥馑（造，开始意。《广雅·释诂一》：“造，始也。”《尚书·伊训》：“造攻自鸣条，朕哉自亳。”《孔》传：“造，哉，皆始也。”饥馑，灾荒；荒年。《论语·先进》：“千乘之国，摄乎大国之间，加之以师旅，因之以饥馑，由也为之，比及三年，可使有勇，且知方也”）相仍（相继；频仍；连续不断。《广雅·释诂四》：“仍，重也。”《国语·周语下》：“晋仍无道而鲜胄，其将失之矣。”三国吴经学家韦昭注解：“仍，数也。”《楚辞·九章·悲回风》：“观炎气之相仍兮，窥烟液之所积。”东汉文学家王逸注解：“相仍者，相从也”）。三作此书，亦仁者之用心乎。自序记所得凡四百数十种，而是编所载仅二百六十二种，盖又有所去取欤。所录广于王磐《野菜谱》，较明周定王《救荒本草》亦互有出入，木饥金穰理可先知，尧水汤旱数亦莫遁，有备无患，不厌周详，苟有益于民命，则王道不废焉（此述防御灾害之策，有备无患之理。北宋谏官余靖《乞宽租赋防盗疏》：“国无三年之蓄，曰国非其国，故虽尧水汤旱，民无菜色者，有备灾之术也。”《四库提要》：“金穰木饥，天道恒然；尧水汤旱，圣朝不免。”饥，荒年，五谷不收；灾荒饥饿。《尔雅·释天》：“饥，谷不熟为饥。”《墨子·七患》：“五谷不收谓之饥。”《孟子·梁惠王下》：“凶年饥岁。”饥饿，《集韵·脂韵》：“饥，《说文》：‘饿也。’”《正字通·食部》：“饥，馁也。”穰，庄稼丰熟，禾谷丰收之意。《广雅·释诂四》：“穰，丰也。”《正字通·禾部》：“穰，禾实丰也。凡物丰盛者，亦曰穰。”《管子·国蓄》：“岁有凶穰，故谷有贵贱”）。书虽浅近，要亦荒政之一端也。

乾隆四十六年（1781 年）十二月恭校上

总纂官：臣　纪昀、臣　陆锡熊、臣　孙士毅

总校官：臣　陆费墀

第十二篇 清代篇

喻昌（1585—1664，一说卒于1682），明末清初著名医学家，与张璐、吴谦齐名，并称清初三大家。著有《寓意草》《尚论篇》《尚论后篇》《医门法律》等。

喻昌，字嘉言，号“西昌老人”，江西省新建人（今属南昌市），亦是一位由儒通医的名医。出身书香门第，自幼便以传承耕读家风为宗，以“忠厚传家久，诗书继世长”为旨，少而好学；因生性聪明颖悟、智慧敏锐，好读书、善读书，勤奋用功，自启蒙读物，语言文学、四书五经、音韵训诂、古籍医经、仙释宗教无所不阅，无所不学，循序渐进，饱读诗书，熟读精思，刻苦耕耘，深研精究；正因肯读万卷书，而书籍又是启迪智慧的钥匙，各种书籍读得多了，业精于勤，自是使其充实，知识丰富，学识渊博，文采凸显，出口成章，下笔有神，应该说无不缘于其善于博览群书之故。

然而，因其数术欠佳，虽于天启年间考中贡生，又于崇祯年间以副榜贡生进京就读，其间，曾以诸生名义致书言事，上疏朝廷，力陈辅国政见，无奈人微言轻，无人理睬，怅然而归。仕途并不理想遂意，对于这位才高志远、踌躇满志的才子来说，总是郁郁不得志，无疑是极大的打击；后，又值清兵入关，于是遁入空门，披剃为僧隐于禅，潜心研究释与医之学识，最终只好秉承儒家“达则兼济天下，穷则独善其身”“齐家治国平天下”的思想，选择范仲淹为人们所指明的道路——“不为良相，便为良医”，悬壶济世，拯救苍生，为民谋利，蓄发下山，行医为业，人生经历了自儒入禅，自禅为医，可谓儒、释、道兼通亦明，精神境界大为提高，慈悲为怀，普度众生，解救百姓出于羸疾之伤害。

因其无子嗣，只有一姐，出嫁于靖安县舒氏之门，故多游走于靖安间行医救世。据道光二十七年的《靖安县志》记载：“其女兄嫁邑之舒氏，故居靖安最久，治疗多奇中，户外之履常满焉。后侨居吴中，卒……所著医书遗稿多藏于其甥家。”喻昌不但医术精湛，其医德且高尚，贫富贵贱一视同仁，救治者甚众，名闻乡里，声名远播。性好游历，效司马子长担登负笈，遍访于江淮汶泗皖，寻师问道。一日，大学士、翰林编修钱谦益（1582—1664，字受之，号“牧斋”，晚号“蒙叟”“东涧老人”，人称“虞山先生”。明万历三十八年一甲第三名进士，官员、文学家）先生，由于轿夫失足跌跤，令其受到意外惊吓，得了奇疾，众医治而无效，而喻昌出奇招，医好其疾，故甚为信服，神其术，称圣医。1644 年，钱谦益力邀其定居江苏常州城北虞山脚下，业医终生。秉承“吾执方以疗人，功在一时；吾著书以教人，功在万里”的思想，著书立说，同时教书育徒，培养出一批继承其业的高徒弟子。著有伤寒之书《尚论篇》，独出慧眼，直抉心源；记载个人治病病案之作《寓意草》；专揭庸医误人之作的《医门法律》等书。

喻昌，字嘉言，江西新建人。幼能文，不羁（由于才识高远、俊秀脱俗，而不受拘束。《文选·邹阳〈狱中上书自明〉》：“使不羁之士，与牛骥同皂。”李善注解：“不羁，谓才行高远，不可羁系也。”《文选·左思〈咏史诗八首之三〉》：“当世贵不羁，遭难能解纷”），与陈际泰游（陈际泰，1567—1641，字大士，江西省临川人。明末古文家。才思敏捷，出手成章，一天能作二三十篇文章的写作高手。崇祯七年进士。著有《易经说意》《周易翼简捷解》《五经读》等）。明代崇祯中，以副榜贡生入都（副榜，科举时代于正式录取的正榜之外再选若干人列入副加之榜，亦名“备榜”，也就是一种附加的榜示。此法始于元至正八年，也就是 1348 年。贡生，俗称“明经”。明清两朝秀才，又称生员，成绩优异者，可入京师国子监读书，称为贡生，意即即将贡献给皇帝使用的人才），上书言事，寻征诏，不就，往来靖安间。披剃为僧（剃除须发出家为僧），复蓄发游江南。顺治中（1652—1653 年），侨居常熟，以医名，治疗多奇中。才辩纵横，不可一世。著《伤寒尚论篇》，谓林亿、成无己过于尊信王叔和，惟方有执作《条辨》（方有执，1523—1594，字中行，号“九山山人”，安徽省歙县人，明代伤寒病学家。因其妻及子女五人病死，而发奋学医，推崇张仲景，精于伤寒学，在研究学习《伤寒论》过程中，觉得经过王叔和编次改动，成无已注释又多窜乱，遂经二十余年逐条考订，最后撰成八卷本的《伤寒论条辨》一书），削去叔和序例，得尊经之旨，而犹有未达者，重为编订，其渊源虽出方氏，药多自抒所见。惟《温证论》中，以温药治温病，后尤怡、陆懋修并著论非之。

又著《医门法律》，取风、寒、暑、湿、燥、火，六气及诸杂证，分门著论。次法，次律。法者，治疗之术，运用之机；律者，明著医之所以失，而判定其罪，如折狱然（折狱，陷入官司，栽进监狱。裁断讼狱，以施行罚，语出《易经·丰卦》："象曰：雷电皆至，丰。君子以折狱致刑。"孔颖达疏解："断决狱讼。"丰，本为吉兆，可是盛极必衰，物极必反，此丰盛之卦象内，亦隐藏着隐忧，当需小心谨慎）。昌此书，专为庸医误人而作，分别疑似，使临诊者不敢轻尝，有功医术。

后附《寓意草》，皆其所治医案。凡诊病，先议病，后用药。又与门人定议病之式，至详审。所载治验，反复推论，务阐审证用药之所以然，异于诸家医案，但泛言某病用某药愈者，并为世所取法。

昌通禅理，其医往往出于妙悟。《尚论后》篇及《医门法律》，年七十后始成，昌既久居江南，从学者甚多。（民国赵尔巽等撰，《清史稿·卷五百二·列传二百八十九·艺术一·喻昌传》）

《尚论篇·自序》：混茫初开，圣神首出，民用未兴，药草先备，医道之关性命为何如哉？轩辕帝尊其臣岐伯为天师，每闻要典，心载拜敬受，金匮玉函，珍藏其文。兹由神工继起，仓、扁而下，代有传人。或发挥方书，或抽扬脉理，非不灿然天地间。然能神悟于灵兰之先（灵兰，灵台和兰室的简称，相传是黄帝藏书的地方。《素问·灵兰秘典论》："黄帝问曰：'愿闻十二藏之相使贵贱何如？'岐伯对曰：'悉乎哉问也，请遂言之……'黄帝乃择吉日良兆而藏灵兰之室，以传保焉。"灵台兰室之中，保存着黄帝的秘典，可想而知这是个多么重要的地方），独探夫鸿蒙之秘（鸿蒙，亦常写作"鸿蒙"，宇宙形成之前的混沌状态。《庄子·在宥》："云将东游，过扶摇之枝，而适遭鸿蒙。"成玄英疏解："鸿蒙，元气也。"独自探索盘古开天辟地时宇宙呈一团混沌元气时的奥秘），从无文之文，解画前之卦，使读者因象得义，因义得神，冥入无垠（冥，音 míng，昏暗；幽冥；冥蒙。《说文解字·冖部》："冥，幽也。"《广雅》："冥，暗也。"《荀子·劝学》："无冥冥之志，无昭昭之明。"唐代杨倞撰训诂书《荀子注》解："专默精诚之谓也。"无垠，形容词，形容辽远广阔无边无际。《楚辞·远游》："道可受兮而不可传，其小无内兮其大无垠。"潜心苦思进入没有边际的状态），显传衣带，则旷世以来，未易觏也（觏，音 gòu，动词。《说文解字·见部》："觏，遇见也。"《诗经·豳风·伐柯》："我觏之子，笾豆有践。"不容易见到）。挽世道降术升（挽，音 wǎn，动词。拖拉；牵拽。《说文解字·扌部》："挽，引之也。"《广韵》："挽，挽车也。"《左传·襄公十四年》："或挽之，或推之。"注："前牵曰挽。"竭力设法挽救扭转险恶危急局势，使形势好转或者恢复原状。世道，人间社会；人世间的道路；纷纭万变的社会状态。《列子·杨朱》："方其荒于酒也，不知世道之安危，人理之悔吝。"南朝梁沈约《七贤论》："神才高杰，故为世道所莫容。"降术，所谓通神的类似于巫、蛊之术。它能救人于生死，亦可害人于无形。意为喻昌先生要力挽狂澜，拯救纷纭乱变社会之中巫、蛊邪术上升的这种恶劣趋势），**医事之不振久矣。昌一人即身为标，言为的，而独吹无和**（和，音 hè，动词。应和；附和；响应。此语是说没有人能够响应喻昌先生阳春白雪般、卓越不凡的高见卓识），**少见多怪。此理一晦，黑若夜行，心窃忧之**（窃，代词，亦多用作谦辞。指自己。《触龙说赵太后》："老臣贱息舒祺，最少，不肖，而臣衰，窃爱怜之，愿令得补，黑衣之数，以卫王宫。"窃，副词。私下；私自；偷偷地。《触龙说赵太后》："窃自恕，而恐太后玉体之有所隙也；故愿望见太后。"忧，动词。愁苦；忧虑。《说文解字·忄部》："忧，愁也"《玉篇》："忧，愁也。"《淮南子·原道训》："夫喜怒者，道之邪也；忧悲者，德之失也；好憎者，心之过也；嗜欲者，性之累也。"内心里愁苦忧虑），**于是，杜门乐饥**（杜，《小尔雅·广诂》："杜，塞也。"堵塞；关门；封闭。杜门，闭门；关闭大门；闭门不出。《汉书·孙光传》："光退闾里，杜门自守。"乐饥，音 liáo jī。乐，通"疗"。《诗经·陈风·衡门》："衡门之下，可以栖迟；泌之洋洋，可以乐饥。"现代古文字学家、训诂学家高亨著《诗经今注》注解："乐，借为疗。"此诗有解为隐居者安贫乐道之语，亦有解为男女幽会，男欢女爱，解决性饥渴的诗意。当以后者较为准确。而此处的意思则是：于是，喻昌先生闭门不出，加紧学习充实自己），**取古人书而尚论之。然而泛涉则管窥蠡测**（管窥蠡测，语出《庄子·秋水》："子乃规规然而求之以察，索之以辩，是直用管窥天，用锥指地也，不亦小乎！"《汉书·东方朔传》："以管窥天，以蠡测海，以筳撞钟，岂能通其条贯，考其文理，发其音声哉。"其意是说观察、了解事物狭窄片面，在此处则是一句自谦语。说明喻昌先生是一位十分谦虚谨慎之人），**终身莫殚；揽要则玄珠妙谛**（玄珠，道家以喻大道。《庄子·天地》："黄帝游乎赤水之北，登乎昆仑之丘，而南望还归，遗其玄珠。"《文选·刘峻〈广绝交论〉》："此朱生（穆）得玄珠于赤水，谟神睿而为言。"李善注引司马彪所说："赤水，水假名；玄珠，喻道也。"妙，形容词。神妙、精妙、精微、微妙。《老子》："常无欲，以观奇妙；常有欲，以观其微。"王弼注解："妙者，微之极也。"谛，事物内在含义或意义。妙谛）原为佛教用语。道理；真实无谬的道理。《大毗婆沙论·第七十七》："实义是谛义，真义、如义、不颠倒义、无虚诳义是谛义。"总揽摘要则是道家所说的大道和释教精微幽深的旨意，真实无谬的精妙道理），**罔象可求。不知古人与我，俱范围于道者也，同于穆然无朕中而剖抉性命之微。古人所言，皆我固有。观天之道，观我之生，机非相贷。古人既往，有我负荷，韫藏待剖**（韫，音 yùn，动词。收藏；蕴藏。《广雅》："韫，裹也。”西晋文学家陆机《文赋》：“石韫玉而山晖，水怀珠而川媚。”蕴藏等待剖析），棼丝待理（纷乱之丝。典出《左传·隐公四年》，鲁大夫众仲对鲁隐公说：“臣闻以德和民，不闻以乱。以乱，犹治丝而棼之也。”西晋杜预注解：“丝见棼缊，益所以乱。”南宁陆游《寓叹》：“俗心浪自作棼丝，世事元知似奕棋。”纷乱一团的丝有待整理），责难他诿（诿，动词。推诿；推托；诿托。《说文解字·言部》：“诿，累也。”过错责任则任由他人责备发难）。昔阿难问世尊曰：古佛以何人为师？世尊答曰：以吾为师。此即诞生所指天上天下，惟吾独尊之旨。可见吾之分量，天地古今，莫得而囿（莫得，不要；莫要。《喻世明言·杨思温燕山逢故人》：“莫得入去，官府知道，引惹事端带累我。”囿，音 yòu，动词。拘泥。《正字通》：“识不通广曰囿，犹言拘墟也。”不要由此而受拘束），但非昌之所敢举扬者也。昌意中只求精神呼吸，实与古人潜通一脉，若启迪于愚衷，禀承于觌面。凡有阐述，一如阳燧方诸之得水火，天然感召，泯绝思议，于以快吾尚论之本怀耳。虽然高明之弊，说经创解，其事多僭；固陋之弊，牵文袭义，其事多窃。惟僭与窃，一念好名，终古贻害，覆辙相寻，可无惧乎？昌不揣（自谦词。犹言不自量。《孟子·告子下》：“不揣其本而齐其末，方寸之木可使高于岑楼。”赵岐注解：“孟子言，夫物当揣量其本，以齐等其末，知其大小轻重，乃可言也。”喻昌不自量），尝慨仲景《伤寒论》一书，天苞地符（天苞，河图。《水经注·洛水》引《春秋说题辞》：“河以道坤出天苞，洛以流川吐地符。”《易经·系辞上》：“河出图，洛出书。”唐代经学家、训诂学家孔颖达疏引《春秋纬》解说道：“河以通干出天苞，洛以流坤吐地符。”地符，大地的符瑞。《宋书·符瑞志中》：“赤龙，《河图》者，地之符也。”《新唐书·陈子昂传》：“先王以人之通于天也，于是养其群生，顺天德，使人乐其业，甘其食，美其服，然后天瑞降，地符升，风雨时，草木遂。”河图大地之符瑞），为众法之宗，群方之祖。杂以后人知见，反为尘饭土羹（尘饭土羹，是一个成语，原为尘饭涂羹。涂，就是泥土。语出《韩非子·外储说左上》：“夫婴儿相与戏也，以尘为饭，以涂为羹，以木为胾。”胾，音 zì，切成大块的肉。《说文解字·肉部》：“胾，大脔也。从肉。”《礼记·曲礼上》：“凡进食之礼，左殽右胾，食居人之左，羹居人之右。”东汉经学大师郑玄注解：“殽，骨体也；胾，切肉也。殽在俎，胾在豆。”然至日晚必归饷者，尘饭涂羹，可以戏而不可食也。”用灰尘作成的饭，泥土作成的羹。此指儿童游戏，犹喻没有丝毫用处的东西，比喻以假当真的事物。参杂以后人的知识与见解，反而成为没有用的东西），莫适于用。兹特以自然之理，引申触类，阐发神明，重开生面，读之快然，觉无余憾。至春温一症，另辟手眼（手眼，眼界；眼光。亦比喻本领；才识；技能。意思是：神通广大，手段高明，能力强大。明代文学家袁宏道《与管东溟书》：“若教定方，则历代圣贤，各具一手眼，各出一机轴，而皆能垂手为人，何与？”亦可解为辨识的经验或能力。《西游记·八十四回》："走江湖的人，都有手眼。"另外开辟自己独到的才识蹊径)，引《内经》为例，曲畅厥旨(厥，代词。北宋苏洵《六国论》："思厥先祖父，暴霜露，斩荆棘，以有尺寸之地。"旨，名词。用意；目的；意图；意旨；主旨。《易经·系辞下》："其旨远，其辞文。"厥旨，主题；主旨。南朝梁文学批评家钟嵘《诗品·卷上·晋步兵·阮籍》："厥旨渊放，归趣难求。"近代佛教学者冯达庵先生著《佛法要论》："钝根众生，弗喻厥旨，辄流消极；开明之世，渐成国家赘疣；长此不思奋勉，恐难立足")，究不敢于仲景论外，旁溢一辞。后有作者，庶不为冥索旁趋，得以随施辄效，端有望焉。顾穷源千仞(《说文解字·页部》："顾，环视也。"副词。表示轻微的转折，犹如"而""却""反而"。我却溯根求源高深如渊如仞众多的古籍。穷源，亦作"穷原"。追寻探究事物的本源，求其沿革发展流变经过。清代启蒙思想家、政治家、文学家魏源《筹鹾篇》："夫推其本以齐其末，君子穷原之学也。"仞，音 rèn。古代长度的计量单位。周制尺，一尺约合二十三厘米；周制尺，八尺或七尺为一仞，也就是说古人以七尺或八尺为一仞。千仞，形容词。形容极其高深。《庄子·秋水》："夫千里之远，不足以举其大；千仞之高，不足以极其深。"《孙子兵法·兵势》篇："善战人之势，如转圆石于千仞之山者，势也")，进求《灵》《素》《难经》《甲乙》诸书。文义浩渺，难以精研，用是参究仲景《金匮》之遗，分门析类，定为杂证《法律》十卷。覃思九载(《说文解字·早部》："覃，长味也。"作形容词用，形容时间悠长；作动词用，则是延伸、持续、蔓延之意；作副词用，则是深入地。覃思，深思熟虑。《尚书·孔安国序》："于是遂研精覃思，博考经籍，采摭群言，以立训传。"南朝梁刘勰《文心雕龙·杂文》："扬雄覃思文阔，业深综述，碎文琐语，肇为连珠，其辞虽小，而明润矣。"以上均是作副词使用的例子，都是深入的意思。此说喻昌经过九年之久的深思熟虑)，拟议以通玄奥，俾观者爽然心目，合之《伤寒论》，可为济川之舟楫，烹鱼之釜鬵(鬵，音 xín。釜一类的烹制器皿。《诗经·桧风·匪风》："谁能亨(烹)鱼？溉之釜鬵。"亨，音 pēng。古通"烹"字)，少塞吾生一日之责，即使贻讥于识者，所不辞也。夫人患无性灵，不患无理道；世患无理道，不患无知我。古君子执理不阿，秉道不枉，名山国门，庶几一遇，气求声应，今昔一揆。是编聊引其端，等诸爝火(爝，音 jué。炬火；小火；火把。语出《庄子·逍遥游》："日月出矣，而爝火不息；其于光也，不亦难乎！"初唐道士、道教学者、道教理论家成玄英著《庄子疏》释解："爝火，犹炬火也，亦小火也。"星星之火可以燎原之意)，俟夫圆通上智，出其光华，于以昭彻玄微(《说文解字·日部》："昭，日明也。"彰明；显著。彻，通达；明白。《列子·汤问》："汝心之固，固不可彻，曾不若孀妻弱子。"昭彻，明澈；清亮；彰明。北宋曾巩《进太祖皇帝总序状》："将无以使列圣巍巍之伟迹焜耀昭彻，布在方策。"可以彻底给与彰明玄微之理)，与黄、岐、仲景而合辙。昌也糠粃在前，有荣施矣。

顺治 戊子岁孟夏月（1648年，顺治五年，阴历四月）

"西昌"　喻昌嘉言甫识

《寓意草·自序》：闻之"医者，意也"。一病当前，先以意为运量，后乃经之以法，纬之以方，《内经》所谓"微妙在意"是也。医孰无意？而浅深繇是（繇，音yòu。古同"由"。从；自。介词。《尔雅》："繇膝以下为揭，繇膝以上为涉。"于是。唐代韩愈《送许郢州序》："繇是刺史不安其官，观察使不得其政"），枘凿繇是（枘，音ruì。木匠做木工活，常须将榫、卯两部分连接起来。这个"枘"便是榫头，用以插入卯眼的木栓。枘凿，《楚辞·九辨》："圜凿而方枘兮，吾固知其鉏铻而难入。"有成语：方枘圆凿、枘圆凿方、枘方凿圆，其意都是难相融合。后世便以"枘凿"比喻事物格格不入，相互矛盾，两不相容），径庭繇是（语出《庄子·逍遥游》："吾惊怖其言，犹河汉而无极也。大有径庭，不近人情焉？"南朝梁文学家兼学者刘峻作《辨命论》："如使仁而无择，奚为修善立名乎？斯径廷之辞也。"清代钱谦益《永丰程翁七十寿序》："繇此观之，太公之教其子，视万石君岂不有径庭哉？"有成语：大相径庭。相差太大，相距甚远，大不相同，悬殊之意），而病机之安危倚伏，莫不繇是，意之凝释（凝思释疑的简语。凝思，聚精会神地沉思；思索；默虑；思考。南朝宋代大诗人鲍照《芜城赋》："凝思寂听，心伤已摧。"释疑，释疑解惑；消除疑难。北宋诗人曾巩《祭宋龙图文》："公在朝廷，群公百司，解惑释疑，公为蓍龟。"均是说从医之人诊病之时，均先要以意去运量思衬，先是要凝思揣摩，释疑之后方可处方。因为病人的生死安危存亡都要依赖手下诊脉的准确与否、用药的准确与否），剖判荒茫，顾不危耶！（剖判，剖析辨别判断。《淮南子·要略》："总要举凡，而语不剖判纯朴。"荒茫，渺茫；旷远迷茫。《新唐书·陈夷行李绅等传赞》："其言荒茫漫靡，夷幻变现。"顾，《说文解字》："顾，环视也。"顾不，光顾了这个，就顾不了危险了。剖析判断渺茫之事，就顾不上那危险的事了）大学诚意之功，在于格致（"格物致知"一词的略语，语出《礼记大学》："致知在格物，物格而后知至。"格，至也；物，犹事也。致，推极也；知，犹识也。此乃儒家认知世界、穷究事理的一个哲学命题，推究事物的道理，从而获得知识。明代张宁《方洲杂言》："世之有量者，无不自识中来。此格致之功，所以先于诚正也"）。而其辨尤严于欺慊之两途（慊，音qiè。惬意；满足。语出《庄子·天运》："今取猿狙而衣以周公之服，彼必龁啮挽裂，尽去而后慊。"而他的辨驳尤其严格于欺骗或令人满足之两种用途间）。盖以刹机每随于阴幽，而生机恒苞于粹白（阴幽，阴暗；晦暗。北宋欧阳修《栾城遇风效韩孟郊联句体》："孔窍千声出，阴幽白怪呈。"粹白，纯洁；洁白。《明史·曹于汴传》："于汴笃志正学，操履粹白。"《吕氏春秋·用众》："天下无粹白之狐，而有粹白之裘，取之众白也。"杀机永远追随于你的阴暗心理，而病患的生机永远包含在你纯洁的动机之中)。庄周曰：天地之道，近在胸臆。万一肺府能语，升坠可怜，先儒人鬼关之辨精矣（蒙学经典《惠吉类》："勿为一念可欺也，须知有天地鬼神之鉴察。""人心一念之邪，而鬼在其中焉，因而欺侮之、播弄之，昼见于形象，夜见于梦魂，必酿其祸而后已，故邪心即是鬼，鬼与鬼相应，又何怪乎？人心一念之正，而神在其中焉，因而鉴察之、呵护之，上至于父母，下至于儿孙，必致其福而后已，故正心即是神，神与神相亲，又何疑焉"）。昌谓医事中之欺慊，即众人之人鬼关也。奈何世之业医者，辄艳而称儒，儒之诵读无灵者，辄徙而言医。究竟无主之衷，二三杂糅，医与儒之门两无当也（无当，不恰当；不相称。语出《庄子·逍遥游》："肩吾问于连叔曰：'吾闻言于接舆，大而无当，往而不返，吾惊怖其言，犹河汉而无极也。'明代政治家、思想家、东林党领袖高攀龙《答袁节寰〈袁可立〉中丞》："腐儒之谈无当也，而涓埃可佐高深，故不敢以肤言而以衷语。"此说医与儒两个门当不相称、不相当）。求其拔类者（出类拔萃的简语。语出《孟子·公孙丑上》："出于其类，拔乎其萃，自生民以来，未有盛于孔子也。"只求从儒学之门内选拔出出类拔萃者），长沙一人而已（长沙，即张机，字仲景。因为其曾任长沙太守，故人们亦称其为长沙、张长沙）。代有人，然比之仙释，则寥寥易于指数（仙释，犹言仙佛。亦指精通道教与佛教之人。虽然历代都有通晓道教与佛教的人，然而与张仲景相比较，则寥寥无几），岂非以小道自隘，莫溯三氏渊源乎（三氏，伏羲、神农、黄帝）？夫人生驱光逐景，偶影同游，欣慨交心，况于生死安危，忍怀侥幸，芸芸者物也（语出《老子·第十六章》："夫物芸芸，各复归其根。"成语：芸芸众生。原指世间一切生灵，形容世间众多的生物。后多指大群无知无识之人，就如其他一切生灵），何以不格？昭昭者知也（语出《老子·第十六章》："俗人昭昭，我独昏昏。"东晋葛洪《抱朴子·论仙》："鬼神之事，著于竹帛，昭昭如此，不可胜数。"明白；显著。《楚辞·九歌·云中君》亦有："灵连蜷兮既留，烂昭昭兮未央。"东汉文学家王逸著《楚辞章句》注解："昭昭，明也。"此处的意思是明亮），何以不致？惟虚惟无（虚无，事物的两个方面，两个极端。虚是极大、无边际；无是极小，甚至于没有。从无到有，再从有到无。其性合于道，有而若无，实而若虚。《庄子·刻意》："夫恬淡寂寞，虚无无为，此天地之平，而道德之质也"），萌于太素者意也（太素，语出《列子》："昔者，圣人因阴阳以统夺。夫有形者生于无形，则天地安从生？故曰：有太易、有太初、有太始、有太素。太易者，未见气也；太初者，气之始也；太始者，形之即时也；太素者，质之始也。气形质具而未相离也，故曰浑沦。浑论者，言万物相浑沦而未相离也。视之不见，听之不闻，循之不得，故曰易也。易无形埒，易变而为一，一变而为七，七变而为九。九变者，究也，乃复变而为一。一者，形变之始也。清轻者上为天，浊重者下为地，冲和气者为人；故天地含精，万物化生"），何以不诚？格一物即致一知，尚恐逐物求知，乃终日勘病，不知病为何物？而欲望其意之随举随当也，不亦难乎？昌于此道无他长，但自少至老，而目所及之病，无不静气微心。呼吸与会，始化我身为病身，负影只立，而呻吟愁毒（《说文解字》："毒，厚也，害人之草，往往而生。"苦；苦痛。《尚书·汤诰》："尔万方百姓罹其凶害，弗忍荼毒。"《孔传》解："荼毒，苦也，不能堪忍虐之甚。"愁毒，语出《后汉书·杨秉传》："而今枝叶宾客布列职署，或年少庸人，典据守宰，上下忿患，四方愁毒。"愁苦怨恨、憎恨）。恍惚而来，既化我心为病心。苟见其生，实欲其可，而头骨脑髓，捐之不惜，傥病多委析（傥，连词。表示假设，相当于"如果""倘若""倘使"。《史记·伯夷传》："傥所谓天道，是邪？非邪?"委析，曲折；周旋；斡旋。清代蒲松龄《聊斋志异·鄱都御史》："适接帝诏，大赦幽冥，可为君委析，原例耳。"倘若病情多周折），治少精详，早已内照（内心自我省察），他病未痊，我身先瘁（瘁，语出《诗经·小雅·蓼莪》："哀哀父母，生我劳瘁。"《诗经·小雅·出车》："忧心悄悄，仆夫况瘁。"成语：心力交瘁。劳累；憔悴）。渊明所谓'斯情无假'，以故不能广及，然求诚一念，多于生死轮上寂寂披回（寂寂，形容词。寂静；静悄悄；孤单冷落；无声无息。《说文解字·宀部》："寂，无人声。"《老子》："寂兮寥兮，独立不改"）。不知者谓昌从纸上得之。夫活法在人，岂纸上所能与耶？譬之兵法军机，马上且不能得，况于纸上妄说孙、吴（妄说，胡说；妄言；谬说；没有根据地乱说。东汉史学家、文学家班彪《北征赋》："何夫子之妄说兮，孰云地脉而生残?"孙吴，此指春秋时期的孙武和战国时期的吴起二人的并称，而非三国时期的吴国，此孙吴非彼孙吴。《荀子·议兵》："孙、吴用之，无敌于天下。"杨倞注解："孙，谓吴王阖闾将孙武；吴，谓魏武侯将吴起也。"南朝梁简文帝《雁门太守行·之一》："少解孙吴法，家本幽并儿。"何况在纸上胡说孙、吴。犹如纸上谈兵一样，全是无稽之谈）。但令此心勤密在先，冥灵之下（语出《庄子·逍遥游》："楚之南有冥灵者，以五百岁为春，五百岁为秋。"唐代经学家、训诂学家陆德明撰《经典释文》引北魏学者李颐曰："冥灵，木名也。江南生，以叶生为春，叶落为秋。"冥灵，乃是汉族神话中生长于江南的大树。但此处的"冥灵"，应理解为深沉静默敏捷冥想的心理活动。《说文解字》："冥，幽也。"《广雅》："冥，暗也。"《庄子·德充符》："不可入于灵府。"和《庄子·庚桑楚》："不可内于灵台。"西晋郭象注解："皆谓心也"），神挺自颖（颖，形容词。聪敏；颖慧；颖异。《南史·谢灵运传》："灵运幼便颖悟。"神情挺拔，才能出众）。迩年先议病后用药，如射者引弓，预定中的之高下，其后不失，亦自可观，何必剜肠涤肺（何必挖肠洗肺），乃称奇特哉。不揣欲遍历名封（不揣，自谦词。不考虑；不估量；自不量力。《孟子·告子下》："不揣其本而齐其末，方寸之木可使高于岑楼。"东汉经学家赵岐撰《孟子章句》注解："孟子言，夫物当揣量其本，以齐等其末，知其大小轻重，乃可言也。"南宋文学家周密

《癸辛杂识别集·机速房》："选用之者固谬，而自亦可谓不揣矣。"不自量总想着周游走遍名山封地），大彰其志，不谓一身将老，世态日纷（世态日益纷繁杂乱。《荀子·解蔽》："涫涫纷纷，孰知其形"），三年之久，不鸣一邑（此语与"三年不鸣，一鸣惊人""三年不飞，一飞冲天"两个成语同意。《韩非子·喻老》篇载："楚庄王莅政三年，无令发，无政为也。右司马御座而与王隐曰：有鸟止南方之阜，三年不翅，不飞不鸣，嘿然无声，此为何名？'王曰：'三年不翅，将以长羽翼；不飞不鸣，将以观民则。虽无飞，飞必冲天；虽无鸣，鸣必惊人。子释之，不谷知之矣。处半年，乃自听政。所废者十，所起者九，诛大臣五，举处士六，而邦大治。举兵诛齐，败之徐州，胜晋于河雍，合诸侯于宋，遂霸天下。庄王不为小害善，故有大名；不蚤见示，故有大功。故曰："大器晚成，大音希声"）。

幸值谏议卣臣胡老先生建言归里，一切修举（起复；恢复；推行；整治适当。北宋范仲淹《奏乞两府兼判》："至岁终，具礼乐有所损益，或废坠有所修举，画一进呈"），悉从朝廷起见，即昌之一得微长，并蒙格外引契（承蒙分外地引导友谊情义。契，在此作名词用。如契谊、契义、契分等，无不是说友情深厚、友谊情分等），参定俚案之近理者，命名《寓意草》，捐资付梓，其意欲使四方周览之士，大破成局，同心慜痛，以登斯民于寿域，而为圣天子中兴燮理之一助云（燮理，协和治理。语出《尚书·周官》："立太师、太傅、太保，兹惟三公；论道经邦，燮理阴阳。"《孔传》："和理阴阳"），然则小试寓意，岂易易能哉？

崇祯 癸未岁季冬月（1643 年，崇祯十六年）

"西昌" 喻昌嘉言 甫识

《（痘疹）生民切要·陆序》：生人之害，痘疹最酷，而又为尽人之所不能免。谚语目痘为关，固非惟暴之云，直欲判人鬼耳。盖不获生，入玉门者多矣。伤哉！江右喻嘉言先生，擅和、缓之能，而于痘科，尤加意无已，经其治者，业莫不生，死而肉骨（典出《左传·襄公二十二年》："吾见申叔、夫子所谓生死而肉骨也。"形容人的恩惠厚泽，就似使死人复活，枯骨生肉一样）。又著为此书，以昭示来，兹诚保赤之金丹（保赤，语出《尚书·康诰》："若保赤子，惟民其康乂。"《孔传》："爱养人如安孩儿赤子，不失其欲。"后世遂将保育幼儿称为"保赤"。赤子，幼儿；小孩），寿千百世而无穷也。其书流传至吴下，得之者均私为枕中秘匿，不以示人，此大非先生济世之本心矣。今春坊友用重值购得，将付剞劂，丐序于余，余甚善其能成先生之志，并竭驽钝（驽钝，自谦词。头脑迟钝，才能低下，既愚又笨；就是说人笨拙的意思。诸葛亮《出师表》："今南方已定，兵甲已足，当奖率三军，北定中原，庶竭驽钝，攘除奸凶，兴复汉室，还于旧都。此臣所以报先帝，而忠陛下之职份也"），附入数则而归之。

时乾隆壬辰（1772年）夏日 古瀛　陆师鉴圣苍氏题

《四库提要》：《尚论篇》八卷，国朝喻昌撰。昌，字嘉言，南昌人。崇祯中以选贡入都（1636年。选举贡生进入都城），卒无所就。往来靖安间，后又寓常熟，所至皆以医术著名。是书本名《尚论张仲景伤寒论重编三百九十七法》，其文过繁难举。世称《尚论》篇者，省文也。首为尚论大意一篇，谓张仲景著《卒病伤寒论》十六卷，其《卒病论》六卷已不可复睹，即《伤寒论》十卷亦劫火之余，仅得之口授。其篇目先后差错，赖有三百九十七法、一百一十三方之名目，可为校正，晋太医令王叔和附以己意，编集成书，共二十二篇。今世所传乃宋直秘阁林亿所校正，宋人成无己所诠注（按：成无己乃金人，此言宋人误，谨附订于此）二家过于尊信叔和，往往先传后经，以叔和纬翼之词（纬，组织附会。《说文解字·糸部》："纬，织横丝也。"翼，动词。帮助；辅佐；助翼。《说文解字·羽部》："翼，翅也。"《尚书·益稷》："予欲左右有民，汝翼。"纬翼，以王叔和组织附会辅佐的语词）混编为仲景之书。如一卷之平脉法，二卷之序例，其文原不雅驯（雅驯，文辞优美，典雅不俗。《史记·五帝本纪》："学者多称五帝，尚矣。然《尚书》独载尧以来；而百家言黄帝，其文不雅驯，荐绅先生难言之"），反首列之。则其为校正诠注，乃仲景之不幸也。程德斋因之（元代医学家，于1324—1328年整理《伤寒论》。撰就《伤寒钤法》）作《伤寒钤》，既多不经。王履又以伤寒例居前，六经病次之，类伤寒病又次之，至若杂病杂脉与伤寒无预者皆略去，定为二百八十三法，亦无足取。惟方有执作《伤寒条辨》，削去叔和序例，大得尊经之旨。太阳三篇，改叔和之旧，以风寒之伤荣卫者分属，尤为卓识，而不达立言之旨者尚多。于是，重定此书，以冬伤于寒、春伤于温、夏秋伤于暑为主病之大纲。四序之中，以冬月伤寒为大纲，伤寒六经之中以太阳为大纲，太阳经中又以风伤卫、寒伤荣、风寒两伤荣卫为大纲。盖诸家所注，至昌而始变其例矣。次为辨叔和编次之失一篇，次为辨林亿、成无已校注之失一篇，次为驳正王叔和序例一篇，皆不入卷数。其于《伤寒论》原文则六经各自为篇，而以合病、并病、坏病、痰病四类附三阳经末，以过经不解、差后劳复病、阴阳易病三类附三阴经末。每经文各冠以大意，纲举目析，颇有条理，故医家称善本。原书自为八卷，乾隆癸未（1763年，乾隆二十八年），建昌陈氏并为四卷，而别刻昌《尚论》后篇四卷。首论温证，次合论，次真中，次小儿，次会讲，次问答，次六经诸方，共成八卷，为喻氏完书焉。考康熙甲寅（1674年，康熙十三年）顺天林起龙重刻方有执之书，以昌此书附后，各施评点，极论昌之所注，全出于剽窃方氏，丑词毒詈（詈，音lì，动词。骂；责骂。《说文解字·言部》："詈，骂也。"《礼记·曲礼》："笑不至矧，怒不至詈。"毒詈，恶骂；谩骂。清代纪昀《阅微草堂笔记·滦阳消夏录六》："妇手倦稍息，犹喃喃毒詈。"恶语责骂），无所不加。夫儒者著书，尚相祖述，医家融会旧论，何可遽非？况起龙所评，方氏则有言皆是，喻氏则落笔即非，亦未免先存成见，有意吹毛。殆门户之见，别有所取，未可据为定论，故今仍与方氏之书并著录焉。

张志聪（1610—1674，亦有说是生于1616年者），明末清初著名医学家，注《素问》《灵枢》二经，注《本草》，著《侣山堂类辨》。

张志聪，字隐庵，浙江钱塘人。明末，杭州卢之颐、繇父子著书，讲明医学，志聪继之。构侣山堂（《淮南子·泛论训》："筑土构木以为宫室。"高诱注："构，架也，谓材木相乘架也。"侣，音lǚ。同伴；伴侣。唐代韩愈《把酒》："我来无伴侣，把酒对南山"），招同志讲论其中，参考经纶，辩其是非。自顺治中至康熙之初（1652—1662年），四十年间，谈轩岐之学者咸归之。注《素问》《灵枢》二经，集诸家之说，随文衍义，胜明马元台本（马莳，约生于15世纪，卒于16世纪，字元台，又字玄台，又字仲化。自号"玄台子"，明代著名医家，今浙江省绍兴市人。编注《黄帝内经素问注证发微》《黄帝内经灵枢注证发微》各九卷）。

又注《伤寒论》《金匮要略》，于《伤寒论》致力尤深，历二十年，再易稿始成。用王叔和原本，略改其编次。首列六经病，次列霍乱易复并痓湿（痓，音chì。痓湿，中医病证名，痉病。《集韵·至韵》："痓，风病。"《素问·气厥论》："肺移热于肾，传为柔痓。"唐代王冰注《黄帝素问》："痓，谓骨痓而不随，气骨该热，髓不内充，故骨痓强而不举，筋柔缓而无力也。"《金匮要略·痓湿暍病脉证》："太阳病发热，脉沉而细者，名曰痓。"《本草纲目·百病主治药上·痓风》："痓风即痓病，属太阳、督脉二经。其症发热，口噤如痫，身体强直，角弓反张，甚则搐搦"）、暍汗（暍，音yè。中医病证名。中暑；受暑热。汗下不止。《庄子·

则阳》："夫冻者假衣于春，暍者反冬乎冷风。"王先谦集解："暍，伤暑也，若得冷风，则不啻反为冬时"）、吐下（中医病证名，呕吐下泻。《素问·六元正纪大论》："太阴所至为中满霍乱吐下"），后列辨脉、平脉，而删叔和序例，以其与本论矛盾，故去之以息辨。驳辨成无已（宋代医学家，世业医，著有《注解伤寒论》十卷、《明理论》三卷、《论方》一卷。对汉代张仲景的辩证与方义都有所阐发，是最早注释《伤寒论》的医学家）旧注，谓："风伤卫，寒伤营，脉缓为中风，脉紧为伤寒。伤寒，恶寒无汗，宜麻黄汤；中风，恶风有汗，宜桂枝汤；诸说未尽当。而风、寒两感，营、卫俱伤，宜大青龙汤为尤谬。其注，分章以明大旨，节解句释，兼晰阴阳、血气之生始出入，经脉、藏府之贯通循行，使读论者取之有本，用之无穷，不徒求之糟粕，庶免终身由之而不知其道也。"

又注《本草》，诠释本经，阐明药性，本五运六气之理，后人不经臆说，概置勿录。

其自著曰《侣山堂类辨》《针灸秘传》。志聪之学，以《素》《灵》《金匮》为归，生平著书，必守经法，遗书并行于世，惟《针灸秘传》佚。（民国赵尔巽等撰，《清史稿·卷五百二·列传二百八十九·艺术一·张志聪传》）

关于清代名医张志聪的出生时间，有两种说法：一说是出生于明万历三十八年，即1610年；亦有说是出生于明万历四十四年，即1616年，当以前者为准。

张志聪，浙江杭州人。出身医学世家，学医、行医数十年，穷研医理，医学博洽，医术高明，向来重视中医经典著作的研究注释，晚年所著历史上第一部注释《神农本草经》的药学专著《本草崇原》三卷，依《本经》三品分类法，将药物分成上、中、下三品，运用五运六气理论，对三百味中药的药性进行恰当阐释及集注，实乃一部实用价值很高的本草学专著，甚为后世习医者所仰慕（药学专著《本草崇原》三卷，乃作者晚年所著，未成而卒，后由弟子高世栻续补而成）。注重著书立说，尚有《黄帝素问灵枢集注》《伤寒论纲目》《金匮要略注》等书传世，对后世习医者学习、研究医学经典具有很大的影响力。其在《本草崇原》中极重视五行说："……天地万物，不外五行。其初产也，有东南西北中之五方。其生育也，有春夏秋冬长夏之五时。其形有青黄赤白黑之五色，其气有臊焦香腥腐之五臭，其质有酸苦甘辛咸之五味。著为药性，开物成务，传于后世，词古义深，难于窥测。后人纂集药性，不明《本经》，但言某药治某病，某病须某药，不探其原，只言其治，是药用也，非药性也。知其性而用之，则用之有本，神变无方。袭其用而用之，则用之无本，窒碍难通。余故诠释《本经》，阐明药性，端本五运六气之理，解释详备。俾上古之言，了如指掌。运气之理，炳如日星，为格物致知，三才合一之道。其后人之不经臆说，逐末忘本者，概置勿录。学者能于此会悟之，则神农观天察地穷理尽性之学，庶几近之。……”

汪昂（1615—1699），明末清初名医，字讱庵，晚年乡人尊其为“浒湾老人”。著有《本草备要》《医方集解》《汤头歌诀》《经络歌诀》《素问灵枢类纂约注》。

名言：诸艺之中，医为尤重。以其为生人之司命，而圣人之所必慎者也。

察脉辨证，而方立焉。湿病在表，一身尽痛；黄病在里，一身不痛。

《医方集解·自序》：孔子曰：能近取譬，可谓仁之方也已。夫仁为心性之学，尚不可以无方，况于百家众艺，可以无方而能善此乎？诸艺之中，医为尤重。以其为生人之司命，而圣人之所必慎者也。窃尝思之，凡病必有证，证者证也，有斯病必形斯候者也。证必有脉，脉者藏府经络寒热虚实所由分也。有与证相符者，有与证不相符者，必参验确而后可施治者也。察脉辨证，而方立焉。方者一定不可易之名，有是病者必主是药，非可移游彼此用之为尝试者也。方之祖，始于仲景。后人触类扩而充之，不可计殚，然皆不能越仲景之范围。盖前人作法，后人因焉。创始者难为力，后起者易为功。取古人已验之成规，而斟酌用之，为效不既易乎？然而执方医病，而病不能瘳，甚或反以杀人者，又何以说焉？则以脉候未辨，药性未明，惑于似而反失其真，知有方而不知方之解故也。方之有解，始于陈无择（南宋名医陈言，约1121—1190，字无择，号“鹤溪道人”，“永嘉医派”创始人，著有中医病因病理学名著《三因极一病证方论》十八卷，简称《三因方》），无择慨仲景之书后人罕识，爰取《伤寒论》而训诂之，诠证释方，使观者有所循入，诚哉仲景之功臣，而后觉之先导矣！厥后名贤辈出，谓当踵事增华（《文选序》：“盖踵其事而增华，变其本而加厉，物既有之，文亦宜然。”后世遂以此成语“踵事增华”专指继承前人的事业，并且使其发展得更加美好完善。踵，动词。追随；继续。《汉书·武帝纪》：“步兵踵军后数十万人。”引申为继承。东汉文学家张衡《东京赋》：“踵二皇之遐武，谁谓驾迟而不能属”），析微阐奥，使古方、时方大明于世，宁不愉快！夫何著方者日益多，注方者不再见，岂金针不度欤！抑工于医者未必工于文，词不能达意，遂置而不讲欤！迄明始有吴鹤皋集《医方考》（明代吴昆，1551—1620，字山甫，号“鹤皋”“鹤皋山人”，自号“参黄子”，“新安医学”名家之一。著名医家、医学理论家、藏书家。擅长针法治病。著《医方考》六卷、《脉语》二卷、《素问吴注》二十卷等医书），文义清疏，同人脍炙，是以梨枣再易，岂为空谷足音（语出《诗经·小雅·白驹》：“皎皎白驹，在彼空谷。”《庄子·徐无鬼》：“夫逃虚空者……闻人足音跫然而喜矣。”唐代训诂学家陆德明释文引崔譔曰：“跫然，行人之声。”本意是说在寂静的深谷里听到脚步声。后世人便以此成语比喻极难得到的音信或事物），故见之而易喜欤！然吴氏但一家之言，其于致远钩深（语出《易经·系辞上》：“探赜索隐，钩深致远。”探索深奥的道理），或未彻尽。兹特博采广搜，网罗群书，精穷奥蕴，或同或异，各存所见，以备参稽（比较考察；参酌稽考；对照查考。《荀子·解蔽》：“疏观万物而知其情，参稽治乱而通其度。”唐代学者杨倞著《荀子注》解：“参，验；稽，考；度，制也”），使探宝者不止一藏，尝鼎者不仅一脔（成语：尝鼎一脔。脔亦作“胬”。语出《吕氏春秋·察今》：“尝一胬肉而知一镬之味，一鼎之调。”脔，用刀切下来的肉块。品尝鼎里面的一块肉，就可以知道整个鼎里面的肉味。后世人便以此成语比喻可据部分以推知全体。犹如：知微见著，窥一斑而知全豹），庶几病者观之得以印证，用者据之不致径庭，宁非卫生之一助欤！或曰善师者不陈，得鱼者忘筌（语出《庄子·外物》：“荃者所以在鱼，得鱼而忘荃。蹄者所以在兔，得兔而忘蹄。言者所以在意，得意而忘言。吾安得夫忘言之人而与之言哉！”荃，通“筌”。捕鱼用的一种竹篓；蹄，捕兔用的绳网之类。意谓：竹篓是用来捕鱼的，捕到鱼后就忘掉了鱼篓；鱼捕到了嘛，筌就被忘掉了。兔网是用来捕捉兔子的，兔子捕到了，网兔的网就被忘掉了；言语是用来表达思想心意的，领会了意思就忘掉了言语。我安敢忘掉语言之人，与他言语呢！意即言词所以达意既已得其意就不再需要言词。后世由此用为彼此默喻之意。亦用以比喻功成而忘其本来依靠的凭借），运用之妙，在于一心，何以方为？余曰：般、倕不弃规矩（般，即指鲁班，公元前507—公元前444，姬姓，公输氏，名般。般，与“班”同音，故称鲁班。人称公输盘、公输般、班输，尊称公输子。春秋时期鲁国出色的发明家、建筑工匠，木匠鼻祖，被历代土木建筑工匠尊奉为祖师爷。倕，音chuí，亦称工倕。相传上古尧、舜时代主理百工的一名灵巧工匠名，善于制作弓、耒、耜等器具。《庄子·达生》："工倕旋而盖规矩，指与物化，而不可以心稽。"唐代经学家、训诂学家陆德明撰著《经典释文》说："工倕，尧工，巧人也。"《淮南子·说山训》："人不爱倕之手，而爱己之指。"东汉学者高诱注解："倕，尧之巧工。"又有一说是黄帝时期的巧人名)，师旷不废六律（师旷，字子野，公元前572—公元前532，春秋时期晋国的著名乐师、道家。生而无目，虽是位目盲之人，却博学多才，艺术造诣极高，具有非凡的音乐才华，尤其善于弹琴，辨识音律准确与否的能力极强。《洪洞县志》载："师旷之聪，天下之至聪也。"六律，古代的六个音律，亦是定乐器音准的标准，通常指黄钟、太簇、姑洗、蕤宾、夷则、亡射六阳律，以及大吕、夹钟、仲吕、林钟、南吕、应钟六阴律。成语：五音六律。五音：宫、商、角、徵、羽五个音阶。语出《孟子·离娄上》："不以六律，不能正五音"）。大《易》之为书，变动不居，然亦有变易、不易二义。故曰蓍之德圆而神，卦之德方以智。夫卦诚方矣！岂方智之中，遂无圆神之妙也哉！吾愿读吾书者，取是方而圆用之，斯真为得方之解也已。

康熙 壬戌岁（康熙二十一年，1682年）

阳月 休宁　讱庵　汪昂题于延禧堂

《本草备要·自序》：医学之要，莫先于切脉，脉候不真，则虚实莫辨，攻补妄施，鲜不夭人寿命者。其次，则当明药性，如病在某经当用某药，或有因此经而旁达他经者。是以补母泻子，扶弱抑强，义有多端，指不一定。自非兼贯博通，析微洞奥，不但呼应不灵，或反致邪失正。先正云：用药如用兵，诚不可以不慎也。古今著本草者，无虑数百家，其中精且详者，莫如李氏《纲目》，考究渊博，指示周明，所以嘉惠斯人之心，良方切至。第卷帙浩繁，卒难究殚，舟车之上，携取为难，备则备矣，而未能要也。他如《主治》《指掌》《药性歌赋》，聊以便初学之诵习，要则要矣，而未能备也。近如《蒙筌》《经疏》，世称善本。《蒙筌》附类，颇着精义，然文拘对偶，辞太繁缛，而阙略尚多；《经疏》发明主治之理，制方参互之义，又着简误，以究其失，可谓尽善，然未暇详地道、明制治、辨真伪，解处偶有附会，常品时多芟黜，均为千虑之一失。余非岐黄家，而喜读其书，三余之暇，特为诸家本草，由博返约，取适用者凡四百品，汇为小帙。某药入某经、治某病，必为明其气味、形色所以主治之由，间附古人畏恶兼施、制防互济、用药深远之意，而以土产、修治、畏恶附于后，以十剂宣、通、补、泻冠于前，既着其功，亦明其过，使人开卷了然，庶几用之不致舛误。以去备则已备矣，以去要则又要矣。通敏之士，由此而究图焉，医学之精微，可以思过半矣。题曰《本草备要》，用以就正于宗工焉！

休宁　庵　汪昂题于延禧堂

《增补本草备要·自序》：言之可贵而足以垂后者，必性命之文也，其次则经济之文也。余于理学，既无所窥，又六经四子之书，灿如星日，即汉疏宋注，且有遗训，况余愚瞽凡民，安敢以管蠡仰测高深也哉！性命之文，吾无及矣。若经济之文，必须见诸实事，方能载诸简编。余少困棘闱，壮谢制举，长甘蓬，终鲜通荣，经济之文，吾无望焉耳！至于词章诗赋，月露风云，纵极精工，无裨实用。扬子所谓雕虫篆刻，壮夫不为，不其然乎！窃谓医药之书，虽无当于文章巨丽之观，然能起人沉，益人神智，弱可令壮，郁可使宽。无关道脉，而能有助刚大之形躯；不系政刑，而实有裨生成之大德。言不堕绮语之障，用有当施济之仁，群居饱食之余，或可以愧小慧而胜犹贤也乎！是用寄意此中，思以寿世。初则谓医学与堪舆不同，堪舆当有秘奥，天机不欲轻泄。若医集所以济生救疾，自应无微不阐，无隐不彰，恣意极言，不遗余蕴。

及泛览诸书，惟《灵素》、《难经》、仲景、叔和，奥衍宏深，不易究殚。自唐、宋而下，名家百氏方书，非不灿陈，而义蕴殊少诠释。如本草第言治某病某病，而不明所以主治之由；医方第云用某药某药，而不明所以当用之理。千书一律，开卷茫如，即间有辨析病源、训解药性者，率说焉而不详，语焉而不畅，医理虽云深造，文本多欠通明，难以豁观者之心目。

良用怃然（怅然失意貌。《论语·微子》：“夫子怃然曰：‘鸟兽不可与同群，吾非斯人之徒与而谁与?’”邢昺疏解：“怃，失意貌。”《孟子·滕文公上》：“夷子怃然有间，曰：命之矣”），不揣固陋（不考虑自己才疏学浅、见识浅陋，就轻率行事），爰采诸家之长，辑为《本草备要》《医方集解》二篇，理法全宗古人，体裁更为创制。本草则字笺句释，仿传注之详明。医疗则诠证释方，兼百家之论辩。书分两帙，用实相资。要令不知医之人，读之了然，庶裨实用。两书甫出，幸海内名贤颇垂鉴许。今本草原刻，字已漫灭，特再加厘订，用酬世好。抑世尚有议余药味之简者，余惟歌赋汤液，药仅二百四十种，拙集广至四百种，不为少矣。如食物仅可充口腹，僻药非治所常需者，安能尽录？盖既取其备，又欲其要，应如是止也。兹因重梓，更增备而可用者约六十品，聊以厌言者之口，仍不碍携者之艰。苟小道之可观，倘不至致远之恐泥也乎！

康熙 甲戌岁（康熙三十三年，1694 年）阳月

休宁八十老人　庵　汪昂书于延禧堂

清代名医汪昂，生于明万历四十三年，卒于清代康熙三十八年，享年八十四岁，真乃长寿之人。祖居安徽省休宁县西门，明末寄居浙江省丽水县。少时从儒家之学，曾为明末秀才，于经史诸子百家无不研究，依其才学，入仕谋官，易如拾芥，可是他却在顺治初年，亦即三十余岁时弃儒从医，专心医学，精研医理，笃志方书，倾尽毕生精力，专注于医学理论研究，著书立说，尤其注重科普知识的教育宣传和启蒙，于康熙二十一年，即 1682 年，六十八岁时纂就《医方集解》一书以供临床之需。其还著有《本草易读》《本草备要》《汤头歌诀》《经络歌诀》《经络图说》《续增日用菜物》《黄帝内经素问灵枢类纂约注》等书。可以说，汪昂是明末清初著名的医学科普及启蒙派的领军人物，为祖国医学的学术理论普及推广和继承发扬做出了不可低估的贡献。他虽是一名精通祖国医药学的医药学家，却未能成为临床医学家，因为他把时间都用于写作、著述上了。

张璐（1617—1698，亦有说是卒于 1700 年），明清之际著名医学家，著有《医通》《伤寒大成》等。

名言：吾愿天下医师慎勿妄恃己长，以希苟得之利……

张璐，字路玉，自号“石顽老人”，江南长洲人。少颖悟（聪明、思路敏捷、理解力强；极其聪明。《晋书·王戎传》：“戎幼而颖悟，神彩秀彻”），博贯儒业（博览贯通儒家学说），专心医药之书。自轩歧（即轩辕黄帝和他的大臣岐伯，此指《黄帝内经》）迄近代方法，无不搜览。遭明季之乱（明末战乱），隐于洞庭山（今江苏省太湖东南部的岛屿）中十余年，著书自娱，至老不倦。仿明代王肯堂（1549—1613，字宇泰，号“损庵”，自号“念西居士”。明万历年间进士，翰林院检讨，官至福建参政。精研医理，历十一年编成四十四卷本的《证治准绳》）《证治准绳》，汇集古人方论、近代名言，荟萃折衷之

（荟萃，本谓草木丛生之状，以喻优秀精典名言方论汇集、聚集。折衷，调节各方见解使取正适中。《尸子·卷上》："听狱折衷者，皋陶也"），每门附以治验医案，为《医归》一书，后易名《医通》。

璐谓仲景书衍释日多，仲景之意转晦（转变得隐晦、晦暗，文句僻拗、晦涩难懂）。后见《尚论》《条辨》诸编，又广搜秘本，反复详玩，始觉向之所谓多歧者，渐归一贯，著《伤寒缵论》《绪论》。缵者，祖仲景之文；绪者，理诸家之纷纭而清出之，以翼仲景之法（翼，动词。帮助；辅佐；翼助；辅助。《尚书·益稷》："臣作朕股肱耳目，予欲左右有民，汝翼。"用作辅助张仲景的学说）。

其注《本草》，疏本经之大义，并系诸家治法，曰《本经逢原》；论脉法大义，曰《诊宗三昧》：皆有心得。又谓唐代孙思邈治病多有奇异（奇方异治），逐方研求药性，详为疏证，曰《千金方释义》，并行于世。

璐著书主博通，持论平实，不立新异。其治病，则取法薛己、张介宾（二人均为明代医学家，后者尤为著名）为多，年八十余卒。圣祖（即爱新觉罗玄烨，康熙帝）南巡，璐子以柔进呈遗书，温旨留览焉（温旨，对帝王诏谕的敬称。《明史·奸臣传·周延儒传》："帝犹降温旨，言卿报国尽忱，终始勿替"）。子登、倬，皆世其业。（民国赵尔巽等撰，《清史稿·卷五百二·列传二百八十九·艺术一·张璐传》）。

《吴县志》曰：张璐，字路玉，吴之明医也。能审虚实，决生死。又所著《伤寒大成》《诊宗三昧》《医通》《衍义》诸书，梓行于世。

张璐，生于官宦之家，早年颖敏好学，于经史子集无所不博通，只因科场不利，遂弃儒习医。明末清初之际，为躲避连年不断的战乱，遂隐居于洞庭山中十余载，以著书自娱，所作颇多，回归故里之后，辑成医书一帙名曰《医归》，后易名为《医通》，亦称《张氏医通》。后由三子（其有三子：张登、张倬、张以柔。皆精医理，并有医著传世）张以柔进献南巡之康熙帝，得旨备览。晚年所撰《本经逢原》四卷，内容虽多取自李时珍的《本草纲目》，但多结合自己数十年的临床实践与个人学术见解撰著而成，实乃总结医家一生行医用药之经验与心得的本草学著作，而非考订、增补、诠释《神农本草经》之作。其在《本经逢原·小引》中写道："……因不自揣，聊陈鄙见，略疏《本经》之大义，并系诸家治法，庶使学人左右逢原，不逾炎黄绳墨，足以为上工也。上工十全六，不能尽起白骨而生之。吾愿天下医师慎勿妄恃己长，以希苟得之利，天下苍生确‘遵有病不治，常得中医’之戒，跳出时师圈缋（音 quān huì，亦作“圈圚”“圈阓”。框框；束缚；约束；窠臼。圈，名词。区域；范围。动词。划定范围、设定框框。缋，通“绘”，绘画。《汉书·食货志下》：“乃以白鹿皮方尺，缘以缋，为皮币。”颜师古注解：“缋，绣也，绘五彩而为之。”跳出老师划定的框框，意即不要受当时老师授课划定框框的约束之意），何绳墨之可限哉（绳墨，规矩；准则；法度。东汉张衡《思玄赋》：“竦余身而顺止兮，遂绳墨而不跌。”此乃作者喻医之有《本经》，犹如工匠之有绳墨也。有绳墨而后有规矩，有规矩而后才能变通；变通生乎智巧，又必本诸绳墨也）。”《四库全书总目提要》评曰：“时珍书多主考订，希雍书颇喜博辨，璐书则惟取发明性味，辨别功过，使制方者易明。”可见后人对其所作评价之高。

高斗魁（1623—1670），明末清初医家，著有《医家心法》《四明心法》《四明医案》《吹毛编》等（《嘉兴府志》有传）。

高斗魁，字旦中，又号“彭峰”。浙江鄞县人。诸生（①泛指在校读书的学生。《史记·曹相国世家》：“参尽召长老诸生，问所以安集百姓。”②科举时代对秀才的通称。《聊斋志异·聂小倩》：“宁疑为赴试诸生，而听其音声，殊不类浙。”③老师对众多弟子的称呼。唐代韩愈《进学解》：“国子先生晨入太学，招诸生立馆下。”可以理解为正在接受教育或者已经接受过教育的儒生）。兄斗枢，明季死国难。斗魁任侠（任侠，具有仁义、诚信、谦让之美德，重承诺、轻生死、不惧死难的侠义之士。《墨子·经说上》：“任侠，士损己而益所为，为身之所恶，以成人之所急”），于遗民罹难者，破产营救。妻因事连及，勒自裁。素精医，游杭见舁棺者血沥地（沥，形声动词。液体一滴一滴地落下，曰“沥”，犹同“漉”，使干涸。北宋欧阳修《归田录》：“乃取一葫芦置于地，以钱覆其口，徐以杓酌油沥之，自钱孔入而钱不湿”），曰：‘是未死！’启棺，与药而苏（施予药物治疗后苏醒）。江湖间传其事，求治病无宁晷（晷，音 guǐ，名词，日影。《说文解字·日部》：“晷，日景也。”《汉书·李寻传》：“辉光所烛，万里同晷。”宁晷，安定的时刻。清代曾任县令、礼科给事中黄六鸿著三十二卷本《福惠全书·莅任·详文赘说》：“送往迎来，日无宁晷。”因其医术高超，求其治病者甚众，车水马龙，以至于没有安定的时候）。著《医家心法》，又《吹毛编》则自记医案也。其论医宗旨，亦近于张介宾。（民国赵尔巽等撰，《清史稿·卷五百二·列传二百八十九·艺术一·高斗魁》）

高斗魁，字旦中，号“鼓峰”。四明人（今浙江省宁波市），寓居石门语溪（今浙江省崇德市境内）。工书法，小楷、行书，无不精妙，天纵其能，追逼芾、卿（指其书法高妙，直追米芾和颜真卿）。行侠仗义，极重气节，倾囊相助抗清义士、明末遗臣。素来重视研究医理，其精妙之处，缘于宗本张介宾。辨正脉法，处方用药，独具特色，强调脉、证、时三者互参；对于中风之证，认识深刻，提出真中与类中之分的说法，具有一套效果良好高妙的治法。对于痢疾之证，创用泽泻汤加减的方法，提出治痢应当注重的法则："当调气不当破气，当和血不当利血"。遗憾的是，壮年四十八岁而卒。

尤怡（1650—1749），清代医学家，著有《金匮翼》《金匮心典》《伤寒贯珠集》《医学读书记》《静香楼医案》等医书。

清代医学家尤怡，字在泾，号"拙吾"，晚号"饲鹤山人"，长洲人。其父在世时有田千亩，后家道中落，其少时家贫至极而好学，曾在寺院里以卖字为生。

尤在泾天性沉静恬淡，天机敏妙，幼习儒业，读书好古君子也，颇负济世婆心。喜好古文与作诗，工诗词，其所为诗，必宗老、杜。其同乡，曾出任内阁学士兼礼部侍郎的诗人沈德潜编选的诗歌总集《清诗别裁》中就收录有他的诗，可见其文采之高。

尤在泾沉酣典籍，孜孜不倦，勤求古训，学术渊深，通儒也。键户潜修，著书自娱，不求闻达，绝意荣利。长精于医，邃于医理，治病处方，医必以仲景为宗；博采众方，持脉辨证，宜其神妙莫测，晚年为人治病，多见奇效，盖历数十年吸英吐华，锻年炼月，精意研殚，发其余蕴。著医书多种，接长沙之源，条分缕析，皆能阐灵兰之秘。

尤在泾所著《伤寒贯珠集》八卷，对张仲景《伤寒论》原书逐条注解和阐释发挥，还对原书的一些内容次序做了重新编排归类。全书以"法"为主，提纲挈领，简明扼要；深悟仲景之意，汇集诸家之学，分述六经正治、权变、斡旋、杂治诸法，遂能提纲挈领，不愧轮珠在手。

《医学读书记》是其读书与临床的心得笔记，简而精，微而显，引而申之，触类而长之，足以嘉惠后学。读其书更能融贯古人之书，诚快事也。有出尘之胸襟，有济世之神术，彼挟名利之见者，讵可同日而语耶！其中不乏精微切要之论。

《金匮翼》一书专论杂病，以内科杂症的证治方药为主要内容，广泛采集前人之说，选取历代医家医著有关内容分类编排，详细叙述证候，分析治法，附以其本人的医学观点和治病方药，具有很高的临床实用价值。补充《金匮要略》一书中所未备，或备而不详者。

所著《金匮要略心典》一书，祖述仲景遗意，荟萃各家之说，参以论断，对杂病证治颇有发挥。

尤怡，字在泾，江苏吴县人。父有田千亩，至怡中落（半道或曰中途衰落。《明史·邢侗传》："家资巨万，筑来禽馆，于古犁丘，减产奉客，遂至中落"）。贫甚（贫困至极），鬻字于佛寺（鬻，音 yù，动词。卖；出售；变卖。《汉书·食货志上》：'通财鬻货曰商。'在佛寺中以卖字为生）。业医，人未之异也。好为诗，与同里顾嗣立、沈德潜游。晚年，学益深造，治病多奇中，名始著。性淡荣利，隐于花溪（位于浙江省金华市磐安县安文镇境内），自号"饲鹤山人"，著书自得。其注《伤寒论》，名曰《贯珠集》。谓后人因王叔和编次错乱，辨驳改订，各成一家言，言愈多而理愈晦。乃就六经，各提其纲，于正治法之外，太阳有权变法、斡旋法、救逆法、类病法；阳明有明辨法、杂治法；少阳有权变法；太阴有藏病、经病法，经、藏俱病法，少阴、厥阴有温法、清法（清，音 qìng，凉。温凊是"冬温夏凊"的省略语。《礼记·曲礼上》："凡为人子之礼，冬温而夏凊，昏定而晨省。"温，谓温被使暖；凊，谓扇席使凉。谓古代子女侍奉赡养父母之道，冬天使之温暖，夏天使之凉爽。《北史·薛实传》："温凊之礼，朝夕无违"）。凡病机进退微权，各有法以为辨，使读者先得其法，乃能用其方。分证甚晰，于少阴、厥阴、温清两法，尤足破世人之惑。注《金匮要略》，名曰《心典》。别撰集诸家方书、《杂病治要》，足以羽翼仲景者，论其精蕴，曰《金匮翼》。又著《医学读书记》，于轩岐以下诸家，多有折衷，徐大椿称为得古人意。怡著述并笃雅，世以《贯珠集》与柯琴《来苏集》并重焉。（民国赵尔巽等撰，《清史稿·卷五百二·列传二百八十九·艺术一·尤怡传》）

《金匮要略心典·自序》：《金匮要略》者，汉张仲景所著，为医方之祖，而治杂病之宗也。其方约而多验，其文简而难通。唐宋以来，注释阙如（阙如，欠缺；空缺。《论语·子路》："君子于其所不知，盖阙如也。"唐宋以来，予以注解诠释的太欠缺、太少了），明兴之后，始有起而论之者，迄于今，乃不下数十家，莫不精求探讨，用以发蒙而解惑。然而性高明者，泛骛远引以典逞其说（骛，音 wù。动词。追求；强求。《宋史》："病学者厌卑近而骛高远，卒无成焉"），而其失则为浮；守矩矱者（矱，音 huò，又读 yuē。尺度；法度。矩矱，规矩法度。《楚辞·离骚》："曰勉升降以上下兮，求矩矱之所同。"王逸注解："矩，法也；矱，度也"），寻行数墨而畏尽其辞，而其失则为隘。是隘与浮者，虽所趣不同，而其失则一也。余读仲景书者数矣，心有所得，辄笔诸简端，以为他日考验学问之地，非敢举以注是书也。日月既深，十已得七八，而未克遂竟其绪。丙午秋日（雍正四年，1726 年），抱病斋居，勉谢人事，因取《金匮》旧本，重加寻绎（《汉书·循吏传·黄霸传》："吏民见者，语次寻绎，问它阴伏，以相参考。"反复探索，抽引推究寻求），其未经笔记者补之，其记而未尽善者复改之，覃精研思（潜心深入钻研思索。清代王夫之《姜斋诗话·卷二》："信曰惇笃，仁曰慈祥，学曰敏求，思曰覃精"），务求当于古人之心而后已。而其间深文奥义，有通之而无可通者，则阙之；其系传写之误者，则拟正之；其或类后人续入者，则删汰之。断自藏府经络以下，终于妇人杂病，凡二十有二篇，厘为上、中、下三卷，仍宋代林亿之旧也。集既成，颜曰心典，谓以吾心求古人之心，而得其典要云尔。虽然，刘氏扰龙（《通志·氏族略·以邑为氏》："帝尧陶唐之后，受封于刘，其地今定州唐县也。裔孙刘氏，以能扰龙，事夏后孔甲，为御龙氏。"刘氏出自祁姓。帝尧陶唐氏子孙生子，两手握拳达三年，张开时两掌显现有龙纹在手，曰累，因以为名"刘累"。学扰龙于豢龙氏，十岁能扰龙，事夏孔甲帝，为御龙氏），宋人刻楮（典出《韩非子·喻老》："宋人有为其君以象为楮叶者，三年而成。丰杀茎柯，毫芒繁泽，乱之楮叶之中而不可别也。"象，即指象牙。刻楮，喻其技艺工巧高超非同一般，亦指治学认真刻苦），力尽心劘（力尽，用尽力气。《左传·昭公十一年》："力尽而敝之，是以无拯，不可没振。"劘，音 mó，动词。磨砺；劘砺。《论衡·明雩》："砥石劘厉，欲求铦也。"竭尽心力，劘砺心思），要归罔用。余之是注，安知其不仍失之浮，即失之隘也耶。世有哲人，箴予阙失而赐之教焉，则予之幸也。

雍正 己酉春日（1729 年）

饲鹤山人　尤怡题于北郭之树下小轩

《医学读书记·徐序》：文中子云：医者，意也；药者，瀹也（瀹，音 yuè。《说文解字·氵部》："瀹，渍也。"浸；疏导；疏瀹。疏通水道，使水流通畅。《孟子·滕文公上》："禹疏九河，瀹济漯而注诸海"）。谓先通其意，而后用药物以疏瀹之也。善哉言乎！医理在是矣，而意之通实难。泥一成之见，而欲强人之病以就吾说，其患在固执；好作聪明，而不穷究乎古人之成书，是犹兵家之废阵图，法吏之废律令也，其患在不学。由前之说，在不能用意；由后之说，在误于用意。夫然以不学之人，与不通之识，而又炽以忮同列（《说文解字·火部》：“炽，盛也。”本意是火旺，引申为激烈；勃发。忮，音 zhì，形容词。《说文解字·忄部》：“忮，很也。”《一切经音义》引《说文》：“忮，恨也。”嫉妒；记恨。《诗经·邶风·雄雉》：“不忮不求，何用不臧?”同列，同事；同僚；同等地位共事者。《史记·屈原贾生列传》：“上官大夫与之同列，争宠而心害其能。”不学无术的人，识见混乱不通顺，却又极度嫉恨共同共事的同行），兢名利之心，以此用药，其不致抱薪而救火，持水而投石者几何哉！语云：学书纸费，学医人费，盖为此也。尤君在泾，读书好古士也，而肆其力于医，于轩岐以下诸书，靡昕夕寒暑，穿穴几遍，而以己意条贯之。其间凡有所得，笔之于书，日月既多，卷帙略定。辨五行之生克，察四气之温严，审人事之阴阳虚实，与夫药性之君臣佐使。凡成书之沿误者，厘而正之；古人纷纭聚讼者，折而衷之。夫惟多读古人之书，斯能善用古人之书，不误于用意，亦不泥于用意，于长沙氏之旨，庶几得之，可谓通其意矣。抑吾观太史公之传扁鹊也，云长桑君以禁方尽与之，忽然不见，后遂能生死人，其说近于鬼物，其人不可再得。而其传淳于意也，谓得禁方于公乘阳庆，传《黄帝扁鹊脉书》五色诊病，是多读书而通于意者。扁鹊吾不得而见之矣，得见如淳于意者斯可矣。尤君之学不知于古人何如，然多读书而通以意，是闻古人之风而兴起者，由此书以治病，当不贻讥于人费也夫！

乾隆四年己未春三月（1739 年）松陵　徐大椿灵胎叙

《医学读书记·续记·跋》：夫治病犹治国也。治国者，必审往古理乱之事迹，与政治之得失，而后斟之以时，酌之以势，而后从而因革之；治病者，必知前哲察病之机宜，与治疗之方法，而后合之气体，辨之方土，而从而损益之。盖未有事不师古，而有济于今者；亦未有言之无文，而能行之远者。予自弱冠，即喜博涉医学，自轩岐迄近代诸书，搜览之下，凡有所得，或信或疑，辄笔诸简，虽所见未广，而日月既多，卷帙遂成。昔真西山修《读书记》谓门人曰：此人君为治之门，如有用我者，执此以往。予之是集，即西山读书记之意也，执此以往，亦可以应变无穷矣。

饲鹤山人　尤怡识

《金匮翼·尤序》：余侄在泾，幼习儒业，长精于医。于古方书靡不毕贯（对于古方医书很少没有不贯通的），而治病处方，一以仲景为宗。即以其道活人，虑无以昭后世也，乃注仲景《金匮》，即世所传《金匮心典》是也。间又取杂病讨论之，集为八卷，详其证候，析其治法，表里虚实之辨，补泻温凉之用，开卷了然如指掌焉。呜呼！此道之难知也久矣。今睹是书，抑何其深切而著明也。惜其所注仲景《伤寒论》名《贯珠集》者，余不得而见之。然在泾不专以医名，其所为诗，必宗老、杜，一如其医之必宗仲景云。

乾隆三十三年岁次戊子（1768年）岳岩老人

世辅书于虎丘圹之思永堂

柯琴（生卒年无考，康、雍年间人，约1662—1735），清初医学家，著有《内经合璧》《伤寒论翼》。

名言：尝谓胸中有万卷书，笔底无半点尘者，始可著书；胸中无半点尘，目中无半点尘者，才许作古书注疏。夫著书固难，而注疏更难。

柯琴，字韵伯，浙江慈溪人，博学多闻，能诗、古文辞。弃举子业，矢志医学。家贫，游吴，栖息于虞山（虞山，古称海隅。又称乌目山，位于今江苏省常熟县城西北。相传西周虞仲死后葬于此地，故名，为旅游胜地。虞仲，后稷第十二代孙，周文王的祖父古公亶父次子，与兄太伯为尊父命立贤君，而避荆蛮，断发文身。见《史记·周本纪》），不以医自鸣，当世亦鲜知者。著《内经合璧》，多所校正，书佚不传。

注《伤寒论》，名曰《来苏集》。以方有执、喻昌等各以已意更定，有背仲景之旨，乃据《论》中有太阳证、桂枝证、柴胡证诸辞以证名篇，汇集六经诸论，各以类从。自序略曰：《伤寒论》经王叔和编次，已非仲景之旧，读者必细勘何者为仲景言，何者为叔和笔。其间脱落、倒句、讹字、衍文，一一指破，顿见真面。且笔法详略不同，或互文见意，或比类相形，因此悟彼，见微知著，得于语言文字之外，始可羽翼仲景。自来注家，不将全书始终理会，先后合参，随文敷衍，彼此矛盾，黑白不分。三百九十七法，不见于仲景序文，又不见于叔和序例，林氏倡于前，成氏和于后，其不足取信，王安道已辨之矣。继起者，犹琐琐于数目，亦何补于古人？何功于后学哉？大青龙汤，仲景为伤寒中风无汗而兼烦躁者设，即加味麻黄汤耳。而谓其伤寒见风，伤风见寒，因以麻黄汤主寒伤营、桂枝汤主风伤卫、大青龙汤主风寒两伤营卫，曲成三纲鼎立之说，此郑声之乱雅乐也（郑声，即指春秋战国时期源自郑国、卫国的汉族民间音乐。因其特点是新鲜活泼、热情奔放，广泛流行于民间，颇具群众性，而与孔子所提倡的雅乐不同，故极受儒家所排斥。一个是阳春白雪，一个是下里巴人。自此之后，凡是与儒家所提倡的雅乐相违背的音乐，乃至源自民间的音乐，都被崇“雅”黜“俗”者斥责为“郑声”，甚至有“淫声”代名词的嫌疑。《论语·卫灵公》：“放郑声，远佞人。郑声淫，佞人殆。”清代朴学大师刘宝楠撰《论语正义》解：“《五经异义·鲁论》说‘郑国之俗，有溱、洧之水，男女聚会，讴歌相感，故云郑声淫。’”南朝梁刘勰《文心雕龙·乐府》：“《韶》响难追，郑声易启。”且以十存二三之文，而谓之全篇，手足厥冷之厥，或混于两阴交尽之厥，其间差谬，何可殚举？此愚所以执卷长吁，不能已也！

又著《伤寒论翼》，自序略曰：仲景著《伤寒》《杂病论》，合十六卷，法大备。其常中之变，变中之常，靡不曲尽。使全书俱在，尽可见论知源。自叔和编次《伤寒》《杂病》，分为两书，然本论中杂病留而未去者尚多，虽有《伤寒论》之专名，终不失《杂病》合论之根蒂也。名不副实，并相淆混，而旁门歧路，莫知所从，岂非叔和之谬以祸之欤？夫仲景之言六经为百病之法，不专为伤寒一科，伤寒、杂病，治无二理，咸归六经之节制。治伤寒者，但拘《伤寒》，不究其中有杂病之理；治杂病者，复以《伤寒论》无关于杂病，而置之不问。将参赞化育之书，悉归狐疑之域，愚甚为斯道忧之。论者谓琴二书，大有功于仲景。（民国赵尔巽等撰，《清史稿·卷五百二·列传二百八十九·艺术一·柯琴传》）

清代初期医学家柯琴，号“似峰”，博学多闻，能诗善文，不涉仕途，矢志医学，所著医书及整理注释之典籍颇丰。著有《伤寒论注》一书，从方、证分类，加以注释。又著《伤寒论翼》《伤寒附翼》，三书合称名曰《伤寒来苏集》。他认为“仲景之六经为百病立法，不专为伤寒一科”，对六经分证持有特殊、独到见解。

《伤寒论注·自序》：尝谓胸中有万卷书，笔底无半点尘者（半点，谓其量极其少也。唐代窦巩《寻道者所隐不遇》诗：“篱外涓涓涧水流，槿花半点夕阳收。”尘，名词。飞扬的灰土。《庄子·逍遥游》：“尘埃也。”动词。污染；弄脏；蒙上灰尘。《诗经·小雅·无将大车》：“无将大车，只自尘兮。”此谓笔下没有一丝污染。或曰笔下容不得半点虚假），始可著书；胸中无半点尘，目中无半点尘者，才许作古书注疏。夫著书固难，而注疏更难。著书者往矣，其间几经兵燹，几番播迁，几次增删，几许抄刻，亥豕者有之，杂伪者有之，脱落者有之，错简者有之。如注疏者着眼，则古人之隐旨明、尘句新；注疏者失眼，非依样葫芦，则另寻枝叶，鱼目混珠（东汉魏伯阳《周易参同契·卷上》：“鱼目岂为珠，蓬蒿不成槚。”《文选·任昉〈到大司马记室笺〉》：“惟此鱼目，唐突玙璠。”唐代学者李善注引《韩诗外传》：“白骨类象，鱼目似珠。”后世遂将拿鱼眼睛冒充珍珠之事，喻以假乱真之意），碔砆胜玉矣［碔砆，音 wǔ fū，亦作“武夫”“珷玞”“碔玞”。似玉的美石。《山海经·南山经》：“（会稽之山）其下多砆石。”东晋郭璞注解：“砆，武夫，石似玉。今长沙、临湘出之。赤地白文，色茏葱不分明。”《文选·司马相如〈子虚赋〉》：“瑊玏玄厉，碝石碔玞”］。《伤寒论》一书，经叔和编次，已非仲景之书。仲景之文遗失者多，叔和之文附会者亦多矣。读是书者，必凝神定志，慧眼静观，逐条细勘，逐句研审。何者为仲景言，何者是叔和笔，其间若脱落、若倒句，与讹字、衍文，须一一指破，顿令作者真面目见于语言文字间。且其笔法之纵横、详略不同，或互文以见意，或比类以相形，可因此而悟彼、见微而知著者，须一一提醒。更令作者精神见于语言文字之外，始可羽翼仲景，注疏《伤寒》。何前此注疏诸家，不将仲景书始终理会、先后合参？但随文敷衍，故彼此矛盾，黑白不辨，令碔砆与美璞并登，鱼目与夜光同珍。前此之疑辨未明，继此之迷涂更远。学者将何赖焉？如三百九十七法之言，既不见于仲景之序文，又不见于叔和之序例，林氏倡于前（林亿），成氏、程氏和于后，其不足取信。王安道已辨之矣（王履，字安道，朱震亨弟子）。而继起者，犹琐琐于数目（琐琐，疑虑不定；拿不定主意。《易经·旅》：“初六，旅琐琐，斯其所，取灾。”现代学者李镜池晚年著《周易通义》：“琐琐，是惢惢的假借，三心两意，疑虑不一。《说文》：惢，心疑也，众三心，凡惢之属，皆从惢。读若：旅琐琐。……这是说商人多疑，离开寓所，反而闯祸”），即丝毫不差，亦何补于古人，何功于后学哉？然此犹未为斯道备累也。独怪大青龙汤，仲景为伤寒中风无汗而兼烦躁者设，即加味麻黄汤耳。而谓其伤寒见风，又谓之伤风见寒，因以麻黄汤主寒伤营，治营病而卫不病；桂枝汤主风伤卫，治卫病而营不病；大青龙主风寒两伤营卫，治营卫俱病。三方割据瓜分。太阳之主寒多风少、风多寒少，种种蛇足，羽翼青龙，曲成三纲鼎立之说，巧言簧簧，洋洋盈耳，此“郑声”所为乱雅乐也。

夫仲景之道，至平至易，仲景之门，人人可入，而使之茅塞如此，令学者如夜行歧路，莫之指归，不深可悯耶？且以十存二三之文，而谓之全篇，手足厥冷之厥，混同两阴交尽之厥，其间差谬，何可殚举？杨墨之道不息（杨朱、墨翟的学说。杨朱，亦称杨子，战国初期哲学家，魏国人；反对墨子的“兼爱”和儒家的伦理思想，主张“贵生”“重己”，重视个人生命的重要性。墨翟，亦称墨子，春秋战国之际思想家、政治家，墨家学派的创始人，相传原为宋国人，后长期居住鲁国。不息，不休止；不停息。《易经·干》：“天行健，君子以自强不息。”杨、墨的学说不休止），孔子之道不著（著，形容词。《小尔雅》：“著，明也。”动词。显现；显扬。《礼记·中庸》：“诚则形，形则著，著则明。”不著，不显明；不突出。孔子之道不显著），医道之不明不行，此其故欤（就是缘于此故）！孟子没而仲尼之道不传，千载无真儒矣！仲景没而岐黄之道莫传，千载无真医矣（没，音 mò，动词，同“殁”，死。《说文解字·氵部》：“没，沉也。”《易经·系辞下》：“庖牺氏没。”《庄子·大宗师》：“梦为鱼而没于渊”）。此愚所以执卷长吁（吁，音 xū，叹息。长吁，长长地叹息。唐代李复言《续玄怪录·杜子春》：“饥寒之色可掬，仰天长吁。”这就是我之所以手执书卷长叹），不能已于注疏也（注疏，对古籍予以注解文义和解释注文疏解文字的合称。解释古书意义的为“注”，注有多种名称，如传、笺、解、章句等。何谓“疏”？既注解正文，也注解前人的注解，总的加以疏通注文意义的为“疏”。疏，有义疏、正义、疏义等名称。至宋始，人们把古人关于经书的注本、疏本合为一编，由此始有“注疏”这一名称）。丙午秋（1726 年，雍正四年），校正《内经》始成，尚未出而问世。以《伤寒》为世所甚重，故将仲景书校正而注疏之，分篇汇论，挈其大纲，详其细目，证因类聚，方随附之。倒句讹字，悉为改正，异端邪说，一切辨明。岐伯、仲景之隐旨，发挥本论各条之下，集成一帙，名《论注》。不揣卑鄙，敢就正高明，倘得片言首肯，亦稍慰夫愚者之千虑云尔（自谦语）。

慈水　柯琴“韵伯氏”题，时己酉初夏也

《伤寒论翼·自序》：世之补《伤寒》者百余家，究其所作，不出二义：一则因论本文为之注疏，犹公、谷说《春秋》也（战国时期的学者公羊高和战国时期的经学家谷梁赤，二人均为子夏的弟子，他们都阐释了《春秋》这一儒家经典著作，分别称为《春秋公羊传》《春秋谷梁传》）；一则引仲景之文而为立论，犹韩婴说《诗》而为《外传》也（韩婴，西汉燕人，西汉文帝刘恒时任博士；西汉景帝刘启时任常山王刘舜太傅；西汉武帝刘彻时，与董仲舒激辩不屈。今文诗学“韩诗学”的开创者，继承和发扬了儒家思想的大学者。治《诗经》兼治《易》。著有《韩诗内传》《韩诗外传》)。然引征者，固不得断章取义之理；而注疏者，反多以辞害义之文。初不知仲景先师著《伤寒杂病论》合十六卷，良法大备。此《灵》《素》已具诸病之体，而明针法之巧妙；至仲景复备诸病之用，而详方药之准绳（准绳，原本是指测定物体平直的器具，后世则将其引申为标准和准则。《孟子·离娄上》：“圣人既竭目力焉，继之以规矩准绳，以为方员平直，不可胜用也。”《旧唐书·经籍志序》：“先王陈迹，后王准绳”)。其常中之变，变中之常，靡不曲尽（靡不，无不。《诗经·大雅·荡》：“靡不有初，鲜克有终。”曲，委婉细致地；尽，尽量充分地表达出来；妙，微妙的地方。将其中微妙之处委婉细致地充分表达出来。形容表达能力极强)。使全书具在，寻其所集，尽可以见病知源。自王叔和编次，伤寒、杂病分为两书，于本论削去杂病。然论中杂病，留而未去者尚多，是叔和有《伤寒论》之专名，终不失伤寒杂病合论之根蒂也（根蒂，原指植株的根和蒂，后由此引申为事物发展的根本或曰缘由、基础。《三国志·蜀志·蒋琬传》：“今魏跨带九州，根蒂滋蔓，平除未易”)。名不副实，是非混淆，古人精义弗彰（古人最精彩的意义不能彰显。弗，义同“不”)，是以读之者鲜。而旁门歧路，莫知适从，岂非叔和编次之谬以祸之欤（唐代柳宗元《梓人传》：“能者用而智者谋，彼其智者欤”)？世谓治伤寒，即能治杂病，岂知仲景《杂病论》，即在《伤寒论》中。且伤寒中又最多杂病夹杂其间，故伤寒与杂病合论，则伤寒、杂病之证治井然。今伤寒与杂病分门，而头绪不清，必将以杂病混伤寒而妄治之矣。乃后人专为伤寒著书，自朱奉议出而伤寒之书日多（朱奉议，即北宋末年撰著《南阳活人书》的医学博士朱肱。因其曾任奉议郎，故后人亦称其为朱奉议)，而伤寒之病日混。非其欲伤寒之混也，由不识何病是伤寒也。陶节庵出而伤寒之书更多（陶华，1369—约1450，字尚文，号节庵、节庵道人。明代医家，浙江余杭人，精研张仲景《伤寒论》，撰有多部有关伤寒学的著作，如《伤寒琐言》《陶氏家秘》《陶氏伤寒六书》《伤寒段段锦》《伤寒全生集》《痈疽神验秘方》传世。自制方剂“柴葛解肌汤”被收入《医宗金鉴》)，非真伤寒多也，即《金匮》中杂病，亦尽指为伤寒也。世锢于邪说，反以仲景书难读，而不知仲景书皆叔和改头换面，非本来面目也。冠脉法序例于前，集可汗不可汗等于后，引痉、湿、暍于太阳之首，霍乱、劳复等于厥阴之外，杂鄙见于六经之中，是一部王叔和之书矣。林亿诸公校正，不得仲景原集，惑于《伤寒论》之名，又妄编三百九十七法、一百一十三方之数，以附会叔和所定之伤寒。于是欲知仲景之道，更不可得。成无己信古笃好，矫然特出，惜其生林亿之后，欲为仲景功臣，无由得其真传。故注仲景之书，而仲景之旨多不合；作《明理论》，而伤寒之理反不明。因不得仲景伤寒、杂病合论之旨，故不能辨许叔微三方鼎立之谬。反集之于注，开疑端于后人，岂非为三百九十七法等说所误乎？由是方中行有《条辨》之作（方中行，名有执，字中行，号九山山人，明嘉靖、万历年间伤寒学大家，安徽省歙县人。因妻、子女五人先后病死，遂发奋学医，推崇张仲景，尤其精深伤寒；认为《伤寒论》屡经王叔和编次改动，成无己注释后，多所窜乱，于是历二十年逐条考订，终于1593年撰成《伤寒论条辨》八卷），而仲景之规矩准绳，更加败坏，名为翻叔和之编，实以灭仲景之活法也。卢子由《疏抄》（卢之颐，1599—1664，明晚期医药学家。名医卢复之子），不编林亿之数目，不宗方氏之三纲，意甚有见，而又以六经谬配六义，增标本形层本气化气等说。仲景之法，又何堪如此挠乱哉？近日作者蜂起，尚论愈奇，去理愈远，条分愈新，古法愈乱。仲景六经反茅塞而莫辨，不深可悯耶？原夫仲景之六经，为百病立法，不专为伤寒一科。伤寒、杂病，治无二理，咸归六经之节制。六经各有伤寒，非伤寒中独有六经也。治伤寒者，但拘《伤寒》，不究其中有杂病之理。治杂病者，以《伤寒论》为无关于杂病，而置之不问。将参赞化育之书，悉归狐疑之域。愚甚为斯道忧之。于仲景书究心有年，愧未深悉，然稍见此中微理，敢略陈固陋，名曰《伤寒论翼》。不兼杂病者，恐人未知原文合论之旨，以杂病为不足观耳。其当与否，自有能辨之者。

甲寅春（1734年）慈溪　柯琴序

叶桂（1667—1746），清代著名医学家，清代温病学四大医家之一（其余三位分别是薛雪、吴鞠通、王孟英），著有《温热论》一书。

名言：医可为而不可为。必天资敏悟，读万卷书，而后可以济世。不然，鲜有不杀人者，是以药饵为刀刃也。吾死，子孙慎勿轻言医！

叶桂，字天士，江苏吴县人。先世自歙（即今安徽省歙县）迁吴，祖时，父朝采，皆精医。桂年十四丧父，从学于父之门人（门生、弟子。《礼记·檀公下》：

"子思哭于庙，门人至。"郑玄注解："门人，弟子也。"《史记·孟子荀卿列传》："孟轲，邹人也，受业子思之门人"），闻言即解，见出师上，遂有闻于时（由于见解、学识高于师傅之上，遂闻名于当时）。切脉望色，如见五藏。治方不出成见（对事物所形成的定见。犹定见；固执的主见），尝曰：剂之寒温视乎病，前人或偏寒凉，或偏温养，习者茫无定识（定识，主见；明确的见识。学习的人茫然没有一定的见解）。假兼备以幸中（借助兼而用之以求侥幸治愈），借和平以藏拙（凭借药性平和以隐藏拙劣医术）。朝用一方，晚易一剂，讵有当哉（早上用一个方子，晚上又换了一个药方，岂能恰当？讵，副词。表示反问语句。岂；难道。唐代李白《行路难》："华亭鹤唳讵可闻"）？病有见证，有变证，必胸有成竹，乃可施之以方（病情有见证可察，有变化发展之症状，必须做到成竹在胸，才可以施行药方）。其治病多奇中（奇中，意想不到的精准。《史记·封禅书》："少君资好方，善为巧发奇中。"他治病多有神奇疗效），于疑难证（尤其对于疑难杂证），或就其平日嗜好而得救法；或他医之方，略与变通服法；或竟不与药（甚至于不用给予药物），而使居处饮食消息之（消息，语出《易经·丰》："日中则昃，月盈则食，天地盈虚，与时消息，而况于人乎？况于鬼神乎？"现代古文字学家高亨注解："消息犹消长也。"消，消减；息，增长。谓生灭、盛衰。让病人依靠家居饮食调养生息）；或于无病时预知其病（此言治未病的未病学）；或预断数十年后，皆验。当时名满天下，传闻附会，往往涉于荒诞，不具录。卒，年八十。临殁，戒其子曰：医可为而不可为。必天资敏悟，读万卷书，而后可以济世。不然，鲜有不杀人者，是以药饵为刀刃也。吾死，子孙慎勿轻言医！

桂神悟绝人，贯彻古今医术，而鲜著述。世传所注《本草》，多心得，又《许叔微本事方释义》《景岳发挥》。殁后，门人集医案为《临证指南》，非其自著。附《幼科心法》一卷，传为桂手定，徐大椿（清代名医，字灵胎，著有《医学源流论》）谓独精卓，后章楠（清代名医，字虚谷，著有《医门棒喝》四卷）改题曰《三时伏气外感》篇，又附《温证证治》一卷，传为口授门人顾景文者，楠改题曰《外感温证》篇，二书最为学者所奉习。

同里薛雪，名亚于桂，而大江南、北，言医辄以桂为宗，百余年来，私淑者众。最著者，吴瑭、章楠、王世雄。（民国赵尔巽等撰，《清史稿·卷五百二·列传二百八十九·艺术一·叶桂传》）

清代布衣名医叶桂，名桂，字香岩，世业医，承继家学，闻人善治某证，即往师之，集众人之长，自成一家。著有《温热论》一书，提倡温病卫、气、营、血的辨证和治疗方法，对温病学说颇有发展。在治疗各科疾病时，能够灵活运用古方、古法，处方精简，用药配伍都有独到见解，尤其擅长治疗脾胃、儿科、奇经等病。桂言：为医者必读万卷书方可为，始能济世；否则，以药饵为刀刃，杀人不见血，可怕！可怖！

叶天士年在十二至十八岁时，凡更十七师，闻某人善治某证，即往执弟子礼甚恭，既得其术辄弃去，故能集众美以成名。善哉！转益多师是我师，艺之精不亦宜乎？

叶天士治难产一事，堪可记录。众医用催生药难验，是日恰值立秋之日，其往药中加入一片梧桐叶，药下咽即产。可见治病者，必察理精而运机敏，始能奏捷效，报神功也，这就是“医者，意也”的最好例证。

薛雪（1681—1770），清代医学家、温病学家，清代温病学四大医家之一。著有《医经原旨》《湿热病篇》。

薛雪，江苏省苏州人。一位拒绝接受朝廷征聘的隐士，始学文史，兼习诗画；因母多病而研习医学，博览群书，由此精于医术；尤其擅长医治温热病，于湿热证治堪称高手。其医术与同郡名医叶桂叶天士齐名，亦是同时之人。尝选辑《内经》原文，撰成《医经原旨》一书，按阴阳、藏象、论治、疾病等分为十四类，约取诸家注释，糅加个人心得体会。相传曾为诸多学者所宗之《湿温》篇一书，亦是他所撰著，此乃详论湿热病之专著。他的医案由吴金寿收辑，与叶天士、缪遵义二人的医案合并刊刻，名为《三家医案合刻》。薛雪为人豪迈而淡泊名利，年九十岁而卒，评论诗学著作有《一瓢诗话》等。

薛雪，字生白，自号“一瓢”。少学诗于同郡叶燮，乾隆初（1736年），举鸿博，未遇。工画兰，善拳勇，博学多通，于医时有独见。断人生死不爽（语出《诗经·小雅·蓼萧》：“其德不爽，寿考不忘。”《毛传》：“爽，差也。”《诗经·卫风·氓》：“女也不爽，士贰其行。”不爽，不差；没有差错），疗治多异迹（特殊的奇迹；不寻常的行迹。《后汉书·臧洪传》：“洪体貌魁梧，有异姿。”治疗多出现奇迹）。生平与桂不相能（不相容；不和睦。语出《左传·襄公二十一年》：“范鞅以其亡也，怨栾氏，故与栾盈为公族大夫，而不相能。”杨伯峻注解：“不相能，犹言不相得。”一生与叶桂不相融洽），自名所居曰扫叶庄，然每见桂处方而善，未尝不击节也（①节，一种乐器。击节，调节乐曲。左思《蜀都赋》："巴姬弹弦，汉女击节。"后也用其他器物或拍掌来替代，即点拍。②亦用以形容对他人的诗文、处方或艺术等十分赞赏时，情不自禁、不由自主地击打拍子。《三国志·蜀志·马良传》：良留荆州与亮书曰："……此乃管弦之至，牙旷之调也。虽非钟期，敢不击节。"此处则是说每见到叶桂的精准、正确处方，则为之击掌赞赏，毫无妒忌之意）。著《医经原旨》，于《灵》《素》奥旨（奥，奥妙；奥赜；奥义深幽；不易理解。《尚书·序》："雅诰奥义。"奥旨，奥义；要旨。唐代王勃《续书序》："爰考众籍，共参奥旨"），具有发挥。世传《湿温》篇，为学者所宗，或曰非雪作。其医案与桂及缪遵义合刻。（民国赵尔巽等撰，《清史稿·卷五百二·列传二百八十九·艺术一·薛雪传》）

《湿热论·自序》：扫叶庄，一瓢耕牧且读之所也。维时，残月在窗，明星未稀，惊鸟出树，荒鸡与飞虫相乱，杂沓无聚。少焉，晓影渐分，则又小鸟闹春，间关啁啾（形容小鸟鸣叫声，唐代韩愈《幽怀诗》："间关林中鸟，亦知和为音。"啁啾，音 zhōu jiū，象声词。小鸟齐声鸣叫的声音。唐代王维《黄雀痴》："到大啁啾解游飏，各自东西南北飞"），尽巧极靡，寂淡山林，喧若朝市，不知何处老鹤，横空而来，长唳一声，群鸟寂然。四顾山光，直落檐际，清净耳根，始为我有。于是，盥漱初毕，伸纸磨墨，将数月以来，所历病机，与诸弟子，或阐发前人，或据己意，随所有得，随笔数行，录竟读之，如啖齑羹，寸寸各具酸咸，要不与珍错同登樽俎，亦未方乎！横空老鹤，一声长唳。

薛雪书于扫叶庄

《湿热论·李清俊跋》：薛氏《湿热论》，乃家藏秘书。先君素精医理，于是书尤深宝之。盖其辨析受病之原委，多由阳明、太阴两经表里相传。其见之也确，其言之也详，其治之也各得其宜，可为后世法，莫能出其范围者。我吴处江以南，地气卑湿，患是病者最多。而治之者，或称为湿温伤寒，未能辨析。岂知如论所云，湿热之病，不独与伤寒不同，且与温病大异哉！俊不敢独秘，亟寿枣梨（枣梨，雕版印刷。古人通常用梨木或枣木作为雕版刻书的上选材料，由此得以称为"梨枣"或"枣梨"。清代王士禛《与程昆仑书》："诗自万历甲辰，未付枣梨。茂翁贫且甚，不能自谋板行"），以公同志，俾审病者，不致岐误焉。

道光九年（1829年）

九月元和　李清俊跋

吴谦（1689—1748），清代医家。奉御敕钦定主编大型综合性中医医书《医宗金鉴》。又撰《订正伤寒论注》《订正金匮要略注》。

吴谦，字六吉，安徽省歙县人，宫廷御医，乾隆时期太医院院判（五品的副院长）。与张璐、喻昌齐名，并称清初三大名医。

吴谦，字六吉，安徽歙县人。官太医院判，供奉内廷，屡被恩赉。乾隆中，敕编医书，太医院使钱斗保请发内府藏书，并征集天下家藏秘籍及世传经验良方，分门聚类，删其驳杂，采其精粹，发其余蕴，补其未备，为书二部。小而约者，以为初学诵读，大而博者，以为学成参考。既而征书之令中止，议专编一书，期速成，命谦及同官刘裕铎为总修官。

谦以古医书有法无方，惟《伤寒论》《金匮要略》《杂病论》始有法有方。《灵》《素》而后，二书实一脉相承。义理渊深，方法微奥，领会不易，遂多讹错。旧注随文附会，杂以传信。谦自为删定，书成八九，及是，请就谦未成之书，更加增减。于二书讹错者，悉为订正，逐条注释，复集诸家旧注实足阐发微义者，以资参考。为全书之首，标示正轨。次删补名医方论，次四诊要诀，次诸病心法要诀，次正骨心法要旨，书成，赐名《医宗金鉴》。虽出众手编辑，而订正《伤寒》《金匮》，本于谦所自撰。

其采引清代乾隆以前医说凡二十余家，张璐、喻昌、徐彬、张志聪、高世栻、张锡驹、柯琴、尤怡，事具本传。（民国赵尔巽等撰，《清史稿·卷五百二·列传二百八十九·艺术一·吴谦传》）

徐大椿（1693—1771），清代著名医学家，著述宏富颇丰，有《难经经释》（1727年）、《神农本草经百种录》（1736年）、《医学源流论》（1757年）、《伤寒类方》（1759年）、《兰台轨范》（1764年）、《医贯砭》（1767年）、《慎疾刍言》（1767年）。

名言：医药为人命所关，较他事尤宜敬慎。今乃炫奇立异，竟视为儿戏矣！其创始之人，不过欲骇愚人之耳目，继而互相效尤，竟以为行道之快捷方式，而病家则以为名医异人之处在此，将古人精思妙法，反全然不考，其弊何所底止？（《慎疾刍言·诡诞》）

有病固当服药，乃不能知医之高下，药之当否？不敢以身尝试，则莫若择平易轻浅、有益无损之方，以备酌用（《医学源流论·轻药愈病论》）。

徐大椿，原名大业，字灵胎，晚号“洄溪”，江苏吴江人（今江苏省苏州市吴江区），翰林检讨（唐玄宗李世民时，始设置翰林院，是职掌撰拟机要文书的文学侍从之官署名；宋时，总领天文、书艺、图画、医官四局；明、清时，则是“储才”之地；其下设侍读学士、侍讲学士、侍读、侍讲、修撰、编修、检讨等官，检讨是其中最低一级官员）釚孙（釚，音 qiú。徐釚是其祖父）。生有异禀（异常禀赋；非凡的天资。即天资、体质都非常优异。《明史·方伎传·袁珙》：“珙生有异禀，好学能诗”），长身广颡（音 sǎng，《说文解字·页部》：“颡，额也。”高大身躯、宽阔的额头），聪强过人。为诸生（明、清两代对经过考试录取，已入学生员的称呼。《明史·文苑传·罗玘》：“年四十困诸生，输粟入国学”），勿屑（不顾惜、轻视、介意），去而穷经（极力钻研经典书籍。唐代韩偓《再思诗》：“近来更得穷经力，好事临行亦再思”），探研《易》理，好读黄老与《阴符》家言（黄老，即指黄老之学。战国至汉初，道家形成的一种哲学、政治思想学说，以传说中的黄帝同老子相配合，被尊为道家创始人，故而称为黄老。在哲学上提出“无为而治”“清净无为”“静作相养，德虐相成，两若有名，相与则成。阴阳备物，化变乃生”等观点，具有朴素的辩证法思想。《阴符》，亦称《阴符经》《黄帝阴符经》《黄帝天机经》。经文文字内容并不多，约三百至四百字。包含有道家、兵家有关内容，谈论道家的政治哲学思想，亦涉及纵横、军事、兵家言和修养、丹术等学说）。凡星经（亦名《通占大象历星经》。《隋书·经籍志》载有《星经》两卷，已佚；《四库提要》不著撰人名氏。晁公武《读书志》载《甘石星经》一卷，注曰汉甘公、石申撰，为古代有关天文与星占演变的重要参考文献）、地志（古代专门记载国域、区域、地形、气候、居民、政治、物产、交通等地理情况的书籍。即古地理书。西晋张华《博物志·卷一》：“余视《山海经》及《禹贡》《尔雅》《说文》、地志，虽曰悉备，各有所不载者，作略说”）、九宫（①古代天文学家将天官以井字形划分为乾官、坎官、艮官、震官、中官、巽官、离官、坤官、兑官九个等份，用于夜间坐地观天、观察七曜与星宿的移动变化，以知方向和季节诸多资讯。②戏曲、音乐曲调名。南、北曲常用的曲牌调。因含有仙吕宫、南吕宫、中吕宫、黄钟宫、正宫、大石调、双调、商调和越调九个宫调而称）、音律（①《汉书·武帝纪赞》：“协音律，作诗乐。”指音乐的律吕、宫调等。②泛指乐曲，音乐。北宋苏轼《朱寿昌梁武忏赞偈·叙》：“乃以韵语，谐诸音律。使一切人，歌咏赞叹。”③文字声韵的规律。唐代封演撰研究唐代社会文学重要资料《封氏闻见记·声韵》：“永明中，沈约文词精拔，盛解音律，遂撰四声谱。”简曰：有关音乐旋律的书籍）、技击（古代用兵法作指导，用于搏击、战斗打击敌人的武艺。《荀子·议兵》：“齐人隆技击，其技也，得一首者则赐赎锱金，无本赏矣。”唐代杨倞著《荀子注》解释：“齐人以勇力击斩敌者，号为技击。”《汉书·刑法志》：“齐愍以技击强，魏惠以武卒奋，秦昭以锐士胜。”唐代颜师古注引三国魏著名学者孟康所著《汉书音义》说：“兵家之技巧。技巧者，习手足，便器械，积机关，以立攻守之胜”)、句卒（也作“勾卒”，古代越国作战时的一种军阵形制，将部队分为左、右两翼，作钳形前进。简称兵法。《左传·哀公十七年》：“越子为左右句卒，使夜或左或右，鼓噪而进。”晋代杜预注解：“句卒，钩伍相著，别为左右屯”)、嬴越之法（嬴，音 yíng。战国阵法。唐代韩愈《曹成王碑》：“王亲教之搏力、勾卒，嬴越之法。”近代教育家吴汝纶注解：“嬴越当是用兵之一法。说者以搏力为秦法，勾卒为越法，因曰嬴越”)，靡不通究（语出《诗经·大雅·荡》：“靡不有初，鲜克有终。”靡，无。鲜，少；克，能。无不精通研究)，尤邃于医（邃，音 suì，形容词、动词。《说文解字·辶部》：“邃，深远也。”《小尔雅》：“邃，深也。”《离骚》：“闺中既以邃远兮，哲王又不寤。”本谓深远之意，由此引申为精深、精通、深晓。此说徐大椿尤其精通于医学)，世多传其异迹。然大椿自编医案，惟剖析虚实寒温，发明治疗之法，归于平实，于神异者仅载一二。其书世多有，不具录。

乾隆二十四年（1759 年)，大学士（唐时即设的官职名，至清代品级虽高，于文臣中最高的官位，职任反不重要）蒋溥病，高宗（即爱新觉罗·弘历，乾隆帝）命征海内名医，以荐召入都。大椿奏溥病不可治，上嘉其朴诚（朴实诚恳。《明史·欧阳韶传》：“帝察韶朴诚，从之”)，命入太医院（官署名。秦、汉以后设置太医令，为掌管医疗事务的职官。隋、唐设有太医署，宋设有医官院，金代始改称为太医院，置提点为长官。明、清沿袭不改，长官称为院使，下设御医、吏目、医士等数十人，分为大方脉、小方脉、伤寒、妇人、针灸、口齿等科，主要为宫廷服务。清代又于其中设教习厅，以培养宫廷医务人员为务）供奉（在皇帝左右侍奉供职者的称呼)，寻乞归（寻，不久；旋即，《后汉书·李膺传》：“再迁渔阳太守，寻转蜀郡太守。”不久乞求归还)。后二十年复诏征，年已七十九，遂卒于京师，赐金治丧。

大椿学博而通，注《神农本草经》百种，以旧注但言其当然，不言其所以然，采掇常用之品，备列经文，推阐主治之义，于诸家中最有启发之功。

注《难经》曰《经释》，辨其与《灵枢》《素问》说有异同。注《伤寒》曰《类方》，谓：“医家刊定《伤寒论》，如治《尚书》者之争《洪范》《武成》，注《大学》者之争古本、今本，终无定论。不知仲景本论，乃救误之书，当时随证立方，本无定序。”于是削除阴阳六经门目（①阴阳六经学说是中医理论的基础和渊源。中医学将疾病分属三阴三阳，即太阳、阳明、少阳、太阴、少阴、厥阴，以便进行辨证论治，惯称“六经辨证”，反映了经络、脏腑的病理变化。三阳病证以六腑的病变为基础，三阴病证以五脏的病变为基础，二者基本上囊括了脏腑和十二经的病变。东汉张仲景《伤寒论》以三阴三阳作为辨证纲领，为后世中医学的发展奠定了坚实基础，对中医学的发展产生了巨大影响。②六经，也是儒家六部经典著作的合称，即《诗》《书》《礼》《乐》《易》《春秋》。司马迁在《史记·滑稽列传》中写道："孔子曰：六艺于治一也，《礼》以节人，《乐》以发和，《书》以道事，《诗》以达意，《易》以神化，《春秋》以道义。"此处当是指中医学理论），但使方以类从，证随方定，使人可案证以求方，而不必循经以求证。一切葛藤（比喻说话拐弯抹角、不直截了当，啰嗦繁冗。宋代王君玉撰《杂纂续·不识迟疾》："急如厕说葛藤话。留未食人吃茶"），尽芟去之。所著《兰台轨范》，凡录病论，惟取《灵枢》、《素问》、《难经》、《金匮要略》、《伤寒论》、隋巢元方《病源》、唐孙思邈《千金方》、王焘《外台秘要》而止。录方亦多取诸书，宋以后方，则采其义可推寻、试多获效者，去取最为谨严。于疑似出入之间，辨别尤悉（《说文解字·心部》："悉，详尽也。"《尔雅》："悉，尽也。"形容词。《汉书·张释之传》："时上所问禽兽簿甚悉。"辨别尤其详尽）。

其论医之书曰《医学源流论》，分目九十有三。谓："病之名有万，而脉之象不过数十，是必以望、闻、问三者参之。如病同人异之辨，兼证兼病之别，亡阴亡阳之分。病有不愈不死，有虽愈必死，又有药误不即死。药性有古今变迁，《内经》司天运气之说不可泥，针灸之法失传。"诸说并可取。

又《慎疾刍言》，为溺于邪说俗见者痛下针砭（针砭，古代用砭石磨制成的一种石针，用此针进行刺穴治病的一种针刺疗法。遗憾的是，此法早已失传），多惊心动魄之语。《医贯砭》，专斥赵献可温补之弊（赵献可，1573—1664，字养葵。自号"医巫闾子"，鄞县人。与张介宾同时人，遵从李东垣、薛己医学理论，属于温补学派，创造性地发展了命门学说。好学博通淹贯，儒、释、道无不涉猎，善易且精医，医德高尚，往来民间，医疗不计报酬，一视同仁。著有《医贯》《内经钞》《素问钞》《经络考》《正脉论》等，《邯郸遗稿》则是妇科专著，而以医论著作《医贯》一书流传广、影响最大。此说徐大椿专门著《慎疾刍言》，以严厉驳斥赵献可温补学说的弊端），诸书并行世。

大椿与叶桂同以医名吴中，而宗旨异。评桂医案，多所纠正。兼精疡科（外科，周代即已有医疗的分科，医生分为"食医""疾医""疡医""兽医"。参见《周礼·天官·冢宰》。疡医，是医官名，相当于后世的外科医生。其职责是"掌肿疡，溃疡，金疡，折疡之祝药，杀之齐"。），而未著专书，谓世传《外科正宗》一书，轻用刀针及毒药，往往害人，详为批评，世并奉为善本。（民国赵尔巽等撰，《清史稿·卷五百二·列传二百八十九·艺术一·徐大椿传》）。

《难经经释·序》：《难经》非经也，以《灵》《素》之微言奥旨引端未发者，设为问答之语，俾畅厥义也。古人书篇名义，非可苟称。难者，辩论之谓，天下岂有以难名为经者？故知《难经》非经也。自古言医者，皆祖《内经》，而《内经》之学，至汉而分。仓公氏以诊胜，仲景以方胜，华佗氏以针灸杂法胜，虽皆不离乎《内经》，而师承各别。逮晋唐以后，则支流愈分，徒讲乎医之术，而不讲乎医之道，则去圣远矣。惟《难经》则悉本《内经》之语而敷畅其义，圣学之传，惟此为得其宗。然窃有疑焉。其说有即以经文为释者，有悖经文而为释者，有颠倒经文以为释者。夫苟如他书之别有师承，则人自立说，源流莫考，即使与古圣之说大悖，亦无从而证其是非。若即本《内经》之文以释《内经》，则《内经》具在也。以经证经，而是非显然矣。然此书之垂已二千余年，注者不下数十家，皆不敢有异议。其间有大可疑者，且多曲为解释，并他书之是者反疑之，则岂前人皆无识乎？殆非也！盖经学之不讲久矣，惟知溯流以寻源，源不得则中道而止，未尝从源以及流也。故以《难经》视《难经》，则《难经》自无可议；以《内经》之义疏视《难经》，则《难经》正多疵也。余始也，盖尝崇信而佩习之。习之久而渐疑其或非，更习之久而信己之必是。非信己也，信夫《难经》之必不可违乎《内经》也。于是本其发难之情，先为申述《内经》本意，索其条理，随文诠释。既乃别其异同，辨其是否。其间有殊法异议，其说不本于《内经》，而与《内经》相发明者，此则别有师承，又不得执《内经》而议其可否。惟夫遵《内经》之训而诠解未洽者，则摘而证之于《经》，非以《难经》为可訾也（訾，音zǐ，动词。《说文解字·言部》：“訾，訾訾不思称意也。”《礼记·丧服》：“四制訾之者，是不知礼之所由生也。”东汉经学家郑玄注解：“口毁曰訾”）。正所以彰《难经》于天下后世，使知《难经》之为《内经》羽翼，其渊源如是也。因名之为《经释》。《难经》所以释“经”，今复以“经”释“难”。以“难”释“经”而“经”明，以“经”释“难”而“难”明，此则所谓医之道也，而非术也。其曰秦越人著者，始见于《新唐书·艺文志》。盖不可定，然实两汉以前书云。

雍正五年（丁未年，1727 年）**三月既望**（阴历每月的十五日为望，阴历十六日为既望。即满月后的一天为既望。北宋苏轼《前赤壁赋》："壬戌之秋，七月既望，苏子与客泛舟游于赤壁之下"）**松陵徐大椿叙**

《神农本草经百种录·序》：百物与人殊体，而人借以养生却病者，何也？盖天地亦物耳，惟其形体至大，则不能无生。其生人也得其纯，其生动物也得其杂，其生植物也得其偏。顾人之所谓纯者，其初生之理然耳。及其感风寒暑湿之邪，喜怒忧思之扰，而纯者遂漓，漓则气伤，气伤则形败。而物之杂者、偏者，反能以其所得之性补之、救之。圣人知其然也，思救人必先知物。盖气不能违理，形不能违气，视色别味，察声辨臭，权轻重，度长短，审形之事也；测时令，详嗜好，分盛衰，别土宜，求气之术也。形气得而性以得。性者，物所生之理也，由是而立本草、制汤剂以之治人。有余泻之，不足补之，寒者热之，热者寒之，温者清之，清者温之，从者反治，逆者正治。或以类相从，或以畏忌各矫其弊以复于平。其始则异，其终则同。夫天地生之，圣人保之，造化之能，圣人半之，天地不能专也。汉末张仲景《金匮要略》及《伤寒论》中诸方，大半皆三代以前遗法，其用药之义，与《本经》吻合无间。审病施方，应验如向。自唐以后，药性不明，方多自撰，如《千金方》《外台秘要》之属，执药治病，气性虽不相背，而变化已鲜。沿及宋元，药品日增，性未研极，师心自用，谬误相仍。即用《本经》诸种，其精微妙义，多所遗漏。是以方不成方，药非其药，间有效用，亦偶中而非可取。必良由《本经》之不讲故也。余窃悲焉！欲详为阐述，其如耳目所及无多，古今名实互异，地土殊产，气味不同；且近世医人所不常用之药，无识别而收采者；更有殊能异性，义在隐微，一时难以推测，若必尽解全经，不免昧心诬圣。是以但择耳目所习见不疑，而理有可测者，共得百种，为之探本溯源，发其所以然之义，使古圣立方治病之心灼然可见，而其他则阙焉。后之君子，或可因之而悟其全，虽荒陋可嗤，而敬慎足矜也。

乾隆元年（丙辰年，1736 年）**岁在柔兆执徐**［古时人们以天干地支作为纪年法。柔兆，岁阳名之一，指太岁在“丙”。《尔雅·释天》：“（太岁）在丙曰柔兆。”《淮南子·天文训》：“民食三升，辰在丙曰柔兆。”东汉经学家高诱作《淮南子注》解：“在丙，万物皆生枝布叶，故曰柔兆也。”执徐，古时以干支纪年，指太岁在“辰”。《尔雅·释天》：“（太岁）在辰曰执徐。”唐代经学家陆德明撰《经典释文》引东汉末年清廉忠正的宦官李巡所说：“执，蛰也；徐，舒也。言蛰物皆敷舒而出，故曰执徐也”］**余月上弦**（余月，闰月。阴历四月的别称。上弦，农历四月的初七、初八日，人们在地球上看到月亮，月形如弓、偏西，称为“上弦”）**松陵徐大椿题于扬子江舟次**

《医贯砭·序》：小道之中，切于民生日用者，医卜二端而已。卜者，最不可凭而可凭。医者，最可凭而不可凭者也。盖卜之为道，布策开兆，毫无据依，而万事万物之隐微变态，俱欲先知洞察，此最不可凭者也。然验者应若桴鼓，不验者背若冰炭，愚夫愚妇，皆能辨其技之工拙也。若医之为道，辨症定方，彰彰可考。姜、桂入口即热，芩、连下咽知寒，巴、黄必泻，参、术必补，莫不显然。但病无即愈即死之理，症有假热假寒之异，上下殊方，六经异治，先后无容颠越，轻重不得倒施。愈期有久暂之数，传变有浅深之别，或药不中病反有小效，或治依正法竟无近功。有效后而加病者；有无效而病渐除者；有药本无误，病适当剧，即归咎于药者；有药本大误，其害未发，反归功于药者。病家者不知也，医者亦不知也。因而聚讼纷纭，遂至乱投药石，谁杀之，谁生之，竟无一定之论，此最无凭者也。事既无凭，则技之良贱，何由而定？曰：有之。世故熟，形状伟，剿说多，时命通，见机便捷，交游推奖，则为名医。杀人而人不知也，知之亦不怨也。反此者则为庸医。有功则曰偶中，有咎则尽归之。故医道不可凭，而医之良贱，更不可凭也。若赵养葵《医贯》之盛行于世，则非赵氏之力自能如此也。晚邨吕氏，负一时之盛名，当世信其学术，而并信其医。彼以为是，谁敢曰非。况只记数方，遂传绝学。艺极高而功极易，效极速而名极美，有不风行天下者耶？如是而杀人之术，遂无底止矣。呜呼！为盗之害有尽，而赏盗之害无尽。盖为盗不过一身诛之，则人尽知惩；赏盗则教天下之人胥为盗也，祸宁有穷哉！余悲民命之所关甚大，因择其反经背道之尤者，力为辨析，名之曰《医贯砭》。以请正于明理之君子，冀相与共弭其祸。虽甚不便于崇信《医贯》之人，或遭谤黩（《说文解字·言部》：“谤，毁也。”《史记·屈原贾生列传》：“信而见疑，忠而被谤，能无怨乎？”黩，动词。《说文解字·黑部》：“黩，握持垢也。”段玉裁注解：“垢非可握持之物，而入于握持，是辱也。”《广雅·释言》：“黩，狎也。”谤黩，恶意污辱毁谤。《宋书·自序》：“在职八年，神州大治，民无谤黩，璞有力焉”），亦所不惜也。

乾隆六年（1741年）二月既望　洄溪 徐大椿题

《伤寒类方·序》：叔和《伤寒例》云：今搜采仲景旧论，录其证候诊脉声色，对病真方，拟防世急。则知《伤寒论》当时已无成书，乃叔和之所搜集者。虽分定六经，而语无诠次，阳经中多阴经治法，阴经中多阳经治法，参错不一。后人各生议论，每成一书，必前后更易数条，互相訾议，各是其说，愈更愈乱，终无定论。不知此书非仲景依经立方之书，乃救误之书也。其自序云：伤夭横之莫救，所以寻求古训，博采众方。盖因误治之后，变症错杂，必无循经现症之理。当时著书，亦不过随症立方，本无一定之次序也。余始亦疑其有错乱，乃探求三十年，而后悟其所以然之故，于是不类经而类方。盖方之治病有定，而病之变迁无定，知其一定之治，随其病之千变万化而应用不爽。此从流溯源之法，病无遁形矣。至于用药，则各自条理，解肌发汗，攻邪散痞，逐水驱寒，温中除热，皆有主方。其加减轻重，又各有法度，不可分毫假错。细分之，不外十二类，每类先定主方，即以同类诸方附焉。其方之精思妙用，又复一一注明，条分而缕析之。随以论中用此方之症，列于方后，而更发明其所以然之故，使读者于病情药性一目显然。不论从何经来，从何经去，而见症施治，与仲景之意，无不吻合，岂非至便之法乎。余纂集成帙之后，又复钻穷者七年，而五易其稿，乃无遗憾。前宋朱肱《活人书》亦曾汇治法于方后，但方不分类，而又无所发明，故阅之终不得其要领。此书之成，后之读《伤寒论》者，庶可以此为津梁乎。

乾隆二十四年（己卯年，1759年）岁在屠维单阏［古时人们以天干地支作为纪年法。十干叫作“岁阳”，十二支叫作“岁阴”。屠维，亦作“徒维”，天干中己的别称。《尔雅·释天》：“（太岁）在己曰屠维。”《淮南子·天文训》：“未在己曰屠维。”东汉经学家高诱作《淮南子注》解：“在己，言万物各成其性，故曰屠维。屠，别；维，离也。”单阏，古时以干支纪年，岁阴名。指太岁在“卯”，十二支中卯年的别称。《尔雅·释天》：“（太岁）在卯曰单阏。”《史记·天官书》：“单阏岁，岁阴在卯、星居子。”唐代史学家司马贞撰《史记索隐》引东汉末年清廉忠正的宦官李巡所说：“阳气推万物而起，故曰单阏也”］阳月上浣（阳月，阴历十月的别名。《尔雅·释天》：“十月为阳。”西汉董仲舒《雨雹对》：“十月，阴虽用事，而阴不孤立。此月纯阴，疑于无阳，故谓之阳月。”上浣，

即上旬）洄溪徐大椿序

《兰台轨范·序》：欲治病者，必先识病之名。能识病名，而后求其病之所由生。知其所由生，又当辨其生之因各不同，而病状所由异，然后考其治之之法。一病必有主方，一方必有主药。或病名同而病因异，或病因同而病症异，则又各有主方，各有主药。千变万化之中，实有一定不移之法。即或有加减出入，而纪律井然。先圣后圣，其揆一也（语出《孟子·离娄下》："先圣后圣，其揆一也。"准则；尺度）。自南阳夫子以后（即张仲景），此道渐微。六朝以降，传书绝少。迨唐人《外台》《千金》，不过裒集古方，未能原本《内经》，精通病变，然病名尚能确指，药味犹多精切。自宋以还，无非阴阳气血，寒热补泄，诸肤廓笼统之谈，其一病之主方、主药茫然不晓。亦间有分门立类，先述病原，后讲治法。其议论则杂乱无统，其方药则浮泛不经，已如云中望月，雾里看花，仿佛想象而已。至于近世，则惟记通治之方数首，药名数十种，以治万病。全不知病之各有定名，方之各有法度，药之各有专能。中无定见，随心所忆，姑且一试，动辄误人。余深悯焉。兹书之所由作也，本《内经》以探其源，次《难经》及《金匮》《伤寒论》以求其治。其有未备者，则取六朝、唐人之方以广其法。自宋以后诸家及诸单方异诀，择其义有可推，试多获效者附焉。庶几古圣治病之法，尚可复睹，使学者有所持循，不至彷徨无措。至于推求原本，仍当取《内经》《金匮》等全书，潜心体认。而后世之书，亦当穷其流派，掇其精华，摘其谬误，而后此书之精意，自能融会贯通，而心有实获，则变化在我矣。

乾隆二十九年（1764年）四月 洄溪　徐灵胎书于吴山之半松书屋

《医学源流论·自叙》：医，小道也，精义也，重任也，贱工也。古者大人之学，将以治天下国家，使无一夫不被其泽（泽，名词。恩泽，恩惠，德泽。《庄子·大宗师》："赍万物而不为义，泽及万世而不为仁，长于上古而不为老，覆载天地、刻雕众形而不为巧。"使没有一个人不受到他的恩泽德惠），甚者天地位而万物育（语出《礼记·中庸》："致中和，天地位焉，万物育焉。"天地各得其位，万物自然发育），斯学者之极功也。若夫（至于；假若。用于句首或者一个段落开始的语气词。以示另提一事。《易经·系辞下》："若夫杂物撰德，辩是与非，则非其中爻不备。"《史记·范雎蔡泽列传》："若夫穷辱之事，死亡之患，臣不敢畏也”）日救一人，月治数病，顾此失彼，虽数十里之近，不能兼及。况乎不可治者，又非使能起死者而使之生，其道不已小乎？

虽然，古圣人之治病也，通于天地之故，究乎性命之源，经络、藏府、气血、骨脉，洞然如见，然后察其受病之由，用药以驱除而调剂之。其中自有玄机妙悟，不可得而言喻者，盖与造化相维（造化，创造化育。《淮南子·精神训》：“伟哉造化者其以我为此拘拘邪？”东晋葛洪《抱朴子·对俗》：“夫陶冶造化，莫灵于人。”亦指天地；自然界。相维，《周礼·夏官·职方氏》：“凡邦国大小相维。”郑玄注解：“相维联也。”《新唐书·崔植传》：“君明臣忠，圣贤相维，治致升平，固其宜也。”无不与造化相维系），其义不亦精乎？道小，则有志之士有所不屑为。义精，则无识之徒有所不能窥也。

人之所系，莫大乎生死。王公大人，圣贤豪杰，可以旋转乾坤（扭转天地乾坤。唐代韩愈《潮州刺史谢上表》：“陛下即位以来，躬亲听断，旋转乾坤。”圣贤、豪杰们的魄力极大，可以根本扭转已形成的局势），而不能保无疾病之患。一有疾病，不得不听之医者，而生杀唯命矣。夫一人系天下之重，而天下所系之人，其命又悬于医者。下而一国一家所系之人更无论矣，其任不亦重乎？而独是其人者，又非有爵禄道德之尊，父兄师保之重（古代负责担任教育训导贵族子弟的官员，有师有保，统称“师保”。《易经·系辞下》：“无有师保，如临父母。”《尚书·太甲中》：“既往背师保之训，弗克于厥初，尚赖匡救之德，图惟厥终。”《礼记·文王世子》：“师也者，教之以事而喻诸德者也；保也者，慎其身以辅翼之而归诸道者也”），既非世之所隆，而其人之自视，亦不过为衣食口腹之计。虽以一介之微，呼之而立，至其业不甚贱乎？任重，则托之者必得伟人；工贱，则业之者必无奇士。所以势出于相违，而道因之易坠也。

余少时颇有志于穷经，而骨肉数人疾病连年，死亡略尽，于是博览方书，寝食俱废。如是数年，虽无生死骨肉之方，实有寻本溯源之学。九折臂而成医（义同“三折肱”。三折肱，语出《左传·定公十三年》：“三折肱，知为良医。”清代学者王棠著《知新录》：“三折肱知为良医，谓屡折其臂，能参考其方之优劣也。”九折臂，《楚辞·九章·惜诵》：“九折臂而成医兮，吾至今而知其信然。”王逸注解：“方人九折臂，更历方药，则成良医。”比喻痛苦的教训会使人变得精明；阅历多，经验丰富，自然造诣精深），至今尤信。而窃概唐、宋以来，无儒者为之振兴，视为下业，逡巡失传（逡巡，音 qūn xún。犹言顷刻；须臾；很短时间。唐代张祜《偶作》诗：“遍识青霄路上人，相逢只是语逡巡。”南宋陆游《除夜》诗：“相看更觉光阴速，笑语逡巡即隔年。”很快就会失传），至理已失，良法并亡，

惄然伤怀（惄，音nì。《诗经·小雅·小弁》："我心忧伤，惄焉如捣。"《方言·第一》："自关而西，秦、晋之间，凡志而不得，欲而不获，高而有坠，得而中亡，谓之湿，或谓之惄。"西汉刘向《新序·杂事四》："楚王闻之，惄然愧，以意自闵也。"惄然，忧思的样子。伤怀，伤心。《诗经·小雅·白华》："啸歌伤怀，念彼硕人。"《史记·高祖本纪》："高祖乃起舞，慷慨伤怀，泣数行下。"忧思伤心悲痛不已的意思），恐自今以往，不复有生人之术。不揣庸妄，用敷厥言，倘有所补所全者，或不仅一人一世已乎？

乾隆 丁丑（1757年）秋七月

洄溪 徐大椿书于吴山之半松书屋

《慎疾刍言·序》：尝读《小仓山房文集》，有徐灵胎先生传，知先生名大椿，字灵胎，吴江人，隐于洄溪，晚号"洄溪老人"。凡星经水利，音律武艺，靡不通贯，尤精医术。及读先生所著《难经》《医学源流论》，恨未能尽读先生著作。今夏六月，福建学政彭咏莪母舅，知乎习医三载矣，因由闵中寄《慎疾刍言》一卷，嘱咐重刊。原本多鲁鱼之误，遂加校雠而梓之。按是书系先生六十余岁所作，阅历既深，言皆老当。观引首数言，更见先生之心。有大不得已于言者，故不自觉其言之太过，则惟恐不痛切，不畅悉，不能令人惕目惊心。以致民命不长，异端不熄，斯道不传。在先生不得不尽言以开其悟，而凡病者、医者，皆不可不慎也。

道光 戊申 仲夏 长洲 谢嘉孚蓉初氏序

《慎疾刍言·引》：余弱冠时，家多疾病，先世所藏医书颇多，因随时翻阅，不过欲稍识方药而已。循习渐久，乃上追《灵枢》《素问》根源，下沿汉、唐支派。如是者十余年，乃注《难经》；又十余年而注《本草》，又十余年而作《医学源流论》，又五年而著《伤寒类方》。五十年中，批阅之书千余卷，泛览之书万余卷。每过几时，必悔从前疏漏，盖学以年进也。

乃世之医者，全废古书，随心自造，以致人多枉死，目击心伤。数年前曾作《刍言》一册，欲以醒世而鲜克听从。窃思生长圣朝，毫无益于此世，而半生攻苦，虽有著述几种，皆统谈医学，无惊心动魄之语足令人豁然开悟。因复抠心挖骨，即《刍言》原本，更加痛快剖析，实因悲悯填胸不能自已，愿览者谅其苦心，虚怀体察，以之治人则敬慎可以寡过，以之治己则明哲可以保身。冀遇信从之有人，庶绵斯道于一线。

乾隆丁亥（1767年）秋七月巧日洄溪　徐灵胎识

《慎疾刍言·跋》：《慎疾刍言》一卷，凡十九篇，徐君灵胎所著。徐君初名大椿，更名大业，晚自号“洄溪”，吴江人，生有异禀。初学举业，补邑诸生弗屑就，去而穷经；又好读黄老、阴符，既益泛滥，凡星经、地志、九宫音律、刀剑伎击、勾卒嬴越之法，靡不通究，各有所述，而于医理尤邃。

其投药造方，辄与人异。微士迮云龙病，不言不食者六日，徐君按之曰：此阴阳相搏证也。投以剂，须臾再饮之以汤而跃然。张雨邨生子无肌肤，惧，欲弃之。徐君令以糯米作粉糁其体，裹以绢，埋土中，出其首，乳之两日夜而皮生。任氏妇患风痹，两股如针刺，徐君令作厚裀（音yīn，夹衣。《广雅·释器》：“复衫谓之裀。”清代经学家王念孙疏证：“《方言》注以衫为单襦，其有里者谓之裀。裀犹重也”），遣干妪挽持之，任其颠扑叫号，汗出始释，竟勿药而愈。市有好拳勇者与人角而受伤气绝矣，徐君令覆卧之，拳击其尻三，忽呕黑血数升而苏。其切脉能决人寿夭穷达，后皆验。乾隆庚辰（1760年），诏访海内名医，有以徐君名荐者，高宗纯皇帝欲官之，固辞归。乾隆辛卯（1771年）再召入京，年已七十有九，是冬卒于京师。诏赐白金，赠“文林郎”。徐君权奇，自喜舞枪夺槊，有不可一世之概，晚益放达，自题墓门云：满山灵草仙人药，一径青松处士坟。所著医书如《难经经释》《神农本草百种录》《医学源流论》《伤寒类方》等若干卷，皆行于世。

是书之作，盖有鉴于庸医之误人，救其失而补其漏，反复万余言，大声疾呼，欲令人惊心动魄，豁然开悟。呜呼！其用心可谓至矣！夫良医之治疾也，多一良医而得全者众，少一庸医而得全者尤众。徐君是书，则可化庸医为良医，并可勿药有喜也，其有功于时为何如耶？彭咏莪侍郎视学闽中，既刊行此书，邮寄京师，嘱重付剞劂，以广其传。余考府志，念徐君本末，因跋卷尾，俾读者知其梗概云。

道光二十有八年（1848年）戊申秋九月吴县　潘曾玮

《洄溪医案·序》：袁简斋太史作《灵胎先生传》云：欲采其奇方异术，

以垂医鉴而活苍生。因仓促不可得，仅载连耕石、汪令闻数条而语焉未详，余甚惜之。今夏吕君慎庵以《洄溪医案》钞本一卷寄赠云：得之徐氏及门金君复村者。余读之如获鸿宝，虽秘本而方药不甚详，然其穿穴膏肓，神施鬼设之伎，足以垂医鉴而活苍生。爰为编次，窃附管窥，用俟高明，梓以传世，余殷望焉。

咸丰五年（1855年）岁次乙卯十月　海昌后学王士雄

《小仓山房续余文集·卷三十四·徐灵胎先生传》：乾隆二十五年（1760年），文华殿大学士蒋文恪公患病，天子访海内名医，大司寇秦公首荐吴江徐灵胎。天子召入都，命视蒋公疾，先生奏疾不可治。上嘉其朴诚，欲留在京师效力，先生乞归田里，上许之。后二十年，上以中贵人有疾，再召入都，先生已七十九岁，自知衰矣，未必生还，乃率其子爔载楄柎以行（楄柎，音pián fū。旧时的丧葬习俗，于棺材中铺垫尸体的长方形木垫板。《左传·昭公二十五年》："若以群子之灵，获保首领以殁，唯是楄柎所以借干者，请无及先君。"杜预注解："楄柎，棺中笭床也"），果至都三日而卒。天子惋惜之，赐帑金（帑，音tǎng。钱币；国库；国库里所收藏的金帛。《后汉书·郑弘传》："人食不足，而帑藏殷积。"《汉书·匈奴传下》："建平四年，单于上书愿朝……以问公卿，亦以为虚费府帑，可且勿许。"皇上因惋惜徐灵胎的过世而特赐钱币以示慰问家属），命爔扶榇以归（《说文解字·木部》："榇，棺也。"《小尔雅》："空棺谓之榇，有尸谓之柩。"《左传·襄公二年》："穆姜使择美檟，以自为榇与颂琴。"晋代学者杜预注解："榇，棺也"）。呜呼！先生以吴下一诸生，两蒙圣天子蒲轮之征（车轮使用蒲草缠裹的车子。这样车轮转动时震动轻微，会使乘坐者舒服一些。古代常用于封禅或迎接贤士，以示礼敬。《汉书·武帝纪》："遣使者安车蒲轮，束帛加璧，征鲁申公。"唐代训诂学家颜师古注解："以蒲裹轮，取其安也。"此后人们便以此泛指迎接贤士的车子），巡抚司道到门速驾，闻者皆惊且羡。以为希世之荣。余，旧史官也。与先生有抚尘之好（少年儿童在沙堆中玩耍的一种游戏，借指童真、童谊经年不变，友谊牢固。《初学记·卷十八》引汉东方朔《与公孙弘书》："大丈夫相知，何必以抚尘而游，垂发齐年，偃伏以日数哉"）。急思采其奇方异术，奋笔书之，以垂医鉴而活苍生（医鉴，医学领域中的教训和儆戒。《诗经·大雅·荡》："殷鉴不远，在夏后之世。"苍生，本谓生长草木之处。《尚书·益稷》："帝光天之下，至于海隅苍生。"唐代训诂学家孔颖达疏解："旁至四海之隅苍苍然生草木之处，皆是帝德所及。"借指众生百姓。吸取医学史上的教训就可以活后世之百姓）。仓促不可得。今秋访爔于吴江，得其《自述》《纪略》，又访诸吴人之能道先生者，为之立传。传曰：先生，名大椿，字灵胎，晚自号“洄溪老人”。家本望族，祖釚，康熙十八年（1679年），鸿词科翰林，纂修《明史》。

先生生有异禀，聪明过人，凡星经、地志、九宫、音律以至舞刀、夺槊、勾卒、嬴越之法，靡不宣究，而尤长于医。每视人疾，穿穴膏肓，能呼肺府与之作语；其用药也，神施鬼识，斩关夺隘，如周亚夫之军从天而下，诸岐黄家目憆心骇（憆，同“瞠”，动词。《集韵·庚韵》：“瞠，直视也，或作憆。”《汉书·外戚传下》：“武因问客：陛下得武书，意何如？曰：憆也。”唐代颜师古注解：“服虔曰：憆，直视貌也。师古曰：憆，字本作瞠。”瞠目结舌。骇，动词。《说文解字·马部》：“骇，惊也。”惊愕瞠目心动惊骇。或曰目瞪口呆状），帖帖詟服而卒（帖帖，帖服；顺从。《释名·释床帐》：“床前帷曰帖，言帖帖而垂也。”北宋梅尧臣《月下怀裴如晦宋中道》：“我马卧我庭，帖帖垂颈耳。”詟，音zhé。惧怕；震慑；丧胆。《说文解字·言部》：“詟，失气言也。”唐代僧人训诂学家慧琳《一切经音义·卷五十四》：“詟，怖也。”《汉书·张汤传》：“群臣震詟。”《三国志·魏志·王修传》：“孙氏惧，乃出贼，由是豪强慑服”），莫测其所以然。

芦墟迮耕石卧病（迮，音zé，亦读zuò，人名），六日不食不言，目炯炯直视（《说文解字·火部》：“炯，光也。”《仓颉篇·火部》：“炯，明也。”炯炯，本是形容词，形容两眼明亮有神。此处则是说双目不闭，直愣愣地前视。《楚辞·严忌〈哀时命〉》：“夜炯炯而不寐兮，怀隐忧而历兹。”王逸注解：“言己中心愁怛，目为炯炯而不能眠”），先生曰：“此阴阳相搏证也。”先投一剂，须臾目瞑能言，再饮以汤，竟跃然起，唶曰（唶，音jiè，动词。赞叹声；叹息声。《后汉书·光武帝纪下》：“唶曰：气佳哉！郁郁葱葱然。”）：“余病危时，有红、黑二人缠绕作祟，忽见黑人为雷震死，顷之，红人又为白虎衔去，是何祥也？”先生笑曰：“雷震者，余所投附子霹雳散也。白虎者，余所投天生白虎汤也。”迮惊，以为神（陆以湉撰《冷庐医话》详解此事：袁随园所为《徐灵胎先生传》，载治迮耕石疾，阅之不甚了了，近观《洄溪医案》，乃始释然。医案云：“芦墟迮耕石，暑热坏症，脉微欲绝，遗尿谵语，寻衣摸床，此阳越之证，将大汗出而脱。急以参附加童便饮之，少苏而未识人也。余以事往郡，戒其家曰：如醒而能言，则来载我。越三日来请，亟往，果生矣，医者谓前药已效，仍用前方，煎成未饮，余至，曰：阳已回，火复炽，阴欲竭矣，附子入咽即危。命以西瓜啖之，病者大喜，连日啖数枚，更饮以清暑养胃而愈。后来谢，述昏迷所见，有一黑人立其前，欲啖之，即寒冷入骨，一小儿以扇驱之，曰：汝不怕霹雳耶？黑人曰：熬尔三霹雳，奈我何？小儿曰：再加十个西瓜何如？黑人惶恐而退。余曰：附子古名霹雳散，果服三剂，非西瓜则伏暑何由退。其言皆有证据，亦奇事也。”这是《洄溪医案·暑》节中的一个案例。王士雄加按语，批评道：袁简斋太史作

《灵胎先生传》载此案云，先投一剂，须臾目瞑能言，再饮以汤，竟跃然起。故张柳吟先生以为再饮之汤，当是白虎汤。今原案以西瓜啖之，因西瓜有天生白虎汤之名。而袁氏遂下一汤字，致启后人之疑。序事不可不慎，此类是矣）。

张雨村儿生无皮，见者欲呕，将弃之，先生命以糯米作粉，糁其体，裹绢埋之土中，出其头饮以乳，两昼夜而皮生。

任氏妇患风痹，两股如针刺，先生命作厚褥，遣强有力老妪抱持之，诫曰："任其颠扑叫号，不许放松，以汗出为度。"如其言，勿药而愈。

商人汪令闻十年不御内，忽气喘头汗，彻夜不眠。先生曰："此亢阳也，服参过多之故。"命与妇人一交而愈。

有拳师某与人角伎，当胸受伤气绝口闭，先生命覆卧之，奋拳击其尻三下，遂吐黑血数升而愈。

其他如沈文悫公未遇时，胗脉而知其必贵（胗，同"诊"，诊断。南宋曾慥《类说·卷五十引〈孔子杂说〉》："胗不止脉也，视物亦可为胗"）。熊季辉强壮时，握臂而知其必亡。皆所谓视于无形，听于无声者，其机警灵速皆此类也。

先生长身广颡，音声如钟，白须伟然，一望而知为奇男子。少时留心经济之学，于东南水利尤所洞悉。雍正二年（1724年），当事大开塘河，估深六尺，傍塘岸起土，先生争之曰："误矣！开太深则费重，淤泥易积，傍岸泥崩则塘易倒。"大府是之。改缩浅短，离塘岸一丈八尺起土，工省费而塘以保全。

乾隆二十七年（1762年），江、浙大水，苏抚庄公，欲开震泽七十二港以池太湖下流，先生又争之曰：悮矣（悮，同"误"），震泽七十二港，非太湖之下流也，惟近城十余港，乃入江故道，此真下流之当开浚者，其余五十余港，长二百余里，两岸室庐、坟墓以万计，如欲人开，费既重而伤民实多，且恐湖泥倒灌，旋开旋塞，此乃民间自浚之河，非当官应办之河也。庄公以其言入奏，天子是之。遂赋工属役，民不扰而工已竣。

先生隐于洄溪，矮屋百椽，有画眉泉，小桥流水，松竹铺纷；登楼则太湖、奇峰，鳞罗布列如儿孙拱侍状。先生啸傲其间，人望之，疑真人之在天际也。所著有《难经经释》《医学源流》等书，凡六种，其中钚剳利弊（钚剳，音 pì luò。破解；开裂；割裂。《说文·新附金部》："钚，裂也。"《广雅·释诂一》："剳，劙也。"其中破解剔除利弊)，剖析经络，将古今医书存其是，指其非，久行于世。

子爔，字榆村，傥荡有殳（父）风（《汉书·史丹传》："丹为人足知，恺弟爱人，貌若傥荡不备，然心甚谨密。"颜师古注解："傥荡，踈诞无检也。"放浪不检点；疏放无拘束。），能活人济物以世其家。

孙坦，乙卯举人（1735年），以诗受业随园门下，赞曰：记称，德成而先，艺成而后；似乎德重而艺轻，不知艺也者，德之精华也。德之不存，艺于何有？人但见先生艺精伎绝，而不知其平素之事亲孝，与人忠，葬枯粟乏，造修舆梁，见义必为。是据于德，而后游于艺者也。宜其德心应手（谓其技艺纯熟。形容做事非常顺手），驱遣鬼神。呜呼！岂偶然哉！

犹记丙戌秋（1766年，乾隆三十一年），余左臂忽短缩不能伸，诸医莫效，乃拖舟直诣洄溪，旁无介绍，惴惴然疑先生之未必我见也？不料名纸一投（亦称"名刺""名帖"，即今日的名片。清代赵翼《陔余丛考·卷三十·名帖》："古人通名，本用削木书字，汉时谓之谒，汉末谓之刺，汉以后则虽用纸，而仍相沿曰刺"），蒙夺门延请，握手如旧相识，具鸡黍为欢，清谈竟日，赠丹药一丸而别。故人李蓴（音pò），溪迎而笑曰："有是哉！子之幸也，使他人来此一见，费黄金十笏矣。"其为世所钦重如此。先生好古，不喜时文，与余平生素意合，故采其嘲，学究俳歌一曲（俳，音pái，名词。《说文解字·亻部》："俳，戏也。"《三苍》："俳，优乐也。"《史记·李斯列传》："是时二世在甘泉，方作觳抵优俳之观。"俳歌，俳歌辞，古代散乐的一种。又名《侏儒导》，由舞人边舞边歌，俳优所唱的歌辞。见《隋书·音乐志》。古辞凡八曲，前一篇二十二句，歌辞内容已不易理解），载《诗话》中以警世云。

钱塘　袁枚才子

《征士洄溪府君自序》详述生平履历：康熙三十二年癸酉（1693年），夏历五月十五日生于江苏吴江下塘毓瑞堂。父养浩，号"尊村"，考授州司马，不就选，老于家，精水利，曾聘修《吴中水利志》。母丁氏。祖父釚，字电发，号"虹亭"，康熙十八年，举博学鸿词，授翰林检讨，纂修《明史》。未几罢官归田，杜门著书，工词善画，为清初著名辞章家。是时祖父予之名大椿，字灵胎。

康熙三十八年己卯（1699年），七岁。入塾学，日诵数行，犹复善忘。然志气颇异，虽未有所识，似乎不屑随人作生活计。

康熙四十五年丙戌（1706年），十四岁。学时文，在同学中稍优。询师得训，遂转研经学，以求终身不可尽之业。始推究《易》理，丙夜默坐潜阅。旁及诸子百家，于《道德经》独有会心，遂详加注释。

康熙四十九年庚寅（1710年），十八岁。始讲求水利。遵父命，翻阅水利诸书，录其要领，留意东南利害。

康熙五十一年壬辰（1712年），二十岁。从师于周意庭（周之师为朱声始，朱之师为刘念台），功课益进。同年县庠入泮，补诸生，更名大业。质本柔弱而性颇动，始习武艺。是岁四至九月，历时半载，夜坐广庭，对天星图观星，考其经度行次，天星周尽识之。

康熙五十二年甲午（1714年），二十二岁（此处有误，康熙五十二年应该是癸巳）。习武二年，可举三百斤巨石，身亦便捷，更参悟习练散打母子枪棍技击之法。

雍正二年甲辰（1724年），三十二岁。书呈县尹，纠错开浚塘河（运河）设计，改深浚为浅掘，改塘岸取土为远岸取土，工省三成，塘以保全。游都门，得会翰林出身之副使陈洪，号“圣泉”，学问气节推重一时，二人结交心知。

雍正五年丁未（1727年），三十五岁，著刻《难经经释》。是书二卷，以《经》释《难》，源流互证，间有发明，为灵胎治学门径，读经始于《易》，百子始于老。从源头从难处着手，认真注释，细心揣摩，正本清源，学必有成。

其间，从十四岁开始详加注释《道德经》，积二十余年，方脱稿。

雍正六年戊申（1728年），三十六岁。条陈开浚塘河宜阔不宜深，塘河之土宜留不宜去，粮艘中行，旁不碍商船往来为率，方可费省而利多。

雍正八年庚戌（1730年），三十八岁。大修塘工，督理办员欲尽行填塞塘上泄水涵洞，此四府咽喉，灵胎具呈江尹陈公、震尹邓公，力阻而事得寝。

雍正十年壬子（1732年），四十岁。昆山大疫，汪翁天成亦染此症，灵胎往治之。归后，叶生为记此事。为尤在泾《金匮心典》作序（尤怡，字在泾，又字饮鹤，号拙吾，又号“饲鹤山人”，撰《金匮要略心典》三卷）。

乾隆元年丙辰（1736年），四十四岁。著刻《神农本草经百种录》，书一卷。“择耳目所习见不疑，而理有可测者，共得百种，为之探本溯源，发其所以然之义，使古圣立方治病之心灼然可见。”（《序》）从本草源头开始，方能知药性之真。以药物的形、色、质、气、味等为突破口，多侧面地剖析药物的作用机理和临床功效，充分体现了徐灵胎独树一帜的辨证思维能力和善于比较分析的研究方法。梳理源头为徐灵胎治学之根本、成就之根本。

乾隆二年丁巳（1737年），四十五岁，为明代水利学家沛江村《吴江水考》重刊作序。

乾隆四年己未（1739年），四十七岁。为尤在泾《医学读书记》作序，表达了自己治学的体会：“惟多读古人之书，斯能善用古人之书，不误于用意，亦不泥于用意。”

乾隆六年辛酉（1741年），四十九岁。著刻《医贯砭》二卷。《医贯》为明赵养葵所作，发明薛己之说，力执六味地黄丸、八味地黄丸二方治诸百病。灵胎以为其害无穷，荒谬不经，力为辨砭，以正医林。

乾隆七年壬戌（1742年），五十岁。母丁氏目疾，视物不清，无以为娱，聘招老优曲童以博母欢。灵胎亲试四呼五音唱法，老优法以曲童，音高节明，迥非凡响。并“广道情之体，凡劝戒、游览、庆吊、赠别，无所不备，付之管弦，遂成一家之体。方《乐府传声》之初脱稿也”。意欲广汉魏以来乐府诸体，尽谱之以传既绝之声，惜未果也（《自序》）。

乾隆九年甲子（1744年），五十二岁。参与编修震、吴两县县志，主疆域勘定。

乾隆十一年丙寅（1746年），五十四岁，《震泽县志》修成。灵胎分修界域、形胜、山水、塘路、桥梁、治水、修塘，共八类九篇，并绘制县图。

乾隆十二年丁卯（1747年），五十五岁，《吴江县志》修成。灵胎分修界域、形胜、山水、塘路、桥梁、治水、修塘、声歌，共九类十篇，并绘制县图。勘编之时，“遍履其地，细察要害之处，必真确而后下笔。”灵胎所修部分，府志照录不改，亦为定论。

乾隆二十二年丁丑（1757年），六十五岁，著刻《医学源流论》，亦作《医论》。是书为徐灵胎的主要医学论文集，充分反映了徐灵胎的医学理论建树和学术思想，集中了其毕生治医的心得体会，立言通达平正，虽无惊心动魄之语，但所论多切中时弊，于微细疑难屡有争议之处辨析尤为得力，显现了著者学博而通的深厚功底和丰富老到的临床经验，为徐灵胎之力作，深为后世称道。

乾隆二十四年己卯（1759年），六十七岁，著刻《伤寒类方》，亦作《伤寒论类方》。是书编撰七年，五易其稿，方无遗憾。集以方类证、方统条文之大成，为后世治伤寒的又一门径，向为研究《伤寒论》者所重视。

乾隆二十五年庚辰（1760年），六十八岁。乾隆皇帝访名医，大司寇文恭公秦蕙田首荐灵胎。九月，大学士文恪公蒋溥病，乾隆帝谕召灵胎诊治，其适以病，辞"后以钦召称字，遂以字名"，此后序书署名均作灵胎。此年《阴符经注》撰成，与三十年前完稿之《道德经注》合成一书刊刻。

乾隆二十六年辛巳（1761年），六十九岁。病体稍痊，奉上特旨赴京，与太医同治蒋公病。乾隆皇帝称其"学问既优，人又诚实"，欲其留京效力，灵胎以年老多病辞归。著《恩纪略》，"自此筑室吴山之画眉泉，为静养之地，不复远行矣"。

乾隆二十七年壬午（1762年），七十岁，江浙大水，协理浙江巡抚庄滋圃设计引湖入江工程，呈报乾隆皇帝御准后，与庄巡抚仔细筹划，帑银垫费，"民不知役而功已竣"，著《水利策稿》。

乾隆二十九年甲申（1764年），七十二岁，著刻《兰台轨范》八卷。鉴于"时医不考病源，不辨病名，不知经方，不明法度"，每病以《内》《难》《伤寒》《金匮》为源，下沿《病源》《千金》《外台》支脉，考效近宋之方，前后井然罗列，履迹以为轨范。

乾隆三十二年丁亥（1767年），七十五岁。著刻《慎疾刍言》一卷，亦称《医砭》。主要针砭医界时弊，如病症不辨，笼统阴阳虚实；治法单一，一方通治既已；滥用温补，不怕病死，只怕虚死；强调辨病精细、立法严谨、用方中肯。

乾隆三十六年辛卯（1771年），七十九岁。夏日作《自序》，载记徐门八世祖谱，迁徙本末，自己一世作为经历，言辞凿凿，惟恐后人擅篡失实滋愧。十月二十五日奉诏，力疾登程入京。腊月初一抵都，越三日，从容议论阴阳生死出入之理，自作墓前对联：满山芳草仙人药，一径清风处士坟。至夜谈笑而逝。乾隆皇帝赏白金一百两，授儒林郎，谕其子徐曦护丧以归。

乾隆三十七年壬辰（1772年），春，徐曦扶榇旋里，葬徐灵胎于越来溪之牒字圩新阡。

徐曦就灵胎《自序》所未竟者，附缀数行："伏念府君（灵胎）以诸生名达九重，两膺征召，生前知遇，身后荣崇，遭逢盛世，千载一时"，以感恩皇封。勒刻《征士洄溪府君自序》，以志不朽。

清代著名医学家徐大椿（1693—1772），又名大业，字灵胎，晚号"洄溪老人"，江苏省吴江县松陵镇人。出身书香门第、世代官宦大家，祖父徐釚，对古诗文辞颇有研究，康熙年间曾任翰林检讨，参与过《明史》的纂修工作。徐大椿生于"康乾盛世"，自幼始学经史子集、天文地理、音乐律历，更工文辞，通晓音律、水利等学，尤精通医学。

徐大椿嗜读若渴，废寝忘食，博览群书，勤奋专治；淡泊功名利禄，坚辞官爵不仕，隐居立说，读书写字，修养心性，与世无争。

徐大椿自幼业儒通经，博学多才，仁心仁术，医术精湛，被视为神医，名气甚大，屡屡博得皇帝的赞赏与褒奖。

徐灵胎先生撰《慎疾刍言》讲道：其年少之时，曾见前辈老医用药之时，必先详审贫富而后用药，可见前辈老医用药居心长厚。

徐大椿不慕名禄，毕生勤于著述，医学著作有《难经经释》《伤寒类方》《神农本草百种录》《医学源流论》《兰台轨范》等。所著《医学源流论》二卷，寻本溯源，讨论医学问题，对历代医学理论阐发评议颇多，论述精辟，成就卓著，集中反映了他的学术见解。唯独偏好崇尚汉、唐医学，在治疗用药时不拘泥古法。

徐氏鉴于自宋以后，诸家议论杂乱无章，没有一定之规，诸家方药浮泛不经，故著《难经经释》一书，以经解经，参以实验发明，实为有功医林之作。《四库全书总目提要》盛赞其"较诸家方书但云主治某证而不言其所以然者，特为精密”。清代医家陆以湉撰著《冷庐医话》《冷庐杂识》，盛赞徐灵胎所撰《难经经释》辨正误谬，有功医学。其释“分寸为尺，分尺为寸”，云：“关上分去一寸，则余者为尺；关下行去一尺，则余者为寸。”诠解明晰，可谓要言不烦。

其后名医陆以湉是非常赞赏、敬佩徐灵胎先生的，从其所作《冷庐医话》一书中多次引用徐先生的话，人们便可洞见其非一般。

又善做道情（道情，起源于唐时期的一种用渔鼓和简板伴奏，以说唱表演形式的曲艺类别），留有《洄溪道情》一书，其文极尽讽刺挖苦之词，生动地揭露了八股文的弊病。

黄元御（1705—1758），清代著名医学家，尊经派的代表人物。著作颇多，如《四圣心源》《四圣悬枢》《长沙药解》《玉楸药解》《伤寒说意》《素问悬解》《灵枢悬解》《难经悬解》《周易悬象》《黄元御著作十三种》等。

乾隆皇帝钦赐“妙悟岐黄”“仁道药济”，褒奖其学识深厚和概括其一生所为。

黄元御，字坤载，山东昌邑人。诸生。因庸医误药损目，发愤学医，于《素问》《灵枢》《难经》《伤寒论》《金匮玉函经》皆有注释，凡数十万言。自命甚高，喜更改古书，以伸己说。其论治病，主于扶阳以抑阴。（民国赵尔巽等撰，《清史稿·卷五百二·列传二百八十九·艺术一·黄元御传》）

清代尊经派医学家黄元御，原名玉璐，字元御，一字坤载，号“研农”，别号“玉楸子”，山东省昌邑县黄家辛戈村人。

黄元御出身世代书香门第，聪敏颖异过人，自幼耳濡目染深受家学影响，颇负奇志，博极群书，遍览经史子集，诸子百家，靡不精熟，尤邃于《易》，具有深厚的文学功底，文才超众，是位既有抱负，又致力于学问研究的学者型医学家。年少之时便有凌云之志，常怀修身齐家治国济世之思。因长期刻苦攻读，于二十九岁盛壮之年时目疾生发，加之庸医误用寒泄之剂，致使左目失明，真乃祸不单行、福不双至，所幸未殁；自此无缘仕途，遂发愤立志，“生不为名相济世，亦当为名医济人”。从此走上弃儒从医之途。因好医学，愤检汉后医书，博览方籍，恨其不通；闭门谢客，日夜披读，寝食俱忘，勤奋不倦，苦心钻研，精心研读，上溯岐黄，伏读《灵》《素》，专致于秦越人、张仲景四圣医书，探赜索隐，阴阳升降，积多年奋斗学习之成绩，识其梗概，乃悟医源，悬壶济世，医术精进，名声大振，遂成为著名的医学大家。他继承和发展了博大精深的祖国医学理论，对后世医家影响深远，被誉为“一代宗师”。1750 年，也就是乾隆十五年，黄元御到北京行医，恰逢皇帝重疾缠身，而御医及京城名医调治效果都不佳，宫廷内外无不惶恐。终得益于一同乡太监荐举，很快治愈了乾隆之疾，由此“考授御医”；因其医术精湛，深受乾隆帝的欣赏和青睐，御笔亲题“妙悟岐黄”匾额，以示褒奖之意。

黄元御弃绝举业之后，宰思捐虑（宰思，凝神，集中思绪。道教祖师洞灵真人撰《亢仓子·用道》：“咽气谷神，宰思捐虑，超遥轻举，日精炼仙，高士之道也。”捐，动词。《说文解字·扌部》：“捐，弃也。”舍弃；抛弃。虑，动词。《说文解字·虍部》：“虑，谋思也。”《墨子·亲士》：“非贤无急，非士无与虑国，缓贤忘士而能以其国存者，未曾有也。”《荀子·礼论》：“礼之中焉，能思索谓之能虑。”杜甫《羌村》：“萧萧北风劲，抚事煎百虑。”抛弃思虑），气漠神融（精神融合，气息通泰。语出金末著名学者王若虚《四醉图赞》：“漠乎其如忘其声，茫乎其如忘其形，神融气泰，无欲而无营，渺乎其如物之莫撄也。”漠，音 mò，通“寞”，形容词。寂静无声。《庄子·天道》：“夫虚静恬淡，寂漠无为者，万物之本也。”《汉书·冯奉世传》：“玄成等漠然莫有对者。”颜师古注解：“漠，无声也。”融，音 róng，动词。和乐；和谐；融洽；恬适；和畅。《晋书·陶潜传》：“每一醉，则大适融然”），苦读历代中医典籍，经二十余年的不懈努力，上承先圣伟业，旁采诸家之长，融合自己的见解，运以精思，发愤著书，达以卓论（《说文解字》：“卓，高也。”形容词。远见卓识，独特不凡的高论），抉天人之秘奥，阐顺逆之精微，作述相承，独标真谛（真谛，原为佛教语。二谛之一。泛指最真实确切的理论、精义或者道理。南朝齐长于佛理、一生清贫寡欲、蔬食无荤的著名居士周颙《重答张长史书》：“若谓探道家之迹，见其来一于佛者，则是真谛实义，沿文可见矣”），著述颇丰，贡献卓著。

黄元御对祖国传统医学典籍熟读精通，尤尊岐黄、越人、仲景为四圣，一生所著医书颇多，仅《清史稿》就记有十一种，九十八卷，数十万言。所著如：《四圣心源》十卷、《四圣悬枢》五卷、《长沙药解》四卷、《玉楸药解》八卷、《伤寒说意》十卷、《素问悬解》十三卷、《灵枢悬解》九卷、《难经悬解》二卷、《周易悬象》等。岁月辽远，时代变迁，经典凋敝，章句疏残，医籍珍之者鲜；宋元以来，撰著者众，瑕瑜互见，纯驳不一，要皆未达，元旨有乖，简而失精，变而不理，黄元御之学，详解前人莫解，独立已见之明，尽扫诸家俗说，独探骊珠（骊珠，语出《庄子·列御寇》："夫千金之珠，必在九重之渊，而骊龙颔下。"传说出自骊龙颔下，故名，一种极为珍贵的宝珠。此说只有黄元御勇于独自探索四圣述医的精髓），博究天人，钩致深远，其所著述，尤为精赡（赡，音shàn，形容词。充足；充裕；足够；丰富。《墨子·节葬下》："亦有力不足，财不赡，智不智，然后已矣。"此说黄元御的著述尤其精练且丰富充足），风格独特，内容宏富，结构严谨，条理分明，文笔精练，善于融会贯通、承继历代名医先贤前圣之精旨，探赜抉奥，逐一诠释，一脉相承。黄元御医学理论对后世医学影响深远，其论令后世医家无不赞赏。所著医书悉数收录于《四库全书》。然正史《清史稿》对其记载甚简，略略几笔捎带而过，不免有些遗憾！亦可见历代正史对方伎医人生平事迹的轻视和忽略。

《四圣心源·自叙》：医有黄帝、岐伯、越人、仲景四圣之书，争光日月。人亡代革，薪火无传，玉楸子（黄元御自号"玉楸子"）悯后世作者不达其意，既解《伤寒》《金匮》，乃于己巳二月（1749年，乾隆十四年），作《四圣心源》，解内外百病，原始要终，以继先圣之业。创辟大略，遇事辍笔。庚午四月（1750年，乾隆十五年），北游帝城。十一月终，南赴清江（长江的一级支流，古称夷水。发源于湖北省恩施州利川市之齐岳山，流经利川、恩施等七个县市，最后汇入长江，因其"水色清明十丈，人见其清澄"而得名）。辛未二月（1751年，乾隆十六年），随驾武林。四月还署，研思旧草，十得其九，厥功未竟。八月十五，开舟北上，再客京华。壬申十月（1752年，乾隆十七年），作天人之解，续成全书。癸酉二月（1753年，乾隆十八年），解长沙药性（即指黄元御所著《长沙药解》），五月删定《伤寒》（删定，经过修改润色最后确定。《汉书·刑法志》："若开后嗣，不若删定律令。律令一定，愚民知所避，奸吏无所弄矣"），七月笔削《金匮》（古文字记载在竹简之上，遇有讹误，删改时必以刀削去错处，再用笔改正，故此，人们便以修改文字称为"笔削"，就是修订改正之意。北宋欧阳修《免进五代史状》："至于笔削旧史，褒贬前世，著为成法，臣岂敢当"），八月修《瘟疫痘疹》，成于九月十七。

维时霖雨初晴（维时，当时；斯时。霖雨，连绵大雨。《晏子春秋·谏上五》："景公之时，霖雨十有七日。"当时连绵大雨刚刚放晴），商飙徐发（商飙，秋风。商，古代五音之一，古人将五音与四季相匹配，商音配秋，因此以商指秋季。飙，风；风声。徐，徐缓；缓慢。《庄子·天道》："不徐不疾，得之于手而应于心。"《三国演义·第三十九回》："时当秋月，商飙徐起。"《梁书·沈约传·郊居赋》："望商飙而永欢，每乐恺于斯观。"秋风徐缓地生发），落木飘零，黄叶满阶。玉楸子处萧凉之虚馆（萧凉，萧条凄凉。明代学者胡春生《蔬堂坐雨》："萧凉尝拥几，一静得余情。"虚馆，寂静的馆舍。南朝宋代谢灵运《斋中读书》："虚馆绝诤讼，空庭来鸟雀。"此是说黄元御独自一人处身于萧条凄凉寂静的馆舍之中），坐寂寞之闲床，起他乡之遥恨，生故国之绵思。悲哉！清秋之气也，黯然远客之心矣，爰取《心源》故本，加之润色。

嗟乎！往者虞卿违赵而著《春秋》（虞卿，战国时期著名的说客、名士，邯郸人，擅长战略谋划，主张以赵为主联合楚魏抵抗、迫秦媾合，痛斥媚秦政策。首次拜见赵孝成王，便赐白璧一对、黄金百镒。二次又因说服赵孝成王而受重用，拜为上卿，授相印，故号虞卿。司马迁《史记·卷七十六·平原君虞卿列传第十六》："虞卿料事揣情，为赵画策，何其工也！及不忍魏齐，卒困于大梁，庸夫知其不可，况贤人乎？然虞卿非穷愁，亦不能著书以自见于后世云。"唐代史学家司马贞《史记索引》："虞卿蹑跻，受赏料事。及困魏齐，著书见意。"代表作品有《虞氏春秋》《虞氏征传》），屈原去楚而作《离骚》。古人论述，往往失地远客，成于羁愁郁闷之中（羁愁，作者旅途中的愁思。南朝齐江孝嗣《北戍琅琊城》诗："薄暮苦羁愁，终朝伤旅食。"抑郁忧愁烦闷，不高兴。气愤、忧愁的情绪压抑积聚在心里不得发泄而烦闷不乐的状态。此属心理学范畴的词汇，既可作为动词，亦可作为形容词。成书于旅途中的愁思郁闷之中），及乎书竣业就，乃心独喜，然后知当时之失意，皆为后此之得意无穷也。向使虞卿终相赵国，屈原永宦楚邦，则《离骚》不作，《春秋》莫著，迄于今，其人已朽，其书不传，两人之得意，不如其失意也。

当世安乐之人，其得天者诚厚，然隙驷不留（《礼记注疏·卷五十八》："若驷马之过隙。"东汉郑玄注解："驷之过隙，喻疾也。"唐代孔颖达疏解："驷谓驷马，隙谓空隙。驷马骏疾，空隙狭小，以骏疾而过狭小，言急速之甚。"《庄子·知北游》："人生天地间，若白驹之过却，忽然而已。"光阴易逝如驷马过隙，是留不住的），尺波电谢（波，指水波；电，指闪电。《文选·刘孝标》："青简尚新，而宿草将列，泫然不知涕之无从也。虽隙驷不留，尺波电谢，而秋菊春兰，英华靡绝。"还是形容人生短促，光阴易逝，犹如波逝电闪，眨眼即过之意），生存而处华屋，零落而归山丘，身与夕露同晞（晞，音 xī，动词。《说文解字·日部》："晞，日干也。"《诗经·秦风·蒹葭》："蒹葭萋萋，白露未晞。所谓伊人，在水之湄。"西晋陆云《岁暮赋》："指晞露而怵心兮，衍死生于靡草。"身体如与晞露一同疾速消失），名与朝华并灭（朝，音 zhāo，名词。早晨。《说文解字》："朝，旦也。"《尔雅·释诂》："朝，早也。"《尚书·无逸》："自朝至于日中昃，不遑暇食，用咸和万民。"《礼记·祭义》："周人祭日，以朝及暗。"注解："朝，日出时也。"华，古通"花"。朝华，亦作"朝花"。即早晨开的鲜花。《三国志·魏志·王昶传》："朝华之草，夕而零落；松柏之茂，隆寒不衰。"此说名声或曰名气、名誉如同早晨盛开的鲜花一样，很快便衰落、灭失），荆棘狐兔之中，樵牧歌吟之下，其为安乐者焉在？窃（副词，私下；私自；偷偷地。北宋王安石《答司马谏议书》："昨日蒙教，窃以为与君实游处相好之日久，而议事每不合，所操之术多异故也"）以为天之厚安乐之人，不如其厚羁愁之士，丈夫得失之际，非俗人之所知也。

顾自己巳（1749 年，乾隆十四年），以至壬申（1752 年，乾隆十七年），历年多矣，元草未就，是天既长与以穷愁之境，而不频假以萧闲之日（萧闲，潇洒悠闲。唐代顾况《山居即事》："下泊降茅仙，萧闲隐洞天"）。帝眷之隆（眷，动词。《说文解字·目部》："眷，顾也。"眷顾；器重；眷命；眷畴。甚受乾隆皇帝眷顾、器重、尊崇之意），何可恃也（恃，动词。《说文解字·忄部》："恃，赖也。"依赖；依仗。《老子·第七十七章》："是以圣人为而不恃，功成而不处，其不欲见贤。"怎么可以作为依靠呢），良时非多，勖之而已（《说文解字·力部》："勖，勉也。"勉励；勖励。《仪礼·士婚礼》："勖帅以敬，先妣之嗣。"美好的时光已经不多，只是作为勉励自己而已）。

《素问悬解·自叙》：黄帝咨岐伯作《内经》，垂《素问》《灵枢》之篇，医法渊源，自此而始，所谓玄之又玄，众妙之门者也。秦汉而后，韦绝简乱（韦，《字林》："韦，柔皮也。"清代朱骏声《说文通训定声》："熟曰韦，生曰革。"意即去毛熟治的皮革。古时用以穿竹简。皮绳断绝，简编错乱），错落舛互，譬之棼丝（语出《春秋左传·隐公四年》："臣闻以德和民，不闻以乱；以乱，犹治丝而棼之也。"晋代杜预注解："丝见棼缊，益所以乱。"譬如纷乱的丝线），不可理矣。

玉楸子盛壮之年（雍正甲寅，时年三十），误服庸工毒药，幸而未死。遂抱杜钦、褚炤之痛（杜钦，字子夏。家富盈裕，年轻时喜好儒家经典，学识渊博，亦富智谋与才能，但因偏盲，语音不连贯，疑缺"不能做大官"之类又不愿意做小官。见《汉书·杜钦传》。褚炤，字彦宣。南朝宋、齐时期人。褚渊堂弟，一目失明。齐高帝因其经邦治国之才征召为国子博士。此是说黄元御与杜钦、褚炤三人同病相怜，都是偏盲一目，痛楚难当，但是三人却都是极富才能之人），愤检汉后医书，恨其不通。通者，思邈真人《千金》一书而已。上溯岐黄，伏读《灵》

《素》，识其梗概，乃悟医源。至其紊乱错讹，未能正也。

乾隆甲戌（1754年，乾隆十九年），客处北都，成新书八部。授门人毕子武龄（字维新，金陵人），服习年余，直与扁、仓并驾。毕子既得先圣心传，复以笺注《素》《灵》为请。其时精力衰乏，自维老矣（时年五十），谢曰不能。乙亥春初（1755年，乾隆二十年），毕子又以前言请，且谓：医尊四圣，自今日始，仲景二注已成，岐、黄、扁鹊之书，迄无解者，三圣之灵，未无遗恨！过此以往，来者诵法新书，心开目明，而不解先圣古义，又将恨无终穷也。

时维二月，寒消冻解，律转阳回，门柳锭金，庭兰孕玉。玉楸子客况萧蘦（蘦，音líng。零落。《尔雅·释诂》："蘦，落也。"北宋训诂学家邢昺著《尔雅义疏》解释：《说文》云："草曰零，木曰落。此对文耳。散而言之，他物之落亦言蘦。《鄘风·定之方中》云：'灵雨既零。'蘦，零音义同。"形容词。萧瑟稀疏、清静冷落），旅怀索落，歌远游之章，诵闲居之赋，幽思缕起，殊非杜康所解（杜康，别名少康，酒圣，古代传说中的"酿酒始祖"，酒的发明创造者。唐代经学家孔颖达疏解引汉代应劭《世本》说："杜康造酒，后世因以杜康借指酒"），乃笺释《素问》（笺，名词。《说文解字·竹部》："笺，表识书也。……字亦作牋。"《广雅》："笺，书也。"孔颖达《毛诗正义》："郑子诸经皆谓之'注'，此言笺者……记识其事，故称为'笺'。"即注释的文字。释，动词。《说文解字·采部》："释，解也。"解释；释义。笺释，注解释义），以消郁烦。十一月终书成，淆乱移正，倏绪清分，旧文按部，新义焕然。

嗟乎！仆以东海顽人，远宾上国，研田为农，管城作君，流连尺素（流连，留恋；依恋不舍。尺素，书信；文章。《周书·王褒传》："犹冀苍雁赪鲤，时传尺素；清风朗月，俱寄哀思。"依恋于书信文章），爱惜分阴。春雪才收，秋露忽零，星斗屡易，弦望几更。倏而陇阴促节（倏而，迅疾的样子。陇阴，即今陇西。今甘肃省一带。《文选·江淹〈恨赋〉》："迁客海上，流戍陇阴。"唐代李善注引《史记》："娄敬，齐人也。戍陇西。"促节，急促、匆促的节奏。西晋陆机《拟东城一何高》："长歌赴促节，哀响逐高徽。"忽然间陇西传来急促的信息。此指发生在乾隆二十年第一次平准之役。乾隆帝命清军进军天山以北伊犁，先后征讨北准噶尔部贵族达瓦齐割据政权和辉特部贵族阿睦尔撒纳的叛乱战役），急景催年，冰澌长河，霜结修檐。岁凛凛以愁暮，心恨恨而哀离（恨恨，音liàng liàng。惆怅；悲伤；悲恨。西汉李陵《与苏武·诗之三》："徘徊蹊路侧，恨恨不得辞。"《文选·嵇康〈与山巨源绝交书〉》："顾此恨恨，如何可言！"唐代李周翰注解："恨恨，悲恨也"），夜耿耿而永怀（语出《诗经·邶风·柏舟》："耿耿不寐，如有隐忧。”此语褒、贬均可。形容有令人牵挂放不下或不愉快的事在心里牵萦回绕，永久不能忘怀，难以排解的情绪），昼营营而遥思（营营，内心思虑萦绕，烦躁不安。《庄子·庚桑楚》：“全汝形，抱汝生，勿使汝思虑营营。”追求奔逐。《聊斋志异·炙戳》：“中心营营，寝食都废。”白天则思虑萦绕，思念已经久远的事情）。此亦羁客迁人骚牢悱怨之极（悱怨，哀怨。牢骚哀怨愤恨郁结到了极点），概诚足悲忧不可说也。无何稿脱书清，事竣业就，遂作岐伯之高弟，黄帝之功臣。是即拥旄万里之荣，南面百城之乐也，贫而暴富，莫加于此矣。

《南史》沈攸之（？—478，字仲达，南北朝时期宋朝名将）有言：穷达有命（穷达，贫穷困顿与富裕显达。语出《墨子·非儒下》：“穷达、赏罚、幸否，有极，人之知力，不能为焉”），不如读书。掩卷怆然，情百其概。武夫学剑，仅敌一人，医士读书，遂宰天下。痛念先圣传经，本以起死，讵知下工学古，反以戕生。良由文义玄深，加之编写凌乱，岂其终身无灵，实乃白头不解。仆以为死生大矣，何必读书也。

乾隆二十年（1755年）十一月己亥　黄元御撰

《难经悬解·自叙》：昔黄帝传《内经》，扁鹊作《难经》，《史记·仓公传》所谓黄帝、扁鹊之脉书。黄帝脉书即《内经》，扁鹊脉书即《难经》也。妙理风生，疑丛雾散，此真千古解人！其见五藏证结，全恃乎此，不须长桑灵药，上池神水也。而《史》传载之，此子长不解耳。

扁鹊姓秦，名越人，齐渤海人也，家于鄚（古县城名称，治所在今河北省任丘北鄚州镇，战国时期属赵邑，汉置县）。为医或在齐，或在赵，在齐号卢医，在赵名扁鹊。过邯郸，闻贵妇人，即为带下医。过洛阳，闻周人爱老人，即为耳目痹医。入咸阳，闻秦人爱小儿，即为小儿医。扁鹊名闻天下，其生虢太子也，天下尽以扁鹊能生死人。扁鹊曰：越人非能生死人也。此自当生者，越人能使之起耳（《史记·扁鹊传》）。

嗟乎！秦越人不能生死人，何今之人偏能死生人耶？天下之病，孰非当生者，遇越人而生，遇余人而死。越人，一人而已，而后世医工，自仲景以来，不知几千人也，则其当生者，万不一生矣。人无不病，医无不死，遥遥二千年中，死于兵荒刑戮者十之一，死于医药服食者十之九。天地之大德曰生，庸妄之大憞曰刹（①憞，音 dùn。憞混；烦乱；烦浊。先秦宋玉《风赋》：“故其风中人状，直憞混郁邑，殴温致湿，中心惨怛，生病造热。”②憞，音 tūn。憞惃，心不明），天地之善生，不敌庸妄之善刹也，仁人君子，能无恸乎！来者悲生灵之毒祸，伤今古之奇冤，未得晏然自已也。

丙子五月（1756 年），《灵枢解》成。岐黄而后，难《灵》《素》者，扁鹊耳。代天地司生者寥寥无几，代天地司刹者芸芸不绝，《难经》不可不解也。五月十六日创始，二十二日书竣。

扁鹊，千古死人也，孰知死人而生死人。扁鹊生不能生死人也，况其死乎！但使自今以往，当生者皆使之起，则扁鹊虽死，而其德大矣！

乾隆二十一年（1756 年）五月丙寅　黄元御撰

其后的医家陆以湉对黄元御只责前人不责自己，击打一大片的作为甚为不满：昌邑黄坤载元御，由于少耽典籍，三十岁时左目红涩，结果为庸医误治，导致因过服凉药而失明；之后，遂发愤习医，穷究义蕴，著述颇丰且富。然而其渺视千古，毁谤前人的做法，令人很是不齿。其作《素灵微蕴》，谓仲景而后，惟思邈真人不失古圣之源，其余著作如林，无一线微通者。……黄著作繁富，时抉精奥，惟所定诸方，偏于扶阳，遗精症谓土湿阳衰，生气不达，乃用桂枝、附子，堕胎症谓命门阳败，肾水澌寒，侮土灭火，不生肝木，木气郁陷而贼脾土，乃用干姜、桂枝充其类，将生人绝无阴虚火旺之症，是徒知责人，而不知责己矣。

黄元御谓脉气上行者，病见于上；脉气下行者，病见于下。手之三阳，从手走头，大小肠位居至下，而脉则行于至上，故与心、肺同候于两寸。其说亦精，可正滑说之误。

俞震（1709—1799），清代医家。字东扶，号“惺斋”，浙江嘉善县人。因体弱多病而习医，博览群书，得其奥秘，医疾多奇中而闻名于时。

陆以湉赞嘉善名医俞震，《古今医案按》十卷，乾隆四十三年自序刊行，其书选择简严，论说精透，可为医林圭臬，惜坊间流传甚少。道光时，重修《嘉兴府志·方伎门》，不为先生立传，撰述志亦不载此书，缺点也。其书甚推尊叶氏，所录治案，多《临证指南》所未载。

俞震著十卷本《古今医案按》，反映了他对医学研究之精深。参见《光绪嘉善县志·卷二十六》《嘉善史话简编》。

赵学敏（约1719—1805），清代著名医药学家，著有《本草纲目拾遗》。

赵学敏，字恕轩，号“依吉”，浙江钱塘人（今浙江省杭州市），早年业儒，博览群书，尤喜读医著、本草书，有所得则抄撮成帙，达数千卷。医学研究广泛，涉猎各科，对本草学造诣最深。家有养素园，供其试验种药，以便于观察形性。1770年，乾隆三十五年，选取所编医书十二种，取其家“利济堂”之名，题作《利济十二种》。内有医方书《医林集腋》十六卷（1754年），禁咒书《祝由录验》四卷（1755年），《升降秘要》二卷（1760年），集烧炼丹药秘法；又著导引养生书《摄生闲览》四卷，《本草话》三十二卷，《花名小录》四卷，述植物及植物名实；《药性元解》四卷，专论药性配伍；另著有《养素园传信方》六卷，考辨药物、汇集资料的《奇药备考》六卷。今存世者仅《串雅》八卷（1758年）及《拾遗》两书，前者取材于赵柏云所藏民间走方郎中经验方术、赵学楷《百草统》与《救生苦海》、赵学敏的《养素园简验方》等有关内容。约自1760年始，至1803年正文定稿，撰著《本草纲目拾遗》十卷，后于1871年首刊。《拾遗》一书补正李时珍之误，拾其未收药品七百一十六种，多为民间草药，亦有少许西药（金鸡纳等），取材广泛，并经确验。内多已佚医方本草书有关资料，且记其见闻历验，为清代本草名著。迄嘉庆八年（1803年）续有增补，同治三年（1864年）始由后人刊行。此外尝将《灵枢》《素问》《脉经》《伤寒论》等医学经典之精论，续纂医书十种，合其弟学楷二医著为《利济后集》，然未见传世。

英国近代生物化学家、科学技术史专家李约瑟是非常崇敬赵学敏的，他在介绍、论述赵学敏和其《本草纲目拾遗》一书时，说道：“赵学敏大概是18世纪中国最伟大的博物学家，他的书是一部真正的伟大著作，书名《本草纲目拾遗》。赵学敏诞生于约1725年，一直活动至1803年或更长一些。他一生中孜孜不倦地对矿物、植物和动物的性质、形态和特征等进行了五十多年的考察研究，他通常在杭州附近他自己家的植物园和实验室中工作。赵学敏著作的成书年代有些混乱，因为它包含了几个日期。可以肯定此书于1760年开始编写，1765年第一次作序，1780年又对该序做了补充，书中提到的最后一个日期（1803年）说明赵学敏临终前还在进行修正和增补工作，该书直至1871年才出版。赵学敏如此谦逊地为自己的巨著取名，可见他对李时珍何等的崇敬。”赵学敏还出版过一本中国医学史上非常重要的著作《串雅内编》，是因为“赵学敏意识到这些人（指社会地位最低下的医生，被称作铃医或走方医或串医）掌握的临床实践经验和技术是多么丰富，他们通过师傅口授而获得了这些知识，他们能够运用这些知识取得显著疗效，但却不能解释他们的疗法是怎样和为什么奏效的”。赵学敏还有几本书都已经失传，如：有关药学的小册子《疏药志》、有关化学操作——升华、蒸馏、沉淀等内容的《升降秘要》和有关灌溉园艺学的《灌园杂志》。

李约瑟盛赞“《本草纲目拾遗》是一个知识的宝库，尽管它在中国本国科学史中是相对近期的，但仍然引人入胜”时评述到：“归根结底，《本草纲目拾遗》对于迄今为止中国科学史著作中不足部分提供了丰富的数据来源。”（李约瑟《中国科学技术史·第六卷·第三十八章·植物学》）

《串雅内编·自序》：《周礼》分医为四，有食医、疾医、疡医、兽医，后乃有十三科，而未闻有走方之名也。《物原》（明代学者、诗人罗颀撰，介绍古代先民的发明创造事迹）记岐黄以来有针灸，厥后巫彭制药丸，伊尹创煎药，而未闻有禁、截诸法也（许增迈孙解：走方医，负笈行医，周游四方，俗呼为走方。其术肇于扁鹊，华佗继之，故其所传诸法与国医少异，治外以针刺、蒸、灸胜，治内以顶、串、禁、截胜。取其速验，不计万全也。许增迈孙，清光绪年间人，为赵学敏的《串雅内外编》题识者）。晋代王叔和纂《脉经》，叙阴阳内外，辨部候、经络、脏腑之病为最详，金张子和以吐、汗、下三法，风、寒、暑、湿、火、燥六门为医之关键，终未闻有顶、串诸名也（许增迈孙解：药上行者皆曰顶，下行者皆曰串，故顶药多吐，串药多泻。顶、串而外则曰截。截，绝也，使其病截然而止。原书按语：此即古汗、吐、下三法也。然有顶中之串，串中之顶，药更玄妙，用意入神，则又不可以常格论也。医者，意也，用药不如用意，治有未效，必以意求）。

有之，自草泽医始（草泽医，即民间医生，或曰走方郎中、江湖郎中，亦称铃医。旧时一些手持响铃、肩负药箱游走于江湖各地、村市街巷为百姓治病除疾的民间医生，因其以摇铃之声召唤病家，故而得名，他们一般都具有极其丰富的医疗实践经验。相传始于宋代，此后世代相沿，应该是我国最早出现的最基层医务工作者，也就是乡村医生或曰赤脚医生。李时珍的祖父就是一名铃医，名医扁鹊、华佗亦应属此类。南宋著名文学家洪迈著《容斋随笔》，就记载有草泽医胜过御医王继先救治太尉韩公裔的事例。草泽旧时常指草野之士、平民百姓。《资治通鉴·后周太祖·广顺三年》："唐草泽邵棠上言。"宋元之际史学家胡三省注解："布衣未有朝命者，谓之草泽"），**世所谓走方是也，人每贱薄之**（贱薄，轻贱鄙薄。这些走方郎中常常被人看不起，认为他们属于下贱职业，从而对其轻视、鄙薄。西汉焦赣著《易林·家人知否》："东求金玉，反得弊石，名曰无宜，字曰丑恶，众所贱薄"），**谓其游食江湖，货药吮舐**（音 shǔn shì，意即嘴吸舌舔。《庄子·列御寇》："秦王有病召医，破痈溃痤者，得车一乘；舐痔者，得车五乘。"《论语·阳货》："苟患失之，无所不至矣。"朱熹注解："小则吮痈舐痔，大则弑父与君，皆生于患失而已。"由此，后世人们常以此句来形容那些谄媚之徒趋奉权贵的卑鄙无耻行为），**迹类丐**（行迹类似乞丐）；**挟技劫病，贪利恣睢**（恣睢，放任自得毫无拘束。《庄子·大宗师》："夫尧既已鲸汝以仁义，而劓汝以是非矣，汝将何以游夫遥荡恣睢转徒之涂乎？"隋唐时期道家理论家成玄英疏解："恣睢，纵任也。"唐代训诂学家陆德明释文："恣睢，自得貌。"清代训诂学家王先谦集解："何以游乎逍遥放荡纵任变化之境乎？"贪图暴利毫无约束），**心又类盗。剽窃医绪**（绪，有二解。①丝头。引申为头绪，绪论。②残余的。《楚辞·九章·涉江》："乘鄂渚而反顾兮，欸秋冬之绪风。"王逸注解："绪，余也。"蚕抽丝后留在茧子上残余的蚕丝称为绪余，后世遂泛称剩余的，次要的部分。医绪，残缺不全，剩余次要的医学知识），**倡为诡异**（《说文解字·亻部》："倡，乐也。"《字林》："倡，优乐也。"动词。发声先唱。《礼记·乐记》："清庙之瑟，朱弦而疏越；一倡而三叹，有遗音者矣。"《荀子·礼论》："清庙之歌，一倡而三叹也。"称说；宣扬；倡扬。自我宣称医术非常、奇异、高明，非同一般）；**败草毒剂，悉曰仙遗；刳涤魇迷**（刳，动词。剖开且挖空；剔净。《易经·系辞下》："刳木为舟，剡木为楫，舟楫之利，以济不通，致远以利天下。"唐代经学家孔颖达疏解："舟必用大木刳凿其中，故云刳木也。"《庄子·天地》："夫道，覆载万物者也，洋洋乎大哉！君子不可以不刳心焉！"唐初道教理论家成玄英疏解："洗去有心之累。"刳心，掏空心胸，排除所有杂念。《说文解字·氵部》："涤，洒也。"《礼记·曲礼下》："凡祭宗庙之礼……水曰清涤，酒曰清酌。"孔颖达疏解："古祭用水当酒，谓之玄酒也。而云'清涤'，言其甚清皎洁也。"洗涤；洗净；洗濯；扫除。《诗经·豳风·七月》："九月肃霜，十月涤场。"《史记·司马相如列传》："相如身自著犊鼻裈，与保庸杂作，涤器于市中。"刳涤，挖空洗净。魇迷，犹如魇昧。使用一些药物或者法术使人神智昏迷，糊里糊涂，或者遭受祸患。明末清初文学家、戏曲家李渔作《风筝误·惊丑》："多应是丑魑魅，将咱魇迷，凭何计，赚出重围。"北宋张君房《云笈七签·卷四十六》："常能诵之，则终身不被魇昧。"清代蒲松龄《聊斋志异·造畜》："魇昧之术，不一其道。或投美饵，给之食之，则人迷惘，相从而去，俗名曰'打絮巴'，江南谓之'扯絮'。"剖开洗净梦魇中的迷惑。用画符喷水等手段治疗疾病)，诧为神授（诧，惊讶；诧异；夸耀。引申为谎称、诈称。惊异地以为是神授。《史记·司马相如列传》："子虚过诧乌有先生。"诈称；谎称是神仙授予的，剽窃一些残缺不全毫无头绪的医学知识，谎称自己医术奇异、高明。将那些枯萎的草木、有毒的药剂，悉数都说成是神仙赐予、赠送的)。轻浅之症，或可贪天；沉痼之疾，乌能起废（乌，副词。何；怎么，指原因或理由。《吕氏春秋·明理》："故乱世之主，乌闻至乐？不闻至乐，其乐不乐。"《汉书·司马相如传》："且夫齐、楚之事，又乌足道乎！"怎么能起作用呢)？虽然诚有是焉，亦不可概论也。为问今之乘华轩、繁徒卫者，胥能识症、知脉、辨药，通其元妙者乎？俨然峨高冠，窃虚誉矣！今之游权门，食厚俸者，胥能决死生，达内外，定方剂，十全无失者乎？俨然踞高座，侈功德矣！是知笑之为笑，而不知非笑之为笑也。

予幼嗜岐黄家言，读书自《灵》《素》《难经》，而下旁及《道藏》《石室》《海录》《丹房》(《道藏》，道教经籍的总集，道教大型丛书。《石室》，古代收藏图书档案之处。《史记·太史公自序》："周道废，秦拨去古文，焚灭《诗》《书》，故明堂石室，金匮玉版，图籍散乱。"《海录》，两宋间学者叶廷珪，手抄各种异书，著有《海录碎事》一书。《道藏》书中有《丹房奥论》《丹房须知》等书)；考穴自《铜人内景图》，而下更及《太素》《奇经》。伤寒则仲景之外，遍及《金鞞》《木索》（后世续《伤寒论》的有关著作。《金鞞》系由明末医药学家卢之颐所著，全名为《仲景伤寒论疏钞金鞞》。《木索》不明所指)；本草则《纲目》之外，远及《海录》《丹房》。有得辄钞撮忘倦，不自知结习至此，老而靡倦。然闻走方医中有顶、串诸术，操技最神，而奏效甚捷。其徒侣多动色相诫，秘不轻授。诘其所习，大率知所以而不知所以然，鲜有通贯者。以故欲宏览而无由，尝引以为憾。

有宗子（①宗法制度中身承大宗的嫡长子。《诗经·大雅·板》："怀德维宁，宗子维城。无俾城坏，无独斯畏。"郑玄笺解："宗子，谓王之嫡子。"②泛指嫡长子）柏云者，挟是术遍游南北，远近震其名，今且老矣。戊寅航海归（1758 年，乾隆二十三年），过予谈艺。质其道，颇有奥理，不悖于古而利于今，与寻常摇铃求售者迥异。顾其方，旁涉元禁，琐及游戏，不免夸新斗异，为国医所不道。因录其所授，重加芟订，存其可济于世者，部居别白（按部归类，辨别明白。东汉文字学家许慎《说文解字叙》："分别部居，不相杂厕。"《汉书·董仲舒传》："辞不别白，指不分明"），都成一编（都，动词。汇聚；聚集。《广雅·释训》："都，凡也。"《文选·与吴质书》："顷择其遗文，都为一集。"《水经注·水文注》："水泽所聚谓之都。"北宋黄庭坚《题落星寺》诗："岩岩正俗先生庐，其下官亭水所都。"汇集编辑成为一编），名之曰《串雅》，使后之习是术者，不致为庸俗所诋毁，殆亦柏云所心许焉。昔欧阳子暴利几绝，乞药于牛医（牛医，出身微贱而颇有声望的医生。语出《后汉书·黄宪传》："世贫贱，父为牛医……同郡戴良才高倨傲，而见宪未尝不正容，及归，罔然若有失也。其母问曰：'汝复从牛医儿来邪'"）；李防御治嗽得官，传方于下走。谁谓小道不有可观者欤！亦视其人之善用斯术否也。

乾隆己卯（1759年，乾隆二十四年）十月既望，钱塘　赵学敏恕轩撰

其后的医家陆以湉评钱塘赵学敏所著：《串雅内外编》，皆走方术。谓走方之药，上行者曰顶，多主吐；下行者曰串，多主泻；顶、串而外，则曰截。截，绝也，如绝害然，此即古汗、吐、下三治也。又谓走方有三字诀，一曰贱，药物不取贵也；二曰验，下咽即能去病也；三曰便，山林僻邑仓卒即有。能守三字之诀，便是能品。其自序谓幼嗜岐黄家言，性尤好奇，闻走医中有顶串诸术，操技神而奏效捷，以此获食，其徒侣多动色相戒，秘不轻授，又多一知半解，罕有贯通者，以故欲宏览而无由。宗子柏云：挟是术且老矣。戊寅航海归，质其道，皆有奥理，顾其方，旁涉元禁，琐及游戏，未免夸新斗异，为国医所不道，因取其所授，重加芟订，存其可济于世，合余平昔所录奇方，汇成一编，名曰《串雅》。不欲泯其实也，并矫奇而归于雅，使后之习是术者，不致为庸俗所诋淇云云。然观其所载，多兴阳之方，大半热药，如天雄、附子、草乌、肉桂、硫黄、阿芙蓉、淫羊藿、鹿茸、蚕蛾等味，用之必致为害，且导人以纵欲，亦非大雅所当言也。

《重斠刊串雅内编·小引》（斠，音jiào，动词。本是古代量谷物、粮食时刮平斗斛所用的器具。古通"校"。引申为主持公平）：医学渊源，古帝其书。满家经方，脉论各有专门，彪炳后先，几于充栋。独走方铃医自为一科。习是技者，师师口授，学法相承。大率剽窃前贤绪论，以自为盈缩。或夸神授，或诧僧传（诧，音chà，动词。本义是夸耀。《史记·司马相如列传〈子虚赋〉》："畋罢，子虚过诧乌有先生，亡是公存焉。"亦表示惊讶、奇怪之意。此说：或是夸耀为神仙传授，或炫耀说是僧人传授）。方则多本古

人，又不能尽通古人之意。故自古无专书，人亦以卖艺者流薄之（薄，冷淡；轻视；轻薄；鄙薄。常用于合成词。既可作动词用，亦可作形容词用。《诗经·小雅·小旻》："战战兢兢，如临深渊，如履薄冰。"《史记·孙子吴起列传》："曾子薄之，而与起绝。"流薄，犹"流议"。轻视、鄙薄的议论。人们因其似卖艺者而流言鄙薄、看不起他们）。其徒众辄挟此訾食江湖（訾，通"赀"，音 zī。钱财；资产；訾产。《汉书·司马相如列传》："更名相如，以訾为郎。"其众多徒弟则挟此技术游走江湖以为获取资产的手段），秘其主使方剂，互为标揭（互相标榜炫耀。清代薛福成《王君墓志铭》："呜呼！其贤于世之幸躐亨衢，高自标揭，觝铄古今，而言行不相顾者，盖亦远矣"）。而乡僻城市，随遇疗治，亦往往奇验。比之世为名医，吝骄自大之辈，似又胜之。尝读仓公传，及六朝褚生列传（褚生，即指褚澄），与近代苏、沈所纪（苏轼、沈括），见证处方，亦都暗合。可以见铃串流传，远有端绪（端绪，头绪；端倪；渊源。《淮南子·精神训》："反复终始，不知其端绪。"《淮南子·兵略训》："一晦一明，孰知其端绪。未见其发，固已至矣。"《明史·宋濂〈序〉》："先生之裔，分自南丰。父、祖皆宋进士，书诗之业，远有端绪。"由此可见铃串行医渊源流传久远），抑亦画山水者，同能不如独胜欤！

同里（同乡，引指同一地方的人）赵恕轩先生纂《串雅》一书，盖尝遇铃医之贤者，不私所得，悉以授之。先生删其眩异繁缛（繁缛，繁琐；琐细；琐碎。曹植《七命》："步光之剑，华藻繁缛。"《文选·嵇康〈琴赋〉》："沛腾遌而竞趣，翕韡晔而繁缛。"唐代李善注解："繁缛，声之细也。"赵恕轩先生删掉那些眩目奇异繁琐细碎的内容），参以秘笈所藏，归之雅正，勒为成书，其用心亦孔厚矣。咸丰初，为余杭某君刊行，未及流布，遽毁于庚辛之难（此谓 1860 年的咸丰十年，即庚申年；1861 年的咸丰十一年，即辛酉年。忠王李秀成为解天京危局，以围魏救赵之计，两次率太平军进取杭州的历史事件，其间守城两年多，俟其退出后，清军入城，烧杀抢掠，谓取之于贼。杭城人口由原来的八十一万骤减到七万人），人间仅有存者。

徐侍郎颂阁先生，乙酉春来杭州（1885 年，光绪十一年），从丁氏"八千卷楼"假归（假，动词。通"假"。借。《广雅》："假，借也。"《左传·僖公五年》："晋侯复假道于虞以伐虢。"从丁氏的"八千卷楼"借阅回归），录副以去。濒行，属余刊印（属，古通"嘱"，音 zhǔ，动词。叮嘱；托付；请托；嘱咐。《左传·隐公三年》："召大司马孔父而属殇公焉"），以公同好。因乞吴君平格庚生补注条系于后。平格邃于医（邃，音 suì，本意是深远；精邃；深邃。《离骚》："闺中既以邃远兮，哲王又不寤。"由此引申为精深。明代散文家归有光《送吴纯甫先生会试序》："先生精于学，邃于文，熟于事。"此说吴平格先生精通医学），其所注悉有依据，足以增益是书。若剞劂之资，则嘉定瞿太守任之。以广医药之一家，不必神其说于《龙宫三十方》也（《龙宫三十方》，这是与药王孙思邈有关的一个典故，也可以说是民间传说故事。一说：孙思邈隐居太白山，学习道术期间，曾脱衣救过一条被牧童砍伤的小蛇。为了感恩，小蛇的父王送给其一本名叫《龙宫奇方三十首》的书，此后，孙将这些内容编写进了《千金方》一书中。另一说：据唐代小说家、骈文家段成式撰笔记小说集《酉阳杂俎》记载，孙思邈隐居终南山，与宣律和尚谈佛说道，适逢天下大旱，一位老者来向宣律和尚求救，说是一个来自西域的僧人欺骗天子，以祈雨为名，实质是要取弟子脑浆入药，乞求师傅施法救人。宣律推辞，无奈，又乞求于孙思邈。孙施方救命，为了感恩，而获天帝所赐秘方。日后，这些内容便就成了《千金方》中的一部分内容）。

光绪庚寅（1890年，光绪十六年）仲夏 仁和　许增迈孙 识

《本草纲目拾遗·小序》：客有问于予曰：闻子有《纲目拾遗》之作乎（子，代词。古代对男子的美称或尊称、敬意。《左传·僖公三十年》："吾不能早用子今急而求子"）？予曰：然（然，是；对。形容词。《论语·雍也》："雍之言然！"或用作肯定的答复。《论语·阳货》："然，有是言也"）。客曰：濒湖博极群书，囊括百代，征文考献，自子、史迄稗乘（稗乘，音 bài shèng，犹稗史，或泛指"野史"，记载民间逸闻琐事、闾巷风俗、旧闻一类的书籍。与正史有别。清代黄宗羲《陈令升先生传》："然后蕺山之学如日中天。至其包举艺文，渊综律历，百家稗乘之言，靡不究。"），悉详采，以成一家之言。且其时不惜工费，延天下医流，遍询土俗，远穷僻壤之产，险探仙麓之华。如《癸辛杂识》载押不芦（《癸辛杂识》，南宋末、元初的学者、词人周密记载、撰辑的唐宋史料六卷本笔记。内容多为人物琐事、见闻杂言，与其所记《齐东野语》多记朝廷政事者不同），《辍耕录》载木乃伊（亦称《南村辍耕录》，元末、明初学者、史学家、文学家陶宗仪撰著的记载有关元朝社会典章、文物、天文历算、地理气象、社会风俗、小说诗词、掌故诸多内容的史事笔记），濒湖尚皆取之，亦何有遗之待拾欤？观子所为，不几指之骈、疣之赘欤（疣，本指一种生长于体表的一种赘生物，借指文章啰嗦、繁琐）？余曰：唯唯否否（自谦词，答话时表示同意的应诺声。《国策·秦策三》："秦王跪而请曰：'先生何以幸教寡人？'范雎曰：'唯唯。'"由此引申为谦卑的应答语。否否，别人说否，自己顺从而答。《史记·太史公自序》："太史公曰：唯唯，否否，不然。"裴骃《集解》引晋灼曰："唯唯，谦应也；否否，不通者也"）。夫濒湖之书诚博矣，然物生既久，则种类愈繁。俗尚好奇，则珍尤毕集。故丁藤陈药不见《本经》，

吉利寄奴惟传后代，禽虫大备于思邈，汤液复补于海藏。非有继者，谁能宏其用也？如石斛一也，今产霍山者，则形小而味甘；白术一也，今出于潜者，则根斑而力大。此皆近所变产，此而不书，过时罔识（罔，副词。不。《尚书·盘庚下》："罔罪尔众，尔无共怒，协比谗言予一人。"《孔传》："今我不罪汝。"过时不识），将何别于《百粤记》中之产（《百粤风土记》一书，由明末在广西任职时的谢肇淛所撰辑的一部记录广西见闻笔记文献著作）。元黄基治肿毒，孙公谈圃之用，水梅花治痢疾，后且莫知为何物，安辨其色味哉！矧夫烟草述于景岳（张景岳），燕窝订于石顽（张璐。清初医学家，名璐，字路玉，号"石顽老人"。著有《本经逢原》《张氏医通》等）。阅缪氏《经疏》一编知简误（缪希雍，明代著名医学家，著有《神农本草经疏》），实为李氏之功臣，则予《拾遗》之作，又何有续胫重跖之虞乎（胫，人或指禽兽的腿。《庄子·骈拇》："鹤胫虽长，断之则悲。"跖，音 zhí，哺乳动物着地的部分，或称足或掌。虞，贻误。《诗经·鲁颂·閟宫》："无贰无虞，上帝临女。"《毛传》："虞，误也。"唐代训诂学家孔颖达疏解："无有贰心，无有疑误。"岂有，或曰又怎么会有续腿重足之贻误?）？客应曰：可。即命予弁斯言于首以为叙（弁言，弁，古代的一种帽子，由此引申谓书籍冠于卷首相当于前言或序言一类的文字为弁言）。

乾隆乙酉（1765年）八月钱塘　赵学敏　恕轩题于双砚草堂

《本草纲目拾遗·跋》：《本草纲目拾遗》十卷，乾隆间吾杭赵恕轩先生所著《利济十二种》之一也。十二种者，《医林集腋》《养素园传信方》《祝由录验》《囊露集》《本草话》《串雅》《花药小名录》《升降秘要》《摄生闲览》《药性元解》《奇药备考》及是编也。全目及总序，备载于是编卷首。鲍氏《汇刻书目》，亦载十二种之目。但有传抄本，皆未刻。至嘉庆末年（1820年），传抄本则只有是编与《串雅》二种，其十种已不传。且是编每药品下论列各条，颠倒错乱，眉目不晰。余因访知杭医连翁楚珍藏其稿本，假阅，乃先生手辑未缮清本者，初稿纸短，续补之条，皆粘于上方，粘条殆满，而未注所排序次，故传抄错乱耳。余乃按其体例，以稿本校正排比传抄本之误，然后各条朗若列眉，还其旧观。原稿本仍归还连翁。迨庚申寇乱，翁家原稿本之失，《串雅》亦佚，余编缮此本，幸携带仅存，得存先生遗著之一，亦足宝重矣。

余又闻雍乾间，杭人汪君怀著有《草药纲目》一书，裒然大部，与濒湖《纲目》等，其稿未传抄，访诸其族人，皆未见，想已堙没失传。恨未得其书，与李氏、赵氏鼎峙，为本草之大全也，惜哉！

同治 甲子（1864 年）秋日，钱塘 张应昌 仲甫氏撰

清代著名医药学家赵学敏撰著《本草纲目拾遗》一书的时间，约自 1760 年乾隆二十五年始，至 1803 年嘉庆八年，前后历时四十三年，正文方才定稿，后于 1871 年，也就是同治十年才首刊。

魏之琇（1719—1772，一说 1722），清代医家，字玉璜，号“柳州”，浙江钱塘人。世医出身，著有《续名医类案》《柳州医话》，其学博大精深。

《柳州医话·序》：魏柳州先生辑《续名医类案》六十卷，脱稿未久，先生寻逝，幸已邀录四库馆书，不致散佚，《提要》（《四库全书提要》）病（指责）其编次潦草，盖未经删定之故也。雄不才，僭（超越自己身份的作为）删芜复，而卷帙犹繁，未能付梓，爰先录其所附按语为《柳州医话》，以示一斑云。

咸丰元年（1851 年）冬十一月　后学　王士雄书于潜斋

黄宫绣（1720—1817），清代著名医药学家，著有《医学求真录》《脉理求真》《本草求真》。

黄宫绣，字锦芳，江西省宜黄县棠阴君山人，乾隆时期宫廷御医。与陈自明、严用和、危亦林、龚廷贤、李梃、喻昌、龚居中、崔嘉彦、谢星焕同列为江西历史上十大名医。

黄宫绣，出身于书香儒医世家，自古临川郡就多出谈理者，其父黄为鹗亦是一位善谈理者。其自幼天资聪颖，受家庭熏陶影响，秉承庭训，习儒好医，对医药学尤为独有情钟，广搜博采，潜心研究，认真治学，严谨不苟，注重实践，勇探真理，务实严谨，于疑难病证，多卓有成效；既不泥古薄今，亦不厚今薄古，禀承良相良医之论，终成一代御用名医。其绝不随声附和，绝不与鬻技者为伍的精神，实在是难能可贵！

《本草求真·王叙》：岐黄一术，小之虽为技业之精，大之即为参赞之

道，其功甚巨，其理甚微，自非有真学问真识见者出而为医，亦乌能博览群书，探本穷源，而得其真于不谬哉！盖天下有真儒，则始有真医，必为真儒以为真医，则其医始真而不伪，必求真读医书以为真医，则其医尤真而不伪，顾世之医者不然，或读书而止记数方，或临症而偶忆一说，拘牵附会，害不胜言，其幸而济，则以自鸣其术，而不知求其精，不幸而不济，则且同委诸命，而不复知其失，呜呼！以千万人之死生，系一人之工拙，而固是以术尝哉，然此非独攻医者之过，即古诸书亦与有责焉。

余向习举业，未谙医理，承简命以来，簿书刑钱，日夕不遑，间或公事稍暇，考诸本草所载药品气味，非不既繁且备，然多以隔一隔二为言，推说反说见意，从今人茫然不知其津涯，浩乎不知其畔岸，则欲以求真，适以乱真，无怪乎寡渺闻之士，终不能得其真也。

宜川太学（宜川，陕西省延安市宜川县。太学，就是国学，古代的最高学府。自西周时已有太学之名，西汉武帝刘彻立五经博士，乃西汉开设太学之始。此后历代名称不一，制度亦有变化。《汉书·董仲舒传》："故养士之大者，莫大乎太学；太学者，贤士之所关也，教化之本原也"）姓黄讳宫绣，号锦芳者，其父讳为鹗，曾以《理解体要》问世，知生本为儒家子，其渐渍于儒者久矣（渐渍，浸润。引申为渍染；感化。《史记·礼书》："而况中庸以下，渐渍于失教，被服于成俗乎?"此说黄宫绣生长于儒家家庭，自幼受到儒家家教感染时间久矣）。一日手示《本草求真》请序于予（禁，形容词。秘密；隐秘。一天手持《本草求真》书稿，隐秘地向我请求作书叙），予阅是书，即已了如指掌，判若日星（与成语炳若日星意思相近。就如同日月星辰，非常盛大。南宋学者、藏书家，北宋著名词人周邦彦之子周煇著十二卷本笔记体著作《清波别志·卷上》："仁皇一朝人才之盛，如文正公、文忠公、师鲁，皆第一流人，名书国史，炳若日星，初不假于称赞"），更知于医，研究有素，故能阐真摘要，订伪辨讹，发前人所未发，俾习为儒而未医者，固一览而知其道，即素未为儒而始学夫医，亦甫读而得其要，斯岂庸医浅儒所能道其万一者乎！方今圣天子嘉惠元元（嘉惠，敬仰之辞。称颂别人所给与的恩惠。《左传·昭公七年》："致君之嘉惠，是寡君既受贶也。"元元，平民百姓。《战国策·秦策一》："今欲并天下，凌万乘，诎敌国，制海内，子元元，臣诸侯，非兵不可。"赞颂之词），万物一体，痌瘝恒切（痌瘝，音 tōng guān。痌，痛苦；恐惧；创伤；溃烂。瘝，疾病；疾苦；痛苦。《尚书·康诰》："王曰：'呜呼！小子封，恫瘝乃身，敬哉！天畏棐忱；民情大可保，小人难保。'"《明史·刘宗周传》："陛下留心民瘼，恻然痌瘝。"关怀民众病痛、疾苦。恒切，心诚持久真切。

恒，《说文解字·忄部》："恒，常也。"形容词。《易经·序卦传》："恒者，久也。"关怀老百姓的病痛、疾苦，心诚且持久真切)，蔀屋皆春（蔀，音 bù。搭棚用的草席。《易经·丰》："象，'丰其蔀'，位不当也；'日中见斗'，幽不明也；'遇其夷主'，吉行也。"蔀屋，本谓以草席苫盖屋顶之屋，泛指贫穷人家幽暗简陋的草屋。北宋王安石《寄道光大师》："秋雨漫漫夜复朝，可嗟蔀屋望重霄。"贫穷者全部获得喜气温暖)，倘得是书而广饰之，将见济世无穷，活人甚重，其功非止见于方隅，自必及于四海，而皆被其效，非止垂于一时，自必绵于万古而不替也，是为叙。

时乾隆 己丑 癸冬（乾隆三十四年，1769 年）

知宜黄县事晋陵 王光燮书于 凤冈公署

……宜黄（江西省中部偏东、抚州市南部，临川文化发源地之一。建县于三国吴太平二年，257 年，已有 1755 年历史）黄太学宫绣，以其故父为鹗所著《理解体要》二卷，并所自著《医学求真录》数卷，并《本草求真》数卷，来上兼请叙。余惟义理之学，至宋儒而大明，发明宋儒之蕴，更元明诸儒而大备。宜黄古临川郡也，计是郡之谈理者，宋有象山，元有草庐，明则康齐，皆以绝人之资，发其自得之学。黄君之书，其资既与先哲相若，且能于章句训诂之余，不溺于口耳词华之习，荟萃儒家者流，以为此书，可不谓能自拔于流俗之外者欤。太学于敬读父书余暇，肆力轩岐，夫古人以良医之功，比方良相，盖古仁者，及人利物之心，类如是耳。否则博施惠众，其事靡穷，而良相良医，厥人有数，矢愿固欲，恐反于仁之术隘矣。今太学之为此书也，于史为方伎家言，而能归重立品正情，则不独借以寄其良相之思，亦将自溥其近譬之念，固迥与世之鬻技者殊矣，爰不却其请，特作序。

时乾隆三十八年季冬月赐进士出身，诰授中宪大夫，江西分巡广饶九南兼管水利兵备道加二级纪录一次前日讲起居注官翰林院侍讲、左春坊左先赞善翰林院编修江宁秦承恩撰

《太史医案初编·自序》，余读《中庸》之书有曰：君子之道费而隐。此道字是贯天地人物而言，非一技之微、一物之细所可得而拟也。至医之一途，为人诊疾病、起沉疴，其道小矣。然道虽小，而理未尝不与天地之道相通。浅之病止皮毛，庸夫俗子亦得以伸其技；大之伤及脏腑，即名医诸公，亦有智所不能、力所不及，而叹医道之难，亦不啻费而隐者矣。夫医司人

命，其中义理不可不细讲求，其讲求之法，要在先通文艺，次博医书，明其人身阴阳，通其脏腑经络，熟其经髓脉道，识其药性气味，别其风土异宜，分其气味厚薄，去其书之肤廓，求其书之真奥，然后详病以究病根，审食之多寡以定治法。其有脉与症殊、症与脉异，非真异也，实由考症、考脉不实而自异耳。凡此胸无只字，涉猎数方，妄为轻试，固属罔济。即使文艺精深，自少至壮至老，非不历尽寒暑，广搜医书，加意揣摩，去成见，辟谬妄，融会贯通，由博返约，归于一理。又或历练不多，临症稀少，与夫人情有乖，世味鲜熟，偏执不化，亦未有治克臻效，而致一无所失者矣。至于痨伤蛊膈，此最困医，其在诸书，已言莫治，但其病根未深，谷食未绝，口腹维慎，尚可挽回，否则难救。正如君子之道，大则圣人天地尚有未尽，而为人憾，岂有庸夫俗子鲜有知识而尚可言治乎？余生也晚，未得与诸先哲议论讲贯一堂，聆其指训，仅窃其书而私淑之，或谓可以入室。目今年已衰迈，起视诸医，舛错实甚，并以沙参之寒，改作扎参，以补肺气之虚，尤属大谬。爰取余昔治验方案，除一切真热真火，时医熟识，不得尽赴余治外，至于假热假火，及或胃气不舒，谷食减少，治之甚多。所详治法，皆是先明脏气，以分是阴是阳、是偏是平，次究胃脏虚实，以分危险顺逆，而尤审其脉与症符、症与药合，不得各为一说，以致自相矛盾。第篇幅甚繁，又难刻布，因择经验之案，与时医不相侔者，共计一百六十首，分为五卷，既以表余一生研究之苦，又以示余儿辈，因应之用。际今圣天子御世，光协重华，德洽海宇，复奉颁发《御制医宗金鉴》，万民悦服，中外钦承。余著《医学求真》，已于乾隆四十年十一月十七日，经先任巡抚部院海进呈御览，感激靡尽。兹集治略，凡属名公巨卿，医道素娴，谅可共质。至于篇内语多嫉俗，或訾余论之偏、余言之谬，特彼之先自锢蔽，又非鄙论所能使其顿释者。是为序。

时嘉庆四年夏五中浣七日之申酉　抚　黄宫绣 寿正八旬书府公舍

《太史医案初编·弁言》：吾父名宫绣，号“锦芳”，所集自己治验医案，约共六百余种，久已藏贮私箧，以示吾辈。中因吾父先父先母两棺未葬，暂置医书而师青囊。无奈是书义理较医更深，功废八载而志未遂。偶于羊城留寓治病，每见诸医与父所治，觉有不同，因谓医以诸书所论为本，而

《内经》之书，尤为诸书之最。按《经》所载"肾恶燥"句，时医知用地、茱滋润，天冬、麦冬以滋化源，俾得转燥为润，洵属合法。而《内经》所载"脾恶湿"句，其人委是命门火衰，寒湿深重，饮食不思，嗳饱呕恶，则地、茱、二冬自应暂置。胡为脾之恶湿，竟不思及，仍将地、茱、天冬、麦冬倍用，以致饱恶泄泻诸证俱备而毙。此实深可痛恨，惜无一人共为力救。并云诸医治病，脏体不分，真伪不辨，兼症不考，尤属不合。爰命儿辈将已新旧治验方案，内选四分之一，作为初集，以救近地时医固执之偏。余则分为二集、三集再刻。但此止可传诸异地，与父素未睟面，忌心悉泯，并有文理精深，或谓此书于世有补。至于近地偏浅，识见未广，沟腔忌克，及或文理不深，目此大有所拂，则父又未之何。

不肖男　省吾识

《太史医案初编·序》：黄翁名宫绣，字锦芳，凤岗八十叟也。其先人邃于理学，著有《理解体要》。游寓羊城，时得览其书，谓足以接先儒之踵、启后学之蒙，诚儒望也。翁少承家学，攻举子业。先人病多，遂弃制艺，专岐黄，且谓：人生天地，不可汶汶（汶汶，玷辱。《楚辞·渔父》："安能以身之察察，受物之汶汶者乎？"王逸注解："蒙垢尘也。"洪兴祖补注："汶，蒙，玷辱也。"人生天地，不可以蒙受玷辱也），上不能黼黻皇猷（黼黻，音 fǔ fú。原意是指帝王和官员所穿礼服边上所绣制的华美花纹，有规律的"黑白""黑青"相间的花纹。最早出于周制，天子服十二章纹样。引申为爵禄；或者说才华横溢，有文采。《晏子春秋·谏下十五》："公衣黼黻之衣，素绣之裳，一衣而王采具焉。"《淮南子·说林训》："黼黻之美，在于杼轴。"东汉高诱注解："白与黑为黼，青与赤为黻，皆文衣也。"三国魏曹植《元会诗》："衣裳鲜洁，黼黻玄黄。"《北齐书·文苑传序》："其有帝资悬解，天纵多能，摛黼黻于生知，问珪璋于先觉。"皇猷，帝王的谋略或教化。《北史·牛弘传》："今皇猷遐阐，化覃海外。"黼黻皇猷，辅佐朝廷）、建功立业，下亦当调燮斯人（调燮，调养；调理。宰相能够调和阴阳，治理国政），扶危救困。惟医之一道，其庶几焉！然而其术虽仁，其害亦大。非数十年研精覃思，揣摩印证，未易道也。翁自《内经》以下，凡专门名家之书，不啻汗牛充栋，而无不博考，以会其变通采摭，以收其粹美。乾隆四十年，已著《医学求真》若干卷，进呈御览，刊以寿世。迄今廿余年，历症愈多，人所束手无措者，莫不转危为安。因思庸医少学之辈误人不胜痛指，凡诊法、辨法、断法之疑似，阳脏、阴脏、平脏之分详，细为论列，俾后学可奉为津梁。且将平日所治，叙其脉与症之异同、药与病之投合，或因辩论而申明，或因触类而阐发，无不条条款款，令人了然而后止，颜曰《锦芳医案》。此翁之婆心如此，即至造次颠沛，而翁之心仍不释也。昔文正公遇一善相士，问曰：吾能做宰相否？相者久未答。复即问：既不能宰相，还可为名医否？相者笑曰：适欲为相，志何大也！转即问医，何遽小若是？请言其故。文正公曰：宰相可仁及天下，否则惟医为仁术，亦可济时。士君子不此则彼，总宜有所建白于世，安可汶汶以终身也？相者惊服而退。吾于翁亦云。因问序，爰引以为赠。

岁嘉庆四年季夏月新城何致培退思氏书于羊城旅次

徐爔（1732—1807），清代戏曲作家，著名医学家徐大椿之子，亦通医，辑注《药性诗解》一书。

徐爔，字鼎和，吴江（今江苏省）人，依汪昂所撰《本草备要》（刊于1694年，康熙三十三年，八卷，主要取材于《本经》《神农本草经疏》二书，经编选而成，收载药物470种，概述性味、主治、功用，并附图400幅。因其非常适合临床实用，而广为流传）的编次，以草、木、果、谷菜、金石、禽兽、鳞介鱼虫、人八部录《药诗》360首，每药一诗，简述其功能、主治。在诗前注有各药性味、归经，补注其功用，于清末辑注成《药性诗解》一书。

章穆（约1743—1813），清代医学家，撰有《调疾饮食辩》。

章穆，字深远，晚号“杏云老人”，江西省鄱阳（今鄱阳县）人。藏书甚丰，好学深思，勤于诵读，博闻强记；尤其喜爱钻研医学及历算等实用之学，精于医理，治病不计钱财，行医五十余年，是位学、验俱富的医家。见误于药饵饮食者甚多，遂取《本草纲目》为宗，举世间食物六百五十三种，结合亲身经历，详加考订，于嘉庆十八年（1813年）撰成《调疾饮食辩》六卷书。其内容主要论述调理疾病的常用饮食，除涉及药用功用之外，重在理论评述，针对当时在饮食调疾方面的一些俗弊加以抨击、贬斥，对历代本草书中的相关理论进行辨析，颇具个人的独特见解。1813年，书刊刻未竟而殁。道光三年（1823 年），由后人续刻成编。存世医书尚有《四诊述古》抄本，以四诊为纲，裒辑古今诊断要义。另有《伤寒则例》《医家三法》及历算著作《三角弧弦绪论》等，均未见传世。

清代医学家“杏云老人”章穆所撰六卷本《调疾饮食辩》一书颇为有名，又名《饮食辩录》，简称《饮食谱》《食物辩》。是一部专门论述陈列食物及其药用的本草食疗书籍。

章穆亦因此书而知名。

《调疾饮食辩·序》：饮食为生人大欲，拂之则颠，纵之则流，诚不可不辩也。观经、传所载，以及本草、职方（古代执掌某一方面职权工作的官员。《礼记·曲礼下》：“五官之长曰伯，是职方。其摈于天子也，曰天子之吏。”东汉末年经学家郑玄注解：“职，主也，是伯分主东西者。”唐代经学家孔颖达疏解：“是职方者，言二伯于是职主当方之事也”）、诸子百家，言饮食者甚繁。古人谓保寿有三，其一在腹中量所受，即是辩之明耳。吾乡前辈，章杏云老先生，儒雅士也，《本经》术湛深之余（学问高深精湛。语出清代蒲松龄《聊斋志异·雨钱》：“时抽经义，则名理湛深，尤觉非意所及”），手订《饮食辩》一书，上穷天文、日星、岁序、历算，下究草木、虫鱼、山海珍错（《尚书·禹贡》：“厥贡盐絺，海物唯错。”泛指海中产物，因其种类复杂繁多，后世便因称海味为海错，亦泛指各种珍贵稀异食品。错，形容词。杂也；杂乱。北宋著名散文家、诗人欧阳修《醉翁亭记》：“宴酣之乐，非丝非竹，射者中，弈者胜，觥筹交错，起坐而喧哗者，众宾欢也”）。凡五行百产之精，一饮一食之微，无不源源本本辨其性之刚柔燥湿，与其用之损益斟酌。条分缕析（《明史·五行志一》：“而传说则条分缕析，以某异为某事之应，更旁引曲证，以伸其说。”逐条据理深入细致地分析解说），较钟伯敬《遵生八笺》异曲同工矣（此处有误。钟伯敬，名惺，竟陵人。万历年间进士，官礼部主事，曾为福建提学一年，因守父忧除服不出。因念及人生无常，钻研佛学，与他人共同参订成《楞严如如》十卷。而《遵生八笺》非他所作，而是明代高濂所撰）。老先生积籍颇富，自少而壮而老，未尝一日废学，资敏善记，数千言过目一二遍，便能背诵永不忘，更精医理。家虽贫，曾不知阿堵为何物（阿堵物，铜钱、钞票或曰钱的代名词。六朝、唐朝时期的口语。意为：这个东西，对钱的蔑称。此典故源出西晋时期，因雅癖而从不言钱，视金钱如粪土的名士王衍的故事。其妻子故意令女婢将铜钱堆绕在他的床前，以示考验。孰料待其早晨起床后，发现铜钱绕床前，即呼令女婢“举却阿堵物”，意即搬走这些物件，仍不言“钱”。《世说新语·规箴》：“夷甫晨起，见钱阂行，呼婢曰：

'举却阿堵物。'"北宋诗人张耒《和无咎》:"爱酒苦无阿堵物，寻春奈有主人家")。闻相识有奇险症，敞裘破盖（此是形容老先生急人所急，衣服尚未穿好，掀开盖被，披上裘衣，便急忙前往视诊的情形），辄亲往无难色。指下活人无数，人望之如生佛。云是书之成，盖得自老先生博览群书，识之于心、笔之于简，不惟日追驹影（日影；光阴。谓其流逝迅速的光阴。《庄子·知北游》:"人生天地之间，若白驹之过却，忽然而已。"不只是日争朝夕），亦且夜费兰膏（古人用多年生草本菊科植物泽兰子熬炼成的油脂，用来燃灯照明取亮，因泽兰富含芳香性挥发油，在照明的同时还可以散发出迷人的香气，具有消肿解毒、通利止痛功用。《楚辞·招魂》:"兰膏明烛，华容备些。"兰膏也泛指具有香气的油脂。夜以继日地写作），孜孜矻矻（孜孜，音 zī zī。努力不怠。《尚书·君陈》:"惟日孜孜，无敢逸豫。"矻矻，音 kū kū，亦读 wù wù。形容勤奋不懈怠的样子。《汉书·王褒传》:"劳筋苦骨，终日矻矻。"终日用心劳苦，以丝毫不敢懈怠的态度写作），至者不倦。所著各种皆经试验不爽（不爽，没有一丝差失；没有差错。《诗经·小雅·蓼萧》:"其德不爽，寿考不忘。"《毛传》释其意:"爽，差也"），既考诸古，复证诸今。并非剿说（剿说，音 chāo shuō，也做"勦说"。意指不是靠一揽子抄袭他人的言论为己说。《礼记·曲礼上》:"勿剿说，勿雷同。"东汉末年经学家郑玄注解:"勦，犹擥也。谓取人之说，以为己说"）雷同可比。老先生仁心为质，久欲以是编问世。苦无力不能遂意，又不肯因人成事，在日仅镌半集辄止。老先生寿履耄耋（《礼记·曲礼上》:"八十、九十曰耄。"《左传·僖公九年》:"以伯舅耋老，加劳，赐一级，无下拜。"西晋学者杜预注解:"七十曰耋。"《曹操·对酒歌》:"人耄耋，皆得以寿终"），以无疾而终。夫乃知其得力于手订之功居多，是书不即现身说法者欤。殁后，板存半，稿存半，适有好善者，求其后稿，续刻成编，昨问序于予，当夕，予就睡甫交睫（交睫，意指睡觉。上、下睫毛合并在一起，即闭眼，属睡眠状态。。《史记·袁盎晁错列传》:"陛下居代时，太后尝病，三年，陛下不交睫，不解衣"），忽与老先生大令嗣（对章穆老先生大儿子的尊称。。北宋人黄庭坚《答喻夫书》:"向见令嗣，眉目明秀"），乃已故"明经轩"凌先生相晤于南柯下（取自成语南柯一梦。原意是说在南面一棵大树下做了一场美梦，后世则比喻世事如梦，实乃一场空欢喜），渠似有所托之状（渠，在此做人称代词）。予醒而惊，恍然老先生英光慈范犹在目前，嗟乎！神物断无终理。明珠自应合浦（自古名贵珍珠产自广西壮族自治区北海市合浦县，亦称南珠。合浦是南珠之乡，历史长达两千余年之久）。老先生数十年攻苦婆心济世（攻苦婆心，犹如苦口婆心。苦口，反复规劝；婆心，仁慈的心肠。比喻善意而又不厌其烦地、耐心地反复规劝），功当不朽！览斯编者，奉为饮食之经，即共跻夫仁寿之域，此其德泽之垂于无穷，亦岂予后学所能扬其万一哉！亦聊以志感慕不忘之意云尔。

旹道光三年（1823年）岁次癸未

浴佛节（亦称佛诞节、佛诞日，每年的农历四月初八日，此日是佛祖释迦牟尼的诞辰日，是一年之中最隆重的佛教节日之一）同邑后学曹建顿首拜撰

《调疾饮食辩述臆（主观臆断地自述心里话。述，《广韵·术韵》："述，著述。"申述；记叙。一种文体。明代官吏、学者徐师曾撰《文体明辩·述》："按字书云：'述，撰也，纂撰其人之言行以俟考也。'其文与状同；不曰状，而曰述，亦别名也。"臆，主观地；猜测地）》：粤稽《周官》医师为医官长，其下四官：疾医疗疾，疡医疗疡，兽医疗兽，命之曰医，宜也。食医职司调食，不及药石之具，亦以医名，知饮食之关于疾病者大矣。故《鲁论》载不食之条，《大易》著观颐之训。虽无疾犹当谨之，况其在沉疴困顿间乎！杏云老人阅历病情五十余载，见误于药饵者十五，误于饮食者亦十五，药饵之误罪在医，饮食之误罪在病人。而律以食医调食之旨，医者亦不得辞其责也。然食品繁多，讲求不易，自古医书谈此事者代不乏人，鲜有善本。独前明代李氏《纲目》最称淹洽（淹洽，渊博；深通。《清史稿·选举志三》："必淹洽词章，通晓律令，而后可为表、判"），而诠理多乖。爰不揣弇鄙（爰，音 yuán。于是。此处做连词用。弇鄙，音 yǎn bǐ。相袭浅陋。自谦之词，谓不自量力、轻率行事的客气话），举世间食物分为六类，考订以《纲目》为宗，诠理则折衷于汉、魏、六朝、唐、宋、元、明数百家之说（《通俗文》："释言曰诠。"诠释；诠注。诠理，详细解释，阐明道理），期于得义理之安而后已。是役也，寒、暑三更，稿凡五六易，书成得二十万言。焚膏呵冻，挥翣驱蚊（翣，音 shà，名词。扇子。《小雅·广服》："大扇谓之翣。"《淮南子·说林训》："扬埃而欲弭尘，被裘而以翣翼，岂若适衣而已哉！"东汉经学家高诱《淮南子注》："翣翼，扇也。"于夏日自扇驱蚊），悉老人亲掭不律（掭，音 tiàn，动词。用毛笔在砚台内蘸墨。全部由老人亲自用笔调蘸墨汁使其在砚台上弄均匀。不律，方言，写字的工具，吴语称笔为"不律"。东汉文字学家许慎著《说文解字·聿部》："聿，所以书也。楚谓之聿，吴谓之不律，燕谓之弗，秦谓之笔。"吴语"不律"的称呼，后来被蜀语、粤语所继承），无一人一日之助也。而其以辨名书者何？李氏博学多闻，于医术则未窥堂奥（堂奥，比喻深奥的义理、深远的意境。此谓客观评价李时珍虽然是位博学多闻的医药学家，然而对于医术的深奥义理未及窥识），盖自轩、农肇立医经，传至宋时，而统中绝（中断灭绝。语出西汉刘

向《九叹·思古》:“闵先嗣之中绝兮，心惶惑而自悲”)，**金、元、明，刘、张、朱、李、薛、赵、高、韩诸子，识趣卑陋，学植空疏**(卑陋，平庸浅陋。北宋曾巩《自福州召判太常寺上殿札子》:“其政治所出，大抵踵袭卑陋，因于世俗而已。”空疏，空虚浅薄，没有实实在在的内容。北宋苏轼《乞校正陆贽奏议上进札子》:“臣等猥以空疏，备员讲读，圣明天纵，学问日新。”杏云老先生讥讽以上诸子学识太平庸浅陋，学问空洞浅薄，没有实实在在的内容)。**《纲目》为其所囿**(囿，音 yòu。局限；拘泥。《庄子·徐无鬼》:“知士无思虑之变则不乐，辩士无谈说之序则不乐，察士无凌谇之事则不乐，皆囿于物者也。”意为被《本草纲目》一书所限制住了)，**全部论说物理病情，总不能出此数家之尘雾**(尘雾，本谓尘土和烟雾，或曰如雾的飞尘。意谓以上诸子之说就都混沌不清，后人又总步前人的踪迹，跳不出这些家混沌不清的雾里看花之说)。**此则如金在沙，非淘之汰之使沙尽，而全胡以见？岂好辩哉！实将拥彗中逵**(拥彗，拿着扫帚扫清道路，清理环境，以候贵客来临。古人迎候宾客经常要执帚亦即拥彗以示敬意。两晋文学家、训诂学家郭璞《尔雅序》:“辄复拥彗清道，企望尘躅者，以将来君子为亦有涉乎此也。”唐代李白《行路难》:“君不见昔时燕家重郭隗，拥彗折节无嫌猜。”中逵，即指大路，亦指道路交错之处。唐代学者高彦修《唐阙史·辛尚书神力》:“辛则正立中逵，俟其欲至，两执其角，牛不能前。”奠基善本之作，扫除一切障碍，为后学创造良好的基础)，**为研搜者清拓古开蒙之道**(为后世研搜者开拓启蒙之道)，**俾无愧于称师称长也**(将无愧于后学的师长)，**云尔！**

旹皇清嘉庆十八年(1813 年，癸酉岁) **太岁在昭阳**(十干中癸的别称，用以纪年。《尔雅·释天》:“在癸曰昭阳。”《淮南子·天文训》:“子在癸曰昭阳。”东汉学者、经学家高诱注解:“言阳气始萌，万物合生，故曰昭阳。”亦称“岁阳”。古时人用干支法来纪年，十干叫作“岁阳”，十二支叫作“岁阴”) **作噩皋月上浣**(浣，音 huàn，亦读 guǎn，洗、洗涤、漂洗、沐浴、清洁、洁净之意。《说文解字·水部》:“澣，濯衣垢也。浣、澣或从完。”东汉经学家何休在为《公羊传·庄公三十一年》。“三十有一年，春，筑台于郎。何以书？讥。何讥尔？临民之所漱浣也”作注解释说:“无垢加工曰漱，去垢曰浣，齐人语也。”《一切经音义》卷十八引《三苍》说:“浣，洗也。”我国古人极富聪明智慧，早已懂得劳逸结合、适时休整、洗涤沐浴更衣的意义和重要性。至唐代已经作为定制，官吏每十天休息、沐浴一次，称为“休浣”；明崇祯末年，国子监生张自烈撰字书《正字通·水部》:“浣，俗以上浣、中浣、下浣为上旬、中旬、下旬，本唐官制，十日一休沐，故白居易诗‘公假月三旬’。今皆袭用之，省作浣。”由此，后世遂称每月的上、中、下旬为每月的月上浣、月中浣、月下浣。月上浣，即上旬的意思)。

鄱阳杏云老人章穆 自题于 瓣香书屋

陈念祖（1753—1823），清代医学家、中医名家，著有《神农本草经读》《医学三字经》《伤寒金匮浅注》《女科要旨》《金匮方歌括》等。

陈念祖，字修园，福建长乐人。乾隆五十七年（1792年）举人。著《伤寒金匮浅注》，本志聪、锡驹之说，多有发明，世称善本。嘉庆中（清仁宗爱新觉罗·颙琰，1796—1820年在位），官直隶威县知县，有贤声。值水灾，大疫，亲施方药，活人无算。晚归田（辞官回家），以医学教授，门弟子甚众，著书凡十余种，并行世。（民国赵尔巽等撰，《清史稿·卷五百二·列传二百八十九·艺术一·陈念祖传》）

清代医学家陈念祖，又字良有，号“慎修”。生于医学世家，自幼苦读经史，兼修医学。博览群籍，广泛吸收古代医学精华，结合临床实践，运用自如，对古典医经，凡遇疑难深奥便加以注释，编成歌诀，对医学通俗化、大众化的贡献不可磨灭。为人治病之余，撰著不倦，著有《神农本草经读》《医学三字经》《伤寒金匮浅注》《女科要旨》《金匮方歌括》《时方歌括》……然《清史稿》记载甚简，略略几笔捎带而过，不免有些遗憾！

吴鞠通（1758—1836），清代医学家，清代温病学四大医家之一（其余三位分别是：叶天士、薛生白、王孟英）。痛感于当时众多医家默守伤寒治法陈规不知变通的现象，撰写了七卷本的《温病条辨》，提出温病的三焦辨证学说，对温病学说做出了很大贡献。

吴塘，字配珩，号“鞠通”，出生于楚州（今江苏省淮安市）。深感为人子而不懂医学，从而无法尽孝，愧对父母生养之恩者；又经历侄儿因喉疾被当时的庸医治疗误死，立志学医，并且通过自学成才成医，终成满腹经纶的通儒。先生以颖悟之才，而好古敏求，发奋读书，研究医书上自轩岐、仲景，下迄叶氏香岩（即叶桂）；聪明强固，得于读书之力为多，议论豪放，上下古今，了如指掌；精究医术，所医皆奇效，沉疴怪症，应手而愈，虽遇危疾，不避嫌怨，令人惊服，先以医术名于北。为人心正口直，性刚气傲，不如用药之中正和平，因是毁誉不一。幸得其子廷芷、廷荃及婿周宗信习其术，并传其学，使之后继有人。

吴鞠通苦心力作《温病条辨》一书，可说是温病学领域里的一座里程碑，自温而热而暑而湿而燥，条分缕析，无不究病之所从生，推而至于所终极。其为方，约而精；其为论，闳以肆（成语“闳中肆外”的略语，语出唐代韩愈《进学解》：“先生之于文，可谓闳其中而肆其外矣。”文章内容极其丰富，文笔发挥淋漓尽致）。终于使混沌达两千余年的迷雾豁然得开，可谓苍生之福。作为同乡挚友的礼部尚书汪廷珍（字玉粲，号瑟庵，清协办大学士。1789年，乾隆五十四年，一甲第二名进士。精于教育，曾督学安徽学政，任左都御史、上书房总师傅、礼部尚书等职）特为其作序，赞曰：怀救世之心，秉超悟之哲，嗜学不厌，研理务精，抗志以希古人，虚心而师百氏，病斯世之贸贸也（贸贸，纷杂；混乱。唐代韩愈《琴操·猗兰操》：“雪霜贸贸，荠麦之茂。”南唐文字训诂学家徐锴作《说文解字系传》：“贸，犹乱也，交互之易”），述先贤之格言，摅生平之心得（摅，音shū。抒发；舒展。《文选·张衡〈西京赋〉》：“虽斯宇之既坦，心犹凭而未摅，思比象于紫微，恨阿房之不可庐。”三国吴文学家薛综注解：“凭，满也；摅，舒也”），穷源竟委（语出《礼记·学记》：“三王之祭川也，皆先河而后海，或源也，或委也，此之谓务本。”穷、竟，追根彻底地推究寻求；源，源头；委，名词，水的下流。后世则称事情的本末为原委或源委。彻底探究搞清楚事物的始末原委），并鼓励其尽快将书出版：“然犹未敢自信，且惧世之未信之也，藏诸笥者久之。予谓学者之心，固无自信时也，然以天下至多之病，而竟无应病之方，幸而得之，亟宜出而公之，譬如拯溺救焚，岂待整冠束发，况乎心理无异，大道不孤，是书一出，子云其人必当旦暮遇之，且将有阐明其意，裨补其疏，使夭札之民，咸登仁寿者，此天下后世之幸，亦吴子之幸也。”

吴氏治疾，必以仲景为依归，而变化因心，不拘常格，往往神明于法之外，却终究不离法之中。过去人们常说仲景乃轩岐之功臣，现在可以说吴鞠通亦是羽翼“长沙”仲景之功臣也。

吴氏学力全在温病，所作《医医病书》确有见地，之所以作此书，缘于炎黄以来，医者盛多，不明不白死于医者之病者亦盛多，忧虑不安孰甚。病者不死于病者之病，而是多死于医者之病，而医者又不自知其所以病，病者将愈益重其病；若欲救病者之病，则不得不先医医者之病；欲医医者之病，吴氏所作《医医病书》，必得先行。然其原作体例混淆，先后陵躐（陵躐，不按次序，超越等次。《史记·秦始皇本纪》：“匡饬异俗，陵水经地。”《礼记·学记》：“幼者听而弗问，学不躐等也。”孔颖达疏解：“踰越等差”）掺杂无纪，罅漏难免（罅，音 xià。《说文解字·缶部》：“罅，裂也。”开裂。清代训诂学家朱骏声注解：“烧缶善裂，即考工旊人所谓薜也。”裂缝、缝隙。北宋苏轼《石钟山记》：“徐而察之，则山下皆石穴罅。”本谓瓦器的裂缝，引申为各种事物的缝隙。罅漏，比喻事物的漏洞。唐代韩愈《进学解》：“补苴罅漏，张皇幽眇。”难免没有瑕疵），混乱不清，未尽妥善，令读者眼花缭乱，难于就其重点，文不足以济其质。其论学医，语多概略，独于病理证治上诋谌阴常不足之说，而能辨明阴邪之王于阴分，异于阴虚，因此力排苦寒诸方，而特举“建中”。此与脏腑体用、药即随之之说，皆仁术慧心，足以起天下人之死于不少。幸遇古越和济药局的医之好学者曹炳章先生（字赤电，又名曹彬章，1878—1956，浙江鄞县人。十四岁随父迁居绍兴，进中药铺从名医方晓安学七年，后开业行医。精晓内、妇、儿科，于喉证尤其擅长，熟谙药性；于医学文献功力最深），为其钩连裁截、编辑、删补，突出其义，终成名篇。

吴氏又作《医案》，多发前人所未发，议论高超，方药精切，临证沉思渺虑诊病制方之概，足为后学师范，堪作诊断术之专书。

吴鞠通是一位杰出的中医温热病学大家，是继叶桂、薛雪之后的又一位温病学派的代表人物，对于温热性疾病的治疗，无论是从理论上的完善，还是立法上的革新，都做出了不可磨灭的贡献，取得了温病学派的最高成就。

吴瑭，字鞠通，江苏淮阴人，乾嘉之间游京师，有名。学本于桂，以桂立论甚简，但有医案散见于杂证之中，人多忽之，著《温病条辨》，以“申易其意，其书盛行”。（民国赵尔巽等撰，《清史稿·卷五百二·列传二百八十九·艺术一·吴瑭传》）

《吴鞠通传》：吴君讳“瑭”，字配珩，号“鞠通”，江苏淮安府山阳县人。父守让，郡庠生，以学教授，里中弟子从者甚众。君十九岁而孤，家贫，弃举子业，走京师，时四库馆开，佣书以自给（佣书，古代得书不易，读书要靠自己抄写。东汉以后，读书人多，对图书的需求量也大增，逐渐涌现以抄书为业的人。《后汉书·班超传》：“家贫，常为官佣书以供养。”《三国志·阚泽传》：“居贫无资，常为人佣书，以供纸笔”）。既于医有得，见宋元以来诸书，皆疑其未尽。及得《内经》《灵枢》《难经》，乃知其源之所出；《伤寒论》《金匮》，知医学莫先于此，乃专力焉。以观诸家之书，合而存，不合者屏，而学大进。六气为病，今惟存《伤寒论》，后人遂以伤寒之法遍治外感，不效，又谓辛温不可用，而各立方法，然无能出《伤寒论》之范。元人刘守真（即刘完素，字守真），明吴又可（即吴有性，字又可），始知其非。我朝喻嘉言论之，而方法亦不备。吴人叶天士出，始有治温病之方，而温与寒判。君师其意，又甫求前人之书以明之，为《温病条辨》。始于伤风，继言温，继言暑、湿、燥，而六气之病治法始备。道光之初，民多病吐利死者，君曰此燥之正气也。乃考明人沈目南《燥病论》，复补《秋燥胜气论》一卷。其年顺天乡试，监临檄京尹市霹雳散百余剂，场中无死者。霹雳散，君所制方也。性狷急，不能容物，遇俗医处方之谬，辄疵之。所至辄避去，至病家交口訾君。君据理直言，不徇人意，人皆惮之。同里参知汪文端公，知君最深，未几卒。既士彦以忧归，君遂无可语者。长子卒，君遂抑郁，得衄血疾（由于长子的死亡，导致其患上了抑郁症，并且得了衄血这种疾病。衄血证，并非由于外伤所致的某些部位的外部出血证，其包括眼衄、耳衄、鼻衄、齿衄、舌衄、肌衄等，尤以鼻衄最为常见。李时珍《本草纲目》："吐血出于胃，衄血出于肺。"估计其是由于风热犯肺，热毒内蕴，肾精亏虚，气血两亏导致此疾），道光十六年二月卒（1836年）。往与士彦言医书，仲景以下，惟孙真人论八脉，张隐庵《本草崇原》（张志聪，字隐庵），叶氏《临证指南》可观。窦材之书（窦材，约1076—1146，南宋医家，著有《扁鹊心书》），但许其扶阳抑阴，亦不可过信。又叹医之谬妄，欲为《医医病书》，尝出其稿相示。君既卒，求之则定为七十二则。君居心忠厚，笃于故旧，与人能尽言，处事悉当。闻天下有水旱盗贼，辄有忧色。论某某贤，某某不肖，无阿徇，岂独精于医哉！然君之医，要可以信今而传后，难为不知者言也。君初娶鲍氏，生子廷莲，顺天增生，既卒，有孙二人，继祖、念祖。继室崔氏，有子廷芷，国子监生；廷荃，婿周宗信，同里人，庶乎守君之教。

惟病在人，医司其柄，何图尔医，乃先自病。嗟嗟烝民（嗟嗟，表示哀叹的语气词。《楚辞·九章·悲回风》："曾歔欷之嗟嗟兮，独隐伏而思虑。"烝民，民众，百姓。《国语·周语上》："立我烝民，莫匪尔极。"《孟子·告子上》："《诗》曰：'天生烝民，有物有则。'"为百姓悲叹），又焉托命？君子悯焉，为医求医。焫艾砭针（焫，音 ruò，同"爇"。点燃；焚烧。《素问·异法相宜论》："藏寒生满病，其治宜灸焫"），应手而施。医病其瘳，民用熙熙（瘳，动词。假借为"寥"，稀少；"寥"又假借为"赖"。依凭；聊赖。熙熙，快活热闹。唐代柳宗元《捕蛇者说》："其余，则熙熙而乐。"医治疾病有好办法了，百姓岂能不欢乐快活）。病繁而变，其数盈千。病医视之，非可言诠。孰简而赅，庶几十全。凡医之病，或迷不知。肌肤腠理，在浅不治，既入膏肓，卢扁奚为？或者自知，坐而不理，讳疾忌医，谓疢于美，沉痼而躯，卒以不起。嗟嗟尔医（感叹词，表示招呼、感慨、赞美。语出《诗经·商颂·烈祖》：“嗟嗟烈祖，有秩斯祜。”郑玄笺解：“重言嗟嗟，美叹之深”），盍诵此书？若药瞑眩，沉疴用祛。苦口之利，勿谓徐徐。自汉迄今，其书如海。守先待后，体用斯在。嗟嗟尔医，慎旃无悔（旃，音 zhān，助词。之、焉二字的合读。语出《诗经·魏风·陟岵》：“上慎旃哉，犹来无止。”清代考据学大家、马瑞辰著《毛诗传笺通释》解：“之、旃一声之转，又为‘之、焉’之合声，故旃训‘之’，又训‘焉’。”慎之无悔）。

宝应　朱士彦撰

《医医病书·题词》：病人之病，赖医人之医。医人之病层出不穷，将何以恤灾救患、捍卫生民哉？仲尼谓：工欲善其事，必先利其器。子舆氏谓：不以规矩，不能成方圆。医人者，规矩也；病人者，所制之器也。今将修规矩以成器，作《医医病书》。

道光 辛卯 冬月　吴鞠通自题

《问心堂温病条辨·自序》：夫立德、立功、立言，圣贤事也。瑭何人斯，敢以自任？缘瑭十九岁时，父病年余，至于不起，瑭愧恨难名，哀痛欲绝，以为父病不知医，尚复何颜立天地间，遂购方书，伏读于苫块之余。至张长沙“外逐荣势，内忘身命”之论，因慨然弃举子业，专事方术。越四载，犹子巧官病温，初起喉痹，外科吹以冰硼散，喉遂闭，又遍延诸时医治之，大抵不越双解散、人参败毒散之外，其于温病治法，茫乎未之闻也，后至发黄而死。瑭以初学，未敢妄赞一词，然于是证，亦未得其要领。盖张长沙悲宗族之死，作《玉函经》，为后世医学之祖，奈《玉函》中之《卒病论》亡于兵火，后世学者无从仿效，遂至各起异说，得不偿失。又越三载，来游京师，检校《四库全书》，得明季吴又可《瘟疫论》，观其议论宏阔，实有发前人所未发，遂专心学步焉。细察其法，亦不免支离驳杂，大抵功过两不相掩，盖用心良苦，而学术未精也。又遍考晋唐以来诸贤议论，非不珠璧琳琅，求一美备者，盖不可得，其何以传信于来兹！瑭进与病谋，退与心谋，十阅春秋，然后有得，然未敢轻治一人。癸丑岁，都下瘟疫大行，诸友强起瑭治之，大抵已成坏病，幸存活数十人。其死于世俗之手者，不可胜数。呜呼！生民何辜，不死于病而死于医，是有医不若无医也，学医不精，不若不学医也。因有志采辑历代名贤著述，去其驳杂，取其精微，间附己意，以及考验，合成一书，名曰《温病条辨》，然未敢轻易落笔。又历六年，至于戊午，吾乡汪瑟庵先生促瑭曰：来岁己未，湿土正化，二气中温厉大行，子盍速成是书，或者有益于民生乎！瑭愧不敏，未敢自信，恐以救人之心，获欺人之罪，转相仿效，至于无穷，罪何自赎哉！然是书不出，其得失终未可见，因不揣固陋，黾勉成章，就正海内名贤，指其疵谬，历为驳正，将万世赖之无穷期也。

淮阴　吴瑭自序

《吴氏医案·序》：医之有案，犹国之有史也。治国者，鉴于古代治乱兴衰之故，而后知所以为政理民之道；为医者，察于昔人起疴拯危之神，而后知所以治病用药之方。盖皆积所经验以传诸后世，而资其师法者也，其为书顾不重哉！淮阴吴鞠通先生，医声震海内，盖不特叶氏之高弟，抑亦仲景之功臣也。生平著述有《温病条辨》《医医病书》及《吴氏医案》诸书，而医案尤先生毕生精力之所荟萃。今《条辨》既传布全国，为世宝贵，而《医医病书》亦已由本社刊于去冬，独《医案》一书，向鲜传本，偶有钞录，藏者亦秘不示人，遂使先生数十年经验之良模，不获见知于世，宁不惜哉！三十年前，余曾向下灶胡氏处假录一通，常置案头，用资师法。友人见者，均叹为良书，转相传钞，几于日不暇给。同社友吉生裘君有刊行医药丛书之举，欲将此籍收入之，以广其传，因详加校雠而付之。夫传播古籍，以嘉惠后学，吾人之责也，若谓表彰先贤，则吾岂敢！至案中有用量过重处，佥谓刊时可删去，此余期期以为不可。盖刊行古书，须存古书真面，俾后学得窥遗泽，凡书内之或是或非，应在读者各自加其主见，倘妄行编次，随意割截，不若自行著作，何必借古人之名，而灭古人之实，逞一己之私，而贻后人之憾耶！

丙辰二月　后学　高德僧汝贤谨序

顾金寿（约1759—约1826），字晓澜，号“雉皋逸叟”（雉皋，江苏如皋旧称或曰别称，别称还有雉水、东皋）。清代江苏如皋道光年间名医，江苏省如皋市人。于1825年著成四卷本医案著作《吴门治验录》，乃其一生行医经验精华之集成，实用价值颇高，另有《良方汇集》。

顾晓澜的姐夫戴联奎先生（1751—1822，字紫垣，乾隆中期进士。历任内阁学士、左都御史、礼部尚书、兵部尚书。追随邵晋涵攻治经学，以“清节自励”。曾先后督学安徽、浙江，任经筵讲官、会试大总裁。门生多居显要官职。拒与和珅同流，不做丰绅殷德之师。《清史稿》有传）在为其所著《吴门治验录》一书作序时，介绍了顾晓澜在不惑之年弃儒从医的历程和因由。

《吴门治验录·序》：晓澜学博先生，余内弟也（顾晓澜是戴联奎先生的夫人顾氏的亲弟弟）。幼同笔砚时（笔砚本指学习文具，此处则借指幼年同学），辄见其读书少暇，即好旁览技艺诸集，而与岐黄家言尤为笃嗜（尤其特别喜爱。明代沈德符《野获编补遗·玩具·书画学》：“画学则宣宗笃嗜，御笔渲染，传世不少”）。甫弱冠（甫，副词。才；刚刚。弱冠，二十岁男子的代称。《礼记·曲礼上》：“二十曰弱冠。”唐代经学家孔颖达《礼记正义》：“二十成人，初加冠，体犹未壮，故曰弱也”），蜚声黉序（蜚声，闻名于；扬名。黉，音hóng。古时的学校。《后汉书·仇览传》：“农事即毕，乃令子弟群居，还就黉学。”《北齐书·文宣帝纪》：“诏郡国修立黉序，广延髦儁，敦述儒风。”南宋朱熹《斋居感兴诗·之十六》：“圣人司教化，黉序育群才”），未三十遂入贡成均（成均，古代的大学；或官办的最高学府。《周礼·春官·大司乐》：“大司乐掌成均之法，以治建国之学政，而合国之子弟焉。”西汉董仲舒解：“成均，五帝之学。”南朝宋代颜延之《宋武帝谥议》：“国训成均之学，家沾抚辜之仁”）。素负大志，固未遑以医事自命也（未遑，没来得及；未顾及；没有时间顾及。语出汉代扬雄《羽猎赋》：“立君臣之节，崇贤圣之业；未遑苑囿之丽，游猎之靡也”）。迨南北奔驰，锁闱困顿（锁闱，旧时称考试院为闱。锁闱亦同“锁院”“锁厅”“棘闱”“棘院”。古代科举考试为了防御考生作弊所采取实行的具体措施。宋代考选官吏时，为求严密、公正性，对考场实行的封锁举措。宋代殿试前三日，考试官员到学士院锁院，之后陪同考生同往殿上对策。考试官员入院后，就要封锁内外门户，严防死守，目的还是为了防止考生作弊。为了防止传递作弊，在考试院的围墙上都要插满荆棘树枝，使人不能穿越，从而达到防止传递作弊的目地。南宋吴自牧《梦粱录·卷三·士人赴殿试唱名》：“诸路举人到者，排日赴都堂，帘引讫，伺候择日殿试。前三日，宣押知制诰，详定、考试等官赴学士院锁院，命御策题，然后宣押赴殿。”宋元时期文人刘铣《中秋留故居兄弟对月》：“棘院功名风雨过，柴门兄弟月偏多。”又一说，《旧五代史·周书·和凝传》：“贡院旧例，放榜之日，设棘于门及闭院门，以防下第不逞者。”困顿，疲惫；窘迫艰难）。年四十，卒以明经秉铎而归（明经，明、清对贡生的尊称。《醒世恒言·赫大卿遗恨鸳鸯绦》：“这陆氏因丈夫生前不肯学好，好色身亡，把孩子严加教诲。后来明经出仕，官为别驾之职。”秉铎，担任文教之官。四十岁时以贡生文官之职回归），遂乃绝意功名，并心医学（集中心思，专心于医事。清代文学家、散文家方苞《送李雨苍序》：“君其并心于所事，而于文则暂辍可也”)。凡《灵》《素》越人以下诸书，无不精心熟玩，得其深意。每遇宿学名师，不惜虚怀就正，求其脉理之精微。十余年中，孜孜不倦，每遇一证，必刻意精思，寝食俱废方定，卒起沉疴，医名颇噪，然皆余得自传闻者也。往余视学皖江，有书吏金氏子，疮后瘫痪，两载未痊，奄奄待毙。闻晓澜至，恳求疗治，数人舁至公廨(公廨，官员办公的处所。也称官署。北魏郦道元《水经注·淇水》：“汉光武建武二年，西河鲜于冀为清河太守，作公廨未就而亡”)。晓澜往视之，深思良久，谓余曰：“此证犹可起也。”余问用何药？则笑而不言，随命剂饮之三日，果杖而能起。调理半月，竟得精力如初，一时咸以为神明。而求治者沓及，晓澜遂拂袖去。阅数载，闻其偶游吴门，亦以医事为吴人攀留，竟乐此不疲。十数年来，活人无算。余虽未能尽为目击，然以金氏子例推之，不可谓非信而有征者矣(语出《左传·昭公八年》：“君子之言，信而有征，故怨远于其身。”真实、确凿且有据为凭)。今门弟子录其方案成集，欲请付梓而问序于余。余素不知医，而传闻之与目睹，实效之与空言，则未尝不能辨也。昔范文正未发时，有不为良相即作良医之愿。晓澜之居心，非即欲补前贤所未及者耶。至其考核之博，论证之精，用药之活，吴中人自能啧啧不忘，更毋庸余之多赘矣，是为序。

道光 辛巳(1821年)冬日愚弟戴联奎拜撰

《吴门治验录·跋》：晓澜先生，润内舅父也。乾隆乙卯间(1795年，乾隆六十年)，初识公于戴紫垣外舅处(即戴联奎先生，字紫垣)，见其言谈丰采，迥异恒齐(迥，音jiǒng。《说文解字·辵部》：“迥，远也。”本意指遥远。迥异，差得太远，迥然不同，完全不一样。南宋陆游《入蜀记·过小孤山大孤山》：“及抛江过其下，嵌岩窦穴，怪奇万状，色泽莹润，亦与它石迥异。”迥然不同于常人)。嗣以淹贯多能(淹博贯通；通晓博深。《新唐书·柳登传》：“登，字成伯。淹贯群书。年六十余，始仕宦。元和初，为大理少卿，与许孟容等刊正敕格。以病改右散骑常侍，致仕。卒，年九十余，赠工部尚书”)，为公卿所重，而于医事尤津津乐道不衰。会家人有小疾，无不指到春回，一时求为原诊者络绎不绝。公以为烦，携两弟子假读西山潭柘寺，两年足不入市。嘉庆已未间(1799年，嘉庆四年)，竟以屡困名场，秉铎南下。越数载，润以史官出守西蜀，侧闻公已弃冷官如敝屣(亦作“敝蹝”“弊躧”。音bì xǐ。《说文解字》：“敝，一曰败衣。”破旧。《广雅》：

“屣，履也。”旧破鞋。比喻没有价值、不值得珍惜的东西，抛弃之后也不可惜。视功名若敝屣。语出《孟子·尽心上》：“舜视弃天下，犹弃敝蹝也。”东汉经学家赵岐作《孟子注疏》解：“蹝，草履可蹝者也；敝喻不惜”），就吴门以济人。十数年来，活人无算。诸及门集其方案成册欲付梓，公犹未敢自信也，仅择其得心应手者百余案，每案复设为问辨，以自明其诚求之心。书虽成，尚未开雕。至道光壬午春（1822年，道光二年），润复以闽守擢雁平监司（雁平，古称雁平道，位于山西的古地名。康熙十年，设置分守雁平道。驻代州，下辖大同府、宁武府、朔平府、忻州、代州、保德州。监司，负有监察州、县之权职责的官吏。转运使、转运副史、转运判官、提点刑狱、提举常平都有监察辖区官吏之责，统称监司），见公于吴门寓斋，须眉虽白，而言谈丰采一如在都中时。出斯册示润，虽未能细玩深思，而辨证之明晰，用药之灵妙，令人一目了然，已非近今医书中所有。夫公之文章经术，仅假医以传，似乎不尽公之所长，然得处山水胜地，以活人为务而成其名，公已置身神仙中矣。视世之风尘奔走者，相去岂可以道里计耶？读公是书，固知福德未可思议也。

愚甥婿　俞恒润谨跋

其后的清代名医陆以湉则赞其：如皋顾晓澜学博金寿，少擅才藻，壮岁贡入成均，屡困秋试，年四十，南归秉铎，遂绝意功名，专精医理，每遇宿学名师，不惜虚怀就正，求其精微，治一证必刻意精思，寝食俱废，方定，卒起沉疴，晚岁弃官，家于吴门，求治病者踵相接，门弟子汇录方案，因选择百条付梓，名曰《吴门治验录》，其治病每用人所不恒用之药而奏捷效。

顾晓澜先生也是一位弃儒从医者，自古此类人员多矣。毕竟，官员的位置少而又少，能够有幸从政者，而且是能够协助天子正确治理天下者，少而更少，因而才有宋代大儒范仲淹的名句“不为良相，愿为良医”之愿。因为古代儒士奉行的美好愿望是仁爱为民，惠民济世，而古代医者奉行的美好愿望同样是仁爱为民，悬壶济世。儒家与医者受到的教育都是源自《礼记·大学》中的经典名句“修身、齐家、治国、平天下”。元代著名诗人戴良（《明史》有传）亦云：“医以活人为务，与吾儒道最切近。”儒家要惠民，医家要悬壶，他们都有一个最终目的和共同的美好愿望，那就是：济世为民，愿天下和平美好，人民幸福长寿。《明史·方伎》篇论说：“医与天文皆世业专官，亦本《周官》遗意。攻其术者，要必博极于古人之书，而会通其理，沉思独诣，参以考验，不为私智自用，乃足以名当世而为后学宗。”正是这些通读古籍，博览群书，善解其义，悟性又极强，守得住寂寞，善于深思熟虑，又肯抛弃私利，不为谋己之益的古代先贤们，使后世的人们世世代代蒙恩受泽，传播万代。诸多胸怀大志、发奋成才的儒者，无不把从医作为仅次于致仕的人生选择，就是因为医药具有治病、救人、济世的社会功能，与儒家的经世致用、治国平天下的理念极其近似。如欲利泽万民，莫过于作良医，因此他们才会具有崇高的医德和高超的医技。技艺高超的好医生，身在民间，心怀天下；上可以疗君亲之疾，下可以救贫贱之厄，自己亦能保身长全，何乐而不为？可以利泽苍生者，良医之外，别无他职。

儒者要通读古籍，医者不仅同样要通读古籍，而且还要比儒者读得更多，懂得更多，因为岐黄经典之书，翰如浩海，不能勤求古训者，不能学富五车者，不能博采众长者，不能融会贯通者，不能学验宏富者，不能知识渊博者，不能才高八斗者，不能颇具悟性者，若想成为德才兼备的名医，做到察脉视证，审病求因，洞悉病机，抚脉精准，审视透彻，灵活机变，医技精湛，言之有据，下药精当，患者感恩，实属不易耶！叶天士曾告诫自己的子孙慎勿轻言医！不具备敏悟的天资，不能读万卷书，鲜有不杀人者，是以药饵为刀刃也。

顾晓澜先生年届四十，因屡困名场，遂弃文从医，因其不仅具备扎实的儒家学问功底，更因其自幼笃嗜岐黄之学，医、儒又有相当多的共通之处，为其日后从事临床医学奠定了坚实基础。侨居吴门后，便以医为业，专注内科，潜心临证，旁通诸科，验案灵巧别致，随证灵变，深入浅出，屡屡得心应手，治病用药独具一格，奏效报捷令人叹服，医德俱佳，不愧一代名医之称。

王清任（1768—1831），清代医家，著《医林改错》。

王清任，一名全任，字勋臣。直隶玉田人（今属河北省）。开过药铺，谙熟百草；在北京开设过医馆“知一堂”，乃京师一代名医，一位极其富有革新精神的解剖学家与注重实践的医学家。他根据“血瘀致病”学说，创立了多种有效方剂，如通窍活血汤、血府逐瘀汤、膈下逐瘀汤等。

清代医学，多重考古，当道光中，始译泰西医书（泰西，犹如“极西”，旧时泛指西方国家的代称，一般指欧美等国家。清代八大“铁帽子王”之一，亲文学远政治，爱好文史、精通满洲民俗、清朝典章制度的爱新觉罗·昭梿，撰十五卷本的笔记《啸亭杂录·善天文算法》：“自明中叶，泰西人入中国，而算法、天文精于中土。”晚清“近代走向世界的第一人”、诗人、外交家、政治家、教育家黄遵宪《八月十五夜太平洋舟中望月作歌》：“大千世界共此月，世人不共中秋节。泰西纪历二千年，只作寻常数圆缺”），王清任著《医林改错》，以中国无解剖之学，宋元后相传脏腑诸图，疑不尽合，于刑人时，考验有得，参证兽畜，未见西书，而其说与合。光绪中，唐宗海推广其义，证以《内经》异同，经脉奇经各穴，及营卫经气，为西医所未及。著《中西汇通医经精义》，欲通其邮而补其缺。两人之开悟，皆足以启后者。（民国赵尔巽等撰，《清史稿·卷五百二·列传二百八十九·艺术一·王清任传》）

吴其濬（1789—1847），清代植物学家，著《植物名实图考长编》。

吴其濬，字瀹斋（音 yuè zhāi），一字季深、吉兰，别号“雩娄农（雩，音 yú）”。河南省固始人，嘉庆二十二年间一甲进士，历任翰林院修撰，江西、湖北学政，兵部侍郎，并官至湖南、湖北、云、贵、福建、山西等省巡抚或总督。他素好植物，读书时凡涉及草木者，莫不辑录，绘图列说，著成《植物名实图考长编》二十二卷。

又乘宦游诸省之际，留意各地物产丰瘠与民生的关系，深入考察植物名实，辨其形色，别其性味，甚至移野生植物于盆盎，细察其状或途遇山民携担未见植物，依据耳闻目睹，并辑录古籍中有关植物文献，则急为绘图列说。历时七年（1841—1847 年）撰成《植物名实图考》三十八卷，为我国 19 世纪一部重要的植物学专著。

前者记载植物八百三十八种，分谷类、蔬菜、山草、石草、隰草、蔓草、芳草、水草、毒草、果类、木类等十一类，主要辑自经史子集四部中有关植物的文献而成，搜罗宏富。

后者收载植物一千七百十四种，共分十二类，在前者基础上增加群芳类。所载每种植物，大半根据著者亲自观察和访问所得，绘附精图 1800 余幅，其中约1500幅为写生所得。择要记载形色、性味、产地、用途等。对于植物的药用价值以及同物异名或同名异物的考订尤其详细，每多纠正前人之误。此书为沟通古代本草学与近代植物分类学之桥梁，备受中外学者重视，对中药的产地、形态、品种多所考证，同时对中草药的功能、主治亦有论述，至今都是研究我国植物种属及其固有名称的重要参考数据和资料。其书后于1848年由陆应谷刊行。

吴其浚，父烜（音xuān），兄其彦，并由翰林官至侍郎，屡司文柄。其濬初以举人纳资为内阁中书（纳资，晚清时人们花钱买官作或曰捐钱买官做。这种事情已经成为士人出仕的正当出路，朝廷明码标价卖官，士子出资买官做。名臣张荫桓、龚自珍都是通过“纳资”成为内阁中书的。古时选拔任用官吏的方式有以下几种：世袭、军功、荐举、恩荫、郎选、纳资、科举等。《宋书·邓琬传》：“琬性鄙闇，贪吝过甚，财货酒食，皆身自量较。至是父子并卖官鬻爵，使婢仆出市道贩卖。”这本是个贬义词语，说的是在政治腐败、社会黑暗的情景之下，统治阶级中的当权者靠出卖官职、爵位来搜刮聚敛财富，中饱私囊，导致民不聊生，怨声载道。在秦汉时期，曾作为选拔官吏，取任制度之一，亦称“资选”。多因国家财政吃紧、困难之时所采取的权宜之计。也就是不问身世，只要肯入粟便拜爵，入谷便补官。纳，动词。交付；致送；缴纳；贡献。《周礼·地官·泉府》：“岁终则会其出入，而纳其余。”犹如纳粮、纳税。此说吴其浚最初是由举人纳资始做的内阁中书）。嘉庆二十二年（1817年），成一甲一名进士（科举考试中的一甲第一名，即状元），授修撰。二十四年（1819年），典试广东（典试，主持考试之事。《明史·选举志二》：“天启二年壬戌会试，命大学士何宗彦、朱国祚为主考。故事，阁臣典试，翰、詹一人副之，时已推礼部尚书顾秉谦，特旨命国祚”），其彦（胞兄）亦督顺天学政（顺天府，明代设置的旧府。后来的北平市为其旧治），词林称盛事。

道光初，直（直，动词。通“值”。当值；轮值。《晋书·羊祜传》：“悉统宿卫，入直殿中”）南书房（位于故宫乾清宫西南，本是康熙帝读书处。1677年，康熙十六年，始选翰林等官入内当值，称“南书房行走”。除应制撰写文字外，还秉承皇帝意旨，起草诏令，一度成为发布政令的所在。自军机处成立后，南书房各官不再参预机务，专司文词书画等事。亦称南斋。南书房行走官员不限品级，从尚书到编修、检讨都可充任，但原则上必须是出身于翰林者），督湖北学政，历洗马（洗，读作xiǎn，亦作“先马”。此官职不低，属从五品，隶属詹事府，实际上是翰林官员须要迁转时，一般须在此过渡一下的阶梯。在秦汉时，是太子的侍从官，太子出行时，作为前导，故名。到了晋朝，专职掌管图籍，已与马没有任何关系了。唐代沿称，其职已改为专掌书籍）、鸿胪寺卿（明清两代掌管四夷朝贡、朝会、筵席、祭祀、送迎、赞襄礼仪的机构。属于古代的外交礼仪机构，正四品。《后汉书·百官志二》："大鸿胪，卿一人，中二千石"）、**通政司副使**（明清两代官制之一，正四品。明初，朱元璋处置完胡惟庸案之后，为了加强皇权，削弱中书省权利，于明洪武十年，即1377年始设通政司，加强、完善了中央的监察制度，对于集中皇权发挥的作用不可小觑。副使，通政使司的副职从官，相当于现代的次长。辅佐通政使掌受内外奏疏，审阅、校阅、递进臣民建言、控诉、议政等题本事务。其下还有参议等从属官员），**超迁内阁学士**（明清两代官制之一，从二品，实际上就是皇帝的顾问。明洪武十三年，即1380年为了进一步加强中央集权，在废丞相、罢中书省、罢四辅官后，仿宋制度，设置了华盖殿、谨身殿、英武殿、文渊阁、东阁等多个为皇帝顾问的阁僚）。**十八年**（1838年），**擢兵部侍郎**（兵部副长官，明为正三品，清为从二品。类似于当今的国防部副部长。最早源于三国魏的"五兵制"，隋唐以后始设兵部，掌管全国武事工作、军令政策、人员人事、军械等事务，历代相沿。《通典·职官五·兵部尚书》："《周礼·夏官》：'大司马之职……即今兵部之任也。魏置五兵尚书。'"《新唐书·百官志一》："兵部，尚书一人，正三品；侍郎二人，正四品下。掌武选、地图、车马、甲械之政。其属有四：一曰兵部，二曰职方，三曰驾部，四曰库部"），**督江西学政，调户部**（户部，古代官署名称，掌管全国的土地、户籍、赋税、财经工作的机构，六部之一，即今财政部。历史上曾称为地官、大司徒、大司农、计相）。**二十年**（1840年），**偕侍郎麟魁赴湖北按事，总督周天爵嫉恶严**（字敬修，1772—1853，嘉庆十六年进士。历任濮阳知县、泸州知府、江西按察使、陕西布政使、漕运总督、河南巡抚、湖广总督诸职。因镇压太平天国革命运动，任兵部侍郎衔；死于军营，归葬原籍，追赠尚书衔，赐谥"文忠"），**用候补知县楚镛充督署谳员**（谳，音yàn，动词。谳问；定谳。《汉书·景帝纪》："诸狱疑，若虽文致于法而于人心不厌者，辄谳之。"颜师古注解："厌，服也……谳，平议也。"《晋书·姚兴载传》："若州郡县所不能决者，谳之廷尉。"谳员，名词。审判定案的官员），**制非刑逼供，囚多死，为言官论劾，大冶知县孔广义列状讦之**（讦，音jié，动词。《说文解字·言部》："讦，面相斥罪相告讦也。"《汉书·赵广汉传》："吏民相告讦，广汉得以为耳目，盗贼以故不发，发又辄得。一切治理，威名流闻，及匈奴降者言匈奴中皆闻广汉。"颜师古注解："相斥曰讦。"陈列罪状，攻击别人的短处或揭发别人的阴私），**讯鞫皆实**（鞫，音jū，动词。鞫讯；鞫问；鞫决。《史记·酷吏列传》："张汤掘窟得盗鼠及余肉，劾鼠掠治，传爰书，讯鞫论报，并取鼠与肉，具狱磔堂下。"反复审讯，穷究罪行，记录犯人罪状的文书全部属实），**复得楚镛榷盐税贪酷，及天爵子光岳援引外委韩云邦为巡捕事，天爵论褫职戍伊犁**（褫，音chǐ，动词。革除；剥夺。褫职，革除官职，剥夺职务。晚清民国著名历史学家、演义小说家蔡东藩《清史演义》："是时明总兵李成梁，已由明廷谴责，说他无端启衅，褫职回籍。"周天爵被革职发往伊犁戍边），**革光岳举人，镛荷校，期满发乌鲁木齐充苦役，巡抚伍长华以下降黜有差**

（降职罢黜不一，有区别或说是有差别。《后汉书·张敏传》："今讬义者得减，妄杀者有差，使执宪之吏得设巧诈"）。命其浚署湖广总督，寻授湖南巡抚。二十二年（1842年），崇阳逆匪钟人杰作乱（钟人杰，又名钟九，1803—1842，湖北崇阳白霓桥人，道光年间农民起义领袖，以教书为业的穷秀才，终因寡不敌众，被俘杀害），进窥巴陵，其浚偕署提督台湧赴岳州防剿，檄镇筸兵分布临湘、平江诸隘（镇筸，地名。在今湖南省凤凰县南。镇筸兵历来骁勇善战，是镇压太平天国革命运动的一支生力军），其浚移驻湘阴，贼袭平江，击却之（击退之）。及人杰就擒，余党窜湖南者以次捕诛，被优叙（从优叙功，论功行赏，晋升官职。《续资治通鉴·宋高宗绍兴七年》："帝曰：'元帅旧僚，往往沦谢，汪伯彦实同艰难。朕之故人，所存无几，伯彦宜与优叙'"）。部议裁冗兵（冗，音 rǒng。冗兵，多余的兵员；逃散、闲散的兵员。《后汉书·光武帝纪上》："妻子裸袒，流冗道路。"明代高攀龙《答袁节寰中丞》："损冗兵百可养壮士十，平时养壮士十，临事可得精兵百"），其浚疏言："湖南地逼苗疆，人情易扰。裁者无多，徒生骄卒之疑，而启苗、瑶之伺。"总督裕泰寻定议苗疆近地并仍旧额。二十三年（1843年），调浙江，未行，武冈（现为湖南省武冈市）匪徒聚众阻米出境，戕知州，捕治如律。奏请于洪崖洞设巡卡，编保甲，以靖祸萌。寻调云南巡抚，署云贵总督。二十五年（1845年），调福建，又调山西，兼管盐政。奏裁公费一万两，严捕烟贩，时称其清勤。二十六年（1846年），乞病归。寻卒。赠太子太保，照例赐恤。寻复以其浚在山西裁革盐规，洁己奉公，特加恩子孙以彰清节。（民国赵尔巽等撰，《清史稿·卷三百八十一·列传一百六十八·吴其浚》）

陆以湉（1802—1905，又一说：1802—1865），清代医学家，著《冷庐医话》《冷庐杂识》《再续名医类案》。

陆以湉，字敬安，号"定甫"，浙江省桐乡人。自幼攻习四书五经，读书广且博，涉猎广泛，无论民生、物理无不涉及，尤于儒学、医学更为精邃。于1836年（道光十六年丙申年）攻取进士，历任台州、杭州教授。不务名利，潜心研究学识，穷理索奥，务尽其旨，博闻多识；视野开阔，著书内容丰富多彩，议论大多精细确凿，切中时弊，精警之句颇多，给人中肯启发；勇于推求虚实源委，指摘医家利弊，尤其推崇从医之人要尊尚医德，盛赞"三不"医风，即"不计财利，不避寒暑，不先富后贫"。要做到业精于勤，医术要做到专而精。对于庸医欺世误人，甚为深恶痛绝，因为他的两个亲人，一个弟弟、一个儿子就是因为被庸医误诊误治而亡。因此，疾呼“深恨庸医之毒烈，无异寇盗”，而自己则秉承“医任死生之重，而通性命之微”的思想，高度重视医学与生活实践的关系，提倡辨证施治之原则，潜心研究医学之道，“有志于学者，诵习古书，而又潜研诸家，弃驳取纯，融汇而贯通之，何患道之不明不行乎！”

人生在世，无不食五谷杂粮者，食者必有疾也。王叔和告诫人们一定要谨慎对待疾病：凡人有疾，不时即治，隐忍冀瘥，以成痼疾。小儿女子，益以滋甚，时气不和，便当早言，寻其邪由，及在腠理，以时治之，罕有不愈者。患人忍之，数日乃说，邪气入脏，则难可制。徐灵胎亦警戒人们：凡人少有不适，必当即时调治，断不可忽为小病，以致渐深，更不可勉强支持，使病更糟，以贻无穷之害。

凡病不能自治，治病必当求医，陆以湉告知人们，求医治病要秉承四原则，它们分别是：(1）择人必严。医者之品学不同，必取心地诚谨、术业精能者，庶可奏功。(2）说症必详。脉理渊微，知之者鲜，惟问可究病情，乃医之自以为是者，往往厌人琐语，而病家亦不能详述，此大误也；故凡求医诊治，必细述病源，勿惮其烦。(3）察药必慎。药之伪者不必论，即寻常品味，肆中人粗心，往往以他物掺混，必亲自检视，方免舛误，至炮煎诸法，亦宜精审，服之斯可获效。（4）录方必勤心。俗于医者所定之方，服药既讫，随手弃掷。余谓宜汇录一册，以备检阅，此不过举手之劳耳，有心人见之，则上工之治验，固可采以示法，中工之方案，亦可因以征学识之浅深，品诣之高下，而定其取舍矣。

医贵专门术方精，博学广闻识见深；为医自当讲品学，业能术精方奏功。
自古士人不知医，遇疾每为俗工误；孟浪服药常自残，浪服补药宜作鉴。
药以养生亦治病，还可伤生羸疾体；用药最忌夹和杂，审察检视勿掺混。
世人皆晓参术好，不明虚实益为害；虚补峻下当适宜，服食最宜当谨慎。

清代名医陆以湉告诫人们：为名医者，详审精密，尽心用药，检阅方书，几废食寝；当自揣每日可诊几人，限以定数，苟逾此数，令就他医，庶几可从容诊疾，不至误人性命也，此方为医者法也。医非博物，不能治疑难之症，亦可谅也。最可恨者，为医而不深究医理，强作解人，以致误事而不自知也。又说：虚名时医，既无实学，贪心不浅，凡来求诊，无不诊视，只求重币，匆匆诊视，漫不经心，迅速了事，不暇细审病情也。凡是沦落授命于庸医之手者，轻者重，重者致死，亦可哀已。

《冷庐医话·自叙》：医理至深，岂易言哉！抑自轩岐以来，代不乏人，既已详且尽矣，又奚待言（奚，文言疑问代词。相当于“何”“何必”。意同“自不待言”。就不用我再多说什么了）？矧余小子（矧，音 shěn。况；况且。何况我这晚辈小子。自谦词），学疏识庸，莫究要妙，不亦可已于言乎？虽然，言必穷乎理之奥，则诚不能以几及，若惟摭拾闻见，以自达其意之所欲云，又何必不言？于是涉猎之余，随笔载述，聊以自娱，意浅而辞琐，殆所谓言之无文者欤。夫言之不能文，犹之可也，言而或悖于理，则言适足以招尤矣。是用不敢晦匿，求当代君子教正焉。

咸丰八年（1858年）十二月

陆以湉书于杭州学廨（廨，音 xiè，乃旧时官吏办公之所通称。学廨，即书院、学校、学府）之冷庐

《冷庐医话·跋》：余于癸巳秋（1893年，光绪十九年），得桐乡陆定圃先生《冷庐杂识》书板，既已补其残损，订正以行世矣。先生精于医，《识》中所采岐黄家言，正复不少，窃以先生于医学，必有所心得，爰益购求先生之遗书。于乙未春（1895年，光绪二十一年），得《再续名医类案》若干卷，继又得《冷庐医话》若干卷，俱手抄本未付梓者。《医案》采摭繁富，足补江、魏二书之未备，《医话》则专以辨证为主，凡述一证，必推究其虚实源委，而指摘医家利弊，言多精凿，自叙谓“摭拾闻见，以自达其意之所欲云”。噫！岂易言欤！余以《医话》之尤有裨于世也，亟付手民（古时专指木匠工人，后则指雕版排字工人。五代北宋官员、学者陶谷著六卷本《清异录·手民》解释：“木匠总号运斤之艺，又曰手民、手货”），寿诸梨枣，仿古香斋袖珍本，以便取携。暇日拟再订正《医案》，续以行世。

时光绪二十三年（1897年）太岁在强圉作噩季冬之月（强圉作噩，即丁酉年。这

是我国古人用以太岁干支纪年的一种表示方法，为的是反映岁星逐年所在天空的方位。《尔雅·释天·岁阳》：“太岁在丁曰强圉”“太岁在酉曰作噩。”强圉，亦作“彊圉”，它是天干第四位“丁”的别称。《淮南子·天文训》：“大荒落之岁，岁有小兵，蚕小登，麦昌，菽疾，民食二升，巳在丁，曰强圉。”高诱注解：“在丁，言万物刚盛，故曰强圉也。”《宋史·律历志三》：“陛下履极当彊圉之岁，握符在作噩之春。”季冬之月，即十二月），乌程（古县名。属会稽郡，今属浙江省湖州市）庞元澂跋（曹炳章《弁言》说是庞元澂。《医话·跋》说是庞元澂，不知谁是谁非）。”

《冷庐医话补编·弁言》：陆定圃，桐乡积学士，兼擅医术，识见超人，凡研核学识，必穷理索奥，务达其旨，于是随笔记述，分门别类，成《冷庐医话》五卷。光绪二十三年，乌程庞元澂为之刊行，早已脍炙人口。先生于咸丰五年时，曾著《冷庐杂识》八卷，其中采摭岐黄家言，正复不少，俱心得实录，精凿可珍，爰为别类摘辑，间加附注发明，名曰《冷庐医话补编》，附刊其后，俾益臻美备。近辑《中国医学大成》，将正补全书，列入医话丛刊，以广其传，而于吾道尤不无小补焉。

丙子（1936年）三月　炳章 志

王士雄（约1808—1890），清代著名医学家，著有《霍乱论》《温热经纬》《随息居饮食谱》，清代温病学四大医家之一。

士雄，字孟英，浙江海宁（即今浙江省海宁市）人，居于杭，世为医。士雄读书砺行（历练意志，磨练节操与德行。《梁书·儒林传序》：“建国君民，立教为首，砥节砺行，由乎经术”），家贫，仍以医自给。咸丰中（1856年），杭州陷，转徙上海。时吴、越避寇者麕集（麕，音qún，通“群”。麕集，成群；群集），疫疠大作，士雄疗治，多全活。旧著《霍乱论》，致慎于温补，至是重订刊行，医者奉为圭臬（臬，射箭的目标，圭，测日影器；合指事物的准则）。又著《温热经纬》，以轩、岐、仲景之文为经，叶、薛诸家（叶桂、薛雪）之辨为纬，大意同章楠注释（章楠，同时代医学家，著有《温病大旨》）。兼采昔贤诸说，择善而从，胜楠书。所著凡数种，以二者为精详。

同时浙西论医者，平湖陆以湉、嘉善汪震、乌程汪曰桢，宗旨略同。

阳湖张琦、曜孙，父子皆通儒，以医鸣，取黄元御扶阳之说，偏于温。曜孙至上海，或劝士雄往就正，士雄谢之。号叶氏学者，要以士雄为巨擘

（擘，音bò。巨擘，本谓大拇指。比喻杰出的人或物，在某一方面居于首位的人物。《孟子·滕文公下》："于齐国之士，吾必以仲子为巨擘焉"），惟喜用辛凉，论者谓亦稍偏云。（民国赵尔巽等撰，《清史稿·卷五百二·列传二百八十九·艺术一·王士雄》）

据朱鹏寿先生编著的《清代人物大事纪年》载，王士雄于1852年，咸丰二年壬子完成《温热经纬》五卷的撰著工作。

王士雄，自号"半痴山人""随息子""梦隐""潜斋"等。立身有道，抱有用之才，淡泊寡欲，安贫乐道，潜心学问；无功名之志，操活人之术，对养生健体素有研究，名重三江，传食诸侯数十年，遇乱世，遂归处穷乡僻壤，自甘布衣素食，隐于布衣，俭以养廉。

他尤其致力于温热、霍乱诸病症之研究。著述颇丰，《随息居饮食谱》一书便是其中之一。此书撰成于1861年（咸丰十一年），是一部著名的营养学专著。其论述清晰，重点突出，语言通俗易懂，是研究中医食疗学，养生保健、祛病延年的必读参考书。全书仅一卷，列食物三百三十一种，分水饮、谷食、调和、蔬食、果食、毛羽、鳞介七类，先释名，再阐述性味、功效、宜忌、单方、效方，考之实，辨之详，详列制法，比较产地优劣等，甚是详尽。作者在《前序》中说道："呜呼！国以民为本，而民失其教，或以乱天下。人以食为养，而饮食失宜，或以害身命。卫国、卫生，理无二致，故圣人疾与战并慎，而养与教并重也。《中庸》曰：人莫不饮食也，鲜能知味也。夫饮食为日用之常，味即日用之理。勘进一层，善颐生者，必能善教民也，教民极平易，修其孝、悌、忠、信而已。颐生无元妙，节其饮食而已。……"在《后序》中又说自己晚年"携卷回籍，息影穷乡，赁屋而居，堂名归砚，欲遂首丘（怀念故乡，死后归葬故乡）之志而终老焉"。并解释自号"半痴山人"的缘由："……性情疏迈，遇合多奇……余律身极俭，不善居积，或以痴目之，遂自号'半痴'。"

《随息居饮食谱·前序》：呜呼！国以民为本，而民失其教，或以乱天下。人以食为养，而饮食失宜，或以害身命。卫国、卫生，理无二致，故圣人疾与战并慎，而养与教并重也。《中庸》曰：人莫不饮食也，鲜能知味也。夫饮食为日用之常，味即日用之理。勘进一层，善颐生者，必能善教民也，教民极平易，修其孝、悌、忠、信而已。颐生无元妙，节其饮食而已。食而不知其味，已为素餐；若饱食无教，则近于禽兽。余尝曰：子、臣、悌、友，圣人之道学也；孝、悌、忠、信，王者之干城也（干城，比喻捍卫国家者。能够御敌，尽到保卫责任的人。《诗经·周南·兔罝》："赳赳武夫，公侯干城。"唐代经学家孔颖达疏解："言以武夫自固，为捍蔽如盾，为防守如城然"）。圣贤书具在，小子何敢赘焉（自谦词，那么多的圣贤书都在，我这个晚辈岂敢赘述）！惟饮食乃人之大欲所存，易为腹负，故大禹菲饮食（菲，微；薄；菲薄。形容词。汉代训诂书《小尔雅》："菲，薄也。"《梁书·武帝纪上〈入屯阅武堂下令〉》："菲食薄衣，请自孤始"），而武侯甘淡泊也（淡泊，清心寡欲不追求功名利禄。《汉书·叙传上》："清虚淡泊，归之自然。"《淮南子·主术训》："是故非淡漠无以明志，非宁静无以致远"）。今夏，石米八千，斤齑四十（齑，音 jī，名词。腌菜或者酱菜）。茫茫浩劫，呼吁无门。吕君慎庵，知我将为饿殍也（饿殍，音 è piǎo。饿死的人。《孟子·梁惠王上》："狗彘食人食而不知检，涂有饿殍而不知发。"《盐铁论·水旱》："孟子曰：'野有饿殍，不知收也'"），招游梅泾，寓广川之不窥园，无事可为，无路可走，悠悠长夜，枵腹无聊（枵，音 xiāo。虚；空虚。《左传·襄公二十八年》："岁在星纪，而淫于玄枵。玄枵，虚中也。"枵腹，空腹；饥饿。南宋诗人范成大《次韵陈季陵寺丞求歙石眉子砚》："宝玩何曾捄枵腹，但爱文君远山蹙？"《明史·福王常洵传》："王府金钱百万，而令吾辈枵腹死贼手"）。丐得枯道人秃笔一支，画饼思梅，纂成此稿，题曰《饮食谱》。质诸知味者，或不贱其养小失大，而有以教我也。

咸丰十一年辛酉秋七月"睡乡散人"书于随息居

《随息居饮食谱·后序》：呜呼！《饮食谱》何为而作耶？盖世味深尝，不禁有饮水思源之感也。窃谓食毛践土（食毛践土，语出先秦左丘明《左传·昭公七年》："封略之内，何非君土；食土之毛，谁非君臣。"毛，土地所生长之谷物；践，踩。《诗经·小雅·谷风之什·北山》："普天之下，莫非王土；率土之滨，莫非王臣。"食毛践土，是说百姓所吃食物、所居土地，无不是国君所赐；作为臣民，人生在世就得要懂得感恩，就要感戴君恩。简言之，就是要感恩戴德的意思），二百余年，岁无奇荒，国无苛政，竟至禽兽食人食，而涂有饿殍，岂非亘古未闻之奇事哉！士雄年十四失怙（怙，音 hù，动词。《说文解字·忄部》："怙，恃也。"依靠；凭借；凭恃。《诗经·小雅·蓼莪》："无父何怙，无母何恃？"怙，名词。明末国子监生张自烈撰写的按汉字形体分部编排的字书《正字通·忄部》："怙、恃二字，分言之，父曰怙，母曰恃……合言之，父母通谓之怙。"言其年少时即失去父母的呵护），赖先慈措拄门户（对已仙逝长者的尊称。搘，音 zhī，古同“支”。《正字通·手部》：“搘，同支。”唐代诗人李贺《春昼》：“越妇搘机，吴蚕作茧。”搘拄，支柱；支持；支撑。《明史·李贤吕原等传赞》：“李贤以一身搘拄其间，沛然若有余”），而家有七口，厨无宿舂（舂本谓用杵臼捣去谷物皮壳之意。此处则喻家无隔夜粮）。蒙父执金履思丈，念旧怜孤（父执，父亲一辈的朋友。执，志同道合的友人。语出《礼记·曲礼上》：“见父之执，不谓之进，不敢进；不谓之退，不敢退；不问，不敢对。”东汉经学家郑玄注解：“敬父同志，如事父。”唐代孔颖达疏解：“见父之执，谓执友与父同志者也。”承蒙父亲的挚友金履思丈人念旧可怜我这个孤儿），字余曰孟英，命往金华鹾业（鹾，音 cuó。清代语言文字学家王筠著《说文释例·卷十九》：“鹾，当为盐之别名”），佐司会计（在盐行里辅佐司职作会计）。舅氏俞公桂庭，谊笃亲亲（深情厚谊，笃爱亲情），力肩家事，赠余斋名曰潜，嘱潜心学问，勿以内顾为忧（有赖舅舅俞桂庭的鼎力支持，不为家事而担忧，而得以潜心作学问）。乃未十载，金丈、舅氏相继谢世（不及十年，丈人、舅舅先后辞世）。余愧无以仰付二公盛意，而潜修英发也（潜修，深造；专心修养；潜心修炼。明代儒学大师、抗倭英雄、军事家唐顺之《答冯午山提学书》：“伏闻吾丈家居数年，潜修精进。”英发，精神饱满，焕然一新，才华出众，英姿焕发。苏轼《念奴娇·赤壁怀古》：“羽扇纶巾，雄姿英发。”此说王士雄经过十余年的刻苦学习、深造和努力，终于以一个全新面貌现世）。徒以性情疏迈（疏迈，粗疏超逸豪迈。《国策·秦策三》：“今见与国之不可亲，越人之国而攻，可乎？其于计疏矣。”《新唐书·员半千传》：“长与何彦先同事王义方，以迈秀见赏”），遇合多奇，同郡周君光远，知我最深。挈舍弟季杰另辟一业（挈，音 qiè。《说文解字·手部》：“挈，县持也。”《广雅》：“挈，提也。”提挈；带领；携带。《谷梁传·襄公二十七年》：“挈其妻、子以奔曹。”舍弟，谦辞。舍，用以谦称自己家的卑幼亲属。谦称自家卑幼之弟曰舍弟。老乡周光远先生带领自己的弟弟王季杰另辟别业），俾资事蓄。而余律身极俭，不善居积，或以“痴”目之，遂自号“半痴”。迨周君作古，母逝子殇（《说文解字·歹部》：“殇，不成人也。”《仪礼·丧服传》：“年十九至十六为长殇，十五至十二为中殇，十一至八岁为下殇，不满八岁以下为无服之殇。”母亲逝去，儿子未成年而亡），世景日非，盖无意人间事矣。乙卯冬（1855 年），携眷回籍，息影穷乡，赁屋而居，堂名归砚，欲遂首丘之志而终老焉（《礼记·檀公上》：“礼，不忘其本。古之人有言曰狐死正丘首，仁也。”郑玄注解：“正丘首，正首丘也。”孔颖达疏解：“所以正首而向丘者，丘是狐窟根本之处，虽狼狈而死，意犹向此丘。”后世人则以“首丘”比喻归葬故乡，亦有怀念、终老故乡之意。《后汉书·班超传》：“况于远处绝域，小臣能无依风首丘之思哉！”叶落归根之意）。讵上年春（音 jù，副词。讵料；不料；哪知），省垣失事（省垣，省政府所在地，即省会；省城。清代著名散文家姚鼐《饮郑前村寓舍追感往昔·诗之二》："省垣羁宦迹相亲，再世论交况有神"），**季杰幸缒城归**（缒，音 zhuì。《说文·糸部》："缒，以绳有所悬也。"唐代玄应《一切经音义·卷十六》："缒，又作硾，谓悬重曰缒也。"《左传·僖公三十年》："许之，夜缒而出。"东汉文学家张衡《应间》："烛武悬缒，而秦伯退师。"从高处用绳索捆住物体，盘缘绳索往下放送曰"缒"。王季杰幸运地坠绳得以离城归返），**秋仲渟溪遭难**（秋仲，即仲秋，秋季的第二个月。渟，音 tíng，水积聚不得流通的溪水。《史记·李斯列传》："禹凿龙门，通大夏，疏九河，曲九防，决渟水，致之海。"仲秋渟溪这个地方遭遇灾难），**虽不伤人，而坐食无山，痴将安用。今旅濮院，麸核充饥。我生不辰**（不辰，《后汉书·孝献帝纪》："献生不辰，身播国屯；终我四百，永作虞宾。"明代文学家、戏曲家冯梦龙撰《警世通言·杜十娘怒沉百宝箱》："命之不辰，风尘困瘁，甫得脱离，又遭弃捐。"我生不逢时，时运不济），**兔爰兴叹**（兔爰，《诗经·王风·兔爰》："有兔爰爰，雉离于罗。"《毛诗序》："《兔爰》，闵周也。桓王失信，诸侯背叛，构怨连祸，王师伤败，君子不乐其生焉。"兴叹，发感叹。《晋书·袁乔传》："歧路之感，杨朱兴叹"），**华胥学步**（华胥，传说中伏羲氏的母亲。唐代著名史学家司马贞撰《补史记·三皇本纪》："太皞庖牺氏……母曰华胥，履大人迹于雷泽，而生庖牺于成纪。"《潜夫论·五德志》："大人迹生雷泽，华胥履之，生伏羲。"西晋皇甫谧撰《帝王世纪》亦记有此事。庖牺，即伏羲氏。雷泽，泽名，一个大的湖泊，在今山东省菏泽市一带，传说是雷神居住的地方。成纪，地名，古县名，伏羲出生的地方，在战国时期就已设县，秦朝统一时期属于陇西郡。在今甘肃省天水市，天水秦安和平凉静宁的交会处），**神契希夷**（神契，与神灵相契合。希夷，空虚玄妙寂静，难以感知。语出《老子·第十四章》："视之不见名曰夷，听之不闻名曰希。"西汉时期，精心研究老子学说的道学家河上公注解："无色曰夷，无声曰希。"唐代柳宗元《愚溪诗序》："以愚辞歌愚溪，则茫然而不违，昏然而同归，超鸿蒙，混希夷，寂寥而莫我知也"），**因易字曰梦隐，并粗述四十年孤露衷情。以志前路悠悠，皆先人所留之余地；而后路茫茫，惟有不忘沟壑耳！知味者鲜，且藏稿以俟之。**

辛酉八月中旬"随息子"又题

《温热经纬·自序》：《内经》云：天有四时五行，以生长收藏，以生寒暑燥湿风。夫此五气，原以化生万物，而人或感之为病者，非天气有偶偏，即人气有未和也。《难经》云：伤寒有五，有中风、有伤寒、有湿温、有热病、有温病。此五气感人，古人皆谓之伤寒。故仲圣著论，亦以伤寒统之，而条分中风、伤寒、温病、湿、暍五者之证治，与《内经》《难经》渊源一辙。法虽未尽，名已备焉。《阴符经》云（亦即《黄帝阴符经》，成书年代和作者众说不一，实系道教修身养性之术的重要道经，内含养生要旨，食疗、气功、精神调养、房中术等内容。全书一卷三篇，只有四百六十一个字，却在古代哲学、兵学、养生术中都占有一定重要地位）：天有五贼，见之则昌。后贤不见，遂至议论愈多，至理愈晦。或以伤寒为温热，或以温热为伤寒，或并疫于风温，或并风温于疫，或不知有伏气为病，或不知有外感之温，甚至并暑、暍二字而不识，良可慨已！我曾王父随笔中，首为剖论。兹雄不揣愚昧，以轩、岐、仲景之文为经，叶、薛诸家之辨为纬，纂为《温热经纬》五卷。其中注释，择昔贤之善者而从之，间附管窥，必加“雄按”二字以别之。俾读者先将温、暑、湿、热诸病名了然于胸中。然后博览群书，庶不为其所眩惑，而知所取舍矣。非敢妄逞意见，欲盖前贤；用质通方（质，音 zhì。用作抵押的人或物。《管子·山权数》：“请以宝为质于子，以假子之邑粟。”或曰给予；帮助。通方，通晓；学习。用以资质学习），毋嗤荒陋（嗤，音 chī。讥笑；耻笑。《后汉书·樊宏传》：“尝欲作器物，先种梓漆，时人嗤之。”荒陋，荒疏浅薄。北宋苏轼《仇池笔记·三殇》：“李善注《文选》，本末详备，所谓五臣者，真俚儒荒陋者。”勿要讥笑我荒疏浅薄简陋）。

咸丰二年壬子（1852 年）春二月　海宁王士雄书于潜斋

《温热经纬·汪序》：温热一证，庸手妄为治疗，夭札多矣。梦隐悯之，而作此书，俾学者得所遵循。生平著述等身（形容一生的著作极多，所写的书摞起来和自己的身高相等，亦作“著作等身”。著述，撰写、编纂的文章，或曰著作及编纂的书籍；等身，与身高相等。清代纪昀《阅微草堂笔记·滦阳消夏录一》：“自是以外，虽著述等身，声华盖代，总听其自贮名山，不得入此门一步焉，先圣之志也”），当以此书称首，真宝书也。其友乌程汪曰桢，读而善之，因为之赞曰：

活人妙术，司命良箴。不偏不易，宜古宜今。千狐之裘，百衲之琴。轩岐可作，其鉴此心。

同治二年癸亥（1863 年）二月朔书于上海旅次

《温热经纬·赵序》：自来生民之疾，莫重于伤寒。存亡判乎呼吸，得失决于一朝。变化万端，不容或紊。而伤寒中，温、热、暑、湿之病，证因非一，尤易混淆。前贤所以各有专书，互相阐发，而斤斤于此也（斤斤，形容词。小心谨慎，明察秋毫的样子。《诗经·周颂·执竞》：“自彼成康，奄有四方，斤斤其明。”《毛传》：“斤斤，明察也。”历代贤人各自著有关于伤寒的专书，互相阐释发挥，而且已经明察于此了）。顾明于此者，昧于彼，聚讼纷纭（纷纭，纷争；混乱。东晋葛洪《抱朴子·塞难》："诤之弥久，而彼执之弥固，是虚长此纷纭，而无救于不解"），各鸣已得，徒使好学之士无所适从，而或过信一家之言，未免偏之为害矣。王君孟英，该博淹贯（唐代政治家、文学家李德裕《次柳氏旧闻序》："愧史迁之该博，惟次旧闻。"《新唐书·柳登传》："登，字成伯，淹贯群书，年六十余，始仕宦。"学问及见闻深通广晓，淹博贯通）。引经斥异，众美兼收。谓前人之说既已中肯，何必再申己意。因而弃瑕录瑜（瑕，玉上的斑点，瑕疵；瑜，具光彩的美玉。《礼记·聘义》："瑕不揜瑜，瑜不揜瑕。"揜，同"掩"。因而抛弃瑕疵，取录最具光彩的内容），汇成《温热经纬》一编，盖本述而不作之意。而其中间以按语，亦谓旁考他书，参以阅历，则亦犹之述耳。而初非有私心臆断于其间也。仆懵不知医（自谦词，古时男子谦称自己。懵昧；懵钝；糊涂。北宋沈括《梦溪笔谈》："此懵然者为之也。"懵懂糊涂无知。自己不懂医学），过从之余（过从，互访；互相往来。明代诗人、古文学家归有光《邢州叙述》诗："得友天下士，旦夕相过从"），窃闻绪论，喜长沙之学，既得诸家表彰于前，复得王氏厘订于后。由是千秋绝业，不致淆乱于群言；而四时五气之感，亦不致难辨而失之歧误，其有裨生民之命，岂浅鲜哉！属为弁言（属，音 zhǔ，通"嘱"。嘱托；托付；请托。《左传·隐公三年》："召大司马孔父而属殇公焉。"弁，音 biàn，本指古代贵族所佩戴的一种帽子。弁言，借指书籍冠于卷首相当于前言或序言一类的文字。意即嘱托赵梦龄先生为之作序），爰不揣谫陋而书之（自谦句。爰，音 yuán，于是；乃。《诗经·卫风·硕鼠》："乐土乐土，爰得我所。"不揣，不自量力；不考虑估量。《淮南子·人间训》："凡人之举事，莫不先以其知，规虑揣度，而后敢以定谋。"谫，音 jiǎn，形容词。浅陋；浅薄；谫愚；谫智。《史记·李斯列传》："能薄而材谫，强因人之功，是不能也。"于是自不量力而为此书作序）。

咸丰二年壬子（1852年）初夏四月　仁和　赵梦龄

《潜斋医话·自序》：士雄学识浅陋，所录《简效方》一卷，皆简易而有效验之方也。然见闻不广，未敢质诸当世（质，动词。犹"问"。《广雅·释诂二》："质，问也。"西汉语言学家扬雄著《太玄经·数》："爰质所疑。"晋代范望注解："质，问也。"诸，介词。相当于"之""于"。《广雅·释言》："诸，于也。"《论语·宪问》："公叔文子之臣，大夫僎与文子同升诸公。"现代著名语言学家杨伯峻撰《论语译注》解："诸，用法同于。"《左传·文公元年》："能事诸乎？"《礼记·祭义》："孝弟发诸朝廷，行乎道路。"不敢问于当世），而张孝子养之、蒋君敬堂、连君书樵，屡引史搢臣先生"施药不如施方"之话相勖（勖，音xù，动词。《说文解字·力部》："勖，勉也。"勉励；劝勉；勖勉。《诗经·邶风·燕燕》："先君之思，以勖寡人"），遂不揆谫伫（揆，度量；揣度。《诗经·鄘风·定之方中》："揆之以日，作于楚室。"谫伫，音jiǎn zhù。浅薄。《史记·李斯列传》："能薄而材谫。"伫，贮积。遂不量力贮积简方），附梓于史、魏良方之后。惟四方博雅，咸以利济为怀，传播秘方，谅不吝教。如荷匡余未逮（荷，动词。承受；担任；承蒙。东汉文学家张衡《东京赋》："荷天下之重任。"匡，动词。帮助；辅助；匡助。《左传·成公十八年》："匡乏困，救灾患。"未逮，不及；没有达到。明代文学家沈德符《万历野获编·科场·早达》："鈗以纨绔起家，被遇三朝，富贵安乐，优游林下，则二公所未逮也。"如能承蒙匡助我所不曾做到的），随时皆可续登，跂余望之（跂，音qǐ，古通"企"。动词。跂望；企求；盼望。形容盼望心切。《三国志·魏志·董昭传》："远近跂望，冀一朝获安"），虚左以俟（同成语"虚左以待"一个意思。古人崇尚左边位置，以其位为尊，此后虚左以待便指留著尊位以待贤者。空留着左边的位置以待贵宾来客坐，称为"虚左"。《史记·魏公子列传》："公子于是乃置酒大会宾客。坐定，公子从车骑，虚左，自迎夷门侯生。"俟，等待。《仪礼·士昏礼》："婿乘其车，先俟于门外"）。

癸丑（1853年）**长至日自记**［长至日，即"夏至日"的别称。《礼记·月令》："（仲夏之月）是月也，日长至。"此日是白昼最长的一天，故称"长至"］。

《潜斋医话·赵序》：古名臣大儒，往往喜录单方，以关生民疾苦，而世之医者，每为卑鄙不足道（卑鄙，低微而鄙俗浅陋。三国蜀诸葛亮《出师表》："先帝不以臣卑鄙，猥自枉屈，三顾臣于草庐之中。咨臣当世之事。"世代医者，往往因为单方简易、低级而轻视、不愿论及），何识量之不广哉（识量，识见与度量。《晋书·阮咸传》："太原郭奕、高爽有识量，知名于时。"《新唐书·河间王孝恭传》："河间元王孝恭，少沉敏，有识量。"更何况其见识浅显不广博哉）！王君孟英，谓一药治病，即古之奇方。盖一病原有一药主治，识之既真，何须多品。第病有可以常理测者，夫妇与知；其不可常理测者，虽圣亦有所不能尽（圣，聪明智慧无比、无所不通、品格高尚的人。《尚书·洪范》："五事：一曰貌，二曰言，三曰视，四曰听，五曰思。貌曰恭，言曰从，视曰明，听曰聪，思曰睿。恭作肃，从作乂，明作哲，聪作谋，睿作圣。"《孔传》："于事无不通谓之圣。"即便是圣人也有不能尽知尽晓的）。是以病机隐幻，固非良手不为功（良手，高手；具有高超技艺的人。北宋著名的书画鉴赏家、画史评论家郭若虚《图画见闻志·卷三》："李用及、李象坤并工画佛道人马，尤精鬼神，尝与高文进、王道真同画相国寺壁，并为良手。"如果不是高手，就难以取胜获功），而病情奇怪，有非单方不能治。在昔欧公暴痢几绝，乞药于牛医；李防御治嗽拜官，得方于下走（下走，原为谦词。后亦指供役使奔走之人。《汉书·萧望之传》："若管晏而休，则下走将归延陵之皋"）。诚医理之难穷，而药之不可以贵贱为优劣也。即今道光间，吾杭皇甫心安，家有狐能治病，以仙目之。乐怀谷女，方襁褓（襁褓，音 qiǎng bǎo。《文选·嵇康〈幽愤诗〉》："哀茕靡识，越在襁褓。"唐代李善注引西晋文学家张华《博物志》："襁，织缕为之，广八寸，长丈二，以约小儿于背上。"褓，裹覆小儿的被子。泛指背负小儿时所使用的物品），忽啼不止，拍之则愈啼，解衣视背，见绣针微露其绪，而针已全没。多医治之，杂以药敷，肉溃而针终不出。狐令以磁石吸疮口，理极是也，而亦罔效。延至百日，忽卖酒家闻之，曰易耳。第以银杏仁去衣、心，杵烂，菜油浸良久，取油滴疮孔中即出。移时果针透疮口（移时，一会儿；历经短暂时间。唐代诗人杜甫《上牛头寺》诗："何处莺啼切，移时独未休。"经历一段时间果然针透疮口而出），而针则已弯，盖强拍入之也。夫以狐而仙者，岂智有不逮哉？乃不为磁石引，而为银杏透，真理之不可测矣。

由此推之，一病必有一药主治，洵非虚语（洵，音 xún。诚然；实在。《诗经·郑风·有女同车》："彼美孟姜，洵美且都。"诚然不是虚假的话语），而单方之不可忽也，益信（单方不可忽视，更加信服。益，副词。更加；越发。《韩非子·喻老》："君之疾在肌肤，不治将益深"）。因出《愿体医话》一册。《愿体集》为康熙时史搢臣先生著（史搢臣，名典，江苏省扬州人，清代医家，撰辑有《愿体医话良方》一书），其医话亦皆切于济世，而救五绝诸法，尤较他书详备，向为孟英舅氏俞君珍藏。孟英复以魏柳洲《续名医类案》中按语、单方合而成帙（魏柳洲，即魏之琇，1722—1772，《四库全书总目·卷一百零四·清画家诗史》有传。清代医家。字玉璜，号"柳洲"，浙江钱塘人。布衣，少孤贫，曾佣工于当铺，夜静苦读医书，历二十年，无师自通，遂以医为生；兼工诗词，擅画。编有《续名医类案》六十卷。王孟英《柳洲医话·序》云："魏柳洲先生辑《续名医类案》六十卷，脱稿未久，先生寻逝，幸已邀录四库馆书，不致散佚，《提要》病其编次潦草，盖未经删定之故也。雄不才，僭删芜复，而卷帙犹繁，未能付梓，爰先录其所附按语为《柳洲医话》，以示一斑云。咸丰元年冬十一月，后学王士雄书于潜斋"），末附自采简效诸方，付之梓。其成厥舅志（以成之舅氏遗志），固已足多，而所言一以生民疾苦为心，勿私其艺（私，秘密；不公开。《汉书·霍光传》："私使乳医淳于衍行毒药杀许后。"不要私藏自己的医术。意谓其心胸宽广也），抑亦王君识量之不可及也已（抑，表示推测，或许；也许；抑或。《论语·学而》："求之与，抑与之与？"抑亦，副词。或许；也许。表示推测之意。《三国志·诸葛亮传》："曹操比于袁绍，则名微而众寡，然曹遂能克绍，以弱为强者，非惟天时，抑亦人谋也。”或许王士雄君的识见与度量不可比及也)。

咸丰三年癸丑（1853年）仲冬　杭州　赵梦龄

《归砚录·弁言》：吾族系出安化，籍隶盐官（安化县属湖南省益阳市，位于湖南省中部偏北的地理位置。盐官，则属浙江省海宁市的盐官镇，位于长江三角洲南端，紧邻沪、杭、苏三大城市，是举世闻名的观潮胜地）。十四世祖迁于海盐之水北，十九世祖复归于原籍之旧仓。乾隆间，曾王父遭海溢之患，携吾祖、吾父侨居钱塘（杭州城的古称，自秦一统全国之后，便开始在灵隐山麓设县治称钱塘，隶属会稽郡）。嗣为吾父娶于杭，生余昆季六人而殇其三（古称兄弟为昆季，长为昆，幼为季。《新唐书·李密传》：“伯当曰：昔日萧何举宗从汉，今不昆季尽行以为愧，岂公一失利，轻去就哉！”殇，夭折；未成年即已死去。《仪礼·丧服传》：“年十九至十六为长殇，十五至十二为中殇，十一至八岁为下殇，不满八岁以下，皆为无服之殇”），故虽行四而字孟英。尝忆吾父之归葬曾王父暨大父也，谓先世邱垄所在（邱垄，亦作“丘垄”“邱垅”，坟墓。《汉书·刘向传》：“黄帝葬于桥山，尧葬济阴，丘垄皆小。”东晋大诗人陶潜《归园田居》诗：“徘徊丘陇间，依依昔人居”），意将挈家回籍而未逮。道光纪元（1821年。纪元，历史上纪年的起算年代），府君遽捐馆舍（府君，子孙对其尊长、先世的敬畏尊称。明代归有光《归府君墓志铭》：“府君，我曾大父城武公兄弟行也。”遽，音jù。急忙；骤然；忽然。《左传·僖公二十四年》：“公遽见之。”北宋文学家苏轼《贾谊论》：“安有立谈之间，而遽为人痛哭哉！”捐馆舍，捐弃馆舍，死亡的婉辞；南宋陆游《〈吕居仁集〉序》：“某自童子时，读公诗文，愿学焉。稍长，未能远游，而公捐馆舍。”明末清初著名经学家、史学家、教育家黄宗羲《李因传》：“光禄捐馆，家道丧失。”先世骤然亡故），时余甫十四（甫，副词。方；才；方才；刚刚。《汉书·翼奉传》：“天下甫二世耳，然周公犹作诗书深诫成王，以恐失天下。”颜师古注解：“甫，始也。”此时我年方十四岁），童昏无知（自谦词）。家无担石储（担石，亦作“儋石”“担石”。担、石，是古代的重量单位和容量单位，一担等于一百市斤，一石等于十斗。一担的量，形容极少的量。家里穷得就连一担的粮食储备都没有了。明代方以智《通雅·算数》：“《汉书》一石为石，再石为儋，言人儋之也。”《三国志·魏志·华歆传》：“歆素清贫，禄赐以振亲戚故人，家无担石之储。”东晋陶潜《劝农》：“儋石不储，饥寒交至。”经常被人们用来形容家中口粮已为数不多，或曰家中已没有太多粮食储备），衣食于奔走有年（有年，意即多年。东晋陶潜《移居》诗：“怀此颇有年，今日从兹役。”唐代韩愈《进学解》：“先生欺余哉！弟子事先生，于兹有年矣。”为穿衣吃饭而奔走数年）。

不获时省祖墓（不获，不得；没有得到。《尚书·顾命》：“疾大渐，惟几，病日臻，既弥留，恐不获誓言嗣，兹予审训命汝。”《孔传》：“恐不得结信出言，嗣续我志。”省，音 xǐng，动词。探望；省亲；省墓。没有时间探望祖坟），罪戾实深（自责词。罪戾，罪恶；过失；罪愆。《左传·庄公二十二年》：“赦其不闲于教训而免于罪戾。”《国语·晋语四》：“君实不能明训，而弃民主。余，罪戾之人也，又何患焉”），而敝庐数椽（自谦词。敝，代词。作谦辞用。用于与自己有关的事物。《史记·吴王濞列传》：“敝国虽狭，地方三千里。”敝庐，破旧的房屋。《礼记·檀公下》：“君之臣免于罪，则有先人之敝庐在，君无所辱命。”东晋陶潜《移居》诗：“敝庐何必广，取足蔽床席。”椽，放在檩上架着屋顶的木条，如椽子。古代房屋间数的代称。元代诗人张翥《赋诗自志三首》：“五槐浓绿荫门前，东宇西房数十椽。不是衰翁买屋住，归时留作顾船钱。”而有破旧房屋数间），地土数亩，亦遂悉为人儥（儥，音 yù。买；卖。于是任人买卖），是以先府君之葬，势难归祔祖茔（祔，音 fù。动词。合葬。《礼记·檀弓上》：“季武子曰：‘周公盖祔。’”唐代训诂学家孔颖达疏解：“周公以来，盖始祔葬，祔即合也，言将后丧合前丧。”茔，《说文解字·土部》：“茔，墓也。”《玉篇》：“茔，墓地。”《广雅》：“茔，葬地也。”《汉书·张安世传》：“谥曰“敬侯”，赐茔杜东，将作穿复土，起冢祠堂。”颜师古注解：“冢地也。”祖茔，祖先的坟地。《红楼梦·第十三回》：“凤姐便问何事。秦氏道：‘目今祖茔虽四时祭祀，只是无一定的钱粮’”）。因循多载，吾母命卜地仁和之皋亭山，以为海昌便道，子孙易于祭扫，余敬谨恪遵。先孺人弃养，即合葬焉。迨癸丑春（1853 年），金陵失守，杭城迁徙者纷如（纷如，犹“纷扰”“纷拏”。混乱貌；纷乱错杂貌。东汉著名文学家王逸《九思·悼乱》：“嗟嗟兮悲夫，肴乱兮纷拏。”杭州城里的百姓纷纷迁徙、移居）。窃谓吾侪借砚田以糊其口（侪，音 chái，名词。《说文解字·亻部》：“侪，等辈也。”同辈。《左传·僖公二十三年》：“晋、郑同侪，其过子弟，固将礼焉，况天之所启乎？弗听。”晋经学家杜预注解：“侪，等也。”砚田，旧时的读书人均以文墨作为维持生计的工具，因此人们就将砚台比作田地，简称“砚田”。以文墨作为生计的读书人。南宋终身不仕的江湖派诗人戴复古《寄王溪林逢吉》诗：“以文为业砚为田。”私下里告诉吾辈借以砚田意，即文墨糊口过日子），家无长物，辛丑之警（1901 年，光绪二十七年），有老母在，尚不作避地计，况今日乎！第省会食物皆昂，既非寒士之所宜居，而婚嫁从华，向平之愿亦不易了，倘风鹤稍平，可不继志以归籍耶？

余虽未有子，而女已多，从子亦数辈（从子，兄弟之子也，意即侄儿。《三国志·魏志·夏侯尚传》：“夏侯尚，字伯仁，渊从子也”），必乘其年尚幼稚，俾乡居以习于俭约，斯谓遗之以安。然族已久疏，怅难如愿。先是有嘉兴谢君再华者，端人也（端人，品行正直端方的人。《孟子·离娄下》：“夫尹公之他，端人也，其取友必端也。”东汉晚期经学家赵岐注解：“端人，用心不邪辟”）。家于杭之保祐坊，以白手致小康。甲辰春

(1904年)，余谓其地将有郁攸灾（郁攸，火灾；灼热之气；郁热之气蒸腾。《左传·哀公三年》："济濡帷幕，郁攸从之，蒙葺公屋。"晋代杜预注解："郁攸，火气也。"我说此地将会有火灾，或说灼热之气的灾难），嘱其移居，从之。及秋而不幸余言偶中。谢以获免，感于心，至是曲为余筹之。久之，引一人来曰：此管君芝山也，与我为垂髫交（髫，音 tiáo。古时候的儿童未冠者头发下垂称为"髫"，由此以"垂髫"引申为童年或儿童。《后汉书·伏湛传》："髫发励志，白首不衰。"东晋陶潜《桃花源记》："黄发垂髫，并怡然自乐。"与我为自幼之交），醇谨朴诚，一乡称之。世居海昌北乡之渟溪，地既幽僻，俗亦淳良，小有市廛（廛，音 chán。市廛，市房；商店货铺集中的地方。《礼记·王制》："古者公田借而不税，市廛而不税。"东汉经学家郑玄注解："廛，市物邸舍。税其舍不税其物。"唐代孔颖达疏解："廛谓公家邸舍，使商人停物于中，直税其所舍之处价，不税其在市所卖之物。"市廛，城市中商肆店铺集中的地方。南朝宋著名诗人谢灵运《山居赋》："即事也，山居良有异乎市廛。"地方虽小，却也有商店货铺），颇堪栖隐（特别适宜栖息隐居），距海较远，水患无虞（无虞，没有顾虑，没有忧患。《尚书·毕命》："四方无虞，予一人以宁。"没有水患顾虑）。子欲归故乡，盍与结邻乎？余闻之慰甚，遂与订交。既而偕弟季杰，挐舟往访（挐，音 ráo，古通"桡"，船桨。《庄子·渔父》："乃下求之，至于泽畔，方将杖挐而引其船，顾见孔子，还乡而立。孔子反走，再拜而进。"摇船桨前往访问）。至其地，如渔人之入桃源，且有朱姓旷宅（空旷的宅院），愿我赁（北宋诗人、文学家王禹偁《书斋》诗："年年赁宅住闲坊，也作幽斋着道装。"愿意租赁给我），心益喜。返杭告庙而卜之吉，季杰复谋诸赵君笛楼，得壬占曰：利久居，宜子孙。而会垣僦居之屋适易主，爰诹吉携眷往家焉（诹吉，选择吉日。明末清初史学家、文学家唐孙华《进呈御览诗一百韵》："黄道方诹吉，青阳正放晴"）。时咸丰五年乙卯（1855年）冬十月中浣三日也（中浣，中旬。自唐始，人们便有将阴历每月的初一到初十日，称为"上浣日"的习惯，即现时的"上旬"；每月的十一日到二十日，称为"中浣日"，即现时的"中旬"；自二十一日至月底，称为"下浣日"，即现时的"下旬"。冬十月十三日）。回思先府君以四十九岁弃诸孤，余昨岁之病，几如汤睢阳与父同寿（汤睢阳，官至工部尚书，河南人）。然而一事无成，虚延人世，霜侵两鬓，余年几何。赖良友启余，得以勉承遗志。谢君之德，曷敢以忘！而机缘相凑（机缘，时机；机遇。亦泛指机会因缘。《三国演义·第二十四回》："孤穷刘备，久欲投于门下，奈机缘未遇"），殆亦先人之灵有以默相欤？设谓无田可归，必待买山有资，则岁不我与。赍此志而弗能偿者，举目皆是也。余窃悲之。乃余自失怙后，即携一砚以泛于江，浮于海，荏苒三十余年，仅载一砚归籍，人皆患之，而余载砚时游，亦足以行吾之痴，而乐吾余年，他非所知也。游时偶有所录，渐积成卷，题曰《归砚》。盖虽以砚游，而游为归之计，归乃游之本也。因识其归之所以于简端，以为序，并示我后人。

咸丰 丁巳（1857 年）冬十一月下浣

安化后人南渡第二十七世半痴　王士雄书于吴门归棹

《归砚录·彭序》：盖闻天定胜人，人定亦能胜天。医相皆能挽造化之权，故先哲有“不为良相则为良医”之语也。迨世风日下，医道日衰，良者罕见矣。王公孟英，博雅君子也。储八斗之才，富五车之学，而尤长于医，疗疾之神，人莫能测。著有医学丛书十六种，阐明至理，井井指陈。其医案十四卷，治法益昭，发前人之未发，悟前人所未悟，上追《灵》《素》，下纂诸家，抉其奥以显其幽，存其纯而纠其谬，道明世俗之风，说尽暗昧之弊，分混淆，别邪异，千古流弊，一旦而消，万世蔽蒙，一朝而破，功盖前贤，学垂后世，证无巨细，恻隐常存，卓识敦行，诚人所不能及也。往岁归隐海昌，惜兰女辈，未能负笈以从，而钦佩之心，不能自已。兹先生草《归砚录》以明志，因不揣谫陋而为之序。

时丙辰（1856 年，咸丰六年）三月中浣　仁和　彭兰媛敬撰

由此彭序可知，半痴王士雄亦有女弟子，就是仁和籍的彭兰媛。由此可见，女子学医并非仅 1949 年之后始有。

《愿体医话良方·自序》：舅氏俞公桂庭，虽不业医而喜读轩岐之书，捐馆后（捐弃馆舍，过去人对死亡的隐讳忌语。《国策·赵策二》：“今奉阳君捐馆舍，大王乃今然后得与士民相亲，臣故敢献其愚，效愚忠。”南宋进士、以大学博士累迁司封员外郎鲍彪著十卷本《战国策注》解：“妇人死曰捐馆舍，盖亦通称”），雄于遗箧中检得《愿体医话》一卷，绎之皆时医药石之言（绎，本意是抽丝剥茧，理出头绪。《说文·糸部》：“绎，抽丝也。”引申为寻究事理），多急救全生之法，惜其简略，疑非完书，庋而藏之者二十年矣（庋，音 guǐ，动词。收藏；放置；搁置。《新唐书·牛仙客传》：“前后锡与，缄庋不敢用”）。前年许子领三以播臣先生原稿持赠，乃知本无残阙，先舅氏仅删阴证一条，尤为有识，增补诸方，亦皆精妙。夫《肘后》《鸡峰》世人罕读，病来仓卒，医

辄茫然。近惟《种福堂选方》《养生经验》二书，最称善本，海内风行。兹编虽简，颇有补二书所未及者，胡敢秘耶（胡，代词。《广雅·释诂三》：“胡，何也。”何；怎。《诗经·邶风·式微》：“式微，式微！胡不归？”岂敢私自藏秘耶）？爰付攻木之工（爰，于是。《诗经·卫风·硕鼠》：“乐土乐土，爰得我所。”意即于是付给雕版工人，以便付诸印刷），以公于世。忆昔在婺（婺，音 wù。此指江西省的婺源县），舅氏尝遗书训雄曰：凡病治愈，须存底稿。雄遵而行之，迨癸卯冬（1843 年），故人周君光远选刻拙案二卷，曰《回春录》，甲辰之案（1844 年），张封翁信堂题曰《仁术志》，至庚戌踵成八卷（庚戌，1850 年。踵，至；到；续）。今春杨大令素园重为删定，详加评点，慨捐鹤俸（鹤俸，亦称“鹤料”。唐代称幕府官俸为鹤料，后世遂泛称官吏的俸禄。此谓慷慨捐献自己的俸禄以促成书），合梓于宜黄县署（位于江西省的中部偏东，抚州市南部，始建于 257 年，三国吴太平二年），总题曰《王氏医案》，凡十卷，而舅氏皆不及见。且雄才识疏庸，不能深造，将何以慰曩时之属望耶（曩，音 nǎng。以往；从前。《列子·黄帝》：“曩吾以汝为达，今汝之鄙至此乎？”属望，期望。《后汉书·李固传》：“既拔自困殆，龙兴即位，天下喁喁，属望风政。”将何以慰借以前的期望呢）？校此遗编，能无于邑（邑，通“悒”。形容词。《说文解字·忄部》：“悒，不安也。”《仓颉篇》：“悒悒，不舒之貌也。”忧郁不乐貌；忧愁不安；苦闷悒郁。《汉书·杜邺传》：“由后视前，忿邑非之，逮身所行，不自镜见，则以为可，计之过者。疏贱独偏见，疑内亦有此类。”颜师古注解：“邑，于邑也。”愤恨忧郁。校正此遗编，怎么能没有忧郁烦闷）。

咸丰纪元辛亥（1851 年）闰月　王士雄谨识于潜斋

王士雄，字孟英，自号“半痴山人”“随息子”，晚号“梦隐”“潜斋”，浙江省海宁人。生活于清嘉庆至光绪年间（1808—1890），自曾祖父以下三世皆行医于当时，母亲俞氏亦于医理、药性无不明晓，故其家学可谓渊源。

王梦隐虽名重三江，遨游公卿、传食诸侯数十年，然其素有立身养生之术，操活人之学，却无功名之志。知世有乱征，劫运酿成，无从挽救，遂飘然归隐居处穷乡，不杀生，不佞佛。虽贫无立锥，却布素自甘，安贫信道，淡以寡欲，俭以养廉，粹然儒士风范。身虽隐，而名望日隆。著《归砚录》以见志，纂《饮食谱》以摅怀。

王士雄先生所撰《随息居饮食谱》是一部著名的营养学专著，虽然全书仅一卷，列举食物三百三十一种，却重点突出，语言通俗易懂，论述清楚明晰，历来是后学学习研究中医食疗学、养生保健学、祛病延年必备的一部重要参考书。

陆以湉赞其读书精细，最有卓识，并举士雄论虞花溪治一中年妇人夜热证之事，赞其独能辨识前人之误（此案例详见《古今医案按选》）。虞花溪针对这位妇女夜间发热，至晨即退，五心烦热无休止时，半年后其脉六部皆数伏而牢，浮取全不应，采取东垣升阳散火汤治之，四帖之后，热减大半，自觉胸前轻快许多；再与二帖，热悉数全退，再以四物加知柏，少量佐以炒干姜，服二十余帖后痊愈。

陆以湉赞其妙就妙在不取滋阴降火法，而取升阳散火汤法。因为夜热脉数属阴虚证，其脉伏且牢，浮取不应，采用升阳散火得效，再以阴药收功，然而如果阴药采用六味加二地、二冬必不效，妙在芎归合知柏，及从治之炒干姜。王士雄分析道：此热在血分，误治半年，导致其热愈伏愈深，六部脉象皆伏且牢，浮取不应，初用升阳散火，所谓“火郁发之”也；再以炒干姜辅佐四物知柏收功，实乃血分受病之专剂，与阴虚生热当用阴药者治法有别，误用皆为戈戟。名医高就高在深谙药物的君臣佐使关系处置得当，自然事半功倍也，岂有不取效之理。

陆懋修（1818—1886），清代医学家，著有《世补斋医书》。

清代医学家陆懋修，字九芝、又字勉旃（音 zhān），号“江左下工”“林屋山人”，江苏元和（今江苏省吴中区）人。夙以文学名，读书日以寸计，食古而能化，尤善所解于无字句处。世医家庭，邃于医学，活人之术，传其后代。其对张仲景的《伤寒论》及运气理论颇有研究，尤为推崇，析理精微，力主表彰仲景为事，以仲景六经为归，主张温病属于阳明病范畴。病患之人遇其，轻病不知其何以已也，重病患者，不知其何以活也。

陆懋修，字九芝，江苏元和人。先世以儒显，皆通医。懋修为诸生，世其学。咸丰中，粤匪扰江南，转徙上海，遂以医名。研精《素问》，著《内经运气病释》。后益博通汉以后书，恪守仲景家法，于有清一代医家，悉举其得失。所取法在柯琴、尤怡两家，谓得仲景意较多。吴中叶桂名最盛，传最广，懋修谓桂医案出门弟子，不尽可信。所传《温病证治》，亦门人笔述。开卷揭“温邪上受，首先犯肺，逆传心包”一语，不应经法，误以胃热为肺热，由于不识阳明病，故著《阳明病释》一篇，以阐明之。又据《难经》“伤寒有五”之文，谓：“仲景撰用《难经》，温病即在伤寒中，治温病法不出外。”又谓：“瘟疫有温、有寒，与温病不同，医者多混称。吴有性、戴天章为治疫专家，且不免此误。”著论辨之，并精确，有功学者。

懋修既弃举业，不求仕进，及子润庠登第，就养京邸，著述至老不倦。光绪中，卒。润庠亦通医，官至大学士。（民国赵尔巽等撰，《清史稿·卷五百二·列传二百八十九·艺术一·陆懋修传》）

《世补斋医书·费序》：古云宰相须用读书人，余谓斯言也亦可通于医。世故未有不读书不通古方而能为医者也。仲景以《伤寒论》师表万世，施诸今病无不合者。乃今之人不明其义，因而不用其方，而又恐有议其后者，乃托古方不治今病之说以为便。善夫（赞赏感叹词），乡先辈灵胎徐氏之言曰：天地犹是天地，人物犹是人物，若人气薄则物性亦薄，岂有人今而药独古者？尝执是以求当世，而知者盖寡。

我友元和陆君九芝，奉其尊甫方山先生庭诰（庭诰，教育告诫家族子弟的话，泛指家教。南朝宋工诗善文的文坛泰斗颜延之作《庭诰》：“庭诰者，施于闺庭之内，谓不远也。”《南史·颜延之传》：“闲居无事，为庭诰之文以训子弟。”此说陆懋修遵承父训，承继家学，弃举业，不求仕进，进而从医），既承家学，又洞见时俗之弊。凡所施治，悉本仲景方意。尝曰：如仲景方而不可用，则病人岂容我以尝试之？何以用之一人而效，用之人人而无不效。且何以彼之不用仲景方者，曾不闻一效也。吾既用之而效矣，用之而屡效矣，则吾岂能舍吾效者不用，而用彼之不效者耶！夫病者何所求，不过求其效耳。然不用仲景方而效不至，则人何乐乎不用仲景方哉。君之书以表彰仲景为事，出即以仲景方活人，语有之阴德耳鸣（阴德，暗中做好事，做有德于人的事。《淮南子·人间训》：“有阴德者必有阳报，有阴行者必有昭名。”《隋书·隐逸传·李士谦》：“或谓士谦曰：‘子多阴德。’士谦曰：‘所谓阴德者何？犹耳鸣，己独闻之，人无知者。今吾所作，吾子皆知，何阴德之有’”），吾知后必有食其报者。以余交君久，嘱为序。爰举平日所绪闻者弁其端（绪，《说文解字·糸部》：“绪，丝端也。”整理；寻绎。《汉书》：“苍为计相时，绪正律历。”绪闻，整理出平日所见闻的事情，放在书的开端作为序文。弁，动词。加冠头。《唐诗品汇·总序》："各立序论，以弁其端"），抑恐未足以知君之深矣。

同治六年丁卯春二月（1867年），吴江愚弟　费延厘

《世补斋医书·袁序》：往尝见杨君谦苏，谈纪金华戴原礼学医于朱彦修（朱震亨，丹溪先生），尽得其传。以其术游吴下，吴人之以病谒者户为塞。王仲光时为儒，未知医也。慕而造焉，谘学医之道。原礼曰：熟读《素问》耳。仲光退而习之三年。原礼复来吴，闻仲光谈论大骇，自以为不如。余以是知学医而不通《素问》，不可以为医（王宾，字仲光，号"光庵"，吴郡人，即今江苏省苏州市人。本是位奉母至孝，隐居不仕，终生独居，善画山水的画家。因得益于学习戴思恭所藏医书和朱丹溪的医案，经过努力研读，终成名医，从而使得朱彦修的医学流派得以在吴中地区生根开花。1343年，元至正三年，戴元礼及其弟戴思温随其父迁徙到义乌，同时拜在名医朱震亨门下学医。因其刻苦好学，颖悟绝伦，甚得朱氏真传。后来到苏州行医，轰动一时，诊费高达五两银子，而此时的王仲光对于医学来说尚是一位门外汉，纯粹的儒生一个。眼见戴医生门前门庭若市，收入颇为丰盈，怎能不眼红啊！于是向戴医生请教学医之道，无奈人家只是淡漠地告知去学《素问》而已，此后便出现了文中所说，三年之后当刮目相看的情形，也就成就了又一位名医）。我友陆君九芝，其先世以科第显，而皆能医，皆读《素问》。九芝，复用志不纷。慨世之医，绝不从事于斯，诡言《素问》，古书不治今病，而医学遂以大坏。乃尽弃其他所学，而独于无方之书，得其言以治人。咸丰己未，泾阳张文毅公督兵皖江，军书旁午以湿热遘疾，群医震惊，不能疗。九芝故出公门下，飞骑千里招致军中，进数剂立瘥。文毅德之，优礼而归。今中丞太康刘公，于辛酉令上海时得结胸证，以时方元参、地、麦濒于危。九芝视之，贡以朴、枳辈数服乃解。人赖君之明如此，君与时相反耶？抑时与君相反也？今与余同客峰泖间（峰泖，山水之间。泖，本意是指水面平静的小湖，亦是一个已经被夷为平地的湖名，在今上海市青浦西南，松江西和金山西北，湖名是三泖），命长子开骐从君游。嗟乎！吴中医学失堕久矣，九芝独能具坚忍之力，为斯道作干城（本指盾牌或城墙，引申为捍卫或捍卫者。语出《诗经·周南·兔罝》："赳赳武夫，公侯干城"）。余见其所读皆古书，而治无不效，效无不速。其熟读《素问》之验，诚有如原礼所言者。吾吴医学其将自君而复兴乎！君方著书未分卷，他日必裒成大集。预书之为左券焉（古代称契约为券。此券用竹子制作而成，从中剖开，分为左右两片，立约方各持一片。左券，常被用作索偿的凭证。日后人们便把说有把握的事情，叫作操左券。南宋陆游《禽言》："人生为农最可愿，得饱正如

持左券。”预见日后必会编辑成书，是件极有把握的事情，犹如持左券）。

同治五年丙寅孟春之月（1866年正月），同里愚弟　袁兰升

周学海（1856—1906），清代著名医药学家，著有《内经评文》《伤寒补例》《读医随笔》《形色外诊简摩》《脉学四种》。

周学海，字澄之，又字健之、潜初，安徽省建德人。周氏可以说是一位晚清后期、民国之前极有成绩的儒医大家。之所以说他是位儒医，一是缘于他出生于名门望族、官宦之家，其父周馥就是一位屡试未中的儒生学子，科举之路难行，百般无奈之下，便投笔从戎，追随李鸿章，从淮军中的一名文书做起，因为深受李氏的赏识、倚重，逐渐发达至任直隶按察使，同时还创办了中国第一所武备学堂——天津武备学堂。作为长子的周学海，生而好学，自幼受其父及家庭的影响和熏陶，刻苦勤勉，才华横溢，不仅对经史词章儒学十分喜爱，刻苦钻研儒家经典的四书五经训诂学，更对医学尤为感兴趣，孜孜不倦，潜心研学《内经》《难经》这些医学经典。由于有着良好扎实的儒学基础，习医自然不在话下，融会贯通，自然而然成为自学成才的儒医，尤其精深于脉理之学。

1885年，光绪十一年，考中秀才；1892年，光绪十八年，殿试赐进士出身。自此履任各级官职：内阁中书、浙江候补知府、江南扬州府粮捕、河务水利同知等职务，诰授通议大夫三品衔。虽任官吏，肩负公职，忙于公务，却淡泊名利，漠视仕途经济之道，布衣蔬食，潜心医学，热衷于博览历代医学名著及医案，无论贫富贵贱，有求必应，应手辄验，对于疑难杂症，亦有奇效，故颂扬之声著于大江南北。在江淮任官之际，常在繁忙的政务之余，以医生的身份为民诊病疗疾，救死扶伤，由此积累了丰富的临床经验，逐渐成长为手到病除的一代高明医生和极有成就的医学家。

周氏读书治学极为严谨精博，学以致用，善于将理论应用于临床实践，这为他著述医书奠定了坚实基础，论脉尤为详尽深刻，同时精于古医籍的校勘评注。所著《脉学四种》（《脉义简摩》八卷、《脉简补义》二卷、《诊家直诀》二卷、《辨脉平脉章句》二卷）、《读医随笔》六卷、《伤寒补例》二

卷等共一百一十四卷，刻于1891年。

非常遗憾的是，周氏英年早逝，常年的呕心沥血、心力交瘁、积劳成疾，过早地夺去了这位传统中医学界精英的生命。相信周君如果能够长寿，他对传统中医学的贡献将会更加巨大，尤其是对中医学古籍的考据、评点、注疏、校勘、推广流传、弘扬光大，所起作用绝不可小觑，人们永远不应忘记这位为传统中医学，尤其是脉学理论与实践做出重大贡献的轩岐后人。

周学海，字澄之，安徽建德人，总督馥子。光绪十八年进士，授内阁中书（也称中书，清代沿袭明代的官职名称。掌管撰拟、记载、翻译、缮写等工作，若由进士经过朝考后以内阁中书任用者，可以充任乡试主考差。官阶为从七品），官至浙江候补道（清制，道员为捐官条例中所规定的最高一级，但道员实缺有限，捐纳道员一般无缺可补，仅仅得些委差，故此称其为候补道员）。潜心医学，论脉尤详，著《脉义简摩》《脉简补义》《诊家直诀》《辨脉平脉章句》。引申旧说（引申，《易经·系辞上》："引而申之，触类而长之。"东汉许慎撰《说文解字·叙》："引而申之，以究万原。"即由一事一义推衍为其他有关之义），参以实验，多心得之言。博览群籍，实事求是，不取依托附会。慕宋人之善悟，故于史堪、张元素、刘完素、滑寿及近世叶桂诸家书，皆有评注。自言于清一代名医，服膺张璐、叶桂两家（服膺，《礼记·中庸》："得一善，则拳拳服膺，而弗失之矣。"南宋朱熹《集注》解释："服，犹著也；膺，胸也。奉持而着之心胸之间，言能守也。"《汉书·东方朔传》："唇腐齿落，服膺而不释，好学乐道之效，明白甚矣。"意即衷心信服）。证治每取璐说，盖其学颇与相近。宦游江、淮间（宦游，为求得一官半职或做官而长久游走在外。简言之，为求官作而出游。宦，动词。《说文解字·宀部》："宦，仕也。……犹今试用学习之官也。"《汉书·司马相如传》："长卿久宦游，不遂而困。"为求官做游走于江、淮之间），时为人疗治，常病不异人，遇疑难，辄有奇效。刻古医书十二种，所据多宋、元旧椠藏家秘笈（椠，音qiàn，名词。《说文解字·木部》："椠，牍朴也。从木，斩声。谓未书之版长三尺，其小者曰札曰牒。东汉王充撰《论衡·量知篇》："断木为椠，析之为板，力加刮削，乃成奏牍。"全句意思是所依据的多是宋、元时期旧的刻本），校勘精审，世称善本云。（民国赵尔巽等撰，《清史稿·卷五百二·列传二百八十九·艺术一·周学海传》）

《周氏医学丛书·序》：大先兄澄之观察，生而好学，自幼入塾，沉酣经史词章之学，口不绝吟，手不停披，往往寒不思衣，饥不思食。中年以后，积劳多病，时医每至束手，乃发奋专攻医学。取《黄帝内经》日夜研求，豁然贯通，若有神助。继则遍阅历代名医著作，于仲景《伤寒论》、王氏《脉诀》诸书，尤有心得。凡前人有未发明者，或有误解者，皆一一阐明而纠正之。晚年乃举所属稿手订成编，并取古书之最重要者，如《神农本草经》、王叔和《脉经》，精为校刊，以饷后学。盖积三十年之精力，乃得观成，而吾兄之心血亦瘁于斯矣，故未周甲而逝（周甲，干支纪年六十年为一甲子。《清史稿·礼志五》："康熙六十年，御极周甲，命世宗率皇子、皇孙诣盛京，皇子祭昭陵，皇孙祭永陵，帝亲往福陵大祭。"此说周学海先生心力交瘁，未满六十岁即亡故。周学海先生去世时，年仅五十岁）。生平淡于名利，虽承先公贵显之后（先公，对亡父的尊称。唐代韩愈《乌氏庙碑铭》："先公既位常伯，而先夫人无加命号，名差卑，于配不宜。"其先世乃居高位，实在是权贵显要之辈。《管子·形势解》："古者三王五伯，皆人主之利天下者也，故身贵显而子孙被其泽。"《梁书·孔休源传》："尚书令沈约当朝贵显，轩盖盈门。"周学海先生之父周馥，《清史稿》有其传。乃是随同李鸿章组建淮军，应募起家、深受赏识倚重，累迁至封疆大吏，在淮系集团颇有建树和影响的人物。育有六子，分别是：老大学海，老二学铭，老三学涵早亡，老四学熙，老五学渊，老六学辉），而布衣蔬食，其刻苦有非寒士所能及者。乙酉膺拔萃（1885年，光绪十一年，考中秀才），戊子举于乡（1888年，光绪十四年，乡试中举），壬辰成进士（1892年，光绪十八年。经过殿试，赐进士出身），就内阁中书。截取同知分南河（同知，官职名称。正五品的知府副手。府的主官称为"知府"，府的佐官称为"同知"。因事而设，每府设一二人，没有定员。其职责：分掌地方盐、粮、捕盗、江防、海疆、河工、水利以及清理军籍、扶绥民夷诸多事务。知州的副职称为州同知，从六品，无定员，职责是：职掌本州内的诸多事务。《醒世恒言·张廷秀逃生救父》："侯同知晚上回府，便会同了众捕快，次日解官。"南河，1729年，雍正七年。改河道总督为江南河道总督，掌管防治江南境内的黄河、运河、洪泽湖、海口等。时称总督为南河总督，其下所管理的诸条河流被称为南河。周学海曾任主理南河事务的知府佐助副手），历任扬军厅（有组织的集体劳动大军的长官），兼管河务（负责管理疏浚河道、修筑堤岸等水利治水河务方面工作的同知）。趋公所至，皆以书簏自随（书簏，装书的箱子。《宋史·欧阳修传》："修游随，得唐代韩愈遗稿于废书簏中。"书箱不离身，随身自带），丹铅满几（丹铅，过去点校书籍文字所使用的丹砂、铅粉。用朱笔书写，用铅粉涂抹修改，亦称"丹铅点勘"。唐代韩愈《秋怀诗之一》："不如觑文字，丹铅事点勘。"后世则因此泛称为校对文字工作。几，名词。小桌子；小书桌；低矮的案几。满几，满书几），寝馈不辍（寝馈，寝食吃住。《清史稿·兵志十一》："在事诸人，寝馈于刀锯汤火之侧，出入于硝黄毒物之间，积数年之辛苦，乃克有此成绩。"不辍，不休止；不停歇。《论语·微子》："耰而不辍。"《文选·扬雄·长杨赋》："复三王之田，反五帝之虞；使农不辍耰，工不下机"）。自僚友以至齐民（僚友，同僚好友。共事者；官职相同的人。《礼记·曲礼上》：“夫为人子者，三赐不及车马，故州、闾、乡、党称其孝也，兄弟亲戚称其慈也，僚友称其弟也，执友称其仁也，交游称其信也。”东汉郑玄《戒子益恩书》：“显誉成于僚友，德行立于己志。”齐民，平民百姓。《庄子·渔父》：“上以忠于世主，下以化于齐民。”上自达官贵人，下至平民百姓），遇奇险之症，踵门求诊（踵门，登门；亲自上门。《孟子·滕文公上》：“踵门而告文公曰：‘远方之人，闻君行仁政，愿受一廛而为氓’”），无不应手辄验，故一时颂声著于大江南北。民国修清史，采访舆论，为著列传，以表彰之。顾其书卷帙繁重，邮筒不便，是以四方同志每苦无从觅寄。今用影印缩为袖珍本，分赠各省图书馆，并寄南北各书坊发行，以广流传。俾读者知中国医学为数千年神圣相传之精微，迥出寻常技术之上，而吾兄生平阐明医理以饷后学之志，亦可告慰矣。书既印成，爰志其原委于此。

中华民国二十五年十一月（1936年）至德　周学熙

（周学海四弟，北洋政府财政总长、实业家）

《内经评文·自序》：《素问》《灵枢》，医之祖也，即文之祖也。其义理法度传于邃古（义理，微言大义之理；言辞、文章的含义观点。法度，规范、规矩、行为的准则。北宋王安石《答司马谏议书》：“议法度而修之于朝廷。”邃，音 suì。《说文解字·穴部》：“邃，深远也。”《小尔雅》：“邃，深也。”邃古，远古；遥远的古代。《后汉书·班固传下》：“伊考自邃古，乃降戾爰兹，作者七十有四人”），非秦、汉诸子之所能臆度也（臆度，凭据自己主观意识予以推测揣度。北宋苏轼《赠钱道人》：“书生苦信书，世事仍臆度。”《汉书·艺文志》：“战国纵横，真伪纷争，诸子之言纷然淆乱。”不是秦、汉时期各派学者或其著作所能够凭据自己主观臆断予以推测揣度的）；其精神格力比于六经（格力，表现出来的品质。六经，《诗经》《尚书》《礼经》《易经》《乐经》《春秋三传》六部经过孔子整理并传授的儒家经典、先秦古籍著作的合称。《春秋三传》又含《春秋左氏传》《春秋公羊传》《春秋谷梁传》。他的精神品质准则可以与六经相媲美、攀比），非秦、汉诸子之所能攀拟也（攀拟，模拟之意。清代诗人、学者陈田《明诗纪事己签·李攀龙》：“古乐府音节久亡，不可攀拟。”不是秦、汉时期各派学者或其著作所能够模拟的）。且夫脏腑、脉络、阴阳、运气、曲折微渺，至难摩绘（《说文解字·手部》：“摩，研也。”《礼记·学记》：“相观而善之谓摩。”绘，《说文解字·糸部》：“绘，会五彩绣也。”《小尔雅·广训》：“绘，杂彩曰绘。”摩绘，揣摩研究、模拟描绘。实在是太难以揣摩描绘），而两经英词风发，浩然沛然（大气浩然、大德沛然的简语。浩然，本谓形容水势盛大之貌。有成进而解释为正大刚直豪迈之气。东晋陶潜《扇上画赞》：“至矣于陵，贤士陈仲子，居于于陵，《高士传》有记载，养气浩然。”《孟子·公孙丑上》：“我知言，我善养吾浩然之气。……其为气也，至大至刚，以直养而无害，则塞于天地之间。”沛然，形容感动的样子。《汉书·司马相如传下》：“于是天子沛然改容曰：‘俞乎，朕其试哉！’”唐代经学家、训诂学家颜师古注解：“沛然，感动之意也。”清代史学家、经学家、训诂学家王先谦编著《汉书补注》：“《文选》‘沛’作‘俙’。李善注引张揖曰：‘俙，感动之意也。俙，或为沛。’”浩然正气感动人们），析及毫芒，昭于日月，是神于医而雄于文者。秦、汉之际，未闻其人，况秦、汉文多奇崛（奇崛，奇特不同凡俗；文笔翰墨新奇刚健。唐代政治家、文学家陆贽《谢密旨因论所宣事状》：“自揣凡庸之才，又无奇崛之效。”明代布衣诗人谢榛《四溟诗话·卷四》：“此篇多使实字，奇崛有骨。”况且秦、汉时期各派学者或其著作文墨笔翰多刚健奇特、不同凡俗），是书宽平正大不动声色，而天地万物已在涵盖之中，糟粕精华尽入微言之内，故常以为此三代之盛（三代，特指夏商周三个朝代。《论语·卫灵公》：“斯民也，三代之所以直道而行也。”北宋经学家邢昺撰《论语注疏》解释：“三代，夏、殷、周也”），涵养有道之士之所为作也。古者，医术以口相授，每历一师，必加润色，谓是增润于三代之后可也，谓非出于三代之前不可也。虽然，世之诋其伪者多矣，辨之即累千百言，亦终不能祛其惑，而又何所轻重于圣经。独其文之可法可师，稍知慕古者，莫不知好。向来选家遗而不录，何哉？徒以隶于方伎而薄之。又其语皆实事，非如空谈、名理者之易为讲说也。夫孰知其内益于身心性命，外裨于文章功力，有胜于泛读空文万万者乎！学海不揣固陋（不揣，不自量；不估量；自不量力。《孟子·告子下》：“不揣其本而齐其末，方寸之木可使高于岑楼。”东汉经学家赵岐注解：“孟子言，夫物当揣量其本，以齐等其末，知其大小轻重，乃可言也。”固陋，见识浅薄；孤陋寡闻；见闻不广。司马相如《上林赋》：“鄙人固陋，不知忌讳。”谦谨的周学海先生不估量自己学识的浅薄），辄仿茅鹿门、储同人评《左氏传》《战国策》文例（辄，副词，表示后面的行为是在前一行为之后紧接着要发生的事情。可以理解为“就”“于是”。茅鹿门，即茅坤，1512—1601，明代散文家、藏书家。字顺甫，号“鹿门”，今浙江省吴兴人。嘉靖十七年得中三甲进士，历任青阳、丹徒两县知县，文武兼长，雅号书法，提倡多学习唐、宋古文，主张阐发“六经”之旨，而极为反对“文必秦、汉”的做法，疾世之为伪秦、汉者。行世者有《茅鹿门》。储同人，即储欣，1631—1706，字同人，清初学者、古文家、古文评点家，今江苏省宜兴人，是一位自幼好学之人，精通经史，虽然满腹经纶，早年却无意仕途，专心于制艺为业；康熙年间，年已渐老，虽领乡荐，却无缘仕途，试礼部不遇；索性闭门著书，著有三十卷本的《春秋指掌》等书；又选编《唐宋八大家类选》《唐宋十家文全集录》五十一卷。便仿照茅坤、储欣评点《左传》《战国策》的文笔体例），取两经之文，为之分析腠理，指点起伏，使览者见其脉络，贯通义理，昭著抑扬顿挫，情韵流连，足以发人之神智，而舞蹈于不自觉也，倘亦昌明圣经之一术欤。是书也，得其精微，可以入圣，而广其功用，亦以济人。和阴阳，拯夭札，儒者之责也，而又不背于文事，儒者不能读此，更责谁读之？而乃竞名利，从嗜欲，大道之要，漠不关及，坐使古法失传，荡然无存，迄今之日，天下不乏有志之士，而穷于无所受。每览斯文，未尝不抚膺悼痛也。

光绪二十二年 岁次丙申（1896年）新春人日（农历正月初七日）

皖南 建德　周学海澄之氏书于 蠖庐

《伤寒补例·叙目》：伤寒，病因也，非病证也。以因为名，求本也。伤寒见证，变化无端，非仲景六经主证所能赅括（赅，音gāi，动词。赅括，总括一切；概括。《庄子·齐物论》："百骸、九窍、六藏，赅而存焉。"不是张仲景六经主证所能够全部概括的）。后人拘执（拘执，拘泥固执。《三国演义·第七十三回》："今宜从权，不可拘执常理。"后人拘泥固执），凡不在仲景文内者，概不敢求之伤寒，间有窥见一隙，又不敢显违众论，但曲为之说曰：是伤寒杂证也。夫伤寒之证自杂，安得复有伤寒杂证也者？晋唐诸贤，以温病、热病本于伤寒之转变，而别以温毒与寒毒相对待，至哉言乎！温病、热病，且以为本于伤寒，况其本寒证者乎？学者能知伤寒见证，不止仲景原文，仲景文外，尚有伤寒证治，庶乎其可与读伤寒之论，治伤寒之病矣乎！王叔和作《伤寒例》，以明即病为伤寒，伏气变为温热之事，用意甚盛。惜其语焉不详，揆之事例，仍多未备。学海读《内经》后，读仲景书，参以临诊，觉于伤寒偏死下虚人一语，稍有领会。于是有见辄录，积久成帙。虽无深义，要是拾遗发覆之一端，名曰《伤寒补例》，不敢补仲景也，补叔和云尔。

乙巳 孟冬（1905年，光绪三十一年。孟冬，农历十月，冬季的第一个月。）　健之记

《读医随笔·自序》：《读医随笔》者，学海之所以备遗忘也。意在温故以求新，实无新意之可采，徒以同志传诵一二，远方君子多来索观，且促付梓，不能拂其请也而应之，迹近于自炫矣。夫学海之治医也，先治脉，次治药。脉有《脉义简摩》《诊家直诀》之刻；药以亲尝未遍，不敢臆说，久未成书。若夫病证众矣，治法繁矣，虽古之名医，犹不能以一身尽历天下之病

变也，何况小子，敢以管蠡之见（管蠡，管窥蠡测略语。贬义词。犹喻见识狭小，鼠目寸光之意。明代胡应麟《诗薮·唐下》：“唐以来选诗不下数十家，皆管窥蠡测，刊落靡芜，独存大雅者一人，高廷礼氏。”这又是笔者的自谦词），妄事窥测乎！仅于读书临诊之际，随所见而记之，缺略琐碎，固不足为成书，亦复凌躐拉杂（凌躐，超出常理的寻常顺序、错乱失序。《野叟曝言·第四十三回》：“定静安虑，一点也凌躐不得。”拉杂，杂乱无章、零乱无条理，没有一点规律。《乐府诗集·鼓吹曲辞一·有所思》：“何用问遗君？双珠玳瑁簪，用玉绍缭之。闻君有他心，拉杂摧烧之。”同样错乱失序，杂乱无条理规律），未有体例，粗为分类，以付手民（手民，雕版排字工人。北宋大臣陶谷《清异录·手民》“木匠总号运斤之艺，又曰手民、手货。”以便交付给雕版排字工人）。其中陈陈相因者，謇涩未畅者（謇涩，语言文字迟滞不流畅的。晚唐诗人、诗论家司空图《与李生论诗书》：“然视其全篇，意思殊馁，大抵附于謇涩，方可致才，亦为体之不备也”），繁沓不检者，前后重复异同互见者，触目皆是，识浅笔孱（孱，音 chán。《说文解字·尸部》：“孱，迮也。”《集韵·尸部》：“孱，窄也。”浅陋；低劣。识见短浅，文笔浅陋、低劣），贻讥大雅（《抱朴子·疾谬》：“令闻不著，丑声宣流，没有余败，贻讥将来。”大雅，文雅大方。招引文雅大方之人的讥讽责备），知不免矣。昔之人，或广搜旧说（或广泛索寻过去的说法），辑为宏编；或澄炼精思，约为枕秘（枕秘，即“枕中秘”，珍藏于枕函之中的秘籍宝书。清代学者郎廷槐《师友诗传录》：“盖唐人犹有六朝余习，故以《文选》为论衡枕秘”）。以此方彼，不亦蔑乎（不亦，副词。表示委婉的反问语句，常用于表示肯定意思的反问句，句末多有“乎”字。《礼记·檀弓下》：武子曰：“不亦善乎?”蔑，动词。《国语·周语中》：“郑未失周典，王而蔑之，是不明贤也。”不是太过于小视轻蔑了吗）！虽然窃有说焉，宋人怀燕石而自以为宝也（宋人，周代的诸侯国宋国人，宋人实为殷商后代，历来被周人歧视，讥讽其为“蠢殷”“顽民”。在先秦旧籍之中，宋人经常被视作“蠢人”的代称。燕石，犹喻不足珍贵之物。盲目自视无用之物作为珍宝，引人耻笑。出于《山海经》和《水经注》。有成语：燕石乱玉。燕山所产白石，名曰“汉白玉”，石似玉，故古人才有这一成语。《太平御览·卷五十一》记之甚详。唐代史学家刘知几《史通·人物》：“若愚智毕载，妍媸靡择，此则燕石妄珍，齐竽混吹者矣”），一旦出示于人，乃悟其非宝矣。朱奉议作《伤寒百问》，早刊行世，得某友指摘之，遂改著《活人书》而传矣（朱奉议，即朱肱。字翼中，号“无求子”，晚号“大隐翁”。因其曾官至奉议郎，故人称其“朱奉议”。吴兴人，即今浙江省湖州市人。对《伤寒论》颇有研究，曾被朝廷征为医学博士。1108 年，大观二年著成《伤寒百问》一书，在流传过程中逐渐残缺不全，至 1112 年，大观五年，张蒇根据朱肱亲传缮本增补修订成为二十卷本，并改称《南阳活人书》，或称《类证活人书》，是一部分类论述《伤寒论》的医著）。学海深羡宋人之善悟，而将勉为奉议之能改也。然则是刻也，非自炫也，亦非非自炫也。

光绪 戊戌 暮春（1898年，光绪二十四年；暮春，农历三月，春季的最后一段时光）

皖南 建德周学海澄之甫书于 邵伯埭 舟中

《形色外诊简摩·序》：四诊以望居首，以切居末者，医师临诊之次第，非法之有轻重缓急也。前人每谓切脉为末，三诊为本，及其著书立说，又详于脉而略于三者。明李言闻著《四诊发明》，无传本。欲求四诊之全书，戛戛乎其不可得。学海初尝致力脉法，临诊略能测人血气之寒热虚实矣。四诊未全，尚多隔阂。夫望、闻、问有在切之先者，必待切以决其真也；有在切之后者，指下之疑，又待此以决其真也。三法之与切脉，固互为主辅矣，三法之中，又望为主，而闻、问为辅。古人洞见五脏癥结，即操此术也。《内经》言之至精且详，《难经》《中藏经》《脉经》《千金方》《翼方》所述扁鹊、华佗诸法，亦皆明切适用。自是以后，立说者不过约撮大概，诠释古义且不能全。是编也，《内经》三诊之文全在，《难经》以下，择其切要，能补《内经》未备者收之。至于伤寒、温病之舌法，陶节庵、叶天士两家为最，著以其所言，皆其所亲见而施验也。杜青碧之《金镜录》三十六法，张诞先之《舌鉴》一百二十法，各有专书，无烦摘录焉（明代余杭医家陶节庵，精于伤寒学，著有《伤寒六书》。清代医家叶天士，温病学奠基人，著有《温热论》。元代医家杜青碧于1341年撰著有《敖氏伤寒金镜录》，既是我国现存第一部验舌的专著，亦是世界最早的舌诊专著。清代医家张诞先，著有《舌鉴》）。署曰《形色外诊简摩》，以望为三诊之本，故特详也，闻、问事少，附见末篇，将以质世之知者。

甲午 仲冬（1894年，光绪二十年。仲冬，农历十一月，冬季的第二个月因处冬季的中期，故称。《尚书·尧典》："日短星昴，以正仲冬"） 澄之

《脉学四种·总目》：《脉义简摩》八卷、《脉简补义》二卷、《诊家直诀》二卷、《辨脉平脉章句》二卷。上《脉学四种》都十四卷，皆依旧义而衍释之。《简摩》，正义也；《补义》，余义也；《直诀》，本义也；《辨脉平脉章句》，古义也。尝谓古医书之见传于世者，《内经》《难经》《伤寒论》《金

匮要略》外，其《中藏经》《脉经》《甲乙经》《病源候论》《肘后方》《千金方》《翼方》《外台秘要》，莫非三代、秦汉之遗言，良法美意，饷遗靡尽。学者必须熟复此等，方可渐窥轩岐堂奥（堂奥，喻学养高深，意境深奥的境界，北宋苏轼《上虢州太守启》："伏惟御府某官，学造渊源，道升堂奥。"）。若区区才读《伤寒论》一过，便自夸仲景复生，轻诋前贤，何足贵也？兹四种者，于宋元以后，脉书均有发明，独恨《内经》《脉经》之法颇多失传，无可考证，自惭谫陋（谫陋，浅薄孤陋。学识浅陋，寡陋无能。《为傅学士谢除直昭文馆启》："致兹谫陋，骤尔甄收，谨当勉懋初心，坚持一意。"自感惭愧，学识浅陋无能），不能释怀。卷末特附"脉法失传"一篇，冀高明者之有以开我也。妇科一卷，词繁不刹，以妇人脉法自昔缺略，故琐录之，不忍有所弃也。儿科一卷，词多泛引，意以示大人小儿之无二法也。事乖常例，阅者谅诸。

光绪 丙申 仲夏（1896年，光绪二十二年仲夏，农历五月） 学海识

《脉义简摩·自叙》：濒湖李氏著脉学歌诀，其书于脉理何所发明，而天下争奉之为圭臬者，徒以其简而已。简者，便于省记，不待思索，已若有得，不烦博考，已若有余。然自是以来，讲脉者无劳心苦思之功，而脉法中少心得之士矣。故吾谓脉学出而脉法坏也。虽然，大《易》之言曰：简则易从，易从则有功。简顾可忽乎哉？与其繁而横决支离无当，毋宁简而空疏，意象虚涵，犹可任有志者之深思而自得也。且天下人心风气，日趋便捷矣，而独持其繁且拙者，龂龂焉以号于世（龂龂，音 yín yín。争辩貌。唐代刘禹锡《辩易九六论》："然犹贵听而贱视，龂龂然莫可更也。"②忿嫉之意。《汉书·刘向传》："朝臣龂龂不可光禄勋，何邪？"颜师古注解："龂龂，忿嫉之意也。"忿忿然地进行争辩以便号令于世），不亦傎乎（傎，音 diān。颠倒错乱。《谷梁传·僖公二十八年》："以为晋代文公之行事，为已傎矣。"岂不颠倒错乱）？故居今日而欲挽回天下之积习，以反于大中至正之路（大中至正，不偏不倚极为公正。明代王阳明《传习录·上卷》："不知先生居夷三载，处困养静，精一之功，固已超入圣域，粹然大中至正之归矣。"与不偏不倚极为公正之路背道而驰），非道之以简不为功。医特其一端也。李氏之书其太简矣，吾之书以简治简，所谓从治者也。夫斯简也，其原出于《内经》《难经》《伤寒论》《金匮》《脉经》《甲乙经》《千金方》《翼方》，及宋元以来，至于近世名贤，与夫日本泰西诸国著述参阅者

五六十种，凡四百余卷，撮而记之，而后乃成斯简者也。考之于古而有所本，反之于身而有可信，征之于人而无不合，斯施之于病而无不明矣，夫是之谓简。

光绪 壬辰 新秋（1892 年，光绪十八年初秋。北周庾信《拟咏怀诗之一》："残月如初月，新秋似旧秋"） 澄之自记

《辨脉平脉章句·序》：是书也，旧注多矣，复何为而作乎？曰：此《脉简》之所主也。凡欲彰至教（至教，最良好的教诲；或曰至真至确的圣人教导。《素问·著至教论》就是着重论述医学上至真至确的医理，故篇名为"著至教论"。凡是意欲彰显最真确的教诲），其义必有所主。古之言脉者，自《内》《难》以来，至于近代，名贤辈出，撰述如林，可谓详矣！然《内经》《难经》言脉，文皆散见，首尾不属；叔和《脉经》述古大备又浩博，而未易寻其绪；唐宋之世，脉无专家；元明以来，乃稍稍有讲之者，而其失不可胜言矣。今欲述诊法之正宗，指末流之歧路，岂可以无主之衷而漫然臆说乎？因思《辨脉平脉》者，仲景撰用古圣之精义，以为《伤寒杂病》之准也，是可主矣。于是屏去旧注，熟复正文，心有所会，辄记简端。盖自《脉简》之属稿，至于其成，三年之间，此书未尝一日释手也。其简端更番涂抹，五色迷离，几不可辨。一日捡旧注四五家校之，所说或异或同，不能尽合。然当时私心必有所见其实际，料他日必能手自施用者，乃敢记之，稍有游移（游移，犹豫；踌躇；不果断。明代文学家沈德符《敝帚轩剩语·胡元瑞论缠足》："一人持论，尚游移无定见乃尔，何以驳正前人耶！"稍微有些犹豫不决），则慭阙焉（慭，音 yìn，动词。残缺。阙，慭阙，残缺错误）。非敢妄逞私臆（私臆，个人的主观臆断或猜测。《万历野获编·野获编补遗·内阁·辅臣掌督察院》："张寅即妖贼李福达，人人知之……虽永嘉以一时私臆，且邀上命，刻《钦明大狱录》以钳天下，而是非终不可灭。"绝不敢胡乱妄肆炫耀、显示自己的主观猜测），强以为知，以自欺也。今又越一年矣，条列其文，命曰《周氏章句》，谓此特一家之言而已。虽未能发明圣理，庶几其征实而适用焉。亦以鸿爪所经数年昕夕讨论之苦（鸿爪，喻往事所遗留下来的痕迹。清代查慎行《顾侠君庶常招饮晚翠阁》："依稀宣北坊西角，鸿爪留泥我亦曾。"清代黄景仁《和仇丽亭》："鸿爪游踪首重回，经年襬襶逐尘埃。"昕夕，早晚。引申为全天。《明史·雒于仁传》："耽彼麴糵，昕夕不辍。"仅是以以往所存留的历经多年整天议论探讨的苦痛），不欲遽付灰烬也（不至于骤然间付之于灰烬罢了），窃

以质之有道者。

光绪 癸巳 上元（1893 年，光绪十九年）

新春人日后五日（农历正月初七日的后五天）

皖南 建德　周学海澄之书

《重订诊家直诀·序》：医有四科：曰脉，曰证，曰药，曰方。知脉而后知证，知药而后能方，故脉尤汲汲也（汲汲，形容词。形容心情急切的状况。《说文解字·氵部》："汲，引水于井也。"《广雅》："汲，取也。"《礼记·问丧》："其送往也，望望然，汲汲然，如有追而弗及也。"《汉书·扬雄传》："不汲汲于富贵，不戚戚于贫贱。"所以了解脉况是尤其重要，应该迫切、急于得到的）。拙著《脉义简摩》《脉简补义》《诊家直诀》《辨脉平脉章句》，凡四种都十二卷，博采百家，参以己说，名虽四种，义实相承。卷帙即繁，脉络难贯，专取一种，又苦弗完，兹特撮其要者，简之又简，别为此编，名曰《重订诊家直诀》。

章楠（生卒年无考），清代医学家，著《医门棒喝》。

章楠，字虚谷，浙江会稽人，著《医门棒喝》，谓桂、雪最得仲景遗意，而他家不与。（民国赵尔巽等撰，《清史稿·卷五百二·列传二百八十九·艺术一·章楠传》）

清代医学家章楠，自幼体弱多病，因病专心自学医道，起初十年，不见起色。后读名医叶桂叶天士医案，深受启迪，致力攻读叶氏医学，由此入门，医术大进，又游走于各地遍访名医，虚心学习、请教，遍读医家著述，对刘河间、朱丹溪、李东垣、张景岳等人的医著，尤为刻苦钻研，融汇百家之精华，自此医术日见精深，自成一家之言，以博学卓识见称。对温病尤为精到，由此震动医界，对温病学的发展做有贡献。注重医学理论修养，勇于对前人医典发表己见，大胆诊治疑难杂症，医德高尚，医术精湛，行事磊落，批评业务不精的庸医误人、害人。所著《医门棒喝》四卷，收有《六气阴阳论》《人体阴阳体用论》等。

朱钤（生卒年无考），清代医学家，辑《本草诗笺》。

朱钤，字东樵。长洲（今江苏省苏州市）人。于 1737 年，清代乾隆二年，编辑完成《本草诗笺》一书，后经其侄儿朱廷诏校辑而成。此书仿照《本草纲目》分类，将药物分为诸水、火、土、金、石、卤石、山草、芳草、隰草、毒草、蔓草、水草、石草、苔草，诸米、菜、果、水果，诸味、香木、乔木、灌木、寓木、苞木、藏器、诸虫、龙蛇、诸鱼、介、禽、兽、人三十二部，选择常用的八百余种药物，每种药物均将别名、产地、形态、性味、炮制、用法等编成七言诗歌诀，间附小字注文，并对鉴别、临床应用等均予以说明，以便于初学者记忆，实在是有心于学习祖国传统自然医学者的入门书籍。

平江徐曰琏为其作跋《本草诗笺·跋》：《本草诗笺》十卷，吾乡东樵朱先生所作。先生于医独精妙理，所读书尤多，而所著书亦不一种。余观医术中《灵素》《难经》诸书，字艰义奥，未易殚究，降自唐、宋以下百家言，非不语焉而详，然芜词岐旨鲜或免焉（芜词，芜杂之词；没有条理的词语。北宋太祖赵匡胤次子燕王赵德昭玄孙赵令畤作《商调蝶恋花》词："奉劳歌伴，先定格调，后听芜词。"岐，同"歧"。形容词。岐旨，歧义；语言文字意义不明确，有各种解释。《尔雅·释名·释道》："二达曰岐旁：物两为岐，在边曰旁。"此谓自唐、宋以来，医学书中诸多有关阐释《灵素》《难经》的书，词语杂乱、意旨分歧在所难免）。《本草》一书，在医门尤为关要，著述充栋，归趣莫一。是笺理宗先哲，别出机杼而又赋形咏物见于每种（杼，音 zhù。机杼，《魏书·祖莹传》："文章须自出机杼，成一家风骨，何能共人同生活也。"比喻作诗属文创作过程中的命意构思布局。赋形，赋予人或物以某种形体。南朝梁刘勰《文心雕龙·丽辞》："造化赋形，支体必双。"咏物，用诗歌来描写事物。《国语·楚语上》："若是而不从，动而不悛，则文咏物以行之，求贤良以翼之。"韦昭注解："文，文辞也。咏，风也。谓以文辞风托事物以动行也。"北宋范仲淹《赋林衡鉴序》："指其物而咏者，谓之咏物"）。俾读者悠然有得乎！品味之正，主治之宜，功不诚巨哉（赞朱钤阐释《本草》功劳巨大）！昔郑康成（东汉著名经学家郑玄，字康成。今通行本《十三经注疏》中的《毛诗》《三礼》注均采自其注）衍《毛氏诗传》之未尽者，名曰《笺》；张华《博物志》云康成谦谨不敢言注，但表识其不明者耳是《笺》也。

阐发理蕴覼缕道妙（覼，音 luó，形容词。覼缕，亦作"罗缕"，多指语言婉转委曲详尽且有条理。《文选·左思〈吴都赋〉》："斯实神妙之响象，嗟难得而覼缕！"唐代李周翰注解："覼缕，次序也。言难得其次第也。"阐释抒发蕴涵的道理言语委婉详尽有条理，其妙实在难得），其殆与李濒湖（即李时珍，字东璧，号濒湖）、缪希雍辈争烈矣！

平江　徐曰琏跋

王淳（1698—1761），清代官吏、医家。原名淳，本名王文德，字晋三，号衣园。著有《衣园诗草》《绛雪园古方选注》，重订《珍珠囊补遗药性赋》《雷公药性赋》。

曹存心（1767—1834），清代医家，字仁伯，号乐山，江苏常熟人。著《曹仁伯医案论》《继志堂医案》《增订医方歌诀》等，现代人编辑有《曹存心医学全书》。

邹润安（1790—1845），清代医药学家，名澍，字润安，江苏省武进人，所撰《本经疏证》对《神农本草经》药物研究、剖析最为透彻、深刻。融合《内经》《伤寒论》《金匮要略》众书精义于一炉，于本草药物精蕴的发掘，多有其独到之见解。

毛世洪（生卒年无考），清代医家，字达可，号“枫山”，浙江省仁和县人，辑有单方之书《济世养生集》《便易经验集》。

吴坤安（生卒年无考），清代医家，著《伤寒指掌》《察舌辨证歌》。

顾澄江《疡医大全》、萧慎斋《女科经论》，程凤雏《慈幼筏》等，均宜为后学之辈必读之书。

吴铸臣（生卒年无考），清代医学家，著《药名诗》。

吴铸臣，以五言诗、七言诗的体裁，述药之别名、产地、性味、功能、主治等，约于清末著成《药名诗》一书。全书载诗293首，述药300余味。

附　录

训诂学界人物谱
历代训诂学界撷英

尚冲静以忘形体，守寂寞而祛嚣务

古籍医经须诂训，难解之字亦如然；
传承历史扬国粹，学古知今释未来。

辞书：字典、辞典、百科全书、专科辞典的统称。

我国传统的辞书含有五类，分别是：雅类、方言类、释名类、字典类、韵书类。

雅类：含《尔雅》《广雅》。

前者是现存最早的一部辞典，也是对后世影响最大、最深远的一部训诂学著作，是我国最早解释词义的专著，应该是由先秦、两汉时期的诸多学者缀辑所成，诸如《毛诗故训传》《楚辞》《庄子》《穆天子传》《吕氏春秋》《山海经》《国语》等诸多古书旧文，递相增益加载而成的一部古代训诂书。它们乃是考证词义和古代名物不可或缺的素材、重要资料，后世经学家们常用以解说儒家经义。发展到唐宋时期，逐渐成为“十三经”之一（十三部儒家经典著作。自汉始，将《诗》《书》《易》《礼》《春秋》称为《五经》；至唐，又把《周礼》《礼记》、《仪礼》《公羊传》《谷梁传》《左传》与《诗》《书》《易》合称为《九经》。唐代文宗李昂刻石经时，又将《孝经》《论语》《尔雅》列入经部；至宋又将《孟子》列入，至此始有《十三经》之称）。后世注释《尔雅》最为有名的当是两晋时期的文学家、训诂学家、著名学者郭璞著的《尔雅注》，北宋时期的经学家、训诂学家邢昺撰写的《尔雅义疏》，清代史学家、经学家邵晋涵撰著的《尔雅正义》，清代经学家、训诂学家郝懿行撰著的《尔雅义疏》，都是研究《尔雅》的极其重要著作。凡是对研究中国语言文学有兴趣的人，都应该重视和阅读。《汉书·儒林传序》："文章尔雅，训辞深厚。"唐初儒家学者、经学家、历史学家、语言文字学家、训诂学家颜师古注解："尔雅，近正也，言诏辞雅正而深厚也。"

《广雅》则是继《尔雅》之后的一部非常有影响的辞书，由三国魏博士张揖撰著。及至隋代，为避隋炀帝杨广的讳，曾一度改名为《博雅》，隋灭亡后，复用原名。体例、篇目、次序皆依据《尔雅》的惯例，博采汉人笺注，《三苍》《说文》《方言》诸书解说无不兼备，增广《尔雅》所未备，故名《广雅》。集先秦、两汉期间的名物训诂之大成，实乃研究古代词汇和名物训诂的重要资料。凡是研究汉语言的学者，亦都不应忽视《广雅》的重要作用。到了清代，由著名学者、文字训诂学家钱大昭撰写的《广雅义疏》和由音韵训诂学家王念孙撰著的《广雅疏证》，对《广雅》一书再次订讹补缺，由音求义，更为精审，它们应被视为"雅学"的集大成之作。"雅类"著作较为有名者，还有汉无名氏的《小尔雅》，北宋学者、文学家、文字学家陆佃撰著的《埤雅》，南宋进士、学者罗愿著的《尔雅翼》，明清之际思想家、哲学家、科学家、训诂学家方以智撰写的《通雅》，清代著名学者、经学家朱骏声撰著的《说雅》，都对《尔雅》《广雅》等训诂学著作和训诂学做出了增益和补充，从而做出了巨大贡献。

方言类：辞书首屈一指的当属西汉哲学家、语言学家、博物学家、天文学家、突变论者、词典编纂家扬雄历时二十七年仍未完成撰著的语言和训诂书《輶轩使者绝代语释别国方言》，简称《方言》。此书体例亦仿《尔雅》，类集古今各地同义的词语，大部分注名通行范围。材料来源有古代的典籍，有直接的调查，从中可以看出汉代语言分布情况，它是我国，也是世界上最早的一部方言类词典，从方言词的角度解释古今同义词，乃是研究古代词汇的重要材料。此后，两晋时期的著名训诂学家郭璞撰有《方言注》，清代学者、思想家戴震撰著的《方言疏证》更对扬雄之作有整理、阐发之功。

释名类：辞书当以东汉末年的北海人，经学家、训诂学家刘熙所撰的《释名》名列其首，这是一部专门考释事物命名缘由，以研究词语同源关系的词典或曰训诂书。这部辞书的体例依然是仿《尔雅》，而专用音训，其最显著的特点就是声训法，以音同、音近的字解释意义，推究事物所以命名的由来，对于探求语源，辨证古音和古义极具参考价值。遗憾的是，由于它同时存在一些弊病，如：声训没有一个科学的标准，随意性较大；推究事物的语源多主观臆测，令人费解。后世研究《释名》的有关著作几无。直至清代，才开始陆续有关于《释名》的注本，如由清代官员、学者毕沅撰著的《释名疏证》，清末学者、学术大家王先谦撰写的《释名疏证补》和《释名疏证补附》，此二人所作当是有关《释名》一书最好的注本。

字典类：辞书当以成书于公元100年（东汉和帝永元十二年），由东汉经学家、文字学家、语言学家许慎集毕生学术研究成果，历经二十一年完成的文字学书《说文解字》最为闻名。此书乃是一部专门分析汉字形体，以求汉字本意的“形书”，它首创部首编排法，按文字形体及偏旁构造，分列540个部首；收字9353个，重文1163。于每字下的解释，大抵先说字义，再说形体构造及读音，为更达权威性，广泛引证经传、群书、方言、通人说来作为解说的依据。这是一部综合研究汉字形、音、义三者关系，具有划时代意义的辞书佳作，开创了汉语字典“部首制”编排体系，在汉语语言学史上创立了不可撼动的里程碑地位。许慎解释书名缘由：“依类象形”谓之“文”，“形声相益”谓之“字”。前者属“六书”中的“象形”与“指事”，属独体字，只能“说”，这是“说文”的因由；后者属于“六书”中的“会意”与“形声”，它们可以分解，故谓“解字”。清代著名的经学家、文字训诂学家段玉裁高度评价许慎所著《说文解字》：“《说文》，形书也。凡篆一字，先训其义，次释其形，次释其音，合三者以完一篆，故曰形书。”又谓“许以形为主，因形以说音、说义。其所说义，与他书绝不同者，他书多假借，则字多非本义，许惟就字说其本义。知何者为本义，乃知何者为假借，则本义乃假借之权衡也。《说文》《尔雅》相为表里，治《说文》而后《尔雅》及传注明”。《说文解字》一书的实用价值，非其他辞书所能堪比，尤其是发展到清代，逐渐成为一门独立的学问，投身其中者不乏其人，有关专著论述多达数百种。其中，尤以博涉群书、潜心小学、精通声义的清代杰出学者、著名文字学家、文字训诂学家桂馥和段玉裁出名，二人同时以专治《说文》闻名。桂氏集毕生精力，以四十年时间，日取许氏《说文》与诸经之义相疏证，力穷根柢撰著《说文义证》五十卷，为其毕生精力所萃。出身寒素、生而颖异的段氏深得清代思想家、哲学家、著名语言文字学家戴震所学之精，亦积数十年精力，潜心专说注释《说文》，著《说文解字注》三十卷。此书一出，风行一时，大为学者所赞赏，《说文》之学由此而盛。此后，自少便师从饮誉海内的著名学者，18 世纪知识最为渊博、专精的学术大师、史学家、汉学家钱大昕问学，博学无书不读、娴习经史的清代学者、经学家、文字训诂学家朱骏声又著专明转注、假借之旨，颇有创见的文字学书《说文解字通训定声》，对《说文》和训诂学的研究再次做出颇大贡献。生于书香门第、生性聪颖、秉承名宦家学，治《说文》之学达三十年，人称“段、桂之劲敌”，在《说文》研究上独辟门径，折衷一是，不依旁人，综合分析诸家之说，为后人指示门径的清代语言学者、文字学家王筠，又著多部有关《说文》的著作——《说文属》《说文句读》《说文释例》《说文系传校录》《文字蒙求》等，更具开拓性与突破性。此四人所著各具千秋，特色非凡。桂氏广征博引群书、材料充实丰富，以印证许氏之说；段氏擅长阐述《说文》本义与引申义，详细阐明汉语词义逐渐演变规律；朱氏按古韵部改编、细说详解《说文》部首编制，善于发明《说文》的转注与假借，对研究词义的发展和转变大有帮助；王氏“虽书晚出，乃集厥成，补弊救偏”，则善于阐明凡例，利于初学者。四人所著均是朴学、文字训诂学方面的经典性代表巨著，堪称“清代《说文》四大家”。

注：六书是许慎在《说文解字》一书中分析汉字的造字方法、字体结构，归纳、总结出来的造字规律，分别是“象形”“指事”“会意”“形声”“转注”“假借”。古人认为“六书”是造字之本，而后人认为“转注”“假借”并不产生新汉字，与造字无关，只是用字方法而已，因此，“六书”又有“四体二用”之说。

韵书类：辞书当以隋代音韵学家陆法言与刘臻、萧该、颜之推等人讨论音韵，评议古今是非、南北通塞，编撰的《切韵》，为音韵学一部当之无愧的重要著作，唐、宋韵书的始祖，此后韵书多以此为蓝本。北宋陈彭年与丘雍等人奉诏为增广《切韵》而重修的《广韵》，改名《大宋重修广韵》，是汉语音韵学中很重要的一部韵书，是研究中古语音的重要根据。北宋文字训诂学家丁度，于仁宗时奉诏与李淑等人刊修《韵略》，改称《礼部韵略》，这是一部专备礼部科考之用的韵书。所谓“略”，指当时举子所常用的字书、韵书的略本。此为宋代的官书，后经历代增修，又依例重新刊修、增广《广韵》而成《集韵》，较《广韵》增加一倍多内容。因《广韵》多承用唐代韵书旧文，繁略失当，故予以重修。该书内容注重文字形体和训诂，为研究文字训诂和宋代语音的重要资料。

辞典学：有关语言学的一门学科。研究字典、辞典、百科全书的性质和类型及其编纂的原则和技术。

训诂：亦叫“训故”“诂训”“故训”，解释古书中词句的意义。

训诂两字亦可分开来讲、分别解释，用通俗的话来解释词义的叫“训”。如《尔雅·释水》云：“大波为澜，小波为沦。”

训：《说文·言部》：“训，说教也。从言，川声。”训是形声字，言为形，川为声；一说，川兼表将道理贯穿起来，使之顺畅之义。训的本意指运用较为通俗的话语来解释某个字义、词义，进行解说。解释、开导、告诫的做法也叫作“训”。唐代经学家、训诂学家陆德明撰《经典释文》说：“训者，谓字有意义也。”明代梅膺祚撰字书《字汇·言部》：“训，释也。”《汉书·艺文志》：“汉兴，鲁申公为《诗》训诂。”

用当代的话来解释古代词语，或用普遍通行的话来解释方言的叫“诂”，如《尔雅·释诂》：“乔、嵩、崇，高也。”《方言·第一》：“党、晓、哲，知也。楚谓之党，或曰晓，齐宋之间谓之哲。”

诂：《说文·言部》：“诂，训故言也。从言，古声。《诗》曰：诂训。”诂是形声字，言为形，古为声；本义指对古代语言进行通俗解释，也泛指运用现代通行的话语、语言解释文字、字词、语言或方言的古义。或者说用普遍通行的话语来解释方言的字义叫作“诂”。如：释诂；解诂；诂经。《尔雅·释诂》：“释诂。”北宋经学家邢昺著《尔雅义疏》疏解：“诂，古也；

古今异言，解之使人知也。”《汉书·扬雄传上》：“雄少而好学，不为章句，训诂通而已。”《后汉书·桓谭传》：“博学多通，遍习五经，皆诂训大义，不为章句。”南宋诗人陆游《万卷楼记》：“同字而异诂，同辞而异义。”

训诂学：我国传统的研究词义的学科，偏重研究古代的词义，或说是汉文古籍释读术。一门综合性的应用型学科，侧重于研究古代书籍中的词、字义，尤其是以研究汉、魏以前古书中的词、字义为主，亦综合分析研究古书中的语法、修辞等语文现象。其著作大体分为两类，一类是专为解释某部著作而写作的，如《毛诗注疏》《论语注疏》《春秋左氏经传集解》等；另一类是搜集词语，分类编次，解释其意义的，如《尔雅》《方言》《释名》《广雅》等。

自《诗经》问世，始为《诗经》做诂训的“大、小毛公”——毛亨、毛苌作《毛诗故训传》，亦作《毛诗训诂传》，简称《毛传》或《毛诗》。东汉时，经学家郑众、贾逵、马融、郑玄等人都曾治《毛诗》，郑玄作《笺》；三国吴陆玑以先秦学者的意见为依据撰著专释《诗经》中动物、植物，保存有很多古义名称的训诂书《毛诗草木鸟兽虫鱼疏》，认为《毛传》乃毛亨所作，是研究生物学较早的著作，于《毛诗》特详。至唐政府颁布经孔颖达定正的官书《五经正义》，内含西汉毛公《传》、东汉郑玄《笺》，颇为后世所宗尚。清代儒学家陈奂所作《诗毛氏传疏》尤为详备。

自《尔雅》问世之后，为它增补、注释者不乏其人，有关著作亦频频出现，“雅学”渐成一门独特的学问。为其增广补益者诸如：秦、汉时期无名氏所撰的体例仿《尔雅》的训诂书《小尔雅》，三国魏张揖撰的训诂书《广雅》，唐代陆德明的《经典释文》，明代方以智的《通雅》。以上均属仿《尔雅》体例予以全面增补者。而专门增补《尔雅》所涉及某一方面内容者，早自西汉末年语言学家扬雄为叙述西汉时期各地方言而撰著的研究古代语言的重要资料《方言》；继之而出的是东汉末年的训诂学家刘熙以音同音近的字解释字义，同时注意当时的语音与古音的异同，以语源学观点研究训诂所著的《释名》，乃是汉语语源学的重要资料；直到北宋训诂学家陆佃引征诸多古书以探求名物得名的由来，并加以解释，撰著的训诂书《物性门类》，因以取辅佐《尔雅》之意改名为《埤雅》；再到南宋训诂学家罗愿以仿《尔雅》体例，分草、木、鸟、兽、虫、鱼六类，撰写的训诂书《尔雅翼》；清代长于名物训诂考据之学的训诂学家郝懿行于《尔雅》用力最久，他广博取材，援引各书，考释名物，订正讹谬，以补充郭璞《尔雅注》所未备，撰作的《尔雅义疏》……以上均属“雅学”名著，是研究训诂学的重要著作。

毛亨（生卒年无考，生平不详），西汉初年学者，古文诗学“毛诗学”的开创者。

一说鲁人（今山东省曲阜），一说河间人（今河北省沧州市河间）。治《诗》，据传《毛诗》出自孔子的弟子子夏之后，由荀况传亨。作《毛诗诂训传》以授赵人毛苌，世称亨为“大毛公”。据“中国毛氏研究会”有学者考证，毛亨乃是著名成语“毛遂自荐”的主角毛遂之后裔（毛遂，战国时期赵国人，赵公子平原君赵胜的门客，著名的说客。公元前257年，自荐随同平原君出使楚国，仅凭豪气冲天的勇气，唇枪舌剑，以三寸不烂之舌，极力促成楚、赵合纵，不仅未失赵之尊严，还大长了赵的威风。自此，两国实力大增，声威大振，并获得平原君的美誉和赞颂：“毛先生以三寸之舌，强于百万之师”）。

毛苌（生卒年无考，生平不详），西汉初年学者，古文诗学“毛诗学”的继承者、传授者。

赵人，世称“小毛公”。据“毛氏族谱”记载，亨与苌当是叔侄关系：“先祖亨、苌叔侄二公，隐居河间三十里铺……苌公《诗经》，亨公口授，经数年苦功，能熟背《诗经》并能逐字讲解，献王闻讯，礼聘再三，苌公始应召入馆……”据此，毛苌曾任河间献王刘德博士之说当属无疑。授同郡贯长卿。时言《诗》有齐、鲁、韩三家，司马迁《史记》云：“自是之后，言诗于鲁则申培公，于齐则辕固生，于燕则韩太傅。”《毛诗》未得列于学官。然而，由于《毛诗》传自儒门正宗，解经注说与先秦典籍不无二致，吻合相当，且其训诂准确、平实、简明扼要，便于传习，故此，反而只有《毛诗》传承有序，流传至今。而其他诸家，如《鲁诗》尽管曾被著名经学家、文学家、目录学家刘向等人广泛传授，可终于西晋时期亡佚。《汉书·楚元王刘交传》："申公始为《诗》传，号'鲁诗'。"唐代经学家、训诂学家陆德明撰《经典释文·序录》："鲁人申公受《诗》于浮丘伯，以《诗经》为训故以教，无传，疑者则阙不传，号曰鲁诗。"尽管《韩诗》的创立者韩婴被汉文帝立为博士官（文帝刘恒，公元前180—公元前157年在位），成为官学，西汉时与《鲁诗》《齐诗》并称今文学派三家诗。《齐诗》的创立者辕固生，亦曾被汉景帝立为博士（景帝刘启，公元前157—公元前141年在位），成为官学，此后，《齐诗》显贵者，皆为固之子弟，诸如夏侯始昌、后苍、翼奉、萧望之、匡衡等人，但也都没有逃脱亡佚的命运。《齐诗》亡于曹魏，《韩诗》亡于北宋。其三人齐人辕固、鲁人申培、燕人韩婴三家所解、传授的《诗经》均已亡佚，不见传承，唯《毛诗》独盛。

西汉平帝刘衎元始五年（平帝刘衎，公元前1—公元6年在位。元始五年即公元5年），《毛诗》始置博士，并列于学官。世称苌为"小毛公"。明代礼部尚书李时曾作《毛公书院记》载："毛公者，汉儒毛苌也。献王征公为博士。公善为讲说，演绎其义，号为毛诗。卒葬河间城北三十里。"《河间县志》亦载："汉代毛公墓，即汉博士毛苌墓，在今县城北三十里铺，一说毛精垒亦是此墓。……毛精垒，据旧志载，系埋葬毛苌衣冠地方。"

刘向（约公元前77—公元前6），西汉经学家、目录学家、文学家。

刘向，西汉宗室，楚元王刘交四世孙。以父德任为辇郎（宫廷中引领玉辇的官）。成帝时并为郎中使领三辅都水，迁光禄大夫（官职名。战国时置中大夫，西汉武帝时改称为此名，掌顾问应对，属光禄勋）。为我国目录学鼻祖。校阅群书，治《春秋谷梁传》。校中五经秘书前后三十余年，撰《别录》，卒年七十二岁。

刘向，字子政（颜师古注解："名向，字子政。义则相配，而近代学者读向音饷，既无别释，靡所据凭，当依本字为胜也"），本名更生。年十二，以父德任为辇郎（服虔曰："父保任其子为郎也。辇郎，如今引御辇郎也"）。既冠，以行修饬擢为谏大夫（颜师古注解："饬，整也，读与敕同，其字从力"）。是时，宣帝循武帝故事（西汉宣帝刘询，公元前74—公元前49年在位。西汉武帝刘彻，公元前141—公元前87年在位），招选名儒俊材置左右。更生以通达能属文辞，与王褒、张子侨等并进对，献赋颂凡数十篇。上复兴神仙方术之事，而淮南有《枕中鸿宝苑秘书》（颜师古注解：“《鸿宝苑秘书》，并道术篇名。藏在枕中，言常存录之不漏泄也”），书言神仙使鬼物为金之术，及邹衍重道延命方（邹衍，亦作“驺衍”，约公元前324—公元前250，战国末期齐国著名哲学家、阴阳学家，人称邹子），世人莫见，而更生父德，武帝时治淮南狱得其书。更生幼而读诵，以为奇，献之，言黄金可成。上令典尚方（颜师古注解：“尚方，主巧作金银之所。若今之中尚署”）铸作事，费甚多，方不验。上乃下更生吏，吏劾更生铸伪黄金，系当死。更生兄阳城侯安民上书，入国户半，赎更生罪。上亦奇其材，得逾冬减死论（服虔曰：“逾冬，至春行宽大而减死罪”）。会初立《谷梁春秋》，征更生受《谷梁》，讲论《五经》于石渠（颜师古注解：“《三辅旧事》云石渠阁在未央大殿北，以藏秘书”），复拜为郎中、给事黄门，迁散骑、谏大夫、给事中。

……

向为人简易无威仪，廉靖乐道，不交接世俗，专积思于经术，昼诵书传，夜观星宿，或不寐达旦。元延中（元延：西汉成帝刘骜的年号，公元前12—公元前9年），星孛东井，蜀郡岷山崩雍江，向恶此异（语在《五行志》，不在此赘述）。

……

向自见得信于上，故常显讼宗室，讥刺王氏（王莽）及在位大臣，其言多痛切，发于至诚。上数欲用向为九卿，辄不为王氏居位者及丞相御史所持（颜师古注解：“持谓扶持佐助也”），故终不迁，居列大夫官前后三十余年，年七十二卒，卒后十三岁而王氏代汉。向三子皆好学：长子伋（颜师古注解：“伋音汲”），以《易》教授，官至郡守；中子赐，九卿丞，早卒（东汉王充《论衡·问孔》：“颜渊早死”）；少子歆，最知名。

赞曰：仲尼称：“材难不其然与！（颜师古注解：“《论语》载孔子之言也，贤材难得，与读曰欤”）”自孔子后，缀文之士众矣，唯孟轲、孙况（颜师古注解：“孙况即荀卿也”）、董仲舒、司马迁、刘向、扬雄。此数公者，皆博物洽闻，通达古今，其言有补于世。传曰“圣人不出，其间必有命世者焉”，岂近是乎？刘氏《洪范论》发明《大传》（刘向父子所为），著天人之应；《七略》剖判艺文（西汉刘歆撰我国第一部图书分类目录），总百家之绪；《三统历谱》考步日月五星之度（西汉刘歆所撰历谱），有意其推本之也（颜师古注解：“言其究极根本，深有意也”）。呜呼！向言山陵之戒，于今察之，哀哉！指明梓柱以推废兴，昭矣（颜师古注解：“昭然明白”）！岂非直谅多闻，古之益友与（颜师古注解：“谅，信也。《论语》称孔子曰：‘益者三友，友直，友谅，友多闻，益矣。”赞言向直谅多闻，可谓益矣。与读曰欤）！［（汉）班固撰，（唐）颜师古注，《汉书·卷三十六·楚元王传第六·刘向》］

班固又赞其：幽赞神明，通合天人之道者，莫著乎《易》《春秋》。……汉兴，推阴阳言灾异者，成则刘向。

前秦王嘉撰志怪小说集《拾遗记·卷六》：刘向于成帝之末，校书天禄阁，专精覃思。夜有老人，着黄衣，执青藜杖，登阁而进，见向暗中独坐诵书。老父乃吹杖端，烟燃，因以见向，说开辟已前。向因受《洪范五行》之文，恐辞说繁广忘之，乃裂裳及绅，以记其言。至曙而去，向请问姓名。云：“我是太一之精，天帝闻金卯之子有博学者，下而观焉。”乃出怀中竹牒，有天文地图之书，余略授子焉。至向子歆，从向受其术，向亦不悟此人焉。

刘歆（约公元前50—公元23），西汉古文经学派开创者、目录学家、天文学家。

刘歆，刘向之子。自幼生长在学术气氛浓重的书香门第家庭，少时就通诗书能属文，小小年纪学识渊博，具有非凡才华。成帝时为黄门郎（亦称黄门侍郎。官职名。秦及西汉郎官给事于黄闼之内者，称黄门郎或黄门侍郎。侍从皇帝，传达诏命）。河平中受诏与父刘向领校“中秘书”，协助校理图书，讲六艺传记诸子。向死后，为中垒校尉（官职名。西汉武帝时始置，颜师古注：“掌北军垒门内、又外掌西域”）。哀帝时复领五经，卒父前业。继承父业，总校群书，撰成中国历史上第一部图书分类目录《七略》，对中国目录学的建立颇有贡献，主要内容保存在《汉书·艺文志》中。

王莽篡位执政后，立古文经学博士，任歆为“国师”，后谋诛王莽，事发自杀。作为杰出的天文学家，编制、纂著《三统历谱》，被认为是世界上最早的天文年历雏形。

歆，字子骏。少以通《诗》《书》，能属文召，见成帝，待诏宦者署，为黄门郎。河平中（河平：西汉成帝刘骜的年号，公元前28—前25年），受诏与父向领校秘书，讲六艺传记，诸子、诗赋、数术、方伎，无所不究。向死后，歆复为中垒校尉。

哀帝初即位（西汉哀帝刘欣，公元前25—公元前1年，在位不足七年，享年二十五岁），大司马王莽举歆宗室有材行，为侍中太中大夫，迁骑都尉、奉车光禄大夫，贵幸。复领《五经》，卒父前业。歆乃集六艺群书，种别为《七略》（语在《艺文志》，于此不赘述）。

歆及向始皆治《易》，宣帝时，诏向受《谷梁春秋》，十余年，大明习。及歆校秘书，见古文《春秋左氏传》，歆大好之。时丞相史尹咸以能治《左氏》，与歆共校经传。歆略从咸及丞相翟方进受，质问大义（颜师古注解："质，正也"）。初《左氏传》多古字古言，学者传训故而已（颜师古注解："故谓指趣也"），及歆治《左氏》，引传文以解经，转相发明，由是章句义理备焉。歆亦湛（颜师古注解："湛读曰沈"）靖有谋，父子俱好古，博见强志（颜师古注解："志，记也"），过绝于人。歆以为左丘明好恶与圣人同（颜师古注解："《论语》载孔子曰：'巧言令色足恭，左丘明耻之，丘亦耻之；匿怨而友其人，左丘明耻之，丘亦耻之'"），亲见夫子，而公羊、谷梁在七十子后（颜师古注解："七十子是孔子弟子也，实七十二人，指其成数言也"），传闻之与亲见之，其详略不同。歆数以难向，向不能非间也，然犹自持其《谷梁》义。及歆亲近，欲建立《左氏春秋》及《毛诗》《逸礼》《古文尚书》皆列于学官。哀帝令歆与《五经》博士讲论其义，诸博士或不肯置对（颜师古注解："并不与歆意同，故不肯立其学也。置对，置辞以对也"），歆因移书太常博士，责让之曰：……

其言深切，诸儒皆怨恨。是时名儒光禄大夫龚胜以歆移书上疏深自罪责，愿乞骸骨罢。及儒者师丹为大司空，亦大怒，奏歆改乱旧章，非毁先帝所立。上曰："歆欲广道术，亦何以为非毁哉？"歆由是忤执政大臣，为众儒所讪（讪，形声动词。《说文解字·讠部》："讪，谤也。"《仓颉》篇："讪，诽毁也。"毁谤；讪议；讪刺；讥刺。《论语·阳货》："恶居下流而讪上者"），惧诛，求出补吏，为河内太守。以宗室不宜典三河，徙守五原，后复转在涿郡，历三郡守。数年，以病免官，起家复为安定属国都尉。会哀帝崩，王莽执政，莽少与歆俱为黄门侍郎，重之，白太后。太后留歆为右曹太中大夫，迁中垒校尉，羲和，京兆尹，使治明堂辟雍，封“红休侯”。典儒林史卜之官，考定律历，著《三统历谱》。

初，歆以建平元年改名秀，字颖叔云。及王莽篡位，歆为国师（后事皆在《王莽传》，于此不赘述）。

唐代魏徵等撰《隋书·卷三十五·志第三十》载：“刘歆曾任汉太中大夫，有《刘歆集》五卷。”

扬雄（公元前53—公元18），西汉著名哲学家、语言学家、博物学家、天文学家、突变论者、词典编纂家。为人口吃，不能剧谈，以文章名世。著有《方言》（十三卷）（后由郭璞作注）、《法言》（十三卷）、《仓颉》篇、《太玄》（十卷）等经典著作。

西汉扬雄历经二十七年时间，在约公元前15年时，撰著我国最早的语言训诂书《辅轩使者绝代语释别国方言》十五卷，简称《方言》，是一部研究古代汉语词汇的重要资料。此后，东晋文学家、训诂学家郭璞撰《方言注》、清代学者戴震著《方言疏证》，分别对《方言》一书进行阐释。而郭璞的《方言注》其特点是用晋代的词语解释古代汉语，使后学得以考见汉、晋之间语言的流变状况，实属难得。扬雄不仅是著名的文字学家、文学家，同时还是著名的天文学家，他对天文、历法，以及宇宙理论都有研究，积极支持“宇之表无极，宙之端无穷”的“浑天说”，官居近侍皇宫之内甚至皇帝的黄门侍郎，后转为大夫。

扬雄，字子云，蜀郡成都人也。……雄少而好学，不为章句，训诂通而已（颜师古注解：“诂谓指义也”），博览无所不见。为人简易佚荡（颜师古注引张晏曰：“佚音铁。荡音傥。”佚，古同“迭”。佚荡，音 dié dàng。缓也；洒脱，不拘束；洒脱旷达），口吃不能剧谈（剧谈，畅谈；疾言；速谈；畅所欲言。颜师古注：“剧亦疾也”），默而好深湛之思（颜师古注解：“湛读曰沈。”湛，深沉。《封神演义》：“眼睛暴湛，牙齿横生。”此说扬雄是位沉默不语却好深沉思索的人），清净亡为（清净，道家的哲学思想。清洁纯净之意，亦指人的心境洁净，不受外界干扰。近代藏书家、书目专家，创办丁氏医院、医学书局的丁福保翻译编纂的《佛学大辞典》："清净，离恶行之过失，离烦恼之垢染，云清净。"佛学《俱舍论·卷十六》："远离一切恶行烦恼垢故，名为清净。"唐代进士、官员张谓《送僧诗》："一身求清净，百毳纳袈裟。"远离恶行过失、烦恼垢染。亡为，道家主张一切都要顺应自然变化的哲学思想。《汉书·董仲舒传》："孔子曰：亡为而治者，其舜呼！"），**少耆欲**（耆，音 shì，古同"嗜"。爱好。动词。《周礼·秋官·大行人》："五方之民，言语不通，耆欲不同。"颜师古注解："耆读曰嗜"），**不汲汲于富贵**（颜师古注解："汲汲，欲速之义，如井汲之为也。"汲，动词。《说文解字·氵部》："汲，引水于井也。"《广雅》："汲，取也。"汲汲，形容词。形容心情急切，急于得到、获取。《礼记·问丧》："其送往也，望望然，汲汲然，如有追而弗及也"），**不戚戚于贫贱**（戚，音 qī。忧惧；忧愁；哀戚；凄戚。《论语·述而》："君子坦荡荡，小人长戚戚。"何晏《集解》引郑玄曰："长戚戚，多忧惧。"东晋陶潜《五柳先生传》："不戚戚于贫贱，不汲汲于富贵"），**不修廉隅以徼名当世**（廉隅，音 lián yú。本谓棱角，后以喻人品行端方，有志节。《汉书·元后传》："禁有大志，不修廉隅，好酒色。"徼，音 yāo，通"邀"。求取；谋求之意。《玉篇·彳部》："徼，要也，求也。"《正字通·彳部》："徼，与邀同。"《左传·文公十二年》："寡君愿徼福于周公、鲁公以事君。"杜预注："徼，要也。"《史记·匈奴列传》："世俗之言匈奴者，患其徼一时之权，而务谄纳其说。"司马贞《索隐》："徼者，求也。言求一时权宠"）。**家产不过十金，乏无儋石之储**（儋，音 dàn。儋石，亦作"担石"。《通雅·算数》："《汉书》一石为石，再石为儋，言人儋之也。"常用来形容米粟为数不多。一人之所负担也），**晏如也**（晏，音 yàn。晏如，平静；悠闲；安逸；安适。《汉书·诸侯王表》："海内晏如。"嵇康《幽愤诗》："与世无营，神气晏如"）。**自有大度，非圣哲之书不好也；非其意，虽富贵不事也。顾尝好辞赋**（顾，副词。表示相反。相当于"反而"；"却"）。

先是时，蜀有司马相如，作赋甚弘丽温雅，雄心壮之，每作赋，常拟之以为式（拟，比；类似；相比。模仿；仿效；效法；摹拟。颜师古注解："拟为比象也"）。**又怪屈原文过相如，至不容，作《离骚》，自投江而死，悲其文，读之未尝不流涕也。以为君子得时则大行，不得时则龙蛇**（应劭解："《易》曰龙蛇之蛰，以存身也。"颜师古注："大行，安步徐行"），**遇不遇命也，何必湛身哉**（颜师古注解："湛读曰沈。谓投水而死"）！**乃作书，往往摭《离骚》文而反之**（摭，音 zhí。拾取；摘取；摭拾；搜集。颜师古注解："摭，拾取也。"《方言·卷一》："摭，取也。陈、宋之间曰摭。"《玉篇·手部》："摭，取也。拾也。"《后汉书·班彪传》："至于采经摭传，分散百家之事，甚多疏略"），**自岷山投诸江流以吊屈原，名曰《反离骚》；又旁《离骚》作重一篇**（旁，音 bàng，同"傍"。依傍；凭依；沿着。清代朱骏声："旁，假借为傍"），**名曰《广骚》；又旁《惜诵》以下至《怀沙》一卷，名曰《畔牢愁》**（颜师古注解："《惜诵》《怀沙》皆屈原所作《九章》中之名也”)。《畔牢愁》《广骚》文多不载，独载《反离骚》。……

孝成帝時，客有荐雄文似相如者，上方郊祠甘泉泰畤（畤，音zhì。古代祭天地五帝的固定处所，汉时有北畤。《史记·封禅书》有详解）、汾阳后土，以求继嗣，召雄待诏承明之庭（颜师古注解：“承明殿在未央宫”）。正月，从上甘泉，还奏《甘泉赋》以风（颜师古注解：“风读曰讽”）……

赞曰：雄之自序云尔（颜师古注解：“自《法言》目之前，皆是雄本自序之文也”）。初，雄年四十余，自蜀来至游京师，大司马车骑将军王音奇其文雅，召以为门下史，荐雄待诏，岁余，奏《羽猎赋》，除为郎，给事黄门（①官署名。《汉书·霍光传》：“上乃使黄门画者画周公负成王朝诸侯以赐光。”颜师古注解：“黄门之署，职任亲近，以供天子，百物在焉，故亦有画工。”②官职名。汉、唐间非宦官充任的黄门侍郎、给事黄门侍郎等官的简称），与王莽、刘歆并。哀帝之初，又与董贤同官。当成、哀、平间，莽、贤皆为三公，权倾人主，所荐莫不拔擢，而雄三世不徙官。及莽篡位，谈说之士用符命称功德获封爵者甚众，雄复不侯，以耆老久次转为大夫，恬于势利乃如是（颜师古注解：“恬，安也。”①淡泊；淡漠；淡然。②安静；清净。《方言·卷十三》：“恬，静也。”郭璞注解：“恬淡，安静。”《庄子·缮性》：“古之治道者，以恬养知。”成玄英疏解：“恬，静也”）。实好古而乐道，其意欲求文章成名于后世，以为《经》莫大于《易》，故作《太玄》；《传》莫大于《论语》，作《法言》；《史》篇莫善于《仓颉》，作《训纂》；《箴》莫善于《虞箴》，作《州箴》（晋灼曰：“九州之箴也”）；《赋》莫深于《离骚》，反而广之；《辞》莫丽于相如，作四赋；皆斟酌其本，相与放依而驰骋云。用心于内，不求于外，于时人皆忽之（轻视；怠慢。《玉篇·心部》：“忽，轻也。”颜师古注解：“忽，怠也”）；唯刘歆及范逡敬焉（逡，音qùn），而桓谭以为绝伦（颜师古注解：“无比类”）。

王莽时，刘歆、甄丰皆为上公，莽既以符命自立，即位之后欲绝其原以神前事，而丰子寻、歆子棻复献之（棻，音fēn，香木。《说文解字·木部》：“棻，香木也。”多用作人名）。莽诛丰父子，投棻四裔（投，动词。投弃；抛弃。唐代李白《行路难》：“停杯投箸不能食，拔剑四顾心茫然。”四裔，四方边远的地方。《左传·文公十八年》：“投诸四裔，以御魑魅。”《史记·五帝本纪》：“舜宾于四门，乃流四凶族，迁于四裔，以御魑魅，于是四门辟，言毋凶人也。”将刘棻流放到边远地方），辞所连及，便收不请（颜师古注解：“不须奏请”）。

时雄校书天禄阁上，治狱使者来，欲收雄，雄恐不能自免，乃从阁上自投下，几死（几，音jī。将近；几乎；差不多；接近于）。莽闻之曰“雄素不与事（颜师古注解：“与，读曰豫。”参与；参预。从不参预在其中。《易经·系辞上》：“非天下之至变，其孰能与于此”），何故在此？”间请问其故（颜师古注解：“使人密问之”），乃刘棻尝从雄学作奇字（颜师古注解：“古文之异者”），雄不知情（颜师古注解：“不知献符命之事也”）。有诏勿问。然京师为之语曰：“惟寂寞，自投阁，爰清静，作符命。”（颜师古注解：“以雄《解嘲》之言讥之也。今流俗本云：‘惟寂惟寞，自投于阁，爰清爰静，作符命。’妄增之”）

雄以病免，复召为大夫。家素贫，耆酒（颜师古注解：“耆，读曰嗜。”通“嗜”。爱好。《孟子·告子上》：“耆秦人之炙，无以异于耆吾炙”），人希至其门。时有好事者载酒肴从游学，而钜鹿侯芭（服虔曰：“芭音葩”）常从雄居，受其《太玄》《法言》焉。刘歆亦尝观之，谓雄曰：“空自苦！今学者有禄利，然尚不能明《易》，又如《玄》何（颜师古注解：“言无奈之何”）？”吾恐后人用覆酱瓿也（颜师古注解：“瓿，音部。小罂也。”罂，音yīng。盛酒器。小口大腹，比缶大。瓿，音bù，旧读pǒu。酱瓿，古代容器名，有青铜或陶制两种，圆口、深腹、圈足，用以盛酒和水，盛行于商代。我恐怕后人将用以覆盖酱瓿也，亦指毫无用处之意）。雄笑而不应，年七十一，天凤五年卒（公元18年），侯芭为起坟，丧之三年。

时大司空王邑、纳言严尤闻雄死，谓桓谭曰：子尝称扬雄书，岂能传于后世乎？谭曰：必传。顾君与谭不及见也（颜师古注解：“顾，念也”）。凡人贱近而贵远，亲见扬子云禄位容貌不能动人，故轻其书。昔老聃著虚无之言两篇（颜师古注解：“谓《道德经》也”），薄仁义，非礼学，然后世好之者尚以为过于《五经》，自汉文、景之君及司马迁皆有是言。今扬子之书文义至深，而论不诡于圣人（颜师古注解：“诡，违也。圣人谓周公、孔子”），若使遭遇时君，更阅贤知，为所称善，则必度越诸子矣（颜师古注解：“度，过也”）。诸儒或讥以为雄非圣人而作经，犹春秋吴、楚之君僭号称王，盖诛绝之罪也（颜师古注解：“绝谓无胤嗣也。”用今日话说就是无后绝嗣）。自雄之没至今四十余年，其《法言》大行，而《玄》终不显，然篇籍具存。[（汉）班固撰，（唐）颜师古注，《汉书·卷八十七上、下·扬雄传第五十七上、下》]

东汉班固在《汉书·卷一百下·叙传第七十下》一节总结道：渊哉若人

（渊，深；深远。《诗经·邶风·燕燕》："仲氏任只，其心塞渊。"孔颖达疏解："其心诚实而深远也。"知识渊博如此。《论语·宪问》："南宫适出，子曰：'君子哉若人！尚德哉若人'"）！实好斯文。初拟相如，献赋黄门，辍而覃思（辍，音 chuò，形声动词。中止；停止；辍止。《论语·微子》："耰而不辍。子路行以告。"覃，音 tán。覃思，亦作"潭思"。深思。北宋经学家邢昺撰《尔雅注疏序》："虽复研精覃思，尚虑学浅意疏。"南朝梁刘勰《文心雕龙·杂文》："扬雄覃思文阔，业深综述，碎文琐语，肇为连珠，其辞虽小，而明润矣。"全句意思是，停下来深思熟虑），草《法》篹玄（颜师古注解："辍，止也。篹与撰同。言止不复作赋，草创《法言》及撰《太玄经》也"），斟酌《六经》，仿《易》象《论》（颜师古注解："《论》，《论语》也"），潜于篇籍，以章厥身（颜师古注解："章，明也"）。

唐代魏徵撰《隋书·卷三十五·志第三十》载："扬雄曾任汉代太中大夫，有《扬雄集》五卷。"

孔安国（生卒年不详），西汉经学家，字子国，孔子后裔。

孔氏有古文《尚书》，孔安国以今文字读之，因以起其家逸书，得十余篇，盖《尚书》兹多于是矣。遭巫蛊，未立于学官。安国为谏大夫，授都尉朝，而司马迁亦从安国问故。迁书载《尧典》《禹贡》《洪范》《微子》《金滕》诸篇，多古文说。[（东汉）班固著，《汉书·卷八十八·儒林传第五十八·孔安国》]

孔安国，字安国，年小诸兄三十余岁。群从诸兄并乏才名，以富强自立，唯安国与汪少厉孤贫之操。汪既以直亮称，安国亦以儒素显。孝武帝时甚蒙礼遇，仕历侍中、太常。[唐代房玄龄等撰，《晋书·卷七十八·列传第四十八·孔安国》]

申公（生卒年不详），西汉经学大家，今文诗学"鲁诗学"开创者。

鲁人也。……归鲁退居家教，终身不出门。弟子自远方至受业者千余人，申公独以《诗经》为训故以教，亡传（口说其指，不为解说之传），疑者则阙弗传。申公见汉武帝刘彻时答曰："为治者不（至）［在］多言，顾力行何如耳（念在勉力为行）"。（东汉班固著，《汉书·卷八十八·儒林传第五十八·申公》）

前书鲁人申公受诗于浮丘伯，为作诂训，是为'鲁诗'；齐人辕固生亦传诗，是为'齐诗'；燕人韩婴亦传诗，是为'韩诗'；三家皆立博士。赵人毛苌传诗，是为"毛诗"，未得立（南北朝刘宋范晔撰，《后汉书·卷七十九下·儒林

列传第六十九下》）

枚乘（公元前？—公元前 140），西汉辞赋家。

字叔，淮阴人也，为吴王濞郎中。吴王之初怨望谋为逆也，乘（屡）奏书谏（劝）……吴王不纳。乘等去而之梁，从孝王游。

景帝即位，御史大夫晁错为汉定制度，损削诸侯，吴王遂与六国谋反，举兵（即七国之乱）……枚乘复说吴王……吴王不用乘策，卒见禽灭。

汉即平七国，乘由是知名。景帝召拜乘为弘农都尉。乘久为大国上宾，与英俊并游，得其所好，不乐郡吏，以病去官。

复游梁，梁客皆善属辞赋，乘尤高。孝王薨（《礼记·曲礼下》："天子死曰崩，诸侯死曰薨"），乘归淮阴。

武帝自为太子闻乘名，及即位，乘年老，乃以安车蒲轮征乘（古代以水生植物蒲裹车轮的一种可以安坐的小车，古时常用于封禅或迎接贤士），道死（死于路途中）。诏问乘子，无能为文者，后乃得其孽子皋（孽子，即庶子，非正妻所生之子。《墨子·节葬下》："今唯无以厚葬久丧者为政：君死，丧之三年；父母死，丧之三年；妻与后子死者，五皆丧之三年。然后伯父、叔父、兄弟、孽子其；族人五月；姑姐甥舅皆有月数，则毁瘠必有制矣。"清末训诂学家、教育家孙诒让间诂："孽，庶子也"）。（东汉班固著，《汉书·卷五十一·贾邹枚路传第二十一·枚乘》）

京房，西汉元帝刘奭（公元前 49—公元前 33 年在位）时期人。

南朝宋宗室临川王刘义庆汇集一批文人编写的笔记小说《世说新语·卷十·规箴》："京房与汉代元帝共论，因问帝：'幽、厉之君何以亡？所任何人？'答曰：'其任人不忠。'房曰：'知不忠而任之，何邪？'曰：'亡国之君各贤其臣，岂知不忠而任之？'房稽首曰：'将恐今之视古，亦犹后之视今也。'"

贾逵（30—101），东汉经学家、天文学家。

贾逵，字景伯，扶风平陵人也（今属陕西省咸阳）。九世祖谊，文帝时为梁王太傅。曾祖父光，为常山太守，宣帝时以吏二千石自洛阳徙焉。父徽，从刘歆受《左氏春秋》，兼习《国语》《周官》，又受《古文尚书》于涂恽（《风俗通》："涂姓，涂山氏之后。"恽，字子真，受《尚书》于胡常），学《毛诗》于谢曼卿，作《左氏条例》二十一篇。

逵悉传父业，弱冠能诵《左氏传》及《五经》本文，以《大夏侯尚书》教授，虽为古学，兼通五家《谷梁》之说。自为儿童，常在太学，不通人间事。身长八尺二寸，诸儒为之语曰："问事不休贾长头。"性恺悌（恺悌，音 kǎi tì，亦作"凯弟""恺弟""岂弟"。态度和蔼；和乐平易；和易近人；容易接近。恺，乐也；《说文解字·忄部》："恺，乐也。"形容词。悌，易也。形声动词。《说文解字·忄部》："悌，善兄弟也。"《诗经·小雅·蓼萧》："既见君子，孔燕岂弟。"《毛传》："岂，乐；弟，易也。"郑玄笺解："孔，甚；燕，安也。"《左传·僖公十二年》："《诗》曰：恺悌君子，神所劳矣。"杜预注解："恺，乐也；悌，易也。"《三国志·卷十五·魏书十五·贾逵传》："故其状皆言严能鹰扬有督察之才，不言安静宽仁有恺悌之德也"。《孟子·滕文公上》："于此有人家，入则孝，出则悌。"赵岐作注："入则事亲孝，出则敬长悌。"敬爱兄长，敬重长上），多智思，俶傥有大节（俶傥，音 tì tǎng。同"倜傥"。卓异不凡，豪爽，洒脱不拘束。《史记·鲁仲连邹阳列传》："鲁仲连者，齐人也。好奇伟俶傥之画策，而不肯仕宦任职，好持高节。"唐代著名史学家司马贞著《史记索隐》引《广雅》云："俶傥，卓异也。"《魏书·阳尼传》："性俶傥，不拘小节"）。尤明《左氏传》《国语》，为之《解诂》五十一篇，永平中（永平：东汉明帝刘庄的年号），上疏献之，显宗重其书，写藏秘馆。

时有神雀集宫殿官府，冠羽有五彩色，帝异之，以问临邑侯刘复，复不能对，荐逵博物多识。帝乃召见逵，问之，对曰：昔武王终父之业，鸑鷟在岐（鸑鷟，音 yuè zhuó。凤鸟的别称。《国语·周语上》："周之兴也，鸑鷟鸣于岐山"），宣帝威怀戎、狄，神雀仍集，此胡降之征也。帝敕兰台给笔札，使作《神雀颂》，拜为郎，与班固并校秘书，应对左右（因当时有五彩冠羽神雀时常集落宫殿官府，皇帝甚为诧异，经荐召问，对答如流，帝拜其为秘书郎）。

肃宗立，降意儒术，特好《古文尚书》《左氏传》。建初元年（公元 76 年），诏逵入讲北宫白虎观、南宫云台。帝善逵说，使发出《左氏传》大义长于二《传》者。逵于是具条奏之曰……

因书奏《左氏传》大义，帝嘉之，赐布五百匹，衣一袭，令逵自选《公羊》严、颜诸生高才者二十人，教以《左氏》（公羊高作《春秋》传，号曰《公羊春秋》。严彭祖、颜安乐俱受《公羊春秋》，故《公羊》有严、颜之学），与简、纸经传各一通（竹简及纸）。

逵母常有疾，帝欲加赐，以校书例多，特以钱二十万，使颍阳侯马防与之。谓防曰："贾逵母病，此子无人事于外（不善于与人交际），屡空则从孤竹之子于首阳山矣（屡，数也。空，缺乏也。《史记》载：伯夷、叔齐、孤竹君之子也，隐于首阳山，卒饿而死）。"

逵数为帝言《古文尚书》与经传《尔雅》诂训相应，诏令撰《欧阳》《大夏侯尚书》《小夏侯尚书》《古文》同异。逵集为三卷，帝善之。复令撰《齐》《鲁》《韩诗》与《毛氏》异同，并作《周官解故》（辕固，齐人也，为《齐诗》；申公，鲁人也，为《鲁诗》；韩婴为《韩诗》；毛苌为《毛诗》。故谓事之指意也）。迁逵为卫士令（北宫卫士令一人，掌南、北宫，秩比六百石）。八年，乃诏诸儒各选高材生，受《左氏》《谷梁春秋》《古文尚书》《毛诗》，由是四经遂行于世。皆拜逵所选弟子及门生为千乘王国郎（千乘王伉，章帝之子），朝夕受业黄门署（颜师古注《汉书·霍光传》时说："黄门之署，职任亲近，以供天子，百物在焉……"），学者皆欣欣羡慕焉。

和帝即位，永元三年（91年），以逵为左中郎将。八年，复为侍中，领骑都尉。内备帷幄，兼领秘书近署，甚见信用。

逵荐东莱司马均、陈国汝郁，帝即征之，并蒙优礼。均，字少宾，安贫好学，隐居教授，不应辟命。信诚行乎州里，乡人有所计争，辄令祝少宾（祝，诅也。《东观记》曰："争曲直者，辄言敢祝少宾乎？心不直者，终不敢祝也"），不直者终无敢言。位至侍中，以老病乞身，帝赐以大夫禄，归乡里。郁，字叔异，性仁孝（《东观记》曰："郁年五岁，母病不能食，郁常抱持啼泣，亦不食。母怜之，强为饭。宗亲共异之，因字曰'异'也"），及亲殁，遂隐处山泽。后累迁为鲁相，以德教化，百姓称之，流人归者八九千户。

逵所著经、传、义、诂及论、难百余万言，又作诗、颂、诔、书、连珠、酒令凡九篇，学者宗之，后世称为通儒（东汉应劭《风俗通义》："授先王之制，立当时之事，纲纪国体，原本要化，此通儒也"）。然不修小节，当世以此颇讥焉，故不至大官。永元十三年卒（101年），时年七十二。朝廷愍惜，除两子为太子舍

人。（南朝宋范晔撰，唐代李贤等注，《后汉书·卷三十六·郑范陈贾张列传第二十六·贾逵》）

贾逵悉传父业，曾任侍中及左中郎将等职。明帝时（明帝刘庄），利用朝廷尊信谶纬，上书说《左传》与谶纬相合，可立博士；章帝时（章帝刘炟），同治今文经学的李育相辩难，提高了古文经学的地位。又精通天文学，首先提出在历法计算中应按黄道来计量日、月的运动，并阐发月球的运动是不等速的。撰有《春秋左氏传解诂》《国语解诂》等，遗憾的是，均已遗佚。

郑、贾之学，行乎数百年中，遂为诸儒宗，然而不为帝所重，故徒有以焉尔。贾逵能附会文致（指引《左氏》明《汉》为《尧》后），却差贵显。（《三国志·卷十五·魏书·十五》亦有一位贾逵，字梁道，河东襄陵人，曹魏忠勋名臣，名同，非一人）。

前秦王嘉撰《拾遗记·卷六》："贾逵年五岁，明惠过人。其姊韩瑶之妇，嫁瑶无嗣而归居焉，亦以贞明见称。闻邻中读书，旦夕抱逵隔篱而听之。逵静听不言，姊以为喜。至年十岁，乃暗诵六经。姊谓逵曰：'吾家贫困，未尝有教者入门，汝安知天下有《三坟》《五典》而诵无遗句耶？'逵曰：'忆昔姊抱逵于篱间听邻家读书，今万不遗一。'乃剥庭中桑皮以为牒，或题于扉屏，且诵且记。期年，经文通遍。于闾里每有观者，称云振古无伦。门徒来学，不远万里，或襁负子孙，舍于门侧，皆口授经文，赠献者积粟盈仓。或云：'贾逵非力耕所得，诵经口倦，世所谓舌耕也。'"

许慎（约58—约147），东汉经学家、文字学家、语言学家。

许慎，字叔重，汝南召陵人也（今河南省郾城）。性淳笃（质朴敦厚；忠实诚笃。《淮南子·齐俗训》："浇天下之淳，析天下之朴。"《礼记·中庸》："博学之，审问之，慎思之，明辨之，笃行之"），少博学经籍，马融常推敬之，时人为之语曰："《五经》无双许叔重。"为郡功曹（官职名，汉代郡守下有功曹史，简称功曹。相当于郡守的总务长，除掌人事之外，全郡政务皆得与闻），举孝廉（科考取仕得中谓之举。汉代选拔官吏的科目之一，始于董仲舒的奏请，与贤良同由各郡国在所属吏民中荐举而得。举孝廉者往往被任命为"郎"，此乃当时求仕进取必由之路），再迁除洨长（古时调动官职谓之"迁"，泛指升职。《汉书·主父偃传》："偃数上疏言事，迁谒者、中郎、中大夫，岁中四迁。"除，拜官授职。一再升官拜职。洨，音 xiáo。洨县，古县名。西汉始置，治所在今安徽省固镇东，北临洨水。许慎曾任此县长，故世称许洨长），卒于家。

初，慎以《五经》传说臧否不同，于是撰为《五经异义》（十卷），又作《说文解字》十四篇，皆传于世。（南朝宋范晔撰，唐代李贤等注，《后汉书·卷七十九下·儒林列传第六十九下·许慎》）

东汉自当时即著名的古文经学家许慎，师事经学家贾逵，博通经籍，官至太尉南阁祭酒（太尉，官职名。秦至西汉设置，为全国军政首脑，与丞相、御史大夫并称三公。至东汉时，太尉与司徒、司空并称三公。祭酒，学官名，汉代有博士祭酒，为博士之首）。博学精通经籍，有“五经无双许叔重”之誉。集古文经学训诂之大成，历经二十一年编著成字典类辞书《说文解字》十四卷，并叙目为十五卷，简称《说文》，成为中国首部字典，堪称《字典》鼻祖，一部综合研究汉字形、音、义三者之间关系的名作，一部具有划时代意义的辞书，中国汉语言学史上极具里程碑地位的名著，亦是一部百科全书。此乃许慎毕生从事学术研究的最重要著作，成为后世人们研究汉文字及编辑字书最重要的依据。

许慎释文字，“依类象形”谓之“文”，“形声相益”谓之“字”。许慎的《说文》，发展到清代，已经形成为一门独立的学问，诸多学者纷纷精心予以研究、著说，其中尤为著名的当属文字训诂学家、经学家段玉裁所撰《说文解字注》，为研究文字训诂学的重要参考书；文字训诂学家桂馥研究语言文字学，取《说文解字》与古代诸经典文义相参校，撰就《说文解字义证》五十卷；文字训诂学家朱骏声研究训诂，专明转注、假借之旨撰的《说文通训定声》；文字学家王筠综合分析诸家之说，为后人指示门径，所著《说文句读》《说文释例》《说文系传校录》《文字蒙求》等。此四人号称清代《说文》四大家。四人所作各有千秋，却都是后人学习、查阅的必读之书。许慎又著有《五经异义》十卷，专主古文经学。

王乔，晋干宝撰《搜神记·卷一》：“汉代明帝时（东汉明帝刘庄。57—75 年在位），尚书郎河东王乔，为邺令。乔有神术，每月朔，尝自县诣台。帝怪其来数，而不见车骑，密令太史候望之。言其临至时，辄有双凫从东南飞来。因伏伺，见凫，举罗张之，但得一双舄。使尚书识视，四年中所赐尚书官属履也。”

马融（公元79—166），东汉经学家、文学家。

马融，字季长，扶风茂陵人也（《融集》云：茂陵成懽里人也，即今陕西省兴平）。将作大匠严之子（严，援兄余之子将作大匠，官职名。秦始置，称为将作少府。西汉景帝时，始改称将作大匠，职掌宫室、宗庙、陵寝、其他土木营造建设。东汉、魏、晋一直沿置。南朝梁改称大匠卿，北齐改称将作寺大匠。自隋至辽，则称谓将作监大匠。元代改设将作院。明以后置入工部。由此可知，马融实际上是将作大匠府官员马严之子）。为人美辞貌，有俊才。初，京兆挚恂以儒术教授，隐于南山，不应征聘，名重关西（《三辅决录注》曰："恂，字季直，好学善属文，隐于南山之阴"），融从其游学，博通经籍。恂奇融才，以女妻之。

永初二年（108年。永初：东汉安帝刘祜的年号，107—113年），大将军邓骘闻融名，召为舍人，非其好也，遂不应命，客于凉州武都、汉阳界中。会羌虏飙起，边方扰乱，米谷踊贵，自关以西，道殣相望（成语，出自春秋鲁左丘明《左传·昭公二年》："宫室兹侈，道殣相望。"杜预注解："饿死为殣。"元代许有壬《哀弃儿诗》："今夕旷野儿安归？明朝道殣非儿谁！"饿死于道路两旁的人。意即饿殍遍野）。融既饥困，乃悔而叹息，谓其友人曰："古人有言：左手据天下之图，右手刎其喉，愚夫不为。所以然者，生贵于天下也。今以曲俗咫尺之羞，灭无赀之躯，殆非老、庄所谓也。"故往应骘召。

四年（110年），拜为校书郎中，诣东观典校秘书（东观，东汉时皇家宫廷中的藏书楼，此乃官中储藏档案、典籍，著述、修史、校对、缮改之处。在洛阳南宫，《后汉书·孝安帝纪》："诏谒者刘珍及五经博士，校定东观五经、诸子、传记、百家艺术，整齐脱误，是正文字"）。是时邓太后临朝，骘兄弟辅政。而俗儒世士，以为文德可兴，武功宜废，遂寖狩之礼搜（寖，音qǐn，通"寖"。副词。逐渐。《汉书·刑法志》："二伯之后，寖以陵夷。"搜，聚集；求索；寻找。《尔雅·释诂》："蒐，聚也。"郭璞注解："春猎为蒐。搜者，以其聚人众也。"引申为搜罗、蒐辑。《文选·陆机·辩亡论上》："于是讲八代之礼，搜三王之乐。"《周礼·夏官·大司马》："遂以搜田，有司表貉，誓民，鼓，遂围禁，火弊，献禽以祭社。"实际上是教练、检阅之礼，之后尚有田猎演习之礼），息战阵之法，故猾贼从横（猾贼，奸诈狡猾残忍的贼子。从，音zòng，古同"纵"。放任；不受拘束。纵横，无所顾忌，肆意横行。《后汉书·耿弇传》："诸将擅命于畿内，贵戚纵横于都内"），乘此无备。融乃感激，以为文武之道，圣贤不坠，五才之用（五才，金、木、水、火、土也。，无或可废。元初二年（115年。元初，东汉安帝刘祜的年号），上《广成颂》以讽谏（广成，苑，在今汝州梁县西）。其辞曰：……

《颂》奏，忤邓氏，滞于东观，十年不得调。因兄子丧自劾归（《融集》云，时兄伉子在融舍物故，融因是自劾而归）。太后闻之怒，谓融羞薄诏除，欲仕州郡，遂令禁锢之（《融集》云，时左将奏融遭兄子丧，自劾而归，离署当免官。制曰："融典校秘书，不推忠尽节，而羞薄诏除，希望欲仕州郡，免官勿罪。"禁锢六年矣）。

太后崩，安帝亲政，召还郎署，复在讲部。出为河间王厩长史。时车驾东巡岱宗（岱宗，泰山的别称。旧谓泰山为四岳所宗，故名），融上《东巡颂》，帝奇其文，召拜郎中。及北乡侯即位，融移病去，为郡功曹。

阳嘉二年（133年。阳嘉：东汉顺帝刘保的年号，132—135年），诏举敦朴（敦厚朴实。《后汉书·樊准传》："太后深纳其言，是后屡举方正、敦朴、仁贤之士"），城门校尉岑起举融，征诣公车，对策，拜议郎。大将军梁商表为从事中郎，转武都太守。时西羌反叛，征西将军马贤与护羌校尉胡畴征之，而稽久不进（稽，音jī，形声动词。《说文解字·禾部》："稽，留止也。"稽久，同稽留；稽延；迁延；稽迟。《史记·滑稽列传》："若乃州闾之会，男女杂坐，行酒稽留。"南宋陆游《冬夜不寐》："明晨炊米尽，吾起不容稽"）。融知其将败，上疏乞自效，曰：今杂种诸羌转相钞盗，宜及其未并，亟遣深入，破其支党，而马贤等处处留滞。羌胡百里望尘，千里听声，今逃匿避回，漏出其后，则必侵寇三辅（三辅，汉代治理京畿地区的三个职官，分别是京兆尹、左冯翊、右扶风，此后则泛指京师附近地区。《汉书·景帝纪》："三辅举不如法令者，皆上丞相御史请之。"则必定侵犯京师地区），为民大害。臣愿请贤所不可用关东兵五千，裁假部队之号，尽力率厉，埋根行首，以先吏士，三旬之中，必克破之。臣少习学艺，不更武职，猥陈此言，必受诬罔之辜。昔毛遂厮养，为众所蚩，终以一言，克定从要。臣惧贤等专守一城，言攻于西而羌出于东，且其将士必有高克溃叛之变。朝廷不能用。又陈：星孛参、毕，参西方之宿，毕为边兵，至于分野，并州是也。西戎北狄，殆将起乎！宜备二方。寻而陇西羌反，乌桓寇上郡，皆卒如融言。

三迁，桓帝时为南郡太守。先是融有事忤大将军梁冀旨，冀讽有司奏融在郡贪浊，免官，髡徙朔方（髡，音kūn。古代一种剃去头发的刑罚。《楚辞·九章·涉江》："接舆髡首兮，桑扈臝行。"朔方，指北方内蒙古一带。《诗经·小雅·出车》："天子命我，城彼朔方。"《尚书·尧典》："北方申命和叔，宅朔方，曰幽都"）。自刺不殊，得赦还，复拜议郎，重在东观著述，以病去官。

融才高博洽，为世通儒，教养诸生，常有千数。涿郡芦植，北海郑玄，皆其徒也。善鼓琴，好吹笛，达生任性，不拘儒者之节。居宇器服，多存侈饰。常坐高堂，施绛纱帐，前授生徒，后列女乐，弟子以次相传，鲜有入其室者。尝欲训《左氏春秋》，及见贾逵、郑众注，乃曰："贾君精而不博，郑君博而不精。既精既博，吾何加焉！"但著《三传异同说》，注《孝经》《论语》《诗》《易》《三礼》《尚书》《列女传》《老子》《淮南子》《离骚》，所著赋、颂、碑、诔、书、记、表、奏、七言、琴歌、对策、遗令，凡二十一篇。

初，融惩于邓氏，不敢复违忤势家（违忤，抵触；违背；不顺从），遂为梁冀草奏李固，又作大将军《西第颂》，以此颇为正直所羞。年八十八，延熹九年卒于家（166年。延熹：桓帝刘志的年号，158—167年）。遗令薄葬。族孙日磾（磾，音dī。《集韵》："磾，黑石，可染缯，出琅邪"《三辅决录注》："日磾，字翁叔"），献帝时位至太傅。（南朝宋范晔撰，唐代李贤等注，《后汉书·卷六十上·马融列传第五十上·马融》）

《后汉书》评论曰：马融辞命邓氏（108年，即永初二年时，大将军邓骘久闻其名，召为舍人，而非融所好，遂不应命。客于汉阳之时，边境扰乱，米谷踊贵，饿殍遍野，融亦饥困难耐，后悔叹息，唯其友人："古人有言：左手据天下之图，右手刎其喉，愚夫不为。所以然者，生贵于天下也。今以曲俗咫尺之羞，灭无赀之躯，殆非老庄所谓也。"故往应骘召之事。正因此事，使后人对其颇有非议），逡巡陇、汉之间（逡，音qūn。逡巡，亦作"逡循""逡遁""遁巡"。流连逗留，欲进不进，迟疑徘徊不决的样子。《庄子·让王》："子贡逡循而有愧色。"谓客于汉阳时），将有意于居贞乎（贞，通"正"。居贞，遵守正道；维护贞洁。《易经·颐》："居贞之吉，顺以从上也。"《易经·屯卦·初九》："磐桓；利居贞，利建侯。象曰：虽磐桓，志行正也。以贵下贱，大得民也。"西晋夏侯湛《东方朔画赞》："矫矫先生，肥遁居贞"）？既而羞曲士之节（曲士，小人；鄙陋之人；乡曲之士；孤陋寡闻者。左思《吴都赋》："龌龊而算，顾亦曲士之所叹也。"北宋进士、官员刘逵注解："曲，谓僻也。言算量蜀地，亦是曲僻之士。"《庄子·秋水》："曲士不可以语于道者，束于教也。"唐代经学家陆德明著《经典释文》引西晋史学家、文学家司马彪曰："曲士，乡曲之士也。"屈节之意。不久就屈于权势，丧失儒者高伟之节），惜不赀之躯（《庄子》曰："曲士不可语于道者，束于教也"），终以奢乐恣性，党附成讥，固知识能匡欲者鲜矣（识，性也。匡，正也）。夫事苦，则矜全之情薄；生厚，故安存之虑深（《老子》曰："人之轻死者，以其求生。生之厚也，是以轻死”)。登高不惧者，胥靡之人也（《前书音义》曰：“胥，相也。靡，随也。谓相随受刑之人也。”《庄子》曰：“胥靡登高不惧，遗死生也。”此为矜全之情薄也)；坐不垂堂者，千金之子也（原书注：《前汉书·晁错传》：“千金之子，坐不垂堂。”此为安存之虑深也)。原其大略，归于所安而已矣。物我异观，亦更相笑也。

马融游历宽广，才学深厚，博通经史子集，令师钦佩，曾任校书郎、议郎、南郡太守等职。遍注《周易》《尚书》《毛诗》《三礼》《论语》《孝经》诸经，使得古文经学达到成熟的境地。生徒常达千余人，名儒郑玄、芦植均出自其门。除注群经之外，兼注《老子》《淮南子》。又常坐高堂，施绛纱帐，前授生徒，后列女乐，对魏、晋清谈家的破弃礼教有一定影响。

王逸（约89—158)，东汉著名文学家，著有《楚辞章句》。

王逸，字叔师。南郡宜城人也（今属湖北省襄阳)。元初中，举上计吏，为校书郎。顺帝时，为侍中。著《楚辞章句》行于世。其赋、诔、书、论及杂文凡二十一篇，又作《汉诗》百二十三篇（今多亡佚)。（南朝宋范晔撰，唐代李贤等注，《后汉书·卷八十上·文苑列传第七十上·王逸》)

王逸所作《楚辞章句》一书是《楚辞》最早的完整注本，这一注本颇为后世楚辞学者和学术界所重视；后学之人凡欲详解《楚辞》，不可不读此书。他缘于“逸与屈原，同土同国，悼伤之情，与凡有异，窃慕向褒之风，作颂一篇，号曰《九思》，以禅其辞”之因，为哀悼同乡名人屈原而作的《九思》篇，亦存于《楚辞章句》之中，曾参与编修《东观汉记》。

郑玄（127—200)，东汉经学家、文字学家、语言学家，著《毛诗笺》，注《三礼》《周易》《尚书》《论语》等。

郑玄曾入太学学今文《易》和《公羊》学，后从马融学古文经。游学归里，聚徒讲学，弟子众至数百千人。因党锢事被禁，潜心著述，以古文经说为基础，吸收、兼采今文经说而自成一家，广采众说，遍注群经，成为汉代经学的集大成者，基本上结束了今文、古文之争，这种融汇今文、古文的经学被称为“郑学”，在整理古代历史文献的工作上做出了巨大贡献。

郑玄，字康成，北海高密人也（今山东省高密市）。八世祖崇，哀帝时尚书仆射。玄少为乡啬夫（秦、汉时掌管诉讼和赋税的乡官），得休归，常诣学官，不乐为吏，父数怒之，不能禁（《郑玄别传》说：“玄年十一二，随母还家，正腊会同列十数人，皆美服盛饰，语言闲通，玄独漠然如不及，母私督数之，乃曰此非我志，不在所愿也”）。遂造太学受业，师事京兆第五元先，始通《京氏易》《公羊春秋》《三统历》《九章算术》（《三统历》，刘歆所撰也。《九章算术》，周公作也，凡有九篇，《方田》一，《粟米》二，《差分》三，《少广》四，《均输》五，《方程》六，《傍要》七，《盈不足》八，《钩股》九）。又从东郡张恭祖受《周官》《礼记》《左氏春秋》《韩诗》《古文尚书》。以山东无足问者，乃西入关，因涿郡卢植，事扶风马融。

融门徒四百余人，升堂进者五十余生（马融有门徒学生四百余人，只有五十余人得以升堂进见他）。融素骄贵，玄在门下，三年不得见，乃使高业弟子传授于玄。玄日夜寻诵，未尝怠倦。会融集诸生考论图纬，闻玄善算，乃召见于楼上，玄因从质诸疑义，问毕辞归。融喟然谓门人曰：“郑生今去，吾道东矣（此乃一典故，是说丁宽向田何学《易》，成后东归之事。田何是西汉今文易学的开创者，专治《周易》，西汉立为博士的今文易学，都出自于他的传授）。”

玄自游学，十余年乃归乡里。家贫，客耕东莱，学徒相随已数百千人。及党事起，乃与同郡孙嵩等四十余人俱被禁锢。

北宋著名政治家、史学家、文学家司马光（1019—1086）著《资治通鉴》评曰：“天下有道，君子扬于王庭，以正小人之罪，而莫敢不服；天下无道，君子囊括不言，以避小人之祸，而犹或不免。党人生昏乱之世，不在其位，四海横流，而欲以口舌救之，臧否人物，激浊扬清，撩虺蛇之头，践虎狼之属，以至身被淫刑，祸及朋友，士类歼灭而国随以亡，不亦悲乎！”《有感》：“桓、灵二帝昏庸君，始造党锢之祸因；君子、小人同侍君，慎防暗箭穿后心。君明省理尚可仕，昏君庸聩忙隐居；性命难保禄何用？明枪暗矢防不及。”“伴君如伴虎，时刻要当心；喜怒多无常，生死处危机；历史教训多，经验别忘记。”遂隐修经业，杜门不出。时任城何休好《公羊》学，遂著《公羊墨守》（是说《公羊》义理深远，难以批驳，犹如墨翟之守城）、《左氏膏肓》

(《说文》曰："肓，隔也。"心下为膏，喻左氏之疾不可为也)、《谷梁废疾》；玄乃发《墨守》，针《膏肓》，起《废疾》。休见而叹曰："康成入吾室，操吾矛，以伐我乎！"初，中兴之后，范升、陈元、李育、贾逵之徒争论古今学，后马融答北地太守刘瑰及玄答何休，义据通深，由是古学遂明。

灵帝末，党禁解(见党锢解)，大将军何进闻而辟之。州郡以进权戚，不敢违意，遂迫胁玄，不得已而诣之。进为设几杖，礼待甚优。玄不受朝服，而以幅巾见。一宿逃去。时年六十，弟子河内赵商等自远方至者数千。后将军袁隗表为侍中，以父丧不行。国相孔融深敬于玄，屣履造门(屣谓纳履未正，曳之而行，言趋贤急也)。告高密县为玄特立一乡，曰："昔齐置士乡(《国语》载：管仲相桓公，制国为二十一乡，工商乡六，士乡十五，以居工商士也)，越有"君子军"，皆异贤之意也(《国语》载，吴、越相攻，越王勾践乃中分其师为左右军，以其私卒君子六千人为中军。注云："君子，王所亲近有志行者")。郑君好学，实怀明德。昔太史公、廷尉吴公、谒者仆射邓公，皆汉之名臣。又南山四皓有园公、夏黄公，潜光隐耀，世嘉其高，皆悉称公(吴公，文帝时为河南守。邓公，景帝时为谒者仆射。太史公司马谈，武帝时。四皓，高帝时也，有园公、夏黄公、甪里先生、绮里季也。须眉皓白，故言皓。秦末隐于商雒南山，以待天下之定，汉兴，迎而致之也)。然则公者仁德之正号，不必三事大夫也。今郑君乡宜曰"郑公乡"。昔东海于公仅有一节，犹或戒乡人侈其门闾(一节谓决狱也。昭帝时，东海于公为县狱吏，决狱平，郡为生立祠，号曰"于公祠"。先是于公闾门坏，父老方共修之。于公曰"少高大其门，令容驷马车。我决狱多阴德，子孙必有兴者"也)，矧乃郑公之德，而无驷牡之路！可广开门衢，令容高车，号为"通德门"。

董卓迁都长安，公卿举玄为赵相(赵王乾之相也)，道断不至。会"黄巾"寇青部，乃避地徐州，徐州牧陶谦接以师友之礼。建安元年(196年)，自徐州还高密，道遇"黄巾"贼数万人，见玄皆拜，相约不敢入县境。玄后尝疾笃，自虑，以书戒子益恩曰：吾家旧贫，不为父母群弟所容，去厮役之吏(厮，贱也)，游学周、秦之都，往来幽、并、兖、豫之域，获觐乎在位通人，处逸大儒，得意者咸从捧手，有所受焉(处逸谓处士隐逸之大儒)。遂博稽《六艺》，粗览传记，时睹秘书纬术之奥。年过四十，乃归供养，假田播殖，以娱朝夕。遇阉尹擅执，坐党禁锢，十有四年，而蒙赦令，举贤良方正有道，辟大将军三司府。公车再召，比牒并名，早为宰相(比牒犹连牒也，并名谓齐名也。

言连牒齐名被召者并为宰相也)。惟彼数公，懿德大雅，克堪王臣，故宜式序(式，用也。序，列也)。吾自忖度，无任于此，但念述先圣之元意，思整百家之不齐，亦庶几以竭吾才，故闻命罔从。而“黄巾”为害，萍浮南北，复归邦乡。入此岁来，已七十矣。宿素衰落，仍有失误，案之礼典，便合传家(传家谓家事任子孙也。《曲礼》曰：“七十老而传”)。今我告尔以老，归尔以事，将闲居以安性，覃思以终业。自非拜国君之命，问族亲之忧，展敬坟墓，观省野物，胡尝扶杖出门乎！家事大小，汝一承之。咨尔茕茕一夫(茕，音 qióng。孤独没有依靠。西晋李密《陈情表》：“茕茕孑立，形影相吊。”孑，单；吊。问。形容只有身影和自己互相存在和相问)，曾无同生相依。其勖求君子之道，研钻勿替，敬慎威仪，以近有德(《诗·大雅·人劳》篇之言也)。显誉成于僚友，德行立于己志。若致声称，亦有荣于所生，可不深念邪！可不深念邪！吾虽无绂冕之绪，颇有让爵之高(谓频被辟不就也)。自乐以论赞之功，庶不遗后人之羞。末所愤愤者，徒以亡亲坟垄未成，所好群书率皆腐敝，不得于礼堂写定，传与其人(其人谓好学者也)。日西方暮，其可图乎！家今差多于昔，勤力务时，无恤饥寒。菲饮食，薄衣服，节夫二者，尚令吾寡恨。若忽忘不识，亦已焉哉！

时大将军袁绍总兵冀州，遣使要玄，大会宾客，玄最后至，乃延升上坐。身长八尺，饮酒一斛，秀眉明目，容仪温伟。绍客多豪俊，并有才说，见玄儒者，未以通人许之，竞设异端，百家互起。玄依方辩对，咸出问表，皆得所未闻，莫不嗟服。时汝南应劭亦归于绍，因自赞曰：“故太山太守应中远，北面称弟子何如?”玄笑曰：“仲尼之门考以四科(四科谓德行、言语、政事、文学，颜渊、闵子骞及子游、子夏，并见《论语》)，回、赐之徒不称官阀。”劭有惭色。绍乃举玄茂才，表为左中郎将，皆不就。公车征为大司农，给安车一乘，所过长吏送迎，玄乃以病自乞还家(以上各节说各掌实权者何进、袁隗、董卓、袁绍等素闻玄之才学，深表敬意，礼待甚优，见玄皆拜，而玄皆不就，屡屡辞归，以病自乞还家，以书戒子，安贫乐道，可见其节操之高尚)。

五年春，梦孔子告之曰：“起，起，今年岁在辰，来年岁在巳(北齐刘昼《高才不遇传》论玄曰：辰为龙，巳为蛇，岁至龙蛇贤人嗟，玄以谶合之，盖谓此也)。既寤，以谶合之，知命当终，有顷寝疾。时袁绍与曹操相拒于官度(官度，津名也，在今郑州中牟县北。《前书音义》曰：“于荥阳下引河东南为洪沟，以通宋、郑、淮、泗即今官度”)，令其子谭遣使逼玄随军。不得已，载病到元城县，疾笃不进，其年六月卒，年七十四，遗令薄葬。自郡守以下尝受业者，縗绖赴会千余人（縗绖，音 cuī dié。縗，古时用最粗的麻布制作而成披于胸前的丧服；绖，古时丧服上的麻带，亦专指腰带。縗绖，即指丧服亦指服丧。《墨子·节丧下》："哭泣不秩，声翁，縗绖，垂涕，处倚庐，寝苫枕凷。"凷，同"块"。《礼记·丧服大记》："父母之丧，居倚庐，不涂，寝苫枕凷。"此是说郑玄亡故后，参加其追悼会的有千余人，皆依礼制身着粗麻布丧服，自一郡太守即地方长官及跟他学习的人或曰弟子皆如是，以示对他的深切悼念）。

门人相与撰玄答诸弟子问《五经》，依《论语》作《郑志》八篇。凡玄所注《周易》《尚书》《毛诗》《仪礼》《礼记》《论语》《孝经》《尚书大传》《中候》《乾象历》，又著《天文七政论》《鲁礼禘祫义》（禘祫，音 dì xiá。古时天子帝王诸侯宗庙祭祀之盛大礼仪）、《六艺论》、《毛诗谱》、《驳许慎五经异义》、《答临孝存周礼难》，凡百余万言（按谢承书载玄所注与此略同，不言注《孝经》，唯此书独有也）。

玄质于辞训，通人颇讥其繁。至于经传洽孰，称为纯儒，齐、鲁间宗之。其门人山阳郗虑至御史大夫，东莱王基、清河崔琰著名于世。又乐安国渊、任嘏（虑，字鸿豫。基，字伯舆，魏镇南将军"安乐乡侯"。琰，字季珪，魏东西曹掾，迁中尉。渊，字子尼，魏司空掾，迁太仆。嘏，字昭光，魏黄门侍郎也），时并童幼，玄称渊为国器，嘏有道德，其余亦多所鉴拔，皆如其言。玄唯有一子益恩，孔融在北海，举为孝廉；及融为黄巾所围，益恩赴难殒身。有遗腹子，玄以其手文似已，名之曰小同（《魏氏春秋》曰："小同，高贵乡公时为侍中。尝诣司马文王，文王有密疏，未之屏也，如厕还，问之曰：卿见吾疏乎？答曰：不。文王曰：宁我负卿，无卿负我。遂鸩之"）。

论曰：自秦焚《六经》，圣文埃灭（圣文，圣人们的文章典籍。《汉书·叙传下》："犷犷亡秦，灭我圣文。"埃灭，如尘埃般消灭。比喻消亡、泯灭。《后汉书·张纯传》："论曰：自秦焚《六经》，圣文埃灭。"《新唐书·诸帝公主传赞》："僖昭之乱，典策埃灭"）。汉兴，诸儒颇修艺文；及东京，学者亦各名家。而守文之徒，滞固所禀（滞固，固执且不肯变通。唐代李贤作注："滞固，犹固执也。言学者各守所见，不疏通也。"学者各自固执己见，不交流、不肯变通），异端纷纭，互相诡激，遂令经有数家，家有数说，章句多者或乃百余万言，学徒劳而少功，后生疑而莫正。郑玄括囊大典，网罗众家（括，结也。《易·坤卦》曰"括囊无咎"也），删裁繁诬，刊改漏失，自是学者略知所归。王父豫章君每考先儒经训，而长于玄（王父，祖父也。《尔雅》曰："父之父为王父。"范晔祖父宁，字武子，晋孝武帝时为豫章太守，经义每以玄为长也），常以为仲尼之门不能过也。及传授生徒，并专以郑氏家法云（原书注：言宁教授专崇郑学也）。

赞曰：玄定义乖，褒修礼缺（曹褒，字叔通，鲁国薛人。博物识古，为儒者宗。作《通义》十二篇，传《礼记》四十九篇，教授诸生千余人，本卷有传）。孔书遂明，汉章中辍（孔书谓《六经》也。辍，止也。中辍谓曹褒礼不行也）。（南朝宋范晔撰，唐代李贤等注，《后汉书·卷三十五·张曹郑列传第二十五·郑玄》）

南朝宋代刘敬叔撰《异苑·卷九·郑康成》：后汉郑玄，字康成，师马融，三载无闻。融鄙而遣还。玄过树荫假寝。梦一老父以刀开腹心，倾墨汁着内，曰："子可以学矣。"于是寤而即返，遂精洞典籍。融叹曰："《诗》《书》《礼》《乐》，皆已东矣。"潜欲杀玄，玄知而窃去。融推式以算玄，玄当在土木上，躬骑马袭之。玄入一桥下，俯伏柱上。融踟蹰桥侧，云："土木之间，此则当矣。有水，非也。"从此而归。玄用免焉。一说玄在马融门下，三年不相见。高足弟子传授而已。常算浑天不合，问诸弟子，弟子莫能解。或言玄，融召令算，一转便决。众咸骇服。及玄业成辞归，融心忌焉。玄亦疑有追者，乃坐桥下，在水上据屐。融果转式逐之，告左右曰："玄在土下水上而据木，此必死矣。"遂罢追。玄竟以免。

郑玄欲注春秋传，尚未成，时行与服子慎遇（服虔，字子慎，东汉经学家，著有《春秋左氏音》《春秋左氏解谊》《通俗文》《汉书音训》，《后汉书·儒林传下》有其传），宿客舍。先未相识，服在外车上与人说己注传意，玄听之良久，多与己同。玄就车与语曰："吾久欲注，尚未了。听君向言，多与我同，今当尽以所注与君。"遂为服氏注。

郑玄家奴婢皆读书。尝使一婢，不称旨，将挞之，方自陈说，玄怒，使人曳着泥中。须臾，复有一婢来，问曰："胡为乎泥中？"答曰："薄言往愬，逢彼之怒。"（此说郑玄家所使用的奴婢都是知书达礼之人，尤其精通于《诗经》。郑玄经常使唤的一位婢女，不太令其满意，将欲鞭挞，婢女刚要解释之时，恰逢其怒，不容分说便被人拽入泥中。不一会儿，另一位婢女过来询问：怎么回事？怎么在泥中呢？被责婢女则答道：薄言往愬，逢彼之怒。这是《诗经·国风·邶风·柏舟》中的一句话。薄言，语助词，无义；愬，音 sù，同"诉"，告诉；倾诉；诉说。全句之意则是：正欲诉说以求慰藉，恰逢其发怒之时，遭此责难。而"胡为乎泥中"则是《诗经·国风·邶风·式微》中的一句话，应为"式微，式微！胡不归？微君之躬，胡为乎泥中”？朱熹集注：“式，发语词。微，犹衰也。”式，语助词。微，衰微。天近昏黑，为何不能把家归？还不是因为君主，何致我身在泥中）

郑玄，字康成，北海高密人也。八世祖崇，汉尚书。玄少好学，长八尺余，须眉美秀，姿容甚伟。习《孝经》《论语》，兼通《京氏》《公羊》《春秋》《三正历》《九章算术》《周官》《礼记》《左氏春秋》。大将军何进辟玄，州郡迫胁，不得已而诣。进设几杖之礼以待玄，玄以幅巾见进，一宿而逃去。公府前后十余辟，并不就。（明代高濂《遵生八笺·尘外遐举笺·历代高隐》）

卢植（139—192），东汉官员、大儒、经学家。

卢植，字子干，涿郡涿人也（今河北省涿州）。身长八尺二寸，音声如钟。少与郑玄俱事马融，能通古今学，好研精而不守章句。融外戚豪家（马融，明德皇后之从侄也），多列女倡歌舞于前。植侍讲积年，未尝转眄（眄，音 miǎn，形声动词。《说文解字·目部》：“眄，目偏合也。”《仓颉篇》：“旁视曰眄。”斜视；眄视；眄睨。《资治通鉴·唐肃宗乾元元年》：“由是为下者常眄眄焉伺其上。”宋、元之际史学家胡三省注解：“目偏合而邪视也。”转眄，转动目光。三国魏曹植《洛神赋》：“转眄流精，光润玉颜”），融以是敬之。学终辞归，阖门教授（阖，音 hé，动词。《易经·系辞上》：“是故，阖戸谓之坤，辟户谓之乾；一阖一辟谓之变，往来不穷谓之通。”孔颖达疏解：“阖户，谓闭藏万物若室之闭阖其户。”阖门，关门；闭户。《左传·定公八年》：“林楚怒马，及衢而骋。阳越射之，不中，筑者阖门。”《后汉书·邓骘传》：“检敕宗族，阖门静居”）。性刚毅有大节，常怀济世志，不好辞赋，能饮酒一石（石，音 shí，又读 dàn，量词。中国市制容量单位，十斗为一石。亦是重量单位，一百二十市斤为一石。《汉书·律历志上》：“三十斤为钧，四钧为石。”西汉刘向《说苑·辨物》：“十斗为一石”）。

时皇后父大将军窦武援立灵帝，初秉机政，朝议欲加封爵。植虽布衣（平民百姓。《史记·李斯列传》：“夫斯乃上蔡布衣，闾巷之黔首。”西汉桓宽编著《盐铁论·散不足》：“古者庶人耋老而后衣丝，其余则麻枲而已，故命曰布衣。”后世人便以没有做官的读书人称之为布衣），以武素有名誉，乃献书以规之曰：植闻嫠有不恤纬之事（嫠，音 lí。寡妇。嫠不恤纬，《左传·昭公二十四年》：“嫠不恤其纬，而忧宗周之陨，为将及焉。”西晋杜预注解：“嫠，寡妇也。织者常苦纬少，寡妇所宜忧也。”纬，织布使用的纬纱。织布的寡妇不为纬纱少而忧虑，却深恐国家灭亡会祸及于己，后人便以此比喻为忧国忘家。简作“嫠纬”），漆室有倚楹之戚（《琴操》曰：“鲁漆室女倚柱悲吟而啸，邻人见其心之不乐也，进而问之曰：‘有淫心欲嫁之念耶，何吟之悲？’漆室女曰：‘嗟乎！嗟乎！子无志，不知人之甚也。昔者楚人得罪于其君，走逃吾东家。马逸，蹈吾园葵，使吾终年不厌菜；吾西邻人失羊不还，请吾兄追之，雾浊水出，使吾兄溺死，终身无兄。政之所致也。吾忧国伤人，心悲而啸，岂欲嫁哉！'自伤怀结而为人所疑，于是褰裳入山林之中，见女贞之木，喟然叹息，援琴而弦，歌以女贞之辞，自经而死"），忧深思远，君子之情（《诗序》曰："忧深思远，俭而用礼，乃有尧之遗风焉"）。夫士立争友，义贵切磋（《孝经》曰："士有争友，身不陷于不义。"《诗》云："如切如磋。"郑玄注云："骨曰切，象曰磋。言友之相规诫，如骨象之见切磋"）。《书》陈谋及庶人（原书注：《尚书·洪范》曰："谋及卿士，谋及庶人"也），《诗》咏询于刍荛（《诗·大雅》曰："先人有言，询于刍荛。"毛苌注云："刍荛，采薪者也。"刍荛，音 chú ráo。①割柴草。《说文·艸部》："荛，薪也。"《孟子·梁惠王下》："文王之囿方七十里，刍荛者往焉，雉兔者往焉，与民同之。"②打柴火；打柴火的人。刍荛，割草打柴的人，即樵夫。语出《诗经·大雅·板》："先民有言，询于刍荛。"后多用于指草野鄙陋的人。唐代柳宗元《童区寄传》："童寄者，郴州荛牧儿也；行牧且荛。"南宋陆游《送七兄赴扬州帅幕》诗："诸公谁听刍荛策，我辈空怀畎亩忧"）。

植诵先王之书久矣，敢爱其瞽言哉（五代宋文字学家徐锴著《说文解字系传》："说《尚书》者，言目漫若鼓皮也。朕但有黑子外微有黑影而已。"清代训诂学家朱骏声《说文通训定声》："谓目眠不开，惟有缝者。"《庄子·逍遥游》："瞽者无以与乎文章之观。"唐初道教学者成玄英注《庄子》，名《南华真经注疏》，解："瞽者，谓眼无朕缝冥冥如鼓皮也"）！今足下之于汉朝，犹旦、奭之在周室，建立圣主，四海有系。论者以为吾子之功，于斯为重。天下聚目而视，攒耳而听（《前书》贾山曰："使天下戴目而视，倾耳而听也"），谓准之前事，将有景风之祚（景风，解见《和纪》）。寻《春秋》之义，王后无嗣，择立亲长，年均以德，德均则决之卜筮（《左传》王子朝曰："先王之命，王后无嫡，则择立长。年钧以德，德钧以卜，古之制也"）。今同宗相后，披图案牒，以次建之，何勋之有？岂横叨天功以为己力乎（叨，贪也。《左传》曰："贪天之功，以为己力"）！宜辞大赏，以全身名。又比世祚不竞（竞，强也。不竞，不强劲；不振。《左传·襄公十八年》："吾骤歌北风，又歌南风；南风不竞，多死声。楚必无功"），仍外求嗣，可谓危矣。而四方未宁，盗贼伺隙，恒岳、勃碣特多奸盗（勃，渤海也。碣，碣石山也），将有楚人胁比，尹氏立朝之变（《左传》曰："楚公子比，恭王之子也。灵王立，子比奔晋。灵王卒，子比自晋归楚，立为君。比弟公子弃疾欲篡其位，夜乃使人周走呼曰：'王至矣'。国人大惊，子比乃自杀。王子朝，周景王之庶子。景王卒，子猛立。尹氏，周卿士，立子朝，夺猛位也"）。宜依古礼，置诸子之官，征王侯爱子，宗室贤才，外崇训道之义，内息贪利之心，简其良能，随用爵之，强干弱枝之道也（以树为喻也。谓京师为干，四方为枝。《前书》

曰："汉兴，立都长安，徙齐诸田、楚昭、屈、景及诸功臣家于长陵。盖以强干弱枝，非独为奉山园也"）。

武并不能用。州郡数命，植皆不就。建宁中（建宁：东汉灵帝刘宏的年号，168—172年），征为博士，乃始起焉。熹平四年（175年。熹平：东汉灵帝刘宏的年号，172—178年），九江蛮反，四府选植才兼文武，拜九江太守，蛮寇宾服（古时诸侯按时入贡朝见天子，表示服从。《礼记·乐记》："暴民不作，诸侯宾服。"亦指边远部族顺从，依时入贡。《汉书·匈奴传上》："是时四夷宾服，称为中兴"），以疾去官。

作《尚书章句》、《三礼解诂》（诂，事也。言解其事意）。时始立太学《石经》，以正《五经》文字，植乃上书曰："臣少从通儒故南郡太守马融受古学，颇知今之《礼记》特多回冗（回冗犹纡曲也，迂回曲折之意。纡，屈曲；曲折。《考工记·矢人》："中弱则纡。"郑玄注解："纡，曲也。"司马相如《大人赋》："低回阴山翔以纡曲兮，吾乃今目睹西王母皬然白首"）。臣前以《周礼》诸经，发起粃谬（粃，粟不成，谕义之乖僻也。错误；纰缪），敢率愚浅，为之解诂，而家乏，无力供缮上（缮，善也，言家贫不能善写而上）。愿得将能书生二人，共诣东观（汉代宫中藏书的地方。《后汉书·安帝纪》："诏谒者刘珍及五经博士校定东观五经、诸子、传记、百家艺术、整齐脱误，是正文字。"李贤注解："《洛阳宫殿名》曰南宫有东观"），就官财粮，专心研精，合《尚书》章句，考《礼记》失得，庶裁定圣典，刊正碑文。古文科斗，近于为实，而厌抑流俗，降在小学（古文谓孔子壁中书也。形似科斗，因以为名。《前书》谓文字为"小学"）。中兴以来，通儒达士班固、贾逵、郑兴父子，并敦悦之（兴子众也，自有传。《左传》曰："郄縠悦《礼乐》而敦《诗书》"也）。今《毛诗》《左氏》《周礼》各有传记，其与《春秋》共相表里（表里言义相须而成。《前书》云："《河图》《洛书》相为经纬，八卦、九章相为表里"），宜置博士，为立学官，以助后来，以广圣意。

会南夷反叛，以植尝在九江有恩信，拜为庐江太守。植深达政宜，务存清静，弘大体而已。

岁余，复征拜议郎，与谏议大夫马日磾、议郎蔡邕、杨彪、韩说等并在东观，校中书《五经》记传，补续《汉纪》（言中书以别于外）。帝以非急务，转为侍中，迁尚书。光和元年（178年。光和：东汉灵帝刘宏的年号，178—184年），有日食之异，植上封事谏曰："臣闻《五行传》：'日晦而月见谓之朓，王侯其舒'（《五行传》，刘向所著。朓者，月行速在日前，故早见。刘向以为君舒缓则臣骄慢，故日行迟而月行速)。此谓君政舒缓，故日食晦也。《春秋传》曰‘天子避位移时’(《左氏传》曰："日过分未至三辰有灾，于是乎君不举，避移时。"杜预注曰："避正寝，过日食时也")，言其相掩不过移时。而闲者日食自巳过午，既时之后，云雾晻暧。比年地震，彗孛互见。臣闻汉以火德，化当宽明。近色信谗，忌之甚者，如火畏水故也。案今年之变，皆阳失阴侵，消御灾凶，宜有其道，谨略陈八事：一曰用良，二曰原禁(原其所禁而宥之也)，三曰御疠(防御疫疠之气)，四曰备寇，五曰修礼，六曰遵尧，七曰御下，八曰散利。用良者，宜使州郡核举贤良(核，实也。核举，审核、核实荐举)，随方委用，责求选举。原禁者，凡诸党锢，多非其罪，可加赦恕，申宥回枉(申宥，施恩宽宥。《新唐书·侯君集传》："陛下宜申宥君集，俾复朝列，以劝有功。"回枉，冤枉；冤屈)。御疠者，宋后家属，并以无辜委骸横尸，不得收葬，疫疠之来，皆由于此。宜敕收拾，以安游魂(后以王甫、程阿所构，忧死，父及兄弟并被诛。灵帝后梦见桓帝怒曰："宋皇后何罪而绝其命？已诉于天，上帝震怒，罪在难赦")。备寇者，侯王之家，赋税减削，愁穷思乱，必致非常，宜使给足，以防未然。修礼者，应征有道之人，若郑玄之徒，陈明《洪范》，攘服灾咎(攘，音 rǎng，形声动词。《广韵》："攘，除也。"排除；攘却。《楚辞·七谏·沉江》："正臣端其操行兮，反离谤而见攘。"离，通"罹"，遭受。灾咎，灾祸；灾殃。《左传·庄公二十一年》："郑伯效尤，其亦将有咎。"西汉焦赣《易林·遘之中孚》："执热烂手，火为灾咎")。遵尧者，今郡守刺史一月数迁，宜依黜陟(黜陟，官吏职务的升迁或者贬降。《尚书·周官》："诸侯各朝于方岳，大明黜陟。"《汉书·诸侯王表》："不行黜陟，而蕃国自析")，以章能否，纵不九载，可满三岁(原书注：《书》曰："三载考绩，黜陟幽明。"孔安国注曰："三年考功，三考九年，能否幽明有别，升进其明者，黜退其幽者。"此皆唐尧之法)。御下者，请谒希爵，一宜禁塞(希，求)，迁举之事，责成主者。散利者，天子之体，理无私积，宜弘大务，蠲略细微(蠲略，废除；免除)。"帝不省(不省，不理会。《后汉书·翟酺传》："书奏不省，而外戚宠臣咸畏恶之。"或曰不领悟；不明白)。

中平元年(184 年。中平：东汉灵帝刘宏的年号，184—189 年)，黄巾贼起，四府举植，拜北中郎将，持节，以护乌桓中郎将宗员副，将北军五校士，发天下诸郡兵征之。连战破贼帅张角，斩获万余人。角等走保广宗，植筑围凿堑，造作云梯，垂当拔之。帝遣小黄门左丰诣军观贼形势，或劝植以赂送丰，植不肯。丰还言于帝曰："广宗贼易破耳。卢中郎固垒息军，以待天诛。"帝怒，遂槛车征植，减死罪一等。及车骑将军皇甫嵩讨平黄巾，盛称植行师方略，嵩皆资用规谋，济成其功，以其年复为尚书。

帝崩，大将军何进谋诛中官（中官，即指宦官。《汉书·高后纪》："诸中官、宦者令丞，皆赐爵关内侯，食邑。"颜师古注解："诸中官，凡阉人给事于中者皆是也"），乃召并州牧董卓，以惧太后。植知卓凶悍难制，必生后患，固止之，进不从。及卓至，果凌虐朝廷，乃大会百官于朝堂，议欲废立。群僚无敢言，植独抗议不同。卓怒罢会，将诛植，语在《卓传》。植素善蔡邕，邕前徙朔方，植独上书请之。邕时见亲于卓，故往请植事。又议郎彭伯谏卓曰："卢尚书海内大儒，人之望也。今先害之，天下震怖。"卓乃止，但免植官而已。

植以老病求归，惧不免祸，乃诡道从轘轅辕出（诡，诈也。欺诈；假冒。形声动词。《荀子·正论》："求利之诡缓。"轘辕，①山名。位于河南偃师东南，接巩县、登封两县界。因山路有十二曲，盘旋往还得名。形势险峻，历代为控守要道。②古关名。位于河南偃师东南轘辕山上。东汉中平元年，即 184 年，为镇压黄巾军设置八关，此关即其一）。卓果使人追之，到怀，不及。遂隐于上谷，不交人事。冀州牧袁绍请为军师。初平三年（192 年）卒。临困，敕其子俭葬于土穴，不用棺椁，附体单帛而已，所著碑、诔、表、记凡六篇。

建安中（建安：东汉献帝刘协的年号，196—219 年），曹操北讨柳城，过涿郡（《魏志》曰："建安十二年，操北征乌桓，涉鲜卑，讨柳城，登白狼山也"），告守令曰："故北中郎将卢植，名著海内，学为儒宗，士之楷模，国之桢干也（桢干，可作为国家的骨干、栋梁、支柱之重要人才。《三国志·吴书·陆凯传》："或清白忠勤，或姿才卓茂，皆社稷之桢干，国家之良辅"）。昔武王入殷，封商容之闾；郑丧子产，仲尼陨涕（《左传》曰："仲尼闻子产死，出涕曰：古之遗爱也"）。孤到此州，嘉其余风。《春秋》之义，贤者之后，宜有殊礼（《公羊传》曰："君子之善善也长，恶恶也短。恶恶止其身，善善及子孙。贤者子孙，故君子为之讳也"）。亟遣丞掾除其坟墓（亟，急也），存其子孙，并致薄醊（醊，祭酹也。音 zhuì，动词。洒酒在地上以示祭奠），以彰厥德（厥，代词。其；他的。北宋苏洵《六国论》："思厥先祖父，暴霜露，斩荆棘，以有尺寸之地。"以表彰、彰显他的美德、德行）。（南朝宋范晔撰，唐代李贤等注，《后汉书·卷六十四·吴延史卢赵列传第五十四·卢植》）"

《后汉书》评论其曰："风霜以别草木之性（《论语》曰："岁寒然后知松柏之后凋也"），危乱而见贞良之节（《老子》曰："国家昏乱有忠臣"），则卢公之心可知矣。

夫蜂虿起怀（虿，音 chài。蝎类毒虫。《左传·僖公二十二年》："君其无谓邾小，蜂虿有毒，而况国乎？"此谓物虽小而能为害于人），雷霆骇耳，虽贲、育、荆、诸之伦（孟贲，多力者也；夏育，勇者也。荆，荆轲也。诸，专诸也），未有不冘豫（冘，人行貌也。音 yín。言冘豫不能自定也）（冘，音 yóu。冘豫，同"犹豫"。迟疑不决；犹豫不定。《后汉书·马援传》："诸将多以王师之重，不宜远入险阻，计冘豫未决"）夺常者也（夺谓易其常分者也）。当植抽白刃严阁之下，追帝河津之间，排戈刃，赴戕折（事见《何进传》。杜预注《左传》曰："戕者，卒暴之名也。"戕折，仓卒；急难；突发的非常事变），岂先计哉？君子之于忠义，造次必于是，颠沛必于是也（《孔子》曰："君子无终食之闲违仁，造次必于是，颠沛必于是。"马融注云："造次，急遽也。颠沛，僵仆也。虽急遽僵仆，不违仁也"）。"

卢植虽长期为一介布衣，直至建宁中（东汉灵帝刘宏的年号）征为博士，始起为用。历任博士、太守、尚书。曾拜议郎，侍中等职，因镇压黄巾军起义有功擢升为尚书，在东观与他人共校中书《五经》纪传，补续《汉纪》。曾经做过刘备的师傅，又因上疏谏议激怒董卓，被罢官，险些被害，著有《尚书章句》《三礼解诂》，均佚。

赵岐（约 108—201），东汉经学家。

赵岐，字邠卿，京兆长陵人也（今陕西省咸阳东北）。初名嘉，生于御史台，因字台卿（以其祖为御史，故生于台），后避难，故自改名字，示不忘本土也。岐少明经，有才艺，娶扶风马融兄女（马敦）。融外戚豪家，岐常鄙之，不与融相见（《三辅决录注》曰："岐娶马敦女宗姜为妻。敦兄子融尝至岐家，多从宾与从妹宴饮作乐，日夕乃出。过问赵处士所在。岐亦厉节，不以妹婿之故屈志于融也。与其友书曰：马季长，虽有名当世，而不持士节，三辅高士未曾以衣裾撇其门也。岐曾读《周官》二义不通，一往造之，贱融如此也。"撇，音 bié。拂过。《史记·孟子荀卿列传》："适赵，平原君侧行撇席。"唐代著名史学家司马贞撰《史记索隐》三十卷，解："张揖《三苍训诂》云：撇，拂也。谓侧行而衣撇席为敬，不敢正坐当宾主之礼也"）。仕州郡，以廉直疾恶见惮（惮，音 dàn。怕；畏惧）。年三十余，有重疾，卧蓐七年（蓐，音 rù。草席；草垫子。原书注：蓐，寝蓐也。《声类》曰："蓐，荐也"），自虑奄忽（奄，音 yān。奄忽，死亡。意即即将死亡之意），乃为遗令敕兄子曰："大丈夫生世，遁无箕山之操。"（《易》曰："遁而亨，君子以远小人。"王弼注："遁之义，避内而之外者也。"箕山，许由所隐处也），仕无伊、吕之勋（伊尹、吕不韦），天不我与，复何言哉！可立一员石于吾墓前，刻之曰：汉有逸人，姓赵名嘉。有志无时，命也奈何！其后疾瘳（瘳，音 chōu。疾病痊愈。《尚书·说命上》："若药弗瞑眩，厥疾弗瘳。"亦引申为恢复元气）。

永兴二年（154 年），辟司空掾（辟，音 bì。君主招来，授予官职。《后汉书·钟皓传》："前后九辟公府，征为廷尉正、博士、林虑长，皆不就。"《后汉书·张衡传》："举孝廉，不行，连辟公府，不就。"司空掾，官名。西周始置，春秋、战国时沿置，掌管工程。后世用作工部尚书的别称。掾，音 yuàn。古代属官的统称。《后汉书·马援传》："此丞掾之任，何足相烦？"司空掾，就是工部尚书的属官），议二千石得去官为亲行服（行服，穿孝服居丧。《后汉书·桓郁传》："肃宗即位，郁以母忧乞身，诏听以侍中行服"），朝廷从之。其后为大将军梁翼所辟，为陈损益求贤之策，翼不纳。举理剧，为皮氏长（皮氏，故城在今绛州龙门县西）。会河东太守刘祐去郡，而中常侍左悺兄胜代之（悺，音 guàn），岐耻疾宦官（讨厌与宦官为伍），即日西归。京兆尹延笃复以为功曹（京兆尹，首都地区的最高行政长官。京，京城；兆，数量众多；京兆，显示大国之都的气派和规模。尹，则是都城的行政长官。最早源于《尚书·皋陶谟》："庶尹允谐，帝庸作歌。"《史记》商、周时为辅弼之官，春秋时期的楚国长官多称尹。自汉始，便以都城的行政长官称之为尹。功曹，官职名，汉代郡守之下设有功曹史，简称功曹。相当于郡守的总务长，除掌人事外，并得与闻全郡的政务。自汉历代沿置，至隋、唐改为司功，权任已远不及汉代之重）。

先是中常侍唐衡兄玹为京兆虎牙都尉（玹，音 xuán。虎牙都尉，东汉安帝时，因对羌人作战，保卫三辅，始置京兆虎牙都尉及右扶风都尉，皆置诸曹掾史。低于将军的武官），郡人以玹进不由德，皆轻侮之。岐及从兄袭又数为贬议，玹深毒恨（《决录注》曰："袭字元嗣，先是杜伯度、崔子玉以工草书称于前代，袭与罗晖拙书，见蚩于张伯英。英颇自矜高，与朱赐书云上比崔、杜不足，下方罗、赵有余也"）。延熹元年（158 年），玹为京兆尹，岐惧祸及，乃与从子戬逃避之（戬，音 jiǎn）。玹果收岐家属宗亲，陷以重法，尽杀之（《决录注》曰："岐长兄磐，州都官从事，早亡。次兄无忌，字世卿，部河东从事，为玹所杀"）。岐遂逃难四方，江、淮、海、岱，靡所不历。自匿姓名，卖饼北海市中。时安丘孙嵩年二十余，游市见岐，察非常人，停车呼与共载。岐惧失色，嵩乃下帷，令骑屏行人。密问岐曰："视子非卖饼者，又相问而色动，不有重怨，即亡命乎？我北海孙宾石，阖门百口，势能相济。"岐素闻嵩名，即以实告之，遂以俱归。嵩先入白母曰（入白，告知语）："出行，乃得死友。"

迎入上堂，飧之极欢（飧，音 sūn。晚餐）。藏岐复壁中数年（复壁，双层的墙壁，中空，可以藏匿人或物。亦或称作夹壁、假墙），岐作《厄屯歌》二十三章。

后诸唐死灭，因赦乃出。三府闻之（三府，汉制，三公皆可开府，因称三公为"三府"，后世因袭。亦泛指国家最高行政长官），同时并辟（同时征召）。九年（166 年，此指东汉桓帝延熹九年），乃应司徒胡广之命。会南匈奴、乌桓、鲜卑反叛，公卿举岐，擢拜并州刺史。岐欲奏守边之策，未及上，会坐党事免，因撰次以为《御寇论》（《决录注》曰："是时纲维不摄，阉竖专权，岐拟前代连珠之书四十章上之，留中不出"）。

灵帝初（167 年），复遭党锢十余岁（此指东汉桓帝刘志时期，宦官专权，与士大夫集团势不两立，互相残杀。至灵帝时，再次爆发，166—176 年，十年间前后经历两次"党锢之祸"）。中平元年（184 年），四方兵起，诏选故刺史、二千石有文武才用者，征岐拜议郎。车骑将军张温西征关中，请补长史，别屯安定。大将军何进举为敦煌太守，行至襄武（县名，属陇西郡），岐与新除诸郡太守数人俱为贼边章等所执（执，捉拿；逮捕；捕捉；拘捕。《左传·昭公七年》："执人王宫，其罪大矣"）。贼欲胁以为帅，岐诡辞得免，展转还长安（《决录注》曰："岐还至陈仓，复遇乱兵，裸身得免，在草中十二日不食也"）。

及献帝西都（东汉首都洛阳，因此称西汉旧都长安为西都。东汉班固作有《西都赋》："汉之西都，在于雍州，实惟长安"），复拜议郎（官职名，西汉始置。掌顾问应对，隶光禄勋。属郎官之一种，但不入值宿卫，官秩比中郎、侍郎、郎中都要高；至东汉时地位更高，可以参与朝政），稍迁太仆（官职名。九卿之一，掌皇帝的舆马和马政。始于春秋之时，秦、汉沿置）。及李傕专政（傕，音 jué），使太傅马日磾抚慰天下（磾，音 dī。马日磾字翁叔，马融祖孙。献帝时位至太傅），以岐为副。日磾行至洛阳，表别遣岐宣扬国命，所到郡县，百姓皆喜曰："今日乃复见使者车骑。"

是时袁绍、曹操与公孙瓒争冀州，绍及操闻岐至，皆自将兵数百里奉迎，岐深陈天子恩德，宜罢兵安人之道，又移书公孙瓒，为言利害。绍等各引兵去，皆与岐期会洛阳，奉迎车驾。岐南到陈留，得笃疾（重病。《史记·范睢蔡泽列传》："应侯遂称病笃"），经涉二年，期者遂不至。

兴平元年（194 年），诏书征岐，会帝当还洛阳，先遣卫将军董承修理宫室。岐谓承曰："今海内分崩，唯有荆州境广地胜，西通巴蜀，南当交阯，年谷独登，兵人差全，岐虽迫大命，犹志报国家，欲自乘牛车，南说刘表，可使其身自将兵来卫朝廷，与将军并心同力，共奖王室。此安上救人之策也。”承即表遣岐使荆州，督租粮。岐至，刘表即遣兵诣洛阳助修宫室，军资委输，前后不绝。时孙嵩亦寓于表，表不为礼，岐乃称嵩素行笃烈（笃烈，忠实；诚笃；热烈；诚厚；刚正。《礼记·中庸》：“博学之，审问之，慎思之，明辨之，笃行之”），因共上为青州刺史。岐以老病，遂留荆州。

曹操时为司空（官职名。工部尚书的别称），举以自代。光禄勋桓典、少府孔融上书荐之，于是拜岐为太常（官职名，秦置奉常，西汉景帝时改称太常。九卿之一，掌宗庙礼仪，兼掌选试博士。历代沿置）。年九十余，建安六年卒（201年）。先自为寿藏（寿藏谓冢圹也。称寿者，取其久远之意也），图季札、子产、晏婴、叔向四像居宾位，又自画其像居主位，皆为赞颂。敕其子曰：“我死之日，墓中聚沙为床，布簟白衣（簟，音diàn。坐卧用的竹席。《诗经·小雅·斯干》：“下莞上簟，乃安斯寝”），散发其上，覆以单被，即日便下，下讫便掩。”岐多所述作，著《孟子章句》《三辅决录》传于时（《决录序》曰：“三辅者，本雍州之地，世世徙公卿吏二千石及高赀，皆以陪诸陵。五方之俗杂会，非一国之风，不但系于《诗》《秦》《豳》也。其为士好高尚义，贵于名行。其俗失则趣势，进权，唯利是视。余以不才，生于西土，耳能听而闻故老之言，目能视而见衣冠之畴，心能识而观其贤愚。常以玄冬，梦黄发之士，姓玄名明，字子真，与余寤言，言必有中，善否之间，无所依违，命操笔者书之。近从建武以来，暨于斯今，其人既亡，行乃可书，玉石朱紫，由此定矣，故谓之《决录》矣。”《汉书·景帝纪》：“三辅举不如法令者皆上丞相，御史请之。”西汉武帝太初元年，即公元前104年，将左、右内史、主爵都尉分别改为京兆尹、左冯翊、右扶风，辖境相当于今陕西省中部地区）。

赞曰：邠卿出疆（“疆，界也。”《左传》曰：“大夫出疆，苟利社稷，专之可也”），专命朝威。（南朝宋范晔撰，唐代李贤等注，《后汉书·卷六十四·吴延史卢赵列传第五十四·赵岐》）

赵岐曾任并州刺史，因党锢之事二次被免职。后任议郎，太常等职，撰有《孟子章句》，今存，收入《十三经注疏》中。

应劭（约153—196），东汉官员、学者、经学家。

应劭（音yīng shào），字仲远。少笃学，博览多闻。灵帝时举孝廉，辟车骑将军何苗掾（掾，音 yuàn。古代对下属官吏的通称。《后汉书·马援传》：“此丞掾之任，何足相烦”）。

中平二年（185 年），汉阳贼边章、韩遂与羌胡为寇，东侵三辅，时遣车骑将军皇甫嵩西讨之……于是诏百官大会朝堂，皆从劭议。

三年，举高第，再迁，六年（189 年），拜太山太守。初平二年（191 年），黄巾三十万众入郡界。劭纠率文武连与贼战，前后斩首数千级，获生口老弱万余人，辎重二千两，贼皆退却，郡内以安。兴平元年（194 年），前太尉曹嵩及子德从琅邪入太山，劭遣兵迎之，未到，而徐州牧陶谦素怨嵩子操数击之，乃使轻骑追嵩、德，并杀之于郡界。劭畏操诛，弃郡奔冀州牧袁绍。

初，安帝时河间人尹次、颍川人史玉皆坐杀人当死，次兄初及玉母军并诣官曹求代其命，因缢而物故（物故，殁；亡故。《汉书·苏武传》：“前已降及物故，凡随武还者九人。”颜师古注解：“物故谓死也，言其同于鬼物而故也。一说，不欲斥言，但云其所服用之物皆已故耳。”另一说，“物”通“歾”，音 mò，同“殁”，死亡。王先谦补注引宋祁曰：“物，当从南本作歾，音没”）。尚书陈忠以罪疑从轻，议活次、玉。劭后追驳之，据正典刑，有可存者。其议曰：“杀人者死，伤人者刑，此百王之定制，有法之成科。如若败法乱政，悔其可追乎？……”劭凡为驳议三十篇，皆此类也。

又删定律令为《汉仪》，建安元年（196 年）乃奏之曰：“夫国之大事，莫尚载籍（超过；过于。《论语·里仁》：“好仁者无以尚之”）。载籍也者，决嫌疑，明是非（《礼记》曰：“夫礼者，决嫌疑，明是非”），赏刑之宜，允获厥中，俾后之人，永为监焉。故胶西相董仲舒老病致仕，朝廷每有政议，数遣廷尉张汤亲至陋巷，问其得失。于是作《春秋决狱》二百三十二事，动以经对，言之详矣。逆臣董卓，荡覆王室，典宪焚燎，靡有孑遗，开辟以来，莫或兹酷（“或，有也”）。今大驾东迈，巡省许都，拔出险难，其命惟新。臣累世受恩，荣祚丰衍，窃不自揆，贪少云补，辄撰具《律本章句》《尚书旧事》《廷尉板令》《决事比例》《司徒都目》《五曹诏书》（司徒即丞相也。总领纲纪，佐理万机，故有都目。成帝初置尚书员五人，《汉旧仪》有常侍曹、二千石曹、户曹、主客曹、三公曹）及《春秋断狱》，凡二百五十篇。蠲去复重，为之节文（蠲，音 juān。除掉；删去。《后汉书·芦植传》：“宜弘大务，蠲略细微。”删除重复的内容，重新编辑各节文字）。又集《驳议》三十篇，以类相从，凡八十二事。其见《汉书》二十五，《汉记》四（即《东观记》），皆删叙润色，以全本体。其二十六，博采古今环玮之士，文章焕炳，德义可观。其二十七，臣所创造。岂繄自谓必合道衷（繄，音 yī，犹“惟”。《左传·隐公元年》：“尔有母遗，繄我独无。”犹“是”；《国语·吴语》：“君王之于越也，繄起死人而肉白骨也。”衷，通“中”。适合；恰当。《左传·僖公二十四年》：“服之不衷，身之灾也。”杜预注：“衷，犹适也。”又《左传·昭公十六年》：“发命之不衷……侨之耻也。”杜预注：“衷，当也”），心焉愤邑，聊以借手（聊，音 liáo。姑且。借手，犹如借助，借人之手以为己助）。昔郑人以干鼠为璞，鬻之于周；宋愚夫亦宝燕石，缇緀十重（缇緀，音 tí xí。缇，赤色缯也。《楚辞》曰：“袭英衣兮缇。”浅绛色的；丹黄色的。包裹；覆盖东西的织物。谓鲜明之衣）。夫睹之者掩口卢胡而笑，斯文之族，无乃类旃（旃，音 zhān。①犹“之”也。②通“毡”。《尹文子》曰：“郑人谓玉未琢者为璞，周人谓鼠未腊者为璞。周人遇郑贾，人曰：欲买璞乎？郑贾曰：欲之。出璞视之，乃鼠也，因谢不取。”《战国策》亦然。今此乃云“郑人以干鼠为璞”，便与二说不同。此云“干鼠”，彼云“未腊”事又差舛。《阙子》曰：“宋之愚人得燕石梧台之东，归而藏之，以为大宝。周客闻而观之，主人父斋七日，端冕之衣，衅之以特牲，革匮十重，缇巾十袭。客见之，俯而掩口卢胡而笑曰：‘此燕石也，与瓦甓不殊。’主人父怒曰：‘商贾之言，竖匠之心。’藏之愈固，守之弥谨”）。《左氏》实云‘虽有姬姜丝麻，不弃憔悴菅蒯’，盖所以代匮也（《左传》曰：“《诗》云：虽有丝麻，无弃菅蒯。虽有姬、姜，无弃蕉萃。凡百君子，莫不代匮”。杜预注云：“逸《诗》也。姬、姜，大国之女。蕉萃，陋贱之人。”蕉萃，憔悴古字通）。是用敢露顽才，厕于明哲之末。虽未足纲纪国体，宣洽时雍，庶几观察，增阐圣听。惟因万机之余暇，游意省览焉。”献帝善之。

二年（197 年），诏拜劭为袁绍军谋校尉。时始迁都于许，旧章堙没，书记罕存。劭慨然叹息，乃缀集所闻，著《汉宫礼仪故事》，凡朝廷制度，百官典式，多劭所立。

初，父奉为司隶时，并下诸官府郡国，各上前人像赞，劭乃连缀其名，录为《状人纪》。又论当时行事，著《中汉辑序》。撰《风俗通》，以辩物类名号，释时俗嫌疑。文虽不典，后世服其洽闻。凡所著述百三十六篇。又集解《汉书》，皆传于时。后卒于邺。

论曰：“应氏七世才闻，而奉、劭采章为盛。及撰著篇籍，甄纪异知，虽云小道，亦有可观者焉。”（南朝宋范晔撰，唐代李贤等注《后汉书·卷四十八·杨李翟应

霍爰徐列传第三十八·应劭》）

应劭，应奉子，东汉汝南南顿（今河南省项城西南）人。献帝时，任泰山太守，著有《汉官仪》十卷，《风俗通义》三十卷，《汉书集解音义》，唐代颜师古注《汉书》多所征引。

《风俗通义》亦称《风俗通》，东汉末年应劭撰著。内容以考释、议论名物、时俗为主，对当时的社会风俗和迷信思想颇有批判。

高诱（生卒年不详），东汉官员、学者、经学家。《后汉书》中无传。

高诱，东汉涿郡涿人（今河北省涿州），少时受学于同郡县大儒、经学家卢植（公孙瓒、刘备皆为其门下弟子）。建安十年（205年）任司空掾，旋任东郡濮阳令，后迁监河东。他是东汉末年著名的文献注释学家，为古代文献整理做出了不可磨灭的贡献，在古籍整理史上有较大的影响。他在学术史上的成就可与东汉经学家、文字学家、语言学家郑玄相提并论，应该是一位不可忽视的人物。然而遗憾的是，他的生平事迹鲜为人知。他把绝大多数精力用于注释儒家经典传记与诸子著作之上，著有《孟子章句》《孝经注》《战国策注》《淮南子注》《吕氏春秋注》等，但大多遗佚、残缺，惟后二注尚存。约卒于192年，即东汉献帝初平三年。

服虔（生卒年不详），东汉晚期经学家。

服虔，字子慎，初名重，又名祇，后改为虔，河南荥阳人也。少以清苦建志，入太学受业。有雅才，善著文论，作《春秋左氏传解》，行之至今。又以《左传》驳何休（今文经学家）之所驳《汉事》六十条。举孝廉（汉代选拔官吏的科目之一。始于董仲舒的奏请，与贤良同由各郡国在所属吏民中荐举。是求仕进者必由之路），稍迁，中平末（中平：东汉灵帝刘宏的年号，184—189年），拜九江太守。免，遭乱行客（行旅；客居路上），病卒。所著赋、碑、诔、书记、《连珠》《九愤》，凡十余篇。（南朝宋范晔撰，唐代李贤等注，《后汉书·卷七十九下·儒林列传第六十九下·服虔》）

少年时清苦励志，尝入太学受业，举孝廉，官至尚书侍郎（官职名。东汉之制，选取孝廉中有才能者入尚书台，在皇帝左右处理政务，初入台称守尚书郎中，满一年后称尚书郎，三年后称侍郎）；中平末，曾任九江太守。笃信古文经学，作《春秋左氏传解谊》。

南朝宋代宗室临川王刘义庆汇集一批文人编写的笔记小说，撰《世说新语·卷四·文学》，云："服虔既善春秋，将为注，欲参考同异。闻崔烈集门生讲传（崔烈，字威考。东汉官员。历任廷尉、司徒、太尉、城门校尉。力主讨伐董卓，后在与李傕、郭汜率领的凉州军大战时战死。祖父崔骃、从弟崔实，均是史上名人，《后汉书》均有其传。崔寔，著有《政论》五卷、农书《四民月令》），遂匿姓名，为烈门人赁作食。每当至讲时，辄窃听户壁间。既知不能逾己，稍共诸生叙其短长。烈闻，不测何人。然素闻虔名，意疑之。明早往，及未寤，便呼："子慎！子慎！"虔不觉惊应，遂相与友善。

何休（128—182），东汉今文经学家。

何休，字邵公，任城樊人也（樊，县，故城在今兖州瑕丘县西南）。父豹，少府。休为人质朴讷口（讷，音 nè，既可作形容词，亦可作动词。《说文解字·讠部》："讷，言难也。"讷口；讷涩；讷钝；讷言；语言迟钝，结结巴巴地说话。《论语·里仁》："君子欲讷于言而敏于行"），而雅有心思，精研《六经》，世儒无及者。以列卿子诏拜郎中，非其好也，辞疾而去。不仕州郡，进退必以礼。

太傅陈蕃辟之，与参政事。蕃败，休坐废锢（古代对官吏的一种惩罚，即革除官职后永不叙用。《汉书·息夫躬传》："躬同族亲属，素所厚者，皆免，废锢。"唐代颜师古注解："终身不得仕"），乃作《春秋公羊解诂》（《博物志》曰："何休注《公羊》云'何氏学'，有不解者，或答曰休谦辞受学于师，乃宣此义不出于己。"此言为允也），覃思不窥门（覃思，音 tán sī，亦作"潭思"。深思。《汉书·叙传下》："下帏覃思，论道属书。"邢昺《尔雅注疏序》："虽复研精覃思，尚虑学浅意疏。"深思不窥视门外），十有七年。又注训《孝经》、《论语》、风角七分，皆经纬典谟，不与守文同说。又以《春秋》驳汉事六百余条，妙得《公羊》本意。休善历算，与其师博士羊弼，追述李育意以难二传，作《公羊墨守》（言《公羊》之义不可攻，如墨翟之守城也）、《左氏膏肓》、《谷梁废疾》。

党禁解，又辟司徒。群公表休道术深明，宜侍帷幄（帷幄，帐幕，位于旁边的叫"帷"，四面合起来的象屋宇的叫"幄"。《汉书·外戚传下》："前皇太后与昭仪俱侍帷幄。"后世多指军帐。《汉书·张良传》："运筹策帷幄中，决胜千里外，子房功也。"此处的帷幄，即指帝王，亦可指朝廷，或可指天子决策之处、将帅的幕府，亦可指谋臣或谋划之任。总之，因其博学广闻，学问深厚，是一个极善参谋、策划之能臣），幸臣不悦之（幸臣，帝王宠幸亲信的臣子），乃拜议郎，屡陈忠言。再迁谏议大夫，年五十四，光和五年卒（182年）。（南朝宋范晔撰，唐代李贤等注，《后汉书·卷七十九下·儒林列传第六十九下·何休》）

前秦王嘉撰《拾遗记·卷六》：何休木讷多智，《三坟》《五典》，阴阳算术，河洛谶纬，及远年古谚，历代图籍，莫不成诵也。门徒有问者，则为注记，而口不能说。作《左氏膏肓》《公羊废疾》《谷梁墨守》，谓之“三阙”。言理幽微，非知机藏往，不可通焉。及郑康成锋起而攻之，求学者不远千里，赢粮而至，如细流之赴巨海。京师谓康成为“经神”，何休为“学海”。

刘熙（生卒年不详，约160年生），东汉经学家、训诂学家。

刘熙，字成国，东汉末年北海人（郡治在今山东省潍坊西南）。

他以语源学观点研究训诂，而专用音训（训诂学术语，也叫“声训”，即取声音相同或相近的字来解释字义），以音同音近的字解释字义，同时注意到当时的语音与古音的异同，以同声相谐，推论称名辨物之意，推揆事原即推究事物所以命名的由来，探求语源、辨证古音和古义，撰著汉语语言学的重要著作、训诂学音训专书《释名》八卷，二十七篇，流传于世。体例则仿照《尔雅》，解释名号即就物名以释义，致意精微，于探求语源、辨证古音和古义很有参考价值。虽其间不乏穿凿附会之处，然足以考见古音，于后人学习、传承古汉语大有裨益，实为汉语语源学的重要著作，于精学汉语者极具参考价值。

作者在《释名·序》中道撰书原委：熙以为自古造化，制器立象，有物以来，迄于近代，或典礼所制，或出自民庶，名号雅俗，各方名殊。圣人于时，就而弗改，以成其器，著于既往。哲夫巧士，以为之名，故兴于其用而不易其旧，所以崇易简、省事功也。夫名之于实，各有义类，百姓日称而不知其所以之意，故撰天地、阴阳、四时、邦国、都鄙、车服、丧纪，下及民庶应用之器，论叙指归，谓之《释名》，凡二十七篇。至于事类，未能究备，凡所不载，亦欲智者以类求之，博物君子，其于答难解惑，王父幼孙，朝夕侍问，以塞可谓之士，聊可省诸。

《释名》乃小学文字之书，因称谓有古今、杂俗之异，为明物、辨言、释义，以辨万物之称号，故有训诂之书。《尔雅》《释名》均属此类，二者并传至今。

小学之书尚有：郭璞有图，沈璇有注，孙炎有音，江瓘有赞，邢昺有正义，张揖有《广雅》，曹宪有《博雅》，孔鲋有《小尔雅》，刘伯庄有《续尔雅》，扬雄有《方言》，刘霁有《释俗语》，卢辨有《称谓》，沈约有《俗说》，张显有《古今训》，韦昭有《辨释名》，凡读《尔雅》者，皆当参考一览。小学之书岂可忽略疏懒！

《三国志·吴书·韦昭传》："又见刘熙所作《释名》，信多佳者。"可见《释名》一书在当时已经广布流传，为学者所重视。该书记载了很多在汉代通用的词语，可与《尔雅》《说文》等书相互参证，为语言学不可或缺的重要参考书。

物，天生之也，而物之有名，则自古先圣王使命之。要其本始，实出于天。其神应而名生焉。仓颉见鸟迹而知为书。君子之学，大义为先，大义举而物名从之。

解释名号即就物名以释义，致意精微，于探求语源、辨证古音和古义很有参考价值。体例则仿照《尔雅》。虽其间不乏穿凿附会之处，然足以考见古音，于后人学习、传承古汉语大有裨益。

声以十世而殊，音以九土而异。方言、国语亦当悬殊，古、今音声亦当不同，字多变化，文多博古，义更殊异。故，自古圣人做训诂、音韵、字原、说文之书以示后人，汉学之深奥，语言之博广，中华文化之伟大，真乃国人之幸兮！

古人云："人不博览，不通古今，不见事类，犹如目盲、耳聋、鼻痈者也。"

薛综（约176—243），三国吴良臣。

薛综，字敬文。沛郡竹邑人也（今安徽省濉溪）。少依族人避地交州，从刘熙学。士燮既附孙权（士燮，《三国志·卷四十九·吴书四·刘繇太史慈士燮传第四》有传。曾任交趾太守，坐守南越，优游终世，后依附东吴孙权），召综为五官中郎将，除合浦、交阯太守。时交土始开，刺史吕岱率师讨伐，综与俱行，越海南征，及到九真。事毕还都，守谒者仆射。西使张奉于权前列尚书阚泽姓名以嘲泽，泽不能答。综下行酒，因劝酒曰："蜀者何也？有犬为独，无犬为蜀，横目苟身，虫入其腹。"奉曰："不当复列君吴邪？"综应声曰："无口为天，有口为吴，君临万邦，天子之都。"于是众坐喜笑，而奉无以对。其枢机敏捷，皆此类也。

吕岱从交州召出，综惧继岱者非其人，上疏曰：……（略）

黄龙三年（231年。黄龙：三国吴大帝孙权的年号，229—231年），建昌侯虑为镇军大将军，屯半州，以综为长史，外掌众事，内授书籍。虑卒，入守贼曹尚书，迁尚书仆射。时公孙渊降而复叛，权盛怒，欲自亲征。综上疏谏曰："夫帝王者，万国之元首，天下之所系命也。是以居则重门击柝以戒不虞（柝，音tuò。语出《易经·系辞下》："重门击柝，以待暴客。"《荀子·荣辱》："故或禄天下，而不自以为多；或监门、御旅、抱关、击柝，而不自以为寡。"巡夜人击以报更的木梆。不虞，意料不到的；意想不到的事。《孟子·离娄上》："有不虞之誉，有求全之毁。"《诗经·大雅·抑》："质尔人民，谨尔侯度，用戒不虞"），行则清道案节以养威严，盖所以存万安之福，镇四海之心。昔孔子疾时，托乘桴浮海之语，季由斯喜，拒以无所取才。汉元帝欲御楼船，薛广德请刎颈以血染车。何则？水火之险至危，非帝王所宜涉也。谚曰：'千金之子，坐不垂堂。'况万乘之尊乎？今辽东戎貊小国，无城池之固，备御之术，器械铢钝，犬羊无政，往必禽克，诚如明诏。然其方土寒埆，谷稼不殖，民习鞍马，转徙无常。卒闻大军之至，自度不敌，鸟惊兽骇，长驱奔窜，一人匹马，不可得见，虽获空地，守之无益，此不可一也。加又洪流滉瀁，有成山之难，海行无常，风波难免，倏忽之间，人船异势。虽有尧、舜之德，智无所施，贲育之勇，力不得设，此不可二也。加以郁雾冥其上，咸水蒸其下，善生流肿，转相洿染，凡行海者，稀无斯患，此不可三也。天生神圣，显以符瑞，当乘平丧乱，康此民物。嘉祥日集，海内垂定，逆虏凶虐，灭亡在近。中国一平，辽东自毙，但当拱手以待耳。今乃违必然之图，寻至危之阻，忽九州之固，肆一朝之忿，既非社稷之重计，又开辟以来所未尝有，斯诚群寮所以倾身侧息，食不甘味，寝不安席者也。惟陛下抑雷霆之威，忍赫斯之怒，遵乘桥之安，远履冰之险，则臣子赖祉，天下幸甚。”时群臣多谏，权遂不行。

正月乙未，权敕综祝祖不得用常文，综承诏，卒造文义，信辞灿烂。权曰：“复为两头，使满三也。”综复再祝，辞令皆新，众咸称善。赤乌三年（240年。赤乌：三国吴大帝孙权的年号，238—250年），徙选曹尚书。五年，为太子少傅，领选职如故。六年春，卒。凡所著诗、赋、难、论数万言，名曰《私载》，又定《五宗图述》《二京解》，皆传于世。（西晋陈寿撰，南朝宋裴松之注，《三国志·卷五十三·吴书八·张严程阚薛传第八·薛综》）。

薛综少明经，善属文，有秀才，枢机敏捷，学识规纳，实吴良臣。黄龙三年，建昌侯孙虑为镇军大将军，屯半州，以综为长史，外掌众事，内授书籍。虑卒，入守贼曹尚书，累迁尚书仆射，太子少傅等职。曾注张衡的《二京赋》，撰有《私载》《五宗图述》。

韦昭（204—273），三国东吴文学家、史学家、经学家。

韦曜（曜，音yào。本名昭，史为晋讳，改之），字弘嗣，吴郡云阳（今江苏省丹阳）人也。少好学，能属文，从丞相掾，除西安令，还为尚书郎，迁太子中庶子。

时蔡颖亦在东宫，性好博弈，太子和以为无益，命曜论之。其辞曰：……（略）

和废后（孙和，年十九时被孙权立为太子，后因全公主尝谮被废。之后，孙权立少子孙亮为太子），为黄门侍郎。孙亮即位（东吴会稽王，孙权少子），诸葛恪辅政，表曜为太史令，撰《吴书》，华核（《三国志》亦有其传）、薛莹等皆与参同。孙休践祚（孙休，三国吴景帝，孙权第六子。践祚，亦作“践阼”。即位。旧时多指帝王而言。践，履也；古代庙、寝堂前两阶，主阶在东，称祚阶。阼阶上为主位，因称即位行事为“践祚”），为中书郎（官职名，内阁中主掌撰拟、记载、翻译、缮写之务的官员）、博士祭酒（国子监学主管长官）。命曜依刘向故事，校定众书。又欲延曜侍讲（延，动词。聘请；邀请。陶渊明《桃花源记》：“各复延至其家，皆出酒食”），而左将军张布近习宠幸（近习，被帝王所亲近宠幸的人。《礼记·月令》：“虽有贵戚近习，毋有不禁”），事行多玷（玷，音diàn，动词。玷污；污辱；污损。《诗经·大雅·抑》：“白圭之玷，尚可磨也”），惮曜侍讲儒士（惮，音dàn。惧怕；畏惧；忌恨。《礼记·中庸》："小人之反中庸也，小人而无忌惮也"），又性精确，惧以古今警戒休意，固争不可。休深恨布（《三国志·卷四十八·吴书三·三嗣主传第三》："初休为王时，布为左右将督，素见信爱，及至践祚，厚加宠待，专擅国势，多行无礼，自嫌瑕短，惧曜、冲言之，故尤患忌。休虽解此旨，心不能悦，更恐其疑惧，竟如布意，废其讲业，不复使冲等人），然曜竟止不入。

孙皓即位（孙皓，三国吴末帝），封高陵亭侯，迁中书仆射，职省，为侍中（官职名。秦始置，两汉沿置。出入宫廷，侍从皇帝左右。由于接近皇帝，地位渐趋贵重，亲近之职），常领左国史。时所在承指数言瑞应。皓以问曜，曜答曰："此人家筐箧中物耳。"又皓欲为父和作纪，曜执以和不登帝位，宜名为传。如是者非一，渐见责怒。曜益忧惧，自陈衰老，求去侍、史二官，乞欲成所造书，以从业别有所付，皓终不听。时有疾病，医药监护，持之愈急。

皓每飨宴，无不竟日，坐席无能否，率以七升为限，虽不悉入口，皆浇灌取尽。曜素饮酒不过二升，初见礼异时，常为裁减，或密赐茶荈以当酒（荈，音 chuǎn。可有多种说法：如晚采的茶，或曰茶的老叶，粗茶，也泛指茶。《尔雅·释木》："槚，苦荼。"郭璞注："今呼早采者为荼，晚取者为茗，一名荈。"《玉篇·艸部》："荈，茶叶老者，晚收的茶。"茶圣陆羽作《茶经·一之源》："一曰茶，二曰槚，三曰蔎，四曰茗，五曰荈"），至于宠衰，更见逼强，辄以为罪。又于酒后使侍臣难折公卿（难折，诘难），以嘲弄侵克（侵，《广雅》："侵，凌也。"侵克，侵害打击。葛洪《抱朴子·微旨》："侵克贤者，诛戮降伏，谤讪仙圣，伤残道士"），发摘私短以为欢（发摘，揭发；揭露）。时有愆过（愆过，罪恶；罪过。《后汉书·乐成靖王党传》："苌到国数月，骄淫不法，愆过累积"），或误犯皓讳，辄见收缚，至于诛戮。曜以为外相毁伤，内长尤恨，使不济济，非佳事也，故但示难问经义言论而已。皓以为不承用诏命，意不尽忠，遂积前后嫌忿，收曜付狱，是岁凤凰二年也（273 年。凤凰：东吴末帝孙皓的年号，272—274 年）。

曜因狱吏上辞曰：……（略）

曜冀以此求免，而皓更怪其书之垢，故又以诘曜。曜对曰：囚撰此书，实欲表上，惧有误谬，数数省读，不觉玷污。被问寒战，形气呐吃（形气，形体表现出来的精神。《素问·玉机真藏论》："凡治病，察其形气色泽。"呐吃，口吃；言语结巴不畅；结结巴巴）。谨追辞叩头五百下，两手自搏。而华核连上疏救曜（华核连连上疏救曜，对曜评价甚高），曰："曜运值千载，特蒙表识，以其儒学，得与史官，貂蝉内侍，承合天问，圣朝仁笃，慎终追远，迎神之际，垂涕敕曜。曜愚惑不达，不能敷宣陛下大舜之美，而拘系史官，使圣趣不叙，至行不彰，实曜愚蔽当死之罪。然臣偻偻（偻偻，音 lóu lóu。恭谨、勤恳的样子。《魏书·礼志三》：群官所以慺慺，亦惧机务之不理矣），见曜自少勤学，虽老不倦，探综坟典，温故知新，及意所经识古今行事，外吏之中少过曜者。昔李陵为汉将，军败不还而降匈奴，司马迁不加疾恶，为陵游说，汉代武帝以迁有良史之才，欲使毕成所撰，忍不加诛，书卒成立，垂之无穷。今曜在吴，亦汉之史迁也。伏见前后符瑞彰著，神指天应，继出累见，一统之期，庶不复久。事平之后，当观时设制，三王不相因礼，五帝不相沿乐，质文殊涂，损益异体，宜得曜辈依准古义，有所改立。汉氏承秦，则有叔孙通定一代之仪，曜之才学亦汉通之次也。又《吴书》虽已有头角，叙赞未述。昔班固作《汉书》，文辞典雅，后刘珍、刘毅等作《汉纪》，远不及固，叙传尤劣。今《吴书》当垂千载，编次诸史，后之才士论次善恶，非得良才如曜者，实不可使阙不朽之书。如臣顽蔽，诚非其人。曜年已七十，余数无几，乞赦其一等之罪，为终身徒，使成书业，永足传示，垂之百世。谨通进表，叩头百下。”皓不许，遂诛曜，徙其家零陵（即今湖南省零陵县）。（西晋陈寿撰，南朝宋裴松之注，《三国志·卷六十五·吴书二十·王楼贺韦华传第二十·韦曜》）

韦昭史为避晋文帝司马昭之讳，改名曜。孙休时，任中书郎、博士祭酒、校订朝廷藏书；孙皓时为侍中，领国史，撰《吴书》。虽学富五车，满腹经纶，然因生性精确刚正，不善逢迎召应，随机应变，从而激怒吴主孙皓，任凭华核如何苦心劝谏，无奈，孙皓置其死地之意丝毫不改，执意下狱诛死，一代文豪才子就这样被昏君置于死地，实乃悲哉！哀哉！享年七十岁，作有《博弈论》。注有《论语》《国语》《孝经》等书，《国语注》对后世影响颇大。

陆玑（224—263），三国吴学者、训诂学家。

陆玑，字元恪，一作从玉。吴郡人（今江苏省苏州）。历任太子中庶人，乌程令（今浙江省湖州市，另一说在今江西省万载县）。于公元 3 世纪，约 245 年撰写

《毛诗草木鸟兽虫鱼疏》二卷，又名《毛诗草木虫鱼疏》，这是继西汉初，古文诗学“毛诗学”《毛诗故训传》三十卷的开创者毛亨对《诗经》中关于植物和树木、鸟类、动物以及昆虫和鱼类的研究之后约四百年的又一部对于古代文献尤其专注植物学方面进行注释的文献，即研究经典著作中记载的各种不同植物，以及因语言习惯的变化而模糊不清的植物真实情况和性状。

此书专门解释《毛诗》中植物和动物名称，是《诗经》学中研究生物学、博物学分支较早的一部著作。

其书名源于《论语·阳货》，孔子宣扬学《诗》的好处时说：“《诗》可以兴，可以观，可以群，可以怨，迩之事父，远之事君，多识于鸟兽草木之名。”孔子在此明确指出了《诗》多方面、多层次的功用，“多识于鸟兽草木之名”亦应该是士人学习修养的一部分。

这类文献著作时间都很早，影响却很大，一直延续至今，原书早佚。

何晏（？—249），三国魏玄学家、大臣，著有《道德论》《无为论》《无名论》等。

何晏，何进孙也（东汉后期大将军）。母尹氏，为太祖（魏武皇帝曹操）夫人。晏长于宫省（有二解，一是说擅长宫禁或曰皇宫之内的事情。另一说是擅长皇宫内官署诸如尚书省、中书省的事情。因其自幼生长于宫廷之内，作为驸马的何晏深明宫中之务，无甚新奇。东汉时期，宫廷之内设有南、北宫，宫中有省，本称禁中，因为避讳而常称省中，亦即皇帝休息居住之地。除有宦官、侍卫，尚有负责政务的尚书、中书、御史等负责沟通内外的官府及官员等人员），又尚公主（尚，音 shàng。娶帝王之女为妻。《正字通·小部》：“尚，娶公主谓之尚。言帝王之女尊而尚之，不敢言娶”），少以才秀知名，好老、庄言，作《道德论》及诸文赋著述凡数十篇。（西晋陈寿撰，南朝宋裴松之注，《三国志·卷九·魏书九·诸夏侯曹传第九·何晏》）

《魏略》记其传（摘编）：太祖为司空时，纳晏母并收养晏……晏尚主，又好色，故黄初时无所事任（黄初：220—226 年，魏文帝曹丕的年号）。及明帝立（魏明帝曹睿，226—239 年在位），颇为冗官（冗，音 rǒng。闲散。古时称无专职而备临时使令的官员，也叫“冗员”。《正字通·宀部》：“古设官分职，人有常守，转移执事，不可无人，故有冗员备使令。”后指办事机构中的闲散人员）。至正始初（正始：魏齐王曹芳的年号，240—248 年），曲合于曹爽，亦以才能，故爽用为散骑侍郎，迁侍中尚书。晏前以尚主，得赐爵为列侯，又其母在内，晏性自喜，动静粉白不去手，行步顾影。晏为尚书，主选举，其宿与之有旧者，多被拔擢。

《魏氏春秋》记：初，夏侯玄、何晏等名盛于时，司马景王亦预焉。晏尝曰："唯深也，故能通天下之志，夏侯泰初是也；唯几也，故能成天下之务，司马子元是也；惟神也，不疾而速，不行而至，吾闻其语，未见其人。"盖欲以神况诸己也。初，宣王使晏与治爽等狱（宣王，司马懿，其孙司马炎代魏称帝建立晋朝后，追尊其为宣帝）。晏穷治党与，冀以获宥（宥，音 yòu。宽赦）。宣王曰："凡有八族。"晏疏丁、邓等七姓。宣王曰："未也。"晏穷极，乃曰："岂谓晏乎！"宣王曰："是也。"乃收晏。

《世说新语·卷十二·夙慧》："何晏七岁，明慧若神，魏武奇爱之，以晏在宫内，因欲以为子。晏乃画地令方，自处其中。人问其故，答曰：'何氏之庐也。'魏武知之，即遣还外。"

何晏，字平叔。南阳宛县人（今河南省南阳）。美姿仪面至白，人称"傅粉何郎"，能赋诗，作《景福殿赋》描写宫殿建筑，旨在颂扬魏明帝曹叡。与夏侯玄、王弼共倡玄学，竞事清谈，开一时风气。娶魏公主。累官尚书，典选举。因依附曹爽，而为司马懿所杀。

王弼（226—249），三国魏玄学家、经学家、哲学家，著有《周易注》《周易略例》《老子注》《老子指略》。

……初，会弱冠与山阳王弼并知名。弼好论儒道，辞才逸辩，注《易》及《老子》，为尚书郎，年二十余卒。（西晋陈寿撰，南朝宋裴松之注，《三国志·卷二十八·魏书二十八·王毌丘诸葛邓钟传第二十八·王弼》）

与晋武帝司马炎同年的大臣何劭为王弼作传（摘编）：弼幼而察慧，年十余，好《老氏》，通辩能言。……于时何晏为吏部尚书，甚奇弼，叹之曰："仲尼称后生可畏，若斯人者，可与言天人之际乎！"弼在台既浅，事功亦雅非所长，益不留意焉。淮南人刘陶善论纵横，为当时所推。每与弼语，常屈弼。弼天才卓出，当其所得，莫能夺也。性和理，乐游宴，解音律，善投壶。其论道傅会文辞，不如何晏，自然有所拔得，多晏也。颇以所长笑人，故时为士君子所疾。弼与钟会善，会论议以校练为家，然每服弼之高致。何晏以为圣人无喜怒哀乐，其论甚精，钟会等述之。弼与不同，以为圣人茂于人者神明也，同于人者五情也，神明茂，故能体冲和以通无，五情同，故不能无哀乐以应物，然则圣人之情，应物而无累于物者也。今以其无累，便谓不复应物，失之多矣。弼注《易》，颍川人荀融难弼《大衍义》。弼答其意，白书以戏之曰："夫明足以寻极幽微，而不能去自然之性。颜子之量，孔父之所预在，然遇之不能无乐，丧之不能无哀。又常狭斯人，以为未能以情从理者也，而今乃知自然之不可革。足下之量，虽已定乎胸怀之内，然而隔逾旬朔，何其相思之多乎？故知尼父之于颜子，可以无大过矣。"弼注《老子》，为之指略，致有理统。著《道略论》，注《易》，往往有高丽言。太原王济好谈，病《老》《庄》，常云："见弼《易注》，所悟者多。"然弼为人浅而不识物情，初与王黎、荀融善，黎夺其黄门郎，于是恨黎，与融亦不终。正始十年（249年。正始：三国魏齐王曹芳的年号，240—248年，《三国纪年表》并无"正始十年"），曹爽废，以公事免。其秋遇疠疾亡，时年二十四，无子绝嗣。弼之卒也，晋景王闻之，嗟叹者累日，其为高识所惜如此。

《三国志》引孙盛曰：《易》之为书，穷神知化，非天下之至精，其孰能与于此？世之注解，殆皆妄也。况弼以傅会之辩而欲笼统玄旨者乎？故其叙浮义则丽辞溢目，造阴阳则妙赜无间，至于六爻变化，群象所效，日时岁月，五气相推，弼皆摈落，多所不关。虽有可观者焉，恐将泥夫大道。

王弼，字辅嗣，山阳人（今河南省焦作市）。魏晋时期玄学的主要代表人物之一。年少才逸即负盛名，好谈儒道，辞才逸辩，曾任尚书郎。与何晏、夏侯玄诸人同开玄学清谈风气，世称"正始之音"（魏晋时期，玄谈风气。这一时期的学风，以何晏、王弼为首，用老、庄思想糅合儒家经义，开创了玄学清谈的风气。谈玄析理，放达不羁；名士风流，盛于雒下，世称"正始之音"）。扫除汉代经学烦琐之风，认为"无"方是宇宙万物的本体，其注《易》偏重哲理。非常遗憾的是才子短命早逝，年仅二十四岁时即卒。

南朝宋代宗室临川王刘义庆汇集一批文人编写的笔记小说，撰《世说新语·卷四·文学》："何晏为吏部尚书，有位望，时谈客盈坐。王弼未弱冠，往见之。晏闻弼名，因条向者胜理语弼曰：‘此理仆以为极，可得复难不？’弼便作难，一坐人便以为屈。于是，弼自为客主数番，皆一坐所不及。”“何平叔注《老子》（何晏，字平叔），始成，诣王辅嗣（王弼，字辅嗣），见王注精奇，乃神伏，曰：‘若斯人，可与论天人之际矣！’因以所注为道、德二论。

王辅嗣弱冠诣裴徽（字文秀，生卒年无考，三国时期魏国官员，曾任冀州刺史，善言玄理），徽问曰：‘夫无者，诚万物之所资，圣人莫肯致言，而老子申之无已，何邪？’弼曰：‘圣人体无，无又不可以训，故言必及有，老、庄未免于有，恒训其所不足。’

何晏注《老子》未毕，见王弼自说注《老子》旨，何意多所短，不复得作声，但应诺诺，遂不复注，因作道德沦。”

苏林（生卒年不详），东汉末年、三国魏官员、学者。

“散骑常侍陈留苏林、光禄大夫京兆韦诞、乐安太守谯国夏侯惠、陈郡太守任城孙该、郎中令河东杜挚等亦著文赋，颇传于世。”裴松之注曰：“《魏略》曰：林，字孝友，博学，多通古今字指，凡诸书传文间危疑，林皆释之。建安中，为五官将文学，甚见礼待。黄初中，为博士给事中。文帝作《典论》所称苏林者是也。以老归第，国家每遣人就问之，数加赐遗。年八十余卒。”（西晋陈寿撰，南朝宋裴松之注，《三国志·卷二十一·魏书二十一·王卫二刘傅传第二十一·苏林》）。

学者苏林，陈留外黄人（陈留，即今河南省开封市陈留镇。外黄，即今河南省商丘市民权县）。博学，长于古今文字，擅能解释诸书、传文间各种疑难。汉献帝建安中，为五官将文学，甚见礼遇。魏文帝黄初中，为博士给事中领秘书监，累迁散骑常侍，永安卫尉，太中大夫，黄初中迁博士，封安成亭侯。以老归第。帝每每遣人就问请教，足见其学问高深、令人敬佩，年八十余卒。

孟康（生卒年不详），三国魏外戚、官吏、学者，注有《汉书》。

裴松之注曰：《魏书》曰：恕在弘农（恕，杜恕，字务伯，198—252，杜预之父，曾出任弘农太守以及散骑黄门侍郎、幽州刺史。专心向公，不结交援，宽和有惠爱；屡陈时政，经论治体，推诚以质，不治华饰，论议亢直，少无名誉；倜傥任意，思不防患，因与晋宣帝司马懿不相能，即指情感不相和睦、容让，遂以幽死，以致失败，甚至拖累其子杜预久久不得调。弘农郡，位于长安洛阳之间黄河南岸，历代政治、军事要地。西汉武帝刘彻始立弘农郡)，宽和有惠爱。及迁，以孟康代恕为弘农。康，字公休，安平人（今河北省衡水市安平县)。黄初中(黄初，魏文帝曹丕的年号，220—226年)，以于郭后有外属，并受九亲赐拜，遂转为散骑侍郎（散骑，音 sǎn jì。官职名，三国魏始置，即汉代皇帝的骑从，在皇帝左右规谏过失，以备顾问)。是时，散骑皆以高才英儒充其选，而康独缘妃嫱杂在其间，故于时皆共轻之，号为“阿九”。康既才敏，因在冗官，博读书传，后遂有所弹驳，其文义雅而切要，众人乃更加意。正始中，出为弘农，领典农校尉。康到官，清己奉职，嘉善而矜不能，省息狱讼，缘民所欲，因而利之。郡领吏二百余人，涉春遣休，常四分遣一。事无宿诺，时出案行，皆豫敕督邮平水，不得令属官遣人探候，修设曲敬。又不欲烦损吏民，常豫敕吏卒，行各持镰，所在自刈马草，不止亭传，露宿树下，又所从常不过十余人。郡带道路，其诸过宾客，自非公法无所出给；若知旧造之，自出于家。康之始拜，众人虽知其有志量（志量，志向与抱负度量)，以其未尝宰牧（宰牧，负责治理掌管的官职。南朝宋代刘义庆《世说新语·政事》：“德以居全为称，仁以不害物为名，方今宰牧华夏，处杀戮之职，与本操将不乖乎”)，不保其能也；而康恩泽治能乃尔，吏民称歌焉。嘉平末（魏齐王曹芳的年号)，从渤海太守征入为中书令（官职名。曹丕称帝后，改秘书为中书，掌握机要)，后转为监。（西晋陈寿撰，南朝宋裴松之注，《三国志·卷十六·魏书十六·任苏杜郑仓传第十六·杜恕　附：孟康》)

孟康，字公休。三国魏广泉人（一说是安平广宗人)。魏文帝曹丕，黄初中，以外戚拜散骑侍郎，因此人共轻之。公休博览群书，诵读经传，所奏弹劾驳文，文义高雅，切中要害，令人看重。齐王曹芳主政后，出为弘农太守，领典农校尉，有善政，人共敬之。嘉平末，从渤海太守征为中书令，后转为中书监，继为给事中，封广陵亭侯，尝注《汉书》。

张揖（生卒年不详)，三国魏古汉语文字训诂学家，著有《埤仓》《广雅》《古今字诂》。

张揖，字稚让，三国魏广泉人（一说是安平人)。史书无传记，惟在北齐史学家魏收（506—572）撰纪传体北魏史《魏书·卷九十一·列传术艺第七十九·江式传附·张揖传》中有些许文字："魏初，博士清河张揖著《埤仓》《广雅》《古今字诂》，究诸《埤》《广》，缀拾遗漏，增长事类，抑亦于文为益者。然其《字诂》，方之许慎篇，古今体用，或得或失矣。陈留邯郸淳亦与揖同时，博古开艺，特善《仓》《雅》，许氏字指，八体六书，精究闲理，有名于揖，以书教诸皇子。又建《三字石经》于汉碑之西，其文蔚炳，三体复宣。校之《说文》，篆隶大同，而古字少异。又有京兆韦诞、河东卫觊二家，并号能篆。当时台观榜题，宝器之铭，悉是诞书，咸传之子孙，世称其妙。"

唐初史学家李延寿（生卒年不详）撰《北史·卷三十四·列传第二十二·江式附·张揖传》中亦记有这些许文字："魏初，博士清河张揖著《埤仓》《广雅》《古今字诂》，究诸《埤》《广》，缀拾遗漏，增长事类，抑亦于文为益者。然其《字诂》，方之许篇，古今体用，或得或失。陈留邯郸淳亦与揖同时，博古开艺，特善《仓》《雅》，许氏字指，八体六书，精究闲理，有名于揖，以书教诸皇子。又建《三字石经》于汉碑西，其文蔚焕，三体复宣。校之《说文》，篆隶大同，而古字少异。又有京兆韦诞、河东卫觊二家，并号能篆。当时台观榜题，宝器之铭，悉是诞书，咸传之子孙，世称其妙"。

唐代颜师古撰《汉书叙例》介绍张揖说："清河人，一说河间人，三国魏太和中为博士（太和，魏明帝曹叡的年号，227—232 年）。"

张揖精于文字训诂，所作研究古代词汇和训诂的重要资料、古代百科辞典《广雅》，篇目次序依据《尔雅》，博采汉人笺注、《三苍》《说文》《方言》诸书，增广《尔雅》所未备的内容，故名《广雅》。隋炀帝时，为避杨广名讳，曾将《广雅》改名为《博雅》，之后复用原名，流传至今。至清代王念孙撰《广雅疏证》，予以订讹补缺，由音求义，更为精审。另作《埤仓》《古今字诂》书，宋以后皆散佚。

张晏（生卒年不详），字子傅，三国魏中山人，著有《汉书音释》四十卷。

晋灼（生卒年不详），西晋时期河南人，曾为尚书郎，集《汉书》诸家注为一部，以意增益，辩其当否，遂成《汉书集注》，又著有《汉书音义》。

如淳（生卒年不详），曾任曹魏陈郡丞。冯翊人（今陕西省大荔县），曾注释过《汉书》，史无传记。

杜预（222—284），三国西晋学者、军事家、政治家、经学家，撰有《春秋左氏经传集解》《春秋长历》《春秋释例》等。

杜预，字元凯，京兆杜陵人也（今陕西省西安市东南）。祖畿，魏尚书仆射。父恕，幽州刺史。预博学多通，明于兴废之道，常言："德不可以企及，立功立言可庶几也。"初，其父与宣帝不相能（宣帝，指西晋司马懿。不相能，不友好；不亲善；不和睦。《正字通·肉部》："能，顺习也。"《荀子·正名》："能有所合谓之能。"《左传·襄公二十一年》："与栾盈为公族大夫而不相能。"《诗经·大雅·民劳》："柔远能迩，以定我王。"郑玄注解："能犹伽安远方之国，顺伽其近者。"犹伽也，迩，近也），遂以幽死，故预久不得调。

文帝嗣立（司马昭，211—265，死后数月，其子司马炎代魏称帝，建立晋朝，追尊昭为文帝），预尚帝妹高陆公主，起家拜尚书郎，袭祖爵丰乐亭侯。在职四年，转参相府军事。钟会伐蜀，以预为镇西长史。及会反，僚佐并遇害，唯预以智获免，增邑千一百五十户。

与车骑将军贾充等定律令，既成，预为之注解，乃奏之曰："法者，盖绳墨之断例，非穷理尽性之书也。故文约而例直，听省而禁简。例直易见，禁简难犯。易见则人知所避，难犯则几于刑厝（厝，音cuò。厝，通"措""错"。亦作"刑措""刑错"。意即措置、安置、搁置。《广韵·暮韵》："厝，置也。"清代朱骏声《说文通训定声·豫部》："厝，叚借为措。"谓没有人犯法，也就是法难犯，刑法就会搁置不用。《荀子·议兵》："威厉而不试，刑错而不用。"《汉书·文帝纪》："断狱数百，几致刑措。"《晋书·王羲之传》："对之丧气，罔知所厝"）。刑之本在于简直，故必审名分。审名分者，必忍小理。古之刑书，铭之钟鼎，铸之金石，所以远塞异端，使无淫巧也。今所注皆网罗法意，格之以名分。使用之者执名例以审趣舍，伸绳墨之直，去析薪之理也。"诏班于天下。

泰始中（泰始：晋武帝司马炎的年号，265—274年），守河南尹。预以京师王化之始，自近及远，凡所施论，务崇大体。受诏为黜陟之课，其略曰：“……”

司隶校尉石鉴以宿憾奏预，免职。时虏寇陇右，以预为安西军司，给兵三百人，骑百匹。到长安，更除秦州刺史，领东羌校尉、轻车将军、假节。属虏兵强盛，石鉴时为安西将军，使预出兵击之。预以虏乘胜马肥，而官军悬乏，宜并力大运，须春进讨，陈五不可、四不须。鉴大怒，复奏预擅饰城门官舍，稽乏军兴，遣御史槛车征诣廷尉。以预尚主，在八议，以侯赎论，其后陇右之事卒如预策。

是时朝廷皆以预明于筹略，会匈奴帅刘猛举兵反，自并州西及河东、平阳，诏预以散侯定计，省闼，俄拜度支尚书。预乃奏立籍田，建安边，论处军国之要。又作人排新器，兴常平仓，定谷价，较盐运，制课调，内以利国外以救边者五十余条，皆纳焉。石鉴自军还，论功不实，为预所纠，遂相仇恨，言论喧哗，并坐免官，以侯兼本职。数年，复拜度支尚书。

元皇后梓宫将迁于峻阳陵。旧制，既葬，帝及群臣即吉。尚书奏，皇太子亦宜释服。预议皇太子宜复古典，以谅暗终制（亦称“谅阴”“亮阴”“梁暗”。指帝王居丧。《论语·宪问》：“高宗谅阴，三年不言。”朱熹注解：“谅阴，天子居丧之名，未详其义。”亦指高级官吏居丧），从之。

预以时历差舛，不应晷度，奏上《二元乾度历》，行于世。预又以孟津渡险，有覆没之患，请建河桥于富平津。议者以为殷、周所都，历圣贤而不作者，必不可立故也。预曰：“造舟为梁，则河桥之谓也。”及桥成，帝从百僚临会，举觞属预曰：“非君，此桥不立也。”对曰：“非陛下之明，臣亦不得施其微巧。”周庙欹器（欹器，既是一种类似于沙漏的计时器，又是可以用于灌溉用的汲水罐器），至汉东京犹在御坐。汉末丧乱，不复存，形制遂绝。预创意造成，奏上之，帝甚嘉叹焉。咸宁四年秋（278 年），大霖雨，蝗虫起。预上疏多陈农要，事在《食货志》。预在内七年，损益万机，不可胜数，朝野称美，号曰“杜武库”，言其无所不有也。

时帝密有灭吴之计，而朝议多违，唯预、羊祜、张华与帝意合。祜病，举预自代，因以本官假节行平东将军，领征南军司。及祜卒，拜镇南大将军，都督荆州诸军事，给追锋车、第二驸马。预既至镇，缮甲兵，耀威武，乃简精锐，袭吴西陵督张政，大破之，以功增封三百六十五户。政，吴之名将也，据要害之地，耻以无备取败，不以所丧之实告于孙皓。预欲间吴边将，乃表还其所获之众于皓。皓果召政，遣武昌监刘宪代之。故大军临至，使其将帅移易，以成倾荡之势。预处分既定，乃启请伐吴之期。帝报待明年方欲大举，预表陈至计曰："自闰月以来，贼但敕严，下无兵上。以理势推之，贼之穷计，力不两完，必先护上流，勤保夏口以东，以延视息，无缘多兵西上，空其国都。而陛下过听，便用委弃大计，纵敌患生。此诚国之远图，使举而有败，勿举可也。事为之制，务从完牢。若或有成，则开太平之基；不成，不过费损日月之间，何惜而不一试之！若当须后年，天时人事不得如常，臣恐其更难也。陛下宿议，分命臣等随界分进，其所禁持，东西同符，万安之举，未有倾败之虑。臣心实了，不敢以暧昧之见自取后累。惟陛下察之。"预旬月之中又上表曰："羊祜与朝臣多不同，不先博画而密与陛下共施此计，故益令多异。凡事当以利害相较，今此举十有八九利，其一二止于无功耳。其言破败之形亦不可得，直是计不出己，功不在身，各耻其前言，故守之也。自顷朝廷事无大小，异意锋起，虽人心不同，亦由恃恩不虑后难，故轻相同异也。昔汉宣帝议赵充国所上，事效之后，诘责诸议者，皆叩头而谢，以塞异端也。自秋已来，讨贼之形颇露。若今中止，孙皓怖而生计，或徙都武昌，更完修江南诸城，远其居人，城不可攻，野无所掠，积大船于夏口，则明年之计或无所及。"时帝与中书令张华围棋，而预表适至。华推枰敛手曰："陛下圣明神武，朝野清晏，国富兵强，号令如一。吴主荒淫骄虐，诛杀贤能，当今讨之，可不劳而定。"帝乃许之。

预以太康元年正月（280 年），陈兵于江陵，遣参军樊显、尹林、邓圭、襄阳太守周奇等率众循江西上，授以节度，旬日之间，累克城邑，皆如预策焉。又遣牙门管定、周旨、伍巢等率奇兵八百，泛舟夜渡，以袭乐乡，多张旗帜，起火巴山，出于要害之地，以夺贼心。吴都督孙歆震恐，与伍延书曰："北来诸军，乃飞渡江也。"吴之男女降者万余口，旨、巢等伏兵乐乡城外。歆遣军出距王浚，大败而还。旨等发伏兵，随歆军而入，歆不觉，直至帐下，虏歆而还。故军中为之谣曰："以计代战一当万。"于是进逼江陵。吴督将伍延伪请降而列兵登碑，预攻克之。既平上疏，于是沅、湘以南，至于交、广，吴之州郡皆望风归命，奉送印绶，预仗节称诏而绥抚之。凡所斩及生获吴都督、监军十四，牙门、郡守百二十余人。又因兵威，徙将士屯戍之家以实江北，南郡故地各树之长吏，荆土肃然，吴人赴者如归矣。

王浚先列上得孙歆头，预后生送歆，洛中以为大笑。时众军会议，或曰："百年之寇，未可尽克。今向暑，水潦方降，疾疫将起，宜俟来冬，更为大举。"预曰："昔乐毅借济西一战以并强齐，今兵威已振，譬如破竹，数节之后，皆迎刃而解，无复着手处也。"遂指授群帅，径造秣陵。所过城邑，莫不束手。议者乃以书谢之。

孙皓既平，振旅凯入，以功进爵当阳县侯，增邑并前九千六百户，封子耽为亭侯，千户，赐绢八千匹。

初，攻江陵，吴人知预病瘿，惮其智计，以瓠系狗颈示之。每大树似瘿，辄斫使白，题曰杜预颈。及城平，尽捕杀之。

预既还镇，累陈家世吏职，武非其功，请退，不许。

预以天下虽安，忘战必危，勤于讲武，修立泮宫，江、汉怀德，化被万里。攻破山夷，错置屯营，分据要害之地，以固维持之势。又修邵信臣遗迹，激用滍（滍，音 zhì，古水名称，即今河南省鲁山、叶县境内的沙河）、淯诸水以浸原田万余顷，分疆刊石，使有定分，公私同利。众庶赖之，号曰"杜父"。旧水道唯沔、汉达江陵千数百里，北无通路。又巴丘湖，沅、湘之会，表里山川，实为险固，荆蛮之所恃也。预乃开杨口，起夏水达巴陵千余里，内泻长江之险，外通零、桂之漕。南土歌之曰："后世无叛由杜翁，孰识智名与勇功。"

预公家之事，知无不为。凡所兴造，必考度始终，鲜有败事。或讥其意碎者，预曰："禹、稷之功，期于济世，所庶几也。"

预好为后世名，常言"高岸为谷，深谷为陵"，刻石为二碑，纪其勋绩，一沈万山之下，一立岘山之上，曰："焉知此后不为陵谷乎！"

预身不骑马，射不穿札，而每任大事，辄居将率之列。结交接物，恭而有礼，问无所隐，诲人不倦，敏于事而慎于言。既立功之后，从容无事，乃耽思经籍，为《春秋左氏经传集解》。又参考众家谱第，谓之《释例》。又作《盟会图》《春秋长历》，备成一家之学，比老乃成。又撰《女记赞》。当时论者谓预文义质直，世人未之重，唯秘书监挚虞赏之，曰："左丘明本为《春秋》作传，而《左传》遂自孤行。《释例》本为《传》设，而所发明何但《左传》，故亦孤行。"时王济解相马，又甚爱之，而和峤颇聚敛，预常称"济有马癖，峤有钱癖"。武帝闻之，谓预曰："卿有何癖？"对曰："臣有《左传》癖。"

预在镇，数饷遗洛中贵要。或问其故，预曰："吾但恐为害，不求益也。"

预初在荆州，因宴集，醉卧斋中。外人闻呕吐声，窃窥于户，止见一大蛇垂头而吐。闻者异之。其后征为司隶校尉，加位特进，行次邓县而卒，时年六十三。帝甚嗟悼，追赠征南大将军、开府仪同三司，谥曰"成"。预先为遗令曰："古不合葬，明于终始之理，同于无有也。中古圣人改而合之，盖以别合无在，更缘生以示教也。自此以来，大人君子或合或否，未能知生，安能知死，故各以己意所欲也。吾往为台郎，尝以公事使过密县之邢山。山上有冢，问耕父，云是郑大夫祭仲，或云子产之冢也，遂率从者祭而观焉。其造冢居山之顶，四望周达，连山体南北之正而邪东北，向新郑城，意不忘本也。其隧道唯塞其后而空其前，不填之，示藏无珍宝，不取于重深也。山多美石不用，必集洧水自然之石以为冢藏（洧，音 wěi。古水名称，即今河南省双洎河），贵不劳工巧，而此石不入世用也。君子尚其有情，小人无利可动，历千载无毁，俭之致也。吾去春入朝，因郭氏丧亡，缘陪陵旧义，自表营洛阳城东首阳之南为将来兆域。而所得地中有小山，上无旧冢。其高显虽未足比邢山，然东奉二陵，西瞻宫阙，南观伊、洛，北望夷、叔，旷然远览，情之所安也。故遂表树开道，为一定之制。至时皆用洛水圆石，开隧道南向，仪制取法于郑大夫，欲以俭自完耳。棺器小敛之事，皆当称此。"子孙一以遵之。（唐代房玄龄等撰，《晋书·卷三十四·列传第四·杜预》）

西晋学者、军事家、政治家、经学家杜预，出身于官宦之家，祖父杜畿大有功于曹操，曾任魏尚书仆射，受封丰乐亭侯，其父杜恕官至幽州刺史，因与司马懿不谐，屡遭排挤和劾奏，被幽禁而死。杜预因牵连至三十多岁仍未能出仕，后因娶了司马懿的女儿，于司马昭执政后，仕途渐开，与羊祜、山涛并为重用。杜预，文思敏捷，耽思经籍，博学多通，精通《左传》；文武兼功，精明而能干，武善谋略，攻无不克，多有建树。曾任镇南大将军，都督荆州诸军事，以灭吴统一战争获功，封为当阳县侯，时称“杜武库”。史臣赞曰：元凯文场，称为武库。撰有《春秋左氏经传集解》《春秋长历》《春秋释例》等。《春秋支氏经传集解》是《左传》注解流传至今最早的一种，被收入《十三经注疏》之中。

南朝宋代宗室临川王刘义庆汇集一批文人编写笔记小说《世说新语·卷五·方正》：“杜预之荆州，顿七里桥，朝士悉祖。预少贱，好豪侠，不为物所许”“杜预拜镇南将军，朝士悉至，皆在连榻坐……”

郭璞（276—324），两晋时期著名学者、文学家、训诂学家、道学术数大师。注释《尔雅》《三苍》《方言》《山海经》《穆天子传》《楚辞》《子虚》《上林赋》等。

郭璞，字景纯，河东闻喜人也（今属山西省）。璞好经术，博学有高才，而讷于言论，词赋为中兴之冠。好古文奇字，妙于阴阳算历。有郭公者，客居河东，精于卜筮，璞从之受业。公以《青囊中书》九卷与之，由是遂洞五行、天文、卜筮之术，攘灾转祸，通致无方，虽京房、管辂不能过也。璞门人赵载尝窃《青囊书》，未及读，而为火所焚。

璞著《江赋》，其辞甚伟，为世所称。后复作《南郊赋》，帝见而嘉之，以为著作佐郎。

璞撰前后筮验六十余事，名为《洞林》。又抄京、费诸家要最，更撰《新林》十篇、《卜韵》一篇。注释《尔雅》，别为《音义》《图谱》。又注《三苍》《方言》《穆天子传》《山海经》及《楚辞》《子虚》《上林赋》数十万言，皆传于世。所作诗、赋、诔、颂亦数万言。

集《尔雅》学之大成，著有《尔雅注》《山海经注》《穆天子传注》等。东晋宠臣、大将军、荆州牧王敦任璞为记室参军，王敦谋反篡司马氏权，命其卜筮，璞谓其必败，因而被害。太宁二年明帝乘其病危，下诏讨伐，王敦进兵建康途中病死。

史臣曰：景纯笃志缃缃（缃缃，音 tí xiāng。绨，古代以蚕丝织成的一种粗厚光滑的丝织物名。《说文解字·糸部》："绨，厚缯也。"《释名·释彩帛》："绨似蛴虫之色，绿而泽也。"尹知章注："缯之厚者谓之绨。"缃，浅黄色。《广韵·阳韵》："缃，浅黄。"《释名·释彩帛》："缃，桑也，如桑叶初生之色也。"也可说是浅黄色的帛。《说文新附·糸部》："缃，帛浅黄色也。"绨缃，本意是指浅黄色丝织物的书衣。引申为书卷），洽闻强记，在异书而毕综，瞻往滞而咸释；情源秀逸，思业高奇；袭文雅于西朝（西朝，西京长安。东汉张衡《东京赋》："故函谷击柝于东，西朝颠覆而莫持。"薛综注解："东谓函谷，在京之东；西朝，则京师也"），振辞锋于南夏（南夏，泛指南方。《后汉书·袁绍刘表传赞》："绍姿弘雅，表亦长者。称雄河外，擅强南夏"），为中兴才学之宗矣。夫语怪征神，伎成则贱，前修贻训，鄙乎兹道。景纯之探策定数，考往知来，迈京、管于前图，轶梓灶于遐篆（遐篆，卜卦预算未来）。而宦微于世，礼薄于时，区区然寄《客傲》以申怀，斯亦伎成之累也。若乃大块流形，玄天赋命，吉凶修短，定乎自然。虽稽象或通（稽，通"乩"，通称"扶乩""扶鸾"，俗称卜问。《广雅·释诂一》："稽，问也。"《尚书·洪范》语："次七曰明用稽疑。""稽疑，择建立卜筮人，乃命卜筮。"《楚辞·卜居·序》："心迷意惑，不知所为，乃往至太卜之家，稽问神明，决之蓍龟。"古人用以求神降示，为人决疑治病，预示吉凶的一种方法。具体操作方法是：由二人扶一丁字形的木架在沙盘上，谓神降之时执木架所划的字，就是具体象征。象，象征。《周易》用卦、爻符号象征自然变化和人事休咎。《周易·系辞下》："是故易者象也，象也者像也。"孔颖达疏解："谓卦为万物象者，法像万物，犹若乾卦之象法像于天也"），而厌胜难恃（厌，音 yā，通"压"，有抑制、压制、颠覆、堵塞、掩藏的意思。厌胜，即"厌而胜之"之意。古代方士的一种巫术。谓能以法术诅咒或祈祷以达到制服人、物或魔怪的目的。杜甫《石犀行》："自古虽有厌胜法，天生江水向东流。"难恃，难以依赖。恃，《说文解字·忄部》："恃，赖也。"依赖，依靠。《诗经·小雅·蓼莪》："无父何怙，无母何恃"），禀之有在，必也无差，自可居常待终，颓心委运，何至衔刀被发，遑遑于幽秽之间哉！晚抗忠言，无救王敦之逆；初惭智免，竟毙山宗之谋（山宗，山神，或指众山之首——泰山）。仲尼所谓攻乎异端，斯害也已，悲夫！

赞曰：景纯通秀，夙振宏材。沈研鸟策（鸟策，用鸟篆书写的简策。左思《吴都赋》："鸟策篆素，玉牒石记，鸟闻梁岷有陟方之馆，行宫之基欤?"李善注解："鸟策，鸟书于策也。"张铣注解："鸟，谓鸟跡书也。策，竹简也"），洞晓龟枚（龟枚，用龟板卜筮，犹"枚卜"，不指其事而泛指占卜吉凶。古人以占卜法选任官员。《尚书·大禹谟》："枚卜功臣，惟吉之从。"《孔传》："枚谓历卜之而从其吉。"《左传·哀公十七年》："王与叶公枚卜子良，以为令尹"）。匪宁国衅（《说文解字·血部》："衅，血祭也。"会意动词。国衅，杀牲取血以祭祀国家），坐致身灾。载范斯文，永传洪藻（洪藻，宏伟高妙超逸的诗词与文辞。《后汉书·班固传下》："至于永平之际，重熙而累洽，盛三雍之上仪，修衮龙之法服，敷洪藻，信景铄，扬世庙，正予乐）。（唐代房玄龄等撰，《晋书·卷七十二·列传第四十二·郭璞》）

"郭璞曾任晋弘农太守，有《郭璞集》十七卷。"（唐代魏徵等撰，《隋书·卷三十五·志第三十》）

郭璞，字景纯，河东人也（今属山西省）。好经术，博学有高才，而讷于言论，词赋为中兴之冠。好古文奇字，妙于阴阳算历。有郭公者，客居河东（代指山西省辖境），精于卜筮，璞从之受业。公以《青囊中书》九卷予之，由是遂洞五行、天文、卜筮之术，攘灾转祸，通致无方，虽京房、管辂不能过也。璞门人赵载尝窃《青囊书》，未及读，而为火所焚。

惠、怀之际（此指西晋惠帝司马衷和西晋怀帝司马炽统治时期，即 290—312 年间），河东先扰。璞筮之，知难将作，于是避地东南。抵将军赵固，会固所乘良马死，固惜之，不接宾客。璞至，门吏不为通。璞曰："吾能活马。"吏惊入白固。固趋出，曰："君能活吾马乎？"璞曰："得健夫二三十人，皆持长竿，东行三十里，有丘林社庙者，便以竿打拍，当得一物，宜急持归。得此，马活矣。"固如其言，果得一物似猴，将归。此物见死马，便嘘吸其鼻。顷之马起，奋迅嘶鸣，食如常，不复见向物。固奇之，厚加资给。行至庐江，爱主人婢，无由而得，乃取小豆三斗，绕主人宅散之。主人晨见赤衣人数千围其家，就视则灭，甚恶之，请璞为卦。璞曰："君家不宜畜此婢，可于东南二十里卖之，慎勿争价，则此妖可除也。"主人从之，璞阴令人贱买此婢。复为符投于井中，数千赤衣人皆反缚，一一自投于井，主人大悦。璞携婢去，既过江，王导深重之，引参己军事。

元帝初（此指东晋元帝司马睿统治时期，317—322 年），镇建邺（建邺，即今南京市中心城区西南部）。导使璞筮之，所言皆验。迁著作佐郎。时阴阳错缪，而刑狱繁兴。璞上疏云："夫寅畏者所以飨福，怠傲者所以招患。宜荡除瑕纂，赞阳布惠。"其后日有黑气，璞复上疏。顷之，迁尚书郎，数言便宜（便宜，音 biàn yí。指有利于、有益于国家，合乎时宜之事。《汉书·刘敬传》："敬脱挽辂，见齐人虞将军曰：臣愿见上言便宜"），多所匡益（匡益，匡正补益。《后汉书·刘瑜传》："今三公在位，皆博达道蓺，而各正诸己，莫或匡益者，非不智也，畏死罚也"）。然璞性轻易（轻易，随心所欲，轻佻浮躁随便。《南史·周朗传》："帝以约轻易，不如徐勉，于是勉舍同参国政"），不修威仪，嗜酒好色，时或过度。干宝常诫之曰："此非适性之道也。"璞曰："吾所受有本限。用之恒恐不得尽，卿乃忧酒色之为害乎！"璞既好卜筮，搢绅多笑之。又自以才高位卑，乃著《容傲》，其辞云云。及元帝崩，璞以母忧去职，卜葬地于暨阳（暨阳，即今江苏省江阴地区。建县于281年，西晋武帝司马炎太康二年），去水百许步。人以近水为言，璞曰："当即为陆矣。"其后沙涨，去墓数十里皆为桑田。璞尝为人葬，明帝微服往观之（此指东晋明帝司马绍，322—325年在位），因问主人何以葬龙角，此法当灭族。主人曰："郭璞云此葬龙耳，不出三年当致天子也。"帝曰："出天子邪？"答曰："能致天子问耳。"帝甚异之。璞素与桓彝友善（桓彝，276—328，字茂伦，颇具才干与睿智，积极出谋划策平定王敦叛乱，被封为万宁县男。《晋书》有传），彝每造之，或值璞在妇间，便入。璞曰："卿来，他出自可径前，但不可厕上相寻耳。必客主有殃。"彝后因醉诣璞，正逢在厕，掩而观之，见璞裸身被发，衔刀设醊（醊，音zhuì，动词。《说文解字·酉部》："醊，祭酹也。"祭祀时洒酒于地上。王安石《祭盛侍郎文》："欲醊棺前，縻不可奔"）。璞见彝，抚心大惊曰："吾每属卿勿来（属，动词，古同"嘱"），反更如是！非但祸吾，卿亦不免矣。"璞终婴王敦之祸，彝亦死苏峻之难（详见《晋书·桓彝传》，327年，东晋成帝司马衍咸和二年，拥兵自重的历阳郡内史苏峻勾结豫州刺史祖约率兵反叛，天下大乱，桓彝即死于此次叛军之手）。璞撰前后筮验六十余事，名为《洞林》。又抄京、费诸家要最，更撰《新林》十篇、《卜韵》一篇，注释《尔雅》。又注《三仓》《方言》《穆天子传》《山海经》《楚辞》，皆傳于世。所作诗、赋、诔、颂亦数万言（《十七史详解·卷之十七》）

郭璞博学、好古文奇字，擅长诗赋，喜阴阳卜筮之术。集《尔雅》学之大成，历经十八年，研究、注解、著成《尔雅注》，使《尔雅》成为历代研究本草的重要参考书。又著《尔雅音》《尔雅图》《尔雅图赞》，并注释《周易》《方言》《楚辞》《山海经注》《穆天子传注》等。

东晋宠臣、大将军、荆州牧王敦任璞为记室参军（王敦，266—324，字处仲，详见《晋书·王敦传》)，王欲谋反篡司马氏权，命其卜筮，璞谓其必败，因而被害。时年四十九岁。及王敦平，追赠弘农太守。

尤为神奇之事，是王敦不听劝阻，执意孤行，杀害郭璞的记载：敦将举兵，又使璞筮。璞曰："无成。"敦固疑璞之劝峤、亮(温峤、庾亮)，又闻卦凶，乃问璞曰："卿更筮吾寿几何？"答曰："思向卦，明公起事，必祸不久。若住武昌，寿不可测。"敦大怒曰："卿寿几何？"曰："命尽今日日中。"敦怒，收璞，诣南岗斩之。璞临出，谓行刑者欲何之？曰："南岗头。"璞曰："必在双柏树下。"既至，果然。复云："此树应有大雀巢。"众索之不得。璞更令寻觅，果于枝间得一大雀巢，密叶蔽之。初，璞中兴初行经越城，间遇一人，呼其姓名，因以裤褶遗之(褶，多折迭的衣服，汉代军中便于骑乘射猎的一种服装款式。至唐朝后期，逐渐废弃)。其人辞不受，璞曰："但取，后自当知。"其人遂受而去。至是，果此人行刑。

诸如此类卜筮、预知生死绝准之事，《晋书·卷七十二·列传第四十二·郭璞》篇中，不胜枚举(此略)。

东晋史学家、文学家、志怪小说创始人干宝撰《搜神记·卷三》亦记有他的诸多事例：郭璞，字景纯，行至庐江，劝太守胡孟康急回南渡。康不从，璞将促装去之，爱其婢，无由得，乃取小豆三斗，绕主人宅散之。主人晨起，见赤衣人数千围其家，就视，则灭。甚恶之，请璞为卦。璞曰："君家不宜畜此婢，可于东南二十里卖之，慎勿争价，则此妖可除也。"璞阴令人贱买此婢，复为投符于井中，数千赤衣人一一自投于井，主人大悦。璞携婢去，后数旬，而庐江陷。

赵固所乘马忽死，甚悲惜之，以问郭璞。璞曰："可遣数十人持竹竿，东行三十里，有山林陵树，便搅打之。当有一物出，急宜持归。"于是如言，果得一物，似猿。持归，入门，见死马，跳梁走往死马头，嘘吸其鼻。顷之，马即能起，奋起嘶鸣，饮食如常，亦不复见向物。固奇之，厚加资给。

扬州别驾顾球姊，生十年，便病，至年五十余，令郭璞筮，得大过之升。其辞曰："大过卦者义不嘉，冢墓枯杨无英华。振动游魂见龙车，身被重累婴妖邪，法由斩祀杀灵蛇。非己之咎先人瑕，案卦论之可奈何。"球乃迹访其家事，先世曾伐大树，得大蛇，杀之，女便病。病后，有群鸟数千，回翔屋上，人皆怪之，不知何故？有县农行过舍边，仰视，见龙牵车，五色晃烂，其大非常，有顷遂灭。

义兴方叔保得伤寒，垂死，令璞占之，不吉，令求白牛厌之。求之不得，唯羊子玄有一白牛，不肯借。璞为致之，即日有大白牛从西来，径往临，叔保惊惶，病即愈。

《搜神记·卷四》：郭璞过江，宣城太守殷佑，引为参军。时有一物，大如水牛，灰色，卑脚，脚类象，胸前尾上皆白，大力而迟钝，来到城下，众咸怪焉。佑使人伏而取之。令璞作卦，遇遁之蛊，名曰“驴鼠”。卜适了，伏者以戟刺，深尺余。郡纪纲上祠请杀之。巫云：庙神不悦。此是邴亭驴山君使。至荆山，暂来过我，不须触之。遂去，不复见。

《搜神后记·卷二》：赵固常乘一匹赤马以战征，甚所爱重。常系所往斋口，忽腹胀，少时死。郭璞从北过，因往诣之。门吏云：“将军好马，甚爱惜。今死，甚懊惋。”璞便语门吏云：“可入通，道吾能活此马，则必见我。”门吏闻之惊喜，即启固。固踊跃，令吏走往迎之。始交寒温，便问：“卿能活我马乎？”璞曰：“我可活尔。”固欣喜，即问：“须何方术？”璞云：“得卿同心健儿二三十人，皆令持竹竿，于此东行三十里，当有邱陵林树，状若社庙。有此者，便当以竹竿搅扰打拍之。当得一物，便急持归。既得此物，马便活矣。”于是左右晓勇之士五十人使去。果如璞言，得大丛林，有一物似猴而非，走出；人共逐得，便抱持归。此物遥见死马，便跳梁欲往。璞令放之。此物便自走往马头问，嘘吸其鼻。良久，马起，喷奋奔迅，便不见此物。固厚赀给，璞得过江左。

王文献曾令郭璞筮已一年吉凶，璞曰：当有小不吉利。可取广州二大罂，盛水，置床帐二角，名曰“镜好”，以厌之。至某时，撤罂去水。如此其灾可消。至日忘之。寻失铜镜，不知所在。后撤去水，乃见所失镜在于罂中。罂口数寸，镜大尺余。王公复令璞筮镜罂之意。璞云：“撤口造期，故致此妖。邪魅所为，无他故也。”使烧车辖而镜立出。

中兴初，郭璞每自为卦，知其凶终。尝行经建康栅塘，逢一趋步少年，甚寒，便牵住，脱丝布袍与之。其人辞不受，璞曰："但取，后自当知。"其人受而去。及当死，果此人行刑，旁人皆为求属，璞曰："我托之久矣。"此人为之嘘唏哽咽。行刑既毕，此人乃说。

南朝宋代宗室临川王刘义庆汇集一批文人编写的笔记小说《世说新语·卷二十·术解》载：晋明帝解占冢宅，闻郭璞为人葬，帝微服往看，因问主人："何以葬龙角？此法当灭族！"主人曰："郭云：此葬龙耳，不出三年，当致天子。"帝问："为是出天子邪？"答曰："非出天子，能致天子问耳。"

郭景纯过江，居于暨阳，墓去水不盈百步，时人以为近水。景纯曰："将当为陆。"今沙涨，去墓数十里皆为桑田。其诗曰："北阜烈烈，巨海混混；磊磊三坟，唯母与昆。"

王丞相令郭璞试作一卦。卦成，郭意色甚恶，云："公有震厄！"王问："有可消伏理不？"郭曰："命驾西出数里，得一柏树，截断如公长，置床上常寝处，灾可消矣。"王从其语，数日中，果震柏粉碎，子弟皆称庆。大将军云："君乃复委罪于树木。"

附：《尔雅》五卷，成书于秦或西汉，保存了在秦、汉时期所收集的周代史料，编著者不详。所谓《尔雅》，尔，接近，雅，正确之意。编纂者们主要目的是用当时较为通俗的语言来解释由于口语的发展、方言的不同或技术的专门化而产生的不为人们熟悉的词和名称。后由西晋训诂学家郭璞约于公元300年加以增补、扩充、评注并注释，成书为《尔雅注》。此书问世后，在长达七百年的时间里，《尔雅》中"生物学"名称一直处于一种权威性的静止状态中。

到了北宋初年，人们又开始对《尔雅》产生了巨大兴趣，于是，北宋邢昺（930—1010）在约公元1000年写过一篇关于《尔雅》的评注，编著了《尔雅注疏》，将五代之前的许多《本草》著作以及一般文献著作中的许多描述和新的引文都倾注到这部著作中。北宋陆佃（1042—1102）在1096年撰著了《埤雅》、1099年撰著了《尔雅新义》，这项研究活动直至南宋罗愿（1136—1184）于1174年刊行《尔雅翼》才算宣告一个阶段。有关《尔雅》诸书，均为注释、明解古今语言之意之书。

徐广（345—425），东晋学者，《晋纪》《答礼问》《车服仪注》撰著者。

字野民，东莞姑幕人也（今山东省莒县）……家世好学，至广尤精。百家数术，无不研览。家贫，未尝以产业为意，妻中山刘谧之女忿之（忿，忿怒；忿恨），数以相让，广终不改。如此十数年，家道日弊（弊，败落；贫困），遂与广离。后晋孝武帝以广博学，除为秘书郎，校书秘阁，增置职僚。

隆安中（399 年。隆安：东晋安帝司马德宗的年号，397—401 年），尚书令王珣举为祠部郎……

及会稽王世子元显录尚书，欲使百僚致敬，台内使广立议，由是内外并执下官礼，广常为愧恨。

义熙初（义熙：东晋安帝司马德宗的年号，405—418 年），宋武帝使撰《车服仪注》，仍除镇军咨议参军，领记室，封乐成县五等侯。转员外散骑常侍，领著作郎。二年（406 年），尚书奏广撰成晋史，六年（410 年），迁骁骑将军。时有风雹为灾，广献言武帝，多所劝勉。又转大司农，领著作郎，迁秘书监。

初，桓玄篡位，安帝出宫，广陪列悲恸，哀动左右。及武帝受禅，恭帝逊位（东晋恭帝司马德文，418—420 年在位。逊位，辞让；让位。《后汉书·献帝纪》："皇帝逊位，魏王丕称天子"），广又哀感，涕泗交流。谢晦见之，谓曰："徐公将无小过。"广收泪答曰："身与君不同，君佐命兴王，逢千载嘉运。身世荷晋德，眷恋故主。"因更歔欷（歔欷，音 xū xī。叹气；抽噎声。《楚辞·九章·悲回风》："曾歔欷之嗟嗟兮，独隐伏而思虑。"王逸注解："歔欷，啼貌"）。

永初元年（420 年。永初：南北朝宋武帝刘裕的年号，420—422 年），诏除中散大夫。广言坟墓在晋陵丹徙，又生长京口，息道玄忝宰此邑，乞随之官，归终桑梓。许之，赠赐甚厚。性好读书，年过八十，犹岁读《五经》一遍。元嘉二年卒（425 年）。

广所撰《晋纪》四十二卷，义熙十二年成（416 年），表上之。又有《答礼问》百余条，行于世。（唐代李延寿撰，《南史·卷三十三·列传第二十三·徐广》）

裴骃（372—451），南朝宋史学家、文学家，撰《史记集解》。

裴松之子骃，南中郎参军。松之所著文论及《晋》记，骃注司马迁《史记》，并行于世。”（李延寿撰，《南史·卷三十三·列传第二十三·裴松之、裴骃》；沈约撰，《宋书·卷六十四·列传第二十四·裴松之、裴骃》）

裴骃，字龙驹，裴松之之子，南朝宋河东闻喜人（即今山西省闻喜），官南中郎参军。家传史学，以注史著称于世。博采经传百家及先儒之说注司马迁《史记》，合为《集解》八十卷，与唐代司马贞之《索引》、张守节之《正义》合称《史记》三家注。

顾野王（519—581），南朝梁、陈之际文字训诂学家，撰《玉篇》《舆地志》《符瑞图》《通史要略》《国史纪传》等。

顾野王，字希冯，吴郡吴人也（今江苏省苏州市吴中区）。野王幼好学，七岁读《五经》，略知大旨。九岁能属文。尝制《日赋》，领军朱异见而奇之。十二，随父之建安，撰《建安地记》二篇。长而遍观经史，精记默识，天文地理，蓍龟占候，虫篆奇字，无所不通。为临贺王府记室。宣城王为扬州刺史，野王及琅邪王褒并为宾客，王甚爱其才。野王又善丹青，王于东府起斋，令野王画古贤，命王褒书赞，时人称为二绝。

及侯景之乱，野王丁父忧，归本郡，乃招募乡党，随义军援都。野王体素清羸，裁长六尺，又居丧过毁，殆不胜哀。及杖戈被甲，陈君臣之义，逆顺之理，抗辞作色，见者莫不壮之。城陷，逃归会稽。

陈天嘉中（天嘉：陈文帝陈蒨的年号，560—566年），敕补撰史学士。太建中（太建：陈宣帝陈顼的年号，569—582年），为太子率更令，寻领大著作，掌国史，知梁史事。后为黄门侍郎，光禄卿，知五礼事。卒，赠秘书监，右卫将军。

“野王少以笃学至性知名，在物无过辞失色。观其容貌，似不能言，其厉精力行，皆人所莫及。所撰《玉篇》三十卷，《舆地志》三十卷，《符瑞图》十卷，《顾氏谱传》十卷，《分野枢要》一卷，《续洞冥记》一卷，《玄象表》一卷，并行于时。又撰《通史要略》一百卷，《国史纪传》二百卷，未就而卒。有文集二十卷。”（唐代李延寿撰，《南史·卷六十九·列传第五十九·顾野王》）

……野王幼好学，七岁，读《五经》，略知大旨。九岁能属文。尝制《日赋》，领军朱异见而奇之。年十二，随父之建安（之，前往；去到。《孟子·滕文公上》："滕文公为世子，将之楚，过宋而见孟子。"《孟子·告子下》："先生将何之?"亦可理解为至、到)，撰《建安地记》二篇。长而遍观经史，精记嘿识（精记，记忆力极强；精明强记。《晋书·舆服志》："其辇，过江亦亡制度，太元中谢安率意造焉，及破苻坚于淮上，获京都旧辇，形制无差，大小如一，时人服其精记。"嘿，音 mò，同"默"。有成语：嘿然不言。《史记·刺客列传》："荆轲嘿而逃去。"又，沉默；无声。《灵枢·五乱》："故气乱于心，则烦心密嘿，俯首解伏。"嘿识，默默地记住)，天文地理，蓍龟占候，虫篆奇字，无所不通。梁大同四年（538 年。大同：梁武帝萧衍的年号，535—546 年），除太学博士。迁中领军临贺王府记室参军。宣城王为扬州刺史，野王及琅邪王褒并为宾客，王甚爱其才。野王又好丹青，善图写，王于东府起斋，乃令野王画古贤，命王褒书赞，时人称为二绝。

及侯景之乱，野王丁父忧，归本郡，乃招募乡党数百人，随义军援京邑。野王体素清羸，裁长六尺，又居丧过毁，殆不胜衣。及杖戈被甲，陈君臣之义，逆顺之理，抗辞作色，见者莫不壮之。京城陷，野王逃会稽，寻往东阳，与刘归义合军据城拒贼。侯景平，太尉王僧辩深嘉之，使监海盐县。

高祖作宰，为金威将军、安东临川王府记室参军，寻转府咨议参军。天嘉元年（560 年），敕补撰史学士，寻加招远将军。光大元年（567 年），除镇东鄱阳王谘议参军。太建二年（570 年），迁国子博士。后主在东宫，野王兼东宫管记，本官如故。六年（574 年），除太子率更令，寻领大著作，掌国史，知梁史事，兼东宫通事舍人。时宫僚有济阳江总，吴国陆琼，北地傅縡，吴兴姚察，并以才学显著，论者推重焉。迁黄门侍郎，光禄卿，知五礼事，余官并如故。十三年卒（581 年），时年六十三，诏赠秘书监。至德二年（584 年），又赠右卫将军。

"野王少以笃学至性知名，在物无过辞失色。观其容貌，似不能言，及其励精力行，皆人所莫及。第三弟充国早卒，野王抚养孤幼，恩义甚厚。其所撰著《玉篇》三十卷，《舆地志》三十卷，《符瑞图》十卷，《顾氏谱传》十卷，《分野枢要》一卷，《续洞冥纪》一卷，《玄象表》一卷，并行于世。又撰《通史要略》一百卷，《国史纪传》二百卷，未就而卒，有文集二十卷。"（唐代姚思廉撰，《陈书·卷三十·列传第二十四·顾野王》）

文字训诂学家顾野王，栖托艺文，蹈履清直，文质彬彬，亲践通贤之域，美矣乎！广泛搜罗群书并加以考证古今文字的形体和训诂，体例仿照《说文解字》，于543年（梁大同九年）著成解说颇为详细的字书《玉篇》三十卷。初仕梁，陈之时，官至掌管皇室膳食的官员光禄卿之职（南朝梁始置。北齐后改称光禄寺卿。唐一度改称司宰寺卿，不久恢复旧称，专事掌管酒醴膳羞之事。历代沿袭，清末始废）。

陆德明（约550—630），隋、唐时期经学家、训诂学家，撰《经典释文》《易疏》《老子疏》等。

陆德明，苏州吴人也（今江苏省苏州市吴中区）。初受学于周弘正，善言玄理。陈太建中（太建：陈宣帝陈顼的年号，569—582年），太子征四方名儒，讲于承光殿，德明年始弱冠，往参焉。国子祭酒徐克开讲（《新唐书》《旧唐书》有异。一言徐克，一言徐孝克），恃贵纵辩（恃，形声动词。《说文解字·忄部》："恃，赖也。"依赖，依靠。贵，本示钱物之间关系。《说文解字·贝部》："贵，物不贱也。"亦指社会地位高显上尊。《玉篇》"高也，尊也。"《广雅》："贵，尊也。贵贱以物喻，犹尊卑以器喻。"《周礼·太宰》："一曰爵以驭其贵。"《荀子·荣辱》："使有贵贱之等，长幼之差。"贵人，《吕氏春秋·重己》："世之人主贵人，无贤不肖，莫不欲长生久视，而日逆其生，欲之何益？"高诱注："贵人，谓公卿大夫也。"恃贵，恃贵而骄。《史记·五帝本纪》："舜居妫汭，内行弥谨。尧二女不敢以贵骄事舜亲戚，甚有妇道。"纵，动词。听任；任意；随心所欲；不受拘束。纵辩，依仗、凭借地位高等、显贵而高谈阔论、纵情激辩，不受约束），众莫敢当，德明独与抗对，合朝赏叹。解褐始兴王国左常侍（解褐，进入仕途。脱去平民所穿的衣服，穿上官员服装。《晋书·文苑传·曹毗传》："故五典克明于百揆，虞音齐响于五弦，安期解褐于秀林，渔父摆钩于长川"），迁国子助教。陈亡，归乡里。隋炀帝嗣位（嗣位，继承帝位。《书经·舜典序》："虞舜侧微，尧闻之聪明，将使嗣位"），以为秘书学士。大业中（大业：隋炀帝杨广的年号，605—618年），广召经明之士，四方至者甚众。遣德明与鲁达、孔褒俱会门下省，共相交难，无出其右者。授国子助教。王世充僭号（僭号，意同"僭越"，超越本分，下级冒用上级名分。旧时，专指僭用帝王的尊号。西晋文学家潘岳《为贾谧作赠陆机诗》："南吴伊何，僭号称王"），封其子为汉王，署德明为师，就其家，将行束脩之礼（束脩，亦作"束修"。脩，干肉。十条干肉为束脩。古代诸侯大夫相互馈赠的礼物。亦指学生初见老师致送的见面礼物。《论语·述而》："自行束脩以上，吾未尝无诲焉。"朱熹集注："古者相见，必执贽以为礼，束脩，其至薄者。"后因以指致送教员的酬金）。德明耻之，因服巴豆散，卧东壁下。王世充子入，跪床前，对之遗痢，竟不与语。遂移病于成皋，杜绝人事。

王世充平，太宗征为秦府文学馆学士，命中山王承乾从其受业。寻补太学博士。后高祖亲临释奠，时徐文远讲《孝经》，沙门惠乘讲《波若经》（沙门，佛教名词。原为古印度各教派出家修道者的通称，后来专指依照戒律出家修道的人），道士刘进喜讲《老子》，德明难此三人，各因宗指，随端立义，众皆为之屈。高祖善之，赐帛五十匹（《新唐书》："帝大喜曰：三人者诚辩，然德明一举辄蔽，可谓贤矣"）。贞观初，拜国子博士，封吴县男，寻卒。撰《经典释文》三十卷，《老子疏》十五卷，《易疏》二十卷，并行于世。太宗后尝阅德明《经典释文》，甚嘉之，赐其家束帛二百段。（后晋刘昫等撰，《旧唐书·卷一百八十九上·列传第一百三十九上·儒学上·陆德明》）

陆元朗，字德明，以字行，苏州吴人。善名理言，受学于周弘正。陈太建中，后主为太子，集名儒入讲承光殿，德明始冠，与下坐。国子祭酒徐孝克敷经，倚贵纵辩，众多下之，独德明申答，屡夺其说，举坐咨赏。解褐始兴国左常侍。陈亡，归乡闬（闬，音 hàn，名词。巷门；闾里的门户。《左传·襄公三十一年》："高其閈闳，厚其墙垣。" 乡闬，乡里）。

隋炀帝擢秘书学士。大业间，广召经明士，四方踵至。于是德明与鲁达、孔褒共会门下省相酬难，莫能诎（诎，音 qū，形声动词，亦作形容词。《广韵·讠部》："诎，辞塞也。"《说文通训定声》："诎，字从言，当与吃同意。"《史记·李斯列传》："轻财重士，辩于心而诎于口。" 亦作屈服、诎服、败退解。《广雅·释诂一》："诎，屈也。"《荀子·议兵》："然而敌国不待试而诎。" 此处当以后者所解）。迁国子助教。越王侗署为司业，入殿中授经。王世充僭号，封子玄恕为汉王，以德明为师，即其庐行束脩礼。德明耻之，服巴豆剂，僵偃东壁下。玄恕入拜床垂，德明对之遗利，不复开口，遂移病成皋。

世充平，秦王辟为文学馆学士，以经授中山王承乾，补太学博士。高祖已释奠，召博士徐文远、浮屠慧乘、道士刘进喜各讲经，德明随方立义，遍析其要。帝大喜曰："三人者诚辩，然德明一举辄蔽，可谓贤矣!" 赐帛五十匹，迁国子博士，封吴县男，卒。

论撰甚多，传于世。后太宗阅其书，嘉德明博辩，以布帛二百段赐其家。（北宋欧阳修、宋祁等撰，《新唐书·卷一百九十八·列传第一百二十三·儒学上·陆德明》）。

隋、唐时期著名经学家、训诂学家陆德明在隋炀帝时擢秘书学士，迁国子助教；入唐，任国子博士。撰《经典释文》三十卷，是研究中国文字、音韵、经籍版本等的重要参考书籍。

孔颖达（574—648），唐代盛世鸿儒、经学家，主编《五经正义》。

孔颖达，字冲远，冀州衡水人也（即今河北省衡水地区）。颖达八岁就学，日诵千余言。及长，尤明《左氏传》《郑氏尚书》《王氏易》《毛诗》《礼记》，兼善算历，解属文。同郡刘焯名重海内，颖达造其门，焯初不之礼，颖达请质疑滞，多出其意表，焯改容敬之。颖达固辞归，焯固留，不可。还家，以教授为务。隋大业初，举明经高第，授河内郡博士。时炀帝征诸郡儒官集于东都（东都，即洛阳。历代王朝在原京师以东的都城，称之为东都。隋唐时期，京都设在长安，而洛阳处于长安之东。《新唐书·高宗纪》："显庆二年十二月丁卯，以洛阳宫为东都"），令国子秘书学士与之论难，颖达为最。时颖达少年，而先辈宿儒耻为之屈，潜遣刺客图之，礼部尚书杨玄感舍之于家，由是获免，补太学助教。属隋乱，避地于武牢（武牢，虎牢关的简称，亦称汜水关。唐人为避唐高祖李渊之祖父李虎的讳，改"虎"为"武"，即今河南省荥阳汜水镇。名称之来源于周穆王所得猛虎一只，豢养于此而得名）。太宗平王世充，引为秦府文学馆学士。武德九年（626年），擢授国子博士。贞观初（627年），封曲阜县男，转给事中。

时太宗初即位，留心庶政，颖达数进忠言，益见亲待。太宗尝问曰："《论语》云：以能问于不能，以多问于寡，有若无，实若虚。何谓也?"颖达对曰：圣人设教，欲人谦光。己虽有能，不自矜大（矜，音jīn。不自以为尊大。谦虚之意），仍就不能之人求访能事。己之才艺虽多，犹以为少，仍就寡少之人更求所益。己之虽有，其状若无。己之虽实，其容若虚。非唯匹庶，帝王之德，亦当如此。夫帝王内蕴神明，外须玄默（玄默，深沉静默；沉静不语。《老子》："玄之又玄，众妙之门。"《淮南子·主术训》："天道玄默，无容无则。"另有清静无为之解），使深不可测，度不可知。《易》称"以蒙养正，以明夷莅众"，若其位居尊极，炫耀聪明，以才凌人，饰非拒谏，则上下情隔，君臣道乖，自古灭亡，莫不由此也。太宗深善其对。

六年（632年），累除国子司业。岁余，迁太子右庶子，仍兼国子司业。与诸儒议历及明堂，皆从颖达之说。又与魏徵撰成《隋史》，加位散骑常侍。十一年（637年），又与朝贤修定《五礼》，所有疑滞（疑滞，不明白，不分明，难于确定，无法解决；遗落的疑难之处。《后汉书·儒林传下·谢该列传》："河东人乐详条《左氏》疑滞数十事以问，该皆为通解之。"《魏书·李琰之传》："安丰王延明，博闻多识，每有疑滞，恒就琰之辨析，自以为不及也"），咸咨决之。书成，进爵为子，赐物三百段。庶人承乾令撰《孝经义疏》，颖达因文见意，更广规讽之道（规讽，犹"规谏"。以忠正之言相劝诫。《墨子·尚同上》："上有过则规谏之，下有善则傍荐之。"《诗经·卫风·淇奥序》："美武公之德也，有文章，又能听其规谏，以礼自防。"孔颖达疏解："正圆以规使依度，犹正君以礼使入德，故谓之规谏。"不直指其事而用委婉曲折的言语暗示、劝告、进谏。《史记·滑稽列传》："优孟，故楚之乐人也。长八尺，多辩，常以谈笑讽谏"），学者称之。太宗以颖达在东宫数有匡谏（匡谏，匡正谏诤，又如"规谏""进谏"之意。直言规劝，以使改正错误。通常用于下级对上级的劝解。《周礼·地官·保氏》："保氏掌谏王恶，而养国子以道。"南朝梁刘勰撰《文心雕龙·明诗》："汉初四言，韦孟首唱，匡谏之义，继轨周人"），与左庶子于志宁各赐黄金一斤、绢百匹。十二年（638年），拜国子祭酒，仍侍讲东宫。十四年（640年），太宗幸国学观释奠（释奠，古时学校的一种典礼，陈设酒食用以祭奠先圣先师。《礼记·文王世子》："凡学，春官释奠于其先师，秋冬亦如之；凡始立学者，必释奠于先圣先师。"郑玄注解："释奠者，设荐馔酌奠而已"），命颖达讲《孝经》，既毕，颖达上《释奠颂》，手诏褒美（褒美，褒奖；赞美；表扬；称赞；嘉奖。《汉书·王成传》："宣帝最先褒之。"唐代韩愈《朱文公校昌黎先生集》："非敢褒其可褒，而贬其可贬也。"《风俗通·正失》："世俗褒扬，言其德比成王，治几太平也"）。后承乾不循法度，颖达每犯颜进谏。承乾乳母遂安夫人谓曰："太子成长，何宜屡致面折（面折，当面斥责他人的不是或曰错误。或曰批评人不讲情面。《史记·汲郑列传》："黯为人性倨，少礼，面折，不能容人之过。"《史记·酷吏传·郅都传》："孝景时，都为中郎将，敢直谏，面折大臣于朝"）？"颖达对曰："蒙国厚恩，死无所恨。"谏诤逾切，承乾不能纳。

先是，与颜师古、司马才章、王恭、王琰等诸儒受诏撰定《五经》义训，凡一百八十卷，名曰《五经正义》。太宗下诏曰："卿等博综古今，义理该洽，考前儒之异说，符圣人之幽旨，实为不朽。"付国子监施行，赐颖达物三百段。时又有太学博士马嘉运驳颖达所撰《正义》，诏更令详定，功竟未就。十七年（643年），以年老致仕。十八年（644年），图形于凌烟阁，赞曰：

“道光列第，风传阙里。精义霞开，掞辞飙起（掞，音yàn。发舒辞藻；施展文才，炫丽飘扬）。”二十二年（648年）卒，陪葬昭陵，赠太常卿，谥曰宪。

史臣曰：唐德勃兴，英儒间出，佐命协力，实有其人。孔颖达风格高爽，幼而有闻，探赜明敏，辨析应对，天有通才。人道恶盈，必有毁讦，及《正义》炳焕，乃异人也，虽其掎摭，亦何损于明。（后晋刘昫等撰，《旧唐书·卷七十三·列传第二十三·孔颖达》）

孔颖达，字仲达，冀州衡水人。八岁就学，诵记日千余言，暗记《三礼义宗》。及长，明服氏《春秋传》、郑氏《尚书》《诗》《礼记》、王氏《易》，善属文，通步历。尝造同郡刘焯，焯名重海内，初不之礼，及请质所疑，遂大畏服。

隋大业初，举明经高第，授河内郡博士。炀帝召天下儒官集东都，诏国子秘书学士与论议，颖达为冠，又年最少，老师、宿儒耻出其下，阴遣客刺之，匿杨玄感家得免。补太学助教。隋乱，避地虎牢。

太宗平洛，授文学馆学士，迁国子博士。贞观初，封曲阜县男，转给事中。时帝新即位，颖达数以忠言进。帝问：“孔子称以能问于不能，以多问于寡，有若无，实若虚。何谓也?”对曰：“此圣人教人谦耳。己虽能，仍就不能之人以咨所未能；己虽多，仍就寡少之人更资其多。内有道，外若无；中虽实，容若虚。非特匹夫，君德亦然。故《易》称蒙以养正，明夷以莅众。若其据尊极之位，衒聪耀明，恃才以肆，则上下不通，君臣道乖。自古灭亡，莫不由此。”帝称善。除国子司业，岁余，以太子右庶子兼司业。与诸儒议历及明堂事，多从其说。以论撰劳，加散骑常侍，爵为子。

皇太子令颖达撰《孝经章句》，因文以尽箴讽。帝知数争太子失，赐黄金一斤、绢百匹。久之，拜祭酒，侍讲东宫。帝幸太学观释菜，命颖达讲经，毕，上《释奠颂》，有诏褒美。后太子稍不法，颖达争不已，乳妇人曰：“太子既长，不宜数面折之。”对曰：“蒙国厚恩，虽死不恨。”剀切愈至。后致仕，卒，陪葬昭陵，赠太常卿，谥曰宪。

初，颖达与颜师古、司马才章、王恭、王琰受诏撰《五经》义训凡百余篇，号《义赞》，诏改为《正义》云，虽包贯异家为详博，然其中不能无缪冗

（冗，音 rǒng，形容词。繁杂；多余。缪冗，错谬繁杂无用的内容。西晋文学家陆机《文赋》："要辞达而理举，故无取乎冗长"），博士马嘉运驳正其失，至相讥诋。有诏更令裁定，功未就。永徽二年（651 年），诏中书门下与国子三馆博士、弘文馆学士考正之，于是尚书左仆射于志宁、右仆射张行成、侍中高季辅就加增损，书始布下。（北宋欧阳修、宋祁等撰，《新唐书·卷一百九十八·列传第一百二十三·儒学上·孔颖达》）

唐代盛世鸿儒、经学家孔颖达生于世代书香的仕宦之家，隋末，举明经。入唐，累官国子司业迁祭酒，受唐太宗饬命主编《五经正义》，融合南北经学家见解，极力主张贵贱尊卑的区别，唐代用其书作为科举考试取士的标准（即今注疏本也）。

颜师古（581—645），唐初儒家学者、经学家、历史学家、语言文字学家。著有《汉书注》《急就章》《匡谬正俗》《封禅仪注书》等。

颜籀，字师古，雍州万年人，齐黄门侍郎之推孙也。其先本居琅邪，世仕江左，及之推历事周、齐，齐灭，始居关中。父思鲁，以学艺称，武德初（武德，唐高祖李渊的年号）为秦王府记室参军。师古少传家业，博览群书，尤精诂训，善属文。隋仁寿中（隋文帝杨坚的第二个年号），为尚书左丞李纲所荐，授安养尉。尚书左仆射杨素见师古年弱貌羸，因谓曰："安养剧县，何以克当？"师古曰："割鸡焉用牛刀。"素奇其对。到官果以干理闻。时薛道衡为襄州总管，与高祖有旧，又悦其才，有所缀文，尝使其掎摭利病（掎摭，音 jǐ zhí。指摘；摘取；品评善恶、好坏、利弊。曹植《与杨德祖书》："刘季绪才不能逮于作者，而好诋诃文章，掎摭利病"），甚亲昵之。寻坐事免归长安，十年不得调，家贫，以教授为业。

及起义，师古至长春宫谒见，授朝散大夫。从平京城，拜敦煌公府文学，转起居舍人，再迁中书舍人，专掌机密。于时军国多务，凡有制诰，皆成其手。师古达于政理，册奏之功，时无及者。太宗践祚（践祚，亦作"践阼"。帝王即位，一般指帝王承继帝业而言。践，履行也。古代庙、寝堂前两阶，主阶在东称阼阶。阼阶上为主位，因称即位行事为"践祚"。《史记·鲁周公世家》："周公乃践祚，代成王摄行政，当国"），擢拜中书侍郎，封琅邪县男。以母忧去职。服阕，复为中书侍郎。岁余，坐事免。

太宗以经籍去圣久远，文字讹谬，令师古于秘书省考定《五经》，师古多所厘正（厘正，考正；订正。孔颖达《毛诗正义序》："先君宣父，厘正遗文，缉其精华，褫其烦重"），既成，奏之。太宗复遣诸儒重加详议，于时诸儒传习已久，皆共非之。师古辄引晋、宋已来古今本（已，同"以"。《汉书·文帝纪》："年八十以上，赐米人月一石，肉二十斤"），随言晓答，援据详明，皆出其意表，诸儒莫不叹服。于是兼通直郎、散骑常侍，颁其所定之书于天下，令学者习焉。

贞观七年（633 年），拜秘书少监，专典刊正，所有奇书难字，众所共惑者，随疑剖析，曲尽其源。是时多引后进之士为雠校，师古抑素流，先贵势，虽富商大贾亦引进之，物论称其纳贿，由是出为郴州刺史。未行，太宗惜其才，谓之曰：卿之学识，良有可称，但事亲居官，未为清论所许。今之此授，卿自取之。朕以卿曩日任使（曩，音 nǎng。以往；从前。曩日，往日。《列子·黄帝》："曩吾以汝为达，今汝之鄙至此乎"），不忍遐弃，宜深自诫励也。于是复以为秘书少监。师古既负其才，又早见驱策，累被任用，及频有罪谴，意甚丧沮。自是阖门守静，杜绝宾客，放志园亭，葛巾野服，然搜求古迹及古器，耽好不已。俄又奉诏与博士等撰定《五礼》，十一年（637 年），《礼》成，进爵为子。时承乾在东宫，命师古注班固《汉书》，解释详明，深为学者所重。承乾表上之，太宗令编之秘阁，赐师古物二百段、良马一匹。

十五年（641 年），太宗下诏，将有事于泰山，所司与公卿并诸儒博士详定仪注。太常卿韦挺、礼部侍郎令狐德棻为封禅使，参考其仪，时论者竞起异端。师古奏曰："臣撰定《封禅仪注书》在十一年春，于时诸儒参详，以为适中。"于是诏公卿定其可否，多从师古之说，然而事竟不行。师古俄迁秘书监、弘文馆学士。十九年（645 年），从驾东巡，道病卒，年六十五，谥曰戴。有集六十卷，其所注《汉书》及《急就章》大行于世。永徽三年（652 年），师古子扬庭为符玺郎，又表上师古所撰《匡谬正俗》八卷。高宗下诏付秘书阁，仍赐扬庭帛五十匹。

史臣曰：唐德勃兴，英儒间出，佐命协力，实有其人。师古家籍儒风，该博经义，至于详注史策，探测典礼，清明在躬，天有才格。然而三黜之负，竟在时讥，孔子曰"才难"，不其然乎。（后晋刘昫等撰，《旧唐书·卷七十三·列

传第二十三·颜师古》)

颜师古字籀，其先琅邪临沂人。祖之推，自高齐入周，终隋黄门郎，遂居关中，为京兆万年人（今陕西省西安）。父思鲁，以儒学显。武德初，为秦王府记室参军事。

师古少博览，精诂训学，善属文。仁寿中，李纲荐之，授安养尉。尚书左仆射杨素见其年弱，谓曰："安养，剧县，子何以治之？"师古曰："割鸡未用牛刀。"素惊其言大，后果以干治闻。时薛道衡为襄州总管，与之推旧，佳其才，每作文章，令指摘疵短。俄失职，归长安，不得调，窶甚（窶，同"寠"，音jù。贫寒。《诗经·邶风·北门》："终寠且贫，莫知我艰。"《毛》传："寠，无礼也；贫者困于财"），资教授为生。

高祖入关，谒见长春宫，授朝散大夫，拜敦煌公府文学，累迁中书舍人，专典机密。师古性敏给，明练治体。方军国务多，诏令一出其手，册奏之工，当时未有及者。太宗即位，拜中书侍郎，封琅邪县男，以母丧解。服除，还官。岁余，坐公事免。

帝尝叹《五经》去圣远，传习寖讹（语源出自《论语·学而》："吾日三省吾身，为人谋而不忠乎？与朋友交而不信乎？传不习乎？"意指传授与学习。寖讹，音qìn é。逐渐错误），诏师古于秘书省考定，多所厘正。既成，悉诏诸儒议，于是各执所习，共非诘师古。师古辄引晋、宋旧文，随方晓答，谊据该明，出其悟表，人人叹服。寻加通直郎、散骑常侍。帝因颁所定书于天下，学者赖之。

俄拜秘书少监，专刊正事，古篇奇字世所惑者，讨析申孰，必畅本源。然多引后生与雠校，抑素流，先贵势，虽商贾富室子，亦窜选中，由是素议薄之，斥为郴州刺史。未行，帝惜其才，让曰：卿之学，信可称者，而事亲居官，朕无闻焉。今日之行，自谁取之？念卿囊经任使，朕不忍弃，后宜自戒。师古谢罪，复留为故官。

师古性简峭，视辈行傲然，罕所推接。既负其才，早见驱策，意望甚高。及是频被谴，仕益不进，罔然丧沮，乃阖门谢宾客，巾褐裙帔，放情萧散，为林墟之适。多藏古图画、器物、书帖，亦性所笃爱。与撰《五礼》成，进爵为子。又为太子承乾注班固《汉书》上之，赐物二百段、良马一，时人谓杜征南、颜秘书为左丘明、班孟坚忠臣。

帝将有事泰山，诏公卿博士杂定其仪，而论者争为异端，师古奏：“臣撰定《封禅仪注书》在十一年，于时诸儒谓为适中。”于是以付有司，多从其说。迁秘书监、弘文馆学士。十九年，从征辽，道病卒，年六十五，谥曰戴。

其所注《汉书》《急就章》大显于时。永徽三年，子扬廷为符玺郎，表上师古所撰《匡谬正俗》八篇。

初，思鲁与妻不相宜，师古苦谏，父不听，情有所隔，故帝及之。（北宋欧阳修、宋祁等撰，《新唐书·卷一百九十八·列传第一百二十三·儒学上·颜师古》）。

儒学大家颜师古遵循祖训，少即博览群书，学问通博，精于文字训诂学、声韵、校勘之学，高祖入关，授朝散大夫，迁中书舍人。太宗即位，拜中书侍郎，迁秘书监，后因事免官居长安十年不得任用，家贫，以教授为业。是研究《汉书》的专家，所著有《汉书注》，大显于时，《新唐书》亦有传（《旧唐书》说颜师古，姓颜名籀，字师古；而《新唐书》则说颜师古，姓颜名师古，字籀。一般以《新唐书》说为准）。

李善（约630—689），唐代知名学者、训诂学家，著《文选注》。

李善者，扬州江都人（今江苏省扬州市江都区），方雅清劲，有士君子之风。明庆中（即为显庆，唐高宗李治的年号），累补太子内率府录事参军、崇贤馆直学士，兼沛王侍读。尝注解《文选》，分为六十卷，表上之，赐绢一百二十匹，诏藏于秘阁。除潞王府记室参军，转秘书郎。乾封中（乾封，唐高宗李治的年号），出为泾城令（泾城，今安徽省泾县）。坐与贺兰敏之周密，配流姚州（配流，将罪犯发配流放到偏远地方。苏轼《徐州上皇帝书》：“盗贼凶人，情重法轻者，守臣辄配流之。”据此，应是发配流放到云南省的姚州。姚州，有两说：一说是江南西道的姚州，辖境相当于今浙江省余姚市一带；另一说是剑南道的姚州，辖境相当于今云南省的姚安、大姚、永仁等县地）。后遇赦得还，以教授为业，诸生多自远方而至，又撰《汉书辨惑》三十卷，载初元年卒（689年。载初，唐代武则天的年号。载初年号仅此一年，第二年武则天便改国号为周，年号也改为天授元年）。（后晋刘昫等撰，《旧唐书·卷一百八十九上·列传第一百三十九上·儒学上·李善》）。

唐代知名学者、训诂学家李善学识渊博，然不善治文，不能属辞，故人称为“书麓”。于高宗显庆中为崇贤馆直学士，转秘书郎，乾封中出为泾城令，坐事配流姚州；后遇赦得还，寓居汴、郑之间，以教授《文选》为业。尝注解《文选》，传其业，号《文选》学，留有《文选注》六十卷。

尹知章（约668—718），唐代官员、学者、经学家，注有《孝经》《老子》《庄子》《韩子》《管子》《鬼谷子》等。

尹知章，绛州翼城人（今山西省翼城）。少勤学，尝梦神人以大凿开其心，以药内之（内，音nà，同“纳”。纳入。《荀子·富国》：“婚姻娉内，送逆无礼。”杨倞注解：“内，读曰纳，纳币也”），自是日益开朗，尽通诸经精义，未几而诸师友北面受业焉。长安中（长安：周武则天的年号，701—704年），驸马都尉武攸暨重其经学，奏授其府定王文学。神龙初（神龙，唐中宗李显的年号），转太常博士。中宗初即位（705年），建立宗庙，议者欲以凉武昭王为始祖，以备七代之数。知章以为武昭远世，非王业所因，特奏议以为不可。当时竟从知章之议。俄拜陆浑令，以公玷弃官（玷，音diàn。过失。公玷，行政失误）。时散骑常侍解琬亦罢职归田园，与知章共居汝、洛间，以修学为事。

睿宗初即位（710年），中书令张说荐知章有古人之风，足以坐镇雅俗，拜礼部员外郎。俄转国子博士。后秘书监马怀素奏引知章就秘书省与学者刊定经史。知章虽居吏职，归家则讲授不辍，尤明《易》及庄、老玄言之学，远近咸来受业。其有贫匮者，知章尽其家财以衣食之。性和厚，喜愠不形于色（愠，音yùn，形声动词。《说文解字·忄部》：“愠，怒也。”《仓颉》篇：“愠，恨也。”怨恨；愤怒。《论语》：“人不知而不愠，不亦君子乎。”高兴、愤怒不露于外），未尝言及家人产业。其子尝请并市樵米，以备岁时之费，知章曰：“如汝所言，则下人何以取资？吾幸食禄，不宜夺其利也。”竟不从。开元六年卒（718年），时年五十有余，所注《孝经》《老子》《庄子》《韩子》《管子》《鬼谷子》，颇行于时。门人孙季良等立碑于东都国子监之门外（孙季良，历仕左拾遗、集贤院直学士），以颂其德。（后晋刘昫撰，《旧唐书·卷一百八十九下·列传第一百三十九下·儒学下·尹知章》）

尹知章，绛州翼城人。少虽学，未甚通解，忽梦人持巨凿破其心，内若剂焉，惊语，志思开澈（澈，音chè，形容词。《玉篇》：“澈，水澄也。”水清；澄清），遂遍明《六经》。诸生尝讲授者，更北面受大义。

长安中，擢定王府文学。迁太常博士。中宗时，或建言以凉武昭王为七庙始祖，知章议："武昭远世，非王业所因。"乃止。出为陆浑令，坐事，辄弃官去。时散骑常侍解琬亦罢归，与知章潭思经术（潭思，亦作"覃思"。深思，《汉书·叙传下》："下帷覃思，论道属书。"邢昺撰《尔雅注疏序》："虽复研精覃思，尚虑学浅意疏"），举欣欣然。张说表诸朝，擢礼部员外郎，转国子博士。马怀素绪定秘书，奏知章是正文字。

每休沐，讲授未始辍（辍，音 chuò。中止；停止。《论语·微子》："耰而不辍。"郑玄注解："耰，覆种也。"《孟子·告子上》："播种而耰之。"耰，音 yōu。农民种田播种后用耰平土，掩盖种子）。于《易》《老》《庄》书尤县解。弟子贫者，赒给之（赒，音 zhōu。周济；救济。《周礼·地官·大司徒》："五党为州，使之相赒"）。性和厚，人不见有喜愠（喜怒不形于色。愠，音 yùn。含怒；怨恨；愤恨。《诗经·邶风·柏舟》："忧心悄悄，愠于群小。"《论语·学而》："人不知而不愠，不亦君子乎"）。未尝问产业，其子欲广市樵米为岁中计，知章曰："如而计，则贫人何以取资？且吾尚应夺民利邪？"卒官。所注传颇多行于时，门人孙季良等颂其德，刻著东都国子监门外。

季良，偃师人，一名翌，仕历左拾遗、集贤院直学士。（北宋欧阳修、宋祁等撰，《新唐书·卷一百九十九·列传第一百二十四·儒学中·尹知章》）

尹知章在武后时期擢定王府文学，迁太常博士。中宗时，出为陆浑令，坐事弃官而去。潜心经术，后由张说举荐，擢礼部员外郎，转国子博士。

司马贞（生卒年不详），唐代官员、经学家、著名的史学家，著《史记索隐》《补三皇纪》（《新唐书》《旧唐书无传》）。

司马贞，字子正。唐河内人（今河南省沁阳），自号小司马以别其他司马氏。唐玄宗李隆基开元中官朝散大夫，弘文馆学士，主管编纂、撰述、起草诏书等事务。

鉴于西汉史学家司马迁所著《史记》旧注音义久远散失，遂采摭南朝宋代徐广《史记音义》、裴骃《史记集解》，齐邹诞生《史记集注》、唐代刘伯庄《史记音义》《史记地名》等多家的注文，参考历代名家，诸如东汉著名经学家贾逵，三国吴文学家、史学家、经学家韦昭，三国蜀儒学大师、著名史学家、学者谯周，西晋著名政治家、学者杜预等人的论著，撰成对后世影响颇大的史学名著《史记索隐》三十卷。该书音义并重，注文翔实可靠，具有极高的史学研究价值。宋时，将其与南朝宋代裴骃的《史记集解》、唐代张守节的《史记正义》，并称"《史记》三家注"，并被后世史学家赞誉其价值要在他二人之上。又撰《补三皇纪》三十卷。

杨倞（生卒年无考，当与元稹、白居易同时代），唐代官员、学者，著《荀子注》（《新唐书》《旧唐书无传》）。

杨倞与元稹、白居易当为同时代人，虢州弘农人（即今河南省灵宝市南）。曾任东川节度使、刑部尚书。宪宗元和十三年官大理评事（818年。大理评事，官职名。本秦、汉之廷尉，汉代始置廷尉平，与廷尉正、廷尉监同掌决断疑狱。北齐后改称大理寺卿。南北朝改"平"为"评"，隋以后改称评事），穆宗长庆三年为大理司直（823年。大理司直，汉代始置司直，掌佐丞相举不法。后魏至唐沿置，属廷尉或大理寺，掌出使推按。唐代亦于太子官署中设置，相当于朝廷的侍御史），刑部奏请其详定敕格。武宗会昌中（会昌：841—846年），为汾州刺史（汾州，北魏太和十二年始置。唐代治所辖境在今山西省汾阳、介休、平遥、孝义、灵石等县地。刺史，掌握一州军、政大权的长官）。作《荀子注》一书，是流传至今的最早注本。

张铣（生卒年不详），唐代处士，注《文选》（《新唐书》《旧唐书无传》）。

玄宗时处士。与吕延济、刘良、吕向、李周翰等五人共注《文选》。开元六年（718年），奏进，世称《五臣注文选》，后世并合李善注为《六臣注文选》。

玄应（生卒年不详），唐代僧人，著有《一切经音义》，又名《玄应音义》。

玄应，本长安大总持寺沙门。太宗贞观末，从玄奘居弘福寺译经，后又从玄奘居大慈恩寺为译经法师。高宗永徽末著《一切经音义》，又名《玄应音义》（《大唐内典录·卷五》《开元释教录·卷八》）。

慧琳（生卒年不详）唐代僧人，撰《大藏音义》，即《一切经音义》，亦称《慧琳音义》。

慧琳，疏勒国人（西域古国，相当于今新疆喀什葛尔），俗姓裴。住京师西明寺。始事不空三藏。通内、外学，尤其精训诂之学，引用各类字书，参合佛意，详察是非，撰《大藏音义》百卷，即《一切经音义》，亦称《慧琳音义》（《宋高僧传·卷五》）。

附：《一切经音义》有两个版本，一是玄应所作，二十五卷；二是慧琳所作，一百卷。二人都是唐代僧人。解释佛经音义，详注反切，其书所引，如郑玄的《尚书注》《论语注》，贾逵、服虔的《春秋传注》，李巡、孙炎的《尔雅注》等，都是失传的古籍。

《慧琳音义》亦称《大藏音义》，一百卷。博引古代韵书、字书，以释佛经的音义；凡韵书、字书所不备，更广引经传为证；并录玄应、慧苑各家音义，编纂成书。

另有一位注《孝经》《庄子·逍遥游》的慧琳，则是南朝宋僧人。秦郡秦县人，俗姓刘。少小出家，住冶城寺。有才章，兼通内外之学，为庐陵王刘义真所知，尝著《均善论》。旧僧斥其贬黜释氏。

徐铉（916—991），五代宋初官员、文学家、书法家、文字学家。著有《赋苑》《质疑论》《稽神录》《方舆记》《古今国典》《岁时广记》等。

徐铉，字鼎臣，开宝末（975 年），王师围金陵。后主命朱令赟尽括江南土客义师一十五万（朱令赟，宋代马令、陆游所撰《南唐书》均有其传），作巨筏，沿江而下，以援金陵。未至而围益急，后主选近臣入朝，且求缓师。铉请行，后主曰：卿之行也，当止上江救兵，勿令东下。”铉曰：“今社稷所赖，惟此救兵，何可辄止？”后主曰：“既以和解为名，而复征兵入援，自成矛盾，于汝岂不危乎？铉曰：臣此行未必能纾国难（纾，音 shū，形声动词。《说文解字·糸部》：“纾，缓也。”解除；排除；缓解；延缓；纾缓。《左传·文公十六年》：“子，身之贰也，姑纾死焉。”《左传·襄公八年》：“谋之多族，民之多违，事滋无成，民急矣，故从楚，以纾吾民。”《左传·成公十六年》：“我伪逃楚，可以纾忧”），但置之度外尔。后主泣下，授铉左仆射、参知左右内史事，铉固辞，乃以隐士周惟简假给事中为铉副（假，动词。《说文解字·人部》：“假，非真也。”《广雅》：“假，借也。”假借；给予；授予；伪托）。铉等至京师，对于便殿。铉恳述江南事大之礼甚恭（事大，小国侍奉大国。《周礼·夏官·司马》：“比小事大，以和邦国。”郑玄注解：“比犹亲。使大国亲小国，小国事大国，相合和也。”徐铉诚恳地叙述南唐后主侍奉大宋朝的礼节极其恭敬，从不敢怠慢），且无王祭不共之罪，徒以被病，未任朝谒，非敢拒诏，乞缓兵，以全一邦之命，其言甚切。太祖皇帝与语，反复数四。铉辞气愈壮，曰：“李煜无罪，陛下出师无名。”太祖大怒，请毕其说（毕，动词。结束。沈括《梦溪笔谈·活板》：“此印者才毕，则第二板已具”），铉曰：“煜效贡赋二十余年，以小事大，如子事父，未有过失，奈何见伐？”太祖曰：“尔谓父子者，为两家可乎？”铉等无以对而退。后仕皇朝，与汤悦同奉敕撰《江南录》，至于李氏亡国之际，不言其君之过，但以历数存亡论之，君子有取焉。（北宋马令撰，《南唐书·卷二十三·归明传下·徐铉》

徐铉，字鼎臣，扬州广陵人（今江苏省扬州）。十岁能属文（属，音 zhǔ。属文，连缀字句而成文，撰著文辞篇章。《汉书·贾谊传》：“贾谊，洛阳人也，年十八，以能诵诗书属文闻于郡中”），不妄游处，与韩熙载齐名（韩熙载，902—970，五代南唐博学善为文的名士、官僚。曾任户部侍郎、兵部尚书、中书舍人、勤政殿学士承旨），江东谓之“韩、徐”。仕吴为校书郎，又仕南唐代李昪父子，试知制诰，与宰相宋齐丘不协（不协，不合；不友好；不和谐；不协调。《太玄·玄数》：“声律相协而八音生。”任昉《王文宪集序》：“初，宋明帝居蕃，与公母武康公主素不协”）。时有得军中书檄者，铉及弟锴评其援引不当。檄乃汤悦所作，悦与齐丘诬铉、锴泄机事，铉坐贬泰州司户掾，锴贬为乌江尉，俄复旧官。

时景命内臣车延规、傅宏营屯田于常、楚州，处事苛细，人不堪命，致盗贼群起。命铉乘传巡抚。铉至楚州，奏罢屯田，延规等惧，逃罪，铉捕之急，权近侧目。及捕得贼首，即斩之不俟报，坐专杀流舒州。周世宗南征（五代后周世宗柴荣，954—959 年在位），景徙铉饶州，俄召为太子右谕德，复知制诰，迁中书舍人。景死，事其子煜为礼部侍郎，通署中书省事，历尚书左丞、兵部侍郎、翰林学士、御史大夫、吏部尚书。

宋师围金陵，煜遣铉求缓兵。时煜将朱令赟将兵十余万自上江来援，煜以铉既行，欲止令赟勿令东下。铉曰：“此行未保必能济难，江南所恃者援兵尔，奈何止之！”煜曰：“方求和解而复决战，岂利于汝乎？”铉曰：“要以社稷为计，岂顾一介之使，置之度外可也。”煜泣而遣之。及至，虽不能缓兵，而入见辞归，礼遇皆与常时同。及随煜入觐，太祖责之，声甚厉。铉对曰："臣为江南大臣，国亡罪当死，不当问其他。"太祖叹曰："忠臣也！事我当如李氏。"命为太子率更令（率更令，自秦时始设置的一种官员名称。秦汉之时，执掌知漏刻，也就是负责监报时辰的官员，故云率更。后亦主宫殿门户及赏罚之事）。

太平兴国初（976年），李昉独直翰林（直，通"值"，动词。当值；轮值。《晋书·羊祜传》："悉统宿卫，入直殿中"），铉直学士院。从征太原，军中书诏填委，铉援笔无滞，辞理精当，时论能之。师还，加给事中。八年（983年），出为右散骑常侍，迁左常侍。淳化二年（991年），庐州女僧道安诬铉奸私事，道安坐不实抵罪，铉亦贬"静难"行军司马。

初，铉至京师，见被毛褐者辄哂之（被，音pī，通"披"。动词。搭衣于肩背之上。《楚辞·国殇》："操吴戈兮被犀甲，车错毂兮短兵接。"《左传·襄公十四年》："昔秦人迫逐乃祖吾离于瓜州，乃祖吾离被苫盖、蒙荆棘，以来归我先君。"孔颖达疏解："言无布帛可衣，唯衣草也。"哂，音shěn，动词。讥笑；嘲笑。《晋书·蔡谟传》："我若为司徒，将为后代所哂，义不敢拜也"），邠州苦寒（邠，音bīn。邠州，725年，唐开元十三年，改豳州为邠州。治所在今彬县，辖境相当今陕西省彬县、长武、旬邑、永寿四县地），终不御毛褐，致冷疾。一日晨起方冠带，遽索笔手疏（遽，音jù，副词。马上，立刻，紧急，骤然索要。《左传·僖公三十三年》："遂发命，遽兴姜戎。"亦可作形容词。惊慌，急忙，匆忙。《礼记·儒行》："遽数之不能终其物，悉数之乃留，更仆未可终也。"《国语·晋语》："公惧，遽见之。"《左传·僖公二十四年》："仆人以告，公遽见之"），约束后事，又别署曰："道者，天地之母。"书讫而卒，年七十六。铉无子，门人郑文宝护其丧至汴，胡仲容归其葬于南昌之西山。

铉性简淡寡欲，质直无矫饰，不喜释氏而好神怪，有以此献者，所求必如其请。铉精小学，好李斯小篆，臻其妙，隶书亦工。尝受诏与句中正、葛湍、王惟恭等同校《说文》，《序》曰：

许慎《说文》十四篇，并《序目》一篇，凡万六百余字，圣人之旨盖云备矣。夫八卦既画，万象既分，则文字为之大辂（辂，音lù，名词。《说文解字·车部》："辂，车軨前横木也。"本为绑在车辕上以备人牵挽的横木。人力牵挽车的施辂，与驾牛马者不同。《汉书·娄敬传》："娄敬脱挽辂，衣其羊裘，见齐人虞将军。"颜师古注引苏林曰："辂者一木横遮车前，二人挽之，一人推之。"这文字就犹如巨大的被人们牵挽推动的辂木。大辂，有成语：椎轮大辂。语出南朝梁萧统《文选·序》："若夫椎轮为大辂之始，大辂宁有椎轮之质。"此后，人们将其比喻事物由粗至精，由简入繁，逐步完善这一过程），载籍为之六辔（辔，音pèi。驾驭牲口的缰绳。《诗经·郑风·大叔于田》："执辔如组，两骖如舞。"六辔，古时，一车四马，马各二辔，其两边骖马之内辔系于轼前，谓之軜，驾驭者只须执挽六辔即可。《诗经·秦风·小戎》："四马孔阜，六辔在手。"孔颖达疏解："四马八辔，而经传皆言六辔，明有二辔当系之。马之有辔者，所以制马之左右，令之随逐人意。骖马欲入，则逼于胁驱，内辔不须牵挽，故知纳者，纳骖内辔系于轼前，其系之处以白金为觼也。"觼，音 jué。带舌的环，将皮带穿过舌，予以固定。觼者，贯骖纳辔之环)，先王教化所以行于百代，及物之功与造化均不可忽也。虽五帝之后改易殊体，六国之世文字异形，然犹存篆籀之迹，不失形类之本。及暴秦苛政，散隶聿兴，便于末俗，人竞师法。古文既变，巧伪日滋。至汉宣帝时，始命诸儒修仓颉之法，亦不能复。至光武时，马援上疏论文字之讹谬，其言详矣。及和帝时，申命贾逵修理旧文，于是许慎采史籀（一说是周宣王时的太史史籀；另一说"籀"是诵读的意思，首句是"太史籀书"，因取"史籀"二字)、李斯、扬雄之书，博访通人，考之于逵，作《说文解字》，至安帝十五年始奏上之。而隶书之行已久，加以行、草、八分纷然间出，反以篆籀为奇怪之迹，不复经心。

至于六籍旧文，相承传写，多求便俗，渐失本原。《尔雅》所载草、木、鱼、鸟之名，肆志增益（肆，音 sì。肆志，肆意；随意；纵情；不受拘束。《后汉书·冯衍传下》："正身直行，恬然肆志。"随意不受约束地增加)，不可观矣。诸儒传释，亦非精究小学之徒，莫能矫正。

唐代大历中（大历：唐代宗李豫的年号，766—779)，李阳冰篆迹殊绝（李阳冰，唐代文字学家、书法家，今河北省赵县人。工篆书，得法于秦《峄山刻石》，变化开合，自成风格，有"笔虎"之称，后世学篆书者多宗之。曾刊定《说文》为三十卷，自为臆说。自二徐本《说文解字》行世之后，其书渐佚)，独冠古今，于是刊定《说文》，修正笔法，学者师慕，篆籀中兴。然颇排斥许氏，自为臆说。夫以师心之独见，破先儒之祖述，岂圣人之意乎？今之为字学者，亦多阳冰之新意，所谓贵耳而贱目也。

自唐末丧乱，经籍道息。有宋膺运（膺，音 yīng，动词。担当，接受重任。《后汉书·班固传》："膺万国之贡珍。"膺运，承受期运。承受天命为帝王。《周书·武帝纪下》："太祖神武膺运，创立王基")，人文国典，粲然复兴，以为文字者六艺之本，当由古法，乃诏取许慎《说文解字》，精加详校，垂宪百代（垂宪，垂示法则。《尚书·蔡仲之命》："尔乃迈迹自身，克勤无怠，以垂宪乃后。"百代，百世，比喻年代延续的时间很远。《晋书·阮种传》："德逮群生，泽被区宇，声施无穷，而典垂百代。"作为法则垂示于后世久远)。臣等敢竭愚陋，备加详考。

有许慎注义、序例中所载而诸部不见者，审知漏落，悉从补录；复有经典相承传写及时俗要用而《说文》不载者，皆附益之，以广篆籀之路，亦皆形声相从、不违六书之义者。

其间《说文》具有正体而时俗讹变者，则具于注中。其有义理乖舛（乖舛，不合；谬误；差错。北齐颜之推《颜氏家训·勉学》："已身姓名，多或乖舛。纵得不误，亦未知所由"）、违戾六书者（违戾，违背；乖谬；抵触；不合情理。北宋官员、诗人陈师道《策问·之五》："太史公之论六家，班固之序九流，知其各有所长，亦各有所短也。至荀卿之非十二子，则咸无取焉。庄休之语道术，又皆出于圣人，其故何也？乌有同出于道而无一可取？其违戾莫甚于此"），并列序于后，俾夫学者无或致疑。大抵此书务援古以正今，不徇今而违古。若乃高文大册，则宜以篆籀著之金石，至于常行简牍，则草隶足矣。

又许慎注解，词简义奥，不可周知。阳冰之后，诸儒笺述有可取者，亦从附益；犹有未尽，则臣等粗为训释，以成一家之书。

《说文》之时，未有反切，后人附益，互有异同。孙愐《唐韵》行之已久（愐，音 miǎn。孙愐，唐代音韵学家，增订唐、宋韵书蓝本，由隋音韵学家陆法言编著的《切韵》的韵部，并增字加注，撰有《唐韵》五卷），今并以孙愐音切为定，庶几学者有所适从焉。

锴亦善小学，尝以许慎《说文》依四声谱次为十卷，目曰《说文解字韵谱》。铉序之曰：

昔伏羲画八卦而文字之端见矣，仓颉模鸟迹而文字之形立矣。史籀作大篆以润色之，李斯变小篆以简易之，其美至矣。及程邈作隶而人竞趣省（程邈，秦时学者，他把来自民间的书写体加以搜集、整理，成为隶书，后世遂称其为隶书创造者），古法一变，字义浸讹。先儒许慎患其若此，故集《仓》《雅》之学，研六书之旨，博访通识，考于贾逵，作《说文解字》十五篇，凡万六百字。字书精博，莫过于是，篆籀之体，极于斯焉。

其后贾鲂以《三仓》之书皆为隶字（贾鲂，东汉和帝时的著名书法家，撰有收字达7380个字的启蒙识字课本《滂喜篇》。《三仓》，亦作《三苍》，字书。秦朝李斯撰《仓颉》篇、西汉扬雄撰《训纂》篇、东汉贾鲂撰《滂喜》篇，合称为《三仓》。四字为句，两句一韵，便于诵读，用以教学童识字之用），隶字始广而篆籀转微。后汉及今千有余岁，凡善书者皆草隶焉。又隶书之法有删繁补阙之论，则其讹伪断可知矣。故今字书之数累倍于前。

夫圣人创制皆有依据，不知而作，君子慎之，及史阙文，格言斯在。若草、木、鱼、鸟，形声相从，触类长之，良无穷极，苟不折之以古义，何足以观？故叔重之后（东汉经学家、文字学家许慎，字叔重），《玉篇》（字书。南朝梁陈之间文字训诂学顾野王搜罗和考证古今文字形体和训诂，收字 16917 个，体例仿《说文解字》，撰著《玉篇》三十卷）、《切韵》所载，习俗虽久，要不可施之于篆文。往者，李阳冰天纵其能，中兴斯学。赞明代许氏，奂焉英发。然古法背俗，易为堙微（堙，音 yīn，堙微，很容易被埋没衰微。《史记·封禅书》："其仪阙然堙灭，其详不可得而记闻"）。

方今许、李之书仅存于世，学者殊寡，旧章罕存。秉笔操觚（觚，音 gū，古时用来书写的木筒。西晋文学家陆机作《文赋》："或操觚以率尔"），要资检阅，而偏傍奥密，不可意知，寻求一字，往往终卷，力省功倍，思得其宜。舍弟锴特善小学，因命取叔重所记，以《切韵》次之，声韵区分，开卷可睹。锴又集《通释》四十篇，考先贤之微言，畅许氏之玄旨，正阳冰之新义，折流俗之异端，文字之学，善矣尽矣。今此书止欲便于检讨，无恤其他，故聊存诂训，以为别识。其余敷演，有《通释五音》凡十卷，贻诸同志云。铉亲为之篆，镂板以行于世。

锴字楚金，四岁而孤，母方教铉，未暇及锴，能自知书。李景见其文，以为秘书省正字，累官内史舍人，因铉奉使入宋，忧惧而卒，年五十五。李穆使江南见其兄弟文章，叹曰："二陆不能及也（意指西晋文学家陆机、陆云兄弟二人）！"

铉有文集三十卷，《质疑论》若干卷，所著《稽神录》，多出于其客蒯亮（蒯，音 kuǎi）。锴所著则有文集、家传、《方舆记》《古今国典》《赋苑》《岁时广记》云。（元代脱脱等撰，《宋史·卷四百四十一·列传第二百·文苑三·徐铉》）

五代末年、宋初官员、文字学家徐铉，其先世会稽人，后迁居扬州广陵。初仕南唐，后归宋。官至散骑常侍。与同为文字学家的弟弟徐锴齐名，号称"大、小二徐"。精通文字学。曾与他人共同校订《说文解字》，新补十九字于正文中。又以经典相承及时俗通用而为《说文》所不载者四百零二字附于正文后，世称《大徐本》，还留有《徐公文集》。

徐锴（920—975），五代南唐官员、文字训诂学家，著《质论》《说文解字系传》《说文解字韵谱》。

徐锴，字楚金，与兄铉同有大名于江左（古人在地理上以东为左，以西为右，故江东又名江左。清初散文家魏禧撰《日录杂说》："江东称江左，江西称江右，盖自江北视之，江东在左，江西在右耳"）。锴第进士，累迁屯田郎中、知制诰、集贤殿学士。铉、锴兄弟俱参近侍（近侍，受宠爱的近臣；帝王的亲信；帝王宠幸的臣子。唐代罗隐《牡丹花诗》："芍药与君为近侍，芙蓉何处避芳尘？"《汉书·王嘉传》："反逆之谋相连不绝，贼乱之臣近侍帷幄"），而其文相轧，议者方晋之二陆云（西晋文学家陆云、陆机兄弟二人因文才倾动一时，故时称二陆）。锴著《质论》十余篇，后主札批其首；后主文集，复命锴为序。君臣上下，互为贲饰（贲饰，文饰；装饰。《南齐书高逸传明僧绍》："齐郡明僧绍，标志高栖，躭情坟素，幽贞之操，宜加贲饰"），儒者荣之。锴以开宝八年卒于金陵围城中（975年），卒之逾月，南唐亡。（北宋马令撰，《南唐书·卷十四·儒者传·徐锴》）

徐锴，字楚金，会稽人（今浙江省绍兴）。父延休，字德文，风度淹雅（风度，言谈举止高雅，仪态美好，有器量。《后汉书·窦融传论》："尝独详味此子之风度，虽经国之术无足多谈，而进退之礼良可言矣。"淹雅，人品宽宏儒雅；学识渊博深通；博习淹博贯通。《尚书·序》："汉室龙兴，开设学校，旁求儒雅。"《晋书·陆晔传》："器量淹雅，弱冠有美名"），故唐乾符中进士（乾符：唐僖宗李儇的年号，874—879年）。

昭宗狩石门，无学士草诏（草诏，草拟诏书。唐熟悉掌故、留心艺文的文学家李肇撰著《翰林志》："学士于禁中草诏，虽宸翰所挥，亦资检讨，谓之视草"），延休来调官（调，音diào。调动；迁调；调职。调官，调选官职。《汉书·宣帝纪》："大发兴调关东轻车锐卒"），适在旁近逆旅（逆旅，古代对客舍、旅馆的别称。逆，迎；迎止宾客之处。即后来的旅馆。语出《左传·僖公二年》："今虢为不道，保于逆旅，以侵敝邑之南鄙。"《庄子·山木》："阳子之宋，宿于逆旅。"唐代李白《春夜宴桃李园序》："夫天地者，万物之逆旅；光阴者，百代之过客。而浮生若梦，为欢几何"），左右言其工文词，即召见，命视草（视草，旧指词臣受命商讨、修改诏谕一类的公文。后亦称词臣起草诏谕为"视草"。《汉书·淮南王转》："时武帝方好艺文，以安属为诸父，辩博善为文辞，甚尊重之。每为报书及赐，常召司马相如等视草。"以绘《虢国夫人游春图》而闻名的唐代画家张萱作《疑耀·卷七》："古人称视草者，谓视天子所草也。古者，诏令多天子自为之，特令词臣立于其侧，以视所草何如耳。故汉武帝诏淮南王，令司马相如视草，非令相如代笔也。今典制诰者，皆代天子笔，非视草之义而称视草，不亦谬乎”），昭宗善之。及还长安，不得用。梁蒋玄晖辟为其佐，延休弃去，依钟传于洪州（即今江西省南昌市）。吴取江西，得延休，仕至光禄卿、江都少尹，卒。二子铉、锴，遂家广陵（即今江苏省扬州市，自古为东南都会）。

锴四岁而孤，母方教铉就学，未暇及锴，锴自能知书。稍长，文词与铉齐名。昇元中（昇元：南唐李昇的年号，937—943年），议者以文人浮薄，多用经义法律取士，锴耻之，杜门不求仕进（杜门，闭门不出。《汉书·孔光传》：“光退闾里，杜门自守”）。铉与常梦锡同直门下省（常梦锡，《南唐书》有其传。少独好学，善属文，厚重方雅，多识故事，崇尚法律，文章典雅，歌诗清丽，正人君子，宁死绝不亲附小人。甚为元宗所器重。直，通“值”，当值。《晋书·羊祜传》：“悉统宿卫，入直殿中”），出锴文示之，梦锡赏爱不已，荐于烈祖（李昇，937—942年在位），未及用，而烈祖殂（殂，音cú。死亡。《尚书·舜典》：“二十有八载，帝乃殂落”）。元宗嗣位（南唐李璟，943—960年在位），起家秘书郎，齐王景达奏授记室（李景达，《南唐书》有其传。烈祖第四子，元宗之母弟，后主李煜叔父，四十七岁卒。童时爽悟，与群儿异。为理严察，人多惮之。好神仙修炼之事，记室徐锴献《述仙赋》以讽，遂绝所好。与元宗同乘小舟游园，舟覆，入水负载元宗出水，忠诚之至也）。时殷崇义为学士，草军书，用事谬误，锴窃议之。崇义方得君，诬奏锴泄禁省语，贬乌江尉。岁余召还，授右拾遗、集贤殿直学士。论冯延鲁有罪无才（冯延鲁，冯延巳之异母弟。《南唐书》有其传。少负才名，锐于仕进，以要功名，多罪无才之人），人望至浅，不当为巡抚使，重忤权要，以秘书郎分司东都。然元宗爱其才，复召为虞部员外郎。后主立（李煜，961—975年在位），迁屯田郎中、知制诰、集贤殿学士。改官名，拜右内史舍人，赐金紫（金印紫绶的简称。秦、汉时期，相国、丞相、太尉、大司空、太傅、列侯等皆金印紫绶。汉制光禄大夫带银印青绶。魏、晋以后，因有特加金印紫绶者，遂有金紫光禄大夫、银青光禄大夫之别，直至金、元时，仍然作为高级官阶名号），宿直光政殿，兼兵、吏部选事，与兄铉俱在近侍，号“二徐”。

初，锴久次当迁中书舍人（久次，久居官次。《后汉书·黄琬传》：“旧制光禄举三署郎，以高功久次才德尤异者为茂才四行。”李贤注解：“久次，谓久居官次也”），游简言当国（《南唐书》均有其传），每抑之（抑，动词。遏止；压制；抑制；贬抑。《国策·秦策一》：“约纵散横，以抑强秦。”《国语·楚语上》：“教之春秋，而为之耸善而抑恶焉”）。锴乃诣简言，简言从容曰："以君才地，何止一中书舍人？然伯仲并居清要，亦物忌太甚，不若少迟之。"锴颇怏怏（怏怏，亦作"鞅鞅"。因内心不平或不满，不服气而郁郁不乐的神情。《后汉书·彭宠传》："及即位，吴汉、王梁，宠之所遣，并为三公，而宠独无所加，愈怏怏不得志。"唐代王昌龄《大梁途中作》诗："怏怏步长道，客行渺无端"）。简言徐出伎佐酒，所歌词皆锴所为，锴大喜，乃起谢曰："丞相所言，乃锴意也。"归以告铉，铉叹息曰："汝痴绝，乃为数阕歌换中书舍人乎？"

锴凡四知贡举（贡举，唐、宋时特派主持会试的大臣。至清代会试的知贡举，皆以一二品大臣充任，满、汉各一，仅管事物，并不负责阅卷取士职责，与乡试的监临官性质相同），号"得人"。后主裒所制文（裒，音 póu，动词。裒辑；搜集；裒汇），命为之序，士以为荣。锴酷嗜读书，隆寒烈署，未尝少辍（辍，音 chuò，形声动词。中止；停止；放下；舍弃。《论语·微子》："耰而不辍"）。后主尝得周载《齐职仪》，江东初无此书，人无知者，以访锴，一一条对，无所遗忘，其博记如此。既久处集贤，朱黄不去手（朱黄，古人校点书籍所使用的两种颜色。《新唐书·陆龟蒙传》："得书诵熟乃录，雠比勤勤，朱黄不去手。所藏虽少，其精皆可传"），非暮不出。少精小学，故所雠书尤审谛（雠，音 chóu。校对。《新唐书·王珪传》："召入秘书内省，雠定群书。"审谛，尤其慎重仔细。审，慎重。《吕氏春秋·音律》："审民所终。"高诱注解："审，慎；终，卒。"谛，注意；仔细。《关尹子·九药》："谛毫末者，不见天地之大。"审谛，缜密仔细精当）。每指其家语人曰："吾惟寓宿于此耳！"江南藏书之盛，为天下冠，锴力居多。后主尝叹曰："群臣勤其官，皆如徐锴在集贤，吾何忧哉！"李穆来使，见铉及锴，叹曰："二陆之流也。"

尝夜直，召对，论天下事，因及用人，才行孰先，后主曰："多难当先才。"锴曰："有人才如韩、彭而无行（韩信、彭越），陛下敢以十万兵付之乎？"后主称善。时国势日削，锴忧愤郁郁，得疾，谓家人曰："吾今乃免为俘虏矣。"开宝七年七月卒（974 年），年五十五，赠礼部侍郎，谥曰"文"。著《说文通释》《方舆记》《古今国典》《赋苑》《岁时广记》及他文章，凡数百卷。锴卒逾年，江南见讨，比国破（比，及；等到。《国语·齐语》："比至，三衅三浴之"），其遗文多散逸者。"（《南唐书·列传·第二卷·徐锴》）。

徐锴，五代末、宋初扬州广陵人。徐铉胞弟，世称小徐。幼孤苦学，善小学，善为文，精通文字学。南唐李璟见其文，以为秘书省正字，历虞部员外郎、屯田郎、知制诰，累迁内史舍人卒。谥“文”，留有《说文解字系传》四十卷，已经注意到形声相生、音义相转之理，又著《说文解字韵谱》五卷。

邢昺（932—1010），北宋官员、经学家，著有《论语正义》《尔雅义疏》《孝经正义》等。

邢昺（音 bǐng），字叔明，曹州济阴人（今山东省曹县）。太平兴国初，举《五经》，廷试日，召升殿讲《师》《比》二卦，又问以群经发题，太宗嘉其精博，擢《九经》及第，授大理评事、知泰州盐城监（今江苏省泰州市），赐钱二十万。昺以是监处楚、泰间，泰僻左而楚会要，盐食为急，请改隶楚州（今江苏省淮安市楚州区），从之。明年，召为国子监丞，专讲学之任。迁尚书博士，出知仪州（即今山西省左权县榆社县等县地），就转国子博士。代还，赐绯（绯，音 fēi，赐予大红色的官服。唐、宋时候，五品以上官员的公服为绯色，有时皇帝为示对臣子的尊宠亦特加赐绯），选为诸王府侍讲。雍熙中（雍熙：984—987 年，北宋太宗赵光义的年号），迁水部员外郎，改司勋。端拱初（端拱：北宋太宗赵光义的年号，988—989 年），赐金紫，累迁金部郎中。

真宗即位，改司勋郎中，俄知审刑院，以昺儒者不达刑章，命刘元吉同领其事。是冬，昺上表自陈夙侍讲讽，迁右谏议大夫。咸平初（998 年。咸平，北宋真宗赵恒的年号，998—1003 年），改国子祭酒。二年（999 年），始置翰林侍讲学士，以昺为之，受诏与杜镐、舒雅、孙奭、李慕清、崔偓佺等校定《周礼》《仪礼》《公羊》《谷梁春秋传》《孝经》《论语》《尔雅义疏》，及成，并加阶勋。俄为淮南、两浙巡抚使。初置讲读之职，即于便坐令昺讲《左氏春秋》，侍读预焉。五年讲毕（1002 年），宴近臣于崇政殿，赐昺袭衣、金带加器币，仍迁工部侍郎，兼国子祭酒、学士如故。知审官院陈恕丁内艰，以昺权知院事。

景德二年（1005 年），上言：“亡兄素尝举进士，愿沾赠典。”特赠大理评事。是夏，上幸国子监阅库书，问昺经版几何，昺曰：“国初不及四千，今十余万，经、传、正义皆具。臣少从师业儒时，经具有疏者百无一二，盖力不能传写。今版本大备，士庶家皆有之，斯乃儒者逢辰之幸也。”上喜曰：“国家虽尚儒术，非四方无事何以及此。”上又访以学馆故事，有未振举者，昺不能有所建明。先是，印书所裁余纸，鬻以供监中杂用（鬻，音 yù。卖给。《汉书·食货志上》：“通财鬻货曰商”），昺请归之三司，以裨国用（裨，音 bì。增添；补凑。《国语·郑语》：“若以同裨同，尽乃弃矣。”韦昭注解：“裨，益也。同者，谓若以水益水，水尽乃弃之，无所成也。”引申为补益）。自是监学公费不给，讲官亦厌其寥落。上方兴起道术，又令昺与张雍、杜镐、孙奭举经术该博、德行端良者，以广学员。三年（1006 年），加刑部侍郎。

昺居近职，常多召对，一日从容与上语及宫邸旧僚，叹其沦丧殆尽，唯昺独存。翌日赐白金千两，且诏其妻至宫庭，赐以冠帔（帔，音 pèi。披肩。《释名·释衣服》：“帔，披也，披之肩背，不及下也。”冠帔，官员夫人的服饰。唐代韩愈《华山女》：“洗粧拭面着冠帔，白咽红颊长眉青”）。四年（1007 年），昺以羸老艰于趋步上前（羸，音 léi。瘦；弱。老态龙钟。《礼记·问丧》：“身病体羸，以杖扶病也。”杜预注解：“羸，弱也”），自陈曹州故乡，愿给假一年归视田里，俟明年郊祀还朝。上命坐慰劳之，因谓曰：“便可权本州，何须假耶?”昺又言杨砺、夏侯峤同为府僚，二臣没皆赠尚书。上悯之，翌日谓宰相曰：“此可见其志矣。”即超拜工部尚书，知曹州职如故。

入辞日，赐袭衣、金带。是日，特开龙图阁，召近臣宴崇和殿，上作五言、七言诗二首赐之，预宴者皆赋。昺视壁间《尚书》《礼记图》，指《中庸》篇曰，凡为天下国家有九经，因陈其大义，上嘉纳之。及行，又令近臣祖送，设会于宜春苑。大中祥符初（1008 年。大中祥符：北宋真宗赵恒的年号，1008—1016 年），上东封泰山，昺表曹州民请车驾经由本州，仍令济阴令王范部送父老诣阙（诣阙，音 yì què。前往；去到。《汉书·杨王孙传》：“未得诣前。”颜师古注解：“诣，至也。”阙，宫门的代称。诣阙，前往帝王的宫阙。《汉书·朱买臣传》：“诣阙上书，书久不报”），优诏答之。俄召还。车驾进发，命判留司御史台。礼毕，进位礼部尚书。

上勤政悯农，每雨雪不时，忧形于色，以昺素习田事，多委曲访之。初，田家察阴晴丰凶，皆有状候，老农之相传者率有验，昺多采其说为对。又言：民之灾患大者有四，一曰疫，二曰旱，三曰水，四曰畜灾。岁必有其一，但或轻或重耳。四事之害，旱暵为甚（暵，音 hàn。①干枯，《诗经·王风·中谷有蓷》："中谷有蓷，暵其干矣。"②干旱，《周礼·地官·舞狮》："教皇舞，帅而舞旱暵之事"），盖田无甽浍（甽浍，音 quǎn kuài。甽，田间小沟。《尚书·益稷》："予决九川，距四海，浚甽浍距川。"《孔传》："一亩之间，广尺深尺曰甽。"浍，田间水沟。《荀子·解蔽》："醉者越百步之沟，以为跬步之浍也。"跬步，亦作"顷步""踬步"。半步；跨一脚。古时称人行走，举足一次为跬，举足两次为步，故半步称为"跬"。《荀子·劝学》："不积跬步，无以至千里。"《大戴礼记·劝学》："不积跬步，无以致千里；不积小流，无以成江海。"田间没有小水沟），悉不可救，所损必尽。《传》曰："天灾流行，国家代有。"此之谓也。

三年（1010 年），被病请告（被病，疾病缠身。《新唐书·郑权传》："昌被病入朝，度其军必乱，以权宽厚容众，檄主后务"），诏太医诊视。六月，上亲临问疾，赐名药一奁、白金器千两、缯彩千匹。国朝故事，非宗戚将相，无省疾临丧之礼，特有加于昺与郭贽者，以恩旧故也。未几，有旨命中书召其子太常博士知东明县仲宝、国子博士知信阳军若思还侍疾。逾月卒，年七十九，赠左仆射，三子并进秩（秩，音 zhì。官吏的俸禄。《荀子·强国》："官人益秩，庶人益禄。"引申为特指官吏的职位或品级）。

初，雍熙中（雍熙，北宋太宗赵光义的年号），昺撰《礼选》二十卷献之，太宗探其帙，得《文王世子》篇，观之甚悦，因问卫绍钦曰："昺为诸王讲说，曾及此乎？"绍钦曰："诸王常时访昺经义，昺每至发明君臣父子之道，必重复陈之。"太宗益喜。上尝因内阁暴书，览而称善，召昺同观，作《礼选赞》赐之。昺言："家无遗稿，愿得副本。"上许之。缮录未毕而昺卒，亟诏写二本，一本赐其家，一本俾置冢中。

昺在东宫及内廷，侍上讲《孝经》《礼记》《论语》《书》《易》《诗》《左氏传》，据传疏敷引之外，多引时事为喻，深被嘉奖。上尝问："管仲、召忽皆事公子纠，小白之入，召忽死之，管仲乃归齐相桓公。岂非召忽以忠死，而管仲不能固其节，为臣之道当若是乎？又郑注《礼记·世子》篇云：文王以勤忧损寿，武王以安乐延年。朕以为本经旨意必不然也。且夏禹焦劳，有玄圭之赐，而享国永年。若文王能忧人之心，不自暇逸，纵无感应，岂至亏损寿命耶？"各随其事理以对。（元代脱脱等撰，《宋史·卷四百三十一·列传第一百九十·儒林一·邢昺》）

邢昺因其博学，于北宋早期一直被皇帝所器重，予以重任；屡屡嘉奖，赐官爵、金带、白金、缯彩……可谓学有所用，学以致用之范例。

太平兴国初，宋代太宗嘉奖其群经精博，擢《九经》及第，后历任国子博士，右谏议大夫，国子祭酒。真宗咸平二年，始置翰林侍讲学士，擢为首任。居讲筵，多引时事为喻，深被嘉奖。受诏与杜镐、孙奭等人校订诸经义疏。官终礼部尚书。还曾任尚书博士、国子监丞。著有《论语正义》，讨论心性命理，为后世理学家所尊崇采纳。另著有《尔雅义疏》《孝经正义》等，均收入《十三经注疏》。

孙奭（962—1033），北宋官员、学者、经学家，撰著《崇祀录》《乐记图》《五经节解》《五服制度》《经典徽言》《孟子音义》等。

孙奭，字宗古，博州博平人（今山东省茌平博平城）。幼与诸生师里中王彻，彻死，有从奭问经者，奭为解析微指，人人惊服，于是门人数百皆从奭。后徙居须城。

《九经》及第，为莒县主簿，上书愿试讲说，迁大理评事，为国子监直讲。太宗幸国子监，召奭讲《书》，至“事不师古，以克永世，匪说攸闻”，帝曰：“此至言也，商宗乃得贤相如此耶！”因咨嗟久之，赐五品服。真宗以为诸王府侍读。会诏百官转对，奭上十事。判太常礼院、国子监、司农寺，累迁工部郎中，擢龙图阁待制。

奭以经术进，守道自处，即有所言，未尝阿附取悦。大中祥符初（大中祥符：北宋真宗赵恒的年号，1008—1016年），得天书于左承天门，帝将奉迎，召宰相对崇政殿西庑（庑，音wǔ，名词。《说文解字·广部》：“庑，堂下周屋。”堂下周围的廊屋。《管子·国蓄》：“夫以室庑籍，谓之毁成。”尹知章注解：“小曰室，大曰庑，音武。是使人毁坏庐室。”《楚辞·湘夫人》：“合百草兮实庭，建芳馨兮庑门”）。王旦等曰：“天贶符命（贶，音kuàng，形声动词。《说文解字·贝部》：“贶，赐也。”赏赐；赐予。《左传·成公十二年》：“君不忘先君之好，施及下臣，贶之以大礼，重之以备乐，如天之福，两君相见，何以代此？”《礼记·聘义》：“北面拜贶。”《诗经·小雅·彤弓》：“我有嘉宾，中心贶之”），实盛德之应。”皆再拜称万岁。又召问奭，奭对曰：“臣愚，所闻天何言哉，岂有书也？”帝既奉迎天书，大赦改元，布告其事于天下，筑玉清昭应宫。是岁，天书复降泰山，帝以亲受符命，遂议封禅，作礼乐。王钦若、陈尧叟、丁谓、杜镐、陈彭年皆以经义左右附和，由是天下争言符瑞矣。

四年（1011年），又将祀汾阴（汾阴，古县名，汉置县，治所在今山西省万荣县境内，汉武帝曾于此地祭祀地神。《汉书·武帝纪》："立后土祠于汾阴脽上。"颜师古注解："脽者，以其形高如人尻脽"），是时大旱，京师近郡谷踊贵，奭上疏谏曰：先王卜征，五年岁习其祥，祥习则行，不习则增修德而改卜。陛下始毕东封，更议西幸，殆非先王卜征五年慎重之意，其不可一也。夫汾阴后土，事不经见。昔汉武帝将封禅，故先封中岳，祠汾阴，始巡幸郡县，遂有事于泰山。今陛下既已登封，复欲幸汾阴，其不可二也。古者圜丘方泽，所以郊祀天地，今南北郊是也。汉初承秦，唯立五畤以祀天，而后土无祀，故武帝立祠于汾阴。自元、成以来，从公卿之议，遂徙汾阴后土于北郊，后之王者多不祀汾阴。今陛下已建北郊，乃舍之而远祀汾阴，其不可三也。西汉都雍，去汾阴至近。今陛下经重关，越险阻，轻弃京师根本，而慕西汉之虚名，其不可四也。河东，唐王业之所起也。唐又都雍，故明皇间幸河东，因祠后土。圣朝之兴，事与唐异，而陛下无故欲祀汾阴，其不可五也。昔者周宣王遇灾而惧，故诗人美其中兴，以为贤主。比年以来，水旱相继，陛下宜侧身修德，以答天谴，岂宜下徇奸回，远劳民庶，盘游不已，忘社稷之大计？其不可六也。夫雷以二月启蛰，八月收声，育养万物，失时则为异。今震雷在冬，为异尤甚。此天意丁宁以戒陛下，而反未悟，殆失天意，其不可七也。夫民，神之主也，是以圣王先成民而后致力于神。今国家土木之功累年未息，水旱洊沴（洊沴，音jiàn lì。洊，通"荐"。再；一次又一次。《易经·坎》："水洊至。"王弼注解："相仍而至。"沴，因大气不和而产生的灾害。如灾沴；沴气。引申为相害，相克。《汉书·五行志中之上》："气相伤谓之沴。"又："木气病则金沴之。"水旱灾害反复迭至），饥馑居多，乃欲劳民事神，神其享之乎？此其不可八也。陛下必欲为此者，不过效汉武帝、唐明皇，巡幸所至，刻石颂功，以崇虚名，夸示后世尔。陛下天资圣明，当慕二帝、三王，何为下袭汉、唐之虚名，其不可九也。唐代明皇以嬖宠奸邪，内外交害，身播国屯，兵交关下，亡乱之迹如此，由狃于承平（狃，音niǔ。习以为常。《左传·桓公十三年》："莫敖狃于蒲骚之役，将自用也。"承平，原为相承平安之意。意指安定和谐的社会秩序局面比较长久的持续。《周礼·秋官·大司寇》："二曰刑平国用中典。"郑玄注解："平国，承平守成之国也。"《汉书·食货志上》："今累世承平，豪富吏民，赀数巨万，而贫弱俞困"），肆行非义，稔致祸败。今议者引开元故事以为盛烈，乃欲倡导陛下而为之，臣切为陛下不取，此其不可十也。臣言不逮意，陛下以臣言为可取，愿少赐清问，以毕臣说。

……

后天下数有灾变，又言：古者五载巡守，有国之事尔，非必有紫气黄云，然后登封，嘉禾异草，然后省方也。今野雕山鹿，郡国交奏，秋旱冬雷，群臣率贺，退而腹非窃笑者比比皆是。孰谓上天为可罔，下民为可愚，后世为可欺乎？人情如此，所损不细，惟陛下深鉴其妄。

六年（1013年），又上疏曰：陛下封泰山，祀汾阴躬谒陵寝，今又将祠于太清宫，外议籍籍（籍籍，亦做"藉藉"。此处用作形容词，形容外界议论纷纷、众口喧哗、聒噪嘈杂。《汉书·江都易王刘非传》："复数使使至长安迎徵臣，鲁恭王太后闻之，遗徵臣书曰：'国中口语籍籍，慎无复至江都。'"颜师古注解："籍籍，喧聒之意"），以谓陛下事事慕效唐明皇（唐明皇，唐玄宗李隆基，685—762年，享年七十八岁。在位四十四年，是在位时间最长的唐朝皇帝。谥号为"至道大圣大明孝皇帝"），岂以明皇为令德之主耶？甚不然也。明皇祸败之迹有足为深戒者，非独臣能知之，近臣不言者，此怀奸以事陛下也。明皇之无道，亦无敢言者，及奔至马嵬（马嵬，李隆基最为宠幸喜爱的妃子杨玉环被缢死于此地。《通志》："马嵬坡，在西安府兴平县二十五里。"《旧唐书·杨贵妃传》：安禄山叛，潼关失守，从幸至马嵬。禁军大将陈玄礼密启太子诛国忠父子，既而四军不散，曰"贼本尚在"，指贵妃也。帝不获已，与贵妃诀，遂缢死于佛室，时年三十八。唐代诗人李商隐作七言诗二首《马嵬二首》："冀马燕犀动地来，自埋红粉自成灰。君王若道能倾国，玉辇何由过马嵬。""海外徒闻更九州，他生未卜此生休。空闻虎旅传宵柝，无复鸡人报晓筹。此日六军同驻马，当时七夕笑牵牛。如何四纪为天子，不及卢家有莫愁"），军士已诛杨国忠，请矫诏之罪，乃始谕以识理不明，寄任失所。当时虽有罪己之言，觉寤已晚（寤，音wù，通"悟"。西晋郭璞《尔雅序》："别为《音图》，用祛未寤。"北宋邢昺疏解："以祛除未晓悟者。"觉寤即"觉悟"。由混混沌沌、迷惑不解进而思维明白理解的过程；醒悟已往的困惑或曰过失。《史记·项羽本纪》："尚不觉寤，而不自责，过矣"），何所及也。臣愿陛下早自觉寤，抑损虚华，斥远邪佞，罢兴土木，不袭危乱之迹，无为明皇不及之悔，此天下之幸，社稷之福也。帝以为封泰山，祠汾阴，上陵，祀老子，非始于明皇。《开元礼》今世所循用，不可以天宝之乱，举谓为非也。秦为无道甚矣，今官名、诏令、郡县犹袭秦旧，岂以人而废言乎？作《解疑论》以示群臣。然知奭朴忠，虽其言切直，容之而弗斥（弗，义同“不”。弗斥，不予斥责。《公羊传·僖公二十六年》：“公追齐师至嶲，弗及。”何休注解：“弗者，不之深者也。”嶲，音 xī，古有嶲州）。

久之，以父老请归田里，不许，以知密州。居二年，迁左谏议大夫，罢待制还，纠察在京刑狱。是时初置天庆、天祺、天贶、先天、降圣节，天下设斋醮张燕（醮，音 jiào。斋醮，亦称斋醮科仪或曰做法事。请僧、道设坛祭祷的一种仪式。即供斋醮神，祈祷神佛，借以求福免灾。在仪式上，道士们身穿华丽的道袍，各持不同法器，口中念念有词，吟唱着古老的赞颂神灵的曲调辞章，在场子里翩翩起舞，犹如上演着精彩的一场戏曲。俗称“道场”，也就是做法事。张，《广雅·释诂三》：“张，施也。”《战国策·秦策一》：“张乐设饮，郊迎三十里。”燕，动词。通“宴”。《诗经·小雅·鹿鸣》：“我有旨酒，嘉宾式燕以敖。”《周礼·春官·宗伯三》：“磬师掌教击磬，击编钟，教缦乐、燕乐之钟磬。”张燕，即张筵、设宴。如：燕饮就是宴饮，燕乐就是宴乐），费甚广。奭又请裁省浮用，不报。复出知河阳（河阳，即今河南省孟州市西），又求解官就养，迁给事中，徙兖州（兖州，即今山东省济宁市）。

……

未几，能果败（指朱能造反失败。永兴军巡检，一个鸡鸣狗盗之人）。奭又尝请减修寺度僧，帝虽未用其言，尝令向敏中谕令陈时政得失，奭以纳谏、恕直、轻徭、薄敛四事为言，颇施行焉。

仁宗即位，宰相请择名儒以经术侍讲读，乃召为翰林侍讲学士，知审官院，判国子监，修《真宗实录》。丁父忧，起复，兼判太常寺及礼院，三迁兵部侍郎、龙图阁学士。每讲论至前世乱君亡国，必反复规讽。仁宗意或不在书，奭则拱默以俟，帝为竦然改听。尝画《无逸图》上之，帝施于讲读阁。时章宪明肃皇后每五日一御殿，与帝同听政，奭言：“古帝王朝朝暮夕，未有旷日不朝。陛下宜每日御殿，以览万机。”奏留中不报。然帝与皇太后尤爱重之，每进见，未尝不加礼。

三请致仕，召对承明殿，敦谕之，以年逾七十固请，泣下，帝亦恻然（恻，音 cè，形容词。《说文解字·忄部》：“恻，痛也。”《广雅》：“恻，悲也。”《易经·井》：“井渫不食，为我心恻。”恻然，忧伤；凄怆；悲伤。《汉书·成帝纪》：“关东流冗者众，青、幽、冀部尤剧，朕甚痛焉。未闻在位有恻然者，孰当助朕忧之”），诏与冯元讲《老子》三章，各赐帛二百匹。以不得请，求近郡，优拜工部尚书，复知兖州。诏须宴而后行，又留数月，特宴太清楼，近臣皆预，帝作飞白大字以赐二府，而小字赐诸学生，独奭与晁迥兼赐大小字。诏群臣即席赋诗，太后又别出禁中珍器劝酒。翌日奭入谢，又命讲《老子》，赐袭衣、金带、银鞍勒马。及行，赐宴瑞圣园，又赐诗，诏近臣皆赋。以恭谢恩改礼部尚书，既而累表乞归，以太子少傅致仕。疾甚，徙正寝，屏婢妾，谓子瑜曰（孙瑜，官至工部侍郎致仕）："无令我死妇人之手。"卒，奏至，帝谓张士逊曰："朕方欲召奭还，而奭遂死矣。"嗟惜者久之，罢朝一日，赠左仆射，谥曰"宣"。

奭性方重，事亲笃孝，父亡，舔其面以代頮（頮，音 huì，同"沬"，动词。洗面。《书·顾命》："甲子，王乃洮頮水，相被冕服，凭玉几。"洮，洗手）。常掇《五经》切于治道者，为《经典徽言》五十卷。又撰《崇祀录》《乐记图》《五经节解》《五服制度》。尝奉诏与邢昺、杜镐校定诸经正义，《庄子》《尔雅》释文，考正《尚书》《论语》《孝经》《尔雅》谬误及律音义。

初，圜丘无外壝（壝，音 wěi。坛和墠的统称，也特指周围有矮墙的坛，即祭坛四周的矮墙。《周礼·地官·大司徒》："而辨其邦国、都鄙之数，制其畿疆而沟封之，设其社稷之壝，而树之田主，各以其野之所宜木，遂以名其社与曰医。"郑玄注解："壝，坛与埒埒也。"墠，音 shàn，供祭祀用的经清除的整洁地面。《礼记·祭法》："王立七庙、一坛、一墠。"郑玄注解："封土曰坛，除地曰墠"），五郊从祀不设席，尊不施幂（幂，音 mì，名词。《小尔雅·广诂》："大巾谓之幂。"覆盖；用布覆盖。《周礼·天官·幂人》："祭祀，以疏布巾幂八尊，以画布巾幂六彝"）；七祠时飨饮福用一尊，不设三登，升歌不以《雍》彻；冬至摄祀昊天上帝，外级止十七位，而不以星辰从；飨先农在祈谷之前；上丁释奠三献；宗庙不备二舞；诸臣当谥者，或既葬乃请。奭皆援古奏正，遂著于礼。又请冬至罢祀五帝，大雩设武帝而罢祠昊天上帝（雩，音 yú。大雩，亦称"雩礼"。古代为求雨而举行的祭祀名。《公羊传·桓公五年》："大雩者何？旱祭也。"何休注解："祭言大雩，大旱可知也。君亲之南郊，以六事谢过……使童男女各八人，舞而呼雩，故谓之雩。"《左传·桓公五年》："秋，大雩，书，不时也。凡祀，启蛰而郊，龙见而雩，始杀而尝，闭蛰而烝。"服虔注解："谓四月昏，龙星体见，万物始盛，待雨而大，故雩祭以求雨也"）。事下有司议，不合而止。（元代脱脱等撰，《宋史·卷四百三十一·列传第一百九十·孙奭》）。

孙奭幼聪慧，解析经指，令人叹服。历仕宋太宗赵光义、宋真宗赵恒、宋仁宗赵祯三朝，曾任国子监直讲、兵部侍郎、龙图阁学士，以太子少傅致仕。尽心竭力，不谋私利，年逾七十，固请还乡，累表乞归，帝屡屡不忍放行，赐帛匹，宴名楼，亲作飞白大字赐二府，即席赋诗、珍器劝酒，赐袭衣、金带、银鞍勒马。卒，帝惜者久之，罢朝一日，赠左仆射，谥曰“宣”。

曾奉敕校定赵岐《孟子注》，用以补充陆德明《经典释文》的不足，今本《孟子音义》即孙奭所撰。

陆佃（1042—1102），北宋官员、学者、文学家，陆游祖父。著有《埤雅》《礼象》《尔雅注》《陶山集》《尔雅新义》《春秋后传》《鹖冠子注》等。

陆佃（音 tián），字农师，越州山阴人（今浙江省绍兴市山阴县）。居贫苦学，夜无灯，映月光读书。蹑履从师（蹑屩，音 niè jué。穿着草鞋行走。《史记·孟尝君列传》：“初，冯驩闻孟尝君好客，蹑履而见之。”蹑，形声动词。《说文解字·足部》：“蹑，蹈也。”穿；踩；踏。《史记·淮阴侯列传》：“张良、陈平蹑汉王足。”北宋司马光《训俭示康》：“近岁风俗尤为侈靡，走卒类士服，农夫蹑丝履。”履，名词，草鞋。《说文解字·尸部》：“履，草履也。”《释名·释衣服》：“履，草履也…出行着之，屩履轻便，因以为名也。”穿着草鞋远行求师），不远千里。过金陵，受经于王安石。熙宁三年（1070 年），应举入京。适安石当国，首问新政，佃曰：“法非不善，但推行不能如初意，还为扰民，如青苗是也（此指王安石变法积极推行的青苗新法）。”安石惊曰：“何为乃尔？吾与吕惠卿议之，又访外议。”佃曰：“公乐闻善，古所未有，然外间颇以为拒谏。”安石笑曰：“吾岂拒谏者？但邪说营营。”（营营，象声词，往来不绝貌。《诗经·小雅·青蝇》：“营营青蝇，止于棘。谗人罔极，交乱四国”《毛传》：“营营，往来貌”），顾无足听。”佃曰：“是乃所以致人言也。”明日，安石召谓之曰：“惠卿云：私家取债，亦须一鸡半豚。已遣李承之使淮南质究矣。”既而承之还，诡言于民无不便，佃说不行。

礼部奏名为举首。方廷试赋，遽发策题（遽，音 jù，副词、形容词。急；快；迅速；骤然。《左传·僖公二十四年》：“仆人以告，公遽见之。”唐代刘禹锡《天论》：“本乎疾者其势遽，故难得以晓也”），士皆愕然（愕，音 è。《广雅·释诂一》：“愕，惊也。”愕然，动词。受惊的状态；惊讶状；陡然一惊。士子们都惊愕不明）；佃从容条对，擢甲科。授蔡州推官。初置五路学，选为郓州教授，召补国子监直讲。安石以佃不附己，专付之经术，不复咨以政。安石子雱用事（雱，音 páng。用事，执政；当权。《国策·赵策四》："赵太后新用事，秦急攻之。"东晋葛洪《抱朴子·审举》："灵、献之世，阉宦用事，群奸秉权。"王安石的儿子王雱依附其父权势当权执政，急欲进取者纷纷聚集于其门下，崇敬之为师，唯独陆佃以平常心对待之。人心趋炎附势自古如此，均为己利而忙乎），好进者坌集其门（坌，音 bèn。坌集，聚集。《新唐书·儒学传·序》："四方秀艾，挟策负素，坌集京师，文治熠然勃兴"），至崇以师礼，佃待之如常。

同王子韶修定《说文》。入见，神宗问大裘袭衮（此指神宗询问大丧之时是否应该承袭先人礼制着服。衮，同"衮"，音 gǔn。《周礼·春官·司服》："王之吉服，祀昊天上帝则大裘而冕；祀五帝亦如之；享先王则衮冕……公之服，自衮冕而下，如王之服。"郑玄注引郑司农曰："衮，卷龙衣也。"《国语·周语中》："弃衮冕而南冠以出，不亦简彝乎！"韦昭注解："衮，衮龙之衣也；冕，大冠也。公之盛服也。"衮衣，古时皇帝及上公所穿的礼服），佃考礼以对。神宗悦，用为详定郊庙礼文官。时同列皆侍从，佃独以光禄丞居其间。每有所议，神宗辄曰："自王、郑以来，言礼未有如佃者。"加集贤校理、崇政殿说书，进讲《周官》，神宗称善，始命先一夕进稿。同修起居注。元丰定官制，擢中书舍人、给事中。哲宗立（北宋哲宗赵煦），太常请复太庙牙盘食（牙盘食，盛放于牙盘中的珍馐祭品。《旧唐书·韦坚传》："坚跪上诸郡轻货，又上百牙盘食"）。博士吕希纯、少卿赵令铄皆以为当复。佃言："太庙，用先王之礼，于用俎豆为称；景灵宫、原庙，用时王之礼，于用牙盘为称，不可易也。"卒从佃议。

是时，更先朝法度，去安石之党，士多讳变所从。安石卒，佃率诸生供佛，哭而祭之，识者嘉其无向背。迁吏部侍郎，以修撰《神宗实录》徙礼部。数与史官范祖禹、黄庭坚争辨，大要多是安石，为之晦隐。庭坚曰："如公言，盖佞史也。"佃曰："尽用君意，岂非谤书乎！"

进权礼部尚书。郑雍论其穿凿附会，改龙图阁待制、知颍州（颍州，即今安徽省阜阳市颍州区）。佃以欧阳修守颍有遗爱，为建祠宇。《实录》成，加直学士，又为韩川、朱光庭所议，诏止增秩，徙知邓州（邓州，即今河南省南阳市邓州市）。未几，知江宁府（江宁府，即今南京市）。甫至，祭安石墓。句容人盗嫂害其兄，别诬三人同谋。既皆讯服，一囚父以冤诉，通判以下皆曰："彼怖死耳，狱已成，不可变。"佃为阅实，三人皆得生。绍圣初（绍圣，北宋哲宗赵煦的年号），治《实录》罪，坐落职，知泰州，改海州（海州，即今江苏省连云港市）。朝论灼其情（灼，音 zhuó，形声动词。《说文解字·火部》：“灼，炙也。”词性变化为形容词，通“焯”。明亮；鲜明。明白透彻），复集贤殿修撰，移之蔡（蔡，蔡州，一说即今河南省汝南县，另一说现今所在湖北省枣阳市西南部）。

徽宗即位（北宋徽宗赵佶，1100—1125 年在位），召为礼部侍郎。上疏曰：人君践祚（践祚，亦作“践阼”，即位，旧时多指帝王而言。践，履也。古代庙、寝堂前两阶，主阶在东，称阼阶。阼阶上为主位，因称即位行事为“践祚”。《史记·鲁周公世家》：“周公乃践祚代成王摄行政当国”），要在正始，正始之道，本于朝廷。近时学士大夫相倾竞进，以善求事为精神，以能讦人为风采（讦，音 jié，形声动词。《说文解字·讠部》：“讦，面相斥罪相告讦也。”《汉书·贾谊传》：“所上者，告讦也。”《论语·阳货》：“恶徼以为知者，恶不孙以为勇者，恶讦以为直者。”颜师古注解：“相斥曰讦。”讦人，攻击别人的短处或揭发别人的隐私），以忠厚为重迟，以静退为卑弱。相师成风，莫之或止，正而救之，实在今日。神宗延登真儒，立法制治，而元祐之际，悉肆纷更。绍圣以来，又皆称颂。夫善续前人者，不必因所为，否者赓之（赓，音 gēng，形声动词。补偿；抵偿。《管子·国蓄》：“智者有什倍人之功，愚者有不赓本之事”），善者扬焉。元祐纷更，是知赓之而不知扬之之罪也；绍圣称颂，是知扬之而不知赓之之过也。愿咨谋人贤，询考政事，惟其当之为贵，大中之期，亦在今日也。徽宗遂命修《哲宗实录》。

迁吏部尚书，报聘于辽，归，半道闻辽主洪基丧，送伴者赴临而返，诮佃曰：“国哀如是，汉使殊无吊唁之仪，何也？”佃徐应曰：“始意君匍匐哭踊而相见，即行吊礼；今偃然如常时，尚何所吊？”伴者不能答。

拜尚书右丞。将祀南郊，有司欲饰大裘匣，度用黄金多，佃请易以银。徽宗曰：“匣必用饰邪？”对曰：“大裘尚质，后世加饰焉，非礼也。”徽宗曰：“然则罢之可乎？数日来，丰稷屡言之矣。”佃因赞曰：“陛下及此，盛德之举也。”徽宗欲亲祀北郊，大臣以为盛夏不可，徽宗意甚确。朝退，皆曰：“上不以为劳，当遂行之。”李清臣不以为然。佃曰：“元丰非合祭而是北郊，公之议也。今反以为不可，何耶？”清臣乃止。

御史中丞赵挺之以论事不当，罚金。佃曰：“中丞不可罚，罚则不可为中丞。”谏官陈欢上书，曾布怒其尊私史而压宗庙。佃曰：“欢上书虽无取，不必深怒，若不能容，是成其名也。”佃执政与欢曾布比，而持论多近怒。每欲参用元祐人才，尤恶奔竞（奔竞，为了急于求取功名利禄而奔走竞逐。东晋干宝《晋纪总论》：“悠悠风尘，皆奔竞之士。”尤其厌恶那些奔竞之士）。尝曰：“天下多事，须不次用人；苟安宁时，人之才无大相远，当以资历序进。少缓之，则士知自重矣。”又曰：“今天下之势，如人大病向愈，当以药饵辅养之，须其安平；苟为轻事改作，是使之骑射也。”

转左丞。御史论吕希纯、刘安世复职太骤，请加镌抑（镌，音 juān。降级。削减、抑制品级。《正字通·金部》：“镌，中外官降级口镌级”），且欲更惩元祐余党。佃为徽宗言不宜穷治，乃下诏申谕，揭之朝堂。谗者用是诋佃，曰：“佃名在党籍，不欲穷治，正恐自及耳。”遂罢为中大夫、知亳州，数月卒，年六十一，追复资政殿学士。

佃著书二百四十二卷，于礼家、名数之说尤精，如《埤雅》《礼象》《春秋后传》皆传于世。（元代脱脱等撰，《宋史·卷三百四十三·列传第一百二·陆佃》）

南宋著名诗人陆游的祖父陆佃，少时家贫而好学，游学四方，夜无灯，映月光读书不辍，经多年苦学之后终成英才。1070 年，熙宁三年擢甲科进士，授蔡州观察推官，选为郓州教授，召补国子监直讲；元丰时，历迁中书舍人、给事中，后履任集贤校理，崇政殿说书，进讲《周官》，颇为神宗赞赏：“自王、郑以来，言礼未有如佃者。”哲宗时（北宋哲宗赵煦，1085—1100 年在位），履任礼部尚书、集贤殿修撰；徙知邓州、泰州、海州。徽宗即位（北宋徽宗赵佶，1101—1125 年在位），召为礼部侍郎，命修《哲宗实录》，吏部尚书，再拜尚书右丞，转左丞；后罢知亳州，卒于任上。

一生历经仁宗、英宗、神宗、哲宗、徽宗五朝，历仕神宗、哲宗、徽宗三朝。

陆佃小王安石二十一岁，适值安石当国，首问新政，佃有异议：“法非不善，但推行不能如初意，还为扰民，如青苗是也。”王安石认为陆佃不肯附己，不再向他问政。陆佃刚正不阿，不趋炎附势，不媚权贵，既不因王安石当政而盲目趋从，反而敢于诤言劝告；亦不因王安石失势而惟恐规避不及、加以诋毁、诽谤、咒骂，反而为之争辩，数率诸生执师生之礼哭祭，在知江宁府时，还亲至安石墓祭悼。由此可见，陆佃之人格品行是多么的高尚、无私。

《埤雅》是陆佃集毕生精力，经四十年苦作完成的我国现存最早的一部词典，增益、辅助、阐发《尔雅》的学术研究之作。自《埤雅》问世，促使“雅学”得以发展，使名物训释渐成一门独立的专门学问，开创了雅学名物研究之路，可见《埤雅》对“雅学”发展所做的贡献不可低估。陆佃释物犹如释经，博极群书典籍，自先秦至北宋，博及鸟兽虫鱼、草木、农耕、医药、天文、地理，为考证确实，亲身力行、深入实际、调查研究、不耻下问、必求依据，凡有所闻，必于试验，以辨真伪，深穷万物之理之后再记录在册，从专科研究的角度进行诠释，而不是仅仅局限于辞汇训诂，因此释物精良、引证广博，可信可靠。

曾与王子韶修定《说文》，与他人同修《起居注》，领修《神宗实录》《哲宗实录》。陆佃博学多才，经术功底深厚，一生勤于笔耕不辍，除《埤雅》《尔雅新义》《陶山集》今尚存外，已佚的有《尔雅注》《鹖冠子注》《春秋后传》等。

洪兴祖（1090—1155），两宋间官员、经学家，著有《老庄本旨》《周易通义》《系辞要旨》《古文孝经序赞》《离骚》《楚词考异》等。

洪兴祖，字庆善，镇江丹阳人（今属江苏省）。少读《礼》至《中庸》，顿悟性命之理，绩文日进。登政和上舍第，为湖州士曹（今浙江省湖州市），改宣教郎。高宗时在扬州，庶事草创，选人改秩军头司引见，自兴祖始。召试，授秘书省正字，后为太常博士。

上疏乞收人心，纳谋策，安民情，壮国威。又论国家再造，一宜以艺祖为法。绍兴四年（1134年），苏、湖地震。兴祖时为驾部郎官，应诏上疏，具言朝廷纪纲之失，为时宰所恶，主管太平观。

起知广德军（属江南东路，治建康府，即今扬州市），视水原为陂塘六百余所，民无旱忧。一新学舍，因定从祀：自十哲曾子而下七十有一人，又列先儒左丘明而下二十有六人。擢提点江东刑狱。知真州（即今江苏省仪征市真州镇）。州当兵冲，疮痍未瘳。兴祖始至，请复一年租，从之。明年再请，又从之。自是流民复业，垦辟荒田至七万余亩。

徙知饶州（即今江西省鄱阳县），先梦持六刀，觉曰："三刀为益，今倍之，其'饶'乎？"已而果然。是时秦桧当国，谏官多桧门下，争弹劾以媚桧。兴祖坐尝作故龙图阁学士程瑀《论语解·序》，语涉怨望，编管昭州（即今广西区桂林地区平乐县）。卒，年六十有六。明年，诏复其官，直敷文阁。

兴祖好古博学，自少至老，未尝一日去书。著《老庄本旨》《周易通义》《系辞要旨》《古文孝经序赞》《离骚》《楚词考异》行于世。（元代脱脱等撰，《宋史·卷四百三十三·列传第一百九十二·儒林三·洪兴祖》）

儒林大师、经学家洪兴祖，号"练塘"。徽宗政和八年上舍及第。高宗初，授秘书省正字，迁太常博士。绍兴四年，应诏上书言朝廷纪纲之失，为时宰所恶，主管太平观。起知广德军，擢提点江东刑狱，历知真州、饶州，所至均有惠政。因忤奸佞秦桧，编管昭州，卒。著有《老庄本旨》《周易通义》《左氏通解》《楚辞补注》《楚辞考异》《论语说》《朱子语类·杂类》等。

郑樵（1103—1162），南宋史学家，著纪传体中国通史史学巨著《通志》，以及《氏族志》《动植志》等。

郑樵，字渔仲，兴化军莆田人（今属福建省。兴化军，是北宋太宗赵光义太平兴国五年至南宋端宗赵昰景炎二年，也就是存在于980—1277年这一阶段福建的军级行政区域名）。好著书，不为文章，自负不下刘向、杨雄。居夹漈山（福建省莆田市的一座名山），谢绝人事。久之，乃游名山大川，搜奇访古，遇藏书家，必借留读尽乃去。赵鼎、张浚而下皆器之（赵鼎，1085—1147。南宋高宗时宰相，爱国政治家、词人。张浚，1097—1164，南宋名相、抗金名将）。初为经旨、礼乐、文字、天文、地理、虫鱼、草木、方书之学，皆有论辩，绍兴十九年上之（1149年），诏藏秘府。樵归益厉所学，从者二百余人。

以侍讲王纶、贺允中荐，得召对，因言班固以来历代为史之非。帝曰："闻卿名久矣，敷陈古学，自成一家，何相见之晚耶？"授右迪功郎、礼兵部架阁。以御史叶义问劾之，改监潭州南岳庙（潭州，涵盖、包括的区域较大，含今湖南省长沙、湘潭、株洲、益阳、娄底、岳阳南），给札归抄所著《通志》。书成，入为枢密院编修官，寻兼摄检详诸房文字。请修金正隆官制（正隆，金海陵王完颜亮的第三个年号，1156—1161年），比附中国秩序，因求入秘书省翻阅书籍。未几，又坐言者寝其事。金人之犯边也，樵言岁星分在宋，金主将自毙，后果然。高宗幸建康，命以《通志》进，会病卒，年五十九，学者称“夹漈先生”。

樵好为考证伦类之学，成书虽多，大抵博学而寡要。平生甘枯淡，乐施与，独切切于仕进（切切，助词。急切；迫切；急迫。朱熹《壬午应诏封事》：“切切然今日降一诏，明日行一事”），识者以是少之。

同郡林霆，字时隐，擢政和进士第，博学深象数，与樵为金石交。林光朝尝师事之。聚书数千卷皆自校雠，谓子孙曰：“吾为汝曹获良产矣。”绍兴中，为敕令所删定官，力诋秦桧和议之非，即挂冠去，当世高之。（元代脱脱撰，《宋史·卷四百三十六·列传第一百九十五·儒林六·郑樵》）

郑樵博学强记，不应科举，居夹漈山上，刻苦力学三十年，访书十年，注意实地考察天文、地理、草木、虫鱼诸多知识，不满空谈心性，讲求辞章的风气，学者称其为“夹漈先生”。生平著作丰富，有《氏族志》《动植志》等八十余种。高宗绍兴三十一年（1161年），编撰完成综合历代史料而成的通史《通志》二百卷一书。

罗愿（1136—1184），宋代官员、训诂学家，撰有《尔雅翼》《新安志》《鄂州小集》等。

罗愿，字端良，号“存斋”，徽州歙县人（今安徽省歙县），乾道二年进士（1166年。乾道，南宋孝宗赵昚的第二个年号），历任潘阳知县、赣州通判、鄂州知事，人称罗鄂州。精博物之学，擅长考证。文章精练醇雅，富有秦汉古文之风，撰有《新安志》十卷、《鄂州小集》七卷、《尔雅翼》二十卷。

清代陆以湉著《冷庐杂识·卷一·罗愿》：“宋代罗汝楫子愿，知鄂州，有善政。曹泾作《本传》，引《新安续志》谓：鄂州大旱，愿立日中请祷，致疾而卒。王祎作《小集后序》亦云然。乃《宋史》谓：知鄂州，以父嫌不敢入岳庙。一日自念：吾政善，姑往祠之。甫拜，遽死于像前。是欲假以神忠武，而适见其妄也。聪明正直如忠武。岂因其父之恶而谴及其子哉？”

方以智（1611—1671），明清之际思想家、哲学家、科学家、训诂学家，著有《通雅》《东西均》《浮山集》《物理小识》《药地炮庄》等。

方以智，字密之。桐城人（今安徽省中部偏南）。父孔炤，明湖广巡抚，为杨嗣昌劾下狱（杨嗣昌，1588—1641年，明末权倾一时的宰相式官员，史学家对其褒贬不一，《明史》有传），以智怀血疏讼冤，得释，事具《明史》。以智，崇祯庚辰进士（1640年，崇祯十三年），授检讨。会李自成破潼关，范景文疏荐以智，召对德政殿，语中机要，上抚几称善。以忤执政意，不果用。京师陷，以智哭临殡宫，至东华门，被执，加刑毒，两踝骨见，不屈。

贼败，南奔，值马、阮乱政，修怨欲杀之，遂流离岭表。自作《序》篇，上述祖德，下表隐志。变姓名，卖药市中。桂王称号肇庆，以与推戴功，擢右中允。扈王幸梧州，擢侍讲学士，拜礼部侍郎、东阁大学士，旋罢相。固称疾，屡诏不起。尝曰：吾归则负君，出则负亲，吾其缁乎（缁，音zī，形容词。《说文解字·糸部》：“缁，帛黑色也。”黑色。《论语·阳货》：“不曰白乎，涅而不缁？”《诗经·郑风·缁衣》：“缁衣之宜兮，敝，予又改为兮。适子之馆兮，还，予授子之粲兮。”因僧人穿黑色缁衣，故亦指僧。此意为两难之下唯有出家为僧）？

行至平乐，被絷（絷，音zhí，会意动词。拘禁；拘囚；束缚。《左传·成公九年》：“南冠而絷者，谁也”）。其帅欲降之，左置官服，右白刃，惟所择，以智趋右，帅更加礼敬，始听为僧。更名弘智，字无可，别号“药地”。康熙十年（1671年），赴吉安，拜文信国墓（即文天祥，南宋抗元名臣。因其功，被朝廷封信国公），道卒，其闭关高坐时也。友人钱澄之（钱澄之，体貌伟然，少以名节自励，纵谈经世之略；常思冒危难，立功名。曾任礼部主事、翰林院庶吉士，兼诰敕撰文。治《诗》问《易》，于名物、训诂、山川、地理无不研究，且精通。著有《庄屈合诂》《藏山阁诗文集》），亦客金陵（客，旅居他乡作客。唐代杜甫《去蜀》诗：“五载客蜀郡，一年居梓州”），遇故中官为僧者，问以智，澄之曰：“君岂曾识耶？”曰：“非也。昔侍先皇，一日朝罢，上忽叹曰：‘求忠臣必于孝子！’如是者再。某跪请故，上曰：‘早御经筵，有讲官父巡抚河南，坐失机问大辟（辟，音 bì。大辟，古代五刑之一。商、周、春秋、战国等时期对死刑的通称），某熏衣（指某人，不明言其名的用词。古代汉族服饰风俗，贵族或上层社会人士常以香草燃烧熏衣，以示尊贵），饰容止如常时。不孝若此，能为忠乎？闻新进士方以智，父亦系狱，日号泣，持疏求救，此亦人子也。'言讫复叹，俄释孔炤，而辟河南巡抚，外廷亦知其故乎？"澄之述其语告以智，以智伏地哭失声。

以智生有异禀，年十五，群经、子、史，略能背诵。博涉多通，自天文、舆地、礼乐、律数、声音、文字、书画、医药、技勇之属，皆能考其源流，析其旨趣。著书数十万言，惟《通雅》《物理小识》二书盛行于世。（民国赵尔巽等撰，《清史稿·卷五百·列传二百八十七·遗逸一·方以智》）

方以智，号"曼公"，出身士大夫家庭。自幼聪颖，秉承渊源家学，受儒家思想教育，学术上，博采众长，主张中西合璧，儒、释、道三教归一。

少年时代和陈贞慧、吴应箕、侯方域等参加"复社"活动，有"明季四公子"之称。

父孔炤任湖广巡抚时，为佞臣弹劾蒙冤下狱，以智胸怀血疏求救，日号泣讼冤，终得以获释，辟河南巡抚。此事记入《明史》。

1640 年，明崇祯十三年进士，曾任翰林院检讨。晚年发愤著书同时，秘密组织反清复明活动，为躲避清廷的搜捕缉拿而走上了逃禅的道路。清兵下广东，在梧州曾出家为僧，改名大智，字无可，别号"弘智""药地""浮山愚者""愚者大师""极丸老人"等；礼佛于安徽省北部的枞阳城浮山。1671 年，清康熙十年，赴吉安谒文天祥墓，因"粤难"被捕，十月，于押解途中自沉于江西万安惶恐滩殉国而卒，终归葬于浮山。浮山又称浮渡山，三面环水，似船浮于水面而得名。

方以智博学多才，对哲学、礼乐、天文、地理、历史、物理、生物、医药、文学、音韵、声律、诗词、书画、琴棋等无不有所研究。著述颇丰，有《通雅》《物理小识》《东西均》《药地炮庄》《浮山集》等。

他取材于先秦诸子、史籍、方志、小说，考证古音古义，论及方言俗语，撰训诂书《通雅》，分门别类，加以训释，体例严谨，可供研究古汉语、探讨词源的参考。

他接受了明末自西方传过来的科学知识，但对同时传入的基督教神学非常不满意，批判西学“详于质测而拙于言通几”。

在《物理小识》一书中，特别强调“质测”（实验科学）的知识，主张“寓通几（哲学）于质测”，即哲学不能离开科学，科学应以哲学为指导；认为“一切物皆气所为也，空皆气所实也”，反对“离气以言理”“离器以言道”的宋明理学。还提出“宙（时间）轮于宇（空间）”的见解，认为空间与时间不是彼此独立存在的，宙即在宇中，宇即在宙中，整个宇宙也都是物质的。

“合二而一”这一命题就是他在《东西均》一书中首次提出的。

戴震（1724—1777），清代哲学家、思想家、著名语言文字学家，著有《声韵考》《方言疏证》《诗经补注》《尔雅文字考》等。

戴震，字东原，休宁人（今属安徽省）。读书好深湛之思，少时塾师授以《说文》，三年尽得其节目。年十六七，研精注疏，实事求是，不主一家。与郡人郑牧、汪肇龙、方矩、程瑶田、金榜从婺源江永游，震出所学质之永，永为之骇叹。永精《礼经》及推步、钟律、音声、文字之学，惟震能得其全。

性特介（特介，独特；耿介。张衡《思玄赋》：“孑不群而介立”）。年二十八补诸生，家屡空，而学日进。与吴县惠栋、吴江沈彤为忘年友。以避雠入都，北方学者如献县纪昀、大兴朱筠，南方学者如嘉定钱大昕、王鸣盛，余姚卢文弨，青浦王昶，皆折节与交。尚书秦蕙田纂《五礼通考》，震任其事焉。

乾隆二十七年（1762年），举乡试，三十八年（1773年），诏开四库馆，征海内淹贯之士司编校之职（淹贯，淹博贯通；深通广晓。《新唐书·柳登传》：“淹贯群书，年六十余，始仕宦”），总裁荐震充纂修。四十年（1775年），特命与会试中式者同赴殿试，赐同进士出身，改翰林院庶吉士。震以文学受知，出入著作之庭。馆中有奇文疑义，辄就咨访。震亦思勤修其职，晨夕披检，无间寒暑。经进图籍，论次精审。所校《大戴礼记》《水经注》尤精核。又于《永乐大典》内得《九章》《五曹算经》七种，皆王锡阐、梅文鼎所未见。震正讹补脱以进，得旨刊行。四十二年（1777年），卒于官，年五十有五。

震之学，由声音、文字以求训诂，由训诂以寻义理。谓："义理不可空凭胸臆，必求之于古经。求之古经而遗文垂绝，今古悬隔，必求之古训。古训明则古经明，古经明则贤人圣人之义理明，而我心之同然者，乃因之而明。义理非他，存乎典章制度者也。彼歧古训、义理而二之，是古训非以明义理，而义理不寓乎典章制度，势必流入于異学曲说而不自知也。"

震为学精诚解辩，每立一义，初若创获，乃参考之，果不可易。大约有三：曰小学，曰测算，曰典章制度。

其小学书有《六书论》三卷，《声韵考》四卷，《声类表》九卷，《方言疏证》十卷。汉以后转注之学失传，好古如顾炎武，亦不深省。震谓：指事、象形、谐声、会意四者为书之体，假借、转注二者为书之用。一字具数用者为假借，数字共一用者为转注。初、哉、首、基之皆为始，卬、吾、台、予之皆为我，其义转相注也。又自汉以来，古音寖微（寖，同"浸"。逐渐衰微），学者于六书之故，靡所从入。顾氏《古音表》，入声与《广韵》相反。震谓："有入无入之韵，当两两相配，以入声为之枢纽。真至仙十四韵，与脂、微、齐、皆、灰五韵同入声；东至江四韵及阳至登八韵，与支、之、佳、咍（音 hāi）、萧、宵、肴、豪、尤、侯、幽十一韵同入声；浸至凡九韵之入声，则从《广韵》，无与之配。鱼、虞、模、歌、戈、麻六韵，《广韵》无入声，今同以铎为入声，不与唐相配。而古音递转及六书谐声之故，胥可由此得之，皆古人所未发。

其测算书《原象》一卷，《迎日推策记》一卷，《句股割圜记》三卷，《历问》一卷，《古历考》二卷，《续天文略》三卷，《策算》一卷。自汉以来，畴人不知有黄极，西人入中国，始云赤道极之外又有黄道极，是为七政恒星右旋之枢，诧为《六经》所未有。震谓："西人所云赤极，即《周髀》之正北极也，黄极即《周髀》之北极璇玑也（璿玑，音 xuán jī。即"魁星"。北斗七星中前四颗星，即天枢、天璇、天玑、天权的总称。古称"羹斗"为"魁"，因四颗星排列成方形如"斗"，故名，或称"斗魁"）。《虞书》'在璿玑玉衡，以齐七政'，盖设璿玑以拟黄道极也。黄极在柱史星东南，上弼、少弼之间，终古不随岁差而改。赤极居中，黄极环绕其外，《周髀》固已言之，不始于西人也。"

震所著典章制度之书未成。有《诗经二南补注》二卷，《毛郑诗考》四卷，《尚书义考》一卷，《仪经考正》一卷，《考工记图》二卷，《春秋即位改元考》一卷，《大学补注》一卷，《中庸补注》一卷，《孟子字义疏证》三卷，《尔雅文字考》十卷，《经说》四卷，《水地记》一卷，《水经注》四十卷，《九章补图》一卷，《屈原赋注》七卷，《通释》三卷，《原善》三卷，《绪言》三卷，《直隶河渠书》一百有二卷，《气穴记》一卷，《藏府算经论》四卷，《葬法赘言》四卷，《文集》十卷。

震卒后，其小学，则高邮王念孙、金坛段玉裁传之；测算之学，则曲阜孔广森传之；典章制度之学，则兴化任大椿传之；皆其弟子也。后十余年，高宗以震所校《水经注》问南书房诸臣曰："戴震尚在否?"对曰："已死。"上惋惜久之。（民国赵尔巽等撰，《清史稿·卷四百八十一·列传第二百六十八·儒林二·戴震》）

清代学者、经学家、思想家戴震，乾隆二十七年举人，三十八年被特召为《四库全书》纂修官。四十年会试下第（科举时代进士考试不中叫"下第"，也叫"落第"），特命参加殿试，赐同进士出身。于音韵（古音、立韵）、文字、天文、历算、数学、历史、地理无不精通，均有深刻研究。又进而阐明义理，对理学家"去人欲，存天理"之说，有所抨击。此外还著有《声韵考》《方言疏证》《诗经补注》《尔雅文字考》等。

钱大昕（1728—1804），清代著名学者、史学家、汉学家，18 世纪中国知识最为渊博、学术最为精湛的大师，饮誉海内的著名学者，与纪昀并称为"南钱北纪"，著有《声类》《养新录》《恒言录》《竹汀日记钞》《廿二史考异》《经典文字考异》等。

钱大昕，字晓征，嘉定人（今上海市）。乾隆十六年召试举人（1751 年），授内阁中书。十九年进士（1754 年），选翰林院庶吉士，散馆授编修（散馆，清代翰林院庶吉士经过一定年限举行甄别考试之称。进士经殿试后，除一甲三名分别授以修撰及编修外，其余一部分选为庶吉士的都由特派的翰林官教习，通常在三年之后考试优等者，原为二甲进士者授编修，原为三甲进士者授检讨，次者，改任各部主事或知县。因翰林官相当于唐宋的馆职，又庶吉士学习之地称之为庶常馆，所以学习期满称为散馆，而留充编修、检讨的称之为留馆）。大考二等一名，擢右春坊右赞善（右春坊，詹事府内部一个机构的官署名称。常设右庶子、中舍人、右中允、太子舍人、通事舍人、右赞善大夫等官员，全部由满、汉各一人充任。职掌东宫侍从、献纳、讲读、笺奏之事。由于雍正不设立太子，詹事府自此便没有了辅佐皇太子的职事，由此，改任记注、纂修工作，充任文武殿试掌卷官、廷试阅卷之事。明清之际的春坊官，实际上仅为翰林官迁转之阶位。右赞善，从六品衔；汉员兼职翰林院检讨衔，职掌太子宫中侍从、讲授、记注、撰文之事。《清史稿·职官志二》："左、右赞善各二人。汉员兼翰林院检讨衔"）。累充山东乡试、湖南乡试正考官、浙江乡试副考官。大考一等三名，擢翰林院侍讲学士。三十二年（1767 年），乞假归。三十四年（1769 年），补原官。入直上书房（直，通"值"，动词。当值；轮值；直房。《晋书·羊祜传》："悉统宿卫，入直殿中。"上书房，清代皇子们上学读书的地方，位于乾清宫左边。道光之前称"尚书房"，道光年间奉旨改为"上书房"），迁詹事府少詹事（詹事府，秦始置，职掌皇后、太子家事的机构。詹事，满、汉各一人，正三品；少詹事，满、汉各一人，为正四品官；无实职，用于备选翰林官的升迁。乾隆十八年，敕谕："詹事府，东宫僚佐，储贰未建，其官原可不设，第以翰林叙进之阶。姑留以备词臣迁转地耳。"自此，詹事府官员就成了专门为翰林院迁转任职之地），充河南乡试正考官。寻提督广东学政。四十年（1775 年），丁父艰（亦称"丁艰"，犹如"丁忧"。旧称遭遇父、母亲之丧），服阕（旧制，父、母亲死后，子女要守丧三年，期满除服，称之为"服阕"。"阕"是终了的意思。《风俗通·十反》："三年服阕"），又丁母艰，病不复出。嘉庆九年（1804 年），卒，年七十七。

大昕幼慧，善读书。时元和惠栋、吴江沈彤以经术称，其学求之《十三经注疏》，又求之唐以前子、史、小学。大昕推而广之，错综贯串，发古人所未发。任中书时，与吴烺、褚寅亮同习梅氏算术。及入翰林，礼部尚书何国宗世业天文，年已老，闻其善算，先往见之，曰"今同馆诸公谈此道者鲜矣"。

大昕于中、西两法，剖析无遗。用以观史，自《太初》《三统》《四分》，中至《大衍》，下迄《授时》，朔望薄蚀，凌犯进退，抉摘无遗。汉《三统术》为七十余家之权舆（权舆，萌芽；开始，本谓草木萌芽的状态。《大戴礼记·诰志》："于时冰泮发蛰，百草权舆，瑞雉无释。"引申为起始、初时。《诗经·秦风·权舆》："于我乎，夏屋渠渠，今也每食无余，于嗟乎！不承权舆！"《毛传》："权舆，始也"），讹文奥义，无能正之者。大昕衍之，据班《志》以阐刘歆之说，裁《志》文之讹，二千年已绝之学，昭然若发蒙（发蒙，亦作"发曚"。教儿童开始识字读书；启发蒙昧。《易经·蒙卦·初六》："初六，发蒙，利用刑人，用说桎梏，以往吝。"孔颖达疏解："以能发去其蒙也。"枚乘《七发》："发蒙解惑，不足以言也。"《后汉书·东平宪王苍传》："心开目明，旷然发蒙。"后人则指初始识字的儿童读书)，大昕又谓："……"

大昕始以辞章名，沈德潜《吴中七子诗选》，大昕居一。既乃研精经、史，于经义之聚讼难决者，皆能剖析源流。文字、音韵、训诂、天算、地理、氏族、金石以及古人爵里（爵里，官爵乡里。南朝梁元帝《怀旧志·序》："故备书爵里，陈怀旧焉"）、事实、年齿（年齿，年纪；年龄。《庄子·徐无鬼》："舜，举乎童土之地，年齿长矣，聪明衰矣，而不得休归"），了如指掌。古人贤奸是非疑似难明者，典章制度昔人不能明断者，皆有确见。惟不喜二氏书，尝曰："立德立功立言，吾儒之不朽也。先儒言释氏近于墨，予以为释氏亦终于杨氏为己而已。彼弃父母而学道，是视己重于父母也。"

钱大昕在馆时，常与修《音韵述微》《续文献通考》《续通志》《一统志》《天球图》诸书，所著有《唐石经考异》一卷，《经典文字考异》一卷，《声类》四卷，《廿二史考异》一百卷，《唐书史臣表》一卷，《唐五代学士年表》二卷，《宋学士年表》一卷，《元史氏族表》三卷，《元史艺文志》四卷，《三史拾遗》五卷，《诸史拾遗》五卷，《通鉴注辨证》三卷，《四史朔闰考》四卷，《吴兴旧德录》四卷，《先德录》四卷，洪文惠、洪文敏、王伯厚、王弇州四家《年谱》各一卷，《疑年录》三卷，《潜研堂文集》五十卷，《诗集》二十卷，《潜揅堂金石文跋尾》二十五卷，《养新录》二十三卷，《恒言录》六卷，《竹汀日记钞》三卷。（民国赵尔巽等撰，《清史稿·卷四百八十一·列传第二百六十八·儒林二·钱大昕》）

清代学者、史学家、汉学家、学术大师钱大昕，字晓征，号"辛楣"，又号"竹汀居士"。钱大昕幼年即聪慧过人，善于读书，精研群籍，历主吴郡钟山书院、紫阳书院十六年。又习算术。对于中、西历法，研习透彻；于经、史、子、集，字、韵、诂训、天文、地理、金石、氏族……无不熟知，了如指掌。勤于著作，笔耕不辍，所著书籍纷呈多彩。

钱大昕晚年又撰随笔《十驾斋养新录》二十卷，养新为其读书室名。其中收集有本草类五篇：《本草衍义》《政和证类本草》《大观本草》《证类本草》《证类本草》。1799 年，嘉庆四年，作自序；1804 年，嘉庆九年，阮元为其作序。在《竹汀先生日记钞》一书中收有本草类一篇。

毕沅（1730—1797），清代官员、学者、著名才子、学问大家，著有《灵岩山人文集》《灵岩山人诗集》《续资治通鉴》《经典文字辨正》。

毕沅，字缃蘅，江南镇洋人（即今江苏省太仓）。乾隆十八年举人（1753年），授内阁中书，充军机处章京（官职名。章京，本是满语的音译，清军军职多称章京。军机处和总理各国事务衙门办理文书事务的官员，亦称章京。属堂官的重要助手。军机处的章京，被称为小军机）。二十五年（1760年），一甲一名进士，授修撰。再迁庶子。三十一年（1766年），授甘肃巩秦阶道。从总督明山出关勘屯田，调安肃道。擢陕西按察使。上东巡，觐行在，备言甘肃旱。谕治赈，并免逋赋四百万（逋赋，尚未缴纳的赋税。《汉书·武帝纪》："行所巡至，博、奉高、蛇丘、历城、梁父，民田租、逋赋贷，已除。"颜师古注解："逋赋，未出赋者也"）。擢布政使，屡获巡抚。师征金川（金川，即今四川省阿坝藏族羌族自治州金川县），遣沅督饷，军无匮，授巡抚。河、洛、渭并涨，朝邑被水（朝邑，即今陕西省大荔县）。治赈，全活甚众。募民垦兴平、盩厔、扶风、武功荒地（兴平，今陕西省咸阳市下辖的兴平市；盩厔，今作周至，即今陕西省周至县；扶风，即今陕西省宝鸡市扶风县；武功，即今陕西省咸阳市下辖的武功县），得田八十余顷。濬泾阳龙洞渠（泾阳，即今陕西省咸阳市下辖的泾阳县），溉民田。嘉峪关外镇西、迪化士子赴乡会试者（嘉峪关，即今甘肃省嘉峪关市。迪化，即今新疆区乌鲁木齐市的旧称），奏请给驿马。置姬氏《五经》博士，奉祀文、武、成、康四王及周公陵墓。修华岳庙暨汉、唐以来名迹，收碑碣储学宫。屡署总督。四十一年（1776年），赐孔雀翎。四十四年（1779年），丁母忧，去官。四十五年（1780年），陕西巡抚缺员，谕："沅在西安久，守制将一年。命往署理，非开在任守制例也。"

四十六年（1781年），甘肃撒拉尔回苏四十三为乱，沅会西安将军伍弥泰、提督马彪发兵讨之。事平论功，赐一品顶戴。甘肃冒赈事发，御史钱沣劾沅瞻徇（瞻徇，形声动词。《说文解字·目部》："瞻，临视也。"《尔雅》："瞻，视也。"《诗经·邶风·燕燕》："瞻望弗及，泣涕如雨。"徇，谋求；徇私。徇顾私情；徇私枉法），降三品顶戴。四十八年（1783年），复还原品，寻实授巡抚。四十九年（1784年），甘肃盐茶厅回田五复乱，沅遣兵分道搜剿。上命大学士阿桂视师，沅治军需及驿传供亿，屡得旨奖励。

沅先后抚陕西十年，尝奏："足民之要，农田为上。关右大川，如泾、渭、灞、浐、沣、滈、潦、潏、河、洛、漆、沮、汧、汭诸水，流长源远。若能就近疏引，筑堰开渠，以时蓄泄，自无水旱之虞。古来云中、北地、五原、上郡诸处畜牧，为天下饶，若酌筹闲款，市牛羊驼马，为畀民试牧；俟有孳生，交还官项，余则畀其人以为资本。耕作与畜牧相兼，实为边土无穷之利。"议未行。

五十年（1785 年），调河南巡抚。奏："河北诸府患旱，各属仓储，蠲缓赈卹，所存无多，请留漕粮二十万备赈。"既又请缓征民欠钱粮，并展赈，上温谕嘉之。命诣胎簪山求淮水真源，御制《淮源记》以赐。五十一年，赐黄马褂。授湖广总督。伊阳盗秦国栋戕官，上责沅捕治未得，命仍回巡抚。五十三年，复授湖广总督。江决荆州，发帑百万治工。沅奏："江自松滋下至荆州万城堤，折而东北流，南逼窖金，荆水至无所宣泄。请筑对岸杨林洲土灞、鸡咀石壩，逼溜南趋，刷洲沙无致壅遏。"又请修襄阳老龙堤、常德石柜隄、潜江仙人堤，凿四川湖北大江险滩，便云南铜运。

五十九年（1794 年），陕西安康、四川大宁邪教并起，称传自湖北，沅赴襄阳、郧阳按治，降授山东巡抚。上以明年归政，令督抚察民欠钱粮豁免，奏蠲山东积逋四百八十七万、常平社仓米谷五十万四千余石。六十年，仍授湖广总督。

湖南苗石三保等为乱，命赴荆州、常德督饷，以运输周妥，赐孔雀翎。嘉庆元年（1796 年），枝江民聂人杰等挟邪教为乱，破保康、来凤、竹山，围襄阳，沅自辰州至枝江捕治。当阳又陷，复移驻荆州，上命解沅总督。旋克当阳，获乱渠张正谟等。复命沅为总督如故，予二等轻车都尉世职。寻奏乱渠石三保、吴半生、吴八月等皆就获，惟石柳邓未获；请撤各省兵，留二三万分驻苗疆要隘。上谕曰："撤兵朕所愿，但平陇未克，石柳邓未获，岂能遽议及此？"寻获石柳邓。上命沅驰赴湖南镇抚。疏言："樊城为汉南一都会，请建砖城，以工代赈。"二年（1797 年，嘉庆二年），请以提督移辰州，增设总兵驻花园汛。寻报疾作，手足不仁，赐活络丸。旋卒，赠太子太保。四年（1799 年），追论沅教匪初起失察贻误，滥用军需帑项（帑，音 tǎng。国库；国库所藏的金帛。《后汉书·郑弘传》："人食不足，而帑藏殷积"），夺世职，籍其家（古代的一种重刑，除对当事人施刑外，还要登记并没收其家所有财产予以充公，亲属为奴。又称为"籍没"。唐代颜师古在为《汉书·武帝纪》"籍吏民马，补车骑马"作注时说："籍者，总入籍录而取之。"唐代孔颖达疏解："籍之，谓杀其身，执其家，潴其官。潴，音 zhū。蓄积。另一说：水停聚。《集韵·鱼韵》："潴，水所停曰潴"）。

沅以文学起，爱才下士，职事修举；然不长于治军，又易为属吏所蔽，功名遂不终。（民国赵尔巽等撰，《清史稿·卷三百三十二·列传第一百一十九·毕沅》）

清代官员、学者毕沅，字纕蘅，一字秋帆，自号"灵岩山人"。毕沅治学范围宽泛，于经史、小学、金石、地理、诗文，无所不通、无所不精。自中举进入军机处后，仕途一帆风顺，历任修撰、翰林院编修，按察使、布政使、巡抚、总督，直至湖广总督。还曾因修华岳庙暨汉、唐以来名迹，收碑碣储学宫，屡署总督，于乾隆四十一年获赐孔雀翎（1776 年）。身膺疆寄，与兵事相表里，平乱督饷多年，运输周妥，再次获赐孔雀翎。然，因不擅治军，为吏蒙蔽，导致滥用军饷，以致晚年功名不保，落得个罚处严谨，察籍夺职之结果。不免遗憾！

留有《灵岩山人文集》《灵岩山人诗集》。《续资治通鉴》虽属沅名，其实多成于他人之手。

桂馥（1733—1802，《辞海》则说 1736—1805），清代文字训诂学家，著有《晚学集》《说文义证》，绘《说文系统图》。

桂馥，字冬卉，曲阜人（即今山东省曲阜）。乾隆五十五年进士（1790 年），选云南永平县知县，卒于官。

馥博涉群书，尤潜心小学，精通声义。尝谓："士不通经，不足致用；而训诂不明，不足以通经。"故自诸生以至通籍，四十年间，日取许氏《说文》与诸经之义相疏证，为《说文义证》五十卷。力穷根柢，为一生精力所在。

馥与段玉裁生同时，同治《说文》，学者以桂、段并称，而两人两不相见，书亦未见，亦异事也。盖段氏之书，声义兼明，而尤邃于声；桂氏之书，声亦并及，而尤博于义。段氏钩索比傅，自以为能冥合许君之旨，勇于自信，自成一家之言，故破字创义为多；桂氏专佐许说，发挥旁通，令学者引申贯注，自得其义之所归。故段书约而猝难通辟，桂书繁而寻省易了。夫语其得于心，则段胜矣；语其便于人，则段或未之先也。其专胪古籍（胪，动词。《尔雅》："胪，叙也。"传语；陈述。《庄子·外物》："大儒胪传曰：'东方作矣，事之何如?'"成玄英疏解："从上传语告下曰胪。胪，传也。"桂馥专长胪叙古籍），不下已意，则以意在博证求通，展转孳乳（展转，同"辗转"。反复；多次；重复。唐代元稹《答胡灵之》诗："铅钝丁宁淬，芜荒展转耕。"孳乳，派生繁衍。东汉许慎《说文解字序》："文者，物象之本；字者，言孳乳而寖多也。"反复于滋生繁衍），触长无方（无方，没有一定之规；没有定例；无定规。《礼记·檀弓上》："事亲有隐无犯，左右就养无方"），亦如王氏《广雅疏证》、阮氏《经籍籑诂》之类，非以已意为独断者。

及馥就宦滇南，追念旧闻，随笔疏记十卷，以其细碎，比之匠门木材，题曰《札朴》。然馥尝引徐干《中论》："鄙儒博学，务于物名，详于器械，考于训诂，摘其章句而不能统其大义之所极，以获先王之心。故使学者劳思虑而不知道，费日月而无功成。"谓近日学者风尚六书，动成习气，偶涉名物，自负《仓》《雅》，略讲点画，妄议斯、冰，叩以经典大义，茫乎未之闻也。此尤为同时小学家所不能言，足以针肓起废。著有《晚学集》十二卷。（民国赵尔巽等撰，《清史稿·卷四百八十一·列传第二百六十八·儒林二·桂馥》）

清代文字训诂学家桂馥，字冬卉，号"未谷"。生平悉心研究语言、文字之学，专治《说文》四十年，以古代诸多经典文义与《说文解字》相参校、疏证，又用《玉篇》《广韵》加以校核，融汇诸经，著成《说文义证》五十卷，又绘许慎以下诸家为《说文系统图》。

段玉裁（1735—1815），清代经学家、文字训诂学家，著有《说文解字注》《六书音均表》《古文尚书撰异》《春秋左氏古经》《经韵楼集》等。

段玉裁，字若膺，金坛人（今属江苏省）。生而颖异，读书有兼人之资。乾隆二十五年举人（1760年），至京师见休宁戴震，好其学，遂师事之。以教习得贵州玉屏县知县，旋调四川，署富顺及南溪县事，又办理化林坪站务。时大兵征金川，挽输络绎（挽输，运输。《汉书·韩安国传》："又遣子弟乘边守塞，转粟挽输，以为之备。”络绎，前后相连，接连不断，往来不绝。马融《长笛赋》：“繁缛络绎，范蔡之说也。”李善注解：“辞旨繁缛，又相连续也。”张铣注解：“笛声繁多，相连不绝，如范雎、蔡泽之说辞也。”《后汉书·乌桓传》：“是时四夷朝贺，络绎而至”），玉裁处分毕，辄篝镫著述不辍（篝，篝火，古指用竹笼罩的火。《史记·陈涉世家》：“又间令吴广之次所旁丛祠中，夜篝火，狐鸣，呼曰：‘大楚兴，陈胜王。’”镫，古同“灯”。《楚辞·招魂》：“兰膏明烛，华镫错些。”夜以继日不停地著述）。著《六书音均表》五卷。古韵自顾炎武析为十部，后江永复析为十三部，玉裁谓支、佳一部也，脂、微、齐、皆、灰一部也，之、咍一部也（咍，音 hāi），汉人犹未尝淆借通用。晋、宋而后，乃少有出入。迄乎唐之功令，只注“脂、之同用”，佳注“皆同用”，灰注“咍同用”，于是古之截然为三者，罕有知之。又谓真、臻、先、与谆、文、殷、魂、痕为二，尤、幽与侯为二，得十七部。其书始名《诗经韵谱》《群经韵谱》。嘉定钱大昕见之，以为凿破混沌，后易其体例，增以新加，十七部盖如旧也。震伟其所学之精，云自唐以来讲韵学者所未发。寻任巫山县，年四十六，以父老引疾归，键户不问世事者三十余年（键，门闩；锁簧。《周礼·地官·司门》：“掌授管键以启闭国门。”西汉刘向编杂史小说集《说苑·谈丛》：“五寸之键，制开阖之门。”键户，闭门）。

玉裁于周、秦、两汉书无所不读，诸家小学皆别择其是非。于是积数十年精力，专说《说文》，著《说文解字注》三十卷，谓：“《尔雅》以下，义书也；《声类》以下，音书也；《说文》，形书也。凡篆一字，先训其义，次释其形，次释其音，合三者以完一篆，故曰形书。”

又谓“许以形为主，因形以说音、说义。其所说义，与他书绝不同者，他书多假借，则字多非本义，许惟就字说其本义。知何者为本义，乃知何者为假借，则本义乃假借之权衡也。《说文》《尔雅》相为表里，治《说文》而后《尔雅》及传注明”。又谓“自仓颉造字时至唐、虞、三代、秦、汉以及许叔重造《说文》，曰‘某声’、曰‘读若某’者，皆条理合一不紊。故既用徐铉切音，又某字志之曰古音第几部，后附《六书音均表》，俾形、声相为表里。始为长编，名《说文解字读》，凡五百四十卷。既乃隐括之成此注”。玉裁又以“《说文》者，说字之书，故有‘读如’，无‘读为’，说经、传之书，必兼是二者。汉人作注，于字发疑正读，其例有三：‘读如’‘读若’者，拟其音也，比方之词；‘读为’‘读曰’者，易其字也，变化之词；

‘当为’者，定为字之误、声之误，而改其字也，救正之词：三者分，而汉注可读，而经可读”。述《汉读考》，先成《周礼》六卷，又撰《礼经汉读考》一卷，其他十六卷未成。仪征阮元谓玉裁书有功于天下后世者三：言古音一也，言《说文》二也，《汉读考》三也。其他说经之书，以《汉志毛诗经》《毛诗古训传》本各自为书，因厘次传文（厘次，考证、整理），还其旧著，重订《毛诗古训传》三十卷。以诸经惟《尚书》离厄最甚，古文几亡，贾逵分别古今，刘陶是正文字，其书皆不存。乃广搜补阙（搜，聚集。《尔雅·释诂》：“搜，聚也。”郭璞注：“春猎为搜。搜者，以其聚人众也。”引申为搜罗、搜辑），正晋、唐之妄改，存周、汉之驳文，著《古文尚书撰异》三十二卷。又录《左氏》经文，取郑注《礼》《周礼》，存古文、今文故书之例，附见《公羊》《谷梁》经文之异，著《春秋左氏古经》十二卷，而以《左氏传五十凡》附后。外有《毛诗小学》三十卷，《汲古阁说文订》六卷，《经韵楼集》十二卷。嘉庆二十年（1815 年）卒，年八十一。

初，玉裁与念孙俱师震，故戴氏有段、王两家之学。玉裁少震四岁，谦，专执弟子礼，虽耄，或称震，必垂手拱立，朔望必庄诵震手札一通（夏历的初一和十五日。夏历是自周代始流行的一种古历，辛亥革命以后，一般将历代颁行的阴阳历叫作夏历）。卒后，王念孙谓其弟子长洲陈奂曰：“若膺死，天下遂无读书人矣！”（民国赵尔巽等撰，《清史稿·卷四百八十一·列传第二百六十八·儒林二·段玉裁》）

清代著名经学家、文字训诂学家段玉裁，字若膺，号“茂堂”。段玉裁积数十年精力专治《说文》，著研究文字训诂学的重要参考书《说文解字注》，对汉语音韵学、文字学、训诂学、校勘学诸多方面做出了杰出贡献，另有《六书音韵表》《经韵楼集》流传后世。

邵晋涵（1743—1796），清代史学家、经学家，撰著有《尔雅正义》《孟子述义》《谷梁正义》《輶轩日记》《韩诗内传考》《南江诗文藁》《方舆金石编目》《皇朝大臣谥迹录》。

邵晋涵，字二云，余姚人（今属浙江省）。乾隆三十六年进士（1771 年），归班铨选。会开四库馆，特诏征晋涵及历城周永年、休宁戴震、仁和余集等入馆编纂，改翰林院庶吉士，授编修。四十五年（1780年），充广西乡试正考官。五十六年（1791年），大考迁左中允。擢侍讲学士，充文渊阁直阁事日讲起居注官。

晋涵左目眚（眚，音shěng。眼睛生翳。《说文解字·目部》："眚，目病生翳也。"南宋范成大《晚步宣华旧苑》："归来更了程书债，目眚昏花烛穗垂"），清羸（清瘦羸弱。唐代杜甫《秋日夔府咏怀一百韵》："勇猛为心极，清羸任体孱"）。善读书，四部（古代图书的分类名称。经、史、子、集四类，称"四部"）、七录，靡不研究。尝谓《尔雅》者，六艺之津梁（津梁，渡口上的桥梁。比喻能够起到引导或者过渡作用的事物或方法。《左传·昭公八年》："今在析木之津，犹将复由。"孔颖达疏解："隔河须津梁以渡。"《魏书·封懿传》："每荐此二公，非直为国进贤，亦为汝等将来之津梁也"），而邢《疏》浅陋不称；乃别为《正义》二十卷，以郭璞为宗，而兼采舍人、樊、刘、李、孙诸家，郭有未详者，摭他书附之。自是承学之士，多舍邢而从邵。

尤长于史，以生在浙东，习闻刘宗周、黄宗羲诸绪论，说明季事，往往出于正史之外。在史馆时，见《永乐大典》采薛居正《五代史》，乃荟萃编次，得十之八九，复采《册府元龟》《太平御览》诸书，以补其缺。并参考《通鉴长编》诸史及宋人说部、碑碣，辨证条系，悉符原书一百五十卷之数。书成，呈御览，馆臣请仿刘昫《旧唐书》之例列于《廿三史》，刊布学宫，诏从之。由是薛《史》与欧阳《史》并传矣。尝谓《宋史》自南渡后多谬，庆元之间（庆元：南宋宁宗赵扩的年号，1195—1200年），褒贬失实，不如东都有王偁《事略》也。欲先辑《南都事略》，使条贯粗具，词简事增，又欲为赵宋一代之志，俱未卒业。其后镇洋毕沅为续宋、元《通鉴》，嘱晋涵删补考定，故其绪余稍见于审正《续通鉴》中。

晋涵性狷介（狷，音juàn。狷介，洁身自好、立身正直，不与人苟合，绝不肯与恶人、恶俗同流合污。语出《国语·晋语二》："小心狷介，不敢行也。"苏轼《贾谊论》："亦使人君得如贾生之臣，则知其有狷介之操"），不为要人屈。尝与会稽章学诚论修《宋史》宗旨，晋涵曰：宋人门户之习，语录庸陋之风，诚可鄙也。然其立身制行，出于伦常日用，何可废耶？士大夫博学工文，雄出当世，而于辞受取与、出处进退之间，不能无簟豆万钟之择（簟，音diàn。竹子的名称，簟竹。《尔雅》："木豆谓之豆，竹豆谓之笾，瓦豆谓之登。"《说文解字·竹部》："笾，竹豆也。"笾豆，古代祭祀燕享时所使用的器皿。簞豆，即笾豆。钟，古代的量器名称。六石四斗为一钟。万钟，各种丰富的粮食，形容储藏的财物极多。语出《管子·国蓄》："故守之以准平，使万使之都，必有万钟之藏。"《旧唐书·食货志下》："古者平准之法，使万室之邑，必有万钟之藏；千室之邑，必有千钟之藏。"《孟子·告子上》："万钟则不辨礼义而受之，万钟于我何加焉。"不能没有众多财物的选择。进而衍义为不能没有精华与糟粕的区别选择）。本心既失，其他又何议焉！此著《宋史》之宗旨也。学诚闻而耸然（耸，通"崇"，"竦"。耸然，敬畏貌，诧异貌。《国语·楚语上》："昔殷武丁能耸其德。"两宋间词人叶梦得《石林燕语·卷九》："仁宗闻其名，欲召见，会寇入平凉，诏图形以进，于是天下始耸然畏慕之。"北宋诗人苏轼《答黄鲁直书》："轼始见足下诗文于孙莘老之坐上，耸然异之，以为非今世之人也"）。其著有《孟子述义》《谷梁正义》《韩诗内传考》，并足正赵岐、范宁及王应麟之失，而补其所遗。又有《皇朝大臣谥迹录》《方舆金石编目》、《輶轩日记》（輶轩，音 yóu xuān。古代帝王使臣乘坐的一种轻便车，后因称使臣为"輶轩使"）、《南江诗文藁》。嘉庆元年（1796 年），卒，年五十有四。（民国赵尔巽等撰，《清史稿·卷四百八十一·列传第二百六十八·儒林二·邵晋涵》）

清代史学家、经学家邵晋涵，字与桐，又字二云，号"南江"。长于经学，入选四库全书馆授编修，擢侍讲学士。以郭璞《尔雅注》为宗，兼采汉人旧注，撰《尔雅正义》，为研究训诂学的重要著作。

钱大昭（1744—1813），清代学者、文字训诂学家，钱大昕胞弟，著有《经说》《迩言》《诗古训》《广雅疏义》《说文统释》《尔雅释文补》《两汉书辨疑》《三国志辨疑》《后汉书补表》《后汉郡国令长考》《补续汉书艺文志》等。

钱大昭，字晦之，嘉定人（今上海市）。大昕弟。大昕深于经史，一门群从，皆治古学，能文章，为东南之望。大昭少于大昕者二十年，事兄如严师，得其指授，时有两苏之比。壮岁游京师，尝校录《四库全书》，人间未见之秘，皆得纵观，由是学问益浩博。又善于决择，其说经及小学之书，能直入汉儒阃奥（阃，音 kǔn。阃奥，亦作"阃隩""壸奥"。本指室内深处，后用以比喻学问、事理的精微深奥的境界。《三国志·魏志·管宁传》："娱心黄老，游志六艺，升堂入室，究其阃奥"）。尝欲从事《尔雅》，大昕与书，谓："《六经》皆以明道，未有不通训诂而能知道者。欲穷《六经》之旨，必自《尔雅》始。"大昭乃著《尔雅释文补》

三卷及《广雅疏义》二十卷。

又著《说文统释》六十卷，其例十：一曰疏证以佐古义，凡经典古义与许合者在所必收。二曰音切以复古音，以徐铉、徐锴等不知古音，往往误读，又许君言读若某者，即有某音，今并补正；又《说文》本有旧音，《隋书·经籍志》有《说文音隐》《颜氏家训》引之。唐以前传注家多称《说文》音某，今并采附本字之下。三曰考异以复古本，凡古本暨古书所引有异同者，悉取以折中。四曰辩俗以正讹字，凡经典相承俗字，及徐氏新补、新附字，皆辨证详明，别为一卷附后。五曰通义以明互借，凡经典之同物同音，于古本是通用者，皆引经证之。六曰从母以明孳乳（孳乳，本谓动物生子繁殖，由此引申为事物生生不已。东汉文字学家许慎撰《说文解字叙》说："字者，言孳乳而寖多也"），如完、刓（刓，音 wán，形声动词。削；刻；挖刻；雕琢。《广雅·释诂一》："刓，断也。"《楚辞·九章·怀沙》："刓方以为圜兮，常度未替。"《汉书·韩信传》："刻印刓忽不能予"）、髡（髡，音 kūn，形声动词。《说文解字·髟部》："髡，剃发也。"髡首；髡发；髡刖。《楚辞·九章·涉江》："接舆髡首兮，桑扈臝行。"古代一种剃去头发的刑罚）、軏（音 yuè，①马具，形状略作人字形，放在牛、马的颈部。②小车车杠前端与车衡相衔接的关键、销钉。《论语·为政》："大车无輗，小车无軏，其何以行之哉"）等字，皆于元下注云从此。七曰别体以广异义，凡重文中之籀（籀，音 zhòu。汉字的一种字体，亦名"大篆"。因著录于周宣王太史史籀所撰字书《史籀篇》而得名，字体多重迭，春秋战国时期通行于秦国。今存石鼓文就是这种字体的代表）、篆、古文、奇字，皆有所从，其许君未言者，亦略释之；经典两用者，则引而证焉。八曰正讹以订刊误，凡许君不收之字，注中不应有，又字画脱误者，并校正之。九曰崇古以知古字，如鷐、鴠、鱳、鴘之类（鷐，音 chén。鷐风，亦作"晨风"。鸟名，即鸇鸟。类于鹞鹰的猛禽。《诗经·秦风·晨风》："鴥彼晨风，郁彼北林。"三国吴学者陆玑作训诂书《毛诗草木鸟兽虫鱼疏·下卷》："晨风，一名鸇，似鹞，青黄色，燕颔钩喙。"《左传·文公十八年》："见无礼于其君者，诛之如鹰鸇之逐鸟雀也。"鴠，音 dàn。鶡鴠，一名"鶡旦""曷旦""盍旦""鳱鴠"，即寒号鸟。《礼记·月令》："冰益状，地始坼，鶡旦不鸣，虎始交。"郑玄注解："鶡旦，求旦之鸟也。"水鸟名，亦作"庸渠"，即鹡鸰。《尔雅·释鸟》：《字汇·鸟部》："鹡鸰也。"《广韵·麌韵》："鴩，鹦鴩，鸟名。能言。领，同鴩。"《山海经·西山经》："有鸟焉，其状如鸮，青羽赤喙，人舌能言，名曰鹦领"）。

大昭于正史尤精《两汉》，尝谓注史与注经不同，注经以明理为宗，理寓于训诂，训诂明而理自见。注史以达事为主，事不明，训诂虽精无益也。每怪服虔、应劭之于《汉书》，裴骃、徐广之于《史记》，其时去古未远，稗官、载记、碑刻尚多，不能会而通之，考异质疑，徒戋戋于训诂（戋，音jiān。戋戋，众多貌；积聚状。《易经·贲卦》："贲于丘园，束帛戋戋。"孔颖达疏解："戋戋，众多也。"唐代白居易《秦中吟·买花》："灼灼百朵红，戋戋五束素。"徒劳集中时间和精力于训诂之学），乃著《两汉书辩疑》四十卷，于地理、官制皆有所得。又仿其例著《三国志辩疑》三卷。又以宋代熊方所补《后汉书年表》只取材范《书》、陈《志》，乃于正史外兼取山经、地志、金石、子集，其体例依班氏之旧，而略变通之，著《后汉书补表》八卷。计所补王侯，多于熊《书》百三十人，论者谓视万斯同《历代史表》有过之无不及。著有《诗古训》十二卷，《经说》十卷，《补续汉书艺文志》二卷，《后汉郡国令长考》一卷，《迩言》二卷。

生平不嗜荣利，名其读书之所曰可庐，欲蕲至于古之随遇自足者。嘉庆元年（1796年），举孝廉方正（孝廉，明、清时期对举人的称呼。西汉文帝时，为了寻访政治得失，始诏"举贤良方正能直言极谏者"，特设贤良方正科，中选者则授予官职。历代视其非常设之制科。孝廉方正科，则是清代特设的制科之一，乾隆五年以后，定荐举后赴礼部验看考试，授以知县等官）。（民国赵尔巽等撰，《清史稿·卷四百八十一·列传第二百六十八·儒林二·钱大昭》）

清代学者、文字训诂学家钱大昭乃钱大昕胞弟，深得师兄之教益，学问渊博，于经、史皆有造诣。于嘉庆初年举孝廉方正。撰有《尔雅释文补》、《广雅疏义》《说文统释》，著《汉书辩疑》《后汉书补注》。

王念孙（1744—1832），清代音韵训诂学家，著有《导河议》《读书杂志》《广雅疏证》《经义述闻》《经传释词》《字典考证》《周秦古字解诂》等。

王念孙，字怀祖，高邮州人（今属江苏省）。父安国，官吏部尚书，谥"文肃"，自有传。八岁读《十三经》毕，旁涉史鉴。高宗南巡，以大臣子迎銮，献文册，赐举人。乾隆四十年进士（1775年），选翰林院庶吉士，散馆，改工部主事。升郎中，擢陕西道御史，转吏科给事中。嘉庆四年（1799年），仁宗亲政，时川、楚教匪猖獗，念孙陈剿贼六事，首劾大学士和珅，疏语援据经义，大契圣心（大，副词。同“太”“很”“非常”。《论语·雍也》：“居简而行简，无乃大简兮？”《荀子·非十二子》：“告之以大古，教之以至顺。”契，相合，相投，相契，默契。大契，极为投合嘉庆的心意）。是年授直隶永定河道。六年（1801年），以河隄漫口罢，特旨留督办河工。工竣，赏主事衔。河南衡家楼河决，命往查勘，又命驰赴台庄治河务。寻授山东运河道，在任六年，调永定河道。会东河总督与山东巡抚以引黄利运异议，召入都决其是非。念孙奏引黄入湖，不能不少淤，然暂行无害，诏许之。已而永定河水复异涨，如六年之隘，念孙自引罪，得旨休致。道光五年（1825年），重宴鹿鸣（亦称“重赴鹿鸣宴”。清代科举制度中对考中举人凡满六十周年一甲子者，都要举办庆贺仪式以示恭喜祝贺，目的是体现政府为曾经取得举人资格的人喜享高寿而表示庆贺。鹿鸣，《诗经·小雅·鹿鸣》：“呦呦鹿鸣，食野之苹。”南宋朱熹《诗集传》解说：“此燕飨宾客之诗也”），卒，年八十有九（《清史稿》所言卒年与《辞海》所言卒年不一致，但寿数相同）。

念孙故精熟水利书，官工部，著《导河议》上、下篇。及奉旨纂《河源纪略》，议者或误指河源所出，念孙力辩其讹，议乃定，《纪略》中《辩讹》一门，念孙所撰也。既罢官，日以著述自娱，著《读书杂志》，分《逸周书》《战国策》《管子》《荀子》《晏子春秋》《墨子》《淮南子》《史记》《汉书》《汉隶拾遗》，都八十二卷。于古义之晦，于钞之误写，校之妄改，皆一一正之。一字之证，博及万卷，其精于校雠如此。

初从休宁戴震受声音文字训诂，其于经，熟于汉学之门户，手编《诗三百篇》《九经》《楚辞》之韵，分古音为二十一部。于支、脂、之三部之分，段玉裁《六书音均表》亦见及此，其分至、祭、盍、辑为四部，则段书所未及也。念孙以段书先出，遂辍作。

又以邵晋涵先为《尔雅正义》，乃撰《广雅疏证》。日三字为程，阅十年而书成，凡三十二卷。其书就古音以求古义，引申触类，扩充于《尔雅》《说文》，无所不达。然声音文字部分之严，一丝不乱。盖借张揖之书以纳诸说，而实多揖所未知，及同时惠栋、戴震所未及。

尝语子引之曰：诂训之旨，存乎声音，字之声同、声近者，经传往往假借。学者以声求义，破其假借之字而读本字，则涣然冰释。如因假借之字强为之解，则结籥不通矣（籥，音jú，同“鞫”“鞠”。审理罪犯；穷治罪人。《说文解字·幸部》："籥，穷理罪人也。从幸，从人，从言，竹声。"朱骏声撰《说文通训定声》："即《周礼》之'读书用法'，今之勘供拟罪也"）。《毛公诗传》多易假借之字而训以本字，已开改读之先。至康成笺《诗》注《礼》，屡云某读为某，假借之例大明。后人或病康成破字者，不知古字之多假借也。又曰：说经者，期得经意而已，不必墨守一家。引之因推广庭训，成《经义述闻》十五卷，《经传释词》十卷，《周秦古字解诂》，《字典考证》。论者谓有清经术独绝千古，高邮王氏一家之学，三世相承，与长洲惠氏相埒云（埒，音 liè，动词。相等；等于；并立；等同。《史记·平准书》："故吴诸侯也，以即山铸钱，富埒天子"）。

附其子：王引之，字伯申，嘉庆四年一甲进士（1799 年），授编修。大考一等，擢侍讲。历官至工部尚书。福建署龙溪令朱履中诬布政使李赓芸受赇（赇，音 qiú，动词。《说文解字·贝部》："赇，以财物枉法相谢也。"《韩非子·八法》："尊私行以贰主威，行赇纳以疑法。"行贿之意。还有受贿之意。《汉书·刑法志》："及杀人先自告，及吏坐受赇枉法，守县官财物而即盗之，已论命复有笞罪者，皆弃市。"南宋周密《齐东野语·张定叟失出》："某非不自明，官暗而吏赇，故冤不得直也"），总督汪志伊、巡抚王绍兰劾之。对簿无佐证，而持之愈急（持，形声动词。《说文解字·扌部》："持，握也。"督促；挟制；控制。《韩非子·五蠹》："夫仁义辩智，非所以持国也。"《史记·酷吏列传》："为任侠，持吏长短"）。赓芸不堪，遂自经（自经，自缢；吊死；上吊自杀。《论语·宪问》："岂若匹夫匹妇之为谅也，自经于沟渎而莫之知也？"谅，信）。命引之谳之（谳，音 yàn，形声动词。审判定案判罪。《汉书·景帝纪》："诸狱疑，若虽文致于法而于人心不厌者，辄谳之。"颜师古注解："厌，服也…谳，平议也"）。平反其狱，罢督抚官。为礼部侍郎时，有议为生祖母承重丁忧三年者（承重，承受丧祭和宗庙重任的意思。按照过去的宗法制度，本身及父都是嫡长而父先死，在祖父母死亡时即作丧主，称承重孙。如果祖父及父都已死，在曾祖父母死亡时，就称为承重曾孙。一律须服三年之丧），引之力持不可（极力主张不可以）。会奉使去，持议者遽奏行之。引之还，疏陈庶祖母非祖敌体，不得以承重论。缘情，即终身持服不足以报罔极；制礼，则承重之义，不能加于支庶。请复治丧一年旧例，遂更正。道光十四年（1834 年）卒，谥"文简"。（民国赵尔巽等撰，《清史稿·卷四百八十一·列传第二百六十八·儒林二·王念孙》）

清代音韵训诂学家王念孙，被学者们称之为"石臞先生"，精通声音训诂之学，于训诂造诣最深，学术成就荟萃于音韵文字训诂。亦精于校雠。其广为搜罗汉、魏以前古训，探究古书文义，并详加考证，以形、音、义相互推求，以通训诂。就古音以求古义，每日三字，十年成书，撰著《广雅疏证》。王念孙不仅是一位精通音韵的训诂学家、经学家，而且是位敢于直言弹劾乾隆宠臣和珅的大臣，熟悉水利工程治理的学者，更是位勤于著书、笔耕不辍的才子。其子王引之，亦是一位知名的学者型官员。

孙星衍（1753—1818），清代著名经学家，著有《诗文集》《明堂考》《周易集解》《孔子集语》《金石萃编》《续古文苑》《寰宇访碑录》《夏小正传校正》《考注春秋别典》《晏子春秋音义》《尚书今古文注疏》《尔雅、广雅诂训韵编》《史记天官书考证》等书。

孙星衍，字渊如，阳湖人（今江苏省常州市武进区）。少与同里杨芳燦、洪亮吉、黄景仁文学相齐。袁枚品其诗，曰“天下奇才”，与订忘年交（忘年交，年岁、辈分差距大、不相当而结为深厚友情的朋友，或曰老年人与年轻人之间的交情和友谊。《南史·何逊传》：“逊，字仲言，八岁能赋诗，弱冠，州举秀才，南乡范云见其对策，大相称赏，因结忘年交”）。星衍雅不欲以诗名，深究经、史、文字、音训之学，旁及诸子百家，皆必通其义。乾隆五十二年（1787 年），以一甲进士授翰林院编修，充三通馆校理（三通馆，清代修书馆之一。1767 年，乾隆三十二年，诏修《续通典》《续通志》《皇朝通典》《皇朝通志》及修订增辑《续文献通考》《皇朝文献通考》，为此，开设三通馆，以大学士、尚书等官员出任正、副总裁官，以翰林、詹士充任纂修官员。校理，职官名。专掌校勘订正整理宫廷藏书之职，清代文渊阁亦有此官职。《文选·刘歆·移书让太常博士》：“孝成皇帝愍学，残文缺，稍离其真，乃陈发秘藏，校理旧文”）。五十四年（1789 年），散馆（翰林院庶吉士于登第入庶常馆肄业，满三年期后，按考试成绩分别授予职位，此称“散馆”），试《励志赋》，用《史记》匔匔如畏（匔匔，音 gōng gōng。谨慎；谨慑之意；恭敬；敬慎貌。《通雅·释诂》：“匔匔，犹躬躬也。”《史记·鲁周公世家》：“及七年后，还政成王，北面就臣位，匔匔如畏然。”裴骃集解引徐广曰：“匔匔，谨敬貌也”），大学士和珅疑为别字，置三等改部。故事，一甲进士改部，或奏请留馆，又编修改官可得员外，前此吴文焕有成案。珅示意欲使往见，星衍不肯屈节，曰：“主事终擢员外，何汲汲求人为？”自是编修改主事遂为成例。

官刑部，为法宽恕，大学士阿桂、尚书胡季堂悉器重之。有疑狱，辄令依古义平议，所平反全活甚众。退直之暇，辄理旧业。洊升郎中（洊，音 jiàn，古通“荐”。再；再次；一次又一次。《易经·坎卦》：“水洊至，习坎。”三国魏玄学家王弼注：“不以坎为隔绝，相仍而至。”清代毕沅撰《续资治通鉴·元世祖至元二十八年》：“民怨而盗发，天怒而地震，水灾洊至”）。六十年（1795 年），授山东兖沂曹济道。

嘉庆元年七月（1796 年），曹南水漫滩溃（曹南，山东省西南部菏泽市曹县、定陶区等地），决单县地（单县，山东省西南部菏泽市单县），星衍与按察使康基田鸠工集夫（简称“鸠集”。《南史·裴松之传》：“上使注陈寿《三国志》，松之鸠集传记，广增异闻。”聚集工匠民夫），五日夜，从上游筑隄遏御之，不果决。基田谓此役省国家数百万帑金也。寻权按察使，凡七阅月，平反数十百条，活死罪诬服者十余狱。潍县有武人犯法（潍县，即今山东省潍坊市），贿和珅门，嘱託大吏。星衍访捕鞫之（鞫，音 jū，亦读 jú，通“鞠”。动词。审讯，审查，讯问。《汉书·景武昭宣元成功臣表》：“错杀无辜，鞠狱不实。”拘捕审讯罪人），械和门来者于衢（衢，音 qú，名词。《说文解字·行部》：“衢，四达谓之衢。”四通八达的道路。《大戴礼记·子张问入官》：“六马之离，必于四面之衢”）。及回本任，值曹工漫溢，星衍以无工处所得疏防咎，特旨予留任。曹工分治引河三道，星衍治中段。毕工，较济东道、登莱道上、下段省三十余万。先是河工分赔之员或得羡余（羡余，据明清之际思想家、学者顾炎武注《亭林文集·卷一·钱粮论下》记载：“于是正赋之加焉十二三，而杂赋之加焉或至于十七八矣。解之藩司，谓之羡余。”《清史稿·食货志一》：“乾隆元年，豁免广东屯田羡余，因除各省军田额外加徵例。”清州、县所收田赋、火耗在公费开支和私人中饱私囊后解交藩司的部分。官吏中饱私囊部分占解交藩司款项的一半），谓之扣费，星衍不取，悉以给引河工费。时曹工尚未合，河督、巡抚亟奏合龙，移星衍任，寻又奏称合而复开。开则分赔两次坝工银九万两，当半属后任，而司事者并以归星衍。星衍亦任之，曰：“吾既兼河务，不能不为人受过也。”

四年（1799 年），丁母忧归，浙抚阮元聘主诂经精舍。星衍课诸生以经史疑义及小学、天部、地理、算学、词章，不十年，舍中士皆以撰述名家。服阕入都，仍发山东，十年（1805 年），补督粮道。十二年（1807 年），权布政使。值侍郎广兴在省，按章供张烦扰，星衍不肯妄支。后广以贿败，豫、东两省多以支库获罪，星衍不与焉。十六年（1811 年），引疾归。

星衍博极群书，勤于著述。又好聚书，闻人家藏有善本，借钞无虚日。

金石文字，靡不考其原委。尝病《古文尚书》为东晋梅赜所乱，官刑部时，即集《古文尚书马、郑注》十卷、《逸文》二卷。归田后，又为《尚书今古文注疏》三十九卷，其序例云："《尚书》古注散佚，今刺取《书传》升为注者，五家三科之说：一、司马迁从孔氏安国问故，是古文说；一、《书大传》伏生所传欧阳高、大夏侯胜、小夏侯建，是今文说；一、马氏融、郑氏康成虽有异同，多本卫氏宏、贾氏逵，是孔壁古文说；皆疏明出典。其先秦诸子所引古书说及纬书《白虎通》等汉、魏诸儒今文说，许氏《说文》所载孔壁古文注中存其异文、异字，其说则附疏中。"其意在网罗放失旧闻，故录汉、魏人佚说为多，又兼采近代王鸣盛、江声、段玉裁诸人书说。惟不取赵宋以来诸人注，以其时文籍散亡，较今代无异闻，又无师傅，恐滋臆说也，凡积二十二年而后成。

其他撰辑，有《周易集解》十卷，《夏小正传校正》三卷，《明堂考》三卷，《考注春秋别典》十五卷，《尔雅、广雅诂训韵编》五卷，《魏三体石经残字考》一卷，《孔子集语》十七卷，《晏子春秋音义》二卷，《史记天官书考证》十卷，《建立伏博士始末》二卷，《寰宇访碑录》十二卷，《金石萃编》二十卷，《续古文苑》二十卷，《诗文集》二十五卷。二十三年（1818年），卒，年六十六。星衍晚年所著书，多付文登毕亨、嘉兴李贻德为卒其业。（民国赵尔巽等撰，《清史稿·卷四百八十一·列传第二百六十八·儒林二·孙星衍》）。

清代著名经学家孙星衍乃才子、学者，所学颇广，学富五车，对经史、文字、音韵、诸子百家、金石碑版等都曾涉及。工篆隶，精校勘，擅诗文。为官清廉，绝不与污秽同流合污。执法宽恕，平反冤狱，活人甚众。疏治河道，效显工省。撰著颇丰，有《尚书今古文注疏》《周易集解》《寰宇访碑录》等书，刻有《平津馆丛书》《岱南阁丛书》。

郝懿行（1755—1823），清代经学家、训诂学家，著有《易说》《书说》《春秋比》《尔雅义疏》《春秋说略》《山海经笺疏》等。

郝懿行，字恂九，栖霞人（即今山东省栖霞市）。嘉庆四年（1799年）进士，授户部主事。二十五年（1820年），补江南司主事。道光三年（1823年），卒，年六十九。

懿行为人谦退（谦退，谦卑恭敬退让。《尚书·大禹谟》："满招损，谦受益。"《史记·乐书》："君子以谦退为礼，以损减为乐，乐其如此也"），讷若不出口（讷，音 nè，形容词。《说文解字·讠部》："讷，言难也。"《论语·里仁》："君子欲讷于言而敏于行。"讷钝，讷言。出言迟钝；满腹言语，难以说出来），然自守廉介（廉介，节操清廉耿介。两宋词人叶梦得撰《石林燕语·卷一》："质性本卞急，好面折人过，然以廉介自居，未尝营生事，四方馈献皆不纳。"《汉书·东方朔传》："割之不多，又何廉也！"东汉文学家张衡《思玄赋》："孑不群而介立"），不轻与人晋接（晋接，接见；交接，接触。《易经·晋卦》："晋，康侯用锡马蕃庶，昼日三接。孔颖达疏解："'昼日三接'者，言非惟蒙赐蕃多，又被亲宠频数，一昼之间，三度接见也。"后人用为进见尊者的敬仰之词。清代官员、学者陈用光《上翁学士书》："是故两汉诸儒，往往以一士而与公卿大夫相晋接"）。遇非素知者，相对竟日无一语，迨谈论经义（迨，连词。及；等到。《诗经·召南·摽有梅》："求我庶士，迨其吉兮"），则喋喋忘倦（喋喋不休，忘记疲倦。形容说话太多，唠唠叨叨，没完没了地说。《汉书·张释之传》："夫绛侯、东阳侯称为长者，此两人言事曾不能出口，岂效此啬夫喋喋利口捷给哉！"《史记》作"谍谍"）。所居四壁萧然（萧然，简陋，萧条，空寂，肃然。南宋陆游《自笑》诗："惟余数卷残书在，破箧萧然笑獠奴。"北宋范仲淹《岳阳楼记》："满目萧然，感极而悲者矣。"居室四壁皆空。《汉书·司马相如传》："文君夜亡奔相如，相如与驰归成都，家居徒四壁立"），庭院蓬蒿常满，僮仆不备，懿行处之晏如（晏如，平静；安逸；悠闲安适貌。《汉书·诸侯王表》："海内晏如。"西汉司马相如《难蜀父老》："非常之原，黎民惧焉；及臻厥成，天下晏如也。"三国嵇康《幽愤诗》："与世无营，神气晏如。"处之泰然安逸）。浮沉郎署，视官之荣悴（荣悴，喻人盛衰穷通。西晋文学家潘岳作《秋兴赋》："虽末世之荣悴兮，伊人情之美恶。"《荀子·荣辱》："先义而后利者荣，先利而后义者辱。"《淮南子·说林训》："有荣华者，必有憔悴。"《晋书·凉武昭王李玄盛传》："人力雕残，百姓愁悴"），若无与于己者，而一肆力于著述，漏下四鼓者四十年（漏下，又名"漏刻""刻漏""漏壶""壶漏"，古代一种计时器，测定时刻的仪器，如铜壶滴漏。《周礼·夏官》中已经谈到设官以管漏刻。四鼓者，古代夜间击鼓报更计时的单位，故以为更的代称。一夜分为五更，每更约两小时）。所著有《尔雅义疏》十九卷，《春秋说略》十二卷，《春秋比》一卷，《山海经笺疏》十八卷，《易说》十二卷，《书说》二卷。

懿行尝曰：邵晋涵《尔雅正义》搜辑较广（聚集。《尔雅·释诂》："搜，聚也。"郭璞注："春猎为蒐。搜者，以其聚人众也。"引申为搜罗、搜辑），然声音训诂之原，尚多壅阂（壅阂，音 yōng hé。阻隔；阻碍。阻塞。《左传·宣公十二年》："执事顺成为臧，逆为否，众散为弱，川壅为泽，有律以如己也，故曰律。”三国魏玄学家王弼注解《易经·蒙卦》：“退则困险，进则阂山”），故鲜发明。今余作《义疏》，于字借声转处，词繁不杀，殆欲明其所以然。又曰：余田居多载，遇草木虫鱼有弗知者，必询其名，详察其形，考之古书，以徵其然否。今兹疏中其异于旧说者，皆经目验，非凭胸肊（肊，音 yì。胸肊，主观；己断；臆测。唐代史学家刘知几撰史学专著《史通·书志》：“斯则自我作古，出乎胸臆，求诸历代不过一二者焉。”绝不凭借主观臆测而下判断），此余书所以别乎邵氏也。懿行之于《尔雅》，用力最久，稿凡数易，垂殁而后成（殁，音 mò。垂殁，垂死之时；将近死亡时。刘知几撰《史通·疑古》：“何得以垂殁之年，更践不毛之地？”唐代杜甫《垂老别》诗：“四郊未宁静，垂老不得安。”《史记·屈原贾生列传》：“伯乐既殁兮，骥将焉程兮”）。于古训同异，名物疑似，必详加辩论，疏通证明，故所造较晋涵为深。高邮王念孙为之点阅，寄仪征阮元刊行。元总裁会试时，从经义中识拔懿行者也。

其笺疏《山海经》，援引各籍，正名辩物，事刊疏谬，辞取雅驯。阮元谓吴氏《广注》征引虽博，失之芜杂；毕沅校本，订正文字尚多疏略；惟懿行精而不凿，博而不滥。”（民国赵尔巽等撰，《清史稿·卷四百八十二·列传第二百六十九·儒林三·郝懿行》）

清代经学家、训诂学家郝懿行居郎署二十一年，虽身为穷官，却潜心学问，尤长于名物训诂考据之学，于《尔雅》用力最久；援引各书，考释名物，订正讹谬，撰著《尔雅义疏》，乃训诂用书精本。

焦循（1763—1820），清代哲学家、数学家、经学家、戏曲理论家，著有《词》三卷、《诗话》、《易通释》、《孟子正义》、《六经补疏》、《论语通释》、《禹贡郑注释》、《毛诗地理释》、《陆玑疏考证》、《陆玑疏考证》、《群经宫室图》、《雕菰楼文集》、《周易王注补疏》、《尚书孔氏传补疏》、《毛诗郑氏笺补疏》、《礼记郑氏注补疏》、《论语何氏集解补疏》、《毛诗鸟兽草木虫鱼释》、《春秋传杜氏集解补疏》等。

字里堂，甘泉人（今江苏省扬州市），嘉庆六年举人（1801 年）。曾祖源、祖镜、父葱，世传《易》学。循少颖异（颖异，聪敏异常；聪慧过人；思路敏捷；才能秀出。《南史·谢灵运传》：“灵运幼便颖悟，玄甚异之”），八岁在阮赓尧家与宾客辩壁上“冯夷”字，曰：“此当如《楚辞》读皮冰切，不当读如缝。”阮奇之，妻以女。既壮，雅尚经术（向来崇尚经学、儒术。《后汉书·儒林传序》：“及光武中兴，爱好经术，未及下车，而先访儒雅，采求阙文，补缀漏逸”），与阮元齐名（阮元，乾隆年间进士，曾任多地总督，体仁阁大学士，著名学者。创立诂经精舍和学海堂，提倡朴学）。元督学山东、浙江，俱招循往游。性至孝，丁父及嫡母谢艰，哀毁如礼。一应礼部试，后以生母殷病愈而神未健，不复北行。殷殁，循毁如初。服除，遂托足疾不入城市者十余年。葺其老屋（葺，音 qì，形声动词。《说文解字·艹部》：“葺，茨也。”《广雅》：“葺，覆也。”《左传·襄公三十一年》：“缮完葺墙，以待宾客。”孔颖达疏解：“葺墙谓草覆墙也。”《左传·昭公二十三年》：“叔孙婼所馆者，虽一日，必葺其墙屋，去之如始至。”杜预注解：“葺，补治也。”用茅草修理覆盖房屋，亦泛指修理房屋），曰半九书塾，复构一楼，曰雕菰楼，有湖光山色之胜，读书著述其中。尝叹曰：“家虽贫，幸蔬菜不乏。天之疾我，福我也。吾老于此矣！”嘉庆二十五年（1820 年），卒，年五十八。

循博闻强记，识力精卓。每遇一书，无论隐奥平衍，必究其源，以故经史、历算、声音、训诂无所不精。幼好《易》，父问《小畜》“密云”二语何以复见于《小过》，循反复其故不可得。既学“洞渊”九容之术，乃以数之比例，求《易》之比例，渐能理解，著《易通释》二十卷。自谓所悟得者，一曰旁通，二曰相错，三曰时行。又以古之精通《易》理，深得羲、文、周、孔之恉者（恉，同“旨”。《说文解字·忄部》：“恉，意也。”《广雅·释诂三》：“恉，志也。”《易经·系辞下》：“其旨远，其辞文，其言曲而中，其事肆而隐。”孔颖达疏解：“其旨远者，近道此事，是其旨意深远。若龙战于野，近言龙战，乃远明阴阳斗争，圣人变革，是其旨远也”），莫如孟子。生孟子后，能深知其学者，莫如赵氏。伪疏踳驳（伪疏，假托前人名义伪造的为古书旧注所作的阐释或进一步发挥的文字。疏，分条陈述，逐句疏解。踳驳，音 chǔn bó。舛缪杂乱；驳杂。南朝刘勰《文心雕龙·诸子》说：“其纯粹者入矩，踳驳者出规”），未能发明，著《孟子正义》三十卷。谓为《孟子》作疏，其难有十，然近代通儒，已得八九。因博采诸家之说，而下以己意，合孔、孟相传之正恉，又著《六经补疏》二十卷。以说汉《易》者每屏王弼，然弼解箕子用赵宝说，读彭为旁，借雍为甕，通孚为浮，解斯为厮，盖以六书通借。其解经之法，未远于马、郑诸儒，为《周易王注补疏》二卷。以《尚书》伪《孔传》说之善者，如《金縢》“我之不辟”，训辟为法，居东即东征，罪人即管、蔡，《大诰》周公不自称王，而称成王之命，皆非马、郑所能及，为《尚书孔氏传补疏》

二卷。以《诗》毛、郑义有异同，《正义》往往杂郑于毛，比毛于郑，为《毛诗郑氏笺补疏》五卷。以《左氏传》“称君君无道，称臣臣之罪”，杜预扬其词而畅衍之，预为司马懿女婿，目见“成济”之事，将以为司马饰，即用以为己饰。万斯大、惠士奇、顾栋高等未能摘奸而发覆，为《春秋传杜氏集解补疏》五卷。以《礼》以时为大，训诂名物，亦所宜究，为《礼记郑氏注补疏》三卷。以《论语》一书，发明义、文、周公之指，参伍错综，引申触类，亦与《易》例同，为《论语何氏集解补疏》三卷。合之为二十卷。又录当世通儒说《尚书》者四十一家，书五十七部，仿卫湜《礼记》之例，以时之先后为序，得四十卷，曰《书义丛钞》。又著《禹贡郑注释》一卷，《毛诗地理释》四卷，《毛诗鸟兽草木虫鱼释》十一卷，《陆玑疏考证》一卷，《群经宫室图》二卷，《论语通释》一卷。又著有《雕菰楼文集》二十四卷，《词》三卷，《诗话》一卷。

循壮年即名重海内，钱大昕、王鸣盛、程瑶田等皆推敬之。始入都，谒座主（座主，亦称“座师”。唐代进士称主试官为“座主”。明代清时的举人、进士对其本科主考官或总裁官也称“座主”）英和，和曰：“吾知子之字曰里堂，江南老名士，屈久矣！”殁后，阮元作传，称其学精深博大，名曰通儒，世谓不愧云。（民国赵尔巽等撰，《清史稿·卷四百八十二·列传二百六十九·儒林三·焦循》）

焦循年少之时即聪颖异常，博闻强记，于经、史、历、算、声韵、训诂之学无不研究，无不学有所成；尤通经学、文学及训诂学，兼治戏曲；反对俗见，重视地方戏曲，加以考究。诗笔质朴自然。其家世传《易》学，幼年即好《易》，并因领悟深透而著称。尤善用数理解释《周易》，更由治《易》的方法通释诸经，他的哲学体系即建立在数学和《易》学的基础之上。其认为万事万物的变化，都不外乎“理之一”“数之约”，“理”或“数”都是先天存在的，是宇宙的根源。

应试不第，托足疾不入城市达十余年，建构一楼名雕菰楼，于其中读书著述，为后世留有《易通释》二十卷、《孟子正义》三十卷、《六经补疏》二十卷。又著有《周易王注补疏》二卷、《尚书孔氏传补疏》二卷、《毛诗郑氏笺补疏》五卷、《春秋传杜氏集解补疏》五卷、《礼记郑氏注补疏》三卷、《论语何氏集解补疏》三卷，合之为二十卷。又有《书义丛钞》四十卷、《禹贡郑注释》一卷、《毛诗地理释》四卷、《毛诗鸟兽草木虫鱼释》十一卷、《陆玑疏考证》一卷、《群经宫室图》二卷、《论语通释》一卷、《雕菰楼文集》二十四卷、《词》三卷，《诗话》一卷。

阮元（1764—1849），清代官员、学者、文学家，著有《畴人传》《揅经室集》《经籍纂诂》《皇清经解》《十三经校勘记》《积古斋钟鼎彝器款识》等。

阮元，字伯元，江苏仪征人。祖玉堂，官湖南参将，从征苗，活降苗数千人，有阴德。

元，乾隆五十四年（1789年）进士，选庶吉士，散馆第一，授编修。逾年大考，高宗亲擢第一，超擢少詹事。召对，上喜曰："不意朕八旬外复得一人！"直南书房、懋勤殿，迁詹事。五十八年（1793年），督山东学政，任满，调浙江。历兵部、礼部、户部侍郎。

嘉庆四年（1799年），署浙江巡抚，寻实授。海寇扰浙历数年，安南夷艇最强，凤尾、水澳、箬黄诸邦附之，沿海土匪勾结为患。元征集群议为弭盗之策，造船炮，练陆师，杜接济。五年（1800年）春，令黄岩镇总兵岳玺击箬黄邦，灭之。夏，寇大至，元赴台州督剿，请以定海镇总兵李长庚总统三镇水师，并调粤、闽兵会剿。六月，夷艇纠凤尾、水澳等贼共百余艘，屯松门山下。遣谍间水澳贼先退，会飓风大作，盗艇覆溺无算，余众登山，檄陆师搜捕，擒八百余人。安南四总兵溺毙者三，黄岩知县孙凤鸣获其一，曰伦贵利，磔之（磔，音zhé，动词，古代祭祀时分裂牲畜肢体用以祭神。《说文解字·桀部》："磔，辜也。刳鸡胸、腹而张之，令其干枯不收。故从桀。"《广雅》："磔，张也。"《尔雅》："祭风曰磔。"李贤注解："以牲头蹄及皮破之以祭。"亦指古代的一种酷刑，即以车分裂人体。《荀子·宥坐》："伍子胥不磔姑苏东门外乎？"唐代学者、经学家杨倞著《荀子注》解："磔，车裂也"）。九月，总兵岳玺、胡振声会击水澳邦，擒歼殆尽。土匪亦次第歼抚（次第，依次；陆续；一个个。唐代刘禹锡《秋江晚泊》："暮霞千万状，宾鸿次第飞。"歼抚，歼灭安抚）。浙洋渐清，而余盗为蔡牵所并，闽师不能制，势益炽（炽，《说文解字·火部》："炽，盛也。"本谓火势旺盛，引申为势力愈发强盛），复时犯浙。李长庚已擢提督，元集资与造霆船成，配巨炮，数破牵于海上。八年（1803年），奏建昭忠祠，以历年捕海盗伤亡将士从祀。盗首黄葵集舟数十，号“新兴”邦，令总兵岳玺、张成等追剿，逾年乃平之。偕总督玉德奏请以李长庚总督两省水师，数逐蔡牵几获，而玉德遇事仍掣肘（掣肘，本意是拉着胳臂，以此喻为受人牵制，难以开展工作。《梁武帝敕》：“廉平掣肘，实为异事”）。十年（1805年），元丁父忧去职，长庚益无助，复与总督阿林保不协（不协，不和；不一致；不相协调；关系不和谐。《太玄·玄数》：“声律相协而八音生。”《左传·成公十二年》：“道路无壅，谋其不协，而讨不庭”），久无成功，遂战殁。

十一年（1806年），诏起元署福建巡抚，以病辞。十二年（1807年），服阕（旧时制度。父母死后，子女要守丧三年，期满除服，称之为“服阕”。阕，是终了的意思。《风俗通·十反》：“三年服阕，二兄仕进”），署户部侍郎，赴河南按事。授兵部侍郎，复命为浙江巡抚，暂署河南巡抚。十三年（1808年），乃至浙，诏责其防海殄寇（殄，音tiǎn，形声动词。《说文解字·歺部》：“殄，尽也。”《诗经·大雅·瞻卬》：“人之云亡，邦国殄瘁。”殄寇，灭绝海寇。《旧唐书·裴度传》：“在宪宗时，扫涤区宇，尔则有出车殄寇之勋”）。秋，蔡牵、朱渍（渍，音fèn）合犯定海，亲驻宁波督三镇擊走之，牵复遁闽洋。时用长庚部将王得禄、邱良功为两省提督，协力剿贼，元议海战分兵隔贼船之策，专攻蔡牵。十四年（1809年）秋，合击于渔山外洋，竟殄牵，详得禄等传。元两治浙，多惠政，平寇功尤著云。

方督师宁波时，奏请学政刘凤诰代办乡试监临，有联号弊，为言官论劾，遣使鞫实（鞫，音jū，动词。查究；审问；鞫讯；鞫问。鞫实，讯问属实），诏斥徇庇（徇庇，音xún bì。《清史稿·世宗纪》：“广州驻防兵丁滋事，将军李杕以徇庇论死。”徇私庇护或曰包庇。犹如徇私舞弊），褫职（褫，音chǐ，形声动词。《易经·讼卦》：“或锡之鞶带，终朝三褫之。”原意为剥去衣服，引申为剥夺；革除。褫职，依法革除职务。南宋学者、文学家俞文豹著记载南宋宫廷、官场、民间遗闻轶事的笔记体著作《吹剑四录》：“朝论汹汹，争以晦翁为奇货。胡纮草疏欲上而迁去，按察官沉继祖上之，晦菴褫职”），予编修，在文颖馆行走。累迁内阁学士。命赴山西、河南按事，迁工部侍郎，出为漕运总督。十九年（1814年），调江西巡抚。以捕治逆匪胡秉耀，加太子少保，赐花翎。二十一年（1816年），调河南，擢湖广总督。修武昌江隄，建江陵范家隄、沔阳龙王庙石闸。

二十二年（1817年），调两广总督。先一年，英吉利贡使入京，未成礼而回，逐渐跋扈（跋扈，专横霸道暴戾，独断专行，欺上压下。《后汉书·梁冀传》："帝少而聪慧，知冀骄横，尝朝群臣，目冀曰：此跋扈将军也"）。元增建大黄滘（滘，音 jiào，方言。指分支河道，水相通处。常用作地名）、大虎山两炮台，分兵驻守。迭疏陈预防夷患，略曰：英吉利恃强桀骜（桀骜，音 jié áo。性情倔强，不驯服且凶暴。《汉书·匈奴传赞》："匈奴人民每来降汉，单于亦辄拘留汉使以相报复，其桀骜尚如斯，安肯以爱子而为质乎"），性复贪利。宜镇以威，不可尽以德绥（绥，动词。安抚人心以保平静。《诗经·小雅·鸳鸯》："君子万年，福禄绥之。"《诗经·大雅·民劳》："惠此中国，以绥四方。"德绥，以恩德相安抚。唐代陆贽《诛李怀光招谕淮西诏》："苟或昧于德绥，务以力胜，士旅疲耗，烝黎困穷。"）。

彼之船坚炮利，技长于水短于陆。定例外国货船不许擅入内洋，傥违例禁（傥，音 tǎng，连词。倘若；倘或；假设。《史记·伯夷列传》："傥所谓天道，是邪？非邪？"例禁，条例中所明令禁止的。《元典章·兵部三·使臣》："因事饮用本司官吏筵会，有违例禁，罪过原免难同宾主宴乐，古今通礼"），即宜随机应变，量加惩创。各国知彼犯我禁，非我轻启衅也（不是我方轻易挑衅也）。"诏勖以德威相济（动词。《说文解字·力部》："勖，勉也。"勉力；勉励。《诗经·邶风·燕燕》："先君之思，以勖寡人。"《毛传》："勖，勉也"），勿孟浪（孟浪，轻率；鲁莽。不要言语轻率不当。《庄子·齐物论》："夫子以为孟浪之言，而我以为妙道之行也。"成玄英疏解："孟浪，犹率略也。"亦可理解为不要鲁莽从事。《聊斋志异·武技》："孟浪迕客，幸勿罪"），勿葸懦（葸，音 xǐ。胆小；害怕；胆怯；软弱。《论语·泰伯》："恭而无礼则劳，慎而无礼则葸，勇而无礼则乱，直而无礼则绞。"不要胆怯懦弱）。道光元年（1821 年），兼署粤海关监督。洋船夹带鸦片烟，劾褫行商顶戴（劾褫，弹劾剥夺行商的顶戴花翎。意即取消官方通行证。顶戴，清代用以区别官员等级的帽饰。皇帝可以赐给没有官职的人某品顶戴，亦可作为赏赐给予某位官员，因军营保举、捐纳得虚衔的人，虽居微职，也可依其虚衔获戴顶子）。二年（1822 年），英吉利获货兵船泊伶丁外洋，与民斗，互有伤毙，严饬交犯，英人扬言罢市归国，即停其贸易。久之拆阅多，托言兵船已归，俟复来如命。乃暂许贸易，与约船来不交犯乃停止。终元任，兵船不至。元在粤九年，兼署巡抚凡六次。

六年（1826 年），调云贵总督。滇盐久敝，岁绌课十余万，元劾罢蠹吏（蠹，音 dù。本谓蛀虫。蠹吏，则指贪官污吏，伤害民众的官吏。《明史·王翱传》："松茂军粮于农隙齐力起运，护以官军，毋专累百姓……诏所司议详运粮事，而迁蠹吏北京。"《吕氏春秋·达郁》："故水郁则为污，树郁则为蠹，草郁则为蒉。"引申以喻侵蚀或消耗国家财富的人或事），力杜漏私；盐井衰旺不齐，调剂抵补，逾年课有溢销，酌拨边用。腾越边外野人时入内地劫掠，而保山等处边夷曰傈僳，以垦山射猎为生，可用，乃募傈僳三百户屯种山地，以御野人，即以溢课充费（溢课，额外增加的赋税。课，国家按规定数额征收的赋税。国课，《旧唐书·职官志二》："凡赋人之制有四……四曰课。"清代魏源《筹鹾》篇："今淮北既岁拨溢课协贴七十万，是南引可缩至三两有奇"），岁有扩充。野人畏威，渐有降附者。十二年（1832年），协办大学士，仍留总督任。车里土司刀绳武与叔太康争斗，胁官求助，檄镇道击走之，另择承袭乃安。越南保乐州土官农文云内讧，严边防勿使窜入，亦不越境生事，寻文云走死。诏嘉其镇静得大体。十五年（1835年），召拜体仁阁大学士，管理刑部，调兵部。十八年（1838年），以老病请致仕，许之，给半俸，濒行，加太子太保。二十六年（1846年），乡举重逢，晋太傅，与鹿鸣宴。二十九年（1849年），卒，年八十有六，优诏赐卹，谥"文达"，入祀乡贤祠、浙江名宦祠。

元博学淹通（淹通，博洽而通达；淹博贯通；深通；精通。《新唐书·王义方传》："淹究经术，性謇特。"《文心雕龙·体性》："平子淹通，故虑周而藻密。"平子，东汉科学家、文学家张衡的字），早被知遇（知遇，受到赏识，得以提携重用。《北史·宋弁传》："孝文曾因朝会次，历访政道，弁年少官微，自下而对，声姿清亮，进止可观，帝称善者久之，因是大被知遇。"唐代韩愈《答魏博田仆射书》："谬承知遇，欣荷实深"）。敕编《石渠宝笈》，校勘《石经》。再入翰林，创编《国史儒林》《文苑传》，至为浙江巡抚，始手成之。集《四库》未收书一百七十二种，撰提要进御，补中秘之阙。嘉庆四年（1799年），偕大学士朱珪典会试，一时朴学高才搜罗殆尽（朴学，质朴考据之学，泛指儒学经学。始见于《汉书·儒林传·欧阳生传》："吾始以尚书为朴学，弗好，及闻宽说，可观。"后世常称汉学中的古文经学派为"朴学"。汉儒治经，注重名物训诂考据，故名。此外，也专指清代的乾嘉学派。他们以考据训诂的方法来研究经文，称为"朴学"）。道光十三年（1833年），由云南入觐（入朝觐见。地方官员入朝觐见帝王），特命典试，时称异数（异数，等次，程度不同。皇帝给予臣子的特殊待遇。《左传·庄公十八年》："王命诸侯，名位不同，礼亦异数。"另有术数之说。《后汉书·方术传上·序》："自是习为内学，尚奇文，贵异数，不乏于时矣"）。与大学士曹振镛共事意不合，元歉然（歉然，惭愧，心觉不安；不满足貌。两宋叶梦得《石林家训》："然盛夏帐中亦须读数卷书，至极困，乃就枕；不尔，胸次歉然若有未了事"）。以前次得人之盛不可复继，历官所至，振兴文教。在浙江立诂经精舍，祀许慎、郑康成（东汉经学家郑玄，字康成），选高才肄业（肄业，修习其业。《左传·文公四年》：“臣以为肄业及之也。”晋代学者杜预注解：“肄，习也。”后世称读书未毕业者为肄业）；在粤立学海堂亦如之，并延揽通儒，造士有家法，人才蔚起。撰《十三经校勘记》《经籍纂诂》《皇清经解》百八十余种，专宗汉学，治经者奉为科律。集清代天文、律算诸家作《畴人传》，以章绝学。重修《浙江通志》《广东通志》，编辑《山左金石志》《两浙金石志》、《积古斋钟鼎款识》（欵识，音 kuǎn zhì。古代钟鼎彝器上铸刻的文字。《汉书·郊祀志下》：“今此鼎细小，又有款识，不宜荐见于宗庙。”颜师古注解：“款，刻也；识，记也。”后世在书、画作品上题名落款也叫“款识”）、《两浙辅轩录》（𬨎轩，音 yóu xuān，轻车。古代帝王的使臣多乘𬨎车，后因称使臣为“𬨎轩使”）、《淮海英灵集》，刊当代名宿著述数十家为《文选楼丛书》。自著曰《揅经室集》（揅，同“研”）。他纪事、谈艺诸编，并为世重。身历乾、嘉文物鼎盛之时，主持风会数十年（风会，时政；时势），海内学者奉为山斗焉（山斗，泰山、北斗的合称。犹言泰斗，比喻被世人所敬仰、尊崇、仰慕的人。《新唐书·韩愈传赞》：“自愈没其言大行学者仰之如泰山、北斗云。”后世用以比喻某一方面负有名望的人）。（民国赵尔巽等撰，《清史稿·卷三百六十四·列传一百五十一·阮元》）

清代官员、学者、文学家阮元，字伯元，号“芸台”，江苏省仪征人。乾隆年间进士。历任湖广、两广、云贵多省总督，体仁阁大学士。曾经在杭州创立诂经精舍、广州创立学海堂，提倡朴学。罗致学者从事编书刊印工作，主编训诂学书《经籍纂诂》（纂，音 zuǎn，通“撰”，撰集。《汉书·司马迁传赞》：“自古书契之作而有史官，其载籍博矣，至孔子籑之。”诂，释诂；解诂；诂经，以今言解释古言。《尔雅·释诂》邢昺疏解：“诂，古也；古今异言，解之使人知也”）一百十六卷，校刻《十三经注疏》，汇刻《皇清经解》等。对经籍训诂、石刻、天文、历算、地理无不有所研究。所著《畴人传》《积古斋钟鼎彝器款识》是研究历代天文学家、数学家生平和古文字学的极好资料。

胡承珙（1776—1832），清代训诂学家，著有《毛诗后笺》《小尔雅义证》《求是堂诗文集》《仪礼古今文疏义》等。

胡承珙，字墨庄，泾县人，嘉庆十年进士（1805 年），选翰林院庶吉士，散馆授编修。十五年（1810 年），充广东乡试副考官，寻迁御史，转给事中。自以身居言路，当周知天下利弊，陈之于上，方不负职。数年中陈奏甚多，多见施行。而其最切中时病者，则有条陈亏空弊端各条："一曰冒滥宜禁。司库支发钱粮，向有扣除二三成之弊，故藩司书吏将不应借支之款，冒支滥借。此在领者便于急需，不敢望其足数；而在放者利于多扣，不复问其合宜：则虽应放而仍与浮冒无异。一曰抑勒宜禁。州、县交代，例限綦严（綦，音 qí，副词。很；甚；极其；非常。亦通"极"，如言之綦详。《荀子·王霸》："夫人之情，目欲綦色，耳欲綦声，口欲綦味，鼻欲綦臭，心欲綦佚。此五綦者，之情之所必不免也。""其用知甚简，其为事不劳，而功名致大，甚易处而綦可乐也。"律例、成例限制极其严格），均不准充抵。近日仍多以议单欠票虚开实抵者，总由上司多方抑勒（抑勒，亦作"勒抑"。压制；克扣；压迫；勒索。《明史·食货志五》："凡钞有字贯可辨者，不问烂损，即收受解京，抑勒与伪充者罪之。"苏轼《论给田募役状》："委是良田，方得收买。如官价低小，即听卖与其余人户，不得抑勒"），逼令新任擔承。一曰糜费宜省（糜费，亦作"靡费"。浪费；耗费过度。《荀子·君道》："故天子诸侯无靡费之用，士大夫无流淫之行，百吏官人无怠慢之事，众庶百姓无奸怪之俗，无盗贼之罪，其能以称义遍矣。故曰：治则衍及百姓，乱则不足及王公。"《晋书·何充传》："崇修佛寺，供给沙门以百数，糜费巨亿而不吝也"）。各省摊捐津贴名目，岂尽必不可省。闻州县所解各上司衙门饭食季规等银，逐岁增加。如邸报一事，安徽省每年通派各属万金。一省如此，他省可知；一事如此，他事可知。一曰升调宜慎，部选人员，多系初任，或尚能不敢轻易接受。惟佐杂题升。及调补繁缺二者，每多久历仕途，习成狡猾。在题升者急于得缺，明知此地之多累，不复顾后而瞻前；在调补者迁就一时，转因原任之有亏，希图挪彼以掩此。究之擔承弥补，皆属空名，不过剜肉补疮，甚且变本加厉。"其言深切著明。二十四年（1819 年），授福建分巡延建邵道，编查保甲，设立缉捕章程八条，匪徒敛迹。调署台湾兵备道，缉获洋盗张充等置于法。旋乞假回籍。台湾素称难治，承珙力行清莊弭盗之法，民、番安肃。自承珙去后，彰化、淡水即以械斗起衅矣。道光十二年（1832 年），卒，年五十七。

承珙究心经学，尤专意于《毛诗传》，归里后键户著书（键，音 jiàn。门闩；锁簧。《周礼·地官·司门》："掌授管键，以启闭国门。"郑玄注解引郑司农曰："管谓籥也，键谓牡。"唐代经学家贾公彦疏解："谓用管籥以启门，用键牡以闭门，故双言以启闭。"键户，闭户。锁上大门安心著述），与长洲陈奂往复讨论不绝，著《毛诗后笺》三十卷。其书主于申述毛义，自注疏而外，于唐、宋、元诸儒之说，及近人为《诗》学者，无不广征博引，而于名物训诂及《毛》与三家《诗》文有异同，类皆剖析精微，折衷至当。而其最精者，能于《毛传》本文前后会出指归，又能于西汉以前古书中反复寻考，贯通《诗》意，证明毛旨。凡三四易稿，手自写定。至《鲁颂·泮水章》而疾作，遗言嘱陈奂校补，奂乃为续成之。又以郑君注《仪礼》参用古、今文二本，撮其大例，有必用其正字者，有即用其借字者，有务以存古者，有兼以通今者，有因彼以决此者，有互见而并存者。

闳意妙旨（闳，音 hóng，亦可写作“闳意妙指”。旨，同“指”，意义；目的。宏大微妙的意旨。清代龚自珍《六经正名》：“《孝经》者，曾子以后，支流苗裔之书，平易泛滥，无大疵，无闳意妙指，如置之二戴所录中，与《坊记》《缁衣》《孔子闲居》《曾子天圆》比，非《中庸》《祭义》《礼运》之伦也”），有关于经实夥（夥，音 huǒ，形容词。多；盛多。《唐书·突厥传序》：“秦地旷而人寡，晋地狭而人夥”）。遂取注中迭出之字（重迭；反复），并“读如”“读为”“当为”各条，排比梳栉（排比，修辞学上辞格之一，用结构相似的平行句法构成。如《孟子·滕文公下》：“富贵不能淫，贫贱不能移，威武不能屈。”梳栉，本谓经编机器上的机件之一，编织织物有规律的运动。全句意为：在修辞上就像编织织物那样有规律、有成法），考其训诂，明其假借，参稽旁采，疏通而证明之，作《仪礼古今文疏义》十七卷。又谓惠氏栋《九经古义》未及《尔雅》，遂补撰数十条，成二卷。《小尔雅》原本不传，今存《孔丛子》中，世多谓为伪书，作《小尔雅义证》十三卷，断以为真。复著有《求是堂诗文集》三十四卷。（民国赵尔巽等撰，《清史稿·卷四百八十二·列传二百六十九·儒林三·胡承珙》）

清代训诂学家胡承珙，字景孟，号“墨庄”，安徽泾县人，生于清高宗乾隆四十年，卒于宣宗道光十二年，享年五十七岁。

胡承珙，自幼颖悟，十三岁入邑庠生，1805 年，嘉庆十年乙丑科进士，改庶吉士，散馆授编修；历任广东乡试副考官，御史、给事中；累官补台湾兵备道，居官三年，民、番安肃。不久乞假归里，闭户著述，潜心经学，尤其倾毕生精力于《毛诗》，广证博考，以求本意，著《毛诗后笺》三十卷。徽派朴学知名学者，将训诂考据学的方法应用于治学之中。与陈奂交往甚好，往复讨论，不绝于月，著有《求是堂诗文集》三十卷、《小尔雅义证》十三卷、《仪礼古今文疏义》十七卷，《尔雅古义》二卷，无不传于世。

胡培翚（1782—1849），清代官员、学者、语言学家、文字学家，著有《释官》《燕寝考》《三礼劄记》《左传翼服》《论语补笺》《庄子集评》《离骚集注》《仪礼释官》《禘祫问答》《朴斋文集》《井田出赋考》《研六室文钞》《周易传义疑参》《论语古本证异》《周礼井田图考》《畿内授田考实》等书。

胡培翚（音 huī），字载平，绩溪人（今安徽省绩溪）。祖匡衷，字朴苏，岁贡生。于经义多所发明，不苟与先儒同异。著有《三礼劄记》（劄，音 zhá，文体名。把读书的心得、体会或见闻所及随时记录下来，累积成篇之称）、《周礼井田图考》、《井田出赋考》、《仪礼释官》等书。其于井田多申郑义，而授田一事，以《遂人》所言是乡遂制，《大司徒》所言是都鄙制，《郑注》自相违戾。作《畿内授田考实》一篇，积算特精密。其《释官》则以《周礼》《礼记》《左传》《国语》与《仪礼》相参证，论据精确，足补注疏所未及，又著有《周易传义疑参》十二卷，《左传翼服》《论语古本证异》《论语补笺》《庄子集评》《离骚集注》《朴斋文集》。

培翚，嘉庆二十四年（1819 年）进士，官内阁中书、户部广东司主事。居官勤而处事密，时人称其治官如治经，一字不肯放过。绝不受财贿，而抉隐指弊（抉，戳；穿；挑出；揭发；挖掘。《说文解字・扌部》："抉，挑也。"《左传・襄公十七年》："以杙抉其伤而死。"抉隐，挖掘揭发隐秘。戳穿隐匿不可告人之弊端），胥吏咸惮之（胥吏，职官名称，官府中掌理案卷办理文书的吏员。唐代柳宗元《梓人传》："其下有胥吏，又其下皆有啬夫、版尹，以就役焉。"咸，副词。《说文解字・戌部》："咸，皆也，悉也。"都；皆；普遍；全部。《国语・鲁语上》："今将惠以小赐，祀以独恭。小赐不咸，独恭不优。不咸，民不归也；不优，神弗福也。"韦昭注解："咸，遍也。"惮，形声动词。怕；畏惧。《论语・学而》："君子不重则不威，学则不固。主忠信，无友不如己者。过则勿惮改。"《礼记・中庸》："君子中庸，小人反中庸，君子之中庸也，君子而时中；小人之中庸也，小人而无忌惮也。"官府中办理文书的小吏们都很惧怕他）。假照案发，司员失察者数十人，惟培翚及蔡绍江无所污，然犹以随同画诺镌级归里（画诺，犹"画行"。旧时公文在缮发之前，都须送请主管长官核判，如同意照办，便在文书稿件上签字，判一"行"字，表示同意照办，叫作"画行"。《北史・令狐整传》："但一日千里，必基武步，寡人当委以庶务，画诺而已。"镌，形声动词。降职，镌级，镌罚，削其品级，即降级。《正字通・金部》："镌：中外官降级曰镌级。"《宋史・食货志》："扰民及不实乾镌罚"）。后主讲钟山、云间，于泾川一再至，并引翼后进为己任（翼，本谓昆虫或鸟类的翅膀，亦泛指翅状物。引翼，引导辅佐扶持。《诗经·大雅·行苇》："黄耇台背，以引以翼。"郑玄笺解："以礼引之，以礼翼之；在前曰引，在旁曰翼。"《尚书·益稷》："予欲左右有民，汝翼。"此处则意为导引、荐举后学之士或曰学生)。去泾川日，门人设饮饯者相望于道。笃友谊，郝懿行、胡承珙遗书，皆赖培翚次第付梓。道光二十九年(1849年)，卒，年六十八。

绩溪胡氏，自明诸生东峰以来，世传经学。培翚涵濡先泽(涵濡，受到先世的恩泽滋润沉浸濡养。唐代元结《补乐歌·云门》："类我圣泽兮，涵濡不穷。"北宋苏辙《墨竹赋》："今夫受命于天，赋形于地，涵濡雨露，振荡风气")，又学于歙凌廷堪(歙，音shè，地名。安徽省歙县，在安徽省东南部，新安江上游，邻接浙江省)，邃精《三礼》(邃，音suì，形容词。《说文解字·穴部》："邃，深远也。"《小尔雅》："邃，深也。"深远。《离骚》："闺中既以邃远兮，哲王又不寤。"引申为精深，邃学，邃博)。初著《燕寝考》三卷，王引之见而喜之。既为《仪礼正义》，上推周公、孔子、子夏垂教之旨，发明郑君、贾氏得失，旁逮鸿儒、经生之所议。张皇幽渺(张皇，夸张炫耀；显扬；使光大。《聊斋志异·公孙夏》："区区一郡，何直得如此张皇？"幽渺，亦作"幽眇""幽妙"，精微深妙之意。罅，音xià。瓦器的裂缝，引申为凡物的缝隙)，阐扬圣绪(圣绪，帝王的统绪，前代圣人未竟的功业。继往开来，承继前人的美好事业。《史记·三王世家》："陛下奉承天统，明开圣绪，尊贤显功，兴灭继绝。"《汉书·武帝纪》："兴廉举孝，庶几成风，绍休圣绪")，二千余岁绝学也。其旨见与顺德罗惇衍书曰：培翚撰《正义》，约有四例。一曰疏经以补注，二曰通疏以申注，三曰汇各家之说以附注，四曰采他说以订注，书凡四十卷。至贾氏公彦之疏，或解经而违经旨，或申注而失注意，不可无辨。别为《仪礼贾疏订疑》一书。宫室制度，今以朝制、庙制、寝制为纲，以天子、诸侯、大夫、士为目。学制则分别庠序(庠，音xiáng。庠序，古代学校名称。《汉书·儒林传序》："乡里有教，夏曰校，殷曰庠，周曰序。"《孟子·滕文公上》："设为庠、序、学、校以教之。庠者养也，校者教也，序者射也。夏曰校，殷曰序，周曰庠，学则三代共之，皆所以明人伦也。"后人通释庠序为乡学，亦以庠序概称学校或教育事业)，馆制则分别公、私，皆先将宫室考定，而以十七篇所行之礼，条系于后，名《宫室提纲》。陆氏《经典释文》于《仪礼》颇略，拟取各经音义及集《释文》以后各家音切，挨次补录，名曰《仪礼释文校补》。培翚覃精是书凡四十余年(覃，音tán。覃精，深入；专一。潜心深入钻研。《明史·孙慎行传》："累官左庶子，数请假里居，键户息交，覃精理学")，晚岁患风痹，犹力疾从事。尚有《士昏礼》《乡饮酒礼》《乡射礼》《燕礼》《大射仪》五篇未卒业而殁，门人江宁杨大堉从学《礼》，为补成之胡氏著有《禘祫问答》《研六室文钞》。

杨大堉，字雅轮。诸生。笃学寡交，研穷经训。初从元和顾广圻（圻，音qí）、吴县钮树玉游，备闻《苍》《雅》阃奥（阃，音kǔn。阃奥，亦作“阃隩”“壸奥”。本指室内深处，后用以比喻学问、事理的精微深奥的境界。《三国志·魏志·管宁传》：“升堂入室，究其阃奥。”唐代韩愈《与崔群书》：“至于心所仰服，考之言行而无瑕尤，窥之阃奥而不见畛域”）。著《说文重文考》六卷，纯以声音求假借，以偏旁繁省求古、籀异同之变。又作《五庙考》，专驳王肃之失（王肃，三国魏经学家，司马昭妻父。曾遍注群经，如《尚书》《诗经》《三礼》《左传》《论语》等。喜欢贾逵、马融之学，唯独不喜欢郑玄之学。曾伪造《孔子家语》等书，以便作为其所撰《圣政论》的论据，和郑玄学派对立，人称“王学”）。江督陶澍以《防海议》试诸生（陶澍，1779—1839，嘉庆进士，由翰林院编修升至御史，历任户科、吏科给事中。道光时，官至两江总督加太子少保兼管盐政。督办海运，整理淮北盐务，筹划安徽荒政……著有《陶渊明集辑注》），大堉洋洋千言，大略谓：“中国官恃客气，居上临下，视洋人若小负贩。顾彼虽好利，而越数万里海洋至此，此必非无所挟持者。卤莽行之，必生边隙。”时承平久，人习附和之谈，独大堉卓识正论，侃然无忌讳。若豫卜有义律、璞鼎查之事，读者色变。所著《论语正义》《毛诗补注》《三礼义疏辨正》，皆佚。（民国赵尔巽等撰，《清史稿·卷四百八十二·列传二百六十九·儒林三·胡培翚（附·杨大堉）》）

清代语言学家、文字学家胡培翚，字载平，一字竹村、紫蒙。清代理学三胡之一，清代经学史上较为杰出的经学家，在《礼》学研究上成绩尤为突出，其四十卷本《仪礼正义》一书是清代《仪礼》学研究的集大成之作，不仅有力地推进了礼学演进的历程，且对后学者颇多启迪获益。

胡培翚，出身儒林世家，自幼秉承十代家学、又继祖匡衷之家学，博览群书，颇得治学之要，学业长进益精，犹长于《礼》学，认为唐代学者、太学博士贾公彦疏解《仪礼》多有失误（贾公彦撰有《周礼义疏》《仪礼义疏》，均已收入《十三经注疏》），遂博采众说，积四十余年时间从事《仪礼正义》的撰述，未成而卒，后由弟子杨大堉续成。曾任内阁中书、户部主事，为官清正廉洁、勤勉而处事缜密，一丝不苟。后因画行镌级告老还乡之后，便从事教育，创建东山书院。另著有《燕寝考》三卷、《禘祫问答》、《研六室文钞》十卷。

王筠（1784—1854），清代语言学家、文字学家，著有《正字略》《说文属》《蛾术编》《禹贡正字》《说文释例》《说文句读》《四书说略》《文字蒙求》《毛诗重言》《夏小正正义》《弟子职正音》《说文系传校录》《毛诗双声叠韵说》《读仪礼郑注句读刊误》等。

王筠，字贯山，安丘人。道光元年举人，后官山西乡宁县知县。乡宁在万山中，民朴事简，讼至立判。暇则抱一编不去手。权徐沟（权，名词。当权；权摄；执掌权力。职责范围内所具备的支配、指挥他人的力量。《论语·尧曰》："谨权量，审法度，修废官，四方之政行焉。兴灭国，继绝世，举逸民，天下之民归心焉。所重：民、食、丧、祭，宽则得众，信则民任焉，敏则有功，公则说。"《谷梁传·襄公三年》："故鸡泽之会，诸侯始失正矣，大夫执国权。"《韩非子·五蠹》："轻辞天子，非高也，势薄也；重争士橐，非下也，权重也"），再权曲沃，地号繁剧（繁剧，事务繁重之极。西晋郭璞《辞尚书表》："以无用之才，管繁剧之任"），二县皆治，然亦未尝废学。

筠少喜篆籀（篆籀，音 zhuàn zhòu。篆文与籀文的合称。篆书含大篆及小篆，狭义则指籀文和小篆，广义则指甲骨文、金文、籀文和春秋战国时期通行于六国的文字和小篆。籀，汉字的一种字体，也叫大篆），及长，博涉经史，尤长于《说文》。《说文》之学，世推桂、段两家，尝谓：桂氏专胪古籍（胪，音 lú，动词。《尔雅》："胪，叙也。"陈述。《史记·六国年表》："今秦杂戎翟之俗，先暴戾，后仁义，位在藩臣而胪于郊祀，君子惧焉。"唐代司马贞撰《史记索隐》释义："陈也。"东汉文学家张衡《思玄赋》："心犹豫而狐疑兮，即岐阯而胪情"），取足达许说而止，不下己意。惟是引据失于限断，且泛及藻缋之词（缋，音 huì，通"绘"。本指五彩绘画，《考工记·画缋》："画缋之事，杂五色。"也指用彩色画或绣的花纹图像。《汉书·食货志下》："乃以白鹿皮方尺，缘以缋，为皮币。"颜师古注解："缋，绣也，绘五彩而为之。"此处藻缋亦应为藻绘，比喻文辞、文采缤纷。《文心雕龙·原道》："傍及万品，动植皆文：龙凤以藻绘呈瑞，虎豹以炳蔚凝姿；云霞雕色，有逾画工之妙。"唐代元稹《对才识兼茂明于体用策》："其诗赋判论以文自试者皆得谓之文士，以经纬今古，理中是非者为上第，藻缋雅丽者次之"）。段氏体大思精，所谓通例，又前人所未知。惟是武断支离，时或不免。又谓：文字之奥，无过形、音、义三端。古人之造字也，正名百物，以义为本，而音从之，于是乎有形。后人之识字也，由形以求其音，由音以考其义，而文字之说备。六书以指事、象形为首，而文字之枢机即在乎此（枢机，户枢与弩牙，比喻事物运动的关键。《易经·系辞上》："言行，君子之枢机。"《国语·周语下》："夫耳目，心之枢机也"）。其字之为事，而作者即据事以审字，勿由字以生事。其字之为物，而作者即据物以察字，勿泥字以造物。且勿假他事以成此事之意，勿假他物以为此物之形，而后可与仓颉、籀、斯相质于一堂也。今《说文》之词，足从口，木从中（屮，音chè。《说文解字·屮部》："草木初生也。"古同"草"），鸟、鹿足相似从匕，苟非后人所窜乱（窜乱，修改变动；窜改紊乱），则许君之意荒矣。乃标举分别，疏通证明，著《说文释例》二十卷。《释例》云者，即许书而释其条例，犹杜元凯之于《春秋》也（西晋著名学者、政治家、军事家杜预，字元凯。灭吴统一战争功成之后，被誉为"杜武库"。耽思经籍，撰著《春秋左氏经传集解》《春秋释例》）。又以二徐书多涉草略（五代、宋初文字学家徐铉、徐锴二兄弟，号"大、小二徐"。精通文字学，曾与句中正等人校定《说文解字》，新补十九字于正文中，又以经典相承及时俗通用而为《说文》所不载者四百零二字附于正文之后，世称"大徐本"），加以李焘乱其次第（李焘，南宋史学家。长期主持修史工作，熟悉典故，用四十年时间，仿司马光作《资治通鉴》先撰长编的体例，根据日历、实录、"正史"、会要以及诸家野史、家乘、行状、志铭等辑录，撰成编年体北宋史《续资治通鉴长编》九百八十卷，对保存北宋一代史料做出很大贡献），致分别部居之脉络不可推寻。段玉裁既创为通例，而体裁所拘，未能详备。乃采桂、段诸家之说，著《说文句读》三十卷。《句读》云者，用张尔岐《仪礼郑注句读》之名，谓汉人经说率名章句，此书疏解许说，无章可言，故曰《句读》也。

筠治《说文》之学垂三十年，其书独辟门径，折衷一是，不依傍于人。论者以为许氏之功臣，桂、段之劲敌。又有《说文系传校录》三十卷，《文字蒙求》四卷。著有《毛诗重言》一卷，附《毛诗双声叠韵说》一卷，《夏小正正义》四卷，《弟子职正音》一卷，《正字略》二卷，《蛾术编》《禹贡正字》《读仪礼郑注句读刊误》《四书说略》。咸丰四年（1854年），卒，年七十一。（民国赵尔巽等撰，《清史稿·卷四百八十二·列传二百六十九·儒林三·王筠》）

清代语言学家、文字学家王筠，字贯山，号"菉友"，山东安丘人，道光年间举人。出身于书香世族、官宦之家，于《说文》之学颇有研究，多具开拓性和突破性，采撷、综合分析诸家之说，为后人指示门径。其学术、著作颇为后世所宗尚，著作有《说文属》《说文句读》《说文释例》《说文系传校录》《文字蒙求》等。

陈奂（1786—1863），清代学者、经学家，著有《毛诗说》《毛诗音》《尚书大传》《诗语助义》《禘郊或问》《诗毛氏传疏》《郑氏笺考徵》《师友渊源记》《公羊逸礼考徵》《宋本集韵校勘记》等。

陈奂，字硕甫，长洲人（即今江苏省苏州市）。诸生（明、清两代称已入学的生员为“诸生”。明清之际思想家、学者顾炎武作《书吴潘二子事》：“当国变后，年皆二十以上，并弃其诸生，以诗文自豪”）。咸丰元年（1851年），举孝廉方正。奂始从吴江沅治古学，金坛段玉裁寓吴，与沅祖声善（善，动词。友好；亲善。《国策·秦策二》：“秦欲伐齐，齐、楚之交善，惠王患之”）。尝曰：“我作《六书音韵表》，惟江氏祖孙知之，余鲜有知者。”奂尽一昼夜探其梗概。沅尝假玉裁《经韵楼集》（假，《广雅》：“假，借也。”《左传·隐公十一年》：“天祸许国，鬼神实不逞于许君，而假手于我寡人，寡人唯是一二父兄不能共亿，其敢以许自为功乎?”《南史·袁峻传》：“家贫无书，每从人假借，必皆抄写。”假借。本指不是自己本有的；或是借的或是窃取的），奂窃视之，加朱墨（朱墨，朱笔和墨笔。常用于书籍的点评、批阅、编撰，为的是便于省览。意指在所阅读的书上用朱笔或墨笔分别批点。《三国志·魏志·王肃传》“历注经传，颇传于世”，裴松之注引三国魏鱼豢《魏略》：“初，遇善治《老子》，为《老子》作训注。又善《左氏传》，更为作朱墨别异”）。后玉裁见之，称其学识出孔、贾上（孔子、贾谊之上），由是奂受学玉裁。高邮王念孙暨子引之、栖霞郝懿行、绩溪胡培翚、泾胡承珙、临海金鹗，咸与缔交（缔交，结合；结交；订立。《史记·秦始皇本纪》：“合从缔交，相与为一。”《新唐书·魏玄同传》：“玄同与裴炎缔交，能保终始，故号‘耐久朋’”）。

奂尝言大毛公诂训传言简意赅（赅，音gāi，形容词或动词。完备；兼备；概括；包括。《庄子·齐物论》：“百骸、九窍、六藏、赅而存焉。”意赅，有成语：言简意赅，言语简洁而意思兼备），遂殚精竭虑（竭尽心思。或曰耗尽精力，费尽心思。”唐代白居易《策林一·策头》：“殚思极虑，以尽微臣献言之道乎”），专攻毛《传》。以毛《传》一切礼数名物，自汉以来无人称引，韬晦不彰（韬晦，音tāo huì。韬，韬光；晦，晦迹。收敛锋芒，隐藏才能，不予彰显行踪走迹。《晋书·皇甫谧传》：“韬光逐薮，含章未曜。”南朝梁昭明太子作《靖节先生集序》：“圣人韬光，贤人遁世。”《唐书·宣宗纪》：“愈事韬晦，群居游处，赤尝有言。”不彰，不予彰显。东汉张衡《思玄赋》：“恐渐冉而无成兮，留则蔽而不彰”），乃博征古书，发明其义。大抵用西汉以前旧说，而与东汉人说《诗》者不苟同。又以毛氏之学，源出荀子，而善承毛氏者，惟郑仲师、许叔重两家，故于《周礼注》《说文解字》多所取说，著《诗毛氏传疏》三十卷。又以疏中称引，博广难明，更举条例，立表示图，为《毛诗说》一卷。准以古音，依四始为《毛诗音》四卷。仿《尔雅》例，编毛《传》为《义类》十九篇一卷。以郑多本三家《诗》，与毛异，为《郑氏笺考征》一卷。又有《诗语助义》三十卷，《公羊逸礼考征》一卷，《师友渊源记》一卷，《禘郊或问》《宋本集韵校勘记》，各若干卷。

其论《尚书大传》与毛《传》同条共贯，论《春秋》之学，从《公羊》以知例，治《谷梁》以明礼。《谷梁》文句极简，必得治礼数十年而后可明其要义。论《释名》与毛《传》《说文》多不合，然可以讨汉、宋说经家之源流。其论丁度《集韵》云："《集韵》总字，具见《类》篇，先以《类》篇校《集韵》，再参之《释文》《说文》《玉篇》《广韵》《博雅》，则校雠之功过半矣。"又云："陆氏《释文》宋本，当于《集韵》求之。今《尚书释文》，经开宝中陈谔等删改之本（开宝：北宋太祖赵匡胤的年号，968—976 年），《集韵》则未经删改者也。"于子书中尤好《管子》，尝令其弟子元和丁士涵为《管子案》四卷。

家居授徒，从游者数十人。同郡管庆祺、丁士涵、马钊、费锷，德清戴望，其尤著也。同治二年（1863），卒，年七十有八。（民国赵尔巽等撰，《清史稿·卷四百八十二·列传第二百六十九·儒林三·陈奂》）

清代学者、经学家陈奂，字倬云，号"硕甫"，晚号"南园"，江苏长洲人。受学于段玉裁。后在京师获交王念孙、王引之父子和郝懿行、胡培翚等人，学业由此大为长进。专治毛《传》，撰有《诗毛氏传疏》三十卷，阐发毛《传》本义，最为详实完备，辨证郑《笺》不同于毛《传》的各种解释和论点（东汉郑玄所作《笺注》），对于恢复《诗》古文学派的本来面目颇有贡献。关于训诂和名物的疏证也较精准确实，收入《皇清经解续编》中，另有《毛诗说》《毛诗音》等著作。

附：毛《诗》：《诗》古文学派，相传为西汉初年的毛亨、毛苌所传，据称其学出于孔子弟子子夏。《汉书·艺文志》著录毛《诗》二十九卷，《毛诗故训传》三十卷。

朱骏声（1788—1858），清代著名学者、经学家、文字训诂学家，著有

《柬韵》《说雅》《古今韵准》《左传旁通》《离骚补注》《夏小正补传》《左传识小录》《说文通训定声》《六十四卦经解》等。

朱骏声，字丰芑（音qǐ），吴县人（今江苏省苏州市吴中区）。年十三，受许氏《说文》（东汉经学家、文字学家许慎），一读即通晓。从钱大昕游，钱一见奇之，曰："衣钵之传，将在子矣！"嘉庆二十三年举人（1818年）。官黟县训导（黟，音yī。黟县，位于安徽省东部，新安江上游。秦时始置县。训导，学官名，协助同级学官教育所属生员。明、清时期，府、州、县学皆设置训导官）。咸丰元年，以截取知县入都（截取，清代制度。凡是举人于考中后经过三科，由本省督抚给咨赴吏部候选，称为"截取"。又以食俸年限及科分、名次为资格之官员，由吏部核定其截止日期以便予以选用，亦称"截取"），进呈所著《说文通训定声》及《古今韵准》《柬韵》《说雅》，共四十卷。文宗披览，嘉其洽（洽，形容词。广见博识多闻。《文选·班固〈西都赋〉》："元元本本，殚见洽闻。"张铣注解："殚，尽也；洽，遍也"），赏国子监博士衔。旋迁扬州府学教授，引疾，未之官。八年，卒，年七十一。

骏声著述甚博，不求知于世，兼长推步（推步，古人称善于推算历法为"推步"。意谓日月转运于天，犹如人走行步，可以推算而知。《后汉书·杨厚传》："就同郡郑伯山受河洛书及天文推步之术"），明通象数（象数，用符号、形象、数字推测宇宙变化的一种学说。《左传·僖公十五年》："龟，象也；筮，数也；物生而后有象，象而后有滋，滋而后有数。"此为"象数"二字起源，凡世间事物皆有一定的形象和数量。《易经》之中多有言"象"言"数"之处。"象数"之学，亦含天文、历法、乐律诸多知识，是古人通过生活实践、观天察地、究尽人事、总结的穷理尽性之学）。尝论《尔雅》太岁在寅，推大昕说，谓其时自以实测之岁星在亥，定太岁在寅，命之曰摄提格以纪年（摄提格，亦称"摄提""寅年"。自战国、秦、汉时代产生的一种星岁纪年法，此后逐渐发展为干支纪年法。古人假想有一速度与木星平均速度相等而运动方向相反的天体叫"太岁"，每当木星运行至丑位时，太岁在寅位，这一年就叫"摄提格"），岁星所合之辰，即为太岁。然岁星阅百四十四年而超一辰，至秦、汉而甲寅之年岁星在丑，太岁应在子。汉诏书以太初元年（公元前104年）为摄提格者，因六十纪年之名，历年以次排叙，不能顿超一辰，故仍命以摄提格也。于是后人以寅、卯等为太岁，强以摄提格等为岁阴。其实《尔雅》所云岁阳、岁阴，非如后人说也。著有《左传旁通》十卷，《左传识小录》三卷，《夏小正补传》一卷，《离骚补注》一卷。（民国赵尔巽等撰，《清史稿·卷四百八十一·列传第二百六十

八·儒林二·朱骏声》)

清代著名学者、经学家、文字训诂学家朱骏声，字丰芑，号“允倩”。少时从钱大昕问学，以《夏小正补传》赏国子监博士。于小学、音韵之外，兼长天文。著有《说文通训定声》及《古今韵准》《柬韵》《说雅》，共四十卷，另有《六十四卦经解》，颇受清文宗咸丰帝所赞赏，未及任官，引疾归。专明转注、假借之旨，对《说文》和训诂学的研究颇有贡献。

王先谦（1842—1917），清末著名学者，学术大家，著有《荀子集解》《庄子集解》《汉书补注》《外国通鉴》《后汉书集解》《释名疏证补》《日本源流考》《三家诗集义疏》《释名疏证补附》《尚书孔传参正》《虚受堂诗文集》等。

王先谦，字益吾，长沙人（今属湖南省）。同治四年进士（1865年），选庶吉士（明初始置，分设六科，练习办事；永乐以后，专属翰林院。清代沿置，翰林院设庶常馆，选拔新进士之优于文学书法者，入馆学习，称为翰林院庶吉士。三年后，举行考试，成绩优良者分别授予翰林院编修、检讨等官，其余分发各部任主事等职，或以知县优先委用，称为“散馆”，庶吉士又称为“庶常”），授编修。光绪元年（1875年），大考二等，擢中允，充日讲起居注官。历上疏言言路防弊，请筹东三省防务，并劾云南巡抚徐之铭。六年（1867年），晋国子监祭酒。八年（1869年），丁忧归，服阕，仍故官。疏请三海停工。出为江苏学政。十四年（1875年），以太监李莲英招摇（招摇，张扬炫耀，故意张大声势，引人注意。《史记·孔子世家》：“灵公与夫人同车，宦者雍渠参乘，出，使孔子为次乘，招摇市过之”），疏请惩戒。略言：宦寺之患（宦寺，即宦官，古人称宦官为寺人。《续资治通鉴·宋哲宗·绍圣二年》：“内结宦寺，外连台谏，合党缔交，以图柄任”），自古为昭，本朝法制森严，从无太监揽权害事。皇太后垂帘听政，一禀前谟（谟，音mó，形声动词。《尔雅·释诂》：“谟，谋也。”西汉孔安国《尚书传》亦曰：“谟，谋也。”谋略；计谋。《周书·文帝纪》：“窃观宇文夏州，英姿不世，雄谟冠时。”西晋文学家陆机《辩亡论下》：“遂献宏谟”），毫不宽假，此天下臣民所共知共见者。乃有总管太监李莲英，秉性奸回（奸回，奸恶邪僻。《尚书·泰誓下》：“崇信奸回，放黜师保。”《孔》传：“回，邪也。奸邪之人，反尊信之”），肆无忌惮（任意妄为，极度放肆，毫不顾忌畏惧。《中庸》：“小人之中庸也，小人而无忌惮也。”南宋朱熹注解：“小人不知有此，则肆欲妄行，而无所忌惮矣”）。其平日秽声劣迹，不敢形诸奏牍（牍，古代写字用的木片，后世遂将公文称为文牍，书札称为尺牍。奏牍，书写奏章的简牍。东汉文学家王充著《论衡·量知》："断木为椠，析之为板，力加刮削，乃成奏牍。"不敢写成奏牍）。惟思太监等给使宫禁，得以日近天颜；或因奔走微长，偶邀宸顾（宸，帝王的代称。宸，本指北极星所居位置，由此指帝王的宫殿，引申为王位、帝王的代称。《文选·任昉〈王文宪集序〉》："是以宸居膺列宿之表，图纬著王佐之符。"明代学者刘良注解："宸居，天子宫也"），度亦事理所有。何独该太监夸张恩遇，大肆招摇，致太监篦小李之名，倾动中外，惊骇物听，此即其不安本分之明证。《易》曰履霜坚冰，渐也。皇太后、皇上于制治保邦之道，靡不勤求夙夜，遇事防维。今宵小横行，已有端兆。若不严加惩办，无以振纲纪而肃群情。疏上不报。

先谦历典云南、江西、浙江乡试，搜罗人才，不遗余力。既莅江苏，先奏设书局，仿阮元《皇清经解》例，刊刻《续经解》一千四百三十卷。南菁书院创于黄体芳，先谦广筹经费，每邑拔取才士入院，而督教之，诱掖奖劝，成就人材甚多。开缺还家（开缺，官吏因故不能留任，而被免除所任职务，等待另选新人接替，称之为"开缺"），历主思贤讲舍，岳麓、城南两书院，其培植人才，与前无异。三十三年（1907年），总督陈夔龙、巡抚岑春蓂奏以所著书进呈，赏内阁学士衔。宣统二年（1910年），长沙饥民哄围抚署，卫兵开枪击毙数人，民情愈愤，匪徒乘之放火烧署。省城绅士电请易巡抚，以先谦名首列，先谦不知也。总督瑞征奏参，部议降五级。同乡京官胡祖荫等以冤抑呈递都察院，亦不报。国变后，改名遁，迁居乡间，越六年卒。著有《尚书孔传参正》三十六卷，《三家诗集义疏》二十八卷，《汉书补注》一百卷，《荀子集解》二十卷，《日本源流考》二十二卷，《外国通鉴》三十卷，《虚受堂诗文集》三十六卷等。（民国赵尔巽等撰，《清史稿·卷四百八十二·列传第二百六十九·儒林三·王先谦》）

清末著名学者，学术大家王先谦，字益吾，号"葵园"，历任国子监祭酒，江苏学政，湖南岳麓、城南书院院长，是一位敢于直言，历数大太监李莲英恶行的忠言之臣。

孙诒让（1848—1908），清末著名的一代经师大家、经学家、文字学家，著有《札迻》《目录》《附录》《后语》《周礼正义》《墨子闲诂》《古籀拾遗》《契文举例》《逸周书斠补》《九旗古义述》等。

孙诒让，字仲容，瑞安人（今浙江省瑞安市）。父衣言，自有传。诒让，同治六年（1867年）举人，官刑部主事。初读《汉学师承记》及《皇清经解》，渐窥通儒治经、史、小学家法。谓古子、群经，有三代文字之通假，有秦、汉篆隶之变迁，有魏、晋正草之混淆，有六朝、唐人俗书之流失，有宋、元、明校雠之羼改（雠，音chóu，同“讎”。校对并加以考证。羼，音chàn。动词。《说文解字·羊部》：“羼，羊相厕也。从羊，在尸下。尸，屋也。会意。一曰相出前也。”本义是群羊杂居。掺杂，混杂）。匡违捃佚（匡，动词。纠正，匡正。《左传·襄公十四年》：“善则赏之，过则匡之。”捃，音jùn，动词。搜集；摘取；拾取；捃摭。捃佚，纠正谬违，收集遗佚），必有谊据（谊，音yì，同“义”。《说文解字·言部》：“谊，人所宜也。从言，从宜，宜亦声。”段玉裁注解：“谊，义，古今字。周时作谊，汉时作义，皆仁义字也。”《玉篇·言部》：“谊，理也。人所宜也。”《广韵·置韵》：“谊，善也。”《楚辞·九章·惜诵》：“吾谊先君而后身兮，羌众人之所仇。”洪兴祖补注：“谊与义同。”谊据，或说通“依据”。正确的道理；合理的原则。必有文字、字义、文义依据），先成《札移》十二卷。

又著《周礼正义》八十六卷，以为：“有清经术昌明，于诸经均有新疏，《周礼》以周公致太平之书，而秦、汉以来诸儒不能融会贯通。盖通经皆实事、实字，天地、山川之大，城郭、宫室、衣服制度之精，酒浆、醯醢之细（醯醢，音xī hǎi。醯，名词，用于保存蔬菜、水果、鱼蛋、牡蛎等食物的纯净醋，或是添加有香料的醋。醢，名词。《广雅》：“醢，酱也。”肉酱。北宋著名政治家司马光《训俭示康》：“酒酤于市，果止于梨栗枣柿之类；肴止于脯醢、菜羹，器用瓷漆。”醯醢，用鱼肉等制成的酱。调制肉酱时必用盐、醋等调味品作为佐料，故称。《周礼·秋官·司寇第五·掌客》：“牵二牢，米八十筥，醯醢八十瓮，皆陈。”《礼记·郊特牲》：“醯醢之美，而煎盐之尚，贵天产也。”清代博学大家孙希旦著《礼记集解》：“曰‘醯醢’者，醢必资醯以成也”），郑《注》简奥（郑玄），贾《疏》疏略（贾逵）。读者难于探究，而通之于治，尤多谬戾（戾，形容词，凶狠；暴戾；乖违。唐代著名史学家司马贞著《史记索隐》引三国魏训诂学家张揖曰：“狠戾之夫也，字或作戾。”悖谬乖戾。东汉著名隐士严遵《道德指归论·得一》：“是故使天有为，动不顺一，为高得卑，为清得裂，阴阳谬戾，纲驰纪绝”）。刘歆、苏绰之于新、周，王安石之于宋，胶柱锲舟（胶柱，顾名思义，用胶黏住琴瑟上的弦柱，致其不能调节音色的高低。以喻固执拘泥，不晓得灵活变通。三国魏邯郸淳《笑林》：“齐人就赵人学瑟，因之先调，胶柱而归，三年不成一曲。”已近乎愚钝呆傻。唐代李绅《拜三川守》诗：“改张琴瑟移胶柱，止息笙簧辨鲁鱼。”锲，动词。用刀子刻。《左传·定公九年》："尽借邑人之车，锲其轴，麻约而归之。"注："刻也。"刻舟求剑之意。见《吕氏春秋·察今》），一溃不振，遂为此经诟病。"诒让乃以《尔雅》《说文》正其训诂，以《礼经》《大、小戴记》证其制度。研覃廿载（覃，音 tán。副词。深入地。《汉书·叙传下》："下帏覃思，论道属书。"北宋经学家邢昺《尔雅注疏序》："虽复研精覃思，尚虑学浅意疏。"廿，音 niàn。深入、长久地研究二十载），藁草屡易（藁，同"稾""稿"。草稿；稿子。《史记·屈原贾生列传》："怀王使屈原造为宪令，屈平属草稾未定"），遂博采汉、唐以来迄乾嘉诸经儒旧说，参互绎证，以发郑《注》之渊奥，裨贾《疏》之遗阙。其于古制，疏通证明，较之旧疏，实为淹贯（淹贯，淹博贯通，深通广晓。《新唐书·柳芳传》："淹贯群书，年六十余，始仕宦"）。而注有违牾（牾，音 wǔ，同"忤"。《说文解字·午部》："牾，逆也。"《汉书·严延年传》："自郡吏以下皆畏避之，莫敢与牾。"逆；不顺；抵触；冲突。违牾，违背抵触；不相一致），辄为匡纠（匡纠，矫正；纠正。东汉学者、法学家应劭《风俗通·愆礼》："论者既不匡纠，而云观过知仁，谓心之哀恻，终始一者也"）。凡所发正数十百事，匪敢坏"疏不破注"家法，于康成不曲从杜、郑之意，实亦无悖。而以国家之富强，从政教人，则无论新旧学均可折衷于是书。识者韪之。

光绪癸卯（1903 年，光绪二十九年），以经济特科征，不应。宣统元年（1909 年），礼制馆征，亦不就。未几卒，年六十二。所著又有《墨子闲诂》十五卷，《目录》《附录》二卷，《后语》二卷。精深闳博，一时推为绝诣。《古籀拾遗》三卷，《逸周书斠补》四卷，《九旗古义述》一卷。（民国赵尔巽等撰，《清史稿·卷四百八十二·列传第二百六十九·儒林三·孙诒让》）

清末著名的一代经师大家、经学家、文字学家，著名的爱国主义者和教育家孙诒让，幼名效洙，字仲容，别号"籀庼"，今浙江省瑞安市人。出身书香门第，其父孙衣言是道光三十年进士，选入翰林院，历官达二十年。诒让是同治六年举人，他在经学、诸子学、文字学、考据学、校勘学、注释学以及地方文献的整理诸多方面都做出了卓有成效的成就和贡献，他为古籍的校释也做出了很大贡献。被人们赞誉为"朴学大师""晚清经学后殿"的章太炎先生则称赞他为"三百年绝等双"，郭沫若先生则赞誉他为"启后承前一巨儒"。曾任职刑部主事，旋即归里不复出；专心攻研学术，尤其是融通古学，大力总结旧说，竭尽毕生精力校注古籍、精心著书达三十余种，实为清代群经新疏中之杰作。所著作品主要有《墨子间诂》《札移》《契文举例》等，而其所撰《周礼正义》一书，则是解释《周礼》较为精审完备之书。

徐灏（生卒年不详），清代学者，著有《说文解字注笺》。

徐灏，字子远，又字伯朱，号“灵洲”，广东番禺人。贡生，官广西知府，是位集毕生精力研究《说文》的专家。依照《说文解字》体例，广征博引，逐条注、笺，校正脱讹，对段玉裁的《说文解字注》进一步注释、阐述、详解、说明原委著《说文解字注笺》一书，乃是清代研究《说文》的得力之作。

姚明辉（1881—1961），晚清学者、教育学家，著有《蒙古志》《孝经读本》《律历小记》《禹贡注解》《中国民族志》《反切源流考略》《学记集义训俗》《汉书艺文志注解》等。

姚明辉，字孟埙。清末民初，上海南翔人。清光绪七年生（1881年），先后就读于上海求志书院、龙门书院、广方言馆。1901年起历任学堂教员、教科书编纂员，民国初年任国立武昌高等师范学校教授。曾历任省立上海暨南大学、私立大同大学、私立大夏大学、私立持志大学、私立上海大学等校教授，及私立正风文学院院长。抗战胜利后，专事学术研究。1957年6月任上海文史馆馆员，逝世于上海，终年八十岁。

姚明辉致力于教育工作之余，亦专注于编著各种中、外地理教科书，地方志、文史类、音韵学类图书的工作。著有《中国民族志》《反切源流考略》《孝经读本》《律历小记》《禹贡注解》《汉书艺文志注解》《蒙古志》《学记集义训俗》……并且多已出版。

刘师培（1884—1919），清末民初才子、学者、经学家。

刘师培，字申叔，江苏省仪征人。1884年5月26日出生于扬州（光绪十年五月初二）。家传文字训诂之学，宗古文经，主张以字音推求字义；用古语明今言，用今言通古语。又擅长骈文。讲授中古文学、“三礼”、《尚书》及训诂学。1901年考中秀才，1902年壬寅科举人，1907在日加入同盟会，1917年应蔡元培聘任为国立北京大学教授，教经史；1919 年 11 月 20 日病逝于北京，年仅三十五岁。著有《群经大义相通论》《尚书源流考》《楚辞考异》及多部有关《白虎通义》的斠补（斠，音 jiào。校正）、阙文补订、佚文考、定本、源流考、补释等书。

训诂学有关著作

摘选自《辞海》(*1977*年版)

《尔雅》：五卷，我国最早解释词义的专著。解释古今文字之意最早的一部训诂学著作。由汉初学者缀辑周、汉诸书旧文，递相增益而成，保存了在秦、汉时期所收集的周代文字材料，成书年代多有争议，有战国末年成书之说，也有秦或西汉成书之说。编纂者不详，应非一人一时之作，后人陆续再做增补；直至两晋时期，著名文学家、训诂学家郭璞予以增补扩充、评注并注释，使之成为流传后世的《尔雅》三卷二十篇。此书以解释文字训诂以近于雅正者为指归，是阅读先秦经籍不可或缺、极为重要的参考资料。郭璞的《尔雅》问世以后，在长达700年的时间里，《尔雅》中生物学名称一直处于一种权威性的静止状态中。

今本十九篇。前三篇《释诂》《释言》《释训》所收为一般词语，将古书中同一次分别归并为各条，每条用一个通用词做解释。《释亲》《释宫》《释器》以下各篇是关于各种名物的解释，实乃考证词义和古代名物的重要资料。后世经学家常用以解说儒家经义，至唐、宋时遂为“十三经”之一。

《汉书·艺文志·六艺略·书》说：“《书》者，古之号令。号令于众，其言不立具，咋听受施行者弗晓。古文读应尔雅，故解古今语而可知也。”

《后汉书·贾逵传》记载东汉经学家贾逵云：“逵数为帝言《古文尚书》与经传《尔雅》诂训相应。”古语皆方言，今语为汉语，若以今语按照诂训的意义，将古语翻译过来，则古语亦变成可明白的今语，虽方言亦合于雅言，则无诘屈聱牙难懂之病。所以说能解古今语，《尚书》的意义是可知的。

唐初经学家、语言文字学家颜师古引三国魏张晏的《汉书音释》曰：“尔，近也。雅，正也。”尔雅即近正的意思，所谓雅言也。

清代精通目录学的学者叶德辉语：“《史记五帝》《夏》《周》记载《尚

书》文，多以训诂代经，即读应尔雅也。”

尔：近也，接近；雅：正也，正确的意思。编纂者们的主要目的是用当时较为通俗的语言来解释由于口语的发展、方言的不同或技术的专门化而产生的不为人们所熟悉的词和名称。

注释《尔雅》者，以两晋时期郭璞《尔雅注》、北宋邢昺疏解的《十三经注疏》最为通行，而代清邵晋涵《尔雅正义》、郝懿行的《尔雅义疏》最为详密。

《三苍》：字书，秦李斯撰《仓颉》篇，赵高撰《爰历》篇，胡毋敬撰《博学》篇合为《三苍》，汉时亦合称《仓颉》篇。后又以此与西汉扬雄的《训纂》篇、东汉贾鲂撰的《滂喜》篇统称为《三苍》，今皆不传。

《仓颉》篇：字书，秦李斯撰。

《训纂》篇：字书，西汉扬雄撰，原书早佚。据清代段玉裁《说文解字叙注》：断六十字为一章，凡三十四章，二千零四十字。

《字林》：字书，晋代吕忱撰。收字12824个字，为补《说文》漏略而作。唐以前与《说文》并重，后亡佚。

《玉》篇：字书，南朝梁、陈之际顾野王撰。体例仿《说文解字》，收字16917余，引群书训诂解说颇为详细。

《类》篇：字书，北宋时期官员、目录学家王洙、司马光等奉诏，大体依据《说文》纂修整理而成四十五卷，与丁度等人所修《集韵》相辅而行。收字31000余，重文21000余。

《字汇》：字书，明代梅膺祚撰，收字33179个字。不但收有古书中常用字外，还有许多俗字，未收僻字，解释字义通俗易懂，编制体例常为后人所采用。遗憾的是引书或举书名而不举篇名，或举篇名而不举书名；引前人之说，又不注明出处。

《正字通》：字书，明末张自烈撰，共收33000多个字。依照《字汇》体例加以增订而成。

《说文解字》：文字学书名，简称《说文》，东汉许慎撰，收字9353个，又重文1163。按文字形体及偏旁构造，分列540部，首创部首编排法。每字下的解释，大抵先说字义，再说形体构造及读音，书成于公元100年（东汉和帝永元十二年）。

《字说》：文字学书，北宋王安石撰。1080年，即元丰三年成书。今已不传，与许慎《说文》和传统说解有别，而自创己说。

《说文义证》：文字学书名，全称《说文解字义证》，清代桂馥撰。广泛征引古书以推寻《说文》说解的根源，前后各说，相互补正，排比有条理，资料丰富，但泛及辞藻，体例不甚严谨。

《说文解字注》：文字学书名，简称《说文注》，清代段玉裁撰。

《说文解字通训定声》：文字学书名，清代朱骏声撰。

《方言》：语言和训诂书。全称《輶轩使者绝代语释别国方言》，西汉扬雄作，历时二十七年撰著仍未完成。体例仿《尔雅》，类集古今各地同义的词语，大部分注名通行范围。材料来源有古代的典籍，有直接的调查，从中可以窥探汉代语言分布情况，乃研究古代词汇的重要材料。

此后，两晋郭璞撰有《方言注》，清代戴震撰《方言疏证》，对扬雄之作有整理、阐发之功。

《释名》：训诂书，东汉刘熙撰。体例仿《尔雅》，而专用音训，以音同、音近的字解释意义，推究事物所以命名的由来，对于探求语源，辨证古音和古义，极具参考价值。

《广雅》：训诂书，三国魏张揖撰。隋朝为避隋炀帝杨广的讳，一度曾改名《博雅》，后又复用其名。博采汉人笺注、《三苍》《说文》《方言》诸书，增广《尔雅》所未备，故名《广雅》。为研究古代词汇和训诂的重要资料。清代王念孙撰有《广雅疏证》对其订讹补缺，由音求义，较为详审。

《广雅疏证》：训诂书。清代王念孙广泛搜集汉以前古训，由古音以求古义，遂以《广雅》向无善本，讹文脱字甚多，旁考诸书加以订正，于1796年撰著此书，创见颇多。

《埤雅》：训诂书，北宋陆佃撰。取辅佐《尔雅》之意，分《释鱼》《释兽》《释鸟》等八类。解释名物，大抵略于形状而详于名义。除征引古书外，并探求其得名的由来。引书不注出处，且多穿凿附会之说，是它的缺憾之处。

《尔雅翼》：训诂学书，宋代罗愿撰。体例仿《尔雅》，分草、木、鸟、兽、虫、鱼六类。

《小尔雅》：训诂书，也叫《小雅》。有说成书于秦或汉，又传很可能是于约1060年，由宋代孔鲋所撰。体例仿《尔雅》，其中除度、量、衡三章外，都是补充《尔雅》的。后据清代戴震等人考证乃属后人所纂辑而成，并非《汉书·艺文志》所称之旧本。

《小尔雅疏》：训诂书，清代王煦撰。

《小尔雅义证》：训诂书，清代胡承珙撰。

《小尔雅训纂》：训诂书，清代宋翔凤撰。

《小尔雅疏证》：训诂书，清代葛其仁撰。

《通雅》：训诂书，明代方以智撰。取材于先秦诸子、史籍、方志、小说，辨证词语训诂，考证古音古义，论及方言俗语，分门别类，加以训诂。引书注明出处，体例谨严，以供研究古汉语、探讨词源的参考。

《释名疏证》：训诂书，清代毕沅撰。

《释名疏证补》《释名疏证补附》：训诂书，清代王先谦撰。

《尔雅义疏》：训诂学书，清代郝懿行撰。取材广博，可补郭璞《尔雅注》所未备，实乃研究训诂学的重要著作。

《助字辩略》：训诂学书，五卷，清代刘淇撰著。刘淇，字武仲，一字龙田，号“南泉”，确山人（今郡治在河南省）。刘淇博采宋元以前经传、子、史及俗语中的虚词400多个，分四声编排。用正训、反训、通训、借训、互训、转训诸多方法予以解释，此乃研究汉语虚词的重要资料。

《广韵》：韵书，全称《大宋重修广韵》。北宋陈彭年等奉诏重修，收字26000多个字，是汉语音韵学中重要的一部韵书。

《集韵》：韵书，北宋仁宗宝元二年丁度等奉诏修定，比《广韵》增字一倍多，达53525个字。内容注重文字形体和训诂，为研究文字训诂和宋代语音的重要资料。

《音韵》：也叫“声韵”，汉字字音中声、韵、调三要素的总称。

《音韵学》：也叫“声韵学”。研究汉语语音系统的沿革，注重辨析字音中的声、韵、调三种要素，并研究其不同历史时期的分合异同。其研究范围包括古音、今音、等韵及现代音。

《论语义疏》：书名，全称《论语集解义疏》。南朝梁黄侃撰。以三国魏何晏《论语集解》为主，兼采老、庄玄学之说，阐发经义，是南学的主要经注之一（南学，南北朝南朝时期的经学）。

《论语正义》：书名，清代刘宝楠以三国何晏《论语集解》为主，详采各家之说，并把清代对《论语》的考释加以汇编，撰著而成。全书未完而卒，后由其子恭勉续成。

《毛诗草木鸟兽虫鱼疏》：三国吴陆玑撰。专释《诗经》中动、植物的名称，是我国研究生物学较早的著作。卷末附论四家诗源流（四家诗，“鲁诗”“齐诗”“韩诗”“毛诗”的合称。汉代传《诗经》者，共有四家。其中前三家诗是今文诗学，西汉时，皆立于学官，魏晋以后逐渐消亡。“毛诗”是古文诗学，先在民间流传、相授，盛行于东汉；魏、晋后通行的《诗经》就是“毛诗”。四家对于诗义的说明、文字的解释，或有所不同），于《毛诗》特详。唐代陆德明撰《经典释文》，内容与之多有不同。

《毛诗正义》：唐代政府颁布的官书《五经正义》之一。汉代毛公《传》、郑玄《笺》、唐代孔颖达等《正义》，四十卷。《正义》主要解释《毛传》《郑笺》，汇集了魏、晋、南北朝诸多学者研究《诗经》的成果，对于理解《传》《笺》的内容具有很大的参考价值。

《春秋公羊传注疏》：东汉经学家何休历时 17 年时间，钻研今文诸经，为《春秋公羊传》制定义例，撰著《春秋公羊解诂》二十八卷，使其成为富有条理的今文经学著作。此书是今文经学著作的重要经籍，是今文经学家议政的主要依据。唐学者（一说是北魏人）徐彦疏解成书《春秋公羊传疏》，收入《十三经注疏》。

《春秋谷梁传注疏》：东晋经学家范宁反对何晏、王弼等人的玄学，推崇儒学，撰著《春秋谷梁传集解》十二卷，乃属现存最早的《谷梁传》注解。唐初曾任四门博士的学者杨士勋撰《春秋谷梁传疏》，二十卷。前者所注兼载其门生、故吏、子弟之说，各列其名，故称《集解》。后者疏解亦保存了一些旧说，是《谷梁》注解流传至今最早的一种，收入《十三经注疏》。

《春秋左传正义》：唐代孔颖达等编定。根据西晋杜预《春秋左氏经传集解》予以疏解，是唐政府颁布的官书《五经正义》之一。

参考书目

1.《中华人民共和国药典 1977 年版：一部》，中华人民共和国卫生部药典委员会编，人民卫生出版社，1978 年 12 月版。

2.《中华人民共和国药典 1985 年版：一部》，中华人民共和国卫生部药典委员会编，化学工业出版社，1985 年 8 月版。

3.《中华人民共和国药典 1990 年版：一部》，中华人民共和国卫生部药典委员会编，化学工业出版社，2000 年 1 月版。

4. 卫生部关于进一步规范保健食品原料管理的通知．卫法监发［2002］51 号。

5.《辞海》，辞海编辑委员会编，上海辞书出版社，2009 年 9 月第 6 版。

6.《汉语大词典（普及本)》，本书编委会编，汉语大词典出版社，2000 年 8 月版。

7.《中华汉语工具书书库》，李学勤主编，安徽教育出版社，2002 年 5 月版。

8.《中国通史》，范文澜著，人民出版社，2004 年 3 月版。

9.《全球文明全记录》，华言实编著，海南出版社，2001 年 8 月版。

10.《中国古典名著百部·老子 庄子 墨子 荀子》，孙向东主编，中国社会出版社，1999 年 6 月版。

11.《中国古典名著百部·大学 中庸 论语 孟子》，孙向东主编，中国社会出版社，1999 年 6 月版。

12.《中国古典名著百部·尚书 周礼 仪礼 礼记 诗经》，孙向东主编，中国社会出版社，1999 年 6 月版。

13.《中国古典名著百部·史记》，孙向东主编，中国社会出版社，1999 年 6 月版。

14.《中华文化通志·第六典·学术·史学志》，中华文化通志编委会编，上海人民出版社，1998 年 10 月版。

15.《中华文化通志·第七典·科学技术·医药学志》，中华文化通志编委会编，上海人民出版社，1998 年 10 月版。

16.《中华文化通志·第七典·科学技术·农学与生物学志》，中华文化通志编委会编，上海人民出版社，1998 年 10 月版。

17.《中华文化通志·第九典·宗教与民俗·饮食志》，中华文化通志编委会编，上海人民出版社，1998 年 10 月版。

18.《中华五千年文化经典》，杨力著，北京科学技术出版社，2005 年 1 月版。
19.《儒家道家经典诠释 · 诗经 周礼 礼记 论语 尔雅 孟子》，侯光复主编，大连出版社，1998 年 10 月版。
20.《传世藏书 · 子库 · 医部 · 综合类、科技部 · 本草类》，张岱年等 主编，海南国际新闻出版中心，1996 年 1 月版。
21.《传世藏书 · 集库 · 别集 · 十 · 徐渭集》，张岱年等主编，海南国际新闻出版中心，1996 年 1 月版。
22.《学津讨原》，（清）张海鹏辑，江苏广陵古籍刻印社，1990 年 10 月版。
23.《中国科学技术典籍通汇 · 生物卷》，苟萃华主编，河南教育出版社，1993 年 10 月版。
24.《中国科学技术典籍通汇 · 医学卷》，余瀛鳌主编，河南教育出版社，1993 年 10 月版。
25.《中国医学大成续集 · 24（影印本）》，曹炳章编，上海科学技术出版社，2000 年 12 月版。
26.《中国古代医方真本秘本全集 · 清代卷 · 37)》，全国图书馆文献缩微复制中心。
27.《丛书集成续编 · 第八十一册 · 子部》，（清）屈复等撰，上海书店出版社，1994 年 6 月版。
28.《四库医学丛书 · 颅囟经外十种》，上海古籍出版社，1991 年 4 月版。
29.《国家清史编纂委员会文献丛刊 · 清代诗文集彙编》，《清代诗文集彙编》编纂委员会编，上海古籍出版社，2010 年 12 月版。
30.《尸子》，尸佼著，黄曙辉点校，华东师范大学出版社，2009 年 11 月版。
31.《吕氏春秋 · 梦溪笔谈》，（秦）吕不韦 撰，（宋）沈括 撰，岳麓书社，2001 年 1 月版。
32.《淮南子》，（西汉）刘安撰，岳麓书社，2001 年 1 月版。
33.《左传》，（春秋）左丘明著，岳麓书社，2001 年 1 月版。
34.《左传注译》，叶农注译，花城出版社，2007 年 7 月版。
35.《尚书》，（春秋）孔子著，岳麓书社，2001 年 7 月版。
36.《尚书今注今释》，王云五主编，台湾商务印书馆，1969 年 9 月版。
37.《国语》，陈桐生译注，中华书局，2013 年 4 月版。
38.《战国会要》，上海古籍出版社编，上海古籍出版社，2012 年 5 月版。
39.《史记》，（西汉）司马迁撰，中华书局，1999 年 2 月版。

40.《汉书》，（东汉）班固撰，（唐）颜师古注，中华书局，1999 年 2 月版。
41.《后汉书》，（宋）范晔撰，（唐）李贤等注，中华书局，2005 年 3 月版。
42.《三国志》，（晋）陈寿撰，（宋）裴松之注，中华书局，2005 年 3 月版。
43.《晋书》，（唐）房玄龄等撰，中华书局，2000 年 1 月版。
44.《宋书》，（梁）沈约撰，中华书局，1974 年 10 月版。
45.《南齐书》，（梁）萧子显撰，中华书局，1999 年 6 月版。
46.《梁书》，（唐）姚思廉撰，中华书局，1999 年 4 月版。
47.《陈书》，（唐）姚思廉撰，中华书局，1999 年 6 月版。
48.《魏书》，（北齐）魏收撰，中华书局，1999 年 6 月版。
49.《北齐书》，（唐）李百药撰，中华书局，1972 年 11 月版。
50.《周书》，（唐）令狐德棻等撰，中华书局，1971 年 11 月版。
51.《隋书》，（唐）魏徵等撰，中华书局，1973 年 8 月版。
52.《南史》，（唐）李延寿撰，中华书局，1975 年 5 月版。
53.《北史》，（唐）李延寿撰，中华书局，1974 年 10 月版。
54.《旧唐书》，（后晋）刘昫等撰，中华书局，1975 年 5 月版。
55.《新唐书》，（宋）欧阳修等撰，北京：中华书局，1975 年 2 月版。
56.《旧五代史》，（宋）薛居正等撰，中华书局，1976 年 5 月版。
57.《新五代史》，（宋）欧阳修等撰，中华书局，1974 年 12 月版。
58.《宋史》，（元）脱脱等撰，中华书局，1977 年 11 月版。
59.《辽史》，（元）脱脱等撰，中华书局，1974 年 10 月版。
60.《辽会要》，陈述、朱子方主编，上海古籍出版社，2009 年 8 月版。
61.《金史》，（元）脱脱等撰，中华书局，1975 年 7 月版。
62.《元史》，（明）宋濂等撰，中华书局，1976 年 4 月版。
63.《明史》，（清）张廷玉等撰，中华书局，1999 年 12 月版。
64.《清史稿》，（民国）赵尔巽等撰，中华书局，1977 年 8 月版。
65.《四库全书荟要》，吉林人民出版社，1997 年 5 月版。
66.《资治通鉴》，司马光原著，上海古籍出版社，2005 年 5 月版。
67.《太平御览》，（宋）李昉撰，中华书局，1960 年 2 月版。
68.《太平御览》，（宋）李昉编纂，夏剑钦校点，河北教育出版社，1994 年 7 月版。
69.《中国本草全书》，中国文化研究会编纂，华夏出版社，1999 年 12 月版。

70.《中药辞海》，余传隆等主编，中国医药科技出版社，1996 年版。
71.《神农本草经・中藏经・脉经・难经精译》，黄志杰等主编，科学技术文献出版社，1999 年 8 月版。
72.《黄帝内经・神农本草经・中藏经・脉经・难经精译》，黄志杰等编译，科学技术文献出版社，1999 年 8 月版。
73.《神农本草经》，（清）顾观光辑，杨鹏举校注，学苑出版社，2007 年 4 月版。
74.《遵生八笺・饮膳正要・食物本草》精译，黄志杰等主编，科学技术文献出版社，2000 年 2 月版。
75.《中医必读百部名著・推拿按摩卷》，田思胜主编，华夏出版社，2008 年 1 月版。
76.《中医必读百部名著・伤寒卷：续》，欧阳兵主编，华夏出版社，2008 年 4 月版。
77.《中医必读百部名著・临床通用卷：续》，严季澜主编，华夏出版社，2008 年 4 月版。
78.《中医必读百部名著・医论医话卷》，许敬生主编，华夏出版社，2008 年 6 月版。
79.《中医必读百部名著・方剂卷（续）》，王均宁主编，华夏出版社，2008 年 6 月版。
80.《中医必读百部名著・内科卷：续》，纪立金主编，华夏出版社，2008 年 7 月版。
81.《海外回归中医善本古籍丛书》，曹洪欣主编，人民卫生出版社，2003 年 5 月版。
82.《五十二病方》，马王堆汉墓帛书整理小组编，文物出版社，1979 年 11 月版。
83.《释名汇校》，（汉）刘熙撰，任继昉纂，齐鲁书社，2006 年 11 月版。
84.《论衡》，（汉）王充撰，陈蒲清点校，岳麓书社，2006 年 11 月版。
85.《伤寒论》，（东汉）张仲景著，王振国、杨金萍校注，中国盲文出版社，2013 年 4 月版。
86.《伤寒论讲义》，姜建国主编，上海科学技术出版社，2009 年 2 月版。
87.《华佗遗书》，高文柱主编，华夏出版社，2011 年 2 月版。
88.《中藏经校注》，（汉）华佗撰，李聪甫主编，人民卫生出版社，1990 年 8 月版。
89.《吴普本草》，（魏）吴普著，尚志钧等辑校，人民卫生出版社，1987 年 2 月版。
90.《古今注》，（晋）崔豹撰，焦杰校点，辽宁教育出版社，1998 年 3 月版。
91.《〈抱朴子内篇〉〈肘后备急方〉今译》，（晋）葛洪著，梅全喜等编译，中国中医药出版社，1997 年 3 月版。
92.《抱朴子内篇注译》，邱凤侠注译，中国社会科学出版社，1996 年 12 月版。
93.《道经精华：抱朴子》，张清华主编，时代文化出版社，2003 年 8 月版。

94.《神仙传校释》，（晋）葛洪撰，胡守为校释，中华书局，2010年9月版。
95.《肘后备急方》，（晋）葛洪著，广东科技出版社，2012年11月版。
96.《附广肘后方》，（晋）葛洪原撰，（梁）陶弘景补辑，（金）杨用道补辑，胡冬裴汇辑，上海科学技术出版社，2009年9月版。
97.《中医非物质文化遗产临床经典读本·脉经》，（晋）王叔和著，陈婷校注，中国医药科技出版社，2011年1月版。
98.《中医非物质文化遗产临床经典读本·针灸甲乙经》，（晋）皇甫谧著，周琦校注，中国医药科技出版社，2011年1月版。
99.《褚氏遗书》，（南齐）褚澄原著，卢祥之等校补，人民军医出版社，2012年3月版。
100.《齐民要术》，（北魏）贾思勰撰，江苏古籍出版社，2001年6月版。
101.《齐民要术译注》，（北魏）贾思勰撰，缪启愉、缪桂龙译注，上海古籍出版社，2009年3月版。
102.《齐民要术今释》，（北魏）贾思勰撰，石声汉校释，中华书局，2009年6月版。
103.《雷公炮炙论》，（刘宋）雷敩撰，（清）张骥补辑，施仲安校注，江苏科学技术出版社，1985年6月版。
104.《名医别录（辑校本）》，（梁）陶弘景集，尚志钧辑校，人民卫生出版社，1986年6月版。
105.《名医别录（辑校本）》，（梁）陶弘景撰，尚志钧辑校，中国中医药出版社，2013年8月版。
106.《诸病源候论》，（隋）巢元方撰，高文柱、沈澍农主编，华夏出版社，2008年8月版。
107.《新修本草（辑复本）》，（唐）苏敬等撰，尚志钧辑校，安徽科学技术出版社，2004年7月第2版。
108.《中医古籍必读经典系列丛书：新修本草》，何清湖总主编，山西科学技术出版社，2012年12月版。
109.《重广补注黄帝内经素问》，（唐）王冰著，范登脉校注，科学技术文献出版社，2011年7月版。
110.《备急千金要方》，（唐）孙思邈撰，高文柱、沈澍农校注，华夏出版社，2008年7月版。

111.《千金食治》,(唐)孙思邈撰,吴受琚注释,中国商业出版社,1985年2月版。
112.《中国古代科技名著译注丛书:食疗本草译注》,(唐)孟诜著,郑金生、张同君译注,上海古籍出版社,1992年3月版。
113.《食疗本草》,(唐)孟诜,张鼎撰,谢海洲等辑,人民卫生出版社,1984年7月版。
114.《食疗本草》,(唐)孟诜撰,张鼎增补,吴受琚、俞晋校注,中国商业出版社,1992年12月版。
115.《外台秘要》,(唐)王焘撰,人民卫生出版社,1955年9月版。
116.《外台秘要方》,(唐)王焘撰,高文柱等校注,华夏出版社,2009年3月版。
117.《〈本草拾遗〉辑释》,(唐)陈藏器撰,尚志钧辑释,安徽科学技术出版社,2002年7月版。
118.《刘禹锡全集》,(唐)刘禹锡著,瞿蜕园校点,上海古籍出版社,1999年5月版。
119.《白居易全集》,(唐)白居易著,丁如明、聂世美校点,上海古籍出版社,1999年5月版。
120.《日华子本草》,(五代)吴越日华子集,尚志钧辑释;《蜀本草》,(五代)韩保昇撰,尚志钧辑复,安徽科学技术出版社,2005年7月版。
121.《太平惠民和剂局方》,(宋)太平惠民和剂局编,刘景源点校,人民卫生出版社,1985年10月版。
122.《增广太平惠民和剂局方》,(宋)许洪编,海南出版社,2002年2月版。
123.《图经本草》,(宋)苏颂撰,胡乃长等辑注,福建科学技术出版社,1988年8月版。
124.《〈本草图经〉研究》,苏颖、赵宏岩主编,人民卫生出版社,2011年9月版。
125.《重修政和经史证类备用本草》,(宋)唐慎微等撰,中国医药科技出版社,2013年1月版。
126.《苏沈良方》,(宋)沈括、苏轼撰,杨俊杰、王振国点校,上海科学技术出版社,2003年1月版。
127.《中医非物质文化遗产临床经典读本·苏沈良方》,(宋)沈括、苏轼著,成莉校注,中国医药科技出版社,2012年1月版。
128.《三苏全书》,曾枣庄、舒大刚主编,语文出版社,2001年11月版。

129. 《苏轼全集》，（宋）苏轼著，傅成、穆俦标点，上海古籍出版社，2000 年 5 月版。
130. 《黄庭坚全集》，（宋）黄庭坚著，四川大学出版社，2001 年 4 月版。
131. 《小儿药证直诀》，（宋）钱乙著，杨金萍、于建芳点校，天津科学技术出版社，2005 年版。
132. 《小儿药证直诀》，（宋）钱乙著，郜冬梅校注，中国医药科技出版社，2011 年 1 月版。
133. 《幼幼新书》，（南宋）刘昉著，白极校注，中国医药科技出版社，2011 年 8 月版。
134. 《类证活人书》，（宋）朱肱著，唐迎雪等点校，天津科学技术出版社，2003 年 5 月版。
135. 《中医非物质文化遗产临床经典读本·妇人大全良方》，（宋）陈自明著，刘洋校注，中国医药科技出版社，2011 年 1 月版。
136. 《中医非物质文化遗产临床经典读本·外科精要》，（宋）陈自明著，顾漫校注，中国医药科技出版社，2011 年 1 月版。
137. 《寿亲养老新书》，（宋）陈直撰，（元）邹铉续增，中国书店 1986 年 12 月版。
138. 《寿亲养老新书》，（宋）陈直著，（元）邹铉续编，王均宁评注，中华书局，2013 年 1 月版。
139. 《寿亲养老新书》，（宋）陈直著，（元）邹铉续编，上海古籍出版社，1990 年 7 月版。
140. 《儒门事亲》，（金）张从正原著，张更生点校，天津科学技术出版社，1999 年 1 月版。
141. 《儒门事亲》，（金）张从正撰，张海岑等校注，河南科学技术出版社，1984 年 11 月版。
142. 《饮膳正要》，（元）忽思慧撰，中国书店，1985 年 12 月版。
143. 《饮膳正要》，（元）忽思慧撰，刘玉书点校，人民卫生出版社，1986 年 6 月版。
144. 《饮膳正要》，（元）忽思慧撰，上海古籍出版社，1990 年 7 月版。
145. 《〈饮膳正要〉注释》，（元）忽思慧著，尚衍斌等注释，中央民族大学出版社，2009 年 10 月版。
146. 《饮膳正要》，（元）忽思慧著，刘光华校注，中国医药科技出版社，2011 年 1

月版。
147. 《食物本草》，（元）李杲编辑，（明）李时珍参订，（明）姚可成补辑，郑金生等校点，中国医药科技出版社，1990 年 2 月版。
148. 《饮食须知》，（元）贾铭著，程绍恩等点校，人民卫生出版社，1988 年 11 月版。
149. 《饮食须知》，（元）贾铭著，吴庆峰、张金霞整理，山东画报出版社，2007 年 5 月版。
150. 《救荒本草校释与研究》，（明）朱橚著，王家葵、张瑞贤、李敏校注，中医古籍出版社，2007 年 1 月版。
151. 《救荒本草校注》，（明）朱橚撰，倪根金校注，中国农业出版社，2009 年 1 月版。
152. 《新校注〈本草纲目〉：全 2 册》，（明）李时珍编纂，刘恒如、刘山永校注，华夏出版社，2013 年 1 月第 5 版。
153. 《神农本草经疏》，（明）缪希雍著，郑金生校注，中医古籍出版社，2002 年 2 月版。
154. 《天工开物》，宋应星著，商务印书馆，1954 年版。
155. 《遵生八牋校注》，（明）高濂著，赵立勋校注，人民卫生出版社，1994 年 6 月版。
156. 《遵生八笺》，（明）高濂著，刘立萍、李然等校注，中国医药科技出版社，2011 年 8 月版。
157. 《滇南本草》，（明）兰茂著，《滇南本草》整理组整理，云南人民出版社，第 1 卷 1976 年 11 月，第 2 卷 1977 年 10 月，第 3 卷 1978 年 6 月。
158. 《滇南本草》，（明）兰茂撰，陆拯、包来发、陈明显校点，中国中医药出版社，2013 年 1 月版。
159. 《野菜博录》，（明）鲍山编，浙江人民美术出版社，2013 年 8 月版。
160. 《内经知要》，（明）李中梓著，王体校注，中国医药科技出版社，2011 年 1 月版。
161. 《本草乘雅半偈（校点本）》，（明）卢之颐核参，冷方南、王齐南校点，人民卫生出版社，1986 年 8 月版。
162. 《调疾饮食辩》，（清）章穆纂，伊广谦点校，中医古籍出版社，1999 年 5 月版。
163. 《随息居饮食谱》，（清）王士雄撰，窦国祥校注，南京科学技术出版社，1983 年 4 月版。

164.《随息居饮食谱》，（清）王士雄撰，聂伯纯等点校，人民卫生出版社，1987 年 8 月版。

165.《随息居饮食谱》，（清）王士雄原著，宋咏梅、张传友点校，天津科学技术出版社，2003 年 1 月版。

166.《潜斋医话 归砚录》，（清）王士雄原著，刘更生、林绍志点校，天津科学技术出版社，2005 年 1 月版。

167.《温热经纬》，（清）王士雄著，何永、李秋校注，中国医药科技出版社，2011 年 1 月版。

168.《三家医话》，（清）王士雄撰，苗彦霞、耿荣安注释，上海浦江教育出版社，2011 年 11 月版。

169.《本草纲目拾遗》，（清）赵学敏著，中国中医药出版社，1998 年 1 月版。

170.《串雅内外编》，（清）赵学敏著，郭华校注，中国医药科技出版社，1998 年 1 月版。

171.《小仓山房续余文集・卷三十四》，（清）钱塘袁枚才子撰，清刻本。

172.《牧斋有学集》，（清）钱谦益著，（清）钱曾笺注，钱仲联标校，上海古籍出版社，1996 年 9 月版。

173.《兰台轨范》，（清）徐灵胎著，陈婷校注，中国医药科技出版社，2011 年 1 月版。

174.《徐灵胎医话医案选》，（清）徐灵胎原著，张存悌、周康、卓同年点校，辽宁科学技术出版社，2012 年 7 月版。

175.《本草求真》，（清）黄宫绣著，赵贵铭点校，山西科学技术出版社，2012 年 1 月版。

176.《冷庐医话》，（清）陆以湉原著，张暖点校，人民军医出版社，2010 年 7 月版。

177.《传统中医药临床精华读本丛书・寓意草释义》，周德生、郭志华总主编，山西科学技术出版社，2012 年 3 月版。

178.《宋徽宗圣济经》，（宋）赵佶撰，（宋）吴褆注，李顺保、程玫校注，学苑出版社，2014 年 5 月版。

179.《温热论・湿热论》，（清）叶天士、薛生白著，李顺保，褚玄仁点校，学苑出版社，2013 年 1 月版。

180.《清代三家医案合编》，（清）吴金寿汇辑，李鸿涛、张明锐、穆倩倩点校，学苑出版社，2014 年 9 月版。
181.《太史医案初编》，（清）黄宫绣著，荆丽娟、肖健楠整理，中国中医药出版社，2015 年 4 月版。
182.《王冰医学全书》，（唐）王冰著，山西科学技术出版社，2012 年 3 月版。
183.《成无己医学全书》，（金）成无己撰，山西科学技术出版社，2013 年 5 月版。
184.《傅青主医学全书》，张存悌主编，辽宁科学技术出版社，2013 年 11 月版。
185.《王焘医学全书》，张登本主编，中国中医药出版社，2015 年 3 月第 2 版。
186.《朱肱 庞安时医学全书》，田思胜主编，中国中医药出版社，2015 年 1 月第 2 版。
187.《许叔微医学全书》，刘景超、李具双主编，中国中医药出版社，2015 年 1 月第 2 版。
188.《杨士瀛医学全书》，林慧光主编，中国中医药出版社，2015 年 2 月第 2 版。
189.《刘完素医学全书》，宋乃光主编，中国中医药出版社，2015 年 2 月第 2 版。
190.《张元素医学全书》，郑洪新主编，中国中医药出版社，2015 年 3 月第 2 版。
191.《张子和医学全书》，徐江雁、徐振国主编，中国中医药出版社，2015 年 3 月第 2 版。
192.《李东垣医学全书》，张年顺主编，中国中医药出版社，2015 年 2 月第 2 版。
193.《陈自明医学全书》，盛维忠主编，中国中医药出版社，2015 年 2 月第 2 版。
194.《王好古医学全书》，盛增秀主编，中国中医药出版社，2015 年 2 月第 2 版。
195.《严用和医学全书》，王道瑞、申好真主编，中国中医药出版社，2015 年 2 月第 2 版。
196.《罗天益医学全书》，许敬生主编，中国中医药出版社，2015 年 2 月第 2 版。
197.《危亦林医学全书》，许敬生主编，中国中医药出版社，2015 年 2 月第 2 版。
198.《朱丹溪医学全书》，田思胜主编，中国中医药出版社，2015 年 3 月第 2 版。
199.《滑寿医学全书》，李玉清、齐冬梅主编，中国中医药出版社，2015 年 2 月第 2 版。
200.《龚廷贤医学全书》，李世华、王育华主编，中国中医药出版社，2015 年 1 月第 2 版。
201.《缪希雍医学全书》，任春荣主编，中国中医药出版社，2015 年 1 月第 2 版。
202.《王肯堂医学全书》，陆拯主编，中国中医药出版社，2015 年 2 月第 2 版。
203.《尤在泾医学全书》，孙中堂主编，中国中医药出版社，2015 年 3 月第 2 版。
204.《喻嘉言医学全书》，陈熠主编，中国中医药出版社，2015 年 1 月第 2 版。
205.《汪昂医学全书》，项长生主编，中国中医药出版社，2015 年 1 月第 2 版。
206.《张璐医学全书》，张民庆、王兴华、刘华东主编，中国中医药出版社，2015 年 3

月第2版。
207.《徐灵胎医学全书》，刘洋主编，中国中医药出版社，2015年2月第2版。
208.《吴鞠通医学全书》，李刘坤主编，中国中医药出版社，2015年1月第2版。
209.《周学海医学全书》，郑洪新主编，中国中医药出版社，2015年3月第2版。
210.《陆懋修医学全书》，王璟主编，中国中医药出版社，2015年2月第2版。
211.《太史医案初编》，（清）黄宫绣著，荆丽娟、肖健楠整理，中国中医药出版社，2015年4月版。
212.《御纂医宗金鉴全书》，鸿宝斋书局本。
213.《校正本草纲目》，上海鸿宝斋书局印行，民国五年仲夏月。
214.《傅青主男女科合编（足本增批）》，上海广益书局印行。
215.《山海经》，（东晋）郭璞，（清）毕沅校，上海古籍出版社影印本1989年3月版。
216.《山海经》，元阳真人（上古）原著，倪泰一编，云南科技出版社，1994年3月版。
217.《楚辞》，郭竹平注释，中国社会科学院出版社，2002年5月版。
218.《楚辞新注》，聂石樵注，商务印书馆，2004年3月版。
219.《楚辞选译》，李山注，中华书局，2005年1月版。
220.《晋书解读》，白玉林、曾志华、张新科主编，云南教育出版社，2011年1月版。
221.《尔雅导读》，顾廷龙、王世伟著，中国国际广播出版社，2011年1月版。
222.《医古文》，段逸山主编，人民卫生出版社，1986年7月版。
223.《中国医道》，王君主编，中国医药科技出版社，2002年8月版。
224.《未病学》，祝恒琛主编，中国医药科技出版社，1999年4月版。
225.《中国传统医学史》，史兰华等编，科学技术出版社，1992年8月版。
226.《周易与中医学》，杨力著，科学技术出版社，2005年2月版。
227.《中医疾病预测学》，杨力著，科学技术出版社，2005年3月版。
228.《周易与中医》，常秉义著，中国友谊出版。公司2002年4月版。
229.《医易养生保健学》，田合禄著，山西科学技术出版社，2006年1月版。
230.《〈易经〉与东方营养学》，谢文伟著，华夏出版社，1995年7月版。
231.《儒道佛与中医药学》，薛公忱主编，中国书店2002年3月版。
232.《中国食经》，任百尊主编，上海文化出版社，1999年2月版。
233.《中国饮食史》，徐害荣主编，华夏出版社，1999年10月版。
234.《中医预防医学》，广州中医药大学《中医预防医学》编委会编，广东科学技术出版社，2002 年 9 月版。
235.《农业考古》，陈文华著，文物出版社，2002 年 2 月版。
236.《中国古代农书评介》，石声汉著，农业出版社，1980 年 5 月版。
237.《农桑辑要校注》，石声汉校注，西北农学院古农学研究室整理，中华书局，2014 年 5 月版。
238.《诗集传》，（宋）朱熹集注，赵长征点校，中华书局，2011 年 1 月版。
239.《中华藏典 · 传世文选 · 玉台新咏》，谭国清主编，西苑出版社，2003 年 3 月版。
240.《搜神记》，（晋）干宝等著，华夏出版社，2013 年 1 月版。
241.《拾遗记（外三种）》，（前秦）王嘉等撰，王根林等点校，上海古籍出版社，2012 年 8 月版。
242.《齐东野语》，（宋）周密撰，张茂鹏点校，中华书局，2012 年 2 月版。重印
243.《齐东野语》，（宋）周密撰，黄益元校点，上海古籍出版社，2012 年 11 月版。
244.《癸辛杂识》，（宋）周密撰，王根林校点，上海古籍出版社，2012 年 12 月版。
245.《萍洲可读 · 老学庵笔记》，（宋）朱彧、陆游撰，李伟国、高克勤校点，上海古籍出版社，2012 年 12 月版。
246.《东京梦华录注》，（宋）孟元老撰，邓之诚注，中华书局，2008 年 6 月版。重印
247.《宋代笔记小说选译》，朱瑞熙、程君健译注，凤凰出版社，2011 年 5 月版。
248.《宋论 · 永历实录 · 箨史 · 莲峰志》，（明）王夫之撰，岳麓书社 2010 年 12 月版。
249.《冷庐杂识》，（清）陆以湉撰，冬青校点，上海古籍出版社，2012 年 12 月版。
250.《李约瑟集》，潘吉星主编，天津人民出版社，1998 年 6 月版。
251.《中国科学技术史 · 第六卷》，李约瑟著，科学出版社，上海古籍出版社，2006 年 8 月版。
252.《唯识学概论》，弘学著，巴蜀书社，2009 年 10 月版。
253.《成唯识论校释》，（唐）玄奘译，韩廷杰校释，中华书局，2011 年 10 月版。
264.《唯识三十颂导读》，李润生著，宗教文化出版社，2016 年 2 月版。

李士骧发表文章及相关工作业绩一览

1977年9月：原子吸收分光光度法测定水中痕量镉、铅、铜（碘化物——甲基异丁酮萃取法）

中国建筑工业出版社《环境污染分析技术资料汇编》

1982年2月：氟电极在自来水（饮用水）检验中的试验报告

北京市自来水公司《给水技术》第2期

（该杂志后划归中国城镇供水协会主办，更名为《中国城镇供水》）

1983年12月：BDL－1型氯气报警仪研制、试用报告并通过市级鉴定

北京市自来水公司《给水技术》第3期（同上）

1987年5月13日：在有毒藻类生活的海域中捕捞要谨慎——食花蛤引起的食物中毒

《中国食品报》第317期三版“饮食与健康”

1987年5月18日：再谈亚硝酸盐中毒

《中国消费者报》第28期三版“科技与消费”

1987年12月：食品卫生法律知识问答

《食品卫生监督简报》总第十四期

1999年11月：马路市场、街头食品与环境保护的现状与前瞻

中国预防医学科学院环境卫生监测所《中国环境卫生》第4期（此文同时被《中国专家大辞典》编委会收编入《当代专家论文精选》一书，专编办字〔2002〕006.。自1999年此文发表后，全国各地的社会实践与该文的论断、观点不谋而合。

2000年11月：蜂蜜的化学构成及微量元素（译文）

中国农业科学院蜜蜂研究所、中国养蜂学会《中国养蜂》第6期

2001年1月：“既是食品又是药品”品种名单溯源

中国保健食品协会《中国保健食品》第1期

2001年10月：学习“既是食品又是药品”品种名单的认识和建议

中华预防医学会《中国自然医学杂志》第4期

2001年10月：药食同源物品在保健食品生产中的应用情况调查

中华预防医学会《中国自然医学杂志》第4期

注：以上两文被“中国科协2001年度学术大会”录用并被邀请参加大会，又被收

编入中国科学技术出版社出版的《新世纪 新机遇 新挑战　知识创新和高新技术产业发展》一书下册。此文是经编辑部送交卫生部监督司负责人审校，未予一字修改后全文发表的。在该文发表之后的两个月，即2002年2月28日，卫生部就此发布了新的有关红头文件：卫法监发〔2002〕51号《卫生部关于进一步规范保健食品原料管理的通知》，内含三个附件。附件1：既是食品又是药品的物品名单。附件2：可用于保健食品的物品名单。附件3：保健食品禁用物品名单。是不谋而合也好，是先见之明也罢，至少说明本人的观点是对的，引起了有关国家卫生行政主管部门领导的重视，并将这个问题提到了一个新的高度。

2002年8月：非法主体经营有缺陷的标的物的法律责任——对一起违反食品卫生法和经济合同法案例审理的商榷

中华预防医学会《新世纪预防医学面临的挑战——中华预医学会首届学术年会论文摘要集》

2004年7月：关于酒与甲醇的话题

被《中国专家大辞典》编委会收编入《当代专家论文精选》（第二卷）一书，专编审字第11号

自1985年下半年：开始负责《中国食品卫生监督》期刊的创刊、编辑、出版发行。后因故，此刊合并编入《中国食品卫生杂志》

编纂《中国食品卫生监督》（1985—1988年合订本）

编辑《卫生部请示批复文件汇编》（1985—1997年合订本）

自1974年始，应用国产和进口的“原子吸收分光光度计”开创饮用水水质分析技术第一人，应用“原子吸收光谱法”进行饮用水中痕量元素镉、铅、铜、锌、汞等十几种元素检验方法的研究和建立。曾被中央新闻纪录电影制片厂采访拍片播放，引起全国各地各系统有关人员前来参观学习，寻求协作。并于1976年为保障中共中央在大庆市召开的“全国学大庆”会议饮用水安全做了大量水质分析工作。

作为特邀代表参加了大庆市进行的大型自动水质分析检测仪鉴定会。

参与了“电化学双中间体库仑法测定水中化学耗氧量（COD）的检验方法”的研究和建立。

独立应用“离子选择电极法”进行饮用水中微量元素的检验方法的研究和建立。

与“北京真空仪表厂”合作进行“BDL－1型氯气报警仪”的研制、应用试验并通过市级鉴定会。

注：

曾被在德国吕贝卡召开的“东西方医学交流暨流行性传染病防治国际学术交流研

讨会”邀请参会，但因他故未赴。

曾被《中国专家大辞典》《中国医学专家大辞典》《世界医学专家大典》《中国世纪专家》《神州强国人才大辞典》屡次来函入编，有诸多来函为证，究竟真假？无心关注，因为我只是一名“人各有一癖，我癖在章句；万缘皆已消，此病独未去”，全身心关注笔耕的“京城一文盲”。

“尝谓胸中有万卷书，笔底无半点尘者，始可著书；胸中无半点尘者，目中无半点尘者，才许作古书注疏。夫著书困难，而注疏更难。”（清代柯琴《伤寒论注·自序》

拙作涉及文字训诂、文史经籍、本草医药、自然医学等内容，本人自认为是为国家、为人民做了件“传承历史，沟通未来”，弘扬祖国传统文化和传统医药学文化、医史文化的有益之事，究竟有无真正史学价值，恳切请求各级有关领导聘请相关学科学者、专家、权威、学术大家予以严格审查，以便决定有无垂文示后人的必要。

撰写者：李士骧　号：寒竹居士

笔名：京城一文盲　七旬白发翁

书于寒竹斋

2014 年 9 月